Inter-American Yearbook
on Human Rights

Anuario Interamericano
de Derechos Humanos

2020

Correspondence relating to this Yearbook should be addressed to:
Toda corespondencia relativa a este Anuario se dirige a:

Secretario Ejecutivo
Comisión Interamericana de
Derechos Humanos
1889 F Street, NW
Washington, D.C. 20006

Executive Secretary
Inter-American Commission on
Human Rights
1889 F Street, NW
Washington, D.C. 20006

VOLUME 36

The titles published in this series are listed at *brill.com/iahr*

Inter-American Yearbook on Human Rights

Anuario Interamericano de Derechos Humanos

2020

VOLUME 2
VOLUMEN 2

Inter-American Commission
on Human Rights

La Comisión Interamericana
de Derechos Humanos

Inter-American Court
of Human Rights

La Corte Interamericana
de Derechos Humanos

BRILL
NIJHOFF

LEIDEN · BOSTON

ISSN 0920-7775
ISBN 978-90-04-51086-9 (set)
ISBN 978-90-04-50440-0 (hardback)
ISBN 978-90-04-50992-4 (e-book)

Copyright 2021 by Organization of American States. Published by Koninklijke Brill NV, Leiden, The Netherlands.
Koninklijke Brill NV incorporates the imprints Brill, Brill Nijhoff, Brill Hotei, Brill Schöningh, Brill Fink, Brill mentis, Vandenhoeck & Ruprecht, Böhlau Verlag and V&R Unipress.
Koninklijke Brill NV reserves the right to protect this publication against unauthorized use. Requests for re-use and/or translations must be addressed to Koninklijke Brill NV via brill.com or copyright.com.

This book is printed on acid-free paper and produced in a sustainable manner.

TABLE OF CONTENTS

VOLUME 2

PART TWO
THE INTER-AMERICAN COURT OF HUMAN RIGHTS
DECISIONS AND JUDGMENTS

Composition of the Court   874

1. Case of Montesinos Mejía v. Ecuador. Preliminary Objections, Merits, Reparations and Costs. Judgment of January 27, 2020. Series C No. 398   877
2. Case of Carranza Alarcón v. Ecuador. Preliminary Objections, Merits, Reparations and Costs. Judgment of February 3, 2020. Series C No. 399   936
3. Case of the Indigenous Communities of the Lhaka Honhat (Our Land) Association v. Argentina. Merits, Reparations and Costs. Judgment of February 6, 2020. Series C No. 400 *English and Spanish*   966
4. Case of Noguera *et al.* v. Paraguay. Merits, Reparations and Costs. Judgment of March 9, 2020. Series C No. 401   1380
5. Case of Azul Rojas Marín *et al.* v. Peru. Preliminary Objections, Merits, Reparations and Costs. Judgment of March 12, 2020. Serie C No. 402 *English and Spanish*   1416
6. Case of Roche Azaña *et al.* v. Nicaragua. Preliminary Objection, Merits and Reparations. Judgment of June 3, 2020. Serie C No. 403   1582
7. Case of Spoltore v. Argentina. Preliminary Objections, Merits, Reparations and Costs. Judgment of June 9, 2020. Series C No. 404   1637

ÍNDICE

Volumen 2

SEGUNDA PARTE
LA CORTE INTERAMERICANA DE DERECHOS HUMANOS
CASOS CONTENCIOSOS

Composición de la Corte 875

1. Caso Montesinos Mejía Vs. Ecuador. Excepciones Preliminares, Fondo, Reparaciones y Costas. Sentencia de 27 de enero de 2020. Serie C No. 398 877
2. Caso Carranza Alarcón Vs. Ecuador. Excepciones Preliminares, Fondo, Reparaciones y Costas. Sentencia de 3 de febrero de 2020. Serie C No. 399 936
3. Caso Comunidades Indígenas Miembros de la Asociación Lhaka Honhat (Nuestra Tierra) Vs. Argentina. Fondo, Reparaciones y Costas. Sentencia de 6 de febrero de 2020. Serie C No. 400 967
4. Caso Noguera y otra Vs. Paraguay. Fondo, Reparaciones y Costas. Sentencia de 9 de marzo de 2020. Serie C No. 401 1380
5. Caso Azul Rojas Marín y otra Vs. Perú. Excepciones Preliminares, Fondo, Reparaciones y Costas. Sentencia de 12 de marzo de 2020. Serie C No. 402 1417
6. Caso Roche Azaña y otros Vs. Nicaragua. Fondo y Reparaciones. Sentencia de 3 de junio de 2020. Serie C No. 403 1582
7. Caso Spoltore Vs. Argentina. Excepción Preliminar, Fondo, Reparaciones y Costas. Sentencia de 9 de junio de 2020. Serie C No. 404 1637

PART TWO

THE INTER-AMERICAN COURT OF HUMAN RIGHTS

DECISIONS AND JUDGMENTS

SEGUNDA PARTE

LA CORTE INTERAMERICANA DE DERECHOS HUMANOS

CASOS CONTENCIOSOS

THE INTER-AMERICAN COURT OF HUMAN RIGHTS

COMPOSITION

Name	Member State	Date of Expiry of Mandate
Elizabeth Odio Benito *President*	Costa Rica	December 31, 2021
Patricio Pazmiño Freire *Vice President*	Ecuador	December 31, 2021
Eduardo Vio Grossi	Chile	December 31, 2021
Humberto Antonio Sierra Porto	Colombia	December 31, 2024
Eduardo Ferrer Mac-Gregor Poisot	Mexico	December 31, 2024
Eugenio Raúl Zaffaroni	Argentina	December 31, 2021
Ricardo Pérez Manrique	Uruguay	December 31, 2024

SECRETARIAT
San Jose, Costa Rica, 2020

Secretary	Pablo Saavedra Alessandri
Deputy Secretary	Romina I. Sijniensky

LA CORTE INTERAMERICANA DE DERECHOS HUMANOS

COMPOSICIÓN

Nombre	*Estado Miembro*	*Fecha de expiración de su Mandato*
Elizabeth Odio Benito *Presidenta*	Costa Rica	31 de diciembre de 2021
Patricio Pazmiño Freire *Vicepresidente*	Ecuador	31 de diciembre de 2021
Eduardo Vio Grossi	Chile	31 de diciembre de 2021
Humberto Antonio Sierra Porto	Colombia	31 de diciembre de 2024
Eduardo Ferrer Mac-Gregor Poisot	México	31 de diciembre de 2024
Eugenio Raúl Zaffaroni	Argentina	31 de diciembre de 2021
Ricardo Pérez Manrique	Uruguay	31 de diciembre de 2024

SECRETARÍA
San José, Costa Rica, 2020

Secretario	Pablo Saavedra Alessandri
Secretaria adjunta	Romina I. Sijniensky

1. CASO MONTESINOS MEJÍA VS. ECUADOR
Sentencia de 27 de enero de 2020
(Excepciones Preliminares, Fondo, Reparaciones y Costas)

En el caso Montesinos Mejía,

la Corte Interamericana de Derechos Humanos (en adelante "la Corte Interamericana", "la Corte" o "este Tribunal"), integrada por los siguientes Jueces[*]:

Elizabeth Odio Benito, Presidenta;
Eduardo Vio Grossi, Juez;
Humberto Antonio Sierra Porto, Juez;
Eduardo Ferrer Mac-Gregor Poisot, Juez;
Eugenio Raúl Zaffaroni, Juez; y
Ricardo Pérez Manrique, Juez

presente, además,

Pablo Saavedra Alessandri, Secretario,

de conformidad con los artículos 62.3 y 63.1 de la Convención Americana sobre Derechos Humanos (en adelante, "la Convención Americana" o "la Convención") y con los artículos 31, 32, 42, 65 y 67 del Reglamento de la Corte (en adelante "el Reglamento"), dicta la presente Sentencia que se estructura en el siguiente orden:

ÍNDICE

	Párr.
I. INTRODUCCIÓN DE LA CAUSA Y OBJETO DE LA CONTROVERSIA	1
II. PROCEDIMIENTO ANTE LA CORTE	4
III. COMPETENCIA	13
IV. EXCEPCIONES PRELIMINARES	14
A. Incompetencia de la Corte en razón del tiempo	15
B. Falta de agotamiento de recursos internos	20
C. Incompetencia *ratione materiae* para revisar decisiones internas	29
D. Control de legalidad de las actuaciones de la Comisión Interamericana	36
V. PRUEBA	42
VI. HECHOS	
A. Detención del señor Montesinos en el marco del operativo policial el "Ciclón"	45
B. Prisión Preventiva del señor Montesinos	48
C. Sobre los delitos de enriquecimiento ilícito y conversión y transferencia de bienes	56
D. Sobre el delito de testaferrismo	63

---

[*] El Juez L. Patricio Pazmiño, de nacionalidad ecuatoriana, no participó en la deliberación de la presente Sentencia, de conformidad con lo dispuesto en los artículos 19.2 del Estatuto y 19.1 del Reglamento de la Corte.

VII. FONDO ... 72
   VII-1. DERECHO A LA LIBERTAD PERSONAL, A LA PRESUNCIÓN DE INOCENCIA Y A LA IGUALDAD ANTE LA LEY
     A. Alegatos de las partes y la Comisión ... 75
     B. Consideraciones de la Corte ... 93
       B.1. Detención inicial y prisión preventiva del señor Montesinos ... 101
       B.2. Revisión de la prisión preventiva ... 115
       B.3. Razonabilidad del plazo de la prisión preventiva ... 120
       B.4. Derecho a recurrir ante un juez sobre la legalidad de la detención ... 129
       B.5. Presunción de inocencia ... 135
       B.6. Conclusión ... 140
   VII-2. DERECHO A LA INTEGRIDAD PERSONAL Y OBLIGACIÓN DE INVESTIGAR DENUNCIAS DE TORTURA
     A. Alegatos de las partes y la Comisión ... 141
     B. Consideraciones de la Corte ... 150
   VII-3. DERECHO A LAS GARANTÍAS JUDICIALES
     A. Alegatos de las partes y de la Comisión ... 162
     B. Consideraciones de la Corte
       B.1. Sobre el artículo 8 de la Convención ... 174
       B.2. Plazo razonable de los procesos penales (artículo 8.1 Convención) ... 178
       B.3. Derecho a la defensa ... 189
       B.4. Regla de exclusión de pruebas obtenidas bajo coacción ... 196
       B.5. Derecho a no ser sometido a un nuevo juicio por los mismos hechos ... 202
   VII-4. PRINCIPIO DE LEGALIDAD Y RETROACTIVIDAD, PROTECCIÓN DE LA HONRA Y LA DIGNIDAD Y DERECHO DE PROPIEDAD
     A. Alegatos de las partes ... 207
     B. Consideraciones de la Corte ... 213

VIII. REPARACIONES ... 217
   A. Parte lesionada ... 222
   B. Medidas de satisfacción y restitución ... 223
   C. Investigación de los hechos de tortura ... 228
   D. Medidas de rehabilitación ... 231
   E. Indemnización compensatoria ... 233
   F. Otras medidas de reparación solicitadas ... 240
   G. Costas y gastos ... 242
   H. Reintegro de los gastos al Fondo de Asistencia Legal de Víctimas ... 247
   I. Modalidad de cumplimiento de los pagos ordenados ... 250

IX. PUNTOS RESOLUTIVOS ... 256

I.
INTRODUCCIÓN DE LA CAUSA Y OBJETO DE LA CONTROVERSIA

1. *El caso sometido a la Corte.* El 18 de abril de 2018 la Comisión Interamericana de Derechos Humanos (en adelante "la Comisión Interamericana" o "la Comisión") sometió a la jurisdicción de la Corte Interamericana, de conformidad con los artículos 51 y 61 de la Convención Americana, el caso Montesinos Mejía en contra de la República de Ecuador (en adelante "el Estado", "el Estado ecuatoriano" o "Ecuador"). La controversia versa sobre la alegada detención ilegal y arbitraria de la presunta víctima en 1992, los actos de tortura en su contra, así como la falta de garantías

judiciales en los procesos penales que se le siguieron. La Comisión consideró que el Estado violó los derechos a la integridad personal, libertad personal, garantías judiciales y protección judicial en perjuicio del señor Mario Montesinos Mejía.

2. *Trámite ante la Comisión.* El trámite del caso ante la Comisión Interamericana fue el siguiente:

a) Petición. El 30 de agosto de 1996 la Comisión Interamericana recibió una petición presentada por Alejandro Ponce Villacís en contra de Ecuador.

b) Informe de Admisibilidad y Fondo. El 10 de diciembre de 1996 el Estado presentó sus observaciones sobre la admisibilidad de la denuncia. El 9 de febrero de 2004 la Comisión informó a las partes que, en aplicación del artículo 37.3 de su Reglamento entonces vigente, decidió diferir el tratamiento de admisibilidad hasta el debate y decisión sobre el fondo. El 9 de marzo de 2004 el peticionario presentó observaciones adicionales. El 15 de julio de 2016 el Estado presentó sus observaciones adicionales sobre la admisibilidad y el fondo. Finalmente, el 25 de octubre de 2017 la Comisión emitió el Informe de Admisibilidad y Fondo No. 131/17 (en adelante "Informe de Fondo"), conforme al artículo 50 de la Convención Americana, en el cual determinó que la única víctima era el señor Mario Montesinos Mejía, llegó a una serie de conclusiones[1] y formuló varias recomendaciones al Estado.

c) Notificación al Estado. El Informe de Fondo fue notificado al Estado mediante comunicación de 18 de enero de 2018, en la que se le otorgó un plazo de dos meses para informar sobre el cumplimiento de las recomendaciones. Ecuador no presentó información sustantiva sobre avances en el cumplimiento de las recomendaciones. Además, el Estado tampoco solicitó una prórroga conforme al Reglamento de la Comisión para tales efectos.

3. *Sometimiento a la Corte.* El 18 de abril de 2018 la Comisión sometió el caso a la Corte respecto a los hechos y violaciones de derechos humanos descritos en el Informe de Fondo.

II
PROCEDIMIENTO ANTE LA CORTE

4. *Notificación al Estado y al representante.* El caso fue notificado al Estado, al representante de la presunta víctima y a la Comisión el 9 de mayo de 2018.

5. *Escrito de solicitudes, argumentos y pruebas.* El 29 de junio de 2018, el representante presentó el escrito de solicitudes, argumentos y pruebas (en adelante "escrito de solicitudes y argumentos"), en los términos de los artículos 25 y 40 del Reglamento de la Corte[2]. En dicho escrito el representante coincidió en lo general con

---

[1] Concluyó que Ecuador era responsable por la violación de los artículos 5.1, 5.2, 7.1, 7.2, 7.3, 7.4, 7.5, 7.6, 8.1, 8.2, 8.2.d, 8.3, 24, 25.1, 25.2.c de la Convención Americana, en conexión con los artículos 1.1 y 2 de dicho instrumento.

[2] El representante solicitó a la Corte que declare la responsabilidad internacional del Estado por la violación: (1) del derecho a la integridad personal (artículo 5.1, 5.2 y 5.3 de la Convención Americana); (2) del derecho a la libertad personal (artículo 7.1, 7.2, 7.3, 7.4, 7.5, 7.6 de la Convención Americana); (3) del derecho a las garantías judiciales (artículo 8.1, 8.2, 8.2.b, 8.2.d, 8.3 y 8.4 de la Convención Americana); (4) del principio de legalidad y no retroactividad (artículo 9 de la Convención); (5) del derecho a protección de la honra y a la dignidad (artículo 11 de la Convención); (6) del derecho a la propiedad privada (artículo 21 de la Convención); (7) del principio de igualdad ante la ley (artículo 24 de la

los argumentos de la Comisión Interamericana y añadió alegatos sobre la alegada violación de los artículos 5.3, 7.4, 11 y 21 de la Convención Americana en perjuicio del señor Montesinos y de su esposa.

6. *Escrito de excepciones preliminares y contestación.* El 6 de septiembre de 2018, el Estado presentó su escrito de excepciones preliminares y contestación al sometimiento del caso y observaciones al escrito de solicitudes y argumentos (en adelante "contestación" o "escrito de contestación"), en los términos del artículo 41 del Reglamento del Tribunal[3]. El Estado interpuso cuatro excepciones preliminares.

7. *Observaciones a las excepciones preliminares.* Mediante escritos recibidos el 17 y 19 de octubre de 2018, los representantes y la Comisión Interamericana presentaron, respectivamente, sus observaciones a las excepciones preliminares. El escrito de la Comisión se consideró extemporáneo y, por lo tanto, inadmisible, en razón de que el plazo para la presentación de sus observaciones venció el 18 de octubre de 2018.

8. *Fondo de Asistencia Legal.* Mediante carta de la Secretaría de la Corte Interamericana de Derechos Humanos de 31 de octubre de 2018, se declaró procedente la solicitud interpuesta por la presunta víctima para acogerse al Fondo de Asistencia Legal de Víctimas de la Corte.

9. *Audiencia pública.* El 25 de junio de 2019 el Presidente de la Corte dictó una Resolución[4] en la que convocó a las partes y a la Comisión a una audiencia pública sobre excepciones preliminares y eventuales fondo, reparaciones y costas, y para escuchar los alegatos y observaciones finales orales de las partes y de la Comisión, respectivamente. Asimismo, ordenó la recepción en audiencia de la declaración de una testigo y un perito propuestos por el representante y el Estado, respectivamente. Del mismo modo, en dicha resolución se ordenó recibir las declaraciones rendidas ante fedatario público (afidávit) de la presunta víctima, seis testigos y tres peritos, propuestos por el representante y el Estado. La audiencia pública fue celebrada el 29 de agosto de 2019, durante el 62° Período Extraordinario de Sesiones de la Corte, llevado a cabo en la Ciudad de Barranquilla, Colombia[5].

10. *Alegatos y observaciones finales escritos.* El 27 de septiembre del 2019 la Comisión, los representantes y el Estado presentaton sus observaciones y alegatos finales escritos, respectivamente.

11. *Erogaciones en aplicación del Fondo de Asistencia.* El 23 de octubre de 2019 la Secretaría, siguiendo instrucciones del Presidente de la Corte, remitió información al Estado sobre las erogaciones efectuadas en aplicación del Fondo de Asistencia Legal de Víctimas en el presente caso y, según lo dispuesto en el artículo 5 del Reglamento de la Corte sobre el Funcionamiento del referido Fondo, le otorgó un

---

Convención Americana) y (8) del derecho a la protección judicial (artículo 25.1, 25.2.a y 25.2.c de la Convención), todos ellos en relación con los artículos 1.1, 2 y 3 de la Convención Americana.

[3] En esa oportunidad el Estado asignó como Agente para el presente caso a Carlos Espín Arias, y como Agentes Alternos a Daniela Ulloa Saltos y Alonso Fonseca.

[4] *Cfr. Caso Montesinos Mejía Vs. Ecuador, Resolución del Presidente de la Corte Interamericana de Derechos Humanos* de 25 de junio de 2019. Disponible en: http://www.corteidh.or.cr/docs/asuntos/montesinosmejia_25_06_19.pdf.

[5] A esta audiencia comparecieron: (a) por la Comisión Interamericana: Luis Ernesto Vargas, Marisol Blanchard, Jorge H. Meza Flores, Piero Vásquez Agüero, Analía Banfi Vique; (b) por el representante de la presunta víctima: Alejandro Ponce Villacís; (c) por el Estado: María Fernanda Álvarez Alcivar, Directora Nacional de Derechos Humanos de la Procuraduría General del Estado, Alonso Fonseca Garcés, Director Nacional de Derechos Humanos Subrogante de la Procuraduría General del Estado y Carlos Espín Arias, agente.

plazo para presentar las observaciones que estimara pertinentes. El Estado no presentó observaciones.

12. *Deliberación del presente caso*. La Corte inició la deliberación de la presente Sentencia el 27 de enero de 2020.

III
COMPETENCIA

13. La Corte Interamericana es competente, en los términos del artículo 62.3 de la Convención, para conocer el presente caso, en razón de que Ecuador es Estado Parte en la Convención Americana desde el 28 de diciembre de 1977 y reconoció la competencia contenciosa de la Corte el 24 de julio de 1984.

IV
EXCEPCIONES PRELIMINARES

14. En su escrito de contestación, el *Estado* presentó cuatro excepciones preliminares relacionadas con (a) la incompetencia de la Corte en razón del tiempo, (b) la falta de agotamiento de recursos internos, (c) la incompetencia de la Corte Interamericana en razón de la materia y la utilización del Sistema Interamericano de Derechos Humanos como una cuarta instancia en relación al proceso penal por testaferrismo, y (d) el control de legalidad de las actuaciones de la Comisión y vulneración del derecho de defensa del Estado (artículo 48.1.b de la Convención Americana).

A. INCOMPETENCIA DE LA CORTE EN RAZÓN DEL TIEMPO

A.1. Alegatos del Estado y del Representante

15. El *Estado* indicó que la Corte no cuenta con competencia para conocer violaciones a tratados y convenciones ratificados por el Estado con posterioridad a la fecha de los presuntos hechos violatorios. Aunque Ecuador ratificó la Convención Interamericana para Prevenir y Sancionar la Tortura (en adelante "CIPST") el 30 de septiembre de 1999, los hechos alegados por los representantes y la Comisión tuvieron lugar en junio de 1992. Además, señaló que los actos de tortura son de carácter y efecto inmediato, por lo que no podría establecerse responsabilidad alguna en razón de que se haría de forma retroactiva.

16. Sobre la alegada falta de investigación y sanción de los hechos, el Estado indicó que dada la naturaleza instantánea del delito de tortura, no se podrían analizar las presuntas faltas de investigación.

17. El *representante* alegó que la CIPST fue suscrita por Ecuador en mayo de 1986 y ratificada en septiembre de 1999. Agregó que con independencia de la fecha en la que se realizó la ratificación del tratado, la obligación que tenía el Ecuador es anterior inclusive al tratado mismo, por lo que la Corte puede pronunciarse sobre las violaciones alegadas, en cuanto al incumplimiento de las normas internacionales del derecho imperativo.

A.2. Consideraciones de la Corte

18. El Estado ratificó la Convención Interamericana para Prevenir y Sancionar la Tortura el 30 de septiembre de 1999 y depositó el documento de ratificación ante la Secretaría General de la Organización de Estados Americanos el 9 de noviembre de 1999. El tratado entró en vigor para Ecuador, conforme a su artículo 22, el 9 de diciembre de 1999. Con base en ello y en el principio de irretroactividad, codificado en el artículo 28 de la Convención de Viena sobre el Derecho de los Tratados de 1969, la Corte puede conocer de los actos o hechos que hayan tenido lugar con posterioridad a la fecha de entrada en vigor de dicho tratado para el Estado[6] y que hayan generado violaciones de derechos humanos.

19. Teniendo en cuenta lo anterior, este Tribunal considera que no tiene competencia para pronunciarse sobre las alegadas torturas de las que habría sido objeto la presunta víctima con fundamento en la CIPST sino como una posible violación del artículo 5 de la Convención Americana sobre Derechos Humanos. Además, como lo ha hecho en otros casos[7], la Corte determina que sí tiene competencia temporal para analizar la alegada violación de los artículos 1, 6 y 8 de la Convención Interamericana para Prevenir y Sancionar la Tortura respecto a la supuesta omisión de investigar los hechos con posterioridad al 9 de diciembre de 1999, lo que constituye el alegato tanto de la Comisión como de los representantes en el presente caso. En atención a todo lo anterior, la Corte desestima la excepción preliminar interpuesta por el Estado.

B. FALTA DE AGOTAMIENTO DE RECURSOS INTERNOS

B.1. Alegatos del Estado y del representante

20. El *Estado* afirmó que a la fecha de presentación de la petición inicial a la Comisión aún no se habían agotado los recursos internos de los tres procesos penales en contra de la presunta víctima.

21. Indicó que hacer una reclamación ante el Sistema Interamericano sin haber agotado los recursos internos constituiría un proceder contrario a lo determinado por la Convención, generando que se desarrollarán sobre los mismos hechos dos procesos, uno en la jurisdicción nacional y otro internacional de manera paralela y simultánea. Reiteró que el hecho de que un peticionario presente una reclamación ante el Sistema Interamericano cuando aún se encuentran procesos abiertos en el ámbito interno, genera que el principio de subsidiariedad sea inobservado. Agregó que esta situación ocasionaría cambios dentro del caso y por consiguiente incertidumbre para las partes.

22. Con respecto a la carga probatoria que tiene el Estado para argumentar sobre el agotamiento de recursos y la efectividad de los mismos, hizo alusión a los recursos dentro del proceso penal sobre el delito de testaferrismo, el amparo en libertad en los

---

[6] Cfr. *Caso Tibi Vs. Ecuador. Excepciones Preliminares, Fondo, Reparaciones y Costas*. Sentencia de 7 de septiembre de 2004. Serie C No. 114, párr. 61, y *Caso Terrones Silva y otros Vs. Perú. Excepciones Preliminares, Fondo, Reparaciones y Costas*. Sentencia de 26 de septiembre de 2018. Serie C No. 360, párr. 33.

[7] Cfr. *Caso de los Hermanos Gómez Paquiyauri Vs. Perú. Fondo, Reparaciones y Costas*. Sentencia de 8 de julio de 2004. Serie C No. 110, párr. 196, *Caso Tibi Vs. Ecuador*, párr. 62, *Caso J Vs. Perú. Excepción Preliminar, Fondo, Reparaciones y Costas*. Sentencia de 27 de noviembre de 2013. Serie C No. 291, párr. 21, y *Caso Terrones Silva y otros Vs. Perú*, párr. 34.

tres procesos penales y finalmente el hábeas[8] corpus que concluyó con la orden de libertad de la presunta víctima.

23. El *representante* indicó que la alegación sobre la falta de agotamiento de recursos en la jurisdicción interna no fue realizada de manera inmediata a la presentación de la petición inicial, sino que fue hasta el año de 2016, es decir cerca de 20 años después de presentada la petición. Lo anterior implicaría una renuncia tácita a interponer la excepción de agotamiento de recursos internos. Asimismo, mencionó que al momento de presentar la petición inicial, operaban las excepciones del artículo 46.2 de la Convención. Hizo mención que el recurso de hábeas corpus interpuesto con posterioridad a la presentación de la petición inicial no implicaba la falta de agotamiento de recursos internos pues, al contrario, confirmó la ineficacia de los recursos internos existentes en el Ecuador en el caso del señor Montesinos. Agregó que la presunta víctima no se encontraba obligada a agotar recursos que tenían carácter extraordinario.

B.2 Consideraciones de la Corte

24. El artículo 46.1.a de la Convención Americana dispone que para determinar la admisibilidad de una petición o comunicación presentada ante la Comisión, de conformidad con los artículos 44 y 45 de la Convención, es necesario que se hayan interpuesto y agotado los recursos de la jurisdicción interna, esto con base a los principios del Derecho Internacional generalmente reconocidos[9].

25. En este sentido, el Tribunal ha desarrollado pautas claras para analizar una excepción preliminar basada en un presunto incumplimiento del requisito de agotamiento de los recursos internos. Primero, ha interpretado la excepción como una defensa disponible para el Estado, a la que como tal puede renunciar, ya sea expresa o tácitamente. Segundo, ha establecido que esta excepción debe presentarse oportunamente, durante el trámite de admisibilidad ante la Comisión, y que el Estado debe precisar de manera clara los recursos, que a su consideración, no han sido agotados. Tercero, la Corte ha afirmado que el Estado que presenta esta excepción debe especificar los recursos internos que son efectivos y que aún no se han agotado[10].

26. Sobre este asunto, se hace notar que el Estado, en su primer escrito de respuesta a la Comisión, de fecha 10 de diciembre de 1996, se limitó a remitir documentación sobre el proceso interno, sin alegar la falta de agotamiento de los recursos internos ni señalar los que no se habían agotado y eran efectivos, esto es, no presentó alegatos sobre la admisibilidad del caso. Diez años después, el 15 de julio de 2016, el Estado se pronunció sobre la admisibilidad del caso, y alegó que determinados recursos no habían sido agotados al momento de presentación de la petición ante la Comisión y, posteriormente en el trascurso del proceso penal por testaferrismo.

---

[8] En la presente Sentencia la Corte usará el término "hábeas corpus" de acuerdo a lo establecido en la Constitución de la República del Ecuador.
[9] *Cfr. Caso Velásquez Rodríguez Vs. Honduras. Excepciones Preliminares.* Sentencia de 26 de junio de 1987. Serie C No. 1, párr. 85, y *Caso López Soto y otros Vs. Argentina. Excepciones Preliminares, Fondo, Reparaciones y Costas.* Sentencia de 25 de noviembre de 2019. Serie C No. 396, párr. 20.
[10] *Cfr. Caso Velásquez Rodríguez Vs. Honduras. Excepciones Preliminares*, párr. 88, y *Caso López Soto y otros Vs. Argentina*, párr. 21.

27. En relación con el momento de evaluación del agotamiento de los recursos, la Corte se ha pronunciado en el sentido que debe ser cuando se decida sobre la admisibilidad de la petición y no en la fecha de la presentación de la misma[11]. De modo que, al momento de la emisión del Informe de Admisibilidad y Fondo de la Comisión, efectivamente todos los recursos habían sido agotados por parte del señor Montesinos. Subsidiariamente, en relación con el alegato estatal sobre la necesidad de agotamiento del recurso de revisión, la Corte considera que ese alegato no fue propuesto ante la Comisión, de forma que es extemporáneo.

28. Por todo lo anterior, la Corte declara sin lugar esta excepción preliminar.

C. INCOMPETENCIA *RATIONE MATERIAE* PARA REVISAR DECISIONES INTERNAS (EXCEPCIÓN DE "CUARTA INSTANCIA")

C.1. Alegatos del Estado y del representante

29. El *Estado* mencionó que los organismos internacionales no cuentan con competencia para conocer presuntos errores de hecho y de derecho que puedan haberse producido en los tribunales nacionales, excepto cuando se hayan violado flagrantemente normas de derechos humanos protegidas por tratados internacionales. Indicó que la intención de la presunta víctima es utilizar el Sistema Interamericano como un tribunal de alzada con respecto al proceso penal que se le siguió por del delito de testaferrismo.

30. Agregó que la intención del señor Montesinos era, únicamente, alegar la vulneración de derechos en el único proceso en que el resultado le fue adverso, sin señalar ninguna violación en relación con los otros dos procesos penales en los que fue absuelto. Sostuvo que resulta indudable que el propósito de la presunta víctima está enfocado a que la Corte revoque las resoluciones del tribunal nacional sobre los hechos y circunstancias del caso y, como si fuera una instancia superior a los organismos nacionales, ordene la anulación del proceso penal seguido en su contra.

31. El *representante* sostuvo que no se ha pedido que la Corte valore la prueba existente en los procesos internos ni se ha requerido que se pronuncie sobre la aplicación de normas internas ecuatorianas con respecto al juzgamiento que se le dio a Mario Montesinos. Por el contrario, se le ha solicitado que se pronuncie sobre la conducta del Estado en los procesos en relación con sus obligaciones internacionales de conformidad con la Convención Americana. En este contexto, considera que resulta importante que la Corte Interamericana se pronuncie sobre el valor de las actuaciones y pruebas que tengan origen en violaciones a los derechos humanos, como lo serían la recepción de declaraciones mientras existía la incomunicación o la emisión de un informe policial obtenido y generado durante la incomunicación.

C.2. Consideraciones de la Corte

32. La Corte ha reiterado que una de las características de la jurisdicción internacional es su carácter coadyuvante y complementario. Es así que, para que la excepción preliminar de cuarta instancia sea aplicable, es necesario que el solicitante

---

[11] *Caso Wong Ho Wing Vs. Perú. Excepción Preliminar, Fondo, Reparaciones y Costas.* Sentencia de 30 de junio de 2015. Serie C No. 297, párr. 25, y *Caso Díaz Loreto. Excepciones Preliminares, Fondo, Reparaciones y Costas.* Sentencia de 19 de noviembre de 2019. Serie C No. 392, párr. 18.

busque que la revisión de un fallo de un tribunal nacional en razón de la incorrecta apreciación de la prueba, hechos o el derecho interno, sin que alegue que existió una violación a los tratados internacionales sobre los que tenga competencia la Corte[12].

33. Además, esta Corte ha establecido que, al valorarse el cumplimiento de ciertas obligaciones internacionales, puede darse una intrínseca interrelación entre el análisis de derecho internacional y de derecho interno. Por tanto, la determinación de si las actuaciones de órganos judiciales constituyen o no una violación de las obligaciones internacionales del Estado, puede conducir a que deba ocuparse de examinar los respectivos procesos internos para establecer su compatibilidad con la Convención Americana[13]. Por tanto, si bien esta Corte no es una cuarta instancia de revisión judicial ni examina la valoración de la prueba realizada por los jueces nacionales, sí es competente, de forma excepcional, para decidir sobre el contenido de resoluciones judiciales que contravengan de forma manifiestamente arbitraria la Convención Americana y, en consecuencia, comprometan la responsabilidad internacional del Estado.

34. Dentro del caso en particular, la Corte considera que los alegatos vertidos por el representante no buscan que el Tribunal analice los fallos de los tribunales nacionales, los hechos establecidos en los mismos o la aplicación del derecho interno. En cambio, alega la violación a los derechos de la presunta víctima dentro del sistema de administración de justicia penal, la cual hubiera resultado en la detención arbitraria, hechos de tortura e incomunicación.

35. Teniendo presente lo señalado y considerando, además, que la valoración sobre si el proceso y la sentencia contravinieron a las disposiciones de la Convención es una cuestión de fondo, la Corte desestima esta excepción preliminar.

D. CONTROL DE LEGALIDAD DE LAS ACTUACIONES DE LA COMISIÓN INTERAMERICANA

D.1. Alegatos del Estado y del representante

36. El *Estado* sostuvo que derivado del transcurso del tiempo del procedimiento ante la Comisión, surgen dificultades para su defensa, pues se vio obligado a modificar sus excepciones debido a los cambios fácticos dentro del procedimiento. Indicó que el paso del tiempo sin resolver el asunto genera inseguridad jurídica para las partes, reduce las posibilidades de defensa y vulnera la legalidad con la que debe de actuar la Comisión.

37. El *representante* refirió que la demora del caso ante la Comisión no perjudica al Estado, sino a la presunta víctima. Mencionó que, en principio, esta demora le corresponde a la Comisión, también resulta atribuible a los Estados miembros de la Organización de Estados Americanos, en razón de no procurar que el Organismo pueda contar con todas las herramientas para lograr una más eficiente protección de los derechos humanos. Aunado a lo anterior, el representante sostuvo que "durante la última década han existido esfuerzos importantes por parte de ciertos estados del continente para buscar un debilitamiento institucional de la Comisión. Ciertamente la

---

[12] *Cfr. Caso Cabrera García y Montiel Flores Vs. México. Excepción Preliminar, Fondo, Reparaciones y Costas.* Sentencia de 26 de noviembre de 2010, Serie C No. 220, párr. 18, y *Caso Díaz Loreto y otros Vs. Venezuela*, párr. 20.

[13] *Cfr. Caso de los "Niños de la Calle" (Villagrán Morales y otros) Vs. Guatemala. Fondo.* Sentencia de 19 de noviembre de 1999. Serie C No. 63, párr. 222, y *Caso Díaz Loreto y otros Vs. Venezuela*, párr. 21.

República del Ecuador ha sido uno de aquellos que a liderado la búsqueda de tal debilitamiento."

D.2. Consideraciones de la Corte

38. Este Tribunal ya se ha pronunciado acerca del control de legalidad del procedimiento ante la Comisión. Al respecto ha dicho que es aplicable cuando se demuestre la existencia de un error grave en perjuicio del derecho a la defensa del Estado que justifique la inadmisibilidad de un caso sometido a la Corte[14]. Corresponde analizar si las actuaciones de la Comisión le habrían provocado alguna violación al derecho de defensa del Estado.

39. Aunque la Corte nota que el trámite ante la Comisión duró más de 21 años, el alegato del Estado sobre la supuesta violación del derecho de defensa se circunscribe a que debido al transcurso del tiempo "surgen dificultades para la estrategia de defensa estatal", pues "se ha visto obligado a modificar sus excepciones sobre admisibilidad inicialmente propuestas, dado que la relación fáctica cambió y el sustento de la excepción propuesta seria insuficiente". La Corte considera que este alegato no plantea un motivo concreto en relación con la inadmisibilidad de caso, pues si bien el paso del tiempo ha implicado que el Estado haya tenido que modificar su estrategia de defensa en materia de excepciones preliminares, no supone que haya tenido lugar un error grave que le haya impedido ejercer su derecho de defensa ante la Comisión o ante la Corte.

40. La Corte considera que el tiempo transcurrido en la tramitacion del caso ante la Comision, perjudica fundamentalmente a las presuntas victimas, cuyo derecho de acceso a la justicia interamericana resulta afectado.

41. Por lo tanto, la Corte desestima esta excepción preliminar.

V
PRUEBA

42. El Tribunal admite los documentos presentados en la debida oportunidad procesal por las partes y la Comisión (artículo 57 del Reglamento), cuya admisibilidad no fue controvertida ni objetada, ni cuya autenticidad fue puesta en duda[15]. Asimismo, la Corte estima pertinente admitir las declaraciones rendidas en audiencia pública y ante fedatario público[16], así como los traslados de los peritajes[17], en cuanto se ajusten

---

[14] Cfr. *Caso Trabajadores Cesados del Congreso (Aguado Alfaro y otros) Vs. Perú. Excepciones Preliminares, Fondo, Reparaciones y Costas.* Sentencia de 24 de noviembre de 2006. Serie C No. 158, párr. 66, y *Caso Herrera Espinoza y otros Vs. Ecuador. Excepciones Preliminares, Fondo, Reparaciones y Costas.* Sentencia de 1 de septiembre de 2016. Serie C No. 316, párr. 39.

[15] Cfr. *Caso Velásquez Rodríguez Vs. Honduras. Fondo.* Sentencia de 29 de julio de 1988. Serie C No. 4, párr. 140, y *Caso Jenkins Vs. Argentina. Excepciones Preliminares, Fondo, Reparaciones y Costas.* Sentencia de 26 de noviembre de 2019, párr. 38.

[16] Las mismas fueron presentadas por: Marcia González Rubio, Maritza Montesinos González, María del Carmen Montesinos González, Vinicio Montesinos González, Rafael Iván Suárez Rosero y Reinaldo Aníbal Calvachi Cruz, propuestos por el representante; y Leonardo Jaramillo, Marcella da Fonte, propuestos por el Estado. Los objetos de las declaraciones se encuentran establecidos en la Resolución del Presidente de la Corte del 14 de febrero del 2019.

[17] La Corte decidió trasladar al presente caso los peritajes de Ernesto Albán Gómez y Mario Luis Coriolano, rendidos en los casos *Suárez Rosero Vs. Ecuador* y *Herrera Espinoza y otros Vs. Ecuador*, mediante Resolución de 25 de junio de 2019 (expediente de fondo, folio 448).

al objeto definido por la Resolución que ordenó recibirlos y al objeto del presente caso.

43. Respecto a la oportunidad procesal para la presentación de prueba documental, de conformidad con el artículo 57.2 del Reglamento, ésta debe ser presentada, en general, junto con los escritos de sometimiento del caso, de solicitudes y argumentos o de contestación, según corresponda. La Corte recuerda que no es admisible la prueba remitida fuera de las debidas oportunidades procesales, salvo en las excepciones establecidas en el referido artículo 57.2 del Reglamento, a saber, fuerza mayor, impedimento grave o si se tratare de un hecho ocurrido con posterioridad a los citados momentos procesales[18].

44. En cuanto a la prueba rendida durante la audiencia pública, la Corte escuchó las declaraciones de la testigo, Marcia González Rubio, propuesta por el representante, y el peritaje de Leonardo Jaramillo, propuesto por el Estado. Asimismo, la Corte recibió las declaraciones rendidas ante fedatario público *(affidávit)* por las señoras y señores Marcella de Fonte, propuesta por el Estado; Maritza Montesinos González, María del Carmen Montesinos González, Vinicio Montesinos González, Rafael Iván Suárez Rosero y Reinaldo Aníbal Calvachi Cruz, propuestos por los representantes. El *representante* presentó objeciones al peritaje de Leonardo Jaramillo. El *Estado* presentó objeciones respecto a las declaraciones de Marcia González Rubio, Maritza Montesinos González, María del Carmen Montesinos González, Vinicio Montesinos González, Rafael Iván Suárez Rosero y Reinaldo Aníbal Calvachi Cruz. Las referidas objeciones no se refieren a la admisibilidad de la prueba, sino al objeto y alcance de las declaraciones. En conclusión, la Corte estima pertinente admitir las declaraciones rendidas en audiencia pública y ante fedatario público, en cuanto se ajusten al objeto definido por la Resolución que ordenó recibirlos y al objeto del presente caso.

VI
HECHOS

A. Detención del señor Montesinos en el marco del operativo policial el "Ciclón"

45. Los hechos del presente caso tienen lugar en el marco de la lucha contra el narcotráfico en Ecuador. En ese sentido, el Servicio de Inteligencia Antidrogas de la Policía Nacional del Ecuador inició el 19 de junio de 1992 la operación "Ciclón", con la finalidad de desarticular una organización de narcotráfico[19]. Dicha operación implicó la detención de varias personas supuestamente relacionadas con esta organización y el allanamiento de sus domicilios, producto de lo cual se decomisaron municiones, material explosivo y armas[20].

46. El día 21 de junio de 1992 fue detenido el señor Mario Alfonso Montesinos Mejía por agentes policiales mientras se encontraba conduciendo en la ciudad de Quito, Ecuador[21]. Al momento de su detención el señor Montesinos se encontraba

---

[18] *Cfr. Caso Barbani Duarte y otros Vs. Uruguay. Fondo, Reparaciones y Costas.* Sentencia de 13 de octubre de 2011. Serie C No. 234, párr. 22, y *Caso Arrom Suhurt y otros y otros Vs. Paraguay. Fondo.* Sentencia de 13 de mayo de 2019. Serie C No 377, párr. 40.
[19] Informe investigativo No. 080-JPEIP-CP1-92 (expediente de prueba, folio 4).
[20] Informe investigativo No. 080-JPEIP-CP1-92 (expediente de prueba, folio 6).
[21] El señor Mario Montesinos a la fecha de los hechos tenía 52 años y tres años antes había solicitado su baja voluntaria del Ejército del Ecuador. Durante su carrera militar llegó al rango de Coronel y ocupó altos

acompañado de su esposa y hermana[22]. Durante la detención los agentes policiales le habrían indicado al señor Montesinos que contaban con orden de allanamiento para ingresar a su domicilio, la cual, según el agente policial interviniente, habría sido emitida por el Comisario Primero del Cantón Quito[23]. La Corte advierte que no cuenta en su expediente con la orden de detención y allanamiento mencionada. Ese mismo día fue sometido a un examen médico en el cual se diagnosticó "sin novedad"[24].

47. Luego de ser detenido, los agentes policiales llevaron al señor Montesinos a su domicilio y lo mantuvieron retenido dentro del vehículo policial por aproximadamente dos horas[25]. En su domicilio se decomisaron distintos armamentos[26].

B. PRISIÓN PREVENTIVA DEL SEÑOR MONTESINOS

48. El 25 de junio de 1992, el señor Montesinos rindió su declaración ante la Dirección Nacional de Investigaciones sin contar con representante legal[27]. En dicha declaración indicó que mientras trabajaba como supervisor de la hacienda "El Prado" conoció a la señora Daira Levoyer, la cual, días previos a su detención, envió a dos personas a su domicilio para dejar diversos armamentos en su custodia[28]. Luego de su detención fue llevado a una celda de aproximadamente 11 metros cuadrados custodiada por dos guardias, donde se encontraban cerca de 13 personas más[29].

49. El señor Montesinos denunció que, el 23 de julio de 1992, 25 miembros del Grupo de Intervención y Rescate de la Policía Nacional habrían golpeado tanto a él como a otros detenidos, mientras se encontraban en el patio del centro de detención Regimiento Quito No. 2. Ese mismo día fue trasladado al Centro de Rehabilitación Social No. 1 con los ojos y boca cubiertos con cinta adhesiva y amarrado de manos

---

cargos; trabajó directamente en la Presidencia de la República como asesor directo del entonces presidente Febres Cordero en temas anti drogas. Después de obtener la baja militar, pasó a administrar una hacienda. Parte elevado al Jefe de la Oficina de Investigación del Delito (expediente de prueba, folio 18 y 2089).

[22] Parte elevado al jefe de la Oficina de Investigación del Delito (expediente de prueba, folio 18 y 2089).
[23] Parte elevado al jefe de la Oficina de Investigación del Delito (expediente de prueba, folio 18 y 2089).
[24] Certificado Médico de Sanidad de Policía del señor Mario Alfonso Montesinos Mejía, documento expedido el 27 de julio de 1992 (expediente de prueba, folio 44).
[25] Comunicación de la parte peticionaria del 30 de agosto de 1996 (expediente de prueba, folio 23).
[26] Parte elevado al Jefe de la Oficina de Investigación del Delito. Dentro de la comunicación se enlistaron los siguientes armamentos: Dentro de los armamentos encontrados constan: un revólver marca Smith Wesson, cal. 38 especial, cañón corto, No. D9792276-AWT8046 más 28 cartuchos calibre 38; un revólver marca Smith Wesson, cañón corto, cal. 38, No. B1811788-2001096; una pistola marca Beretta, de fabricación italiana, calibre 380. No. 425P202136 más dos alimentadoras con 25 cartuchos cal. 38; una pistola Browning, cal. 9mm, No. T0393. 2 alimentadoras con 13 cartuchos calibre 9mm; un fusil de asalto marca Beretta, calibre 2.23, de fabricación italiana No. M31303 patente No. 909566, 2 alimetnadoras con 13 cartuchos calibre 2.23; una escopeta Mosberg calibre 12 No. J888993; una escopeta Mosberg calibre 12 niquelada, No K679676; una escopeta Mosberg calibre 12 niquelada, No K684074; una escopeta Mosberg calibre 12, con cargador de cilindro No. 102664; una escopeta cal. 16, doble cañón, No. 598381, marca Gwehrlsufs; una escopeta cal. 16, fabricación española s/n; una escopeta cal. 22, maca Sauage, USA, Mod. 987, No. E920747; una escopeta cal. 22, fabricación alemana, Marca DIANA con 2 miras telescópicas, un cuchillo marca Wonka conestuche; 1 machete con estuche; 79 cartuchos cal. 12; 65 cartuchos cal. 9 mm; 4 cartuchos cal. 16 (expediente de prueba, folio 18 y 2089).
[27] Declaración del señor Mario Alfonso Montesinos Mejía recibida por la Dirección Nacional de Investigaciones, Jefatura/Sub Jefatura de interpol Pichincha. Dentro del Caso N° P1-142-JPEIP-CP-1-92 (expediente de prueba, folio 56).
[28] Declaración del señor Mario Alfonso Montesinos Mejía recibida por la Dirección Nacional de Investigaciones, Jefatura/Sub Jefatura de interpol Pichincha. Dentro del Caso N° P1-142-JPEIP-CP-1-92 (expediente de prueba, folio 58).
[29] Comunicación de la parte peticionaria del 30 de agosto de 1996 (expediente de prueba, folio 23).

por detrás de la espalda durante todo el traslado[30]. Alegó haber estado incomunicado y aislado desde su detención hasta el 28 de julio de 1992[31].

50. El 11 de julio de 1992 se emitió una boleta constitucional de encarcelamiento en la cual se dispuso mantener preso al señor Montesinos, pues se encontraba procesado por los delitos de conversión y transferencia de bienes[32].

51. El 13 de agosto de 1992 se emitió una segunda boleta de encarcelamiento, la cual dispuso que, de acuerdo con el artículo 177 del Código de Procedimiento Penal, se debía mantener al señor Montesinos en prisión preventiva[33].

52. Posteriormente, el 28 de noviembre de 1994 [34], la defensa del señor Montesinos presentó una petición al presidente de la Corte Superior de Justicia de Quito, donde indicó, entre otras cosas, que contaba con pruebas suficientes para desvirtuar los requisitos previstos en el artículo 177 del Código de Procedimiento Penal y, solicitó se revocara la prisión preventiva en su contra[35].

53. El 13 de octubre de 1995 el señor Montesinos remitió una carta al presidente de la Corte Suprema de Justicia, en la cual mencionó que se encontraba en prisión preventiva sin contar con una sentencia firme[36].

54. El 10 de septiembre de 1996 el señor Montesinos presentó una petición de hábeas corpus ante el Alcalde del Distrito Metropolitano de Quito en la que alegó haber recibido golpes, tratos inhumanos y degradantes y haber permanecido en prisión por 50 meses sin sentencia[37]. El 16 de septiembre de 1996 se declaró como improcedente el recurso de hábeas corpus[38]. El abogado del señor Montesinos apeló la decisión denegatoria del Alcalde ante el Tribunal de Garantías Constitucionales. El 30 de octubre de 1996 dicho Tribunal concedió el hábeas corpus y ordenó su inmediata libertad[39]. En la misma resolución el Tribunal de Garantías Constitucionales indicó que no podía pronunciarse sobre los alegados actos de tortura por falta de pruebas al respecto[40]. El Tribunal agregó que existió un retraso judicial injustificado por parte de los jueces para emitir una sentencia[41].

55. El 14 de abril de 1998 el señor Montesinos interpuso un segundo hábeas corpus ante el Alcalde de Distrito Metropolitano de Quito pues la decisión del anterior hábeas corpus (octubre de 1996) no había sido cumplida. El 21 de abril el Alcalde

---

[30] Comunicación de la parte peticionaria del 30 de agosto de 1996 (expediente de prueba, folio 25).
[31] Declaración mediante affidavit del señor Rafael Iván Suárez Rosero de 7 de agosto de 2019 (expediente de prueba, folio 2895–2896).
[32] Boleta Constitucional de Encarcelamiento N° 172-IGPP-04 emitida en Quito el 11 de julio de 1992 (expediente de prueba, folio 62).
[33] Boleta Constitucional de Encarcelamiento N° 089-92-EC emitida el 13 de agosto de 1992 por la Jueza Primera de lo Penal de Pichincha (expediente de prueba, folio 64).
[34] Contestación del Estado de Ecuador de 6 de septiembre de 2018 (expediente de fondo, folio 180).
[35] Petición dentro del Proceso 91-92 de Rodrigo Bucheli Mera, dirigida al Presidente de la Corte Superior de Justicia de Quito (expediente de prueba, folio 66).
[36] Carta del 13 de octubre de 1995. Dirigida por el señor Mario Montesinos al señor Carlos Solorzano Constantine Presidente de la Corte Suprema de Justicia (expediente de prueba, folios 68-69).
[37] Resolución 182-96-CP expedida por el tribunal de Garantías Constitucionales dentro del marco del caso Nro. 45/96-TC. (expediente de prueba, folio 46).
[38] Resolución 182-96-CP expedida por el tribunal de Garantías Constitucionales dentro del marco del caso Nro. 45/96-TC. (expediente de prueba, folio 46).
[39] Resolución 182-96-CP expedida por el tribunal de Garantías Constitucionales dentro del marco del caso Nro. 45/96-TC. (expediente de prueba, folio 53).
[40] Resolución 182-96-CP expedida por el tribunal de Garantías Constitucionales dentro del marco del caso Nro. 45/96-TC. (expediente de prueba, folio 47).
[41] Resolución 182-96-CP emitida por el Tribunal de Garantías Constitucionales dentro del marco del Caso N° 45/96-TC (expediente de prueba, folios 53).

declaró improcedente el recurso indicando que la duración de la detención era razonable y que se debía esperar hasta la resolución definitiva de los procesos penales. Nuevamente el representante del señor Montesinos apeló dicha decisión ante el Tribunal Constitucional. El 13 de agosto de 1998, dicho tribunal determinó la inmediata libertad del señor Montesinos, oficiando al Director del Centro de Rehabilitación Social de Varones de Quito No. 1, sin perjuicio de la tramitación del juicio por testaferrismo. Asimismo, consideró irrazonable el tiempo de prisión preventiva[42]. La Corte no tiene constancia de la fecha en la cual el señor Montesinos fue puesto en libertad.

C. Sobre los delitos de enriquecimiento ilícito y conversión y transferencia de bienes (artículos 76 y 77 de la Ley de Estupefacientes y Sustancias Psicotrópicas)

C.1. Del delito de enriquecimiento ilícito

56. El 30 de noviembre de 1992 la Corte Superior de Quito dictó auto cabeza de proceso en contra del señor Montesinos (y otros) por presuntamente haber actuado como complice y encubridor del delito de enriquecimiento ilícito. Así, consideró que la policia había logrado establecer el mecanismo utilizado por la organización delictiva a la que presuntamente pertenecía el señor Montesinos, para lograr el enriquecimiento ilícito y transferencia de dinero producto del narcotráfico[43].

57. El 22 de noviembre de 1996 la Presidencia de la Corte Superior de Justicia declaró abierta la etapa plenaria en contra del señor Montesinos[44] y determinó su "presunta responsabilidad" como coautor del delito de enriquecimiento ilícito. Además, confirmó la prisión preventiva y la incautación de todos los bienes, dineros, y demás valores que hubiesen sido utilizados o producto de la comisión del delito[45].

58. Contra dicha apertura de plenario el señor Montesinos interpuso un recurso de apelación, el cual fue aceptado a trámite el 3 de diciembre de 1996[46].

59. El 7 de mayo de 1998 la Cuarta Sala de Conjueces de la Corte Superior de Justicia de Quito tuvo conocimiento del recurso interpuesto por el señor Montesinos y dictó auto de sobreseimiento definitivo del proceso[47].

C.2. Del delito de conversión y transferencia de bienes

60. El 30 de noviembre de 1992 la Corte Superior de Quito dictó auto cabeza de proceso en contra del señor Montesinos, al considerar que existían graves indicios sobre su participación como cómplice y encubridor del delito de conversión o

---

[42] Contestación del Estado de Ecuador de 6 de septiembre de 2018 (expediente de fondo, folio 213).
[43] Resolución de la Corte Superior de Quito de 30 de noviembre de 1992 (expediente de prueba, folios 971–974).
[44] Contestación del Estado de Ecuador de 6 de septiembre de 2018 (expediente de fondo, folio 186).
[45] Resolución de la Presidencia de la Corte Superior de Justicia (expediente de prueba, folios 177–339 y 414–576).
[46] Contestación del Estado de Ecuador de 6 de septiembre de 2018 (expediente de fondo, folio 187).
[47] Resolución de la Corte Superior de Justicia de fecha 7 de mayo de 1998 dentro de la causa por enriquecimiento ilícito, por la cual sobresee de forma definitiva al señor Montesinos (expediente de prueba, folios 1265–1277).

transferencia de bienes. En dicha resolución se ordenó, además, la prisión preventiva del señor Montesinos y la incautación de sus bienes muebles e inmuebles[48].

61. El 30 de septiembre de 1996, la Corte Superior de Quito declaró abierta la etapa de plenario[49]. En dicha resolución dispuso que se mantuviera la prisión preventiva en contra del señor Montesinos y la tramitación del juicio en su contra, por presuntamente haber sido coautor del delito de conversión y transferencia bienes[50]. Contra dicha apertura a la etapa de plenario el señor Montesinos interpuso recurso de apelación[51].

62. La Sala Cuarta de la Corte Superior de Justicia, mediante resolución del 29 de abril de 1998, aceptó el recurso de apelación y dictó auto de sobreseimiento definitivo a favor del señor Montesinos[52]. En esta resolución la Corte Superior determinó que no se había justificado la tipicidad contemplada en el artículo 77 de la Ley de Estupefacientes y Sustancias Psicotrópicas, pues el delito de conversión y transferencia de bienes es un acto típico consecuente del delito principal de narcotráfico y no concurrente con éste. Así, al comprobar que no existía constancia procesal que demostrara que los acusados habían sido condenados por el delito de narcotráfico, concluyó que no se había cumplido con este elemento fundamental para el inicio del proceso penal por el delito de conversión y transferencia de bienes[53].

D. SOBRE EL DELITO DE TESTAFERRISMO (ARTÍCULO 78 DE LA LEY DE ESTUPEFACIENTES Y SUSTANCIAS PSICOTRÓPICAS)

63. El 18 de noviembre de 1992 la Presidencia de la Corte Superior de Quito dictó auto cabeza de proceso contra el señor Montesinos y dispuso su prisión preventiva por haber presuntamente realizado actividades de testaferrismo para una organización criminal[54].

64. Frente a lo anterior, el señor Montesinos remitió una queja al Presidente del Tribunal de Garantías Constitucionales indicando haber sido perseguido de forma ilegítima por el delito de testaferrismo, presentando como prueba a su favor las escrituras de su propiedad. Asimismo, agregó otros argumentos sobre los juicios que

---

[48] Resolución de la Corte Superior de Quito de 30 de noviembre de 1992 (expediente de prueba, folios 964–969).
[49] Contestación del Estado de Ecuador de 6 de septiembre de 2018 (expediente de fondo, folio 182).
[50] Resolución de la Corte Superior de Quito de 30 de septiembre de 1996 (expediente de prueba, 71–162 y 577–668) y Oficio N° 2078-CSJO-96, emitido por la Presidencia de la Corte Superior de Justicia de 25 de noviembre de 1996 (expediente de prueba, 341 y 398) y Contestación del Estado de Ecuador de 6 de septiembre de 2018 (expediente de fondo, folio 182).
[51] Resolución de la Corte Superior de Justicia Sala Cuarta de 29 de abril de 1998 (expediente de prueba, folio 164).
[52] Resolución de la Corte Superior de Justicia Sala Cuarta de 29 de abril de 1998 (expediente de prueba, folios 164–175).
[53] Fallo del 29 de abril de 1998 de la Corte Superior de Justicia de Quito-Cuarta Sala de Conjueces en el juicio por conversión o transferencia de bienes seguido contra Mario Montesinos (expediente de prueba, folio 171); Resolución de la Corte Superior de Justicia de fecha 7 de mayo de 1998 dentro de la causa por enriquecimiento ilícito, por la cual sobresee de forma definitiva al señor Montesinos (expediente de prueba, folios 1270 y 1271).
[54] Resolución de la Presidencia de la Corte Superior de Quito de 18 de noviembre de 1992 (expediente de prueba, folios 765–770).

se realizaban en su contra por los delitos de enriquecimiento ilícito y conversión y transferencia de bienes[55].

65. El 26 de marzo de 1996 el Tribunal de Garantías rechazó la queja por contener indebida acumulación de acciones[56]. El 23 de abril del mismo año el Tribunal volvió a rechazar la queja por ya haberse pronunciado sobre la misma[57].

66. El 12 de septiembre de 1996 el Ministerio Fiscal de Pichincha emitió dictamen definitivo en el cual indicó que, al haber fungido el señor Montesinos como supervisor de la Hacienda El Prado y haber firmado cheques en blanco, se presumía su autoría como testaferro de la organización criminal[58].

67. El 23 de marzo de 1998, la Presidencia Subrogante de la Corte Superior de Justicia de Quito dictó la apertura de la etapa plenaria contra el señor Montesinos por haber presuntamente cometido el delito de testaferrismo en calidad de coautor. Producto de lo anterior, se dispuso la incautación de todos los bienes, dinero y más valores utilizados para la comisión del delito[59].

68. El 9 de septiembre de 2003 la Presidencia Subrogante de la Corte Superior de Quito dictó sentencia absolutoria en primera instancia en favor de Mario Alfonso Montesinos Mejía, contra la cual, la Procuraduría General del Estado y el Ministerio Fiscal, presentaron recurso de apelación[60]. El 17 de septiembre de 2003 la Presidencia de la Corte Superior de Justicia concedió los recursos de apelación. En razón de dicha apelación, el 8 de septiembre de 2008, la Primera Sala Especializada de lo Penal, Tránsito y Colusorio de la Corte Superior de Justicia de Quito, condenó al señor Montesinos a 10 años de prisión y multa de seis salarios mínimos vitales por el delito de testaferrismo[61].

69. El señor Montesinos presentó un recurso de casación contra la antes referida sentencia condenatoria de apelación[62]. El 31 de agosto de 2010, la Primera Sala de la Corte Nacional de Justicia rechazó el recurso de casación, al considerar que la prueba presentada ameritaba que los procesados deben ser reputados como autores y cómplices del delito de testaferrismo[63].

70. El 29 de septiembre de 2010 el señor Montesinos presentó una acción extraordinaria de protección en contra de la sentencia dictada el 31 de agosto de 2010[64]. El 28 de octubre de 2010 la Primera Sala de lo Penal de la Corte Nacional de

---

[55] Queja dirigida al Presidente del Tribunal de Grantías Constitucionales de febrero de 1996 (expediente de prueba, folios 350 a 356).
[56] Resolución del Tribunal de Garantías N° 083-96-CA de 26 de marzo de 1996 (expediente de prueba, folio 358).
[57] Resolución del Tribunal de Garantías N° 093-96-Ca de 23 de abril de 1996 (expediente de prueba, folio 360).
[58] Contestación del Estado de Ecuador de 6 de septiembre de 2018 (expediente de fondo, folios 193 y 194).
[59] Auto de apertura de la etapa del plenario por el delito tipificado en el Art. 78 de la Ley Sobre Sustancias Estupefacientes y Psicotrópicas, de 23 de marzo de 1998 (expediente de prueba, folios 2224 a 2447); Contestación del Estado de Ecuador de 6 de septiembre de 2018 (expediente de fondo, folios 195 a 198).
[60] Sentencia de Primera Instancia de 9 de septiembre de 2003 de la Presidencia Subrogante de la Corte Superior de Quito (expediente de prueba, folios 2539 a 2579); Contestación del Estado de Ecuador de 6 de septiembre de 2018 (expediente de fondo, folio 200 y 201).
[61] Sentencia de Apelación, de 8 de septiembre de 2008 (expediente de prueba, folios 2588 a 2686); Contestación del Estado de Ecuador de 6 de septiembre de 2018 (expediente de fondo, folio 201).
[62] Auto de Concesión de Recurso de Casación, de 18 de septiembre de 2008 (expediente de prueba, folios 2688 a 2690).
[63] Sentencia de Casación, de 31 de agosto de 2010 (expediente de prueba, folios 2719 a 2764); Contestación del Estado de Ecuador de 6 de septiembre de 2018 (expediente de fondo, folio 202).
[64] Acción Extraordinaria de Protección presentada ante la Corte Constitucional el 29 de septiembre de 2010 (expediente de prueba, folios 2766 a 2776).

Justicia remitió la causa a la Corte Constitucional[65]. El 18 de enero de 2011 la Corte Constitucional determinó que el recurso interpuesto era inadmisible pues los alegatos de los legitimados se concentraron en los hechos o actos que dieron lugar al proceso penal, sobre los cuales carecía de competencia para pronunciarse.[66]

71. De la sentencia de 8 de septiembre de 2008 se desprende que el señor Montesinos fue condenado en calidad de coautor del delito de testaferrismo.

VII
FONDO

72. El presente caso versa sobre la alegada detención arbitraria e ilegal del señor Mario Montesinos Mejía el 21 de junio de 1992, los alegados tratos crueles, inhumanos, degradantes y tortura que habría sufrido y la supuesta falta de garantías judiciales en los procesos penales que se siguieron en su contra.

73. No escapa a esta Corte la importante funcion que desempeñó la presunta victima y la eventual gravedad que la conducta de quien está situado en esa posición pudo revestir. De cualquier manera, de ningun modo corresponde caer en un derecho penal de autor "de hecho", en consecuencia, es inadmisible que por la posicion del supuesto autor del delito se le desconozcan las garantias judiciales elementales que son inherentes a todas las personas.

74. Para abordar dichas cuestiones, en el presente capítulo la Corte desarrollará su análisis jurídico en el siguiente orden: (i) los derechos a la libertad personal, a la presunción de inocencia y a la igualdad ante la ley con ocasión a la detención inicial y la prisión preventiva; (ii) el derecho a la integridad personal, y (iii) los derechos a las garantías judiciales y la protección judicial.

VII-1
DERECHO A LA LIBERTAD PERSONAL[67], A LA PRESUNCIÓN DE INOCENCIA[68] Y A LA IGUALDAD ANTE LA LEY[69]

A. ALEGATOS DE LAS PARTES Y LA COMISIÓN

75. La *Comisión* indicó que de acuerdo a la Constitución y el Código de Procedimiento Penal vigentes al momento de los hechos, para que la detención fuera legal a la luz de la Convención se requería de una orden judicial, siendo la única excepción a esta regla que la persona estuviese cometiendo un delito flagrante o existiera una grave presunción de responsabilidad.

76. Mencionó que no hay constancia alguna dentro del expediente de que al momento de la detención existiera una boleta individualizada y emitida por la autoridad competente para la detención del señor Montesinos o, en su defecto, que hubiese sido capturado en flagrancia. Observó que la causal de "grave presunción de responsabilidad" se encontraba más allá de la Constitución ecuatoriana vigente y abría

---
[65] Auto de ampliación/aclaración de sentencia de casación, Primera Sala de lo Penal de la Corte Nacional de Justicia de 5 de octubre de 2010 (expediente de prueba, folios 2778 a 2781).
[66] Corte Constitucional. Causa No. 1657-10-EP. Auto de Inadmisión de 18 de enero de 2011. Sala de admisión de la Corte Constitucional para el periodo de transición (expediente de prueba, folios 2783 a 2786).
[67] Artículos 7.1, 7.2, 7.3, 7.5 y 7.6 de la Convención Americana.
[68] Artículo 8.2 de la Convención Americana.
[69] Artículo 24 de la Convención Americana.

la puerta para que la autoridad policial realizara restricciones a la libertad personal y que esta dependiera de la valoración subjetiva del funcionario.

77. En relación a la detención preventiva del señor Montesinos, la Comisión recordó que es una medida cautelar y no punitiva y que toda decisión que limite la libertad de una persona de forma preventiva debe estar motivada suficientemente. Indicó, de igual forma, que el uso indebido de la prisión preventiva puede tener impactos en la presunción de inocencia, lo que tiene un especial énfasis en casos en donde su aplicación se funda en la expectativa de pena o la mera existencia de indicios contra el acusado.

78. En el caso concreto, la Comisión sostuvo que la normatividad vigente al momento de los hechos permitía establecer la prisión preventiva solamente con indicios de responsabilidad. Agregó que la detención preventiva del señor Montesinos tuvo duración de por lo menos seis años, por lo que se extendió de manera irrazonable sin justificación convencional alguna.

79. En ese sentido, observó que durante más de la mitad de la detención preventiva del señor Montesinos estuvo vigente el artículo 114 del Código Penal, el cual disponía la improcedencia de la solicitud de excarcelación en delitos relacionados con la Ley sobre Estupefacientes y Sustancias Psicotrópicas. Por lo que, en virtud de ese artículo, en Ecuador existió un tratamiento desigual hasta el 24 de diciembre de 1997, fecha en la que el Tribunal Constitucional declaró la norma inconstitucional.

80. En relación al artículo 7.5 de la Convención, la Comisión recordó que toda persona sometida a una detención tiene derecho a que una autoridad judicial revise dicha detención sin demora, como medio de control idóneo para evitar las capturas arbitrarias e ilegales. En el caso concreto, el primer pronunciamiento judicial es de fecha 13 de agosto de 1992 y la boleta que da cuenta de la detención no permite establecer con certeza que la presunta víctima haya sido efectivamente presentada ante la autoridad judicial.

81. Respecto al recurso de hábeas corpus, la Comisión sostuvo que el primer recurso presentado en septiembre de 1996 ante el alcalde del Distrito Metropolitano de Quito no tenía carácter judicial. Posteriormente, la sentencia emitida por el Tribunal de Garantías Constitucionales en sede de apelación no fue cumplida sino hasta que existió un segundo pronunciamiento por parte del mismo Tribunal a partir de un segundo hábeas corpus en el año de 1998, por lo que la Comisión encontró que el recurso carecía de efectividad.

82. En consecuencia, la Comisión concluyó que el Estado de Ecuador violó los artículos 7.1, 7.2, 7.3, 7.5, 7.6, 8.2, 24 y 25.2.c de la Convención Americana, en relación con las obligaciones establecidas en los artículos 1.1 y 2 del mismo instrumento, en perjuicio del señor Mario Montesinos Mejía.

83. El *Representante*, en general, coincidió con la Comisión. Agregó que la incomunicación a la cual fue sometida la presunta víctima resultó arbitraria y que el centro de detención no cumplía con los estándares internacionales. Sostuvo, además, que el señor Montesinos no fue informado de las razones de su detención ni de los cargos formulados en su contra, los cuáles conoció hasta noviembre de 1992.

84. Además, estableció que el artículo 7.6 de la Convención, en relación con el artículo 25.1 de la misma, fue violado en razón de que el hábeas corpus no fue conocido por una autoridad judicial. A esto agregó el incumplimiento de la orden dictada por el Tribunal de Garantías Constitucionales en apelación.

85. El *Estado* indicó que realizó una serie de reformas en el ordenamiento jurídico del Ecuador conforme a los estándares internacionales de derechos humanos y en

orden a combatir el tráfico de drogas. Sostuvo que dichas adecuaciones resultan suficientes para cumplir con el mandato del artículo 2 de la Convención Americana.

86. Respecto a las alegadas violaciones del artículo 7 de la Convención, en particular sobre la presunta falta de una orden de captura en contravención del artículo 7.2 de la Convención, el Estado argumentó que las investigaciones policiales que se constatan en el informe de la Dirección Nacional de Investigaciones daban cuenta de que la aprehensión no se dio motivada por una "falsa percepción", sino por una serie de elementos probatorios. Además, destacó que el hecho de que en los procesos judiciales la presunta víctima haya desvirtuado esas pruebas y haya obtenido sentencias favorables, no implicaba que la decisión de apertura de investigaciones haya sido injustificada.

87. Sobre la violación del artículo 7.3, mencionó que la presunta víctima presentó ante el Tribunal de Garantías Constitucionales sus argumentos sobre la incomunicación y detención arbitraria en razón de la inconstitucionalidad del informe policial. Estos argumentos, precisó, fueron en efecto conocidos por dicho Tribunal quien decidió la inadmisión de la pretensión de inconstitucionalidad.

88. En lo que atañe al artículo 7.4 de la Convención, el Estado sostuvo que el señor Montesinos desistió al inicio del proceso del ejercicio de su derecho a la defensa de manera voluntaria. Señaló, además, que a este ejercicio libre del derecho a la defensa se suma la facultad de presentación del hábeas corpus.

89. En relación a la presunta vulneración al artículo 7.5 de la Convención Americana, el Estado sostuvo que las decisiones de prisión preventiva estaban plenamente argumentadas, haciendo énfasis en la decisión del 23 de marzo de 1998 en el proceso de testaferrismo. Agregó que al analizar la dimensión del Operativo "El Ciclón", se identifica que la prisión preventiva fue un mecanismo adecuado para asegurar la comparecencia de todos los implicados en el proceso.

90. Frente al artículo 7.6 de la Convención, el Estado argumentó que el derecho se respetó por medio de la concesión del hábeas corpus por parte del Tribunal Constitucional el 13 de agosto de 1998. Además, estableció que la demora en la presentación de dicho recurso durante cuatro años era solamente imputable al señor Montesinos, referenciando que en otro caso presentado en 1994 sí se dio la libertad de manera ágil.

91. Sobre la presunta violación al artículo 24 de la Convención, el Estado manifestó que el beneficio incluido en el artículo 112 del Código Penal que excluía a personas condenadas por delitos tipificados en la Ley sobre Estupefacientes y Sustancias Psicotrópicas, no era discriminatorio ya que su naturaleza justamente es de un beneficio adicional y no de una garantía a la cual todas las personas tengan acceso. Además, agregó que la Corte Constitucional de Ecuador consideró la norma como constitucional y no discriminatoria.

92. Respecto al artículo 25 de la Convención, el Estado alegó que existían diversas garantías constitucionales que permitían el ejercicio de ese derecho. Particularmente, sostuvo que el recurso de hábeas corpus garantizaba la libertad personal, subrayando que si bien un alcalde conocía del recurso y estos no eran jueces en sentido estricto, su capacidad al momento de decidir el hábeas corpus era equiparable a la de un juez. Además, alegó que el hecho de que se le haya dado la razón al apelante en la segunda instancia, así como la valoración del Tribunal de Garantías Constitucionales en ambos procesos, dan cuenta de que se garantizó la protección judicial.

B. Consideraciones de la Corte

93. La Corte ha sostenido que el contenido esencial del artículo 7 de la Convención Americana es la protección de la libertad del individuo contra toda interferencia arbitraria o ilegal del Estado[70]. Ha afirmado que este artículo tiene dos tipos de regulaciones bien diferenciadas entre sí, una general y otra específica. La general se encuentra en el primer numeral: "[t]oda persona tiene el derecho a la libertad y a la seguridad personales". Mientras que la específica está compuesta por una serie de garantías que protegen el derecho a no ser privado de la libertad ilegalmente (artículo 7.2) o arbitrariamente (artículo 7.3), a conocer las razones de la detención y los cargos formulados en contra del detenido (artículo 7.4), al control judicial de la privación de la libertad y la razonabilidad del plazo de la prisión preventiva (artículo 7.5), a impugnar la legalidad de la detención (artículo 7.6) y a no ser detenido por deudas (artículo 7.7)[71]. Cualquier violación de los numerales 2 al 7 del artículo 7 de la Convención acarreará necesariamente la violación del artículo 7.1 de la misma[72].

94. El artículo 7.2 de la Convención establece que "nadie puede ser privado de su libertad física, salvo por las causas y en las condiciones fijadas de antemano por las Constituciones Políticas de los Estados Partes o por las leyes dictadas conforme a ellas". Este numeral reconoce la garantía primaria del derecho a la libertad física: la reserva de ley, según la cual, únicamente a través de una ley puede afectarse el derecho a la libertad personal[73]. La reserva de ley debe forzosamente ir acompañada del principio de tipicidad, que obliga a los Estados a establecer, tan concretamente como sea posible y "de antemano", las "causas" y "condiciones" de la privación de la libertad física. Adicionalmente, exige su aplicación con estricta sujeción a los procedimientos objetivamente definidos en la ley[74]. De ese modo, el artículo 7.2 de la Convención remite automáticamente a la normativa interna. Cualquier requisito establecido en la ley nacional que no sea cumplido al privar a una persona de su libertad, generará que tal privación sea ilegal y contraria a la Convención Americana[75].

95. Respecto a la interdicción de la "arbitrariedad" en la privación de libertad, mandada por el artículo convencional 7.3, la Corte ha establecido que nadie puede ser sometido a detención o encarcelamiento por causas y métodos que – aun calificados de legales – puedan reputarse como incompatibles con el respeto a los derechos fundamentales del individuo por ser, entre otras cosas, irrazonables, imprevisibles o

---

[70] Cfr. Caso "Instituto de Reeducación del Menor" Vs. Paraguay. Excepciones Preliminares, Fondo, Reparaciones y Costas. Sentencia de 2 de septiembre de 2004. Serie C No. 112, párr. 223, y Caso Romero Feris Vs. Argentina. Fondo, Reparaciones y Costas. Sentencia de 15 de octubre de 2019. Serie C No. 391, párr. 76.

[71] Cfr. Caso Chaparro Álvarez y Lapo Íñiguez Vs. Ecuador. Excepciones Preliminares, Fondo, Reparaciones y Costas. Sentencia de 21 de noviembre de 2007. Serie C No. 170, párr. 51, y Caso Romero Feris Vs. Argentina, párr. 76.

[72] Cfr. Caso Chaparro Álvarez y Lapo Íñiguez Vs. Ecuador, párr. 54, y Caso Romero Feris Vs. Argentina, párr. 76.

[73] Cfr. Caso Chaparro Álvarez y Lapo Íñiguez Vs. Ecuador, párr. 167, y Caso Romero Feris Vs. Argentina, párr. 76.

[74] Cfr. Caso Chaparro Álvarez y Lapo Íñiguez Vs. Ecuador, párr. 57, y Caso Romero Feris Vs. Argentina, párr. 77.

[75] Cfr. Caso Chaparro Álvarez y Lapo Íñiguez Vs. Ecuador, párr. 57, y Caso Romero Feris Vs. Argentina, párr. 77.

faltos de proporcionalidad[76]. Ha considerado que se requiere que la ley interna, el procedimiento aplicable y los principios generales expresos o tácitos correspondientes sean, en sí mismos, compatibles con la Convención. Así, no se debe equiparar el concepto de "arbitrariedad" con el de "contrario a ley", sino que debe interpretarse de manera más amplia a fin de incluir elementos de incorrección, injusticia e imprevisibilidad[77].

96. En cuanto al artículo 7.4, esta Corte ha dicho que "el mismo alude a dos garantías para la persona que está siendo detenida: (i) la información en forma oral o escrita sobre las razones de la detención, y (ii) la notificación, que debe ser por escrito, de los cargos"[78].

97. El artículo 7.5, por su parte, establece que "[t]oda persona detenida o retenida debe ser llevada, sin demora, ante un juez u otro funcionario autorizado por la ley para ejercer funciones judiciales y tendrá derecho a ser juzgada dentro de un plazo razonable o a ser puesta en libertad, sin perjuicio de que continúe el proceso. Su libertad podrá estar condicionada a garantías que aseguren su comparecencia en el juicio." El sentido de esta norma indica que las medidas privativas de la libertad en el marco de procedimientos penales son convencionales siempre que tengan un propósito cautelar, es decir, que sean un medio para la neutralización de riesgos procesales, en particular, la norma se refiere al de no comparecencia al juicio.

98. El artículo 7.5 de la Convención impone límites temporales a la duración de la prisión preventiva en relación con la duración del proceso, indicando que el proceso puede seguir estando la persona imputada en libertad[79]. La Corte ha entendido que "aun cuando medien razones para mantener a una persona en prisión preventiva, el artículo 7.5 garantiza que aquélla sea liberada si el período de la detención ha excedido el límite de lo razonable[80].

99. Como surge de lo ya expuesto, en algunos aspectos, las garantías judiciales previstas en el artículo 8 de la Convención pueden verse estrechamente relacionadas al derecho a la libertad personal. Así, es relevante a efectos del caso señalar que siendo la prisión preventiva una medida cautelar no punitiva[81], mantener privada de libertad a una persona más allá del tiempo razonable para el cumplimiento de los fines que

---

[76] *Cfr. Caso Gangaram Panday Vs. Suriname. Fondo, Reparaciones y Costas*. Sentencia de 21 de enero de 1994. Serie C No. 16, párr. 47, y *Caso Romero Feris Vs. Argentina*, párr. 91.

[77] *Cfr. Caso Chaparro Álvarez y Lapo Íñiguez Vs. Ecuador*, párr. 92, y *Caso Romero Feris Vs. Argentina*, párr. 91.

[78] La Corte ha explicado que "La información de los 'motivos y razones' de la detención debe darse 'cuando ésta se produce', lo cual constituye un mecanismo para evitar detenciones ilegales o arbitrarias desde el momento mismo de la privación de libertad y, a su vez, garantiza el derecho de defensa del individuo. Asimismo, esta Corte ha señalado que el agente que lleva a cabo la detención debe informar en un lenguaje simple, libre de tecnicismos, los hechos y bases jurídicas esenciales en los que se basa la detención y que no se satisface el artículo 7.4 de la Convención si solo se menciona la base legal si la persona no es informada adecuadamente de las razones de la detención, incluyendo los hechos y su base jurídica, no sabe contra cuál cargo defenderse y, en forma concatenada, se hace ilusorio el control judicial" (*Caso Yvon Neptune Vs. Haití. Fondo, Reparaciones y Costas*. Sentencia de 6 de mayo de 2008. Serie C No. 180, párr. 109; *Caso Herrera Espinoza y otros Vs. Ecuador. Excepciones Preliminares, Fondo, Reparaciones y Costas*. Sentencia de 1 de septiembre de 2016. Serie C No. 316, párr. 154, y *Caso Mujeres Víctimas de Tortura Sexual en Atenco Vs. México*, párr. 246).

[79] *Cfr. Caso Bayarri Vs. Argentina. Excepción Preliminar, Fondo, Reparaciones y Costas*. Sentencia de 30 de octubre de 2008. Serie C No. 187, párr. 70, y *Caso Amrhein y otros Vs. Costa Rica. Excepciones Preliminares, Fondo, Reparaciones y Costas*. Sentencia de 25 de abril de 2018, párr. 361.

[80] *Cfr. Caso Bayarri Vs. Argentina*, párr. 74, y *Caso Amrhein y otros Vs. Costa Rica*, párr. 362.

[81] *Caso Suárez Rosero Vs. Ecuador. Fondo*. Sentencia de 12 de noviembre de 1997. Serie C No. 35, párr. 70, y *Caso Norín Catrimán y otros Vs. Chile. Fondo, Reparaciones y Costas*. Serie C No. 279, párr. 354.

justifican su detención equivaldría, en los hechos, a una pena anticipada[82], lo que atentaría no solo contra el derecho a la libertad personal sino también contra la presunción de inocencia contemplada en el artículo 8.2 de la Convención. Otro vínculo entre el derecho a la libertad personal y las garantías judiciales se refiere al tiempo de las actuaciones procesales, en caso en que una persona esté privada de la libertad. Así, la Corte ha señalado que "el principio de 'plazo razonable' al que hacen referencia los artículos 7.5 y 8.1 de la Convención Americana tiene como finalidad impedir que los acusados permanezcan largo tiempo bajo acusación y asegurar que ésta se decida prontamente"[83].

100. Con base en lo anterior y en pautas más específicas que se expresan más adelante, este Tribunal examinará los hechos sucedidos en el caso. Así, analizará: (i) la detención y prisión preventiva del señor Montesinos; (ii) la continuación de la prisión preventiva y su razonabilidad temporal; (iii) el derecho a recurrir ante un juez sobre la legalidad de la detención y el derecho a garantizar el cumplimiento de la resolución judicial, y iv) el principio de presunción de inocencia. Por último, expondrá su conclusión.

B.1. Detención inicial y prisión preventiva del señor Montesinos

B.1.1. Detención inicial

101. El señor Montesinos fue detenido el 21 de junio de 1992 mientras manejaba en la ciudad de Quito. Durante la intervención, los agentes policiales le habrían indicado que contaban con orden de allanamiento para ingresar a su domicilio y posterior detención, la cual, según el agente policial interviniente, habría sido emitida por el Comisario Primero del Cantón Quito. La Corte da cuenta de que la información antes descrita consta en el Parte elevado al Jefe de la Oficina de Investigación del Delito ese mismo día, pero no existe, en el expediente del caso, una orden de detención y allanamiento expedida por una autoridad judicial.

102. Al momento de los hechos, la Constitución Política del Ecuador vigente disponía en su artículo 19.17.g que:

> [n]adie será privado de su libertad sino en virtud de orden escrita de autoridad competente, en los casos, por el tiempo y con las formalidades prescritas por la ley salvo delito flagrante, en cuyo caso tampoco podrá mantenérsele sin fórmula de juicio por más de 24 horas; en cualquiera de los casos, no podrá ser incomunicado por más de 24 horas.

103. El artículo 172 del Código de Procedimiento Penal del Ecuador de 1983, vigente al momento de los hechos, disponía que:

> [c]on el objeto de investigar la comisión de un delito, antes de iniciada la respectiva acción penal, el Juez competente podrá ordenar la detención de una persona, sea por conocimiento personal o por informes verbales o escritos de los agentes de la Policía Nacional o de la Policía Judicial o de cualquier otra persona,

---

[82] *Cfr. Caso Suárez Rosero Vs. Ecuador*, párr. 77, y *Caso Norín Catrimán y otros Vs. Chile*, párr. 311.
[83] *Caso Suárez Rosero Vs. Ecuador*, párr. 70.

que establezcan la constancia del delito y las correspondientes presunciones de responsabilidad.
Esta detención se ordenará mediante boleta que contendrá los siguientes requisitos:

1. Los motivos de la detención;
2. El lugar y la fecha en la que se la expide; y
3. la firma del Juez competente.

Para el cumplimiento de la orden de detención se entregará dicha boleta a un Agente de la Policía Nacional o de la Policía Judicial.

104. Igualmente, el citado Código disponía en su artículo 174 que:

[e]n el caso de delito flagrante cualquier persona puede aprehender al autor y conducirlo a presencia del Juez competente o de un Agente de la Policía Nacional o de la Policía Judicial. En ese último caso, el Agente inmediatamente pondrá al detenido a órdenes del Juez, junto con el parte respectivo.
[…]

105. De conformidad con la normativa referida, vigente al momento de los hechos, se requería orden judicial para detener a una persona, salvo que haya sido aprehendida en delito flagrante [84]. Ante la inexistencia de orden judicial que determinara la detención del señor Montesinos y la ausencia de flagrancia a su respecto, es evidente que su aprehensión se dio ilegalmente, en violación de la norma ecuatoriana, lo que resulta, por lo tanto, violatorio del artículo 7.2 de la Convención Americana sobre Derechos Humanos.

B.1.2. Prisión preventiva

106. Luego de su detención el 21 de junio de 1992, el señor Montesinos fue llevado a un lugar no identificado donde permaneció preso. Sus familiares tampoco tenían conocimiento del lugar de su detención[85]. No hay constancia en el expediente de que haya sido notificado por escrito sobre las razones de su detención, aunque el 25 de junio de 1992 rindió su declaración ante la Dirección Nacional de Investigaciones, pero sin contar con representante legal.

107. Recién el 11 de julio de 1992, el Intendente General de Policía de Pichincha emitió una Boleta Constitucional de Encarcelamiento, en la cual ordenó mantener, entre otros, al señor Montesinos en calidad de detenido por ser "sindicado en el juicio penal por conversión y transferencia de bienes, de conformidad con la ley sobre sustancias estupefacientes y psicotrópicas […] hasta cuando el Juez de derecho resuelva lo que fuere de ley"[86]. El 13 de agosto de 1992, el Juez Primero de lo Penal de Pichincha emitió una nueva Boleta Constitucional de Encarcelamiento, la cual repetía la fórmula de la boleta anterior emitida por la autoridad policial[87]. Asimismo,

---
[84] Esto fue constatado por la Corte con anterioridad: *cfr. Caso Tibi Vs. Ecuador*, párr. 103.
[85] *Cfr.* Declaraciones rendidas ante fedatario público por Maritza Elizabeth, María del Carmen y Vinicio Ricardo Montesinos González (expediente de prueba, folios 2873, 2874, 2880, 2881, 2887 y 2888).
[86] Anexo 7 CIDH (expediente de prueba, folio 62).
[87] Anexo 8 CIDH (expediente de prueba, folio 64).

el expediente aportado a la Corte en el presente caso indica que el señor Montesinos rindió testimonio indagatorio, también sin la presencia de su abogado, ante la Juez Primero de lo Penal de Pichincha, los días 20 de enero y 30 de diciembre de 1993[88].

108. En ninguna de las boletas de encarcelamiento o el parte que describió la detención y allanamiento del domicilio del señor Montesinos se hizo referencia a su situación individual, a los delitos por los cuales habría sido detenido ni a las circunstancias que justificarían mantenerlo preso. Tampoco se observa que durante su declaración rendida el 25 de junio de 1992 se le hayan informado sobre las razones y circunstancias de su detención.

109. Del artículo 7.3 de la Convención se desprende que para que la medida privativa de la libertad no se torne arbitraria debe cumplir con los siguientes parámetros: (i) que existan elementos para formular cargos o llevar a juicio: deben existir indicios suficientes que permitan suponer razonablemente que un hecho ilícito ocurrió y que la persona sometida al proceso pudo haber participado en el mismo[89]; (ii) que la finalidad sea compatible con la Convención[90], a saber: procurar que la persona acusada no impedirá el desarrollo del procedimiento ni eludirá la acción de la justicia[91]; (iii) que las medidas sean idóneas, necesarias y estrictamente proporcionales[92] y (iv) que la decisión que las impone contenga una motivación suficiente que permita evaluar si se ajusta a las condiciones señaladas[93]. Cualquier

---

[88] Anexos 11 t 12 (expediente de prueba, folios 2148 a 2158).

[89] *Cfr. Caso Servellón García y otros Vs. Honduras. Excepción Preliminar, Fondo, Reparaciones y Costas*. Sentencia de 21 de septiembre de 2006. Serie C No. 152, párr. 90, y *Caso Chaparro Álvarez y Lapo Íñiguez Vs. Ecuador*, párrs. 101 y 103. Esto no debe constituir en sí mismo un elemento que sea susceptible de menoscabar el principio de presunción de inocencia contenido en el artículo 8.2 de la Convención. Por el contrario, se trata de un supuesto adicional a los otros requisitos. Esta decisión no debe tener ningún efecto frente a la decisión del juzgador respecto de la responsabilidad del procesado. La sospecha tiene que estar fundada en hechos específicos y articulados con palabras, esto es, no en meras conjeturas o intuiciones abstractas. De allí se deduce que el Estado no debe detener para luego investigar, por el contrario, sólo está autorizado a privar de la libertad a una persona cuando alcance el conocimiento suficiente para poder llevarla a juicio.

[90] *Cfr. Caso Servellón García y otros Vs. Honduras*, párr. 90, y *Caso Mujeres Víctimas de Tortura Sexual en Atenco Vs. México*, párr. 251.

[91] *Cfr. Caso Suárez Rosero Vs. Ecuador*, párr. 77, *Caso Chaparro Álvarez y Lapo Íñiguez Vs. Ecuador*, párr. 170, *Caso Wong Ho Wing Vs. Perú*, párr. 250, y *Caso Mujeres Víctimas de Tortura Sexual en Atenco Vs. México*, párr. 250. La exigencia de dichos fines, encuentra fundamento en los artículos 7.3, 7.5 y 8.2 de la Convención (*Cfr. Caso Usón Ramírez Vs. Venezuela. Excepción Preliminar, Fondo, Reparaciones y Costas*. Sentencia de 20 de noviembre de 2009. Serie C No. 207, párr. 144).

[92] *Cfr. Caso Palamara Iribarne Vs. Chile. Fondo, Reparaciones y Costas*. Sentencia de 22 de noviembre de 2005. Serie C No. 135, párr. 197, y *Caso Mujeres Víctimas de Tortura Sexual en Atenco Vs. México*, párr. 251. Esto significa: (i) *idóneas*, o sea aptas para cumplir con el fin perseguido; (ii) *necesarias*, en el sentido de que sean absolutamente indispensables para conseguir el fin deseado y que no exista una medida menos gravosa respecto al derecho intervenido entre todas aquellas que cuentan con la misma idoneidad para alcanzar el objetivo propuesto, y (iii) que resulten estrictamente proporcionales, de tal forma que el sacrificio inherente a la restricción del derecho a la libertad no resulte exagerado o desmedido frente a las ventajas que se obtienen mediante tal restricción y el cumplimiento de la finalidad perseguida (*Cfr. Caso Chaparro Álvarez y Lapo Íñiguez Vs. Ecuador*, párr. 92, *Caso Argüelles y otros Vs. Argentina. Excepciones Preliminares, Fondo, Reparaciones y Costas*. Sentencia de 20 de noviembre de 2014. Serie C No. 288, párr. 120, *Caso Wong Ho Wing Vs. Perú*, párr. 248, y *Caso Amrhein y otros Vs. Costa Rica*, párr. 356).

[93] *Cfr. Caso García Asto y Ramírez Rojas Vs. Perú. Excepción Preliminar, Fondo, Reparaciones y Costas*. Sentencia de 25 de noviembre de 2005. Serie C No. 137, párr. 128, y *Caso Mujeres Víctimas de Tortura Sexual en Atenco Vs. México*, párr. 251. En efecto, la Corte ha considerado que cualquier restricción a la libertad que no contenga una motivación suficiente (artículo 8.1) que permita evaluar si se ajusta a las condiciones señaladas será arbitraria y, por tanto, viola el artículo 7.3 de la Convención. De este modo, para que se respete la presunción de inocencia (artículo 8.2) al ordenarse medidas cautelares restrictivas de la

restricción a la libertad que no contenga una motivación suficiente que permita evaluar si se ajusta a las condiciones señaladas será arbitraria y, por tanto, violará el artículo 7.3 de la Convención[94].

110. La prisión preventiva del señor Montesinos fue autorizada *post facto*, primero por el Intendente de Policía y posteriormente por un Juzgado Penal. En la primera boleta de encarcelamiento, se menciona que es sindicado en conformidad con la Ley sobre Sustancias Estupefacientes y Psicotrópicas. Por otro lado, en la boleta de encarcelamiento del Juzgado Penal, de 13 de agosto de 1992, se dispone la prisión preventiva con base en el artículo 177 del Código de Procedimiento Penal (en adelante CPP).

111. Dicho artículo 177 del CPP facultaba la autoridad judicial a disponer la prisión preventiva solo con base en indicios sobre la existencia de un delito cuya pena fuera privativa de libertad y sobre la presunción de autoría del acusado[95].

112. En el Caso Herrera Espinoza la Corte concluyó que dicha disposición violó el artículo 2 de la Convención. En aquella sentencia, se señaló que:

> dejaba en manos del juez la decisión sobre la prisión preventiva solo con base en la apreciación de "indicios" respecto a la existencia de un delito y su autoría, sin considerar el carácter excepcional de la misma, ni su uso a partir de una necesidad estricta, y ante la posibilidad de que el acusado entorpezca el proceso o pudiera eludir a la justicia. […] Esta determinación de privación preventiva de la libertad en forma automática a partir del tipo de delito perseguido penalmente, resulta contraria a […] pautas [convencionales], que mandan a acreditar, en cada caso concreto, que la detención sea estrictamente necesaria y tenga como fin asegurar que el acusado no impedirá el desarrollo del procedimiento ni eludirá la acción de la justicia. […] En razón de lo expuesto, este Tribunal constat[ó] que [el] artículo […] 177 […] result[ó] contrario […] al estándar internacional establecido en su jurisprudencia constante respecto de la prisión preventiva[96].

113. La Corte advierte que no consta en el expediente ninguna justificación o motivación formal de parte de la autoridad judicial para ordenar la prisión preventiva del señor Montesinos. Ni siquiera en los autos cabeza de proceso de noviembre de 1992 se encuentra una justificación para mantener a la presunta víctima en prisión preventiva ni tampoco un razonamiento que explique la necesidad de haberlo hecho desde su detención inicial. Aunque los delitos por los cuales fue acusado, previstos en la Ley sobre Sustancias Estupefacientes, eran considerados graves, la falta de argumentación y motivación para mantener la prisión preventiva resultó violatoria de la Convención.

114. La Corte concluye, entonces, que la orden de prisión preventiva dictada contra el señor Montesinos fue arbitraria y, en consecuencia, contravino los artículos

---

libertad, es preciso que el Estado fundamente y acredite, de manera clara y motivada, según cada caso concreto, la existencia de los referidos requisitos exigidos por la Convención.

[94] *Caso García Asto y Ramírez Rojas Vs. Perú*, párrs. 128 y 129, y *Caso Mujeres Víctimas de Tortura Sexual en Atenco Vs. México*, párr. 251.

[95] Código de Procedimiento Penal de Ecuador, Artículo 177: "[e]l juez podrá dictar auto de prisión preventiva cuando lo creyere necesario, siempre que aparezcan los siguientes datos procesales: 1. Indicios que hagan presumir la existencia de un delito que merezca pena privativa de libertad; y, 2. Indicios que hagan presumir que el sindicado es autor o cómplice del delito que es objeto del proceso."

[96] *Caso Herrera Espinoza y otros Vs. Ecuador. Excepciones Preliminares, Fondo, Reparaciones y Costas.* Sentencia de 1 de septiembre de 2016. Serie C No. 316, párrs. 148, 149 y 150.

7.1 y 7.3 de la Convención, en relación con sus artículos 1.1 y 2. Asimismo, en razón de que el señor Montesinos no fue notificado formalmente de los cargos formulados contra él hasta la emisión del auto cabeza de proceso sobre el delito de testaferrismo el 18 de noviembre de 1992 (*infra* párr. 192), la Corte concluye que Ecuador violó el artículo 7.4 de la Convención Americana, en relación con el artículo 1.1 del mismo instrumento, en su perjuicio.

B.2. Revisión de la prisión preventiva

115. Debe examinarse ahora si la continuación o prolongación de la prisión preventiva, fue, en el caso, adecuada.

116. La Corte ha determinado que son las autoridades nacionales las encargadas de valorar la pertinencia o no, de mantener las medidas cautelares que emitan conforme a su propio ordenamiento[97]. La detención preventiva debe estar sometida a revisión periódica, de tal forma que no se prolongue cuando no subsistan las razones que motivaron su adopción[98]. El juez debe valorar periódicamente si las causas, necesidad y proporcionalidad de la medida se mantienen, y si el plazo de la detención ha sobrepasado los límites que imponen la ley y la razón. En cualquier momento en que aparezca que la prisión preventiva no satisface estas condiciones, deberá decretarse la libertad. Al evaluar la continuidad de la medida, "las autoridades internas deben ofrecer los fundamentos suficientes que permitan conocer los motivos por los cuales se mantiene la restricción de la libertad, la cual, para que sea compatible con el artículo 7.3 de la Convención Americana, debe estar fundada en la necesidad de asegurar que el detenido no impedirá el desarrollo eficiente de las investigaciones ni eludirá la acción de la justicia"[99]. De igual forma, ante cada solicitud de liberación del detenido, el juez tiene que motivar, aunque sea en forma mínima, las razones por las cuales considera que la prisión preventiva debe mantenerse[100].

117. Esta Corte ha examinado los tres autos cabeza de proceso, emitidos por la autoridad judicial respecto a los delitos de enriquecimiento ilícito, conversión y transferencia de bienes, y testaferrismo (*supra* párrs. 56 a 59, 60 a 62 y 63 a 71). Sin perjuicio de la descripción de los hechos por los cuales se consideraba la posible existencia de los delitos antes referidos, los jueces únicamente hicieron referencia al supuesto cumplimiento de los requisitos del artículo 177 del CPP para disponer la prisión preventiva de los acusados, entre ellos, del señor Montesinos. Dichos autos, tampoco contienen motivación sobre la necesidad de mantener la prisión preventiva de todos los acusados y, por lo tanto, no consideraron los requisitos de excepcionalidad, necesidad y proporcionalidad para adoptar dicha medida[101].

118. A lo largo del periodo indicado las únicas revisiones de la prisión preventiva fueron efectuadas en virtud de los hábeas corpus presentadas por el señor Montesinos

---

[97] *Cfr. Caso Chaparro Álvarez y Lapo Íñiguez Vs. Ecuador*, párr. 107, y *Caso Romero Feris Vs. Argentina*, párr. 111.
[98] *Cfr. Caso Bayarri Vs. Argentina*, párr. 74, y *Caso Romero Feris Vs. Argentina*, párr. 111.
[99] *Cfr. Caso Bayarri Vs. Argentina*, párr. 74, y *Caso Romero Feris Vs. Argentina*, párr. 111.
[100] *Caso Arguelles y Otros Vs. Argentina. Excepciones Preliminares, Fondo, Reparaciones y Costas*. Sentencia de 20 de noviembre de 2014. Serie C No. 288, párr. 122, y *Caso Romero Feris Vs. Argentina*, párr. 111.
[101] En ese mismo sentido, el perito Reinaldo Calvachi Cruz señaló que, durante la época de los hechos en Ecuador, "las medidas cautelares personales, especialmente la prisión preventiva, no cumplían el requisito de excepcionalidad". Declaración pericial rendida por affidavit por Reinaldo Cavalchi Cruz el 8 de agosto de 2019 (expediente de prueba, folio 2903).

(*supra* párrs. 54 y 55). Como se verá en el acápite correspondiente, en ambos casos el Tribunal de Garantías Constitucionales y el Tribunal Constitucional fallaron a favor del peticionario, aunque solamente a partir de la resolución de 1998 fue puesto en libertad.

119. Por lo expuesto, este Tribunal concluye que la prisión preventiva a la que fue sometido el señor Montesinos se desarrolló en forma arbitraria, sin revisión de oficio por parte del poder judicial durante al menos cuatro años (entre 1992 y 1996), y posteriormente, entre la primera (1996) y la segunda resolución de hábeas corpus (1998), lo que vulneró los artículos 7.1 y 7.3 de la Convención, en relación con el artículo 1.1 del tratado.

B.3. *Razonabilidad del plazo de la prisión preventiva*

120. Respecto a la razonabilidad temporal de la detención, la Corte ha señalado que cuando el plazo de la prisión preventiva sobrepasa lo razonable, el Estado podrá limitar la libertad del imputado con otras medidas menos lesivas que aseguren su comparecencia al juicio, distintas de la privación de libertad[102]. De conformidad al artículo 7.5 de la Convención, la persona detenida tiene derecho "a ser juzgada dentro de un plazo razonable o a ser puesta en libertad". Por ende, si una persona permanece privada preventivamente de su libertad y las actuaciones no transcurren en un tiempo razonable, se vulnera dicha disposición convencional (el artículo 7.5 de la Convención).

121. Este Tribunal también advierte que, en el caso, la prisión preventiva duró más de seis años, esto es, entre junio de 1992 y agosto de 1998. Este prolongado lapso de tiempo de privación de libertad sin que se hubiera producido una sentencia condenatoria en su contra, evidencia que la privación de la libertad fue desproporcionada y permite concluir a la Corte que la duración de la prisión preventiva del señor Montesinos fue irrazonable.

122. En lo que atañe al alegato de que el artículo 114 del Código Penal prohibía solicitudes de excarcelación de acusados por la Ley sobre Estupefacientes y Sustancias Psicotrópicas[103], la Corte se refiere a lo decidido en el *Caso Suárez Rosero Vs. Ecuador*, en el cuál también fue aplicada dicha norma. Al respecto, la Corte afirmó que la excepción contenida en el último párrafo del artículo 114 bis "despoja a una parte de la población carcelaria de un derecho fundamental en virtud del delito imputado en su contra y, por ende, lesiona intrínsecamente a todos los miembros de dicha categoría de inculpados. En el caso concreto del señor Suárez Rosero esa norma ha sido aplicada y le ha producido un perjuicio indebido. La Corte hace notar, además, que, a su juicio, esa norma per se viola el artículo 2 de la Convención Americana"[104].

123. En el caso del señor Montesinos, el artículo 114 fue aplicado por la autoridad administrativa al no dar cumplimiento a la resolución de hábeas corpus del Tribunal

---

[102] *Cfr. Caso Bayarri Vs. Argentina*, párr. 70, y *Caso Romero Feris Vs. Argentina*, párr. 109.
[103] Código Penal, Artículo 114 bis: "[l]as personas que hubieren permanecido detenidas sin haber recibido auto de sobreseimiento o de apertura al plenario por un tiempo igual o mayor a la tercera parte del establecido por el Código Penal como pena máxima para el delito por el cual estuvieren encausadas, serán puestas inmediatamente en libertad por el juez que conozca el proceso. De igual modo las personas que hubieren permanecido detenidas sin haber recibido sentencia, por un tiempo igual o mayor a la mitad del establecido por el Código Penal como pena máxima por el delito por el cual estuvieren encausadas, serán puestas en libertad por el tribunal penal que conozca el proceso. Se excluye de estas disposiciones a los que estuvieren encausados, por delitos sancionados por la Ley sobre Sustancias Estupefacientes y Psicotrópicas".
[104] *Caso Suárez Rosero Vs. Ecuador*, párrs. 97 y 98.

de Garantías Constitucionales de 31 de octubre de 1996, la cual concedió la libertad al señor Montesinos. Ante la falta de cumplimiento de dicha resolución, el abogado de la presunta víctima interpuso un reclamo ante el Tribunal Constitucional, solicitando la inmediata libertad del señor Montesinos y la destitución del Director del Centro de Rehabilitación Social. Al respecto, la Primera Sala del Tribunal Constitucional adoptó una providencia el 19 de agosto de 1997 en la cual afirmó que "procede la libertad del encausado [Montesinos] en todos los casos allí señalados, con excepción de aquellos que se encuentren sancionados por la Ley sobre Sustancias Estupefacientes y [Ps]icotrópicas" y negó el pedido del abogado del señor Montesinos[105]. De lo anterior se observa que, en efecto, el artículo 114 del Código Penal producía una restricción indebida y desigual de la libertad a los acusados por delitos contenidos en la Ley sobre Sustancias Estupefacientes y Psicotrópicas, en comparación con todos los demás acusados de cometer delitos en Ecuador. En el presente caso, se estableció dicho trato diferenciado concretamente a través de las resoluciones antes indicadas[106].

124. Por lo expuesto, este Tribunal concluye que el período de seis años y dos meses durante los cuales el señor Montesinos estuvo en prisión preventiva, resultó irrazonable, excesivo y violatorio de los artículos 7.1 y 7.5 de la Convención, en relación con el artículo 1.1 del tratado.

125. En lo que respeta al trato desigual alegado por el representante y la Comisión, el Tribunal ha establecido que los Estados deben abstenerse de realizar acciones que de cualquier manera vayan dirigidas, directa o indirectamente, a crear situaciones de discriminación *de jure* o *de facto*[107]. Asimismo, en caso de que el trato discriminatorio se refiera a una protección desigual de la ley interna o su aplicación, el hecho debe analizarse a la luz del artículo 24 de la Convención Americana[108] en relación con las categorías protegidas por el artículo 1.1 de la Convención. La Corte recuerda que una diferencia de trato es discriminatoria cuando la misma no tiene una justificación objetiva y razonable[109], es decir, cuando no persigue un fin legítimo y no existe una relación razonable de proporcionalidad entre los medios utilizados y el fin perseguido[110].

126. En el presente caso la Corte advierte el trato diferenciado como resultado de la aplicación del artículo 114 bis del Código Penal que limitaba el goce del recurso de *hábeas corpus* (*supra* párr. 123). La Corte observa que la exclusión automática del

---

[105] Providencia de 19 de agosto de 1997 de la Sala Primera del Tribunal Constitucional (expediente de pruebas, folio 2083).

[106] Al respecto, afirmó el perito Reinaldo Cavalchi Cruz que "no cabe duda de que mientras estuvo vigente [el artículo 116 de la Ley 108 sobre Sustancias Estupefacientes] (más de 7 años), se afectó a todos los procesados bajo la Ley 108. Cabe agregar que esta norma también contravenía el derecho a la igualdad y al principio de no discriminación, reconocidos en el numeral 4 del artículo 19 de la Constitución Política". Declaración pericial rendida por affidavit por Reinaldo Cavalchi Cruz el 8 de agosto de 2019 (expediente de prueba, folio 2907).

[107] *Cfr. Condición jurídica y derechos de los migrantes indocumentados*. Opinión Consultiva OC-18/03 de 17 de septiembre de 2003. Serie A No. 18, párr. 103, y *Caso Jenkins Vs. Argentina. Excepciones Preliminares, Fondo, Reparaciones y Costas*. Sentencia de 26 de noviembre de 2019. Serie C No. 397, párr. 91.

[108] *Cfr. Caso Apitz Barbera y otros ("Corte Primera de lo Contencioso Administrativo") Vs. Venezuela. Excepción Preliminar, Fondo, Reparaciones y Costas*. Sentencia de 5 de agosto de 2008. Serie C No. 182, párr. 209, y *Caso Jenkins Vs. Argentina*, párr. 91.

[109] *Cfr. Condición Jurídica y Derechos Humanos del Niño*. Opinión Consultiva OC-17/02 del 28 de agosto de 2002. Serie A No. 17, párr. 46, y *Caso Jenkins Vs. Argentina*, párr. 91.

[110] *Cfr. Caso Norín Catrimán (Dirigentes, Miembros y Activista del Pueblo Indígena Mapuche) y otros Vs. Chile*, párr. 200, y *Caso Jenkins Vs. Argentina*, párr. 91.

beneficio de la excarcelación únicamente sobre la base del delito específico que se le imputaba al señor Montesinos, sin que se brindara una explicación sobre la finalidad específica que buscaba la diferencia de trato, su idoneidad, necesidad, proporcionalidad y, además, sin tener en cuenta las circunstancias personales del imputado[111].

127. Sin perjuicio de lo anterior, es menester precisar que el 16 de diciembre de 1997 se declaró la inconstitucionalidad de varios artículos de la Ley sobre Sustancias Estupefacientes y Psicotrópicas[112], entre ellos, el referido párrafo cuarto del artículo 114 del Código Penal que excluía del beneficio de posibilidad de responder al proceso en libertad.

128. Por todo lo anterior, la Corte concluye que la excepción contenida en el artículo 114 bis del Código Penal vigente a la época de los hechos violó el derecho a la igualdad ante la ley, establecido en el artículo 24 de la Convención Americana sobre Derechos Humanos, en relación con los artículos 1.1, 2, 7.5 y 7.6 del mismo instrumento, en perjuicio del señor Mario Montesinos.

B.4. Derecho a recurrir ante un juez sobre la legalidad de la detención

129. Conforme lo ha establecido la Corte, el artículo 7.6 de la Convención protege el derecho de toda persona privada de la libertad a recurrir la legalidad de su detención ante un juez o tribunal competente, a fin de que éste decida, sin demora, sobre la legalidad de la privación de libertad y, en su caso, decrete su libertad[113]. Al respecto, la Corte ha destacado que la autoridad que debe decidir la legalidad del arresto o detención debe ser un juez o tribunal. Asimismo, ha precisado que los recursos disponibles para el cumplimiento de esta garantía "no sólo deben existir formalmente en la legislación sino que deben ser efectivos, esto es, cumplir con el objetivo de obtener sin demora una decisión sobre la legalidad del arresto o de la detención"[114].

130. En este marco, la Corte ya se ha pronunciado sobre la incompatibilidad del recurso de hábeas corpus vigente en Ecuador a la fecha de los hechos del presente caso con la Convención Americana sobre Derechos Humanos. Así, en el caso *Chaparro Álvarez y Lapo Íñiguez Vs. Ecuador*, la Corte determinó que aun cuando de acuerdo con la ley podía ser el alcalde el competente para conocer el recurso de hábeas corpus, este no constituía una autoridad judicial, pues, conforme lo determinaba la propia Constitución ecuatoriana vigente a la época, el alcalde es una autoridad del "régimen seccional", es decir, hace parte de la Administración[115].

131. Del mismo modo, en el referido caso, la Corte examinó el recurso de apelación ante el Tribunal de Garantías Constitucionales que contemplaba el proceso de hábeas corpus en Ecuador. Al respectó, estableció que exigir que los detenidos tengan que apelar las resoluciones del alcalde para que su caso sea conocido por una autoridad judicial generaba obstáculos a un recurso que debía ser, por su propia naturaleza, sencillo. Además, señaló que la ley establecía que era deber del alcalde

---

[111] *Cfr. Caso Argüelles y otros Vs. Argentina*, párr. 227, y *Caso Jenkins Vs. Argentina*, párr. 92.
[112] Resolución No. 119-1-97 del Tribunal Constitucional (expediente de prueba, folios 2054 a 2056).
[113] *Cfr. El Hábeas Corpus Bajo Suspensión de Garantías (arts. 27.2, 25.1 y 7.6 Convención Americana sobre Derechos Humanos)*. Opinión Consultiva OC-8/87 de 30 de enero de 1987, párr. 33; *Caso Romero Feris Vs. Argentina*, párr. 122.
[114] *Cfr. Caso Acosta Calderón Vs. Ecuador. Fondo, Reparaciones y Costas*. Sentencia de 24 de junio de 2005. Serie C No.129, párr. 97, y *Caso Amrhein y otros Vs. Costa Rica*, párr. 370.
[115] *Caso Chaparro Álvarez y Lapo Íñiguez Vs. Ecuador*, párr. 128.

resolver el recurso en 48 horas y, en el mismo plazo, remitir lo actuado al Tribunal Constitucional si éste así lo requería, lo cual significaba que el detenido debía esperar al menos 4 días para que el Tribunal Constitucional conociera su asunto, a lo cual debe sumarse el hecho de que la ley no establecía un plazo para que el Tribunal Constitucional resolviera la apelación. Además, indicó, que el Tribunal Constitucional era el único órgano judicial competente para conocer las apelaciones de las denegatorias de los hábeas corpus de todo el país[116].

132. En el presente caso, se ha probado que el 10 de septiembre de 1996 el señor Montesinos interpuso un recurso de hábeas corpus ante el alcalde del Distrito Metropolitano de Quito el cual fue rechazado seis días después[117]. Se ha probado, además, que frente a dicha decisión se interpuso un recurso de apelación producto del cual, el 30 de octubre de 1996, el Tribunal de Garantías Constitucionales dispuso la inmediata liberación de la presunta víctima[118]. Asimismo, no existe contradicción y ha sido probado que, a pesar de la orden de liberación inmediata, el señor Montesinos continuó privado de su libertad[119], no siendo hasta la resolución del Tribunal de Garantías Constitucionales de 13 de agosto de 1998[120] que, una vez aceptada la apelación presentada por la presunta víctima ante el rechazo de un nuevo recurso de hábeas corpus presentado[121], se dispuso y fue cumplida la orden de liberación inmediata del señor Montesinos[122]. Así, se encuentra probado que el señor Montesinos estuvo detenido por aproximadamente 6 años y dos meses[123] sin que se dictara sentencia.

133. Por lo anterior, al no cumplir el recurso de hábeas corpus vigente a la fecha de los hechos del presente caso con el deber de sometimiento, sin demora, ante una autoridad judicial, y la falta de efectividad de la Resolución de 30 de octubre de 1996, la Corte declara que en el presente caso el Estado vulneró el artículo 7.6 de la Convención, en relación con los artículos 1.1 y 2 del mismo instrumento.

134. Dado el análisis realizado en el presente acápite sobre la inefectividad, en relación al artículo 7.6 de la Convención Americana, del hábeas corpus vigente en Ecuador a la fecha de los hechos del presente caso, la Corte no considera necesario analizar los mismos hechos bajo el artículo 25.2.c de la Convención.

---

[116] *Caso Chaparro Álvarez y Lapo Íñiguez Vs. Ecuador*, párr. 129.
[117] Resolución 182-96-CP emitida por el Tribunal de Garantías Constitucionales dentro del marco del caso No. 45/96-TC (expediente de prueba, folio 46); Recurso de *Hábeas corpus* interpuesto por el señor Alejandro Ponce Villacís en favor de Mario Montesinos Mejía el 14 de abril de 1998 (expediente de prueba, folios 346 a 348).
[118] Resolución 182-96-CP emitida por el Tribunal de Garantías Constitucionales dentro del marco del caso No. 45/96-TC (expediente de prueba, folios 53 y 2814).
[119] Nota de prensa: "DDHH El TC pide la excarcelación. Montesinos: su libertad en debate". Artículo publicado en el diario El Comercio el 23 de noviembre de 1996 (expediente de prueba, folio 344); Resolución de la Primera Sala del Tribunal Constitucional de 19 de agosto de 1997 (expediente de prueba, folio 2083); Recurso de *Hábeas corpus* interpuesto por el señor Alejandro Ponce Villacís en favor de Mario Montesinos Mejía el 14 de abril de 1998 (expediente de prueba, folio 346); Resolución 119-HC-98-I.S. de 13 de agosto de 1998, emitida por el Tribunal de Garantías Constitucionales dentro del marco del caso No. 207-98-HC (expediente de prueba, folio 2827).
[120] Resolución 119-HC-98-I.S. de 13 de agosto de 1998, emitida por el Tribunal de Garantías Constitucionales dentro del marco del caso No. 207-98-HC (expediente de prueba, folioa 2825 a 2830).
[121] Recurso de *Hábeas corpus* interpuesto por el señor Alejandro Ponce Villacís en favor de Mario Montesinos Mejía el 14 de abril de 1998 (expediente de prueba, folios 346 y 347).
[122] Escrito de Solicitudes, Argumentos y Pruebas (expediente de fondo, folio 85); Escrito de contestación del Estado (expediente de fondo, folio 213).
[123] Resolución 119-HC-98-I.S. de 13 de agosto de 1998, emitida por el Tribunal de Garantías Constitucionales dentro del marco del caso No. 207-98-HC (expediente de prueba, folio 2827).

B.5. Presunción de inocencia

135. El artículo 8.2 de la Convención establece que "[t]oda persona inculpada de delito tiene derecho a que se presuma su inocencia mientras no se establezca legalmente su culpabilidad".

136. Tal como lo ha expresado la Corte, la prisión preventiva constituye la medida más severa que se puede imponer a una persona imputada y, por ello, debe aplicarse excepcionalmente: la regla debe ser la libertad de la persona procesada mientras se resuelve acerca de su responsabilidad penal[124]. Uno de los principios que limitan la prisión preventiva es el de presunción de inocencia, contenido en el artículo 8.2, según el cual una persona es inocente hasta que su culpabilidad sea demostrada[125]. De esta garantía se desprende que los elementos que acreditan la existencia de los fines legítimos de la privación preventiva de la libertad tampoco se presumen, sino que el juez debe fundar su decisión en circunstancias objetivas y ciertas del caso concreto[126], que corresponde acreditar al titular de la persecución penal y no al acusado, quien, además, debe tener la posibilidad de ejercer el derecho de contradicción y estar debidamente asistido por un abogado[127]. Así, la Corte ha sostenido que las características personales del supuesto autor y la gravedad del delito que se le imputa no son, por sí mismos, justificación suficiente de la prisión preventiva[128].

137. En ese sentido, es una regla general que el imputado afronte el proceso penal en libertad.[129] En caso contrario se estaría cometiendo una injusticia al privar de libertad, por un tiempo desproporcionado, a personas cuya responsabilidad criminal no ha sido establecida, lo que implicaría anticipar una pena[130].

138. Este Tribunal ha determinado que la detención del señor Montesinos fue ilegal y que, tanto la orden de prisión preventiva como su vigencia, no fueron justificadas ni motivadas, razón por la cual resultaron arbitrarias. Por tanto, la prolongación de la privación de libertad hasta el momento en que se resolvió el segundo recurso de hábeas corpus por parte del Tribunal Constitucional fue equivalente a una pena anticipada, contraria a la presunción de inocencia.

139. El Estado, por ello, violó el derecho a la presunción de inocencia del señor Montesinos consagrado en el artículo 8.2 de la Convención, en relación con el artículo 1.1 de la misma.

---

[124] *Entre otros, Caso Tibi Vs. Ecuador*, párr. 106; *Caso Acosta Calderón Vs. Ecuador*, párr. 74; *Caso Palamara Iribarne Vs. Chile*, párr. 196; *Caso Lopez Alvarez Vs. Honduras. Fondo, Reparaciones y Costas.* Sentencia de 1 de febrero de 2006. Serie C No 191, párr. 67, y *Caso Jenkins Vs. Argentina*, párr. 72.

[125] *Cfr. Caso Ricardo Canese Vs. Paraguay. Fondo, Reparaciones y Costas.* Sentencia de 31 de agosto de 2004. Serie C No. 111, párr. 153, y *Caso Hernández Vs. Argentina. Excepciones Preliminares, Fondo, Reparaciones y Costas.* Sentencia de 22 de noviembre de 2019. Serie C No 395, párr. 109.

[126] *Cfr Caso Amrhein y otros Vs. Costa Rica*, párr. 357, y *Caso Hernández Vs. Argentina*, párr. 109.

[127] *Cfr. Caso Bayarri Vs. Argentina*, párr. 74, y *Caso Hernández Vs. Argentina*, párr. 116.

[128] *Cfr. Caso López Álvarez Vs. Honduras*, párr. 69, y *Caso Hernández Vs. Argentina*, párr. 109. En el mismo sentido la Comisión Interamericana ha sostenido que: "Por lo tanto, es contrario a esta norma y al derecho a la presunción de inocencia, e incongruente con el principio de interpretación *pro homine*, el que se justifique la detención previa al juicio en fines preventivos como la peligrosidad del imputado, la posibilidad de que cometa delitos en el futuro o la repercusión social del hecho. No sólo por las razones expuestas, sino porque se apoyan en criterios de derecho penal material, no procesal, propios de la respuesta punitiva. Informes sobre el uso de la prisión preventiva en las Américas. OEA/Ser.L/V/II. Doc. 46/13. 30 diciembre 2013, párr. 144.

[129] *Caso López Álvarez Vs. Honduras*, párr. 67, y *Caso Hernández Vs. Argentina*, párr. 106.

[130] *Caso Suárez Rosero Vs. Ecuador*, párr. 77, y *Caso Amrhein y Otros Vs. Costa Rica*, párr. 387.

B.6. Conclusión

140. Por todo lo anterior, la Corte determina que Ecuador violó los derechos a la libertad personal, a las garantías judiciales y la protección judicial, establecidos en los artículos 7.1, 7.2, 7.4, 7.5, 8.2 y 24 de la Convención Americana sobre Derechos Humanos, en relación con el artículo 1.1 del tratado, así como los artículos 7.1, 7.3 y 7.6 del mismo instrumento, en relación con los artículos 1.1 y 2.

VII-2
DERECHO A LA INTEGRIDAD PERSONAL[131] Y OBLIGACIÓN DE INVESTIGAR DENUNCIAS DE TORTURA[132]

A. Alegatos de las partes y la Comisión

141. La *Comisión* alegó que la Convención Americana prohíbe, expresamente, la tortura y las penas o tratos crueles, inhumanos o degradantes y que la jurisprudencia interamericana ha establecido que dicha prohibición emana *del ius cogens*. Asimismo, mencionó que las víctimas de tortura no cuentan con medios para comprobar la existencia de los elementos necesarios para definir una conducta como tortura.

142. Respecto del caso concreto, resaltó que el señor Montesinos estuvo detenido junto al señor Suárez Rosero[133] en el marco del mismo operativo, razón por la cual sus alegatos guardaban similitud. En específico, encontró que el señor Montesinos había sido amenazado, estuvo detenido en una celda de 11 metros cuadrados con otras 13 personas, fue golpeado por agentes estatales y estuvo incomunicado, dando cuenta, además, de que el certificado médico de fecha 21 de junio de 1992, fue realizado por la policía, es decir, por el ente responsabilizado de los hechos antes expuestos. A lo anterior, añadió que el Estado no inició ninguna investigación respecto de la denuncia realizada por el señor Montesinos en su primer hábeas corpus, relativa a golpes y amenazas que habría recibido.

143. En consideración de lo anterior, concluyó que, en el presente caso, existieron cuando menos tratos crueles, inhumanos y degradantes, en contravención de las garantías convencionales, así como, vulneraciones a la integridad personal del señor Montesinos en razón de la falta de investigación de los hechos alegados, por lo que encontró al Estado responsable por la vulneración de los artículos 5.1 y 5.2 de la Convención Americana. De igual forma, indicó que el Estado no investigó las denuncias del señor Montesinos a pesar de que este, en su primer recurso de hábeas corpus, alegó que fue víctima de golpes, malos tratos y amenazas. Por lo anterior, concluyó que el Estado violó los derechos a las garantías judiciales y la protección judicial. Además, tomando en cuenta que la Convención Interamericana para Prevenir y Sancionar la Tortura entró en vigor en Ecuador el 9 de diciembre de 1999, consideró que la falta de investigación de las denuncias de tortura en este caso también constituyó una violación de las obligaciones contenidas en los artículos 1, 6 y 8 de dicho instrumento, desde la entrada en vigencia de dicho instrumento.

---

[131] Artículos 5.1, 5.2 de la Convención Americana.
[132] Artículos 5.2 de la Convención Americana y 1, 6, y 8 de la Convención Interamericana para Prevenir y Sancionar la Tortura.
[133] *Cfr. Caso Suárez Rosero Vs. Ecuador. Fondo*. Sentencia de 12 de noviembre de 1997. Serie C No. 35.

144. El *Representante* alegó que las acciones tomadas por los agentes estatales al momento de la detención del señor Montesinos, constituyeron una vulneración al derecho a la integridad personal. Agregó que fue vulnerado el artículo 5.2 de la Convención en perjuicio del señor Montesinos por haber sido sometido a tortura y tratos crueles, inhumanos y degradantes debido a las condiciones penitenciarias, incomunicación y el trato que recibió en los centros de detención. A eso sumó que estos hechos ya habrían sido valorados por la Corte en el *Caso Suárez Rosero Vs. Ecuador*. Sostuvo, además, una violación al artículo 5.3 de la Convención, debido a que los procesos penales en contra del señor Montesinos habrían afectado los derechos de la señora Marcia González Rubio.

145. El *Estado* alegó que la Constitución vigente al momento de los hechos, así como la ulterior, establecían la garantía a la integridad personal y prohibían la tortura y los tratos crueles, inhumanos o degradantes. Destacó, que la Comisión en sus informes valoró de manera positiva los esfuerzos realizados por el Estado de Ecuador en relación a las respuestas a denuncias de este tipo, por lo que las alegadas prácticas sistemáticas no tendrían respaldo alguno.

146. En relación con la presunta afectación al artículo 5.1 de la Convención Americana, sostuvo que constaba de los reportes policiales la existencia de órdenes judiciales que autorizaban la detención y posterior allanamiento en contra del señor Montesinos; agregó que él mismo dio autorización para ingresar a su domicilio. Sostuvo que no existen pruebas que permitan acreditar las alegadas amenazas al momento de la detención.

147. Además, señaló que no existió vulneración al artículo 5.2 de la Convención, ya que los datos que presentó el representante no resultan concretos ni específicos. Alegó que los presuntos actos de tortura colectiva no hacen referencia particularmente al señor Montesinos y que en el trámite del procedimiento no hay sustento fáctico para mantener esta posición.

148. Respecto al artículo 5.3 de la Convención Americana, el Estado alegó que el representante no acreditó la vulneración a la integridad personal de la cónyuge del señor Montesinos, sino afectaciones al derecho a la propiedad. Además, sostuvo que ella no fue detenida ni sometida a tratos crueles, inhumanos o degradantes.

149. Por otro lado, el Estado indicó que las instituciones de protección y las normas han evolucionado de forma dinámica desde la Constitución Política de la República vigente a la época en la que se alegan los hechos del presente caso. Así, precisó, la Constitución de la República de 2008 ha establecido una red de protección nacional en materia de derechos humanos dentro de cuyo marco tiene lugar la actual norma penal integral conocida como Código Orgánico Integral Penal que responde a estándares interamericanos y universales de derechos humanos. Finalmente, resaltó que dicho Código tipifica infracciones como la omisión de denuncia de tortura, la desaparición forzada y la violencia sexual en conflicto armado. Por lo anterior, concluyó, el Estado ha honrado sus compromisos respondiendo a los estándares interamericanos y universales de derechos humanos.

B. CONSIDERACIONES DE LA CORTE

150. La Convención Americana reconoce expresamente el derecho a la integridad personal, física y psíquica, cuya infracción "es una clase de violación que tiene diversas connotaciones de grado y […] cuyas secuelas físicas y psíquicas varían de intensidad según los factores endógenos y exógenos que deberán ser demostrados en

cada situación concreta"[134]. Asimismo, esta Corte ha indicado que, de conformidad con el artículo 5.1 y 5.2 de la Convención, toda persona privada de libertad tiene derecho a vivir en condiciones de detención compatibles con su dignidad persona[135]. Al respecto, ha precisado que el Estado, como responsable de los establecimientos de detención, se encuentra en una posición especial de garante de los derechos de toda persona que se halle bajo su custodia[136]. Esto implica el deber de salvaguardar la salud y el bienestar de los reclusos, brindándoles, entre otras cosas, la asistencia médica requerida, y de garantizar que la manera y el método de privación de libertad no excedan el nivel de sufrimiento inherente a la detención[137].

151. De acuerdo con lo establecido por la Corte, de conformidad con el artículo 1.1 de la Convención Americana, la obligación de garantizar los derechos reconocidos en los artículos 5.1 y 5.2 de la Convención Americana implica el deber del Estado de investigar posibles actos de tortura u otros tratos crueles, inhumanos o degradantes. Tal obligación se ve precisada por los artículos 1, 6 y 8 de la Convención Interamericana para Prevenir y Sancionar la Tortura[138], todo ello dentro de la obligación general, a cargo de los mismos Estados, de garantizar el libre y pleno ejercicio de los derechos reconocidos por la Convención a toda persona que se encuentre bajo su jurisdicción (artículo 1.1)[139]. Sobre el deber de investigar, ha especificado que es una obligación de medio y no de resultado, la cual debe ser asumida por el Estado como un deber jurídico propio[140] e iniciarse de oficio e inmediatamente cuando existe denuncia o razón fundada para creer que se ha cometido un acto de tortura[141].

152. Asimismo, en relación con hechos sucedidos durante la privación de libertad bajo custodia estatal, este Tribunal ha indicado que la falta de investigación "impide que el Estado presente una explicación satisfactoria y convincente de los maltratos alegados y desvirtuar las alegaciones sobre su responsabilidad, mediante elementos probatorios adecuados"[142].

153. En el presente caso, los alegatos de la Comisión y del representante se refieren al trato recibido durante el período en que estuvo privado de libertad, en particular, que el señor Montesinos fue amenazado, estuvo detenido en una celda de 11 metros cuadrados con otras 13 personas, fue golpeado por agentes estatales y estuvo incomunicado por ocho días. El Estado no ha aportado prueba que desvirtúe los alegatos presentados por la Comisión y el representante ni ha desvirtuado los

---

[134] Cfr. Caso Loayza Tamayo Vs. Perú. Fondo. Sentencia de 17 de septiembre de 1997. Serie C No. 33, párr. 57, y Caso Mujeres Víctimas de Tortura Sexual en Atenco Vs. México, párr. 177.
[135] Cfr. Caso Neira Alegría y otros Vs. Perú. Fondo. Sentencia de 19 de enero de 1995. Serie C No 20, párr. 60, y Caso Rodríguez Revolorio y otros Vs. Guatemala. Excepciones Preliminares, Fondo, Reparaciones y Costas. Sentencia de 14 de octubre de 2019. Serie C No 387, párr. 71.
[136] Cfr. Caso Neira Alegría y otros Vs. Perú, párr. 60, y Caso Rodríguez Revolorio y otros Vs. Guatemala, párr. 71.
[137] Cfr. Caso "Instituto de Reeducación del Menor" Vs. Paraguay. Excepciones Preliminares, Fondo, Reparaciones y Costas. Sentencia de 2 de septiembre de 2004. Serie C No. 112, párr. 159, y Caso Rodríguez Revolorio y otros Vs. Guatemala, párr. 71.
[138] Cfr. Caso Ximenes Lopes Vs. Brasil. Sentencia de 4 de julio de 2006. Serie C No. 149, párr. 147, y Caso Herrera Espinoza y otros Vs. Ecuador, párr. 103.
[139] Cfr. Caso Velásquez Rodríguez Vs. Honduras. Excepciones Preliminares, párr. 91, y Caso Herrera Espinoza y otros Vs. Ecuador, párr. 103.
[140] Cfr. Caso Velásquez Rodríguez Vs. Honduras. Fondo, párr. 177, y Caso Herrera Espinoza y otros Vs. Ecuador, párr. 103.
[141] Caso Tibi Vs. Ecuador, párr. 159, y Caso Herrera Espinoza y otros Vs. Ecuador, párr. 103.
[142] Caso J. Vs. Perú, párr. 353, y Caso Herrera Espinoza y otros Vs. Ecuador, párr. 105.

alegatos sobre amenazas e incomunicación, pero si negó la alegada intervención violenta y golpes por parte del Grupo de Intervención y Rescate de la Policía de 23 de julio de 1992. Asimismo, el único documento médico que consta en el expediente es un brevísimo examen realizado el día de la detención, esto es, el 21 de junio de 1992, en el cual simplemente se indica que "no hay novedad".

154. En relación con el *Caso Suárez Rosero Vs. Ecuador*, la Corte observa que efectivamente el señor Montesinos estuvo detenido junto al señor Suárez Rosero en el llamado Regimiento Quito y también en el Penal García Moreno[143]. El señor Suárez Rosero, en su declaración testimonial ante esta Corte, ratificó los malos tratos, condiciones de detención deficientes y golpizas recibidas por su persona y el señor Montesinos.

155. El Estado no ha logrado desvirtuar los hechos violatorios a la integridad personal del señor Montesinos en razón de no haber presentado argumentos o hechos concretos al respecto, así como por no haber presentado prueba alguna que determine el estado de salud y las condiciones de detención del señor Montesinos durante los más de seis años en que estuvo privado de la libertad. Lo anterior, sumado a las constataciones fácticas y jurídicas realizadas por la Corte en la sentencia del caso Suárez Rosero sobre el tratamiento recibido durante su detención[144], llevan la Corte a establecer que las condiciones de detención y tratamiento a las que fue sometido el señor Montesinos representaron un trato cruel, inhumano y degradante.

156. También se encuentra probado que el señor Montesinos, en su recurso de hábeas corpus presentando el 10 de septiembre de 1996, denunció haber sido sometido a tortura y procedimientos inhumanos y degradantes. Esto fue, además, referido por el Tribunal de Garantías Constitucionales en su sentencia de apelación de fecha 30 de octubre de 1996, en la cual se limitó a indicar que no podía pronunciarse sobre los alegados tratos inhumanos "por no haberse presentado pruebas al respecto", sin disponer, a pesar de haber concedido el recurso de hábeas corpus y dado cuenta de la incomunicación de la que fue víctima el señor Montesinos[145], el inicio de alguna investigación al respecto[146].

157. Adicionalmente a los recursos de hábeas corpus planteados, es importante destacar que el señor Montesinos y su representante legal dieron conocimiento a autoridades judiciales sobre los malos tratos y tortura que había sufrido durante su privación de libertad. Así, por ejemplo, en la carta remitida por el señor Montesinos al Presidente de la Corte Suprema de Justicia el 13 de octubre de 1995, este denunció la "situación abismal" en que se encontraban los privados de libertad en su pabellón[147].

158. En razón de lo expuesto, es claro que el Estado tuvo conocimiento de los actos de violencia en contra del señor Montesinos, sin embargo de lo cual no inició ninguna investigación al respecto.

159. Por tanto, la Corte concluye que el Estado incumplió con sus obligaciones de respetar y garantizar el derecho a la integridad personal, vulnerando los artículos 5.1 y

---

[143] Declaración rendida ante fedatario público por Rafael Iván Suárez Rosero el 7 de agosto de 2019 (expediente de pruebas, folios 2895 y 2896).
[144] *Caso Suárez Rosero Vs. Ecuador*, párr. 91.
[145] Resolución 182-96-CP emitida por el Tribunal de Garantías Constitucionales dentro del marco del caso No. 45/96-TC (expediente de prueba, folio 48).
[146] Resolución 182-96-CP emitida por el Tribunal de Garantías Constitucionales dentro del marco del caso No. 45/96-TC (expediente de prueba, folios 46 y 47).
[147] Carta remitida al Presidente de la Corte Suprema de Justicia el 13 de octubre de 1995 (expediente de prueba, folios 68 y 69).

5.2, en relación con el artículo 1.1 de la Convención, en perjuicio de Mario Montesinos Mejía.

160. Asimismo, la Corte concluye que, con posterioridad al 9 de diciembre de 1999, la falta de investigación de la denuncia de tortura y malos tratos resultó en la vulneración de los artículos 1, 6 y 8 de la Convención Interamericana para Prevenir y Sancionar la Tortura, en perjuicio del señor Montesinos.

161. En relación con la alegada violación del artículo 5.3 de la Convención en perjuicio de la señora Marcia González Rubio, la Corte recuerda que ella no es presunta víctima en el presente caso (*supra* párr. 2.b), de manera que no corresponde analizar el referido alegato.

VII-3
DERECHO A LAS GARANTÍAS JUDICIALES[148]

A. Alegatos de las partes y de la Comisión

162. La *Comisión* estableció que en los procesos seguidos contra el señor Montesinos se vulneró: (i) la regla de exclusión de pruebas obtenidas bajo coacción; (ii) el derecho de defensa; (iii) el principio de presunción de inocencia y iv) la razonabilidad en la duración de los procesos penales.

163. En primer lugar, recordó que el artículo 8.3 de la Convención Americana establece la prohibición de admisión de pruebas derivadas de forma directa o indirecta de la coacción. Con base en lo anterior, valoró que la declaración presumarial rendida por el señor Montesinos bajo coacción no fue debidamente excluida del proceso penal. Por el contrario, dicha declaración presumarial fue utilizada en el proceso sin valorar nunca la denuncia de coacción ni la necesidad de excluir las supuestas confesiones. De esta forma, concluyó que en el presente caso se vulneró el artículo 8.3 de la Convención.

164. En segundo lugar, recordó que el derecho a la defensa técnica debe poder ejercerse desde que una persona es señalada como presunto responsable de un delito. Así, sobre el caso en concreto, indicó que el señor Montesinos no tuvo un defensor que le asistiera en la declaración presumarial y en las declaraciones posteriores, por lo que concluyó la vulneración del artículo 8.2 d) de la Convención Americana.

165. Tercero, sobre la presunción de inocencia, la Comisión recordó que esta implica que es carga probatoria de quien acusa el demostrar la comisión del delito. Sin embargo, de lo anterior, señaló la Comisión, en el caso concreto se dio un comportamiento en contra de la presunción de inocencia del señor Montesinos pues, en virtud del artículo 116 de la Ley de Estupefacientes, se establecía una presunción grave de culpabilidad para todos los implicados en los delitos tipificados por dicha ley. Por lo anterior, la Comisión concluyó se vulneró el artículo 8.2 de la Convención.

166. Finalmente, respecto del plazo razonable, la Comisión observó que en los tres procesos penales: (i) el procedimiento no revestía mayor complejidad; (ii) no hay prueba aportada por el Estado que demuestre una actuación diligente por parte de las autoridades judiciales con miras a que el señor Montesinos hubiese obtenido una decisión en un plazo razonable; (iii) no obra en el expediente que el señor Montesinos haya obstaculizado el proceso, y (iv) la continuidad de los procesos bajo las circunstancias propias del caso, afectó a la presunta víctima al mantenerse la privación

---

[148] Artículo 8 de la Convención Americana.

de la libertad en razón de la prohibición e excarcelación vigente a la fecha de los hechos. Así, encontró vulnerada la garantía del plazo razonable prevista en el artículo 8.1 de la Convención Americana.

167. El *Representante* sostuvo que las tres causas penales tuvieron una demora excesiva, subrayando que se tomaron 6 años en concluir los dos procesos en donde hubo absolución y cerca de 18 años en condenar en el proceso por el delito de testaferrismo. Además, indicó que la valoración de los jueces se veía limitada por la presunción de responsabilidad penal del artículo 116 de la Ley de Estupefacientes. Adicionalmente, sostuvo que la independencia judicial también se veía minada en razón a los compromisos entre Ecuador y el gobierno de Estados Unidos de América respecto a la "lucha contra el narcotráfico".

168. Respecto de la presunta vulneración del artículo 8.2 de la Convención, el representante se sumó al argumento de la Comisión relativo a la afectación de la presunción de inocencia en razón del artículo 116 de la Ley de Estupefacientes. Alegó, además, la vulneración del artículo 8.2.b) de la Convención por la falta de conocimiento que el señor Montesinos tuvo de los hechos imputados en su contra. Asimismo, indicó que, como efecto de la incomunicación, el señor Montesinos no pudo escoger ni comunicarse con su defensor; y una vez se pudo comunicar con el defensor, la comunicación no era libre al haber un agente policial vigilando las reuniones. Por otro lado, sostuvo que existió una violación al artículo 8.3 de la Convención debido a la obtención y uso en los procesos penales de pruebas obtenidas por medio de coacción.

169. Finalmente, estableció que se vulneró el derecho a la debida motivación en la sentencia condenatoria por el delito de testaferrismo dictada por la Sala de la Corte Provincial de Justicia de Pichincha. Asimismo, indicó que dicha sentencia vulneró el artículo 8.4 de la Convención, pues los autos cabezas por los cuales se iniciaron los tres procesos penales eran idénticos, es decir, se iniciaron tres procesos penales por los mismos hechos. A esto sumó, que en la decisión favorable de dos procesos se estableció la relación entre los delitos, por lo que no podría existir una condena en el tercer proceso en función de los mismos hechos. De esta forma, según el representante, existe en el presente caso una violación a la garantía del *ne bis in ídem* derivada del artículo 8.4 de la Convención.

170. El *Estado,* por su parte, afirmó que no existió vulneración a las garantías del artículo 8 de la Convención Americana. Así, en primer lugar, sobre el artículo 8.1 sostuvo: (i) que la Comisión habría hecho una valoración general respecto del plazo razonable de los tres procesos sin analizar los elementos jurídicos particulares de cada proceso y su demora. Así, indicó, no se tuvo en cuenta que la defensa del señor Montesinos llevó a cabo diversas actuaciones que devinieron en la dilatación del proceso; (ii) sobre la garantía del juez competente, independiente e imparcial, sostuvo que el señor Montesinos fue juzgado por los jueces competentes según la normatividad vigente a la fecha. Además, enfatizó que los alegatos del representante se dirigen contra el juez del proceso penal por testaferrismo en el cual hubo condena. Asimismo, precisó que en el marco de ese proceso la sentencia condenatoria tuvo una debida motivación.

171. En segundo lugar, sobre el artículo 8.2, el Estado manifestó que la normatividad y las formas del proceso penal garantizaron la presunción de inocencia, prueba de lo cual serían los dos procesos penales en los que se absolvió al señor Montesinos. Además, alegó que el representante manifiesta una inconformidad con el resultado de los procesos, más no una vulneración al debido proceso.

172. En tercer lugar, el Estado sostuvo que no hay vulneración al artículo 8.3 en tanto el señor Montesinos siempre contó con una defensa técnica y patrocinio jurídico.

173. Finalmente, en relación con el artículo 8.4, el Estado precisó que cada uno de los procesos penales se llevó a cabo por medio de un fundamento jurídico y fáctico distinto. Agregó que esto fue reconocido por el Representante en el marco del trámite ante la Comisión.

B. CONSIDERACIONES DE LA CORTE

B.1. Sobre el artículo 8 de la Convención

174. La Corte ha establecido que si bien el artículo 8 de la Convención Americana se titula "Garantías Judiciales", su aplicación no se limita a los recursos judiciales en sentido estricto, "sino al conjunto de requisitos que deben observarse en las instancias procesales[149]" a efecto de que las personas puedan defenderse adecuadamente ante cualquier acto emanado del Estado que pueda afectar sus derechos[150].

175. Así, para que en un proceso existan verdaderas garantías judiciales conforme a las disposiciones del artículo 8 de la Convención, es preciso que se observen todos los requisitos que "sirv[a]n para proteger, asegurar o hacer valer la titularidad o el ejercicio de un derecho"[151], es decir, las "condiciones que deben cumplirse para asegurar la adecuada defensa de aquéllos cuyos derechos u obligaciones están bajo consideración judicial"[152].

176. Además, la Corte ha establecido que, de acuerdo a lo dispuesto en el artículo 8.1 de la Convención, en la determinación de los derechos y obligaciones de las personas, de orden penal, civil, laboral, fiscal o de cualquier otro carácter, se deben observar "las debidas garantías" que aseguren, según el procedimiento de que se trate, el derecho al debido proceso; y que el incumplimiento de una de esas garantías conlleva una violación de dicha disposición convencional[153]. Asimismo, ha indicado que el artículo 8.2 de la Convención establece, adicionalmente, las garantías mínimas que deben ser aseguradas por los Estados en función del debido proceso legal[154]. Por ello, es un derecho humano el obtener todas las garantías mínimas que permitan alcanzar decisiones justas, las cuales deben respetarse en cualquier procedimiento cuya decisión pueda afectar los derechos de las personas[155].

---

[149] *Cfr. Garantías Judiciales en Estados de Emergencia (arts. 27.2, 25 y 8 Convención Americana sobre Derechos Humanos).* Opinión Consultiva OC-9/87 de 6 de octubre de 1987. Serie A, No. 9, párr. 27.

[150] *Cfr. Caso del Tribunal Constitucional Vs. Perú. Fondo, Reparaciones y Costas.* Sentencia de 31 de enero de 2001. Serie C No. 71, párr. 69, y *Caso López y otros Vs. Argentina. Excepciones Preliminares, Fondo, Reparaciones y Costas.* Sentencia de 25 de noviembre de 2019, Serie C, No. 396, párr. 198.

[151] *Caso Hilaire, Constantine y Benjamin y otros Vs. Trinidad y Tobago. Fondo, Reparaciones y Costas.* Sentencia de 21 de junio de 2002. Serie C No. 94, párr. 147, y *Caso Álvarez Ramos Vs. Venezuela. Excepción preliminar, Fondo, Reparaciones y Costas.* Sentencia de 30 de agosto de 2019. Serie C No. 380, párr. 144.

[152] *Caso Hilaire, Constantine y Benjamin y otros Vs. Trinidad y Tobago,* párr. 147, y *Caso Álvarez Ramos Vs. Venezuela,* párr. 144.

[153] *Cfr. Caso Claude Reyes y otros Vs. Chile. Fondo, Reparaciones y Costas.* Sentencia de 19 de septiembre de 2006. Serie C No. 151, párr. 117, y *Caso López y otros Vs. Argentina,* párr. 200.

[154] *Cfr. Caso Baena Ricardo Vs. Panamá. Fondo, Reparaciones y Costas.* Sentencia de 2 de febrero de 2001. Serie C No. 72, párr. 137.

[155] *Caso Baena Ricardo Vs. Panamá,* párr. 127, y *Caso del Tribunal Constitucional (Camba Campos y otros) Vs. Ecuador. Excepciones Preliminares, Fondo, Reparaciones y Costas.* Sentencia de 28 de agosto de 2013. Serie C No. 268, párr. 167.

177. En este sentido, el Tribunal estima útil analizar los argumentos de las partes referentes a la supuesta violación del artículo 8 de la Convención de la siguiente manera: (a) plazo razonable de los procesos penales; (b) el derecho a la defensa; (c) regla de exclusión de pruebas obtenidas bajo coacción, y (d) el derecho a no ser sometido a un nuevo juicio por los mismos hechos.

B.2. Plazo razonable de los procesos penales (artículo 8.1 Convención)

178. Conforme estableció la Corte, el principio de "plazo razonable" tiene como finalidad impedir que los acusados permanezcan largo tiempo bajo acusación y asegurar que ésta se decida prontamente[156]. Así, una demora prolongada en el proceso puede llegar a constituir, por sí misma, una violación a las garantías judiciales[157].

179. La evaluación del plazo razonable se debe analizar, en cada caso, en relación con la duración total del proceso. De esta manera, la Corte ha considerado cuatro elementos para analizar si se cumplió con la garantía del plazo razonable: (i) la complejidad del asunto, (ii) la actividad procesal del interesado, (iii) la conducta de las autoridades judiciales, y (iv) la afectación generada en la situación jurídica de la persona involucrada en el proceso. Sobre el tema, la Corte recuerda que corresponde al Estado justificar, con fundamento en los criterios señalados, la razón por la cual ha requerido del tiempo transcurrido para tratar los casos y, en la eventualidad de que éste no lo demuestre, la Corte tiene amplias atribuciones para hacer su propia estimación al respecto[158].

180. Del mismo modo, se ha señalado que el "plazo razonable" al que se refiere el artículo 8.1 de la Convención se debe apreciar en relación con la duración total del proceso, desde el primer acto procesal hasta que se dicte una decisión definitiva, incluyendo los recursos de instancia que pudieran eventualmente presentarse[159]. Al respecto, en el antes referido caso *Suarez Rosero Vs. Ecuador*, la Corte determinó que el primer acto del procedimiento lo constituye la aprehensión[160]. En razón de lo anterior, para el estudio del cumplimiento del plazo razonable en el presente caso la Corte considerará como el primer acto procesal la detención del señor Montesinos del 21 de junio de 1992.

181. En este marco, de los documentos constantes en el expediente y lo manifestado por las partes, se considera que el proceso por conversión o transferencia de bienes concluyó con sentencia absolutoria del 29 de abril de 1998, esto es, 6 años después del inicio del proceso[161]. En el caso de la acción por enriquecimiento ilícito, ha sido expresado por las partes y se encuentra probado, que la misma terminó con auto de sobreseimiento definitivo emitido por la Cuarta Sala de Conjueces de la Corte

---

[156] *Caso Suárez Rosero Vs. Ecuador. Fondo*, párr. 70.
[157] *Caso Hilaire, Constantine y Benjamin y otros Vs. Trinidad y Tobago*, párr. 145, y *Caso Jenkins Vs. Argentina*, párr. 106.
[158] *Cfr. Caso Anzualdo Castro Vs. Perú. Excepción Preliminar, Fondo, Reparaciones y Costas*. Sentencia de 22 de septiembre de 2009. Serie C No. 202, párr. 156, y *Caso Jenkins Vs. Argentina*, párr. 106.
[159] *Cfr. Caso Suárez Rosero Vs. Ecuador. Fondo*, párr. 71, y *Caso Wong Ho Wing Vs. Perú*, párr. 209.
[160] *Caso Suárez Rosero Vs. Ecuador. Fondo*, párr. 70.
[161] Fallo del 29 de abril de 1998 de la Corte Superior de Justicia de Quito-Cuarta Sala de Conjueces en el juicio por conversión o transferencia de bienes seguido contra Mario Montesinos (expediente de prueba, folios 164 a 175).

Superior de Justicia de Quito, con fecha 7 de mayo de 1998 [162], esto es, aproximadamente 6 años después del inicio del proceso. Finalmente, respecto de la acción seguida por testaferrismo, esta terminó el 31 de octubre de 2010, esto es, más de 18 años después del inicio del proceso, mediante sentencia de la Sala de lo Penal de la Corte Nacional de Justicia[163] por la que se negó el recurso de casación interpuesto frente a la sentencia condenatoria dictada por la Primera Sala Especializada de lo Penal, Tránsito y Colusorio de la Corte Superior de Justicia de Quito de 8 de septiembre de 2008[164]. Teniendo como base lo anterior, la Corte entrará ahora a determinar si el plazo transcurrido es razonable conforme a los criterios establecidos en su jurisprudencia.

182. Para determinar la complejidad del asunto la Corte ha valorado distintos elementos, entre los que se encuentran: (i) la complejidad de la prueba[165]; (ii) la pluralidad de sujetos procesales[166] o la cantidad de víctimas[167]; (iii) el tiempo transcurrido desde que se ha tenido la noticia del presunto hecho delictivo[168]; (iv) las características del recurso contenidos en la legislación interna[169], o (v) el contexto en el que ocurrieron los hechos[170]. En el presente caso, la Corte nota que, en los procesos sobre los delitos de conversión y transferencia de bienes y enriquecimiento ilícito, no se presentan ninguno de los supuestos antes señalados pues las sentencias de la Corte Superior de Justicia de Quito que sobreseen al señor Montesinos tienen como argumento exclusivo cuestiones de derecho. En específico, la Corte Superior de Justicia de Quito dio cuenta de que dichos delitos constituían un acto típico consecuente del delito principal de narcotráfico, mas no concurrente con éste, como en forma por más errónea se lo había tomado; o, en otras palabras – indicó textualmente la Corte Superior en ambos casos – *"primero ha debido ventilarse y probarse la responsabilidad en un juicio penal por tráfico de estupefacientes, cuya sentencia debería causar ejecutoría, estar en firme para que recién tenga (ilegible) el enjuiciamiento de los demás delitos consecuentes pues al tenor del lit. f) del Num. 17 del Art. 22 de nuestra constitución política se presume inocente a toda persona mientras no se demuestre lo contrario mediante sentencia ejecutoriada"*[171]. En razón

---

[162] Resolución de la Corte Superior de Justicia de fecha 7 de mayo de 1998 dentro de la causa por enriquecimiento ilícito, por la cual sobresee de forma definitiva al señor montesinos (expediente de prueba, folios 1270 a 1271).

[163] Sentencia de la Sala de lo Penal de la Corte Nacional de Justicia de 31 de octubre de 2010 en la que se niega el recurso de casación (expediente de prueba, folio 1566 a 1612).

[164] Sentencia condenatoria dictada por la Primera Sala Especializada de lo Penal, Tránsito y Colusorio de la Corte Superior de Justicia de Quito de 8 de septiembre de 2008 (expediente de prueba, folios 1466 a 1564).

[165] *Cfr. Caso Genie Lacayo Vs. Nicaragua. Fondo, Reparaciones y Costas.* Sentencia de 29 de enero de 1997. Serie C No. 30, párr. 78, y *Caso Jenkins Vs. Argentina*, párr. 110.

[166] *Cfr. Caso Acosta Calderón Vs. Ecuador. Fondo, Reparaciones y Costas.* Sentencia de 24 de junio de 2005. Serie C No. 129, párr. 106, y *Caso Jenkins Vs. Argentina*, párr. 110.

[167] *Cfr. Caso Furlan y familiares Vs. Argentina. Excepciones Preliminares, Fondo, Reparaciones y Costas.* Sentencia de 31 de agosto de 2012. Serie C No. 246, párr. 156, y *Caso Díaz Loreto y otros Vs. Venezuela*, párr. 113.

[168] *Cfr., mutatis mutandis, Caso Heliodoro Portugal Vs. Panamá. Excepciones Preliminares, Fondo, Reparaciones y Costas.* Sentencia de 12 de agosto de 2008. Serie C No. 186, párr. 150, y *Caso Díaz Loreto y otros Vs. Venezuela*, párr. 113.

[169] *Cfr. Caso Salvador Chiriboga Vs. Ecuador. Excepción Preliminar y Fondo.* Sentencia de 6 de mayo de 2008. Serie C No. 179, párr. 83, y *Caso Jenkins Vs. Argentina*, párr. 110.

[170] *Cfr. Caso Furlan y familiares Vs. Argentina*, párr. 156, y *Caso Díaz Loreto y otros Vs. Venezuela*, párr. 113.

[171] Fallo del 29 de abril de 1998 de la Corte Superior de Justicia de Quito-Cuarta Sala de Conjueces en el juicio por conversión o transferencia de bienes seguido contra Mario Montesinos (expediente de prueba,

de lo anterior, es claro que en los procesos sobre los delitos de conversión y transferencia de bienes y enriquecimiento ilícito no existían elementos de complejidad que justificaran la demora de más de 6 años en su finalización.

183. Por otro lado, sobre el proceso sobre testaferrismo[172], de la información presentada por el Estado en su escrito de contestación, se concluye que los elementos probatorios que llevaron a la condena del señor Montesinos por este delito en septiembre de 2008 no variaron de aquellos presentados para la apertura del auto cabeza del proceso en el año 1992[173], razón por la cual la Corte no encuentra elementos adicionales dentro de este proceso que otorguen una complejidad tal que justifique la demora de más de 18 años en su tramitación[174] conforme a los estándares que ha establecido la Corte en su jurisprudencia.

184. En lo relativo a la actividad procesal del interesado, la Corte recuerda que el uso de recursos judiciales reconocidos por la legislación aplicable para la defensa de sus derechos, per se, no puede ser utilizado en su contra[175]. Al respecto, este Tribunal ha considerado que la interposición de recursos constituye un factor objetivo, que no debe ser atribuido ni a la presunta víctima ni al Estado demandado, sino que debe ser tomado en cuenta como un elemento objetivo al determinar si la duración del procedimiento excedió el plazo razonable[176]. Al efecto, el Tribunal ha encontrado que la demora principal en la resolución de los procesos se ha presentado en la etapa presumarial y además, que una vez iniciado el proceso sumario, la demora en la tramitación de los recursos interpuestos no puede ser atribuible al señor Montesinos sino a la inactividad procesal de las autoridades. Así, por ejemplo, el señor Montesinos interpuso el 3 de diciembre de 1996 un recurso de apelación frente a providencia de fecha 22 de noviembre de 1996 que dispuso abrir el proceso plenario en su contra. La resolución de esta apelación se dio mediante auto de sobreseimiento de fecha 7 de mayo de 1998, es decir, aproximadamente un año y 5 meses después de haber interpuesto el recurso.

185. En cuanto a la conducta de las autoridades judiciales, la Corte ha entendido que, como rectoras del proceso, tienen el deber de dirigir y encausar el procedimiento judicial con el fin de no sacrificar la justicia y el debido proceso en pro del formalismo[177]. En el presente caso la Corte nota que a partir de la emisión de los autos cabeza de proceso no se realizaron diligencias y actuaciones relevantes en los procesos sobre enriquecimiento ilícito y conversión y transferencia de bienes, ni se practicaron nuevas pruebas distintas a las recaudadas al momento de las detenciones de junio de 1992. Por otra parte, en relación con el proceso sobre testaferrismo, la

---

folio 171); Resolución de la Corte Superior de Justicia de fecha 7 de mayo de 1998 dentro de la causa por enriquecimiento ilícito, por la cual sobresee de forma definitiva al señor montesinos (expediente de prueba, folios 1270 a 1271).

[172] Sentencia condenatoria dictada por la Primera Sala Especializada de lo Penal, Tránsito y Colusorio de la Corte Superior de Justicia de Quito de 8 de septiembre de 2008 (expediente de prueba, folios 1466 a 1564).

[173] Auto cabeza de proceso por el delito de testaferrismo de fecha 18 de noviembre de 1992 (expediente de prueba, folios 765 a 770).

[174] Los hechos en todos los casos se refieren a chequeras de las que aparece como titular con cheques en firmados en blanco, con los cuales supuestamente se hacían pagos de distinta naturaleza y, además que existirían varios bienes inmuebles a nombre del señor Montesinos pero que en realidad le pertenecen a Jorge Hugo Reyes Torres (expediente de prueba, folios 186 y 187).

[175] *Caso Genie Lacayo Vs. Nicaragua*, párr. 79, y *Caso Jenkins Vs. Argentina*, párr. 117.

[176] *Caso Mémoli Vs. Argentina*, párr. 174, y *Caso Wong Ho Wing Vs. Perú*, párr. 211.

[177] *Cfr. Caso Myrna Mack Chang Vs. Guatemala. Fondo, Reparaciones y Costas.* Sentencia de 25 de noviembre de 2003. Serie C No. 101, párr. 211, y *Caso Villamizar Durán y otros Vs. Colombia*, párr. 166.

Corte tampoco advierte la realización de diligencias relevantes entre la emisión del auto cabeza de proceso el 18 de noviembre de 1992 y el acto de apertura de la etapa plenaria el 23 de marzo de 1998. Asimismo, la sentencia de primera instancia fue emitida en septiembre de 2003. Ante la presentación de recursos por parte de la Fiscalía, pasaron otros cinco años hasta la sentencia de segunda instancia, el 8 de septiembre de 2008, período en el cual no se realizaron diligencias u otros actos relevantes en el proceso (*supra* párr. 68) de modo que no se puede justificar un lapso de 19 años hasta la emisión de la sentencia condenatoria.

186. De lo anterior se puede constatar que las investigaciones y el proceso contaron con distintos periodos de inactividad no justificados por parte de las autoridades ecuatorianas, y que los mismos causaron una indebida dilación del proceso. El Estado no probó que no podría haber tenido una actuación diferente que hubiese redundado en el desarrollo más expeditivo de las investigaciones y del proceso.

187. Finalmente, la Corte recuerda que, para determinar la razonabilidad del plazo se debe tomar en cuenta la afectación generada por la duración del procedimiento en la situación jurídica de la persona procesada en el mismo, considerando, entre otros elementos, la materia objeto de controversia. Así, este Tribunal ha establecido que si el paso del tiempo incide de manera relevante en la situación jurídica del individuo, resultará necesario que el procedimiento avance con mayor diligencia a fin de que el caso se resuelva en un tiempo breve[178]. Es necesario destacar, además, que los procesos en los cuales una persona se encuentra detenida de manera cautelar se deben llevar a cabo con la mayor celeridad posible[179]. Con este marco, la Corte observa que, en el presente caso, los procesos penales seguidos en contra del señor Montesinos duraron más de 18 años, producto de lo cual estuvo privado de su libertad bajo la figura de prisión preventiva por más de 6 años. Asimismo, la Corte da cuenta de la situación de incertidumbre en que se mantuvo a la presunta víctima en cuanto a su condena por el delito de testaferrismo por más de 18 años y la imposibilidad de uso de sus bienes incautados en el marco de dicho proceso.

188. Por todo lo anterior, la Corte Interamericana concluye que las autoridades estatales no han actuado con la debida diligencia y el deber de celeridad que exigía la privación de libertad del señor Montesinos, razón por la cual los procesos penales seguidos en su contra excedieron el plazo razonable, lo cual vulnera el derecho a las garantías establecidas en el artículo 8.1, en relación con el artículo 1.a de la Convención Americana.

B.3. Derecho a la defensa

189. La Corte ha entendido que "[e]l derecho a la defensa es un componente central del debido proceso", y que "debe necesariamente poder ejercerse desde que se señala a una persona como posible autor o partícipe de un hecho punible y sólo culmina cuando finaliza el proceso, incluyendo, en su caso, la etapa de ejecución de la pena"[180].

---

[178] *Caso Valle Jaramillo y otros Vs. Colombia*, párr. 155.
[179] *Caso Bayarri Vs. Argentina*, párr. 70, y *Caso Wong Ho Wing Vs. Perú*, párr. 268.
[180] *Cfr. Caso Barreto Leiva Vs. Venezuela. Fondo, Reparaciones y Costas*. Sentencia de 17 de noviembre de 2009. Serie C No. 206, párr. 29, y *Caso Herrera Espinoza y otros Vs. Ecuador*, párr. 181.

190. El artículo 8 de la Convención incluye garantías específicas respecto al derecho a la defensa. Así, en el literal "b" de su segundo apartado, se determina la necesidad de que se comunique "al inculpado" la "acusación" en su contra en forma "previa y detallada". La Corte ha expresado que esta norma "rige incluso antes de que se formule una 'acusación' en sentido estricto, [pues p]ara que el mencionado artículo satisfaga los fines que le son inherentes, es necesario que la notificación ocurra previamente a que el inculpado rinda su primera declaración ante cualquier autoridad pública"[181].

191. La Convención regula garantías para la defensa técnica, como el derecho a ser asistido por un defensor (artículo 8.2.d y e). Este último derecho se ve vulnerado cuando no se asegura que la defensa técnica pueda participar asistiendo al imputado en actos centrales del proceso, como, por ejemplo, en caso de recibirse la declaración del imputado sin la asistencia de su abogado defensor[182]. Así, en decisiones sobre casos anteriores respecto de Ecuador, la Corte ha considerado las circunstancias de que una persona "rindi[era] su declaración preprocesal ante el fiscal sin contar con la asistencia de un abogado defensor", o que no tuviera esa asistencia al "momento de realizar el interrogatorio inicial ante la policía" como parte de un conjunto de hechos violatorios del segundo apartado del artículo 8.2 en sus literales "d" y "e"[183].

192. En el presente caso, no se encuentra dentro del expediente documento alguno que pruebe que el señor Montesinos había sido informado del motivo de su detención y tampoco que esa información se hubiera dado antes de emitidos los autos cabeza de proceso en noviembre de 1992 (*supra* párrs. 113 y 114). Además, en las declaraciones presumariales del señor Montesinos[184] no consta que se le haya informado sobre el delito que se le atribuía. Del mismo modo, en los autos cabeza de proceso por los delitos de enriquecimiento ilícito y conversión o transferencia de bienes tampoco se determinaron los hechos específicos por los cuales se vinculaba al señor Montesinos en estas causas[185]. Esto último fue, además, señalado por el Tribunal de Garantías Constitucionales de Ecuador en el hábeas corpus del año 1996, al indicar que "en tanto que sobre el contenido de los autos cabezas de procesos hay que concluir que, efectivamente, en su redacción no se detallan hechos que impliquen personalmente al coronel Mario Alfonso Montesinos Mejía en la comisión de un delito y, por lo tanto, no expresan los cargos que existen en su contra"[186].

193. Por otra parte, se encuentra debidamente probado que el señor Montesinos rindió sus declaraciones presumariales e incluso indagatorias sin contar con

---

[181] *Cfr. Caso Barreto Leiva Vs. Venezuela,* párr. 30, y *Caso Herrera Espinoza y otros Vs. Ecuador,* párr. 182.
[182] *Cfr. Caso Tibi Vs. Ecuador,* párrs. 193, 194 y 196, y *Caso Herrera Espinoza y otros Vs. Ecuador,* párr. 183.
[183] *Cfr. Caso Tibi Vs. Ecuador,* párrs. 193, 194 y 196, *Caso Acosta Calderón Vs. Ecuador,* párrs. 124 y 126, y *Caso Herrera Espinoza y otros Vs. Ecuador,* párr. 181-187. En sentido similar, en el caso *Chaparro Álvarez y Lapo Íñiguez vs. Ecuador,* párr. 158), la Corte encontró que la circunstancia de que la víctima "no cont[ara] con la presencia de un abogado defensor al momento de ser interrogado por parte de la Policía" formaba parte de hechos violatorios del artículo 8.2.d) de la Convención.
[184] Declaración presumarial del señor Montesinos de fecha 12 de julio de 1992 en las oficinas de la Interpol de Pichincha (expediente de prueba, folios 815 y 816); Declaración presumarial del Señor Mario Montecinos Mejía de fecha 25 de junio de 1992 (expediente de prueba, folios 56 a 60).
[185] Auto de cabeza de proceso de la Corte Superior de Justicia por el delito de conversión o transferencia de bienes de fecha 30 de noviembre de 1992 (expediente de prueba, folios 964 a 968); Auto de cabeza de proceso de la Corte Superior de Justicia por el delito de enriquecimiento ilícito de fecha 30 de noviembre de 1992 (expediente de prueba, folios 971 a 975).
[186] Resolución 182-96-CP emitida por el Tribunal de Garantías Constitucionales dentro del marco del caso No. 45/96-TC (expediente de prueba, folios 47 a 48).

abogado [187]. Del mismo modo, fue reconocido por el Tribunal de Garantías Constitucionales que el señor Montesinos estuvo incomunicado durante 38 días de su detención[188], lo cual, en consideración de la Corte Interamericana, es prueba suficiente de que la presunta víctima no tuvo la posibilidad de preparar debidamente su defensa, al no contar con el patrocinio letrado de un defensor público u obtener un abogado de su elección con el cual pueda comunicarse en forma libre y privada.

194. Cabe señalar también que en el poder judicial ecuatoriano reconoció el retraso injustificado de los plazos y términos procesales en el hábeas corpus concedido por el Tribunal de Garantías Constitucionales el 30 de octubre de 1996[189].

195. Por todo lo anterior y teniendo en cuenta que, conforme se expondrá más adelante (*infra* párr. 214), la declaración presumarial del señor Montesinos tuvo gran relevancia en su condena dentro del proceso penal por testaferrismo, la Corte considera que el Estado vulneró los derechos establecidos en el artículo 8.2 literales (b), (c), (d) y (e) de la Convención Americana, en relación con el artículo 1.1 de la Convención, en perjuicio del señor Mario Montesinos Mejía.

B.4. Regla de exclusión de pruebas obtenidas bajo coacción

196. La Corte ha observado que la regla de exclusión de pruebas obtenidas mediante la tortura o tratos crueles e inhumanos (en adelante "regla de exclusión") ha sido reconocida por diversos tratados[190] y órganos internacionales de protección de derechos humanos que han establecido que dicha regla es intrínseca a la prohibición de tales actos[191]. Al respecto, la Corte ha considerado que esta regla ostenta un carácter absoluto e inderogable[192].

---

[187] Declaración presumarial del señor Montesinos de fecha 12 de junio de 1992 en las oficinas de la Interpol de Pichincha (expediente de prueba, folios 815 a 816); Declaración presumarial del Señor Mario Montecinos Mejía de fecha 25 de junio de 1992 (expediente de prueba, folios 56 a 60); testimonios indagatorios de fecha 20 de enero de 1993 y 30 de diciembre de 1993 (expediente de prueba, folios 2149 a 2158).
[188] Resolución 182-96-CP emitida por el Tribunal de Garantías Constitucionales dentro del marco del caso No. 45/96-TC (expediente de prueba, folio 48).
[189] Resolución 182-96-CP emitida por el Tribunal de Garantías Constitucionales dentro del marco del caso No. 45/96-TC (expediente de prueba, folios 47 y 48).
[190] El artículo 15 de la Convención contra la Tortura y Otros Tratos o Penas Crueles, Inhumanos o Degradantes establece que "[t]odo Estado Parte se asegurará de que ninguna declaración que se demuestre que ha sido hecha como resultado de tortura pueda ser invocada como prueba en ningún procedimiento, salvo en contra de una persona acusada de tortura como prueba de que se ha formulado la declaración". Por su parte, el artículo 10 de la Convención Interamericana para Prevenir y Sancionar la Tortura indica que "[n]inguna declaración que se compruebe haber sido obtenida mediante tortura podrá ser admitida como medio de prueba en un proceso, salvo en el que se siga contra la persona o personas acusadas de haberla obtenido mediante actos de tortura y únicamente como prueba de que por ese medio el acusado obtuvo tal declaración".
[191] Al respecto, el Comité contra la Tortura ha señalado que "las obligaciones previstas en los artículos 2 (según el cual "en ningún caso podrán invocarse circunstancias excepcionales como justificación de la tortura"), 15 (que prohíbe admitir como prueba las confesiones obtenidas mediante tortura, salvo en contra del torturador) y 16 (que prohíbe los tratos o penas crueles, inhumanos o degradantes) deben respetarse en todo momento". Cfr. Naciones Unidas. Comité contra la Tortura. Observación General No. 2, 'Aplicación del artículo 2 por los Estados Partes' de 24 de enero de 2008 (CAT/C/GC/2), párr. 6. Por su parte, el Comité de Derechos Humanos ha indicado lo siguiente: "Las garantías procesales nunca podrán ser objeto de medidas derogatorias que soslayen la protección de derechos que no son susceptibles de suspensión. (…) ninguna declaración o confesión o, en principio, ninguna prueba que se obtenga en violación de esta disposición podrá admitirse en los procesos previstos por el artículo 14, incluso durante un estado de excepción, salvo si una declaración o confesión obtenida en violación del artículo 7 se utiliza como prueba de tortura u otro trato prohibido por esta disposición". Naciones Unidas. Comité de Derechos humanos.

197. En este sentido, la Corte ha sostenido que la anulación de los actos procesales derivados de la tortura o tratos crueles constituye una medida efectiva para hacer cesar las consecuencias de una violación a las garantías judiciales[193]. Además, la Corte ha recalcado que la regla de exclusión no se aplica sólo a casos en los cuales se haya cometido tortura o tratos crueles. Así, el artículo 8.3 de la Convención es claro al señalar que "[l]a confesión del inculpado solamente es válida si es hecha sin coacción de ninguna naturaleza", es decir que no se limita el supuesto de hecho a que se haya perpetrado un acto de tortura o trato cruel, sino que se extiende a cualquier tipo de coacción. En efecto, al comprobarse cualquier tipo de coacción capaz de quebrantar la expresión espontánea de la voluntad de la persona, ello implica necesariamente la obligación de excluir la evidencia respectiva del proceso judicial. Esta anulación es un medio necesario para desincentivar el uso de cualquier modalidad de coacción[194].

198. Por otra parte, este Tribunal ha considerado que las declaraciones obtenidas mediante coacción no suelen ser veraces, ya que la persona intenta aseverar lo necesario para lograr que los tratos crueles o la tortura cesen. Por lo anterior, para el Tribunal, aceptar o dar valor probatorio a declaraciones o confesiones obtenidas mediante coacción, que afecten a la persona o a un tercero, constituye a su vez una infracción a un juicio justo. Asimismo, la Corte ha manifestado que el carácter absoluto de la regla de exclusión se ve reflejado en la prohibición de otorgarle valor probatorio no sólo a la prueba obtenida directamente mediante coacción, sino también a la evidencia que se desprende de dicha acción[195].

199. En el presente caso, ya se ha determinado que el señor Montesinos fue objeto de tratos crueles, inhumanos y degradantes y que denunció actos de tortura que no fueron investigados. Se señaló, en específico, que el señor Montesinos estuvo incomunicado por un periodo de 38 días, lo cual, conforme se determinó en el caso *Suarez Rosero Vs. Ecuador*[196], por sí solo permite concluir que el señor Montesinos fue sometido a tratos crueles, inhumanos y degradantes.

200. Por lo anterior, la Corte entiende que las declaraciones presumariales del señor Montesinos fueron obtenidas bajo coacción, a pesar de lo cual, no fueron privadas de valor probatorio. Por el contrario, conforme consta en la sentencia dictada por la Primera Sala Especializada de lo Penal, Tránsito y Colusorio de la Corte Superior de Justicia de Quito de 8 de septiembre de 2008 por el delito de testaferrismo, la declaración presumarial obtenida bajo coacción constituye un elemento central para la condena del señor Montesinos sobre este delito. Así, conforme se establece en dicha sentencia, la comprobación de la existencia material de la infracción se encontró demostrada *"conforme a derecho, con: (...) las declaraciones preprocesales rendidas por los sindicados con la presencia de los representantes del Ministerio Público, dentro de las cuales se han relatado los hechos que han sido motivo de esta investigación"*.[197] Del mismo modo, se ha comprobado

---

Observación general N° 32, El derecho a un juicio imparcial y a la igualdad ante los tribunales y cortes de justicia (HRI/GEN/1/Rev.9 (vol. I), párr 6.
[192] *Caso Cabrera García y Montiel Flores Vs. México. Excepción Preliminar, Fondo, Reparaciones y Costas*. Sentencia de 26 de noviembre de 2010. Serie C No. 220, párr. 165.
[193] *Cfr. Caso Bayarri vs. Argentina*, párr. 108, y *Caso Cabrera García y Montiel Flores Vs. México*, párr. 166.
[194] *Caso Cabrera García y Montiel Flores Vs. México*, párr. 166.
[195] *Caso Cabrera García y Montiel Flores Vs. México*, párr. 167.
[196] *Caso Suárez Rosero Vs. Ecuador*, párr. 91.
[197] Sentencia condenatoria dictada por la Primera Sala Especializada de lo Penal, Tránsito y Colusorio de la Corte Superior de Justicia de Quito de 8 de septiembre de 2008 (expediente de prueba, folio 1473).

que en el desarrollo de la antes referida sentencia se cita, en varias ocasiones, las declaraciones presumariales rendidas por el señor Montesinos como elementos centrales para su condena[198].

201. Por todo lo expuesto, la Corte considera que el Estado vulneró el artículo 8.3 de la Convención Americana, en relación con el artículo 1.1 de la Convención, en perjuicio del señor Mario Montesinos Mejía.

B.5. Derecho a no ser sometido a un nuevo juicio por los mismos hechos

202. En relación con el derecho a no ser sometido a nuevo juicio por los mismos hechos, el representante afirmó que los tres procesos iniciados contra el señor Montesinos por los delitos de enriquecimiento ilícito (No. 91-92), testaferrismo (No. 92-92) y conversión y transferencia de bienes (No. 94-92) tuvieron como base los mismos hechos supuestamente delictivos. Al respecto, argumentó que lo anterior quedaría evidenciado en los autos cabeza de proceso de emitidos los días 18 y 30 de noviembre de 1992, respectivamente.

203. Del análisis de los tres autos cabeza de proceso antes indicados, la Corte observa que los autos sobre los delitos de enriquecimiento ilícito y conversión y transferencia de bienes no establecen o individualizan las conductas por las cuáles el señor Montesinos habría cometido dichos delitos en calidad de autor, co-autor o cómplice. Dichos autos describen genéricamente el funcionamiento de la organización de narcotráfico pero no permiten llegar a determinar las conductas prohibidas de parte de la víctima en el presente caso. En ese sentido se manifestó el Tribunal de Garantías Constitucionales en su Resolución que concedió el primer hábeas corpus el 30 de octubre de 1996: "en tanto que sobre el contenido de los autos cabezas de procesos hay que concluir que, efectivamente, en su redacción no se detallan hechos que impliquen personalmente al coronel Mario Alfonso Montesinos Mejía en la comisión de un delito y, por lo tanto, no expresan los cargos que existen en su contra"[199].

204. Tomando en consideración la falta de cargos concretos en contra del señor Montesinos en los referidos autos cabeza de proceso, la Corte entiende que en realidad el problema evidenciado por el representante consiste en que no le fue comunicada al señor Montesinos de manera previa y detallada la acusación que se le formuló. Ese tema fue analizado como una violación al artículo 8.2.b, en el acápite B.3 *supra*.

205. Por otra parte, el auto cabeza de proceso por el delito de testaferrismo describe cuáles conductas específicas del señor Montesinos se encuadrarían en el tipo penal prohibido, lo que le permitió defenderse de la acusación.

206. Dado lo anterior, la Corte considera que no se está frente a una violación del artículo 8.4 de la Convención una vez que los hechos por los cuáles el señor Montesinos fue acusado en dos de los tres procesos no fueron individualizados y no permiten llegar a una conclusión de similitud entre los hechos punibles en cada proceso iniciado en su contra.

---

[198] Sentencia condenatoria dictada por la Primera Sala Especializada de lo Penal, Tránsito y Colusorio de la Corte Superior de Justicia de Quito de 8 de septiembre de 2008 (expediente de prueba, folios 1525 a 1527).
[199] Resolución 182-96-CP emitida por el Tribunal de Garantías Constitucionales dentro del marco del caso No. 45/96-TC (expediente de prueba, folios 47 y 48).

VII-4
PRINCIPIO DE LEGALIDAD Y RETROACTIVIDAD[200], PROTECCIÓN DE LA HONRA Y LA DIGNIDAD[201] Y DERECHO DE PROPIEDAD[202]

A. ALEGATOS DE LAS PARTES

207. El *Representante* alegó una violación al artículo 9 de la Convención Americana en razón de que se aplicó al señor Montesinos la sanción del delito de testaferrismo de manera retroactiva, ya que la legislación de Ecuador que tipificaba dicho delito fue expedida el 17 de septiembre de 1990 y la adquisición del inmueble "Santa Clara" ocurrió el 27 de junio de 1990. Estableció que hubo una vulneración a la garantía de legalidad ya que el señor Montesinos fue condenado por haber firmado cheques en blanco, conducta que no era tipificada por el código penal. Agregó que esa decisión vulneró el artículo 25 de la Convención al no considerar la defensa planteada en razón a la irretroactividad de la ley penal.

208. Además, sostuvo una vulneración al artículo 11 de la Convención, ya que el señor Montesinos habría sido presentado a la opinión pública como un criminal y por haber ocurrido una injerencia a la vida privada de su familia y a su domicilio por el allanamiento a su domicilio.

209. Agregó que el Estado no contaba con una orden para incautar el inmueble "Santa Clara", lo que constituyó una violación al artículo 21 de la Convención Americana.

210. El *Estado* alegó que sus actuaciones se ciñeron al principio de *nullum crimen* y *nulla pena sine lege* y agregó que las conductas por las cuales se condenó al señor Montesinos se encontraban tipificadas en el ordenamiento jurídico interno.

211. Manifestó que no existe prueba de que el señor Montesinos haya sido expuesto a medios nacionales e internacionales como un criminal y sostuvo que el solo hecho de que una persona se encuentre procesada penalmente no implicaba una vulneración al artículo 11 de la Convención.

212. Sostuvo que la extinción de dominio del inmueble "Santa Clara", se dio como consecuencia del proceso penal en contra del señor Montesinos el cual fue acorde a la normatividad interamericana, haciendo énfasis que en sede interna se ha considerado dicha sanción como una pena accesoria a la comisión de los delitos relacionados por narcotráfico. Por lo que manifestó que no existió vulneración al artículo 21 de la Convención Americana.

B. CONSIDERACIONES DE LA CORTE

213. La Corte considera que los alegatos del representante en relación con la alegada violación del artículo 11 no fueron respaldados con prueba que permita generar convencimiento de que la víctima fue presentada a la opinión pública como un criminal, de modo que no se pronunciará al respecto. En lo que atañe a la alegada violación del artículo 9 sobre la aplicación retroactiva de la ley penal a la fecha de compra del inmueble "Santa Clara", la Corte observa que la resolución judicial que condenó al señor Montesinos por el delito de testaferrismo no se basó exclusivamente

---

[200] Artículo 9 de la Convención Americana.
[201] Artículo 11 de la Convención Americana.
[202] Artículo 21 de la Convención Americana.

en la adquisición de dicho inmueble, sino en un conjunto de actos posteriores a la referida norma y pruebas, los cuales, en su totalidad, generaron convencimiento sobre la comisión del delito. Dicho lo anterior, la Corte no considera establecida la aplicación retroactiva de la ley penal y no encuentra una violación del artículo 9 de la Convención Americana.

214. Sin perjuicio de lo anterior, la Corte pone de manifiesto que al no precisarse las conductas imputadas y limitarse a mencionar los tipos legales en los autos cabeza de proceso por los delitos de enriquecimiento ilícito y conversión y transferencia de bienes, no era posible determinar si esas conductas encuadraban "prima facie" en dichos tipos penales y, menos aún, si se trataba de un verdadero concurso real de delitos o si por el contrario, se trataba de un concurso ideal y se desdoblaba la conducta única, con el resultado de someter al imputado a dos o más procesos. Por lo cual, además de violar el derecho de defensa (*supra* párrs. 189 a 195), podría resultar eventualmente violado el principio de legalidad (artículo 9 de la Convención Americana). La falta de precisión en la imputación de las conductas en los autos cabeza del proceso neutraliza la eficacia de este principio por imposibilitar la verificación de su observancia.

215. Finalmente, en lo que respeta la alegada violación del artículo 21 de la Convención por la incautación del inmueble Santa Clara durante la tramitación del proceso penal, la Corte recuerda que el marco fáctico del proceso ante la misma se encuentra constituido por los hechos contenidos en el Informe de Fondo sometidos a consideración de la Corte[203], por lo que no es admisible alegar nuevos hechos distintos de los planteados en dicho escrito, sin perjuicio de exponer aquellos que permitan explicar, aclarar o desestimar los que han sido mencionados en la demanda, o bien, responder a las pretensiones del demandante (también llamados "hechos complementarios"). La excepción a este principio son los hechos que se califican como supervinientes, que podrán ser remitidos al Tribunal en cualquier estado del proceso antes de la emisión de la sentencia.

216. En el presente caso, la Corte constata que la Comisión no incluyó dentro del marco fáctico, ni como una consideración de fondo, (i) los hechos alegados por el representante con relación a la alegada violación del artículo 21, (ii) las decisiones judiciales relacionadas con la alegada violación del artículo 21. Por lo tanto, el Tribunal precisa que no se pronunciará sobre tales hechos ni sobre los alegatos de derecho formulados por el representante a este respecto.

VIII
REPARACIONES

217. Sobre la base de lo dispuesto en el artículo 63.1 de la Convención Americana, la Corte ha indicado que toda violación de una obligación internacional que haya producido daño comporta el deber de repararlo adecuadamente, y que esa disposición recoge una norma consuetudinaria que constituye uno de los principios fundamentales del Derecho Internacional contemporáneo sobre responsabilidad de un Estado[204].

---

[203] *Caso I.V. Vs. Bolivia. Excepción Preliminar, Fondo, Reparaciones y Costas*. Sentencia de 30 de noviembre de 2016. Serie C No. 329, párr. 45, y *Caso Rodríguez Revolorio Vs. Guatemala. Excepción Preliminar, Fondo, Reparaciones y Costas*. Sentencia de 14 de octubre de 2019. Serie C No. 387, párr. 24.
[204] *Cfr. Caso Velásquez Rodríguez Vs. Honduras. Reparaciones y Costas*. Sentencia de 21 de julio de 1989. Serie C No. 7, párr. 25, y *Caso Jenkins Vs. Argentina*, párr. 122.

218. La reparación del daño ocasionado por la infracción de una obligación internacional requiere, siempre que sea posible, la plena restitución (*restitutio in integrum*), que consiste en el restablecimiento de la situación anterior[205]. De no ser esto materialmente posible, como ocurre en la mayoría de los casos de violaciones a derechos humanos, este Tribunal determinará, de conformidad a lo previsto en el artículo 63.1 de la Convención y en el Derecho Internacional, medidas para garantizar los derechos conculcados y reparar las consecuencias que las infracciones produjeron[206]. Por tanto, la Corte ha considerado la necesidad de otorgar diversas medidas de reparación, a fin de resarcir los daños de manera integral, por lo que además de las compensaciones pecuniarias, las medidas de restitución, rehabilitación, satisfacción y garantías de no repetición tienen especial relevancia por los daños ocasionados[207].

219. Este Tribunal ha establecido que las reparaciones deben tener un nexo causal con los hechos del caso, las violaciones declaradas, los daños acreditados, así como las medidas solicitadas para reparar los daños respectivos. Por lo tanto, la Corte deberá observar dicha concurrencia para pronunciarse debidamente y conforme a derecho[208].

220. En consideración de las violaciones declaradas en el capítulo anterior, este Tribunal procederá a analizar las pretensiones presentadas por la Comisión y el representante, así como los argumentos del Estado, a la luz de los criterios fijados en la jurisprudencia de la Corte en relación con la naturaleza y alcance de la obligación de reparar, con el objeto de disponer las medidas dirigidas a reparar los daños ocasionados a las víctimas[209].

221. La jurisprudencia internacional y en particular, de la Corte, ha establecido reiteradamente que la sentencia constituye por sí misma una forma de reparación[210]. No obstante, considerando las circunstancias del presente caso y el sufrimiento que las violaciones cometidas causaron a la víctima, la Corte estima pertinente fijar otras medidas.

A. PARTE LESIONADA

222. Este Tribunal reitera que se considera parte lesionada, en los términos del artículo 63.1 de la Convención, a quien ha sido declarada víctima de la violación de algún derecho reconocido en la misma. Por lo tanto, esta Corte considera como "parte lesionada" al señor Mario Montesinos Mejía, quien en su carácter de víctima de las violaciones declaradas en el capítulo VII de esta Sentencia será acreedor de lo que la Corte ordene a continuación.

---

[205] *Cfr. Caso Velásquez Rodríguez Vs. Honduras*, párr. 26, y *Caso Jenkins Vs. Argentina*, párr. 123.
[206] *Cfr. Caso Velásquez Rodríguez Vs. Honduras*, párr. 26, y *Caso Jenkins Vs. Argentina*, párr. 123.
[207] *Cfr. Caso de la Masacre de Las Dos Erres Vs. Guatemala, Excepción Preliminar, Fondo, Reparaciones y Costas*. Sentencia de 24 de noviembre de 2009. Serie C No. 211, párr. 226, y *Caso Jenkins Vs. Argentina*, párr. 123.
[208] *Cfr. Caso Ticona Estrada y otros Vs. Bolivia. Fondo, Reparaciones y Costas*. Sentencia de 27 de noviembre de 2008. Serie C No. 191, párr. 110, y *Caso Jenkins Vs. Argentina*, párr. 124.
[209] *Cfr. Caso Velásquez Rodríguez Vs. Honduras*, párrs. 25 a 27, y *Caso Jenkins Vs. Argentina*, párr. 125.
[210] *Cfr. Caso Neira Alegría y otros Vs. Perú. Reparaciones y Costas*. Sentencia de 19 de septiembre de 1996. Serie C No. 29, párr. 56, y *Caso Jenkins Vs. Argentina*, párr. 106.

B. Medidas de satisfacción y restitución

223. La *Comisión* recomendó que el Estado adopte medidas de compensación económica y satisfacción.

224. El *representante* solicitó lo siguiente: (i) la anulación íntegra del proceso que por testaferrismo se siguió en contra del Coronel Mario Alfonso Montesinos Mejía y que concluyó con la condena en su contra. Esta anulación incluye la anulación y exclusión de toda prueba que haya sido obtenida o generada a partir de la detención ilegal e incomunicación del señor Montesinos, en particular el informe policial que sirvió de fundamento para que se dictara el auto cabeza de proceso; (ii) el reconocimiento por parte del Estado de que mientras no exista un proceso válido, subsiste la presunción de inocencia y por lo tanto debe recibir el trato de una persona inocente, y (iii) la eliminación de todo registro público el nombre de Mario Alfonso Montesinos Mejía como responsable del delito de testaferrismo, así como de cualquier sanción o multa que pese en su perjuicio.

225. El *Estado* señaló que la Corte no es competente para revertir las decisiones judiciales emitidas en el ámbito interno, dado que no actúa como cuarta instancia. Asimismo, consideró improcedente tanto la anulación del proceso por testaferrismo, como el hecho de atribuir el nombre del señor Montesinos a una unidad de lucha contra el narcotráfico.

226. Al respecto, la *Corte* estima pertinente ordenar, como lo ha hecho en otros casos[211] que el Estado deberá publicar, en el plazo de seis meses, contado a partir de la notificación de la presente Sentencia: (a) el resumen oficial de esta Sentencia elaborado por la Corte, por una sola vez, en el Diario Oficial en un tamaño de letra legible y adecuado; (b) el resumen oficial de la Sentencia elaborado por la Corte, por una sola vez, en un diario de amplia circulación nacional, en un tamaño de letra legible y adecuado, y (c) la presente sentencia en su integridad, la cual debe estar disponible por un período de un año, en un sitio *web* oficial, de manera accesible al público. El Estado deberá comunicar de forma inmediata a esta Corte una vez que proceda a realizar cada una de las publicaciones dispuestas.

227. En lo que respecta a la sentencia condenatoria por el delito de testaferrismo, en atención a las conclusiones a las cuales llegó la Corte en los capítulos VII-2 y VII-3, en el sentido de que el señor Montesinos fue objeto de tratos crueles, inhumanos y degradantes durante el período de prisión preventiva, que no fue asesorado por un abogado durante sus primeras declaraciones y que no se investigó la denuncia de tortura y malos tratos, la Corte considera que las declaraciones rendidas por el señor Montesinos durante la etapa inicial del procedimiento, y que fueron usadas por el Tribunal para condenarlo por el delito de testaferrismo, deben ser excluidas del proceso. Asimismo, atendiendo las violaciones establecidas en el presente caso, este Tribunal determina que el proceso penal seguido en contra del señor Montesinos no puede producir efectos jurídicos en lo que respecta a dicha víctima y, por ello, dispone que el Estado debe adoptar todas las medidas necesarias en el derecho interno para dejar sin efecto las consecuencias de cualquier índole que se deriven del indicado proceso penal, inclusive los antecedentes judiciales o administrativos, penales o policiales, que existan en su contra a raíz de dicho proceso. Para ello, el Estado cuenta con un plazo de seis meses contado a partir de la notificación de la presente Sentencia.

---

[211] *Cfr. Caso Cantoral Benavides Vs. Perú*, párr. 79, y *Caso López Soto y otros Vs. Argentina*, párr. 237.

C. INVESTIGACIÓN DE LOS HECHOS DE TORTURA

228. La *Comisión* recomendó iniciar de oficio la investigación penal de manera diligente, efectiva y dentro de un plazo razonable con el objeto de esclarecer los hechos de tratos crueles, inhumanos o degradantes, denunciados por el señor Montesinos a fin de identificar todas las posibles responsabilidades e imponer las sanciones que correspondan respecto de las violaciones de derechos humanos declaradas en el presente informe. El *Representante* solicitó la investigación y sanción penal de los responsables de las violaciones a los derechos humanos de Mario Montesinos Mejía. El *Estado* no presentó alegatos sobre este extremo.

229. La *Corte* declaró en la presente Sentencia que el Estado incumplió con el deber de investigar las denuncias de tortura y tratos crueles, inhumanos y degradantes al señor Montesinos (*supra* párr. 160). Al respecto, la Corte valora los avances normativos e institucionales implementados en los últimos años por parte de Ecuador (*supra* párr. 149). Sin perjuicio de lo anterior, la Corte dispone que Ecuador deberá, en un plazo razonable, iniciar la investigación necesaria para determinar, juzgar, y, en su caso, sancionar a los responsables de los tratos crueles, inhumanos y degradantes establecidos en la presente Sentencia, así como de la tortura denunciada por el señor Montesinos en el año 1996.

230. De acuerdo con su jurisprudencia constante, la Corte estima que el Estado debe asegurar el pleno acceso y capacidad de actuar de las víctimas o sus familiares en todas las etapas de la investigación y el juzgamiento de los responsables, de acuerdo con la ley interna y las normas de la Convención Americana.

D. MEDIDAS DE REHABILITACIÓN

231. La *Comisión* solicitó disponer las medidas de atención en salud física y mental necesarias para la rehabilitación de Mario Montesinos Mejía, de ser su voluntad y de manera concertada. El *representante* solicitó la adopción de las medidas de atención en salud física y mental, atendiendo el actual estado del señor Montesinos. El *Estado* recordó que, en su calidad de afiliado al Instituto de Seguridad Social de las Fuerzas Armadas del Ecuador (ISSFA), el señor Montesinos recibe atención médica completa y continúa. Actualmente, el señor Montesinos es pensionista de retiro del ISSFA, goza de una cobertura del 100% en lo que corresponde al seguro de salud. Las prestaciones proporcionadas por el ISSFA se encuentran detalladas en la Ley de Seguridad Social de las Fuerzas Armadas. Además, el señor Montesinos, como afiliado del ISSFA, puede solicitar atención médica a través de los prestadores de servicios de salud de las Fuerzas Armadas, de la Red Pública Integral de Salud, y de la Red Privada Complementaria. Por lo tanto, el señor Montesinos se encuentra adecuadamente atendido y sus gastos están debidamente cubiertos por el seguro de salud que tiene, por lo que no es necesario ni pertinente que la Corte se pronuncie sobre medidas de atención médica.

232. La *Corte* advierte que fue probado en el presente caso que el señor Montesinos fue víctima de tratos crueles, inhumanos y degradantes. Asimismo, de la prueba aportada y las declaraciones de sus familiares ante la Corte, se observa que el señor Montesinos sufre de una serie de padecimientos como consecuencia de los seis

años en los cuales estuvo privado de libertad[212]. Aunque se toma en consideración la explicación del Estado de que el señor Montesinos puede acceder a la atención médica proporcionada por el Instituto de Seguridad Social de las Fuerzas Armadas del Ecuador, la Corte estima que el Estado debe brindar gratuitamente y de forma inmediata, adecuada y efectiva, el tratamiento psicológico y psiquiátrico requerido por el señor Montesinos, previo consentimiento informado y por el tiempo que sea necesario, incluida la provisión gratuita de medicamentos. Asimismo, los tratamientos respectivos deberán prestarse de manera oportuna y diferenciada, en la medida de lo posible, en el centro más cercano a su lugar de residencia en Ecuador, por el tiempo que sea necesario. Para tal efecto la víctima dispone de un plazo de seis meses, contado a partir de la notificación de la presente Sentencia, para requerir al Estado dicho tratamiento.

E. INDEMNIZACIÓN COMPENSATORIA

233. La *Comisión* solicitó reparar integralmente las violaciones de derechos humanos declaradas en su informe de fondo tanto en el aspecto material como inmaterial.

234. El *representante* solicitó: (i) el pago de un valor indemnizatorio por el hecho de haber sido sujeto a tortura, tratos crueles e inhumanos, así como la privación arbitraria de su libertad por más de seis años, que sea de tal magnitud que surta un efecto de carácter preventivo para que el Estado no incurra en hechos semejantes, el cual estimó en USD $1.000.000; (ii) la reparación por los daños inmateriales y daño moral deberá ser fijada por la Corte en equidad, considerando el largo tiempo que ha debido sufrir por dichos daños, el cual estimó que no podría ser inferior a los USD $500.000; (iii) la reparación por el daño efectivamente sufrido a su proyecto de vida, como un hecho cierto y pasado, en un valor de al menos USD $ 1.000.000, y (iv) un valor indemnizatorio que corresponda al valor actual que tiene el inmueble "Santa Clara" y de cuya propiedad se vio privado tanto Mario Montesinos Mejía como su cónyuge Marcia Montesinos. Asimismo, sobre este punto indicó que el valor indemnizatorio es el único mecanismo real de reparar pues el inmueble en la actualidad se encuentra invadido por más de una centena de familias campesinas.

235. Por cuanto atañe a las indemnizaciones compensatorias, el *Estado* indicó que: (i) el comiso especial de la Hacienda Santa Clara se ordenó mediante sentencia de 9 de septiembre de 1996, dentro de un proceso judicial en el cual se determinó el uso del bien con fines delictivos. La sanción que afecta al bien se pronunció en el marco de un proceso judicial que tuvo como finalidad garantizar el orden público; (ii) el daño material alegado respecto a los bienes de la presunta víctima, los cuales estaban relacionados con fines delictivos, no constituye un daño resarcible; (iii) se debe considerar la sentencia del caso Fermín Ramírez, en la cual la Corte condenó al Estado de Guatemala por las violaciones a las garantías judiciales, la protección judicial, el principio de legalidad, el derecho a solicitar una conmutación de la pena de muerte pronunciada y la integridad personal en su perjuicio, sin embargo la Corte no ordenó ninguna reparación pecuniaria, considerando que no había pruebas que acreditaran los daños materiales alegados, así como los elementos fácticos objetivos;

---

[212] Certificado medico de 23 de noviembre de 1997 sobre cardiopatía isquémica (expediente de prueba, folio 2081); certificados médicos que acreditan el estado de salud actual de Mario Montesinos Mejía y carnet de discapacidad (expediente de prueba, folio 2076 a 2079).

(iv) los montos por daño inmaterial solicitado por el representante son desproporcionados, y en tal virtud, deberán ser desestimados, puesto que el principio de reparación integral no puede implicar un enriquecimiento por parte de la presunta víctima. Asimismo, en relación al "carácter preventivo" que el representante pretende dar a la eventual reparación, el Estado recuerda que la Corte Interamericana no se encuentra habilitada para pronunciar indemnizaciones con carácter punitivo, sino únicamente que el resarcimiento del daño sea exclusivamente destinado a reparar el daño causado; (v) sobre el alegado daño al proyecto de vida, consideró el monto desmesurado y que no se encuentra justificado por ningún sustento económico; los proyectos que habrían sido afectados tampoco se encuentran especificados. Adicionalmente, el Estado indicó que, como se desprende de la hoja de vida del señor Montesinos, su vida profesional se desarrolló con plena normalidad, por lo que no se ha visto limitado en desarrollar su proyecto de vida.

236. La *Corte* ha desarrollado el concepto de daño material[213] y los supuestos en que corresponde indemnizarlos. En particular, la Corte ha desarrollado en su jurisprudencia el concepto de daño material y ha establecido que supone "la pérdida o detrimento de los ingresos de las víctimas, los gastos efectuados con motivo de los hechos y las consecuencias de carácter pecuniario que tengan un nexo causal con los hechos del caso. En razón de ello, la Corte determinará la pertinencia de otorgar reparaciones pecuniarias y los montos respectivos debidos en este caso.

237. Respecto al daño material, este Tribunal ha desarrollado en su jurisprudencia que el mismo supone la pérdida o detrimento de los ingresos de las víctimas, los gastos efectuados con motivo de los hechos y las consecuencias de carácter pecuniario que tengan un nexo causal con los hechos del caso[214]. En el presente caso, la Corte hace notar que el representante no ha presentado ninguna prueba juntamente con su escrito de solicitudes y argumentos que demuestre la pérdida o detrimento de ingreso directamente en virtud de los hechos del caso, de manera que la Corte no cuenta con información suficiente para ordenar una indemnización por daño material en favor del señor Montesinos.

238. Por otra parte, respecto al daño inmaterial, la Corte ha establecido en su jurisprudencia que el daño inmaterial puede comprender tanto los sufrimientos y las aflicciones causados por la violación como el menoscabo de valores muy significativos para las personas y cualquier alteración, de carácter no pecuniario, en las condiciones de existencia de las víctimas. Dado que no es posible asignar al daño inmaterial un equivalente monetario preciso, sólo puede ser objeto de compensación, para los fines de la reparación integral a la víctima, mediante el pago de una cantidad de dinero o la entrega de bienes o servicios apreciables en dinero, que el Tribunal determine en aplicación razonable del arbitrio judicial y en términos de equidad[215]. Por ello, considerando las circunstancias del presente caso, así como las restantes consecuencias de orden inmaterial establecidas en la presente Sentencia, la Corte estima pertinente fijar en equidad, por concepto de daño inmaterial, una indemnización equivalente a USD $50.000,00 (cincuenta mil dólares de los Estados Unidos de América) a favor del señor Montesinos Mejía.

---

[213] *Caso Bámaca Velásquez Vs. Guatemala. Reparaciones y Costas.* Sentencia de 22 de febrero de 2002, Serie C No. 91, párr. 43, y *Caso Jenkins Vs. Argentina*, párr. 145.
[214] *Cfr. Caso Bámaca Velásquez Vs. Guatemala*, párr. 43, y *Caso Jenkins Vs. Argentina*, párr. 145.
[215] *Cfr. Caso de los "Niños de la Calle" (Villagrán Morales y otros) Vs. Guatemala. Reparaciones y Costas.* Sentencia de 26 de mayo de 2001. Serie C No. 77, párr. 84, y *Caso Jenkins Vs. Argentina*, párr. 158.

239. Finalmente, la Corte no considera necesario otorgar medidas de reparación económica adicionales en razón de las otras alegadas afectaciones.

F. Otras medidas de reparación solicitadas

240. La *Comisión* solicitó que se adopte las medidas necesarias para evitar que en el futuro se produzcan hechos similares. Especlficamente, desarrollar programas de formación para cuerpos de seguridad, jueces y fiscales, sobre la prohibición absoluta de actos de tortura y tratos crueles, inhumanos o degradantes, así como las obligaciones derivadas de la regla de la exclusión. Asimismo, asegurar que las autoridades competentes estén debidamente capacitadas en cuanto a su obligación de iniciar, de oficio, investigaciones penales frente a denuncia o razón fundada sobre posibles actos de tortura y tratos crueles, inhumanos o degradantes. Igualmente, fortalecer los mecanismos de rendición de cuentas y asegurar su debida aplicación a los funcionarios a cargo del tratamiento de las personas privadas de libertad. El *representante* solicitó que se ordene que la República del Ecuador adopte las medidas necesarias para evitar que hechos semejantes se produzcan el futuro y que el Estado haga un pedido de disculpas, tanto al señor Montesinos como a su familia por parte del Estado por las violaciones a los derechos humanos. El Estado deberá también designar a la unidad de la policía encargada de la lucha anti drogas con el nombre de Mario Alfonso Montesinos Mejía.

241. La *Corte* no considera necesario ordenar medidas adicionales a las ya ordenadas anteriormente.

G. Costas y gastos

242. El *representante* solicitó el pago de las costas y gastos incurridos, así como los haberes por la defensa profesional tanto a nivel interno como internacional, en equidad. Indicó que los gastos incurridos en la defensa a nivel doméstico deberían tener un valor de al menos USD $100.000 y para el caso de la defensa en el Sistema Interamericano el valor fijado debería ser de USD $100.000.

243. El *Estado* se refirió al *quantum* razonable de la indemnización y consideró que la cuantía reclamada es excesiva, además de no ser sustentada por ningún elemento probatorio. El Estado solicitó que se proceda a un desglose riguroso de los rubros que el representante de la víctima pretende incluir en las costas y gastos reclamados, y que se fije una cantidad razonable.

244. La *Corte* reitera que, conforme a su jurisprudencia[216], las costas y gastos hacen parte del concepto de reparación, toda vez que la actividad desplegada por las víctimas con el fin de obtener justicia, tanto a nivel nacional como internacional, implica erogaciones que deben ser compensadas cuando la responsabilidad internacional del Estado es declarada mediante una sentencia condenatoria. En cuanto al reembolso de las costas y gastos, corresponde al Tribunal apreciar prudentemente su alcance, el cual comprende los gastos generados ante las autoridades de la jurisdicción interna, así como los generados en el curso del proceso ante el Sistema Interamericano, teniendo en cuenta las circunstancias del caso concreto y la naturaleza de la jurisdicción internacional de protección de los derechos humanos. Esta apreciación

---

[216] *Cfr. Caso Garrido y Baigorria Vs. Argentina. Reparaciones y Costas.* Sentencia de 27 de agosto de 1998. Serie C No. 39, párr. 79, y *Caso Jenkins Vs. Argentina*, párr. 164.

puede ser realizada con base en el principio de equidad y tomando en cuenta los gastos señalados por las partes, siempre que su *quantum* sea razonable[217].

245. Este Tribunal ha señalado que "las pretensiones de las víctimas o sus representantes en materia de costas y gastos, y las pruebas que las sustentan, deben presentarse a la Corte en el primer momento procesal que se les concede, esto es, en el escrito de solicitudes y argumentos, sin perjuicio de que tales pretensiones se actualicen en un momento posterior, conforme a las nuevas costas y gastos en que se haya incurrido con ocasión del procedimiento ante esta Corte"[218]. Asimismo, la Corte reitera que "no es suficiente la remisión de documentos probatorios, sino que se requiere que las partes hagan una argumentación que relacione la prueba con el hecho que se considera representado, y que, al tratarse de alegados desembolsos económicos, se establezcan con claridad los rubros y la justificación de los mismos"[219].

246. En el presente caso, no consta en el expediente respaldo probatorio preciso en relación con las costas y gastos en los cuales incurrió el señor Montesinos o su representante respecto a la tramitación del caso en el ámbito doméstico o ante la Corte. Sin embargo, la Corte considera que tales trámites necesariamente implicaron erogaciones pecuniarias, por lo que determina que el Estado debe entregar al representante la cantidad de US$ 15.000,00 (quince mil dólares de los Estados Unidos de América) por concepto de costas y gastos. Dicha cantidad deberá ser entregada directamente al representante. En la etapa de supervisión de cumplimiento de la presente Sentencia, la Corte podrá disponer que el Estado reembolse a la víctima o su representante los gastos razonables en que incurra en dicha etapa procesal[220].

H. REINTEGRO DE LOS GASTOS AL FONDO DE ASISTENCIA LEGAL DE VÍCTIMAS

247. En el presente caso, mediante nota de Secretaría de 31 de octubre de 2018, la Corte resolvió declarar procedente la solicitud realizada para acogerse al Fondo de Asistencia Legal de Víctimas. Asimismo, mediante la Resolución de convocatoria a audiencia de 25 de junio de 2019, el Presidente dispuso que la asistencia económica estaría asignada para cubrir los gastos de viaje y estadía necesarios para que la testigo Marcia González Rubio compareciera ante el Tribunal a rendir su declaración en la audiencia pública celebrada en el presente caso. Asimismo, en dicha Resolución la Presidencia determinó que los gastos razonables de formalización y envío del affidávit de la presunta víctima Mario Montesinos Mejía podría ser cubierto con recursos del Fondo de Asistencia Legal de Víctimas.

248. El 23 de octubre de 2019 fue remitido al Estado un informe de erogaciones según lo dispuesto en el artículo 5 del Reglamento de la Corte sobre el funcionamiento del referido Fondo. De esta forma, el Estado tuvo la oportunidad de presentar sus observaciones sobre las erogaciones realizadas en el presente caso, las cuales ascendieron a la suma de USD $176.00 (ciento y setenta y seis dólares de los

---

[217] *Cfr. Caso Garrido y Baigorria Vs. Argentina*, párr. 82, y *Caso Omeara Carrascal y otros Vs. Colombia. Fondo, Reparaciones y Costas*. Sentencia de 21 de noviembre de 2018. Serie C No. 368, párr. 342.
[218] *Cfr. Caso Chaparro Álvarez y Lapo Íñiguez Vs. Ecuador. Excepciones Preliminares, Fondo, Reparaciones y Costas*. Sentencia de 21 de noviembre de 2007. Serie C No. 170, párr. 275, y *Caso Jenkins Vs. Argentina*, párr. 164.
[219] *Cfr. Caso Chaparro Álvarez y Lapo Íñiguez Vs. Ecuador*, párr. 277, y *Caso Jenkins Vs. Argentina*, párr. 164.
[220] *Cfr. Caso Gudiel Álvarez y otros (Diario Militar) Vs. Guatemala. Interpretación de la Sentencia de Fondo, Reparaciones y Costas*. Sentencia de 19 de agosto de 2013. Serie C No. 262, párr. 62, y *Caso Jenkins Vs. Argentina*, párr. 165.

Estados Unidos de América). El Estado no presentó observaciones sobre dichas erogaciones.

249. En razón de las violaciones declaradas en la presente Sentencia y del cumplimiento de los requisitos para acogerse al Fondo de Asistencia de la Corte, este Tribunal ordena al Estado el reintegro a dicho Fondo de la cantidad de USD $176.00 (ciento y setenta y seis dólares de los Estados Unidos de América) por los gastos incurridos. Este monto deberá ser reintegrado en el plazo de seis meses, contados a partir de la notificación de la presente Sentencia.

I. MODALIDAD DE CUMPLIMIENTO DE LOS PAGOS ORDENADOS

250. El Estado deberá efectuar el pago de las indemnizaciones por concepto de daño material e inmaterial y el reintegro de costas y gastos establecidos en la presente Sentencia directamente a la persona indicada en la misma, dentro del plazo de un año contado a partir de la notificación de la presente Sentencia, sin perjuicio de que pueda adelantar el pago completo en un plazo menor.

251. En caso de que el beneficiario haya fallecido o fallezca antes de que les sea entregada la cantidad respectiva, esta se entregará directamente a sus derechohabientes, conforme al derecho interno aplicable.

252. El Estado deberá cumplir con las obligaciones monetarias mediante el pago en dólares de los Estados Unidos de América o su equivalente en moneda nacional, utilizando para el cálculo respectivo el tipo de cambio que se encuentre vigente en la bolsa de Nueva York, Estados Unidos de América, el día anterior al pago.

253. Si por causas atribuibles al beneficiario de las indemnizaciones o a sus derechohabientes no fuese posible el pago de las cantidades determinadas dentro del plazo indicado, el Estado consignará dichos montos a su favor en una cuenta o certificado de depósito en una institución financiera ecuatoriana solvente, en dólares de los Estados Unidos de América, y en las condiciones financieras más favorables que permitan la legislación y la práctica bancaria. Si no se reclama la indemnización correspondiente una vez transcurridos diez años, las cantidades serán devueltas al Estado con los intereses devengados.

254. Las cantidades asignadas en la presente Sentencia como indemnización por daños materiales e inmateriales, y como reintegro de costas y gastos, deberán ser entregadas a la persona indicada en forma íntegra, conforme a lo establecido en esta Sentencia, sin reducciones derivadas de eventuales cargas fiscales.

255. En caso de que el Estado incurriera en mora, incluyendo en el reintegro de los gastos al Fondo de Asistencia Legal de Víctimas, deberá pagar un interés sobre la cantidad adeudada correspondiente al interés bancario moratorio en la República del Ecuador.

IX
PUNTOS RESOLUTIVOS

256. Por tanto,

LA CORTE

DECIDE,

Por unanimidad,

1. Desestimar la excepción preliminar interpuesta por el Estado relativa a la incompetencia de la Corte por en razón del tiempo, en los términos de los párrafos 18 y 19 de la presente Sentencia.

Por unanimidad,

2. Desestimar la excepción preliminar interpuesta por el Estado relativa a la falta de agotamiento de recursos internos, en los términos de los párrafos 24 a 28 de la presente Sentencia.

Por unanimidad,

3. Desestimar la excepción preliminar interpuesta por el Estado relativa a la incompetencia *ratione materiae* para revisar decisiones internas, en los términos de los párrafos 32 a 35 de la presente Sentencia.

Por unanimidad,

4. Desestimar la excepción preliminar interpuesta por el Estado relativa al control de legalidad de las actuaciones de la Comisión Americana, en los términos de los párrafos 38 a 41 de la presente Sentencia.

DECLARA,

Por unanimidad,

5. El Estado es responsable por la violación de los derechos a la libertad personal, a la presunción de inocencia y a la protección judicial, previstos en los artículos 7.1, 7.2, 7.4, 7.5, 8.2 y 24 de la Convención Americana sobre Derechos Humanos, en relación con el artículo 1.1 de dicho instrumento; así como los artículos 7.1, 7.3 y 7.6 de la Convención Americana, en relación con los artículos 1.1 y 2 del mismo instrumento, en perjuicio de Mario Alfonso Montesinos Mejía, en los términos de los párrafos 114, 119, 128, 133 y 139 de la presente Sentencia.

Por unanimidad,

6. El Estado es responsable por la violación de las obligaciones de proteger y garantizar el derecho a la integridad personal, previstas en los artículos 5.1 y 5.2 de la Convención Americana sobre Derechos Humanos, en relación con el artículo 1.1 del mismo instrumento, y 1, 6 y 8 de la Convención Americana para Prevenir y Sancionar la Tortura, en perjuicio de Mario Alfonso Montesinos Mejía, en los términos de los párrafos 159 y 160 de la presente Sentencia.

Por unanimidad,

7. El Estado es responsable por la violación del derecho a las garantías judiciales, previsto en los artículos 8.1, 8.2 b, c, d y e, y 8.3 de la Convención Americana sobre

Derechos Humanos, en relación con el artículo 1.1 del mismo instrumento, en perjuicio de Mario Alfonso Montesinos Mejía, en los términos de los párrafos 188 y 195 de la presente Sentencia.

Por unanimidad,

8. El Estado no es responsable por la violación del derecho a no ser juzgado dos veces por los mismos hechos y del principio de legalidad y no retroactividad, establecidos respectivamente en los artículos 8.4 y 9 de la Convención Americana, en los términos de los párrafos 206 y 213 de la presente Sentencia.

Y DISPONE:

Por unanimidad,

9. Esta Sentencia constituye, por sí misma, una forma de reparación.

Por unanimidad,

10. El Estado realizará, en el plazo de seis meses, las publicaciones indicadas en el párrafo 226 de la presente Sentencia.

Por unanimidad,

11. El Estado adoptará, en un plazo de seis meses contado a partir de la notificación del presente Fallo, todas las medidas necesarias en el derecho interno para dejar sin efecto las consecuencias de cualquier índole que se derivan del proceso penal seguido contra el señor Mario Montesinos Mejía, en los términos del párrafo 227 de la presente Sentencia.

Por unanimidad,

12. El Estado iniciará, en un plazo razonable, la investigación necesaria para determinar, juzgar, y, en su caso, sancionar a los responsables de los tratos crueles, inhumanos y degradantes establecidos en la presente Sentencia, así como de la tortura denunciada por el señor Montesinos en el año 1996, en los términos del párrafo 229 de la presente Sentencia.

Por unanimidad,

13. El Estado pagará las cantidades fijadas en los párrafos 237 al 239 de la presente Sentencia, por concepto de daños materiales e inmateriales y por el reintegro de costas y gastos, en los términos de los párrafos 250 al 255 de la presente Sentencia.

Por unanimidad,

14. El Estado brindará gratuitamente y de forma inmediata, adecuada y efectiva, el tratamiento psicológico y psiquiátrico que requiera la víctima, previo consentimiento

informado y por el tiempo que sea necesario, incluida la provisión gratuita de medicamentos, en los términos del párrafo 237 de la presente Sentencia.

Por unanimidad,

15. El Estado reintegrará al Fondo de Asistencia Legal de Víctimas de la Corte Interamericana de Derechos Humanos la cantidad erogada durante la tramitación del presente caso, en los términos del párrafo 249 de esta Sentencia.

Por unanimidad,

16. El Estado rendirá al Tribunal un informe, dentro del plazo de un año contado a partir de la notificación de esta Sentencia, sobre las medidas adoptadas para cumplir con la misma.

Por unanimidad,

17. La Corte supervisará el cumplimiento íntegro de esta Sentencia, en ejercicio de sus atribuciones y en cumplimiento de sus deberes conforme a la Convención Americana sobre Derechos Humanos, y dará por concluido el presente caso una vez que el Estado haya dado cabal cumplimiento a lo dispuesto en la misma.

Redactada en español, en San José, Costa Rica, el 27 de enero de 2020.

Corte IDH. *Caso Montesinos Mejías Vs. Ecuador. Excepciones Preliminares, Fondo, Reparaciones y Costas*. Sentencia de 27 de enero de 2020.

Elizabeth Odio Benito
Presidenta

Eduardo Vio Grossi   Humberto Antonio Sierra Porto
Eduardo Ferrer Mac-Gregor Poisot   Eugenio Raúl Zaffaroni
Ricardo C. Pérez Manrique

Pablo Saavedra Alessandri
Secretario

Comuníquese y ejecútese,

Elizabeth Odio Benito
Presidenta

Pablo Saavedra Alessandri
Secretario

2. CASO CARRANZA ALARCÓN VS. ECUADOR
Sentencia de 3 de febrero de 2020
(Excepciones Preliminares, Fondo, Reparaciones y Costas)

En el caso *Carranza Alarcón Vs. Ecuador*,

la Corte Interamericana de Derechos Humanos (en adelante "la Corte Interamericana", "la Corte" o "este Tribunal"), integrada por los siguientes Jueces[*]:

Elizabeth Odio Benito, Presidenta;
Eduardo Vio Grossi, Juez;
Humberto Antonio Sierra Porto, Juez;
Eduardo Ferrer Mac-Gregor Poisot, Juez;
Eugenio Raúl Zaffaroni, Juez, y
Ricardo Pérez Manrique, Juez,

presente además,

Pablo Saavedra Alessandri, Secretario,

de conformidad con los artículos 62.3 y 63.1 de la Convención Americana sobre Derechos Humanos (en adelante "la Convención Americana" o "la Convención") y con los artículos 31, 32, 62, 65 y 67 del Reglamento de la Corte (en adelante "el Reglamento", dicta la presente Sentencia, que se estructura en el siguiente orden:

ÍNDICE

	Párr.
I. INTRODUCCIÓN DE LA CAUSA Y OBJETO DE LA CONTROVERSIA	1
II. PROCEDIMIENTO ANTE LA CORTE	4
III. COMPETENCIA	11
IV. EXCEPCIONES PRELIMINARES	12
A. Excepción de falta de agotamiento de los recursos internos	13
B. Alegada violación del derecho de defensa	23
V. PRUEBA	34
VI. HECHOS	35
A. Inicio de actuaciones y detención del señor Carranza	36
B. Continuación del proceso penal luego de la detención	40
C. Condena y cumplimiento de la pena	52
VII. FONDO. LIBERTAD PERSONAL Y GARANTÍAS JUDICIALES	54
A. Alegatos de la Comisión y de las partes	57

---

[*] El Juez L Patricio Pazmiño, Vicepresidente de la Corte, de nacionalidad ecuatoriana, no participó en la tramitación del presente caso ni en la deliberación y firma de esta Sentencia, de conformidad con lo dispuesto en los artículos 19.1 y 19.2 del Reglamento de la Corte.

B. Consideraciones de la Corte   60
    B.1. Órdenes de detención y de prisión preventiva del señor Carranza
      B.1.1. Detención inicial   69
      B.1.2. Prisión preventiva   73
    B.2. Revisión de la prisión preventiva   82
    B.3. Razonabilidad del tiempo de la privación preventiva de la libertad   86
    B.4. Presunción de inocencia   89
    B.5. Tiempo insumido en el proceso penal   91
    B.6. Conclusión   97

VIII. REPARACIONES   98
    A. Parte lesionada   101
    B. Medidas de satisfacción   102
    C. Solicitud de garantías de no repetición   103
    D. Indemnizaciones compensatorias   105
    E. Costas y gastos   110
    F. Modalidad de cumplimientos de los pagos ordenados   115

IX. PUNTOS RESOLUTIVOS   119

I
INTRODUCCIÓN DE LA CAUSA Y OBJETO DE LA CONTROVERSIA

1. *El caso sometido a la Corte.* El 29 de marzo de 2018, la Comisión Interamericana de Derechos Humanos (en adelante "la Comisión Interamericana" o "la Comisión"), sometió a la jurisdicción de la Corte el caso "Carranza Alarcón" contra la República del Ecuador (en adelante "el Estado" o "Ecuador")[1]. La Comisión dio por establecido que el señor Ramón Rosendo Carranza Alarcón (en adelante también "señor Carranza" o "señor Carranza Alarcón") estuvo "privado de libertad preventivamente entre noviembre de 1994 y diciembre de 1998", cuando la sentencia condenatoria en su contra quedó firme. De acuerdo a lo expresado por la Comisión, la prisión preventiva fue arbitraria, así como su duración y la del proceso penal irrazonable.

2. *Trámite ante la Comisión.* El trámite ante la Comisión fue el siguiente:

a) *Petición.* El 5 de abril de 1998 la Comisión recibió la petición inicial, presentada por José Leonardo Obando Laaz (en adelante "el representante").
b) *Informes de Admisibilidad y de Fondo.* El 2 de noviembre de 2011 y el 23 de mayo de 2017 la Comisión aprobó, respectivamente, el Informe de Admisibilidad No. 154/11 y el Informe de Fondo No. 40/17 (en adelante "Informe de Fondo"). En este llegó a conclusiones[2] y formuló recomendaciones al Estado.

---

[1] Afirmó que sometió el caso a este Tribunal por "la necesidad de obtención de justicia en el caso particular". Designó como sus delegados a la Comisionada Esmeralda Arosemena de Troitiño y al Secretario Ejecutivo Paulo Abrão, y a Elizabeth Abi-Mershed, entonces Secretaria Ejecutiva Adjunta, Silvia Serrano Guzmán y Erick Acuña Pereda como asesoras legales y asesor legal.

[2] La Comisión concluyó que Ecuador es responsable por la violación de los derechos a la libertad personal, garantías judiciales y protección judicial, establecidos en los artículos 7.1, 7.3, 7.5, 8.1 y 8.2 de la Convención Americana, en relación con obligaciones establecidas en los artículos 1.1 y 2 del mismo tratado.

c) *Notificación al Estado*. La Comisión notificó al Estado el Informe No. 40/17 mediante una comunicación de 29 de junio de 2017, otorgándole un plazo de dos meses para informar sobre el cumplimiento de las recomendaciones.

d) *Informes sobre las recomendaciones de la Comisión*. Por solicitudes de Ecuador, los días 27 de septiembre de 2017, 28 de diciembre de 2017 y 29 de enero de 2018, la Comisión otorgó prórrogas al Estado. Sin embargo, conforme expresó al someter el caso a la Corte, la Comisión consideró que "no contó con información concreta sobre el cumplimiento de las recomendaciones" expresadas en el Informe de Fondo[3].

3. *Solicitudes de la Comisión*. La Comisión solicitó a este Tribunal declarar la responsabilidad internacional de Ecuador, considerando "la totalidad de los hechos y violaciones de derechos humanos" señaladas en su Informe de Fondo, así como que ordene al Estado, como medidas de reparación, las recomendaciones incluidas en el mismo.

II
PROCEDIMIENTO ANTE LA CORTE

4. *Notificación al representante y al Estado*. El sometimiento del caso fue notificado al representante de la presunta víctima, así como al Estado por medio de comunicaciones de 3 de julio de 2018[4].

---

[3] Ecuador presentó informes a la Comisión sobre el cumplimiento de sus recomendaciones al menos los días 5 de septiembre de 2017, 4 de enero de 2018 y 29 de marzo de 2018. Es útil resaltar que la Comisión recomendó al Estado "[r]eparar integralmente al señor [...] Carranza" y "[d]isponer las medidas de no repetición necesarias para asegurar que tanto la normativa aplicable como las prácticas respectivas en materia de detención preventiva sean compatibles con los estándares establecidos en el [Informe de Fondo]". Interesa destacar que en un escrito fechado el 26 de diciembre de 2017, remitido el 4 de enero de 2018 a la Comisión, el Estado, respecto a la primera recomendación, expresó que había "emprendido esfuerzos" para localizar al señor Carranza, y respecto de la segunda recomendación, hizo notar que en 2014 había entrado en vigencia el Código Orgánico Integral Penal, que modificó el régimen legal de la prisión preventiva de modo que, a criterio del Estado, "guarda armonía con los estándares establecidos por la C[omisión]". Además, informó acciones de capacitación a personal policial, con un "enfoque basado en derechos humanos", en las que se incluyó un módulo sobre "prisión preventiva". Luego el Estado envió a la Comisión copia de un escrito de 25 de enero de 2018 del abogado del señor Carranza, dirigido a autoridades estatales, en que dicho abogado dijo estar intentando localizar al señor Carranza y manifestó "est[ar] plenamente de acuerdo [en] que se puede canalizar ante la C[omisión] una prórroga de por lo menos dos o tres meses, para localizar al s[eñor] C[arranza....] y llegar a una solución amistosa del caso que conllevaría una reparación material e inmaterial". En su última presentación, de 29 de marzo de 2018, el Estado informó a la Comisión que había efectuado diversas acciones para identificar el paradero del señor Carranza, y que el abogado de él había señalado tener "indicios de que el señor Carranza habría fallecido". El Estado manifestó en esa oportunidad que tenía "voluntad de llevar a cabo el proceso de reparación integral recomendando en el Informe de Fondo No. 40/17" y que "la dificultad para identificar el paradero del señor Carranza Alarcón ha[bía] hecho imposible cumplir con este cometido". En la misma oportunidad el Estado señaló que por el motivo expuesto era "necesario solicitar una prórroga" a la Comisión y "consider[ó] oportuno que en el marco del proceso ante el Sistema Interamericano [...] se solicite al representante del peticionario [que] facilite al Estado la información que permita el contacto con el señor Carranza Alarcón".

[4] El 15 de junio de 2018, el representante informó que "continuar[ía] ejerciendo la representación" del señor Carranza, quien había fallecido, conforme "informa[ci]ón de familiares". Por otra parte, el 9 de julio de 2018 comunicó que el disco compacto que contenía anexos documentales a la notificación del caso fue recibido en mal estado. Por eso, el 13 de julio se le hizo llegar nuevamente esa documentación, con indicación de que a partir de la recepción de la misma debía contarse el plazo reglamentario de dos meses para presentar su escrito de solicitudes, argumentos y pruebas.

5. *Escrito de solicitudes, argumentos y pruebas*. El 5 de septiembre de 2018 el representante presentó su escrito de solicitudes, argumentos y pruebas (en adelante "escrito de solicitudes y argumentos"), conforme los artículos 25 y 40 del Reglamento. Coincidió con los alegatos de la Comisión y además solicitó que la Corte declare responsable al Estado por violación de los derechos a la integridad personal y a la protección judicial. Solicitó diversas medidas de reparación y el pago de "honorarios".

6. *Escrito de contestación*. El 28 de noviembre de 2018 Ecuador presentó su escrito de excepciones preliminares, contestación al sometimiento del caso y observaciones al escrito de solicitudes y argumentos (en adelante "contestación"). Opuso dos excepciones preliminares, además negó las violaciones alegadas y la procedencia de medidas de reparación.

7. *Observaciones a las excepciones preliminares*. El 20 de febrero de 2019 la Comisión presentó observaciones a las excepciones preliminares. Lo mismo hizo el representante el 26 de ese mes. Las observaciones del representante fueron remitidas en forma extemporánea, por lo que no serán consideradas. En el mismo escrito el representante presentó observaciones sobre el fondo del caso y sobre la prueba ofrecida por Ecuador. La presentación de tales observaciones se hizo fuera de las oportunidades previstas reglamentariamente al efecto y no fueron solicitadas, por lo que tampoco serán consideradas.

8. *Procedimiento final escrito*. Tras evaluar los escritos principales presentados por la Comisión y por las partes, y a la luz de lo dispuesto en los artículos 15, 45 y 50.1 del Reglamento, el entonces Presidente de la Corte[5] (en adelante "el Presidente"), en consulta con el Pleno de la Corte, decidió "por razones de economía procesal" que no era necesario convocar a una audiencia pública, teniendo en cuenta que "las controversias que [se] presentan [en el caso] son primordialmente de derecho". La decisión fue expresada mediante Resolución de la Presidencia de 23 de julio de 2019. En la misma se ordenó recibir dos declaraciones escritas, rendidas ante fedatario público (*infra* párr. 34).

9. *Alegatos y observaciones finales escritos*. El 16 de septiembre de 2019 la Comisión presentó sus observaciones finales escritas y el Estado remitió sus alegatos finales escritos. El representante no presentó alegatos finales escritos

10. *Deliberación del presente caso*. La Corte deliberó la presente Sentencia el 3 de febrero de 2020.

III
COMPETENCIA

11. La Corte es competente para conocer el presente caso, en los términos del artículo 62.3 de la Convención. Ecuador es Parte de la Convención desde el 28 de diciembre de 1977 y reconoció la competencia contenciosa de este Tribunal el 24 de julio de 1984.

---

[5] En el momento de emitirse la Resolución respectiva, el Presidente de la Corte era el Juez Eduardo Ferrer Mac-Gregor Poisot.

IV
EXCEPCIONES PRELIMINARES[6]

12. El Estado opuso dos excepciones preliminares aduciendo: (a) la falta de agotamiento de los recursos internos, y (b) la alegada violación de su derecho de defensa.

A. EXCEPCIÓN DE FALTA DE AGOTAMIENTO DE LOS RECURSOS INTERNOS

13. El *Estado* adujo que proveyó recursos internos para (a) cuestionar la sentencia condenatoria y (b) para controvertir la prisión preventiva. En relación con lo primero, señaló que: (i) el recurso de *casación* podía interponerse "si la presunta víctima consideró que el Tribunal Penal violó la ley al emitir la sentencia condenatoria", y (ii) que el recurso de *revisión* procedía para "reparar el caso de una persona condenada por un error en sentencia". Sobre lo segundo, expresó que el señor Carranza no presentó (i) el recurso de *hábeas corpus*, que era un "remedio rápido, idóneo y efectivo" para reclamar la libertad de personas detenidas en forma ilegal o arbitraria, ni (ii) el *amparo de libertad* durante el desarrollo del proceso penal, a fin de solucionar su situación jurídica en cuanto a su derecho a la libertad personal.

14. La *Comisión* manifestó: (a) que el Estado no adoptó ninguna prueba que acredite que realizó una revisión periódica de la continuidad de la procedencia de la prisión preventiva hasta la emisión de la sentencia condenatoria; (b) que el requisito de agotamiento de los recursos internos no significa que las presuntas víctimas tengan necesariamente la obligación de agotar todos los recursos disponibles; (c) que el escrito presentado por el señor Carranza en septiembre de 1995 pidiendo su libertad al juzgado que conocía el proceso penal posibilitó que el Estado tuviera la oportunidad de remediar la cuestión; (d) que el recurso de amparo de libertad fue señalado por el Estado por primera vez ante la Corte Interamericana, por lo que el argumento es extemporáneo; (e) que los recursos de casación y revisión no tienen como objetivo controvertir la detención "ilegal o arbitraria" a la que habría sido sometida la presunta víctima, y (f) que un hábeas corpus ante una autoridad administrativa no constituye un recurso efectivo bajo los estándares de la Convención Americana.

15. La *Corte* ha sostenido que una objeción al ejercicio de su jurisdicción basada en la supuesta falta de agotamiento de los recursos internos debe ser presentada en el momento procesal oportuno, esto es, durante el procedimiento de admisibilidad ante la Comisión[7]. De lo contrario, el Estado habrá perdido la posibilidad de presentarla. Adicionalmente, el Estado que presenta esta excepción debe especificar los recursos internos que aún no se han agotado, así como dar cuenta de su disponibilidad y eficacia en las circunstancias del caso[8]. Al respecto, un recurso debe ser eficaz, es decir, capaz de producir el resultado para el que ha sido creado[9].

---

[6] Como se ha indicado (*supra* párr. 7), no serán consideradas las observaciones del representante sobre las excepciones preliminares, por haber sido presentadas de forma extemporánea.

[7] *Cfr. Caso Velásquez Rodríguez Vs. Honduras. Excepciones Preliminares*. Sentencia de 26 de junio de 1987. Serie C No. 1, párr. 88, y *Caso Díaz Loreto y otros Vs. Venezuela. Excepciones Preliminares, Fondo, Reparaciones y Costas*. Sentencia de 19 de noviembre de 2019. Serie C No. 392, párr. 16.

[8] En se sentido: *Caso Velásquez Rodríguez Vs. Honduras. Excepciones Preliminares*, párr. 88, y *Caso Perrone y Preckel Vs. Argentina. Excepciones Preliminares, Fondo, Reparaciones y Costas*. Sentencia de 8 de octubre de 2019. Serie C No. 384, párr.33.

[9] *Cfr. Caso Velásquez Rodríguez Vs. Honduras. Fondo*. Sentencia de 26 de junio de 1987. Serie C No. 1, párr. 66, y *Caso Perrone y Preckel Vs. Argentina*, párrs. 33 y 36.

16. Este Tribunal advierte que el Estado señaló cuatro recursos. Dos que permitían, según expresó, cuestionar la sentencia condenatoria: la casación y la revisión, y otros dos que permitían cuestionar la privación preventiva de la libertad: el amparo de libertad y el hábeas corpus.

17. En cuanto a los recursos de casación y revisión, de los mismos argumentos estatales se desprende que son recursos dirigidos a atacar la sentencia condenatoria, por lo que no se advierte que fueran aptos para cuestionar, en forma previa a la emisión de esa decisión, la privación de libertad que estaba sufriendo el señor Carranza en forma de prisión preventiva. Es decir, Ecuador no ha presentado argumentos suficientes que permitan entender que tales recursos eran idóneos y efectivos para remediar en forma oportuna la violación alegada en el caso.

18. Por otra parte, no corresponde examinar los argumentos sobre el amparo porque el Estado no lo adujo en forma oportuna; lo mencionó por primera vez, como sustento de una excepción preliminar, ante la Corte, por lo que el alegato resulta extemporáneo.

19. Resta examinar el argumento del Estado sobre el hábeas corpus. Al respecto, como surge de lo ya dicho (*supra* párr. 15), para que proceda una excepción preliminar por el incumplimiento del artículo 46.1.a de la Convención, que prevé el requisito de previo agotamiento de recursos internos, el Estado que presenta la excepción debe señalar un recurso disponible y eficaz en las circunstancias del caso.

20. Es relevante tener en cuenta que se ha indicado que la privación preventiva de la libertad del señor Carranza ocurrió entre noviembre de 1994 y diciembre de 1998 (*supra* párr. 1). El Estado informó que durante ese período la Constitución de Ecuador previó el hábeas corpus, tanto en su texto de 1993 como en las modificaciones de 1996 y 1998. De acuerdo a lo informado por el Estado, en los tres casos la norma respectiva preveía que el hábeas corpus podía ejercerse en reclamo de la libertad ante el "Alcalde" ("o Presidente del Concejo" en la redacción de 1993), "o ante quien haga sus veces" (o "ante quien hiciere sus veces", en la redacción de 1996). Ecuador también expresó que "para el año 1998 si este recurso era negado por el Alcalde, podía ser apelado ante el ex Tribunal Constitucional".

21. Como lo ha notado ya la Corte en decisiones anteriores, el Alcalde, aun cuando pueda ser competente por ley, no constituye una autoridad que cumpla los requisitos convencionales. Esto pues del artículo 7.6 de la Convención surge que el control de la privación de libertad debe ser judicial ("ante un juez o tribunal competente") y el Alcalde hace parte de la Administración. Este Tribunal ha encontrado también, examinando casos sobre Ecuador, que la necesidad de una apelación de las decisiones del Alcalde, para que el hábeas corpus fuera conocido por una autoridad judicial, genera obstáculos a un recurso que debe ser, por su propia naturaleza, sencillo[10]. Por ende, como ya ha señalado la Corte en su jurisprudencia respecto de Ecuador, el recurso de hábeas corpus indicado por el Estado no constituía un recurso eficaz.

22. Por todo lo expuesto, la Corte concluye que los argumentos del Estado no son suficientes para sustentar la falta de agotamiento de recursos internos que adujo. Por ello, corresponde desestimar la excepción preliminar opuesta por Ecuador.

---

[10] *Caso Chaparro Álvarez y Lapo Íñiguez Vs. Ecuador, Excepciones Preliminares, Fondo, Reparaciones y Costas*, Sentencia de 21 de noviembre de 2007. Serie C No. 170, párr. 122, y *Caso Herrera Espinoza y Otros Vs. Ecuador. Excepciones Preliminares, Fondo, Reparaciones y Costas.* Sentencia de 1 de septiembre de 2016. Serie C No. 316, párr. 167.

B. ALEGADA VIOLACIÓN DEL DERECHO DE DEFENSA

23. El *Estado* alegó que la Comisión "realizó algunas actuaciones sin contar con las garantías del debido proceso en el desarrollo del presente caso". Dividió sus argumentos en dos grupos, uno que relacionó con la "falta de motivación del Informe de Admisibilidad" y otro "[s]obre el Informe de Fondo […] y el cumplimiento de recomendaciones". Expresó, en particular, que:

> a) la excepción preliminar de falta de agotamiento de los recursos internos fue presentada por el Estado en la etapa de admisibilidad y no fue considerada en el Informe de Admisibilidad, lo que muestra que la Comisión no analizó la "posición jurídica" del Estado y, por ello, hubo una "carencia de motivación" en sus determinaciones, y
> b) el Informe de Fondo: (i) no estuvo "motiva[do] adecuadamente", pues no analizó el recurso de hábeas corpus como garantía de respeto al derecho a la libertad personal; (ii) aseveró que no fue considerada una solicitud de libertad del señor Carranza, "lo cual no responde a la verdad procesal", y (iii) expresó recomendaciones y luego "no se le permitió al Estado contar con un tiempo adecuado para cumplir con las [mismas]"[11].

24. La *Comisión* manifestó que "de la jurisprudencia de la Corte surge que la facultad de realizar un 'control de legalidad' de las actuaciones de la Comisión debe ser ejercida de manera sumamente restringida y excepcional, pues de lo contrario se pondría en riesgo la autonomía e independencia de la Comisión". Además, sostuvo: (a) en cuanto a la aducida falta de consideración del hábeas corpus en sus decisiones, que "consideró en su [I]nforme de [A]dmisibilidad que el señor Carranza intentó una vía idónea a través de la cual el Estado tuvo la oportunidad de analizar la convencionalidad de la privación de libertad"; (b) respecto de la remisión del caso a la Corte, que la decisión sobre ello es "competencia" de la Comisión, y que en el caso había otorgado prórrogas al Estado, "sin que éste presente información concreta y detallada".

25. La *Corte* ha indicado que en asuntos que estén bajo su conocimiento tiene la atribución de efectuar un control de legalidad de las actuaciones de la Comisión, pero esto no supone necesariamente revisar de oficio el procedimiento que se llevó a cabo ante ésta. Además, la Corte debe guardar un justo equilibrio entre la protección de los derechos humanos, fin último del Sistema Interamericano, y la seguridad jurídica y equidad procesal que aseguran la estabilidad y confiabilidad de la tutela internacional. El control señalado puede proceder, entonces, en aquellos casos en que alguna de las partes alegue que exista un error grave que vulnere su derecho de defensa, en cuyo caso debe demostrar efectivamente tal perjuicio. No resulta suficiente una queja o discrepancia de criterios en relación con lo actuado por la Comisión Interamericana[12].

---

[11] Ecuador sostuvo que la Comisión remitió el caso a la Corte, sin considerar que, como era de su conocimiento, las acciones tendientes a dar cumplimiento a las recomendaciones estaban siendo coordinadas con el representante de la presunta víctima.

[12] *Cfr. Caso del Pueblo Saramaka Vs. Suriname. Excepciones Preliminares, Fondo, Reparaciones y Costas.* Sentencia de 28 de noviembre de 2007. Serie C No. 172, párr. 32, y *Caso Mujeres Víctimas de Tortura Sexual en Atenco Vs. México. Excepción Preliminar, Fondo, Reparaciones y Costas.* Sentencia de 28 de noviembre de 2018. Serie C No. 371, párr. 23.

26. La Corte recuerda que la Convención no exige un acto expreso de la Comisión sobre la admisión de una denuncia y, en razón de ello, no regula cuál debe ser el contenido de un Informe de Admisibilidad. Sin perjuicio de lo anterior, la motivación de los informes de la Comisión permite al Estado conocer que sus defensas fueron consideradas por dicho órgano al momento de tomar la decisión, aunque no exige una respuesta detallada a todos y cada uno de los argumentos de las partes[13].

27. Este Tribunal constata que es cierto que la Comisión no se pronunció explícitamente ni en el Informe de Admisibilidad ni en el Informe de Fondo sobre la falta de presentación del recurso de hábeas corpus. No obstante, la Comisión consideró, como una actuación idónea para cuestionar la privación de libertad del señor Carranza, un escrito que se indicó que fue presentado en septiembre de 1995 al juzgado que conocía el proceso penal seguido en su contra. La Corte entiende que no hubo una falta de motivación en el Informe de Admisibilidad ni en el Informe de Fondo, pues de la lectura de los mismos se desprende que, en criterio de la Comisión, resultó suficiente el escrito de septiembre de 1995, por lo que fundamentó sus decisiones sin necesidad de hacer consideraciones expresas sobre el hábeas corpus. Cuestión distinta es si este criterio de la Comisión es compartido o no por el Estado, pero ya se ha indicado que una mera discrepancia no es apta para que proceda un control de las actuaciones de la Comisión (*supra* párr. 25).

28. Por otra parte, la Corte nota que el Estado adujo que "no responde a la verdad procesal" una aseveración expresada por la Comisión en el Informe de Fondo: que el escrito de septiembre de 1995 no fue considerado por la administración de justicia. Esta discrepancia del Estado con apreciaciones de la Comisión se refiere a aspectos relacionados con fondo del caso.

29. Resta considerar el argumento estatal sobre la falta de un tiempo adecuado para cumplir las recomendaciones de la Comisión. De conformidad con los artículos 50 y 51 de la Convención, corresponde a la Comisión evaluar si el Estado cumplió o no las recomendaciones y, en su caso, si somete el caso a la Corte. Una vez iniciada la vía jurisdiccional, la Corte debe determinar si el Estado violó o no preceptos sustantivos de la Convención y, en su caso, establecer las consecuencias de dichas violaciones.

30. Este Tribunal destaca la importancia del examen que realiza la Comisión del cumplimiento de sus recomendaciones, pues resulta útil para apreciar si el Estado ha realizado avances aptos para reparar adecuadamente a las personas consideradas víctimas y, en su caso, para procurar garantizar que las violaciones declaradas por la Comisión no se repitan. Asimismo, de ser el caso, dicho examen permite a la Comisión decidir si remite el caso a la Corte o si ello no sería procedente o conveniente en un caso concreto. Al respecto, las normas convencionales, estatutarias y reglamentarias aplicables no obligan a la Comisión a remitir un caso a este Tribunal[14].

---

[13] En ese sentido, son pertinentes las consideraciones efectuadas por este Tribunal en su jurisprudencia: *cfr. Caso Apitz Barbera y otros ("Corte Primera de lo Contencioso Administrativo") Vs. Venezuela. Excepción Preliminar, Fondo, Reparaciones y Costas.* Sentencia de 5 de agosto de 2008. Serie C No. 182, párr. 90, y *Caso Rico Vs. Argentina. Excepción Preliminar y Fondo.* Sentencia de 2 de septiembre de 2019. Serie C No. 383, párr. 75.

[14] El Reglamento de la Comisión, en su redacción actual y vigente al momento en que se emitió el Informe de Fondo en el presente caso, en su artículo 45 establece, en su primer inciso, que si "la Comisión considera que [el Estado] no ha cumplido las recomendaciones del informe aprobado de acuerdo al artículo 50 de [la Convención Americana], someterá el caso a la Corte, salvo por decisión fundada de la mayoría absoluta de los miembros de la Comisión". De la lectura de dicha norma surge que es posible que la Comisión decida no

31. En el presente caso, el Estado presentó información a la Comisión luego de emitido el Informe de Fondo (*supra* nota a pie de página 3). Al hacerlo, indicó, por una parte, acciones de capacitación para la no reiteración de los hechos (además de recordar que había modificado el régimen legal de la prisión preventiva años antes de la decisión de fondo de la Comisión) y, por otra parte, intentos de localizar al señor Carranza a efectos de poder cumplir con la recomendación de reparar el daño que la Comisión determinó que él sufrió. Sobre esto, el Estado comunicó a la Comisión que el abogado del señor Carranza estaba anuente a que se solicite una prórroga y, luego, que el mismo abogado había informado que el señor Carranza estaría muerto.

32. Pese a lo anterior, la Comisión expresó, al someter el caso a la Corte, que "no contó con información concreta sobre el cumplimiento de [sus] recomendaciones" (*supra* párr. 2). Dado lo dicho, es necesario resaltar que, de conformidad con las normas antes referidas, corresponde a la Comisión y no a esta Corte la apreciación de si el Estado cumplió o no las recomendaciones contenidas en el Informe de Fondo y, en general, de las circunstancias relativas a las actuaciones seguidas luego de comunicada dicha decisión. No es, en principio, función de la Corte evaluar o revisar el criterio de la Comisión al respecto. En el caso, el Estado tuvo oportunidad de presentar información a la Comisión luego de que se le notificara el Informe de Fondo, la cual fue valorada por la Comisión. No se advierte, entonces, un error grave que afecte el derecho de defensa.

33. Con base en todo lo expuesto, esta Corte desestima la excepción preliminar.

V
PRUEBA

34. La Corte recibió documentos presentados como prueba por la Comisión y las partes junto con sus escritos principales (*supra* párrs. 1, 5 y 6). Como en otros casos, este Tribunal admite aquellos documentos presentados oportunamente, por las partes y la Comisión, cuya admisibilidad no fue controvertida ni objetada[15]. Por otra parte, la Corte recibió la declaración pericial de Marcella da Fonte Carvalho, propuesta por el Estado, que queda admitida. Se deja constancia de que el 7 de agosto de 2019 la Comisión desistió de la prueba pericial que había ofrecido y cuya recepción había sido dispuesta en la Resolución del Presidente de 23 de julio de 2019 (*supra* párr. 8).

---

someter el caso a la Corte. El segundo inciso del mismo artículo señala que "[l]a Comisión considerará fundamentalmente la obtención de justicia en el caso particular, fundada entre otros, en los siguientes elementos: (a) la posición del peticionario; (b) la naturaleza y gravedad de la violación; (c) la necesidad de desarrollar o aclarar la jurisprudencia del sistema; y d. el eventual efecto de la decisión en los ordenamientos jurídicos de los Estados miembros". No compete a esta Corte evaluar tales "elementos" respecto al caso concreto. Sin perjuicio de ello, la Corte considera evidente que el hecho de que la única persona que la Comisión consideró víctima y beneficiaria de las medidas que recomendó hubiera muerto es una circunstancia que, al menos *a priori*, parece relevante en relación con la consideración sobre las posibilidades de "obtención de justicia en el caso particular".

[15] *Cfr. Caso Velásquez Rodríguez Vs. Honduras. Fondo*, párr. 140, y *Caso Jenkins Vs. Argentina. Excepciones Preliminares, Fondo, Reparaciones y Costas.* Sentencia de 26 de noviembre de 2019. Serie C No. 397, párr. 38.

VI
HECHOS

35. Los hechos del presente caso tratan sobre la privación de libertad del señor Carranza, en el marco de un proceso penal seguido en su contra. La Corte advierte que no existe controversia en cuanto a los hechos. La alusión a los mismos hecha por la Comisión, el representante y el Estado, es sustancialmente concordante. Por ello, la Corte los da por establecidos con base en los señalamientos efectuados por la Comisión, el representante y el Estado en sus escritos principales (*supra* párrs. 1, 5 y 6), los cuales son consistentes con la prueba presentada. Tales hechos son narrados seguidamente.

A. Inicio de actuaciones y detención del señor Carranza

36. El 17 de agosto de 1993 el Comisario a cargo de la estación policial en el Cantón de Yaguachi, provincia del Guayas, ordenó instruir sumario y dictó auto cabeza de proceso contra el señor Carranza y otra persona. Las actuaciones se relacionaban con lo sucedido dos días antes, cuando un hombre perdió su vida luego de recibir impactos de bala, en un hecho presenciado por diversas personas. El Comisario ordenó oficiar a la Policía Rural para que se procediera a "las aprehensiones" del señor Carranza y la otra persona referida, porque "se encontraban prófugos". Al respecto, el Estado expresó que ambos "se fugaron" el 15 de agosto de 1993, luego de los hechos referidos sucedidos en esa fecha[16]. Además, con base en el artículo 177 del Código de Procedimiento Penal, el Comisario ordenó la "detención preventiva" del señor Carranza y la otra persona que se había vinculado al sumario.

37. El artículo 177 del Código de Procedimiento Penal (en adelante CPP), como ya ha tenido oportunidad de constatar la Corte,

> disponía que el juez, "cuando lo creyere necesario", podía dictar auto de prisión preventiva siempre que aparezcan los siguientes datos procesales: a) indicios que hagan presumir la existencia de un delito que merezca pena privativa de libertad; y b) indicios que hagan presumir que el sindicado es autor o cómplice del delito que es objeto del proceso. Además, el mismo artículo ordenaba que "[e]n el auto se precisará los indicios que fundamentan la orden de prisión"[17].

El CPP de 1983, en el que se insertaba el artículo 177 citado, aplicado en los hechos del caso, fue abrogado en forma expresa en el 2000[18].

38. El 1 de octubre de 1993 el Comisario puso en conocimiento del Juzgado 11° de lo Penal del Guayas el proceso por asesinato seguido en contra del señor Carranza

---

[16] De acuerdo a la descripción de hechos que consta en el "auto cabeza de proceso" de 17 de agosto de 1993, el día 15 de ese mes, luego de producidos los disparos, el señor Carranza huyó a caballo (*cfr.* Auto de cabeza de proceso de 17 de agosto de 1993. Expediente de prueba, anexo 2 al Informe de Fondo, fs. 402 a 405).

[17] *Caso Chaparro Álvarez y Lapo Íñiguez Vs. Ecuador*, párr. 104. En el Informe de Fondo, la Comisión remitió a la Sentencia indicada al describir el texto del mencionado artículo 177. La Corte, además, entiende que el texto del CPP es un hecho público.

[18] En el mismo sentido, la perita Fonte Carvalho explicó, aludiendo a la prisión preventiva, que hubo un "marco legal" entre los años 1983 y 2000; que luego "[e]ntre el 13 de enero de 2000 y el 10 de febrero de 2014, se encontró vigente el Código de Procedimiento Penal", y que en la última fecha indicada "entró en vigencia el Código Orgánico Integral Penal".

y otra persona. El 28 del mismo mes, el Juzgado 11° de lo Penal del Guayas (en adelante "Juzgado 11°") se avocó al conocimiento del proceso penal. Asimismo, confirmó las órdenes de prisión dictadas y solicitó a la Policía Nacional adoptar las medidas para lograr la captura. La providencia respectiva expresó que se presentaban los supuestos establecidos en el artículo 177 del CPP por lo que correspondía confirmar las órdenes de prisiones preventivas que había dictado el Comisario.

39. En noviembre de 1994, el señor Carranza fue detenido por la Policía Rural ecuatoriana. El Informe de Fondo indicó que el señor Carranza expresó, en la petición inicial remitida a la Comisión, que fue detenido "sin haber sido sorprendido en delito flagrante" y sin que los funcionarios policiales exhibieren "orden de prisión". La Comisión también expresó que el señor Carranza adujo haber estado incomunicado más de 24 horas, sin asistencia de abogado, y haber sido interrogado bajo "presión psicológica". El representante describió los hechos en forma concordante a lo expuesto. El Estado, al narrar los hechos del caso en su contestación, no se refirió a la detención del señor Carranza ni a las demás alusiones recién formuladas.

B. CONTINUACIÓN DEL PROCESO PENAL LUEGO DE LA DETENCIÓN

40. El 6 de diciembre de 1994 el señor Carranza presentó un escrito ante el Juzgado 11°. En ese acto designó a su abogado defensor[19] y rechazó la denuncia en su contra, expresando que la misma "no esta[ba] apegada a la realidad de los hechos, [...] ya que [él] jamás dispar[ó] el arma".

41. El 7 de diciembre de 1994 el señor Carranza solicitó al Juzgado 11° que se receptara su declaración y también tres testimonios.

42. El 23 de febrero de 1995 el Juzgado 11° receptó los pedidos del señor Carranza y dispuso su traslado al Centro de Rehabilitación Social de Varones de Guayaquil, a fin de receptar el testimonio indagatorio.

43. El 23 de agosto de 1995 se recibieron dos declaraciones testimoniales y el 25 del mismo mes el señor Carranza rindió su testimonio indagatorio. Sostuvo que el 15 de agosto él se encontraba en el cantón de Durán, que no conoce a la persona que murió y que "no [había] cometido ningún delito".

44. El 11 de septiembre de 1995 el señor Carranza presentó un escrito al Juzgado 11° solicitando su liberación. Expresó que se encontraba recluido desde hacía "10 meses[, ...] culpado de un hecho que no había cometido". No consta respuesta a esta solicitud.

45. El 13 de septiembre de 1995 el Juzgado 11° corrió traslado por 48 horas al Fiscal Séptimo de Tránsito del Guayas (en adelante "el Fiscal") para que emitiera su criterio en torno a la causa. No consta respuesta a este requerimiento.

46. El 30 de septiembre de 1996 el Juzgado 11° consideró concluido el sumario y dispuso que los autos fueran remitidos al Fiscal a fin de que emitiera su dictamen de ley.

47. El 4 de marzo de 1997 el Fiscal emitió su dictamen[20]. Señaló que existían elementos suficientes para considerar que el señor Carranza había tenido participación

---

[19] El Estado señaló que más adelante, el 28 de agosto de 1998, el señor Carranza volvió a designar abogado defensor.

[20] Si bien el representante aseveró que este acto ocurrió el 21 de abril de 1997, consta en la prueba que el acto tiene fecha 4 de marzo de 1997 (*cfr.* Dictamen Fiscal de 4 de marzo de 1997. Expediente de prueba, anexo 19 a la contestación, fs. 563 a 567).

en un "hecho criminológico" de homicidio. Se abstuvo de acusar a la otra persona que se había vinculado al proceso (*supra* párr. 36) por falta de méritos.

48. El 7 de marzo de 1997 el Juzgado dio traslado del dictamen fiscal al defensor del señor Carranza para ser contestado en el plazo de seis días. No fue allegada a la Corte la información que indique que dicho dictamen fue respondido.

49. El 14 de abril de 1997 el Juzgado 11° declaró abierta la etapa de plenario, acogiendo el dictamen fiscal acusatorio.

50. El 30 de marzo de 1998 el Cuarto Tribunal Penal del Guayas (en adelante "Tribunal Penal") se avocó al conocimiento de la causa.

51. El 23 de julio de 1998 el Tribunal Penal convocó a las partes a la celebración de una audiencia pública para el día 27 del mismo mes. La audiencia fue pospuesta en diversas ocasiones[21]. Tuvo lugar, finalmente, el 1 de diciembre de 1998.

C. CONDENA Y CUMPLIMIENTO DE LA PENA

52. El 15 de diciembre de 1998 el Tribunal Penal dictó una sentencia condenatoria, imponiendo al señor Carranza la pena de "seis años de reclusión menor". La Comisión y el Estado indicaron que el señor Carranza no presentó recurso alguno contra dicha sentencia.

53. El Estado informó que el 29 de marzo de 1999 el Tribunal Penal señaló que el señor Carranza "ha[bía] cumplido la pena de seis años de [r]eclusión [m]enor y con 755 días de rebaja que le ha[bían] sido concedidas" había cumplido con la pena impuesta. El 6 de abril siguiente se remitió al Centro de Rehabilitación Social de Varones de Guayaquil la boleta de libertad del señor Carranza.

VII
FONDO
LIBERTAD PERSONAL Y GARANTÍAS JUDICIALES[22]

54. La cuestión que debe examinar la Corte en el presente caso es si la privación preventiva de libertad que sufrió el señor Carranza, en el marco de un proceso penal seguido en su contra, fue compatible con la Convención Americana. Asimismo, debe examinar si el proceso penal transcurrió en un plazo razonable.

55. La Corte debe dejar aclarado que el objeto de este caso no se refiere a la condena penal del señor Carranza, como tampoco a supuestas afectaciones a su derecho a la integridad personal. Este Tribunal nota, por un parte, que la Comisión explicó que en su Informe de Admisibilidad "el análisis de agotamiento de los recursos internos se hizo exclusivamente respecto de la detención preventiva". Por

---

[21] El 27 de julio de 1998 el señor Carranza se negó a asistir a la audiencia por enfermedad. El Tribunal Penal difirió el desarrollo de la audiencia para el 4 de agosto siguiente. No consta qué sucedió en esa fecha, o el motivo por el cual la audiencia se habría suspendido, pero el 11 de agosto de 1998 el Tribunal Penal difirió el desarrollo de la audiencia y el 24 del mismo mes la misma fue convocada para realizarse dos días después. El 26 de agosto de 1998, el Fiscal solicitó al Tribunal Penal excusarse de la audiencia, pues había sido notificado con otra audiencia pública el 21 de agosto. El 31 de ese mes el Tribunal Penal fijó el 3 de septiembre siguiente como fecha de audiencia. Ese día no se llevó a cabo, pues el Presidente del Tribunal Penal se encontraba en una reunión de trabajo con integrantes de la Corte Suprema de Justicia. El 17 de septiembre de 1998 se convocó la audiencia para que tenga lugar el 21 del mismo mes. Pese a ello, conforme indicó el Estado, el 27 de noviembre de 1998 el Tribunal Penal convocó a la audiencia pública para el 1 de diciembre de ese año. No consta por qué no se celebró la audiencia el 21 de septiembre de 1998.
[22] Artículos 7 y 8 de la Convención Americana.

ello, solo determinó vulneraciones a los derechos a la libertad personal, así como por entenderlo "estrechamente vinculado con [la detención preventiva]", a las garantías judiciales en lo atinente a la duración del proceso.

56. Por otra parte, si bien el representante mencionó los artículos 5 y 25 de la Convención, referidos a los derechos a la integridad personal y a la protección judicial, no desarrolló argumentos al respecto distintos a la mera descripción del proceso penal y la privación de libertad; solo aseveró que hubo un "régimen de incomunicación y apremio psicológico", en un interrogatorio sin presencia de abogado. Hizo esa manifestación, como también una somera alusión a condiciones de detención, sin profundizar sus argumentos ni la descripción de los hechos aludidos. Teniendo en cuenta todo lo indicado, la Corte no tiene sustento suficiente para examinar presuntas vulneraciones a los derechos a la integridad personal y a la protección judicial. Por ello, no examinará los alegatos del representante sobre los artículos 5 y 25 de la Convención. Limitará su examen a los alegatos sobre la privación de libertad y la razonabilidad del plazo seguido en el proceso penal.

A. ALEGATOS DE LA COMISIÓN Y DE LAS PARTES

57. La *Comisión* advirtió que la detención preventiva del señor Carranza "se bas[ó] esencialmente en [...] elementos que apunta[ban] a su responsabilidad", y que la norma en que se sustentó, el artículo 177 del CPP, establecía como requisito único para la privación de libertad, indicios de responsabilidad por un delito y no "fines procesales". Entendió que dicha norma resulta, al igual que lo decidido con base en la misma, arbitraria. Además, observó que la prisión preventiva se extendió por poco más de cuatro años, sin haberse efectuado una revisión periódica sobre su continuidad. Coligió que la prisión preventiva en el caso tuvo carácter arbitrario y punitivo, violando la libertad personal y la presunción de inocencia. La Comisión entendió vulnerados los artículos 7.1, 7.3, 7.5 y 8.2 de la Convención Americana, en relación con sus artículos 1.1 y 2. Por otra parte, "observ[ó] demoras significativas en el impulso del proceso" posteriores a la detención del señor Carranza[23]. Por ello, entendió que el Estado violó el derecho del señor Carranza a ser juzgado en un plazo razonable, transgrediendo el artículo 8.1 de la Convención en relación con el artículo 1.1 del mismo tratado.

58. El *representante* adujo que la orden de prisión preventiva se decretó "sin hab[erse] notificado [al señor Carranza] absolutamente nada". Expresó que él fue ilegalmente privado de libertad por miembros de la policía rural, pues "no [le] exhibieron la orden de prisión ni le informaron las razones de su detención". Adujo también que el señor Carranza permaneció por más de cuatro años en prisión preventiva y que el Estado demoró "deliberadamente" el proceso para lesionar sus derechos más allá del plazo razonable[24], lo cual constituyó una "flagrante" violación a

---

[23] La Comisión indicó que "el 23 de febrero de 1995 el Juez dispuso [el] traslado [del señor Carranza] para rendir testimonio indagatorio, lo que se realizó recién el 25 de agosto siguiente. Asimismo, entre el 11 de septiembre de 1995 que el señor Carranza presentó un escrito y un año después, el 30 de septiembre de 1996 se cerró el sumario y se remitió el proceso al fiscal para dictamen. [Además,] entre la emisión del dictamen en marzo de 1997 y la audiencia pública en diciembre de 1998 transcurrió un año y nueve meses adicionales".

[24] El representante, entre sus argumentos sobre vulneración al plazo razonable, señaló el señor Carranza "termin[ó] cumpliendo más del tiempo de la pena", pues "el 17 de mayo de 1997, antes de que [él] fuera sentenciado, se reformaron los [a]rtículos 33 y 34 del Código de Ejecución de Penas y Rehabilitación[,]

sus derechos. El representante alegó que se violaron los artículos 7 y 8 de la Convención, sin precisar en qué incisos.

59. El *Estado* negó su responsabilidad. Manifestó que la prisión preventiva decretada por autoridad competente en perjuicio del señor Carranza tuvo base legal y era necesaria, en virtud de que él se encontraba prófugo. Aseveró la idoneidad y sustento de la medida cautelar, que buscaba garantizar que el señor Carranza compareciera a juicio. Expresó que la prisión preventiva se dictó con base en "criterios de estricta necesidad" y respetando la presunción de inocencia. En ese sentido, la medida tuvo por base indicios sobre la comisión de un delito, pero también que el señor Carranza estaba prófugo, por lo que "se configuraron las circunstancias para determinar la prisión preventiva". Además, afirmó que el señor Carranza, estando ya privado de su libertad, no presentó recursos de hábeas corpus o amparo de libertad, que eran los recursos efectivos para cuestionar el supuesto exceso de duración de la prisión preventiva. El Estado argumentó también que haber obtenido una sentencia penal tras un proceso de cuatro años (desde la detención del señor Carranza) "se enmarca en los parámetros razonables interamericanos". A su vez, alegó que la presunta víctima "dilató por más de un año el proceso penal cuando estuvo prófugo".

B. Consideraciones de la Corte

60. La Corte ha sostenido que el contenido esencial del artículo 7 de la Convención Americana es la protección de la libertad del individuo contra toda interferencia arbitraria o ilegal del Estado[25]. Ha afirmado que este artículo tiene dos tipos de regulaciones bien diferenciadas entre sí, una general y otra específica. La general se encuentra en el primer numeral: "[t]oda persona tiene el derecho a la libertad y a la seguridad personales". Mientras que la específica está compuesta por una serie de garantías que protegen el derecho a no ser privado de la libertad ilegalmente (artículo 7.2) o arbitrariamente (artículo 7.3), a conocer las razones de la detención y los cargos formulados en contra del detenido (artículo 7.4), al control judicial de la privación de la libertad y la razonabilidad del plazo de la prisión preventiva (artículo 7.5), a impugnar la legalidad de la detención (artículo 7.6) y a no ser detenido por deudas (artículo 7.7)[26]. Cualquier violación de los numerales 2 al 7 del artículo 7 de la Convención acarreará necesariamente la violación del artículo 7.1 de la misma[27]. Al respecto, en lo que es relevante para este caso, cabe recordar lo que sigue.

61. El artículo 7.2 de la Convención establece que "nadie puede ser privado de su libertad física, salvo por las causas y en las condiciones fijadas de antemano por las Constituciones Políticas de los Estados Partes o por las leyes dictadas conforme a ellas". Este numeral reconoce la garantía primaria del derecho a la libertad física: la reserva de ley, según la cual, únicamente a través de una ley puede afectarse el

---

reduciendo automáticamente la condena a 180 días anuales para aquellos internos sentenciados y aquellos sin condena que observaran buena conducta". Señaló que Carranza "solo debió cumplir tres años de cárcel".

[25] *Cfr. Caso "Instituto de Reeducación del Menor" Vs. Paraguay. Excepciones Preliminares, Fondo, Reparaciones y Costas*. Sentencia de 2 de septiembre de 2004. Serie C No. 112, párr. 223, y *Caso Jenkins Vs. Argentina*, párr. 71.

[26] *Cfr. Caso Chaparro Álvarez y Lapo Íñiguez Vs. Ecuador*, párr. 51, y *Caso Jenkins Vs. Argentina*, párr. 71.

[27] *Cfr. Caso Chaparro Álvarez y Lapo Íñiguez Vs. Ecuador*, párr. 54, y *Caso Jenkins Vs. Argentina*, párr. 71.

derecho a la libertad personal[28]. La reserva de ley debe forzosamente ir acompañada del principio de tipicidad, que obliga a los Estados a establecer, tan concretamente como sea posible y "de antemano", las "causas" y "condiciones" de la privación de la libertad física. Adicionalmente exige su aplicación con estricta sujeción a los procedimientos objetivamente definidos en la ley[29]. De ese modo, el artículo 7.2 de la Convención remite automáticamente a la normativa interna. Cualquier requisito establecido en la ley nacional que no sea cumplido al privar a una persona de su libertad, generará que tal privación sea ilegal y contraria a la Convención Americana[30].

62. Respecto a la interdicción de la "arbitrariedad" en la privación de libertad, mandada por el artículo convencional 7.3, la Corte ha establecido que nadie puede ser sometido a detención o encarcelamiento por causas y métodos que – aun calificados de legales – puedan reputarse como incompatibles con el respeto a los derechos fundamentales del individuo por ser, entre otras cosas, irrazonables, imprevisibles o faltos de proporcionalidad[31]. Ha considerado que se requiere que la ley interna, el procedimiento aplicable y los principios generales expresos o tácitos correspondientes sean, en sí mismos, compatibles con la Convención. Así, no se debe equiparar el concepto de "arbitrariedad" con el de "contrario a ley", sino que debe interpretarse de manera más amplia a fin de incluir elementos de incorrección, injusticia e imprevisibilidad[32].

63. En cuanto al artículo 7.4, esta Corte ha dicho que "el mismo alude a dos garantías para la persona que está siendo detenida: (i) la información en forma oral o escrita sobre las razones de la detención, y (ii) la notificación, que debe ser por escrito, de los cargos"[33].

64. El artículo 7.5, por su parte, establece que una persona detenida debe ser "juzgada dentro de un plazo razonable" o "puesta en libertad" aun si continúa el proceso. La disposición señala que la "libertad podrá estar condicionada a garantías que aseguren [la] comparecencia en el juicio". El sentido de esta norma indica que las medidas privativas de la libertad durante el proceso penal son convencionales, siempre que tengan un propósito cautelar, es decir, que sean un medio para la

---

[28] Cfr. Caso Chaparro Álvarez y Lapo Íñiguez Vs. Ecuador, párr. 55, y Caso Romero Feris Vs. Argentina. Fondo, Reparaciones y Costas. Sentencia de 15 de octubre de 2019. Serie C No. 391, párr. 77.
[29] Cfr. Caso Chaparro Álvarez y Lapo Íñiguez Vs. Ecuador, párr. 57, y Caso Romero Feris Vs. Argentina, párr. 77.
[30] Cfr. Caso Chaparro Álvarez y Lapo Íñiguez Vs. Ecuador, párr. 57, y Caso Romero Feris Vs. Argentina, párr. 77.
[31] Cfr. Caso Gangaram Panday Vs. Surinam. Fondo, Reparaciones y Costas. Sentencia de 21 de enero de 1994. Serie C No. 16, párr. 47, y Caso Jenkins Vs. Argentina, párr. 73.
[32] Cfr. Caso Chaparro Álvarez y Lapo Íñiguez Vs. Ecuador, párr. 92, y Caso Jenkins Vs. Argentina, párr. 73.
[33] La Corte ha explicado que: "[l]a información de los 'motivos y razones' de la detención debe darse 'cuando ésta se produce', lo cual constituye un mecanismo para evitar detenciones ilegales o arbitrarias desde el momento mismo de la privación de libertad y, a su vez, garantiza el derecho de defensa del individuo. Asimismo, esta Corte ha señalado que el agente que lleva a cabo la detención debe informar en un lenguaje simple, libre de tecnicismos, los hechos y bases jurídicas esenciales en los que se basa la detención y que no se satisface el artículo 7.4 de la Convención si solo se menciona la base legal si la persona no es informada adecuadamente de las razones de la detención, incluyendo los hechos y su base jurídica, no sabe contra cuál cargo defenderse y, en forma concatenada, se hace ilusorio el control judicial". Caso Yvon Neptune Vs. Haití. Fondo, Reparaciones y Costas. Sentencia de 6 de mayo de 2008. Serie C No. 180, párr. 105, y Caso Mujeres Víctimas de Tortura Sexual en Atenco Vs. México, párr. 246.

neutralización de riesgos procesales, en particular la norma se refiere al de no comparecencia al juicio[34].

65. En relación con lo anterior, debe destacarse que la prisión preventiva constituye la medida más severa que se puede imponer a una persona imputada, y por ello debe aplicarse excepcionalmente: la regla debe ser la libertad de la persona procesada mientras se resuelve acerca de su responsabilidad penal[35]. Uno de los principios que limitan la prisión preventiva es el de presunción de inocencia, contenido en el artículo 8.2, según el cual una persona es considerada inocente hasta que su culpabilidad sea demostrada. De esta garantía se desprende que los elementos que acreditan la existencia de los fines legítimos de la privación preventiva de la libertad tampoco se presumen, sino que el juez debe fundar su decisión en circunstancias objetivas y ciertas del caso concreto, que corresponde acreditar al titular de la persecución penal y no al acusado, quien además debe tener la posibilidad de ejercer el derecho de contradicción y estar debidamente asistido por un abogado[36]. Así, la Corte ha sostenido que las características personales del supuesto autor y la gravedad del delito que se le imputa no son, por sí mismos, justificación suficiente de la prisión preventiva[37].

66. El artículo 7.5 de la Convención impone límites temporales a la duración de la prisión preventiva en relación con la duración del proceso, indicando que el proceso puede continuar estando la persona imputada en libertad. La Corte ha entendido que "aun cuando medien razones para mantener a una persona en prisión preventiva, el artículo 7.5 garantiza que aquélla sea liberada si el período de la detención ha excedido el límite de lo razonable[38]".

67. Como surge de lo ya expuesto, en algunos aspectos, las garantías judiciales previstas en el artículo 8 de la Convención pueden verse estrechamente relacionadas con el derecho a la libertad personal. Así, es relevante a efectos del caso señalar que siendo la prisión preventiva una medida cautelar, no punitiva[39], mantener privada de libertad a una persona más allá del tiempo razonable para el cumplimiento de los fines que justifican su detención equivaldría, en los hechos, a una pena anticipada[40], lo que atentaría no solo contra el derecho a la libertad personal sino también contra la presunción de inocencia contemplada en el artículo 8.2 de la Convención. Otro vínculo entre el derecho a la libertad personal y las garantías judiciales se refiere al tiempo de las actuaciones procesales, en caso en que una persona esté privada de la libertad. Así, la Corte ha señalado que "el principio de 'plazo razonable' al que hacen referencia los artículos 7.5 y 8.1 de la Convención Americana tiene como finalidad

---

[34] *Cfr. Caso Romero Feris Vs. Argentina*, párr. 100.
[35] *Cfr. Caso López Álvarez Vs. Honduras. Fondo, Reparaciones y Costas*. Sentencia de 1 de febrero de 2006. Serie C No.141, párr. 67, y *Caso Jenkins Vs. Argentina*, párr 72.
[36] *Cfr. Caso Amrhein y otros Vs. Costa Rica. Excepciones Preliminares, Fondo, Reparaciones y Costas*. Sentencia de 25 de abril de 2018. Serie C No. 354, párr. 357, y *Caso Romero Feris Vs. Argentina*, párr. 101.
[37] *Cfr. Caso Bayarri Vs. Argentina. Excepción Preliminar, Fondo, Reparaciones y Costas*. Sentencia de 30 de octubre de 2008. Serie C No. 187, párr. 74; *Caso J. Vs. Perú. Excepción Preliminar, Fondo, Reparaciones y Costas*. Sentencia de 27 de noviembre de 2013. Serie C No. 275, párr. 159, y *Caso Romero Feris Vs. Argentina*, párr. 101.
[38] *Cfr. Caso Bayarri Vs. Argentina*, párr. 74, y *Caso Jenkins Vs. Argentina*, párr. 84.
[39] *Cfr. Caso Pollo Rivera y otros Vs. Perú. Fondo, Reparaciones y Costas*. Sentencia de 21 de octubre de 2016. Serie C No. 319, párr. 122, y *Caso Romero Feris Vs. Argentina*, párr. 97.
[40] *Cfr. Caso Suárez Rosero Vs. Ecuador. Fondo*. Sentencia de 12 de noviembre de 1997. Serie C No. 35, párr. 77, y *Caso Rosadio Villavicencio Vs. Perú. Excepciones Preliminares, Fondo, Reparaciones y Costas*. Sentencia de 14 de octubre de 2019. Serie C No. 388, párr. 214.

impedir que los acusados permanezcan largo tiempo bajo acusación y asegurar que ésta se decida prontamente"⁴¹.

68. Con base en lo anterior, y en pautas más específicas que se expresan más adelante, este Tribunal examinará los hechos sucedidos en el caso. Así, analizará: (i) las órdenes de detención y de prisión preventiva del señor Carranza; (ii) la revisión de la prisión preventiva; (iii) la razonabilidad del tiempo insumido, y (iv) la observancia del principio de presunción de inocencia. Por último, expondrá su conclusión.

B.1. Órdenes de detención y de prisión preventiva del señor Carranza

B.1.1. Detención inicial

69. El señor Carranza fue aprehendido en noviembre de 1994, luego de que en agosto de 1993 un Comisario emitiera una orden de captura, así como de "prisión preventiva", con base en el artículo 177 del CPP (*supra* párr. 36)⁴², y después que el 28 de octubre de 1993 dicha orden fuera ratificada judicialmente.

70. La orden de aprehensión hizo referencia a que el señor Carranza estaba "prófugo". La Corte entiende que con esa expresión se aludió a una situación de hecho, narrada en la denuncia de muerte violenta de una persona por disparos de arma de fuego: que luego de cometidos los disparos, el señor Carranza huyó a caballo (*supra* párr. 36).

71. Dadas las circunstancias del caso, la Corte no advierte que pueda catalogarse de arbitraria la determinación del Comisario de oficiar a la Policía Rural para que proceda a la "aprehensi[ón]" del señor Carranza, "como se enc[ontraba] prófugo", y que, hecho lo anterior, sea puesto a "órdenes" de dicho Comisario "a fin de proceder conforme a derecho"⁴³. Además, la existencia de base legal para la orden de aprehensión del señor Carranza no fue cuestionada por las partes o la Comisión.

72. Por otra parte, si bien consta que el señor Carranza fue aprehendido en noviembre de 1994, ni la Comisión ni el representante precisaron el día en que eso ocurrió ni describieron las circunstancias específicas del acto de detención. La Corte considera insuficientes las expresiones del señor Carranza dadas ante la Comisión sobre la supuesta falta de exhibición de orden de detención e incomunicación inicial para concluir, en este caso, que la detención del señor Carranza fuera ilegal o que no se le hubiera informado las razones de su detención o los cargos en su contra.

B.1.2. Prisión preventiva

73. Ahora bien, en los mismos actos que ordenaron la aprehensión del señor Carranza se dispuso su "prisión preventiva", sustentada en el artículo 177 del CPP. La Corte entiende lo anterior, pues no constan actos posteriores a las órdenes del Comisario y del Juzgado 11° de agosto y octubre de 1993 (*supra* párrs. 36 y 38) en que, luego de la detención inicial, se ratificara o decidiera la privación de libertad.

---

⁴¹ *Caso Suárez Rosero Vs. Ecuador. Fondo*, párr. 70.
⁴² Respecto a la actuación del Comisario, la Corte advierte que el CPP de 1983 señalaba en su artículo 4 que "[t]iene[n] competencia penal en los casos, formas y modos que las leyes determinan: [l]os [...] comisarios de policía". Ni la Comisión ni las partes esbozaron argumentos relacionados a las atribuciones del Comisario.
⁴³ *Cfr.* Decreto de 15 de agosto de 1993. Expediente de prueba, anexo 2 a la contestación, fs. 524 a 526.

74. Surge de lo expuesto que la prisión preventiva tuvo base legal en los términos del artículo 7.2 de la Convención; resta examinar si observó otros recaudos convencionales.

75. Del artículo 7.3 de la Convención se desprende que para que la medida privativa de la libertad no se torne arbitraria debe cumplir con los siguientes parámetros (i) que existan elementos para formular cargos o llevar a juicio: deben existir indicios suficientes que permitan suponer razonablemente que un hecho ilícito ocurrió y que la persona sometida al proceso pudo haber participado en el mismo[44]; (ii) que la finalidad sea compatible con la Convención[45], a saber: procurar que la persona acusada no impedirá el desarrollo del procedimiento ni eludirá la acción de la justicia[46] y) que las medidas sean idóneas, necesarias y estrictamente proporcionales respecto de tal fin[47] y (iii) que la decisión que las impone contenga una motivación suficiente que permita evaluar si se ajusta a las condiciones señaladas[48]. Cualquier restricción a la libertad que no contenga una motivación suficiente que permita evaluar si se ajusta a las condiciones señaladas será arbitraria y, por tanto, violará el artículo 7.3 de la Convención[49].

76. La prisión preventiva ordenada en contra del señor Carranza tuvo por base el artículo 177 del CPP, que facultaba a autoridad judicial a disponerla solo con base en

---

[44] Esto no debe constituir en sí mismo un elemento que sea susceptible de menoscabar el principio de presunción de inocencia contenido en el artículo 8.2 de la Convención. Por el contrario, se trata de un supuesto adicional a los otros requisitos. Esta decisión no debe tener ningún efecto frente a la decisión del juzgador respecto de la responsabilidad del procesado. La sospecha tiene que estar fundada en hechos específicos y articulados con palabras, esto es, no en meras conjeturas o intuiciones abstractas. De allí se deduce que el Estado no debe detener para luego investigar, por el contrario, sólo está autorizado a privar de la libertad a una persona cuando alcance el conocimiento suficiente para poder llevarla a juicio (*cfr. Caso Servellón García y otros Vs. Honduras. Excepción Preliminar, Fondo, Reparaciones y Costas*. Sentencia de 21 de septiembre de 2006. Serie C No. 152, párr. 90, y *Caso Jenkins Vs. Argentina*, párr. 75).

[45] *Cfr. Caso Servellón García y otros Vs. Honduras*, párr. 90, y *Caso Jenkins Vs. Argentina*, párr. 74.

[46] *Cfr. Caso Suárez Rosero Vs. Ecuador. Reparaciones y Costas*. Sentencia de 20 de enero de 1999. Serie C No. 44, párr. 77, y *Caso Jenkins Vs. Argentina*, párr. 76. La exigencia de dichos fines, encuentra fundamento en los artículos 7.3, 7.5 y 8.2 de la Convención (*cfr. Caso Romero Feris Vs. Argentina*, párr. 99).

[47] *Cfr. Caso Tibi Vs. Ecuador. Excepciones Preliminares, Fondo, Reparaciones y Costas*. Sentencia de 7 de septiembre de 2004. Serie C No. 114, párr. 106; *Caso Argüelles y otros Vs. Argentina. Excepciones Preliminares, Fondo, Reparaciones y Costas*. Sentencia de 20 de noviembre de 2014. Serie C No. 288, párr. 120, y *Caso Jenkins Vs. Argentina*, párr. 76. Las características indicadas, que debe cumplir la medida privativa de libertad significan lo que sigue: (i) *idoneidad*: aptitud de la medida para cumplir con el fin perseguido; (ii) *necesidad*: que la medida sea absolutamente indispensable para conseguir el fin deseado y que no exista una medida menos gravosa respecto al derecho intervenido entre todas aquellas que cuentan con la misma idoneidad para alcanzar el objetivo propuesto, y (iii) *estricta proporcionalidad*: que el sacrificio inherente a la restricción del derecho a la libertad no resulte exagerado o desmedido frente a las ventajas que se obtienen mediante tal restricción y el cumplimiento de la finalidad perseguida (*cfr. Caso Chaparro Álvarez y Lapo Íñiguez Vs. Ecuador*, párr. 92, y *Caso Amrhein y otros Vs. Costa Rica*, párr. 356, y *Caso Romero Feris Vs. Argentina*, párr. 98.

[48] *Cfr. Caso García Asto y Ramírez Rojas Vs. Perú. Excepción Preliminar, Fondo, Reparaciones y Costas*. Sentencia de 25 de noviembre de 2005. Serie C No. 137, párr. 128, y *Caso Jenkins Vs. Argentina*, párr. 74. El requisito de motivación tiene relación con las garantías judiciales (artículo 8.1 de la Convención). Asimismo, para que se respete la presunción de inocencia (artículo 8.2) al ordenarse medidas cautelares restrictivas de la libertad, es preciso que el Estado fundamente y acredite, de manera clara y motivada, según cada caso concreto, la existencia de los referidos requisitos exigidos por la Convención (*cfr. Caso García Asto y Ramírez Rojas Vs. Perú*, párr. 128; *Caso J. Vs. Perú*, párr. 159, y *Caso Jenkins Vs. Argentina*, párr. 77).

[49] *Cfr. Caso García Asto y Ramírez Rojas Vs. Perú*, párr. 128, y *Caso Jenkins Vs. Argentina*, párr. 77.

indicios sobre la existencia de un delito cuya pena fuera privativa de libertad y sobre la "autor[ía]" o "complic[idad]" del "sindicado" (*supra* párr. 37)[50].

77. La decisión judicial que ordenó la prisión preventiva del señor Carranza expresó que "[p]or considerar que concurren los presupuestos establecidos en el artículo 177 del [CPP], se confirman las órdenes de prisiones preventivas". Si bien el mismo acto aludió a que el señor Carranza estaba prófugo, no lo mencionó como sustento de la decisión de prisión preventiva, sino a efectos de su captura o aprehensión[51].

78. Respecto del artículo 177 del CPP esta Corte ya ha determinado que dicha disposición:

> dejaba en manos del juez la decisión sobre la prisión preventiva solo con base en la apreciación de "indicios" respecto a la existencia de un delito y su autoría, sin considerar el carácter excepcional de la misma, ni su uso a partir de una necesidad estricta, y ante la posibilidad de que el acusado entorpezca el proceso o pudiera eludir a la justicia. [...] Esta determinación de privación preventiva de la libertad en forma automática a partir del tipo de delito perseguido penalmente, resulta contraria a [...] pautas [convencionales], que mandan a acreditar, en cada caso concreto, que la detención sea estrictamente necesaria y tenga como fin asegurar que el acusado no impedirá el desarrollo del procedimiento ni eludirá la acción de la justicia. [...] En razón de lo expuesto, este Tribunal constat[ó] que [el] artículo [...] 177 [...] result[ó] contrario [...] al estándar internacional establecido en su jurisprudencia constante respecto de la prisión preventiva"[52].

79. La Corte advierte el argumento estatal, presentado ante este Tribunal, de que la prisión preventiva era "necesaria, en virtud de que [el señor Carranza] se encontraba prófugo" (*supra* párr. 59). No obstante, se trata de un alegato del Estado en el proceso ante esta Corte, no de un razonamiento que conste en forma clara de los actos que ordenaron la prisión preventiva. Dichos actos sustentaron la decisión de prisión preventiva en que se presentaron los supuestos mandados por el artículo 177 del CPP. Ya se ha dicho que "[c]ualquier restricción a la libertad que no contenga una motivación suficiente que permita evaluar si se ajusta a las condiciones [antes] señaladas [para la procedencia de la prisión preventiva] será arbitraria", en violación al artículo 7.3 de la Convención (*supra* párr. 75).

80. Por ende, valen para el caso que aquí se examina los señalamientos efectuados por esta Corte respecto al caso *Herrera Espinoza y otros Vs. Ecuador*:

> La Corte advierte el argumento estatal de que la fuga [...] evidenció en el caso la necesidad de la prisión preventiva. No obstante, aun cuando podría eventualmente ser posible evaluar que había motivos fundados para determinar la necesidad de la

---

[50] En el mismo sentido, la perita Fonte Carvalho aseveró que en el "marco legal vigente entre los años 1983 hasta 2000", los "fundamentos" que posibilitaban la orden de prisión preventiva eran "los indicios que presumieran la existencia de un delito que merezca pena privativa de libertad; así como los indicios que hagan presumir que el sindicado es autor o cómplice del delito que es objeto del proceso. Si el delito objeto del proceso era de aquellos sancionados con una pena que no exceda de un año de prisión y [si] el acusado no ha sufrido una condena anterior, el Juez se debía abstener de dictar auto de prisión preventiva".

[51] El texto de la orden judicial dice "como [el señor Carranza y otra persona] se encuentran prófugos oficiese a las autoridades de [p]olicía para sus capturas".

[52] Caso *Herrera Espinoza y otros Vs. Ecuador*, párrs. 148, 149 y 150. En la misma sentencia, en el párrafo 153 se expresa la conclusión que indica la vulneración al artículo 2 convencional.

medida, lo cierto es que la prisión preventiva se dictó [...] sin acreditar [la] necesidad, y su aplicación estuvo enmarcada en legislación contraria a la Convención Americana. Por ende, el argumento estatal no resulta suficiente para considerar acorde a la Convención a la privación preventiva de la libertad[53].

81. La Corte concluye, entonces, que la orden de prisión preventiva dictada contra el señor Carranza fue arbitraria, en contravención a los artículos 7.1 y 7.3 de la Convención Americana sobre Derechos Humanos, en relación con sus artículos 1.1 y 2, dado que se dictó sin una motivación que diera cuenta de su necesidad y se sustentó en una norma que, al establecer la procedencia de la prisión preventiva en términos automáticos, conforme lo señalado (*supra* párr. 78), resultó contraria a la Convención.

B.2. Revisión de la prisión preventiva

82. Debe examinarse ahora, si el mantenimiento o prolongación de la prisión preventiva, fue en el caso adecuada.

83. La Corte ha determinado que son las autoridades nacionales las encargadas de valorar la pertinencia o no del mantenimiento de las medidas cautelares que emitan conforme a su propio ordenamiento. La detención preventiva debe estar sometida a revisión periódica, de tal forma que no se prolongue cuando no subsistan las razones que motivaron su adopción. El juez debe valorar periódicamente si las causas, necesidad y proporcionalidad de la medida se mantienen, y si el plazo de la detención ha sobrepasado los límites que imponen la ley y la razón. En cualquier momento en que aparezca que la prisión preventiva no satisface estas condiciones, deberá decretarse la libertad. Al evaluar la continuidad de la medida, las autoridades deben dar los fundamentos suficientes que permitan conocer los motivos por los cuales se mantiene la restricción de la libertad, la cual, para que sea compatible con el artículo 7.3 de la Convención Americana, debe estar fundada en la necesidad de asegurar que el detenido no impedirá el desarrollo eficiente de las investigaciones ni eludirá la acción de la justicia. De igual forma, ante cada solicitud de liberación del detenido, el juez tiene que motivar aunque sea en forma mínima las razonables por las cuales considera que la prisión preventiva debe mantenerse[54].

84. Este Tribunal advierte que, en el caso, la prisión preventiva duró lo mismo que el proceso penal, y concluyó con la sentencia condenatoria. No consta que, a lo largo del periodo aludido, se efectuara, por parte de las autoridades judiciales, revisión alguna sobre la continuidad de la procedencia de la detención preventiva. Ello, inclusive pese a que, el señor Carranza solicitó su libertad en septiembre de 1995 (*supra* párr. 44), lo que no derivó en respuesta alguna por parte de las autoridades judiciales.

85. Por lo expuesto, este Tribunal concluye que la prisión preventiva a la que fue sometido el señor Carranza se desarrolló en forma arbitraria, porque no fue revisada en forma periódica, vulnerándose en su perjuicio los artículos 7.1 y 7.3 de la Convención en relación con el artículo 1.1 del tratado.

---

[53] *Caso Herrera Espinoza y otros Vs. Ecuador*, párr. 152.
[54] *Cfr. Caso Chaparro Álvarez y Lapo Íñiguez Vs. Ecuador*, párrs. 107 y 117; *Caso Bayarri Vs. Argentina*, párr. 74, y *Caso Jenkins Vs. Argentina*, párr. 85.

B.3. Razonabilidad del tiempo de la privación preventiva de la libertad

86. La Corte ha señalado que el artículo 7.5 de la Convención impone límites a la duración de la prisión preventiva y, en consecuencia, a las facultades del Estado para asegurar los fines del proceso mediante esta medida cautelar. Cuando el plazo de la detención preventiva sobrepasa lo razonable, el Estado podrá limitar la libertad del imputado con otras medidas menos lesivas que aseguren su comparecencia al juicio, distintas de la privación de libertad[55]. De conformidad con la norma citada, la persona detenida tiene derecho "a ser juzgada dentro de un plazo razonable o a ser puesta en libertad". Por ende, si una persona permanece privada preventivamente de su libertad y las actuaciones no transcurren en un tiempo razonable, se vulnera el artículo 7.5 de la Convención.

87. Esta Corte nota que no constan actos procesales entre el 13 de septiembre de 1995, cuando se solicitó al Fiscal emitir su criterio sobre la causa y el 30 de septiembre de 1996, cuando se cerró el sumario. En este acto se dio traslado al Fiscal para que emitiera un dictamen, que fue producido más de cinco meses después. A su vez, entre la emisión del dictamen de 4 de marzo de 1997 y la audiencia de juzgamiento de 1 de diciembre de 1998, transcurrió más de un año y ocho meses, pues la audiencia fue suspendida varias veces. Esto evidencia que, pese a que el señor Carranza se encontraba privado de libertad, hubo demoras que totalizaron cerca de tres años de los aproximadamente cuatro que duró el proceso penal en total desde que él fue aprehendido. No se advierte justificación de tal tiempo de inactividad, máxime considerando que el señor Carranza se encontraba privado preventivamente de su libertad, lo que debió generar que las autoridades judiciales doten de mayor celeridad posible al proceso.

88. Por lo dicho, la Corte concluye que el Estado transgredió el artículo 7.5 de la Convención.

B.4. Presunción de inocencia

89. Dada la presunción de inocencia, garantía receptada en el artículo 8.2 de la Convención, es una regla general que el imputado afronte el proceso penal en libertad[56]. Ya se ha dicho que mantener privada de libertad a una persona más allá del tiempo razonable para el cumplimiento de los fines que justifican su detención equivaldría a una pena anticipada, en transgresión a la presunción de inocencia (*supra* párr. 67).

90. Este Tribunal ha determinado que la orden de prisión preventiva en contra del señor Carranza y su mantenimiento resultaron arbitrarios. Por tanto, la prolongación de la privación de libertad hasta el momento en que se dictó la condena fue equivalente a una pena anticipada, contraria a la presunción de inocencia. El Estado, por ello, violó el derecho a la presunción de inocencia del señor Carranza consagrado en el artículo 8.2 de la Convención, en relación con el artículo 1.1 de la misma.

---

[55] *Cfr. Caso Amrhein y otros Vs. Costa Rica*, párr. 361, y *Caso Jenkins Vs. Argentina*, párr. 84.
[56] *Cfr. Caso López Álvarez Vs. Honduras*, párr. 67, y *Caso Jenkins Vs. Argentina*, párr. 72.

B.5. Tiempo insumido en el proceso penal

91. Resta examinar la observancia del requisito de que las actuaciones se desarrollen en un "plazo razonable", que es una de las garantías judiciales previstas por el artículo 8.1 de la Convención.

92. Este Tribunal ha señalado que, en materia penal, la razonabilidad del plazo debe apreciarse en relación con la duración total del proceso, desde el primer acto procesal hasta que se dicte sentencia definitiva[57]. De acuerdo con el artículo 8.1 de la Convención y como parte del derecho a la justicia, los procesos deben realizarse dentro de un plazo razonable[58], por lo que una demora prolongada puede llegar a constituir, por sí misma, una violación de las garantías judiciales[59]. Esta Corte recuerda que los cuatro elementos que ha considerado para determinar la razonabilidad del plazo son: (i) la complejidad del asunto; (ii) la actividad procesal del interesado; (iii) la conducta de las autoridades judiciales, y (iv) la afectación generada por la situación jurídica de la persona involucrada en el proceso[60].

93. En el caso, si bien al inicio del proceso, durante cerca de un año, no constan actuaciones, ello se debió a la falta de localización del señor Carranza y los hechos del caso y los argumentos de las partes no permiten concluir que ese tiempo de demora fuera atribuible al Estado. Resulta entonces pertinente, en el presente caso, centrar el examen en los cuatro años restantes, desde que el señor Carranza fue aprehendido hasta que se emitió la sentencia condenatoria en su contra.

94. En primer lugar, de los hechos no surge que la causa ofreciera complejidad: se trató de un hecho con una víctima, cometido en presencia de otras personas, y los presuntos agresores aparecían identificados desde la denuncia inicial. En segundo término, desde que el señor Carranza fue privado de su libertad, no constan hechos que pudieran llevar a concluir que entorpeció de algún modo el avance del procedimiento. Por otra parte, en cuanto a los elementos tercero y cuarto antes señalados, ya se ha indicado que hubo demoras del proceso cercanas a tres años mientras el señor Carranza permanecía privado de su libertad, por lo que dichas demoras afectaron perjudicialmente sus derechos.

95. Lo anterior muestra que hubo demoras en actuaciones durante cerca de tres de los cuatro años aproximados que duró el proceso penal en contra del señor Carranza desde su aprehensión.

96. La Corte considera entonces, que Ecuador violó en perjuicio del señor Carranza las garantías judiciales establecidas en el artículo 8. 1 de la Convención, por no llevar a cabo el proceso penal en un plazo razonable.

---

[57] Cfr. *Caso Suárez Rosero Vs. Ecuador. Fondo*, párrs. 70 y 71; *Caso López Álvarez Vs. Honduras*, párr. 129, y *Caso Jenkins Vs. Argentina*, párr. 106.
[58] Cfr. *Caso Bulacio Vs. Argentina. Fondo, Reparaciones y Costas*. Sentencia de 18 de septiembre de 2003. Serie C No. 100, párr. 114, y *Caso Perrone y Preckel Vs. Argentina*, párr. 141.
[59] Cfr. *Caso Hilaire, Constantine y Benjamin y otros Vs. Trinidad y Tobago. Fondo, Reparaciones y Costas*. Sentencia de 21 de junio de 2002. Serie C No. 94, párr. 145, y *Caso Jenkins Vs. Argentina*, párr. 106.
[60] Cfr. *Caso Genie Lacayo Vs. Nicaragua. Fondo, Reparaciones y Costas*. Sentencia del 29 de enero de 1997. Serie C No. 30, párr. 77; *Caso Valle Jaramillo y otros Vs. Colombia. Fondo, Reparaciones y Costas*. Sentencia de 27 de noviembre de 2008.Serie C No. 192, párr. 155, y *Caso Jenkins Vs. Argentina*, párr. 106.

B.6. Conclusión

97. La Corte determina, en los términos señalados en los párrafos precedentes, que Ecuador violó los derechos a la libertad personal y a las garantías judiciales, en tanto la orden de prisión preventiva dispuesta en el caso y su mantenimiento resultaron arbitrarios y contrarios a la presunción de inocencia, transgrediendo en perjuicio del señor Ramón Rosendo Carranza Alarcón los artículos 7.1, 7.3, y 8.2 de la Convención Americana sobre Derechos Humanos, en relación con las obligaciones de respetar los derechos y adoptar disposiciones de derecho interno, prescriptas, respectivamente, en los artículos 1.1 y 2 del tratado. Además, en relación con la obligación de respetar los derechos, el Estado violó en perjuicio del señor Carranza su derecho a la libertad personal respecto al mandato convencional de ser juzgado en un plazo razonable o ser puesto en libertad, así como sus garantías judiciales por la afectación a la presunción de inocencia y la duración excesiva del proceso penal. Por esto último, transgredió los artículos 7.1, 7.5 y 8.1 y 8.2 de la Convención, en relación con su artículo 1.1.

VIII
REPARACIONES

98. Con base en lo dispuesto en el artículo 63.1 de la Convención Americana, la Corte ha indicado que toda violación de una obligación internacional que haya producido daño comporta el deber de repararlo adecuadamente, y que esa disposición recoge una norma consuetudinaria que constituye uno de los principios fundamentales del Derecho Internacional contemporáneo sobre responsabilidad de un Estado[61].

99. La reparación del daño ocasionado por la infracción de una obligación internacional requiere, siempre que sea posible, la plena restitución (*restitutio in integrum*), que consiste en el restablecimiento de la situación anterior. De no ser esto factible, como ocurre en la mayoría de los casos de violaciones a derechos humanos, este Tribunal determinará medidas para garantizar los derechos conculcados y reparar las consecuencias que las infracciones produjeron[62]. Las reparaciones deben tener un nexo causal con los hechos del caso, las violaciones declaradas y los daños acreditados[63].

100. Este Tribunal analizará las pretensiones de reparación a la luz de los criterios fijados en su jurisprudencia en relación con el alcance de la obligación de reparar[64].

A. PARTE LESIONADA

101. Se considera parte lesionada, en los términos del artículo 63.1 de la Convención, a quien ha sido declarada víctima de la violación de algún derecho reconocido en la misma. Por lo tanto, es "parte lesionada" el señor Ramón Rosendo

---

[61] *Cfr. Caso Velásquez Rodríguez Vs. Honduras. Reparaciones y Costas.* Sentencia de 21 de julio de 1989. Serie C No. 7, párr. 25, y *Caso Jenkins Vs. Argentina*, párr. 122.
[62] *Cfr. Caso Velásquez Rodríguez Vs. Honduras. Reparaciones y Costas*, párr. 26, y *Caso Jenkins Vs. Argentina*, párr. 123.
[63] *Cfr. Caso Ticona Estrada y otros Vs. Bolivia. Fondo, Reparaciones y Costas.* Sentencia de 27 de noviembre de 2008. Serie C No. 191, párr. 110, y *Caso Jenkins Vs. Argentina*, párr. 124.
[64] *Cfr. Caso Velásquez Rodríguez Vs. Honduras. Reparaciones y Costas*, párrs. 25 a 27, y *Caso Jenkins Vs. Argentina*, párr. 125.

Carranza Alarcón, de quien se informó que se encuentra fallecido (*supra* nota a pie de página 4).

B. MEDIDAS DE SATISFACCIÓN

102. Este Tribunal ordena, como lo ha dispuesto en otros casos[65], que el Estado publique, en el plazo de seis meses, contado a partir de la notificación de la presente Sentencia: (a) el resumen oficial de esta Sentencia elaborado por la Corte, por una sola vez, en el Diario Oficial en un tamaño de letra legible y adecuado; (b) el resumen oficial de la Sentencia elaborado por la Corte, por una sola vez, en un diario de amplia circulación nacional en un tamaño de letra legible y adecuado, y (c) la presente sentencia en su integridad, disponible por un período de un año, en un sitio *web* oficial, de manera accesible al público. El Estado deberá comunicar de forma inmediata a la Corte una vez que proceda a realizar cada una de las publicaciones dispuestas, independientemente del plazo de un año para presentar su primer informe dispuesto en el punto resolutivo noveno de la presente Sentencia.

C. SOLICITUD DE GARANTÍAS DE NO REPETICIÓN

103. La *Comisión* solicitó que se dispongan las medidas de no repetición necesarias para asegurar que tanto la normativa aplicable como las prácticas respectivas en materia de detención preventiva, sean compatibles con los estándares interamericanos. El *representante* y el *Estado* no se refirieron a este requerimiento.

104. La *Corte* nota que el artículo 177 del Código de Procedimiento Penal aplicado en el caso, al momento de la emisión de esta sentencia, no se encuentra en vigencia. Por lo tanto, no corresponde otorgar garantías de no repetición.

D. INDEMNIZACIONES COMPENSATORIAS

105. La *Comisión* solicitó que se repare al señor Carranza "a través de medidas que incluyan daño material e inmaterial", ocasionado como consecuencia de las violaciones declaradas.

106. El *representante* solicitó una reparación material no menor de USD $500,000.00 (quinientos mil dólares de los Estados Unidos de América).

107. El *Estado* rechazó las alegaciones del representante y solicitó a la Corte que "aprecie las circunstancias específicas del caso".

108. La *Corte* ha desarrollado en su jurisprudencia que el daño material supone la pérdida o detrimento de los ingresos de las víctimas, los gastos efectuados con motivo de los hechos y las consecuencias de carácter pecuniario que tengan un nexo causal con los hechos del caso[66]. Respecto al daño inmaterial, la Corte ha establecido en su jurisprudencia que el daño inmaterial puede comprender tanto los sufrimientos y las aflicciones causados por la violación, como el menoscabo de valores muy significativos para las personas, y cualquier alteración, de carácter no pecuniario, en

---

[65] Inclusive en ausencia de solicitud expresa, como ocurrió en este caso (*cfr. Caso Cantoral Benavides Vs. Perú, Reparaciones y Costas*. Sentencia de 3 de diciembre de 2001. Serie C No 88, párr. 79, y *Caso Hernández Vs. Argentina. Excepción Preliminar, Fondo, Reparaciones y Costas*. Sentencia de 22 de noviembre de 2019. Serie C No. 395, nota a pie de página 232).

[66] *Cfr. Caso Bámaca Velásquez Vs. Guatemala. Reparaciones y Costas*. Sentencia de 22 de febrero de 2002. Serie C No. 91, párr. 43, y *Caso Jenkins Vs. Argentina*, párr. 145.

las condiciones de existencia de las víctimas. Por otra parte, dado que no es posible asignar al daño inmaterial un equivalente monetario preciso, solo puede ser objeto de compensación, para los fines de la reparación integral a la víctima, mediante el pago de una cantidad de dinero o la entrega de bienes o servicios apreciables en dinero, que el Tribunal determine en aplicación razonable del arbitrio judicial y en términos de equidad[67].

109. La Corte advierte que el representante no explicó los fundamentos de su solicitud monetaria, ni tampoco si correspondería a un daño material o inmaterial. La Corte no tiene elementos de prueba ni se ha esbozado argumentación suficiente para evaluar el supuesto daño material en el presente caso, por lo que no considera procedente ordenar su reparación económica. Sí estima razonable asumir que las violaciones a la libertad personal y a las garantías judiciales generaron un daño inmaterial. Por lo anterior, la Corte entiende razonable ordenar, en equidad, el pago de USD $25,000.00 (veinticinco mil dólares de los Estados Unidos de América) como indemnización por el daño inmaterial sufrido por el señor Carranza.

E. COSTAS Y GASTOS

110. El *representante* solicitó que la Corte ordene al Estado el pago de los "honorarios […] de todos los años que se ha llevado el caso". Pidió que esos honorarios sean "regulados" por la Corte.

111. El *Estado* solicitó a la Corte abstenerse de ordenar la medida o en su caso, que se determine un *quantum* razonable.

112. La *Corte* reitera que, conforme a su jurisprudencia[68], las costas y gastos hacen parte del concepto de reparación, toda vez que la actividad desplegada por las víctimas con el fin de obtener justicia, tanto a nivel nacional como internacional, implica erogaciones que deben ser compensadas cuando la responsabilidad internacional del Estado es declarada. Corresponde al Tribunal apreciar prudentemente el alcance del reembolso por costas y gastos teniendo en cuenta las circunstancias del caso concreto y la naturaleza de la jurisdicción internacional de protección de los derechos humanos. Esta apreciación puede ser realizada con base en el principio de equidad y tomando en cuenta los gastos señalados por las partes, siempre que su *quantum* sea razonable.

113. En el presente caso, el Tribunal observa que el representante no mencionó ni acreditó gastos insumidos. Su solicitud fue que la Corte "regule" sus honorarios profesionales. Dicha solicitud no es consistente con la práctica de este Tribunal, que consiste en disponer el reintegro de costas y gastos efectivamente producidos, inclusive, de ser el caso, aquellos ocasionados por el pago de sumas de dinero de parte de las víctimas a sus representantes o a profesionales por la prestación de sus servicios. Además, al notificarse el sometimiento del caso al representante, se le indicó que "el eventual reintegro de costas y gastos se realizará con base en las erogaciones debidamente demostradas ante la Corte".

114. Sin perjuicio de lo anterior, la Corte considera evidente que los trámites realizados implicaron erogaciones pecuniarias. Por lo anterior, por considerarlo

---

[67] *Cfr. Caso de los "Niños de la Calle" (Villagrán Morales y otros) Vs. Guatemala. Reparaciones y Costas.* Sentencia de 26 de mayo de 2001. Serie C No. 77, párr. 84, y *Caso Jenkins Vs. Argentina,* párr. 158.

[68] *Cfr. Caso Garrido y Baigorria Vs. Argentina. Reparaciones y Costas.* Sentencia de 27 de agosto de 1998. Serie C No. 39, párr. 79, y *Caso Jenkins Vs. Argentina,* párr. 164.

razonable, determina que el Estado debe pagar al representante la cantidad de USD $10.000,00 (diez mil dólares de los Estados Unidos de América) por concepto de costas y gastos. Dicha cantidad deberá ser entregada directamente al representante. En la etapa de supervisión de cumplimiento de la presente Sentencia, la Corte podrá disponer que el Estado reembolse al representante los gastos razonables en que incurran en dicha etapa procesal[69].

E. MODALIDAD DE CUMPLIMIENTOS DE LOS PAGOS ORDENADOS

115. El Estado deberá efectuar el pago del reintegro de costas y gastos establecido en la presente Sentencia directamente al representante del señor Carranza Alarcón, dentro del plazo de un año contado a partir de la notificación de la misma, sin perjuicio de que pueda adelantar el pago completo en un plazo menor.

116. El Estado deberá efectuar el pago de la indemnización inmaterial establecida en la presente Sentencia a los derechohabientes del señor Ramón Rosendo Carranza Alarcón, conforme al derecho interno aplicable, en el plazo de un año a partir de que se realicen las publicaciones ordenadas en la presente Sentencia (*supra* párr. 102), sin perjuicio de que pueda adelantar el pago completo en un plazo menor.

117. Si por causas atribuibles a los derechohabientes del señor Carranza Alarcón no fuese posible el pago de la cantidad determinada dentro del plazo indicado, el Estado consignará dicho monto a su favor en una cuenta o certificado de depósito en una institución financiera ecuatoriana solvente, en dólares estadounidenses, y en las condiciones financieras más favorables que permitan la legislación y la práctica bancaria. Si no se reclama la indemnización correspondiente una vez transcurridos diez años, las cantidades serán devueltas al Estado con los intereses devengados.

118. El Estado debe cumplir sus obligaciones monetarias mediante el pago en dólares de los Estados Unidos de América, sin reducciones derivadas de eventuales cargas fiscales. En caso de que el Estado incurriera en mora, deberá pagar un interés sobre la cantidad adeudada correspondiente al interés bancario moratorio en la República del Ecuador.

IX
PUNTOS RESOLUTIVOS

119. Por todo lo anterior,

LA CORTE

DECIDE,

Por unanimidad:

1. Desestimar la excepción preliminar opuesta por el Estado relativa a la aducida falta de agotamiento de recursos internos, de conformidad con los párrafos 15 a 22 de esta Sentencia.

---

[69] *Cfr. Caso Gudiel Álvarez y otros (Diario Militar) Vs. Guatemala. Interpretación de la Sentencia de Fondo, Reparaciones y Costas.* Sentencia de 19 de agosto de 2013. Serie C No. 262, párr. 62, y *Caso Jenkins Vs. Argentina*, párr. 165.

2. Desestimar la excepción preliminar opuesta por el Estado relativa a la aducida vulneración de su derecho de defensa, de conformidad con los párrafos 25 a 33 de esta Sentencia.

DECLARA,

Por unanimidad, que:

3. El Estado es responsable por la violación de los derechos a la libertad personal y a las garantías judiciales, consagrados en los artículos 7.1, 7.3 y 8.2 de la Convención Americana sobre Derechos Humanos, en relación con los artículos 1.1 y 2 del mismo instrumento, en perjuicio del señor Ramón Rosendo Carranza Alarcón, en los términos de los párrafos 60, 62, 65, 67 a 68, 75 a 85, 90 y 97 de la presente Sentencia.

4. El Estado es responsable por la violación de los derechos a la libertad personal y a las garantías judiciales consagrados en los artículos 7.1, 7.5, 8.1 y 8.2 de la Convención Americana sobre Derechos Humanos, en relación con el artículo 1.1 del mismo instrumento, en perjuicio del señor Ramón Rosendo Carranza Alarcón, en los términos de los párrafos 60, 64 a 68 y 86 a 97 de la presente Sentencia.

5. No tiene elementos para considerar la alegada violación de los derechos consagrados en los artículos 5 y 25 de la Convención Americana sobre Derechos Humanos en los términos del párrafo 56 de la presente Sentencia.

Y DISPONE:

Por unanimidad, que:

6. Esta Sentencia constituye, por sí misma, una forma de reparación.

7. El Estado realizará las publicaciones indicadas en el párrafo 102 de la presente Sentencia.

8. El Estado pagará las cantidades fijadas en los párrafos 109 y 114 de la presente Sentencia por concepto de indemnización por daño inmaterial y reintegro de costas y gastos, en los términos de los párrafos 115 a 118 del presente Fallo.

9. El Estado, dentro del plazo de un año contado a partir de la notificación de esta Sentencia, rendirá al Tribunal un informe sobre las medidas adoptadas para cumplir con la misma, sin perjuicio de lo establecido en el párrafo 102 de la presente Sentencia.

10. La Corte supervisará el cumplimiento íntegro de esta Sentencia, en ejercicio de sus atribuciones y en cumplimiento de sus deberes conforme a la Convención Americana sobre Derechos Humanos, y dará por concluido el presente caso una vez que el Estado haya dado cabal cumplimiento a lo dispuesto en la misma.

El Juez Eduardo Vio Grossi dio a conocer a la Corte su voto individual concurrente, el cual acompaña esta Sentencia.

Redactada en español en San José, Costa Rica, el 3 de febrero de 2020.

Corte IDH, *Caso Carranza Alarcón Vs. Ecuador. Excepciones Preliminares, Fondo, Reparaciones y Costas*. Sentencia de 3 de febrero de 2020.

Elizabeth Odio Benito
Presidenta
Eduardo Vio Grossi   Humberto Antonio Sierra Porto
Eduardo Ferrer Mac-Gregor Poisot   Eugenio Raúl Zaffaroni
Ricardo C. Pérez Manrique

Pablo Saavedra Alessandri
Secretario

Comuníquese y ejecútese,

Elizabeth Odio Benito
Presidenta

Pablo Saavedra Alessandri
Secretario

VOTO CONCURRENTE DEL JUEZ EDUARDO VIO GROSSI

Se emite el presente voto concurrente con la Sentencia del epígrafe[1], a los efectos de indicar la razón por la que, atendido lo expresado en otros de sus votos individuales sobre la materia[2], el suscrito ha votado favorablemente el resolutivo N°1 de aquella[3].

---

[1] En adelante, la Sentencia.
[2] Voto Disidente del Juez Eduardo Vio Grossi, Corte Interamericana de Derechos Humanos, *Caso López y Otros Vs. Argentina,* Sentencia de 25 de noviembre de 2019 (Excepciones Preliminares, Fondo, Reparaciones y Costas); Voto Concurrente del Juez Eduardo Vio Grossi, Corte Interamericana de Derechos Humanos, *Caso Gómez Virula y Otros Vs. Guatemala,* Sentencia de 21 de noviembre de 2019, (Excepción Preliminar, Fondo, Reparaciones y Costas); Voto Disidente del Juez Eduardo Vio Grossi, Corte Interamericana de Derechos Humanos, *Caso Asociación Nacional de Cesantes y Jubilados de la Superintendencia Nacional de Administración Tributaria (ANCEJUB-SUNAT) Vs. Perú,* Sentencia de 21 de noviembre de 2019, (Excepciones Preliminares, Fondo, Reparaciones y Costas); Voto Disidente del Juez Eduardo Vio Grossi, Corte Interamericana de Derechos Humanos, *Díaz Loreto y Otros Vs. Venezuela,* Sentencia de 19 de noviembre de 2019 (Excepciones Preliminares, Fondo, Reparaciones y Costas); Voto Concurrente del Juez Eduardo Vio Grossi, Corte Interamericana de Derechos Humanos, *Caso Terrones Silva y Otros Vs. Perú. Excepciones Preliminares, Fondo, Reparaciones y Costas.* Sentencia de 26 de septiembre de 2018; Voto Individual del Juez Eduardo Vio Grossi, Corte Interamericana de Derechos Humanos. *Caso Amrhein y otros Vs. Costa Rica. Excepciones Preliminares, Fondo, Reparaciones y Costas.* Sentencia de 25 de abril de 2018; Voto Individual Concurrente del Juez Eduardo Vio Grossi, Corte Interamericana de Derechos Humanos. *Caso Yarce y Otras Vs. Colombia. Excepción Preliminar, Fondo, Reparaciones y Costas.* Sentencia de 22 de noviembre de 2016; Voto Concurrente del Juez Eduardo Vio Grossi, Corte Interamericana de Derechos Humanos. *Caso Herrera Espinoza y Otros Vs. Ecuador. Excepciones Preliminares, Fondo, Reparaciones y Costas.* Sentencia de 1 de septiembre de 2016; Voto Concurrente del Juez Eduardo Vio Grossi. Corte Interamericana de Derechos Humanos, *Caso Velásquez Paiz y Otros Vs Guatemala. Excepciones Preliminares, Fondo, Reparaciones y Costas.* Sentencia de 19 de noviembre de 2015; Voto Disidente del Juez Eduardo Vio Grossi, Corte Interamericana de Derechos Humanos. *Caso Comunidad Campesina de Santa Bárbara Vs. Perú. Excepciones Preliminares, Fondo, Reparaciones y Costas.* Sentencia de 1 de septiembre de 2015; Voto Individual Disidente del Juez Eduardo Vio Grossi, Corte Interamericana de Derechos Humanos. *Caso Wong Ho Wing Vs. Perú. Excepción Preliminar, Fondo, Reparaciones y Costas.* Sentencia de 30 de junio de 2015; Voto Individual Disidente del Juez Eduardo Vio Grossi, Corte Interamericana de Derechos Humanos. *Caso Cruz Sánchez y otros Vs. Perú. Excepciones Preliminares, Fondo, Reparaciones y Costas.* Sentencia de 17 de abril de 2015; Voto Disidente del Juez Eduardo Vio Grossi, Corte Interamericana de Derechos Humanos. *Caso Liakat Ali Alibux Vs. Suriname. Excepciones Preliminares, Fondo, Reparaciones y Costas.* Sentencia de 30 de enero de 2014, y Voto Individual Disidente del Juez Eduardo Vio Grossi, Corte Interamericana de Derechos Humanos. *Caso Díaz*

Dicho motivo dice relación con la resolución de la *litis* trabada acerca del cumplimiento del requisito del previo agotamiento de los recursos internos. Al respecto, cabe consignar, por de pronto, que en la petición recibida en la Comisión Interamericana de Derechos Humanos[4] el 5 de abril de 1998[5], no se proporcionó información alguna sobre tal cuestión, vulnerando así lo prescrito en los artículos 46.1.a)[6] de la Convención Americana sobre Derechos Humanos[7] y 28.8[8] del Reglamento de la Comisión y enseguida, que no consta en autos que ésta haya realizado el primer control sobre el cumplimiento de dicho requisito, tal como lo mandata el artículo 26 del mismo Reglamento[9]. Igualmente, se debe tener presente, por una parte, que el Estado, dando, con fecha 18 de octubre de 1999 y de acuerdo a lo dispuesto en los artículos 48.1.a)[10] de la Convención y 30.2.3[11] del antes mencionado Reglamento, oportuna respuesta a ese requerimiento, señaló los recursos que, según su parecer, no se habían agotados, sin alegar, empero, la vulneración del citado artículo 26 y por la otra parte, que la Comisión se pronunció sobre la admisibilidad de la aludida petición conforme tanto a los términos en que fue presentada como a la referida respuesta del Estado, es decir, resolvió sobre la *litis* trabada en esa oportunidad y no sobre lo acaecido con posterioridad[12].

Peña Vs. Venezuela. Excepción Preliminar, Fondo, Reparaciones y Costas. Sentencia de 26 de junio de 2012.
[3] "Desestimar la excepción preliminar opuesta por el Estado relativa a la aducida falta de agotamiento de recursos internos, de conformidad con los párrafos 15 a 22 de esta Sentencia."
[4] En adelante, la Comisión.
[5] Párrafo 2.a) de la Sentencia.
[6] "Para que una petición o comunicación presentada conforme a los artículos 44 ó 45 sea admitida por la Comisión, se requerirá: (a) que se hayan interpuesto y agotado los recursos de jurisdicción interna, conforme a los principios del Derecho Internacional generalmente reconocidos; [...]"
[7] En adelante, la Convención.
[8] "Requisitos para la consideración de peticiones. Las peticiones dirigidas a la Comisión deberán contener la siguiente información: [...] 8. Las gestiones emprendidas para agotar los recursos de la jurisdicción interna o la imposibilidad de hacerlo conforme al artículo 31 del presente Reglamento;
[9] "Revisión inicial. 1. La Secretaría Ejecutiva de la Comisión tendrá la responsabilidad del estudio y tramitación inicial de las peticiones presentadas a la Comisión que llenen todos los requisitos establecidos en el Estatuto y en el artículo 28 del presente Reglamento.
2. Si una petición no reúne los requisitos exigidos en el presente Reglamento, la Secretaría Ejecutiva podrá solicitar al peticionario o a su representante que los complete.
3. Si la Secretaría Ejecutiva tuviera alguna duda sobre el cumplimiento de los requisitos mencionados, consultará a la Comisión."
[10] "La Comisión, al recibir una petición o comunicación en la que se alegue la violación de cualquiera de los derechos que consagra esta Convención, procederá en los siguientes términos: (a) si reconoce la admisibilidad de la petición o comunicación solicitará informaciones al Gobierno del Estado al cual pertenezca la autoridad señalada como responsable de la violación alegada, transcribiendo las partes pertinentes de la petición o comunicación. Dichas informaciones deben ser enviadas dentro de un plazo razonable, fijado por la Comisión al considerar las circunstancias de cada caso;"
[11] "Procedimiento de admisibilidad. [...] 2. A tal efecto, transmitirá las partes pertinentes de la petición al Estado en cuestión. La solicitud de información al Estado no prejuzgará sobre la decisión de admisibilidad que adopte la Comisión. 3. El Estado presentará su respuesta dentro del plazo de tres meses contados desde la fecha de transmisión. La Secretaría Ejecutiva evaluará solicitudes de prórroga de dicho plazo que estén debidamente fundadas. Sin embargo, no concederá prórrogas que excedan de cuatro meses contados a partir de la fecha del envío de la primera solicitud de información al Estado."
[12] Párrafos 2.1.b) y 14 de la Sentencia.

Es, entonces, en mérito de que el Resolutivo N° 1 de la Sentencia se adoptó básicamente habida cuenta lo resuelto por la Comisión y de que ello no se contrapone, sino todo lo contrario, con lo sostenido reiteradamente en los señalados votos individuales, que se expidió el voto concurrente de que se da cuenta este escrito.

Eduardo Vio Grossi
Juez

Pablo Saavedra Alessandri
    Secretario

3. CASE OF THE INDIGENOUS COMMUNITIES OF THE LHAKA HONHAT (OUR LAND) ASSOCIATION V. ARGENTINA
Judgment of February 6, 2020
(Merits, Reparations and Costs)

In the case of the *Indigenous Communities of the Lhaka Honhat (Our Land) Association v. Argentina*,

the Inter-American Court of Human Rights (hereinafter also "the Inter-American Court" or "the Court"), composed of the following judges:[*]

Elizabeth Odio Benito, President
L. Patricio Pazmiño Freire, Vice President
Eduardo Vio Grossi, Judge
Humberto Antonio Sierra Porto, Judge
Eduardo Ferrer Mac-Gregor Poisot, Judge, and
Ricardo Pérez Manrique, Judge

also present,

Pablo Saavedra Alessandri, Secretary,

pursuant to Articles 62(3) and 63(1) of the American Convention on Human Rights (hereinafter also "the American Convention" or "the Convention") and Articles 31, 32, 65 and 67 of the Rules of Procedure of the Court (hereinafter "the Rules of Procedure"), delivers this judgment, structured as follows:

TABLE OF CONTENTS

	Para.
I. INTRODUCTION OF THE CASE AND PURPOSE OF THE DISPUTE	1
II. PROCEEDINGS BEFORE THE COURT	5
III. JURISDICTION	13
IV. PRELIMINARY CONSIDERATIONS	14
A. Facts subsequent to January 26, 2012	
A.1. Arguments of the parties and the Commission	15
A.2. Considerations of the Court	19
B. Determination of the presumed victims	
B.1. Arguments of the parties and the Commission	27
B.2. Considerations of the Court	30
V. EVIDENCE	
A. Admissibility of the documentary evidence	37
B. Admissibility of the testimonial and expert evidence	45

---

[*] Judge Eugenio Raúl Zaffaroni, an Argentine national, did not take part in the processing of this case or in the deliberation and signature of this judgment, in accordance with the provisions of Articles 19(1) and 19(2) of the Court's Rules of Procedure.

3. CASO COMUNIDADES INDÍGENAS MIEMBROS DE LA ASOCIACIÓN LHAKA HONHAT (NUESTRA TIERRA) VS. ARGENTINA
Sentencia de 6 de febrero de 2020
(Fondo, Reparaciones y Costas)

En el caso *Comunidades indígenas miembros de la Asociación Lhaka Honhat (Nuestra Tierra) Vs. Argentina*,

la Corte Interamericana de Derechos Humanos (en adelante también "la Corte Interamericana", "la Corte" o "el Tribunal"), integrada por los siguientes Jueces[*]:

Elizabeth Odio Benito, Presidenta
L. Patricio Pazmiño Freire, Vicepresidente;
Eduardo Vio Grossi, Juez;
Humberto Antonio Sierra Porto, Juez;
Eduardo Ferrer Mac-Gregor Poisot, Juez, y
Ricardo Pérez Manrique, Juez

presente, además,

Pablo Saavedra Alessandri, Secretario,

de conformidad con los artículos 62.3 y 63.1 de la Convención Americana sobre Derechos Humanos (en adelante también "Convención Americana" o "Convención") y con los artículos 31, 32, 65 y 67 del Reglamento de la Corte (en adelante también "el Reglamento"), dicta la presente Sentencia que se estructura en el siguiente orden:

ÍNDICE

	Párr.
I. INTRODUCCIÓN DE LA CAUSA Y OBJETO DE LA CONTROVERSIA	1
II. PROCEDIMIENTO ANTE LA CORTE	5
III. COMPETENCIA	13
IV. CONSIDERACIONES PREVIAS	14
A. Sobre los hechos posteriores al 26 de enero de 2012	
A.1. Alegatos de las partes y la Comisión	15
A.2. Consideraciones de la Corte	19
B. Sobre la determinación de las presuntas víctimas	
B.1. Alegatos de las partes y la Comisión	27
B.2 Consideraciones de la Corte	30
V. PRUEBA	
A. Admisibilidad de la prueba documental	37
B. Admisibilidad de la prueba testimonial y pericial	45

---

[*] El Juez Eugenio Raúl Zaffaroni, de nacionalidad argentina, no participó en la tramitación del presente caso ni en la deliberación y firma de esta Sentencia, de conformidad con lo dispuesto en los artículos 19.1 y 19.2 del Reglamento de la Corte.

VI. FACTS	46
A. Introduction: the indigenous and criollo population on Lots 14 and 55	47
B. Relevant general legislation on indigenous lands	53
C. Indigenous territorial claims in this case	56
C.1. First stage (prior to 1999): first claims and commitments to grant land titles	57
C.2. Second stage (1999–2004): attempts to divide up the land into individual parcels and indigenous opposition	65
C.3. Third stage (2005–2006): Creation of the Provincial Executing Unit (UEP), referendum and subsequent actions	69
C.4. Fourth stage (after 2007)	
C.4.1. October 2007 Memorandum of Understanding and implementing actions	75
C.4.2. Decree 2398 of 2012 and subsequent actions	78
C.4.3. Decree 1498 of 2014 and subsequent actions	80
D. Construction work, activities and projects on the territory claimed	86
E. Administrative and judicial actions filed in this case	88
VII. MERITS	89
VII-1. RIGHT TO INDIGENOUS COMMUNAL PROPERTY	
A. General considerations on communal property	92
B Recognition and determination of communal property	99
B.1. Arguments of the Commission and of the parties	100
B.2. Considerations of the Court	
B.2.1. Description of the State's actions in this case and the corresponding analysis	114
B.2.2. Actions taken towards recognition of ownership	
B.2.2.1. Prior to 1999	123
B.2.2.2. From 1999 to 2004	125
B.2.2.3. 2005 and 2006	128
B.2.2.4. The agreements reached starting in 2007	130
B.2.2.4.1. The dialogue with the criollo population	135
B.2.2.4.2. The procedure followed in this case	140
B.2.3. Assessment of the actions taken by the State	151
B.2.3.1. Alleged violation of juridical personality in this case	153
B.2.3.2. Impact of domestic law	158
B.2.3.3. Conclusion on recognition and determination of ownership	167
C. The right to participate in relation to projects or works on communal property	169
C.1. Arguments of the Commission and of the parties	170
C.2. Considerations of the Court	173
C.2.1. Provincial route	177
C.2.2. International bridge and related civil works	180
C.2.3. Conclusion	184
VII-2. RIGHTS TO MOVEMENT AND RESIDENCE, TO A HEALTHY ENVIRONMENT, TO ADEQUATE FOOD, TO WATER AND TO TAKE PART IN CULTURAL LIFE IN RELATION TO THE OBLIGATIONS TO RESPECT AND TO ENSURE THE RIGHTS	
A. Arguments of the parties	186
B. Considerations of the Court	194
B.1. The rights to a healthy environment, to adequate food, to water and to take part in cultural life	
B.1.1. Legal recognition and relevant content	
B.1.1.1. The right to a healthy environment	202

VI. HECHOS 46
   A. Introducción: Población indígena y criolla en los lotes 14 y 55 47
   B. Legislación general pertinente respecto a tierras indígenas 53
   C. Reclamos territoriales indígenas en el caso 56
      C.1. Primera fase (antes de 1999): primeros reclamos y compromisos
          de titulación 57
      C.2. Segunda fase (1999–2004): intentos de parcelaciones individuales y
          oposición indígena 65
      C.3. Tercera fase (2005–2006): Creación de la Unidad Ejecutora Provincial
          (UEP), referéndum y acciones posteriores 69
      C.4. Cuarta fase (a partir de 2007)
         C.4.1. Acta-Acuerdo de octubre de 2007 y actos para su implementación 75
         C.4.2. Decreto 2398 de 2012 y actos posteriores 78
         C.4.3. Decreto 1498 de 2014 y actos posteriores 80
   D. Obras, actividades y proyectos sobre el territorio reclamado 86
   E. Acciones administrativas y judiciales iniciadas en el caso 88

VII. FONDO 89
   VII-1. DERECHO DE PROPIEDAD COMUNITARIA INDÍGENA
   A. Consideraciones generales sobre la propiedad comunitaria 92
   B. Reconocimiento y determinación de la propiedad comunitaria 99
      B.1. Argumentos de la Comisión y de las partes 100
      B.2. Consideraciones de la Corte
         B.2.1. Aclaración sobre los actos estatales en el caso y el examen
           correspondiente 114
         B.2.2. Actos realizados para el reconocimiento de la propiedad
            B.2.2.1. Antes de 1999 123
            B.2.2.2. Entre 1999 y 2004 125
            B.2.2.3. 2005 y 2006 128
            B.2.2.4. El proceso de acuerdos a partir de 2007 130
               B.2.2.4.1. El diálogo con la población criolla 135
               B.2.2.4.2. El proceso seguido en el caso 140
         B.2.3. Evaluación de la conducta estatal seguida 151
            B.2.3.1. Aducida afectación a la personalidad jurídica en el caso 153
            B.2.3.2. Incidencia del derecho interno 158
            B.2.3.3. Conclusión sobre el reconocimiento y determinación de
               la propiedad 167
   C. Derecho a la participación en relación con proyectos u obras sobre la propiedad
      comunitaria 169
      C.1. Argumentos de la Comisión y de las partes 170
      C.2. Consideraciones de la Corte 173
         C.2.1. Ruta provincial 177
         C.2.2. Puente internacional y obras conexas 180
         C.2.3. Conclusión 184
   VII-2. DERECHOS DE CIRCULACIÓN Y DE RESIDENCIA, A UN MEDIO
          AMBIENTE SANO, A UNA ALIMENTACIÓN ADECUADA, AL AGUA
          Y A PARTICIPAR EN LA VIDA CULTURAL EN RELACIÓN CON LAS
          OBLIGACIONES DE RESPETAR Y GARANTIZAR LOS DERECHOS
   A. Argumentos de las partes 186
   B. Consideraciones de la Corte 194
      B.1. Los derechos a un medio ambiente sano, a la alimentación adecuada,
          al agua y a participar en la vida cultural
         B.1.1. Reconocimiento normativo y contenido relevante
            B.1.1.1. El derecho a un medio ambiente sano 202

	B.1.1.2. The right to adequate food	210
	B.1.1.3. The right to water	222
	B.1.1.4. The right to take part in cultural life	231
B.1.2.	Interdependence between the rights to a healthy environment, adequate food, water and cultural identity and specificity in relation to indigenous peoples	243
B.2. Relevant facts of the case and analysis of State responsibility		
B.2.1. Facts		255
	B.2.1.1. Livestock, illegal logging and fencing	257
	B.2.1.2. Steps taken by the State	267
B.2.2. Analysis of State responsibility		272

VII-3. RIGHTS TO JUDICIAL GUARANTEES AND PROTECTION IN RELATION TO THE OBLIGATIONS TO RESPECT AND TO ENSURE THESE RIGHTS WITH REGARD TO THE JUDICIAL ACTIONS FILED BY LHAKA HONHAT — 290
  A. Arguments of the parties — 291
  B. Considerations of the Court — 293
    B.1. General considerations — 294
    B.2. Examination of the circumstances of the case
      B.2.1. Application for amparo regarding the construction of the international bridge — 297
      B.2.2. Actions relating to Decree 461/99 and Resolution 423/99 — 300
      B.2.3. Judicial action against the 2005 referendum — 303
    B.3. Conclusion — 305

VIII. REPARATIONS — 306
  A Injured party — 309
  B. Measures of restitution — 310
    B.1. Time frame for complying with the measures of restitution ordered — 322
    B.2. Measures for the restitution of the right to property
      B.2.1. Delimitation, demarcation and titling — 326
      B.2.2. Obligation of prior consultation — 328
      B.2.3. Relocation of the criollo population — 329
    B.3. Measures for restitution of the rights to a healthy environment, food, water and cultural identity — 331
      B.3.1. Actions relating to water, food and forestry resources — 332
      B.3.2. Community Development Fund for the indigenous culture — 337
    B.4. Additional considerations, State reports, work plan and actions to monitor the measures ordered — 343
  C Measures of satisfaction — 346
  D. Measures of non-repetition — 350
  E Other measures requested — 358
  F Costs and expenses — 361
  G Method of compliance — 366

IX. OPERATIVE PARAGRAPHS — 370

Annex I — pag. 1208
Annex II — pag. 1210
Annex III — pag. 1212
Annex IV — pag. 1214
Annex V — pag. 1218

Concurring opinion of Judge L. Patricio Pazmiño Freire — pag. 1226
Concurring opinion of Judge Eduardo Ferrer Mac-Gregor Poisot — pag. 1236

B.1.1.2. El derecho a la alimentación adecuada	210
B.1.1.3. El derecho al agua	222
B.1.1.4. El derecho a participar en la vida cultural	231
B.1.2. Interdependencia entre los derechos a un ambiente sano, a la alimentación adecuada, al agua y a la identidad cultural y especificidades en relación con pueblos indígenas	243
B.2. Hechos relevantes del caso y análisis de la responsabilidad estatal	
B.2.1. Hechos	255
B.2.1.1. Ganado, tala ilegal y alambrados	257
B.2.1.2. Acciones desarrolladas por el Estado	267
B.2.2. Análisis de la responsabilidad estatal	272
VII-3. DERECHOS A LAS GARANTIAS Y PROTECCIÓN JUDICIALES EN RELACIÓN CON LAS OBLIGACIONES DE RESPETAR Y GARANTIZAR LOS DERECHOS RESPECTO A ACCIONES JUDICIALES PRESENTADAS POR LHAKA HONHAT	290
A. Argumentos de las partes	291
B. Consideraciones de la Corte	293
B.1. Consideraciones generales	294
B.2. Examen de las circunstancias del caso	
B.2.1. Acción de amparo respecto a la construcción del puente internacional	297
B.2.2. Acciones sobre el Decreto 461/99 y la Resolución 423/99	300
B.2.3. Acción judicial contra el referéndum de 2005	303
B.3. Conclusión	305
VIII. REPARACIONES	306
A. Parte lesionada	309
B. Medidas de restitución	310
B.1. Plazo para el cumplimiento de las medias de restitución ordenadas	322
B.2. Medidas para la restitución del derecho de propiedad	
B.2.1. Delimitación, demarcación y titulación	326
B.2.2. Obligación de consulta previa	328
B.2.3. Traslado de la población criolla	329
B.3. Medidas para la restitución de los derechos al medio ambiente sano, a la alimentación, al agua y a la identidad cultural	331
B.3.1. Acciones dirigidas al agua, la alimentación y los recursos forestales	332
B.3.2. Fondo de Desarrollo Comunitario para la cultura indígena	337
B.4. Consideraciones adicionales, informes estatales, plan de trabajo y acciones para la supervisión de las medias ordenadas	343
C. Medidas de Satisfacción	346
D. Medidas de no repetición	350
E. Otras medidas solicitadas	358
F. Costas y gastos	361
G. Modalidad de cumplimiento	366
IX. PUNTOS RESOLUTIVOS	370
Anexo I	pág. 1209
Anexo II	pág. 1211
Anexo III	pág. 1213
Anexo IV	pág. 1215
Anexo V	pág. 1219
Voto concurrente del Juez L. Patricio Pazmiño Freire	pág. 1227
Voto concurrente del Juez Eduardo Ferrer Mac-Gregor Poisot	pág. 1237

Partially dissenting opinion of Judge Eduardo Vio Grossi   pag. 1288
Partially dissenting opinion of Judge Humberto Antonio Sierra Porto   pag. 1346
Partially dissenting opinion of Judge Ricardo C. Pérez Manrique   pag. 1368

I
INTRODUCTION OF THE CASE AND PURPOSE OF THE DISPUTE

1. *The case submitted to the Court.* On February 1, 2018, the Inter-American Commission on Human Rights (hereinafter "the Inter-American Commission" or "the Commission") submitted to the Court the case of the *Indigenous Communities of the Lhaka Honhat (Our Land) Association v. Argentina.* According to the Commission, the case relates to the presumed violation of the right to property over the ancestral territory of the indigenous communities that are members of the Lhaka Honhat Association of Aboriginal Communities (*infra* para. 61; hereinafter also "the Lhaka Honhat Association" or "Lhaka Honhat"). The Commission indicated that, when it issued Merits Report No. 2/12 (hereinafter also "the Merits Report"), "two decades had passed" since the communities had "presented their initial request for title in 1991." It noted that, despite this, the Argentine Republic (hereinafter also "the State" or "Argentina")[1] had failed to grant the communities "effective title to their ancestral territory." The land in question is located in two properties that, together, cover around 643,000 hectares (ha), currently identified with the cadastral registration numbers 175 and 5557 of the department of Rivadavia, province of Salta (*infra* para. 80; hereinafter also, with regard to both properties, "Lots 14 and 55"). Prior to 2014, these properties were considered to be "fiscal" lands, owned by the State, and known as "Fiscal Lots 14 and 55." In 2012, the lots were "allocated" for "subsequent adjudication" to indigenous communities and non-indigenous settlers (*criollos*) residing in the area and, in 2014, they were "transferred" integrally to this population. The Commission indicated that, in addition to the failure to grant title to the land, the State's failure to "adopt effective actions to control the illegal deforestation of indigenous territory" had violated the right to property, and also that the State had carried out "public works" and granted "concessions for oil and gas exploration" without complying with the requirements of conducting prior "social and environmental impact assessments" and "prior, free and informed consultations." It argued that Argentina had also violated the communities' rights "of access to information and […] to take part in matters that might affect them." Lastly, it "found that the right to judicial guarantees and judicial protection had been violated owing to the failure to provide an effective procedure to obtain ownership of the ancestral territory; and also due to the successive variations in the applicable administrative procedure for claiming indigenous territory."

2. *Procedure before the Commission.* The procedure before the Commission was as follows:

---

[1] Argentina is a federal State. In this case, both national authorities and authorities of one of the provinces that compose the federation (the province of Salta) intervened. In this judgment, the reference to "the State" or to "Argentina," except when expressly indicated, refers to the State as a whole, which comprises all its authorities, both national and of the federative entities, including those of the province of Salta.

Voto parcialmente disidente del Juez Eduardo Vio Grossi   pág. 1289
Voto parcialmente disidente del Juez Humberto Antonio Sierra Porto   pág. 1347
Voto parcialmente disidente del Juez Ricardo C. Pérez Manrique   pág. 1369

I
INTRODUCCIÓN DE LA CAUSA Y OBJETO DE LA CONTROVERSIA

1. *El caso sometido a la Corte.* El 1 de febrero de 2018 la Comisión Interamericana de Derechos Humanos (en adelante también "la Comisión Interamericana" o "la Comisión") sometió a la Corte el caso *Comunidades indígenas miembros de la Asociación Lhaka Honhat (Nuestra Tierra) Vs. Argentina*. De acuerdo a la Comisión, el caso se refiere a la presunta violación al derecho de propiedad sobre el territorio ancestral de las comunidades indígenas reunidas en la Asociación de Comunidades Aborígenes Lhaka Honhat (*infra*, párr. 61; en adelante también "Asociación Lhaka Honhat" o "Lhaka Honhat"). Indicó que, al momento en que emitió el Informe de Fondo No. 2/12 (en adelante también "Informe de Fondo"), habían "transcurrido dos décadas" desde que, en 1991, las comunidades "present[aron] la solicitud inicial de titulación". Indicó que, pese a ello, la República Argentina (en adelante también "el Estado" o "Argentina")[1] no les proveyó "acceso efectivo al título de propiedad sobre su territorio ancestral". La tierra en cuestión se encuentra dentro de dos inmuebles, que en conjunto tienen una extensión cercana a 643.000 hectáreas (ha), identificados actualmente con las matrículas catastrales 175 y 5557 del Departamento Rivadavia, de la Provincia de Salta (*infra* párr. 80; en adelante también, en referencia a ambos inmuebles, "lotes 14 y 55"). Dichos inmuebles fueron considerados formalmente, antes de 2014, como tierras "fiscales", de propiedad estatal, denominándose "lotes fiscales 14 y 55". En 2012 fueron "asignad[os]" para su "posterior adjudicación" a comunidades indígenas y pobladores no indígenas que habitan la zona, y en 2014 fueron "transferid[os]", en forma indivisa, a la misma población. La Comisión sostuvo que, además de la falta de titulación, violó el derecho a la propiedad la omisión estatal de "emprender acciones efectivas de control de la deforestación del territorio indígena", así como que el Estado llevara a cabo "obras públicas" y otorgara "concesiones para la exploración de hidrocarburos" sin cumplir requisitos de realizar estudios previos de "impacto social y ambiental" y "consultas previas, libres e informadas". Afirmó que Argentina también violó los derechos de las comunidades "al acceso a la información y a [...] participar en los asuntos susceptibles de afectarles". Por último, "concluyó la violación de los derechos a las garantías judiciales y protección judicial, debido a la falta de provisión de un procedimiento efectivo para acceder a la propiedad del territorio ancestral; así como a las variaciones sucesivas en el procedimiento administrativo aplicable a la reclamación territorial indígena".

2. *Trámite ante la Comisión.* El trámite del caso ante la Comisión fue el siguiente:

---

[1] Argentina es un Estado federal. En el caso hubo actuaciones tanto de autoridades nacionales como de uno de los Estados que conforman la federación, la Provincia de Salta. La referencia en esta Sentencia al "Estado" o "Argentina", salvo cuando expresamente se distingue, es alusiva al Estado como un conjunto unificado, que comprende a todas sus autoridades, tanto nacionales como de las entidades federativas, inclusive de la Provincia de Salta.

a) Petition. On August 4, 1998, the Commission received the initial petition lodged by Lhaka Honhat, sponsored by the *Centro de Estudios Legales y Sociales* (CELS) and the Center for Justice and International Law (CEJIL).

b) Admissibility and Merits Reports. On October 21, 2006, the Commission adopted Admissibility Report No. 78/06, declaring the petition admissible. On January 26, 2012, it adopted Merits Report No. 2/12, in which it reached a series of conclusions,[2] and made several recommendations to Argentina.[3]

c) Notification to the State. The Commission notified the Merits Report to the State in a communication dated March 26, 2012, and sent the following day, granting it two months to report on compliance with the recommendations.

d) Reports on the Commission's recommendations. On May 25, 2012, the State responded to the Merits Report. It indicated that it had forwarded it to the competent provincial authorities asking them to send their observations, and requested an extension of the time frame to report on the measures taken. According to the file of the procedure before the Commission, the State was granted 22 extensions, the last one on November 1, 2017. These extensions were granted because the Commission noted some progress in the implementation of its recommendations. In this regard, some actions may be underlined. In briefs dated January 15 and July 8, 2014, the State presented reports on the actions undertaken and the resources provided in the area by the State and by the province of Salta (hereinafter also "Salta" or "the province"), and on the "road map" to comply with the recommendations. On July 19, 2016, Argentina provided the Commission with information on the measures taken and noted their complexity. On October 25, 2017, the parties and the Commission held a working meeting in which it was agreed that the State would submit a detailed proposal for compliance with the recommendations. On November 1 that year, the Commission granted the last extension to the State, which submitted its proposal dated November 24, as well as a new report and a request for an extension in a communication dated January 16, 2018. This request was denied. The Commission considered that, although some

---

[2] The Inter-American Commission concluded that the State had violated, to the detriment of the indigenous communities that form part of the Lhaka Honhat Association, the following rights and provisions of the Convention in relation to the obligations to respect and to ensure the rights and to adopt domestic legal provisions established in Articles 1(1) and 2 of the Convention: the rights to property, to freedom of thought and expression, and to political rights recognized, respectively in Articles 21, 13 and 23. Also, that Argentina had violated, to the detriment of the same communities, the rights to judicial guarantees and to judicial protection established in Articles 8 and 25 of the American Convention, respectively, in connection with its Articles 21 and 1(1) and, as it later clarified (*infra* footnote 113) also Article 2 of the treaty.

[3] The Commission recommended that the State: "1. [...] finalize promptly the legalization process in Fiscal Lots 14 and 55, taking into account, in addition to the inter-American standards described in th[e Merits R]eport, the following guidelines: The petitioners have the right to an undivided territory that allows them to develop their nomadic way of life; the 400,000 hectares that the government has promised to allocate them must be continuous, without obstacles, subdivisions or fragmentation, with due regard to the claims of other indigenous communities. The fences which have been set up within the indigenous territory must be removed. Deforestation must be controlled. 2. Provide redress for the violation of the rights to property and access to information concerning the execution of public works without prior informed consultation, environmental impact assessments or benefit sharing. 3. Ensure that, when demarcating the territory and approving any future public works or concessions on indigenous ancestral lands, the State conduct prior informed consultations and environmental impact assessments and share the resulting benefits pursuant to inter-American standards."

a) Petición. El 4 de agosto de 1998 la Comisión recibió la petición inicial presentada por Lhaka Honhat, con el patrocinio del Centro de Estudios Legales y Sociales (CELS) y el Centro por la Justicia y el Derecho Internacional (CEJIL).
b) Informes de Admisibilidad y de Fondo. El 21 de octubre de 2006, la Comisión aprobó el Informe de Admisibilidad No. 78/06, declarando admisible la petición. El 26 de enero de 2012 aprobó el Informe de Fondo No. 2/12, en el cual llegó a una serie de conclusiones[2] y formuló varias recomendaciones a Argentina[3].
c) Notificación al Estado. La Comisión notificó el Informe de Fondo al Estado por medio de una comunicación fechada el 26 de marzo de 2012, remitida el día siguiente, otorgándole dos meses para informar sobre el cumplimiento de las recomendaciones.
d) Informes sobre las recomendaciones de la Comisión. El 25 de mayo de 2012 el Estado dio respuesta al Informe de Fondo. Señaló que se había trasladado el mismo a las autoridades provinciales competentes, para que remitieran observaciones, por lo que solicitó un plazo adicional para informar sobre las medidas adoptadas. Conforme consta en el expediente del trámite ante la Comisión, ésta otorgó 22 prórrogas al Estado, siendo la última concedida el 1 de noviembre de 2017. Dichas prórrogas fueron dadas a partir de que la Comisión observó avances en la implementación de sus recomendaciones. En ese marco, es posible destacar algunos actos. Por medio de escritos de 15 de enero y 8 de julio de 2014 el Estado presentó informes sobre las acciones y recursos dispuestos en la zona por el Estado Nacional y por la Provincia de Salta (en adelante también "Salta" o "la Provincia"), así como sobre la "ruta de trabajo" para cumplimentar las recomendaciones. También, el 19 de julio de 2016, Argentina informó a la Comisión sobre las medidas adoptadas y advirtió la complejidad de las mismas. El 25 de octubre de 2017 las partes y la Comisión mantuvieron una reunión de trabajo, en la cual se acordó que el Estado presentara un proyecto detallado sobre el cumplimiento de las recomendaciones. El 1 de noviembre de ese año la Comisión otorgó la que fue la última prórroga al Estado, que presentó su proyecto fechado el 24 del mismo mes, así como un nuevo informe y solicitud de prórroga,

---

[2] La Comisión Interamericana concluyó que el Estado violó, en perjuicio de las comunidades indígenas que forman parte de la Asociación Lhaka Honhat, los siguientes derechos y disposiciones de la Convención, en relación con las obligaciones de respetar y garantizar los derechos y adoptar disposiciones de derecho interno establecidas en los artículos 1.1 y 2 de la Convención: el derecho a la propiedad, la libertad de pensamiento y expresión y los derechos políticos, reconocidos, respectivamente, en los artículos 21, 13 y 23; también que Argentina violó, en perjuicio de las mismas comunidades, los derechos a las garantías judiciales y a la protección judicial, contemplados, respectivamente, en los artículos 8 y 25 de la Convención Americana, en conexión con sus artículos 21 y 1.1 y, conforme luego aclaro (*infra* nota a pie de página 113) también con el artículo 2 del tratado.

[3] La Comisión recomendó al Estado: "1. [...] concluir prontamente la formalización del proceso llevado a cabo respeto de los [l]otes [...] 14 y 55, teniendo en cuenta, además de los estándares interamericanos señalados en el [...I]nforme [de Fondo], los siguientes lineamientos: - [L]os peticionarios tienen el derecho a un territorio indiviso que les permita desarrollar su modo de vida nómada; las 400.000 hectáreas que el gobierno ha prometido adjudicarles debe[n] ser continu[as], sin obstáculos, subdivisiones ni fragmentaciones, sin perjuicio de los derechos de otras comunidades. - [R]emover las cercas que han sido puestas dentro del territorio indígena. - [C]ontrolar la deforestación. 2. Otorgar reparaciones por las violaciones al derecho a la propiedad territorial y al acceso a la información derivadas del desarrollo de obras públicas sin llevar a cabo consultas previas ni estudios de impacto ambiental, y sin otorgar a las comunidades los beneficios derivados de las mismas. 3. Asegurar que en la demarcación del territorio y la aprobación de cualquier futura obra pública o concesión que se realice en tierras ancestrales, el Estado lleve a cabo consultas previas, informadas, estudios de impacto ambiental y otorgue los beneficios derivados, de conformidad con los estándares interamericanos".

progress had been made, the proposal submitted by the State "only offered long-term possibilities of implementation" and that there was no prospect that the recommendations would be implemented within a reasonable time.

3. *Submission to the Court.* On February 1, 2018, based on the foregoing, the Commission submitted this case to the Court. It appointed then Commissioner Luis Ernesto Vargas Silva and Executive Secretary Paulo Abrão as delegates, and Elizabeth Abi-Mershed, then Deputy Executive Secretary, and Silvia Serrano Guzmán and Paulina Corominas as legal advisers.

4. *The Commission's requests.* The Commission asked this Court to find and declare the international responsibility of Argentina for the violations established in the Merits Report and to order, as measures of reparations, the recommendations included therein (*supra* footnotes 2 and 3).

II.
PROCEEDINGS BEFORE THE COURT

5. *Notification of the State and the representatives.* The submission of the case was notified to the State and to the representatives (*infra* para. 6) on February 7, 2018.

6. *Brief with pleadings, motions and evidence.* On May 25, 2018, CELS and Lhaka Honhat (hereinafter, referring to both organizations, "the representatives") presented their brief with pleadings, motions and evidence (hereinafter "pleadings and motions brief"), pursuant to Articles 25 and 40 of the Rules of Procedure. They agreed with the Commission's conclusions concerning the articles of the Convention that had been violated (*supra* footnote 2). In addition, they alleged the violation of the rights to recognition of juridical personality, freedom of association, and freedom of movement and residence, as well as the rights to cultural identity, adequate food (hereinafter also "the right to food") and a healthy environment that they alleged were contained in Article 26 of the Convention. They asked the Court to order the State to take different measures of reparation and to reimburse costs and expenses.

7. *Answering brief.* On September 4, 2018, the State presented its brief with a preliminary objection, answering the submission of the case and with observations on the pleadings and motions brief (hereinafter "the answering brief"). It submitted an argument that it called a "preliminary objection" (*infra* para. 15), denied the alleged violations, and responded to the requests for reparation.

8. *Public hearing.* On February 8, 2019, the then President of the Court[4] (hereinafter, "the President") issued an order in which he called the State, the representatives and the Inter-American Commission to a public hearing on the alleged "preliminary objection" and the possible merits, reparations and costs, in order to hear the final oral arguments and observations of the parties and of the Commission, respectively. In addition, he called on two members of the indigenous communities proposed by the representatives to testify at this hearing, as well as two expert witnesses, one proposed by the State and the other by the Commission. He also required affidavits to be received from eight deponents proposed by the State; five

---

[4] Judge Eduardo Ferrer Mac-Gregor Poisot was the President of the Court on that date.

por medio de una comunicación fechada el 16 de enero de 2018. Esa solicitud fue negada. La Comisión consideró que, si bien se habían registrado avances, el proyecto estatal presentado "sólo ofreci[ó] perspectivas de implementación en un largo período de tiempo" y que no había "expectativas de implementación" de las recomendaciones en un plazo razonable.

3. *Sometimiento a la Corte*. El 1 de febrero de 2018 la Comisión, en virtud de lo anterior, sometió el presente caso a la Corte. Designó como delegados al entonces Comisionado Luis Ernesto Vargas Silva y al Secretario Ejecutivo Paulo Abrão, así como a las señoras Elizabeth Abi-Mershed, entonces Secretaria Ejecutiva Adjunta, y Silvia Serrano Guzmán y Paulina Corominas como asesoras legales.

4. *Solicitudes de la Comisión*. La Comisión solicitó a este Tribunal que concluya y declare la responsabilidad internacional de Argentina por las violaciones establecidas en el Informe de Fondo, y que le ordene, como medidas de reparación, las recomendaciones incluidas en el mismo (*supra* notas a pie de página 2 y 3).

II
PROCEDIMIENTO ANTE LA CORTE

5. *Notificación al Estado y a los representantes*. El sometimiento del caso fue notificado al Estado y a los representantes (*infra* párr. 6) el 7 de febrero de 2018.

6. *Escrito de solicitudes, argumentos y pruebas*. El 25 de mayo 2018 el CELS y Lhaka Honhat (en adelante, en referencia a ambas entidades, "los representantes") presentaron su escrito de solicitudes, argumentos y pruebas (en adelante "escrito de solicitudes y argumentos"), conforme a los artículos 25 y 40 del Reglamento. Coincidieron con las conclusiones de la Comisión sobre artículos convencionales vulnerados (*supra* nota a pie de página 2). Además, alegaron la violación al derecho al reconocimiento de la personalidad jurídica, a la libertad de asociación, a la libertad de circulación y de residencia y a los derechos a la identidad cultural, a la alimentación adecuada (en adelante también "derecho a la alimentación") y a un medio ambiente sano (en adelante también "derecho al ambiente sano"), que adujeron contenidos en el artículo 26 de la Convención. Solicitaron que se ordene al Estado diversas medidas de reparación y el reintegro de costas y gastos.

7. *Escrito de contestación*. El 4 de septiembre de 2018 el Estado presentó su escrito de excepción preliminar, contestación al sometimiento del caso y de observaciones al escrito de solicitudes, argumentos y pruebas (en adelante "contestación"). Opuso un argumento que denominó "excepción preliminar" (*infra* párr. 15), negó las violaciones alegadas y respondió a las solicitudes de reparación.

8. *Audiencia Pública*. El 8 de febrero de 2019 el entonces Presidente de la Corte[4] (en adelante, "el Presidente") emitió una Resolución mediante la que convocó al Estado, a los representantes y a la Comisión Interamericana a una audiencia pública respecto a la aducida "excepción preliminar" y los eventuales fondo, reparaciones y costas, para escuchar los alegatos y observaciones finales orales de las partes y de la Comisión, respectivamente. Además, convocó a declarar en esa audiencia a dos personas integrantes de comunidades indígenas, propuestas por los representantes, y a dos peritas, una propuesta por el Estado y otra por la Comisión. Asimismo, ordenó recibir declaraciones ante fedatario público (affidávits) de ocho declarantes propuestos

---
[4] En la fecha indicada el Juez Eduardo Ferrer Mac-Gregor Poisot era Presidente de la Corte.

members of the indigenous communities presumed victims, and three witnesses; and also from two expert witnesses, proposed by the representatives. The hearing was held on March 14, 2019, at the seat of the Court during its 130th regular session.[5] During the hearing, members of the Court asked the parties and the Commission to provide certain information and explanations. In addition, the Court advised that it had accepted the representative's request, made in the pleadings and motions brief, to conduct an on-site procedure (*infra* para. 10).

9. *Amicus curiae*. The Court received *amicus curiae* briefs from: (i) Asociación de Abogados y Abogadas de Derecho Indígena (AADI) and the Servicio Paz y Justicia (SERPAJ),[6] (ii) the Human Rights Center of the Jurisprudence Faculty of the Pontificia Universidad Católica del Ecuador;[7] (iii) the Fundación Ambiente y Recursos Naturales (FARN);[8] (iv) the Due Process of Law Foundation (DPLF), the Human Rights Clinic of the University of Ottawa, the Democracy and Human Rights Institute of the Pontificia Universidad Católica del Perú, the Center for Studies on International Human Rights Systems of the Universidade Federal do Paraná, the International Human Rights Clinic of the Universidad de Guadalajara, and the O'Neill Institute for National and Global Health Law at Georgetown University Law Center;[9] (v) various organizations coordinated by the Secretariat of the International Economic, Social and Cultural Rights Network (ESCR-Net);[10] (vi) Tierraviva a los pueblos

---

[5] There appeared at this hearing: a) for the Inter-American Commission: Luis Ernesto Vargas, Commissioner; Silvia Serrano Guzmán and Paulina Corominas, Executive Secretariat lawyers; b) for the presumed victims: Francisco Pérez and Rogelio Segundo, members of Lhaka Honhat, and Diego Morales, Matías Duarte and Erika Schmidhuber Peña, CELS, and c) for the State: Javier Salgado, Agent, Director del International Human Rights Litigation of the Ministry of Foreign Affairs and Worship; Ramiro Badía, Deputy Agent and National Director of Legal Affairs of the National Human Rights and Cultural Pluralism Secretariat; Siro de Martini, Adviser to the Ministry of Justice and Human Rights; Pamela Caletti, State Prosecutor for the province of Salta, and Ana Carolina Heiz, Coordinator General of the State Prosecution Service of the province of Salta.

[6] The document was signed, on behalf of AADI, by Darío Rodriguez Duch, President, and on behalf of SERPAJ, by Adolfo Pérez Esquivel, President and recipient of the Nobel Peace Prize, Ana Almada, Luis Romero Batallano and Angelica Mendoza, Coordinators, and Mariana Katz, lawyer. It relates to the right "to recognition of communal territories by an appropriate legal mechanism."

[7] The brief, signed by Mario Melo Cevallos (Coordinator), José Valenzuela and Estefanía Gómez, refers to the right to ancestral territory of the indigenous peoples when this is partially occupied by settlers.

[8] The text was signed by Andrés Nápoli, Executive Director. It deals with "aspects related to matters of consultation, consent and environmental impact assessments in relation to the guarantee of the right to a healthy environment."

[9] The brief was signed, on behalf of each establishment, respectively, by: Katya Salazar and Daniel Cerqueira, Executive Director and Senior Program Officer; Salvador Herencia Carrasco, Director; Elizabeth Salmon and Cristina Blanco, Director and Principal Researcher; Melina Girardi Fachin, Coordinator; Ángel Cabrera, Coordinator, and Andrés Constantini, Associate. It indicated that the foregoing, with the exception of Katya Salazar and Elizabeth Salmón, took part "in the research, elaboration and review" of the document, together with Quetzal Prado, Miguel Alcaraz, Verónica Luna, Lucero Salazar, Askur Palencia and Sergio Villa (students, Universidad de Guadalajara); Marina Bonatto, Francisco Foltran, Fabio Rezende Braga and Kauan Cangussú (students, Universidade Federal do Paraná), and Jordi Feo Valero and Shona Moreau (students, University of Ottawa). The brief refers to "[i]nternational standards and comparative case law on the demarcation of indigenous territories and economic, social, cultural and environmental rights."

[10] These organizations are: Asociación Civil por la Igualdad y la Justicia (ACIJ); Amnesty International; Interamerican Association for Environmental Defense; Comisión Colombiana de Juristas; Dejusticia; FIAN International; International Women's Rights Action Watch-Asia Pacific, and Minority Rights Group International. In addition to Fernando Ribeiro Delgado, Coordinator of the Working Group on Strategic Litigation of the ESCR-Net, the document was signed, respectively, by: Dalile Antúnez, Co-Director; Lucy Claridge, Director for Strategic Litigation; Liliana Ávila, Senior Lawyer; Gustavo Gallón Giraldo, Director;

por el Estado: cinco personas integrantes de comunidades indígenas presuntas víctimas y tres testigos, así como también de una perita y un perito, propuestos por los representantes. La audiencia se celebró el 14 de marzo de 2019 en la sede de la Corte, durante su 130° Período Ordinario de Sesiones[5]. En el curso de la misma, integrantes de este Tribunal solicitaron cierta información y explicaciones a las partes y a la Comisión. Además, la Corte comunicó que había aceptado la petición de los representantes, formulada en el escrito de solicitudes y argumentos, de que se realizara una diligencia *in situ* (*infra* párr. 10).

9. *Amicus curiae*. El Tribunal recibió escritos de *amicus curiae* por parte de: (i) Asociación de Abogados y Abogadas de Derecho Indígena (AADI) y el Servicio Paz y Justicia (SERPAJ)[6], (ii) Centro de Derechos Humanos de la Facultad de Jurisprudencia de la Pontificia Universidad Católica del Ecuador[7]; (iii) Fundación Ambiente y Recursos Naturales (FARN)[8]; (iv) Fundación para el Debido Proceso Legal (DPLF), Clínica de Derechos Humanos de la Universidad de Ottawa, Instituto de Democracia y Derechos Humanos de la Pontificia Universidad Católica del Perú, Núcleo de Estudios en Sistemas Internacionales de Derechos Humanos de la Universidad Federal de Paraná, Clínica Internacional de Derechos Humanos de la Universidad de Guadalajara y *O'Neill Institute for National and Global Health Law* de *Georgetown University Law Center*[9]; (v) diversas organizaciones bajo la coordinación de la Secretaría de la Red Internacional de Derechos Económicos, Sociales y Culturales (Red-DESC)[10]; (vi) Tierraviva a los Pueblos Indígenas del

---

[5] A dicha audiencia concurrieron: (a) por la Comisión Interamericana: Luis Ernesto Vargas, Comisionado; Silvia Serrano Guzmán y Paulina Corominas, abogadas de la Secretaría Ejecutiva; (b) por las presuntas víctimas: Francisco Pérez y Rogelio Segundo, miembros de Lhaka Honhat, y Diego Morales, Matías Duarte y Erika Schmidhuber Peña, del CELS, y (c) por el Estado: Javier Salgado, Agente Titular, Director del Contencioso Internacional en Materia de Derechos Humanos del Ministerio de Relaciones Exteriores y Culto; Ramiro Badía, Agente Alterno y Director Nacional de Asuntos Jurídicos de la Secretaría de Derechos Humanos y Pluralismo Cultural de la Nación; Siro de Martini, Asesor del Ministerio de Justicia y Derechos Humanos de la Nación; Pamela Caletti, Fiscal de Estado de la Provincia de Salta, y Ana Carolina Heiz, Coordinadora General de la Fiscalía del Estado de la Provincia de Salta.

[6] El documento fue firmado, en representación de la AADI, por Darío Rodriguez Duch, Presidente, y por parte de SERPAJ, por Adolfo Pérez Esquivel, Presidente y Premio Nobel de la Paz, Ana Almada, Luis Romero Batallano y Angelica Mendoza, Coordinadores, y Mariana Katz, abogada. Versa sobre el derecho "al reconocimiento de los territorios comunitarios a través de una figura legal adecuada".

[7] El escrito, firmado por Mario Melo Cevallos (Coordinador), José Valenzuela y Estefanía Gómez, se refiere al derecho de territorio ancestral de los pueblos indígenas en casos de ocupación parcial por parte de colonos.

[8] El texto fue firmado por Andrés Nápoli, Director Ejecutivo. Trata sobre "aspectos relacionados con cuestiones de consulta, consentimiento, y evaluaciones de impacto ambiental en relación a la garantía del derecho al ambiente sano".

[9] La presentación fue firmada, en representación de cada una de las entidades señaladas, respectivamente por: Katya Salazar y Daniel Cerqueira, Directora Ejecutiva y Oficial de Programa Senior; Salvador Herencia Carrasco, Director; Elizabeth Salmon y Cristina Blanco, Directora e Investigadora Principal; Melina Girardi Fachin, Coordinadora; Ángel Cabrera, Coordinador, y Andrés Constantini, Asociado. Se indicó que participaron "en la investigación, elaboración y revisión" del documento las personas nombradas, a excepción de Katya Salazar y Elizabeth Salmón, y también Quetzal Prado, Miguel Alcaraz, Verónica Luna, Lucero Salazar, Askur Palencia y Sergio Villa (estudiantes de la Universidad de Guadalajara); Marina Bonatto, Francisco Foltran, Fabio Rezende Braga y Kauan Cangussú (estudiantes de la Universidad Federal de Paraná), y Jordi Feo Valero y Shona Moreau (estudiantes de la Universidad de Ottawa). El escrito trata sobre "[e]stándares internacionales y jurisprudencia comparada sobre demarcación de territorios indígenas y [d]erechos [e]conómicos, [s]ociales, [c]ulturales y [a]mbientales".

[10] Tales organizaciones son: Asociación Civil por la Igualdad y la Justicia (ACIJ); *Amnesty Internacional*; Asociación Interamericana para la Defensa del Ambiente; Comisión Colombiana de Juristas; Dejusticia; *FIAN International*; *International Women's Rights Action Watch-Asia Pacific*, y *Minority Rights Group*

indígenos del Chaco (hereinafter "Tierraviva");[11] (vii) the Legal Clinic of the Human Rights Center of the Law Faculty of the Universidad de Buenos Aires (CDH-UBA),[12] and (viii) Oliver De Schutter, Professor at the Université catholique de Louvain (UCL) and former United Nations Special Rapporteur on the right to food (2008–2014).[13]

10. *On-site procedure*. In their pleadings and motions brief, and also on October 31, 2018, the representatives requested an "on-site visit." On November 13, 2018, the State indicated that an on-site procedure (hereinafter "on-site visit" or "visit") was extremely important and the Commission considered it was "useful and pertinent." Bearing in mind the principle of immediacy, the Court understood that it would be appropriate to conduct this on-site procedure and it took place on May 17, 2019.[14] During the visit to the village of Santa María an assembly of representatives of indigenous communities was held. On that occasion, they discussed the purpose of the case before the Court. Subsequently, the delegation visited the areas surrounding Santa María in order to observe, above all, the alleged presence of fencing and livestock. The delegation then traveled to the *Misión la Paz* International Bridge. In addition, a meeting was held with representatives of *criollo* families in Santa Victoria Este. Following this, the delegation visited part of the area in which, according to the parties and the Commission, *criollo* families would be transferred and spoke to a relocated *criollo* family who explained their situation.

Diana Guarnizo, Director of Research on Economic Justice; Felipe Bley Folly, Lawyer; Fernando Priyanthi, Executive Director, and Jennifer Castelo, Head of Legal Affairs, a.i. The document deals with the Court's "jurisdiction and authority" to rule on "violations of the rights guaranteed by Article 26 of the Convention [...] including the rights to a health environment, cultural identity, food and water."

[11] This communication, signed by Rodrigo Villagra Carrón, Julia Cabello Alonso and Oscar Ayala Amarilla refers to issues that were identified as follows: "The meaning of the land for the indigenous peoples in relation to the *criollo* land claims [....] and the role of the *criollos* in this specific case"; "Time as a determinant factor in the realization of human rights"; "Agreements reached between the parties involved"; "International undertakings and the national budget"; "Provincial state and national State," and "Subject of law."

[12] Martín Sigal (Director) and María Noel Leoni Zardo (Professor) signed the letter. Its arguments refer to the "inadequate nature of the [Argentine] federal legislation in relation to international standards" with regard to "the rights of indigenous communities to obtain recognition of their juridical personality and to accede to their lands."

[13] The brief refers to the right to food in this case.

[14] The Court's delegation for this visit was composed of Judges Humberto Antonio Sierra Porto and L. Patricio Pazmiño Freire; the Legal Affairs Coordinator, Alexei Julio Estrada, and Agustín Enrique Martin, lawyer attached to the Court's Secretariat. The State was represented by Edith Azucena, Provincial Minister for Indigenous Affairs and Social Development; Ariel Francisco Sánchez, Deputy Secretary for Territorial Regulation and Registration of Indigenous Communities; Florencia Luñis Zavaleta, Director for Regularization of Lands with Community Conflicts; Pamela Caletti, State Prosecutor for Salta; Ana Coralina Geist, Coordinator General of the State Prosecution Service of Salta; Graciela María Galindez, Notary Public of the provincial government; Jimena Psathakis, President of the National Institute for Indigenous Affairs (INAI), Ana Bourse and Juan Cruz Testa (INAI) and Javier Salgado, Director of International Human Rights Litigation of the Ministry of Foreign Affairs and Worship. The Inter-American Commission was represented by Paulina Corominas Etchegaray, Legal Adviser to the Commission, and the representatives by Francisco Pérez and Rogelio Segundo from Lhaka Honhat; Diego Morales and Matías Duarte from CELS, and Ezequiel María and Julián Reynoso, who made an audiovisual recording.

Chaco (en adelante "Tierraviva")[11]; (vii) Clínica Jurídica del Centro de Derechos Humanos de la Facultad de Derecho de la Universidad de Buenos Aires (CDH-UBA)[12], y (viii) Oliver de Schutter, Profesor de la Universidad Católica de Lovaina y ex Relator Especial de las Naciones Unidas sobre el Derecho a la Alimentación (2008–2014)[13].

10. *Diligencia in situ*. En su escrito de solicitudes y argumentos, como también el 31 de octubre de 2018, los representantes solicitaron la realización de una "visita a terreno". El 13 de noviembre de 2018, el Estado señaló que la diligencia *in situ* (en adelante también "la visita a terreno" o "la visita") era de suma importancia y la Comisión consideró que era "útil y pertinente". La Corte, considerando el principio de inmediación, entendió procedente llevar a cabo la diligencia *in situ*, que fue realizada el 17 de mayo de 2019[14]. Durante la visita, en la localidad de Santa María se llevó a cabo una asamblea de representantes de comunidades indígenas. En esa oportunidad, los mismos se pronunciaron sobre el objeto de la solicitud a la Corte. Posteriormente, se realizó un recorrido por las zonas aledañas a Santa María, a fin de observar, principalmente, la presencia aducida de alambrados y ganado. Después la delegación se trasladó al Puente Internacional Misión la Paz. Además, en la localidad de Santa Victoria Este, se llevó a cabo una reunión con representantes de familias criollas. Concluido lo anterior se observó parte de la zona en que, según señalamientos de las partes y la Comisión, se relocalizarían familias criollas. Se tomó contacto con una familia criolla relocalizada que expuso su situación.

International. Además de Fernando Ribeiro Delgado, Coordinador del Grupo de Trabajo sobre Litigio Estratégico de la Red-DESC, firmaron el documento, respectivamente: Dalile Antúnez, Co-Directora; Lucy Claridge, Directora de Litigio Estratégico; Liliana Ávila, Abogada Senior; Gustavo Gallón Giraldo, Director; Diana Guarnizo, Directora de Investigaciones en Justicia Económica; Felipe Bley Folly, Abogado; Fernando Priyanthi, Director Ejecutivo; y Jennifer Castelo, Jefa Jurídica Interina. El documento trata sobre la "competencia y facultad" de la Corte para pronunciarse sobre "violaciones de los derechos garantizados por el [a]rtículo 26 de la Convención […] incluyendo los derechos a un medio ambiente sano, identidad cultural, alimentación y agua".

[11] La misiva, firmada por Rodrigo Villagra Carrón, Julia Cabello Alonso y Oscar Ayala Amarilla trata sobre temas que fueron identificados del siguiente modo: "[e]l sentido de la tierra para los [p]ueblos indígenas en relación al reclamo de tierra de los criollos [y el r]ol de los criollos en el caso concreto"; "[e]l tiempo como factor determinante en la concreción de derechos humanos"; "[a]cuerdos arribados entre las partes involucradas"; "[l]os compromisos internacionales y el presupuesto nacional"; "Estado provincial y Estado nacional", y "[s]ujeto de derecho".

[12] Martín Sigal (Director) y María Noel Leoni Zardo (Docente) suscribieron la carta, cuyos argumentos se refieren a la "inadecuación de la normativa federal [argentina] respecto de los estándares internacionales" en cuanto a "los derechos de las comunidades indígenas a obtener un reconocimiento de su personería jurídica y de acceder a sus tierras".

[13] El escrito trata sobre el derecho a la alimentación en el caso.

[14] La delegación del Tribunal que efectuó la visita estuvo integrada por los jueces Humberto Antonio Sierra Porto y L. Patricio Pazmiño Freire; el Coordinador del Área Legal, Alexei Julio Estrada, y Agustín Enrique Martin, abogado de la Secretaría de la Corte. Por parte del Estado, estuvieron presentes Edith Azucena, Ministra de Asuntos Indígenas y Desarrollo Social de la Provincia; Ariel Francisco Sánchez, Subsecretario de Regulación Territorial y Registro de Comunidades Indígenas; Florencia Luñis Zavaleta, Directora de Regularización de Tierras con Conflictos Comunitarios; Pamela Caletti, Fiscal de Estado de Salta; Ana Coralina Geist, Coordinadora General de esa Fiscalía; Graciela María Galindez, Escribana de Gobierno de la Provincia; Jimena Psathakis, Presidenta del Instituto Nacional de Asuntos Indígenas (INAI), Ana Bourse y Juan Cruz Testa (también del INAI) y Javier Salgado, Director del Contencioso Internacional en Materia de Derechos Humanos del Ministerio de Relaciones Exteriores y Culto. Por la Comisión Interamericana asistió Paulina Corominas Etchegaray, Asesora Legal de la Comisión. Participaron por los representantes Francisco Pérez y Rogelio Segundo, de Lhaka Honhat; Diego Morales y Matías Duarte, del CELS, y Ezequiel María y Julián Reynoso, quienes tomaron registro audiovisual.

11. *Final written arguments and observations.* On June 3, 2019, the representatives and Argentina forwarded their final written arguments with attached documents and the Commission submitted its final written observations.[15] The representatives provided information on facts that had occurred following the presentation of the pleadings and motions brief: the increase in the number of communities, and flooding that had occurred at the beginning of 2019 (*infra* paras. 24, 28 and 39).

12. *Deliberation of this case.* The Court began to deliberate this judgment on November 27, 2019, and continued starting on January 29, 2020.

III
JURISDICTION

13. The Inter-American Court has jurisdiction to hear this case pursuant to Article 62(3) of the Convention because Argentina has been a State Party to the American Convention since September 5, 1984, and accepted the contentious jurisdiction of the Court on that same date.

IV
PRELIMINARY CONSIDERATIONS

14. Before reviewing the evidence received and the facts of the case, and examining its merits, the Court will now include some considerations on: (a) the State's opposition to the Court examining facts that occurred after January 26, 2012, and (b) determination of the presumed victims.

A. FACTS SUBSEQUENT TO JANUARY 26, 2012

A.1. Arguments of the parties and the Commission

15. The *State* argued, referring to this as a "preliminary objection," that the Court "did not have jurisdiction" for facts subsequent to January 26, 2012, the date on which Merits Report No. 2/12 was adopted. It indicated that domestic remedies had not been exhausted with regard to such facts.

16. Argentina made this assertion in general terms, referring to all the facts that had taken place following the said date. Nevertheless, it mentioned some facts as "examples," and did so alluding to allegations made by the representatives in relation to those facts. The factual circumstances mentioned by the State in this regard are as follows: (1) the issue of Decree 2398/12, published on July 25, 2012, concerning the adjudication of land; (2) the adoption, in 2013, of the additional protocol on collaboration between the National Institute for Indigenous Affairs (INAI) and the Provincial Executing Unit (UEP), ratified by Decree 2001/13, which established a "work plan" for the land distribution; (3) the issue, in 2014, of Decree 1498/14, which

---

[15] During the public hearing, the Court advised that, since an on-site visit would be made, it had decided to postpone the deadlines established in the order of February 8, 2019, for the presentation of final written arguments and observations. On March 19, 2019, it advised that the deadline would expire on June 3, 2019.

11. *Alegatos y observaciones finales escritos.* El 3 de junio de 2019 los representantes y Argentina remitieron sus alegatos finales escritos y documentos anexos, y la Comisión alegó sus observaciones finales escritas[15]. Los representantes informaron hechos posteriores a la presentación del escrito de solicitudes y argumentos: el incremento del número de comunidades e inundaciones ocurridas a principios de 2019 (*infra* párrs. 24, 28 y 39).

12. *Deliberación del presente caso.* La Corte inició la deliberación de la presente Sentencia el 27 de noviembre de 2019 y luego continuó a partir del 29 de enero de 2020.

III
COMPETENCIA

13. La Corte Interamericana es competente para conocer el presente caso, en los términos del artículo 62.3 de la Convención, ya que Argentina es Estado Parte de la Convención Americana desde el 5 de septiembre de 1984 y reconoció la competencia contenciosa de la Corte en esa misma fecha.

IV
CONSIDERACIONES PREVIAS

14. A continuación se efectúan, de forma previa a dar cuenta de la prueba recibida, los hechos del caso y el examen de fondo sobre el mismo, consideraciones sobre: (a) la oposición del Estado a que la Corte conozca hechos posteriores al 26 de enero de 2012 y (b) la determinación de las presuntas víctimas.

A. SOBRE LOS HECHOS POSTERIORES AL 26 DE ENERO DE 2012

A.1. Alegatos de las partes y la Comisión

15. El *Estado* adujo, denominando su argumento "excepción preliminar", la "incompetencia" de la Corte en relación con hechos posteriores al 26 de enero de 2012, fecha en que se adoptó el Informe de Fondo No. 2/12. Expresó que respecto a tales hechos no se agotaron los recursos internos.

16. Argentina hizo tal consideración en términos generales, refiriéndose a todos los hechos sucedidos después de la fecha indicada. Sin perjuicio de ello, mencionó algunos hechos a título de "ejemplo". Lo hizo aludiendo a alegatos de los representantes que, a su vez, se refieren a tales hechos. Las circunstancias fácticas que de ese modo señaló el Estado son las siguientes: (1) emisión del Decreto 2398/12, publicado el 25 de julio de 2012, relacionado con la adjudicación de tierra; (2) adopción en 2013 del Protocolo Adicional de vinculación entre el Instituto Nacional de Asuntos Indígenas (INAI) y la Unidad Ejecutora Provincial (UEP), refrendado por el Decreto 2001/13, que preveía un "plan de trabajo" relacionado con

---

[15] En la audiencia pública la Corte informó que, dado que se haría la visita a terreno, había decidido posponer el plazo fijado en la Resolución de 8 de febrero de 2019 para la presentación de alegatos y observaciones finales escritos. El 19 de marzo de 2019 se comunicó que dicho plazo vencería el 3 de junio de 2019.

"recognizes and transfers" property; (4) meetings held between officials on June 23 (or July) and July 11, 2012, during which it was indicated that the communities required legal status in order to formalize communal property ownership; (5) "episodes" that occurred in "mid-2015" and towards the end of 2016, in which, respectively, a topographer had attempted to ignore a map prepared by members of indigenous communities, and the UEP had done some work without guaranteeing the participation of indigenous communities; (6) the adoption of the project "Northeastern Argentine Gas Pipeline (GNEA)," which the representatives indicated they had become aware of in 2014, and that was approved in 2015 by Provincial Resolution 16/15, and the subsequent "attempts" to stop this, and (7) the alleged "attempts to develop Rancho El Ñato," which the representatives indicated they had become aware of towards the end of 2016.

17. The *representatives* argued that all the facts that had occurred after the issue of the Merits Report should be examined because they were related "directly […] to its contents."

18. The *Commission* observed that the State's argument did not constitute a preliminary objection because it referred to the merits of the case: the factual framework.

A.2. Considerations of the Court

19. The Court notes that the State's objection does not relate to the Court's jurisdiction or to the requirements for the admissibility of the case, but rather to the determination of its factual framework. Therefore, it does not constitute a preliminary objection.

20. It should be recalled that, although the factual framework of the case is based on the facts set out in the Merits Report, it can also comprise the supervening facts that may be forwarded to the Court at any stage of the proceedings before the delivery of the judgment, provided they are related to the facts of the case.[16]

21. That said, the State did not explain clearly why it considered that all the facts subsequent to January 26, 2012, should be denied the status of supervening facts; Argentina only mentioned some examples included in the allegations made by the representatives.

22. Among those examples, the State referred to facts related to the project "Northeastern Argentine Gas Pipeline (GNEA)," which, it indicated, had been approved in 2015, as well as alleged "attempts" "to develop" a locality within the area claimed by the indigenous communities called "Rancho El Ñato," which the representatives had become aware of at the end of 2016.

23. Not only were these facts subsequent to those described in the Merits Report, but they are also independent of the latter. The Merits Report mentioned various public works or projects in the territory, describing the construction of an international bridge, the "construction and widening" of roads, and oil and gas exploration. The Court finds that the facts indicated by the representatives regarding the gas pipeline

---

[16] *Case of the "Mapiripán Massacre" v. Colombia.* Judgment of September 15, 2005. Series C No. 134, para. 59, and *Case of Women Victims of Sexual Torture in Atenco v. Mexico. Preliminary objections, merits, reparations and costs.* Judgment of November 28, 2018. Series C No. 37, para. 45.

la distribución del territorio; (3) emisión en 2014 del Decreto 1498/14, que "reconoce y transfiere" propiedad; (4) realización de reuniones entre funcionarios los días 23 de junio (o julio) y 11 de julio de 2012, en las que se habría señalado la necesidad de personería jurídica de comunidades para instrumentar la propiedad comunitaria; (5) acaecimiento de "episodios" de "mediados de 2015" y fines de 2016 en los que, respectivamente, un agrimensor habría pretendido ignorar un mapa elaborado por integrantes de comunidades indígenas y en los que la UEP habría realizado trabajos sin garantizar la participación de comunidades indígenas; (6) la adopción del "Proyecto del Gasoducto del Noreste Argentin[o] (GNEA)", del cual los representantes indican haber tomado conocimiento en 2014, aprobado en 2015 por la Resolución provincial 16/15, y los posteriores "intentos" por detenerlo, y (7) los aducidos "intentos de urbanización en Rancho El Ñato", de los que los representantes manifestaron haber tomado conocimiento a fines de 2016.

17. Los *representantes* indicaron que se deben analizar todos los hechos acontecidos tras la emisión del Informe de Fondo, pues tienen relación "directa […] con lo expuesto en el [mismo]".

18. La *Comisión* observó que lo aducido por el Estado no constituye una excepción preliminar, dado que refiere a una cuestión de fondo: el marco fáctico.

A.2. Consideraciones de la Corte

19. Esta Corte advierte que la objeción estatal no se relaciona con la competencia de la Corte ni con requisitos de admisibilidad del caso en sí, sino con la determinación de su marco fáctico. Por ello, no configura una excepción preliminar.

20. Cabe recordar que, si bien el marco fáctico del caso tiene como base los hechos referidos en el Informe de Fondo, puede también integrarse por hechos supervinientes, que podrían ser remitidos al Tribunal siempre que se encontraran ligados a los hechos del caso y en cualquier estado del proceso antes de la emisión de la sentencia[16].

21. Ahora bien, el Estado no explicó de forma clara por qué debería negarse a todos los hechos posteriores al 26 de enero de 2012 el carácter de superviniente: Argentina sólo mencionó algunos ejemplos incluidos en alegatos de los representantes.

22. Entre tales ejemplos, el Estado se refirió a hechos relacionados con el proyecto de Gasoducto del Noreste Argentin[o] (GNEA)", que se indicó que fue aprobado en 2015, así como también a aducidos "intentos" de "urbanización" de un lugar dentro de la zona reclamada por las comunidades indígenas, llamado "Rancho El Ñato", que los representantes habrían conocido a fines de 2016.

23. Estos hechos no solo son posteriores a aquellos narrados en el Informe de Fondo, sino que también son independientes de los mismos. En efecto, el Informe de Fondo mencionó diversas obras o proyectos sobre el territorio, dando cuenta de la construcción de un puente internacional, la "construcción y ensanchamiento" de rutas y la exploración de hidrocarburos. La Corte encuentra que los hechos señalados por

---

[16] *Caso de la "Masacre de Mapiripán" Vs. Colombia*. Sentencia de 15 de septiembre de 2005. Serie C No. 134, párr. 59, y *Caso Mujeres Víctimas de Tortura Sexual en Atenco Vs. México. Excepciones Preliminares, Fondo, Reparaciones y Costas*. Sentencia de 28 de noviembre de 2018. Serie C No. 37, párr. 45.

and the infrastructure development do not evolve from the facts contained in the Merits Report; nor are they supplementary circumstances that explain in greater detail the facts described by the Commission. To the contrary, although they may relate to the communal property that is claimed or to the rights related to this, they are facts that would constitute new and different violations to those that the Commission submitted to the consideration of the Court. Consequently, the Court understands that the alleged facts relating to the construction of a gas pipeline in 2015 and the development of Rancho El Ñato do not form part of the factual framework of this case. Hence, nor does an administrative action relating to the gas pipeline, which the representatives alleged was filed in July 2015, form part of the factual framework. The Court will not analyze these factual circumstances or the arguments that refer specifically to them.

24. Added to the above, and although it does not form part of the "examples" described by the State, the following should be clarified: in their final written arguments, the representatives advised that, owing to the construction "without consultation" of route 54, "the normal run-off of water was affected, and this caused extensive flooding at the beginning of 2018." The facts relating to public works on provincial route 54 fall within the factual framework established in the Merits Report, but this does not cover subsequent circumstances that could possibly relate, in part, to the way in which the work was carried out. An analysis of this would constitute an excessive addition to the facts of the case. Therefore, the Court determines that the said flooding does not form part of the factual framework of the case.

25. To the contrary, other facts should not be excluded. The Merits Report described various circumstances related to the "[s]ituation of the indigenous communal property." With the exception of the facts that have been excluded, the other facts alluded to by the State (*supra* para. 16) are acts that relate to the recognition of property rights. Thus, they constitute a development or evolution of the facts described in the Merits Report. Therefore, they are facts that are part of the case submitted to this Court and can be considered supervening facts; they correspond to the factual framework of the case, and they will be examined.

26. It remains to clarify that, since the supervening facts are part of the factual framework of the case, by definition, they do not constitute a new case or a new situation that presumably violates rights. Accordingly, it is not appropriate to examine the State's arguments concerning the requirement of prior exhaustion of domestic remedies (*supra* para. 15).

B. DETERMINATION OF THE PRESUMED VICTIMS

B.1. Arguments of the parties and the Commission

27. The *Commission*, in the Merits Report issued on January 26, 2012, considered that the victims were 27 communities that, based on information provided by the State, are members of the Lhaka Honhat Association. It also noted that "the number of indigenous communities that inhabit [former] Fiscal Lots 55 and 14 has varied in the course of the present proceedings."[17] In its final written observations, the Commission

---

[17] It explained that "[t]he initial petition of 1998 referred to 35 indigenous communities, while in October 2007, the petitioners indicated a total of 45 communities; [and that] the State, in February 2009, referred to

los representantes respecto al gasoducto o a la urbanización indicada no resultan una evolución de los mismos hechos contenidos en el Informe de Fondo, ni son circunstancias complementarias a éstos que resulten en una mayor explicación de los hechos que señaló la Comisión. Se trata, por el contrario, de hechos que si bien podrían relacionarse con la propiedad comunitaria reclamada, o con derechos relacionados con la misma, constituirían en su caso afectaciones nuevas y distintas a las que la Comisión sometió a conocimiento de la Corte. Por ello, este Tribunal entiende que los aducidos hechos vinculados a la construcción de un gasoducto en 2015 y a la urbanización de Rancho El Ñato no forman parte del marco fáctico del caso. Por ello, tampoco integra el marco fáctico una acción administrativa que los representantes adujeron que se presentó en julio de 2015 respecto al gasoducto. Tales circunstancias fácticas, así como las alegaciones referidas específicamente a ellas, no serán analizadas.

24. Aunado a lo anterior, y aunque no forme parte de los "ejemplos" dados por el Estado, es propicio aclarar lo siguiente: los representantes informaron, en sus alegatos finales escritos, que en razón de la construcción "inconsulta" de la ruta 54, se "afectó el normal escurrimiento del agua, lo que causó fuertes inundaciones a principios de 2019". Los hechos sobre obras en la ruta provincial 54 sí están dentro del marco fáctico fijado en el Informe de Fondo, pero esto no abarca circunstancias posteriores que, eventualmente, podrían tener relación parcial con el modo en que las obras se habrían realizado. Un examen de esa índole sería una extensión excesiva de los hechos del caso. La Corte, por tanto, determina que las inundaciones aludidas no integran el marco fáctico del caso.

25. No corresponde, por el contrario, excluir otros hechos. El Informe de Fondo enunció diversas circunstancias relacionadas con la "[s]ituación de la propiedad comunitaria indígena". A excepción de los hechos ya excluidos, el resto de los aludidos por el Estado (*supra* párr. 16) son actos vinculados al reconocimiento de la propiedad. En ese sentido, constituyen un desarrollo o evolución de los hechos descritos en el Informe de Fondo. Por lo tanto, se trata de hechos que integran el caso presentado a este Tribunal. Tienen, entonces, el carácter de hechos supervinientes, corresponden al marco fáctico del caso y serán examinados.

26. Resta aclarar que dado que los hechos supervinientes integran el marco fáctico del caso no conforman, por definición, un nuevo caso o una nueva situación presuntamente violatoria de derechos. Por ello, no resulta procedente entrar a examinar los argumentos estatales sobre el requisito de previo agotamiento de recursos internos (*supra* párr. 15).

B. Sobre la determinación de las presuntas víctimas

B.1. Alegatos de las partes y la Comisión

27. La *Comisión*, en el Informe de Fondo emitido el 26 de enero de 2012, consideró víctimas a 27 comunidades que, conforme información estatal, se encontraban afiliadas a la Asociación Lhaka Honhat. Asimismo, advirtió que "el número de comunidades indígenas que habitan en los [ex l]otes fiscales 55 y 14 ha[bía] variado a lo largo del proceso"[17]. En sus observaciones finales escritas, la

---

[17] Explicó que "la petición inicial de 1998 aludía a 35 comunidades indígenas, mientras que en octubre de 2007 los peticionarios indicaron un total de 45 comunidades [, y que] el Estado, en febrero de 2009, se

indicated that "regardless of those represented by [Lhaka Honhat,] all [the communities] have a legitimate right to their ancestral territory."

28. The *representatives* indicated that, according to Provincial Decree 1498/14 of 2014, the State had recognized 71 communities as holders of communal property rights; that by March 14, 2018, another 18 had been established, and that by April 25 that year there were "at least 92 communities that were fighting for their rights."[18] They explained that the variation was "due to the nature of the communities, which merge to form new communities and separate to create others." On June 3, 2019, they presented an updated list of the indigenous communities at May that year, identifying a total of 132 indigenous communities in the territory.[19] They explained that this did not represent "individuals who were not already incorporated"; rather, they were "the same individuals who were already living in the territory," but who, for different reasons, had decided to form other communities.

29. The *State* argued that it was "necessary to consider the complexity represented by the appearance of new communities that, in future, may not want to be part of a single title, which could lead to inter-community conflicts because they all have shared ownership and use of natural resources." Argentina disputed the supervening nature of the most recent list of communities presented by the representatives and indicated that it "has no information" as to the authenticity of the list.

B.2. Considerations of the Court

30. First, the Court notes that it is admissible, in cases relating to the inherent rights of indigenous peoples, that the indigenous "communities" are considered presumed victims.[20]

---

50 communities, and in May 2011, it informed about 47 communities." Despite this, the Court notes that the initial petition alluded to "approximately" 35 communities without identifying them. When referring to the communities indicated in the initial petition in the Merits Report, the Commission merely listed 21, explaining that they had "provided the precise geographical location of their hunting and gathering routes." The 21 communities listed in the Merits Report that the Commission understood to be included in the initial petition and the 27 that, in the Merits Report, the Commission considered victims are identified, respectively, in Annexes I and II to this judgment.

[18] The 71 communities indicated in Decree 1498/14 and the 92 referred to in the pleadings and motions brief are listed in Annexes III and IV to this judgment, respectively.

[19] The 132 communities indicated by the representatives are listed in Annex V to this judgment.

[20] Thus, pursuant to its "reiterated case law," the Court has indicated that "the indigenous communities are holders of rights protected by the inter-American system and may appear before it to defend their rights and those of their members" (*Cf. Entitlement of Legal Entities to Hold Rights under the Inter-American Human Rights System (Interpretation and scope of Article 1(2), in relation to Articles 1(2), 8, 11(2), 13, 16, 21, 24, 25, 29, 30, 44, 46 And 62(3) of the American Convention on Human Rights, as well as of Article 8(1)(A) and (B) of the Protocol of San Salvador)*. Advisory Opinion OC-22/16 of February 26, 2016. Series A No. 22, para. 72). The Court notes that it has been indicated that the indigenous "communities" presumed victims in this case belong to different "peoples" *(infra* para. 47). It is useful to clarify that, although the State has indicated that "indigenous people" and "indigenous communities" are used indistinctly in Argentine law, there are domestic laws which would appear to infer that the word "people" has been understood to cover a larger group than the word "community" (for example, Resolution 328/2010 of the National Institute for Indigenous Affairs, which refers to "communities" as constituents of "peoples" *(infra* para. 54). Similarly, Article VIII of the American Declaration on the Rights of Indigenous Peoples (adopted on June 14, 2016 - AG/RES. 2888 (XLVI-O/16)), states that "[i]ndigenous individuals and communities have the right to belong to one or more indigenous peoples, in accordance with the identity, traditions, customs, and systems of belonging of each people. No discrimination of any kind may arise from the exercise of such a right."

Comisión expresó que "independientemente de quiénes sean representados por la [Lhaka Honhat,] todas [las comunidades] tienen derecho legítimo sobre su territorio ancestral".

28. Los *representantes* afirmaron que, de conformidad con el Decreto provincial 1498/14 de 2014, el Estado había reconocido 71 comunidades como titulares de propiedad comunitaria, que para el 14 de marzo de 2018 se habían conformado otras 18, y que el 25 de abril de ese año había "por lo menos 92 comunidades que luchan por sus derechos"[18]. Explicaron que la variación se "de[be] a la naturaleza de las comunidades de fusionarse en nuevas y separarse para crear otras". El 3 de junio de 2019 presentaron una lista actualizada de las comunidades indígenas a mayo del mismo año, identificando un total de 132 comunidades indígenas en el territorio[19]. Aclararon que no se trata de "personas que no estuvieran ya incorporadas", sino que son "las mismas que ya residían en el territorio", pero que por diversas razones han decidido formar más comunidades.

29. El *Estado* adujo que "es necesario considerar la complejidad que aporta la aparición de nuevas comunidades que en un futuro no quieran ser parte de un título único y se susciten conflictos intercomunitarios por tod[a]s tener la propiedad compartida y el uso de recursos naturales". Argentina negó el carácter superviniente del último listado de comunidades presentado por los representantes y señaló que "no le consta" la autenticidad de la lista.

B.2. Consideraciones de la Corte

30. La *Corte*, en primer lugar, deja sentado que es procedente, en casos referidos a derechos propios de pueblos indígenas, que las "comunidades" indígenas sean consideradas presuntas víctimas[20].

---

refirió a 50 comunidades y en mayo de 2011 informó sobre 47 comunidades". Pese a ello, la Corte constató que la petición inicial aludió a "aproximadamente" 35 comunidades, sin detallarlas. Luego, en el Informe de Fondo, al aludir a las comunidades indicadas en la petición inicial, la Comisión se limitó a enumerar 21, explicando que de las mismas se había proveído "una ubicación geográfica precisa de las zonas de recorrido". Las 21 comunidades listadas en el Informe de Fondo que la Comisión entendió incluidas en la petición inicial y las 27 que la Comisión, en el Informe de Fondo, tuvo como víctimas se indican, respectivamente, en los Anexos I y II a esta Sentencia.

[18] Las 71 comunidades indicadas en el Decreto 1498/14 y las 92 referidas en el escrito de solicitudes y argumentos se listan, respectivamente, en los Anexos III y IV a esta Sentencia.

[19] Las 132 comunidades señaladas por los representantes se listan en el Anexo V a esta Sentencia.

[20] Así, la Corte, de acuerdo su "reitera[da] jurisprudencia", ha indicado que "las comunidades indígenas son titulares de derechos protegidos por el sistema interamericano y pueden presentarse ante éste en defensa de sus derechos y los de sus miembros" (*cfr. Titularidad de derechos de las personas jurídicas en el Sistema Interamericano de Derechos Humanos (Interpretación y alcance del artículo 1.2, en relación con los artículos 1.1, 8, 11.2, 13, 16, 21, 24, 25, 29, 30, 44, 46, y 62.3 de la Convención Americana sobre Derechos Humanos, así como del artículo 8.1 A y B del Protocolo de San Salvador)*. Opinión Consultiva OC-22/16 de 26 de febrero de 2016. Serie A No. 22, párr. 72). La Corte advierte que se ha indicado que las "comunidades" indígenas presuntas víctimas en este caso pertenecen a distintos "pueblos" *(infra* párr. 47). Es útil aclarar que, aunque el Estado señaló que "pueblo indígena" y "comunidades indígenas" se usan en forma indistinta en la legislación argentina, hay legislación interna de la que parecería inferirse que se ha entendido la voz "pueblo" como abarcadora de un conjunto mayor que el que indica la palabra "comunidad" (así surge de la Resolución 328/2010 del Instituto Nacional de Asuntos Indígenas, que habla de "comunidades" como integrantes de "pueblos" *(infra* párr. 54). En similar sentido, la Declaración Americana sobre los Derechos de los Pueblos Indígenas (aprobada el 14 de junio de 2016 - AG/RES. 2888 (XLVI-O/16)), en su artículo VIII dice que "[l]as personas y comunidades indígenas tienen el derecho de pertenecer a uno o varios pueblos indígenas, de acuerdo con la identidad, tradiciones, costumbres y sistemas de pertenencia de cada pueblo. Del ejercicio de ese derecho no puede resultar discriminación de ningún tipo".

31. In addition, although, according to Article 35(1) of the Rules of Procedure, the Merits Report should identify the presumed victims, Article 35(2) of these rules establishes an exception, which applies when "it has not been possible to identify one or more of the alleged victims in cases of massive or collective violations of human rights."[21] The Court has assessed the particular characteristics of each case when determining whether this exception is admissible.

32. The information presented to the Court indicates that the number of indigenous communities settled on the land claimed has varied. The representatives advised that, in June 2019, there were 132 communities, which is more than the number indicated in the pleadings and motions brief. Although the State disputed the supervening nature of the increase, it did not provide any reasons for this. There is no reason to consider that the information provided by the representatives is false. Moreover, they have clarified that the increase does not refer to new individuals; rather, the same individuals have formed new communities.

33. It has been pointed out that the variations in the numbers respond to the inherent characteristics of the peoples concerned because they are nomadic communities, whose ancestral social structure involves the dynamic known as "fission-fusion."[22] This has not been indicated merely by the representatives and the Commission, but is also revealed by the expert evidence. Thus, expert witness Naharro stated that "it is very difficult to calculate the exact number of communities; the figure is constantly changing because the process of fission and fusion of the residential units is part of the main social repertoire aimed at maintaining peaceful coexistence."

34. This difficulty relates to the cultural characteristics of the indigenous communities. This is a factual situation that, as such, exists regardless of formal delimitations that could be established for practical reasons such as those revealed by the State's argument concerning the possible "complexity" due to the failure to make a precise determination (*supra* para. 29). Delimiting the presumed victims by ignoring the cultural characteristics of the communities concerned would be inconsistent with the protection of the rights of indigenous peoples and communities based on their cultural identity; it could also have an impact on the effectiveness of the decision taken by the Court which would be circumscribed to a group of communities defined on a merely formal basis that did not necessarily correspond to the factual reality.

35. This Court finds that the case is collective in nature and that Article 35(2) of the Rules of Procedure is applicable. The Court considers that all the indigenous communities indicated by the representatives in their final written arguments that live on the land previously identified as "Fiscal Lots 14 and 55" and currently identified

---

Thus, for the purposes of this case, the Court understands that the word "community" represents a unit composed of indigenous individuals or families who belong to one or more indigenous "peoples."
[21] *Case of the Río Negro Massacres v. Guatemala. Preliminary objection, merits, reparations and costs.* Judgment of September 4, 2012. Series C No. 250, para. 48, and *Case of Coc Max et al. (Xamán Massacre) v. Guatemala. Merits, reparations and costs.* Judgment of August 22, 2018. Series C No. 356, para. 16.
[22] This "fission-fusion" consists in the indigenous communities merging into new communities and separating to create others, so that the number of communities may change over time This dynamic of the indigenous peoples was recognized in Merits Report 2/12 and has not been contested.

31. Por otra parte, si bien de acuerdo al artículo 35.1 del Reglamento el Informe de Fondo debe contener la identificación de las presuntas víctimas, el artículo reglamentario 35.2 prevé una excepción. La misma opera cuando hay "un impedimento material o práctico para identificar a presuntas víctimas en casos de violaciones masivas o colectivas a los derechos humanos"[21]. Para determinar la procedencia de la excepción, este Tribunal ha evaluado las características particulares de cada caso.

32. Al respecto, la información presentada a la Corte indica que el número de comunidades indígenas asentadas en el territorio reclamado ha ido variando. Los representantes informaron que en junio de 2019 el número de comunidades era 132, siendo superior al señalado en el escrito de solicitudes y argumentos. Aunque el Estado negó el carácter superviniente del incremento, no dio razones para ello. No hay motivos para considerar falsa la información indicada por los representantes quienes, a su vez, aclararon que no se trata de personas nuevas, sino de las mismas personas que formaron nuevas comunidades.

33. Se ha señalado que las variaciones de cantidad obedecen a las propias características de los pueblos involucrados, pues se trata de comunidades nómadas, cuya estructura social ancestral involucra la dinámica denominada de "fisión-fusión"[22]. Esto no surge solo de señalamientos de los representantes y de la Comisión, sino también de prueba pericial. Así, la perita Naharro ha dicho que "resulta muy dificultoso calcular el número exacto de comunidades, ya que esta cifra es muy cambiante, dado que los procesos de fisión y fusión de las unidades residenciales forman parte del principal repertorio social destinado a mantener la convivencia".

34. La dificultad expresada se vincula con las características culturales propias de las comunidades indígenas. Esto es una situación de hecho que, como tal, resulta independiente de delimitaciones formales que pudieran establecerse por motivos pragmáticos, tales como los que se desprenden del argumento estatal sobre la "complejidad" que podría presentar la falta de determinación precisa (*supra* párr. 29). Delimitar las presuntas víctimas desconociendo las características culturales propias de las comunidades referidas sería contradictorio con la tutela de los derechos de pueblos y comunidades indígenas, que tiene por base la identidad cultural de los mismos; además, podría afectar la eficacia de la decisión de la Corte, que quedaría circunscrita a un conjunto de comunidades definido sobre bases meramente formales, no necesariamente correlativas a la realidad de los hechos.

35. Este Tribunal encuentra que el caso es colectivo y que resulta aplicable el artículo 35.2 del Reglamento. La Corte considera presuntas víctimas a todas las comunidades indígenas indicadas por los representantes en sus alegatos finales escritos que habitan en la tierra antes señalada como "lotes fiscales 14 y 55" y

---

De este modo, a efectos de este caso, la Corte entiende la palabra "comunidad" como voz que designa una unidad, en cuya integración hay personas o familias identificadas como indígenas, que pertenece a un "pueblo" indígena, o a varios.

[21] *Caso Masacres de Río Negro Vs. Guatemala. Excepción Preliminar, Fondo, Reparaciones y Costas.* Sentencia de 4 septiembre de 2012. Serie C No. 250, párr. 48, y *Caso Coc Max y otros (Masacre de Xamán) Vs. Guatemala. Fondo, Reparaciones y Costas.* Sentencia de 22 de agosto de 2018. Serie C No. 356, párr. 16.

[22] La fisión-fusión consiste en que las comunidades indígenas se fusionan en nuevas comunidades y se separan para crear otras, por lo que la cantidad de comunidades puede cambiar con el paso del tiempo. Esta dinámica de los pueblos indígenas ha sido reconocida en el Informe de Fondo 2/12 y no ha sido controvertida.

with cadastral registration numbers 175 and 5557 of the department of Rivadavia, in the province of Salta, are presumed victims (*supra* para. 1 and *infra* para. 80). Therefore, the presumed victims in this case are the 132 indigenous communities indicated by the representatives (*supra* para. 28 and Annex V). It should be understood that this includes the communities of the indigenous peoples involved in this case (*infra* para. 47) who inhabit the said territory, and that may derive from those 132 communities through the said "fission-fusion" process (*supra* para. 33).[23]

36. It is also pertinent to establish that the Court has taken note that Lots 14 and 55 are also inhabited by "*criollos*" or non-indigenous settlers. The Court is prevented from ruling directly on the rights of the non-indigenous settlers because they are not a formal party to these international judicial proceedings. However, it is undeniable that they are a party, in the physical sense, to the substantive conflict related to the use and ownership of the land. Although this Court is unable to rule on their rights, it understands that it is relevant to take their situation into account in order to examine this case appropriately and to ensure the effectiveness of the decision adopted in this judgment. The Court has endeavored, within the procedural rules that govern its actions, to listen to the *criollos,* and it met with several individuals representing *criollo* families and organizations in the context of the on-site visit. During the meeting, the territorial problems involved were discussed, and they expressed their points of view on the procedure to locate the *criollo* settlers, the conditions required to resolve the territorial conflict, and the State's intervention in this regard. In addition, the Court's delegation received documentation presented by the *criollos* during the meeting and afterwards. This documentation contains a "proposal" to differentiate the indigenous territory from the land corresponding to the *criollo* population. The Court has also receive written testimony from some *criollos* (*infra* para. 45), in which they referred to the facts of this case describing, among other matters, the impact and the difficulties arising from the territorial relocation process. The Court will bear all this in mind, in particular when evaluating the actions taken in the case in relation to the presence of *criollo* settlers on the land claimed by the indigenous communities and their relocation, and when considering the measures of reparation that could be required in this regard.

---

[23] The Court clarifies that, based on the principle of self-recognition or self-identification with the indigenous identity and the right to participate in indigenous cultural life and cultural identity, which includes indigenous forms of organization as applicable, the definition of which communities are part of the 132 resulting from the "fission-fusion" process does not correspond to the State authorities or to this Court, but to all the indigenous communities. Nevertheless, the presumed victims in this case do not encompass just any indigenous community or person that could inhabit the territory in question, but only the 132 communities indicated and, if appropriate, those derived from these 132 through the "fission-fusion" process.

actualmente identificada con las matrículas catastrales 175 y 5557, del Departamento Rivadavia de la Provincia de Salta (*supra,* párr. 1 e *infra,* párr. 80). Las presuntas víctimas del caso son, entonces, las 132 comunidades indígenas indicadas por los representantes (*supra* párr. 28 y Anexo V); debe entenderse que ello abarca a las comunidades pertenecientes a los pueblos indígenas implicados en el caso (*infra,* párr. 47) que habiten el territorio indicado y que puedan derivarse de las 132 comunidades señaladas por acción del proceso de "fisión-fusión" referido (*supra* párr. 33)[23].

36. Es pertinente dejar sentado también que este Tribunal observa que los lotes 14 y 55 están habitados también por "criollos", pobladores no indígenas. La Corte está impedida de pronunciarse directamente sobre los derechos de pobladores criollos, pues no son parte formal del proceso judicial internacional. No obstante, resulta innegable que son parte, en un sentido material, del conflicto sustantivo relacionado con el uso y propiedad de la tierra. Aun cuando este Tribunal no puede pronunciarse sobre sus derechos, entiende que tener en cuenta su situación resulta pertinente a efectos de analizar adecuadamente el caso que le ha sido planteado y procurar la efectividad de la decisión que se adopta en la presente Sentencia. La Corte ha procurado, en el marco de las pautas procesales que rigen su actuación, escuchar a las personas criollas. Así, ha mantenido una reunión con varias personas representantes de familias y organizaciones criollas en el marco de la visita *in situ*. Durante la misma, se refirieron a la problemática territorial, exponiendo sus puntos de vista respecto del proceso de acuerdos para la localización de las personas criollas, las condiciones para avanzar en soluciones al conflicto territorial y la intervención estatal al respecto. Además, durante la misma diligencia la delegación del Tribunal recibió documentación presentada por personas criollas, y también lo hizo con posterioridad. En dicha documentación se encuentra una "propuesta" respecto a la distinción del territorio indígena y la tierra correspondiente a la población criolla. Asimismo, este Tribunal ha receptado declaraciones testimoniales escritas de personas criollas (*infra* párr. 45), en la que se refirieron a los hechos del caso, expresando, entre otras cuestiones, dificultades y afectaciones en el marco del proceso de reubicación territorial. La Corte tiene en cuenta las manifestaciones aludidas, en particular, a fin de evaluar las acciones seguidas en el caso relacionadas con la presencia de población criolla en tierra reclamada por las comunidades indígenas y el traslado de dicha población, y a efectos de considerar las medidas de reparación que, al respecto, pudieran corresponder.

---

[23] Se aclara que, de conformidad al principio de auto-adscripción o auto-reconocimiento de la identidad indígena y al derecho a participar en su propia vida cultural y a su identidad cultural, que abarca sus propias formas de organización, llegado el caso, la definición de qué comunidades se desprendan de las 132 referidas mediante el proceso de "fisión-fusión" no corresponde a las autoridades estatales ni a esta Corte, sino al conjunto de las comunidades indígenas. Sin perjuicio de ello, las presuntas víctimas del caso no abarcan a cualquier comunidad o persona indígena que pudiere habitar el territorio en cuestión, sino solo a las 132 comunidades indicadas y, en su caso, a aquellas que deriven de esas 132 por el proceso de "fisión-fusión".

V
EVIDENCE

A. ADMISSIBILITY OF THE DOCUMENTARY EVIDENCE

37. The Court received diverse documents presented as evidence by the Commission, the representatives and the State, attached to their main briefs (*supra* paras. 1, 3, 6 and 7). It also received documents attached to the final written arguments of the representatives and the State (*supra* para. 11), two documents handed over during the on-site visit, and one document sent later by the *criollo* settlers (*infra* paras. 40 and 43, and footnote 27). Videos of the visit were also incorporated into the case file (*infra* para. 39).

38. The Court admits those documents presented at the appropriate moment by the parties and the Commission the admissibility of which was not contested or challenged and whose authenticity was not questioned.[24] Also, on August 29, 2019, the Court advised the parties and the Commission that it had incorporated evidence, *ex officio*, and asked the State to provide helpful evidence. The parties and the Commission did not object to the admissibility of this documentation, which has been incorporated into the case file.[25]

39. The representatives presented two sets of documents with their final written arguments: (a) a report on flooding at the beginning of 2019, prepared by Luis María de la Cruz, together with his *curriculum vitae*, and (b) a list of 132 indigenous communities and a series of documents indicating the names of the communities and of the *caciques*, or in which representatives of indigenous communities state that they are settled in the territory claimed in this case and that they support Lhaka Honhat. On June 5, 2019, the representatives forwarded videos, photographs and audio recordings of the assembly of *caciques* held on May 17, 2019, during the Court's visit. On June 18, 2019, the State considered all the preceding documents were time-barred owing to the moment when they were presented and asked the Court to reject them. Also,

---

[24] *Cf.* Article 57 of the Rules of Procedure; also, *Case of Velásquez Rodríguez v. Honduras. Merits.* Judgment of July 29, 1988. Series C No. 4, para. 140, and *Case of Gorigoitía v. Argentina. Preliminary objection, merits, reparations and costs.* Judgment of September 3, 2019. Series C No. 382, para. 27. See also, similarly, *Case of Jenkins v. Argentina. Preliminary objections, merits, reparations and costs.* Judgment of November 26, 2019. Series C No. 397, para. 38.

[25] The following documents were incorporated, *ex officio*, as evidence: (A) Domestic case law: Federal Administrative Contentious Chamber, Chamber III, Mapuche Trypayantu Community v. National State – INAI ref. Discovery proceedings. Judgment of November 22, 2018; CSJN, province of Neuquén v. National State (Ministry of Social Development – National Institute for Indigenous Affairs) ref. challenge to administrative acts and request for a declaratory judgment, judgment of September 11, 2018, point I; Aguas Blancas Aboriginal Community v. Province of Salta – Amparo. Judgment of September 19, 2016. File No. CJS 37,010/14; volume 207:289/306; "Indigenous Federation of Neuquén v. Province of Neuquén ref. action on unconstitutionality," 10-12-2013. (B) National legislation: law 24,071; Civil Code, national law 17,711; Civil and Commercial Code, law 26,994; law 25,799, law 26,160; law 23,302; Decree of the National Executive Branch (PEN) 155/89, PEN Decree 1122/07; PEN Decree 791/12; PEN Decree 672/2016; INAI Resolution 587/2007; INAI Resolution 70-E/2016; INAI Resolution 478/2018; INAI Resolution 477/2018; INAI Resolution 328/2010. (C) Salta legislation: law 7,070 and Decree 3505/14. In addition, at the Court's request, on September 5, 2019, the State forwarded Salta Ministerial Resolution 449/1992 of December 9, 1992 and Salta Decree 3097/95.

V
PRUEBA

A. ADMISIBILIDAD DE LA PRUEBA DOCUMENTAL

37. La Corte recibió diversos documentos, presentados como prueba por la Comisión, los representantes y el Estado, adjuntos a sus escritos principales (*supra* párrs. 1, 3, 6 y 7). Asimismo, recibió documentos adjuntos a los alegatos finales escritos de los representantes y del Estado (*supra* párr. 11), dos documentos entregados durante la visita a terreno y un documento enviado después por pobladores criollos (*infra* párrs. 40 y 43, y nota a pie de página 27). También fueron allegados videos sobre la visita (*infra* párr. 39).

38. Este Tribunal admite aquellos documentos presentados oportunamente por las partes y la Comisión cuya admisibilidad no fue controvertida ni objetada y cuya autenticidad no fue puesta en duda[24]. Además, el 29 de agosto de 2019 la Corte comunicó a las partes y a la Comisión la incorporación de prueba de oficio y solicitó al Estado prueba para mejor resolver. Las partes y la Comisión no presentaron objeciones a la admisibilidad de dicha documentación, que ha quedado incorporada[25].

39. Los *representantes* presentaron junto con sus alegatos finales escritos dos grupos de documentos: (a) por una parte, un informe sobre inundaciones a inicios de 2019, elaborado por Luis María de la Cruz, junto a su *curriculum vitae*; (b) por otra parte, un listado de 132 comunidades indígenas y una serie de documentos en que se indica el nombre de comunidades y de caciques, o en que representantes de comunidades indígenas afirman que las mismas están asentadas en el territorio reclamado en el caso y que apoyan a Lhaka Honhat. El 5 de junio de 2019 los representantes remitieron vídeos, fotos y audios de la Asamblea de Caciques realizada el 17 de mayo de 2019, en el marco de la visita realizada por la Corte. El 18 de junio de 2019 el *Estado* consideró extemporáneo el momento en que se presentaron todos

---

[24] Cfr. artículo 57 del Reglamento; también *Caso Velásquez Rodríguez Vs. Honduras. Fondo.* Sentencia de 29 de julio de 1988. Serie C No. 4, párr. 140 y *Caso Gorigoitía Vs. Argentina. Excepción Preliminar, Fondo, Reparaciones y Costas.* Sentencia de 2 de septiembre de 2019. Serie C No. 382, párr. 27. Ver también, en el mismo sentido, *Caso Jenkins Vs. Argentina. Excepciones Preliminares, Fondo, Reparaciones y Costas.* Sentencia de 26 de noviembre de 2019. Serie C No. 397, párr. 38.

[25] Como prueba de oficio, han quedado incorporados los siguientes documentos: (A) Jurisprudencia interna: Cámara Contencioso Administrativo Federal, Sala III, Comunidad Mapuche Trypayantu c/ EN – INAI s/ Proceso de conocimiento. Sentencia de 22 de noviembre de 2018; CSJN, Neuquén, Provincia del c/ Estado Nacional (Ministerio de Desarrollo Social - Instituto Nacional de Asuntos Indígenas) s/ impugnación de actos administrativos y acción declarativa de certeza, sentencia del 11 de septiembre de 2018, punto I; Comunidad Aborigen de Aguas Blancas vs. Provincia de Salta – Amparo. Sentencia de 19 de septiembre de 2016. Expte. N° CJS 37.010/14. Tomo 207:289/306; "Confederación Indígena del Neuquén c. Provincia del Neuquén s/acción de inconstitucionalidad", 10-12-2013. (B) Normativa nacional: ley 24.071; Código Civil, ley nacional 17.711; Código Civil y de Comercio, ley 26.994; ley 25.799, ley 26.160; ley 23.302; Decreto del Poder Ejecutivo Nacional (PEN) 155/89, Decreto del PEN 1122/07; Decreto del PEN 791/12; Decreto del PEN 672/2016; Resolución del INAI 587/2007; Resolución del INAI 70-E/2016; Resolución del INAI 478/2018; Resolución del INAI 477/2018; Resolución del INAI 328/2010. (C) Normativa de Salta: ley 7.070 y Decreto 3505/14. Por otra parte, a solicitud de la Corte, el 5 de septiembre de 2019 el Estado remitió la Resolución Ministerial de Salta 449/1992 de 9 de diciembre de 1992 y el Decreto de Salta 3097/95.

during the visit and on different days of June 2019, videos on that procedure were presented.[26]

40. First, the Court recalls that, on April 26, 2019, the Court's Secretariat had requested the parties to forward the audiovisual recording of the visit. In addition, the on-site procedure, carried out pursuant to the principle of immediacy, is evidence that will be taken into consideration. The above-mentioned documents cannot, in themselves, be considered as "documentary proof"; rather they play a supporting role, providing an account of what the Court's two judges witnessed directly. To this extent, the documents are useful. Therefore, the Court admits the videos of the visit forwarded by the representatives and the State. It also considers that the documents received during the visit are useful and admits them pursuant to Article 58 of the Rules of Procedure.[27] The second set of document indicated in the preceding paragraph, forwarded by the representatives with their final written arguments are also useful and are admitted.

41. The report by Luis María de la Cruz (*supra* para. 39) was not requested and refers to the 2019 floods, an event that is not part of the factual framework (*supra* para. 24). Consequently, neither the report nor the author's *curriculum vitae* is admissible.

42. On June 3, 2019, together with its final written arguments, the State presented Resolution 4811/96 and Resolution 328/2010, which the Court had requested during the public hearing of March 14, 2019. The representatives and the Commission made no observations in this regard. The Court admits these documents because they were requested.

43. Lastly, on July 29, 2019, the Court received a document from the following "Associations of *Criollo* Families": Organization of Criollo families (OFC), *Asociación de Pequeños Productores Real Frontera, Asociación Ganadera 20 de Septiembre, Asociación Vecinos Unidos, Asociación Nuestro Chaco* and "some unaffiliated holders of occupancy rights," with "a comprehensive proposal to resolve the […] land processes in relation to […] Lots […] 55 and 14."

44. The Court has indicated that the *criollos* are not a formal party to these proceedings (*supra* para. 36), but notes that the document they forwarded is useful. The Court takes into account the particular circumstances of this case as regards the involvement of the *criollo* population in the disputed aspects, and also that the testimony of some members of this population has been received both in written

---

[26] On June 26, 2019, the Court sent the representatives and the Commission the electronic links for the videos forwarded by the State on June 24. In addition, it advised the State that one link could not be accessed. On June 28, Argentina presented the videos and they were forwarded to the Commission and the representatives. On July 5, 2019, they advised that they had difficulty understanding the dialogue recorded in the videos. On July 15, the Commission indicated that "it had been unable to access the videos by the electronic links" and asked for a three-day extension to make observations following the date on which it was able to access the videos. The same day, the representatives indicated that they had no observations to make on the videos presented by the State, even though they reiterated the difficulties mentioned previously. On August 5, 2019, the Secretariat again forward the videos to the Commission and, regarding the comments of the representatives, clarified that the problems lay with the original videos and did not depend on the Secretariat. On August 8, 2019, the Commission indicated that it had no observations to make on the videos.

[27] The documents presented were: note of May 15, 2019, signed by Víctor González, *Cacique* of the Misión La Paz Community, and note of May 16, 2019, signed by representatives and members of *criollo* associations (*Cf.* merits file, fs. 1634 to 1637 and 1638 to 1639). They were forwarded to the parties and the Commission, who did not contest their admissibility.

los documentos anteriores y solicitó que se rechacen. Por otra parte, durante la visita y en distintos días de junio de 2019 presentó videos sobre esa diligencia[26].

40. En primer lugar, la *Corte* recuerda que la remisión del registro audiovisual de la visita a terreno había sido solicitada a las partes por la Secretaría de la Corte el 26 de abril de 2019. Por otra parte, es la diligencia *in situ*, realizada en virtud del principio de inmediación, la medida de prueba que se tendrá en consideración. Los documentos aludidos no pueden considerarse, en sí mismos, como "prueba documental", sino que solo cumplen una función auxiliar, tendiente a dar cuenta de lo mismo que dos Jueces de la Corte presenciaron en forma directa. Con el alcance indicado, los documentos resultan útiles. Por lo tanto, este Tribunal admite los videos sobre la visita remitidos por los representantes y el Estado. De igual modo, considera útiles los documentos recibidos durante la visita y los admite de conformidad con el artículo 58 del Reglamento[27]. El segundo conjunto de documentos indicado en el párrafo anterior, remitido por los representantes con sus alegatos finales escritos, también resulta útil y queda admitido.

41. El informe de Luis María de la Cruz (*supra* párr. 39) no fue solicitado y trata sobre las aducidas inundaciones en 2019, un hecho que no integra el marco fáctico (*supra* párr.24). Por ello, no procede su admisión; tampoco la de su *curriculum vitae*.

42. Por su lado, el *Estado* presentó, el 3 de junio de 2019, junto con sus alegatos finales escritos, la Resolución 4811/96 y la Resolución 328/2010, solicitadas por este Tribunal durante la audiencia pública del 14 de marzo de 2019. Los *representantes* y la *Comisión* no se pronunciaron al respecto. La *Corte* admite estos documentos, en tanto fueron requeridos.

43. Por último, la Corte recibió el 29 de julio de 2019 otro documento, de las siguientes "Asociaciones de Familias Criollas": Organización de Familias Criollas (OFC), Asociación de Pequeños Productores Real Frontera, Asociación Ganadera 20 de Setiembre, Asociación Vecinos Unidos, Asociación Nuestro Chaco y "algunos titulares de derecho de posesión no asociados", en el cual se expone "una propuesta integral para la resolución del […] proceso de tierras de los […] lotes […] 55 y 14".

44. La *Corte* nota que los criollos no son parte formal en el proceso (*supra* párr. 36), pero advierte que el escrito que remitieron resulta útil. Este Tribunal tiene en cuenta las particulares circunstancias que presenta este caso, en cuanto a la implicancia de la población criolla respecto a aspectos debatidos, así como que hubo integrantes de dicha población cuyos testimonios fueron escuchados, tanto mediante

---

[26] El 26 de junio de 2019 este Tribunal transmitió a los representantes y la Comisión los enlaces electrónicos de los vídeos remitidos por el Estado el 24 de ese mes. Además se señaló al Estado que no fue posible abrir un enlace. El 28 de junio siguiente Argentina presentó los videos, que fueron transmitidos a la Comisión y los representantes. Estos señalaron, el 5 de julio de 2019, problemas para entender los diálogos recogidos en los videos. El 15 del mismo mes la Comisión expresó que "no había sido posible obtener los vídeos remitidos mediante enlaces electrónicos" y solicitó una prórroga de tres días para hacer observaciones, a partir de la fecha en que pudieran disponer de los vídeos. El mismo día los representantes indicaron que no tenían observaciones a los vídeos presentados por el Estado, aunque y reiteraron los problemas antes referidos. El 5 de agosto de 2019 la Secretaría remitió a la Comisión nuevamente los vídeos y, respecto a las apreciaciones de los representantes, aclaró que se trataba de defectos originales de los videos que no dependían de la Secretaría. El 8 de agosto de 2019 la Comisión expresó que no tenía observaciones respecto a los vídeos.
[27] Los documentos presentados son: nota de 15 de mayo de 2019, suscrita por Víctor González, Cacique de la Comunidad Misión La Paz y nota de 16 de mayo de 2019, suscrita por representantes y miembros de asociaciones criollas (*cfr.* expediente de fondo, fs. 1634 a 1637 y 1638 a 1639). Fueron transmitidos a las partes y a la Comisión, quienes no objetaron su admisibilidad.

statements and during the on-site procedure. Consequently, the Court admits this document based on its authority under Article 58(a) of the Rules of Procedure.[28]

B. ADMISSIBILITY OF THE TESTIMONIAL AND EXPERT EVIDENCE

45. During the public hearing, the Court heard the statement of two caciques of indigenous communities, Francisco Pérez and Rogelio Segundo. It also received the affidavits of Francisco Gómez, Humberto Chenes, Constantino Fortunato, Asencio Pérez and Víctor González, who are members of indigenous communities, and of the witnesses Abraham Ricalde, Zaturnio Ceballos and Oscar Dante Albornoz, *criollo* settlers. In addition, it received affidavits with the expert opinions of Nancy Adriana Yáñez Fuenzalida, Rodrigo Sebastián Solá, Norma Teresa Naharro and Emiliana Catalina Buliubasich.[29] All these statements were admitted.

VI
FACTS

46. The facts of this case refer to a claim by indigenous communities to the ownership of lands located in the Argentine province of Salta, which has been ongoing for nearly 35 years. Over this period, the State has taken various steps and enacted several laws. Some of these, especially in 1991, 2012 and 2014, made progress towards the recognition of indigenous land ownership. As will be described, implementation of actions related to the indigenous territory has not yet concluded. The relevant circumstances include the presence of non-indigenous settlers on the land claimed and also various activities being carried out on these lands: livestock farming, installation of fences and illegal logging. The factual framework of the case also includes projects and civil works on these lands. In addition, there have been several administrative and judicial actions that relate to this case, including the establishment, in 1992, of the Lhaka Honhat civil association to claim the land and its request, in 2017, to be recognized as an indigenous organization. The relevant facts are set forth below, and in the following chapters of this judgment. The Court will now describe: (a) the population that lives on Lots 14 and 55; (b) the relevant legislation on

---

[28] Article 58 of the Rules of Procedure indicates: "The Court may, at any stage of the proceedings: (a) obtain, on its own motion, any evidence it considers helpful and necessary. In particular, it may hear, as an alleged victim, witness, expert witness, or in any other capacity, any person whose statement, testimony, or opinion it deems to be relevant."

[29] The following should be noted with regard to expert witnesses Yáñez Fuenzalida and Buliubasich. The Commission advised that the former was unable to attend the public hearing. On March 4, 2019, on the instructions of the President, the Commission was informed that expert witness Yáñez Fuenzalida could provide her opinion in writing. The representatives proposed Ms. Buliubasich's testimony "by affidavit" and the State offered her expert opinion at the public hearing. In the order of February 8, 2019 (*supra* para. 8), the Court admitted Ms. Buliubasich's opinion as an expert witness to be provided during the public hearing. On March 6, 2019, the State withdrew this expert opinion. On the President's instructions, the representatives were consulted whether they remained interested in her statement, and on March 11, 2019, they responded affirmatively and agreed that it would be an expert opinion; also, that they were unable to "organize" Ms. Buliubasich's trip to Costa Rica for the hearing. On the President's instructions, the representatives were advised that they could forward the opinion in writing, and they did this on April 1, 2019. Given that neither expert witness would attend the hearing, this was held on a single day, March 14, 2019.

declaraciones escritas como en el marco de la diligencia *in situ*. Por ello, la Corte admite la presentación con base en sus facultades previstas por el artículo 58.a del Reglamento[28].

B. ADMISIBILIDAD DE LA PRUEBA TESTIMONIAL Y PERICIAL

45. La Corte escuchó en audiencia pública las declaraciones de dos caciques de comunidades indígenas, Francisco Pérez y Rogelio Segundo. Recibió también las declaraciones escritas, rendidas ante fedatario público, de Francisco Gómez, Humberto Chenes, Constantino Fortunato, Asencio Pérez y Víctor González, quienes son integrantes de comunidades indígenas, así como también de los testigos Abraham Ricalde, Zaturnio Ceballos y Oscar Dante Albornoz, pobladores criollos. Además recibió peritajes escritos, dados ante fedatario público por Nancy Adriana Yáñez Fuenzalida, Rodrigo Sebastián Solá, Norma Teresa Naharro y Emiliana Catalina Buliubasich[29]. Las declaraciones indicadas quedan admitidas.

VI
HECHOS

46. Los hechos del presente caso se refieren a un reclamo de propiedad de comunidades indígenas sobre tierras ubicadas en la Provincia argentina de Salta. El reclamo lleva cerca de 35 años. Durante ese período el Estado adoptó diversas acciones y normas. Algunas de ellas, en particular en 1991, 2012 y 2014, avanzaron en el reconocimiento de la propiedad indígena. Como se expondrá, la implementación de acciones relacionadas con el territorio indígena no ha concluido. Al respecto, se encuentran entre las circunstancias relevantes la presencia de población no indígena en la tierra reclamada y distintas actividades sobre ella: cría de ganado, instalación de cercados y tala ilegal. Integran también el marco fáctico del caso proyectos y obras sobre dichas tierras. Además, hubo distintas acciones judiciales y administrativas relativas al caso, entre las que cabe incluir la conformación, en 1992, de la Asociación Civil Lhaka Honhat para reclamar la tierra y su solicitud, en 2017, de ser reconocida como organización indígena. Los hechos relevantes se exponen a continuación, como también en los capítulos siguientes de esta Sentencia. En lo que sigue se dará cuenta de: (a) la población que habita los lotes 14 y 55; (b) la legislación pertinente sobre

---

[28] El artículo 58 Reglamento dice: "En cualquier estado de la causa la Corte podrá: a. Procurar de oficio toda prueba que considere útil y necesaria. En particular, podrá oír en calidad de presunta víctima, testigo, perito o por otro título, a cualquier persona cuya declaración, testimonio, u opinión estime pertinente".
[29] Sobre las peritas Yáñez Fuenzalida y Buliubasich debe dejarse sentado lo que sigue. La Comisión informó que la primera no podría acudir a la audiencia pública. El 4 de marzo de 2019, siguiendo instrucciones del Presidente, se hizo saber a la Comisión que la perita Yáñez Fuenzalida podría dar su declaración por escrito. Por otra parte, los representantes ofrecieron la declaración testimonial "vía affidavit" de la señora Buliubasich y el Estado su declaración pericial en audiencia pública. En la Resolución de 8 de febrero de 2019 (*supra* párr. 8) se admitió la declaración de la señora Buliubasich como perita, para ser dada en la audiencia pública. El 6 de marzo de 2019 el Estado desistió de esta pericia. Siguiendo instrucciones del Presidente, se consultó a los representantes si mantenían interés en la declaración, a lo que el 11 de marzo de 2019 respondieron que sí, que acordaban con que fuera en carácter pericial y que no podían "tramitar" el viaje de la señora Buliubasich a Costa Rica para la audiencia. Siguiendo instrucciones del Presidente, se indicó a los representantes que podían remitir la pericia por escrito, lo que hicieron el 1 de abril de 2019. Dada la inasistencia de ambas peritas a la audiencia, la misma se realizó solo en un día, el 14 de marzo de 2019.

indigenous land; (c) the indigenous territorial claims in this case; (d) the civil works, activities and projects in the territory claimed, and (e) the administrative and judicial actions filed in this case.

A. INTRODUCTION: THE INDIGENOUS AND CRIOLLO POPULATION ON LOTS 14 AND 55

47. Numerous communities of the indigenous peoples Wichí (Mataco), Iyjwaja (Chorote), Komlek (Toba), Niwackle (Chulupí) and Tapy'y (Tapiete) inhabit an area that was previously known as Fiscal Lots 14 and 55 (*supra* para. 1 and *infra* para. 80), in the department of Rivadavia, in the Argentine province of Salta, in the Chaco Salteño region. The two lots are adjacent and together cover an area of approximately 643,000 hectares.[30] The area borders with the Republic of Paraguay and the Plurinational State of Bolivia. None of this is contested.

48. Information on maps showing the location of this territory.[31]

49. According to the expert opinions of Ms. Naharro and Ms. Buliubasich, indigenous people were present in the area prior to 1629 and, therefore, before the establishment of the Argentine State in the nineteenth century. Ms. Naharro's expert opinion indicated that numerous testimonies and documents produced between the eighteenth century and the beginning of the twentieth century "mention the presence of hunter-gatherers in the area of the Pilcomayo [River]." Most of the indigenous people who have continued to live in this place up until today belong to the Wichí ethnic group. Different reports "reveal the importance of their relationship […] with their land and territory, and indicate the threat posed by the development of productive activities that are incompatible with their way of life." State documentation indicates that the "aboriginal" population of the area belongs to the "so-called *Chaco protoculture*" and is composed of "nomadic or semi-nomadic groups with an economy based on hunting, gathering and fishing."[32]

50. The number of indigenous communities on Lots 14 and 55 is variable owing to the constant dynamic of community fragmentation and fusion that characterizes these peoples (*supra* para. 33).[33] The State and the representatives indicated the existence of more than 2,000 indigenous families. The representatives affirmed that, at

---

[30] See https://www.corteidh.or.cr/docs/casos/articulos/seriec_400_ing.pdf, p. 18-19. The area indicated is not exact, but rather approximate according to Salta Decree 1498/14 (*infra* para. 80). It should be noted that any reference in this judgment, including in Chapter VIII on reparations, to the number of hectares that correspond to Lots 14 and 55 should be understood as alluding to an inexact, and approximate, surface area.

[31] See *id.*

[32] *Cf.* "*Antecedentes relativos a las tierras públicas del Lote Fiscal 55. Área Pilcomayo. Provincia de Salta.*" Document issued by the government of the province of Salta (evidence file, annex 4.A to the pleadings and motions brief, fs. 29,450 to 29,674).

[33] Regarding their nomadic nature, expert witness Naharro explained that "[t]raditionally these communities have daily and annual routes." She indicated that "[t]he annual routes are those over which the whole family moves to another settlement from which they make their daily expeditions"; however, this is less "applicable" nowadays "owing to the process of sedentarization related to the services of water, schools, etc." The *amicus curiae* brief sent by Tierraviva indicates that the "human collectives" of the indigenous peoples in this case "are permanently being created, reproduced and transformed," and that they include "forms of organization based on the family, community, and homogeneous peoples"; also "networks of alliances among relatives and groups, and even between ethnic groups." The same document explains that "the demographic growth is accompanied by an increase in settlements and villages that may be more permanent or more transitory, which makes it absurd to reduce them to communities that are individually separated and demarcated by fixed limits."

tierra indígena; (c) los reclamos territoriales indígenas en el caso; (d) las obras, actividades y proyectos sobre el territorio reclamado, y (e) las acciones administrativas o judiciales iniciadas en el caso.

A. INTRODUCCIÓN: POBLACIÓN INDÍGENA Y CRIOLLA EN LOS LOTES 14 Y 55

47. Múltiples comunidades de los pueblos indígenas Wichí (Mataco), Iyjwaja (Chorote), Komlek (Toba), Niwackle (Chulupí) y Tapy'y (Tapiete) habitan en una extensión de tierra antes considerada como lotes fiscales 14 y 55 (*supra* párr. 1 e *infra* párr. 80), en el Departamento Rivadavia de la Provincia argentina de Salta, en la región del Chaco Salteño. Ambos lotes son colindantes y en conjunto abarcan un área aproximada de 643.000 hectáreas[30]. La zona limita con la República de Paraguay y el Estado Plurinacional de Bolivia. Lo dicho no resulta controvertido.

48. Información sobre exponen mapas que ubican el área territorial referida[31].

49. De acuerdo con afirmaciones expuestas en los peritajes de las señoras Naharro y Buliubasich, la presencia indígena en la zona es previa a 1629 y, por tanto, anterior a la conformación, en el siglo XIX, del Estado argentino. El primer dictamen pericial detalló que numerosos testimonios y documentos producidos entre el siglo XVIII y principios del siglo XX "mencionan la presencia de pueblos cazadores recolectores en el área del [río] Pilcomayo". La mayoría de la población indígena, que ha continuado en el lugar hasta la actualidad, pertenece a la etnia Wichí. Distintos estudios "muestran la importancia de la relación [...] con su tierra y territorio[,] señalando la amenaza que implica el desarrollo de actividades productivas que entran en contradicción con su forma de vida". Documentación estatal indica que la población "aborigen" de la zona pertenece a las "denominadas protoculturas chaquenses", y que se trata de "grupos nómades o semi-nomades de economía recolectora, cazadora y pescadora"[32].

50. El número de comunidades indígenas que se encuentran en los lotes 14 y 55 es variable, dada la dinámica constante de fragmentación y fusión comunitaria que caracteriza a estos pueblos (*supra*, párrs. 33)[33]. El Estado y los representantes han señalado la existencia de más de 2.000 familias indígenas. Los representantes

---

[30] Véase https://www.corteidh.or.cr/docs/casos/articulos/seriec_400_esp.pdf, págs. 19–20. La extensión indicada no es exacta sino aproximada, de acuerdo a lo establecido por el Decreto 1498/14 de Salta (*infra* párr. 80). Se aclara que toda referencia en esta Sentencia, inclusive en el Capítulo VIII sobre reparaciones, a cantidades de hectáreas correspondientes a los lotes 14 y 55, debe entenderse como alusiva a una cantidad de superficie no exacta, sino aproximada.

[31] Véase id.

[32] *Cfr.* "Antecedentes relativos a las tierras públicas del Lote Fiscal 55. Área Pilcomayo. Provincia de Salta". Documento emitido por el Gobierno de la Provincia de Salta. Expediente de prueba, anexo 4.A al escrito de solicitudes y argumentos, fs. 29.450 a 29.674.

[33] En cuanto al carácter nómade, explicó la perita Naharro "[t]radicionalmente estas comunidades tenían recorridos anuales y diarios". Afirmó que "[l]os recorridos anuales son aquellos que implican una movilización de toda la familia hacia otro sitio de asentamiento desde el cual hacer las incursiones diarias", lo que es menos "vigen[te]" en la actualidad "por el proceso de sedentarización relacionado a los servicios de agua, escuela, etc.". El escrito de *amicus curiae* remitido por Tierraviva, afirma que los "colectivos humanos" de los pueblos indígenas del caso "están en permanente creación, reproducción y transformación", y que incluyen "formas de organización familiares, comunitarias y por pueblos homogéneos" y, "además [...] redes de alianzas parentales e intergrupales, y aún interétnicas". El mismo documento explica que "lo que acompaña a un crecimiento demográfico es un crecimiento de poblamientos y aldeas, más permanentes o más transitorias, lo cual hace absurdo su reducción a comunidades individualmente separadas y demarcadas por límites fijos".

May 2018, "the indigenous communities were made up of around 2,031 families and approximately 10,155 persons." There is no dispute that these are communities of indigenous peoples, or regarding their ancestral ties to the land they inhabit (*infra* footnote 88).

51. The indigenous presence in the area referred to has been constant and, in addition, the land has been occupied from at least the beginning of the twentieth century[34] by individuals identified as *criollos*, in other words non-indigenous settlers or peasant farmers. Colonia Buenaventura was founded in 1902 and the national government transferred 625 hectares to the *criollo* families who settled there; subsequently, more land of the same or a greater area was transferred. However, in 1905, the Salta government advised the national government that lots adjudicated as national fiscal lands might be located within provincial territory and, in fact, later, at least after 1967, it was formally established that the land belonged to the province.[35]

52. The parties agree that, currently, the number of *criollo* families in the area exceeds 465. Argentina indicated that these are "small subsistence farmers who are basically dedicated to cattle raising" on "unfenced land," "most of them" without hired hands. Several *criollo* families have installed fencing.[36]

B. RELEVANT GENERAL LEGISLATION ON INDIGENOUS LANDS

53. Before describing the specific facts relating to the territorial claim in this case, the Court will indicate the pertinent State regulations with regard to rights of indigenous peoples. Bearing in mind that Argentina is a federal State and that the facts of this case relate to indigenous communities that inhabit the province of Salta, the Court will, first, refer to the national legislation, and then to that of Salta.

54. The Court notes that, at the national level, the following relevant legal provisions exist:

a) *1985 and 1989. Law 23,302 and Decree 155/1989.* National law 23,302 on *Indigenous policy and support for the Aboriginal Communities*, enacted in 1985, created the National Institute for Indigenous Affairs (INAI).[37] Its articles 7 to 13 refer to the adjudication of fiscal lands in favor of some of the country's indigenous communities, establishing that INAI should draw up "plans" for land adjudication.[38] Law 23,302 was regulated by Decree 155/1989 of the National

---

[34] Expert witness Buliubasich described a process of "occupation" of the Chaco region between 1884 and 1917, underlining the founding of Colonia Buenaventura in 1902.

[35] *Cf.* "*Antecedentes relativos a las tierras públicas del Lote Fiscal 55. Área Pilcomayo. Provincia de Salta.*"

[36] In the course of the on-site visit, fencing was observed. The presence of fencing, as well as the fact that "it is on indigenous territory" and that there is fencing that belongs to "*criollo* families," was indicated by the State in its answering brief. See also, Carrasco, Morita and Briones, Claudia, "*La tierra que nos quitaron*" IWGIA document No. 18 (evidence file, annex A.5 to the pleadings and motions brief and annex 7 to the Merits Report, fs. 103 to 115 and 29,676 to 29,704).

[37] As a decentralized entity with indigenous participation and attached to the Ministry of Health and Social Action. Law 23,302 was amended in 2003 by Law 25,799, in aspects that are not relevant to this case.

[38] The law does not address the question of land held by private individuals. The Court will not refer to this aspect as it is not relevant to this case.

afirmaron que para mayo de 2018 "las comunidades indígenas comprend[ían] alrededor de 2031 familias y aproximadamente 10.155 personas". No hay controversia en cuanto a que se trata de comunidades pertenecientes a pueblos indígenas, ni sobre su vínculo ancestral con la tierra que habitan (*infra* nota a pie de página 88).

51. En la zona referida hubo presencia indígena de modo constante, y además la tierra fue ocupada, desde tiempo cercano a inicios del siglo XX[34], por personas identificadas como "criollas", es decir, colonos no indígenas. En 1902 se fundó la Colonia Buenaventura y el gobierno nacional entregó 625 ha a familias "criollas" que se radicaron en el lugar; luego se fueron efectuando otras entregas, de superficies similares o mayores de tierra. No obstante, en 1905 el gobierno de Salta manifestó al gobierno nacional que lotes adjudicados como tierras fiscales nacionales podrían estar ubicados dentro del territorio provincial, y en efecto, con posterioridad, al menos a partir de 1967, quedó establecida formalmente la pertenencia de la tierra a la Provincia[35].

52. Las partes son contestes en que el número actual de familias criollas en la zona es superior a 465. Argentina indicó que se trata de "pequeños productores de subsistencia, dedicados fundamentalmente a la cría de ganado mayor" a "campo abierto" y, "en su mayoría", sin contratar mano de obra. Varias familias criollas han instalado cercas de alambre[36].

B. LEGISLACIÓN GENERAL PERTINENTE RESPECTO A TIERRAS INDÍGENAS

53. A continuación, antes de describir las incidencias propias del reclamo territorial en el caso, se exponen regulaciones estatales pertinentes en relación con derechos de pueblos indígenas. Considerando que Argentina es un país federal y que los hechos propios del caso tienen relación con comunidades indígenas que habitan la Provincia de Salta, en primer lugar, se hará referencia a la normativa nacional, y en segundo término, a la de Salta.

54. La Corte advierte que a nivel nacional existen las siguientes disposiciones normativas relevantes:

a) *1985 y 1989. Ley 23.302 y Decreto 155/1989.* La ley nacional 23.302 sobre *Política Indígena y apoyo a las Comunidades Aborígenes*, sancionada en 1985, creó el Instituto Nacional de Asuntos Indígenas (INAI)[37]. En sus artículos 7 a 13 se refiere a la adjudicación de tierras fiscales en favor de comunidades indígenas existentes en el país, previendo que el INAI elabore "planes" de adjudicación de tierras[38]. La ley 23.302 fue reglamentada por el Decreto 155/1989 del Poder

---

[34] La perita Buliubasich describió un proceso de "ocupación" de la región del Chaco que se dio entre 1884 y 1917, destacando la fundación de Colonia de Buenaventura en 1902.
[35] *Cfr.* "Antecedentes relativos a las tierras públicas del Lote Fiscal 55. Área Pilcomayo. Provincia de Salta".
[36] Durante la diligencia *in situ* fueron observados alambrados. La presencia de los cercados, así como que "se encuentran en territorio indígena" y que hay alambrados que pertenecen a "familias criollas", fue indicada por el Estado en su contestación. Ver también Carrasco, Morita y Briones, Claudia, "La tierra que nos quitaron" Documento IWGIA No. 18. Expediente de prueba, anexo A.5 al escrito de solicitudes y argumentos y anexo 7 al Informe de Fondo, fs. 103 a 115 y 29.676 a 29.704.
[37] Como entidad descentralizada con participación indígena y dependiente del Ministerio de Salud y Acción Social. La ley 23.302 fue modificada en 2003 por la ley 25.799, en aspectos no relevantes en este caso.
[38] La ley no aborda la cuestión de tierras detentadas por particulares. La Corte no se referirá a este aspecto por no ser relevante para el caso.

Executive Branch (PEN),[39] and, among its provisions, it states that INAI "[s]hall invite the provinces to accede to Law 23,302." Law 23,302 and Decree 155/89 have remained in force following the 1994 constitutional amendment.

b) *1992. Law 24,071.* Law 24,071 was promulgated on April 7, 1992, adopting Convention 169 of the International Labour Organization (ILO) on Indigenous and Tribal Peoples (hereinafter "Convention 169" or "ILO Convention 169").[40]

c) *1994. Amendment of the Constitution.* On August 22, 1994, the Constitution was amended.[41] The pertinent aspect of the reform accorded constitutional rank to international human rights instruments including the American Convention. Article 75.17 established that: "[i]t shall correspond to Congress [... t]o recognize the ethnic and cultural pre-existence of the Argentine indigenous peoples[;...t]o recognize the communal ownership and possession of the lands they traditionally occupy, and to regulate the transfer of other suitable lands that are sufficient for human development, none of which shall be entailed, conveyed or attached."

d) *2006. Law 26,160 and subsequent renewals.* Law No. 26,160 *on the Territorial Survey of Indigenous Communities*, published on November 29, 2006, was promulgated to respond to the emergency situation with regard to the possession and ownership of lands occupied by indigenous communities in Argentine territory. The justification given by the PEN when submitting the respective bill to Congress indicated that it sought to "contribute to the policies that are already being implemented but that have not yet achieved their objective of recognizing the communal ownership of the lands occupied by the communities."[42] The text of

---

[39] Decree 155/1989 was amended by Decree 791/2012 of May 23, 2012, in aspects that are not relevant for the analysis made in this judgment.

[40] ILO Convention 169 was ratified on July 3, 2000. Previously, in 1960, ILO Convention 107 on Indigenous and Tribal Populations had been ratified. Argentina had adopted ILO Convention 107 by Law 14,932 promulgated on December 15, 1959. ILO Convention 107 was automatically denounced owing to the country's ratification of Convention 169.

[41] Later, national Law 24,430, enacted on December 15, 1994, and promulgated on January 3, 1995, ordered the "publication of the official text of the Constitution (sanctioned in 1853 with the amendments of 1860, 1866, 1898, 1957 and 1994)."

[42] This justification indicated that the indigenous communities were "victims of evictions and conflicts in relation to their effective possession [of the lands]. This circumstance means that the solutions attempted under different policies were belated, ineffective or merely palliative for a territorial situation made worse by the evictions or conflicts experienced by the community." It also described frequent obstacles encountered by the communities to obtain access to justice and explained that INAI had "established a 'Program for Community Development and Access to Justice' by Resolution No. 235/04; this provides a subsidy to indigenous communities requesting this to cover the expenses required to defend their rights or to file legal actions to legalize land titles [...] or to defend possession, as well as any other type of action to reinforce land ownership." The justification asserted that "despite the foregoing," the communities are at "particular disadvantage" *vis-à-vis* the actions of third parties, and indicated that "this is revealed by numerous judicial decisions *in absentia* in eviction proceedings filed against them, difficulties in exercising their right of defense before courts that are sometimes extremely far away, notifications of legal actions that they do not understand, difficulty in access to their defense counsel or to timely advice, *de facto* evictions, invasion of their territory by third parties, land clearance or deforestation, violent land invasion, adjudication as mere holders of lands by provincial agencies that regulate access to fiscal lands, transfer of ownership of the lands they have always occupied, difficulties to access compensation when the territory is affected by the installation of a gas pipeline, an oil pipeline, petroleum exploration, etc." Expert witness Solá underscored the importance of Law 26,160 as a "tool" to suspend evictions, but indicated that the procedure established

Ejecutivo Nacional (PEN)[39], que entre sus disposiciones dice que el INAI "[i]nvitará a las provincias a adherir a la ley 23.302". La Ley 23.302 y el Decreto 155/89 continuaron vigentes tras la reforma constitucional de 1994.

b) *1992. Ley 24.071.* El 7 de abril de 1992 quedó promulgada la ley 24.071, que aprobó el Convenio 169 de la Organización Internacional del Trabajo (OIT) sobre pueblos indígenas y tribales (en adelante "Convenio 169" o "Convenio 169 de la OIT")[40].

c) *1994. Reforma de la Constitución Nacional.* El 22 de agosto de 1994 se adoptaron modificaciones a la Constitución Nacional[41]. La reforma, en lo pertinente, dotó de jerarquía constitucional a instrumentos internacionales de derechos humanos, inclusive a la Convención Americana, y en el artículo 75 inciso 17 estableció que: "[c]orresponde al Congreso [...r]econocer la preexistencia étnica y cultural de los pueblos indígenas argentinos[;...r]econocer la [...] posesión y propiedad comunitarias de las tierras que tradicionalmente ocupan; y regular la entrega de otras aptas y suficientes para el desarrollo humano; ninguna de ellas será enajenable, transmisible ni susceptible de gravámenes o embargos".

d) *2006. Ley 26.160 y sus prórrogas.* La *Ley de Relevamiento Territorial de Comunidades Indígenas* No. 26.160, publicada el 29 de noviembre de 2006, fue promulgada para dar respuesta a la situación de emergencia en materia de posesión y propiedad de las tierras que ocupan las comunidades indígenas en territorio argentino. En los fundamentos dados por el PEN al elevar el proyecto respectivo al Congreso se lee que el mismo busca "coadyuva[r] a las políticas que ya se están implementando pero que no alcanzan a cumplir sus objetivos de reconocimiento de la [p]ropiedad [c]omunitaria de las tierras en cabeza de las [c]omunidades"[42]. El

---

[39] El Decreto 155/1989 fue modificado por el Decreto 791/2012 de 23 de mayo de 2012, en aspectos no relevantes para el examen que se realiza en esta Sentencia.

[40] El Convenio 169 fue ratificado el 3 de julio de 2000. Antes, en 1960, se había ratificado el Convenio 107 de la OIT sobre poblaciones indígenas y tribales. El Convenio 107 de la OIT había sido antes aprobado por Argentina mediante la ley 14.932 promulgada el 15 de diciembre de 1959. Se produjo la denuncia automática del Convenio 107 de la OIT por la ratificación del país del Convenio 169.

[41] Después, la ley nacional 24.430, sancionada el 15 de diciembre de 1994 y promulgada el 3 de enero de 1995, ordenó la "publicación del texto oficial de la Constitución Nacional (sancionada en 1853 con las reformas de los años 1860, 1866, 1898, 1957 y 1994)".

[42] Los fundamentos referidos señalaron que las comunidades indígenas son "víctimas de desalojos o turbaciones en su real posesión [de las tierras]. Esta circunstancia hace que las soluciones intentadas a través de las diversas políticas resulten tardías, ineficaces o meramente paliativas de una situación territorial agravada por el desalojo o la turbación sufrida por la comunidad". Además, dieron cuenta de obstáculos frecuentes de las comunidades para acceder a la justicia. En ese sentido, explicaron que el INAI había "creado un 'Programa [de] Fortalecimiento Comunitario y Acceso a la Justicia' [mediante la] Resolución Nro. 235/04, [por] el cual se subsidia a la [c]omunidad [i]ndígena que lo solicite, para afrontar los gastos que demanden la defensa o promoción de las acciones jurídicas que tengan como objetivo la regularización dominial de las tierras [...] o la defensa de la posesión, como así también todo otro tipo de acción tendiente a fortalecer la posesión territorial". Aseveraron dichos fundamentos que "[n]o obstante lo anterior" las comunidades se encuentran en "franca desventaja" frente a la acción de terceros, y señaló que "[e]llo se manifiesta en numerosas declaraciones judiciales de rebeldía en diversos procesos de desalojos que se les inicia, dificultades en ejercer el derecho de defensa ante Tribunales que a veces están sumamente lejanos, notificaciones de acciones judiciales que no logran interpretar, dificultad en acceder a su defensa legal o a un asesoramiento oportuno, desalojos de hecho, invasiones en el espacio territorial por parte de terceros, desmonte del territorio, irrupciones violentas, adjudicación como simples tenedores de las tierras por parte de los organismos provinciales que regulan el acceso a tierras fiscales, traspaso dominiales de las tierras que siempre ocuparon, dificultades de acceder a las indemnizaciones cuando el territorio es afectado por una traza de gasoducto, oleoducto, estudios petroleros, etc". El perito Solá destacó la importancia de la ley

the law establishes that execution of eviction proceedings and judgments be suspended for four years and that the indigenous territories be surveyed in order to achieve the "legalization of ownership." The suspension of evictions indicated in the law was extended on several occasions, most recently until the end of 2021.[43]

e) *2010. Decree 700/2010.* PEN Decree 700/2010 of May 20, 2010, set up a committee for the "analysis and legalization of indigenous communal property," establishing that one of its objectives was to draw up "a bill to officialize a procedure that implements the constitutional guarantee of recognition of indigenous communal land possession and ownership, stipulating its legal nature and characteristics."

f) *2010.* INAI Resolution 328/2010: INAI Resolution 328/2010, issued on July 19, 2010, created the National Registry of Organizations of Indigenous Peoples (Re.No.Pi.).[44]

g) *2016. National Civil and Commercial Code.* On January 1, 2016, Law 26,994, promulgated on October 7, 2014, entered into force, repealing the Civil and Commercial Codes and adopting the National Civil and Commercial Code, applicable at both the national and provincial level. Article 9 of the law indicates that "[t]he rights of the indigenous peoples, in particular to communal property [...] shall be subject to a special law," and article 18 of the new Code establishes that "the recognized indigenous communities have the right to the communal ownership and possession of the lands they traditionally occupy and other suitable lands that are sufficient for human development *as established by law* pursuant to the provisions of article 75.17 of the Constitution" (italics added).

55. In the case of Salta, in 1986, the province adopted *Law 6,373 on Promotion of Aboriginal Development*, establishing that the "Provincial Institute for Aboriginal People," set up under this law would carry out a survey of "aboriginal settlements" and then conduct the necessary procedures for the "adjudication" of "ownership" to the land. In 1992, by *Law 6,681*, Salta acceded to National Law 23,302 on *Indigenous policy and support for the Aboriginal Communities.* In 1998, the *Salta Constitution* was amended and the current wording of the relevant part of article 15 recognizes the indigenous peoples' "communal possession and ownership of the fiscal lands that they traditionally occupy." In 2000, Salta adopted *Law 7,121, concerning the development of the indigenous peoples of Salta.* The law created the Provincial Institute of Indigenous Peoples of Salta (IPPIS) and contains a chapter on land adjudication the articles of which include a similar text to the respective articles in Law 6,373. In 2011, Salta issued, *Decree 3459/11*, ratifying a cooperation agreement between the provincial Ministry of Human Development and INAI. In 2014, *Decree 3505/14* "to

---

by the law and its regulations "concludes with an administrative decision" and this is not suitable for "recognition of land titles." The *amicus curiae* presented by AADI and SERPAJ makes a similar assertion.

[43] This was renewed by laws 26,554, 26,894 and 27,400, published in the Official Gazette on December 11, 2009, October 21, 2013, and November 23, 2017, respectively. Law 26,160 was regulated by Decree 1122/07, published on August 27, 2007, which designated INAI as the executing authority. INAI Resolution 587/2007 of October 25, 2007, created the National Program of "Territorial Survey of Indigenous Communities – Execution of Law No. 26,160."

[44] *Cf.* INAI Resolution 328/2019 issued on July 19, 2010 (evidence file, annexes to the State's final arguments, fs. 37,058 to 37,066).

texto de la ley dispuso suspender la ejecución de los procedimientos y sentencias de desalojo por un plazo de cuatro años y realizar un relevamiento de los territorios indígenas con el fin de lograr su "regularización dominial". La suspensión de desalojos indicada por la ley fue prorrogada en diversas ocasiones, y la última extendió su vigencia hasta finales de 2021[43].

e) *2010. Decreto 700/2010*. El Decreto 700/2010 del PEN, de 20 de mayo de 2010, creó una Comisión para el "análisis e instrumentación de la propiedad comunitaria indígena", estableciendo como uno de sus objetivos elaborar "una propuesta normativa para instrumentar un procedimiento que efectivice la garantía constitucional del reconocimiento de la posesión y propiedad comunitaria indígena, precisando su naturaleza jurídica y características".

f) *2010*. Resolución 328/2010 del INAI: La Resolución 328/2010 del INAI, emitida el 19 de julio de 2010, creó el Registro Nacional de Organizaciones de Pueblos Indígenas (Re.No.Pi.)[44].

g) *2016. Código Civil y Comercial de la Nación.* El 1 de enero de 2016 entró en vigencia la ley 26.994, promulgada el 7 de octubre de 2014, que derogó los Códigos Civil y de Comercio y aprobó el Código Civil y Comercial de la Nación, de aplicación tanto en el ámbito nacional como provincial. El artículo 9 de dicha ley indica que "[l]os derechos de los pueblos indígenas, en particular la propiedad comunitaria [...] serán objeto de una ley especial", y el artículo 18 del nuevo Código establece que "las comunidades indígenas reconocidas tienen derecho a la posesión y propiedad comunitaria de las tierras que tradicionalmente ocupan y de aquellas otras aptas y suficientes para el desarrollo humano *según lo establezca la ley* de conformidad con lo dispuesto por el artículo 75 inciso 17 de la Constitución Nacional" (la cursiva no es del texto original).

55. En cuanto a Salta, en 1986 la Provincia aprobó la *ley 6.373 de Promoción de Desarrollo del Aborigen*, que entre sus disposiciones previó que el "Instituto Provincial del Aborigen", establecido por la misma ley, realizaría un relevamiento de "asentamientos aborígenes", para luego efectuar los trámites necesarios para la "adjudicación" de tierra "en propiedad". En 1992, por medio de la *ley 6.681*, Salta adhirió a la *ley nacional 23.302 sobre Política Indígena y apoyo a las Comunidades Aborígenes*. En 1998 se reformó la *Constitución de Salta*. El artículo 15 en su redacción actual, en lo pertinente, reconoce la "posesión y propiedad comunitaria [de pueblos indígenas] de las tierras fiscales que tradicionalmente ocupan". En 2000 Salta adoptó la *ley 7.121*, llamada *De Desarrollo de los Pueblos Indígenas de Salta*. Creó el Instituto Provincial de Pueblos Indígenas de Salta (IPPIS). Contiene un capítulo sobre adjudicación de tierras cuyos artículos tienen un texto similar a los artículos respectivos de la ley 6.373. En 2011 se dictó el *Decreto 3459/11*, por el que se aprobó un convenio de cooperación entre el Ministerio de Desarrollo Humano provincial y el

---

26.160 como "herramienta" para suspender desalojos, pero indicó que el procedimiento establecido por la ley y sus reglamentaciones "concluye con una resolución administrativa" que no es apta para "reconoce[r] títulos de propiedad". Lo mismo se afirmó en el escrito de *amicus curiae* presentado por AADI y SERPAJ.
[43] Fue prorrogada por las leyes, 26.554, 26.894 y 27.400, publicadas en el Boletín Oficial, respectivamente, el 11 de diciembre de 2009, el 21 de octubre de 2013 y el 23 de noviembre de 2017. La Ley 26.160 fue reglamentada por el Decreto 1122/07, publicado el 27 de agosto de 2007, que designó al INAI como Autoridad de aplicación. La Resolución 587/2007 del INAI, de 25 de octubre de 2007 creo el Programa Nacional de "Relevamiento Territorial de Comunidades Indígenas – Ejecución de la Ley Nº 26.160".
[44] *Cfr.* Resolución 328/2019 del INAI, emitida el 19 de julio de 2010. Expediente de prueba, anexos a los alegatos finales del Estado, fs. 37.058 a 37.066.

reinforce the legalization process […]to guarantee recognition of the property of the communities." It ordered the creation of the "Provincial Executing Unit for the Territorial Survey of Indigenous Communities of the province of Salta (U.E.P.Re.Te.C.I.)," "to coordinate" actions between the nation and the province to "survey" "land occupied by the indigenous communities."

C. INDIGENOUS TERRITORIAL CLAIMS IN THIS CASE

56. The Court will now outline the events following the indigenous land claims. For greater clarity, the incidents that have taken place over almost 35 years (calculated from the initial actions) will be divided into stages. As this Court has been able to note, these respond to changes in State policies regarding indigenous property. Accordingly, the Court will describe: (a) a first stage (prior to 1999), in which the State received the initial claims and took steps towards a unified recognition of ownership; (b) a second stage (1999–2004), during which the State's policy tended towards a fragmented recognition of ownership; (c) a third stage (2005 and 2006), marked by a referendum on property ownership and the creation of a specific State entity to implement actions concerning land, and (d) a fourth stage (after 2007) during which agreements were signed between *criollos* and indigenous peoples and steps were taken to implement these.

C.1. First stage (prior to 1999): first claims and commitments to grant land titles

57. One of the precedents to the facts of this case was that, on June 26, 1984, indigenous communities settled on Lots 14 and 55, in a "Joint declaration," requested Salta to grant them title to the land and contested the sub-division of the territory.[45]

58. In 1987 the provincial state decided to recognize land ownership to the "occupants" of Lot 55, whatever their "condition" (that is, both *criollos* and indigenous peoples) who met certain requirements.[46]

---

[45] "*La tierra que nos quitaron,*" by Morita Carrasco and Claudia Briones. IWGIA document No. 18. This happened before September 5, 1984, when Argentina ratified the Convention and accepted the Court's jurisdiction. Therefore, it is described merely as background information that permits a better understanding of the facts of the case and the Court will not assess the State's conduct in circumstances prior to September 5, 1984.

[46] This was established in provincial Law 6,469 of 1987 (evidence file, annex B.3 to the pleadings and motions brief, fs. 29,738 to 29,740). The evidence reveals that before this, from the perspective of formal legality, the indigenous presence in the area was recognized in two ways: *de facto* occupation (with no legal title of any kind) and occupation with right of usufruct. In 1971 and 1972, following provincial Decree 2293 of 1971 creating "Provincial indigenous reserves," Salta granted "usufruct permits" to some indigenous communities (for example, Santa María and Misión La Paz). Provincial Laws 3,844 and 4,086 of 1964 and 1965 were also relevant with regard to Lot 55; they established "colonization" polices, legislating "in favor of the *criollos*" and were enacted from a "developmental and integrationist" perspective (*Cf.* Carrasco, Morita and Briones, Claudia, "*La tierra que nos quitaron,*" IWGIA document No. 18).

INAI. En 2014, se dictó el *Decreto 3505/14* con el objetivo de "profundizar el proceso de regularización […] con el propósito de garantizar el reconocimiento de la propiedad de las comunidades". Dispuso la creación de la "Unidad Ejecutora Provincial para el Relevamiento Territorial de Comunidades Indígenas de la Provincia de Salta (U.E.P.Re.Te.C.I.)", a fin de "coordinar" acciones entre la Nación y la Provincia para el "relevamiento" de "tierras ocupadas por las comunidades indígenas".

C. Reclamos territoriales indígenas en el caso

56. La Corte dará cuenta a continuación de las incidencias que siguió el reclamo indígena sobre la tierra. A efectos de una mayor claridad en la exposición, se dividirán las circunstancias acaecidas durante cerca de 35 años (contando los primeros antecedentes) en etapas o fases. Las mismas responden, conforme ha podido notar este Tribunal, a modificaciones en el tipo de políticas estatales respecto a la propiedad indígena. Así, se expondrá: (a) una primera fase (antes de 1999), en que el Estado recibió los primeros reclamos y avanzó hacia un reconocimiento unificado de la propiedad; (b) una segunda fase (1999–2004), en que la política estatal se orientó hacia un reconocimiento fraccionado de la propiedad; (c) una tercera fase (2005 y 2006), signada por la realización de un referéndum respecto a la propiedad y la creación de una entidad estatal específica para implementar acciones referidas a la tierra, y (d) una cuarta fase (a partir de 2007), en que se desarrollan acuerdos entre criollos e indígenas y se efectúan acciones tendientes a su implementación.

C.1. Primera fase (antes de 1999): primeros reclamos y compromisos de titulación

57. Como antecedente a los hechos del caso consta que el 26 de junio de 1984 comunidades indígenas asentadas en los lotes 14 y 55, en una "Declaración conjunta", solicitaron a Salta la titulación de la tierra a su favor y se opusieron a la parcelación del territorio[45].

58. En 1987 el Estado provincial dispuso reconocer la propiedad a "ocupantes" del lote 55, cualquiera fuera su "condición" (o sea, tanto criollos como indígenas), que cumplieran determinados requisitos[46].

---

[45] Publicación "La tierra que nos quitaron", de Morita Carrasco y Claudia Briones. Documento IWGIA No. 18. Este hecho se produjo antes de que, el 5 de septiembre de 1984, Argentina ratificara la Convención y aceptara la competencia de la Corte. Por ello, se señala sólo como un antecedente que permite comprender los hechos propios del caso, pero se aclara que este Tribunal no evalúa la conducta estatal teniendo en cuenta circunstancias anteriores al 5 de septiembre de 1984.

[46] Esto se previó en la ley provincial 6.469 de 1987 (expediente de prueba, anexo B.3 al escrito de solicitudes y argumentos, fs. 29.738 a 29.740). Surge de la prueba que con anterioridad la presencia indígena en el lugar, desde el punto de vista de la legalidad formal, presentaba dos modalidades: ocupación de hecho (carencia de título legal alguno) y ocupaciones con derecho de usufructo o reserva. Durante 1971 y 1972, a partir del Decreto Provincial 2293 de 1971 de creación de "Reservas indígenas provinciales", Salta otorgó "permisos de usufructo" a algunas comunidades indígenas (por ejemplo, las comunidades Santa María y Misión La Paz). También se indicó que respecto al lote 55 resultaban relevantes las leyes provinciales 3.844 y 4.086, de 1964 y 1965, que establecieron políticas de "colonización", legislando "a favor de los criollos" y dictadas bajo una orientación "desarrollista integracionista". (*Cfr.* Carrasco, Morita y Briones, Claudia, "La tierra que nos quitaron" Documento IWGIA No. 18.)

59. On July 28, 27 indigenous communities settled on Lot 55 submitted a formal claim to Salta for "legalization of the title to ownership of the land."[47]

60. On December 15, 1991, Decree No. 2609/91 was issued ratifying the terms of a memorandum of understanding of December 5. The Decree established as an obligation of the province: (a) unification of Lots 14 and 55 "to subject them to a common purpose," and (b) adjudication of "a surface area without subdivisions, by a single title of ownership, to the [indigenous] communities."[48]

61. On December 9, 1992, Ministerial Resolution 499 was issued adopting the statute of the "Lhaka Honhat Association of Aboriginal Communities" and granting it legal status. The Association is composed of inhabitants of Lots 14 and 55 who are members of indigenous communities. Its "objectives" include: "obtaining land ownership titles"; "protecting the forest and the river"; "monitoring and controlling the exploitation of the area's renewable natural resources [...] as established by the pertinent laws in coordination with the relevant State agencies," and "ensuring respect for the universally recognized rights of the aboriginal peoples to use freely their natural wealth and their resources to meet their particular needs."[49]

62. In 1995, Salta issue Decree 3097/95[50] adopting recommendations made in April that year by an advisory committee created in 1993 by Decree 18/93.[51] It had been suggested that two-thirds of the total surface area of Lots 14 and 55 should be transferred to indigenous communities and one-third to the *criollo* population. At that time, the petitioners advised the Inter-American Commission that the indigenous communities had accepted this. Subsequently, in April 1996, the Lhaka Honhat Association and Salta signed a memorandum of understanding "to advance towards a plan to regularize the settlements on Fiscal Lots 55 and 14."[52]

63. In 1995, the construction of an international bridge was started in the territory claimed by indigenous communities. On August 25 and September 16, 1996, several members of the indigenous communities occupied the bridge (*infra* para. 180). The Governor of Salta visited the site in person and signed an agreement in which he

---

[47] *Cf.* "*La tierra que nos quitaron*" by Morita Carrasco and Claudia Briones. IWGIA document No. 18.

[48] *Cf.* Decree 2609/91 (evidence file, annex B.6 to the pleadings and motions brief, fs. 29,782 and 29,783). It is important to underline that Decree 2609/91 established the suspension of "authorizations" or "any act that entails the granting of forestry and agricultural concessions" in the lots mentioned until "the definitive titles have been granted to the aboriginal and *criollo* communities."

[49] *Cf.* Statute of the Lhaka Honhat Association of Aboriginal Communities (evidence file, annex B.7 to the pleadings and motions brief, fs. 29,785 to 29,791).

[50] *Cf.* IWGIA report: Case of Lhaka Honhat. IWGIA and CELS, 2006 (evidence file, annex B.12 to the pleadings and motions brief, fs. 30,031 to 30,071).

[51] *Cf.* Decree 18/93 of January 13, 1993 (evidence file, annex B.9 to the pleadings and motions brief, fs. 29,799 to 29,801). The Decree created an honorary advisory committee to make recommendations on the "appropriate methodology" for granting the lands to the indigenous communities and conserving the environment." These recommendations were made in April 1995, even though a 90-day time limit had been established in January 1993 (*Cf.* Resolution 120 of the Salta Ministry of the Interior of April 5, 1993 (evidence file, annex B.10 to the pleadings and motions brief, fs. 29,802 to 29,804).

[52] As indicated in the Merits Report, this circumstances was referred to in an "Ombudsman Resolution" of August 11, 1999, according to documentation forwarded to the Commission by the Ombudsman and received on January 19, 2001.

59. El 28 de julio de 1991, 27 comunidades indígenas asentadas en el lote 55 presentaron a Salta un reclamo formal para la "legalización del título de propiedad de la tierra"[47].

60. El 15 de diciembre de 1991 fue dictado el Decreto No 2609/91, de ratificación de los términos de un Acta-Acuerdo del día 5 de ese mes. El Decreto estableció como obligación de la Provincia: (a) la unificación de los lotes 14 y 55 para "someterlos a un destino común"; (b) la adjudicación de "una superficie sin subdivisiones, mediante [t]ítulo [ú]nico de [p]ropiedad a las [c]omunidades [indígenas]"[48].

61. El 9 de diciembre de 1992 se dictó la Resolución Ministerial 499, que aprobó el estatuto social y otorgó personería jurídica a la "Asociación de Comunidades Aborígenes Lhaka Honhat". La misma está conformada por personas habitantes de los lotes 14 y 55 pertenecientes a comunidades indígenas. Tiene entre sus "fines": "[o]btener el [t]ítulo de [p]ropiedad de la [t]ierra"; "[p]roteger el monte y el río"; "[s]upervisar y controlar la explotación de los recursos naturales renovables de la zona [...] según lo establecido por las leyes pertinentes en coordinación con los organismos estatales existentes para tal fin", y "[h]acer respetar los derechos de los pueblos aborígenes mundialmente reconocidos a usar libremente su riqueza natural y sus recursos para satisfacer sus necesidades propias"[49].

62. En 1995 Salta dictó el Decreto 3097/95[50], que aprobó recomendaciones hechas en abril de ese año por una Comisión Asesora creada en 1993 por el Decreto 18/93[51]. Las mismas sugerían que se entregasen dos terceras partes de la superficie total de los lotes 14 y 55 a comunidades indígenas, y un tercio a poblaciones criollas. Los entonces peticionarios indicaron a la Comisión Interamericana que esto fue aceptado por las comunidades indígenas. Más adelante, en abril de 1996, fue firmada un Acta-Acuerdo entre la Asociación Lhaka Honhat y Salta, acordando "avanzar hacia un plan de regularización jurídica de los asentamientos poblacionales de los lotes fiscales 55 y 14"[52].

63. En 1995 comenzó la construcción de un puente internacional en el territorio reclamado por comunidades indígenas. Los días 25 de agosto y 16 de septiembre de 1996 personas indígenas ocuparon el puente (*infra* párr. 180). El Gobernador de Salta se apersonó y firmó un Acta en la que se comprometió a la emisión de un Decreto en

---

[47] *Cfr.* Publicación "La tierra que nos quitaron", de Morita Carrasco y Claudia Briones. Documento IWGIA No. 18.

[48] *Cfr.* Decreto 2609/91. Expediente de prueba, anexo B.6 al escrito de solicitudes y argumentos, fs. 29.782 y 29.783. Es importante resaltar que el Decreto 2609/91 estableció la suspensión, hasta la entrega de "los [t]ítulos [d]efinitivos a las [c]omunidades [a]borígenes y [c]riollas", de "autorizaciones" o "cualquier acto que implique la concesión de explotaciones forestales o agropecuarias" en los lotes mencionados.

[49] *Cfr.* Estatuto de la Asociación de Comunidades Aborígenes Lhaka Honhat. Expediente de prueba, anexo B.7 al escrito de solicitudes y argumentos, fs. 29.785 a 29.791.

[50] *Cfr.* Informe IWGIA: El Caso Lhaka Honhat. IWGIA y CELS, 2006. Expediente de prueba, anexo B.12 al escrito de solicitudes y argumentos, fs. 30.031 a 30.071.

[51] *Cfr.* Decreto 18/93 de 13 de enero de 1993. Expediente de prueba, anexo B.9 al escrito de solicitudes y argumentos, fs. 29.799 a 29.801. El Decreto creó una Comisión Asesora Honoraria para hacer recomendaciones sobre la "metodología adecuada" para la entrega de las tierras a comunidades indígenas y la preservación del medio ambiente. Dichas recomendaciones fueron expresadas en abril de 1995, pese a que en enero de 1993 se había previsto un plazo de 90 días (*cfr.* Resolución 120 del Ministerio de Gobierno de Salta del 5 de abril de 1993. Expediente de prueba, anexo B.10. al escrito de solicitudes y argumentos, fs. 29.802 a 29.804).

[52] Esta circunstancia, conforme se indicó en el Informe de Fondo, fue referida en una "Resolución Defensorial" de 11 de agosto de 1999, de acuerdo a documentación remitida a la Comisión por el Defensor del Pueblo, recibida el 19 de enero de 2001 por la Comisión.

undertook to issue a decree within 30 days that "ensured the final adjudication of the land in question, establishing the terms and conditions."[53]

64. Between 1996 and 1998, Lhaka Honhat sent several letters to the authorities asking them to formalize communal ownership of the property.[54]

C.2. Second stage (1999–2004): attempts to divide up the land into individual parcels and indigenous opposition

65. On November 8, 1999, the province published edicts pursuant to Resolution 423/99 issued on November 2, serving notice to all those who considered that they had rights over the land of Lot 55, because some of the land would be adjudicated to inhabitants of that land who had been surveyed.[55] On December 24, by Decree 461, Salta adjudicated parcels within Lot 55 to some individuals and indigenous communities settled on the land.[56]

66. On November 1, 2000, it was agreed to initiate a process of "discussions" for the State to suspend the civil works on the territory and halt the land grant process.[57] On December 15 that year, Salta presented a proposal for the adjudication of Lot 55, granting parcels to each community, but subject to each one having legal status. In a letter of February 6, 2001, Lhaka Honhat contested the proposal arguing that it did not include Lot 14, that it did not establish a single title, but rather fragmented titles, that it subjected the granting of land to agreements with *criollos*, and that it required each community to obtain legal status.[58] In August 2001, the State informed the Inter-American Commission that it agreed to incorporate Lot 14 into its proposal.[59]

67. On February 22, 2001, Salta issued Decree No. 339/01, creating a committee composed of representatives of the State, the *criollos* and the indigenous communities to complete the "mapping" of Lots 14 and 55 in order to establish the "location of the different indigenous and *criollo* communities."[60] On December 26 that year, Lhaka

---

[53] This circumstance, as indicated in the Merits Report, was mentioned in an "Ombudsman Resolution" of August 11, 1999, according to documentation forwarded to the Commission by the Ombudsman and received on January 19, 2001.

[54] The Inter-American Commission indicated that, in January 2001, the Argentine Ombudsman sent the Commission a copy of 18 letters sent between 1996 and 1998 to the Governor of the province of Salta, the Director of INAI, the Minister of the Interior and the President of the Republic, among others.

[55] *Cf.* Resolution 423 published on November 2, 1999 (evidence file, annex C.2 to the pleadings and motions brief, fs. 30,106 to 30,110).

[56] Thus: (a) the communal ownership of various parcels of Lot 55 were adjudicated to the following indigenous communities: Molathati (1,003 ha), Madre Esperanza (781 ha), La Merced Nueva (295 ha), Nueva Esperanza (47 ha) and Bella Vista (1,682 ha); and (b) the individual ownership of various parcels of Lot 55 was adjudicated to three individuals, with the following areas: 1,014 ha, 758 ha and 22 ha. *Cf.* Salta Decree No. 461 of December 24, 1999 (evidence file, procedure before the Commission, f. 4,847 and annex C.3 to the pleadings and motions brief, fs. 30,111 to 30,116).

[57] *Cf.* Agreement of November 1, 2000 (evidence file, annex C.4 to the pleadings and motions brief, fs. 30,117 and 30,118).

[58] *Cf.* Communication from the petitioners to the Commission of July 19, 2001, and State's proposal of December 15, 2000 (evidence file, Annexes C.10 and C.7 to the pleadings and motions brief, fs. 30,172 to 30,210 and 30,128 to 30,140).

[59] *Cf.* Communication from the State to the Commission of September 19, 2001 (evidence file, annex C.8 to the pleadings and motions brief, fs. 30,141 to 30,168).

[60] *Cf.* Salta Decree 339/01 (evidence file, annex C.9 to the pleadings and motions brief, fs. 30,169 to 30,171) and note to the Commission of July 19, 2001.

30 días, que "asegurara la adjudicación definitiva de las tierras en cuestión, fijando sus pautas y lineamientos"[53].

64. Entre 1996 y 1998 Lhaka Honhat remitió varias comunicaciones a autoridades pidiendo que se hiciera efectiva la formalización de la propiedad comunitaria[54].

C.2. Segunda fase (1999–2004): intentos de parcelaciones individuales y oposición indígena

65. El 8 de noviembre de 1999 la Provincia publicó edictos, en virtud de la Resolución 423/99 emitida el 2 del mismo mes, emplazando, por 15 días, a todos quienes se considerasen con derechos sobre terrenos del lote 55, puesto que se harían algunas adjudicaciones de tierras a habitantes relevados[55]. El 24 de diciembre siguiente, mediante el Decreto 461, Salta realizó adjudicaciones de parcelas dentro del lote 55 a algunos individuos y comunidades indígenas allí asentadas[56].

66. El 1 de noviembre de 2000, se acordó iniciar un proceso de "conversaciones" para que el Estado paralizara obras existentes en el territorio y no continuara con el proceso de entrega parcial de tierras[57]. El 15 de diciembre del mismo año Salta presentó una propuesta de adjudicación del lote 55, con entrega de fracciones a cada comunidad, pero sujeta a la personalidad jurídica de cada una. El 6 de febrero de 2001 Lhaka Honhat, por medio de una carta, objetó la propuesta, aduciendo que la misma no incluía el lote 14, no preveía un título único sino títulos fraccionados, sujetaba la entrega de terrenos a acuerdos con criollos y exigía que cada comunidad obtuviera personería jurídica[58]. En agosto de 2001 el Estado le comunicó a la Comisión Interamericana que admitió incorporar el lote 14 en su propuesta[59].

67. El 22 de febrero de 2001 Salta dictó el Decreto No. 339/01, que creó una Comisión, integrada por representantes estatales, criollos y de comunidades indígenas, para completar la "cartografía" de los lotes 14 y 55 a fin de establecer con exactitud la "ubicación de las distintas comunidades indígenas y criollas"[60]. El 26 de diciembre

---

[53] Esta circunstancia, conforme se indicó en el Informe de Fondo, fue referida en una "Resolución Defensorial" de 11 de agosto de 1999, de acuerdo a documentación remitida a la Comisión por el Defensor del Pueblo, recibida el 19 de enero de 2001 por la Comisión.

[54] La Comisión Interamericana señaló que en enero de 2001, el Defensor del Pueblo de la República Argentina remitió a la Comisión copia de 18 comunicaciones enviadas entre 1996 y 1998 al Gobernador de la Provincia de Salta, al Director del INAI, al Ministro de Gobierno y al Presidente de la República, entre otros.

[55] *Cfr.* Resolución 423 publicada el 2 de noviembre de 1999. Expediente de prueba, anexo C.2 al escrito de solicitudes y argumentos, fs. 30.106 al 30.110.

[56] Así: (a) se adjudicó en forma comunitaria la propiedad de distintas parcelas del lote 55 a las comunidades indígenas Molathati (1.003 ha), Madre Esperanza (781 ha), La Merced Nueva (295 ha), Nueva Esperanza (47 ha) y Bella Vista (1.682 ha); y (b) se adjudicó en forma individual la propiedad de distintas parcelas del lote 55 a tres personas, por extensiones de 1.014 ha, 758 ha y 22 ha. *Cfr.* Decreto No. 461 de Salta de 24 de diciembre de 1999. Expediente de prueba, trámite ante la Comisión, f. 4.847 y anexo C.3 al escrito de solicitudes y argumentos, fs. 30.111 a 30.116.

[57] *Cfr.* Acta de 1 de noviembre de 2000. Expediente de prueba, anexo C.4 al escrito de solicitudes y argumentos, fs. 30.117 y 30.118.

[58] *Cfr.* Comunicación de los peticionarios a la Comisión de 19 de julio de 2001 y propuesta del Estado de 15 de diciembre de 2000. Expediente de prueba, anexos C.10 y C.7 al escrito de solicitudes y argumentos, fs. 30.172 a 30.210 y 30.128 a 30.140.

[59] *Cfr.* Comunicación del Estado a la Comisión de 19 de septiembre de 2001. Expediente de prueba, anexo C.8 al escrito de solicitudes y argumentos, fs. 30.141 a 30.168.

[60] *Cfr.* Decreto 339/01 de Salta (expediente de prueba, anexo C.9 al escrito de solicitudes y argumentos, fs. 30.169 a 30.171) y nota a la Comisión de 19 de julio de 2001.

Honhat advised the Inter-American Commission that the said committee had never met and that the indigenous communities themselves had begun to survey the population and map the lots.[61]

68. On September 11, 2001, June 4 and July 8, 2002, and August 5 and September 9, 2004, the petitioners at the time advised the Inter-American Commission that Salta's agents continued to survey and demarcate Lots 14 and 55.[62] On August 5, 2004, the State indicated that it would refrain from carrying out any other public works or infrastructure that had not been agreed with the petitioners and that it would not conduct any further surveys or make partial land grants on the lots claimed.[63]

C.3. Third stage (2005–2006): Creation of the Provincial Executing Unit (UEP), referendum and subsequent actions

69. On March 2, 2005, during a working meeting at the seat of the Inter-American Commission, the province of Salta presented a land distribution proposal.[64]

70. On May 10, 2005, Provincial Decree 939/05 was published creating the "Provincial Executing Unit (UEP)" to be the authority responsible for executing Salta's proposal of March 2005, and one of its functions was to identify the area occupied traditionally, move the *criollos*, and verify the relocation agreements.[65]

71. During March 2005, in the context of the international processing of the case before the Commission, Salta expressed its intention of holding a referendum. In May and June that year various national State entities expressed their opposition to this consultation.[66] Nevertheless, on July 25, 2005, provincial Law 7,352 was published

---

[61] *Cf.* Communication from Lhaka Honhat to the Commission of December 26, 2001 (evidence file, annex C.11 to the pleadings and motions brief, fs. 30,212 to 30,213).

[62] *Cf.* Minutes of the meeting of June 4, 2004; letter attached to the communication from the petitioners to the Commission received on July 26, 2002; note to the Ministry of Foreign Affairs of September 9, 2004; Communication attached to the petitioners' report to the Commission of November 14, 2001; Communication from Lhaka Honhat to the Commission of September 11, 2001; Communication from the petitioners to the Commission received on July 8, 2002, and note to the Commission of July 8, 2002 (evidence file, Annexes C.23, C.26, C.11 and C.14 to the pleadings and motions brief, fs. 30,284 to 30,286; 30,298 and 30,299; 4,317; 30,211 to 30,213; 5,087 and 30,224 to 30,228). It is relevant to note that on August 2, 2002, Provincial Decree 295/02 established that those who occupied Lots 14 and 55 should not install fencing until the regularization process had ended.

[63] *Cf.* Minutes of the meeting of August 5, 2002 (evidence file, annex C.16 to the pleadings and motions brief, fs. 30,232 to 30,234).

[64] According to the representatives, the province expressed its intention to conduct a referendum if the petitioners did not accept the proposal. On April 18, 2005, Lhaka Honhat received a note from the Salta State Prosecutor, through the Ministry of Foreign Affairs, in which it ended Salta's participation in the friendly settlement procedure and indicated that it would submit the land distribution proposal to a referendum. (*Cf.* Proposal of the province of Salta presented to the working meeting on March 2, 2005; minutes of the meeting of March 2, 2005, and note of April 12, 2005 (evidence file, Annexes D.1, D.2 and D.5 to the pleadings and motions brief, fs. 30,317 to 30,370, 30,371 to 30,372 and 30,377 to 30,379.)

[65] *Cf.* Salta Decree 939 of May 10, 2005 (evidence file, annex D.7 to the pleadings and motions brief, fs. 30,384 to 30,391).

[66] On May 2, 2005, INAI asked the government of Salta not to conduct the referendum "because it was a unilateral measure that did not respect the agreements reached under the friendly settlement"; on May 3, the Argentine Ministry of Foreign Affairs asked the government of Salta to review its decision because "it could entail the Argentine State's international responsibility"; on June 12, INAI sent a note to the President of the Salta Chamber of Deputies indicating that "it would be committing a flagrant and unhelpful violation if [the

siguiente, Lhaka Honhat señaló a la Comisión Interamericana que la Comisión aludida no se había reunido y que las comunidades indígenas habían comenzado a efectuar por su cuenta un relevamiento poblacional y mapeo de los lotes[61].

68. Los días 11 de septiembre de 2001, 8 de julio y 4 de junio de 2002, 5 de agosto y 9 de septiembre de 2004, los entonces peticionarios comunicaron a la Comisión Interamericana que agentes de Salta continuaban realizando mensuras y tareas de amojonamiento en los lotes 14 y 55[62]. El 5 de agosto de 2004, el Estado expresó que se abstendría de realizar cualquier obra pública o de infraestructura que no fuera consensuada con los peticionarios y que no se harían nuevas mensuras ni entregas parciales de tierra en los lotes reclamados[63].

C.3. Tercera fase (2005–2006): Creación de la Unidad Ejecutora Provincial (UEP), referéndum y acciones posteriores

69. El 2 de marzo de 2005, la Provincia de Salta presentó en una reunión de trabajo en la sede de la Comisión Interamericana, una propuesta de distribución de las tierras[64].

70. El 10 de mayo de 2005 fue publicado el Decreto provincial 939/05, por medio del cual se creó la "Unidad Ejecutora Provincial (UEP)" con la finalidad de ser la autoridad encargada de ejecutar la propuesta de Salta de marzo de 2005, siendo una de sus funciones identificar la zona de ocupación tradicional y de traslado de criollos, así como verificar los acuerdos de relocalización[65].

71. En marzo de 2005, en el marco del trámite internacional del caso ante la Comisión, Salta manifestó su intención de convocar un referéndum. Entre mayo y julio de ese año diversas entidades estatales nacionales manifestaron su oposición a la consulta[66]. No obstante, el 25 de julio de 2005 se publicó la ley provincial 7.352. La

---

[61] *Cfr*. Comunicación de Lhaka Honhat a la Comisión de 26 de diciembre de 2001. Expediente de prueba, anexo C.11 a escrito de solicitudes y argumentos, fs. 30.212 a 30.213.

[62] *Cfr*. Acta de eunión de 4 de junio de 2004; carta adjunta a la comunicación de los peticionarios a la Comisión, recibida el 26 de julio de 2002; nota a Cancillería el 9 de septiembre de 2004; comunicación adjunta al informe de los peticionarios a la Comisión de 14 de noviembre de 2001; comunicación de Lhaka Honhat a la Comisión de 11 de septiembre de 2001; comunicación de los peticionarios a la Comisión, recibida el 8 de julio de 2002, y nota a la Comisión de 8 de julio de 2002. Expediente de prueba, anexos C.23, C.26, C.11 y C.14 al escrito de solicitudes y argumentos, fs. 30.284 a 30.286; 30.298 y 30.299; 4.317; 30.211 a 30.213; 5.087 y 30.224 a 30.228. Es relevante destacar que el 2 de agosto de 2002 el Decreto provincial 295/02 dispuso que quienes ocupaban los lotes 14 y 55 no deberían hacer cerramientos hasta la finalización del proceso de regularización.

[63] *Cfr*. Acta reunión 5 de agosto 2002. Expediente de prueba, anexo C.16 al escrito de solicitudes y argumentos, fs. 30.232 a 30.234.

[64] De acuerdo a los representantes, la Provincia manifestó su intención de hacer una consulta popular si los peticionarios no aceptaban la propuesta. El 18 de abril de 2005 Lhaka Honhat recibió una nota del Fiscal de Estado de Salta, por intermedio de la Cancillería, en la que daba por concluida la participación de Salta en el proceso de solución amistosa y decía que se sometería a referéndum la propuesta sobre la distribución de tierras. (*Cfr*. Propuesta de la provincia de Salta presentada en la reunión de trabajo del 2 de marzo de 2005, acta de reunión de 2 de marzo de 2005 y nota de 12 de abril de 2005. Expediente de prueba, anexos D.1, D.2 y D.5 al escrito de solicitudes y argumentos, fs. 30.317 a 30.370, 30.371 a 30.372 y 30.377 a 30.379.)

[65] *Cfr*. Decreto 939 de Salta de 10 de mayo de 2005. Expediente de prueba, anexo D.7 al escrito de solicitudes y argumentos, fs. 30.384 a 30.391.

[66] En 2005, el 2 de mayo, el INAI solicitó al Gobierno de Salta la no realización del referéndum, "toda vez que constituía una medida unilateral que no respetaba los consensos alcanzados en el marco de la solución amistosa"; el 3 de mayo la Cancillería argentina solicitó al Gobierno de Salta que revisara su decisión, ya que "esta podría acarrear responsabilidad internacional del Estado argentino"; el 12 de julio el INAI envió una nota al Presidente de la Cámara de Diputados de Salta, en donde indicó que "se cometería una flagrante

announcing the referendum for the entire population of the department of Rivadavia eligible to vote to decide on the "handing over" of the land comprised by Lots 14 and 55. Specifically, the law called on "the electorate of the department of Rivadavia to vote responding whether or not they wanted the lands corresponding to Fiscal Lots 55 and 14 to be transferred to the current occupants." On October 8, 2005, the caciques, members of Lhaka Honhat, signed a public statement asking for the referendum to be suspended.[67]

72. The referendum was held on October 23, 2005, at the same time as the provincial and national legislative elections. A "yes" vote meant that the voter was "in favor of transferring the land corresponding to Fiscal Lots 55 and 14 to the current occupants, both aboriginals and *criollos*, executing the necessary infrastructure works." The "yes" vote obtained the majority with 98% of the votes cast.[68]

73. Between December 2, 2005, and April 19, 2006, Salta published orders aimed at taking steps to implement the transfer of the land in keeping with the result of the referendum, summoning *criollo* families to submit forms to confirm certain requirements in this regard.[69]

74. Despite the foregoing, on March 14, 2006, in a meeting between the Secretary General of the Office of the Governor of Salta and the General Coordinator of Lhaka Honhat, it was agreed that the traditional occupation of the land should be respected; in other words, a minimum of 400,000 ha under a single title. In this regard, the representatives indicated that following the mapping exercise conducted at the beginning of 2000, it had been concluded that the communities used around 530,000 ha, but had decided to reduce their claim to 400,000 ha.[70]

---

rights of the indigenous communities] were submitted to a referendum by all the citizens of the department of Rivadavia." (*Cf.* Notes of INAI and the Ministry of Foreign Affairs dated May 2 and July 12, 2005, and May 3, 2005, respectively (evidence file, Annexes D.8, D.9 and D.10 to the pleadings and motions brief, fs. 30,392 to 30,394, 30,395 and 30,396, and 30,397 to 30,400). In addition, on September 21, 2005, the national government sent the Inter-American Commission a document entitled "Joint declaration of the national State agencies who are taking part in the expanded negotiations of the friendly settlement process under petition No. 12,094 of the Inter-American Commission on Human Rights," in which representatives of the Ministries of Foreign Affairs and Justice, and of INAI expressed their concern owing to the impasse in the friendly settlement process following the organization of the referendum and asked the Governor of the province to suspend it "to facilitate a solution to the problem" (Note SG 257 of August 23, 2005 (evidence file, procedure before the Commission, f. 5,366). On August 17, 2005, The Salta State Prosecutor sent a note to the Commission defending the referendum as "the appropriate way to implement the right to prior consultation" (note of August 17, 2005; evidence file, annex D.17 to the pleadings and motions brief, fs. 30,437 to 30,457).

[67] *Cf.* Joint statement and "Petition" submitted as annexes to the communication from the petitioners of November 10, 2005, and Lhaka Honhat memorandum of October 8, 2005 (evidence file, annex D.21 to the pleadings and motions brief, fs. 30,472 to 30,480).

[68] *Cf.* Communication from the petitioners to the Commission received on November 11, 2005, forwarded to the State on January 31, 2006 (evidence file, annex D.28 to pleadings and motions brief, fs. 30,533 to 30,544).

[69] *Cf.* Decrees 2406/05 and 2407/05, and Resolution 65/06 (evidence file, Annexes E.1, E.2 and E.3, fs. 30,559 to 30,561, 30,562 to 30,566 and 30,568 to 30,573, respectively).

[70] *Cf.* Memorandum of March 14, 2006 (evidence file, annex 32 to the Merits Report, fs. 422 to 424).

misma convocó al referéndum, para que el conjunto de la población del Departamento Rivadavia habilitada a sufragar decidiera sobre la "entreg[a]" de la tierra de los lotes 14 y 55. En términos precisos, la ley convocó "a los electores del departamento Rivadavia para que se expidieran respondiendo por sí o por no, sobre si e[ra] su voluntad que se entreg[aran] las tierras correspondientes a los lotes fiscales 55 y 14 a sus actuales ocupantes". El 8 de octubre de 2005, los caciques pertenecientes a Lhaka Honhat firmaron una declaración pública pidiendo la suspensión del referéndum[67].

72. El referéndum se llevó a cabo el 23 de octubre de 2005, junto con las elecciones legislativas provinciales y nacionales. La boleta del "Sí" expresaba la "voluntad [de] que se entreg[aran] las tierras correspondientes a los lotes fiscales 55 y 14 a sus actuales ocupantes, tanto aborígenes como criollos, ejecutándose las obras de infraestructura necesarias". El "Sí" resultó mayoritario, con un 98% de los votos[68].

73. Entre el 2 de diciembre de 2005 y el 19 de abril de 2006 Salta publicó disposiciones tendientes a ejecutar acciones para concretar la entrega de tierras luego de los resultados del referéndum, convocando a familias criollas a presentar formularios para acreditar, al efecto, determinados requisitos[69].

74. Pese a lo anterior, el 14 de marzo de 2006, en una reunión entre el Secretario General de la Gobernación de Salta y el coordinador general de Lhaka Honhat, se acordó que las tierras debían respetar la ocupación tradicional, es decir, un mínimo de 400.000 ha en un título único. Al respecto, los representantes indicaron que luego del mapeo que se realizó a principios de 2000, se concluyó que las comunidades utilizaban cerca de 530.000 ha, pero que estas decidieron reducir su reclamo a 400.000 ha[70].

---

violación inconducente si [los derechos de las comunidades indígenas] se someten a referéndum de todos los ciudadanos del Departamento de Rivadavia" (*cfr*. Notas del INAI y de Cancillería de 2 de mayo y 12 de julio de 2005, y de 3 de mayo de 2005, respectivamente. Expediente de prueba, anexos D.8, D.9 y D.10 al escrito de solicitudes y argumentos, fs. 30.392 a 30.394, 30.395 y 30.396, y 30.397 a 30.400). Además, el 21 de septiembre de 2005, el Gobierno Nacional hizo allegar a la Comisión Interamericana un documento titulado "Declaración conjunta de los organismos del Estado Nacional que participan de la Mesa Ampliada del proceso de solución amistosa de la petición n° 12.094 del registro de la Comisión Interamericana de Derechos Humanos", en el cual representantes de los Ministerios de Relaciones Exteriores y de Justicia y el INAI manifestaron su preocupación por el estancamiento del proceso de solución amistosa a partir de la organización del referéndum y solicitaban al Gobernador de la Provincia que lo suspendiera, para "facilitar una solución al problema" (Nota SG 257 de 23 de agosto de 2005. Expediente de prueba, trámite ante la Comisión, f. 5366). El 17 de agosto de 2005 el Fiscal de Estado de Salta remitió una nota a la Comisión defendiendo el referéndum como "la vía idónea para efectivizar el derecho a la consulta previa" (nota de 17 de agosto de 2005; expediente de prueba, anexo D.17 al escrito de solicitudes y argumentos, fs. 30.437 a 30.457).

[67] *Cfr*. Declaración conjunta y "Petitorio" presentados como anexos a la comunicación de los peticionarios de 10 de noviembre de 2005 y acta de Lhaka Honhat de 8 de octubre de 2005. Expediente de prueba, anexo D.21 al escrito de solicitudes y argumentos, fs. 30.472 a 30.480.

[68] *Cfr*. Comunicación de los peticionarios a la Comisión recibida el 11 de noviembre de 2005, transmitida al Estado el 31 de enero de 2006. Expediente de prueba, anexo D.28 a escrito de solicitudes y argumentos, fs. 30.533 a 30.544.

[69] *Cfr*. Decretos 2406/05 y 2407/05, y Resolución 65/06. Expediente de prueba, anexos E.1, E.2 y E.3, fs. 30.559 a 30.561, 30.562 a 30.566 y 30.568 a 30.573, respectivamente.

[70] *Cfr*. Acta de 14 de marzo de 2006. Expediente de prueba, anexo 32 al Informe de Fondo, fs. 422 a 424.

C.4. Fourth stage (after 2007)

C.4.1. October 2007 Memorandum of Understanding and implementing actions

75. On June 1 and August 24, 2007, Lhaka Honhat and the Organization of *Criollo* Families (OFC) reached agreement, recorded in memoranda, on the surface area of the land that would correspond to the indigenous peoples (400,000 ha), and the area that would be destined to relocate any *criollo* families that had to be moved, and on the applicable distribution criteria.[71] On October 17, 2007, a Memorandum of Understanding was signed with representatives of Salta and the national State, confirming this.[72] On October 23, Salta issued Decree 2786/07[73] formally endorsing the Memorandum of Understanding and allocating the ownership of Lots 14 and 55 to the occupants: 400,000 ha to the indigenous communities and 243,000 ha to the *criollo* population. This decree revoked the obligation of the communities to obtain legal status in order to obtain individual titles, which had been established in Ministerial Resolution 65/06 the purpose of which was to execute the results of the referendum.

76. On October 28, 2008, Salta issued Decree 4705/08 creating a technical team, composed of members of the UEP, to implement the land transfer. Subsequently, in 2009, the year in which a series of meeting was held between the *criollo* and the indigenous populations, Salta issued Resolution 340/09, establishing the final list of *criollo* settlers who met the previously established requirements to prove their occupation of the land.[74]

77. Between 2009 and 2011 various meeting were held to try and reach agreements between the indigenous communities and the *criollo* families on the adjudication of the land.

C.4.2. Decree 2398 of 2012 and subsequent actions[75]

78. On July 25, 2012, Salta issued Decree 2398/12, the text of which cites the Merits Report as a precedent. The decree established the "allocation, for its subsequent adjudication" of 243,000 ha of Lots 14 and 55" to the *criollo* families "that have authenticated their right" pursuant to Resolutions 65/06 and 340/09, and 400,000 ha to the indigenous communities "under communal ownership and under the titling

---

[71] *Cf.* Memoranda of June 1 and August 24, 2007 (evidence file, Annexes G.1 and G.2 to the pleadings and motions brief, fs. 30,883 to 30,884 and 30,885 to 30,886).

[72] *Cf.* Memorandum of Understanding of June 17, 2007 (evidence file, annex G.3 to the pleadings and motions brief, fs. 30,887 to 30,891).

[73] *Cf.* Decree 2786/07 (evidence file, annex G.5. to the pleadings and motions brief, fs. 30,922 to 30,924).

[74] *Cf.* Report 2008-2011 on the land regularization process (evidence file, annex 40 to the Merits Report, fs. 488 to 515). The requirements were established by Resolution 65/06.

[75] The Court notes that it has been informed that, in March and April 2013, several incidents occurred in the area of Lots 14 and 55. On March 27, a team member of ASOCIANA, a foundation that provides advice to the communities, was allegedly attacked by a *criollo* settler. On April 17, 15 indigenous people of La Puntana were injured and another seven arrested by the police for carrying out a protest in the school of that community. *Cf.* Public announcement of April 9, 2013 and Report of the Human Rights Commission of the Universidad Nacional de Salta (evidence file, annex H.13 to the pleadings and motions brief, fs. 31,181 to 31,193). The Court has not received legal arguments in relation to these incidents.

C.4. Cuarta fase (a partir de 2007)

C.4.1. Acta-Acuerdo de octubre de 2007 y actos para su implementación

75. El 1 de junio y el 24 de agosto de 2007, Lhaka Honhat y la Organización de Familias Criollas (OFC) acordaron, mediante actas, la superficie del territorio que le correspondería a los pueblos indígenas (400.000 ha), la que se destinaría para reubicar a las familias criollas que fuera necesario relocalizar y cuáles serían los criterios que se aplicarían en la distribución[71]. El 17 de octubre de 2007 se suscribió un Acta-Acuerdo, con representación de Salta y el Estado Nacional, plasmando lo anterior[72]. El 23 del mismo mes Salta adoptó el Decreto 2786/07[73], que aprobó formalmente el Acta-Acuerdo y asignó la propiedad de los lotes 14 y 55 a sus ocupantes: 400.000 ha a las comunidades indígenas y 243.000 ha a la población criolla. Este Decreto dejó sin efecto la obligación de las comunidades de obtener personería jurídica para alcanzar títulos individuales, que había sido establecida en la Resolución Ministerial 65/06 que tenía por fin ejecutar los resultados del referéndum.

76. El 28 de octubre de 2008 Salta aprobó el Decreto 4705/08 con el cual se creó un equipo técnico, integrado por la UEP, para avanzar en la entrega de tierras. Más adelante, en 2009, año en que se sostuvieron una serie de reuniones entre criollos e indígenas, Salta emitió la Resolución 340/09, que establece la lista definitiva de pobladores criollos que cumplían requisitos, previamente establecidos, para acreditar la ocupación de tierras[74].

77. Entre 2009 y 2011 se realizaron distintas reuniones tendentes a lograr acuerdos entre comunidades indígenas y familias criollas sobre la adjudicación territorial.

C.4.2. Decreto 2398 de 2012 y actos posteriores[75]

78. El 25 de julio de 2012 Salta emitió el Decreto 2398/12, cuyo texto cita como antecedente el Informe de Fondo. Dispuso "asignar, con destino a su posterior adjudicación" 243.000 ha de los lotes 14 y 55 para las familias criollas "que hayan acreditado su derecho" de acuerdo a las resoluciones 65/06 y 340/09, y 400.000 ha para las comunidades indígenas "en propiedad comunitaria y bajo la modalidad de título que cada una de ellas determine". Además, dispuso la publicidad registral del

---

[71] *Cfr.* Actas del 1 de junio y 24 de agosto de 2007. Expediente de prueba, anexos G.1 y G.2 al escrito de solicitudes y argumentos, fs. 30.883 a 30.884 y 30.885 a 30.886.
[72] *Cfr.* Acta-Acuerdo de 17 de junio de 2007. Expediente de prueba, anexo G.3 al escrito de solicitudes y argumentos, fs. 30.887 a 30.891.
[73] *Cfr.* Decreto 2786/07. Expediente de prueba, anexo G.5. al escrito de solicitudes y argumentos, fs- 30.922 a 30.924.
[74] *Cfr.* Informe 2008–2011 sobre el Proceso de regularización de tierras. Expediente de prueba, anexo 40 al Informe de Fondo, fs. 488 al 515. Los requisitos fueron establecidos por Resolución 65/06.
[75] La Corte deja constancia que se ha informado que en marzo y abril de 2013 se presentaron en la zona de los lotes 14 y 55 algunos incidentes. El 27 de marzo un integrante del equipo de la organización de ASOCIANA, fundación que asesora a las comunidades, habría sido agredido por un poblador criollo. El 17 de abril, 15 indígenas de La Puntana habrían resultado heridos y otros siete detenidos por parte de la fuerza pública, luego de realizar una protesta en la escuela de esa comunidad. (*Cfr.* Comunicado público de 9 de abril de 2013 e Informe de la Comisión de Derechos Humanos de la Universidad Nacional de Salta. Expediente de prueba, anexo H.13 al escrito de solicitudes y argumentos, fs. 31.181 a 31.193.) No se han presentado ante este Tribunal argumentos de derecho relacionados con tales incidentes.

arrangement that each of them determines." In addition, it ordered the publication of the said allocations by the corresponding registration in the Land Registry.[76]

79. On July 12, 2013, Provincial Decree 2001/13 was published and this included a "Program to legalize the communal property" that mentioned a "work plan" to define the territorial delimitations based on "participatory workshops" with indigenous peoples and *criollos*.[77] In addition, at the same time, the representatives and the State agreed that a map prepared by the Lhaka Honhat communities would be used as a basis for any fieldwork.[78]

C.4.3. Decree 1498 of 2014 and subsequent actions

80. On May 29, 2014, Salta issued Decree 1498/14, establishing that it: (a) "recognize[d] and transfer[red]"; (i) "communal ownership" to 71 indigenous communities of approximately 400,000 ha of the "real estate" with cadastral registration numbers 175 and 5557 of the department of Rivadavia, in the province of Salta" (previously identified as Fiscal Lots 55 and 14),[79] and (ii) "ownership under the condominium regime" of the same land in favor of numerous *criollo* families;[80] (b) reserve[d] to the provincial state 6.34% of the land for "institutional use"; (c) established that the "specific determination" of the land and lots that correspond[ed] to the indigenous and the *criollo* families "and all the necessary acts and procedures prior to the adjudication and obtaining of the corresponding registration" would be carried out through the UEP.

81. In its considerations, Decree 1498/14 indicated that, for the specific location of territories of the communities and lots of *criollo* families, it would take into account, "as a reference" the map provided to the province by Lhaka Honhat.[81] A version of

---

[76] *Cf.* Decree 2398/12 (evidence file, Annex H.8 to the pleadings and motions brief, fs. 31,161 to 31,163).

[77] The work plan called for the incorporation of INAI into the process of formalizing the communal property and the use of the funds allocated by national Law 26,160 (*supra* para. 54). It established that "participatory workshops" for the *criollo* families and the indigenous communities would be held approximately every 15 days, as well as a methodology to define a "map of overlapping territories" and then develop proposals to obtain a map that marked the limits between indigenous territory and *criollo* territory. It also called for workshops among "*criollo* neighbors" to define the parcels for each *criollo* family (*cf.* evidence file, annex H.24 to the pleadings and motions brief, fs. 31,258 to 31,282).

[78] However, in a joint memorandum of July 17, the OFC, Lhaka Honhat and caciques of various areas indicated that they had met "to analyze the situation of inaction by the UEP and the failure to comply with the commitments made by the Governor of the province" (*Cf.* Memorandum of July 17, 2013, evidence file, annex H.20 to the pleadings and motions brief, fs. 31,224 to 31,226).

[79] Decree 1498/14 states, literally, that the communal property covers 58.27% of the properties registered in the Land Registry as Nos. 175 and 5557 of the department of Rivadavia. The Decree's considerations clarify that the numbers refer to Lots 55 and 14, the exact surface area of which had not been calculated, but an area of 643,000 ha had been taken as a reference.

[80] The exact number of *criollo* "families" contemplated in Decree 1498/14 is unclear because the description included is not by person or family, but by "parcels" (*puestos*). It refers to 382 "parcels," indicating individuals who are "applicants" for them. On reading the decree it can be seen that, in some cases, the same person is an "applicant" for various parcels and, also, that there are various "applicants" who have the same last name, which suggests they belong to the same family.

[81] *Cf.* Decree 1498/14 (evidence file, annex H.32 to the pleadings and motions brief, fs. 31,336 to 31,352).

destino asignado, mediante la inscripción correspondiente en el Registro de la Propiedad[76].

79. El 12 de julio de 2013 se publicó el Decreto provincial 2001/13, que incluyó un "Programa de Instrumentación de la propiedad comunitaria" que aludía a un "Plan de trabajo" para la definición de las delimitaciones territoriales con base en "talleres participativos" de indígenas y criollos[77]. Además, en esos meses los representantes y el Estado acordaron que se tomaría como base para cualquier trabajo en terreno un mapa realizado por las comunidades agrupadas en Lhaka Honhat[78].

C.4.3. Decreto 1498 de 2014 y actos posteriores

80. El 29 de mayo de 2014 Salta emitió el Decreto 1498/14, que estableció: (a) "recono[cer] y transf[erir]": (i) la "propiedad comunitaria", a favor de 71 comunidades indígenas, de aproximadamente 400.000 ha de los "inmuebles nomenclatura catastral Matrículas N° 175 y 5557 del Departamento Rivadavia", de la Provincia de Salta" (antes identificados como lotes fiscales 55 y 14)[79], y (ii) la "propiedad en condominio" de los mismos inmuebles a favor de múltiples familias criollas[80]; (b) reservar a favor del Estado provincial el 6,34% de los inmuebles para "uso institucional"; (c) disponer que la "determinación específica" de los territorios y lotes que correspondan a comunidades criollas y familias indígenas "y todos los actos y trámites necesarios hasta la adjudicación y obtención de la matrícula correspondiente" se hagan a través de la UEP.

81. En sus consideraciones, el Decreto 1498/14 señaló que para la localización específica de territorios de las comunidades y lotes de familias criollas se tendría en cuenta, "como referencia", el mapa entregado por Lhaka Honhat a la Provincia[81]. Una

---

[76] *Cfr.* Decreto 2398/12. Expediente de prueba, Anexo H.8 al escrito de solicitudes y argumentos, fs. 31.161 a 31.163.

[77] El plan de trabajo preveía la incorporación del INAI en el proceso de instrumentación de la propiedad comunitaria y la utilización de fondos previstos por la ley nacional 26.160 (*supra* párr. 54). Establecía una periodicidad aproximada de 15 días para "talleres participativos" con las familias criollas y las comunidades indígenas, así como una metodología para definir un "mapa de superposición de territorios" y luego realizar propuestas para obtener un mapa con el límite demarcado entre territorio indígena y criollo. También previó talleres entre "vecinos criollos" para definir las parcelas para cada familia criolla (*cfr.* expediente de prueba, anexo H.24 al escrito de solicitudes y argumentos, fs. 31.258 a 31.282).

[78] No obstante, en un acta conjunta de 17 de julio de 2013, la OFC, Lhaka Honhat y caciques de varias zonas señalaron que se reunían "para analizar la situación de inacción de la UEP y la falta de cumplimiento de los compromisos asumidos por el Gobernador de la Provincia" (*cfr.* Acta de 17 de julio de 2013. Expediente de prueba, anexo H.20 al escrito de solicitudes y argumentos, fs. 31.224 a 31.226).

[79] Los términos literales del articulado del Decreto 1498/14 expresan que la propiedad comunitaria abarca el 58,27% de los inmuebles con nomenclatura catastral No. 175 y 5557 del Departamento Rivadavia. En las consideraciones del Decreto se aclara que tal nomenclatura corresponde a los lotes 55 y 14, cuya superficie exacta todavía no ha sido calculada, tomándose como "referencia" la cantidad de 643.000 ha.

[80] No queda clara la cantidad exacta de "familias" criollas contempladas en el Decreto 1498/14, pues el detalle que hace el mismo al respecto no es por persona o familia, sino por "puestos". Indica 382 "puestos", señalando personas "solicitantes" de los mismos. De la lectura se advierte que, de acuerdo al caso, una misma persona es "solicitante" de distintos puestos y que, a su vez, hay distintos "solicitantes" con el mismo apellido, lo que hace suponer que pertenezcan a una misma familia.

[81] *Cfr.* Decreto 1498/14. Expediente de prueba, anexo H.32 al escrito de solicitudes y argumentos, fs. 31.336 a 31.352.

this map, copied below, was forwarded to the Court by the representatives:[82]

82. On July 28, 2014, Salta issued Resolution 654, adopting cooperation agreements in relation to the "work plan" for Lots 14 and 55. These agreements had been signed by the Salta Human Rights Ministry and the UEP with Lhaka Honhat and the OFC, and established that these two organizations would appoint five persons to incorporate the UEP as "field technicians."[83]

83. On November 27, 2014, and during the first months of 2015, the indigenous communities informed the Commission that delays continued in the demarcation and titling fieldwork.[84]

84. According to information presented by the representatives, from September 2015 to the end of June 2016, budgetary resource were not available for the procedures and infrastructure works required for the relocations.[85] In addition, there was no information on coordination of tasks by the national State and the UEP. On July 19 that year, the State advised the Inter-American Commission that a series of agreements had been signed to move forward with the legalization of the indigenous communal property.[86]

85. On October 25, 2017, during a working meeting with the Commission, the State announced a "comprehensive work plan to comply with the recommendations [of the Merits Report]," which established an implementation time frame of eight years.[87]

---

[82] *Cf.* Map (evidence file, annex H.66 to the pleadings and motions brief, fs. 31,798 to 31,804). The representatives indicated that it is version of the map "at April 2018" which shows, according to the representatives, "almost all the *criollos* settled on the 400,000 hectares claimed by the indigenous communities that do not even have an agreement to be relocated." See https://www.corteidh.or.cr/docs/casos/articulos/seriec_400_ing.pdf, pag. 30

[83] *Cf.* Resolution 654 of the Ministry of Human Rights of the province of Salta (evidence file, annex H.34 to the pleadings and motions brief, fs. 31,357 to 31,366).

[84] *Cf.* Note to the Commission of November 27, 2014 (evidence file, annex H.37 to the pleadings and motions brief, fs. 31,376 to 31,380).

[85] During a meeting at the beginning of March, provincial officials indicated that the budget submitted to the national State for carrying out the work required for the relocation of the *criollo* families had not yet been approved (*Cf.* note of Lhaka Honhat to the Salta Ministry of Indigenous Affairs of January 27, 2016; evidence file, annex H.44 to the pleadings and motions brief, fs. 31,450 and 31,451).

[86] *Cf.* note to the Commission of July 4, 2016 (evidence file, annex H.46 to the pleadings and motions brief, fs. 31,455 to 31,459). The State referred to the following agreements: Framework Cooperation Agreement between the National Geographical Institute and the Salta Ministry of Indigenous Affairs and Community Development; Framework Cooperation Agreement between the Ministry of the Interior, Public Works and Housing, the Housing and Habitat Secretariat, and the province of Salta, for the construction of housing, urbanization of vulnerable districts, and improvement of the habitat, and Implementation Agreement for the Communal Property of the indigenous communities settled on former Lots 14 and 55 of the department of Rivadavia, in the province of Salta, between INAI and the Salta Ministry of Indigenous Affairs.

[87] Argentina explained that the time frame responded, "fundamentally," to the "need for the *criollo* families to adopt the pertinent technology and skills to achieve adequate livestock management. Otherwise, they would return to their former practices of managing livestock in unfenced land, which would mean that the animals would return to the territories of the communities." The Plan had four elements: (1) Property Titles; (2) Productive units for *criollo* families; (3) Domestic units for relocated *criollo* families, and (4) Public infrastructure in relocation areas. Element 1 established: in the first year, conclude the demarcation of the 400,000 ha of the indigenous communities, together with the agreement with the *criollo* families and the final location of their parcels; in the second year: conclude the surveys and title deeds and transfer property titles to indigenous communities and *criollo* families. Elements 2, 3 and 4 establish: (i) in two years, relocate families with their livestock who have final agreements and who are beneficiaries of surveyed parcels,

versión de dicho mapa, que se copia a continuación, fue remitida por los representantes a la Corte[82].

82. El 28 de julio de 2014 Salta emitió la Resolución 654, por la que se aprobaron convenios de cooperación para el "plan de trabajo" respecto de los lotes 14 y 55. Dichos convenios habían sido firmados por la Secretaría de Derechos Humanos de Salta y la UEP con Lhaka Honhat y la OFC, y establecían que ambas organizaciones designaran cinco personas para que se integraran como "técnicos de campo" a la UEP[83].

83. El 27 de noviembre de 2014 y durante los primeros meses de 2015, las comunidades indígenas señalaron a la Comisión que persistían los retrasos de trabajo en el terreno, respecto a la demarcación y titulación[84].

84. Desde septiembre de 2015 y hasta fines de junio de 2016, según información presentada por los representantes, no hubo recursos presupuestarios para el proceso y las obras de infraestructura necesarias para los traslados[85], ni información sobre la coordinación de tareas entre el Estado Nacional y la UEP. El 19 de julio de ese año el Estado informó a la Comisión Interamericana la suscripción de una serie de convenios para avanzar en la formalización de la propiedad comunitaria indígena[86].

85. El 25 de octubre de 2017, en el marco de una reunión de trabajo ante la Comisión, el Estado anunció un "Plan Integral de Trabajo para el Cumplimiento de las Recomendaciones [del Informe de Fondo]". El mismo previó un plazo de ejecución total de 8 años[87].

---

[82] *Cfr.* Mapa. Expediente de prueba, anexo H.66 al escrito de solicitudes y argumentos, fs. 31.798 a 31.804. Los representantes señalaron que se trata de una versión del mapa "a abril de 2018" que muestra, según los representantes, "casi la totalidad de los criollos asentados en las 400.000 hectáreas de reclamo indígena que aún no tienen siquiera un acuerdo para ser trasladado". Véase https://www.corteidh.or.cr/docs/casos/articulos/seriec_400_esp.pdf pág. 32.

[83] *Cfr.* Resolución 654 del Ministerio de Derechos Humanos de la Provincia de Salta. Expediente de prueba, anexo H.34 al escrito de solicitudes y argumentos, fs. 31.357 a 31.366.

[84] *Cfr.* Nota a la Comisión de 27 de noviembre de 2014. Expediente de prueba, anexo H.37 al escrito de solicitudes y argumentos, fs. 31.376 a 31.380.

[85] En una reunión de principios de marzo, funcionarios provinciales manifestaron que aún no estaba aprobado el presupuesto presentado al Estado Nacional para realizar las obras para el traslado de las familias criollas (*cfr.* nota de Lhaka Honhat al Ministro de Asuntos Indígenas de Salta de 27 de enero de 2016; expediente de prueba, anexo H.44 al escrito de solicitudes y argumentos, fs. 31.450 al 31.451).

[86] *Cfr.* Nota a la Comisión de 4 de julio de 2016. Expediente de prueba, anexo H.46 al escrito de solicitudes y argumentos, fs. 31.455 a 31.459. El Estado se refirió a los siguientes acuerdos: Convenio Marco de Cooperación entre el Instituto Geográfico Nacional y el Ministerio de Asuntos Indígenas y Desarrollo Comunitario de la Provincia de Salta; Convenio Marco de Colaboración entre el Ministerio del Interior, Obras Públicas y Vivienda, la Secretaría de Vivienda y Hábitat y la Provincia de Salta para la construcción de viviendas, urbanización de barrios vulnerables y mejoramiento del hábitat, y Convenio de Instrumentación de la Propiedad Comunitaria de las Comunidades Indígenas asentadas en los Ex Lotes 14 y 55 del Departamento Rivadavia de la Provincia de Salta, entre el INAI y el Ministerio de Asuntos Indígenas de Salta.

[87] Argentina aclaró que el tiempo responde, "fundamentalmente", a la "necesidad de las familias criollas de adoptar la tecnología e incorporar los conocimientos pertinentes para lograr un adecuado manejo del ganado. Si así no fuera [...] volverían a sus antiguas prácticas de manejo de ganado a campo abierto, lo que implicaría el retorno de los animales a territorios de las comunidades". El Plan abarca cuatro ejes: (1) Título de Propiedad; (2) Unidades Productivas para Familias Criollas; (3) Unidades Domésticas para Familias Criollas Relocalizadas; y (4) Infraestructura Pública en zonas de reubicación. En cuanto al eje 1 prevé: en el primer año, finalizar la demarcación de las 400.000 ha de las comunidades indígenas, junto con los acuerdos de partes con las familias criollas y la ubicación definitiva de sus parcelas; en el segundo año: concluir las mensuras, escriturar y entregar títulos de propiedad a comunidades indígenas y familias criollas. En cuanto a los ejes 2, 3 y 4 prevé: (i) en dos años, lograr la relocalización definitiva de familias y ganado que ya cuentan

D. CONSTRUCTION WORK, ACTIVITIES AND PROJECTS ON THE TERRITORY CLAIMED

86. Information has been presented indicating that illegal logging activities have been carried out in the area of Lots 14 and 55. It has also been indicated that the *criollo* population raises cattle and has installed fencing. This information is described below (*infra* paras. 257 to 266).

87. The Court will also describe below (*infra* paras. 177, 178 and 180, and footnotes 165 and 166) facts and indications related to work carried out or planned on the territory in relation to: (a) construction of an international bridge; (b) national highway 86; (c) provincial route 54, and (d) oil and gas exploration.

E. ADMINISTRATIVE AND JUDICIAL ACTIONS FILED IN THIS CASE

88. Lhaka Honhat filed judicial actions related to the facts of the case: (a) on September 11, 1995, an application for amparo before the Salta Court of Justice (hereinafter also "CJS") requesting the immediate suspension of the work on the international bridge (*supra* para. 87 and *infra* para. 180); (b) on March 8, 2000, an application for amparo against Decree 461/99 and Resolution 423/99 (*supra* para. 65), and (c) on August 11, 2005, an action before the National Supreme Court of Justice (hereinafter also "CSJN") requiring a declaratory judgment against the referendum law (*supra* para. 71). These actions will be dealt with below (*infra* paras. 297, 300 and 303). Also, in 2017, Lhaka Honhat applied for recognition as an indigenous organization in the administrative jurisdiction (*infra* footnote 148). There is no record that this application was decided.

VII
MERITS

89. In this case, there is no dispute that the indigenous communities have ancestral ties to the territory or their right to its ownership,[88] and this has been recognized in different domestic laws. The dispute relates to whether the State's actions have provided legal certainty to the right to property and its full exercise. Thus, while Argentina has indicated that it has acted diligently to ensure this, the Commission and the representatives maintain the contrary. In addition, it has been indicated that activities carried out on the territory have harmed the environment, food sources and

---

productive projects, access to water and housing; (ii) in five years, complete the relocation of families with their livestock who have final agreements; (iii) in eight years: complete relocation of families with their livestock who have not undergone the necessary survey to achieve agreements. *Cf.* Comprehensive Work Plan submitted by the State to the Commission dated November 24, 2017 (hereinafter "Comprehensive Work Plan") (evidence file, annex H.59 to the pleadings and motions brief, fs. 31,626 to 31,649).

[88] In the Merits Report the Commission indicated that both the petitioners at the time and the State had expressly "acknowledged that the indigenous communities that inhabit Lots 14 and 55 are entitled to ownership of their ancestral territory." Also, during the processing of the case before the Court, the representatives indicated that the State "has acknowledged on numerous occasions that the indigenous communities are entitled to their territories, so that this case does not relate to whether they are entitled to their territories but rather to the effective implementation of this right." Argentina also affirmed, similarly, that "No doubt exists regarding acknowledgement of the communities' right to property and of the territory they traditionally use."

D. OBRAS, ACTIVIDADES Y PROYECTOS SOBRE EL TERRITORIO RECLAMADO

86. Se ha presentado información que indica que en la zona de los lotes 14 y 55 se presentan actos de tala ilegal. Además, se ha indicado que la población criolla cría ganado y ha instalado alambrados. Esta información se detalla más adelante (*infra* párrs. 257 a 266).

87. También se exponen más adelante (*infra* párrs. 177, 178 y 180, y notas a pie de página 165 y 166) hechos y señalamientos relacionados con obras realizadas o proyectadas sobre el territorio, referidos a: (a) la construcción de un puente internacional; (b) la ruta nacional 86; (c) la ruta provincial 54, y (d) la exploración de hidrocarburos.

E. ACCIONES ADMINISTRATIVAS Y JUDICIALES INICIADAS EN EL CASO

88. Lhaka Honhat presentó acciones judiciales relacionadas con hechos del caso: (a) el 11 de septiembre de 1995, una acción de amparo ante la Corte de Justicia de Salta (en adelante también "CJS") solicitando la suspensión inmediata de las obras relativas al puente internacional (*supra* párr. 87 e *infra* párr 180); (b) el 8 de marzo de 2000, una acción de amparo contra el Decreto 461/99 y la Resolución 423/99 (*supra* párr. 65), y c) el 11 de agosto de 2005, una acción declarativa de certeza ante la Corte Suprema de Justicia de la Nación (en adelante también "CSJN") en contra de la ley de referéndum (*supra* párr. 71). Las actuaciones señaladas se narran más adelante (*infra* párrs. 297, 300 y 303). Por otra parte, en 2017 Lhaka Honhat solicitó en sede administrativa su reconocimiento como organización indígena (*infra*, nota a pie de página 148). No consta que esa solicitud fuera resuelta.

VII
FONDO

89. En el presente caso no está en debate que las comunidades indígenas hayan mantenido un vínculo ancestral con el territorio ni su derecho de propiedad sobre el mismo[88], reconocido en distintos actos normativos internos. La controversia refiere a si la conducta estatal ha permitido brindar seguridad jurídica al derecho de propiedad y su pleno ejercicio. Así, mientras Argentina ha indicado que ha obrado en forma diligente para garantizarlo, la Comisión y los representantes sostienen lo contrario. Asimismo, se ha señalado que actividades sobre el territorio han generado

---

con acuerdos finalizados y ya son beneficiarios de mensuras, proyectos productivos, acceso al agua y vivienda; (ii) en cinco años, finalizar la relocalización de familias y ganado que cuentan con acuerdos a finalizar; (iii) en ocho años: finalizar la relocalización de familias y ganado de quienes aún no se ha iniciado el relevamiento necesario para lograr acuerdos. *Cfr*. Propuesta Integral de Trabajo presentada por el Estado a la Comisión, de 24 de noviembre de 2017. Expediente de prueba, anexo H.59 al escrito de solicitudes y argumentos, fs. 31.626 a 31.649; en adelante "Propuesta Integral de Trabajo").

[88] En el Informe de Fondo la Comisión expresó que tanto los entonces peticionarios como el Estado habían "reconocido expresamente que las comunidades indígenas que habitan los [l]otes […] 14 y 55 tienen derecho a la propiedad de su territorio ancestral". En el mismo sentido, en el trámite del caso ante la Corte los representantes señalaron que el Estado "ha reconocido en innumerables ocasiones que las comunidades indígenas tienen derecho a sus territorios, por lo que este caso no versa sobre si tienen o no derechos a sus territorios sino [sobre] su efectiva materialización". Argentina, por su parte, de modo similar, afirmó que "no existen dudas sobre el reconocimiento al derecho de propiedad de las comunidades o de su territorio de uso tradicional".

cultural identity. In this regard, it has been alleged that several rights have been violated[89] and the Court has been asked to consider various situations, including judicial proceedings.

90. The facts set out previously – and more will be described below – reveal that the State's conduct has involved laws, but also different actions and procedures, to determine the property and possible relocation of settlers who are "*criollos*" – in other words, non-indigenous settlers – who inhabit the area, and to effect their relocation. Actions have also been taken to control illegal logging and the installation of fencing. All this has occurred over the course of several years in relation to a more extensive area of land inhabited by a large population composed of *criollos* and numerous indigenous communities belonging to different peoples, whose numbers vary. The State's actions in these circumstances have required the intervention of different provincial and national government agencies, as well as the allocation of human and budgetary resources. The Court notes these circumstances and the significant complexity they represent and will take them into account.

91. The Court will make its analysis as follows: (1) first, it will refer to the right to communal property, and examine other rights that, as has been alleged, are related to property in this case: (a) it will set out some general considerations on indigenous communal property and then outline the respective arguments of the Commission and the parties together with the Court's analysis of: (b) the recognition and determination of communal property, and (c) projects and construction works executed on the territory claimed. The Court will then examine: (2) the arguments relating to violations of the rights to freedom of movement and residence, a healthy environment, food and cultural identity, also considering the right to water, and (3) the alleged violations of the rights to judicial guarantees and judicial protection in relation to judicial actions filed in this case.

VII-1
RIGHT TO INDIGENOUS COMMUNAL PROPERTY[90]

A. GENERAL CONSIDERATIONS ON COMMUNAL PROPERTY

92. The Court will refer to different elements of the right to communal property and finds it useful to establish some general consideration on this right and refer to

---

[89] The Court will examine all the violations alleged by the Commission and the representatives. In this regard, it recalls its consistent case law that: "[t]he presumed victims and their representatives may invoke the violation of rights other than those included in the Merits Report, provided these relate to the facts contained in that document" (*Cf. Case of the "Five Pensioners" v. Peru. Merits, reparations and costs.* Judgment of February 28, 2003. Series C No. 98, para. 155, and *Case of Girón et al. v. Guatemala. Preliminary objection, merits, reparations and costs.* Judgment of October 15, 2019. Series C No. 390, para. 94).

[90] Article 21 of the Convention. In this section, the Court will examine, together with the right to communal property, the rights to recognition of juridical personality, to judicial guarantees, to freedom of thought and expression, to freedom of association, political rights, and the right to judicial protection, established in Articles 3, 8, 13, 16, 23 and 25 of the Convention, respectively. The examination of these rights will be made in relation to Articles 1(1) and 2 of the Convention, which establish, respectively, the obligations to respect and to ensure rights, and to adopt domestic legal provisions.

afectaciones al ambiente, a la alimentación y a la identidad cultural. En relación con esto, se han argüido violaciones a distintos derechos[89] y diversas situaciones a considerar, inclusive procesos judiciales.

90. Surge de los hechos ya narrados, y se señala también más adelante, que la conducta estatal ha implicado actos normativos, pero también diversas acciones y procedimientos tendientes a determinar la propiedad y la posible relocalización de pobladores "criollos", es decir, no indígenas, que habitan la zona, y concretar su traslado. A su vez, han existido actuaciones tendientes a controlar actos de tala ilegal e instalación de alambrados. Todo lo anterior se ha presentado a lo largo de varios años, en una extensión muy amplia de tierra, habitada por una población numerosa, conformada por criollos y múltiples comunidades indígenas pertenecientes a diversos pueblos, cuyo número, además, es variable. La actuación estatal respecto a tales circunstancias ha requerido la intervención de diversas entidades gubernamentales, provinciales y nacionales, así como la asignación de personal y de recursos presupuestarios. La Corte advierte y tiene en cuenta estas circunstancias y la importante complejidad que representan.

91. La Corte efectuará su examen del siguiente modo: (1) en primer término, se referirá al derecho de propiedad comunitaria, analizando también otros derechos que, conforme se ha aducido, han presentado relación con la propiedad en el caso: (a) expondrá algunas consideraciones generales sobre la propiedad comunitaria indígena y luego dará cuenta de los argumentos respectivos de la Comisión y la partes y del análisis del Tribunal sobre: (b) el reconocimiento y determinación de la propiedad, y (c) proyectos y obras ejecutadas sobre el territorio reclamado. Más adelante, abordará: (2) los alegatos sobre violaciones a los derechos de circulación y de residencia, al medio ambiente sano, a la alimentación y a la identidad cultural, considerando también el derecho al agua, y (3) las aducidas vulneraciones a los derechos a las garantías judiciales y a la protección judicial en relación con acciones judiciales iniciadas en el caso.

VII-1
DERECHO DE PROPIEDAD COMUNITARIA INDÍGENA[90]

A. CONSIDERACIONES GENERALES SOBRE LA PROPIEDAD COMUNITARIA

92. La Corte se referirá a diversos aspectos relacionados con el derecho de propiedad comunitaria o comunal. Por eso, considera útil dejar sentadas algunas

---

[89] La Corte examinará todas las violaciones alegadas por la Comisión y los representantes. Al respecto, recuerda su jurisprudencia constante en cuanto a que "[l]as presuntas víctimas y sus representantes pueden invocar la violación de derechos distintos a los comprendidos en el Informe de Fondo, siempre y cuando se atengan a los hechos contenidos en dicho documento" (cfr. Caso "Cinco Pensionistas" Vs. Perú. Fondo, Reparaciones y Costas. Sentencia de 28 de febrero de 2003. Serie C No. 98, párr. 155, y Caso Girón y otro Vs. Guatemala. Excepción Preliminar, Fondo, Reparaciones y Costas. Sentencia de 15 de octubre de 2019. Serie C No. 390, párr. 94).

[90] Artículo 21 de la Convención. En este apartado se examina, en conjunto con el derecho de propiedad comunitaria, el derecho al reconocimiento de la personalidad jurídica, el derecho a las garantías judiciales, la libertad de pensamiento y de expresión, la libertad de asociación, los derechos políticos y el derecho a la protección judicial, reconocidos, respectivamente, en los artículos 3, 8, 13, 16, 23 y 25 de la Convención. El examen de los derechos indicados se realiza en relación con los artículos 1.1 y 2 de la Convención, que establecen, respectivamente, las obligaciones de respetar y garantizar los derechos, y de adoptar disposiciones de derecho interno.

some aspects regarding which it has developed case law.

93. The Court has referred to the content of the right to indigenous communal property and its implications. In 2001, in the case of the *Mayagna (Sumo) Awas Tingni Community v. Nicaragua,* taking into account different interpretation parameters,[91] it established that the right to private property recognized in Article 21 of the Convention included, in the case of indigenous peoples, the communal ownership of their lands.[92] Thus it explained that:

---

[91] On that occasion, it alluded to "an evolutive interpretation of the international instruments for the protection of human rights, taking into account the applicable interpretation standards and pursuant to Article 29(b) of the Convention, which prohibits a restrictive interpretation of the rights" (*Case of the Mayagna (Sumo) Awas Tingni Community v. Nicaragua. Merits, reparations and costs.* Judgment of August 31, 2001. Series C No. 79, para. 148). Later, in the case of the *Yakye Axa Indigenous Community v. Paraguay,* the Court indicated that an "evolutive" interpretation that took into account that "human rights treaties are living instruments, the interpretation of which must evolve with the times and current circumstances," was pertinent and in keeping with the provisions of Article 29 of the Convention. It also asserted that, pursuant to the Vienna Convention on the Law of Treaties, when interpreting a treaty it is necessary to consider not only the instruments formally related to it, but also the system in which it is inserted; thus, ILO Convention 169 was relevant (*Cf. Case of the Yakye Axa Indigenous Community v. Paraguay. Merits, reparations and costs.* Judgment of June 17, 2005. Series C No. 125, paras. 127 and 128; also subsequent case law, such as the judgment in the case of the *Xucuru Indigenous People and its members v. Brazil. Preliminary objections, merits, reparations and costs.* Judgment of February 5, 2018. Series C No. 346, para. 115). Convention 169 of the International Labour Organization is also relevant bearing in mind that Article 29(b) of the American Convention indicates that no provision of the Convention shall be interpreted as "restricting the enjoyment or exercise of any right or freedom recognized by virtue of the laws of any State Party or by virtue of another convention to which one of the said States is a party." Argentina adopted ILO Convention 169 in a 1992 law and ratified it in 2000 (*supra* para. 54 and footnote 40). The Court clarifies that the case law standards and criteria of this Court expressed in this judgment are consistent with the said understanding. In addition, since the facts of this case extend over a prolonged period, the Court finds it useful to mention that Argentina, based on different international (and also domestic) legal provisions, has assumed obligations towards indigenous peoples over the whole time that must be taken into account. Prior to 1984 – in 1959 and 1960, respectively – Argentina acceded to and ratified ILO Convention 107 (*supra* footnote 40), which established that "the right to ownership [...] over the lands [indigenous people] traditionally occupy shall be recognized." Then, in 1985, national Law 23,302 was enacted (*supra* para. 54) and, among other provisions, it set out actions for the adjudication of ownership of provincial and national fiscal land to indigenous communities and recognition of their juridical personality. This law was regulated in 1989 by Executive Decree 155 (*supra* para. 54). In addition, the amendment of the National Constitution in 1994 and the Constitution of Salta in 1998 recognized State obligations in relation to indigenous peoples (*supra* paras. 54 and 55). Previously, in 1986, Salta had enacted Law No. 6,373 on the "Aboriginal Development Program" and, in 1992, it ratified national Law 23,302, by provincial Law 6,681 (*supra* para. 55). It is also pertinent to note that expert witness Solá stated that Argentina had voted in favor of the adoption of the United Nations and the American Declarations on the Rights of Indigenous Peoples. Expert witness Yáñez Fuenzalida also noted that Argentina had voted in favor of the former text. The Court will take these instruments into account in a supplementary manner.

[92] *Case of the Mayagna (Sumo) Awas Tingni Community v. Nicaragua,* paras. 148, 149 and 151. See, similarly: *Case of the Yakye Axa Indigenous Community v. Paraguay,* paras. 131 and 132; *Case of the Sawhoyamaxa Indigenous Community v. Paraguay. Merits, reparations and costs.* Judgment of March 29, 2006, Series C No. 146, para. 118, and *Case of the Saramaka People. v. Suriname. Preliminary objections, merits, reparations and costs.* Judgment of November 28, 2007, Series C No. 173, para. 90. Also, following its judgment in the Case *of the Mayagna (Sumo) Awas Tingni Community v. Nicaragua,* the Court ruled with regard to a tribal people in the *Case of the Moiwana Community v. Suriname.* According to the respective judgment (*Preliminary objections, merits, reparations and costs.* Judgment of June 15, 2005. Series C No. 124, para. 133) "this Court's case law in relation to the indigenous communities and their communal rights to property [...] must also be applied to members of [...] tribal communities." Even before its ruling in the Case *of the Mayagna (Sumo) Awas Tingni Community v. Nicaragua,* the Court had noted the pertinence of considering the customs of tribal peoples as standards that are effective in the community

consideraciones generales sobre dicho derecho. Para ello, dará cuenta de algunos aspectos en los que se ha ido desarrollando su jurisprudencia.

93. La Corte se ha referido al contenido del derecho de propiedad comunitaria indígena y sus implicancias. Así, en 2001, respecto del caso *Comunidad Mayagna (Sumo) Awas Tingni Vs. Nicaragua*, tomando en cuenta diversas pautas de interpretación[91], estableció que el derecho de propiedad privada plasmado en el artículo 21 de la Convención comprende, en relación con pueblos indígenas, la propiedad comunal de sus tierras[92]. Explicó entonces que:

---

[91] En esa oportunidad, se aludió a "una interpretación evolutiva de los instrumentos internacionales de protección de derechos humanos, tomando en cuenta las normas de interpretación aplicables y de conformidad con el artículo 29.b de la Convención que prohíbe una interpretación restrictiva de los derechos" (*Caso de la Comunidad Mayagna (Sumo) Awas Tingni Vs. Nicaragua. Fondo, Reparaciones y Costas*. Sentencia de 31 de agosto de 2001. Serie C No. 79, párr. 148). Más adelante, en relación con el caso *Yakye Axa Vs. Paraguay*, la Corte explicó que es pertinente, y acorde a lo preceptuado en el artículo 29 de la Convención, una interpretación "evolutiva", que tenga en cuenta que "los tratados de derechos humanos son instrumentos vivos, cuya interpretación tiene que acompañar la evolución de los tiempos y las condiciones de vida actuales". También que, de conformidad con la Convención de Viena sobre el Derecho de los Tratados, para interpretar un tratado no solo hay que considerar los instrumentos formalmente relacionados con el mismo, sino el sistema en el que se inscribe. En ese sentido, es relevante el Convenio 169 de la OIT (*cfr. Caso Comunidad Indígena Yakye Axa Vs. Paraguay. Fondo Reparaciones y Costas*. Sentencia 17 de junio de 2005. Serie C No. 125, párrs. 127 y 128; también jurisprudencia posterior, como la sentencia sobre el caso *Pueblo Indígena Xucuru y sus miembros Vs. Brasil (Excepciones Preliminares, Fondo, Reparaciones y Costas*. Sentencia de 5 de febrero de 2018. Serie C No. 346, párr. 115)). El Convenio 169 de la Organización Internacional del Trabajo es relevante, además, teniendo en cuenta que el artículo 29.b) de la Convención Americana señala que ninguna disposición de ésta puede ser interpretada en el sentido de "limitar el goce y ejercicio de cualquier derecho o libertad que pueda estar reconocido de acuerdo con las leyes de cualquiera de los Estados partes o de acuerdo con otra convención en que sea parte uno de dichos Estados". El Convenio 169 de la OIT fue aprobado por Argentina por medio de una ley de 1992 y el Estado lo ratificó en el año 2000 (*supra* párr. 54 y nota a pie de página 40). La Corte aclara que son consistentes con el entendimiento referido las pautas o criterios jurisprudenciales de este Tribunal que se expresan en la presente Sentencia. Por otra parte, en tanto que los hechos del presente caso abarcan un prolongado período, este Tribunal considera útil dejar sentado que Argentina, con base en distintas disposiciones normativas internacionales (y también internas), ha tenido obligaciones respecto de pueblos indígenas durante todo el tiempo que cabe tener en cuenta. Antes de 1984, en 1959 y 1960, Argentina había, respectivamente, aprobado y ratificado el Convenio 107 de la OIT (*supra* nota a pie de página 40), que mandaba "reconocer el derecho de propiedad" de tierras indígenas. Por otra parte, en 1985 se sancionó la ley nacional 23.302 (*supra* párr. 54), que entre sus disposiciones prevé acciones para la adjudicación en propiedad de tierras fiscales nacionales y provinciales a comunidades indígenas y el reconocimiento de su personería jurídica. Dicha ley fue reglamentada en 1989 por el Decreto 155 del Poder Ejecutivo Nacional (*supra* párr. 54). Además, las reformas de la Constitución Nacional de 1994 y de la Constitución de Salta de 1998 reconocieron obligaciones estatales respecto a pueblos indígenas (*supra* párrs. 54 y 55). Antes, en 1986, Salta aprobó la Ley No. 6.373 de "Promoción de Desarrollo del Aborigen" y en 1992, por medio de la ley provincial 6.681, adhirió a la ley nacional 23.302 (*supra* párr. 55). Por otra parte, es pertinente dejar sentado que el perito Solá expresó que Argentina votó de modo afirmativo por la aprobación de las Declaraciones de las Naciones Unidas y Americana sobre Derechos de los Pueblos Indígenas. Lo mismo, respecto del primer texto, notó también la perita Yáñez Fuenzalida. La Corte, de modo complementario, tendrá en cuenta esos instrumentos.

[92] *Caso de la Comunidad Mayagna (Sumo) Awas Tingni Vs. Nicaragua*, párrs. 148, 149 y 151. También, en sentido equivalente: *Caso Comunidad Indígena Yakye Axa Vs. Paraguay*, párrs. 131 y 132; *Caso Comunidad Indígena Sawhoyamaxa Vs. Paraguay. Fondo, Reparaciones y Costas*. Sentencia de 29 de marzo de 2006, Serie C No. 146, párr. 118, y *Caso del Pueblo Saramaka. Vs. Surinam. Excepciones Preliminares, Fondo, Reparaciones y Costas*. Sentencia de 28 de noviembre de 2007, Serie C No. 173, párr. 90. En el mismo sentido, pero respecto a un pueblo tribal, se pronunció la Corte, después de su sentencia sobre el caso *Awas Tingn Vs. Nicaragua*, respecto al caso *Comunidad Moiwana Vs. Surinam*. Como surge de la sentencia respectiva (*Excepciones Preliminares, Fondo, Reparaciones y Costas*. Sentencia 15 de junio de 2005. Serie C No. 124, párr. 133) "la jurisprudencia de esta Corte en relación con las comunidades indígenas y sus derechos comunales a la propiedad [...] debe también aplicarse a los miembros de [...] comunidad[es] tribal[es]". Ya antes de su decisión en el caso *Awas Tingni Vs. Nicaragua* la Corte había advertido la

Among indigenous [people] there is a community tradition that relates to a communal form of collective ownership of the land, in the sense that its possession is not centered on an individual, but rather on the group and its community. Indigenous people, due to their very existence, have the right to live freely on their own territories; the close relationship that indigenous people have with the land should be recognized and understood as the very foundation of their cultures, their spiritual life, their integrity, and their economic survival.[93]

94. In 2005, when deciding the case of the *Yakye Axa Indigenous Community v. Paraguay*, the Court understood that the right to property protects not only the connection of the indigenous communities to their territories, but also "the natural resources these territories contain that are connected to their culture, as well as the intangible elements derived from them."[94] Then, in the case of the *Saramaka People v. Suriname*, it indicated that "the right to the use and enjoyment of the territory would have no meaning if it was not connected to the natural resources that are found within that territory." Consequently, the ownership of the land relates to the "need to ensure the security and permanence of the control and use of the natural resources [...], which, in turn, preserves the way of life" of the communities. The resources that are protected by the right to communal property are those that the communities "have used traditionally and that are necessary for the very survival, development and continuity of their way of life."[95] Therefore, any activities by the State or third parties that could "affect the integrity of the land and natural resources" should respect certain parameters that the State must guarantee: the real participation of the communities concerned; their reasonable benefit, and the prior execution of social and environmental impact assessments.[96]

95. In addition in the 2001 judgment in the case of the *Mayagna (Sumo) Awas Tingni Community v. Nicaragua*, the Court indicated that "the possession of the land should suffice for the indigenous communities [...] to obtain official recognition of their communal ownership and its consequent registration."[97] This action declares the pre-existing right; it does not constitute the right.[98] In its 2005 judgment in the case of

---

sphere (*Cf. Case of Aloeboetoe et al. v. Suriname. Reparations and costs*. Judgment of September 10, 1993. Series C No. 15, para. 62).

[93] *Case of the Mayagna (Sumo) Awas Tingni Community v. Nicaragua*, paras. 148, 149 and 151.

[94] *Case of the Yakye Axa Indigenous Community v. Paraguay, para. 137. Similarly, Case of the Kichwa Indigenous People of Sarayaku v. Ecuador. Merits and reparations*. Judgment of June 27, 2012. Series C No. 245, para. 145; *Case of the Kuna Indigenous People of Madungandí and the Emberá Indigenous People of Bayano and their members v. Panama. Preliminary objections, merits, reparations and costs*. Judgment of October 14, 2014. Series C No. 284, para. 111 and 112; *Case of the Garifuna Community of Punta Piedra and its members v. Honduras. Preliminary objections, merits, reparations and costs*. Judgment of October 8, 2015. Series C No. 304, *para. 165; Case of the Triunfo de la Cruz Garifuna Community and its members v. Honduras. Merits, reparations and costs*. Judgment of October 8, 2015. Series C No. 324, para. 100; *Case of the Kaliña and Lokono Peoples v. Suriname. Merits, reparations and costs*. Judgment of November 25, 2015. Series C No. 309, para. 129, and *Case of the Xucuru Indigenous People and its members v. Brazil (Preliminary objections, merits, reparations and costs*. Judgment of February 5, 2018. Series C No. 346, para. 115.

[95] *Case of the Saramaka People v. Suriname*, paras. 121 and 122. Similarly, *Case of the Kuna Indigenous People of Madungandí and the Emberá Indigenous People of Bayano and their members v. Panama*, para. 112.

[96] *Case of the Saramaka People v. Suriname*, paras. 129 and footnote 124.

[97] *Case of the Mayagna (Sumo) Awas Tingni Community v. Nicaragua*, paras. 148, 149 and 151.

[98] Thus, the Court has held that "in the case of indigenous communities that have occupied their ancestral lands in accordance with customary practices – yet lack real title to the property – mere possession of the

[e]ntre l[a]s [personas] indígenas existe una tradición comunitaria sobre una forma comunal de la propiedad colectiva de la tierra, en el sentido de que la pertenencia de ésta no se centra en un individuo sino en el grupo y su comunidad. Los indígenas por el hecho de su propia existencia tienen derecho a vivir libremente en sus propios territorios; la estrecha relación que los indígenas mantienen con la tierra debe de ser reconocida y comprendida como la base fundamental de sus culturas, su vida espiritual, su integridad y su supervivencia económica[93].

94. Al decidir, en 2005, sobre el caso *Comunidad Indígena Yakye Axa Vs. Paraguay*, la Corte entendió que el derecho de propiedad protege no sólo el vínculo de las comunidades indígenas con sus territorios, sino también "los recursos naturales ligados a su cultura que ahí se encuentren, así como los elementos incorporales que se desprendan de ellos"[94]. Explicó después, respecto del caso *Pueblo Saramaka Vs. Surinam*, que "el derecho a usar y gozar del territorio carecería de sentido [si no] estuviera conectado con los recursos naturales que se encuentran dentro del territorio". Por ello, la titularidad de la tierra está unida a la "necesidad de garantizar la seguridad y la permanencia del control y uso de los recursos naturales [...], lo que a su vez, mantiene [el] estilo de vida" de las comunidades. Los recursos que están protegidos por el derecho de propiedad comunitaria son los que las comunidades "han usado tradicionalmente y que son necesarios para la propia supervivencia, desarrollo y continuidad de [su] estilo de vida"[95]. Por eso, la realización, por el Estado o terceros, de actividades que puedan "afectar la integridad de las tierras y recursos naturales" deben seguir ciertas pautas que el Estado debe garantizar: la participación efectiva de las comunidades afectadas; su beneficio en términos razonables y la previa realización de estudios de impactos sociales y ambientales[96].

95. Por otra parte, la sentencia del caso *Awas Tingni Vs. Nicaragua*, de 2001, señaló que "la posesión de la tierra debería bastar para que las comunidades indígenas [...] obtengan el reconocimiento oficial [de la] propiedad y el consiguiente registro"[97]. Tal acto declara el derecho preexistente, no lo constituye[98]. Conforme surge de su decisión de 2005 sobre el caso *Yake Axa Vs. Paraguay*, la Corte resaltó que el Estado

---

pertinencia de considerar las costumbres de pueblos tribales, en tanto normas de eficacia en el ámbito comunitario (*cfr. Caso Aloeboetoe y otros Vs. Surinam. Reparaciones y Costas.* Sentencia de 10 de septiembre de 1993. Serie C No. 15, párr. 62).
[93] *Caso de la Comunidad Mayagna (Sumo) Awas Tingni Vs. Nicaragua*, párrs. 148, 149 y 151.
[94] *Caso Comunidad Indígena Yakye Axa Vs. Paraguay*, párr. 137. En el mismo sentido, *Caso Pueblo Indígena Kichwa de Sarayaku Vs. Ecuador. Fondo y Reparaciones.* Sentencia de 27 de junio de 2012. Serie C No. 245, párr. 145; *Caso de los Pueblos Indígenas Kuna de Madungandí y Emberá de Bayano y sus Miembros Vs. Panamá. Excepciones Preliminares, Fondo, Reparaciones y Costas.* Sentencia de 14 de octubre de 2014. Serie C No. 284, párr. 111 y 112; *Caso Comunidad Garífuna de Punta Piedra y sus Miembros Vs. Honduras. Excepciones Preliminares, Fondo, Reparaciones y Costas.* Sentencia de 8 de octubre de 2015. Serie C No. 304, párr. 165; *Caso Comunidad Garífuna Triunfo de la Cruz y sus Miembros Vs. Honduras. Fondo, Reparaciones y Costas.* Sentencia de 8 de octubre de 2015. Serie C No. 324, párr. 100; *Caso Pueblos Kaliña y Lokono Vs. Surinam. Fondo, Reparaciones y Costas.* Sentencia de 25 de noviembre de 2015. Serie C No. 309, párr. 129, y *Caso Pueblo Indígena Xucuru*, párr. 115.
[95] *Caso del Pueblo Saramaka Vs. Surinam*, párrs. 121 y 122. En el mismo sentido, *Caso de los Pueblos Indígenas Kuna de Madungandí y Emberá de Bayano y sus Miembros Vs. Panamá*, párr. 112.
[96] *Caso del Pueblo Saramaka Vs. Surinam*, párrs. 129 y nota a pie de página 124.
[97] *Caso de la Comunidad Mayagna (Sumo) Awas Tingni Vs. Nicaragua*, párrs. 148, 149 y 151.
[98] Así, la Corte ha indicado que "en el caso de comunidades indígenas que han ocupado sus tierras ancestrales de acuerdo con sus prácticas consuetudinarias – pero que carecen de un título formal de propiedad – la posesión de la tierra debería bastar para que obtengan el reconocimiento oficial de dicha propiedad y el consiguiente registro" (*Caso de la Comunidad Moiwana Vs. Surinam*, párr. 131).

the *Yakye Axa Indigenous Community v. Paraguay*, the Court underscored that the State should not only acknowledge the right to communal property, but should also make this "truly effective in practice."[99] The Court has indicated that the relationship of the indigenous peoples with the land "is not merely a privilege that is granted to use the land that can be taken away by the State or overshadowed by property rights of third parties, but a right [...] to obtain title to their territory in order to guarantee the permanent use and enjoyment of this land."[100] When ruling on the case of the *Sawhoyamaxa Indigenous Community v. Paraguay* in 2006, the Court stipulated that:

> (1) traditional possession of their lands by indigenous people has equivalent effects to those of a state-granted full property title; (2) traditional possession entitles indigenous people to demand official recognition and registration of property title; (3) the members of indigenous peoples who have unwillingly left their traditional lands, or lost possession thereof, maintain property rights thereto,[101] even though they lack legal title, unless the lands have been lawfully transferred to third parties in good faith, and (4) the members of indigenous peoples who have unwillingly lost possession of their lands, when those lands have been lawfully transferred to innocent third parties, are entitled to restitution thereof or to obtain other lands of equal extension and quality."[102]

---

land should suffice to obtain official recognition of their communal ownership" and the consequent registration" (*Case of the Moiwana Community v. Suriname*, para. 131).

[99] *Case of the Yakye Axa Indigenous Community v. Paraguay*, para. 141.

[100] *Cf. Case of the Moiwana Community v. Suriname*, para. 211, and *Case of the Xucuru Indigenous People and its members v. Brazil*, para. 117.

[101] The Court has indicated that indigenous peoples' right to ownership of their territories extends, in principle, to the lands and resources that they currently use, and also those lands that were taken from them and with which they still have a connection (*Cf. Case of the Mayagna (Sumo) Awas Tingni Community v. Nicaragua*, para. 153.2, and *Case of the Yakye Axa Indigenous Community v. Paraguay*, para. 135).

[102] *Case of the Sawhoyamaxa Indigenous Community v. Paraguay*, para. 128, also *Case of the Xucuru Indigenous People and its members v. Brazil*, para. 117. Regarding the mention of "innocent third parties," it should be explained that the Court has noted in its case law that there may be a conflict between the indigenous communal property and individual private property. In this regard, this reference should also be understood taking into consideration other aspects noted by the Court in its case law. Thus, the Court has stated that possible restrictions of indigenous communal property may be admissible under the Convention, provided these respect certain parameters: (a) "they must be established by law"; (b) "for the purpose of achieving a legitimate objective in a democratic society," in other words, a "collective objective [...] that, owing to its importance, clearly outweighs the need for the full enjoyment of the restricted right"; (c) are "necessary" "to meet a compelling public interest," and (d) are "proportionate," in the sense of being "closely adapted to attainment of the legitimate objective, interfering as little as possible in the effective exercise of the restricted right." On this basis, when communal property is involved, the State must assess the conflict between property rights on a case-by-case basis and the "restrictions that would result from the recognition of one right rather than the other." Accordingly, States must take into account that "indigenous territorial rights encompass a different and broader concept that relates to the collective right to survival as an organized people, with control over its habitat as a necessary condition for the reproduction of its culture, for its development and to implement its life projects[; o]wnership of the land ensures that the members of the indigenous communities preserve their cultural heritage." Moreover, the preservation of the cultural identity of indigenous peoples or communities may be a "collective objective" that makes it necessary to restrict the rights of private individuals. This does not mean that indigenous communal ownership should always prevail over private ownership, but when indigenous communities are deprived of their traditional territory with justification, as indicated in Article 16(4) of ILO Convention 169, these communities "shall be provided in all possible cases with lands of quality and legal status at least equal to that of the lands previously occupied by them, suitable to provide for their present needs and future development. Where the peoples concerned express a preference for compensation in money or in kind, they shall be so compensated under appropriate guarantees." The Court has indicated that "[s]election and transfer of alternative lands,

no solo debe reconocer el derecho de propiedad comunitaria, sino también hacerlo "efectivo en la realidad y en la práctica"[99]. La Corte ha explicado que la relación de los pueblos indígenas con el territorio "no se trata de un privilegio para usar la tierra, el cual puede ser despojado por el Estado u opacado por derechos a la propiedad de terceros, sino de un derecho [...] para obtener la titulación de su territorio a fin de garantizar el uso y goce permanente de dicha tierra"[100]. Al pronunciarse en 2006 sobre el caso *Comunidad Indígena Sawhoyamaxa Vs. Paraguay*, este Tribunal precisó que:

> (1) la posesión tradicional de los indígenas sobre sus tierras tiene efectos equivalentes al título de pleno dominio que otorga el Estado; (2) la posesión tradicional otorga a los indígenas el derecho a exigir el reconocimiento oficial de propiedad y su registro; (3) los miembros de los pueblos indígenas que por causas ajenas a su voluntad han salido o perdido la posesión de sus tierras tradicionales mantienen el derecho de propiedad sobre las mismas[101], aún a falta de título legal, salvo cuando las tierras hayan sido legítimamente trasladas a terceros de buena fe; y (4) los miembros de los pueblos indígenas que involuntariamente han perdido la posesión de sus tierras, y estas han sido trasladas legítimamente a terceros inocentes, tienen el derecho de recuperarlas o a obtener otras tierras de igual extensión y calidad."[102]

---

[99] *Caso Comunidad Indígena Yakye Axa Vs. Paraguay*, párr. 141.
[100] *Cfr. Caso de la Comunidad Moiwana Vs. Suriname*, párr. 211, y *Caso Pueblo Indígena Xucuru y sus miembros Vs. Brasil*, párr. 117.
[101] De acuerdo con lo que ha señalado la Corte, el derecho de propiedad de pueblos indígenas sobre el territorio se extiende, en principio, a las tierras y recursos que usan en forma actual, como también a aquellas tierras de las que fueron despojados y con las que mantienen una relación (*cfr. Caso de la Comunidad Mayagna (Sumo) Awas Tingni Vs. Nicaragua*, párr. 153.2, y *Caso Comunidad Indígena Yakye Axa Vs. Paraguay*, párr. 135).
[102] *Caso Comunidad Indígena Sawhoyamaxa Vs. Paraguay*, párr. 128, también *Caso Pueblo Indígena Xucuru y sus miembros Vs. Brasil*, párr. 117. Es preciso explicar, a propósito de la mención a "terceros inocentes", que la Corte ha notado en su jurisprudencia que puede haber contradicción entre la propiedad comunitaria indígena y la propiedad privada particular. Al respecto, lo indicado debe entenderse considerando también otras puntualizaciones efectuadas por la Corte en su jurisprudencia. En ese sentido, este Tribunal ha dicho que las eventuales restricciones a la propiedad comunitaria indígena pueden ser convencionalmente admisibles, siempre que obedezcan ciertas pautas: (a) "estar establecidas por ley"; (b) tener "el fin de lograr un objetivo legítimo en una sociedad democrática", es decir, un "objetivo [...] colectivo [...] que, por su importancia, prepondere [...] claramente sobre la necesidad del pleno goce del derecho restringido"; (c) ser "necesarias" para "satisfacer un interés público imperativo", y (d) ser "proporcionales", en el sentido de "ajustarse estrechamente al logro de[l] legítimo objetivo, interfiriendo en la menor medida posible en el efectivo ejercicio del derecho restringido". Teniendo en cuenta lo anterior es que los Estados deben valorar, caso a caso, la contradicción entre derechos de propiedad cuando esté involucrada la propiedad comunitaria y las "restricciones que resultarían del reconocimiento de un derecho sobre otro". Al hacerlo, deben tener en cuenta que "los derechos territoriales indígenas abarcan un concepto más amplio y diferente que está relacionado con el derecho colectivo a la supervivencia como pueblo organizado, con el control de su hábitat como una condición necesaria para la reproducción de su cultura, para su propio desarrollo y para llevar a cabo sus planes de vida[; que l]a propiedad sobre la tierra garantiza que los miembros de las comunidades indígenas conserven su patrimonio cultural", y que preservar la identidad cultural de los pueblos o comunidades indígenas puede ser un "objetivo colectivo" que haga necesaria la restricción a derechos de particulares. Esto no significa que siempre deba prevalecer la propiedad comunitaria indígena sobre la particular, pero en los casos en que justificadamente las comunidades indígenas se vean privadas de su territorio tradicional, dichas comunidades deben, de ser posible, conforme indica el artículo 16.4 del Convenio 169, "recibir tierras cuya calidad y cuyo estatuto jurídico sean por lo menos iguales a los de las tierras que ocupaban anteriormente, y que les permitan subvenir a sus necesidades y garantizar su desarrollo futuro. Cuando los pueblos interesados prefieran recibir una indemnización en dinero o en especie, deberá concedérseles dicha indemnización, con las garantías

96. The State is obliged to give "geographical certainty" to the communal property as this Court indicated when deciding the case of the *Mayagna (Sumo) Awas Tingni Community v. Nicaragua*. On that occasion, and in subsequent decisions, the Court referred to the obligation "to delimit" and "to demarcate" the territory, in addition to the obligation to "grant title to it."[103] For example, in 2014, in the case of the *Kuna Indigenous People of Madungandí and the Emberá Indigenous People of Bayano and their members v. Panama*, the Court stated that, "based on the principle of legal certainty, the State obligation to take measures to ensure the right to property of the indigenous peoples necessarily signifies, that the State must demarcate, delimit, and grant title to the territories of the indigenous communities […]. Therefore, failure to comply with these obligations constitutes a violation of the use and enjoyment of the property of the members of the said communities."[104] Demarcation and granting title should result in the peaceful use and enjoyment of the property.[105]

97. In keeping with the foregoing, in 2015, the Court underlined that "based on the principle of legal certainty, the territorial rights of indigenous peoples must be implemented by the adoption of the legislative and administrative measures required to create an effective mechanism for delimitation, demarcation and titling that recognizes those rights in practice" and makes them enforceable before the State authorities or third parties.[106] It included similar findings in its 2018 decision in the case of the *Xucuru Indigenous People and its members v. Brazil*.[107]

98. Based on the above, it is relevant to recall that the State must ensure the effective ownership of the indigenous peoples and, therefore, it must: (a) delimit

---

payment of fair compensation, or both, are not subject to purely discretionary criteria of the State, but rather, pursuant to a comprehensive interpretation of ILO Convention No. 169 and of the American Convention, a consensual agreement must be reached with the peoples involved, in accordance with their own consultation mechanisms, values, customs and customary law" (*Cf. Case of the Yakye Axa Indigenous Community v. Paraguay*, paras. 144, 145, 146, 148 and 151, and *Case of the Saramaka People v. Suriname*, para. 127).

[103] *Case of the Mayagna (Sumo) Awas Tingni Community v. Nicaragua*, para. 153. The Court had occasion to indicate, in relation to a specific case, that the obligations of the State are "sequential" and apply with regard to both traditional territory and "alternative lands"; "first, it is necessary to identify the territory of the Community, which means establishing its limits and demarcations, as well as its extension. Once the territory and its limits have been determined, if this is in the hands of third parties, the State must initiate the procedures to purchase it or assess whether it should be expropriated […]. If, for justified and objective reasons, the State is unable to reclaim the territory that has been identified as the traditional land of the Community, it must provide it with alternative land to be chosen by mutual agreement. Lastly, when the land has been expropriated or chosen by mutual agreement, the State must provide title to it and transfer it physically and formally to the Community" (*Case of the Yakye Axa Indigenous Community v. Paraguay. Interpretation of the judgment on merits, reparations and costs*. Judgment of February 6, 2006, para. 34). In principle, these indications, which were given in a specific case, can be generalized. The Court has also had occasion to examine concrete facts that denote the discontinuous nature of the titled land, or its division and fragmentation, so that the different lots that compose it do not have a single "geographical extension," which has a negative impact on the use and enjoyment of the said territory (*Case of the Triunfo de la Cruz Garífuna Community and its members v. Honduras*, para. 127).

[104] *Case of the Kuna Indigenous People of Madungandí and the Emberá Indigenous People of Bayano and their members v. Panama*, para. 119. The Court ruled similarly in subsequent cases: *Cf. Case of the Triunfo de la Cruz Garífuna Community and its members v. Honduras*, para. 120, and *Case of the Xucuru Indigenous People and its members v. Brazil*, para. 118.

[105] *Case of the Xucuru Indigenous People and its members v. Brazil*, para. 119.

[106] *Case of the Kaliña and Lokono Peoples v. Suriname*, para. 133.

[107] *Cf. Case of the Xucuru Indigenous People and its members v. Brazil*, para. 119.

96. El Estado tiene el deber de dar "certeza geográfica" a la propiedad comunitaria, como señaló este Tribunal al decidir el caso *Awas Tingni Vs. Nicaragua*. En esa oportunidad, y en decisiones posteriores, la Corte se refirió a los deberes de "delimitar" y "demarcar" el territorio, además de la obligación de "titularlo"[103]. Así, por ejemplo, en 2014, en relación con el caso de los *Pueblos Indígenas Kuna de Madungandí y Emberá de Bayano y sus Miembros Vs. Panamá*, la Corte expresó que "el deber de los Estados de adoptar medidas para asegurar a los pueblos indígenas su derecho a la propiedad implica necesariamente, en atención al principio de seguridad jurídica, que el Estado debe demarcar, delimitar y titular los territorios de las comunidades indígenas […]. Por tanto, el incumplimiento de dichas obligaciones constituye una violación al uso y goce de los bienes de los miembros de dichas comunidades"[104]. La titulación y demarcación deben implicar el uso y goce pacífico de la propiedad[105].

97. De modo concordante con lo anterior, la Corte destacó en 2015 que "en atención al principio de seguridad jurídica, es necesario materializar los derechos territoriales de los pueblos indígenas a través de la adopción de medidas legislativas y administrativas necesarias para crear un mecanismo efectivo de delimitación, demarcación y titulación, que reconozca tales derechos en la práctica" y los haga oponibles ante las propias autoridades estatales o frente a terceros[106]. Consideraciones equivalentes realizó en 2018, en su decisión sobre el caso *Pueblo Indígena Xucuru y sus miembros Vs. Brasil*[107].

98. Con base en lo anteriormente dicho, es relevante recordar que el Estado debe asegurar la propiedad efectiva de los pueblos indígenas y, por tanto, debe: a.-

---

apropiadas". La Corte ha expresado que "[l]a elección y entrega de tierras alternativas, el pago de una justa indemnización o ambos no quedan sujetas a criterios meramente discrecionales del Estado, deben ser, conforme a una interpretación integral del Convenio No. 169 de la OIT y de la Convención Americana, consensuadas con los pueblos interesados, conforme a sus propios procedimientos de consulta, valores, usos y derecho consuetudinario" (*cfr. Caso Comunidad Indígena Yakye Axa Vs. Paraguay*, párrs. 144, 145, 146, 148 y 151, y *Caso del Pueblo Saramaka Vs. Surinam*, párr. 127).

[103] *Caso de la Comunidad Mayagna (Sumo) Awas Tingni Vs. Nicaragua*, párr. 153. La Corte tuvo oportunidad de explicar, en relación con un caso puntual, que las obligaciones estatales son "secuenciales", y rigen tanto respecto del territorio tradicional como de tierras "alternativas": "primero se debe identificar el territorio de la Comunidad, lo que a su vez significa establecer sus límites y demarcaciones, así como su extensión. Concluida la identificación del territorio y sus límites, de resultar que el mismo se encuentra en manos privadas, el Estado debe iniciar los procedimientos para su compra o valorar la conveniencia de expropiarlo […]. De darse motivos objetivos y fundamentados que imposibiliten que el Estado reivindique el territorio identificado como el tradicional de la Comunidad, deberá entregarle tierras alternativas, que serán electas de manera consensuada. Finalmente, sea que se expropien o se elijan de manera consensuada las tierras, el Estado debe titularlas y entregarlas física y formalmente a la Comunidad" (*Caso Comunidad Indígena Yakye Axa Vs. Paraguay. Interpretación de la Sentencia de Fondo, Reparaciones y Costas*. Sentencia de 6 de febrero de 2006, párr. 34). Estos señalamientos, efectuados en relación con un caso específico, son, en principio, generalizables. Por otra parte, la Corte también ha tenido ocasión de conocer hechos concretos que denotaban que la falta de continuidad del territorio titulado, o su división y fraccionamiento, de modo que no pueda darse una "prolongación geográfica" de los distintos lotes que lo integran, impactó negativamente en el uso y goce de dicho territorio (*Caso Comunidad Garífuna Triunfo de la Cruz y sus Miembros Vs. Honduras*, párr. 127).
[104] *Caso de los Pueblos Indígenas Kuna de Madungandí y Emberá de Bayano y sus Miembros Vs. Panamá*, párr. 119. En el mismo sentido se pronunció la Corte con posterioridad: *cfr. Caso Comunidad Garífuna Triunfo de la Cruz y sus Miembros Vs. Honduras*, párr. 120, y *Caso Pueblo Indígena Xucuru y sus miembros Vs. Brasil*, párr. 118.
[105] *Caso Pueblo Indígena Xucuru y sus miembros Vs. Brasil*, párr. 119.
[106] *Caso Pueblos Kaliña y Lokono Vs. Surinam*, párr. 133.
[107] *Cfr. caso Pueblo Indígena Xucuru y sus miembros Vs. Brasil*, párr. 119.

indigenous lands from others and grant collective title to the lands of the communities;[108] (b) "refrain from carrying out actions that may result in agents of the State or third parties acting with its acquiescence or tolerance, adversely affecting the existence, value, use and enjoyment of their territory,"[109] and (c) guarantee the right of the indigenous peoples to truly control and use their territory and natural resources,[110] and to own their territory without any type of external interference from third parties.[111]

B. RECOGNITION AND DETERMINATION OF COMMUNAL PROPERTY

99. The Court will now consider the arguments submitted by the Commission and the parties with regard to the recognition and determination of the property. In other words, it will assess the arguments on the alleged absence of appropriate procedure to guarantee the ownership and granting of an adequate property title that would provide legal certainty to the right. It will also examine the obligation to ensure the right to property in relation to the presence of non-indigenous settlers on the claimed territory. These arguments relate to the right to property established in Article 21 of the Convention. The violation of the rights to an effective procedure for the protection of property, to recognition of juridical personality, to freedom of association, and of political rights has also been alleged. These are established, respectively, in Articles 8 and 25, 3, 16 and 23 of the Convention.

B.1. Arguments of the Commission and of the parties

100. The *Commission* argued that the State had violated the communities' right to property "because it had not provided effective access to property titles over ancestral territory," and added that this violation occurred: (a) because it had failed to implement domestic norms that recognized this, and (b) in relation to the rights to judicial guarantees and protection, owing to the absence of an effective procedure to recognize and "legalize" ownership.[112] In its Merits Report, the Commission linked

---

[108] Cf. *Case of the Mayagna (Sumo) Awas Tingni Community v. Nicaragua*, para. 164, and *Case of the Xucuru Indigenous People and its members v. Brazil*, para. 117. In this regard, expert witness Yáñez Fuenzalida stated that "[i]n the case of land without title, the international obligation of the State is to demarcate and grant title to indigenous territories to provide legal certainty over the indigenous ancestral domains."

[109] Cf. *Case of the Mayagna (Sumo) Awas Tingni Community v. Nicaragua*, para. 164, and *Case of the Xucuru Indigenous People and its members v. Brazil*, para. 117.

[110] Cf. *Case of the Yakye Axa Indigenous Community v. Paraguay*, para. 137; *Case of the Kichwa Indigenous People of Sarayaku v. Ecuador*, para. 146, and *Case of the Xucuru Indigenous People and its members v. Brazil*, para. 117. This is consistent with Article 26(1) of the United Nations Declaration on the Rights of Indigenous Peoples. Also, the Committee on the Elimination of Racial Discrimination urged States "to recognize and protect the rights of indigenous peoples to own, develop, control and use their communal lands, territories and resources" *(General Recommendation 23, Rights of Indigenous Peoples.* (Fifty-first session, 1997) Doc. A/52/18, annex V, para. 5).

[111] Cf. *Case of the Saramaka People v. Suriname*, para. 115, and *Case of the Xucuru Indigenous People and its members v. Brazil*, para. 117.

[112] In this context, the Commission indicated that there were "six successive variations in the applicable procedures," which included a "line of action" addressed at "allocating parcels to indigenous and *criollo* families." It included the 2005 referendum among those procedures. The Commission alleged that the referendum "was not the same as a process of prior consultation on [the] land allocation decision," and that

deslindar las tierras indígenas de otras y otorgar título colectivo de las tierras a las comunidades[108]; b.-"abstenerse de realizar actos que puedan llevar a que los agentes del propio Estado, o terceros que actúen con su aquiescencia o su tolerancia, afecten la existencia, el valor, el uso o el goce de su territorio"[109], y c.- a su vez, garantizar el derecho de los pueblos indígenas de controlar y usar efectivamente su territorio y recursos naturales[110], así como de ser propietarios de su territorio sin ningún tipo de interferencia externa de terceros[111].

B. RECONOCIMIENTO Y DETERMINACIÓN DE LA PROPIEDAD COMUNITARIA

99. A continuación, la Corte considerará los argumentos presentados por la Comisión y las partes respecto al reconocimiento y la determinación de la propiedad. Es decir, evaluará los alegatos sobre la aducida falta de procedimientos idóneos para garantizar la propiedad y el otorgamiento de un título de propiedad adecuado que brinde seguridad jurídica al derecho. También examinará el deber de garantía del derecho de propiedad en relación con la presencia de pobladores no indígenas en el territorio reclamado. Los argumentos señalados se vinculan con el derecho de propiedad, recogido en el artículo 21 de la Convención. También se ha aducido la lesión al derecho a contar con procedimientos efectivos para la tutela de la propiedad, al reconocimiento de la personalidad jurídica, a la libertad de asociación y a los derechos políticos, incorporados, respectivamente, en los artículos 8 y 25, 3, 16 y 23 del tratado.

B.1. Argumentos de la Comisión y de las partes

100. La *Comisión* sostuvo que el Estado vulneró el derecho de propiedad de las comunidades "por no haberles provisto acceso efectivo al título de propiedad sobre su territorio ancestral", y agregó que dicha violación se dio: (a) por no implementar normas internas que lo consagraban y (b) en conexión con derechos a las garantías y protección judiciales, por la falta de un procedimiento efectivo para reconocer y "regularizar" la propiedad[112]. La Comisión, en su Informe de Fondo, ligó lo dicho al

---
[108] Cfr. *Caso de la Comunidad Mayagna (Sumo) Awas Tingni Vs. Nicaragua*, párr. 164, y *Caso Pueblo Indígena Xucuru y sus miembros Vs. Brasil*, párr. 117. En ese sentido, la perita Yáñez Fuenzalida afirmó que "[t]ratandose de tierras no tituladas, la obligación internacional del Estado es demarcar y titular los territorios indígenas para proveer certeza jurídica sobre el dominio ancestral indígena".
[109] Cfr. *Comunidad Mayagna (Sumo) Awas Tingni Vs. Nicaragua*, párr. 164, y *Caso Pueblo Indígena Xucuru y sus miembros Vs. Brasil*, párr. 117.
[110] Cfr. *Caso Comunidad Indígena Yakye Axa Vs. Paraguay*, párr. 137; *Caso Pueblo Indígena Kichwa de Sarayaku Vs. Ecuador*, párr. 146, y *Caso Pueblo Indígena Xucuru y sus miembros Vs. Brasil*, párr. 117. Esto es consistente con el artículo 26.1 de la Declaración de las Naciones Unidas de Derechos de los Pueblos Indígenas. En el mismo sentido, el Comité para la Eliminación de todas las formas de Discriminación Racial exhortó a los Estados a que "reconozcan y protejan los derechos de los pueblos indígenas a poseer, explotar, controlar y utilizar sus tierras, territorios y recursos comunales" (*Recomendación General No. 23, relativa a los derechos de los pueblos indígenas*. 51° período de sesiones (1997). Doc. A/52/18, anexo V, párr. 5).
[111] Cfr. *Caso del Pueblo Saramaka Vs. Suriname*, párr. 115 y *Caso Pueblo Indígena Xucuru y sus miembros Vs. Brasil*, párr. 117.
[112] En este marco, la Comisión señaló que hubo "seis variaciones sucesivas en procedimientos aplicables", que incluyeron un "curso de acción" dirigido a "asignar parcelas a familias criollas e indígenas". Entre dichos procedimientos, incluyó el referéndum realizado en 2005. La Comisión adujo que el referéndum "no [fue] equivale[nte] a un proceso de consulta previa sobre [la] decisión de adjudicación territorial", y que mediante tal acto "se sujetó la decisión sobre un asunto que afectaba directamente a la población indígena, a la manifestación de voluntad de la población en general".

this to non-compliance with Articles 1(1) and 2 of the Convention, which establish, respectively, the obligations to respect and to ensure rights, and to adopt domestic legal provisions.[113]

101. The Commission indicated that it was 23 years after the first agreement, in 1991, that Decree 1498/14 transferred the ownership to the communities. However, the dispute had continued with regard to the demarcation of the territory and the way in which the land had been titled. It argued that "the communities still do not have a single, communal title" and it concluded that "the State continues to fail to comply with its obligation to make decisive and definitive progress in demarcation and delimitation."

102. The Commission also understood that the State had violated the right to property owing to the failure to "provide clear title" to the territory. It noted the presence of non-indigenous settler families on Lots 14 and 55.[114] It argued that "the State had failed to comply with its duty to prevent non-indigenous families from continuing to settle on the ancestral territory." It concluded that "now that more than 20 years ha[d] passed since the first agreement signed with the province of Salta and [five] years since the issue of Decree 1498/14, the communities have not been able to enjoy the territory effectively."

103. The *representatives* argued the violation of the right to communal property owing to: (a) the ineffectiveness of norms to allow the real enjoyment of this right; (b) the enactment of laws contrary to the realization of the "right to communal property"; (c) "the implementation of a fieldwork methodology characterized, first, by the successive and unilateral changes in the applicable procedures and, then, by the decision to subject [...] the process to the will of third parties" (*criollo* settlers), and (d) the absence "in [...] Argentina and Salta of an institutional mechanism for the delimitation and demarcation of territories." They alleged the violation of the same rights and obligations as those indicated by the Commission.[115]

104. The representatives argued that the State had not provided an effective procedure that would make it possible to "delimit, demarcate and title indigenous territory"; one that could "provide a concrete response to the territorial claims of the communities", including with regard to the "providing clear title to the [territory]."

---

this action "subjected the decision on a matter that directly affected the indigenous population to an expression of the will of the general population."
[113] It should be clarified that, when examining the last point cited in the Merits Report, the Commission referred to Article 2 of the American Convention. However, it did not mention this article in its conclusions on that aspect (expressed in paragraph 3 of the "Conclusions" of the Merits Report. In its final written arguments, it clarified that "in its Merits Report [...] the Commission concluded that the State [... had] violated the rights established in Articles 8 and 25 of the Convention [...] in connection with Article 21 and with Article 2 of the Convention, because the State had not complied with the rights legally recognized to the communities by provincial decrees, and had not provided the communities with a specific procedure, clearly regulated and appropriate to assert their right to collective property."
[114] The Commission noted that, given the difference between the hunter-gatherer, fishing and nomadic way of life of the indigenous communities and the cattle-raising way of life of the *criollo* population that seriously degrades the natural habitat, conflicts and tensions over land use and access to natural resources had arisen. One of the main problems is that of the appropriation of land, and the installation of fencing by the *criollos*, which prevents, restricts and curtails the mobility of the indigenous peoples.
[115] It should be clarified that, when referring to the violation of the rights to judicial guarantees and judicial protection, contrary to the Commission, the representative did so in relation to administrative and judicial actions filed to claim the defense of different aspects of the right to property. This judgment includes a chapter that examines the judicial actions (*infra* Chapter VII.3).

incumplimiento de los artículos 1.1 y 2 de la Convención, que prescriben, respectivamente, las obligaciones de respetar y garantizar los derechos, y adoptar disposiciones de derecho interno[113].

101. La Comisión especificó que tan solo 23 años después del primer acuerdo, efectuado en 1991, el Decreto 1498/14 traspasó la propiedad a las comunidades. Sin embargo, ha persistido la controversia en cuanto a la demarcación del territorio y el modo de titulación de [las] tierras. Aseveró que "las comunidades [todavía] no cuentan con un título único y común". Concluyó que "el Estado continúa incumpliendo su obligación de avanzar decidida y definitivamente en la demarcación [y] delimitación".

102. La Comisión, además, entendió que el Estado violó el derecho de propiedad por falta de "saneamiento" del territorio. Notó que en los lotes 14 y 55 hay presencia de familias de colonos no indígenas[114]. Afirmó que "el Estado incumplió con su deber de prevenir que familias no indígenas continuaran asentándose en el territorio ancestral". Concluyó que "habiendo [transcurrido] más de 20 años desde el primer acuerdo firmado con la Provincia de Salta y [cinco] años de[sde la emisión d]el Decreto 1498/14, las comunidades no han podido gozar de manera efectiva del territorio".

103. Los *representantes* alegaron la violación del derecho a la propiedad comunitaria por: (a) la inefectividad de normas para permitir el goce efectivo del derecho; (b) el dictado de normas contrarias a la vigencia del "derecho a la propiedad comunal"; (c) "la implementación de una metodología de trabajo en terreno signada, primero, por la modificación sucesiva y unilateral de los procedimientos aplicables y, luego, por la decisión de sujetar […] el proceso a la voluntad de terceros" (pobladores criollos), y (d) la falta "en […] Argentina y en Salta de un mecanismo institucional de demarcación y delimitación de los territorios". Adujeron la violación a los mismos derechos y obligaciones que los indicados por la Comisión[115].

104. Los representantes precisaron que el Estado no brindó un procedimiento efectivo que posibilitara la "delimitación, demarcación y titulación del territorio indígena" y que pudiera dar "respuesta concreta a las reivindicaciones territoriales de las comunidades", inclusive respecto del "saneamiento del [territorio]".

---

[113] Debe aclararse que al efectuar su examen del último punto citado en el Informe de Fondo, la Comisión hizo referencia al artículo 2 de la Convención Americana. No obstante, no aludió a dicha norma en sus conclusiones sobre tal aspecto (expresadas en el punto 3 de las "Conclusiones" del Informe de Fondo). En los alegatos finales escritos aclaró que "en su Informe de Fondo […] la Comisión concluyó que el Estado […] violó los derechos consagrados en los artículos 8 y 25 de la Convención […] en conexión con el artículo 21 y con el artículo 2 de la misma, toda vez que no se cumplieron los derechos legalmente reconocidos a las comunidades mediante decretos provinciales, ni se proveyó a las comunidades de un procedimiento específico, claramente regulado e idóneo para hacer valer su derecho a la propiedad colectiva".

[114] La Comisión notó que dada la diferencia entre el modo de vida cazador-recolector, pescador y nómada de las comunidades indígenas, y el modo de vida ganadero de la población criolla, que degrada su hábitat natural, han surgido conflictos y tensiones por causa del uso de la tierra y el acceso a los recursos naturales. Uno de los principales problemas es el de la apropiación de tierras y el tendido de cercas de alambre por parte de los criollos, que impiden, restringen y coartan la movilidad de los indígenas.

[115] Cabe aclarar que los representantes al referirse a la violación de los derechos a las garantías judiciales y a la protección judicial, a diferencia de la Comisión, lo hicieron respecto a acciones administrativas y judiciales presentadas para reclamar la defensa del derecho de propiedad en distintos aspectos. La presente Sentencia incluye un capítulo relativo al examen de acciones judiciales (*infra*, Capítulo VII.3).

105. They indicated that the violation of the right to property was "constituted" because "the indigenous communities still do not have title to their communal property [and] that much remains to be done in relation to the demarcation and delimitation of their territories." They emphasized that, to respect the "traditions and cultural norms" of the communities, the title required was "a single collective title without internal subdivisions" or "individual parcels."[116] They pointed out that Decree 1498/14 is not the same as a title and that "it has established a condominium arrangement between communities [...], *criollo* families and the province of Salta itself over Lots 55 and 14."

106. In this regard, they affirmed that the State had implemented a work methodology that disregarded its duty to return the indigenous lands and territories, because it was operating under the assumption that relocation agreements existed between indigenous and *criollo* families. They indicated that, "by failing to develop an alternative mechanism to guarantee the territorial rights if agreements were not reached," the State was trying "to subject any guarantee of rights of the indigenous communities to the wishes of third parties."[117] They added that an "extremely" serious violation of political rights had been verified produced by the "fraudulent" referendum held in 2005 and affirmed that it was not possible to submit the guarantee and protection of fundamental rights of the indigenous communities to a plebiscite.[118]

107. The representatives also argued that the recognition of juridical personality had not been effective because, in 1992, several communities had to organize themselves into a civil association to obtain legal status and negotiate the property claim. They indicated that this type of association bears no relationship to the traditional form of organization of the indigenous communities. They explained that, on October 23, 2017, an explicit request was sent to the Salta Ministry of Indigenous Affairs for recognition of Lhaka Honhat as an indigenous organization with its respective legal status. They pointed out that the Ministry had not replied to this request and indicated that "the lack of juridical personality [...], also interferes in the exercise of the right to freedom of association, because [...] it prevents the exercise of forms of community association for territorial and cultural claims." They added that "the registration" in the National Registry of Indigenous Peoples (Re.No.Pi.), regulated by INAI Resolution 328/2010, "does nothing to resolve the violation of the right [...] to juridical personality [...] because it contains a series of requirements that

---

[116] They explained that the way of life of the communities involved the freedom to move throughout the entire territory and that if the title were not as indicated it would just "change the *criollo* fencing for parceled properties." Regarding the claim for a "single" title and the fact that there are communities that are not members of Lhaka Honhat, they indicated that "all the indigenous communities have territorial claims and that, in the worst case scenario, [...] internal conflicts [...] should be resolved by the communities using their own conflict resolution mechanisms."

[117] The representatives also criticized this methodology indicating that "it was the State itself that: (a) has not carried out the necessary infrastructure works to achieve the relocation of the *criollo* families with whom an agreement has been reached [...] and (b) has not taken any effective action to eliminate fencing in the ancestral territory in order to mitigate the tremendous consequences for the traditional way of life of the indigenous communities."

[118] Additionally, they indicated that to guarantee democracy and, therefore, human rights, it was essential that elections be "authentic" and effectively reflect the will of the voters. In this regard, they affirmed that, during the said referendum, at least two irregularities were verified that prevented considering it to be "authentic" and a genuine expression of the will of the people, which entailed a violation of Article 23 of the Convention: the use of ballots with misleading messages promising economic well-being, and the fraudulent calculation of the quorum required for the validity of the vote.

105. Indicaron que la violación del derecho de propiedad "se configura" dado que "las comunidades indígenas no cuentan aún con el título sobre su propiedad comunitaria [y e]stán lejos de terminarse los trabajos de demarcación y delimitación de sus territorios". Enfatizaron que el título, para ser respetuoso de "tradiciones y pautas culturales" de las comunidades, debe ser "un solo título colectivo sin subdivisiones internas" o "parcelamiento[s] individual[es]"[116]. Señalaron que el Decreto 1498/14 no es equiparable a un título y que "ha conformado un condominio entre comunidades [...], familias criollas y la propia provincia de Salta sobre los [...] lotes [...] 55 y 14".

106. En relación con lo anterior, aseveraron que el Estado ha implementado una metodología de trabajo que desconoce el deber estatal de devolución de las tierras y territorios indígenas, pues solo se trabaja en el supuesto en el que existieren acuerdos de traslado entre indígenas y criollos. Afirmaron que el Estado, de este modo, al "no desarroll[ar] ningún mecanismo alternativo para garantizar los derechos territoriales para los supuestos en que no hubiere acuerdo", "pretende subsumir toda garantía de derechos de las comunidades indígenas a la voluntad de terceros"[117]. Agregaron que se verificó una "gravísima" violación a los derechos políticos, producto del "fraudulento" referéndum celebrado en el año 2005. Sostuvieron que no es posible someter a plebiscito la garantía y protección de los derechos fundamentales de las comunidades indígenas[118].

107. Los representantes alegaron también que el reconocimiento de la personalidad jurídica no ha sido efectivo, pues varias comunidades debieron organizarse en 1992 como asociación civil para obtener personería jurídica y gestionar el reclamo de la propiedad. Afirmaron que este tipo de asociaciones nada tiene que ver con la forma de organización de las comunidades indígenas. Explicaron que se realizó un pedido expreso al Ministerio de Asuntos Indígenas de Salta, el 23 de octubre de 2017, para que reconozca a Lhaka Honhat como una organización indígena con su personería jurídica respectiva. Señalaron que no ha habido respuesta. Aseveraron que "[e]l desconocimiento de la personalidad jurídica [...], también interfiere en el ejercicio del derecho a la libertad de asociación, en tanto [...] impide el ejercicio de las formas de asociación comunitarias, para la reivindicación territorial y cultural". Agregaron que "la inscripción" en el Registro Nacional de Pueblos Indígenas (Re.No.Pi.), reglamentada por Resolución 328/2010 del INAI, "en nada resolvería la

---

[116] Explicaron que el modo de vida de las comunidades implica la libertad de circular por todo el territorio, y que si el título no fuera como lo señalan sólo se "[c]ambiar[ía]n los alambrados criollos por propiedades parceladas". En otro orden de cosas, respecto al reclamo de un título "único" y el hecho de que hay comunidades no vinculadas a Lhaka Honhat, aseveraron que "todas las comunidades indígenas tienen pretensiones territoriales y que, en el peor de los casos, [... los] conflictos internos [...] deberán ser resueltos por ell[a]s conforme los mecanismos propios de resolución de conflictos".

[117] Además, los representantes criticaron esta metodología aseverando que "ha sido el mismo Estado quien: (a) no [ha] realiz[ado] las obras de infraestructura necesarias para lograr los traslados de las familias criollas con las que se hubiere arribado a un acuerdo [...] y (b) no realizó ninguna acción efectiva para erradicar alambrados del territorio ancestral a fin de menguar las tremendas consecuencias sobre la forma tradicional de vida de las comunidades indígenas".

[118] De modo adicional, manifestaron que para el aseguramiento de la democracia y, por tanto, de los derechos humanos, es indispensable que las elecciones sean "auténticas" y reflejen efectivamente la voluntad de los electores. Al respecto, sostuvieron que en el referéndum cuestionado se verificaron al menos dos irregularidades que impiden considerarla como "auténtica" y genuina expresión de la voluntad popular, lo que implica una violación del artículo 23 de la Convención: la utilización de boletas de votación con mensajes engañosos que realizan promesas de bienestar económico y el cálculo fraudulento del quórum necesario para la validez de la votación.

are not adapted to the form of organization adopted by Lhaka Honhat."[119] The also noted that this resolution is from 2010 and that, at that date, the violation of the right to juridical personality had already been "consolidated."

108. The representatives also affirmed that, given the presence of the *criollo* population, there was a "failure to guarantee the property rights." They indicated that, on May 25, 2018, of 282 *criollo* families who should have been relocated, only two had completed the process fully (*infra* footnote 143).

109. The *State* denied that rights relating to the land had been violated. It argued that "there can be no doubt regarding recognition of the communities' right to property," and that Argentina had "worked continuously to achieve the full enjoyment of all the rights." It underscored the "complexity" of the case, which it classified as "extreme" indicating, among other reasons, the presence of "*criollo* settlers with rights in the area," the need for "public works" to "facilitate the relocation of the settlers," the "problems" relating to "specific competences" of Salta and the national State, and "the complexity resulting from the appearance of new communities that, perhaps in the future, do not want to be part of a single title."

110. The State developed its arguments, indicating that it had recognized the communities' right to property in different acts.[120] It affirmed that "[t]he communities] already possess the single title based on Provincial Decree 1498/14." It asserted that "[t]he criteria for recognition of the lands [...] was based on provincial, national and international laws that recognize the areas of traditional use as the territory of the communities." Argentina added that "financial and human resources ha[d] consistently been devoted to the historical process of land regularization." It also indicated that the referendum had produced no legal effect and, therefore, the Court should not rule on that situation.[121]

111. Argentina explained that it was developing a participatory working method in agreement with the parties (*criollos* and indigenous peoples), based on the map presented by the "petitioners." The "methodology" involved a "dialogue" between the indigenous communities and the *criollo* families. Argentina asked the Court to "take into account the characteristics of the conflict and the realistic way of resolving it, noting the progress that had been made towards finding a peaceful and participatory solution." It emphasized that "owing to the agreements reached, it had been possible to delimit the territory" and that "demarcation required the participation of all those

---

[119] They referred, in particular, to articles 6, 7 and 8 of the said Resolution, indicating that "the requirements established [...] represent an imposition of ways and means of organization that are incompatible with the cultural identity of the indigenous peoples and, in particular, with the way in which Lhaka Honhat has been functioning. The system of majorities and minorities descried in the INAI Resolution is totally incompatible with the mode of operation of this organization."

[120] Argentina listed the following acts: Act of December 5, 1991, Decrees 2609/91, 18/93 and 3097/95, agreement of April 1996, Decree 461/99, the friendly settlement procedure, Decree 295/02, establishment of the "Working Group" on October 4, 2002, provincial proposals of November 16 and December 22, 2004, working meeting before the Commission on March 2, 2005, meeting of March 14, 2006, Decrees 2786/07, 2398/12 and 1498/14, and the comprehensive work plan proposed in 2017.

[121] It also indicated that Salta "has always respected the political rights of the [communities]" by "facilitating the free election of their authorities, the caciques."

afectación de[l] derecho [...] a la personalidad jurídica [...] pues contiene una serie de exigencias y requisitos que no se adecuan a la forma de organización adoptada por Lhaka Honhat"[119]. Además, hicieron notar que dicha Resolución es de 2010, y que para esa fecha, conforme sostuvieron, ya se había "consolidado" la violación al derecho al reconocimiento de la personalidad jurídica.

108. Además de lo expuesto, los representantes sostuvieron que dada la presencia de población criolla hay una "falta de aseguramiento de los derechos de propiedad". Señalaron que al 25 de mayo de 2018, de 282 familias criollas que debían relocalizarse, solo dos habían completado íntegramente el proceso (*infra* nota a pie de página 143).

109. El *Estado* negó que se violaran derechos en relación con la tierra. Aseveró que "no existen dudas sobre el reconocimiento del derecho de propiedad de las comunidades", y que Argentina "[ha] trabaja[do] en forma [...] ininterrumpida para lograr el goce pleno de todos los derechos". Al respecto, destacó la "complejidad" del caso, que calificó de "extrema", señalando, entre otras razones, la presencia de "pobladores criollos con derechos en la zona", la necesidad de "obras públicas" para "facilitar el traslado de pobladores", la "problemática" de "competencias específicas" de Salta y el Estado Nacional y "la complejidad que aporta la aparición de nuevas comunidades que quizás en el futuro no quieran ser parte de un título único".

110. El Estado desarrolló sus argumentos, manifestando que reconoció el derecho de propiedad de las comunidades mediante diversos actos[120]. Afirmó que "[las comunidades] ya poseen el título único a partir del decreto provincial 1498/14". Sostuvo que "[e]l criterio de reconocimiento de las tierras [...] se basó en la legislación provincial, nacional e internacional, que reconoce como territorio de las [c]omunidades las [á]reas de [u]so [t]radicional". Argentina agregó que "se han destinado invariablemente recursos económicos y humanos en pos del histórico proceso de regularización de tierras". Por otra parte, señaló que el referéndum careció de efectos por lo que la Corte no debe pronunciarse en cuanto a dicha situación[121].

111. Argentina explicó que está desarrollando una metodología de trabajo participativa de acuerdo entre partes (criollos e indígenas), trabajando con base en el mapa presentado por los "peticionarios". Esta "metodología", explicó, implica el "diálogo" entre comunidades indígenas y familias criollas. Argentina solicitó a la Corte que "tenga en cuenta las características del conflicto y la forma racional de resolverlo, debiendo observar los avances que se han logrado para hallar una solución pacífica y participativa". Destacó que "con los acuerdos alcanzados se logró delimitar el territorio", y que "la demarcación de[l mismo] debe contar con la participación de

---

[119] Se refirieron en particular a los artículos 6, 7 y 8 de la Resolución citada, aseverando que "[l]as exigencias establecidas [...] representan una imposición sobre maneras y formas de organización que no son compatibles con la identidad cultural de los pueblos indígenas ni, menos aún, con el modo en que la organización Lhaka Honhat ya venía funcionando. El sistema de mayorías y minorías descripto en la resolución del INAI es absolutamente incompatible con el modo de funcionamiento de la organización referida".

[120] Argentina enumeró los siguientes actos: acta de 5 de diciembre de 1991, Decretos 2609/91, 18/93 y 3097/95, acuerdo de abril de 1996, Decreto 461/99, el proceso de solución amistosa, Decreto 295/02, conformación del equipo técnico "Grupo de Trabajo" el 4 de octubre de 2002, propuestas provinciales de 16 de noviembre y 22 de diciembre de 2004, reunión de trabajo ante la Comisión de 2 de marzo de 2005, reunión de 14 de marzo de 2006, Decretos 2786/07, 2398/12 y 1498/14 y la propuesta de plan de trabajo integral de 2017.

[121] Además, sostuvo que "[l]os derechos políticos de l[a]s [comunidades] han recibido siempre el debido cuidado" de Salta, al "facilitar los espacios para libre elección de sus autoridades, los caciques".

concerned."[122] It explained that, in order to "grant the single title to the indigenous communities in which the *criollo* families do not appear as co-owners, [...] it is essential that all the agreements between the parties have been signed, and this involves the active participation of the communities and the *criollos*, so that achieving this depends to a great extent on the willingness of the said parties." It added that "[t]he survey and demarcation were also indispensable, as well as the signature of the deed transferring ownership to the *criollo* families. Once this formal act has been completed, the *criollo* families will cease to appear registered as titleholders of Lots [14 and 55]." It also indicated that difficulties had been encountered in the "relocation" process.[123]

112. The State recalled that Article 21 of the Convention indicated the possibility of subordinating the use and enjoyment of property to "the interests of society," and understood that such interests are "constituted" in this case not only for the indigenous communities affiliated with Lhaka Honhat, but also for other communities who are not affiliated and for *criollo* families. It alleged that the *criollo* families are "vulnerable rural settlers." It indicated that it was necessary to harmonize the rights of the indigenous communities affiliated with the Lhaka Honhat Association with those of the indigenous communities that were not represented by this Association,[124] as well as the *criollo* population. Hence, it argued that the State "also has to guarantee the right of the settlers to obtain title to the lands that they have historically inhabited" and that the said right was "guaranteed by responding to the claims of [the indigenous communities] and reaching total agreement with them."

113. Responding to the arguments concerning the presumed violation of the rights to juridical personality and to freedom of association, Argentina explained that the Re.No.Pi. was created to register organizations of indigenous peoples and that Lhaka Honhat had never applied for registration. It also indicated that "the actual organizational structure does not affect [Lhaka Honhat]." Argentina argued that the fact that Salta had recognized the right of the indigenous communities to communal property by Decree 1,498/14, as well as the "permanent" dialogue between the UEP and the communities revealed the absence of a violation of juridical personality. In its final written arguments dated June 3, 2019, the State indicated that "for approximately 10 years, the presumed victims had been able to register themselves, adopting the

---

[122] "The methodology," explained the State, "consists basically in the dialogue between the indigenous communities and the *criollo* families, guaranteed and coordinated by the UEP."

[123] It explained that "relocation is the process by which the *criollo* families who are in the territory claimed by the communities [...] move to the area where there are no indigenous claims, [...] and where the State must guarantee [...] the minimum conditions for the living and production units required in order to carry out the relocation. The process entails changing the livestock farming habits of each *criollo* family, preparing the new surface area by investments, especially in the production unit to enclose the animals, pastures, fencing, technical assistance and training, and also [...] to guarantee [...] access to water for animal and human consumption. The description of each stage of the process does not take into account the trauma suffered by the *criollo* settlers, as described in their testimonies. This relates to the uncertainty of parents about their children's education, the implications for the older settlers of recommencing life at such a late stage and, evidently, the animals' survival of the stress of relocation on land that does not necessarily have the appropriate environmental conditions."

[124] The State emphasized that "currently there are different opinions on property titles, because some [communities] are asking for a single indivisible title [and] other would like to obtain a communal property title for each community to avoid future conflicts."

todas las partes involucradas"[122]. Explicó que para "la entrega del título único a las comunidades indígenas en el que no figuren como condóminos las familias criollas [...] resulta fundamental que todos los acuerdos de parte hayan sido firmados, lo que implica una participación activa entre las comunidades y los criollos, por lo que su concreción depende en gran medida de la voluntad de esas partes". Agregó que "[t]ambién es indispensable que sean realizadas las mensuras y el amojonamiento, así como la firma de la escritura traslativa de dominio a favor de las familias criollas. Cumplido este último acto formal, las familias criollas dejarán de figurar como titulares registrales de los [...] lotes [14 y 55]". Señaló también que el proceso de "relocalización" tiene dificultades[123].

112. El Estado recordó que el artículo 21 de la Convención indica la posibilidad de subordinar el uso y goce de los bienes al "interés social", y entendió que el mismo en el caso se "configura" no solo por comunidades indígenas vinculadas a Lhaka Honat, sino también por otras que no lo están y por familias criollas. Adujo que quienes integran las familias criollas son "pobladores rurales vulnerables". Aseveró que debe armonizar los derechos de las comunidades indígenas agrupadas en la Asociación Lhaka Honhat con los de las comunidades indígenas que no están representadas por esta Asociación[124], así como con los de pobladores criollos. En ese sentido, manifestó que "debe garantizar también el derecho de los campesinos a acceder a la titularización de las tierras que habitan históricamente" y que ese derecho "se garantiza atendiendo a las demandas de [las comunidades indígenas] y en total acuerdo con l[a]s mism[a]s".

113. En cuanto a los alegatos sobre presunta vulneración al derecho al reconocimiento de personalidad jurídica y a la libertad de asociación, Argentina explicó que el Re.No.Pi. fue creado para la inscripción de organizaciones de pueblos indígenas y Lhaka Honhat nunca solicitó la inscripción. Señaló además que "la estructura organizativa actual, no [....] afecta [a Lhaka Honhat]". Adujo Argentina que el hecho de que Salta haya reconocido a las comunidades indígenas su derecho a la propiedad comunitaria, mediante Decreto 1.498/14, así como el diálogo "permanente" de la UEP con las comunidades, denotan la falta de violación de la personalidad jurídica. En sus alegatos finales escritos, de 3 de junio de 2019, señaló que "las presuntas víctimas desde hace aproximadamente diez años pudieron inscribirse

---

[122] "La metodología", explicó el Estado, "consiste fundamentalmente en el diálogo entre las comunidades indígenas y las familias criollas, garantizado y coordinado por la UEP".

[123] Explicó que "la relocalización es el proceso por el cual las familias criollas que se encuentran en el territorio reclamado por las comunidades [...], se trasladan hacia la zona libre de reclamo indígena, [...] en la que el Estado debe garantizar [...] las condiciones mínimas para el desarrollo de sus unidades de producción y de habitabilidad necesaria para hacer efectiva la reubicación. El proceso implica transformar la forma de producción ganadera de cada familia criolla, acondicionando la nueva superficie a través de inversiones en la Unidad de Producción para encerrar los animales, pasturas, alambrados, asistencia técnica y capacitación principalmente, y [...] garantizar [...] a su vez, el acceso al agua para consumo animal y consumo humano. La descripción por etapas de proceso no da cuenta de los traumas que se generan a pobladores criollos, tal como lo describen en sus declaraciones testimoniales y que se vinculan a las incertidumbres de padres sobre la educación de sus hijos, las implicancias de re-comenzar una vida en la etapa final de la misma para la población de adultos mayores y por supuesto, la supervivencia de los animales al estrés de la reubicación en tierras que no necesariamente reúne las condiciones ambientales adecuadas".

[124] El Estado destacó que hay "en la actualidad miradas diferentes sobre el título de propiedad, dado que algunas [comunidades] solicitan el título único e indivisible, [y] otras quisieran que se diera un título de propiedad comunitaria por comunidad a efectos de evitar conflictos futuros".

organizational structure in keeping with their traditions, without needing to organize under associative forms that were alien to their culture."

B.2. Considerations of the Court

B.2.1. Description of the State's actions in this case and the corresponding analysis

114. It has been established that the indigenous communities' right to ownership of their ancestral territory is not in discussion and this has been recognized in different State acts (*supra* para. 89). This will also be referred to below (*infra* paras. 130, 145, 146, 149, 156 and 167). However, the Court must determine whether the State's actions in this case have provided adequate legal certainty to the right to communal property and have permitted the free exercise and enjoyment of that right by the indigenous communities.

115. In this regard, based on the standards previously mentioned (*supra* paras. 93 to 98), the Court has indicated that the indigenous communities have the right to be granted a "formal property title, or other similar State recognition, that grants legal certainty to the indigenous ownership of land *vis-à-vis* the action or third parties or of agents of the State itself."[125] In this context, the diverse and specific ways and means of control, ownership, use and enjoyment of the territories by the communities should be acknowledged,[126] without interference from third parties (*supra* para. 98).

116. As already indicated (*supra* para. 97), in order to implement the territorial rights of the indigenous peoples protected by Article 21 of the Convention, States must provide an effective mechanism by the adoption of the necessary legislative and administrative measures. These must meet the requirements of due process established in Articles 8 and 25 of the American Convention.[127] In light of Article 2 of the Convention, States must adapt their domestic laws to ensure that such mechanisms exist and are adequate[128] and effective: thus, they must provide a real possibility for the communities to be able to defend their rights and exercise effective control of their

---

[125] *Case of the Yakye Axa Indigenous Community v. Paraguay*, para. 143, and *Case of the Kaliña and Lokono Peoples v. Suriname*, para. 133.

[126] In this regard, the Court has indicated that: "(1) the indigenous peoples' traditional possession of their lands has effects that are equal to the ownership title granted by the State; (2) traditional possession grants the indigenous peoples the right to claim official recognition of ownership and its registration" (*Case of the Sawhoyamaxa Indigenous Community v. Paraguay*, para. 128).

[127] *Cf. Case of the Mayagna (Sumo) Awas Tingni Community v. Nicaragua*, para. 138, and *Case of the Xucuru Indigenous People and its members v. Brazil*, para. 130.

[128] "In relation to Article 2 of the American Convention, the Court has indicated that this obliges the States Parties to adopt, in accordance with their constitutional processes and the provisions of the Convention, such legislative or other measures as are necessary to give effect to the rights and freedoms enshrined in the Convention. In other words, 'the general obligation [derived from this article] entails the adoption of measures in two areas. On the one hand, it must eliminate the norms and practices of any kind that entail a violation of the guarantees established in the Convention; and, on the other hand, it must enact norms and develop practices leading to the effective observance of those guarantees" (*Case of the Garifuna Community of Punta Piedra and its members v. Honduras*, para. 206. Citing: *Case of Genie Lacayo v. Nicaragua. Merits, reparations and costs.* Judgment of January 29, 1997. Series C No. 30, para. 51; Case of *Castillo Petruzzi et al. v. Peru. Merits, reparations and costs.* Judgment of May 30, 1999. Series C No. 52, para. 207; *Case of the Kuna Indigenous People of Madungandí and the Emberá Indigenous People of Bayano and their members v. Panama*, para. 192, and *Case of Tarazona Arrieta et al. v. Peru. Preliminary objection, merits, reparations and costs.* Judgment of October 15, 2014. Series C No. 286, para. 153).

adoptando la forma organizativa acorde a sus tradiciones sin necesitar organizarse a través de formas asociativas extrañas a su cultura".

B.2. Consideraciones de la Corte

B.2.1. Aclaración sobre los actos estatales en el caso y el examen correspondiente

114. Se ha dejado sentado que el derecho de propiedad de las comunidades indígenas sobre su territorio ancestral no está en discusión y ha sido reconocido en distintos actos estatales (*supra* párr. 89). Ello, además, será detallado más adelante (*infra* párrs. 130, 145, 146, 149, 156 y 167). La cuestión que la *Corte* debe determinar es si la conducta estatal seguida en el caso ha brindado seguridad jurídica adecuada al derecho de propiedad comunitaria y si ha permitido el libre ejercicio y goce de ese derecho por parte de las comunidades indígenas.

115. Al respecto, de conformidad con las pautas ya indicadas (*supra* párrs. 93 a 98), la Corte ha indicado que las comunidades indígenas tienen derecho al otorgamiento de un "título de propiedad formal, u otra forma similar de reconocimiento estatal, que otorgue seguridad jurídica a la tenencia indígena de la tierra frente a la acción de terceros o de los agentes del propio Estado"[125]. En este marco, deben reconocerse las formas y modalidades diversas y específicas de control, propiedad, uso y goce de los territorios por parte de las comunidades[126], sin interferencia de terceros (*supra* párr. 98).

116. Como se ha expresado (*supra* párr. 97), para materializar los derechos territoriales de los pueblos indígenas cobijados por el artículo 21 de la Convención, los Estados deben prever un mecanismo efectivo, mediante la adopción de medidas legislativas y administrativas necesarias. Los mismos deben cumplir las reglas del debido proceso legal consagradas en los artículos 8 y 25 de la Convención Americana[127]. En virtud del artículo 2 de la Convención, los Estados deben adaptar su derecho interno para que estos mecanismos existan y sean adecuados[128] y efectivos: deben suponer una posibilidad real para que las comunidades puedan defender sus

---

[125] *Caso Comunidad Indígena Yakye Axa Vs. Paraguay*, párr. 143, y *Caso Pueblos Kaliña y Lokono Vs. Surinam*, párr. 133.

[126] En ese sentido, la Corte ha dicho que: "(1) la posesión tradicional de los indígenas sobre sus tierras tiene efectos equivalentes al título de pleno dominio que otorga el Estado; (2) la posesión tradicional otorga a los indígenas el derecho a exigir el reconocimiento oficial de propiedad y su registro" (*Caso Comunidad Indígena Sawhoyamaxa Vs. Paraguay*, párr. 128).

[127] *Cfr. Caso de la Comunidad Mayagna (Sumo) Awas Tingni Vs. Nicaragua*, párr. 138, y *Caso Pueblo Indígena Xucuru y sus miembros Vs. Brasil*, párr. 130.

[128] "En relación con el artículo 2 de la Convención Americana, el Tribunal ha indicado que el mismo obliga a los Estados Parte a adoptar, con arreglo a sus procedimientos constitucionales y a las disposiciones de la Convención, las medidas legislativas o de otro carácter que fueren necesarias para hacer efectivos los derechos y libertades protegidos por la Convención. Es decir, '[e]l deber general [derivado de este artículo] implica la adopción de medidas en dos vertientes. Por una parte, la supresión de las normas y prácticas de cualquier naturaleza que entrañen violación a las garantías previstas en la Convención. Por la otra, la expedición de normas y el desarrollo de prácticas conducentes a la efectiva observancia de dichas garantías'" (*Caso Comunidad Garífuna de Punta Piedra y sus miembros Vs. Honduras*, párr. 206. Allí se cita: *Caso Genie Lacayo Vs. Nicaragua. Fondo, Reparaciones y Costas.* Sentencia de 29 de enero de 1997. Serie C No. 30, párr. 51; *Caso Castillo Petruzzi y otros Vs. Perú. Fondo, Reparaciones y Costas.* Sentencia de 30 de mayo de 1999. Serie C No. 52, párr. 207; *Caso de los Pueblos Indígenas Kuna de Madungandí y Emberá de Bayano y sus miembros Vs. Panamá*, párr. 192, y *Caso Tarazona Arrieta y Otros Vs. Perú. Excepción Preliminar, Fondo, Reparaciones y Costas.* Sentencia de 15 de octubre de 2014. Serie C No. 286, párr. 153).

territory without any external interference.[129] In addition, it should be established that the indigenous peoples have a right not to be subjected to an unreasonable delay in the final settlement of their claims.[130]

117. What happened in this case must be assessed in relation to the preceding parameters. The Court notes that, as will be explained, the State has recognized the communal property, but it must now analyze whether this was done adequately and in a way that was compatible with the Convention. The State has taken various measures with regard to the recognition of property; however, such measures have not been the result of the implementation of a regulated procedure, previously established by law. What occurred was a property claim by the indigenous communities in 1991, followed by an interaction between the communities and the government. Over the years, this has been marked by various events in which the *criollo* population has intervened and several agreements have been reached with the latter, ratified by pieces of State legislation. That interaction, which was not conducted in keeping with legally established procedural standards resulted in various government acts – basically decrees issued by the Salta Executive – that, in different ways, advanced the recognition of ownership.

118. That said, the Court has indicated that, in light of Articles 2, 8, 21 and 25 of the Convention, considered as a whole, States must establish appropriate procedures to facilitate indigenous territorial claims in their domestic law (*supra* para. 116). However, if, in a specific case, the State has realized the right to communal property in another way, it is not necessary to examine whether its domestic laws are adapted to this right. To the contrary, if it is concluded that the right has not been realized, it would be relevant to analyze whether relevant aspects of the legal system have had an impact on this.

119. Consequently, first the Court will examine whether Argentina has adequately ensured the right to property under Article 21 of the Convention and then, if this is so, the compatibility of the State's laws with the Convention. The Court will not take into account Articles 8 and 25 of the Convention when making this initial analysis, because they are not applicable since, as indicated, the actions were not part of a previously regulated procedure (*supra* para. 117). Thus, it will not analyze whether a reasonable time was ensured as a procedural guarantee, although it may take into account the impact of time on the exercise of the right to property.

120. It should also be clarified that the Court will examine compliance with Article 21 of the Convention in relation to the obligation to ensure rights established in Article 1(1) of this instrument, but also with regard to Article 2, although in a different sense to that indicated previously. Article 2 relates not only to the formal adaptation of domestic law to the Convention by the adoption of "legislative measures," but also to the adoption of "other measures" to give effect to the rights. Such measures may include those addressed at implementing the laws that the State

---

[129] *Cf. Case of Godínez Cruz v. Honduras. Preliminary objections.* Judgment of June 26, 1987. Series C No. 3, para. 92, and *Case of the Xucuru Indigenous People and its members v. Brazil*, paras. 130 and 132.

[130] To assess this, it should be considered that, in certain circumstances, effective control of the territory, without interference, may be complex based on factors such as the dimension of the territory, its geographical characteristics, the number of third parties present on it, and their profile and characteristics, among other matters (*Cf. Case of the Yakye Axa Indigenous Community v. Paraguay*, para. 85. Similarly, *Case of the Xucuru Indigenous People and its members v. Brazil*, para. 139).

derechos y ejercer el control efectivo de su territorio, sin ninguna interferencia externa[129]. Asimismo, debe dejarse dicho que los pueblos indígenas tienen derecho a no ser sujetos a una demora irrazonable para una solución definitiva de su reclamo[130].

117. Las pautas anteriores deben ser confrontadas con lo que ha sucedido en el caso. Este Tribunal nota que, como se explicará, el Estado ha reconocido la propiedad comunitaria. Debe analizarse si ello se realizó en forma adecuada, compatible con la Convención. En ese sentido, ha habido distintos actos estatales relacionados con el reconocimiento de la propiedad, aunque los mismos no han sido el resultado del desarrollo de un procedimiento reglado, establecido en forma legal y previa. Lo que ha existido es un reclamo de la propiedad por parte de comunidades indígenas, formalizado en 1991, y luego una interacción entre las comunidades y el gobierno, cuyo derrotero a lo largo de los años ha presentado diversas incidencias, y en el que ha habido intervención de la población criolla y varios acuerdos con la misma, refrendados por actos normativos estatales. Esa interacción, que no se llevó a cabo siguiendo pautas procedimentales preestablecidas legalmente, derivó en distintos actos de gobierno: básicamente, Decretos del Poder Ejecutivo salteño, que en distinto modo fueron avanzando en el reconocimiento de la propiedad.

118. Ahora bien, se ha señalado que en virtud de la conjunción de los artículos 2, 8, 21 y 25 de la Convención, los Estados deben prever en su derecho interno procedimientos aptos para viabilizar reclamos territoriales indígenas (*supra* párr. 116). No obstante, si en un caso concreto el Estado satisfizo de otro modo el derecho de propiedad comunitaria, no resulta necesario examinar si su legislación interna general resulta adecuada al deber mencionado. Caso contrario, si se concluye que el derecho no ha sido satisfecho, sí es relevante analizar si en ello ha tenido incidencia el orden jurídico general en sus aspectos relevantes.

119. Por ello, la Corte examinará, en primer término, si Argentina ha garantizado de modo adecuado el derecho de propiedad bajo el artículo 21 de la Convención y luego, si es el caso, la compatibilidad del ordenamiento jurídico estatal con la Convención. La Corte no hará el primer examen indicado considerando los artículos 8 y 25 de la Convención pues los mismos no aplican ya que, como se expuso, las actuaciones no se enmarcaron en un proceso reglado previamente (*supra* párr. 117). En este sentido, no analizará la observancia de la razonabilidad del plazo seguido como una garantía procesal, sin perjuicio de tener en cuenta el impacto del tiempo en el ejercicio del derecho de propiedad.

120. Debe aclararse también que la Corte examinará el cumplimiento del artículo 21 convencional respecto a la obligación de garantía establecida en el artículo 1.1 del tratado, pero también respecto al artículo 2, aunque en un sentido distinto al ya expresado. El artículo 2, en efecto, no solo se relaciona con la adaptación normativa formal del orden jurídico interno a la Convención, mediante la adopción de "medidas legislativas", sino también con la adopción de medidas "de otro carácter" para hacer efectivos los derechos. Entre estas medidas pueden encontrarse aquellas dirigidas a concretar o materializar las normas que el propio Estado ha adoptado a fin de dar

---

[129] *Cfr. Caso Godínez Cruz Vs. Honduras. Excepciones Preliminares.* Sentencia de 26 de junio de 1987. Serie C No. 3, párr. 92, y *Caso Pueblo Indígena Xucuru y sus miembros Vs. Brasil*, párrs. 130 y 132.
[130] A efectos de evaluar lo referido, debe considerarse que el control efectivo del territorio, sin interferencias, en determinadas circunstancias, puede implicar una labor compleja. Esto, atendiendo a factores tales como la dimensión del territorio, sus características geográficas, la cantidad de terceros presentes en él, su perfil o características, entre otros (*cfr. Caso Comunidad Indígena Yakye Axa Vs. Paraguay*, párr. 85. En ese sentido, *Caso Pueblo Indígena Xucuru y sus miembros Vs. Brasil*, párr. 139).

has adopted in order to realize a right.[131] Hence the Court will assess the State's conduct considering its actions that have formally made progress in the recognition of the property rights, but also the measures taken to implement this.

121. On this basis, the Court will therefore evaluate whether the State has adequately facilitated the recognition of property rights. As will be described (*infra* para. 130), it is clear that, at least since 2007, based on agreements between the *criollo* and indigenous populations, ratified by the State, it has been determined that an area of 400,000 ha in Lots 14 and 55 corresponds to the indigenous communities. The facts also reveal that, despite this, the separation of indigenous property from the land corresponding to the *criollo* population has still not been completed; the presence of *criollos* continues and the "dialogue" methodology (which will be described below, *infra* paras. 131 and 140 to 144) to reach agreement on the different "relocation" sites and transfer the *criollos* has not concluded.[132]

122. Based on the above, the Court will now analyze the State's conduct reviewing the events in chronological order.

B.2.2. Actions taken towards recognition of ownership

B.2.2.1. Prior to 1999

123. As the description of the facts reveals, the original indigenous claims over Lots 14 and 55 were made more than 35 years ago. However, based on the information provided to the Court, within its temporal jurisdiction (*supra* para. 13 and footnote 45) it was in July 1991 when, for the first time, a claim was formally made (*supra* para. 59). The State's conduct will be evaluated as of that time.

124. In December 1991, Decree No 2609/91 was issued ordering the merger of Lots 14 and 55 so that they could then be "adjudicated" by a "single property title" (*supra* para. 60). Although this objective was not met at that time, the Court does not find that, prior to 1999, the State acted in a way that was contrary to its substantive international obligations.[133] Nevertheless, it should be considered that, between 1996 and 1998, Lhaka Honhat sent several letters to the authorities asking them to give

---

[131] The Court has indicated that Article 2 of the Convention not only calls for the "adoption of legislation," but also for "the implementation of practices leading to the effective realization" of the "guarantees" under the Convention (*Cf. Case of Cantoral Benavides v. Peru. Preliminary objections.* Judgment of September 3, 1998. Series C No. 40, para. 178, and *Case of Ramírez Escobar et al. v. Guatemala. Merits, reparations and costs.* Judgment of March 9, 2018. Series C No. 351, para. 243). The State's actions to enforce its domestic laws when they refer to adequate realization of a Convention right is a "practice" in the sense indicated. The concept of "practice," or measures other than legislative measures, in the terms of Article 2 of the Convention, is not the same as the mere act of direct or specific application of a legal provision.

[132] Interference in the enjoyment of the right to property has been indicated not only owing to the *criollo* presence, but also owing to the livestock farming, the installation of fencing, and illegal logging; issues that will be examined in Chapter VII-2 of this judgment.

[133] The recognition of the communities' right to property in Decree 2609/91 was, in itself, insufficient. Subsequent actions reveal that the State considered this so. Decree 18/93 was issued because the Provincial Institute for Aboriginal Affairs had been unable "to implement the intended objective." To achieve this, the decree created an advisory committee for the "regularization" of the settlements on Lot 55. Then, in April 1996, a memorandum of understanding was signed in which the province agreed to the creation of a coordinating unit to move forward in the "regularization" and, in September 1996, the Governor made a similar commitment.

satisfacción a un derecho[131]. De este modo se va a evaluar la conducta estatal, considerando los actos del Estado que formalmente han avanzado en el reconocimiento de la propiedad, mas también las medidas para su concreción efectiva.

121. La Corte evaluará, entonces, con base en lo expresado, si el Estado ha posibilitado en forma adecuada el reconocimiento de propiedad. En efecto, como se detallará (*infra* párr. 130), es claro que al menos desde 2007, a partir de acuerdos entre criollos e indígenas, refrendados por el Estado, se determinó que una extensión de 400.000 ha sobre los lotes 14 y 55 corresponden a comunidades indígenas. También surge de los hechos que, pese a lo anterior, la separación de la propiedad indígena y de la tierra correspondiente a criollos todavía no se ha concretado en su totalidad: hasta el presente se ha mantenido la presencia criolla y no ha concluido la metodología de "diálogo" (que se describirá más delante, *infra* párrs. 131 y 140 a 144) para acordar los distintos sitios de "relocalización" y concretar su traslado[132].

122. Considerando lo expuesto, la Corte pasa a analizar la conducta estatal observando la sucesión de actos en orden cronológico.

B.2.2. Actos realizados para el reconocimiento de la propiedad

B.2.2.1. Antes de 1999

123. Como surge de la exposición de hechos, hay antecedentes de reclamos indígenas sobre los lotes 14 y 55 que ocurrieron hace más de 35 años. No obstante, de conformidad con la información allegada a este Tribunal, en el marco temporal de su competencia (*supra* párr. 13 y nota a pie de página 45) fue en julio de 1991 cuando, por primera vez, se formalizó un reclamo (*supra* párr. 59). La conducta estatal será evaluada a partir de este momento.

124. En diciembre de 1991 fue dictado el Decreto No 2609/91, que dispuso unificar los lotes 14 y 55 para luego "adjudicar", mediante un "[t]ítulo [ú]nico de [p]ropiedad" (*supra* párr. 60). Aunque esa finalidad no se satisfizo durante ese período, la Corte no encuentra que antes de 1999 el Estado adoptara una conducta contraria a sus obligaciones internacionales sustantivas[133]. No obstante, hay que considerar que entre 1996 y 1998 Lhaka Honhat remitió varias comunicaciones a

---

[131] En ese sentido, la Corte ha señalado que el artículo 2 de la Convención manda no solo la "expedición de normas", sino también "el desarrollo de prácticas conducentes a la efectiva observancia" de los las "garantías" convencionales (*Cfr. Caso Cantoral Benavides Vs. Perú. Excepciones Preliminares*. Sentencia de 3 de septiembre de 1998. Serie C No. 40, párr. 178, y *Caso Ramírez Escobar y otros Vs. Guatemala. Fondo, Reparaciones y Costas*. Sentencia de 9 de marzo de 2018. Serie C No. 351, párr. 243). La actuación estatal para concretar lo ordenado en su propia normativa interna, cuando esto refiere a la adecuada observancia de un derecho convencional, es una "práctica" en el sentido expresado. La noción de "práctica", o de medidas de carácter distinto a las medidas legislativas, en los términos del artículo 2 de la Convención, no se asimilan al mero acto de aplicación directa o puntual de una disposición normativa.

[132] A su vez, se ha indicado la interferencia al goce de la propiedad no solo por la presencia criolla, sino también por la actividad ganadera, la instalación de alambrados y la tala ilegal, cuestiones que se examinan más adelante, en el capítulo VII.2 de esta sentencia.

[133] El reconocimiento efectivamente realizado por el Decreto 2609/91 del derecho de propiedad de las comunidades, por sí mismo, resultó insuficiente. Los actos posteriores muestran que el propio Estado lo consideró así. En efecto, los fundamentos del Decreto 18/93 señalan que el Instituto Provincial del Aborigen no había podido "concretar el objetivo perseguido". Para lograrlo, el Decreto creó una Comisión Asesora para la "regularización" de los asentamientos poblacionales del lote 55. Luego, en abril de 1996, se firmó un Acta-Acuerdo en que la Provincia convino en la creación de una Unidad Coordinadora para avanzar en la "regularización" y en septiembre de 1996 el Gobernador asumió un compromiso similar.

effect to the formalization of the communal ownership of the territory,[134] without any record of progress at that time.

B.2.2.2. From 1999 to 2004

125. A change in the State's conduct can be noted in 1999 following Decree 461/99, by which the province adjudicated parcels within Lot 55 to some individuals and indigenous communities settled there.[135] The decree sought to allocate parcels that contravened the unity of the indigenous territory and the terms that had been established by the State itself in Decree 2609/91 (*supra* paras. 60 and 124). In 2007, the Salta Court of Justice declared that Decree 461/99 was "null and void" (*infra* para. 300), indicating that it had been issued without the preceding process complying with the "safeguard of the fundamental rights of the aboriginal peoples" because it "prevented […] them from having adequate opportunity to make known their opinions in defense of the rights that they claim over the land."[136]

126. Following the issue of Decree 461 in 1999, other State actions were taken to the same effect; that is, contrary to the unity and continuity of the territory. These actions included, in particular, the publication of edicts to adjudicate land in Lots 14 and 55, and governmental proposals to transfer ownership in a fragmented manner (*supra* paras. 65 and 66). Also, even though in themselves they did not infringe the right to property, Decree No. 339/01 issued to complete the "mapping" of Lots 55 and 14, and the surveys conducted in 2001 and the following years (*supra* paras. 67 and 68) reveal – from an analysis of all the facts of the case – that they formed part of State actions contrary to the unified recognition of indigenous territory.

127. Those actions contravened acts relating to indigenous property that the State itself had implemented following Decree 2609/91 establishing the unity of the territory.

B.2.2.3. 2005 and 2006

128. In 2005 a referendum was held and this has been described in Chapter VI of this judgment (*supra* paras. 71 to 73).

129. The Court notes that, as the State has indicated, the result of the referendum had no effect because, as will be explained below, subsequent orders were issued that, disregarding the result of this consultation, signified the State's recognition of ownership by the indigenous communities. The Court understands that, in principle, it could be contrary to respect for the right to indigenous communal property that its recognition be submitted to the majority decision of the citizenship. However, in this

---

[134] The Inter-American Commission indicated that, in January 2001, the Ombudsman of the Argentine Republic sent it a copy of 18 communications sent to the Governor of Salta, the Minister of the Interior and the President of the Republic, among others, between 1996 and 1998.

[135] As indicated (*supra* para. 65 and footnote 56), land was adjudicated to at least three individuals and five indigenous communities.

[136] Case "Lhaka Honhat Association of Aboriginal Communities v. Executive of the province of Salta," judgment of the CJS of May 8, 2007 (evidence file, annex F.6 to the pleadings and motions brief, fs. 30,875 to 30,881). Since Decree 461/99 was annulled, there is no need for the Inter-American Court to rule on its compatibility with the Convention; suffice it to say that it did not officialize a valid recognition of the indigenous communities' ownership of their territory.

autoridades solicitando que se hiciera efectiva la formalización de la propiedad comunitaria del territorio[134], sin que consten avances durante esos años.

B.2.2.2. Entre 1999 y 2004

125. En 1999 se advierte un cambio en la conducta estatal, a partir del Decreto 461/99, por medio del cual la Provincia realizó adjudicaciones de parcelas dentro del lote 55 a algunos individuos y comunidades indígenas allí asentadas[135]. El Decreto buscó asignar parcelas en contravención a la unidad del territorio indígena y a lo establecido por el propio Estado mediante el Decreto 2609/91 (*supra* párrs. 60 y 124). La Corte de Justicia de Salta declaró en 2007 "sin efecto" el Decreto 461/99 (*infra* párr. 300), señalando que el mismo fue dictado sin que el proceso anterior cumpliera la "salvaguarda de los derechos fundamentales de los pobladores aborígenes" pues se había "impedido […] que estos tuvieran la adecuada oportunidad de hacer conocer sus opiniones en defensa de los derechos que esgrimen sobre las tierras"[136].

126. Con posterioridad a la emisión del Decreto 461 en 1999, se sucedieron actos estatales en el mismo sentido, es decir, contrarios a la unidad y continuidad del territorio. Entre tales actos cabe destacar la publicación de edictos para adjudicar terrenos en los lotes 14 y 55 y propuestas gubernamentales de entrega de la propiedad en forma fraccionada (*supra*, párrs. 65 y 66). Por otra parte, si bien no son en sí mismos lesivos del derecho de propiedad el Decreto No. 339/01, dictado para completar la "cartografía" de los lotes 55 y 14 y las acciones de mensura de 2001 y años posteriores (*supra* párrs. 67 y 68), sí se advierte del conjunto de los hechos del caso que fueron actos realizados en el marco de una conducta estatal contraria a un reconocimiento unificado del territorio indígena.

127. Estas actuaciones fueron contrarias a los actos que, respecto a la propiedad indígena, el propio Estado había instrumentado, a partir del Decreto 2609/91, contemplando la unidad del territorio.

B.2.2.3. 2005 y 2006

128. En 2005 se realizó un referéndum cuyas circunstancias fueron narradas en el capítulo VI de esta Sentencia (*supra* párrs. 71 a 73).

129. La Corte nota que, como señaló el Estado, el resultado del referéndum no tuvo efectos pues, como se explica más adelante, se dictaron actos posteriores que, prescindiendo del resultado de esa consulta, implicaron el reconocimiento estatal de propiedad de las comunidades indígenas. Este Tribunal entiende que, en principio, podría ser contrario al respeto al derecho de propiedad comunitaria indígena que se sometiera su reconocimiento a la decisión mayoritaria de la ciudadanía. No obstante,

---

[134] La Comisión Interamericana señaló que en enero de 2001, el Defensor del Pueblo de la República Argentina le remitió copia de 18 comunicaciones enviadas entre 1996 y 1998 al Gobernador de Salta, al Director del INAI, al Ministro de Gobierno y al Presidente de la Republica, entre otros.

[135] Como se indicó (*supra* párr 65 y nota a pie de página 56), se realizaron adjudicaciones al menos a tres personas y cinco comunidades indígenas.

[136] Causa "Asociación de Comunidades Aborígenes Lhaka Honhat vs. Poder Ejecutivo de la Provincia de Salta", Sentencia de la CJS de 8 de mayo de 2007. Expediente de prueba, anexo F.6 al escrito de solicitudes y argumentos, fs. 30.875 a 30.881. En tanto el Decreto 461/99 fue dejado sin efecto, no hace falta que la Corte Interamericana se pronuncie sobre su compatibilidad con la Convención; baste con señalar que no fue un acto por el cual se concretara un reconocimiento válido de la propiedad de las comunidades indígenas sobre su territorio.

case, the Court considers that it is not necessary to rule on the referendum because it had no effect. Therefore, it is not necessary to examine the representatives' arguments in relation to the referendum concerning the presumed violation of political rights established in Article 23 of the Convention.

B.2.2.4. The agreements reached starting in 2007

130. As revealed by the facts, following the referendum and unrelated to its result, discussions between the parties continued. Meetings were held in 2006 and 2007, and on October 23, 2007, Decree 2786/07 was issued formally adopting the Memorandum of Understanding of October 17 that year, which, in turn, had been preceded by other agreements (*supra* paras. 74 and 75). Based on this Decree and on Decree 1498/14, issued in 2014, the State recognized the indigenous communities' property rights over their 400,000 ha area in legal instruments.

131. Decree 2786/07 called for a series of subsequent actions, which it indicated were required for "transferring" the land ownership title and drawing up the corresponding public deeds. It established a method for negotiating agreements between the parties on the exact territorial boundaries and also that, when "all the necessary procedures" had been concluded, the corresponding government agencies would intervene to carry out any "procedures [that] were required." The foregoing was addressed at achieving the "final transfer of the land ownership title" and "granting of the respective public deed to the beneficiaries without any cost to them." From 2007 to date, a process has been implemented characterized by the State's intervention through the UEP and the dialogue between the *criollo* and indigenous populations to reach agreements for the final demarcation of the property and the relocation of the criollo population.

132. This process has not concluded. Since it began, Decree 2398/12 was issued in 2012, establishing that each community would determine "the type of [land] title," even though, among its premises, it cited Decree 2786/07, which – referring to the Memorandum of Understanding that preceded it – ordered that the "continuity" of the land should be "respected," and the Inter-American Commission's recommendations urging the State "to formalize" ownership, considering the "right to a continuous territory." The Court considers that this reference to "the type of [land] title" in article 1 of Decree 2398/12 was contrary to the legal certainty required to realize the right to property of the indigenous communities. In 2014, Decree 1498/14 established that the territory would be delimited and the lots would be specifically determined through the intervention of the UEP and agreements between the parties.

133. It should be stressed that the State has indicated that the "transfer" of the single communal title depends on the conclusion of this process of "agreements" (*supra* para. 111). The representatives have argued that the guarantee of the indigenous territorial rights cannot be dependent on the willingness of third parties, so that an "alternative mechanism" was required to overcome the absence of agreements (*supra* para. 106).

134. The Court finds it appropriate to include some considerations in order to adequately assess the dialogue process and the agreements. This is due, above all, to the characteristics of the case in which not only indigenous communities are involved,

en este caso, la Corte considera que no es necesario pronunciarse sobre el referéndum, dada la carencia de efectos señalada. Dado lo anterior, no resulta tampoco necesario examinar los alegatos de los representantes sobre la presunta afectación, en relación con el referéndum, de los derechos políticos establecidos en el artículo 23 de la Convención.

B.2.2.4. El proceso de acuerdos a partir de 2007

130. Como surge de los hechos, luego de la realización del referéndum y pese a ello, de modo desvinculado del resultado que arrojó, prosiguieron las conversaciones entre las partes. Luego de reuniones desarrolladas en 2006 y 2007, el 23 de octubre de ese último año se dictó el Decreto 2786/07 que aprobó formalmente el Acta-Acuerdo del día 17 del mismo mes, precedida a su vez de otros acuerdos (*supra* párrs. 74 y 75). A partir de ese Decreto y del Decreto 1498/14, emitido en 2014, el Estado ha reconocido mediante actos jurídicos el derecho de propiedad de las comunidades indígenas y su extensión de 400.000 ha.

131. El Decreto 2786/07 mandó una serie de actos posteriores, señalándolos como requisitos previos para "entrega[r]" la titularidad de las tierras y las escrituras públicas correspondientes. Previó un método de acuerdos de partes para las definiciones territoriales precisas y también que una vez concluidas "todas las gestiones necesarias", se daría intervención a los órganos gubernamentales correspondientes para concretar las "operaciones [que] fueren menester". Todo ello para lograr la "entrega definitiva de la titularidad de las tierras" y el "otorga[miento de] las respectivas escrituras públicas a los beneficiarios sin costo alguno para los mismos". Desde 2007 y hasta la actualidad se ha desarrollado un proceso signado por la intervención estatal a través de la UEP y el diálogo entre pobladores criollos e indígenas, a fin de lograr acuerdos para el deslinde definitivo de la propiedad y el traslado de la población criolla.

132. Este proceso no ha concluido. Luego de instaurado, en 2012 se expidió el Decreto 2398/12 el cual previó que cada comunidad determinara "la modalidad de título" de la tierra, ello a pesar de citar en sus fundamentos el Decreto 2786/07, que por remisión al Acta-Acuerdo que lo precedía, mandaba que se "respet[ara]" la "continuidad" de la tierra y las recomendaciones de la Comisión Interamericana, que instaban al Estado a "formaliza[r]" la propiedad considerando el "derecho a un territorio indiviso". La Corte considera que el referido señalamiento del artículo 1 del Decreto 2398/12 sobre la "modalidad de título" resultó contrario a la seguridad jurídica requerida para satisfacer el derecho a la propiedad de las comunidades indígenas. En 2014 el Decreto 1498/14 previó que por intermedio de la UEP y acuerdos de parte se realizaría la delimitación y determinación específica de los lotes.

133. Debe resaltarse que el Estado ha manifestado que la "entrega" del título único comunitario depende de la culminación del referido proceso de "acuerdos" (*supra* párr. 111). Los representantes, por su parte, han aducido que la garantía de los derechos territoriales indígenas no puede supeditarse a la voluntad de terceros, por lo que debe existir algún "mecanismo alternativo" frente a la falta de acuerdos. *(supra* párr. 106).

134. A fin de valorar adecuadamente el proceso de diálogo y acuerdos referido, este Tribunal considera apropiado efectuar algunas consideraciones. Ello, fundamentalmente, dadas las características del caso, en que están implicadas no solo

but also a significant number of *"criollo"* families whose connection to the land is determinant for their way of life.

B.2.2.4.1. The dialogue with the criollo *population*

135. The State has characterized the *criollo* families as "vulnerable rural settlers" (*supra* para. 112). Expert witness Buliubasich referred to them as an "impoverished" group. The insight gained from the on-site visit was consistent with these characterizations.[137]

136. The State's remarks on the *criollo* settlers who inhabit Lots 14 and 55 correspond to the considerations included in the United Nations Declaration on the Rights of Peasants and Other People Working in Rural Areas (hereinafter "Declaration on the Rights of Peasants"),[138] The document states that, in general, peasants "suffer disproportionately from poverty, hunger and malnutrition"; that "several factors make it difficult for peasants […] to make their voices heard [and] to defend their human rights," and to "gain access to courts, police officers, prosecutors and lawyers." In particular, the Declaration indicates that "access to land" and natural resources is an "increasing challenge" for the "rural people" and that there are "several factors that make it difficult" for them to be able to "defend their […] tenure rights and to secure the sustainable use of the natural resources on which they depend." The Declaration states that "States shall elaborate and apply relevant international agreements and standards […] in a manner consistent with their human rights obligations as applicable to peasants and other people working in rural areas." The Court clarifies that it is not assessing State responsibility based on the Declaration on the Rights of Peasants, but is alluding to it merely as a supplementary reference that, in keeping with Argentina's comments on the vulnerability of the *criollo* population, reveals the pertinence of taking into account the particular situation of this population in order to safeguard their rights.

---

[137] In this regard, as already indicated (*supra* para. 10), the Court's delegation met with representatives of *criollo* families and organizations. In particular, the *criollo* representatives stated that they had taken part in the processes and agreements and that the central problem was that the area corresponding to each *criollo* family has not been completely defined. They mentioned that the relocation of the *criollo* settlers who are on land claimed by indigenous communities was linked to the State's commitment to ensure the appropriate improvements to the areas identified and that the parcels needed to be defined more clearly, so that all the families might benefit. They also considered that the State had not proposed a "serious" action plan that provided guarantees to all the families that must move. They stressed the importance of the "support" of the State, at both the provincial and the national level, so that they could complete the agreements, and also for the adaptation of the activities of the *criollo* population because, as they indicated, the livestock would have to be managed in a different way in a smaller area.

[138] UN. General Assembly Resolution A/RES/73/165, adopted on December 17, 2018. *United Nations Declaration on the Rights of Peasants and Other People Working in Rural Areas*. Article 1 defines a peasant as "any person who engages or who seeks to engage alone, or in association with others or as a community, in small-scale agricultural production for subsistence and/or for the market, and who relies significantly, though not necessarily exclusively, on family or household labour and other non-monetized ways of organizing labour, and who has a special dependency on and attachment to the land." It should be underscored that the text clarifies that its content also applies, among others, to "indigenous peoples and local communities working on the land, transhumant, nomadic and semi-nomadic communities."

comunidades indígenas, sino también un número significativo de familias "criollas", cuyo vínculo con la tierra resulta determinante para su modo de vida.

B.2.2.4.1. El diálogo con la población criolla

135. El Estado ha caracterizado a las familias criollas como "pobladores rurales vulnerables" (*supra* párr. 112). La perita Buliubasich se refirió a ellas como un grupo "empobrecido". La visita a terreno brindó una percepción acorde a tales caracterizaciones[137].

136. Los señalamientos estatales sobre los pobladores criollos que habitan los lotes 14 y 55 son acordes a las consideraciones que, en el ámbito de las Naciones Unidas, se han hecho respecto de campesinos, a través de la Declaración de las Naciones Unidas sobre los Derechos de los Campesinos y de Otras Personas que Trabajan en las Zonas Rurales (en adelante "Declaración sobre campesinos")[138]. El documento señala que en general los campesinos "sufren de manera desproporcionada pobreza, hambre y malnutrición"; tienen o suelen tener, por "varios factores", "dificulta[des para] hacerse oír [y] defender sus derechos humanos", inclusive para "acceder a los tribunales, los agentes de policía, los fiscales y los abogados". En particular, la Declaración sobre campesinos señala que el "acceso" a la tierra y recursos naturales "es cada vez más difícil" para los "habitantes de zonas rurales", y que hay diversos "factores que dificultan" que esas personas puedan "defender [...] sus derechos de tenencia y garantizar el uso sostenible de los recursos naturales de los que dependen". La Declaración sobre campesinos expresa que las "normas y principios internacionales de derechos humanos" deben "interpret[arse] y [...] aplic[arse] de forma coherente" con la "necesidad de que se proteja mejor los derechos de los campesinos". La Corte aclara que no está evaluando la responsabilidad estatal con base en la Declaración sobre campesinos, sino que hace alusión a la misma sólo como una referencia complementaria que, en línea con los señalamientos de Argentina sobre la vulnerabilidad de la población criolla, muestra la

---

[137] En ese marco además, como ya se dijo (*supra* párr. 10), la delegación del Tribunal mantuvo una reunión con representantes de organizaciones y familias criollas. En ella, centralmente, representantes criollos expresaron que han participado de los procesos de acuerdos, y que el mayor problema es que no ha terminado de definirse el espacio correspondiente a cada una de las familias criollas. Mencionaron que el traslado de las personas criollas que se encuentran en tierra reclamada por comunidades indígenas está unido al compromiso de que el Estado brinde las mejoras adecuadas en los lugares que se determinen y a que se puedan definir los lugares de la mejor manera, para que todas las familias resulten beneficiadas. Consideraron también, que al Estado le falta una propuesta de trabajo "seria" en la cual brinde garantías para todas las familias que se tienen que trasladar. Destacaron la importancia del "acompañamiento" del Estado, tanto nacional como provincial, para que puedan seguir avanzando los acuerdos, así como para la readecuación o adaptación de las actividades de la población criolla, pues, conforme indicaron, el manejo del ganado deberá ser distinto en un ámbito territorial más reducido.
[138] ONU. Asamblea General. Resolución A/RES/73/165, aprobada el 17 de diciembre de 2018. *Declaración de las Naciones Unidas sobre los Derechos de los Campesinos y de Otras Personas que Trabajan en las Zonas Rurales*. El artículo 1 define al individuo campesino como "toda persona que se dedique o pretenda dedicarse, ya sea de manera individual o en asociación con otras o como comunidad, a la producción agrícola en pequeña escala para subsistir o comerciar y que para ello recurra en gran medida, aunque no necesariamente en exclusiva, a la mano de obra de los miembros de su familia o su hogar y a otras formas no monetarias de organización del trabajo, y que tenga un vínculo especial de dependencia y apego a la tierra". Es pertinente destacar que el texto aclara que su contenido se aplica también, entre otros, a "los pueblos indígenas y las comunidades locales que trabajan la tierra, a las comunidades trashumantes, nómadas y seminómadas".

137. The Court cannot ignore that the State has obligations towards the *criollo* population, because, given their vulnerable situation, the State must take positive steps to ensure their rights.

138. That said, as already indicated, there is no doubt about the indigenous communities' ownership of 400,000 ha of Lots 14 and 55. To guarantee this right, the State should have demarcated the indigenous property and taken steps to transfer or relocate the *criollo* population outside it. Nevertheless, the way in which the State must comply with this obligation cannot be ignored. Thus, the actions taken by Argentina should respect the rights of the *criollo* population (*infra* para. 329(d) and footnote 323).

139. This is relevant because it provides necessary input when considering the procedure to be followed. In light of the land area and the number of people involved, with their different characteristics and problems, it is evident that the situation is complex. The Court highlights and appreciates the dialogue process that is underway in this case between the State, *criollo* settlers and indigenous communities, because it understands that this type of procedure has the potential to allow the State to comply with its diverse obligations and realize the rights involved.

B.2.2.4.2. The procedure followed in this case

140. During the aforementioned process, which has not concluded, various actions were taken, including the following. In 2008, a technical team within the UEP was created to move forward with the transfer of the land. Previously, various meetings had been held, and then one in 2009, to define how land ownership would be recognized. That year, a work timetable was drawn up and also a list of *criollo* settlers who met the requirements to prove they occupied land. In 2013, Salta signed agreements with INAI to ensure the support of this national institution for the process. The same year the Salta government issued Decree 2001/13 establishing a "program" to "implement communal ownership" which included a "work plan" based on "participatory workshops" for the *criollo* and the indigenous populations; the government also agreed to carry out work based on a map prepared by the indigenous communities. In 2014, the previously mentioned Decree 1498/14 was issued, and also Resolution No. 654, which approved agreements for a "work plan" and, in mid-2015, the "demarcation" of part of the northern area of Lots 14 and 55 was carried out.

141. The process has also encountered difficulties and disagreements, and it is useful to indicate some examples. In April 2009, representatives of communities that are members of Lhaka Honhat questioned the land distribution that the UEP had intended to implement, and also the fact that the UEP had not allowed indigenous communities to participate in the technical team. In May that year, the representatives indicated that the State had tried to transfer land "unilaterally." In 2012, after the Merits Report had been notified, Decree 2398/12 was issued and, as previously explained, was not designed to establish a "single property title." According to information provided by the representatives, in 2013, 93% of the work of agreements, demarcation and delimitation remained pending and, in July that year, *criollos* and

pertinencia de tener en cuenta la situación particular de dicha población a fin de resguardar sus derechos.

137. La Corte no puede soslayar que el Estado tiene deberes respecto de la población criolla, en tanto que, dada su situación de vulnerabilidad, debe adoptar acciones positivas tendientes a garantizar sus derechos.

138. Ahora bien, como ya se ha dicho, no está en duda la propiedad de las comunidades indígenas sobre 400.000 ha de los lotes 14 y 55. El Estado, a fin de garantizar ese derecho, ha debido concretar el deslinde de la propiedad indígena, así como adoptar acciones para concretar el traslado o reubicación de población criolla fuera de la misma. Sin perjuicio de ello, no puede hacerse caso omiso al modo en que el Estado tiene que cumplir con su obligación. En ese sentido, Argentina debe actuar observando los derechos de la población criolla (*infra*, párr. 329 d), y nota a pie de página 323).

139. Lo anterior es relevante, pues es un dato necesario para evaluar el procedimiento seguido. El mismo, dada la extensión de la tierra y la cantidad de personas involucradas, con sus distintas características y problemáticas, resulta evidentemente complejo. La Corte destaca y valora positivamente el proceso de diálogo que se ha seguido en el caso con intervención del Estado, pobladores criollos y comunidades indígenas. Ello, por cuanto entiende que un procedimiento de tales características tiene la potencialidad de permitir al Estado cumplir sus diversas obligaciones y satisfacer los derechos implicados.

B.2.2.4.2. El proceso seguido en el caso

140. En el curso del proceso aducido, que no ha concluido, sucedieron diversas circunstancias. Entre ellas, ocurrieron las que siguen. En 2008 se creó un equipo técnico, integrado por la UEP, para avanzar en la entrega de tierras. Desde antes se habían sucedido diversas reuniones, inclusive una convocada en 2009 para avanzar en definiciones respecto al modo de reconocimiento de la propiedad. Ese año se elaboró un cronograma de trabajo y un listado de pobladores criollos que cumplían requisitos para acreditar la ocupación de tierras. En 2013, Salta avanzó en acuerdos con el INAI, para que esta institución nacional apoye el proceso. El mismo año el gobierno salteño dictó el Decreto 2001/13, que dispuso un "programa" para "instrumenta[r] la propiedad comunitaria", que contemplaba un "plan de trabajo" a partir de "talleres participativos" con indígenas y personas criollas; también el gobierno acordó tomar como base para los trabajos un mapa elaborado por las comunidades indígenas. En 2014 se dictó el Decreto 1498/14, ya mencionado, así como la Resolución No. 654, que aprobó convenios para un "plan de trabajo", y a mediados de 2015 se concretó el "amojonamiento" de parte de la zona norte de los lotes 14 y 55.

141. El proceso también ha tenido desavenencias y dificultades, de las que es útil indicar algunos ejemplos. En abril de 2009 representantes de comunidades integrantes de Lhaka Honhat cuestionaron la distribución de tierras que la UEP habría pretendido implementar, como también que la UEP no diera participación a comunidades indígenas en la integración del equipo técnico. En mayo de ese año los representantes expresaron que el Estado intentaba efectuar una entrega de tierras "unilateral". En 2012, luego de notificado el Informe de Fondo, se emitió el Decreto 2398/12, que como se ha explicado, no se dirigía a establecer un "título único". Conforme información de los representantes, en 2013 quedaba todavía un 93% de avance en procesos de acuerdos, demarcación y delimitación, y en julio de ese año criollos e

members of indigenous communities noted the "inaction" of the UEP. At the end of 2013, work in the area was suspended due to a process of restructuration in the UEP. According to the representatives, budgetary problems affected the transfers from September 2015 to June 2016.

142. The representatives have described the methodology being following at the present time, through the UEP, referring to the stages of the procedure as follows: (1) agreements (between the indigenous peoples and the *criollos*), diagram and notarization; (2) survey; (3) titling; (4) relocation of family and livestock (and "in parallel," "carrying out the necessary infrastructure work").[139]

143. The representatives have alleged that "[o]ne of the most important errors in the work of the UEP" was the failure to "guarantee" "the indigenous territorial rights" when *criollo* families on indigenous territory indicated that "they would not move and they would not reach agreements,"[140] because this "completely paralyzed" the "delimitation [and] demarcation […] of the territory." They indicated that, under the procedure established in Decree 2786/07. the State "subordinate[d] the handing over of the lands to the agreements […] without providing any solution for cases in which […] these were not obtained."

144. Although it appreciates the agreement process, the Court considers that the procedures should evidently be appropriate to guarantee the indigenous communities' ownership of their territory. The State cannot subordinate this guarantee to the willingness of private individuals.[141] The Memorandum of Understanding approved by Decree 2786/07 indicated that "if agreement cannot be reached, the parties shall be invited to submit to an arbitral procedure" and that if they did not do so, "the corresponding judicial decision will be taken." There is no record that a mechanism was established to determine when the attempt to achieve an agreement had finally failed, or that the said arbitral or judicial procedures have been attempted. Based on the above, the Court has no evidence to conclude that the State, for the reason indicated by the representatives, rendered the agreement procedures ineffective.

145. The most recent act that signifies an official recognition of ownership, and which is still in force, is Decree 1498/14 of 2014. The decree states that its purpose is to "give effect to the titling of the lands." Its articles grant the "communal ownership" of 58.27% of the "land identified with the cadastral registration numbers 175 and 5557 of the department of Rivadavia (Lots 14 and 55) to 71 indigenous communities, and "co-ownership," pursuant to the provisions of the Civil Code, of the same lots, in favor of *criollo* "applicants." In addition, it "reserved" 6.34% of the land for Salta, for

---

[139] The representatives explained that "both the definition of the limits of the ancestral territory and the relocation of *criollo* families require agreements between the indigenous and *criollo* populations. If agreements are reached on borders and relocation, a deed is signed by the parties that includes a diagram; then this is notarized with the intervention of an official notary of the province of Salta. Based on this information, the surveying stage commences to define the precise delimitation of the agreement reached; this is inserted on a special map with corresponding coordinates so that the General Property Directorate of the province of Salta can register the information on the respective parcels."

[140] The representatives have alleged that "numerous *criollo* families haves indicated their decision not to move and not to reach an agreement."

[141] The Court shares the opinion of expert witness Yáñez Fuenzalida: that the relocation of the *criollos* "is a State obligation and means that the State must execute public policies to implement this. The State fails to comply with this obligation if it transfers this obligation to private individuals […] submitting the process to the unilateral will of the parties." The *amicus curiae* brief presented by the Pontificia Universidad Católica del Ecuador included similar considerations based on a review of international standards.

indígenas señalaron "inacción" de la UEP. A finales de 2013, por un proceso de reestructuración de la UEP, hubo una suspensión de trabajos en la zona. Entre septiembre de 2015 y junio del año siguiente, según indicaron los representantes, hubo problemas presupuestarios para avanzar en traslados.

142. Los representantes han descrito la metodología que se sigue actualmente, a través de la labor de la UEP, refiriendo los pasos del procedimiento del siguiente modo: (1) acuerdos (entre indígenas y criollos), croquis y protocolización; (2) trabajo de agrimensura; (3) titulación; (4) relocalización de familia y ganado (y "en paralelo" la realización de "las obras de infraestructura necesarias para tal efecto")[139].

143. Los representantes han aducido que "[u]na de las mayores falencias del trabajo realizado por la UEP" era la falta de "garant[ía]" de "los derechos territoriales indígenas" cuando familias criollas en territorio indígena no expresaban "voluntad de traslado ni de acordar"[140], pues ello "estanca por completo" la "delimitación [y], demarcación […] del territorio". En ese sentido, aseveraron que con el procedimiento instaurado a partir del Decreto 2786/07 el Estado "subordina[ba] la entrega de las tierras a los acuerdos […] sin brindar solución alguna para el caso en que […] no logren concretarse".

144. La Corte, más allá de valorar positivamente el proceso de acuerdos, considera que, ciertamente, los procedimientos deben ser aptos para garantizar la propiedad de las comunidades indígenas sobre su territorio. El Estado no puede supeditar dicha garantía a la voluntad de particulares[141]. Ahora bien, el Acta-Acuerdo aprobada por el Decreto 2786/07 señalaba que "en caso de falta de acuerdo se invitar[ía] a las partes a someterse a un proceso arbitral" y que en caso de no hacerlo "se recurrirá a la decisión jurisdiccional que corresponda". No consta que se estableciera un modo para determinar cuándo el intento de lograr un acuerdo fracasó definitivamente, pero tampoco que se hayan intentado llevar a cabo estos procesos arbitrales o judiciales. En atención a lo dicho, la Corte no tiene elementos para concluir que el Estado, por el motivo señalado por los representantes, hiciera inefectivos los procedimientos de acuerdos.

145. El último Decreto que implicó un acto de reconocimiento de la propiedad, que se encuentra actualmente vigente, es el 1498/14 de 2014. En sus fundamentos se manifiesta que con ese acto "se da cumplimiento con la titulación de las tierras". Su articulado, establece la "propiedad comunitaria" de un 58,27% de los "inmuebles nomenclatura catastral Matrículas N° 175 y 5557 del Departamento Rivadavia" (que son los lotes 14 y 55) a 71 comunidades indígenas, y un "condominio", de

---

[139] Los representantes explicaron que "la definición de los límites del territorio ancestral como los traslados de familias criollas tienen en común que se definen en la medida en que hubiere acuerdos entre indígenas y criollos. En caso de existir acuerdos sobre límites o traslados, se realiza un escrito firmado por las partes y un croquis; luego se lo protocoliza mediante la intervención de la Escribanía de Gobierno de la Provincia de Salta. A partir de esa información, debería iniciarse la etapa de los trabajos de agrimensura, en la que se dan los límites precisos del acuerdo que se hubiere realizado, se plasma en un plano especial con los puntos de coordenadas correspondientes para que la Dirección General de Inmuebles de la Provincia de Salta asiente y registre la información [de] los inmuebles respectivos".

[140] Los representantes han señalado que "hay múltiples familias criollas que han manifestado su decisión de no trasladarse ni llegar a un acuerdo".

[141] La Corte comparte la aseveración de la perita Yáñez Fuenzalida: que el traslado de los criollos "constituya una obligación estatal implica que el Estado debe implementar políticas públicas para su concreción. Incumple la obligación […] el Estado que trasfiere a los particulares esta obligación […] somet[iendo] el proceso a la voluntad unilateral de las partes". Consideraciones equivalentes fueron indicadas en el escrito de *amicus curiae* remitido por la Pontificia Universidad Católica del Ecuador, con base en el estudio de estándares internacionales.

necessary infrastructure work, and also for "any other purpose necessary for obtaining the agreements of the parties and for the specific determination of the lots allocated." It also provided for the future "delimitation" and "specific determination of the territories and lots," and that this "would be carried out through the UEP."

146. Decree 1498/14 clearly recognizes the indigenous communities' ownership of their territory. However, it also establishes a "co-ownership" over the same land in favor of *criollo* settlers. Therefore, and according to the text, which establishes a property right for *criollos* and indigenous communities over the same land and provides for future actions "to determine" and "to delimit," it cannot be understood as a definitive act that fulfills the State's obligation to ensure the communities' right to property. Also, although the State has argued that Decree 1498/14 constituted the "single title" claimed by the communities, it has also affirmed that "to grant the single title" it was necessary to conclude agreements (*supra* paras. 110, 111 and 133). Consequently, although it is possible to understand Decree 1498/14 as an act that recognizes the communities' right to property and provides them with greater legal certainty, this is only so insofar as it is understood as an act that provides for the subsequent modification of the situation it establishes.[142] However, the situation has remained unaltered to date.

147. The Court notes the complexity of the case and the difficulties encountered by the State to implement the actions required to adequately guarantee the right to property. Argentina has stressed the complexity entailed, among other matters, by "the relocation of *criollo* settlers, adults, adolescents, children, entire families with their livestock and economic subsistence units, which make it necessary, first, […] to install the necessary infrastructure to guarantee access to potable water, health care, safety, education, electricity and roads, as well as fencing for the livestock so that it does not invade the communities' territory." The State also advised that the "participatory process to regularize ownership" had required "redoubling efforts in terms of time and human resources." In addition, even though not all its aspects are necessarily linked to the guarantee of communal property, the Court takes note that the State has indicated that it has made progress on a "public works plan" for the area that entails significant financial disbursements, and that is "underway" to ensure "not only the right to property," but also "access to health care and education and the improvement of access to the area, among other matters."

148. On this basis, the Court observes and appreciates the State's actions but must note that the right to indigenous communal property has not been fully implemented

---

[142] In this regard, the *amicus curiae* presented by DPLF and other entities pointed out that the ILO had "recognized the complexities and demands on everyone's time required to regularize the ownership of the land and recommended the adoption of transitory measures to protect the rights over the land of the indigenous peoples while a final settlement is reached." In addition, the Court clarifies that, as indicated, Decree 1498/14 is an act that provides for actions that have not yet been completed and, also, it is the latest of other acts that, in this specific case, signified a recognition of ownership. Therefore, it is not necessary to make a detailed examination of the compatibility of each of these acts with the Convention; it is sufficient to examine the whole process followed in this case, which comprised the said acts. This method of analysis is common to all the aspects of the merits examined in this judgment; the succession of acts over more than 28 years is examined together, taking into account their results and the actual situation.

conformidad con las normas del Código Civil, de los mismos lotes, a favor de "solicitantes" criollos. Asimismo, "reservó" 6,34% de la tierra para Salta, destinado a obras de infraestructura para "todo otro destino que resulte menester a los fines de la consecución de los acuerdos de parte y determinación específica de los lotes asignados". Previó la futura "delimit[ación]" y "determinación específica de los territorios y lotes", y que ésta "se realizar[ía] por intermedio de la U[EP]".

146. El Decreto 1498/14 reconoce claramente la propiedad de comunidades indígenas sobre su territorio. No obstante, también establece sobre la tierra respectiva un "condominio" a favor de personas criollas. Por ello, y dado sus propios términos, que establecen un derecho de propiedad de criollos y comunidades indígenas sobre la misma tierra y prevén acciones futuras de "determinación" y "delimitación", el Decreto no puede entenderse como un acto final respecto a la satisfacción estatal del derecho de propiedad de las comunidades. En ese mismo sentido, si bien el Estado aseveró que el Decreto 1498/14 constituía el "título único" reclamado por las comunidades, también afirmó que para "la entrega del título único" era necesario concluir acuerdos (*supra*, párrs. 110, 111 y 133). Por ende, si bien es posible entender el Decreto 1498/14 como un acto que reconoce el derecho de propiedad de las comunidades y le brinda mayor seguridad jurídica, ello sólo es así en tanto se lo entienda como un acto que previó la ulterior modificación de la situación que estableció[142]. No obstante, esa situación todavía permanece inalterada.

147. La Corte advierte la complejidad del caso y las dificultades que ha tenido el Estado para concretar las acciones necesarias para garantizar adecuadamente el derecho de propiedad. Argentina destacó la complejidad que conlleva "el traslado de personas criollas, adultos, adolescentes y niños y niñas, familias enteras con su ganado y unidades económicas de subsistencia, para lo cual resulta necesario, con carácter previo [...], la realización de las obras de infraestructura necesarias que garanticen el acceso al agua potable, salud, seguridad, educación, energía, accesibilidad de caminos, alambrados para contener el ganado y que no invada territorio de las comunidades, entre otras". Informó, asimismo, que el "proceso participativo para la regularización dominial" ha requerido "redoblar los esfuerzos en tiempo y en la cantidad de recursos humanos". Además, aunque no en todos sus aspectos está necesariamente vinculado a la garantía de la propiedad comunitaria, la Corte toma nota también que el Estado señaló haber avanzado en un "Plan de obras" en la zona, que según informó, conlleva importantes erogaciones económicas y continúa "en proceso", para garantizar "no solo el derecho de propiedad", sino también "el acceso a la salud y educación y la mejora en la transitividad e ingreso a la zona, entre otros".

148. Este Tribunal, en razón de lo anterior, nota y valora las acciones estatales, pero no puede dejar de advertir que el derecho a la propiedad comunitaria indígena no

---

[142] En ese sentido, el escrito de *amicus curiae* presentado por DPLF y otras entidades hizo notar que la OIT ha "reconocido las complejidades y demandas de tiempo que involucra la regularización de la propiedad de la tierra, recomendando así la adopción de medidas transitorias de protección de los derechos sobre la tierra de los pueblos indígenas mientras se espera la resolución final". Por otra parte, la Corte aclara que, como se dijo, el Decreto 1498/14 es en sí un acto que prevé acciones que todavía no se han completado y, además, el último de otros actos que implicaron, en el caso concreto, un reconocimiento de propiedad. Por ello, no resulta necesario un examen pormenorizado de la compatibilidad de cada uno de esos actos con la Convención, sino que basta examinar en forma unificada el proceso que se ha seguido en el caso, integrado por los actos aludidos. Este modo de examen es común a todos los aspectos de fondo tratados en esta Sentencia: la sucesión de actos a lo largo de más de 28 años se examina en forma unificada, teniendo en cuenta los resultados de la misma o la situación actual.

and guaranteed, even though more than 28 years have passed since the first claims that the Court is able to examine.

149. Consequently, the Court understands that the State has recognized, in legal acts, the right to property of the indigenous communities. In this regard, there is a title or legal recognition of ownership; thus, the State has "unequivocally recognized" this right. Nevertheless, the Court cannot ignore the fact that recognition of indigenous ownership should be carried out providing the right with legal certainty, so that it is enforceable *vis-à-vis* third parties. The actions to this end have not been completed. Decree 1498/14 should be understood as an act that has not yet been implemented because its text provides for future actions. Therefore, the existing legal recognition is not yet adequate or sufficient for the full exercise of the right to property. Even though this Court appreciates the progress made by the State, it must conclude that the indigenous communities' right to ownership of their territory has not been realized.

150. In this regard, despite some differences in the information presented by the representatives and the State, according to information provided by both parties, the procedures that Argentina indicated are necessary for "granting" the "single title" have not concluded, and a significant part of the actions required to achieve this have not yet been completed.[143] The representatives have indicated that more than 99% of the relocations still have to be implemented (*supra* para. 108), and the State, in 2017, indicated that it would need eight more years to complete the process (*supra* paras. 85 and *infra* paras. 315 and 323). Also, the State has indicated that the tasks relating to demarcation remain pending (*supra* para. 111).

B.2.3. Assessment of the actions taken by the State

151. As already indicated, it is clear that the procedures established have not been sufficient because, more than 28 years after the initial claims for recognition of ownership, the indigenous communities living on Lots 14 and 55 have not achieved the full guarantee of that right over their territory.

---

[143] The representatives indicated that (a) 282 *criollo* families must be relocated; (b) in several cases an agreement has been reached, but neither the diagram nor the following steps have been completed; (c) neither surveys nor their notarization have been carried out in the case of 192 *criollo* families who are on the territory corresponding to indigenous communities; (d) surveys have been completed for another 90 families, and (e) 42 families already possess the title corresponding to the land to which they should move. They also indicated that only in the northern part of Lots 14 and 55 had some progress been made in relocations, and nine families will be relocated there; of these three had already moved (one only partially, because some of the livestock still had to be moved). In conclusion, they noted that less than 1% of the total of 282 *criollo* families who must relocate have completed the process. The State, in its answering brief of September 4, 2018, advised the following: "Situation of the *criollo* families": "to be relocated: 123"; "with the surveys completed: 130"; "with deeds handed over: 42"; "with deeds ready to be handed over: 57"; "with deeds being drawn up: 31." In addition, the State has recognized that "demarcation" has not been completed. From Decree 1498/14 it is clear that, when it was issued, actions "to determine" and "to delimit" remained pending. Subsequently, in 2015, some "demarcations" actions were taken. The State indicated that in September 2018 (date of its answering brief), some "progress" had been made in the "demarcation of 70% the 400,000 hectares (indigenous)." In their final written arguments, the representatives stated that the work of demarcation and delimitation had not ended, and the State indicated that some "survey work" and "demarcation" were pending.

se encuentra plenamente concretado o garantizado, pese a que han transcurrido más de 28 años desde los primeros reclamos que pueden ser examinados por la Corte.

149. Por lo expuesto, la Corte entiende, por una parte, que el Estado reconoció, mediante actos jurídicos, el derecho de propiedad de las comunidades indígenas. Existe, en este sentido, un título o reconocimiento jurídico de la propiedad. Asiste entonces razón al Estado en cuanto a que el derecho "está fehacientemente reconocido". No obstante, por otro lado, este Tribunal no puede soslayar que el reconocimiento de la propiedad indígena debe efectuarse dotando de seguridad jurídica al derecho, de modo que sea oponible frente a terceros. Las acciones tendientes a esta finalidad no han sido completadas. El Decreto 1498/14, en ese sentido, debe entenderse como un acto cuya ejecución no se ha concretado, siendo que su mismo texto prevé acciones futuras. Por ello el reconocimiento jurídico existente no es todavía adecuado o suficiente para el pleno ejercicio del derecho de propiedad. Aunque este Tribunal valora los avances efectuados por el Estado, debe concluir que el derecho de propiedad de las comunidades indígenas sobre su territorio no se encuentra satisfecho.

150. Al respecto, sin perjuicio de algunas diferencias en los datos presentados por los representantes y el Estado, lo cierto es que de acuerdo a información de ambas partes, los procedimientos que Argentina indicó necesarios para la "entrega" del "título único" no han concluido, estando pendiente todavía una proporción significativa de actos por concretar[143]. Los representantes han indicado que falta la concreción de más de un 99% de los traslados (*supra* párr. 108), y el Estado, en 2017, afirmó que necesitaría 8 años más para completar el proceso (*supra* párrs. 85 e *infra* párrs. 315 y 323). A su vez, el propio Estado indicó que hay tareas de demarcación pendientes (*supra* párr. 111).

B.2.3. Evaluación de la conducta estatal seguida

151. De acuerdo a lo expresado es claro que los procedimientos instaurados no han resultado medidas suficientes, en tanto que no han logrado, después de más de 28 años de que fuera reclamado el reconocimiento de la propiedad, la plena garantía de ese derecho de las comunidades indígenas habitantes de los lotes 14 y 55 sobre su territorio.

---

[143] Los representantes expresaron que (a) hay 282 familias criollas que deben ser relocalizadas; (b) en varios casos hay acuerdo, pero no se ha hecho el croquis ni los pasos subsiguientes; (c) 192 familias criollas que se encuentran en el territorio correspondientes a comunidades indígenas no cuentan con mensura ni protocolización; (d) otras 90 sí cuentan con mensuras realizadas, y (e) 42 ya poseen el título correspondiente a las tierras a las que deben trasladarse. Indicaron también que solo en la zona norte de los lotes 14 y 55 ha habido algunos avances respecto a relocalizaciones, siendo nueve las familias que van a relocalizarse, de las cuales solo tres han concretado el traslado (una sólo en forma parcial, pues falta el traslado de parte del ganado). Como conclusión, notaron que menos del 1% del total de las 282 familias criollas que deben relocalizarse han completado el proceso. El Estado en su contestación de 4 de septiembre de 2018, informó lo siguiente: "Situación de las [f]amilias [c]riollas": "a relocalizarse: 123"; "con mensuras finalizadas: 130"; "con escrituras entregadas: 42"; "con escrituras finalizadas para entregar: 57"; "con escrituras en proceso de elaboración: 31". Por otra parte, el Estado ha reconocido que la "demarcación" no se ha concretado en su totalidad. Del Decreto 1498/14 surge que para el momento de su emisión estaban pendientes acciones de "determinación" y "delimitación". Después, en 2015, se realizaron algunas acciones de "amojonamiento". El Estado señaló que para septiembre de 2018 (fecha de su escrito de contestación) había un grado de "[a]vance" en la "[d]emarcación de las 400.000 hectáreas [indígenas]" de "70%". En los alegatos finales escritos, los representantes afirmaron que no se ha terminado con los trabajos de demarcación y delimitación, y el Estado señaló trabajos pendientes de "mensura" y "amojonamiento".

152. That said, in order to assess the full dimension of the characteristics of the failure to ensure the right to property, some particularities of its relationship to the right to juridical personality and general provisions of domestic law should be noted.

B.2.3.1. Alleged violation of juridical personality in this case

153. It should be underlined that the adequate guarantee of communal property does not entail merely its nominal recognition, but includes observance and respect for the autonomy and self-determination of the indigenous communities over their territory.

154. It should be recalled that "international law on indigenous and tribal peoples and communities recognizes rights to them as collective subjects of international law, rather than merely to their members; [...] indigenous and tribal peoples and communities, unified by their particular way of life and identity, exercise some of the rights recognized in the Convention collectively"; these include the right to ownership of the land.[144] The Court has referred to the indigenous peoples' right to self-determination in relation to the ability to "freely dispose [...] of their natural resources and wealth," which is necessary to ensure that they are not deprived of "their inherent means of subsistence."[145] It has already been noted that the right to communal property must be ensured in order to guarantee the control by the indigenous peoples of the natural resources on the territory, and also their way of life (*supra* para. 94). Both Convention 169 and the United Nations Declaration on the Rights of Indigenous Peoples recognize that indigenous peoples are holders of human rights. Articles VI and IX, respectively, of the American Declaration on the Rights of Indigenous Peoples establish the obligation of States to recognize "the right of indigenous peoples to their collective action," and "the juridical personality of indigenous peoples, respecting indigenous forms of organization and promoting the full exercise of the rights recognized in this Declaration."

155. This is relevant because the Court has indicated that "the right to have their juridical personality recognized by the State is one of the special measures that should be provided to indigenous and tribal groups to ensure that they are able to enjoy their territories in accordance with their traditions."[146] To this end, the juridical personality should be recognized to the communities to enable them to take decision on the land in accordance with their traditions and forms of organization.[147]

---

[144] *Case of the Mayagna (Sumo) Awas Tingni Community v. Nicaragua*, para. 149; *Case of the Kichwa Indigenous People of Sarayaku v. Ecuador*, paras. 145 and 231, and *Entitlement of Legal Entities to Hold Rights under the Inter-American Human Rights System (Interpretation and scope of Article 1(2), in relation to Articles 1(2), 8, 11(2), 13, 16, 21, 24, 25, 29, 30, 44, 46 And 62(3) of the American Convention on Human Rights, as well as of Article 8(1)(A) And (B) of the Protocol of San Salvador)*. Advisory Opinion OC-22/16 of February 26, 2016. Series A No. 2, para. 75.

[145] *Case of the Saramaka People v. Suriname*, para. 93, and *Case of the Kaliña and Lokono Peoples v. Suriname*, para. 122.

[146] *Case of the Saramaka People v. Suriname*, para. 172, and *Case of the Kaliña and Lokono Peoples v. Suriname*, para. 107.

[147] In this regard, it is illustrative to recall the Court's considerations on certain circumstances in the case of the *Saramaka People v. Suriname*: "a recognition of the right to juridical personality of the Saramaka people as a whole would help prevent [... conflictual] situations, as the true representatives of the juridical personality would be chosen in accordance with their own traditions, and the decisions affecting the

152. Ahora bien, a fin de dimensionar adecuadamente las características de la falta de garantía del derecho de propiedad, debe hacerse notar algunas particularidades en cuanto a su relación con el derecho a la personalidad jurídica y con normas generales de derecho interno.

B.2.3.1. Aducida afectación a la personalidad jurídica en el caso

153. Debe destacarse que la garantía adecuada de la propiedad comunitaria no implica solo su reconocimiento nominal, sino que comporta la observancia y respeto de la autonomía y autodeterminación de las comunidades indígenas sobre sus tierras.

154. Sobre lo anterior, es preciso recordar que "la normativa internacional relativa a pueblos y comunidades indígenas o tribales reconoce derechos a los pueblos como sujetos colectivos del Derecho Internacional y no únicamente a sus miembros[; …] los pueblos y comunidades indígenas o tribales, cohesionados por sus particulares formas de vida e identidad, ejercen algunos derechos reconocidos por la Convención desde una dimensión colectiva", entre ellos, el derecho de propiedad de la tierra[144]. Al respecto, la Corte ha señalado el derecho a la autodeterminación de los pueblos indígenas respecto a la "disposición libre […] de sus riquezas y recursos naturales", la que es necesaria para no verse privados de "sus propios medios de subsistencia"[145]. Se ha indicado ya que el derecho de propiedad comunitaria debe ser observado de modo de garantizar el control por parte de los pueblos indígenas de los recursos naturales del territorio, así como su estilo de vida (*supra* párr. 94). En ese sentido, tanto el Convenio 169, como la Declaración de las Naciones Unidas sobre Derechos de los Pueblos Indígenas, reconocen titularidad de derechos humanos a pueblos indígenas. La Declaración Americana sobre Derechos de los Pueblos Indígenas, en sus artículos VI y IX, respectivamente, preceptúa el deber estatal de reconocer "el derecho de los pueblos indígenas a su actuar colectivo", y "la personalidad jurídica de los pueblos indígenas, respetando las formas de organización indígenas y promoviendo el ejercicio pleno de los derechos reconocidos en esta Declaración".

155. Lo dicho es relevante, pues la Corte ha expresado que "el derecho a que el Estado reconozca [la] personalidad jurídica es una de las medidas especiales que se debe proporcionar a los grupos indígenas y tribales a fin de garantizar que éstos puedan gozar de sus territorios según sus tradiciones"[146]. A tal efecto, la personalidad jurídica debe ser reconocida a las comunidades de modo que posibilite la adopción de decisiones sobre la tierra conforme a sus tradiciones y modos de organización[147].

---

[144] *Caso de la Comunidad Mayagna (Sumo) Awas Tingni Vs. Nicaragua*, párr. 149; *Caso Pueblo Indígena Kichwa de Sarayaku Vs. Ecuador*, párrs. 145 y 231. y *Titularidad de derechos de las personas jurídicas en el Sistema Interamericano de Derechos Humanos (Interpretación y alcance del artículo 1.2, en relación con los artículos 1.1, 8, 11.2, 13, 16, 21, 24, 25, 29, 30, 44, 46, y 62.3 de la Convención Americana sobre Derechos Humanos, así como del artículo 8.1 A y B del Protocolo de San Salvador).* Opinión Consultiva OC-22/16, párr. 75.
[145] *Caso del Pueblo Saramaka Vs. Surinam*, párr. 93, y *Caso Pueblos Kaliña y Lokono Vs. Surinam*, párr. 122.
[146] *Caso del Pueblo Saramaka Vs. Surinam*, párr. 172, y *Caso Pueblos Kaliña y Lokono Vs. Surinam*, párr. 107.
[147] Resulta ilustrativo, sobre lo dicho, recordar apreciaciones hechas por la Corte respecto a circunstancias del caso del *Pueblo Saramaka Vs. Surinam*: "el reconocimiento del derecho a la personalidad jurídica del pueblo Saramaka como un conjunto ayudaría a evitar […] situaciones [de conflicto], ya que los representantes verdaderos de la personalidad jurídica serían elegidos conforme a sus propias tradiciones y

156. Decree 1498/14 provided for actions to recognize the land ownership of the indigenous communities who live on Lots 14 and 55. It is true that it refers to 71 communities, but in light of the "fission-fusion" process that characterizes them, it should be understood that the increase in the number of communities since the issue of Decree 1498/14 is simply a derivation of those 71. Therefore, all the indigenous communities who live on Lots 14 and 55 that have formed based on the said 71 should be considered included in the recognition of ownership in Decree 1498/14, in the understanding that it covers all the communities identified as presumed victims (*supra* para. 35 and Annex V). The Court notes that any other interpretation of Decree 1498/14, that might imply denying the communities' ownership under the pretext that they are not explicitly named in that decree would be contrary to the Convention. The State should refrain from actions or a biased or excessively rigorous interpretation of the norms that could result in causing artificial divisions among the indigenous communities involved in this case. In the context of the appropriate understanding of Decree 1498/14, it cannot be concluded that the State, in the way in which it has recognized ownership, would prevent the collective action of all the communities that are entitled to this right. Accordingly, as the State has recognized the ownership of all the indigenous communities, there appears to be no violation of the right to the recognition of their juridical personality. However, it is quite another matter whether, over and above this formal recognition, the right to property has been complied with as regards the effective implementation of the actions necessary for the definition, legal certainty and free enjoyment of property. This will also be examined in the judgment, but is not relevant to the issue of juridical personality.

157. It should be clarified that the establishment of Lhaka Honhat as a civil association was not imposed by the State; rather, it was the result of a valid act of association determined by the people concerned, and then recognized by the State. This State recognition, arising from a free and voluntary act, did not entail a violation of juridical personality, which as indicated was not violated in any other way.[148] Furthermore, the Court finds no reason to determine a violation of the right to freedom of association.

Saramaka territory would be the responsibility of those representatives, and not of the individual members." In that case, the State concerned had "objected to whether the twelve captains of the twelve Saramaka clans (lös) truly represent[ed] the will of the community as a whole [...]. The State additionally asserted that the true representative of the community should be [one] and not others." The Court understood that "t[]his dispute over who actually represent[ed] the Saramaka people [was] precisely a natural consequence of the lack of recognition of their juridical personality" (*Case of the Saramaka People v. Suriname*, paras. 169 and 170).

[148] It is a fact that, in 2017, the Lhaka Honhat Civil Association asked the Salta authorities to recognize it as an indigenous organization and that this request has not been resolved (*supra* para. 88). Based on what it has already determined, the Court understands that it is not pertinent to examine this circumstance in relation to the rights to juridical personality or to freedom of association. Moreover, neither is it pertinent to examine it in relation to other rights that were alleged to have been violated. In this regard, it should be clarified, in particular, that the representatives did not present arguments that linked this issue to the rights to judicial guarantees and to judicial protection in their pleadings and motions brief.

156. Ahora bien, el Decreto 1498/14 prevé acciones para el reconocimiento de la propiedad respecto de las comunidades indígenas que habitan los lotes 14 y 55. Cierto es que nombra 71 comunidades, pero dado el proceso de "fisión–fusión" que caracteriza a las mismas, debe entenderse que el mayor número de comunidades que ha surgido con posterioridad a la emisión del Decreto 1498/14 no es sino una derivación de aquéllas 71. Por lo tanto, todas las comunidades indígenas habitantes de los lotes 14 y 55 que se han formado a partir de las 71 aludidas deben considerarse incluidas en el reconocimiento de propiedad efectuado por el Decreto 1498/14, en el entendido que ello abarca todas las comunidades señaladas como presuntas víctimas (*supra* párr. 35 y Anexo V). La Corte advierte que un entendimiento distinto del Decreto 1498/14, que implicara desconocer la propiedad de comunidades bajo el pretexto de que no están explícitamente nombradas en dicho decreto, resultaría contrario a la Convención. El Estado debe abstenerse de actuaciones o interpretaciones de normas sesgadas o de excesivo rigor formal que tengan por efecto generar divisiones artificiales en el conjunto de comunidades indígenas implicadas en el caso. Ahora bien, en el marco del entendimiento correspondiente del Decreto 1498/14, no es posible concluir que el Estado, en el modo en que ha reconocido la propiedad, impidiera el actuar colectivo de todas las comunidades titulares del derecho. En ese sentido, siendo que el Estado ha reconocido la propiedad a todas las comunidades indígenas, no se advierte una vulneración al derecho al reconocimiento de la personalidad jurídica de las mismas. Cuestión distinta es si, más allá del reconocimiento formal, el derecho de propiedad se ha cumplido en cuanto a la concreción efectiva de los actos necesarios para la definición, seguridad jurídica y libre disfrute de la propiedad. Ello también se examina en esta Sentencia, pero no resulta atinente a la cuestión de la personalidad jurídica.

157. Debe dejarse aclarado, por otra parte, que la conformación de Lhaka Honhat como asociación civil no fue una imposición estatal, sino que resultó un acto asociativo válido, determinado por las personas que decidieron realizarlo y reconocido por el Estado. Dicho reconocimiento estatal, que deriva de un acto voluntario y libre, no conlleva en sí una afectación a la personalidad jurídica, la que, como se ha indicado, tampoco se vio vulnerada de otro modo[148]. Asimismo, este Tribunal no encuentra motivos para determinar una violación a la libertad de asociación.

---

autoridades locales, y las decisiones que afecten la propiedad sería la responsabilidad de aquellas autoridades y no la de los miembros individuales". En ese caso, el Estado involucrado había "objetado si los doce capitanes de los doce clanes (lös) Saramaka verdaderamente representa[ban] la voluntad de la comunidad en su conjunto […]. El Estado, además, alegó que el verdadero representante de la comunidad debería ser [uno] y no otros". La Corte entendió que "[e]sta controversia sobre quién realmente representa[ba] al pueblo Saramaka e[ra] una consecuencia natural de la falta de reconocimiento de su personalidad jurídica" (*Caso del Pueblo Saramaka Vs. Surinam*, párrs. 169 y 170).

[148] Consta, como cuestión de hecho, que la Asociación Civil Lhaka Honhat solicitó, en 2017, a las autoridades de Salta, su reconocimiento como organización indígena y que esa solicitud no fue resuelta (*supra* párr. 88). En atención a lo que se ha determinado, la Corte entiende que no es pertinente examinar esta circunstancia en relación con los derechos a la personalidad jurídica o a la libertad de asociación. Tampoco corresponde examinarla en relación con otros derechos cuya vulneración fue alegada. Al respecto, es preciso dejar sentado, en particular, que los representantes, en su escrito de solicitudes y argumentos, no presentaron argumentos que vincularan la cuestión de hecho referida con los derechos a las garantías judiciales o a la protección judicial.

B.2.3.2. Impact of domestic law

158. As indicated, the State has been unable to implement the right to communal property and, in this context, it failed to respect the directives of its own domestic law, especially of Salta Executive Decrees 2609/91, 2786/07 and 1498/14. The latter ordered subsequent actions that were not completed and no other provision has been issued that makes adequate progress on the recognition of property ownership. This implementation failure has resulted in the lack of an adequate guarantee of the right to communal property. As indicated (*supra* paras. 120 and 151), this entails a violation not only of the right to property and the obligation to ensure this, pursuant to Articles 21 and 1(1) of the Convention, but also of the obligation to adopt the measures established in Article 2 of this instrument.

159. In consequence, as already explained (*supra* paras. 118 and 119), it is appropriate to assess whether the said absence of adequate titling was only related to the State's failure to implement certain actions or the delay in doing so, or whether it was also related to deficiencies in Argentine law.

160. It should be understood that, pursuant to laws of a constitutional rank (*supra* para. 54), there can be no doubt that the State recognizes the right to indigenous communal property[149] and that this, as expert witness Solá has also indicated, should be understood to be operative inasmuch as the State has the immediate and unconditional obligation to respect this. The possible absence of domestic laws does not excuse the State. Nevertheless, it is appropriate to consider whether the particularities of the State's legal system have represented an additional obstacle to the safeguard of the relevant right to property in this case.

161. In light of the federal system in Argentina, first, it should be established that it is relevant to evaluate both the provincial and the national laws. As can be seen from the description of the norms given in the chapter on "Facts" of this judgment (*supra* paras. 54 and 55), the Civil and Commercial Code, applicable in both the national and the provincial sphere, establishes the right to communal property. In addition, the provincial and national powers in relation to the rights of indigenous peoples are "concurrent" – in other words, common to both levels of the State – and the highest courts of the nation and of Salta have indicated that the national norms represent a "minimum standard" in this regard.[150] Accordingly, even though the Salta authorities

---

[149] The Court notes that the wording of article 15 of the Salta Constitution (*supra* para. 55) appears to restrict the recognition of the right to indigenous communal property only to "fiscal" lands; however, it will not examine this presumed limitation specifically, as it is not relevant to this case.

[150] The CSJN has indicated that "the text of the [national] Constitution offers no doubt that it clearly authorizes the provincial states to exercise attributes that are concurrent with the Nation in relation to recognition of the juridical personality of the indigenous communities and the pertinence of registering them." The CSJN explained that "both the Nation and the provinces have sufficient competence to regulate the rights of the original peoples in their respective jurisdictions, provided that this does not involve a contradiction or a reduction in the standards established in the federal legislation by the provincial states. [...] Consequently, the federal legislation, that is the National Constitution [CN], the international human rights treaties with constitutional rank (pursuant to art. 75,22, CN), the international treaties to which the Nation is a party, and the federal laws and regulations are a 'minimum standard' applicable throughout Argentine territory (*Neuquén Indigenous Confederation v. Province of Neuquén ref/action on unconstitutionality*, Judgment of December 10, 2013, evidence file, evidence incorporated *ex officio*). This was also asserted by the CJS (*Cf. Aguas Blancas Aboriginal Community v. Province of Salta – Amparo.* Judgment of September 19, 2016. Case file No. CJS 37,010/14. Volume 207:289/306 (evidence file, evidence incorporated *ex officio*). Expert witness Solá has also indicated that the "attributes" indicated in the National Constitution with regard to indigenous peoples are exercised concurrently by the national State and

B.2.3.2. Incidencia del derecho interno

158. Conforme lo que se ha indicado, el Estado no logró concretar el derecho de propiedad comunitaria y, en ese marco, no observó el mandato de sus propias normas internas, en particular, de los Decretos del Poder Ejecutivo de Salta 2609/91, 2786/07 y 1498/14. Esta última norma mandó actos posteriores que no finalizaron y no se ha dictado otra disposición que avance en forma adecuada en el reconocimiento de la propiedad. Esta omisión de concreción ha derivado en la falta de garantía adecuada del derecho de propiedad comunitaria. De acuerdo a lo que se ha indicado (*supra* párrs. 120 y 151), esto implica una transgresión no solo del derecho de propiedad y la obligación de garantizarlo, conforme los artículos 21 y 1.1 de la Convención, sino también de la obligación de adoptar medidas prevista en el artículo 2 del tratado.

159. Dado lo anterior, como fue antes explicado (*supra* párrs. 118 y 119), es procedente evaluar si la indicada falta de una titulación adecuada se ha relacionado solo con la omisión estatal en materializar ciertas actuaciones o la demora en hacerlo, o si tiene relación también con deficiencias del orden normativo argentino general.

160. Debe dejarse establecido que a partir de normativa de jerarquía constitucional (*supra* párr. 54), no puede dudarse de que el Estado reconoce el derecho de propiedad comunitaria indígena[149] y que el mismo, como también ha señalado el perito Solá, debe entenderse operativo, en cuanto el Estado tiene el deber inmediato e incondicionado de observarlo. La eventual falta de disposiciones normativas internas no excusa al Estado. Sin perjuicio de ello, es procedente considerar si las particularidades del sistema normativo estatal han implicado un obstáculo adicional a la salvaguarda del derecho de propiedad relevante en el caso.

161. A tal efecto, dado el sistema federal que rige en Argentina, en primer término, es necesario dejar sentado que es relevante la evaluación del orden normativo nacional y provincial. Como surge de la exposición de normas efectuada en el apartado de "Hechos" de esta Sentencia (*supra* párrs. 54 y 55), el Código Civil y Comercial, de aplicación en el ámbito nacional y también en las provincias, prevé el derecho de propiedad comunitaria. Por otra parte, las facultades provinciales y nacionales respecto a derechos de pueblos indígenas son "concurrentes", es decir, comunes a ambos niveles estatales, y los máximos tribunales a nivel nacional y salteño han indicado que normas nacionales operan como un "piso mínimo" al respecto[150]. Por lo expuesto, aunque en el caso han intervenido autoridades salteñas, y

---

[149] La Corte nota que la redacción del artículo 15 de la Constitución de Salta (*supra* párr. 55) parece limitar el reconocimiento del derecho de propiedad comunitaria indígena solo a tierras "fiscales", pero no examinará tal presunta limitación en forma puntual, por no ser relevante en el caso.
[150] La CSJN ha indicado que "el texto constitucional [nacional] no ofrece dudas en cuanto claramente habilita a los estados provinciales a ejercer atribuciones concurrentes con la Nación vinculadas al reconocimiento de la personería jurídica de las comunidades indígenas y su pertinente inscripción registral". La CSJN explicó que "tanto la Nación como las provincias tienen la competencia suficiente de reglamentación en materia de derechos de los pueblos originarios en sus respectivas jurisdicciones, siempre que ello no implique por parte de los estados provinciales una contradicción o disminución de los estándares establecidos en el orden normativo federal. [...] Por consiguiente, la normativa federal, esto es, la Constitución Nacional, los tratados internacionales de derechos humanos con jerarquía constitucional (de conformidad con el art. 75, inc. 22, CN), los tratados internacionales en los que la Nación es parte y las leyes y reglamentos federales son un 'piso mínimo' que rige en todo el territorio argentino" (*Confederación Indígena del Neuquén c. Provincia del Neuquén s/acción de inconstitucionalidad*, Sentencia de 10 de diciembre de 2013. Expediente de prueba, prueba incorporada de oficio). Lo anterior fue afirmado también por la CJS (*cfr. Comunidad Aborigen de Aguas Blancas vs. Provincia de Salta – Amparo*. Sentencia de 19 de septiembre de 2016. Expte. N° CJS 37.010/14.Tomo 207:289/306. Expediente de prueba, prueba

have intervened in this case and it has been the provincial state that has issued norms addressed at the recognition of ownership, it is relevant to examine the national legislation.

162. Nevertheless, the inadequacy of the existing Argentine laws in relation to procedures for claiming indigenous lands should be pointed out. As already indicated *(supra* paras. 116 and 118), the way in which those procedures are established relates to Articles 2, 21, 8 and 25 of the Convention.

163. It should be noted that Salta Law 6,681 conformed to national Law 23,302 *(supra* para. 55). The latter, as well as its regulatory decree 155/1989 *(supra* para. 54), does not establish a procedure that allows the right to communal property to be claimed as a fundamental right that must be recognized. The said laws only establish that the authorities should take "steps" to transfer lands.[151] Meanwhile, Salta Law 7,121 *(supra* para. 55) indicates that communal ownership must be adapted to "one of the different forms admitted by law";[152] however, according to the information received by the Court, the general legislation does not include regulations on a particular form for communal ownership or specific procedures to this end.

164. The failure of these norms to address the issue of indigenous property adequately and sufficiently can be inferred from national legislation following the 1994 constitutional reform *(supra* para. 54). As will be explained below, those laws pointed to an "emergency" situation in relation to indigenous property and the need to adopt specific legislation and procedures in this regard. Thus, it is based on the comments made by the State itself on the provisions indicated below that the Court understands that the State's existing legal system is not appropriate to ensure the right to communal property.

165. Indeed, the State itself has noted the insufficiency of its legal system, as follows:

> a) Law 26,160 and its extensions recognize that an "emergency" situation exists with regard to indigenous property and provides for actions to be taken over a specific period of time that do not modify the existing legal regime on procedures for the recognition of property ownership;
> b) Law 26,994, adopting the Civil and Commercial Code, indicated that "the rights of the indigenous peoples," including that of communal property, "shall be

---

the provincial states. The *amicus curiae* brief submitted by the CDH-UBA, citing CSJN judgments, indicates that "it is essential to have federal legislation that respects and is adapted to the international obligations [on] the rights of the indigenous peoples, because the minimum standards that the provinces must respect are derived from them." The Inter-American Court notes, also, that some national provisions refer to the adjudication of provincial lands. Also, as indicated below (*infra* para. 163), Salta Law 7,121 establishes that communal ownership should be in keeping with "one of the different forms admitted by law" and the province has "conformed to" certain national standards on this issue.

[151] *Cf.* Law 23,302 and Decree 155/1989, articles 8 and 5, respectively (evidence file, annex M.3 to the pleadings and motions brief, fs. 35,152 to 35,377).

[152] *Cf.* Law 7,121, article 16 (evidence file, annex N.1 to the pleadings and motions brief, fs. 36,208 to 36,214).

ha sido el Estado Provincial el que ha efectuado actos normativos tendientes al reconocimiento de propiedad, es relevante examinar la legislación nacional.

162. Dicho lo anterior, debe señalarse la insuficiencia de la normativa argentina existente en cuanto a procedimientos de reclamación de la propiedad indígena. Como se ha indicado *(supra* párrs. 116 y 118), el modo en que se prevean estos procedimientos tiene relación con los artículos 2, 21, 8 y 25 de la Convención.

163. Debe notarse, que la ley 6.681 de Salta adhirió a la ley nacional 23.302 *(supra* párr. 55). Esta última, así como su Decreto reglamentario 155/1989 *(supra* párr. 54), no prevé un procedimiento que permita reclamar, como un derecho fundamental que debe ser reconocido, el derecho de propiedad comunitaria. Las normas indicadas solo contemplan que las autoridades realizarán "gestiones" tendientes a la entrega de tierras[151]. Por otra parte, la ley 7.121 de Salta *(supra* párr. 55) indica que la propiedad comunitaria debe adecuarse a "una de las distintas formas admitidas por la ley"[152], pero de conformidad con la información con que cuenta la Corte, no se ha regulado en la legislación general una forma propia de propiedad comunitaria ni procedimientos particulares a tal efecto.

164. La falta de aptitud del régimen normativo aludido para tratar en forma adecuada y suficiente la cuestión de la propiedad indígena se infiere de la propia normativa nacional posterior a la reforma constitucional de 1994 *(supra* párr. 54). Aquella normativa, como se explica seguidamente, señala una situación de "emergencia" de la propiedad indígena y la necesidad de adoptar legislación y procedimientos específicos al respecto. En ese sentido, es con base en los propios señalamientos estatales, referidos en las disposiciones que se indican a continuación, que la Corte entiende que el régimen legal existente en el Estado no es apto para observar el derecho de propiedad comunitaria.

165. En efecto, el propio Estado ha advertido la insuficiencia de su régimen legal. Así:

a) la ley 26.160 y sus prórrogas reconocen que hay una situación de "emergencia" respecto de la propiedad indígena y prevén acciones por un tiempo determinado, las que no alteran el régimen legal existente en materia de procedimientos para el reconocimiento de la propiedad;
b) la ley 26.994, que aprobó el Código Civil y Comercial, indicó que "los derechos de los pueblos indígenas", inclusive el de propiedad comunitaria, "serán objeto de

---

incorporada de oficio). También el perito Solá ha indicado que las "atribuciones" señaladas por la Constitución Nacional respecto a derechos de pueblos indígenas son de ejercicio concurrente entre el Estado Nacional y los Estados provinciales. El escrito de *amicus curiae* remitido por el CDH-UBA, refiriendo sentencias de la CSJN, expresa que "contar con una [n]ormativa [f]ederal que respete y se ajuste a las obligaciones internacionales [sobre] derechos de los pueblos indígenas es fundamental, ya que de ella se derivan los mínimos que deben respetar las Provincias". La Corte Interamericana nota, además, que hay disposiciones nacionales que hacen alusión a la adjudicación de tierras provinciales. Asimismo, como se expresa más adelante (*infra* párr. 163), la ley 7.121 de Salta indica que la propiedad comunitaria debe adecuarse a "una de las distintas formas admitidas por la ley" y la Provincia ha "adherido" a ciertas normas nacionales en la materia.

[151] *Cfr.* Ley 23.302 y Decreto 155/1989, artículos 8 y 5, respectivamente. Expediente de prueba, anexo M.3 al escrito de solicitudes y argumentos, fs. 35.152 a 35.377.
[152] *Cfr.* Ley 7.121, artículo 16. Expediente de prueba, anexo N.1 al escrito de solicitudes y argumentos, fs. 36.208 a 36.214.

the subject of a special law," and the Code, similarly, recognizes that right, but "as established by law," and

c) National Executive Decree 700/2010 expressly recognizes the need to draw up a law to "implement a procedure" to give effect to the right in question. The reasoning for the law indicates that article 75.17 of the National Constitution was directly operational, but that "the absence of legal procedures to facilitate the effective implementation of the constitutional provisions endangers the effectiveness of the guarantee that it recognizes" and that, "since their recognition in the Constitution, the indigenous communities have been in danger of erroneous judicial interpretations or interpretations that fail to recognize the constitutional intentions."[153] Expert witness Solá also noted that Argentina's national legal system was insufficient.[154]

166. The Court understands that, owing to the legal problems described, the right to property of the indigenous communities in this case has not received effective protection and they have, therefore, been dependent on the progress made through government negotiations and decisions on their property that, in the practice, 28 years after the first claim for the recognition of property rights, have not implemented their right adequately.

B.2.3.3. Conclusion on recognition and determination of ownership

167. In conclusion to the above, the Court notes that Decrees 2786/07 and 1498/14 were acts that recognized the communal ownership of the land claimed. However, the State has not provided adequate title to this land to provide it with legal certainty. The land has not been demarcated and the presence of third parties continues. Also, Argentina does not have appropriate laws to guarantee the right to communal property satisfactorily.

---

[153] Collaterally, this Court notes that – as is clear from a 2018 domestic judicial decision - even after the 1994 constitutional reform that expressly recognized rights of indigenous peoples (*supra* para. 54), the PEN affirmed before the jurisdictional authorities that, in themselves, INAI's attributes (established under the system instituted by Law 23,302 and Decree 155/89) were insufficient to implement full recognition of indigenous property and that the national Legislature needed to enact a law. The said judgment indicated that the PEN had argued that "INAI does not have a special law on communal titles that regulates a plan for land adjudication," and that a "special law" was necessary (although there is no record that such a law has been enacted) to recognize the right to communal property. In this case, when addressing the property claim of an indigenous community, the PEN affirmed that it had done everything that "was incumbent on it by law; in other words, it had complied with the technical, legal and cadastral survey, and that it was for Congress to enact a special law to implement possession and communal ownership" (*Cf.* Federal Administrative Contentious Chamber, Chamber III, *Mapuche Trypayantu Community v. National State–INAI ref/ Recognition procedure.* Judgment of November 22, 2018, *consideranda* I and II). The AADI and the SERPAJ agreed with this in their *amicus curiae* brief, indicating that, despite the suspension of the evictions ordered by Law 26,160, evictions had continued because "not all provincial judges interpret the law in the same way."

[154] Similarly, the *amicus curiae* brief submitted by AADI and SERPAJ affirms that "at the present time, there is no law at either the national level or of the province of Salta that regulates and implements indigenous communal ownership, or creates any procedure, whether administrative or judicial, establishing clear and simple rules for the indigenous peoples to be able to process the recognition of their traditional territories, by proposing their demarcation, titling and registration."

una ley especial", y dicho Código, en forma acorde, reconoce ese derecho, pero "según lo establezca la ley", y

c) el Decreto 700/2010 del Poder Ejecutivo Nacional reconoce expresamente la necesidad de que se elabore una norma para "instrumentar un procedimiento" a fin de efectivizar el derecho en cuestión. En sus fundamentos expresa que el artículo 75 inciso 17 de la Constitución Nacional es directamente operativo, pero que "la ausencia de procedimientos legales tendientes a facilitar la concreción de la afirmación constitucional en los hechos, pone en riesgo la efectividad de la garantía consagrada" y que "las [c]omunidades [i]ndígenas han soportado desde el reconocimiento constitucional, el peligro de interpretaciones judiciales errantes y que hacen lecturas disvaliosas de la voluntad del poder constituyente"[153]. También indicó el perito Solá que el régimen legal nacional argentino es insuficiente[154].

166. La Corte entiende que, dados los problemas normativos señalados, las comunidades indígenas implicadas en el caso no han contado con una tutela efectiva de su derecho de propiedad y han quedado, a tal efecto, sujetas al avance de negociaciones y a decisiones sobre su propiedad por medio de actos gubernativos potestativos que, en la práctica, luego de más de 28 años desde que se reclamara el reconocimiento de la propiedad, no han concretado adecuadamente su derecho.

B.2.3.3. Conclusión sobre el reconocimiento y determinación de la propiedad

167. Como conclusión de todo lo expuesto, la Corte constata que los Decretos 2786/07 y 1498/14 constituyen actos de reconocimiento de la propiedad comunitaria sobre la tierra reclamada. No obstante, el Estado no ha titulado la misma de forma adecuada, de modo de dotarla de seguridad jurídica. El territorio no se ha demarcado y subsiste la permanencia de terceros. Argentina, además, no cuenta con normativa adecuada para garantizar en forma suficiente el derecho de propiedad comunitaria.

---

[153] En forma coadyuvante a lo anterior, este Tribunal advierte que, como surge de una decisión judicial interna de 2018, incluso después de la reforma constitucional de 1994 que reconoció expresamente derechos de pueblos indígenas (*supra* párr. 54), el PEN sostuvo ante autoridades jurisdiccionales que, por sí mismas, las facultades del INAI (previstas a partir del régimen instituido por la ley 23.302 y el Decreto 155/89), son insuficientes para concretar el pleno reconocimiento de la propiedad indígena, y que resulta necesaria la adopción de una ley por parte del Poder Legislativo nacional. En la sentencia aludida consta que el PEN argumentó que "el INAI no cuenta con una ley especial de títulos comunitarios que reglamente un plan de adjudicación de tierras", que hace falta una "ley especial" (que no consta que se haya dictado) para el reconocimiento del derecho de propiedad comunitaria. En ese caso, frente al reclamo de propiedad de una comunidad indígena, el PEN sostuvo que había hecho todo lo que "por ley le corresponde, es decir, dar por cumplido el Relevamiento Técnico, Jurídico y Catastral, razón por la cual para instrumentar la posesión y propiedad comunitaria es el Congreso el encargado de dictar una ley especial a tal fin" (*cfr. Cámara Contencioso Administrativo Federal, Sala III, Comunidad Mapuche Trypayantu c/ EN – INAI s/ Proceso de conocimiento.* Sentencia de 22 de noviembre de 2018, considerandos I y II). En forma concordante se pronunciaron la AADI y el SERPAJ en su escrito de *amicus curiae*, expresando que pese a la suspensión de desalojos ordenada por la ley 26.160, de igual forma se han producido desalojos ya que "no todos los jueces provinciales interpretan la norma de la misma manera".

[154] En forma concordante, el escrito de *amicus curiae* presentado por AADI y SERPAJ afirma que "no existe actualmente, tanto a nivel nacional como de la Provincia de Salta, una normativa que regule e implemente la propiedad comunitaria indígena, ni que establezca algún procedimiento, sea administrativo o judicial, a través del cual se fijen reglas claras y simples a fin de que los pueblos indígenas puedan tramitar el reconocimiento de sus territorios tradicionales, proponiendo la demarcación, titulación y registro de los mismos".

168. Based on the above, the Court finds that the State violated, to the detriment of the indigenous communities victims in this case (*supra* para. 35 and Annex V to this judgment), the right to property in relation to the right to have access to adequate procedures and to the obligation to guarantee rights, and to adopt domestic legal provisions. Therefore, Argentina failed to comply with Article 21 of the Convention in relation to its Articles 8(1), 25(1), 1(1) and 2.

C. THE RIGHT TO PARTICIPATE IN RELATION TO PROJECTS OR WORKS ON COMMUNAL PROPERTY

169. It remains for the Court to consider, in relation to the right to property, the projects and works that it is alleged have been implemented without respecting the rights of the indigenous communities.

C.1. Arguments of the Commission and of the parties

170. The *Commission* argued that the State had violated the communities' right to property "as well as their rights of access to information and to participation, by failing to meet its obligations when carrying out public works or granting concessions on indigenous territory." It considered that "none of the public workers undertaken by the State [...] on ancestral territory" complied with the obligation to ensure that it was preceded by a social and environmental impact assessment, and that it guaranteed adequate participation and benefits for the indigenous communities.[155] It alleged that, in addition, the State had not complied with its obligation to conduct a prior, free and informed consultation, and to allow and facilitate access to the corresponding public information to the indigenous communities concerned. It pointed out that the State "failed to conduct an appropriate consultation that complied with the said standards" and that "Argentina does not possess a law on prior, free and informed consultation."

171. The *representatives* argued that the absence of a single title "had serious consequences because various public works were executed (bridges, roads, etc.) without first consulting the communities." They understood that the State was responsible for "planning and executing work on the ancestral territory," because it had failed to comply with the corresponding standards and requirements regarding free, prior and informed consultation and the participation of the communities in the projects. They added that the communities had not received any type of benefit from the works and that these were implemented without social and environmental impact assessments.[156] The representatives also argued that "in order to determine the existence of a violation, it was irrelevant whether or not – due to reasons unrelated to the communities' land claims – the works were executed." They indicated that "some works were completed and others, even if they were abandoned, [...] were executed to the point that they had diverse impacts on the territory." The representatives

---

[155] Specifically, the Commission alleged that the following did not comply with the requirements indicated: "the construction of the international bridge over the Pilcomayo River[;...] the public tender for the construction of highway 86[;...] the works to improve the provincial highway between Santa Victoria Este and La Paz, [and] the granting of the oil and gas concession."

[156] The representatives identified the following "projects" that, they alleged, had been "carried out" by the State without meeting the corresponding requirements: "(i) the international bridge; (ii) plans for parts of highway 86; (iii) work on provincial route 54, and (iv) oil and gas exploration."

168. Por lo expuesto, la Corte determina que el Estado violó, en perjuicio de las comunidades indígenas víctimas en este caso (*supra* párr. 35 y Anexo V a la presente Sentencia), el derecho de propiedad en relación con el derecho a contar con procedimientos adecuados y con las obligaciones de garantizar los derechos y adoptar disposiciones de derecho interno. Por ello, Argentina incumplió el artículo 21 de la Convención en relación con sus artículos 8.1, 25.1, 1.1 y 2.

C. DERECHO A LA PARTICIPACIÓN EN RELACIÓN CON PROYECTOS U OBRAS SOBRE LA PROPIEDAD COMUNITARIA

169. Resta considerar, en relación con el derecho de propiedad, proyectos y obras que, conforme se ha alegado, se han llevado a cabo sin respetar derechos de las comunidades indígenas.

C.1. Argumentos de la Comisión y de las partes

170. La *Comisión* sostuvo que el Estado vulneró el derecho de propiedad de las comunidades "en vinculación con derechos al acceso a la información y a la participación, por no observar obligaciones correspondientes a la realización de obras públicas o el otorgamiento de concesiones en territorio indígena". Consideró que "ninguna de las obras públicas emprendidas por el Estado [...] en territorio ancestral" cumplió las obligaciones de estar precedidas de un estudio de impacto ambiental y social y garantizar el beneficio y la participación adecuados de comunidades indígenas[155]. Adujo que tampoco se cumplió con las obligaciones estatales de realizar una consulta previa, libre e informada, así como de permitir y promover el acceso a la información pública correspondiente por las comunidades indígenas afectadas. Señaló que "no se realiz[ó] una consulta propia, que cumpla con los estándares referidos". La Comisión hizo notar que "no existe en Argentina una ley sobre consulta previa, libre e informada".

171. Los *representantes* afirmaron que la falta de un título único "trajo severas consecuencias pues se desarrollaron diversas obras (puentes, rutas, etcétera) sin consulta previa a las comunidades". Entendieron que el Estado es responsable por "la proyección y desarrollo inconsulto de obras sobre el territorio ancestral", pues no cumplió los requisitos y estándares correspondientes respecto a la consulta libre, previa e informada y la participación de las comunidades en torno a los proyectos. Agregaron que las comunidades no recibieron ningún tipo de beneficio derivado de las obras y que las mismas se realizaron sin estudios de impacto ambiental y social[156]. Los representantes arguyeron también que "[e]s indiferente para determinar la existencia de una violación, si por razones, además ajenas a los reclamos de las comunidades, se terminaron haciendo o no las obras". Expresaron que "[a]demás, [...] hay obras que efectivamente se concluyeron y otras que, aun cuando se hubieran abandonado [...] llegaron a avanzar al punto de generar impactos diversos en el

---

[155] Puntualmente, la Comisión refirió que no cumplieron las obligaciones expresadas: "la construcción del puente internacional sobre el Río Pilcomayo[;...] la licitación para la construcción de la Ruta 86[;...] las obras de mejoramiento del camino provincial Santa Victoria Este – La Paz, [y] el otorgamiento de la concesión de hidrocarburos".

[156] Los representantes identificaron los siguientes "proyectos" que, según adujeron fueron "llevados a cabo" por el Estado sin cumplir los requisitos correspondientes: "(i) el puente internacional; (ii) proyección de tramos de la ruta 86; (iii) obras para la ruta provincial 54 y (iv) la explotación de hidrocarburos.

understood that "the effects of the unconsulted construction of route 54 on the La Estrella community, among others, were devastating."

172. The *State* noted that "the works about which [the representatives] are complaining were not implemented and, therefore, their arguments have become theoretical."[157] Also, in its answering brief, it alleged that, at that time, no public work or concession was planned for the area. It also indicated that the representatives of Lhaka Honhat were systematically invited to each UEP activity and were periodically advised of the progress made in matters relating to their territory and resources.[158]

C.2. Considerations of the Court

173. To ensure the use and enjoyment of collective property, the State should ensure certain safeguards that will be described in the following paragraph. Their purpose is to protect the property and they are also based on the right of the indigenous peoples to take part in decisions that affect their rights. As the Court has indicated, based on the "political rights" relating to participation recognized in Article 23 of the Convention, in matters concerning their lands, the indigenous peoples must be consulted adequately through institutions that represent them.[159]

174. As already indicated by the Court in relation to works or activities on indigenous territory, the State must observe the requirements that are the same for any limitation of the right to property "for reasons of public utility or social interest" according to Article 21 of the Convention, which entails the payment of compensation.[160] In addition, it must comply "with the following three guarantees": First, "ensure the effective participation" of the peoples or communities, "in conformity with their customs and traditions," an obligation that requires the State to receive and provide information and also to ensure constant communication between the parties. The consultations should be conducted in good faith, using culturally acceptable procedures and should be aimed at reaching an agreement.[161] Second, it

---

[157] However, Argentina, when entering into details about those arguments, did not indicate only public works that "were not implemented." It also referred to: (1) "The Misión la Paz International Bridge: designed, constructed and completed in 1995 and 1996." (2) Parts of highway 86: "not yet started." (3) Work on provincial route 54: carried out on the "existing route without modifying the territory of the communities," and (4) oil and gas exploration: "exploration on the territory of the communities not yet started."

[158] The State indicated that, "at the end of August 2016, the UEP sent the petitioners a draft prior, free and informed consultation procedure for former Lots 55 and 14 for their analysis and consideration." It argued that "the draft procedure complied with international standards on the rights of indigenous peoples, in order to work together to approve a consultation process that was appropriate for the area. The presumed victims never responded to this proposal" (*Cf.* evidence file, annex J.31 to the pleadings and motions brief, fs. 33,555 to 33,560).

[159] *Cf. Case of the Kaliña and Lokono Peoples v. Suriname*, paras. 202 and 203 and 230.

[160] The Court has indicated that "the right to receive compensation pursuant to Article 21(2) of the Convention extends not only to the total deprivation of a property title owing to expropriation by the State, for example, but also includes deprivation of the normal use and enjoyment of the said property" (*Case of the Saramaka People v. Suriname*, para. 139). Expert witness Yáñez Fuenzalida also indicated this.

[161] Good faith "calls for the absence of any type of coercion by the State or by agents or third parties acting with its authorization or acquiescence, [and] is incompatible with practices such as attempts to destroy the social cohesion of the communities concerned, by either corrupting the community leaders or establishing parallel leaderships, or by negotiating with individual members of the communities." In addition, the said communities "must be consulted in accordance with their traditions during the initial stages of the

territorio". Entendieron que fueron "contundentes los efectos de la construcción inconsulta de la ruta 54 sobre la comunidad La Estrella, entre otras".

172. El *Estado*, por su parte, advirtió que "las obras sobre las que reclaman [los representantes] no se produjeron y por lo tanto el planteo que se realiza deviene abstracto"[157]. Además, adujo en su contestación que en la actualidad no se encuentra proyectada ninguna obra pública o concesión en la zona. Manifestó también, que los representantes de Lhaka Honhat son convocados sistemáticamente a cada una de las actividades de la UEP y son informados periódicamente de los avances logrados en todo lo referido a su territorio y recursos[158].

C.2. Consideraciones de la Corte

173. A fin de garantizar el uso y goce de la propiedad colectiva, el Estado debe cumplir ciertas salvaguardas, que se enuncian en el párrafo siguiente. Las mismas son debidas a fin de resguardar la propiedad y también en función del derecho de los pueblos indígenas a participar en decisiones que afecten sus derechos. Conforme la Corte ha indicado, en razón de los "derechos políticos" de participación receptados en el artículo 23 de la Convención, en cuestiones atinentes a sus tierras, los pueblos indígenas deben ser consultados de forma adecuada a través de instituciones representativas de los mismos[159].

174. De acuerdo con lo que ha indicado la Corte, respecto a obras o actividades dentro del territorio indígena, el Estado, por una parte, debe observar los requisitos comunes a toda limitación al derecho de propiedad por "razones de utilidad pública o de interés social" de acuerdo al artículo 21 de la Convención, lo que implica el pago de una indemnización[160]. Por otra parte, debe cumplir "con las siguientes tres garantías": en primer lugar, "asegurar la participación efectiva" de los pueblos o comunidades, "de conformidad con sus costumbres y tradiciones", deber que requiere que el Estado acepte y brinde información, y que implica una comunicación constante entre las partes. Las consultas deben realizarse de buena fe, a través de procedimientos culturalmente adecuados y deben tener como fin llegar a un acuerdo[161]. En segundo

---

[157] No obstante, Argentina, al detallar su argumento, no indicó solo obras que "no se produjeron". Así, precisó que: (1) El Puente Internacional Misión la Paz: fue "proyectado, construido y finalizado entre los años 1995 y 1996". (2) Tramos de la Ruta 86: "obra sin iniciar". (3) Obras de la Ruta Provincial 54: fueron sobre el "trazado ya existente sin modificar el territorio de las Comunidades", y (4) Exploración de Hidrocarburos: "No se inició el proceso de exploración en el territorio de las comunidades".

[158] El Estado afirmó que "desde la UEP se remitió a los peticionarios, a fines del mes de agosto del año 2016, un proyecto de procedimiento de consulta previa, libre e informada, destinada a los ex lotes 55 y 14 para su análisis y consideración". Sostuvo que "[e]l proyecto cumple con los estándares internacionales en materia de los derechos de los pueblos indígenas, a los efectos de llevar a cabo un trabajo en conjunto para la efectiva aprobación de un proceso de consulta adecuado para la zona. Esa propuesta nunca fue respondida por las presuntas víctimas" (*cfr.* expediente de prueba, anexo J.31 al escrito de solicitudes y argumentos, fs. 33.555 a 33.560).

[159] *Cfr. Caso Pueblos Kaliña y Lokono Vs. Surinam*, párrs. 202 y 203 y 230.

[160] La Corte ha indicado que "el derecho a recibir el pago de una indemnización conforme al artículo 21.2 de la Convención se extiende no sólo a la total privación de un título de propiedad por medio de una expropiación por parte del Estado, por ejemplo, sino que también comprende la privación del uso y goce regular de dicha propiedad" (*Caso del Pueblo Saramaka Vs. Surinam*, párr. 139). En ese sentido se ha expresado la perita Yáñez Fuenzalida.

[161] La buena fe "exige la ausencia de cualquier tipo de coerción por parte del Estado o de agentes o terceros que actúan con su autorización o aquiescencia [, y] es incompatible con prácticas tales como los intentos de desintegración de la cohesión social de las comunidades afectadas, sea a través de la corrupción de los líderes comunales o del establecimiento de liderazgos paralelos, o por medio de negociaciones con

should be "guaranteed that no concession will be granted on the territory unless and until independent and technically capable entities, under the State's supervision, have made a prior environmental impact assessment."[162] Third, the State must ensure that the indigenous communities "receive reasonable benefit from the projects implemented on their territory."[163]

175. The said requirements seek "to preserve, protect and guarantee the special relationship" that the indigenous peoples have with their territory which, in turn, guarantees their subsistence. Even though the Convention cannot be interpreted in a way that prevents the State from carrying out, itself or through third parties, projects and public work on the territory, the impact of such activities must never negate the ability of members of indigenous and tribal peoples to ensure their own survival.[164]

---

development or investment plan." "Time must be allowed for internal discussions within the communities so that they may provide an adequate response to the State. In addition, the State must ensure that members of [indigenous and tribal peoples] are aware of the possible risks, including environmental and health risks" (*Case of the Saramaka People v. Suriname*, para. 133; *Case of the Kichwa Indigenous People of Sarayaku v. Ecuador*, para. 186, and *Case of the Kaliña and Lokono Peoples v. Suriname*, para. 201.) Similarly, expert witness Yáñez Fuenzalida referred to the prior nature of consultations: she explained that according to the ILO, consultations are "compulsory before undertaking any activity to explore for or to exploit [...] natural resources on the land of [indigenous or tribal] peoples, or whenever it is necessary to move indigenous [or] tribal communities from their traditional lands to another place, and before designing and executing public policies or programs addressed at these peoples." The United Nations Special Rapporteur on the situation of human rights and fundamental freedoms of indigenous peoples has indicated that "the State itself has the responsibility to carry out or ensure adequate consultation, even when a private company, as a practical matter, is the one promoting or carrying out the activities that may affect indigenous peoples' rights and lands. [...This duty] is not one that can be avoided through delegation to a private company or other entity." (Human Rights Council, Twelfth session. Report of the Special Rapporteur on the situation of human rights and fundamental freedoms of indigenous peoples. July 15, 2009. Doc. A/HRC/12/34, para. 54). FARN expressed a similar opinion in its *amicus curiae* brief.

[162] *Case of the Saramaka People v. Suriname*, para. 129, and *Case of the Kaliña and Lokono Peoples v. Suriname*, para. 201. The requirement of a prior environmental impact assessment has been indicated in Art. 7(3) of Convention 169 and also in other instruments such as the World Charter for Nature adopted by the United Nations in 1982 (UN, General Assembly Resolution 37/7, of October 28, 1982, Principle 11(c), or the 1992 Rio Declaration on Environment and Development (Principle 17). This should not be conducted as a mere formality, but should make it possible to evaluate alternatives and the adoption of impact mitigation measures, and be executed as part of an assessment of environmental and social impacts that must: (a) be prior to the decision to implement the project or execute the activity; (b) be prepared by independent entities under State supervision; (c) consider, as applicable, the accumulated impacts of other existing or proposed projects, and (d) permit the participation of interested persons or communities and those who are possibly affected. This participation in the social and environmental assessment is specific to this end, and is not the same as the exercise of the right to free, prior and informed consultation of the indigenous peoples or communities mentioned previously, which is more wide-ranging. (See, in this regard, *Case of the Kaliña and Lokono Peoples v. Suriname*, paras. 201, 207 and 215, and *The Environment and Human Rights (State obligations in relation to the environment in the context of the protection and guarantee of the rights to life and to personal integrity – interpretation and scope of Articles 4(1) and 5(1) of the American Convention on Human Rights)*. Advisory Opinion OC-23/17 of November 15, 2017. Series A No. 23, para. 162. FARN expressed a similar opinion in its *amicus curiae* brief.)

[163] *Case of the Saramaka People v. Suriname*, para. 129, and *Case of the Kaliña and Lokono Peoples v. Suriname*, para. 201.

[164] *Cf. Case of the Saramaka People v. Suriname*, para. 129, and *Case of the Kaliña and Lokono Peoples v. Suriname*, paras. 201 and 214.

lugar, debe "garantizar que no se emitirá ninguna concesión dentro de[l] territorio a menos y hasta que entidades independientes y técnicamente capaces, bajo la supervisión del Estado, realicen un estudio previo de impacto [...] ambiental"[162]. En tercer lugar, debe garantizar que las comunidades indígenas "se beneficien razonablemente del plan que se lleve a cabo dentro de su territorio"[163].

175. Por medio de los requisitos anteriores, se busca "preservar, proteger y garantizar la relación especial" que los pueblos indígenas tienen con su territorio, la cual a su vez, garantiza su subsistencia. Si bien la Convención no puede interpretarse de modo que impida al Estado realizar, por sí o a través de terceros, proyectos y obras sobre el territorio, el impacto de los mismos no puede en ningún caso negar la capacidad de los miembros de los pueblos indígenas y tribales a su propia supervivencia[164].

---

miembros individuales de las comunidades". Además, "se debe consultar con [dichos pueblos], de conformidad con sus propias tradiciones, en las primeras etapas del plan de desarrollo o inversión". Es preciso que se dé "tiempo para la discusión interna dentro de las comunidades y para brindar una adecuada respuesta al Estado. El Estado, asimismo, debe asegurarse que los miembros de [los pueblos indígenas y tribales] tengan conocimiento de los posibles riesgos, inclu[yendo] los riesgos ambientales y de salubridad". (*Caso del Pueblo Saramaka Vs. Surinam*, párr. 133; *Caso Pueblo Indígena Kichwa de Sarayaku Vs. Ecuador*, párr. 186, y *Caso Pueblos Kaliña y Lokono Vs. Surinam*, párr. 201.) En el mismo sentido la perita Yáñez Fuenzalida se refirió al carácter previo de las consultas: explicó que de acuerdo con señalamientos de la OIT, las consultas son "obligatorias antes de emprender cualquier actividad de exploración o explotación de [...] recursos naturales que se encuentren en las tierras de [los] pueblos [indígenas o tribales]; o cada vez que sea necesario trasladar a las comunidades indígenas [o] tribales de sus tierras tradicionales a otro lugar; y antes de diseñar y ejecutar programas o políticas públicas dirigidas a los referidos pueblos". El Relator Especial sobre la situación de los derechos humanos y las libertades fundamentales de los indígenas, señaló que "el propio Estado tiene la responsabilidad de realizar o garantizar que se realicen debidamente consultas, incluso cuando, en la práctica, es una empresa privada la que promueve o realiza las actividades [...N]o es un deber que pueda eludirse delegándolo a una empresa privada u otra entidad". (Consejo de Derechos Humanos. 12° período de sesiones. Informe del Relator Especial sobre la situación de los derechos humanos y las libertades fundamentales de los indígenas. 15 de julio de 2009. Doc. A/HRC/12/34, párr. 54). De modo acorde a lo expresado se manifestó FARN en su escrito de *amicus curiae*.

[162] *Caso del Pueblo Saramaka Vs. Surinam*, párr. 129, y *Caso Pueblos Kaliña y Lokono Vs. Surinam*, párr. 201. El requisito de previo estudio de impacto ambiental ha sido indicado por el Convenio 169, en su art. 7.3 y también en otros instrumentos, como la Carta Mundial de la Naturaleza, aprobada en el ámbito de la ONU en 1982 (Resolución 37/7 de la Asamblea General de la ONU, de 28 de octubre de 1982, principio 11.c), o la Declaración de Río sobre Medio Ambiente y Desarrollo de 1992 (Principio 17). No debe realizarse como una mera formalidad, sino que debe posibilitar la evaluación de alternativas y la adopción de medidas de mitigación de impacto y llevarse a cabo como parte de una evaluación de impactos ambientales y sociales que debe: (a) ser previa a la decisión de llevar a cabo el proyecto o a la realización de la actividad; (b) elaborarse por entidades independientes, bajo supervisión estatal; (c) considerar, en su caso, los impactos acumulados de otros proyectos existentes o propuestos, y (d) permitir la participación de personas o comunidades interesadas o posiblemente afectadas. Esta participación a efectos de la evaluación de impacto ambiental y social resulta específica a tal fin, y no es equivalente al ejercicio del derecho de consulta libre, previa e informada de los pueblos o comunidades indígenas referida antes, que es más amplio. (Ver, en ese sentido, *Caso Pueblos Kaliña y Lokono Vs. Surinam*, párrs. 201, 207 y 215, y *Medio ambiente y derechos humanos (obligaciones estatales en relación con el medio ambiente en el marco de la protección y garantía de los derechos a la vida y a la integridad personal – interpretación y alcance de los artículos 4.1 y 5.1, en relación con los artículos 1.1 y 2 de la Convención Americana sobre Derechos Humanos). Opinión Consultiva OC-23/17* de 15 de noviembre de 2017. Serie A No. 23, párr. 162. De forma concordante se expresó FARN en su escrito de *amicus curiae.*)

[163] *Caso del Pueblo Saramaka Vs. Surinam,* párr. 129, y *Caso Pueblos Kaliña y Lokono Vs. Surinam*, párr. 201.

[164] Cfr. *Caso del Pueblo Saramaka Vs. Surinam,* párr. 129, y *Caso Pueblos Kaliña y Lokono Vs. Surinam,* párrs. 201 y 214.

176. In the instant case, the Court will limit its analysis to those public works or projects that fall within the factual framework of the case and regarding which there are sufficient arguments and evidence to make their examination possible. However, the Court understands that the Commission and the parties have not presented sufficient precise information and arguments to enable the Court to evaluate aspects relating to the work on parts of national highway 86,[165] or the alleged oil and gas exploration.[166] Nevertheless, the Court will make the pertinent examination of: (1) the work on provincial route 54 and (2) the construction of the international bridge and adjacent works, and it will then (3) set out its conclusions.

C.2.1. Provincial route 54

177. In 2001, work was done to provide provincial route 54 with a gravel surface between Santa Victoria Este and the highway to La Paz. The work was terminated the same year. At the beginning of 2005, the Provincial Highway Directorate once again started work on the part of provincial route 54 that runs between Tartagal and the international bridge over the Pilcomayo River. On February 8, 2005, the representatives reported this situation to the Ministry of Foreign Affairs and the Governor of Salta.[167] In 2014, more work was carried out and the representatives filed a request for information.[168] The project continued and was concluded.

178. The representatives indicated that this intervention resulted in tree felling for the production of fired bricks in Misión La Paz, and that they had not received an answer to their request for information. The Court notes that the State has clarified that the work was carried out on the existing layout of route 54. In other words, the work was not exactly new, but rather an improvement of work that already existed. In a communication, the Secretary General of Governance of Salta explained that "the work was not related to the opening up of a new route, but rather to improving the actual one" and that the work was carried out "in agreement with the inhabitants" and was "necessary and urgent to permit the population's continued access to the health care and education services provided by the State – fundamental rights […] in a region with a high rate of poverty."[169]

---

[165] In paragraph 137 of its Merits Report, when describing the facts relating to the "construction and widening of public roads in the disputed area" the Commission mentioned that "the repair of a road had started" in July 2001." In their pleadings and motions brief, the representatives made no mention of this in the case of national highway 86. They provided details of the presumed progress made on the highway, but merely indicated that they had requested a suspension of the work and that the work had been halted. The Court considers that the information provided by the Commission and the representatives is insufficient to understand that relevant construction activities took place on stretches of national highway 86 and, in general, it considers that it has insufficient evidence to evaluate aspects relating to this project or construction.

[166] Although the representatives indicated that exploration activities had begun in 2001, they did not specify where, and the State has indicated that "the process of exploration in the communities' territory never started." The Court also notes that, following the representatives' request, the State decided to relocate the work outside indigenous territory, and the representatives confirmed this.

[167] *Cf.* Note to the Ministry of Foreign Affairs and to the Governor of Salta of February 8, 2005 (evidence file, annex I.18 to the pleadings and motions brief, fs. 32,008 to 32,010).

[168] *Cf.* Note to the Human Rights Secretariat of September 19, 2014 (evidence file, annex I.20 to the pleadings and motions brief, fs. 32,016 and 32,017).

[169] *Cf.* note of the General Secretariat of Governance to the Minister for Foreign Affairs of February 21, 2005 (evidence file, annex I.19 to the pleadings and motions brief, fs. 32,012 to 32,014).

176. En el caso, la Corte limitará su examen a aquellas obras o proyectos que están dentro del marco fáctico del caso y sobre los cuales hay suficientes elementos de prueba y argumentos para posibilitar su análisis. Sin embargo, en este sentido, este Tribunal entiende que la Comisión y las partes no han presentado información y argumentaciones precisas y suficientes para que la Corte evalúe aspectos relativos a obras sobre tramos de la ruta nacional 86[165], ni la aducida exploración de hidrocarburos[166]. La Corte, por el contrario, sí examinará lo pertinente respecto a: (1) las obras para la ruta provincial 54 y (2) la construcción del puente internacional y obras adyacentes. Luego 3) expondrá su conclusión.

C.2.1. Ruta provincial 54

177. En 2001 se trabajó en el enripiado de la ruta provincial 54 entre la localidad de Santa Victoria Este y la de La Paz. Las obras finalizaron el mismo año. A principios de 2005, la Dirección Provincial de Vialidad empezó nuevamente a realizar obras en torno a la ruta Provincial 54, que une la ciudad de Tartagal con el puente internacional sobre el río Pilcomayo. El 8 de febrero de 2005, los representantes denunciaron la situación ante la Cancillería y el Gobernador de Salta[167]. En 2014 hubo nuevas obras, los representantes efectuaron un pedido de información[168]. El proyecto continuó y se finalizó.

178. Los representantes señalaron que esta intervención causó la tala de árboles para la quema de ladrillos en Misión La Paz, y también que no tuvieron respuesta del pedido de información que efectuaron. La Corte advierte que el Estado ha aclarado que las obras realizadas fueron sobre el trazado previamente existente de la ruta 54. Es decir, no se habría tratado de obras estrictamente nuevas, sino de mejoras de otras ya existentes. En una comunicación del Secretario General de la Gobernación de Salta se explicó que "no se trat[ó] de la apertura de una nueva ruta, sino del mejoramiento de la actualmente existente" y que fueron trabajos hechos "en acuerdo con los habitantes" y "necesarios e impostergables para permitir la continuidad del acceso de los pobladores a los servicios de salud y educación que brinda el Estado – derechos elementales […] en una zona de alto índice de pobreza"[169].

---

[165] En el marco de su exposición sobre hechos de "[c]onstrucción y ensanchamiento de rutas públicas en el área en disputa", en el párrafo 137 del Informe de Fondo la Comisión mencionó que en julio de 2001 se había "comenzado el enripiado de un camino". En su escrito de solicitudes y argumentos, los representantes no hicieron mención a ello en relación con la ruta nacional 86. Sobre esa ruta, no presentaron detalles sobre sus presuntos avances, sino solo que se solicitó el cese y que el avance de la obra se detuvo. La Corte considera los indicados señalamientos de la Comisión y los representantes como insuficientes para entender que hubo actos de concreción relevantes del proyecto de realización de tramos de la ruta nacional 86 y, en general, considera que carece de elementos suficientes para evaluar aspectos relativos a dicha obra o proyecto.

[166] Si bien los representantes indicaron que las actividades de exploración habían comenzado en 2001, no efectuaron precisiones respecto a la zona, y surge de señalamientos estatales que "[n]o se inició el proceso de exploración en el territorio de las comunidades". Además la Corte nota que el Estado, luego de una solicitud de los representantes, decidió trasladar los trabajos fuera del territorio indígena, lo que fue indicado por los propios representantes.

[167] *Cfr.* Nota a Cancillería y al Gobernador de Salta de 8 de febrero de 2005. Expediente de prueba, anexo I.18 al escrito de solicitudes y argumentos, fs. 32.008 a 32.010.

[168] *Cfr.* Nota a la Secretaría de Derechos Humanos de 19 de septiembre de 2014. Expediente de prueba, anexo I.20 al escrito de solicitudes y argumentos, fs. 32.016 y 32.017.

[169] *Cfr.* Nota de la Secretaría General de Gobernación al Canciller de 21 de febrero de 2005. Expediente de prueba, anexo I.19 al escrito de solicitudes y argumentos, fs. 32.012 a 32.014.

179. The Court understands that, bearing in mind the circumstances, it may be pertinent – in relation to the right to consultation – to distinguish between maintenance or improvement of existing infrastructure and the execution of new projects or public works. Activities merely to adequately maintain or improve public works do not always require the intervention of prior consultation procedures. The contrary could entail an unreasonable or excessive understanding of the State's obligations with regard to the rights to consultation and participation, a matter that must be evaluated based on the specific circumstances. In this case, even though the representatives mentioned that the work required the felling of some trees, they did not specify the magnitude of the impact. Also, even though it appears that the authorities did not respond promptly to the representatives' note asking for information, they indicated that the work was being done "in agreement with the inhabitants." However, this indication is insufficient to know whether any consultation procedures might have taken place; the information and arguments submitted by the representatives are also insufficient. Consequently, and taking into account that the situation relates to the maintenance or improvement of existing work, the Court considers that it has insufficient evidence to determine that the right of the indigenous communities to participation and consultation was violated.

C.2.2. International bridge and related civil works

180. The facts reveal that the bridge construction began in 1995. Between August 25 and September 16, 1996, members of indigenous communities peacefully occupied the international bridge. The bridge construction concluded in 1995 and 1996 but construction of roads and infrastructure works continued.[170]

181. The Court underlines that the work in question was an international bridge and, therefore, it was an important undertaking for border transit and international trade. A civil work of this kind involves State policies and administration of territorial borders, as well as decisions with implications for the economy. Thus, the interests of the State and its sovereignty are involved, as well as the government's management of the interests of the Argentine population in general.

182. Therefore, the Court recognizes that the importance of the work warranted a careful evaluation that took into account the said implications. However, this does not authorize the State to disregard the communities' right to be consulted. It should be stressed that, in its answering brief, Argentina indicated that the National Institute for Indigenous Affairs had "considered that the construction of the international bridge over the Pilcomayo River from Misión La Paz (Argentina) to Pozo Hondo (Paraguay), as well as other roads and various buildings would have a significant impact on the

---

[170] The representatives indicated that, at the beginning of 1999, Salta "began to construct houses and buildings to establish a post of the National Gendarmerie." They added that "also, in 2000, it began to significantly increase the illegal felling of trees for the production of fired bricks for the construction works, which had a substantial impact on the way of life of the communities." On April 6, 2000, the Secretariat of Public Works and Services of the province of Salta issued Resolution No. 138 approving the technical documentation and re-programming of the construction of the Misión La Paz, department of Rivadavia, Border Post. On April 27, 2011, representatives of the province of Salta advised that housing had been constructed by agreement with the communities (*Cf.* Communication from Lhaka Honhat to the Director for Human Rights advising him that they would not attend the meetings of April 27, 2011; evidence file, annex to the procedure before the Commission, fs. 15,890 to 15,892).

179. La Corte entiende que, de acuerdo con las circunstancias, puede ser pertinente en relación con el derecho a la consulta, diferenciar entre mejora o mantenimiento de obras ya existentes y realización de obras o proyectos nuevos. En ese sentido, no siempre actividades tendientes solo al adecuado mantenimiento o mejora de obras requerirán arbitrar procesos de consulta previa. Lo contrario podría implicar un entendimiento irrazonable o excesivo de las obligaciones estatales correlativas a los derechos de consulta y participación, cuestión que debe evaluarse de acuerdo con las circunstancias particulares. En el caso, aunque los representantes mencionaron que las obras requirieron la tala de árboles, no ahondaron en la precisión sobre la magnitud de ese impacto. Además, aunque no consta que las autoridades respondieran puntualmente la nota de los representantes pidiendo información, aquellas manifestaron que las obras se estaban haciendo "en acuerdo con los habitantes". Si bien este último señalamiento es insuficiente para dar cuenta de procesos de consulta que pudieran haberse efectuado, también es insuficiente la información y argumentación de los representantes. A partir de ello, y teniendo en cuenta que se trató del mantenimiento o mejora de obras que ya existían, la Corte considera que no tiene suficientes elementos para determinar una lesión al derecho de participación y consulta en perjuicio de comunidades indígenas.

C.2.2. Puente internacional y obras conexas

180. Se desprende de los hechos que la construcción del puente inició en 1995. Entre el 25 de agosto y el 16 de septiembre de 1996, personas integrantes de comunidades indígenas ocuparon el puente internacional de manera pacífica. La construcción del puente se finalizó entre 1995 y 1996 y se continuó con la edificación de rutas y de obras de urbanización[170].

181. La Corte destaca que la obra en cuestión se trató de un puente internacional. En ese sentido, resulta un emprendimiento relevante en cuanto al tránsito fronterizo y el comercio internacional. En una obra de tal tipo está involucrada la gestión y política estatal respecto de las fronteras territoriales, así como decisiones con implicancias económicas. Por ello, resulta involucrado el interés del Estado y su soberanía, así como la gestión gubernamental de interés de la población argentina en general.

182. La Corte reconoce, entonces, que la importancia de la obra ameritaba una evaluación cuidadosa, que tuviera en cuenta las implicancias expuestas. Ello, no obstante, no autoriza al Estado a inobservar el derecho de las comunidades a ser consultadas. Al respecto, debe destacarse que en su contestación, Argentina manifestó que el Instituto Nacional de Asuntos Indígenas había "considera[do] que la construcción del Puente Internacional sobre el río Pilcomayo Misión La Paz (Argentina) – Pozo Hondo (Paraguay), así como otros caminos y edificios diversos,

---

[170] Los representantes indicaron que a principios de 1999 Salta "empezó a construir casas y edificios destinados al establecimiento de un puesto de la Gendarmería Nacional". Agregaron que "[a]demás, en el 2000 empezó a aumentar significativamente la tala ilegal de árboles para la quema de ladrillos vinculada a las obras, causando un impacto sustancial en el modo de vida de las comunidades". El 6 de abril de 2000 se dictó la Resolución N° 138 por parte de la Secretaría de Obras y Servicios Públicos de la Provincia de Salta, que aprobaba la reprogramación y documentación técnica de la obra Construcción Puesto Fronterizo Misión La Paz – Departamento Rivadavia. El 27 de abril de 2011, los representantes de la Provincia de Salta informaron que se hicieron obras de vivienda en acuerdo con las comunidades (*cfr.* comunicación de Lhaka Honhat al Director de Derechos Humanos, informando que no asistirían a las reuniones del 27 de abril de 2011; expediente de prueba, anexo al trámite ante la Comisión, fs. 15.890 a 15.892).

way of life of the indigenous communities and that it would have been desirable to hold consultations, and have an assessment of the environmental impact of these constructions."

183. The Court notes that there is no record that a prior consultation procedure was conducted.

C.2.3. Conclusion

184. Based on the above, regarding the construction of the international bridge, the Court concludes that the State did not comply with its obligation to ensure adequate mechanisms for a free, prior and informed consultation of the indigenous communities concerned. Consequently, it violated their right to property and to participation in relation to the State obligations to respect and to ensure these rights. Consequently, it failed to comply with Articles 21 and 23(1) of the Convention, in relation to Article 1(1) of this instrument.

185. The Court considers that it does not have specific evidence to determine whether there was a violation of the right to information in addition to the violation of the right to participation. Therefore, it finds that it is not in a position to rule on the alleged violation of Article 13 of the Convention.

VII-2
RIGHTS TO MOVEMENT AND RESIDENCE, TO A HEALTHY ENVIRONMENT, TO ADEQUATE FOOD, TO WATER AND TO TAKE PART IN CULTURAL LIFE IN RELATION TO THE OBLIGATIONS TO RESPECT AND TO ENSURE THE RIGHTS[171]

A. ARGUMENTS OF THE PARTIES[172]

186. The *representatives* alleged that the installation of fencing by third parties involved "illegitimate and unjustified interference" in the exercise of the freedom of movement of the indigenous communities that the authorities failed to respond to.

---

[171] Articles 22, 26 and 1(1) of the American Convention.

[172] The Commission did not determine violations of Article 26 of the Convention in its Merits Report 2/12, issued in 2012. Nevertheless, in its final written arguments it indicated that it "considers it important that, in light of recent developments in the Court's case law, [the Court] is able to develop, for the first time, the violation of Article 26 in relation to the territorial rights of the indigenous peoples, in particular as regards the right to food and other pertinent rights." However, in its Merits Report, the Commission had noted that "the close relationship between indigenous and tribal peoples and their traditional territories and the natural resources these contain is a constitutive element of their culture, understood as a particular way of life[. ...] Therefore, since territory and natural resources are constitutive elements of the worldview, spiritual life and means of subsistence of indigenous and tribal peoples, they form an intrinsic part of their members' right to cultural identity." It also asserted that the State authorities must "implement national and international environmental protection standards," and this is "of special importance" in relation to "non-State actors." It added that States should "prevent environmental damage in indigenous territories." In this regard, in the Merits Report, the Commission referred to the "deforestation" in this case, stating that "[d]espite the signature of successive substantial agreements and assuming other formal commitments by which State authorities announced they would conduct actions to control illegal logging it has not been proved [...] that such actions were adopted in a manner that was effective and proportionate to the serious danger of deforestation caused by irregular loggers within the territory." The Commission did not allege a violation of Article 22 of the Convention either (*supra* footnote 2).

modifica sensiblemente la forma de vida de las comunidades indígenas y que habría sido oportuna la celebración de consultas, así como un [i]nforme sobre el impacto medioambiental de esas obras".

183. La Corte advierte, en concordancia con lo anterior, que en efecto no consta que hubiera existido proceso de consulta previa.

C.2.3. Conclusión

184. Por los motivos expuestos, en relación con la construcción del puente internacional, la Corte concluye que el Estado incumplió su obligación de procurar mecanismos adecuados de consulta libre, previa e informada a las comunidades indígenas afectadas. Por ende, vulneró en su perjuicio el derecho de propiedad y a la participación, en relación con las obligaciones estatales de respetar y garantizar los derechos. Por ese motivo, incumplió los artículos 21 y 23.1 de la Convención, en relación con el artículo 1.1 del tratado.

185. La Corte considera que no cuenta con elementos específicos para determinar una lesión al derecho a acceder a la información en forma adicional a la violación al derecho a la participación. Por ello, entiende que no corresponde pronunciarse sobre la alegada vulneración al artículo 13 de la Convención.

VII-2
DERECHOS DE CIRCULACIÓN Y DE RESIDENCIA, A UN MEDIO AMBIENTE SANO, A UNA ALIMENTACIÓN ADECUADA, AL AGUA Y A PARTICIPAR EN LA VIDA CULTURAL EN RELACIÓN CON LAS OBLIGACIONES DE RESPETAR Y GARANTIZAR LOS DERECHOS[171]

A. ARGUMENTOS DE LAS PARTES[172]

186. Los *representantes* alegaron que la instalación de alambrados por parte de terceros implicó una "interferencia ilegítima e injustificada" en el ejercicio de la libertad de circulación de las comunidades indígenas, que no tuvo respuesta por parte

---

[171] Artículos 22, 26 y 1.1 de la Convención Americana.
[172] La ***Comisión*** no determinó violaciones al artículo 26 de la Convención en su Informe de Fondo 2/12, emitido en 2012. Sin perjuicio de lo anterior, en sus observaciones finales escritas expresó que "considera importante que, dado el reciente desarrollo de la jurisprudencia de [la] Corte, [ésta] pueda desarrollar, por primera vez, la violación del artículo 26, respeto a los derechos territoriales de los pueblos indígenas, en particular en lo relativo al derecho a la alimentación y otros que resulten pertinentes". Por otra parte, en su Informe de Fondo la Comisión notó que "la estrecha vinculación entre los pueblos indígenas y tribales y sus territorios tradicionales y los recursos naturales que allí se encuentran es un elemento constitutivo de su cultura en tanto forma de vida particular[....] Por ello, al ser el territorio y los recursos naturales elementos integrantes de la cosmovisión, vida espiritual y forma de subsistencia de los pueblos indígenas y tribales, forman parte intrínseca del derecho de las personas que los conforman a la identidad cultural". Asimismo, afirmó que las autoridades estatales deben "implementar los estándares de protección medioambiental existentes a nivel nacional e internacional", lo que cobra "especial importancia" respecto a "actores no estatales". Agregó que los Estados deben "prevenir los daños al medio ambiente en territorios indígenas". Considerando lo anterior, se refirió en el Informe de Fondo a la "deforestación" en el caso, expresando que "[p]ese a la suscripción de sucesivos acuerdos sustantivos y la adquisición de otros compromisos formales en los que [el Estado] anunci[ó] que realizaría [...] labores de control de la extracción ilegal de madera, no se demostró [...] que tales acciones hubiesen sido adoptadas en forma efectiva y proporcional al serio peligro de deforestación causado por los taladores irregulares dentro del territorio". La Comisión tampoco adujo una lesión al artículo 22 de la Convención (*supra* nota a pie de página 2).

They indicated that this violated Article 22 of the Convention. They also argued that the State had violated "the rights to a [healthy] environment, cultural identity and [adequate] food," as autonomous rights that they understood were contained in Article 26 of the Convention.[173] They argued that these rights had been violated because the State was aware of and had failed to act appropriately with regard to the presence and the actions of private individuals that had harmed the integrity of the territory by installing fencing and grazing their cattle, and also by illegal logging.

187. In particular, regarding the *right to a healthy environment*, they argued that "the environmental degradation of the territory claimed" had been "a continuous and significant process" that "started at the beginning of the twentieth century with the introduction of cattle by the *criollo* settlers." They argued that "as a result of overgrazing by the cattle," the "illegal logging of the forests" and the "fences put up by the *criollo* families" the environment had been "degraded"; moreover, "[t]he cattle have destroyed the herbaceous and arboreal vegetation, and this has ruined the irrigation and regeneration capacity of the land," which "has resulted in desertification and fissures." They added that "the illegal logging of native forests, using 'mining' methods – indiscriminate and unsustainable extraction – significantly affects the resilience and renewal capacity of tracts of forest." They also indicated that the loss of flora had had an impact on the natural habitat of the wildlife, which also had to compete with the cattle for food and water, adding that the loss of autochthonous flora and fauna was also related to the installation of fencing in the territory, which "constitutes a natural obstacle" to their development.[174]

188. The representatives also argued that "as a result of the environmental degradation" and the "fencing" installed by the *criollos*, "the communities' *right to food* is also violated." They specified that the livestock of the *criollo* settlers: (a) "eat the same fruits as the indigenous communities, including carob, *misto*l [*Ziziphus mistol*] and *chañar* [*Geoffroea decorticans*]"; (b) "browse […] on palatable trees such as the carob and the *quebracho* [*Schinopsis spp.*]" and eat "the new growth, preventing regeneration"; (c) "consume the water that the communities themselves need for their subsistence and there have been situations in which the water has been contaminated by animal feces"; (d) lead to the decrease in wildlife, "which has traditionally been hunted and is an important part of the communities' diet," and (e) "destroy the fences that the indigenous communities erect to protect their family

---

[173] In addition to Article 26, the representatives alleged, in relation to that article and based on the referral it makes to the provisions of the Charter of the Organization of American States: (a) as a normative basis for the right to a healthy environment, Articles 30, 31, 33 and 34 of the Charter; (b) as a normative basis for the right to "cultural identity", Articles 2, 3, 17, 19, 30, 45, 48 and 52 of the Charter and Article XIII of the American Declaration on the Rights and Duties of Man, and (c) as a normative basis for the right to food, also the said Charter and Declaration, in their Articles 34.j and XI, respectively. Also, although, in general, it mentioned Articles 1 and 2 of the Convention in the case of the three rights, when indicating which articles it considered had been violated with regard to each of these three rights it did not cite Article 2. The Court will not examine the rights in question in relation to Article 2 of the Convention.

[174] The representatives indicated that "in the first formal request made by the Lhaka Honhat Association to the government of the province of Salta in 1991, they described the severe environmental degradation of the territory as a result of overgrazing, illegal logging, and the *criollo* fences." Consequently, they argued that the State was fully aware of the environmental degradation and, even so, did not take the necessary measures "to prevent and reverse" this.

de las autoridades. Afirmaron, por ello, que hubo una violación del artículo 22 de la Convención. Además, sostuvieron que el Estado vulneró "los derechos al medio ambiente [sano], a la identidad cultural y a la alimentación [adecuada]", como derechos autónomos, que entendieron contenidos en el artículo 26 de la Convención[173]. Adujeron que estos derechos resultaron menoscabados a partir del conocimiento y falta de actuación suficiente del Estado respecto a la presencia y accionar de particulares que dañaron la integridad del territorio a través de la instalación de alambrados y el pastoreo de ganado vacuno, como también por la tala ilegal de maderas.

187. En particular, en cuanto al *derecho a un medio ambiente sano*, aseveraron que "la degradación ambiental del territorio reclamado" ha sido "un continuo y profundo proceso" que "comenzó en los albores del siglo XX, con la introducción del ganado mayor por parte de los criollos colonizadores". Afirmaron que "producto del sobrepastoreo del ganado bovino", la "tala ilegal de los bosques" y los "cercos de las familias criollas" se ha "degrada[do]" el medio ambiente. Explicaron que "[e]l ganado bovino ha depredado la vegetación herbácea y arbórea, lo que destruye la capacidad de irrigación y regeneración del suelo", y que lo anterior "ha desencadenado procesos de desertificación y carcavamiento". Agregaron que "la tala ilegal de los bosques nativos, en su modalidad 'minera' – de extracción indiscriminada y no sustentable – genera una profunda afectación en la capacidad de renovación y mantenimiento de las masas boscosas". Señalaron también que la pérdida de flora impacta en el hábitat natural de fauna silvestre, la que además compite con el ganado para el consumo de alimento y agua. Agregaron que la pérdida de flora y fauna autóctonas se ha relacionado además con la instalación de alambrados en el territorio, que "constituyen obstáculos naturales" para el desarrollo de aquellas[174].

188. Además, indicaron que "cómo consecuencia de la degradación ambiental" y el "cercamiento" de los criollos, "se verifica una vulneración del *derecho a la alimentación* de las comunidades". Especificaron que el ganado de pobladores criollos: (a) "se alimenta de los mismos frutos que las comunidades indígenas, como la algarroba[,] el mistol y el chañar"; (b) "ramonea […] los árboles palatables como el algarrobo y el quebracho" y come "sus renovales, impidiendo su regeneración"; (c) "consume el agua que las propias comunidades requieren para su subsistencia, verificándose muchas veces situaciones en que el agua es contaminada por las heces de los animales"; (d) genera la disminución de fauna silvestre, "que tradicionalmente ha sido objeto de caza y parte importante de la dieta de las comunidades", y

---

[173] Además del artículo 26, los representantes adujeron, en relación con esa norma y dada la remisión que la misma hace a disposiciones de la Carta de la Organización de Estados Americanos: (a) como base normativa del derecho a un medio ambiente sano los artículos 30, 31, 33 y 34 de dicha Carta; (b) como base normativa del derecho a la "identidad cultural", los artículos 2, 3, 17, 19, 30, 45, 48 y 52 de la misma Carta y el artículo XIII de la Declaración Americana sobre Derechos y Deberes del Hombre, y (c) como base normativa del derecho a la alimentación, también la Carta y la Declaración mencionadas, en sus artículos 34.j y XI, respectivamente. Por otra parte, si bien en forma general, respecto de los tres derechos, mencionaron los artículos 1 y 2 de la Convención, al expresar concretamente qué normas entendían violadas respecto a cada uno de los tres derechos referidos, no señalaron el artículo 2 indicado. La Corte no examinará los derechos en cuestión en relación con el artículo 2 de la Convención.

[174] Señalaron los representantes que "ya en el primer pedido formal realizado por la Asociación Lhaka Honhat al gobierno de la provincia de Salta en […] 1991, se detalló la grave degradación ambiental sufrida en el territorio producto del sobrepastoreo, la tala ilegal y el cercado de los criollos". Por consiguiente, adujeron que el Estado tuvo pleno conocimiento de las condiciones de degradación ambiental, y aun así no adoptó las medidas necesarias para su "prevención y reversión".

vegetable plots." They also indicated that the fencing installed by the *criollo* families: (a) "affects the transit of wildlife confining it to distant locations"; (b) "restricts the free movement of the communities obstructing their traditional displacement and hunting routes," and (c) "frequently [...] encloses water reservoirs [...] and complete stands of carob trees."

189. The representatives added that "the presence of hundreds of *criollo* families on [the] ancestral territory, the environmental degradation, [...] and the alteration of the hunting and gathering lands of the [indigenous] communities has had a profound impact on their *cultural identity* and traditional practices." They argued that, for the communities, this had resulted in "significant changes" in "their customs, their social and individual habits, their economic practices and their conception of the world and their own life." They observed that, given the special relationship of the communities with their land, "the degradation of the environment and the changes in the flora and fauna go beyond the merely economic and subsistence aspects, affecting their [cultural] identity."

190. The representatives also indicated that the State "was fully aware of the details of the environmental degradation" and had failed to take steps to prevent the process or to reverse it, or "to reinforce the peoples' access to and use of the resources and means that safeguard their way of life," reproducing a phrase used by the United Nations Committee on Economic, Social and Cultural Rights (hereinafter also "the CESCR").

191. The *State* argued, with regard to the right to *a healthy environment*, that a "disproportionate or impossible burden" should not be placed on it, and that the awareness of a situation of risk should be proved in order to result in a positive obligation. It also listed measures it had taken and indicated that "it had provided technical and financial assistance for the implementation and management of projects of the Comprehensive Community Plan, under the Forests and Communities Fund."[175] It also indicated that the Salta Ministry of the Environment "is ensuring compliance with the environmental regulations in force," including control of illegal logging and deforestation. It asserted that it was "constantly monitoring and supervising the territory using remote sensing with satellite imagery."

192. Regarding *the right to food*, the State argued that the representatives' allegations had not been proved and that there was no "technical opinion or report indicating that malnutrition levels or food shortages had increased due to the presence of the *criollos'* livestock and activities." It added that many members of the indigenous communities "practice livestock farming as a result of a historical process of coexistence with the *criollos*."[176]

193. Argentina added that "there was no truth" in the allegations of the violation of cultural identity because: (a) "it had used all available means to ensure that, despite the complexity of the matter, [...] the communities could truly exercise the right that

---

[175] It explained that "[t]he purpose of these projects is to improve forest management and to increase the access of small-scale producers, including the indigenous peoples, to markets and basic services."

[176] Regarding the presence of fencing in the area, it added that it prevented the displacement of the indigenous communities to gather food and that "administrative and judicial actions had been instituted when it had been made aware [...] of the existence of new fencing put up in the area of the indigenous claim."

(e) "destruye los cercos que las comunidades indígenas levantan para sus cultivos familiares". Por otro lado, afirmaron que los alambrados de familias criollas: (a) "afectan el tránsito de fauna silvestre confinándola a lugares alejados"; (b) "restringen la libertad de circulación de las comunidades impidiendo sus circuitos tradicionales de circulación y caza", y (c) "muchas veces […] encierran en sí reservorios de agua […] y algarrobales completos".

189. Los representantes agregaron que "la presencia de cientos de familias criollas en [el] territorio ancestral, la degradación ambiental […] y la alteración de los campos de caza y recolección de las comunidades [indígenas] han tenido un efecto profundo en su *identidad cultural* y prácticas tradicionales". Afirmaron que lo anterior ha provocado en las comunidades "profundas alteraciones" en "sus costumbres, sus hábitos sociales e individuales, sus prácticas económicas y sus concepciones acerca del mundo y de su propia vida". En ese sentido, observaron que dada la especial relación de las comunidades con su tierra, "la degradación del ambiente y los cambios en la flora y la fauna, exceden del aspecto meramente económico y de subsistencia, afectando la identidad [cultural]".

190. Los representantes expresaron también que el Estado "tenía pleno y detallado conocimiento de las condiciones de degradación ambiental", y no adoptó acciones para prevenir el proceso o revertirlo, como tampoco "para 'fortalecer el acceso y la utilización por parte de la población de los recursos y medios que aseguren sus medios de vida'", según aseveraron, tomando una expresión del Comité de Derechos Económicos, Sociales y Culturales de la Organización de las Naciones Unidas (en adelante también "Comité DESC").

191. El *Estado* afirmó, respecto del *derecho a un medio ambiente sano*, que no se le debe imponer una "carga imposible o desproporcionada", debiendo acreditarse el conocimiento de una situación de riesgo para que surja una obligación positiva. Por otro lado, enunció conductas que ha adoptado. Así, señaló que "ha brindado asistencia técnica y financiera para la gestión e implementación de los Proyectos del Plan Integral Comunitario (PIC), en el marco de los Fondos de Bosques y Comunidades"[175]. Además, indicó que el Ministerio de Ambiente de Salta "vela por el cumplimiento de la reglamentación ambiental vigente", inclusive respecto al control de la tala ilegal y la deforestación. Afirmó que "realiza constantes tareas de monitoreo y seguimiento del territorio mediante la teledetección con imágenes satelitales".

192. En lo atinente al *derecho a la alimentación*, el Estado sostuvo que no están probadas las afirmaciones de los representantes, y que no consta "dictamen u opinión técnica alguna que sustente que los niveles de desnutrición o de déficit alimentario hubieran aumentado con motivo de la presencia del ganado y la actividad ejercida por los criollos". Agregó que muchos integrantes de las comunidades indígenas "practican la actividad agrícola ganadera, producto de un gran proceso histórico de convivencia con los criollos"[176].

193. Argentina agregó que "carecen de virtualidad" los señalamientos sobre violación a la *identidad cultural* porque: (a) "ha arbitrado todos los medios a su alcance a los fines de garantizar que, en el marco de la complejidad del asunto […] las

---

[175] Explicó que "[e]l propósito de dichos proyectos es mejorar la gestión forestal e incrementar el acceso de los pequeños productores, incluidos los pueblos indígenas, a los mercados y servicios básicos".
[176] Agregó, respecto a la presencia de alambrados en la zona, que impedirían el desplazamiento de las comunidades indígenas para recolectar alimentos que "en los distintos casos en que tuvo conocimiento […] de la existencia de alambrados nuevos, construidos en la zona de reclamo indígena, se instaron las acciones administrativas y judiciales".

had already been recognized," and (b) the communities themselves had "introduced changes into their behavior and ways of life."[177]

B. CONSIDERATIONS OF THE COURT

194. First, the Court establishes that Article 22 of the Convention, which relates to the right to freedom of movement and residence, refers to the right to choose the place of residence, and to enter, leave and move about in national territory,[178] and is not applicable in this case. The ability of a person to move about in lands that belong to him is, in principle, included in the right to property, which has already been examined. Also, the alleged specific or particular impact of the installation of fencing in this case will be examined below in relation to the rights contained in Article 26 of the American Convention.

195. The Court has asserted its competence to determine violations of Article 26 of the American Convention[179] and has indicated that this protects those economic,

---

[177] The allusion to the "right that had already been recognized" appears in the answering brief and refers to the right to property. Later, in this brief, the State expanded the explanation of its position indicating that "the granting of [...] Lots 55 and 14 relates to the adjudication of lands that, once the property has been demarcated and the borders between the community land and that of the *criollo* families delimited, this will protect their complete cultural development." Regarding the changes in the communities' way of life, Argentina mentioned requests by the communities for housing and service infrastructure "that are characteristic of a sedentary way of life." It added that it had received "four requests for logging guidelines from [...] caciques." The State also referred to investments and public works in the area, including paving roads, building schools, construction of multi-purpose centers and recreational spaces, as well as actions to extend or improve the services of electricity, sewerage and primary health care.

[178] The Court has indicated that Article 22 of the Convention includes: (a) the right of every person lawfully in the territory of a State Party to move about in it, and to choose his place of residence, and (b) the right of every person to enter his country and to remain there. The enjoyment of this right is not dependent on any particular purpose or reason for the person wanting to move or stay in a place. It also protects the right not to be forcibly displaced within a State Party and not to be forced to leave the territory of the State in which he is residing lawfully. The Court has also stated that the right to freedom of movement and residence may be violated formally or by *de facto* restrictions if the State has not established the conditions or provided the means to exercise this right" (*Case of Omeara Carrascal et al. v. Colombia. Merits, reparations and costs*. Judgment of November 21, 2018. Series C No. 368, para. 272; see also, *Case of Ricardo Canese v. Paraguay. Merits, reparations and costs*. Judgment of August 31, 2004. Series C No. 111, para. 115; *Case of the Moiwana Community v. Suriname*, paras. 119 and 120; *Case of the "Mapiripán Massacre" v. Colombia*, para. 188, and *Case of Alvarado Espinoza et al. v. Mexico. Merits, reparations and costs*. Judgment of November 28, 2018. Series C No. 370, para. 274).

[179] *Cf. Case of Acevedo Buendía et al. ("Discharged ad Retired Employees of the Comptroller's Office") v. Peru. Preliminary objection, merits, reparations and costs*. Judgment of July 1, 2009. Series C No. 198, paras. 16, 17 and 97; *Case of Lagos del Campo v. Peru. Preliminary objections, merits, reparations and costs*. Judgment of August 31, 2017. Series C No. 340, para. 142; *Case of the Dismissed Employees of PetroPeru et al. v. Peru. Preliminary objections, merits, reparations and costs*. Judgment of November 23, 2017. Series C No. 344, para. 192; *Case of San Miguel Sosa et al. v. Venezuela. Merits, reparations and costs*. Judgment of February 8, 2018. Series C No. 348, para. 220; *Case of Poblete Vilches et al. v. Chile. Merits, reparations and costs*. Judgment of March 8, 2018. Series C No. 349, para. 100; Case of *Cuscul Pivaral et al. v. Guatemala. Preliminary objection, merits, reparations and costs*. Judgment of August 23, 2018. Series C No. 359, para. 97; *Case of Muelle Flores v. Peru. Preliminary objections, merits, reparations and costs*. Judgment of March 6, 2019. Series C No. 375, paras. 170 to 208; *Case of the National Association of Discharged and Retired Employees of the National Tax Administration Superintendence (ANCEJUB-SUNAT) v. Peru. Preliminary objections, merits, reparations and costs*. Judgment of November 21, 2019. Series C No. 394, para. 155, and *Case of Hernández v. Argentina. Preliminary objection, merits, reparations and costs*. Judgment of November 22, 2019. Series C No. 395, para. 54.

comunidades detenten materialmente el derecho que ya ha sido reconocido", y (b) son las mismas comunidades las que "han introducido cambios a sus conductas y formas de vivir"[177].

B. CONSIDERACIONES DE LA CORTE

194. La *Corte*, en primer término, debe dejar sentado que el artículo 22 de la Convención, que versa sobre el derecho de circulación y residencia, refiere a elegir el lugar de residencia, ingresar, salir y circular por el territorio nacional[178], y no resulta aplicable al caso. La facultad de una persona de movilizarse en tierras de su pertenencia queda, en principio, comprendida en el derecho de propiedad, que ya ha sido examinado. Por otra parte, el aducido impacto específico o particular de la instalación de alambrados en el presente caso se examina seguidamente, en relación con derechos contenidos por el artículo 26 de la Convención Americana.

195. La *Corte*, ha afirmado su competencia para determinar violaciones al artículo 26 de la Convención Americana[179] y ha señalado que el mismo protege aquellos

---

[177] De la lectura del escrito de contestación surge que la alusión indicada al "derecho que ya ha sido reconocido" se refiere al derecho de propiedad. En ese sentido, más adelante en el mismo escrito el Estado amplió la explicación de su posición diciendo que "el otorgamiento de los [...l]otes [...] 55 y 14 importó la adjudicación de tierras que, una vez demarcada la propiedad y trazados los límites entre el terreno comunitario y el de las familias criollas, serán cobijo de su pleno desarrollo cultural". Respecto a los cambios en el modo de vida de las comunidades, Argentina mencionó solicitudes de las comunidades de vivienda e infraestructura de servicios "que son propios de un modo de vida sedentario". Agregó que ha habido "cuatro pedidos de otorgamiento de guías para extracción de madera, formulados por [...] Caciques". Por otra parte, el Estado indicó inversiones y obras en la zona, entre ellas, pavimentación de caminos, edificación de escuelas, construcción de salones de usos múltiples y espacios recreativos y acciones de extensión o mejoramiento de los servicios eléctricos, cloacales y de atención primaria para la salud.

[178] La Corte ha indicado que el artículo 22 de la Convención comprende "(a) el derecho de quienes se encuentren legalmente dentro de un Estado a circular libremente en ese Estado y escoger su lugar de residencia, y (b) el derecho de una persona a ingresar a su país y permanecer en él. El disfrute de este derecho no depende de ningún objetivo o motivo en particular de la persona que desea circular o permanecer en un lugar. Asimismo, protege el derecho a no ser desplazado forzadamente dentro de un Estado Parte y a no tener que salir forzadamente fuera del territorio del Estado en el cual se halle legalmente. Este Tribunal ha dicho también que el derecho de circulación y de residencia puede ser vulnerado de manera formal o por restricciones de facto si el Estado no ha establecido las condiciones, ni provisto los medios que permiten ejercerlo" (*Caso Omeara Carrascal y otros Vs. Colombia. Fondo, Reparaciones y Costas*. Sentencia de 21 de noviembre de 2018. Serie C No. 368, párr. 272; ver también *Caso Ricardo Canese Vs. Paraguay. Fondo, Reparaciones y Costas*. Sentencia de 31 de agosto de 2004. Serie C No. 111, párr. 115; *Caso de la Comunidad Moiwana Vs. Suriname*, párrs. 119 y 120; *Caso de la "Masacre de Mapiripán" Vs. Colombia*, párr. 188, y *Caso Alvarado Espinoza y otros Vs. México. Fondo, Reparaciones y Costas*. Sentencia de 28 de noviembre de 2018. Serie C No. 370, párr. 274).

[179] *Cfr. Caso Acevedo Buendía y otros ("Cesantes y Jubilados de la Contraloría") Vs. Perú. Excepción Preliminar, Fondo, Reparaciones y Costas*. Sentencia de 1 de julio de 2009. Serie C No. 198, párrs. 16, 17 y 97; *Caso Lagos del Campo Vs. Perú. Excepciones Preliminares, Fondo, Reparaciones y Costas*. Sentencia de 31 de agosto de 2017. Serie C No. 340, párr. 142; *Caso Trabajadores Cesados de Petroperú y otros Vs. Perú. Excepciones Preliminares, Fondo, Reparaciones y Costas*. Sentencia de 23 de noviembre de 2017. Serie C No. 344, párr. 192; *Caso San Miguel Sosa y otras Vs. Venezuela. Fondo, Reparaciones y Costas*. Sentencia de 8 de febrero de 2018. Serie C No. 348, párr. 220; *Caso Poblete Vilches y otros Vs. Chile. Fondo, Reparaciones y Costas*. Sentencia de 8 de marzo de 2018. Serie C No. 349, párr. 100; *Caso Cuscul Pivaral y otros Vs. Guatemala. Excepción Preliminar, Fondo, Reparaciones y Costas*. Sentencia de 23 de agosto de 2018. Serie C No. 359, párr. 97; *Caso Muelle Flores Vs. Perú. Excepciones Preliminares, Fondo, Reparaciones y Costas*. Sentencia de 6 de marzo de 2019. Serie C No. 375, párrs. 170 a 208; *Caso Asociación Nacional de Cesantes y Jubilados de la Superintendencia Nacional de Administración Tributaria (ANCEJUB-SUNAT) Vs. Perú. Excepciones Preliminares, Fondo, Reparaciones y Costas*. Sentencia de 21

social, cultural and environmental rights (ESCER) derived from the Charter of the Organization of American States (hereinafter "the OAS Charter" or "the Charter"), and the norms of interpretation established in Article 29 of the Convention are pertinent for their interpretation.[180]

196. The Court has explained that "to identify those rights that may be derived by interpretation from Article 26, it should be considered that this makes a direct referral to the economic, social, educational, scientific and cultural standards contained in the OAS Charter."[181] Consequently, once it has been established that it is understood that a right should be included in Article 26 of the Convention, its scope must be established in light of the corresponding international *corpus iuris*.[182] It is pertinent to underscore that the Court has recalled that:

> The Convention itself makes explicit reference to the norms of international law for its interpretation and application, specifically Article 29, which establishes the *pro persona* principle.[183] In this way, as has been the consistent practice of the Court,[184] when determining the compatibility of the acts and omission of the State, or of its laws, with the Convention or other treaties for which the Court has jurisdiction, the Court is able to interpret the obligations and rights they contain in light of other pertinent norms and treaties.[185]

197. Similarly, the Court has indicated that:

> Human rights treaties are living instruments the interpretation of which must evolve with the times and current conditions. This evolutive interpretation is consistent with the general rules of interpretation established in Article 29 of the

---

[180] *Cf. Case of Lagos del Campo v. Peru*, para. 144, and *Case of Hernández v. Argentina*, para. 62.

[181] *Cf. Case of Lagos del Campo v. Peru*, para. 145; *Case of Poblete Vilches et al. v. Chile*, para. 103, and *Case of Hernández v. Argentina*, para. 62.

[182] This does not exclude also having recourse to relevant domestic law (*Cf. Case of Poblete Vilches et al. v. Chile*, para. 103, and *Case of Hernández v. Argentina*, para. 62).

[183] *Cf. Case of the Pacheco Tineo family v. Bolivia. Preliminary objections, merits, reparations and costs.* Judgment of November 25, 2013. Series C No. 272, para. 143, and *Case of Hernández v. Argentina*, para. 65. When determining the respective rights, if appropriate, the Court gives special emphasis to the American Declaration on the Rights and Duties of Man, because, as this Court has established, "the Member States have signaled their agreement that the Declaration contains and defines the fundamental human rights referred to in the Charter. Thus the Charter of the Organization cannot be interpreted and applied as far as human rights are concerned without relating its norms, consistent with the practice of the organs of the OAS, to the corresponding provisions of the Declaration" (*Cf. Interpretation of the American Declaration of the Rights and Duties of Man Within the Framework of Article 64 of the American Convention on Human Rights*, Advisory Opinion OC-10/89, July 14, 1989. Series A No. 10, para. 43, and *Case of Hernández v. Argentina*, para. 66).

[184] *Cf. Case of Gelman v. Uruguay. Merits and reparations.* Judgment of February 24, 2011. Series C No. 221, para. 78 and 121; *Case of Atala Riffo and daughters v. Chile. Merits, reparations and costs.* Judgment of February 24, 2012. Series C No. 239, para. 83; *Case of the Pacheco Tineo family v. Bolivia*, para. 129; *Case of I.V. v. Bolivia. Preliminary objections, merits, reparations and costs.* Judgment of November 30, 2016. Series C No. 329, para. 168; *Case of Lagos del Campo v. Peru*, para. 145; *Case of Poblete Vilches et al. v. Chile*, para. 103; *Case of Cuscul Pivaral et al. v. Guatemala*, para. 100, and *Case of the National Association of Discharged and Retired Employees of the National Tax Administration Superintendence (ANCEJUB-SUNAT) v. Peru*, para. 158, and *Case of Hernández v. Argentina*, para. 65.

[185] *Cf. Case of Muelle Flores v. Peru*, para. 176, and *Case of Hernández v. Argentina*, para. 65.

derechos económicos, sociales, culturales y ambientales (DESCA) que se deriven de la Carta de la Organización de Estados Americanos (en adelante "Carta de la OEA", o "la Carta"), siendo pertinente para su entendimiento las "[n]ormas de [i]nterpretación" establecidas en el artículo 29 de la Convención[180].

196. Así, este Tribunal ha explicado que "[p]ara identificar aquellos derechos que pueden ser derivados interpretativamente del artículo 26, se debe considerar que este realiza una remisión directa a las normas económicas, sociales y sobre educación, ciencia y cultura contenidas en la Carta de la OEA"[181]. En base a lo anterior, estando establecido que un derecho debe entenderse incluido en el artículo 26 de la Convención, corresponde fijar sus alcances, a la luz del *corpus iuris* internacional en la materia[182]. Es pertinente destacar que la Corte ha recordado que

> la misma Convención hace expresa referencia a las normas del Derecho Internacional general para su interpretación y aplicación, específicamente a través del artículo 29, el cual prevé el principio *pro persona*[183]. De esta manera, como ha sido la práctica constante de este Tribunal[184], al determinar la compatibilidad de las acciones y omisiones del Estado o de sus normas, con la propia Convención u otros tratados respecto de los cuales tiene competencia, la Corte puede interpretar las obligaciones y derechos en ellos contenidos a la luz de otros tratados y normas pertinentes[185].

197. La Corte ha afirmado, en el mismo sentido, que:

> los tratados de derechos humanos son instrumentos vivos, cuya interpretación tiene que acompañar la evolución de los tiempos y las condiciones de vida actuales. Tal interpretación evolutiva es consecuente con las reglas generales de

---

de noviembre de 2019. Serie C No. 394, párr. 155, y *Caso Hernández Vs. Argentina. Excepción Preliminar, Fondo, Reparaciones y Costas.* Sentencia de 22 de noviembre de 2019. Serie C No. 395, párr. 54.

[180] *Cfr. Caso Lagos del Campo Vs. Perú*, párr. 144, y *Caso Hernández Vs. Argentina*, párr. 62.

[181] *Cfr. Caso Lagos del Campo Vs. Perú*, párr. 145; *Caso Poblete Vilches y otros Vs. Chile*, párr. 103, y *Caso Hernández Vs. Argentina*, párr. 62.

[182] Ello no excluye acudir también a la normativa nacional que pudiera ser relevante (*cfr. Caso Poblete Vilches y otros Vs. Chile*, párr. 103, y *Caso Hernández Vs. Argentina*, párr. 62).

[183] *Cfr. Caso familia Pacheco Tineo Vs. Bolivia. Excepciones Preliminares, Fondo, Reparaciones y Costas.* Sentencia de 25 de noviembre de 2013. Serie C No. 272, párr. 143, y *Caso Hernández Vs. Argentina*, párr. 65. En la determinación de los derechos respectivos, de ser el caso, la Corte da "un especial énfasis a la Declaración Americana de los Derechos y Deberes del Hombre [...], pues tal y como lo estableció este Tribunal[, l]os Estados Miembros han entendido que la Declaración contiene y define aquellos derechos humanos esenciales a los que la Carta se refiere, de manera que no se puede interpretar y aplicar la Carta de la Organización en materia de derechos humanos, sin integrar las normas pertinentes de ella con las correspondientes disposiciones de la Declaración, como resulta de la práctica seguida por los órganos de la OEA'" (*cfr. Interpretación de la Declaración Americana de los Derechos y Deberes del Hombre, en el marco del artículo 64 de la Convención Americana sobre Derechos Humanos.* Opinión Consultiva OC-10/89 de 14 de julio de 1989. Serie A No. 10, párr. 43, y *Caso Hernández Vs. Argentina*, párr. 66).

[184] *Cfr. Caso Gelman Vs. Uruguay. Fondo y Reparaciones.* Sentencia de 24 de febrero de 2011. Serie C No. 221, párr. 78 y 121; *Caso Atala Riffo y niñas Vs. Chile. Fondo, Reparaciones y Costas.* Sentencia de 24 de febrero de 2012. Serie C No. 239, párr. 83; *Caso familia Pacheco Tineo Vs. Bolivia*, párr. 129; *Caso I.V. Vs. Bolivia. Excepciones Preliminares, Fondo, Reparaciones y Costas.* Sentencia de 30 de noviembre de 2016. Serie C No. 329, párr. 168; *Caso Lagos del Campo Vs. Perú*, párr. 145; *Caso Poblete Vilches y Otros Vs. Chile*, párr. 103; *Caso Cuscul Pivaral y otros Vs. Guatemala*, párr. 100, y *Caso Asociación Nacional de Cesantes y Jubilados de la Superintendencia Nacional de Administración Tributaria (ANCEJUB-SUNAT) Vs. Perú*, párr. 158; *Caso Hernández Vs. Argentina*, párr. 65.

[185] *Cfr. Caso Muelle Flores Vs. Perú*, párr. 176, y *Caso Hernández Vs. Argentina*, párr. 65.

American Convention, as well as in the Vienna Convention on the Law of Treaties.[186] [...] Furthermore, the third paragraph of Article 31 of the Vienna Convention authorizes the use of means of interpretation such as the agreements or practice or relevant rules of international law applicable in the relations between the parties, which are some of the methods related to an evolutive perspective of the treaty.[187]

198. Thus, in order to determine the scope of the respective rights included in Article 26 of the Convention, the Court will refer to the relevant instruments of the international *corpus iuris*.

199. By proceeding in this way, the Court makes an interpretation that allows it to update the meaning of the rights derived from the Charter that are recognized in Article 26 of the Convention.[188] This is why what it does is an application of this norm and, as explained previously, "it is not assuming competence over treaties for which it does not have this, and it is not according Convention rank to provisions contained in other national or international instruments concerning the [economic, social, cultural and environmental rights]."[189]

200. The Court will now proceed, based on the preceding considerations, to verify the pertinent content and recognition of the rights included in Article 26 of the Convention involved in this case. The Court notes that the representatives of the indigenous communities have not alleged the violation of the human right to water. However, based on the following considerations, the facts of the case relate to the enjoyment of this right. The Court is able to examine this right because it has competence, based on the *iura novit curia* principle, to analyze the possible violation of provisions of the Convention that have not been alleged in the understanding that the parties have been able to express their respective positions in relation to the facts that support this.[190]

201. The Court notes that this is the first contentious case in which it must rule on the rights to a healthy environment, to adequate food, to water and to take part in cultural life based on Article 26 of the Convention. Consequently, it finds it useful to include some considerations on these rights, as well as on their impact and particularities in the case of indigenous peoples. To this end: (1) in the following section it will examine: (a) first, the legal recognition and, as relevant for the case, the content of the said rights, and (b) second, the interdependence of the four rights and their relevant particularities in the case of indigenous peoples. Then (2) in the second section, (a) it will describe the relevant facts of the case, and (b) it will analyze whether they reveal State responsibility.

---

[186] *Cf. The Right to Information on Consular Assistance in the Framework of the Guarantees of the Due Process of Law,* Advisory Opinion OC-16/99, October 1, 1999. Series A No. 16, para. 114, and *Case of Hernández v. Argentina*, para. 67.

[187] *Case of the National Association of Discharged and Retired Employees of the National Tax Administration Superintendence (ANCEJUB-SUNAT) v. Peru*, para. 160, and *Case of Hernández v. Argentina*, para. 67.

[188] The Court has also indicated this previously (*Cf. Case of Cuscul Pivaral et al. v. Guatemala*, para. 101, and *Case of Hernández v. Argentina*, para. 66).

[189] *Cf. Case of the Pacheco Tineo family v. Bolivia*, para. 143, and *Case of Hernández v. Argentina*, para. 66.

[190] *Cf. Case of Velásquez Rodríguez v. Honduras. Merits*, para. 163, and *Case of Hernández v. Argentina*, para. 54.

interpretación establecidas en el artículo 29 de la Convención Americana, así como con la Convención de Viena sobre el Derecho de los Tratados[186] […]. Además, el párrafo tercero del artículo 31 de [dicha] Convención de Viena autoriza la utilización de medios interpretativos tales como los acuerdos o la práctica o reglas relevantes del derecho internacional que los Estados hayan manifestado sobre la materia del tratado, los cuales son algunos de los métodos que se relacionan con una visión evolutiva del Tratado[187].

198. De esta forma, en la determinación del alcance de los derechos respectivos incluidos en el artículo 26 de la Convención, este Tribunal hará referencia a los instrumentos relevantes del *corpus iuris* internacional.

199. Al proceder de esta manera, la Corte realiza una interpretación que permite actualizar el sentido de los derechos derivados de la Carta que se encuentran reconocidos en el artículo 26 de la Convención[188]. Es por ello que lo que realiza es una aplicación de esta norma y, como ya antes ha explicado, "no está asumiendo competencias sobre tratados en los que no la tiene, ni tampoco está otorgando jerarquía convencional a normas contenidas en otros instrumentos nacionales o internacionales relacionados con los [derechos económicos, sociales, culturales y ambientales]"[189].

200. A continuación, este Tribunal procede, con base en lo antes indicado, a verificar el reconocimiento y contenido pertinente de los derechos comprendidos en el artículo 26 de la Convención implicados en el caso. El Tribunal resalta que los representantes de las comunidades indígenas no han alegado la violación del derecho humano al agua. No obstante, de conformidad con lo que se explicará más adelante, los hechos del caso tienen relación con el goce de este derecho. El mismo puede ser estudiado, pues este Tribunal tiene competencia, con base en el principio *iura novit curia*, para analizar la posible violación de las normas de la Convención que no han sido alegadas, en el entendido de que las partes hayan tenido la oportunidad de expresar sus respectivas posiciones en relación con los hechos que las sustentan[190].

201. La Corte advierte que este es el primer caso contencioso en el que debe pronunciarse sobre los derechos a un medio ambiente sano, a la alimentación adecuada, al agua y a participar en la vida cultural a partir del artículo 26 de la Convención. Por ello, considera útil realizar algunas consideraciones respecto a tales derechos, así como sobre su implicancia y particularidades respecto a pueblos indígenas. A tal efecto: (1) en el apartado siguiente dará cuenta, (a) en primer lugar, del reconocimiento normativo y, en lo relevante para el caso, del contenido de los derechos aludidos, y (b) en segundo término, de la interdependencia de los cuatro derechos y las particularidades pertinentes de los mismos respecto de pueblos indígenas. Por otra parte,(2) en su segundo apartado, (a) indicará los hechos relevantes del caso y (b) analizará si de los mismos se desprende la responsabilidad estatal.

---

[186] Cfr. *El Derecho a la Información sobre la Asistencia Consular en el Marco de las Garantías del Debido Proceso Legal*. Opinión Consultiva OC-16/99 de 1 de octubre de 1999. Serie A No. 16, párr. 114, y *Caso Hernández Vs. Argentina*, párr. 67.

[187] *Caso Asociación Nacional de Cesantes y Jubilados de la Superintendencia Nacional de Administración Tributaria (ANCEJUB-SUNAT) Vs. Perú*, párr. 160, y *Caso Hernández Vs. Argentina*, párr. 67.

[188] Así lo ha señalado también la Corte anteriormente (*cfr. Caso Cuscul Pivaral y otros Vs. Guatemala*, párr. 101, y *Caso Hernández Vs. Argentina*, párr. 66).

[189] Cfr. *Caso familia Pacheco Tineo Vs. Bolivia*, párr. 143, y *Caso Hernández Vs. Argentina*, párr. 66.

[190] Cfr. *Caso Velásquez Rodríguez Vs. Honduras*. Fondo, párr. 163, y *Caso Hernández Vs. Argentina*, párr. 54.

B.1. The rights to a healthy environment, to adequate food, to water and to take part in cultural life

B.1.1. Legal recognition and relevant content

B.1.1.1. The right to a healthy environment

202. This Court has already stated that the right to *a healthy environment* "must be considered one of the rights [...] protected by Article 26 of the American Convention," given the obligation of the State to ensure "integral development for their peoples," as revealed by Articles 30, 31, 33 and 34 of the Charter.[191]

203. The Court has already referred to the content and scope of this right based on various relevant norms in its *Advisory Opinion OC-23/17*, and therefore refers back to that opinion.[192] On that occasion, it stated that the right to a healthy environment "constitutes a universal value"; it "is a fundamental right for the existence of humankind," and that "as an autonomous right [...] it protects the components of the environment, such as forests, rivers and seas, as legal interests in themselves, even in the absence of the certainty or evidence of a risk to individuals. This means that nature must be protected, not only because of its benefits or effects for humanity, "but because of its importance for the other living organisms with which we share the planet." This evidently does not mean that other human rights will not be violated as a

---

[191] *Cf. The Environment and Human Rights (State obligations in relation to the environment in the context of the protection and guarantee of the rights to life and to personal integrity – interpretation and scope of Articles 4(1) and 5(1) of the American Convention on Human Rights)*. Advisory Opinion OC-23/17, para. 57 and footnote 85. On that occasion, the Court explained that "Articles 30, 31, 33 and 34 of the Charter establish an obligation for the States to ensure 'integral development for their peoples,' a concept that has been defined by the OAS Executive Secretariat for Integral Development (SEDI) as 'the general name given to a series of policies that work together to promote sustainable development, one of [whose] dimensions [...] is precisely the environmental sphere." In paragraphs 52 and 53 of this Advisory Opinion, the Court referred to a series of instruments issued in the international sphere which reveal that the protection of the environment should be understood as an "integral part" of the development process, because it is one of the "pillars" of sustainable development, together with "economic development" and "social development." The Court recalled that within the framework of the United Nations it has been recognized that "the scope of the human rights of everyone depends on achieving the three [said] dimensions of sustainable development," and that, "similarly, several inter-American instruments have referred to the protection of the environment and sustainable development." The instruments referred to in the two paragraphs mentioned are: the Stockholm Declaration on the Human Environment (United Nations Conference on the Human Environment, Stockholm, June 5 to 16, 1972, UN Doc. A/CONF.48/14/Rev.1); the Rio Declaration on Environment and Development. United Nations Conference on Environment and Development, Rio de Janeiro, June 3 to 14, 1992, UN Doc. A/CONF.151/26/Rev.1 (Vol. 1); the Johannesburg Declaration on Sustainable Development and Plan of Implementation of the World Summit on Sustainable Development (World Summit on Sustainable Development, Johannesburg, September 4, 2002, UN Doc. A/CONF. 199/20); *"Transforming our world: the 2030 Agenda for Sustainable Development,"* September 25, 2015, UN Doc. A/RES/70/1), and the Inter-American Democratic Charter (adopted at the first plenary session of the OAS General Assembly on September 11, 2001, during the twenty-eighth period of sessions).
[192] *Cf. The Environment and Human Rights (State obligations in relation to the environment in the context of the protection and guarantee of the rights to life and to personal integrity – interpretation and scope of Articles 4(1) and 5(1) of the American Convention on Human Rights)*. Advisory Opinion OC-23/17, particularly, paras. 56 to 68.

B.1. Los derechos a un medio ambiente sano, a la alimentación adecuada, al agua y a participar en la vida cultural

B.1.1. Reconocimiento normativo y contenido relevante

B.1.1.1. El derecho a un medio ambiente sano

202. Este Tribunal ya ha manifestado que el *derecho a un medio ambiente sano* "debe considerarse incluido entre los derechos […] protegidos por el artículo 26 de la Convención Americana", dada la obligación de los Estados de alcanzar el "desarrollo integral" de sus pueblos, que surge de los artículos 30, 31, 33 y 34 de la Carta[191].

203. La Corte ya se ha referido al contenido y alcance de este derecho, considerando diversas normas relevantes, en su *Opinión Consultiva OC-23/17*, por lo que se remite a dicho pronunciamiento[192]. Afirmó en esa oportunidad que el derecho a un medio ambiente sano "constituye un interés universal" y "es un derecho fundamental para la existencia de la humanidad", y que "como derecho autónomo […] protege los componentes del […] ambiente, tales como bosques, mares, ríos y otros, como intereses jurídicos en sí mismos, aun en ausencia de certeza o evidencia sobre el riesgo a las personas individuales. Se trata de proteger la naturaleza", no solo por su "utilidad" o "efectos" respecto de los seres humanos, "sino por su importancia para los demás organismos vivos con quienes se comparte el planeta". Lo anterior no

---

[191] *Cfr. Medio ambiente y derechos humanos (obligaciones estatales en relación con el medio ambiente en el marco de la protección y garantía de los derechos a la vida y a la integridad personal – interpretación y alcance de los artículos 4.1 y 5.1, en relación con los artículos 1.1 y 2 de la Convención Americana sobre Derechos Humanos)*. Opinión Consultiva OC-23/17, párr. 57, y nota a pie de página 85. La Corte explicó en esa oportunidad que "los artículos 30, 31, 33 y 34 de la Carta establecen una obligación a los Estados para alcanzar el 'desarrollo integral' de sus pueblos[, concepto que] ha sido definido por la Secretaría Ejecutiva para el Desarrollo Integral de la OEA (SEDI) como 'el nombre general dado a una serie de políticas que trabajan conjuntamente para fomentar el desarrollo sostenible'[,] una de [cuyas] dimensiones […] es precisamente el ámbito ambiental". En los párrafos 52 y 53 de la misma Opinión Consultiva este Tribunal dio cuenta de una serie de instrumentos emitidos en el ámbito internacional, de los cuales surge que la protección del medio ambiente debe entenderse "parte integrante" de los procesos de desarrollo, siendo uno de los "pilares", junto con el "desarrollo económico" y el "desarrollo social", del desarrollo sostenible. La Corte recordó que en el ámbito de las Naciones Unidas se reconoció que "el alcance de los derechos humanos de todas las personas depende de la consecución de las tres dimensiones [indicadas] del desarrollo sostenible", y que, "[e]n el mismo sentido, varios instrumentos del ámbito interamericano se han referido a la protección del […] ambiente y el desarrollo sostenible". Los instrumentos referidos en ambos párrafos aludidos son: Declaración de Estocolmo sobre el Medio Ambiente Humano (Conferencia de las Naciones Unidas sobre el Medio Ambiente Humano, Estocolmo, 5 a 16 de junio de 1972, Doc. ONU A/CONF.48/14/Rev.1); Declaración de Río sobre el Medio Ambiente y el Desarrollo (Conferencia de las Naciones Unidas sobre el Medio Ambiente y el Desarrollo, Río de Janeiro, 3-14 de junio de 1992, Doc. ONU NCONP.I51/26/Rev.1 (Vol. 1)); Declaración de Johannesburgo sobre el Desarrollo Sostenible y Plan de Aplicación de las Decisiones de la Cumbre Mundial sobre el Desarrollo Sostenible (Cumbre Mundial de las Naciones Unidas sobre el Desarrollo Sostenible, Johannesburgo, 4 de septiembre de 2002, Doc. ONU A/CONF. 199/20); "Transformar nuestro mundo: la Agenda 2030 para el Desarrollo Sostenible" (Resolución 70/1 de la Asamblea General de las Naciones Unidas, 25 de septiembre de 2015, Doc. ONU A/RES/70/1), y Carta Democrática Interamericana (aprobada en la primera sesión plenaria de la Asamblea General de la OEA, celebrada el 11 de septiembre de 2001 durante el Vigésimo Octavo Periodo de Sesiones).

[192] *Cfr. Medio ambiente y derechos humanos (obligaciones estatales en relación con el medio ambiente en el marco de la protección y garantía de los derechos a la vida y a la integridad personal - interpretación y alcance de los artículos 4.1 y 5.1, en relación con los artículos 1.1 y 2 de la Convención Americana sobre Derechos Humanos)*. Opinión Consultiva OC-23/17, en particular, párrs. 56 a 68.

result of damage to the environment.[193]

204. It is relevant to establish that Argentina recognizes the right to a healthy environment in its Constitution. Article 41 of the National Constitution stipulates that:

> Every inhabitant enjoys the right to a healthy balanced environment that is appropriate for human development and so that productive activities may meet present needs without compromising those of future generations, and has the obligation to preserve it. [...] The authorities will provide for the protection of this right, for the rational use of natural resources, for the conservation of the natural and cultural heritage and of biological diversity, and for environmental information and education.

Meanwhile, article 30 of the Salta Constitution establishes that: "[e]veryone has the obligation to conserve a balanced and harmonious environment, as well as the right to enjoy it. The public authorities shall defend and safeguard the environment in order to improve the quality of life, prevent environmental contamination, and punish any offense against this." Also, article 80 stipulated that: "[i]t is an obligation of the state and of everyone to protect the essential ecological processes and living systems on which human development and survival depend."

205. In addition, Argentina has ratified the Additional Protocol to the American Convention on Human Rights in the Area of Economic, Social and Cultural Rights "Protocol of San Salvador" (hereinafter "Protocol of San Salvador"),[194] and its Article 11, entitled "Right to a Healthy Environment" establishes that: "1. Everyone shall have the right to live in a healthy environment and to have access to basic public services. 2. The States Parties shall promote the protection, preservation and improvement of the environment."

206. Additionally, the Court notes that the right to a healthy environment has been recognized by various countries of the Americas and, as the Court has already noted,

---

[193] *Cf. The Environment and Human Rights (State obligations in relation to the environment in the context of the protection and guarantee of the rights to life and to personal integrity – interpretation and scope of Articles 4(1) and 5(1) of the American Convention on Human Rights).* Advisory Opinion OC-23/17, paras. 59, 62 and 64. As highlighted by the *amicus curiae* brief submitted by DPLF and other entities, given the economic, social and environmental dimensions of sustainable development indicated previously (*supra* footnote 191), the right to a healthy environment should not be impaired by the dimension of economic development; rather it should be guaranteed and, therefore, there are obligations that must be met by the States. The same *amicus curiae* brief noted that the OAS General Assembly has issued various resolutions urging the States in the region to promote the right to a healthy environment as a priority component of their development policies and in order to combat climate change. (For example, it referred to the resolutions on *Human Rights and the Environment in the Americas* AG/RES. 1926 (XXXIII-O/03), which acknowledges "a growing awareness of the need to manage the environment in a sustainable manner to promote human dignity and well-being"; *Human Rights and Climate Change in the Americas* AG/RES. 2429 (XXXVIII-O/08), which recognizes the close relationship between protection of the environment and human rights and emphasizes that climate change has an impact on the full enjoyment of human rights, and the *Inter-American Program for Sustainable Development* AG/RES. 2882 (XLVI-O/16), which recognizes three dimensions of development in keeping with Agenda 2030.

[194] The Protocol of San Salvador was signed by Argentina on November 17, 1988, and then adopted by national Law 24,658, promulgated on July 15, 1996. The instrument of ratification was deposited on October 23, 2003.

obsta, desde luego, a que otros derechos humanos puedan ser vulnerados como consecuencia de daños ambientales[193].

204. Es pertinente dejar sentado que Argentina, a nivel constitucional, reconoce el derecho al ambiente sano. El artículo 41 de la Constitución Nacional expresa que

> [t]odos los habitantes gozan del derecho a un ambiente sano, equilibrado, apto para el desarrollo humano y para que las actividades productivas satisfagan las necesidades presentes sin comprometer las de las generaciones futuras; y tienen el deber de preservarlo. […] Las autoridades proveerán a la protección de este derecho, a la utilización racional de los recursos naturales, a la preservación del patrimonio natural y cultural y de la diversidad biológica, y a la información y educación ambientales.

La Constitución de Salta, por su parte, en su artículo 30, establece que: "[t]odos tienen el deber de conservar el medio ambiente equilibrado y armonioso, así como el derecho a disfrutarlo. Los poderes públicos defienden y resguardan el medio ambiente en procura de mejorar la calidad de vida, previenen la contaminación ambiental y sancionan las conductas contrarias". El artículo 80, además, expresa que "[e]s obligación del Estado y de toda persona, proteger los procesos ecológicos esenciales y los sistemas de vida, de los que dependen el desarrollo y la supervivencia humana".

205. Además, Argentina ratificó el Protocolo adicional a la Convención Americana sobre Derechos Humanos en Materia de Derechos Económicos, Sociales y Culturales "Protocolo de San Salvador" (en adelante "Protocolo de San Salvador")[194], que en su artículo 11, titulado "Derecho a un Medio Ambiente Sano", dispone que "1. Toda persona tiene derecho a vivir en un medio ambiente sano y a contar con servicios públicos básicos. 2. Los Estados partes promoverán la protección, preservación y mejoramiento del medio ambiente".

206. De modo solo adicional, se deja constancia de que el derecho al ambiente sano ha sido objeto de reconocimiento por diversos países de América: ya ha

---

[193] Cfr. Medio ambiente y derechos humanos (obligaciones estatales en relación con el medio ambiente en el marco de la protección y garantía de los derechos a la vida y a la integridad personal - interpretación y alcance de los artículos 4.1 y 5.1, en relación con los artículos 1.1 y 2 de la Convención Americana sobre Derechos Humanos). Opinión Consultiva OC-23/17, párrs. 59, 62 y 64. Como se resalta en el escrito de amicus curiae presentado por DPLF y otras organizaciones, dadas las dimensiones económica, social y ambiental del desarrollo sostenible antes indicadas (supra nota a pie de página 191), el derecho al ambiente sano no debe ser menoscabado por la dimensión de desarrollo económico, sino que debe ser garantizado y, por tanto, existen obligaciones que deben ser observadas por los Estados. El mismo escrito de amicus curiae hizo notar que la Asamblea General de la OEA ha emitido diversas resoluciones instando a los Estados de la región a promover el derecho a un medio ambiente sano como un componente prioritario de sus políticas de desarrollo y con el fin de combatir el cambio climático (indicó, como ejemplos, las resoluciones Derechos Humanos y Medio Ambiente AG/RES. 1926 (XXXIII-O/03), que reconoce "la creciente importancia que se le asigna a la necesidad de administrar el medio ambiente en una forma sostenible para promover la dignidad y el bienestar humanos"; Derechos Humanos y Cambio Climático en las Américas AG/RES. 2429 (XXXVIII-O/08), que reconoce la estrecha relación entre la protección al medio ambiente y los derechos humanos y destaca que el cambio climático produce efectos adversos en el disfrute de los derechos humanos, y el Programa Interamericano para el Desarrollo Sostenible AG/RES. 2882 (XLVI-O/16), que reconoce las tres dimensiones del desarrollo, en la línea de la agenda 2030.

[194] El Protocolo de San Salvador fue firmado por Argentina el 17 de noviembre de 1988 y luego aprobado por la ley nacional 24.658, promulgada de hecho el 15 de julio de 1996. El depósito del instrumento de ratificación se hizo el 23 de octubre de 2003.

at least 16 States of the hemisphere include this in their Constitutions.[195]

207. Regarding the right to a healthy environment, for the purposes of this case it should be pointed out States not only have the obligation to respect this,[196] but also the obligation established in Article 1(1) of the Convention to ensure it, and one of the ways of complying with this is by preventing violations. This obligation extends to the "private sphere" in order to avoid "third parties violating the protected rights," and "encompasses all those legal, political, administrative and cultural measures that promote the safeguard of human rights and that ensure that eventual violations of those rights are examined and dealt with as wrongful acts."[197] In this regard, the Court has indicated that, at times, the States have the obligation to establish adequate mechanisms to monitor and supervise certain activities in order to ensure human rights, protecting them from actions of public entities and also private individuals.[198] The obligation to prevent is an obligation "of means or conduct and non-compliance is not proved by the mere fact that a right has been violated."[199] Since the foregoing is applicable to all the rights included in the American Convention, it is useful to establish that it also refers to the rights to adequate food, to water and to take part in cultural life.

---

[195] *The Environment and Human Rights (State obligations in relation to the environment in the context of the protection and guarantee of the rights to life and to personal integrity – interpretation and scope of Articles 4(1) and 5(1) of the American Convention on Human Rights)*. Advisory Opinion OC-23/17, footnote 88. This indicates that, in addition to the Constitution of Argentina, the Constitutions of the following countries recognize the right to a health environment: Bolivia, Brazil, Chile, Colombia, Costa Rica, Dominican Republic, Ecuador, El Salvador, Guatemala, Mexico, Nicaragua, Panama, Paraguay, Peru and Venezuela.

[196] The Court has indicated that in light of the obligation to respect and to ensure human rights established in Article 1(1) of the Convention, States "must refrain" from, among other conducts, "unlawfully polluting the environment in a way that has a negative impact on the conditions that permit a decent life; for example, by dumping waste from State-owned facilities in ways that affect access to or the quality of potable water and/or sources of food" (*The Environment and Human Rights (State obligations in relation to the environment in the context of the protection and guarantee of the rights to life and to personal integrity – interpretation and scope of Articles 4(1) and 5(1) of the American Convention on Human Rights)*. Advisory Opinion OC-23/17, para. 117. In support of this, the Court referred to the CESCR (*General Comment 15: The right to water ((Arts. 11 and 12 of the Covenant)*. January 20, 2003.UN Doc. E/C.12/2002/11, paras. 17 to 19, and *General Comment 14: The right to the highest attainable standard of health (Art. 12 of the Covenant)*. UN Doc. E/C.12/2000/4, August 11, 2000, para. 34).

[197] *The Environment and Human Rights (State obligations in relation to the environment in the context of the protection and guarantee of the rights to life and to personal integrity – interpretation and scope of Articles 4(1) and 5(1) of the American Convention on Human Rights)*. Advisory Opinion OC-23/17, para. 118.

[198] See, *inter alia*, *Case of Ximenes Lopes v. Brazil. Merits, reparations and costs*. Judgment of July 4, 2006. Series C No. 149, paras. 86, 89 and 99, and *Case of I.V. v. Bolivia*, paras. 154 and 208. Similarly, *Case of Ramírez Escobar et al. v. Guatemala*, para. 355.

[199] *The Environment and Human Rights (State obligations in relation to the environment in the context of the protection and guarantee of the rights to life and to personal integrity – interpretation and scope of Articles 4(1) and 5(1) of the American Convention on Human Rights)*. Advisory Opinion OC-23/17, para. 118. The Court has expressed the same concept, even though not directly related to the right to a healthy environment, in other judgments: *Cf. Case of Velásquez Rodríguez v. Honduras. Merits*, paras. 165 and 166, and *Case of López Soto et al. v. Venezuela. Merits, reparations and costs*. Judgment of September 26, 2018. Series C No. 36, para. 130. Similarly, the African Commission on Human and Peoples' Rights has emphasized that the right to a healthy environment imposes on States the obligation "to take reasonable […] measures to prevent pollution and ecological degradation, to promote conservation, and to secure an ecologically sustainable development and use of natural resources" (*Cf.* African Commission on Human and Peoples' Rights, *Case of Ogoni v. Nigeria*, Communication 155/96. Decision of May 27, 2002, para. 52).

advertido la Corte que al menos 16 Estados del continente lo incluyen en sus Constituciones[195].

207. En lo que es relevante para el caso, debe hacerse notar que rige respecto al derecho al ambiente sano no solo la obligación de respeto[196], sino también la obligación de garantía prevista en el artículo 1.1 de la Convención, una de cuyas formas de observancia consiste en prevenir violaciones. Este deber se proyecta a la "esfera privada", a fin de evitar que "terceros vulneren los bienes jurídicos protegidos", y "abarca todas aquellas medidas de carácter jurídico, político, administrativo y cultural que promuevan la salvaguarda de los derechos humanos y que aseguren que las eventuales violaciones a los mismos sean efectivamente consideradas y tratadas como un hecho ilícito"[197]. En esta línea, la Corte ha señalado que en ciertas ocasiones los Estados tienen la obligación de establecer mecanismos adecuados para supervisar y fiscalizar ciertas actividades, a efecto de garantizar los derechos humanos, protegiéndolos de las acciones de entidades públicas, así como de personas privadas[198]. La obligación de prevenir "es de medio o comportamiento y no se demuestra su incumplimiento por el mero hecho de que un derecho haya sido violado"[199]. Debido a que lo indicado es aplicable al conjunto de los derechos

---

[195] *Medio ambiente y derechos humanos (obligaciones estatales en relación con el medio ambiente en el marco de la protección y garantía de los derechos a la vida y a la integridad personal - interpretación y alcance de los artículos 4.1 y 5.1, en relación con los artículos 1.1 y 2 de la Convención Americana sobre Derechos Humanos)*. Opinión Consultiva OC-23/17, nota a pie de página 88. Allí se indica que, además de la Argentina, las Constituciones de los siguientes países consagran el derecho al ambiente: Bolivia, Brasil, Chile, Colombia, Costa Rica, Ecuador, El Salvador, Guatemala, México, Nicaragua, Panamá, Paraguay, Perú, República Dominicana y Venezuela.

[196] La Corte ha señalado que en virtud de la obligación de respetar los derechos humanos, prevista en el artículo 1.1 de la Convención, los Estados "deben abstenerse" de, entre otras conductas, "contaminar ilícitamente el medio ambiente de forma que se afecte las condiciones que permiten la vida digna de las personas, por ejemplo, mediante el depósito de desechos de empresas estatales en formas que afecten la calidad o el acceso al agua potable y/o a fuentes de alimentación" (*Medio ambiente y derechos humanos (obligaciones estatales en relación con el medio ambiente en el marco de la protección y garantía de los derechos a la vida y a la integridad personal - interpretación y alcance de los artículos 4.1 y 5.1, en relación con los artículos 1.1 y 2 de la Convención Americana sobre Derechos Humanos)*. Opinión Consultiva OC-23/17 de 15 de noviembre de 2017. Serie A No. 23, párr. 117. En sustento de lo indicado, la Corte citó señalamientos del Comité DESC (*Observación General 15: El derecho al agua (artículos 11 y 12 del Pacto Internacional de Derechos Económicos, Sociales y Culturales)*. 20 de enero de 2003.Doc. ONU E/C.12/2002/11, párrs. 17 a 19, y *Observación General 14: El derecho al disfrute del más alto de nivel posible de salud (artículo 12 del Pacto Internacional de Derechos Económicos, Sociales y Culturales)*. 11 de agosto de 2000. Doc. ONU E/C.12/2000/4, párr. 34.

[197] *Medio ambiente y derechos humanos (obligaciones estatales en relación con el medio ambiente en el marco de la protección y garantía de los derechos a la vida y a la integridad personal – interpretación y alcance de los artículos 4.1 y 5.1, en relación con los artículos 1.1 y 2 de la Convención Americana sobre Derechos Humanos)*. Opinión Consultiva OC-23/17, párr. 118.

[198] Ver, *inter alia, Caso Ximenes Lopes Vs. Brasil. Fondo, Reparaciones y Costas*. Sentencia de 4 de julio de 2006. Serie C No. 149, párrs. 86, 89 y 99, y *Caso I.V. Vs. Bolivia*, párrs. 154 y 208. Ver, en el mismo sentido, *Caso Ramírez Escobar y otros Vs. Guatemala*, párr. 355.

[199] *Medio ambiente y derechos humanos (obligaciones estatales en relación con el medio ambiente en el marco de la protección y garantía de los derechos a la vida y a la integridad personal - interpretación y alcance de los artículos 4.1 y 5.1, en relación con los artículos 1.1 y 2 de la Convención Americana sobre Derechos Humanos)*. Opinión Consultiva OC-23/17, párr. 118. La Corte ha expresado la misma noción, aunque no en forma directamente vinculada al derecho al ambiente sano, en otras decisiones: *cfr. Caso Velásquez Rodríguez Vs. Honduras. Fondo*, párrs. 165 y 166, y *Caso López Soto y otros Vs. Venezuela. Fondo, Reparaciones y Costas*. Sentencia de 26 de septiembre de 2018. Serie C No. 36, párr. 130. En el mismo sentido, la Comisión Africana de Derechos Humanos y de los Pueblos ha destacado que el derecho a un medio ambiente sano impone a los Estados la obligación de adoptar medidas razonables para prevenir la contaminación y degradación del ambiente, promover la conservación y asegurar un desarrollo y uso de los

208. Nevertheless, specifically with regard to the environment, it should be stressed that the principle of prevention of environmental harm forms part of customary international law and entails the State obligation to implement the necessary measures *ex ante* damage is caused to the environment, taking into account that, owing to its particularities, after the damage has occurred, it will frequently not be possible to restore the previous situation. Based on the duty of prevention, the Court has pointed out that "States are bound to use all the means at their disposal to avoid activities under its jurisdiction causing significant harm to the environment."[200] This obligation must be fulfilled in keeping with the standard of due diligence, which must be appropriate and proportionate to the level of risk of environmental harm.[201] Even though it is not possible to include a detailed list of all the measures that States could take to comply with this obligation, the following are some measures that must be taken in relation to activities that could potentially cause harm: (i) regulate; (ii) supervise and monitor; (iii) require and approve environmental impact assessments; (iv) establish contingency plans, and (v) mitigate, when environmental damage has occurred.[202]

209. The Court has also taken into account that several rights may be affected as a result of environmental problems,[203] and that this "may be felt with greater intensity by certain groups in vulnerable situations"; these include indigenous peoples and "communities that, essentially, depend economically or for their survival on environmental resources[, such as] from the marine environment, forested areas and river basins." Hence, "pursuant to 'human rights law, States are legally obliged to confront these vulnerabilities based on the principle of equality and non-discrimination.'"[204]

---

[200] *The Environment and Human Rights (State obligations in relation to the environment in the context of the protection and guarantee of the rights to life and to personal integrity – interpretation and scope of Articles 4(1) and 5(1) of the American Convention on Human Rights).* Advisory Opinion OC-23/17, footnote 247 and para. 142.

[201] *Cf. The Environment and Human Rights (State obligations in relation to the environment in the context of the protection and guarantee of the rights to life and to personal integrity – interpretation and scope of Articles 4(1) and 5(1) of the American Convention on Human Rights).* Advisory Opinion OC-23/17, para. 142.

[202] *Cf. The Environment and Human Rights (State obligations in relation to the environment in the context of the protection and guarantee of the rights to life and to personal integrity – interpretation and scope of Articles 4(1) and 5(1) of the American Convention on Human Rights).* Advisory Opinion OC-23/17, para. 145.

[203] Including to adequate food, to water and to take part in cultural life.

[204] *The Environment and Human Rights (State obligations in relation to the environment in the context of the protection and guarantee of the rights to life and to personal integrity – interpretation and scope of Articles 4(1) and 5(1) of the American Convention on Human Rights).* Advisory Opinion OC-23/17, paras. 66 and 67. The citation in the text transcribed corresponds to: "Human Rights Council, Report of the Office of the United Nations High Commissioner for Human Rights on the relationship between climate change and human rights, January 15, 2009, UN Doc. A/HRC/10/61, para. 42, and Human Rights Council, Report of the Special Rapporteur on the issue of human rights obligations relating to the enjoyment of a safe, clean, healthy and sustainable environment, February 1, 2016, UN Doc. A/HRC/31/52, para. 81."

receptados en la Convención Americana, es útil dejar ya sentado que también refiere a los derechos a la alimentación adecuada, al agua y a participar en la vida cultural.

208. Sin perjuicio de lo anterior, en materia específica ambiental, debe destacarse que el principio de prevención de daños ambientales, forma parte del derecho internacional consuetudinario, y entraña la obligación de los Estados de llevar adelante las medidas que sean necesarias *ex ante* la producción del daño ambiental, teniendo en consideración que, debido a sus particularidades, frecuentemente no será posible, luego de producido tal daño, restaurar la situación antes existente. En virtud del deber de prevención, la Corte ha señalado que "los Estados están obligados a usar todos los medios a su alcance con el fin de evitar que las actividades que se lleven a cabo bajo su jurisdicción, causen daños significativos al [...] ambiente"[200]. Esta obligación debe cumplirse bajo un estándar de debida diligencia, la cual debe ser apropiada y proporcional al grado de riesgo de daño ambiental[201]. Por otro lado, si bien no es posible realizar una enumeración detallada de todas las medidas que podrían tomar los Estados con el fin de cumplir este deber, pueden señalarse algunas, relativas a actividades potencialmente dañosas: (i) regular; (ii) supervisar y fiscalizar; (iii) requerir y aprobar estudios de impacto ambiental; (iv) establecer planes de contingencia, y (v) mitigar en casos de ocurrencia de daño ambiental[202].

209. Además, la Corte ha tenido en cuenta que diversos derechos pueden verse afectados a partir de problemáticas ambientales[203], y que ello "puede darse con mayor intensidad en determinados grupos en situación de vulnerabilidad", entre los que se encuentran los pueblos indígenas y "las comunidades que dependen, económicamente o para su supervivencia, fundamentalmente de los recursos ambientales, [como] las áreas forestales o los dominios fluviales". Por lo dicho "con base en 'la normativa internacional de derechos humanos, los Estados están jurídicamente obligados a hacer frente a esas vulnerabilidades, de conformidad con el principio de igualdad y no discriminación'"[204].

---

recursos naturales ecológicamente sustentable (*Cfr.* Comisión Africana de Derechos Humanos y de los Pueblos, *Caso Ogoni Vs. Nigeria*, Comunicación 155/96. Decisión de 27 de mayo de 2002, párr. 52).

[200] *Medio ambiente y derechos humanos (obligaciones estatales en relación con el medio ambiente en el marco de la protección y garantía de los derechos a la vida y a la integridad personal – interpretación y alcance de los artículos 4.1 y 5.1, en relación con los artículos 1.1 y 2 de la Convención Americana sobre Derechos Humanos).* Opinión Consultiva OC-23/17, nota a pie de página 247 y párr. 142.

[201] *Cfr. Medio ambiente y derechos humanos (obligaciones estatales en relación con el medio ambiente en el marco de la protección y garantía de los derechos a la vida y a la integridad personal – interpretación y alcance de los artículos 4.1 y 5.1, en relación con los artículos 1.1 y 2 de la Convención Americana sobre Derechos Humanos).* Opinión Consultiva OC-23/17, párr. 142.

[202] *Cfr. Medio ambiente y derechos humanos (obligaciones estatales en relación con el medio ambiente en el marco de la protección y garantía de los derechos a la vida y a la integridad personal – interpretación y alcance de los artículos 4.1 y 5.1, en relación con los artículos 1.1 y 2 de la Convención Americana sobre Derechos Humanos).* Opinión Consultiva OC-23/17, párr. 145.

[203] Inclusive a la alimentación adecuada, al agua y a participar en la vida cultural.

[204] *Medio ambiente y derechos humanos (obligaciones estatales en relación con el medio ambiente en el marco de la protección y garantía de los derechos a la vida y a la integridad personal – interpretación y alcance de los artículos 4.1 y 5.1, en relación con los artículos 1.1 y 2 de la Convención Americana sobre Derechos Humanos). Opinión Consultiva OC-23/17,* párrs. 66 y 67. La cita dentro del texto transcrito corresponde a: "Consejo de Derechos Humanos, Informe de la Oficina del Alto Comisionado de las Naciones Unidas para los Derechos Humanos sobre la relación entre el cambio climático y los derechos humanos, 15 de enero de 2009, Doc. ONU A/HRC/10/61, párr. 42, y Consejo de Derechos Humanos, Informe del Relator Especial sobre la cuestión de las obligaciones de derechos humanos relacionadas con el disfrute de un medio ambiente sin riesgos, limpio, saludable y sostenible, 1 de febrero de 2016, Doc. ONU A/HRC/31/52, párr. 81".

B.1.1.2. The right to adequate food

210. Regarding *the right to adequate food*, Article 34(j) of the Charter indicates that "[t]he Member States agree […] to devote their utmost efforts to accomplishing the following basic goals: […] proper nutrition, especially through the acceleration of national efforts to increase the production and availability of food."

211. The right to food can also be identified in Article XI of the American Declaration of the Rights and Duties of Man (hereinafter also "the American Declaration"),[205] which, among other aspects, establishes that: "[e]very person has the right to the preservation of his health through sanitary and social measures relating to food."

212. Also, Article 12(1) of the Protocol of San Salvador states that: "[e]veryone has the right to adequate nutrition which guarantees the possibility of enjoying the highest level of physical, emotional and intellectual development."

213. In the universal sphere, Article 25(1) of the Universal Declaration of Human Rights,[206] establishes that: "[e]veryone has the right to a standard of living adequate for the health and well-being of himself and of his family, including food" and other aspects indicated in the article. While Article 11(1) of the International Covenant on Economic, Social and Cultural Rights (ICESCR) also establishes that "[t]he States Parties […] recognize the right of everyone to an adequate standard of living for himself and his family, including adequate food,"[207] among other factors.

214. In addition, article 75.22 of the Argentine National Constitution adopted on December 15, 1994, indicates that "[t]he American Declaration of the Rights and Duties of Man; the Universal Declaration of Human Rights; the American Convention on Human Rights[, and] the International Covenant on Economic, Social and Cultural Rights," among other international instruments, "have constitutional rank." Consequently, the right to food, as established in those instruments, has "constitutional rank." Meanwhile, the Constitution of Salta recognizes the right to health in general terms, closely related to food, and has specific provisions on food in relation to "childhood" and "older persons."[208]

215. Additionally, the Court points out that several countries have recognized the right to food in their domestic law. The Working Group to examine the national reports envisioned in the Protocol of San Salvador (hereinafter "WGPSS") has indicated that "a growing number of States have explicitly recognized the right to

---

[205] Adopted at the Ninth International Conference of American States, Bogotá, Colombia, 1948.

[206] Proclaimed by the United Nations General Assembly in Paris, on December 10, 1948, in its Resolution 217 A (III).

[207] The ICESCR entered into force on January 3, 1976. Argentina signed this treaty on February 19, 1968, and ratified it on August 8, 1986. Since the reform of the National Constitution adopted in 1994 (*supra* para. 54), this instrument enjoys constitutional rank in Argentina (*infra* para. 214).

[208] Article 41, entitled "Right to health," states: "Health is a right that is inherent to life and its preservation is an obligation for everyone. It is a social right. The State is responsible for providing care for the physical, mental and social health of everyone, and ensuring that everyone receives the same services for the same needs." Article 33 establishes "[t]he State shall ensure the protection of childhood, covering its needs […] for […] food." Article 35 "recognizes that older persons have the right to a decent existence," and establishes that "[t]he province shall ensure that the older inhabitants have: […] food."

B.1.1.2. El derecho a la alimentación adecuada

210. En lo que respecta al *derecho a la alimentación adecuada*, la Carta señala en su artículo 34.j que "[l]os Estados miembros convienen […] en dedicar sus máximos esfuerzos a la consecución de […] nutrición adecuada, particularmente por medio de la aceleración de los esfuerzos nacionales para incrementar la producción y disponibilidad de alimentos".

211. El derecho a la alimentación puede identificarse también en el artículo XI de la Declaración Americana de Derechos y Deberes del Hombre (en adelante también "Declaración Americana")[205], que dispone que "[t]oda persona tiene derecho a que su salud sea preservada por medidas sanitarias y sociales, relativas a la alimentación", entre otros aspectos.

212. Además, el artículo 12.1 del Protocolo de San Salvador, expresa que "[t]oda persona tiene derecho a una nutrición adecuada que le asegure la posibilidad de gozar del más alto nivel de desarrollo físico, emocional e intelectual".

213. En el ámbito universal, la Declaración Universal de Derechos Humanos[206], en su artículo 25.1 prevé que: "[t]oda persona tiene derecho a un nivel de vida adecuado que le asegure, así como a su familia, la salud y el bienestar, y en especial la alimentación", así como otros bienes que indica el artículo. Además, el Pacto Internacional de Derechos Económicos, Sociales y Culturales (PIDESC) expresa en su artículo 11.1, en términos similares, que "[l]os Estados Partes […] reconocen el derecho de toda persona a un nivel de vida adecuado para sí y su familia, incluso alimentación"[207], entre otros factores.

214. Asimismo, la Constitución Nacional de Argentina, en su texto sancionado el 15 de diciembre de 1994, señala en su artículo 75 inciso 22 que "[l]a Declaración Americana de los Derechos y Deberes del Hombre; la Declaración Universal de Derechos Humanos; la Convención Americana sobre Derechos Humanos[, y] el Pacto Internacional de Derechos Económicos, Sociales y Culturales", entre otros instrumentos internacionales, "tienen jerarquía constitucional". Por ende, el derecho a la alimentación, en el modo en que está recogido por dichos instrumentos, tiene "jerarquía constitucional". La Constitución de Salta, por su parte, reconoce en términos generales el derecho a la salud, estrechamente ligado a la alimentación, y tiene normas específicas sobre alimentación en relación con "la infancia" y "la ancianidad"[208].

215. De forma adicional, se hace notar que diversos países han reconocido el derecho a la alimentación en normas internas. El Grupo de Trabajo para el análisis de los informes nacionales previstos en el Protocolo de San Salvador (en adelante "Grupo sobre el PSS") ha señalado que "un número creciente de Estados ha

---

[205] Aprobada en la Novena Conferencia Internacional Americana. Bogotá, Colombia, 1948.
[206] Proclamada por la Asamblea General de las Naciones Unidas en París, el 10 de diciembre de 1948 en su Resolución 217 A (III).
[207] El PIDESC entró en vigor el 3 de enero de 1976. Argentina firmó el tratado el 19 de febrero de 1968 y lo ratificó el 8 de agosto de 1986. El instrumento, desde la vigencia de la reforma constitucional nacional aprobada en 1994 (*supra* párr. 54), goza en Argentina de jerarquía constitucional (*infra*, párr. 214).
[208] El artículo 41, denominado "Derecho a la salud", dice: "La salud es un derecho inherente a la vida y su preservación es un deber de cada persona. Es un bien social. Compete al Estado el cuidado de la salud física, mental y social de las personas, y asegurar a todos la igualdad de prestaciones ante idénticas necesidades". El artículo 33 establece "[e]l Estado asegura la protección de la infancia, cubriendo sus necesidades […] de […] alimentación". El artículo 35 "reconoce a la ancianidad el derecho a una existencia digna", y establece que "[l]a Provincia procura a los habitantes de la tercera edad: […l]a alimentación".

adequate food in their political constitutions and increasingly in their domestic legislation (by means of both framework laws and sectoral laws). Latin America is at the leading edge of this world trend."[209]

216. From Article 34(j) of the Charter, interpreted in light of the American Declaration, and considering the other instruments cited, it is possible to derive elements that constitute the right to adequate food. The Court considers that, essentially, this right protects access to food that permits nutrition that is adequate and appropriate to ensure health. As the CESCR has indicated, this right is realized when everyone has "physical and economic access at all times to adequate food or means for its procurement […] and shall therefore not be interpreted in a narrow or restrictive sense which equates it with a minimum package of calories, proteins and other specific nutrients."[210]

217. Even though the right to food is widely recognized in the international *corpus iuris*,[211] based on the ICESCR, the CESCR has developed the content of the right to food very clearly and this has facilitated the Court's interpretation of the content of this right.[212]

---

[209] The Working Group of the Protocol of San Salvador (WGPSS). *Progress Indicators for Measuring Rights under the Protocol of San Salvador.* November 5, 2013. Doc. OEA/Ser.L/XXV.2.1 GT/PSS/doc.9/13. Second group of rights, para. 18. Footnote 7, corresponding to this paragraph, indicates that: "Bolivia (Art. 16), Brazil (Art. 10), Ecuador (Art. 13), Guatemala (99), Guyana (Art. 40), Haiti (Art.22), and Nicaragua (Art. 63) recognize the right to food for all in their constitutions; Colombia (Art. 44), Cuba (Art. 9), and Honduras (Arts. 142-146) recognize the right of children to food; Suriname (Art. 24) recognizes the right to food in the context of the right to work. Argentina, El Salvador and Costa Rica implicitly recognize the right to food in their constitutions by granting constitutional or supra-constitutional status to the International Covenant on Economic, Social and Cultural Rights."

[210] CESCR, *General Comment No. 12. The right to adequate food (Art. 11)*. Twentieth session (1999). Doc. E/C.12/1995/5, para. 6. The WGPSS has indicated similar considerations (*Cf. Progress Indicators for Measuring Rights under the Protocol of San Salvador – Second group of rights*, para. 19). As indicated in the *amicus curiae* brief of DPLF and other entities, the Charter provides a minimum standard for the satisfaction of the right to food when establishing that the State must ensure access to "proper nutrition"; this obligations is reinforced by Article XI of the American Declaration, and although it mentions the "preservation of […] health," this should not be confused with the "right to health" because it refers separately to measures relating to "medical care" and "measures relating to food."

[211] Added to the foregoing, the relevant instruments also include the following: the Convention on the Elimination of All Forms of Discrimination against Women, art. 12; the Convention on the Rights of the Child, arts. 24 and 27, and the Convention on the Rights of Persons with Disabilities, arts. 25 and 28 (Argentina ratified the Convention on the Elimination of All Forms of Discrimination against Women on July 15, 1985; the Convention on the Rights of the Child on December 4, 1990, and the Convention on the Rights of Persons with Disabilities on September 2, 2008). Additionally, the following documents can be indicated: the 1974 Universal Declaration on the Eradication of Hunger and Malnutrition; the 1996 Rome Declaration on World Food Security; the 2002 Declaration of the World Food Summit, or the Voluntary Guidelines to support the progressive realization of the right to adequate food in the context of national food security adopted by the Council of the Food and Agriculture Organization of the United Nations (FAO) in 2004.

[212] The Court has proceeded in this way with regard to other rights; for example, the judgment in the case of *Poblete Vilches et al. v. Chile* regarding the right to health, or the judgment in the case of *Muelle Flores v. Peru*, regarding the right to social security (*Cf. Case of Poblete Vilches et al. v. Chile*, paras. 115, 118 and 120, and *Case of Muelle Flores v. Peru*, para. 184). The WGPSS has taken a similar approach, based on the indications of the CESCR (*Cf. Progress Indicators for Measuring Rights under the Protocol of San Salvador – Second group of rights*).

reconocido explícitamente el derecho a la alimentación adecuada en sus constituciones políticas y cada vez más en legislaciones internas (tanto mediante leyes marco, como de leyes sectoriales). América Latina se encuentra a la vanguardia de esta tendencia mundial"²⁰⁹.

216. Del artículo 34.j de la Carta, interpretado a la luz de la Declaración Americana, y considerando los demás instrumentos citados, se pueden derivar elementos constitutivos del derecho a la alimentación adecuada. Esta Corte considera que el derecho protege, esencialmente, el acceso de las personas a alimentos que permitan una nutrición adecuada y apta para la preservación de la salud. En ese sentido, como ha señalado el Comité DESC, el derecho se ejerce cuando las personas tienen "acceso físico y económico, en todo momento, a la alimentación adecuada o a medios para obtenerla[, sin que] deb[a] interpretarse […]en forma estrecha o restrictiva asimilándolo a un conjunto de calorías, proteínas y otros elementos nutritivos concretos"²¹⁰.

217. Si bien el derecho a la alimentación está ampliamente reconocido en el *corpus iuris* internacional²¹¹, el Comité DESC, con base en el PIDESC, ha desarrollado con claridad el contenido del derecho a la alimentación. Tomar tal desarrollo como referencia facilita la interpretación de la Corte del contenido del derecho²¹².

---

²⁰⁹ Grupo sobre el PSS. *Indicadores de progreso para la medición de derechos contemplados en el Protocolo de San Salvador.* 5 de noviembre de 2013. Doc. OEA/Ser.L/XXV.2.1 GT/PSS/doc.9/13. Segundo agrupamiento de Derechos, párr. 18. En la nota a pie de página 7, correspondiente a ese párrafo, se indicó que "Bolivia (Art. 16), Brasil (Art. 10), Ecuador (Art. 13), Guatemala (99), Guyana (Art. 40), Haití (Art. 22) y Nicaragua (Art. 63) reconocen el derecho a la alimentación para todos y todas en sus constituciones; Colombia (Art. 44), Cuba (Art. 9), Honduras (Art. 142-146) reconocen el derecho a la alimentación de los niños y niñas, Surinam (Art. 24) reconoce el derecho a la alimentación en el contexto del derecho al trabajo. Argentina, El Salvador y Costa Rica reconocen implícitamente el derecho a la alimentación en sus constituciones al haber elevado a rango constitucional o supraconstitucional el Pacto Internacional de Derechos Económicos, Sociales y Culturales".

²¹⁰ Comité DESC, *Observación General 12. El derecho a una alimentación adecuada (artículo 11).* 20º periodo de sesiones (1999). Doc. E/C.12/1995/5, párr. 6. En el mismo sentido se expidió el Grupo sobre el PSS (*cfr. Indicadores de progreso para la medición de derechos contemplados en el Protocolo de San Salvador – Segundo agrupamiento de Derechos,* párr. 19). Como se indicó en el escrito de *amicus curiae* presentado por DPLF y otras organizaciones, la Carta genera un parámetro mínimo para la satisfacción del derecho a la alimentación, al establecer que los Estados deben procurar acceso a "una nutrición adecuada"; esta obligación se ve reforzada por el artículo XI de la Declaración Americana, que si bien menciona la "preserva[ción]" de la "salud", no debe confundirse con el "derecho a la salud", pues se refiere por separado a las medidas de "asistencia médica" y las "relativas a la alimentación".

²¹¹ Al respecto, aunado a lo ya expuesto, entre los instrumentos relevantes pueden citarse los siguientes: Convención sobre la Eliminación de todas las Formas de Discriminación contra la Mujer, art. 12; Convención sobre los Derechos del Niño, artículos 24 y 27, o la Convención sobre los Derechos de las Personas con Discapacidad, arts. 25 y 28 (Argentina ratificó la Convención sobre la eliminación de todas las formas de discriminación contra la mujer el 15 de julio de 1985, la Convención de los Derechos del niño el 4 de diciembre de 1990, y la Convención sobre los Derechos de las Personas con Discapacidad, el 2 de septiembre de 2008). De modo adicional, pueden señalarse documentos como los siguientes: Declaración Universal sobre la Erradicación del Hambre y la Malnutrición de 1974; la Declaración de Roma de la Seguridad Alimentaria Mundial de 1996; la Declaración de la Cumbre Mundial sobre Alimentación de 2002, o las Directrices voluntarias en apoyo de la realización progresiva del derecho humano a la alimentación en el contexto de la seguridad alimentaria nacional, aprobadas por el Consejo de la Organización de las Naciones Unidas para la Alimentación y la Agricultura (FAO) en 2004.

²¹² En un sentido similar procedió la Corte respecto de otros derechos. Así, puede citarse la sentencia sobre el caso *Poblete Vilches y otros Vs. Chile* en relación con el derecho a la salud, o la sentencia sobre el caso *Muelle Flores Vs. Perú,* respecto al derecho a la seguridad social (*cfr. Caso Poblete Vilches y otros Vs. Chile,* párrs. 115, 118 y 120, y *Caso Muelle Flores Vs. Perú,* párr. 184). También el Grupo sobre el PSS procedió en

218. In its *General Comment No. 12*, the CESCR indicated that the "core content" of the right to food implied "[t]he *availability* of food in a quantity and quality sufficient to satisfy the dietary needs of individuals, free from adverse substances, and acceptable within a given culture" and "[t]he *accessibility* of such food in ways that are sustainable and that do not interfere with the enjoyment of other human rights."[213]

219. The Committee underlined that *availability* should be understood as "the possibilities either for feeding oneself directly from productive land or other natural resources, or for well-functioning distribution, processing and market systems that can move food from the site of production to where it is needed in accordance with demand." It also explained that *accessibility* "encompasses both economic and physical accessibility."[214]

220. It is also relevant to underline for the purposes of this case that the concepts of "adequacy" and "food security" are particularly important in relation to the right to food. The former serves to underline that it is not just any type of food that satisfies the right; rather there are a number of factors that must be taken into account when determining whether particular food is "appropriate." The second concept relates to "sustainability" and "implies food being accessible for both present and future generations." The CESCR also explained the need for "*cultural or consumer acceptability*, [which] implies the need also to take into account, as far as possible, perceived non-nutrient-based values attached to food and food consumption."[215]

221. States have the obligation not only to respect,[216] but also to ensure the right to food, and should understand that this obligation includes the obligation to "protect" this right as this was conceived by the CESCR: "[t]he obligation to protect requires measures by the State to ensure that enterprises or individuals do not deprive individuals of their access to adequate food." Accordingly, the right is violated by a

---

[213] CESCR. *General Comment No. 12. The right to adequate food (Art. 11)*, para. 8.

[214] CESCR. *General Comment No. 12. The right to adequate food (Art. 11)*, paras. 12 and 13. In this last paragraph, the CESCR also states that: (a) "[e]conomic accessibility implies that personal or household financial costs associated with the acquisition of food for an adequate diet should be at a level such that the attainment and satisfaction of other basic needs are not threatened or compromised. Economic accessibility applies to any acquisition pattern or entitlement through which people procure their food and is a measure of the extent to which it is satisfactory for the enjoyment of the right to adequate food. Socially vulnerable groups such as landless persons and other particularly impoverished segments of the population may need attention through special programmes," and (b) "[p]hysical accessibility implies that adequate food must be accessible to everyone, including physically vulnerable individuals, such as infants and young children, elderly people, the physically disabled, the terminally ill and persons with persistent medical problems, including the mentally ill. Victims of natural disasters, people living in disaster-prone areas and other specially disadvantaged groups may need special attention and sometimes priority consideration with respect to accessibility of food. A particular vulnerability is that of many indigenous population groups whose access to their ancestral lands may be threatened."

[215] CESCR. *General Comment No. 12. The right to adequate food (Art. 11)*, paras. 7 and 11.

[216] The Court has indicated that, in light of the obligation of "respect" established in Article 1(1) of the Convention, "States must refrain from […] any practice or activity that denies or restricts access, in equal conditions, to the requisites of a dignified life such as adequate food" (*The Environment and Human Rights (State obligations in relation to the environment in the context of the protection and guarantee of the rights to life and to personal integrity – interpretation and scope of Articles 4(1) and 5(1) of the American Convention on Human Rights)*. Advisory Opinion OC-23/17, para. 117).

218. En su *Observación General 12*, el Comité DESC señaló que el "contenido básico" del derecho a la alimentación comprende "[l]a *disponibilidad* de alimentos en cantidad y calidad suficientes para satisfacer las necesidades alimentarias de los individuos, sin sustancias nocivas, y aceptables para una cultura determinada", y "[l]a *accesibilidad* de esos alimentos en formas que sean sostenibles y que no dificulten el goce de otros derechos humanos"[213].

219. El Comité destacó que por *disponibilidad* debe entenderse "las posibilidades que tiene el individuo de alimentarse ya sea directamente, explotando la tierra productiva u otras fuentes naturales de alimentos, o mediante sistemas de distribución, elaboración y de comercialización que funcionen adecuadamente y que puedan trasladar los alimentos desde el lugar de producción a donde sea necesario según la demanda". Explicó también que la *accesibilidad* "comprende la accesibilidad económica y física"[214].

220. En lo que también resulta relevante destacar para el caso, corresponde hacer notar que los conceptos de "adecuación" y "seguridad alimentaria" son particularmente importantes respecto al derecho a la alimentación. El primero, pone de relieve que no cualquier tipo de alimentación satisface el derecho, sino que hay factores que deben tomarse en cuenta, que hacen a la alimentación "adecuada". El segundo concepto se relaciona con el de "sostenibilidad", y entraña "la posibilidad de acceso a los alimentos por parte de las generaciones presentes y futuras". El Comité DESC explicó también "que los alimentos deb[e]n ser *aceptables para una cultura o unos consumidores determinados*[, lo que] significa que hay que tener también en cuenta, en la medida de lo posible, los valores no relacionados con la nutrición que se asocian a los alimentos y el consumo de alimentos"[215].

221. Los Estados tienen el deber no solo de respetar[216], sino también de garantizar el derecho a la alimentación, y debe entenderse como parte de tal obligación el deber

---

forma similar, tomando los señalamientos del Comité DESC como una referencia relevante (*cfr. Indicadores de progreso para la medición de derechos contemplados en el Protocolo de San Salvador. - Segundo agrupamiento de Derechos*").

[213] Comité DESC. *Observación General 12. El derecho a una alimentación adecuada (artículo 11)*, párr. 8.

[214] Comité DESC. *Observación General 12. El derecho a una alimentación adecuada (artículo 11)*, párrs. 12 y 13. En el último párrafo indicado, el Comité DESC expresó también que: (a) "[l]a *accesibilidad económica* implica que los costos financieros personales o familiares asociados con la adquisición de los alimentos necesarios para un régimen de alimentación adecuado deben estar a un nivel tal que no se vean amenazados o en peligro la provisión y la satisfacción de otras necesidades básicas. La accesibilidad económica se aplica a cualquier tipo o derecho de adquisición por el que las personas obtienen sus alimentos y es una medida del grado en que es satisfactorio para el disfrute del derecho a la alimentación adecuada. Los grupos socialmente vulnerables como las personas sin tierra y otros segmentos particularmente empobrecidos de la población pueden requerir la atención de programas especiales", y (b) "[l]a *accesibilidad física* implica que la alimentación adecuada debe ser accesible a todos, incluidos los individuos físicamente vulnerables, tales como los lactantes y los niños pequeños, las personas de edad, los discapacitados físicos, los moribundos y las personas con problemas médicos persistentes, tales como los enfermos mentales. Será necesario prestar especial atención y, a veces, conceder prioridad con respecto a la accesibilidad de los alimentos a las personas que viven en zonas propensas a los desastres y a otros grupos particularmente desfavorecidos. Son especialmente vulnerables muchos grupos de pueblos indígenas cuyo acceso a las tierras ancestrales puede verse amenazado".

[215] Comité DESC. *Observación General 12. El derecho a una alimentación adecuada (artículo 11)*, párrs. 7 y 11.

[216] La Corte ha señalado que, dado el deber de "respeto" mandado por el artículo 1.1 de la Convención, "los Estados deben abstenerse de […] cualquier práctica o actividad que deniegue o restrinja el acceso, en condiciones de igualdad, a los requisitos para una vida digna, como lo [es] la alimentación adecuada" (*Medio ambiente y derechos humanos (obligaciones estatales en relación con el medio ambiente en el marco de la protección y garantía de los derechos a la vida y a la integridad personal – interpretación y alcance de*

State's "failure to regulate activities of individuals or groups so as to prevent them from violating the right to food of others."[217]

B.1.1.3. The right to water

222. The *right to water* is protected by Article 26 of the American Convention and this is revealed by the provisions of the OAS Charter that permit deriving rights from which, in turn, the right to water can be understood.[218] These include, for example, the right to a healthy environment and the right to adequate food, and their inclusions in the said Article 26 has already been established in this judgment, as has the right to health, which the Court has also indicated is included in this article.[219] The right to

---

[217] CESCR. *General Comment No. 12. The right to adequate food (Art. 11)*, paras. 15 and 19. In addition, it should be underlined that the Court has also indicated that "in specific cases of individuals or groups of individuals who are unable to access [...] adequate food by themselves for reasons beyond their control, States must guarantee the essential minimum of food" (*The Environment and Human Rights (State obligations in relation to the environment in the context of the protection and guarantee of the rights to life and to personal integrity – interpretation and scope of Articles 4(1) and 5(1) of the American Convention on Human Rights)*. Advisory Opinion OC-23/17, para. 121).

[218] This Court has previously taken decisions founded on noting the existence of rights based on the content of others revealed by applicable conventions. For example, it has done this with regard to the "right to the truth." The Court has indicated that "everyone, including the next of kin of the victims of serious human rights violations, has, pursuant to Articles 1(1), 8(1), 25, and in certain circumstances Article 13 of the Convention, the right to know the truth" (*Case of Gelman v. Uruguay*, para. 243, and *Case of the Massacres of El Mozote and neighboring places v. El Salvador. Merits, reparations and costs*. Judgment of October 25, 2012. Series C No. 252, para. 298; similarly, *Case of Trujillo Oroza v. Bolivia. Reparations and costs*. Judgment of February 27, 2002. Series C No. 92, para. 114, and *Case of Omeara Carrascal et al. v. Colombia*, para. 256).

[219] It should be made clear that the Court has already indicated that the right to health is included in Article 26 because it is derived from Articles 31(i), 31(l) and 45(h) of the Charter (*Cf. Case of Poblete Vilches et al. v. Chile*, para. 106, and *Case of Hernández v. Argentina*, para. 64). That said, the relationship between food, health and water is evident. It has been explicitly noted by the CESCR, which has indicated that "The right to water is [...] inextricably related to the right to the highest attainable standards of health [... and to] adequate food" (CESCR. *General Comment 15. The right to water (Arts. 11 and 12 of the Covenant)*, para. 3). Meanwhile, this Court has recalled that "[a]mong the conditions required for a decent life [... are] access to, and the quality of, water, food and health, and their content has been defined in the Court's case law, indicating that these conditions have a significant impact on the right to a decent existence and the basic conditions for the exercise of other human rights. The Court has also included environmental protection as a condition for a decent life." It has noted that "[a]mong these conditions, it should be underlined that health requires certain essential elements to ensure a healthy life; hence, it is directly related to access to food and water," and that "environmental pollution may affect an individual's health" so that environmental protection is directly related to access to food, water and health (*The Environment and Human Rights (State obligations in relation to the environment in the context of the protection and guarantee of the rights to life and to personal integrity – interpretation and scope of Articles 4(1) and 5(1) of the American Convention on Human Rights)*. Advisory Opinion OC-23/17, paras. 109 and 110.) This cites the Court's case law in the following cases: *Case of the Yakye Axa Indigenous Community v. Paraguay*, paras. 163 and 167; *Case of the Sawhoyamaxa Indigenous Community v. Paraguay*, paras. 156 to 178; *Case of the Xákmok Kásek Indigenous Community v. Paraguay. Merits, reparations and costs*. Judgment of August 24, 2010. Series C No. 214, paras. 187 and 195 to 213; *Case of Artavia Murillo et al. (In vitro fertilization) v. Costa Rica. Preliminary objections, merits, reparations and costs*. Judgment of November 28, 2012. Series C No. 257, para. 148; *Case of the Kaliña and Lokono Peoples v. Suriname*, para. 172, and *Case of Chinchilla Sandoval et al. v. Guatemala. Preliminary objection, merits, reparations and costs*. Judgment of February 29, 2016.

de "protección" del derecho, tal como fue conceptuado por el Comité DESC: "[l]a obligación de proteger requiere que el Estado Parte adopte medidas para velar por que las empresas o los particulares no priven a las personas del acceso a una alimentación adecuada". Correlativamente, el derecho se ve vulnerado por el Estado al "no controlar las actividades de individuos o grupos para evitar que violen el derecho a la alimentación de otras personas"[217].

B.1.1.3. El derecho al agua

222. El *derecho al agua* se encuentra protegido por el artículo 26 de la Convención Americana. Ello se desprende de las normas de la Carta de la OEA, en tanto las mismas permiten derivar derechos de los que, a su vez, se desprende el derecho al agua[218]. Al respecto, baste señalar que entre aquellos se encuentran el derecho a un medio ambiente sano y el derecho a la alimentación adecuada, cuya inclusión en el citado artículo 26 ya ha quedado establecida en esta Sentencia, como asimismo el derecho a la salud, del que también este Tribunal ya ha indicado que está incluido en la norma[219]. El derecho al agua puede vincularse con otros derechos,

---

los artículos 4.1 y 5.1, en relación con los artículos 1.1 y 2 de la Convención Americana sobre Derechos Humanos). Opinión Consultiva OC-23/17, párr. 117.

[217] Comité DESC. *Observación General 12. El derecho a una alimentación adecuada (artículo 11),* párrs. 15 y 19. Por otra parte, debe destacarse que la Corte ha señalado también que "en casos particulares de personas o grupos de personas que no están en condiciones de acceder por sí mismos [...] a una alimentación adecuada, por razones ajenas a su voluntad, los Estados deben garantizar un mínimo esencial de [...] alimentación" (*Medio ambiente y derechos humanos (obligaciones estatales en relación con el medio ambiente en el marco de la protección y garantía de los derechos a la vida y a la integridad personal – interpretación y alcance de los artículos 4.1 y 5.1, en relación con los artículos 1.1 y 2 de la Convención Americana sobre Derechos Humanos).* Opinión Consultiva OC-23/17, párr. 121.

[218] Este Tribunal ya con anterioridad ha adoptado decisiones sobre la base de advertir la existencia de derechos a partir del contenido de otros que surgen de textos convencionales aplicables. Así se ha hecho, por ejemplo, respecto al "derecho a la verdad": la Corte ha indicado que "toda persona, incluyendo los familiares de las víctimas de graves violaciones a derechos humanos, tiene, de acuerdo con los artículos 1.1, 8.1, 25, así como en determinadas circunstancias el artículo 13 de la Convención, el derecho a conocer la verdad" (*Caso Gelman Vs. Uruguay,* párr. 243, y *Caso Masacres de El Mozote y lugares aledaños Vs. El Salvador. Fondo, Reparaciones y Costas.* Sentencia de 25 de octubre de 2012. Serie C No. 252, párr. 298; también, en el mismo sentido, *Caso Trujillo Oroza Vs. Bolivia. Reparaciones y Costas.* Sentencia de 27 de febrero de 2002. Serie C No. 92, párr. 114, y *Caso Omeara Carrascal y otros Vs. Colombia,* párr. 256).

[219] Debe dejarse sentado que la Corte ya ha indicado que el derecho a la salud se incluye en el artículo 26, pues se deriva de los artículos 31.i, 31.l y 45.h de la Carta (*cfr. Caso Poblete Vilches y otros Vs. Chile,* párr.106, y *Caso Hernández Vs. Argentina,* párr. 64). Ahora bien, la relación entre alimentación, salud y agua resulta evidente. Ha sido expresamente advertida por el Comité DESC, que ha dicho que "el derecho al agua [...] está indisolublemente asociado al derecho al más alto nivel posible de salud [... y a] una alimentación adecuada" (Comité DESC. *Observación General 15. El derecho al agua (artículos 11 y 12 del Pacto Internacional de Derechos Económicos, Sociales y Culturales),* párr. 3). Este Tribunal, por su parte, ha recordado que "[e]ntre las condiciones necesarias para una vida digna, [...] se ha referido al acceso y calidad del agua, alimentación y salud, cuyo contenido ya ha sido definido en la jurisprudencia de esta Corte, indicando que estas condiciones impactan de manera aguda el derecho a una existencia digna y las condiciones básicas para el ejercicio de otros derechos humanos. Asimismo, la Corte ha incluido la protección del [...] ambiente como una condición para la vida digna". Ha advertido que "[e]ntre dichas condiciones cabe destacar que la salud requiere de ciertas precondiciones necesarias para una vida saludable, por lo que se relaciona directamente con el acceso a la alimentación y al agua", y que "la contaminación ambiental puede causar afectaciones a la salud", por lo que la protección del ambiente se relaciona directamente con el acceso a la alimentación, al agua y a salud. (*Medio ambiente y derechos humanos (obligaciones estatales en relación con el medio ambiente en el marco de la protección y garantía de los derechos a la vida y a la integridad personal - interpretación y alcance de los artículos 4.1 y 5.1, en relación con los artículos 1.1 y 2 de la Convención Americana sobre Derechos Humanos).* Opinión Consultiva OC-

water may be connected to other rights, even the right to take part in cultural life, which is also addressed in this judgment (*infra* paras. 231 to 242).[220]

223. It should also be underlined that the Article 25 of the Universal Declaration of Human Rights establishes the right to an adequate standard of living, as does Article 11 of the ICESCR. It should be considered that this right includes the right to water, as pointed out by the CESCR which has also considered its relationship to other rights. Thus, the existence of the right to water has also been determined in the universal sphere despite the absence of general explicit recognition.[221] However, some treaties of the universal system relating to specific areas of human rights protection do refer expressly to water; for example, the Convention on the Rights of the Child (Article 24), or the Convention on the Elimination of All Forms of Discrimination against Women (Article 14), which relates to "the particular problems faced by rural women."

Series C No. 312, para. 168. It also cites: CESCR. *General Comment 14: The right to the highest attainable standard of health (Art. 12 of the Covenant)*, paras. 4 and 34 and the European Committee of Social Rights, *Collective complaint No. 30/2005, Marangopoulos Foundation for Human Rights v. Greece* (Merits). Decision of December 6, 2006, para. 195. The Court has also indicated that: (a) the right to "water" is among "the rights that are particularly vulnerable to environmental impact"; (b) "the Human Rights Council has identified environmental threats that may affect, directly or indirectly, the effective enjoyment of specific human rights, [including the right to] water," and (c) "access to food and water may be affected if pollution limits their availability in sufficient amounts or affects their quality" (*The Environment and Human Rights (State obligations in relation to the environment in the context of the protection and guarantee of the rights to life and to personal integrity – interpretation and scope of Articles 4(1) and 5(1) of the American Convention on Human Rights)*. Advisory Opinion OC-23/17, paras. 66, 54 and 111. The mention of the Human Rights Council cited: "Human Rights Council, Resolution 35, entitled "Human rights and climate change," adopted on June 19, 2017, UN Doc. A/HRC/35/L.32; Human Rights Council, Report of the Special Rapporteur on the issue of human rights obligations relating to the enjoyment of a safe, clean, healthy and sustainable environment, February 1, 2016, UN Doc. A/HRC/31/52, paras. 9 and 23; Human Rights Council, Report of the Office of the United Nations High Commissioner for Human Rights on the relationship between climate change and human rights, January 15, 2009, UN Doc. A/HRC/10/61, paras. 18 and 24, and Human Rights Council, Analytical study of the relationship between human rights and the environment, Report of the United Nations High Commissioner for Human Rights, December 16, 2001, UN Doc. A/HRC/19/34, para 7.")

[220] It should be noted that the CESCR has indicated that "[w]ater is essential for securing livelihoods (right to gain a living by work) and enjoying certain cultural practices (right to take part in cultural life)" and that "The right to water clearly falls within the category of guarantees essential for securing an adequate standard of living, particularly since it is one of the most fundamental conditions for survival. [...] The right to water is also inextricably related to [...] the rights to adequate housing and food. [...] The right should also be seen in conjunction with other rights enshrined in the International Bill of Human Rights, foremost amongst them the right to life and human dignity." The CESCR has also noted that "[t]he right to water has been recognized in a wide range of international documents, including treaties, declarations and other standard," referring not to general human rights instruments, but to different documents on specific issues that do not need to be described here (*Cf.* CESCR. *General Comment 15. The right to water (Arts. 11 and 12 of the Covenant)*, paras. 6, 3 and 4, and footnote 5, respectively). On this basis, the connection between the right to water and the right to life, established in Article 4 of the Convention should be emphasized. The foregoing also reveals that the right to water may be derived from and/or be related to other rights. For the purposes of this case, it is not necessary to include further considerations in this regard.

[221] *Cf.* CESCR. *General Comment. 15. The right to water (Arts. 11 and 12 of the Covenant)*, paras. 3 and 4.

inclusive el derecho a participar en la vida cultural, también tratado en esta Sentencia (*infra* párrs. 231 a 242)[220].

223. Es pertinente destacar también que la Declaración Universal de los Derechos Humanos contempla en su artículo 25 el derecho a "un nivel de vida adecuado", como también lo hace el PIDESC en su artículo 11. Este derecho debe considerarse inclusivo del derecho al agua, como lo ha hecho notar el Comité DESC, que también ha considerado su relación con otros derechos. De este modo, también en el ámbito universal se ha determinado la existencia del derecho al agua pese a la falta de un

---

23/17, párrs. 109 y 110. Allí se cita la siguiente jurisprudencia de este Tribunal: *Caso Comunidad Indígena Yakye Axa Vs. Paraguay*, párrs. 163 y 167; *Caso Comunidad Indígena Sawhoyamaxa Vs. Paraguay*, párrs. 156 a 178; *Caso Comunidad Indígena Xákmok Kásek Vs. Paraguay. Fondo, Reparaciones y Costas*. Sentencia de 24 de agosto de 2010. Serie C No. 214, párrs. 187 y 195 a 213; *Caso Artavia Murillo y otros (Fecundación in Vitro) Vs. Costa Rica. Excepciones Preliminares, Fondo, Reparaciones y Costas*. Sentencia de 28 de noviembre de 2012. Serie C No. 257, párr. 148; *Caso Pueblos Kaliña y Lokono Vs. Surinam*, párr. 172, y *Caso Chinchilla Sandoval y otros Vs. Guatemala. Excepción Preliminar, Fondo, Reparaciones y Costas*. Sentencia de 29 de febrero de 2016. Serie C No. 312, párr. 168. También se cita: Comité DESC. *Observación General 14: El derecho al disfrute del más alto de nivel posible de salud (artículo 12 del Pacto Internacional de Derechos Económicos, Sociales y Culturales)*, párrs. 4 y 34 y Comité Europeo de Derechos Sociales, *Demanda Nº 30/2005, Fundación para los derechos humanos "Marangopoulos" Vs. Grecia* (Fondo). Decisión del 6 de diciembre de 2006, párr. 195. La Corte ha señalado además que: (a) el "derecho al agua" está entre "los derechos particularmente vulnerables a afectaciones ambientales, (b) "el Consejo de Derechos Humanos ha identificado amenazas ambientales que pueden afectar, de manera directa o indirecta, el goce efectivo de derechos humanos concretos, [entre ellos, el derecho al] agua", y (c) que "el acceso al agua y a [...] aliment[os] puede ser afectado por ejemplo, si la contaminación limita la disponibilidad de los mismos en cantidades suficientes o afecta su calidad"(*Medio ambiente y derechos humanos (obligaciones estatales en relación con el medio ambiente en el marco de la protección y garantía de los derechos a la vida y a la integridad personal – interpretación y alcance de los artículos 4.1 y 5.1, en relación con los artículos 1.1 y 2 de la Convención Americana sobre Derechos Humanos)*. Opinión Consultiva OC-23/17, párrs. 66, 54, 111. Respecto a la mención al Consejo de Derechos Humanos, se citó: "Consejo de Derechos Humanos, Resolución 35, titulada 'Los derechos humanos y el cambio climático', adoptada el 19 de junio de 2017, Doc. ONU A/HRC/35/L.32; Consejo de Derechos Humanos, Informe del Relator Especial sobre la cuestión de las obligaciones de derechos humanos relacionadas con el disfrute de un medio ambiente sin riesgos, limpio, saludable y sostenible, 1 de febrero de 2016, Doc. ONU A/HRC/31/52, párrs. 9 y 23; Consejo de Derechos Humanos, Informe de la Oficina del Alto Comisionado de las Naciones Unidas para los Derechos Humanos sobre la relación entre el cambio climático y los derechos humanos, 15 de enero de 2009, Doc. ONU A/HRC/10/61, párrs. 18 y 24, y Consejo de Derechos Humanos, Estudio analítico de la relación entre los derechos humanos y el medio ambiente, Informe de la Alta Comisionada de las Naciones Unidas para los Derechos Humanos, 16 de diciembre de 2001, Doc. ONU A/HRC/19/34, párr. 7").

[220] Adviértase que el Comité DESC ha señalado que "[e]l agua es fundamental para procurarse medios de subsistencia (el derecho a ganarse la vida mediante un trabajo) y para disfrutar de determinadas prácticas culturales (el derecho a participar en la vida cultural)", y que "[e]l derecho al agua se encuadra claramente en la categoría de las garantías indispensables para asegurar un nivel de vida adecuado, en particular porque es una de las condiciones fundamentales para la supervivencia.[...] El derecho al agua también está indisolublemente asociado al [...] derecho a una vivienda [...]. Este derecho también debe considerarse conjuntamente con otros derechos consagrados en la Carta Internacional de Derechos Humanos, en primer lugar el derecho a la vida y a la dignidad humana". Además, el Comité DESC notó que "[e]l derecho al agua ha sido reconocido en un gran número de documentos internacionales, tales como tratados, declaraciones y otras normas", aludiendo no a instrumentos generales sobre derechos humanos, sino a diversos documentos sobre cuestiones específicas, que no hace falta exponer aquí (*cfr.* Comité DESC. *Observación General 15. El derecho al agua (artículos 11 y 12 del Pacto Internacional de Derechos Económicos, Sociales y Culturales)*, párrs. 6, 3 y 4, y nota a pie de página 5, respectivamente). Dado lo dicho, puede destacarse el vínculo del derecho al agua con el derecho a la vida, recogido en el artículo 4 de la Convención. También surge de lo expuesto que el derecho al agua podría desprenderse y/o tener relación con otros derechos. No resulta necesario, a efectos del examen del presente caso, ahondar en consideraciones al respecto.

224. Furthermore, it should be underlined that, on July 28, 2010, the United Nations General Assembly issued Resolution 64/292 entitled "The human right to water and sanitation," which recognizes the right to safe and clean drinking water and sanitation as a human right that is essential for the full enjoyment of life and all human rights." Likewise, article 9 in Chapter III of the Social Charter of the Americas asserts that "[t]he […] States recognize that water is fundamental for life and central to socioeconomic development and environmental sustainability" and that they "undertake to continue working to ensure access to safe drinking water and sanitation services for present and future generations." Also, in 2007 and 2012, the OAS General Assembly adopted resolutions 2349/07 and 2760/12, entitled, respectively, "Water, health and human rights" and "The human right to safe drinking water and sanitation." In its articles 1 and 4, the former resolves "to recognize that water is essential for life and health" and "indispensable for a life with human dignity," as well as "to recognize and respect, in accordance with national law, the ancestral use of water by urban, rural and indigenous communities in the framework of their habits and customs on water use." The second, in its first article resolves "to invite" States "to continue working to ensure access to safe drinking water and sanitation services for present and future generations." The right is also established in Article 12 of the Inter-American Convention on Protecting the Human Rights of Older Persons.[222]

225. Additionally, it is pertinent to mention the relevant constitutional provisions in this case. The Argentine National Constitution includes the right to a healthy environment and, since it accords human rights instruments "constitutional rank," also the rights to food and to health, among others, which are closely related to the right to water. Article 83 of the Salta Constitution indicates that "[t]he use of water in the public domain destined for the needs of consumption of the population is its right." In addition, as already indicated, it establishes the right to a healthy environment and to health, and has specific provisions concerning food (*supra* paras. 204 and 214).

226. Having described the legal provisions that support this right, it is relevant to indicate its content. The CESCR has indicated that:

The human right to water entitles everyone to sufficient, safe, acceptable, physically accessible and affordable water for personal and domestic uses. An adequate amount of safe water is necessary to prevent death from dehydration, to reduce the risk of water-related disease and to provide for consumption, cooking,

---

[222] Ratified by Argentina on October 27, 2017.

reconocimiento expreso general[221]. Sí hacen referencia expresa al agua algunos tratados del sistema universal referidos a aspectos específicos de protección de los derechos humanos, como la Convención sobre los Derechos del Niño, en el artículo 24, o la Convención sobre la Eliminación de todas las Formas de Discriminación contra la Mujer, en el artículo 14, referido a "problemas especiales a que hace frente la […] mujer de las zonas rurales".

224. De modo adicional a lo expuesto, debe resaltarse que la Organización de las Naciones Unidas, a través de su Asamblea General, emitió el 28 de julio de 2010 la Resolución 64/292 titulada "El derecho humano al agua y el saneamiento", que reconoce que "el derecho al agua potable y el saneamiento es un derecho humano esencial para el pleno disfrute de la vida y de todos los derechos humanos". En la misma línea, la Carta Social de las Américas, en su artículo 9 del Capítulo III, afirma que "[l]os Estados […] reconocen que el agua es fundamental para la vida y básica para el desarrollo socioeconómico y la sostenibilidad ambiental" y que "se comprometen a continuar trabajando para garantizar el acceso al agua potable y a los servicios de saneamiento para las presentes y futuras generaciones". La Asamblea General de la OEA adoptó también, en 2007 y 2012, las resoluciones 2349/07 y 2760/12, denominadas respectivamente "[e]l agua, la salud y los derechos humanos" y "[e]l derecho humano al agua potable y el saneamiento". La primera, en sus artículos 1 y 4, "[r]econoce" al agua como "esencial para la vida y la salud" e "indispensable para poder vivir una vida con dignidad humana", así como "el uso ancestral del agua por parte de las comunidades urbanas, rurales y pueblos indígenas, en el marco de sus usos y costumbres sobre el uso del agua, de conformidad con las respectivas legislaciones nacionales". La segunda, en su primer artículo, "invita" a los Estados a "seguir trabajando" para "asegurar el acceso al agua potable y a servicios de saneamiento para las generaciones presentes y futuras". El derecho también está contemplado en el artículo 12 de la Convención Interamericana sobre la Protección de los Derechos Humanos de las Personas Mayores[222].

225. Es pertinente hacer mención, de forma complementaria, al derecho constitucional pertinente en el caso. Argentina, en su Constitución Nacional incluye el derecho a un ambiente sano y, por dotar de "jerarquía constitucional" a instrumentos de derechos humanos, también a los derechos a la alimentación y a la salud, entre otros, los cuales están vinculados estrechamente con el derecho al agua. La Constitución de Salta, por su parte, expresa en su artículo 83 que "[e]l uso de las aguas del dominio público destinadas a las necesidades de consumo de la población es un derecho de ésta". Además, como ya se ha indicado, recepta los derechos al ambiente sano y a la salud, y tiene normas específicas sobre alimentación. (*supra* párrs. 204 y 214).

226. Habiendo dado cuenta de disposiciones normativas que dan sustento al derecho, es relevante señalar su contenido. El Comité DESC ha expresado que:

[e]l derecho humano al agua es el derecho de todos a disponer de agua suficiente, salubre, aceptable, accesible y asequible para el uso personal y doméstico. Un abastecimiento adecuado de agua salubre es necesario para evitar la muerte por deshidratación, para reducir el riesgo de las enfermedades relacionadas con el agua

---

[221] *Cfr.* Comité DESC. *Observación General. 15. El derecho al agua (artículos 11 y 12 del Pacto Internacional de Derechos Económicos, Sociales y Culturales)*, párrs. 3 y 4.
[222] Ratificada por Argentina el 23 de octubre de 2017.

personal and domestic hygienic requirements.[223]

Similarly, the Court, following the guidance of the CESCR has stated that "access to [...] water [...] includes 'consumption, sanitation, laundry, food preparation, and personal and domestic hygiene,' and for some individuals and groups it will also include 'additional water resources based on health, climate and working conditions.'"[224]

227. The CESCR has indicated that "[t]he right to water contains both freedoms and entitlements." The former "include the right to maintain access to existing water supplies" and "to be free form interferences," including the possible "contamination of water supplies." Meanwhile, the entitlements are related to "a system of water supply and management that provides equality of opportunity for people to enjoy the right to water." It also emphasized that "[w]ater should be treated as a social and cultural good, and not primarily as an economic good,"[225] and that "the following factors apply in all circumstances:

a) *Availability*. The water supply for each person must be sufficient and continuous for personal and domestic uses [...].
b) *Quality*. The water required for each personal or domestic use must be safe [...]. Furthermore, water should be of an acceptable colour, odour and taste for each personal or domestic use
c) *Accessibility*. Water and water facilities and services have to be accessible to everyone without discrimination, within the jurisdiction of the State party."[226]

228. When explaining how the right to water is related to other rights, the CESCR noted "the importance of ensuring sustainable access to water resources for agriculture to realize the right to adequate food." It added that "States [...] should ensure that there is adequate access to water for subsistence farming and for securing the livelihoods of indigenous peoples." It asserted that "[e]nvironmental hygiene, as an aspect of the right to health [...], encompasses taking steps on a non-discriminatory

---

[223] CESCR. *General Comment 15. The right to water (Arts. 11 and 12 of the Covenant)*, para. 2.
[224] *The Environment and Human Rights (State obligations in relation to the environment in the context of the protection and guarantee of the rights to life and to personal integrity – interpretation and scope of Articles 4(1) and 5(1) of the American Convention on Human Rights)*. Advisory Opinion OC-23/17 of November 15, 2017. Series A No. 23, para. 111. See also, *Case of the Xákmok Kásek Indigenous Community v. Paraguay*, para. 195.
[225] It added that "[t]he manner of the realization of the right to water must also be sustainable, ensuring that the right can be realized for present and future generations."
[226] CESCR. *General Comment 15. The right to water (Arts. 11 and 12 of the Covenant)*, paras. 10, 11 and 12. Regarding "accessibility," in the final paragraph, the CESCR explained that it "has four overlapping dimensions: (i) *Physical accessibility*: Water, and adequate water facilities and services, must be within safe physical reach for all sections of the population. [...]. (ii) *Economic accessibility*: Water, and water facilities and services, must be affordable for all. The direct and indirect costs and charges associated with securing water must be affordable, and must not compromise or threaten the realization of other (ICESCR) rights. (iii) Non-discrimination: Water and water facilities and services must be accessible to all, including the most vulnerable or marginalized sections of the population, in law and in fact, without discrimination on any of the prohibited grounds. (iv) *Information accessibility*: Accessibility includes the right to seek, receive and impart information concerning water issues."

y para satisfacer las necesidades de consumo y cocina y las necesidades de higiene personal y doméstica"[223].

En el mismo sentido la Corte, siguiendo lineamientos del Comité DESC, ha expresado que "el acceso al agua […] comprende 'el consumo, el saneamiento, la colada, la preparación de alimentos y la higiene personal y doméstica', así como para algunos individuos y grupos también […] 'recursos de agua adicionales en razón de la salud, el clima y las condiciones de trabajo'"[224].

227. El Comité DESC ha indicado que "[e]l derecho al agua entraña tanto libertades como derechos". Las primeras implican poder "mantener el acceso a un suministro de agua" y "no ser objeto de injerencias", entre las que puede encontrarse la "contaminación de los recursos hídricos". Los derechos, por su parte, se vinculan a "un sistema de abastecimiento y gestión del agua que ofrezca a la población iguales oportunidades de disfrutar del derecho". Destacó también que "[e]l agua debe tratarse como un bien social y cultural, y no fundamentalmente como un bien económico"[225], y que "los siguientes factores se aplican en cualquier circunstancia:

a) *La disponibilidad*. El abastecimiento de agua de cada persona debe ser continuo y suficiente para los usos personales y domésticos […].
b) *La calidad*. El agua necesaria para cada uso personal o doméstico debe ser salubre […]. Además, el agua debería tener un color, un olor y un sabor aceptables […].
c) *La accesibilidad*. El agua y las instalaciones y servicios de agua deben ser accesibles para todos, sin discriminación alguna, dentro de la jurisdicción del Estado Parte"[226].

228. El Comité DESC, al explicar cómo el derecho al agua se vincula con otros derechos, señaló también la importancia de "garantizar un acceso sostenible a los recursos hídricos con fines agrícolas para el ejercicio del derecho a una alimentación adecuada". Agregó que "los Estados […] deberían garantizar un acceso suficiente al agua para la agricultura de subsistencia y para asegurar la de subsistencia de los

---

[223] Comité DESC. *Observación General 15. El derecho al agua (artículos 11 y 12 del Pacto Internacional de Derechos Económicos, Sociales y Culturales)*, párr. 2.
[224] *Medio ambiente y derechos humanos (obligaciones estatales en relación con el medio ambiente en el marco de la protección y garantía de los derechos a la vida y a la integridad personal – interpretación y alcance de los artículos 4.1 y 5.1, en relación con los artículos 1.1 y 2 de la Convención Americana sobre Derechos Humanos)*. Opinión Consultiva OC-23/17, párr. 111. Véase también *Caso Comunidad Indígena Xákmok Kásek Vs. Paraguay*, párr. 195.
[225] Agregó que "debe ser sostenible" el "modo en que se ejerza el derecho al agua", para que pueda "ser ejercido por las generaciones actuales y futuras".
[226] Comité DESC. *Observación General 15. El derecho al agua (artículos 11 y 12 del Pacto Internacional de Derechos Económicos, Sociales y Culturales)*, párrs. 10, 11 y 12. En cuanto a la "accesibilidad", el Comité DESC, en el último párrafo citado, explicó que "presenta cuatro dimensiones superpuestas: (i) *Accesibilidad física*. El agua y las instalaciones y servicios de agua deben estar al alcance físico de todos los sectores de la población. […] (ii) *Accesibilidad económica*. El agua y los servicios e instalaciones de agua deben estar al alcance de todos. Los costos y cargos directos e indirectos asociados con el abastecimiento de agua deben ser asequibles y no deben comprometer ni poner en peligro el ejercicio de otros derechos reconocidos en el P[IDESC]. (iii) *No discriminación*. El agua y los servicios e instalaciones de agua deben ser accesibles a todos de hecho y de derecho, incluso a los sectores más vulnerables y marginados de la población, sin discriminación alguna por cualquiera de los motivos prohibidos. (iv) *Acceso a la información*. La accesibilidad comprende el derecho de solicitar, recibir y difundir información sobre las cuestiones del agua".

basis to prevent threats to health from unsafe and toxic water conditions."[227] Similarly, the Court has already noted that "the right to water" (as also the rights to food and to take part in cultural life) are "among the rights that are especially vulnerable to environmental impact."[228]

229. Regarding the obligations entailed by the right to water, it is worth adding some more specific elements. Clearly, there is an obligation to respect the exercise of this right,[229] as well as the obligation to ensure it, as indicated in Article 1(1) of the Convention. This Court has indicated that "access to water" involves "obligations to be realized progressively"; "however, States have immediate obligations such as ensuring [access] without discrimination and taking measures to achieve [its] full realization."[230] The State duties that it can be understood are contained in the obligation to ensure this right include providing protection against actions by private individuals, and this requires the States to prevent third parties from impairing the enjoyment of the right to water, as well as "ensuring an essential minimum of water" in "specific cases of individuals or groups of individuals who are unable to access water […] by themselves for reasons beyond their control."[231]

---

[227] CESCR. *General Comment 15. The right to water ((Arts. 11 and 12 of the Covenant)*, paras. 7 and 8.

[228] *The Environment and Human Rights (State obligations in relation to the environment in the context of the protection and guarantee of the rights to life and to personal integrity – interpretation and scope of Articles 4(1) and 5(1) of the American Convention on Human Rights)*. Advisory Opinion OC-23/17 of November 15, 2017, para. 66. The Court has indicated that "health is directly related to access to food and water" (*Cf. Case of the Yakye Axa Indigenous Community v. Paraguay,* para. 167; *Case of the Sawhoyamaxa Indigenous Community v. Paraguay,* paras. 156 to 178; *Case of the Xákmok Kásek Indigenous Community v. Paraguay,* paras. 195 to 213, and *The Environment and Human Rights (State obligations in relation to the environment in the context of the protection and guarantee of the rights to life and to personal integrity – interpretation and scope of Articles 4(1) and 5(1) of the American Convention on Human Rights)*. Advisory Opinion OC-23/17 of November 15, 2017. Series A No. 23, para. 110) and that "access to water and food may be affected, for example, if contamination limits their availability in sufficient quantities, or impacts their quality" (*Cf. Case of the Saramaka People v. Suriname,* para. 126; *Case of the Xákmok Kásek Indigenous Community v. Paraguay,* paras. 195 and 198 and *The Environment and Human Rights (State obligations in relation to the environment in the context of the protection and guarantee of the rights to life and to personal integrity – interpretation and scope of Articles 4(1) and 5(1) of the American Convention on Human Rights)*. Advisory Opinion OC-23/17 of November 15, 2017. Series A No. 23, para. 11).

[229] Pursuant to the obligation to respect rights ordered by Article 1(1) of the Convention, "States must refrain from […] any practice or activity that denies or restricts access, in equal conditions, to the requirements for a decent life, such as […] water" (*The Environment and Human Rights (State obligations in relation to the environment in the context of the protection and guarantee of the rights to life and to personal integrity – interpretation and scope of Articles 4(1) and 5(1) of the American Convention on Human Rights)*. Advisory Opinion OC-23/17 of November 15, 2017. Series A No. 23, para. 117).

[230] *The Environment and Human Rights (State obligations in relation to the environment in the context of the protection and guarantee of the rights to life and to personal integrity – interpretation and scope of Articles 4(1) and 5(1) of the American Convention on Human Rights)*. Advisory Opinion OC-23/17 of November 15, 2017, para. 111.

[231] The Court noted that the same consideration corresponds to food (*The Environment and Human Rights (State obligations in relation to the environment in the context of the protection and guarantee of the rights to life and to personal integrity – interpretation and scope of Articles 4(1) and 5(1) of the American Convention on Human Rights)*. Advisory Opinion OC-23/17 of November 15, 2017. Series A No. 23, para. 121).

pueblos indígenas". Sostuvo que "[l]a higiene ambiental, como aspecto del derecho a la salud […] entraña la adopción de medidas no discriminatorias para evitar los riesgos para la salud que representa el agua insalubre y contaminada por sustancias tóxicas"[227]. La Corte ya ha notado, en el mismo sentido, que el "derecho al agua" (como también los derechos a la alimentación y a participar en la vida cultural) está "entre los derechos particularmente vulnerables a afectaciones ambientales"[228].

229. En cuanto a las obligaciones que conlleva el derecho al agua, cabe agregar a lo expuesto algunas especificaciones. Rige, desde luego, el deber de respetar el ejercicio del derecho[229], así como el deber de garantía, señalados en el artículo 1.1 de la Convención. Este Tribunal ha indicado que "el acceso al agua" implica "obligaciones de realización progresiva", pero que "sin embargo, los Estados tienen obligaciones inmediatas, como garantizar [dicho acceso] sin discriminación y adoptar medidas para lograr su plena realización"[230]. Entre las obligaciones estatales que pueden entenderse comprendidas en el deber de garantía se encuentra la de brindar protección frente a actos de particulares, que exige que los Estados impidan a terceros que menoscaben el disfrute del derecho al agua, así como "garantizar un mínimo esencial de agua" en aquellos "casos particulares de personas o grupos de personas que no están en condiciones de acceder por sí mismos al agua […], por razones ajenas a su voluntad"[231].

---

[227] Comité DESC. *Observación General 15. El derecho al agua (artículos 11 y 12 del Pacto Internacional de Derechos Económicos, Sociales y Culturales)*, párrs. 7 y 8.

[228] *Medio ambiente y derechos humanos (obligaciones estatales en relación con el medio ambiente en el marco de la protección y garantía de los derechos a la vida y a la integridad personal – interpretación y alcance de los artículos 4.1 y 5.1, en relación con los artículos 1.1 y 2 de la Convención Americana sobre Derechos Humanos)*. Opinión Consultiva OC-23/17, párr. 66. La Corte ha indicado que "la salud [se relaciona directamente con el acceso a la alimentación y al agua (*cfr. Caso Comunidad Indígena Yakye Axa Vs. Paraguay*, párr. 167, *Caso Comunidad Indígena Sawhoyamaxa Vs. Paraguay*, párrs. 156 a 178; *Caso de la Comunidad Indígena Xákmok Kásek Vs. Paraguay*, párrs. 195 a 213 y *Medio ambiente y derechos humanos (obligaciones estatales en relación con el medio ambiente en el marco de la protección y garantía de los derechos a la vida y a la integridad personal – interpretación y alcance de los artículos 4.1 y 5.1, en relación con los artículos 1.1 y 2 de la Convención Americana sobre Derechos Humanos)*. Opinión Consultiva OC-23/17, párr. 110) y que "el acceso al agua y a la alimentación puede ser afectado por ejemplo, si la contaminación limita la disponibilidad de los mismos en cantidades suficientes o afecta su calidad" (*cfr. Caso del Pueblo Saramaka Vs. Surinam*, párr. 126; *Caso de la Comunidad Indígena Xákmok Kásek vs. Paraguay*, párrs. 195 y 198 y *Medio ambiente y derechos humanos (obligaciones estatales en relación con el medio ambiente en el marco de la protección y garantía de los derechos a la vida y a la integridad personal – interpretación y alcance de los artículos 4.1 y 5.1, en relación con los artículos 1.1 y 2 de la Convención Americana sobre Derechos Humanos)*. Opinión Consultiva OC-23/17, párr 11).

[229] De conformidad al deber de respeto ordenado por el artículo 1.1 de la Convención, "los Estados deben abstenerse de […] cualquier práctica o actividad que deniegue o restrinja el acceso, en condiciones de igualdad, a los requisitos para una vida digna, como […] el agua" (*Medio ambiente y derechos humanos (obligaciones estatales en relación con el medio ambiente en el marco de la protección y garantía de los derechos a la vida y a la integridad personal – interpretación y alcance de los artículos 4.1 y 5.1, en relación con los artículos 1.1 y 2 de la Convención Americana sobre Derechos Humanos)*. Opinión Consultiva OC-23/17, párr. 117).

[230] *Medio ambiente y derechos humanos (obligaciones estatales en relación con el medio ambiente en el marco de la protección y garantía de los derechos a la vida y a la integridad personal – interpretación y alcance de los artículos 4.1 y 5.1, en relación con los artículos 1.1 y 2 de la Convención Americana sobre Derechos Humanos)*. Opinión Consultiva OC-23/17, párr. 111.

[231] La Corte advirtió que igual consideración corresponde a la alimentación. *Medio ambiente y derechos humanos (obligaciones estatales en relación con el medio ambiente en el marco de la protección y garantía de los derechos a la vida y a la integridad personal – interpretación y alcance de los artículos 4.1 y 5.1, en relación con los artículos 1.1 y 2 de la Convención Americana sobre Derechos Humanos)*. Opinión Consultiva OC-23/17, párr. 121.

230. The Court agrees with the CESCR that, in compliance with their obligations in relation to the right to water, States "should give special attention to those individuals and groups who have traditionally faced difficulties in exercising this right, including [...] indigenous peoples." And should ensure that "[i]ndigenous peoples' access to water resources on their ancestral lands is protected from encroachment and unlawful pollution [... and] provide resources for indigenous peoples to design, deliver and control their access to water," and also that "Nomadic and traveller communities have access to adequate water at traditional [...] halting sites."[232]

B.1.1.4. The right to take part in cultural life

231. Regarding the *right to take part in cultural life,* which includes the right to *cultural identity,*[233] Articles 30, 45(f), 47 and 48 of the Charter establish the commitment of the States to ensure: (a) the integral development [of] their people [... which] encompasses the [...] cultural [aspect]"; (b) "the incorporation and increasing participation of the marginal sectors of the population, in both rural and urban areas, in the [...] cultural [...] life of the nation, in order to achieve the full integration of the

---

[232] CESCR. *General Comment 15. The right to water (Arts. 11 and 12 of the Covenant),* para. 16.

[233] In this judgment, given the characteristics of the relevant facts that are examined and the corresponding arguments, the right "to participate in cultural life" will be addressed from one specific angle: the right to "cultural identity." In this case, it is alleged that the characteristic or representative cultural features of culture as a "way of life" have been violated. The notion of "cultural identify" is found in ILO Convention 169 and in the American Declaration on the Rights of Indigenous Peoples, and it can be understood to be incorporated in the United Nations Declaration on the Rights of Indigenous Peoples, which expresses similar concepts and has been used by the Court with regard to indigenous communities. The Court has stated that "cultural identity" is a "fundamental collective human right of indigenous communities that must be respected in a multicultural pluralist and democratic society" (*The Environment and Human Rights (State obligations in relation to the environment in the context of the protection and guarantee of the rights to life and to personal integrity – interpretation and scope of Articles 4(1) and 5(1) of the American Convention on Human Rights).* Advisory Opinion OC-23/17 of November 15, 2017. Series A No. 23, para. 113; similarly, *Case of the Kichwa Indigenous People of Sarayaku v. Ecuador,* para. 217.) The right to cultural identity is relevant for indigenous peoples, but not only for them; it is closely related to the right of everyone "to take part in cultural life" and to the right of "people belonging to [...] minorities [...] to enjoy their own culture," pursuant to Articles 15 and 27, respectively, of the International Covenants on Economic, Social and Cultural Rights and on Civil and Political Rights (*infra* para. 234), as indicated also by their corresponding Committees (*Cf.* CESCR. *General Comment 21. Right of everyone to take part in cultural life (art. 15, para. 1(a) of the Covenant).* Forty-third session (2009) Doc. E/C.12/GC/21, paras. 3, 7, 9, 13, 15, 32, 33, 36, 37, 42, 43, 49, 53 and 55, and Human Rights Committee. CCPR, *General Comment 23. Rights of minorities (Art. 27).* Fiftieth session (1994). Doc. CCPR/C/21/Rev.1/Add.5, paras. 1 and 3). In addition, the Court clarifies that cultural rights are not limited to the foregoing. It is not necessary to go into this matter further; suffice it to say that Article XIII of the American Declaration also refers to the right "to enjoy the arts, and to participate in the benefits that result from intellectual progress, especially scientific discoveries [and] likewise [...] to the protection of [...] moral and material interests as regards [...] inventions or any literary, scientific or artistic works." Furthermore, in paragraph 2 of the aforementioned General Comment 21, the CESCR clearly refers to "the right of everyone to take part in cultural life [... and] other cultural rights."

230. La Corte concuerda con el Comité DESC en cuanto a que, en el cumplimiento de sus obligaciones relativas al derecho al agua, los Estados "deben prestar especial atención a las personas y grupos de personas que tradicionalmente han tenido dificultades para ejercer este derecho", inclusive, entre otros, "los pueblos indígenas". En ese sentido, deben velar porque "[e]l acceso de los pueblos indígenas a los recursos de agua en sus tierras ancestrales sea protegido de toda transgresión y contaminación ilícitas" y "facilitar recursos para que los pueblos indígenas planifiquen, ejerzan y controlen su acceso al agua", así como que "[l]as comunidades nómadas […] tengan acceso al agua potable en sus lugares de acampada tradicionales"[232].

B.1.1.4. El derecho a participar en la vida cultural

231. En lo concerniente al *derecho a participar en la vida cultural*, que incluye el *derecho a la identidad cultural*[233], la Carta establece, en sus artículos 30, 45 f., 47 y 48, el compromiso de los Estados para (a) "que sus pueblos alcancen un desarrollo integral[, que] abarca [el] campo […] cultural […]"; (b) [l]a incorporación y creciente participación de los sectores marginales de la población, tanto del campo como de la ciudad, en la vida […] cultural […], a fin de lograr la plena integración de la

---

[232] Comité DESC. *Observación General 15. El derecho al agua (artículos 11 y 12 del Pacto Internacional de Derechos Económicos, Sociales y Culturales)*, párr. 16.

[233] En la presente Sentencia, dadas las características de los hechos relevantes que se examinan y los alegatos al respecto, se abordará el derecho a "participar en la vida cultural" en un aspecto específico, que es el derecho a la "identidad cultural". En ese sentido, se ha aducido en este caso la afectación a los rasgos culturales propios o identitarios, a la cultura como "modo de vida". La noción de "identidad cultural" se encuentra en el Convenio 169 de la OIT y en la Declaración Americana sobre los Derechos de los Pueblos indígenas, y puede entenderse incorporada en la Declaración de Naciones Unidas sobre Derechos de los Pueblos Indígenas, que se expresa en términos equivalentes, y ha ya sido utilizada por la Corte respecto a comunidades indígenas. Este Tribunal ha dicho que la "identidad cultural" es un "derecho humano fundamental y de naturaleza colectiva de las comunidades indígenas, que debe ser respetado en una sociedad multicultural, pluralista y democrática" (*Medio ambiente y derechos humanos (obligaciones estatales en relación con el medio ambiente en el marco de la protección y garantía de los derechos a la vida y a la integridad personal – interpretación y alcance de los artículos 4.1 y 5.1, en relación con los artículos 1.1 y 2 de la Convención Americana sobre Derechos Humanos)*. Opinión Consultiva OC-23/17, párr. 113; en el mismo sentido, *Caso Pueblo Indígena Kichwa de Sarayaku Vs. Ecuador*, párr. 217.) El derecho a la identidad cultural es atinente a pueblos indígenas, pero no solo a ellos: presenta una estrecha relación con el derecho de toda persona a "participar en la vida cultural" y con el derecho de integrantes de grupos considerados "minorías" a "tener su propia vida cultural", conforme, respectivamente, los artículos 15 y 27 de los Pactos Internacionales de Derechos Económicos, Sociales y Culturales y de Derechos Civiles y Políticos (*infra* párr. 234), según ha sido indicado por los Comités correspondientes (*cfr.* Comité DESC. *Observación General 21. Derecho de toda persona a participar en la vida cultural (artículo 15, párrafo 1 a), del Pacto Internacional de Derechos Económicos, Sociales y Culturales)*. 43° período de sesiones (2009) Doc. E/C.12/GC/21, párrs 3, 7, 9, 13, 15, 32, 33, 36, 37, 42, 43, 49, 53 y 55, y Comité de Derechos Humanos. *Observación General 23. Derecho de las minorías (artículo 27)*. 50° período de sesiones (1994). Doc. CCPR/C/21/Rev.1/Add.5, párrs. 1 y 3). Por otra parte, este Tribunal aclara que los derechos culturales no se limitan a lo anterior. No resulta necesario aquí profundizar en esto último, baste con señalar que el artículo XIII de la Declaración Americana habla también de "gozar de las artes y disfrutar de los beneficios que resulten de los progresos intelectuales y especialmente de los descubrimientos científicos [y] asimismo [de] la protección de los intereses morales y materiales" relativos a "inventos [y] obras". Puede observarse también, en el mismo sentido, lo señalado por el Comité DESC en el párrafo 2 de la citada Observación General 21, en que de forma clara habla del derecho a "participar en la vida cultural" y, además, de "otros derechos culturales".

national community"; (c) the "encouragement of [...] culture," and (d) the "preserv[ation] and enrich[ment of] the cultural heritage of the American peoples."[234]

232. In addition, Article XIII of the American Declaration indicates that "[e]very person has the right to take part in the cultural life of the community."

233. Article14(1)(a) of the Protocol of San Salvador recognizes "the right of everyone: [...] to take part in the cultural [...] life of the community."

234. In the universal sphere, Article 27(1) of the Universal Declaration of Human Rights stipulates that: "[e]veryone has the right freely to participate in the cultural life of the community." And, Article 15(1)(a) of the ICESCR indicates "the right of everyone [... t]o take part in cultural life." Furthermore, Article 27 of the International Covenant on Civil and Political Rights (ICCPR) establishes that "[i]n those States in which ethnic, religious or linguistic minorities exist, persons belonging to such minorities shall not be denied the right, in community with the other members of their group, to enjoy their own culture, to profess and practise their own religion, or to use their own language."

235. Meanwhile, the Argentine National Constitution, as already indicated, has assigned "constitutional rank" to the Universal Declaration of Human Rights, the American Declaration, the American Convention, the ICESCR and the ICCPR. In particular, with regard to indigenous peoples and as already indicated (*supra* para. 54), article 75 of the Constitution establishes that "[i]t shall correspond to Congress [... t]o recognize the ethnic and cultural pre-existence of the Argentine indigenous peoples" and, among other obligations, "to ensure respect for their identity." Article 52 of the Constitution of Salta "ensures to all the inhabitants the right to accede to culture" and indicates that the State "promotes collective cultural expressions." Also, specifically with regard to indigenous peoples, article 15 of the Salta Constitution indicates, among other matters, that "[t]he province recognizes the ethnic and cultural pre-existence of the indigenous peoples who reside in the territory of Salta [and] recognizes and guarantees respect for their identity."

236. The constitutional texts of various countries in the region, using different expressions (including "cultural identity" and "cultural diversity), in general, and/or with regard to indigenous or tribal peoples, protect cultural identity and/or participation in cultural life. The relevant provisions include: article 30 of the Constitution of Bolivia; articles 215 and 231 of the Constitution of Brazil; article 7 of the Constitution of Colombia; articles 21 and 23 of the Constitution of Ecuador; articles 57, 58 and 66 of the Constitution of Guatemala; article 4 of the Constitution of Mexico; articles 5 and 89 to 91 of the Constitution of Nicaragua; article 90 of the

---

[234] The Court finds it relevant to establish that the provisions indicated should be understood and applied in harmony with other international commitments made by the States, such as those that arise from Article 15 of the International Covenant on Economic, Social and Cultural Rights and Article 27 of the International Covenant on Civil and Political Rights (*infra* para. 234), or Convention 169. Therefore, it should not be understood that such norms call for State policies that encourage the assimilation of minorities or groups with their own cultural patterns into a culture that is considered majority or dominant. To the contrary, the mandates to ensure "integral development," "to incorporate" and to increase the "participation" of sectors of the population to seek their "full integration," "to stimulate culture" and "to preserve and enrich" the cultural heritage, should be understood in the context of respect for the characteristic cultural life of the different groups such as indigenous communities. Therefore, "participation," "integration" or "incorporation" into "cultural life" should be sought respecting cultural diversity and the rights of the different groups and their members.

comunidad nacional"; (c) "estimul[ar...] la cultura" y (d) "preservar y enriquecer el patrimonio cultural de los pueblos americanos"[234].

232. Además, el artículo XIII de la Declaración Americana indica, en lo pertinente, que "[t]oda persona tiene el derecho de participar en la vida cultural de la comunidad".

233. El Protocolo de San Salvador, por su parte, reconoce en su artículo 14.1.a. "el derecho de toda persona a [...] participar en la vida cultural".

234. En el ámbito universal, la Declaración Universal de los Derechos Humanos, en su artículo 27.1, dispone que: "[t]oda persona tiene derecho a tomar parte libremente en la vida cultural de la comunidad". El PIDESC en su artículo 15.1.a. señala "el derecho de toda persona a [...p]articipar en la vida cultural". Además, el Pacto Internacional de Derechos Civiles y Políticos (PIDCP) prevé en su artículo 27 que "[e]n los Estados en que existan minorías étnicas, religiosas o lingüísticas, no se negará a las personas que pertenezcan a dichas minorías el derecho que les corresponde, en común con los demás miembros de su grupo, a tener su propia vida cultural, a profesar y practicar su propia religión y a emplear su propio idioma".

235. Por otra parte, la Constitución Nacional de Argentina, como ya se indicó, asignó "jerarquía constitucional" a la Declaración Universal de Derechos Humanos, a la Declaración Americana, a la Convención Americana, al PIDESC y al PIDCP. En particular respecto a pueblos indígenas su artículo 75, como ya se señaló (*supra* párr. 54), estableció que "[c]orresponde al Congreso [...r]econocer la preexistencia étnica y cultural de los pueblos indígenas argentinos", y también que le corresponde, entre otros deberes, "[g]arantizar el respeto a su identidad". La Constitución de Salta, por su parte, en su artículo 52 "asegura a todos los habitantes el derecho a acceder a la cultura" e indica que el Estado "[p]romueve las manifestaciones culturales [...] colectivas". Además, de modo puntual sobre pueblos indígenas, el artículo 15 de la Constitución salteña, entre otras cosas, dice que "[l]a Provincia reconoce la preexistencia étnica y cultural de los pueblos indígenas que residen en el territorio de Salta[, y r]econoce y garantiza el respeto a su identidad".

236. Textos constitucionales de diversos países de la región, con denominaciones diversas (entre ellas, por ejemplo, "identidad cultural" y "diversidad cultural"), en términos generales y/o en relación con pueblos indígenas o tribales, tutelan la identidad cultural y/o la participación en la vida cultural. Entre las disposiciones relevantes pueden señalarse el artículo 30 de la Constitución de Bolivia; los artículos 215 y 231 de la Constitución de Brasil; el artículo 7 de la Constitución de Colombia; los artículos 21 y 23 de la Constitución de Ecuador; los artículos 57, 58 y 66 de la Constitución de Guatemala; el artículo 4 de la Constitución de México; los artículos 5 y 89 a 91 de la Constitución de Nicaragua; el artículo 90 de la Constitución de

---

[234] La Corte considera relevante dejar sentado que las normas indicadas deben entenderse y aplicarse de forma armónica con otros compromisos internacionales de los Estados, tales como los que surgen, por ejemplo, del artículo 15 del Pacto Internacional de Derechos Económicos, Sociales y Culturales y del artículo 27 del Pacto Internacional de Derechos Civiles y Políticos (*infra* párr. 234), o del Convenio 169. Por ello, no corresponde entender que tales normas mandan políticas estatales que propendan a la asimilación de grupos minoritarios, o con pautas culturales propias, a una cultura que se pretenda mayoritaria o dominante. Por el contrario, los mandatos de procurar un desarrollo "integral", "incorporar" y acrecentar la "participación" de sectores poblacionales para su "plena integración", estimular la cultura y "preservar y enriquecer" el patrimonio cultural, deben entenderse en el marco del respeto a la propia vida cultural de los diversos grupos, tales como comunidades indígenas. Por lo tanto, la "participación", "integración" o "incorporación" en la "vida cultural" deben procurarse sin perjuicio de la diversidad cultural, y entenderse de modo respetuoso de la misma y de los derechos de los distintos grupos y las personas que los integran.

Constitution of Panama; articles 63 and 65 of the Constitution of Paraguay; articles 2 and 89 of the Constitution of Peru, and article 121 of the Constitution of Venezuela.

237. That said, regarding the concept of "culture," it is useful to take into account the definition of the United Nations Educational, Scientific and Cultural Organization (UNESCO), that this is "the set of distinctive spiritual, material, intellectual and emotional features of society or a social group, and that it encompasses, in addition to art and literature, lifestyles, ways of living together, value systems, traditions and beliefs."[235]

238. Cultural diversity and its richness should be protected by the States because, in the words of UNESCO, it "is as necessary for humankind as biodiversity is for nature[;] it is the common heritage of humanity and should be recognized and affirmed for the benefit of present and future generations." States are obliged to protect and promote cultural diversity and "[p]olicies for the inclusion and participation of all citizens are guarantees of social cohesion, the vitality of civil society and peace." Therefore, "cultural pluralism gives policy expression to the reality of cultural diversity."[236]

239. The CESCR has indicated that:

The concept of culture must be seen not as a series of isolated manifestations or hermetic compartments, but as an interactive process whereby individuals and communities, while preserving their specificity and purposes, give expression to the culture of humanity. This concept takes account of the individuality and otherness of culture as the creation and product of society.[237]

240. The Court understands that the right to cultural identity protects the freedom of individuals, including when they are acting together or as a community, to identify with one or several societies, communities or social groups, to follow a way of life connected to the culture to which they belong and to take part in its development. Thus, this right protects the distinctive features that characterize a social group without denying the historical, dynamic and evolutive nature of culture.[238]

---

[235] Preamble to the UNESCO Universal Declaration on Cultural Diversity of November 2, 2001, which indicates that "[t]his definition is in line with the conclusions of the World Conference on Cultural Policies (MONDIACULT, Mexico City, 1982), of the World Commission on Culture and Development Our Creative Diversity, 1995), and of the Intergovernmental Conference on Cultural Policies for Development (Stockholm, 1998)."

[236] UNESCO Universal Declaration on Cultural Diversity, arts. 1 and 2. Article 4 adds that: "[t]he defence of cultural diversity is an ethical imperative, inseparable from respect for human dignity. It implies a commitment to human rights and fundamental freedoms, in particular the rights of persons belonging to minorities and those of indigenous peoples."

[237] CESCR. *General Comment 21. Right of everyone to take part in cultural life (art. 15, para. 1(a) of the Covenant)*. para. 12.

[238] In the same vein, it is possible to indicate the concepts expressed by UNESCO (*supra* paras. 237 and 238*)*, the Human Rights Committee and the CESCR. Regarding Article 27 of the ICCPR (*supra* para. 234), the Human Rights Committee has indicated that "individuals belonging to [...] minorities should not be denied the right, in community with members of their group, to enjoy their own culture" (Human Rights Committee. *General Comment 23. Rights of minorities (art. 27)*, para 5). Similarly, the CESCR, referring to Article 15(1)(a) of the ICESCR (*supra* para. 234), indicated that "culture is a broad, inclusive concept encompassing all manifestations of human existence. The expression "cultural life" is an explicit reference to culture as a living process, historical, dynamic and evolving, with a past, a present and a future." It added

Panamá; los artículos 63 y 65 de la Constitución de Paraguay; los artículos 2 y 89 de la Constitución de Perú, y el artículo 121 de la Constitución de Venezuela.

237. Ahora bien, en lo referente al concepto pertinente de "cultura", resulta útil tomar en cuenta lo señalado por la Organización de las Naciones Unidas para la Educación, la Ciencia y la Cultura (UNESCO), que la ha definido como "el conjunto de los rasgos distintivos espirituales y materiales, intelectuales y afectivos que caracterizan a una sociedad o a un grupo social y que abarca, además de las artes y las letras, los modos de vida, las maneras de vivir juntos, los sistemas de valores, las tradiciones y las creencias"[235].

238. La diversidad cultural y su riqueza deben ser protegidas por los Estados ya que, en palabras de la UNESCO, "es tan necesaria para el género humano como la diversidad biológica para los organismos vivos[;] constituye el patrimonio común de la humanidad y debe ser reconocida y consolidada en beneficio de las generaciones presentes y futuras". En este sentido, los Estados están en la obligación de proteger y promover la diversidad cultural y adoptar "políticas que favore[zcan] la inclusión y la participación de todos los ciudadanos [para que así se] garanti[ce] la cohesión social, la vitalidad de la sociedad civil y la paz". Por ello, "el pluralismo cultural constituye la respuesta política al hecho de la diversidad cultural"[236].

239. El Comité DESC ha señalado que

[e]l concepto de cultura no debe entenderse como una serie de expresiones aisladas o compartimientos estancos, sino como un proceso interactivo a través del cual los individuos y las comunidades, manteniendo sus particularidades y sus fines, dan expresión a la cultura de la humanidad. Ese concepto tiene en cuenta la individualidad y la alteridad de la cultura como creación y producto social[237].

240. La Corte entiende que el derecho a la identidad cultural tutela la libertad de las personas, inclusive actuando en forma asociada o comunitaria, a identificarse con una o varias sociedades, comunidades, o grupos sociales, a seguir una forma o estilo de vida vinculado a la cultura a la que pertenece y a participar en el desarrollo de la misma. En ese sentido, el derecho protege los rasgos distintivos que caracterizan a un grupo social, sin que ello implique negar el carácter histórico, dinámico y evolutivo de la cultura[238].

---

[235] Preámbulo de la Declaración Universal de la UNESCO sobre la diversidad cultural, de 2 de noviembre de 2001. Allí se indica que es una "[d]efinición conforme a las conclusiones de la Conferencia Mundial sobre las Políticas Culturales (MONDIACULT, México, 1982), de la Comisión Mundial de Cultura y Desarrollo (Nuestra Diversidad Creativa, 1995) y de la Conferencia Intergubernamental sobre Políticas Culturales para el Desarrollo (Estocolmo, 1998)".

[236] Declaración Universal de la UNESCO sobre la diversidad cultural, arts. 1 y 2. El artículo 4 agrega que "[l]a defensa de la diversidad cultural es un imperativo ético, inseparable del respeto de la dignidad de la persona humana. Ella supone el compromiso de respetar los derechos humanos y las libertades fundamentales, en particular los derechos de las personas que pertenecen a minorías y los de los pueblos indígenas".

[237] Comité DESC. *Observación General 21. Derecho de toda persona a participar en la vida cultural (artículo 15, párrafo 1 a), del Pacto Internacional de Derechos Económicos, Sociales y Culturales)*, párr. 12.

[238] Es posible señalar, en el mismo sentido que lo indicado, los conceptos referidos por UNESCO (*supra* párrs. 237 y 238*)*, el Comité de Derechos Humanos y el Comité DESC. El Comité de Derechos Humanos, respecto al artículo 27 del PIDCP (*supra*, párr. 234), ha expresado que "no se debe negar a las personas que pertenezcan a [...] minorías el derecho que les corresponde, en común con los demás miembros de su grupo, a tener su propia vida cultural" (Comité de Derechos Humanos. *Observación General 23. Derecho de las minorías (artículo 27)*, párr 5). En la misma línea, el Comité DESC, explicando el artículo 15.1.a. del

241. It is useful to stress that, among the "necessary conditions for the full realization of the right of everyone to take part in cultural life," the CESCR has highlighted the following:

a) *Availability*, which it conceives as the "presence of cultural goods and services," among which it includes "nature's gifts, such as [...], rivers, mountains, forests [...] flora and fauna" as well as "intangible cultural goods, such as [...] customs [and] traditions, [...] as well as values, which make up identity and contribute to the cultural diversity of individuals and communities";

b) *Accessibility*, which "consists of effective and concrete opportunities for individuals and communities to enjoy culture fully";

c) *Acceptability*, which "entails that the laws, policies, strategies, programmes and measures adopted by the State [...] for the enjoyment of cultural rights should be formulated and implemented in such a way as to be acceptable to the individuals and communities involved;

d) A*daptability*, which "refers to the flexibility and relevance of strategies, policies, programmes and measures adopted by the State [...] in any area of cultural life, which must be respectful of the cultural diversity of individuals and communities," and

e) *Appropriateness*, which "refers to the realization of a specific human right in a way that is pertinent and suitable to a given cultural modality or context, that is, respectful of the culture and cultural rights of individuals and communities, including minorities and indigenous people." In this regard, the CESCR "stress[ed ...] the need to take into account, as far as possible, cultural values attached to, inter alia, food and food consumption [and] the use of water."[239]

---

that "culture," in the pertinent sense, "encompasses [...] ways of life, language, oral and written literature, music and song, non-verbal communication, religion or belief systems, rites and ceremonies, sport and games, methods of production or technology, natural and man-made environments, food, clothing and shelter and the arts, customs and traditions through which individuals, groups of individuals and communities express their humanity and the meaning they give to their existence, and build their world view representing their encounter with the external forces affecting their lives." It also indicated that "[p]articipation covers in particular the right of everyone – alone, or in association with others or as a community – to act freely, to choose his or her own identity, to identify or not with one or several communities [... and] to engage in one's own cultural practices"; and that "[a]ccess covers in particular the right of everyone – alone, in association with others or as a community – to know and understand his or her own culture and that of others through education and information, and to receive quality education and training with due regard for cultural identity. Everyone has also the right [...] to follow a way of life associated with the use of cultural goods and resources such as land, water, biodiversity, language or specific institutions, and to benefit from the cultural heritage and the creation of other individuals and communities." It added that, among other aspects, "[c]ontribution to cultural life refers to the right of everyone [...] to take part in the development of the community to which a person belongs" (CESCR. *General Comment 21. Right of everyone to take part in cultural life (art. 15, para. 1(a) of the Covenant)*, paras. 11. 13 and 15.)

[239] CESCR. *General Comment 21. Right of everyone to take part in cultural life (art. 15, para. 1(a) of the Covenant)*, para. 16.

241. El Comité DESC, en lo que es útil resaltar, ha destacado, entre los "elementos" que requiere la realización del derecho a participar en la vida cultural, los siguientes:

a) la *disponibilidad*, que conceptuó como "la presencia de bienes y servicios culturales", entre los que destacó "dones de la naturaleza" tales como "ríos", "bosques", "flora" y "fauna", así como "bienes culturales intangibles, como[, entre otros] costumbres [y] tradiciones [...], así como valores, que configuran la identidad y contribuyen a la diversidad cultural de individuos y comunidades";
b) la *accesibilidad*, que "consiste en disponer de oportunidades efectivas y concretas de que los individuos y las comunidades disfruten plenamente de una cultura";
c) la *aceptabilidad*, que "implica que las leyes, políticas, estrategias, programas y medidas adoptadas por el Estado [...] para el disfrute de los derechos culturales deben formularse y aplicarse de tal forma que sean aceptables para las personas y las comunidades de que se trate";
d) la *adaptabilidad*, que "se refiere a la flexibilidad y la pertinencia de las políticas, los programas y las medidas adoptados por el Estado [...] en cualquier ámbito de la vida cultural, que deben respetar la diversidad cultural de las personas y las comunidades", y
e) la *idoneidad*, que "se refiere a la realización de un determinado derecho humano de manera pertinente y apta a un determinado contexto o una determinada modalidad cultural, vale decir, de manera que respete la cultura y los derechos culturales de las personas y las comunidades, con inclusión de las minorías y de los pueblos indígenas". Sobre este último elemento, el Comité DESC "recalc[ó...] la necesidad de tener en cuenta, en toda la medida de lo posible, los valores culturales asociados, entre otras cosas, con los alimentos y su consumo [y] la utilización del agua"[239].

PIDESC (*supra*, párr. 234), indicó que "la cultura es un concepto amplio e inclusivo que comprende todas las expresiones de la existencia humana. La expresión 'vida cultural' hace referencia explícita al carácter de la cultura como un proceso vital, histórico, dinámico y evolutivo, que tiene un pasado, un presente y un futuro". Agregó que la "cultura", en el sentido pertinente, abarca "las formas de vida, el lenguaje, la literatura escrita y oral, la música y las canciones, la comunicación no verbal, los sistemas de religión y de creencias, los ritos y las ceremonias, los deportes y juegos, los métodos de producción o la tecnología, el entorno natural y el producido por el ser humano, la comida, el vestido y la vivienda, así como las artes, costumbres y tradiciones, por los cuales individuos, grupos y comunidades expresan su humanidad y el sentido que dan a su existencia, y configuran una visión del mundo que representa su encuentro con las fuerzas externas que afectan a sus vidas". Además, señaló que "[l]a participación en la vida cultural comprende, en particular, el derecho de toda persona (sola, en asociación con otras o como una comunidad) a [...] identificarse o no con una o con varias comunidades, [...y] a ejercer sus propias prácticas culturales"; que "[e]l acceso a la vida cultural comprende, en particular, el derecho de toda persona (sola, en asociación con otras o como una comunidad) a conocer y comprender su propia cultura y la de otros, a través de la educación y la información, y a recibir educación y capacitación de calidad con pleno respeto a su identidad cultural. Toda persona tiene también derecho [...] a seguir un estilo de vida asociado al uso de bienes culturales y de recursos como la tierra, el agua, la biodiversidad, el lenguaje o instituciones específicas, y a beneficiarse del patrimonio cultural y de las creaciones de otros individuos y comunidades". Agregó que la "contribución a la vida cultural" es una expresión que se refiere al derecho de toda persona a, entre otros aspectos, "participar en el desarrollo de la comunidad a la que pertenece". (Comité DESC. *Observación General 21. Derecho de toda persona a participar en la vida cultural (artículo 15, párrafo 1 a), del Pacto Internacional de Derechos Económicos, Sociales y Culturales)*, párrs. 11. 13 y 15.)
[239] Comité DESC. *Observación General 21. Derecho de toda persona a participar en la vida cultural (artículo 15, párrafo 1 a), del Pacto Internacional de Derechos Económicos, Sociales y Culturales)*, párr. 16.

242. Among the State obligations relating to the right to take part in cultural life, the CESCR has indicated "the obligation to fulfill" that "requires States […] to take appropriate legislative, administrative, judicial, budgetary, promotional and other measures aimed at the full realization of the right," and "the obligation to protect" that "requires States […] to take steps to prevent third parties from interfering in the right to take part in cultural life." The CESCR explained that the States have "minimum core obligations," which include "[t]o protect the right of everyone to engage in their own cultural practices." It also indicated the right is violated "through the omission or failure of a State party to take the necessary measures to comply with its [respective] legal obligations."[240]

B.1.2. Interdependence between the rights to a healthy environment, adequate food, water and cultural identity and specificity in relation to indigenous peoples

243. The rights referred to above are closely related, so that some aspects related to the observance of one of them may overlap with the realization of others.

244. Referring to diverse statements made by international bodies,[241] the Court has underlined the "close" relationship or "interdependence" between the environment and human rights. This is because the latter may be adversely affected by environmental degradation and, in turn, because – as United Nations agencies have indicated – "effective environmental protection often depends on the exercise of human rights."[242]

245. In this context, there are threats to the environment that may have an impact on food. The right to food, and also the right to take part in cultural life and the right to water, are "particularly vulnerable" to "environmental impact" (*supra* para. 228). The CESCR has indicated that the "policies" that should be "adopted" owing to the right to food include "environmental" policies."[243] Likewise, it has indicated that "in economic development and environmental policies and programs" the States should

---

[240] CESCR. *General Comment 21. Right of everyone to take part in cultural life (art. 15, para. 1(a) of the Covenant)*, paras. 48, 55 and 63.

[241] Among these, the Court has cited documents issued by the Inter-American Commission on Human Rights, the OAS General Assembly, the European Court of Human Rights, the African Commission on Huma and Peoples' Rights and the United Nations Independent Expert (now Special Rapporteur) on the issue of human rights obligations relating to the enjoyment of a safe, clean, healthy and sustainable environment (*Cf. The Environment and Human Rights (State obligations in relation to the environment in the context of the protection and guarantee of the rights to life and to personal integrity – interpretation and scope of Articles 4(1) and 5(1) of the American Convention on Human Rights)*. Advisory Opinion OC-23/17, paras. 49 to 51).

[242] *The Environment and Human Rights (State obligations in relation to the environment in the context of the protection and guarantee of the rights to life and to personal integrity – interpretation and scope of Articles 4(1) and 5(1) of the American Convention on Human Rights)*. Advisory Opinion OC-23/17, paras. 54 and 51. This citation corresponds to the Independent Expert referred to in the preceding footnote in the following document: Human Rights Council, *Preliminary report of the Independent Expert* on the issue of human rights obligations relating to the enjoyment of a safe, clean, healthy and sustainable environment, John H. Knox, December 24, 2012, UN Doc. A/HRC/22/43, para. 10.

[243] CESCR. *General Comment. 12. The right to adequate food (Art. 11)*, para. 4.

242. El Comité DESC, entre las obligaciones estatales referidas al derecho a participar en la vida cultural, señaló la de "cumplir", que "requiere [la] adop[ción de] las medidas adecuadas legislativas, administrativas, judiciales, presupuestarias, de promoción y de otra índole, destinadas a la plena realización del derecho", y la de "proteger", que "exige que los Estados [...] adopten medidas para impedir que otros actores interfieran con el derecho a participar en la vida cultural". El Comité DESC explicó que los Estados tienen "obligaciones básicas", entre las que mencionó "proteger el derecho de toda persona a ejercer sus propias prácticas culturales". Señaló, asimismo, que el derecho se viola cuando un Estado "no toma las medidas necesarias para cumplir las obligaciones [respectivas]"[240].

B.1.2. Interdependencia entre los derechos a un ambiente sano, a la alimentación adecuada, al agua y a la identidad cultural y especificidades en relación con pueblos indígenas

243. Los derechos antes referidos presentan una estrecha vinculación, de modo que algunos aspectos que hacen a la observancia de uno de ellos pueden estar imbricados con la satisfacción de los otros.

244. Esta Corte haciendo referencia a diversos pronunciamientos emitidos en el ámbito de organismos internacionales[241], ha destacado la "estrecha" relación o "interdependencia" entre el ambiente y los derechos humanos. Lo dicho, por cuanto éstos pueden ser afectados por la degradación ambiental y, a su vez, dado que, como se ha indicado en el ámbito de la Organización de las Naciones Unidas, "la protección eficaz del [...] ambiente depende con frecuencia del ejercicio de derechos humanos"[242].

245. En este marco, hay amenazas ambientales que pueden incidir en la alimentación; el derecho respectivo, como también el derecho a participar en la vida cultural y el derecho al agua, resultan "particularmente vulnerables" a "afectaciones ambientales" (*supra* párr. 228). En ese sentido, el Comité DESC ha indicado que entre las "políticas" cuya "adopción" el derecho a la alimentación "requiere" se encuentran las "ambientales"[243]. Del mismo modo, ha señalado que "en las políticas y los

---

[240] Comité DESC. *Observación General 21. Derecho de toda persona a participar en la vida cultural (artículo 15, párrafo 1 a), del Pacto Internacional de Derechos Económicos, Sociales y Culturales)*, párrs. 48, 55 y 63.

[241] Entre ellos, la Corte citó documentos emitidos por la Comisión Interamericana de Derechos Humanos, la Asamblea General de la OEA, el Tribunal Europeo de Derechos Humanos, la Comisión Africana de Derechos Humanos y el Experto independiente (hoy Relator Especial) sobre la cuestión de las obligaciones de derechos humanos relacionadas con el disfrute de un ambiente sin riesgos, limpio, saludable y sostenible de Naciones Unidas (*cfr. Medio ambiente y derechos humanos (obligaciones estatales en relación con el medio ambiente en el marco de la protección y garantía de los derechos a la vida y a la integridad personal – interpretación y alcance de los artículos 4.1 y 5.1, en relación con los artículos 1.1 y 2 de la Convención Americana sobre Derechos Humanos)*. Opinión Consultiva OC-23/17, párrs. 49 a 51).

[242] *Medio ambiente y derechos humanos (obligaciones estatales en relación con el medio ambiente en el marco de la protección y garantía de los derechos a la vida y a la integridad personal – interpretación y alcance de los artículos 4.1 y 5.1, en relación con los artículos 1.1 y 2 de la Convención Americana sobre Derechos Humanos)*. Opinión Consultiva OC-23/17, párrs. 54 y 51. La cita señalada corresponde a lo dicho por el Experto Independiente referido en la nota a pie de página anterior, en el siguiente documento: *Consejo de Derechos Humanos, Informe preliminar del Experto independiente sobre la cuestión de las obligaciones de derechos humanos relacionadas con el disfrute de un medio ambiente sin riesgos, limpio, saludable y sostenible*, John H. Knox, 24 de diciembre de 2012, Doc. ONU A/HRC/22/43, párr. 10.

[243] Comité DESC. *Observación General. 12. El derecho a una alimentación adecuada (artículo 11)*, párr. 4.

"[r]espect and protect the cultural heritage of all the groups and communities, in particular the most disadvantaged and marginalized individuals and groups."[244]

246. The CESCR has also pointed out that:

the right to adequate food is [...] indispensable for the fulfilment of other human rights [... and] also inseparable from social justice, requiring the adoption of appropriate economic, environmental and social policies, at both the national and international levels, oriented to the eradication of poverty and the fulfilment of all human rights for all.[245]

It added that the "the precise meaning of 'adequacy' is to a large extent determined by prevailing social, economic, cultural, climatic, ecological and other conditions."[246] The WGPSS has indicated, similarly, that it is "necessary to consider" the "cultural dimension" of the right to adequate food and that "because food is a cultural manifestation of peoples, it is necessary to adopt an integral approach and with a direct interdependence between civil and political rights and economic, social and cultural rights."[247]

247. Regarding the indigenous peoples in particular, it should be pointed out that Articles 4(1), 7(1), 15(1) and 23 of Convention 169 establish, respectively: the State obligation that "special measures shall be adopted as appropriate for safeguarding the [...] cultures and environment of [indigenous and tribal] peoples"; the right of such peoples "to decide their own priorities for the process of development as it affects their lives, [...] and the lands they occupy or otherwise use"; "the rights of [these] peoples to the natural resources pertaining to their lands," which "include the right of these peoples to participate in the use, management and conservation of these resources," and that "subsistence economy and traditional activities of the peoples concerned, such as hunting, fishing, trapping and gathering, shall be recognizes as important factors in the maintenance of their cultures and in their economic self-reliance and development."

248. Likewise, articles 20(1), 29(1) and 32(1) of the United Nations Declaration on the Rights of Indigenous Peoples indicate the rights of the indigenous peoples "to be secure in the enjoyment of their own means of subsistence and development"; "to the conservation and protection of the environment and the productive capacity of their lands or territories and resources" and "to determine and develop priorities and strategies for the development or use of their lands or territories and other resources."

---

[244] CESCR. *General Comment 21. Right of everyone to take part in cultural life (art. 15, para. 1(a), of the Covenant)*, para. 50.
[245] CESCR. *General Comment No. 12. The right to adequate food (Art. 11)*, para. 4.
[246] CESCR. *General Comment No. 12. The right to adequate food (Art. 11)*, para. 7.
[247] WGPSS. *Progress Indicators for Measuring Rights under the Protocol of San Salvador. Second group of rights*, para. 21. In its *amicus curiae* brief, ACIJ stated that "[t]he right to food can be realized when there is a social process in which everyone, women and men equally, have options available to decide how to relate to nature, transform resources into food, especially local produce, based on agroecological principles, that constitute a diversified diet that is adequate, safe and nutritive. This idea is necessary so that everyone achieves nutritional well-being, and support for cultural identity and is able to lead a healthy, active and social life. It also applies, particularly, to vulnerable groups, such as the indigenous peoples." It noted that the FAO considered that "the right to food of the indigenous peoples is inseparable from their right to land, territories and resources, culture and self-determination."

programas medioambientales y de desarrollo económico", los Estados deben "[r]espetar y proteger" el "patrimonio cultural de todos los grupos y comunidades, en particular de las personas y los grupos desfavorecidos y marginados"[244].

246. El Comité DESC ha señalado también que:

> el derecho a una alimentación adecuada [...] es indispensable para el disfrute de otros derechos humanos [e] inseparable de la justicia social, pues requiere la adopción de políticas económicas, ambientales y sociales adecuadas, en los planos nacional e internacional, orientadas a la erradicación de la pobreza y al disfrute de todos los derechos humanos por todos[245].

Añadió que "el significado preciso de 'adecuación' viene determinado en buena medida por las condiciones sociales, económicas, culturales, climáticas, ecológicas y de otro tipo imperantes en el momento"[246]. El Grupo sobre el PSS ha indicado, en el mismo sentido, que es "necesario" considerar la "dimensi[ón...] cultural" del derecho a la alimentación adecuada y que "en tanto la alimentación es una expresión cultural de los pueblos es necesario su tratamiento integral y en directa interdependencia entre derechos civiles, políticos y económicos, sociales y culturales"[247].

247. Respecto a los pueblos indígenas en particular, debe señalarse que el Convenio 169, en sus artículos 4.1, 7.1, 15.1 y 23, establece, respectivamente, la obligación estatal de "adoptar [...] las medidas especiales que se precisen para salvaguardar [...] las culturas y el medio ambiente de los pueblos [indígenas o tribales]"; el derecho de tales pueblos a "decidir sus propias prioridades en lo que atañe al proceso de desarrollo, en la medida en que éste afecte a sus vidas [...] y a las tierras que ocupan o utilizan de alguna manera"; "los derechos de los pueblos [referidos] a los recursos naturales existentes en sus tierras", que "comprenden el derecho de esos pueblos a participar en la utilización, administración y conservación de dichos recursos", y que "las actividades tradicionales y relacionadas con la economía de subsistencia de los pueblos interesados, como la caza, la pesca, la caza con trampas y la recolección, deberán reconocerse como factores importantes del mantenimiento de su cultura y de su autosuficiencia y desarrollo económicos".

248. En el mismo sentido, la Declaración de las Naciones Unidas sobre los Derechos de los Pueblos Indígenas indica en sus artículos 20.1, 29.1 y 32.1, respectivamente, los derechos de los pueblos indígenas "a disfrutar de forma segura de sus propios medios de subsistencia y desarrollo"; "a la conservación y protección del

---

[244] Comité DESC. *Observación General 21. Derecho de toda persona a participar en la vida cultural (artículo 15, párrafo 1 a), del Pacto Internacional de Derechos Económicos, Sociales y Culturales)*, párr. 50.
[245] Comité DESC. *Observación General 12. El derecho a una alimentación adecuada (artículo 11)*, párr. 4.
[246] Comité DESC. *Observación General 12. El derecho a una alimentación adecuada (artículo 11)*, párr. 7.
[247] Grupo sobre el PSS. *Indicadores de progreso para la medición de derechos contemplados en el Protocolo de San Salvador. Segundo agrupamiento de Derechos*, párr. 21. ACIJ, en su escrito de *amicus curiae*, expresó que "[e]l derecho a la alimentación puede realizarse cuando existe un proceso social en el que las personas, mujeres y hombres por igual, tienen opciones a su disposición para decidir cómo relacionarse con la naturaleza, transformar recursos en alimentos, en especial de producción local, de acuerdo con principios agroecológicos y que constituyan una dieta diversificada que sea adecuada, segura y nutritiva. Esta idea es necesaria para que todas las personas logren el bienestar alimenticio, sustenten la identidad cultural y sean capaces de llevar una vida saludable, activa y social. También se aplica particularmente a los grupos vulnerables, como los pueblos indígenas". Notó que la FAO considera que "el derecho a la alimentación de los pueblos indígenas es inseparable de su derecho a la tierra, los territorios y los recursos, la cultura y la autodeterminación".

Meanwhile, article XIX of the American Declaration on the Rights of Indigenous Peoples refers to the "the right to protection of a heath environment," which includes the right of the "indigenous peoples" "to live in harmony with nature and to a healthy, safe, and sustainable environment"; "to conserve, restore, and protect the environment and to manage their lands, territories and resources in a sustainable way," and "to the conservation and protection of the environment and the productive capacity of their lands or territories and resources."[248]

249. In this regard, it is pertinent to bear in mind that the CESCR has indicated that:

> The strong communal dimension of indigenous peoples' cultural life is indispensable to their existence, well-being and full development, and includes the right to the lands, territories and resources which they have traditionally owned, occupied or otherwise used or acquired. Indigenous peoples' cultural values and rights associated with their ancestral lands and their relationship with nature should be regarded with respect and protected, in order to prevent the degradation of their particular way of life, including their means of subsistence, the loss of their natural resources and, ultimately, their cultural identity. States parties must therefore take measures to recognize and protect the rights of indigenous peoples to own, develop, control and use their communal lands, territories and resources, and, where they have been otherwise inhabited or used without their free and informed consent, take steps to return these lands and territories.[249]

250. It is also important to emphasize that the management by the indigenous communities of the resources that exist in their territories should be understood in pragmatic terms, favorable to environmental preservation. The Court has considered that:

> In general, indigenous peoples play a significant role in the conservation of nature because certain traditional customs result in sustainable practices and are considered essential for effective conservation strategies. Hence, respect for the rights of indigenous peoples may have a positive effects on environmental conservation. Consequently, the rights of such communities and the international environmental standards should be understood as complementary and non-

---

[248] Additionally, the Court notes that other international instruments have referred to the relationship between the indigenous peoples and the environment. In this regard, the Convention on Biological Diversity (adopted by Argentina by Law 24,375, promulgated on October 3, 1994) can be mentioned; under its article 8(j), States shall "respect, preserve and maintain knowledge, innovations and practices of indigenous and local communities embodying traditional lifestyles relevant for the conservation and sustainable use of biological diversity." Also, Agenda 21, signed at the 1992 United Nations Conference on Environment and Development; its Chapter 26 underlines the role of the indigenous peoples in the definition of sustainable development.
[249] CESCR. *General Comment 21. Right of everyone to take part in cultural life (art. 15, para. 1(a) of the Covenant)*, para. 36.

medio ambiente y de la capacidad productiva de sus tierras o territorios y recursos", y "a determinar y elaborar las prioridades y estrategias para el desarrollo o la utilización de sus tierras o territorios y otros recursos". La Declaración Americana sobre Derechos de los Pueblos Indígenas, por su parte, en su artículo XIX recepta el "derecho a la protección del medio ambiente sano", que incluye el derecho de los "pueblos indígenas" a "vivir en armonía con la naturaleza y a un ambiente sano, seguro y sustentable"; a "conservar, restaurar y proteger el medio ambiente y al manejo sustentable de sus tierras, territorios y recursos", y "a la conservación y protección del medio ambiente y de la capacidad productiva de sus tierras o territorios y recursos"[248]

249. Sobre el particular, es pertinente tener en consideración que el Comité DESC expresó que:

> La fuerte dimensión colectiva de la vida cultural de los pueblos indígenas es indispensable para su existencia, bienestar y desarrollo integral, y comprende el derecho a las tierras, territorios y recursos que tradicionalmente han poseído, ocupado o de otra forma utilizado o adquirido. Hay que respetar y proteger los valores culturales y los derechos de los pueblos indígenas asociados a sus tierras ancestrales y a su relación con la naturaleza, a fin de evitar la degradación de su peculiar estilo de vida, incluidos los medios de subsistencia, la pérdida de recursos naturales y, en última instancia, su identidad cultural. Por lo tanto, los Estados partes deben tomar medidas para reconocer y proteger los derechos de los pueblos indígenas a poseer, explotar, controlar y utilizar sus tierras, territorios y recursos comunales y, en los casos en que se hubieren ocupado o utilizado de otro modo esas tierras o territorios sin su consentimiento libre e informado, adoptar medidas para que les sean devueltos[249].

250. Por otra parte, es importante destacar que el manejo por parte de las comunidades indígenas de los recursos existentes en sus territorios debe entenderse, al menos en términos apriorísticos, favorable a la preservación del ambiente. Esta Corte ha considerado que:

> los pueblos indígenas, por lo general, pueden desempeñar un rol relevante en la conservación de la naturaleza, dado que ciertos usos tradicionales conllevan prácticas de sustentabilidad y se consideran fundamentales para la eficacia de las estrategias de conservación. Por ello, el respeto de los derechos de los pueblos indígenas, puede redundar positivamente en la conservación del medioambiente. Por lo expuesto, el derecho de estas comunidades y las normas internacionales de

---

[248] De forma adicional, la Corte nota que otros instrumentos internacionales se han referido al vínculo entre el ambiente y pueblos indígenas. Así, es posible mencionar el Convenio sobre Diversidad Biológica (aprobado por Argentina por la ley 24.375, promulgada el 3 de octubre de 1994), que impone en su artículo 8.j. respetar, preservar y mantener conocimientos, innovaciones y prácticas de comunidades indígenas que sean pertinentes para la conservación y utilización sostenible de la diversidad biológica. También puede mencionarse la Agenda 21, firmada en la Conferencia de Naciones Unidas sobre el Medio Ambiente y el Desarrollo en 1992, cuyo capítulo 26 destaca el papel de los pueblos indígenas en la definición del desarrollo sostenible.
[249] Comité DESC. *Observación General 21. Derecho de toda persona a participar en la vida cultural (artículo 15, párrafo 1 a), del Pacto Internacional de Derechos Económicos, Sociales y Culturales*, párr. 36.

exclusive rights.[250]

Principle 22 of the Rio Declaration is very clear in this regard when it indicates that "indigenous people and their communities [...] have a vital role in environmental management and development because of their knowledge and traditional practices. States should recognize and duly support their identity, culture and interests and enable their effective participation in the achievement of sustainable development."[251]

251. Additionally, it is necessary to take into account the indications of the Human Rights Committee that the right of the people to enjoy a particular culture "may consist in a way of life closely associated with territory and the use of its resources" as in the case of members of indigenous communities.[252] The right to cultural identity may be expressed in different ways; in the case of indigenous peoples this includes "a particular way of life associated with the use of land resources [...]. That right may include such traditional activities a fishing or hunting and the right to live in reserves protected by law."[253] In this regard, the Court has had occasion to note that the right to collective ownership of indigenous people is connected to the protection of and access to the natural resources that are on their territories (*supra* para. 94). Likewise, the WGPSS has noted that "the physical, spiritual, and cultural well-being of indigenous communities is closely tied to the quality of the environment where they live."[254]

252. The Court has also had occasion to examine circumstances which reveal that "the relationship of the members of a community with their territories" is "essential and an integral part of their cultural and nutritional survival."[255] In this understanding, the United Nations Special Rapporteur on the right to food has referred to vital issues relating to the enjoyment of that right that frequently concern indigenous peoples. He stated that:

> The realization of indigenous peoples' right to food often depends crucially on their access to and control over the natural resources in the land and territories they occupy or use. Only then can they maintain traditional economic and subsistence

---

[250] *Case of the Kaliña and Lokono Peoples v. Suriname*, para. 173.
[251] On this point, Article 10(c) of the Convention on Biological Diversity indicates that States shall "[p]rotect and encourage customary use of biological resources in accordance with traditional cultural practices that are compatible with conservation or sustainable use requirements." Similarly, FARN, in its *amicus curiae* brief stressed "[t]he role played by indigenous peoples in comprehensive strategies for mitigation and adaptation to climate change is their world view, their way of life, which contributes to the system of sustainable subsistence and to the conservation of biodiversity, resulting in a necessary tool to curb the catastrophic effects of climate change." FARN underscored the "active role of indigenous women, whose special traditional ecological knowledge should be considered one of the most appropriate solutions to climate change."
[252] Human Rights Committee. *General Comment 23. Rights of minorities (Art. 27)*, para. 3.
[253] Human Rights Committee. *General Comment 23. Rights of minorities (Art. 27)*, para. 7.
[254] WGPSS. *Progress Indicators for Measuring Rights under the Protocol of San Salvador – Second group of rights*, para. 36.
[255] *Case of the Xákmok Kásek Indigenous Community v. Paraguay*, para. 282.

medio ambiente deben comprenderse como derechos complementarios y no excluyentes[250].

Es claro, en ese sentido, el Principio 22 de la Declaración de Río, que señala que "las poblaciones indígenas y sus comunidades, […] desempeñan un papel fundamental en la ordenación del medio ambiente y en el desarrollo debido a sus conocimientos y prácticas tradicionales. Los Estados deberían reconocer y apoyar debidamente su identidad, cultura e intereses y hacer posible su participación efectiva en el logro del desarrollo sostenible"[251].

251. Adicionalmente, corresponde tener en cuenta lo que ha explicado el Comité de Derechos Humanos, en cuanto a que el derecho de las personas a disfrutar de su propia cultura, "puede […] guardar relación con modos de vida estrechamente asociados al territorio y al uso de sus recursos", como es el caso de los miembros de comunidades indígenas[252]. El derecho a la identidad cultural, puede manifestarse, entonces, de diversas formas; en el caso de los pueblos indígenas se observa, sin perjuicio de otros aspectos, en "un modo particular de vida relacionado con el uso de recursos terrestres […]. Ese derecho puede incluir actividades tradicionales tales como la pesca o la caza y el derecho a vivir en reservas protegidas por la ley"[253]. En la misma línea, la Corte ya ha tenido oportunidad de advertir que el derecho a la propiedad colectiva de los pueblos indígenas está vinculado con la protección y acceso a los recursos naturales que se encuentran en sus territorios (*supra* párr. 94). De modo concordante, el Grupo sobre el PSS ha notado que "el bienestar físico, espiritual y cultural de las comunidades indígenas está íntimamente ligado con la calidad del medio ambiente en que desarrollan sus vidas"[254].

252. La Corte, a su vez, ha tenido oportunidad de apreciar circunstancias que mostraron que "el vínculo de los miembros de una comunidad con sus territorios" resulta "fundamental e inescindible para su supervivencia alimentaria y cultural"[255]. En ese entendimiento, el Relator Especial de las Naciones Unidas sobre el derecho a la alimentación se ha referido a aspectos problemáticos respecto al goce de ese derecho que suelen ser atinentes a pueblos indígenas. Ha afirmado que:

> [e]l ejercicio del derecho de los pueblos indígenas a la alimentación suele depender fundamentalmente de sus posibilidades de acceder a los recursos naturales existentes en la tierra o los territorios que ocupan o usan, y del control que ejercen sobre esos recursos. Sólo así pueden mantener sus actividades

---

[250] *Caso Pueblos Kaliña y Lokono Vs. Surinam*, párr. 173.
[251] En esta línea, el artículo 10. c) del Convenio sobre la Diversidad Biológica señala que se "[p]rotegerá y alentará la utilización consuetudinaria de los recursos biológicos, de conformidad con las prácticas culturales tradicionales que sean compatibles con las exigencias de la conservación o de la utilización sostenible". En el mismo sentido, FARN, en su escrito de *amicus curiae* destacó "[e]l rol que cumplen los [p]ueblos [i]ndígenas en las estrategias integrales de mitigación y adaptación al cambio climático es su cosmovisión, su forma de vida, la cual contribuye al sistema de subsistencia sostenible y a la conservación de la biodiversidad, conformando una herramienta necesaria para refrenar los efectos catastróficos del cambio climático". Resaltó al respecto el "rol activo de las mujeres indígenas, cuyo conocimiento ecológico tradicional y especializado debe ser considerado una de las soluciones más adecuadas al cambio climático".
[252] Comité de Derechos Humanos. *Observación General 23. Derecho de las minorías (artículo 27)*, párr. 3.
[253] Comité de Derechos Humanos. *Observación General 23. Derecho de las minorías (artículo 27)*, párr. 7.
[254] Grupo sobre el PSS. *Indicadores de progreso para la medición de derechos contemplados en el Protocolo de San Salvador. Segundo agrupamiento de Derechos*, párr. 36.
[255] *Caso Comunidad Indígena Xákmok Kásek Vs. Paraguay*, párr 282.

activities such as hunting, gathering or fishing that enable them to feed themselves and preserve their culture and distinct identity.[256]

253. Similarly, the Special Rapporteur on the situation of human rights and fundamental freedoms of indigenous people has stated that "land, territory and resources together constitute an essential human rights issue for the survival of indigenous peoples,"[257] and the Organization for Food and Agriculture of the United Nations (FAO) has indicated that "States should take measures to promote and protect the security of land tenure, [...] promot[ing] conservation and sustainable use of land," and "[s]pecial consideration should be given to the situation of indigenous communities."[258] While, the CESCR has underlined that "many indigenous population groups whose access to their ancestral lands may be threatened"[259] are particularly vulnerable to their enjoyment of their right to food being violated.

254. The right to food should not be understood in a restrictive sense. What is being protected by the right is not mere physical subsistence and, particularly in the case of indigenous peoples, it has a significant cultural dimension. The Special Rapporteur on the right to food has explained that:

> Understanding what the right to food means to indigenous peoples is however far more complex than merely examining statistics on hunger, malnutrition or poverty. Many indigenous peoples have their own particular conceptions of food, hunger, and subsistence. In general, it is difficult to conceptually separate indigenous peoples' relationships with food from their relationships to land, resources, culture, values and social organization. Food, procurement and consumption of food are often an important part of culture, as well as of social, economic and political organization. Many indigenous peoples understand the right to adequate food as a collective right. They often see subsistence activities such as hunting, fishing and gathering as essential not only to their right to food, but to nurturing their cultures, languages, social life and identity. Their right to food often depends closely on their access to and control over their lands and other natural resources in their territories.[260]

---

[256] United Nations Special Rapporteur on the right to food. *The right to food.* September 12, 2005. Doc. A/60/350, para. 23.

[257] *Human rights and indigenous issues. Report of the Special Rapporteur on the situation of human rights and fundamental freedoms of indigenous people, Mr. Rodolfo Stavenhagen, submitted pursuant to Commission resolution 2001/57.* February 4, 2002. Doc. E/CN.4/2002/97, para. 57.

[258] FAO. *Voluntary Guidelines to support the progressive realization of the right to adequate food in the context of national food security* adopted by the FAO Council at its 127th session, November 2004. Guideline 8B. Land.

[259] CESCR. *General Comment No. 12. The right to adequate food (Art. 11)*, para. 13.

[260] United Nations Special Rapporteur on the right to food. *The right to food*, para. 21. Also, in paragraph 19 of this document, the Special Rapporteur indicated that "due to long historical processes of colonization, exploitation and political and economic exclusion, indigenous peoples are among the most vulnerable to poverty, hunger and malnutrition. The right to food is directly linked to the situation of extreme poverty under which many indigenous peoples live." While, in the preceding paragraph, he stated that "inappropriate development efforts often intensify the marginalization, poverty and food insecurity of indigenous peoples, failing to recognize indigenous ways of securing their own subsistence and ignoring their right to define their own path toward development." Similarly, in his *amicus curiae* submission, Mr. De Schutter, former United Nations Special Rapporteur on the right to food, explained that "culture takes many forms, including

económicas y de subsistencia tradicionales, como la caza, la recolección o la pesca, que les permite alimentarse y preservar su cultura e identidad[256].

253. En forma concordante, el Relator Especial sobre la situación de los derechos humanos y las libertades fundamentales de los pueblos indígenas, ha aseverado que "el conjunto formado por la tierra, el territorio y los recursos constituye una cuestión de derechos humanos esencial para la supervivencia de los pueblos indígenas"[257], y en el ámbito de la Organización de las Naciones Unidas para la Alimentación y la Agricultura (FAO) se ha indicado que "[l]os Estados deberían [...] promover y proteger la seguridad de la tenencia de la tierra[,...] promov[iendo su] conservación y [...]utilización sostenible", debiendo "prestarse particular atención a la situación de las comunidades indígenas"[258]. El Comité DESC ha destacado, al respecto, que "son especialmente vulnerables" a ver menoscabado el goce de su derecho a la alimentación "muchos grupos de pueblos indígenas cuyo acceso a las tierras ancestrales puede verse amenazado"[259].

254. Por otra parte, el derecho a la alimentación no debe entenderse de forma restrictiva. El bien protegido por el derecho no es la mera subsistencia física y, en particular respecto de pueblos indígenas, tiene una dimensión cultural relevante. El Relator Especial sobre el derecho a la alimentación ha explicado que:

> comprender lo que significa el derecho a la alimentación para los pueblos indígenas es mucho más complejo que lo que dimana de un simple análisis de las estadísticas sobre hambre, malnutrición o pobreza. Muchos pueblos indígenas tienen sus propias concepciones particulares de lo que es la alimentación, el hambre y la subsistencia. En general, es difícil separar conceptualmente la relación de los pueblos indígenas con los alimentos, de sus relaciones con la tierra, los recursos, la cultura, los valores y la organización social. Los alimentos, la obtención y el consumo de alimentos suelen ser una parte importante de la cultura, así como de la organización social, económica y política. Muchos pueblos indígenas entienden el derecho a una alimentación adecuada como un derecho colectivo. Normalmente consideran que las actividades de subsistencia como la caza, la pesca y la recolección son fundamentales no sólo para garantizar su derecho a la alimentación, sino también para nutrir sus culturas, idiomas, vida social e identidad. Con frecuencia, su derecho a la alimentación depende estrechamente del acceso y el control que tengan respecto de sus tierras y otros recursos naturales existentes en sus territorios[260].

---

[256] Relator especial de las Naciones Unidas sobre el derecho a la alimentación. *El derecho a la alimentación*. 12 de septiembre de 2005. Doc. A/60/350, párr. 23.
[257] *Derechos humanos y cuestiones indígenas Informe del Relator Especial sobre la situación de los derechos humanos y las libertades fundamentales de los indígenas, Sr. Rodolfo Stavenhagen, presentado de conformidad con la resolución 2001/57 de la Comisión*. 4 de febrero de 2002. Doc. E/CN.4/2002/97, párr. 57.
[258] FAO. *Directrices voluntarias en apoyo de la realización progresiva del derecho a una alimentación adecuada en el contexto de la seguridad alimentaria nacional*. Aprobadas por el Consejo de la FAO en su 127° período de sesiones, noviembre de 2004. Directriz 8B. Tierra.
[259] Comité DESC. *Observación General 12. El derecho a una alimentación adecuada (artículo 11)*, párr. 13.
[260] Relator especial de las Naciones Unidas sobre el derecho a la alimentación. *El derecho a la alimentación*, párr. 21. Además, en el párrafo 19 del documento indicado, el Relator manifestó que "debido a los prolongados procesos históricos de colonización, explotación y exclusión política y económica, los

B.2. Relevant facts of the case and analysis of State responsibility

B.2.1. Facts

255. Regarding the relevant facts of the case, it should be emphasized that there is no dispute concerning the fact that cattle-raising activities are being carried out on Lots 14 and 55 by the *criollo* population, who have installed fencing and also carried out illegal logging activities. In this regard, it is interesting to underscore that Argentina has stated that "fences of […] *criollo* families exist," indicating that "they were erected prior to the Merits Report." Also, the State had proposed actions to move the livestock in the 2017 "Comprehensive Work Plan." Added to this, the State took several measures to prevent illegal logging, when it became aware that "exploitation of the forest" was being carried out without "legal authorization" (*infra* paras. 269 to 271).

256. Consequently, it is a fact that the indigenous communities do not possess their territory, free of interference. This is not limited merely to the presence of non-indigenous settlers, but also to the said activities. The Court will now describe these activities and their impact.

B.2.1.1. Livestock, illegal logging and fencing

257. *Livestock.* According to the documentary evidence provided by the representatives, a serious environmental problem for the Wichí people has been the "introduction of livestock, overgrazing, and contamination of sources of water with animal feces."[261] Documentation issued by Salta explains that, before 1860, the indigenous communities "based their economy on hunting-fishing-gathering and some primitive agricultural practices, without having stable population settlements, [and that] they had only incorporated sheep and horses, which they reared in relatively small numbers." The same document indicates that, after the 1860s, the *criollo* population settled in the department of Rivadavia introduced cattle, and that, since the beginning of the twentieth century, this has "led to the deteriorated of bushes and herbaceous forage crops and to the expansion of invasive woody species."[262]

---

a particular form of collective life with the use of the resources of the land, especially in the case of indigenous peoples," and that, in this regard, "the right to food cannot be isolated from the control and sovereignty over their territories." The *amicus curiae* brief presented by DPLF and other entities also indicates that preventing an indigenous community from procuring the food it requires for its survival in keeping with its own culture is also violating the right to adequate food, owing to the absence of acceptable food.

[261] *Cf.* "*Etnobotánica wichí del bosque xerófito en el Chaco semiárido Salteño.*" by Suárez, María Eugenia. 1st ed. Don Torcuato: Autores de Argentina, 2014 (evidence file, annex M.1 to the pleadings and motions brief, f. 34,618 to 35,141).

[262] *Cf.* Report of the Honorary Advisory Committee, p. 182 (evidence file, annex M.3 to the pleadings and motions brief, fs. 35,152 to 35,377).

B.2. Hechos relevantes del caso y análisis de la responsabilidad estatal

B.2.1. Hechos

255. Respecto a los hechos del caso relevantes debe resaltarse que no está controvertido que en los lotes 14 y 55 se desarrolle actividad ganadera por parte de población criolla, que se hayan instalado alambrados y que se hayan producido hechos de tala ilegal. En ese sentido, interesa destacar que Argentina ha expresado que hay "cercas de […] familias criollas", indicando que "fueron construidas con anterioridad al [I]nforme de [F]ondo". Además, en el "Plan Integral de Trabajo" que elaboró en 2017 propuso acciones para el traslado del ganado. Aunado a ello, el Estado adoptó diversas disposiciones para prevenir la tala ilegal, dando cuenta de que se encontraron "aprovechamientos forestales" sin "autorización legal" (*infra* párrs. 269 a 271).

256. Es un hecho, entonces, que las comunidades indígenas no tienen una posesión de su territorio libre de interferencia. La misma no se limita a la mera presencia de pobladores no indígenas, sino también a las actividades indicadas. Seguidamente se da cuenta de las mismas y su impacto.

B.2.1.1. Ganado, tala ilegal y alambrados

257. *Ganado*. De conformidad con la prueba documental allegada por los representantes, una problemática ambiental de gravedad para el pueblo wichí ha sido la "introducción de ganado, sobrepastoreo y contaminación de los cuerpos de agua con heces de animales"[261]. Documentación emitida por Salta, explica que antes de 1860 las comunidades indígenas "basaban su economía en la caza-pesca-recolección y alguna agricultura incipiente, sin tener asentamientos poblacionales estables[, y que] solamente habían incorporado la oveja y el caballo, que criaron en número reducido". El mismo texto expresa que, a partir de la década de 1860, la población criolla asentada en el Departamento Rivadavia introdujo la ganadería mayor, y que desde inicios del siglo XX, esto "condujo al deterioro de los recursos forrajeros herbáceos y arbustivos y a la expansión de especies leñosas invasoras"[262].

---

pueblos indígenas están entre los grupos más vulnerables a la pobreza, el hambre y la malnutrición. El derecho a la alimentación está directamente vinculado a la situación de extrema pobreza en la que viven muchos pueblos indígenas". En el párrafo anterior agregó que "[L]las actividades de desarrollo inadecuadas a menudo intensifican la marginación, la pobreza y la inseguridad alimentaria de los pueblos indígenas; no reconocen los métodos que usan los indígenas para asegurar su propia subsistencia, y hacen caso omiso del derecho de éstos a definir su propia forma de alcanzar el desarrollo". En forma concordante con lo expuesto, el señor De Shutter, ex Relator Especial de las Naciones Unidas sobre el Derecho a la Alimentación, en su presentación como *amicus curiae*, explicó que "la cultura se manifiesta en muchas formas, incluida una forma particular de vida asociada con el uso de los recursos de la tierra, especialmente en el caso de los pueblos indígenas", y que respecto a estos "el derecho a la alimentación no puede verse aislado del control y soberanía sobre sus territorios". En el mismo sentido, el escrito de *amicus curiae* presentado por DPLF y otras organizaciones señala que al impedir que una comunidad indígena procure su sustento alimenticio conforme a su propia cultura se estaría vulnerando también el derecho a una alimentación adecuada, por la ausencia de aceptabilidad de alimentos.

[261] *Cfr.* "Etnobotánica wichí del bosque xerófito en el Chaco semiárido Salteño", de Suárez, María Eugenia. 1a ed., Don Torcuato: Autores de Argentina, 2014. Expediente de prueba, anexo M.1 al escrito de solicitudes y argumentos, f. 34.618 a 35.141.

[262] *Cfr.* Informe Comisión Asesora Honoraria, pág. 182. Expediente de prueba, anexo M.3 al escrito de solicitudes y argumentos, fs. 35.152 al 35.377.

258. More specifically, the State has indicated that the *criollo* settlers raise "livestock" in open terrain. The Honorary Advisory Committee created by Decree 18/93 in 1993 to regularize the settlements on Fiscal Lot 55 indicated that "uncontrolled cattle grazing has led to the destruction of the resources, and about fifty herbaceous species and bushes have disappeared within a very short time." It also stressed that, as a result of uncontrolled grazing, there had been "a general loss of biodiversity because cattle are selective in their eating habits, while the countryside has been transformed by the elimination of areas of open grasslands."[263]

259. A document presented by the national State in 2006 explicitly recognized the serious environmental degradation owing to the anthropogenic activity in the territory of the communities. It indicated that the cattle-raising activities "had an impact on the composition and abundance of the wildlife that was a major source of protein for the indigenous population."[264] According to the testimony of Cacique Francisco Pérez, the cattle consume foodstuffs that the indigenous population would use.

260. Reports forwarded as documentary evidence also note that "the cattle of the *criollo* population eat the same fruits as the communities, such as the carob, the *mistol* and the *chañar*; they eat the edible shoots of the trees such as the carob and the *quebracho*; they destroy the communities' fences and eat the produce of indigenous horticulture."[265] Moreover, reference has been made to "the importance of the 'carob' for the Wichís and for the different ethnic groups of the Chaco in general, because it is a basic component of the alimentation of the people of the region and a motive of important traditional celebrations, such as the "carob festivals" held in the past."[266] In addition, the native species are used by the original peoples of the region in the preparation of traditional medicines.

261. In addition, access to water has also been affected.[267] In certain areas, the increased pressure due to cattle-grazing has produced desertification (formation of

---

[263] *Cf.* Report of the Honorary Advisory Committee. Furthermore, this report indicated that "trampling by the cattle has resulted in the soil compaction in the areas between the bushes, which, in turn, reduces the content of organic material and closes the pore space, and this reduces infiltration, increases the runoff, and causes increased water erosion, while reducing the availability of groundwater for plants." The *amicus curiae* brief of DPLF and other entities refers to the 2015 FAO Technical Report on the *Status of the World's Soil Resources*, which indicates that "soil degradation constitutes a great threat to […] sustainable food production and security" in some regions of the world. Among the sources of this degradation, the FAO includes soil compaction, which, in Latin America, is mainly "caused by overgrazing and intensive agricultural traffic" (Food and Agriculture Organization of the United Nations (FAO), *Status of the World's Soil Resources, Technical Summary*, pp. 37 and 50).

[264] *Cf.* Draft proposal for distribution of the land of Fiscal Lots 55 and 14. "Lhaka Honhat" Petition before the IACHR, presented by the national State to the Commission on September 5, 2006, and forwarded to the petitioners at the time on September 27, 2006 (evidence file, annex M.4 to the pleadings and motions brief, fs. 35,378 to 35,401).

[265] *Cf.* "*Uso tradicional de la tierra y sus recursos: Presiones sobre este uso en el contexto moderno,*" by Wallis, Cristóbal. Paper presented at the Seminar on Indigenous Issues, organized by the Center for Canadian Studies, Universidad de Rosario, October 1994 (evidence file, annex M.5 to the pleadings and motions brief, fs. 35,402 to 35,419).

[266] *Cf.* "*Etnobotánica wichí del bosque xerófito en el Chaco semiárido salteño,*" by Suárez, María Eugenia. 1st ed. Don Torcuato: Autores de Argentina, 2014.

[267] The representatives have indicated that "[a]ccording to the national State, the settlers, encouraged by state polices, have settled on indigenous territory since 1902 with the founding of Colonia Buenaventura, making extensive use of the land and the sources of water for the subsistence of livestock."

258. En términos más puntuales, ha sido afirmado por el Estado, que los pobladores criollos crían "ganado mayor" a campo abierto. La Comisión Asesora Honoraria creada por el Decreto 18/93 del año 1993 para la regularización de los asentamientos en el lote fiscal 55, señaló que "la ganadería sin control del pastoreo ha conducido a la destrucción de los recursos, desapareciendo alrededor de cincuenta especies herbáceas y arbustos en corto tiempo". También destacó que, por producto del pastoreo sin control, se constató "una perdida generalizada de biodiversidad, por efecto de la selectividad del ganado en su alimentación, mientras que se produce una transformación del paisaje por la eliminación de áreas de pastizales abiertos"[263].

259. Por otra parte, en un documento presentado por el Estado Nacional en 2006, se reconoció explícitamente la grave degradación ambiental por acción antrópica sufrida en el territorio de las comunidades. La actividad ganadera, se indicó, "impactó en la composición y abundancia de la fauna silvestre que contribuye en buena medida a la dieta proteica de la población indígena"[264]. De acuerdo a lo declarado por el Cacique Francisco Pérez, el ganado consume alimentos que utilizaría la población indígena.

260. En el mismo sentido, estudios remitidos como prueba documental advierten que "el ganado de los criollos come los mismos frutos que las comunidades como la algarroba el mistol y el chañar; come los renovales de árboles palatables como el algarrobo y el quebracho; destruye los cercos de las comunidades y se come el producto de la horticultura indígena"[265]. Se ha indicado, asimismo, "la importancia del 'algarrobo' para los wichís y para las diversas etnias del Chaco en general, ya que es un elemento básico en la alimentación de la gente de la región y motivo de celebraciones tradicionales de envergadura, como fueron antaño las 'fiestas de la algarroba'"[266]. Además, las especies nativas son utilizadas por los pueblos originarios de la zona para la elaboración de medicinas tradicionales.

261. Además, se ha visto afectado el acceso al agua[267]. En determinadas zonas, la presión mayor de pastoreo produjo desertificación (formación de "peladares")[268].

---

[263] *Cfr.* Informe Comisión Asesora Honoraria. Además, este mismo informe expuso que "producto del pisoteo del ganado se ha producido la compactación del suelo de las áreas interarbustos, lo que a su vez reduce el contenido de materia orgánica y el espacio de poros, lo que disminuye la infiltración, aumenta el escurrimiento y provoca una mayor erosión hídrica, a la vez que reduce la disponibilidad de agua en el suelo para las plantas". El escrito de *amicus curiae* de DPLF y otras organizaciones da cuenda del Informe Técnico 2015 de la FAO sobre el *Estado Mundial del Recurso Suelo:* indica que la degradación del suelo constituye una gran amenaza para la producción sostenible y la seguridad alimenticia de algunas regiones del mundo. Entre las fuentes de esta degradación, la FAO incluye la compactación del suelo, la cual, en América Latina, es principalmente "causada por el sobrepastoreo y el tráfico agrícola intensivo" (Consejo de la Organización de las Naciones Unidas para la Alimentación y la Agricultura (FAO), *Estado Mundial del Recurso Suelo, Resumen Técnico*, 2016, p. 37).
[264] *Cfr.* Borrador de propuesta de distribución de tierras Lotes Fiscales 55 y 14 -Petición CIDH "Lhaka Honhat", presentada por el Estado Nacional a la Comisión el 5 de septiembre de 2006 y remitida a los entonces peticionarios el 27 de septiembre de 2006. Expediente de prueba, anexo M.4 al escrito de solicitudes y argumentos, fs. 35.378 a 35.401.
[265] *Cfr.* "Uso tradicional de la tierra y sus recursos: Presiones sobre este uso en el contexto moderno" de Wallis, Cristóbal. Ponencia presentada en el Seminario sobre Temática Indígena, organizado por el Centro de Estudios Canadienses, Universidad de Rosario, octubre de 1994. Expediente de prueba, anexo M.5 al escrito de solicitudes y argumentos, fs. 35. 402 a 35.419.
[266] *Cfr.* "Etnobotánica wichí del bosque xerófito en el Chaco semiárido salteño", de Suárez, María Eugenia. 1a ed., Don Torcuato: Autores de Argentina, 2014.
[267] Los representantes han manifestado que "[s]egún señala el Estado Nacional, los colonos, impulsados por las políticas estatales, se afincaron dentro de la matriz indígena a partir de 1902 con la fundación de la

"bare patches").²⁶⁸ In addition, the cattle consume the water that the communities also require for their subsistence,²⁶⁹ and it has been verified that the water is frequently contaminated by animal feces. Added to this, as indicated by expert witness Naharro, "[i]n view of the scarcity of water, at times the communities are banned from access to water storage facilities, because the *criollo* families erect fencing around them, preventing the indigenous people from using this water."²⁷⁰

262. *Illegal logging.* Another aspect indicated by the representatives is illegal logging. According to the representatives, the "illegal" nature of the logging activity is based on various provisions that, as of 1991, restrict logging activities (*infra* para. 269). State documents have indicated that one of the causes of the "bio-socio-economic degradation of the department of Rivadavia" is "logging" which "is carried out without applying minimum standards of reasonableness or foresight that would ensure the future of the woodlands and, above all, be compatible with livestock use and the requirements of the fauna. The [vast] environmental legislation in force has had no positive effect, [...] the clandestine logging activity is almost the norm."²⁷¹

263. The indigenous communities pointed out that the environmental degradation of the territory began at the start of the twentieth century with the introduction of animals by the *criollo* settlers. They argued that the activities developed over time had the immediate consequences of forest clearance and the use of the wood in the logging and charcoal industries and for the enclosures and fences erected by the *criollo* families.

264. The Inter-American Commission indicated that "the petitioner indigenous communities had constantly and consistently reported the occurrence of illegal logging and extraction of wood and other natural resources in their territories," and that different State authorities had been made aware of such activities, particularly during the procedure before the Commission. The representatives have described the methods used in this practice: trees are felled in the forests, and then tractors and trucks are used to go in and take out the logs by different trails. State authorities have acknowledged the existence of this problem, as revealed by the actions described below (*infra* paras. 269 to 271)²⁷² and, during the processing of this case, they have undertaken to take steps to prevent it from occurring.

---

²⁶⁸ The constant trampling by the cattle prevents the renewal of the flora (*Cf.* Presentation by Lhaka Honhat before the Commission on January 4, 2007 (evidence file, annex 6 to the Merits Report, fs. 47 to 101. Expert witness Naharro also mentioned this).
²⁶⁹ *Cf.* Expert opinion of Ms. Buliubasich.
²⁷⁰ In its *amicus curiae* brief, FARN indicated that "[t]he anthropomorphic activity in the area [of the case] is carried out without any type of supervision or foresight, and its impact on the river and on the community is a cause of concern." It considered that the "activities with an impact on the river, [...] could affect [the] right to water."
²⁷¹ *Cf.* Report of the Honorary Advisory Committee (evidence file, annex M.3 to the pleadings and motions brief, fs. 35,152 to 35,377).
²⁷² Additionally, a note from the petitioners addressed to the Commission provides information on a meeting held on February 6, 2001, during which "[t]he Ministry of the Environment and Sustainable Development expressly acknowledged that the logging carried out on Lots [...] 55 and 14 is illegal (*Cf.* note from the Lhaka Honhat Indigenous Community to the Commission (Annex L.2 to the pleadings and motions brief of February 21, 2001, fs. 34,047 to 34,050).

Además el ganado consume el agua que también las comunidades requieren para su subsistencia[269], verificándose muchas veces situaciones en las que el agua es contaminada por las heces de los animales. Aunado a ello, conforme indicó la perita Naharro, "[a]nte la escasez de agua, las comunidades a veces ven vedado el acceso a los reservorios de agua, ya que las familias criollas alambran alrededor, impidiendo el uso a los indígenas"[270].

262. *Tala ilegal*. Otro aspecto señalado por los representantes es el de la tala ilegal. De acuerdo a señalamientos de los representantes, el carácter "ilegal" de la actividad de tala tiene sustento en distintas disposiciones que, a partir de 1991, restringieron la explotación forestal (*infra*, párr. 269). Documentación estatal ha indicado como una de las causas de la "degradación bio-socio-económica del D[e]p[artamen]to [...] Rivadavia" la "actividad forestal" que se "realiza sin la aplicación de mínimas normas de racionalidad ni de precauciones que tiendan a asegurar el porvenir de las masas boscosas, y menos aún de compatibilizar con los usos ganaderos y requerimientos de la fauna. La [vasta] legislación ambiental vigente no tiene ningún efecto positivo, [...] la actividad forestal clandestina es casi una habitualidad"[271].

263. Las comunidades indígenas señalaron que la degradación ambiental del territorio comenzó en los albores del siglo XX, de modo simultáneo a la introducción de animales por parte de los criollos colonizadores. Arguyeron que las actividades que fueron desarrollándose trajeron como consecuencia inmediata la tala de los bosques para su utilización en la industria maderera y de carbón y en los cerramientos y cercos de las familias criollas.

264. La Comisión Interamericana expresó, a su vez, que las comunidades indígenas peticionarias han denunciado en forma constante y consistente que en su territorio se han realizado actividades de tala y extracción ilegal de madera y otros recursos naturales, y que tales actividades han sido puestas en conocimiento de las autoridades estatales en distintos ámbitos, particularmente en el curso del proceso ante la propia Comisión. Los representantes han señalado la metodología utilizada para realizar esta práctica: el corte de árboles en el monte y, posteriormente, el ingreso de tractores y camiones que retiran la leña por caminos diversos. Autoridades estatales han reconocido la existencia de este problema, como surge de las acciones que se detallan más adelante (*infra*, párrs. 269 a 271)[272] y en el trámite del caso se han comprometido a adoptar acciones para prevenir su ocurrencia.

Colonia Buenaventura, haciendo uso extensivo de la tierra y las fuentes de agua para la subsistencia del ganado".

[268] En ese sentido, el constante pisoteo del ganado vacuno impide la renovación de flora (*cfr*. Presentación realizada por Lhaka Honhat ante la Comisión en fecha 4 de enero 2007. Expediente de prueba, anexo 6 al Informe de Fondo, fs. 47 a 101. De igual forma se ha pronunciado la perita Naharro).

[269] *Cfr*. Pericia rendida por la señora Buliubasich.

[270] En su escrito de *amicus curiae*, FARN indicó que "[l]a actividad antrópica en la zona [del caso] se realiza sin ningún tipo de supervisión o previsión, siendo preocupante los impactos que genera en el río y en su relación con la comunidad. Consideró que las "actividades de impacto en el río, [...] podría[n] afectar [el] derecho al agua".

[271] *Cfr*. Informe Comisión Asesora Honoraria. Expediente de prueba, anexo M.3 al escrito de solicitudes y argumentos, fs. 35.152 a 35.377.

[272] De modo adicional, consta una nota de los peticionarios dirigida a la Comisión en que se informa sobre una reunión mantenida el 6 de febrero de 2001, en la que, según se indicó, "[e]l Secretario de Medio Ambiente y Desarrollo Sustentable reconoció expresamente que la tala de árboles que se lleva a cabo en los [l]otes [...] 55 y 14 es ilegal" (*cfr*. Nota de la Comunidad indígena Lhaka Honhat a la Comisión, Anexo L.2 al escrito de solicitudes y argumentos, de 21 de febrero de 2001, fs. 34.047 a 34.050).

265. During the public hearing before this Court, Cacique Rogelio Segundo explained that logging "causes extensive harm to the territory" because "it destroys the forests," "there are no flowers or fruit," the animals leave and there are less bee colonies for the collection of honey. He added that, despite the complaints made to the State, it has not been possible to curb this activity and that, one of the results has been flooding. Cacique Francisco Pérez indicated that "the State does not exercise control; the *criollos* cut down the trees and we, the caciques, tell them 'we are going to complain,' and nothing happens; complain, complain and nothing happens; there is no response." When he was asked, during the public hearing, how they obtained their medicines owing to the scarcity of typical tree species, Mr. Pérez indicated that their medicine system depended on the woodlands and that, "when it rains, the plants grow, but the problem is that when the plant grows and they are young and tender the animals come and eat them; that is why there are no plants. We think that if they take away all the animals immediately, in two years we could have a beautiful forest."

266. *Fencing.* Regarding the aforementioned fencing, already in 1991, the communities had indicated that the *criollos* had erected these fences. At that time, they indicated that over the ten previous years, the *criollos* [had put up] kilometers [...] of wire fencing, blocking the paths to the river and the forest.[273] Cacique Rogelio Segundo declared that the fencing affects the indigenous peoples because it prevents them from "walking around freely [...] to seek food." Various records, including some issued by the State (*infra* paras. 267 and 268), denote the presence of fencing over the years.

B.2.1.2. Steps taken by the State

267. On different occasions, the State undertook to take steps with regard to the fencing. In December 2000, it indicated that it would take measures to prevent its installation and "establish" controls in this regard.[274] Subsequently, on February 6, 2001, the province undertook to present a report on the illegal erection of fencing;[275] however, there is no record that this was done. On August 2, 2002, the Salta Ministry of Production and Employment issued Resolution 295 prohibiting the installation of fencing on Fiscal Lots 14 and 55 until the land regularization process had been completed.[276] Additionally, in 2014, Decree 1498/14 was adopted (*supra* para. 80), article 8 of which stipulated that "[u]ntil the territory that corresponds to the indigenous communities and the lots of the *criollo* families have been delimited, no new fencing may be erected and no forestry resources may be exploited, beyond those necessary for subsistence."

268. In its answering brief, the State advised that it "continued working on prevention and control of the erection of new fencing, which is prohibited in the area

---

[273] *Cf.* Lhaka Honhat land claim of July 28, 1991 (evidence file, annex K.2 to the pleadings and motions brief, fs. 33,573 to 33,582).

[274] *Cf.* Minutes of meeting of December 15, 2000 (evidence file, annex K.4 to the pleadings and motions brief, fs. 33,586 to 33,588).

[275] *Cf.* Note to the Commission of February 21, 2001 (evidence file, annex K.5 to the pleadings and motions brief, fs. 33,589 to 33,592).

[276] *Cf.* Resolution 295 of August 2, 2002 (evidence file, annex K.6 to the pleadings and motions brief, fs. 33,593 to 33,594). This is also indicated in its article 1: "To establish that, due to the process of the territorial regularization of Fiscal Lots Nos. 55 and 14, the occupants shall refrain from erecting any new enclosures with barbed wire or similar materials until the said process of regularizing the situation of the land has concluded."

265. El Cacique Rogelio Segundo, en la audiencia pública ante este Tribunal, explicó que la tala es algo que "perjudica mucho al territorio" pues se "degrada el monte", "no hay flor ni fruta", hay animales que se van y menos colmenas para recoger miel. Agregó que, pese a las denuncias realizadas ante el Estado, no han logrado frenar esta actividad, y que producto de la misma, se han generado inundaciones. El Cacique Francisco Pérez, por su parte, señaló que "el Estado no controla, los criollos son los primeros que cortan y nosotros los caciques decimos 'vamos a denunciar', y nada, denunciar, denunciar y nada, no hay respuesta". Tras la consulta en la audiencia pública sobre cómo consiguen sus medicinas a raíz de la escasez de especies arbóreas típicas, el señor Pérez señaló que su sistema de medicina depende de los bosques y que "cuando [hay] lluvia crecen las plantas pero el problema es que cuando crece la planta, tiernito, vienen los animales y comen la planta, por eso no hay. Pensamos que si [de] una vez se sacan los animales, en dos años podemos tener un hermoso bosque".

266. *Alambrados.* Respecto a los referidos alambrados, ya en 1991 las comunidades afirmaron que existían alambrados puestos por los criollos. Ese año indicaron que en los diez años anteriores, los criollos ya t[enían muchos] kilómetros [...] de alambrado, cortando el paso al río y al monte[273]. El cacique Rogelio Segundo declaró que los alambrados afectan a los indígenas, pues les obstaculiza "caminar libres [...] para buscar el alimento". Diversos actos, inclusive emanados del Estado (*infra* párrs. 267 y 268), denotan que la presencia de alambrados se ha mantenido en el curso de los años.

B.2.1.2. Acciones desarrolladas por el Estado

267. En diversas oportunidades el Estado se comprometió a tomar acciones sobre los alambrados. En diciembre de 2000 afirmó que tomaría medidas para impedir su instalación y "ajustar" controles al respecto[274]. Después, el 6 de febrero de 2001, la Provincia se comprometió a presentar un informe con relación al tendido ilegal de alambrados[275], sin que conste que se haya efectuado. El 2 de agosto de 2002 el Ministerio de la Producción y el Empleo de Salta emitió la Resolución 295 en la que prohibió la instalación de alambrados en los lotes fiscales 14 y 55 hasta que culminara el proceso de regularización de tierras[276]. En similar sentido, en 2014 aprobó el Decreto 1498/14 *(supra* párr. 80), que en su artículo 8 especificó que "[h]asta tanto no se delimite el territorio que les corresponde a las comunidades indígenas, y los lotes de las familias criollas, no podrán construir nuevos alambrados ni explotarse recursos forestales fuera de las necesidades de subsistencia".

268. El Estado informó en su contestación que "[s]e continúa trabajando en la prevención y control de construcción de alambrados nuevos prohibidos en zona de

---

[273] *Cfr.* Pedido de tierras de Lhaka Honhat de 28 de julio de 1991. Expediente de prueba, anexo K.2 al escrito de solicitudes y argumentos, fs. 33.573 a 33.582.
[274] *Cfr.* Acta de reunión de 15 de diciembre de 2000. Expediente de prueba, anexo K.4 al escrito de solicitudes y argumentos, fs. 33.586 a 33.588.
[275] *Cfr.* Nota a la Comisión de 21 de febrero de 2001. Expediente de prueba, anexo K.5 al escrito de solicitudes y argumentos, fs. 33.589 a 33.592.
[276] *Cfr.* Resolución 295 de 2 de agosto de 2002. Expediente de prueba, anexo K.6 al escrito de solicitudes y argumentos, fs. 33.593 a 33.594. La misma señala en su artículo 1 "Dejar establecido que en virtud del proceso de regularización territorial de los Lotes Fiscales Números 55 y 14, los ocupantes deberán abstenerse de efectuar todo nuevo cerramiento con alambrados o elementos similares hasta tanto culmine el citado proceso de regularización de la situación de los predios".

claimed by the indigenous peoples," and that, following the issue of the Merits Report, provincial authorities had adopted a protocol of actions to reinforce control of the fencing that established prevention and control actions based on formal complaints. The State indicated that, "[a]t December 2017," it had not received any complaint concerning the installation of new fencing, and that "in the different cases in which it was aware […] of the existence of new fences erected in the area claimed by the indigenous peoples, it had taken administrative and judicial actions. The State did not provide any information on the number or the results of these actions. In April 2018, there were numerous fences on indigenous territory,[277] and fencing was observed during the on-site visit in May 2019 (*supra* para. 10).

269. Regarding illegal logging, the State has adopted various legal provisions: in 1991 and 1995, the province issued two decrees, Nos. 2609 and 3097, ordering the suspension of logging permits on Fiscal Lots 14 and 55 and declared the lots an area of environmental conservation and recovery until the delivery of the permanent titles to the indigenous communities and to the *criollos*. In December 2000, it undertook to ensure that the provincial police force and the Ministry of the Environment, and also the national gendarmerie would monitor the situation.[278] On October 10, 2007, the Salta Ministry of the Environment and Sustainable Development adopted Resolution 948 in which it confirmed that "it had found numerous instances of logging of Palo Santo (*lignum vitae*) on the fiscal lots, some without legal authorization," and had therefore ordered measures to be taken in this regard.[279] The same year, Decree 2786/07 (*supra* para. 75) established that the provincial state should install checkpoints to prevent people breaking the law in force concerning logging. Subsequently, in July 2012, Decree 2398/12 (*supra* para. 78) ordered provincial ministries to take "all necessary measures to ensure the preservation of natural resources and the effective control of deforestation on Lots […] 55 and 14." In 2014, Decree 1498/14 (*supra* para. 80) stipulated that "until the territory corresponding to the indigenous communities and to the lots of the *criollo* families has been delimited, no new fencing may be erected or any forestry resources exploited beyond those necessary for subsistence." In January that year, provincial authorities handed control posts and vehicles for the work of controlling deforestation over to State officials.[280]

---

[277] *Cf.* Videos of May 2018 – submitted as Annexes K.41, K.42, K.43, K.44, K.45 and K.46 to the pleadings and motions brief – of the communities Bajo Grande, Misión La Paz, Pozo La China, Rancho El Ñato and San Luis. See also complaints of September 2008 (evidence file, Annexes K.39 and K.40 to the pleadings and motions brief, fs. 34,024 to 34,025 and 34,026 to 34,029). In addition, during interviews with the indigenous population of the territory, it was indicated that the creeks where the communities fish had been closed off by fencing (*Cf.* interview with a member of the San Miguel community; evidence file, annex K.46 to the pleadings and motions brief). Also, the representatives indicated that there is fencing over a surface area of approximately 20,000 ha of vacant land claimed by the indigenous peoples, which prevents the transfer and relocation of the *criollo* families. They understood that the existence of this fencing prevents the relocation of the *criollos* and therefore affects the rights of the communities, and clarified that this fencing is also illegal.

[278] Minutes of meeting of December 15, 2000.

[279] It established that "in all cases of authorizations for land clearance and/or logging, the volume and origin of the product harvested of the Palo Santo species shall be verified *in situ*," together with the presentation of sworn statements concerning the logs.

[280] Report of April 24, 2014, presented by Lhaka Honhat, represented by CELS, on the status of demarcation and transfers, deforestation, presence of the State in the area, visit to relocated settlers, reparations and consultations on infrastructure projects, and unrest in the area since the end of 2013 (evidence file, annex L. 29 to the pleadings and motions brief, fs. 34,456 to 34,460).

reclamo indígena", e informó que, luego de emitido el Informe de Fondo, autoridades provinciales adoptaron un "Protocolo de Actuación para el Fortalecimiento del Control de los Alambrados", que establece acciones de prevención o control a partir de denuncias formales. Afirmó que "[a] diciembre de 2017", no se había recibido ninguna denuncia de instalación de nuevos alambrados, y que "en los distintos casos en que tuvo conocimiento […] de la existencia de alambrados nuevos, construidos en la zona de reclamo indígena, se instaron las acciones administrativas y judiciales". No dio cuenta de la cantidad y resultados de esas acciones. En abril de 2018, existían numerosos alambrados en territorio indígena[277], y se observaron alambrados durante la visita *in situ* de mayo de 2019 (*supra* párr. 10).

269. Sobre la tala ilegal, el Estado adoptó diversas normas: consta que en 1991 y 1995 la Provincia dictó dos decretos, numerados 2609 y 3097, respectivamente, que ordenaban la suspensión de permisos de explotación forestal dentro de los lotes fiscales 14 y 55 y los declaraba área de preservación y recuperación ambiental hasta la entrega de títulos definitivos a las comunidades indígenas y a criollos. En diciembre de 2000 se comprometió a que la Policía y la Secretaría de Medio Ambiente provinciales, así como la Gendarmería Nacional, efectuaran controles[278]. El 10 de octubre de 2007, la Secretaría de Medio Ambiente y Desarrollo Sustentable de la Provincia de Salta aprobó la Resolución 948 en la que confirmó que "se habían encontrado numerosos aprovechamientos forestales de Palo Santo en los lotes fiscales, y algunas sin una autorización legal", por lo que dispuso medidas al respecto[279]. El mismo año, el Decreto 2786/07 (*supra* párr. 75) dispuso que el Estado provincial instalara puestos de control para evitar la transgresión a legislación vigente respecto al corte de madera. Después, en julio de 2012, el Decreto 2398/12 (*supra* párr. 78) ordenó que Ministerios provinciales adoptaran "todas las medidas conducentes a fin de garantizar la preservación de los recursos naturales y el efectivo control de la deforestación de los [l]lotes […] 55 y 14". En 2014 el Decreto 1498/14 (*supra* párr. 80) estipuló que "[h]asta tanto no se delimite el territorio que les corresponde a las comunidades indígenas, y los lotes de las familias criollas, no podrán construirse nuevos alambrados ni explotarse recursos forestales fuera de las necesidades de subsistencia". En enero de ese año autoridades provinciales entregaron a funcionarios estatales casillas de vigilancia y vehículos para tareas de control de la deforestación[280].

---

[277] *Cfr.* videos de mayo de 2018 presentados como anexos K.41, K.42, K.43, K.44, K.45 y K.46 al escrito de solicitudes y argumentos, de las comunidades Bajo Grande, Misión La Paz, Pozo La China, Rancho El Ñato y San Luis. Ver también denuncias de septiembre de 2008 (expediente de prueba, anexos K.39 y K.40 al escrito de solicitudes y argumentos, fs. 34.024 a 34.025 y 34.026 a 34.029). Por otro lado, en entrevistas hechas a los pobladores indígenas del territorio se expone que las cañadas en donde pescan las comunidades han estado cerradas por alambrados (*cfr.* entrevista a poblador de la comunidad San Miguel; expediente de prueba, anexo K.46 al escrito de solicitudes y argumentos). Además, los representantes señalaron que existen alambrados sobre una superficie aproximada de 20.000 ha en tierras libres de reclamo indígena que impiden la relocalización y traslados de las familias criollas. Entendieron que la existencia de tales alambrados obstaculiza el traslado de criollos, por lo que afecta derechos de las comunidades. Aclararon que tales alambrados también son ilegales.

[278] Acta de reunión de 15 de diciembre de 2000.

[279] Dispuso que "en todos los casos de autorizaciones de desmontes y/o aprovechamientos forestales, se verificará *in situ* el volumen y origen del producto acopiado de la especie Palo Santo", así como la presentación de declaraciones juradas sobre la madera.

[280] Informe presentado por Lhaka Honhat con representación del CELS en relación al estado de situación de la demarcación y traslados, deforestación, presencia en la zona por parte del Estado, visita a pobladores relocalizados, reparaciones y consultas sobre proyectos de infraestructura y conflictividad en la zona, desde

On October 17, that year, the Salta Ministries of Security and of Human Rights signed an undertaking to deal with the issue of deforestation.[281]

270. Despite this, on January 4, 2007, the representatives forwarded a report prepared by the civil organization ASOCIANA to the Commission, confirming that the illegal logging situation had worsened.[282] In August that year, Lhaka Honhat and the OFC signed a memorandum of understanding[283] establishing that they would require the government to ensure the total cessation of indiscriminate logging, in compliance with Decree 3097/95 and Provincial Law 7,070 on environmental protection.[284] In 2010 and 2013, the OFC and Lhaka Honhat made presentations requiring the authorities to ensure effective implementation of the systems to control illegal logging in the region.[285] The representatives asserted that the control posts stipulated in Decree 2786/07 had not been installed. They also advised that several complaints had been filed.[286] In a note of April 26, 2017, addressed to the Commission, the representatives indicated that illegal logging was being carried out in: (a) the border near "Puesto Azuquilar" claimed by the Pozo El Toro Community, which was within the 400,000 ha recognized to the petitioners; (b) Puesto el Anta, of the Pereyra family, south of the Pozo El Bravo Community; (c) Desemboque; (d) San Miguel; (e) Vertientes Chicas and Pozo La China, and (f) Rancho El Ñato.

271. According to the representatives, illegal logging and extraction continues. The State argued that it was "constantly monitoring and controlling the territory using remote sensing (satellite imagery)," either *ex officio* or based on complaints.

B.2.2. Analysis of State responsibility

272. When examining State responsibility it is necessary to establish that, as revealed by the foregoing, notwithstanding the obligation to adopt measures to achieve "progressively" the "full realization" of the rights included in Article 26 of the Convention, the content of such rights includes aspects that are enforceable

---

[281] Response of November 27, 2014, sent by Lhaka Honhat, represented by CELS, to the Commission, with regard to the information submitted by the State on November 18, 2014 (evidence file, annex L. 34 to the pleadings and motions brief, fs. 34,495 to 34,499).

[282] ASOCIANA report on illegal logging (evidence file, annex L.10 to the pleadings and motions brief, fs. 34,117 to 34,133). The report indicates that some members of the indigenous communities take part in the logging paid by *criollos* or other entrepreneurs, but clarifies that they do so because it is the only work they can obtain.

[283] Memorandum of understanding signed by Lhaka Honhat and the OFC on June 1, 2007 (evidence file, annex L.11 to the pleadings and motions brief, fs. 34,134 to 34,135).

[284] Salta had also assumed the obligation to protect the natural resources in the fourth paragraph of the memorandum of understanding signed on October 17, 2007 (*Cf.* Memoradum of Understanding of October 17, 2007; evidence file, annex L.15 to the pleadings and motions brief, fs. 34,179 to 34,183). This established that "[s]ince it is essential for the viability and implementation of this agreement that the natural resources of Lots 55 and 14 are protected, the parties undertake to prevent any type of logging and forestry use on the two lots."

[285] Memorandum of the OFC and Lhaka Honhat of May 9, 2013 (evidence file, Annexes L. 24 to the pleadings and motions brief, fs. 34,296 to 34,298).

[286] For example, on December 11, 2008, and in February 2009 (*Cf.* Complaint filed by Francisco Pérez before the Environmental Policy Secretariat, and by Calixto Ceballos with the Police of the province of Salta (evidence file, Annexes L.16 and L.17 to the pleadings and motions brief, fs. 34,184 to 34,187).

El 17 de octubre del mismo año se suscribió un compromiso entre el Ministerio de Seguridad y el de Derechos Humanos, ambos de Salta, para tratar la cuestión de la deforestación[281].

270. Pese a lo anterior, el 4 de enero de 2007, los representantes entregaron a la Comisión un informe hecho por la organización civil ASOCIANA, que confirmó que se había agravado la situación de la tala ilegal[282]. En agosto del mismo año Lhaka Honhat y la OFC suscribieron un Acta-Acuerdo[283], en la que se dispuso exigir al Gobierno el cese total de la tala indiscriminada de madera, en cumplimiento con el decreto 3097/95 y la ley Provincial 7.070 de Protección al Medio Ambiente[284]. En 2010 y 2013, la OFC y Lhaka Honhat hicieron presentaciones requiriendo a autoridades la implementación efectiva de sistemas de control de la tala ilegal en la zona[285]. Los representantes afirmaron que los puestos de control previstos por el Decreto 2786/07 no fueron instalados. También informaron que se hicieron diversas denuncias[286]. En nota de 26 de abril de 2017 a la Comisión, los representantes señalaron que se estaban realizando acciones de tala ilegal en: (a) el límite cercano del "Puesto Azuquilar", reclamadas por la Comunidad de Pozo El Toro, que se encuentran dentro de las 400.000 ha reconocidas a los peticionarios; (b) Puesto el Anta, de familia Pereyra, al sur de la Comunidad de Pozo El Bravo; (c) la localidad de Desemboque; (d) San Miguel; (e) las Vertientes Chicas y Pozo La China, y (f) Rancho El Ñato.

271. Según afirmaciones de los representantes, las actividades ilegales de tala y extracción continúan. El Estado aseveró que "realiza constantes tareas de monitoreo y seguimiento del territorio mediante la teledetección de imágenes satelitales", ya sea "de oficio" o a partir de denuncias.

B.2.2. Análisis de la responsabilidad estatal

272. A fin de examinar la responsabilidad estatal, es preciso dejar establecido que, como surge de lo ya expuesto, sin perjuicio de la obligación de adoptar providencias para, "progresivamente", lograr la "plena efectividad" de los derechos incluidos en el

---

finales de 2013, de 24 de abril 2014. Expediente de prueba, anexo L. 29 al escrito de solicitudes y argumentos, fs. 34.456 a 34.460.

[281] Respuesta enviada por Lhaka Honhat con representación del CELS a la Comisión, en relación a la información enviada por el Estado el 18 de noviembre de 2014, el 27 de noviembre de 2014. Expediente de prueba, anexo L. 34 al escrito de solicitudes y argumentos, fs. 34.495 a 34.499.

[282] Informe de ASOCIANA sobre tala ilegal. Expediente de prueba, anexo L.10 al escrito de solicitudes y argumentos, fs. 34.117 a 34.133. El informe indica que hay miembros de las comunidades indígenas que participan de la tala, aclarando que lo hacen como único medio de trabajo, pagado por criollos u otros empresarios.

[283] Acta suscrita por Lhaka Honhat y la OFC de 1 de junio de 2007. Expediente de prueba, anexo L.11 al escrito de solicitudes y argumentos, fs. 34.134 a 34.135.

[284] La obligación de proteger los recursos naturales también había sido asumida por Salta en el acta firmada el 17 de octubre del 2007, en su cláusula cuarta (*cfr*. Acta de 17 de octubre de 2007; expediente de prueba, anexo L.15 al escrito de solicitudes y argumentos, fs. 34.179 a 34.183). Allí, se estableció que "[c]omo resulta imprescindible proteger los recursos naturales de los lotes 55 y 14 para la viabilidad y cumplimiento de este acuerdo las partes comprometen a evitar todo tipo de corte de madera y aprovechamiento forestal de ambos lotes".

[285] Acta de la OFC y Lhaka Honhat de 9 de mayo de 2013. Expediente de prueba, anexos L. 24 al escrito de solicitudes y argumentos, fs. 34.296 a 34.298.

[286] Por ejemplo, el 11 de diciembre de 2008 o en febrero de 2009 (*cfr*. Acta de denuncia realizada por Francisco Pérez ante la Secretaría de Política Ambiental y por Calixto Ceballos ante la Policía de la Provincia de Salta. Expediente de prueba, anexos L.16 y L.17 al escrito de solicitudes y argumentos, fs. 34.184 a 34.187).

immediately. The Court has already indicated that, in this regard, the obligations established in Articles 1(1) and 2 of the Convention apply.[287] In this case, the arguments submitted by the parties allude to the State obligation to ensure the enjoyment of the rights by preventing or avoiding their violation by private individuals. The Court will focus its analysis on this point. The case does not call for an examination of the State conduct in relation to "progressive" development towards the "full realization" of the rights.

273. The Court notes that the facts described reveal the presence of *criollos* on indigenous territory, as well as different activities that have had an impact. The issue to be determined is whether, in this case, that impact involved the violation of specific rights, in addition to the simple interference in the enjoyment of property, a matter that has been examined in the preceding chapter of this judgment. Also, if appropriate, the Court must determine whether the harm that occurred can be attributed to the State.

274. The Court understands that it must take into consideration the interdependence of the rights analyzed and the correlation that the enjoyment of these rights has, in the circumstances of the case. In addition, these right should not be understood restrictively. The Court has already indicated (*supra* paras. 203, 209, 222, 228, 243 to 247 and 251) that the environment is connected to other rights and that there are "threats to the environment" that may have an impact on food, water and cultural life. Furthermore, it is not just any food that meets the requirements of the respective right, but it must be acceptable to a specific culture, which means that values that are unrelated to nutrition must be taken into account. At the same time, food is essential for the enjoyment of other rights and, for it to be "adequate," this may depend on environmental and cultural factors. Thus, food may be considered as one of the "distinctive features" that characterize a social group and, consequently, included in the protection of the right to cultural identity by the safeguard of such features, without this entailing a denial of the historical, dynamic and evolutive nature of culture.

275. This is even more evident in the case of indigenous peoples, regarding whom there are specific laws that require the safeguard of their environment, the protection of the productive capacity of their lands and resources, and considering traditional activities and those related to their subsistence economy such as hunting, gathering and others as "important factors for preserving their culture" (*supra* paras. 247 and 248). The Court has emphasized that "the lack of access to the territories and corresponding natural resources may expose the indigenous communities to [...] several violations of their human rights in addition to causing them suffering and prejudicing the preservation of their way of life, customs and language." In addition, it has noted that States must protect "the close relationship that [indigenous peoples] have with the land" and "their life project, in both its individual and its collective dimensions."[288]

---

[287] *Cf. Case of Muelle Flores v. Peru*, paras. 174 and 190, and *Case of Hernández v. Argentina*, para. 65.

[288] *Case of the Yakye Axa Indigenous Community v. Paraguay*, para. 163, and *The Environment and Human Rights (State obligations in relation to the environment in the context of the protection and guarantee of the rights to life and to personal integrity – interpretation and scope of Articles 4(1) and 5(1) of the American Convention on Human Rights).* Advisory Opinion OC-23/17, para. 48. In this understanding, the *amicus curiae* brief of DPLF and other entities indicated that "the right to a healthy environment, not only signifies the possibility of access to vital material resources for the subsistence and economic development of indigenous peoples; it should also be considered that there is a special connection between the communities,

artículo 26 de la Convención, el contenido de tales derechos incluye aspectos que son de inmediata exigibilidad. Se ha indicado que rigen al respecto las obligaciones prescritas en los artículos 1.1 y 2 de la Convención[287]. En el presente caso, los alegatos de las partes aluden a la obligación estatal de garantizar el goce de los derechos, previniendo o evitando su lesión por parte de particulares. En esto centrará su examen la Corte. El caso no requiere un análisis sobre conductas estatales vinculadas al avance "progresivo" en la "plena efectividad" de los derechos.

273. La Corte advierte que los hechos referidos muestran que la presencia de criollos en el territorio indígena, así como distintas actividades, han generado un impacto. La cuestión a determinar es, si en el caso, dicho impacto ha implicado el menoscabo a derechos específicos, en forma adicional a la mera interferencia con el goce de la propiedad, cuestión ya examinada en el capítulo anterior de esta Sentencia. Además, en su caso, debe determinarse si es atribuible al Estado el daño acaecido.

274. La Corte entiende que corresponde tener en consideración la interdependencia de los derechos analizados y la vinculación que presenta el goce de los mismos en las circunstancias del caso. Asimismo, tales derechos no deben ser entendidos en forma restrictiva. Ya se ha dicho (*supra* párrs. 203, 209, 222, 228, 243 a 247 y 251) que el ambiente se encuentra relacionado con otros derechos, y que hay "amenazas ambientales" que pueden impactar en la alimentación, el agua y en la vida cultural. Por otra parte, no cualquier alimentación satisface el derecho respectivo, sino que la misma debe ser aceptable para una cultura determinada, lo que lleva a tener en cuenta valores no relacionados con la nutrición. La alimentación, a su vez, es indispensable para el goce de otros derechos, y su carácter "adecuado" puede depender de factores ambientales y culturales. La alimentación es, en sí, una expresión cultural. En ese sentido, puede considerarse a la alimentación como uno de los "rasgos distintivos" que caracterizan a un grupo social, quedando comprendido, por ende, en la protección del derecho a la identidad cultural a través de la salvaguarda de tales rasgos, sin que ello implique negar el carácter histórico, dinámico y evolutivo de la cultura.

275. Lo expresado es, a su vez, más evidente respecto de pueblos indígenas, en relación a los que normas específicas mandan la salvaguarda de su ambiente, la protección de la capacidad productiva de sus tierras y recursos, y a la consider como "factores importantes del mantenimiento de su cultura" actividades tradicionales y relacionadas con su economía de subsistencia, como caza, recolección y otras (*supra* párrs. 247 y 248). Así, la Corte ha destacado que "la falta de acceso a los territorios y los recursos naturales correspondientes puede exponer a las comunidades indígenas a [...] varias violaciones de sus derechos humanos, además de ocasionarles sufrimiento y perjudicar la preservación de su forma de vida, costumbres e idioma". Asimismo, ha advertido que los Estados deben proteger "la estrecha relación que [los pueblos indígenas] mantienen con la tierra" y "su proyecto de vida, tanto en su dimensión individual como colectiva"[288].

---

[287] *Cfr. Caso Muelle Flores Vs. Perú*, párrs. 174 y 190, y *Caso Hernández Vs. Argentina*, párr. 65.
[288] *Caso Comunidad Indígena Yakye Axa Vs. Paraguay*, párr. 163, y *Medio ambiente y derechos humanos (obligaciones estatales en relación con el medio ambiente en el marco de la protección y garantía de los derechos a la vida y a la integridad personal – interpretación y alcance de los artículos 4.1 y 5.1, en relación con los artículos 1.1 y 2 de la Convención Americana sobre Derechos Humanos)*. Opinión Consultiva OC-23/17, párr. 48. En ese entendimiento, el escrito de *amicus curiae* de DPLF y otras organizaciones afirmó que "el derecho al medio ambiente sano, no solo implica la posibilidad de acceder a recursos materiales vitales para la subsistencia y desarrollo económico de pueblos indígenas. Debe

276. That said, the State has not admitted that there has been environmental harm, and has argued, with regard to food and cultural identity, that there is no evidence of malnutrition or food deficit, and that it is the communities themselves that have introduced changes into their way of life (*supra* paras. 192 and 193).

277. The Court understands that the State's argument entails a restrictive or limited understanding of the rights in question that fails to consider their interdependence and particularities in the case of indigenous peoples.

278. Based on the standards indicated previously, the Court understands that there has been a relevant impact on the way of life of the indigenous communities in relation to their territory and it is necessary to clarify the characteristics of that impact.

279. Expert witness Yáñez Fuenzalida, referring to the "cultural pertinence" that the "title recognizing indigenous collective property and ownership of their ancestral lands" should have, explained that this meant that the title should be appropriate to recognize the "specific [forms] of the right to the use and enjoyment of property based on the culture, traditions, customs and beliefs of each people." Thus, she asserted that, in this case, the State should provide a "property title that recognizes [the] ethnic and cultural specificity of the communities [...] who use the territory in nomadic circuits that they follow based on their cultural tradition and the effective availability of natural resources for their subsistence, occupying the entire habitat that constitutes their traditional territory where the trails [...] are superimposed, overlap and cut across each other." The expert witness concluded that "if the indigenous communal property is not recognized, other related rights could be violated, such as the right to cultural identity, to their organized survival as a people [and] to food."[289] This is relevant because, as already determined in this judgment, the State has not adequately guaranteed the right to property.

280. Expert witness Naharro referred to reports indicating that it is "highly probable" that the "livestock are accelerating environmental deterioration processes," and that the "spatial distribution of grazing [...] is leading to [...] deterioration of the ecosystem." In her expert opinion, she also indicated that "[a]s the number of cattle increase, this is gradually destroying the indigenous peoples' means of subsistence." She explained that the cattle affect the wildlife and, also, feed on the fruits that are part of the "aboriginal diet," and that cattle-raising has "prejudiced" the "way the indigenous communities have of moving around the territory and taking advantage of communal resources." She also noted that, according to different experts, "cattle-raising has had an impact on the Pilcomayo River" owing to the "erosion" around the "headwaters" and along its "path due to overgrazing," which has "had an impact on the survival of the aboriginal cultures that live beside and depend on the river." The expert witness indicated that reports have indicated that "logging" increases the harmful effects, because it contributes to the "disappearance of the vegetation and, consequently, the animals in the area." She indicated that fieldwork conducted in

---

a healthy environment, and their culture. The subsistence of the environment forms part of their religious activities, rituals, ways of life, beliefs and, consequently, of their more extensive right to cultural life."

[289] Similarly, the *amicus curiae* brief of DPLF and other entities stressed the connection between food and the proper titling of the land. It indicated that although the violation of the right to have access to culturally appropriate food was closely linked to the violation of the territorial aspect and could arise from the same act that triggered State responsibility (such as the failure to issue a property title in favor of the community), it was important to maintain a conceptual distinction between the two aspects in order to "perceive, holistically, the severity" of the violation of the rights.

276. Ahora bien, el Estado no ha admitido un daño ambiental, y ha sostenido, en relación con la alimentación y la identidad cultural, que no hay prueba de desnutrición o déficit alimentario y que son las mismas comunidades las que han introducido cambios a su forma de vida (*supra* párrs. 192 y 193).

277. La Corte entiende que la aseveración estatal implica un entendimiento restrictivo o limitado de los derechos en cuestión, que no considera su interdependencia y particularidades respecto a pueblos indígenas.

278. Considerando las pautas antes expresadas, este Tribunal entiende que sí hubo un impacto relevante en el modo de vida de las comunidades indígenas respecto de su territorio. Es preciso aclarar las características de ese impacto.

279. La perita Yáñez Fuenzalida, en cuanto a la "pertinencia cultural" que debe tener el "título que reconoce la propiedad y posesión colectiva indígena sobre sus tierras ancestrales", explicó que ello implica que el título sea idóneo para reconocer las formas "específicas del derecho al uso y goce de los bienes, dadas por la cultura, usos, costumbres y creencias de cada pueblo". Por ello afirmó que, en el caso, el Estado debe proveer un "título de dominio que reconozca [la] especificidad étnica y cultural [de las] comunidades [...] que utilizan el territorio en circuitos de trashumancia que se van trazando de conformidad con su tradición cultural y la disponibilidad efectiva de recursos naturales para su subsistencia, ocupando la totalidad del hábitat que configura su territorio tradicional y cuyos recorridos [...] se superponen, traslapan y cruzan entre sí". La perita concluyó que "si no se reconoce la propiedad comunal indígena se podría vulnerar otros derechos conexos como son[, entre otros,] el derecho a la identidad cultural, a la supervivencia organizada como pueblo [y] a la alimentación"[289]. Lo expuesto es relevante puesto que, como ya se ha determinado en esta Sentencia, el Estado no ha garantizado en forma adecuada el derecho de propiedad.

280. La perita Naharro refirió estudios que denotan como "altamente probable" que la "ganadería vacuna esté acelerando procesos de deterioro ambiental", y que la "distribución espacial del pastoreo [...] estaría generando [...] deterioro ecosistémico". A su vez, en su declaración pericial se indica que "[e]l ganado vacuno a medida que se incrementa va paulatinamente derribando los medios de vida del indígena". Explicó que el ganado afecta la fauna silvestre y, además, se alimenta de frutos que son parte de la "dieta aborigen", y que la ganadería ha "perjudica[do]" la "forma que tienen las comunidades indígenas de circular por el territorio y aprovechar bienes comunes". Advirtió también que, conforme distintos especialistas, "la ganadería ha tenido incidencia sobre el río Pilcomayo" por la "erosión" de las "cabeceras de cuenca" y de "su curso medio por sobrepastoreo", viéndose "afectada la supervivencia de las culturas aborígenes que habitan y dependen del río". La perita indicó estudios que señalan que la "explotación maderera" potencia los efectos nocivos expresados, pues contribuye a la "desapar[ición de] la cubierta vegetal y por

---

considerarse también que existe una conexión especial entre las comunidades, el medio ambiente sano y su cultura. La subsistencia del medio ambiente forma parte de sus actividades religiosas, rituales, formas de vida, creencias y por consecuencia de su derecho más amplio a la vida cultural".

[289] En igual sentido, el escrito de *amicus curiae* de DPLF y otras organizaciones destacó el vínculo entre la alimentación y la titulación adecuada de la tierra. Expresó que si bien la violación del derecho a acceder a alimentos culturalmente adecuados se encuentra estrechamente vinculado a la violación del aspecto territorial, y pueden derivar del mismo acto detonante de responsabilidad estatal (como la omisión de expedir un título de propiedad a favor de la comunidad), es importante mantener una distinción conceptual de ambos aspectos para "percibir de forma holística la gravedad" de la lesión a los derechos.

September 2017 revealed that "illegal logging has had negative consequences for the environment and for the indigenous communities."[290] The evidence submitted shows that there has been an impact on the resources protected by the rights cited.

281. Expert witness Buliubasich stressed that the "degradation of the environment as a result of the livestock and logging activities" has affected the indigenous way of life and that "cattle-raising and the traditional indigenous activities are incompatible." She noted that "environmental erosion has been progressive so that [*criollos* and indigenous people] require an ever-increasing area of land, leading to mounting competitive exclusion."

282. Expert witness Naharro also explained that "[g]iven the scarcity of water, the [indigenous communities] are sometimes prevented from having access to the water storage facilities, because the *criollo* families erect fences around them, preventing the indigenous people from using them." She added that the "food situation of the hunter-gatherer peoples of the area of the Pilcomayo [River] should be understood in relation to the changes that have had an impact on the provision of food." In this regard, "[a]s a result of environmental degradation, the resources available in the forest are increasingly insufficient, meaning that the indigenous peoples have had to incorporate new industrialized foods into their diet. And, as these have to be obtained with cash earnings that are extremely scarce, […] they are insufficient to complete their food needs." She also indicated that "most of the communities do not have potable water and even though they may have a well and a pump, the water obtained […] is untreated. Human waste is disposed of in the open as many communities have no waste treatment facilities." She added that "the water for human consumption has to be shared with […] *criollos*," and that the water to which the communities have access is "insufficient."

283. In this regard, the Court notes that both the State and the representatives agree that there have been changes in the way of life of the indigenous communities, and the representatives have referred to "alterations" in their "customs," "individual and social habits," "economic practices" and "conceptions" (*supra* paras. 189 and 193).

284. First, it should be made clear that, given the evolutive and dynamic nature of culture, the inherent cultural patterns of the indigenous peoples may change over time and based on their contact with other human groups. Evidently, this does not take away the indigenous nature of the respective peoples. In addition, this dynamic characteristic cannot, in itself, lead to denying the occurrence, when applicable, of real harm to cultural identity. In the circumstances of this case, the changes in the way of life of the communities, noted by both the State and the representatives, have been related to the interference in their territory by non-indigenous settlers and activities alien to their traditional customs. This interference, which was never agreed to by the communities, but occurred in a context of a violation of the free enjoyment of their ancestral territory, affected natural or environmental resources on this territory that had an impact on the indigenous communities traditional means of feeding themselves

---

[290] She emphasized that this "illegality" included "other persons hiring the indigenous people, as ill-paid workers, to extract wood from their own lands," and that the "communities were prevented from implementing a forestry management plan and could not apply for technical support to plan their own land management."

ende animal de la zona". Expresó que durante un trabajo de campo realizado en septiembre de 2017 se evidenció que la "ilegalidad de la tala tuvo consecuencias negativas para el ambiente y para las comunidades indígenas"[290]. La prueba presentada muestra que los bienes tutelados por los derechos citados han sido impactados.

281. La perita Buliubasich, por su parte, destacó que la "degradación del medio natural como consecuencia de las formas de explotación ganadera y forestal" afecta el modo de vida indígena, y que, en ese sentido, hay una "incompatibilidad entre ganadería y actividades tradicionales indígenas". Notó que la "erosión ambiental es progresiva "de modo que [criollos e indígenas] requieren cada vez más territorio, conduciendo a una exclusión competitiva más intensa".

282. La perita Naharro explicó también que "[a]nte la escasez de agua, las comunidades [indígenas] a veces ven vedado el acceso a los reservorios de agua, ya que las familias criollas alambran alrededor, impidiendo el uso a los indígenas". Agregó que la "situación alimentaria de los pueblos cazadores y recolectores del área del [río] Pilcomayo, debe entenderse en relación a los cambios que incidieron en la provisión de alimentos". En ese sentido, "[c]omo producto de la degradación ambiental, la oferta de recursos del monte se ha vuelto cada vez más insuficiente, con lo cual los pueblos indígenas han debido incorporar nuevos alimentos industrializados. Estos[,] al ser obtenidos mediante ingresos monetarios que son sumamente escasos[,...] no alcanzan a completar una alimentación suficiente". Además, expresó que "la mayoría de las comunidades no posee agua apta para consumo y si bien tienen pozo a bomba, el agua que se obtiene [...] no recibe tratamiento. La disposición de excretas es a 'cielo abierto' y muchas no tienen tratamiento de residuos". Agregó que "el agua para consumo tiende a ser compartida con [...] criollos", y que el agua a la que acceden las comunidades es de "cantidad insuficiente".

283. Sobre lo anterior, la Corte nota que tanto el Estado como los representantes son contestes en sostener que ha habido cambios en la forma de vida de las comunidades indígenas, señalando los representantes "alteraciones" en sus "costumbres", "hábitos sociales e individuales", "prácticas económicas" y "concepciones" (*supra* párrs. 189 y 193).

284. Ahora bien, en primer término, es preciso dejar sentado que, dado el carácter evolutivo y dinámico de la cultura, pautas culturales propias de los pueblos indígenas pueden ir modificándose a lo largo del tiempo y a partir de su contacto con otros grupos humanos. Desde luego, ello no priva a los pueblos respectivos de su carácter indígena. A su vez, esta característica dinámica no puede, por sí misma, llevar a negar la ocurrencia, según los casos, de reales daños a la identidad cultural. En las circunstancias del caso, los cambios en la forma de vida de las comunidades, advertidos tanto por el Estado como por los representantes, han estado relacionados con la interferencia, en su territorio, de pobladores no indígenas y actividades ajenas a sus costumbres tradicionales. Esta interferencia, que nunca fue consentida por las comunidades, sino que se enmarcó en una lesión al libre disfrute de su territorio ancestral, afectó bienes naturales o ambientales de dicho territorio, incidiendo en el

---

[290] Destacó que dicha "ilegalidad" hizo que "otras personas contratasen a los indígenas, como trabajadores mal pagados, para sacar madera de sus propias tierras", y que las "comunidades se vieron impedidas de llevar adelante un plan de manejo del bosque, y no pudieron gestionar apoyo técnico para planificar su propio ordenamiento territorial".

and on their access to water. In this context, the alterations to the indigenous way of life cannot be considered, as the State claims, as introduced by the communities themselves, as if they had been the result of a deliberate and voluntary decision. Consequently, there has been harm to cultural identity related to natural and food resources.

285. Expert witness Buliubasich called attention to the seriousness of the situation, indicating that, while it is not resolved, *criollos* and indigenous peoples require increasing amounts of land. She stated that:

> The main victim [of the above] is the aboriginal who, deprived of forest food resources cannot survive. Furthermore, he is unable to migrate because he has already reached a point where he can go no further, and he is not prepared to migrate to urban centers. [...] His destiny is simply hunger, with its stages of malnutrition, diseases and death. In a degraded environment, there will be no animals or food plants, or fruit to exploit and sell [...]. In that scenario, a culturally significant territory, a world vision and linguistic diversity are destroyed.

According to the expert witness the "second victim" was the "*criollo*" who is impoverished and whose foreseeable future is migration to urban centers; as the "third victim," she identified the "environment [...] with the forest becoming a desert, with the loss of valuable resources and biodiversity."

286. Having established the foregoing, the Court must now analyze whether the State bears any responsibility for this harm.

287. Based on the facts, it is evident that the State has been aware of all the said activities. It is also clear that the State has taken different actions (*supra* paras. 267 to 269); but they have not been effective to detain the harmful activities. The facts reveal that, more than 28 years after the original indigenous territorial claim, the livestock and fences are still present. Regarding the illegal logging, its clandestine nature means that it is impossible to be certain to what extent it continues. However, the State has not denied that these acts have taken place, and they have been reported by the representatives at least up until 2017.

288. In this case, the ineffectiveness of the State's actions has occurred in a context in which the State has failed to guarantee the indigenous communities the possibility of deciding, freely or by adequate consultation, the activities on their territory.

289. Consequently, the Court finds that Argentina has violated to the detriment of the indigenous communities victims in this case their interrelated rights to take part in cultural life in relation to cultural identity, and to a healthy environment, adequate food, and water contained in Article 26 of the American Convention, in relation to the obligation to ensure the rights established in Article 1(1) of this instrument.

modo tradicional de alimentación de las comunidades indígenas y en su acceso al agua. En este marco, las alteraciones a la forma de vida indígena no pueden ser vistas, como pretende el Estado, como introducidas por las propias comunidades, como si hubiera sido el resultado de una determinación deliberada y voluntaria. Por ello, ha existido una lesión a la identidad cultural relacionada con recursos naturales y alimentarios.

285. La perita Buliubasich llamó la atención sobre la gravedad de la situación, expresando que en la medida en que esa solución no se presenta, criollos e indígenas requieren cada vez mayor territorio. Expresó que:

> [l]La primera víctima [de lo anterior] es el aborigen, quien privado de los recursos alimenticios del monte no podrá sobrevivir. Tampoco tiene posibilidades de migración, por haber llegado a un sector de arrinconamiento, ni se encuentra preparado para una migración a centros urbanos. [...] El destino es simplemente el hambre, con sus etapas de desnutrición, enfermedades y muerte. En un medio ambiente degradado no habrá animales y plantas alimenticias, frutos que explotar y vender[....] En este escenario, se destruye un territorio culturalmente significado, la cosmovisión y la diversidad lingüística.

La perita mencionó como "segunda víctima" al "criollo", que se ve empobrecido y cuyo futuro previsible es la migración a centros urbanos; como "tercera víctima" identificó al "ambiente[,...] al transformarse el monte en desierto, con pérdida de recursos valiosos y de la biodiversidad".

286. Establecido lo anterior, corresponde examinar si el Estado tiene responsabilidad en tal lesión.

287. Es evidente, a partir de los hechos, que el Estado ha tenido conocimiento de todas las actividades referidas. También es claro que el Estado ha adoptado distintas acciones (*supra* párrs. 267 a 269). No obstante, las mismas no han sido efectivas para detener las actividades lesivas. Surge de los hechos que, luego de más de 28 años de iniciado el reclamo indígena respecto del territorio, continúa la presencia del ganado y alambrados. En cuanto a la tala ilegal, su carácter clandestino impide tener certeza de en qué medida ésta sigue produciéndose. Sin embargo, el Estado no ha negado que se hayan cometido estos actos, los cuales han sido denunciados por los representantes al menos hasta el año 2017.

288. En el presente caso, la falta de efectividad de las acciones estatales se enmarca, además, en una situación en la que el Estado no ha garantizado a las comunidades indígenas la posibilidad de determinar, libremente o mediante consultas adecuadas, las actividades sobre su territorio.

289. Por lo dicho, la Corte determina que Argentina violó, en perjuicio de las comunidades indígenas víctimas del presente caso, sus derechos, relacionados entre sí, a participar en la vida cultural, en lo atinente a la identidad cultural, a un medio ambiente sano, a la alimentación adecuada, y al agua, contenidos en el artículo 26 de la Convención Americana, en relación con la obligación de garantizar los derechos prevista en el artículo 1.1 del mismo instrumento.

VII-3
RIGHTS TO JUDICIAL GUARANTEES AND PROTECTION IN RELATION TO THE OBLIGATIONS TO RESPECT AND TO ENSURE THESE RIGHTS WITH REGARD TO THE JUDICIAL ACTIONS FILED BY LHAKA HONHAT[291]

290. The Court will now examine the arguments of the parties regarding different actions filed in relation to some of the circumstances revealed in this case. First, it will summarize the arguments of the parties and then proceed to outline its considerations.

A. ARGUMENTS OF THE PARTIES

291. The *representatives* alleged the violation of judicial guarantees and judicial protection, established in Articles 8 and 25 of the Convention, in light of the inadequacy and lack of effectiveness of the remedies available to safeguard the rights of the indigenous communities when these were threatened or had been violated. They described various situations in which, they argued, there had been "complete [...] ineffectiveness," alluding to the "judicial proceedings" in relation to: (a) the construction of the international bridge by the province of Salta in 1995;[292] (b) the partial adjudications of lands in December 1999,[293] and (c) the attempts to stop the referendum in 1995.[294] The indicated that "[a]t a time of extreme vulnerability, the

---

[291] Articles 8, 25 and 1(1) of the Convention.

[292] They explained that, on September 11, 1995, Lhaka Honhat had filed an application for amparo and a request for an injunction requiring the suspension of the bridge construction. They added that on November 8, 1995, and April 29, 1996, respectively, the Salta Court of Justice had rejected both the requested injunction and the amparo, understanding that the matter would require greater "discussion and more evidence" than was permitted by the fast-track procedure of amparo. Then, on December 10, 1997, the Supreme Court of Justice of the Nation rejected the appeal that had been filed, understanding that it was inadmissible because it was not an appeal against a final judgment. The representatives explained that "[a]lthough the final judgment was delivered in 1997, by then the province had already completed the bridge construction without taking any measures in favor of the indigenous communities."

[293] In November 1999, Salta issued Resolution 423/99, which established procedures for the adjudication of lands (*supra* para. 65). The representatives indicated that, following a ruling of the Supreme Court of Justice of the Nation of June 15, 2004, on May 8, 2007, the Salta Court of Justice declared the nullification of Resolution 423/99 (and of Decree 461/99). They argued that, despite the result, the judicial remedy was neither "prompt nor appropriate" because "almost eight years passed before the administrative acts were annulled."

[294] The representatives stated that Law 7,352, which called for the referendum gave rise to three judicial actions: one by Lhaka Honhat before the Supreme Court of Justice of the Nation; another, by a local human rights group before the Salta Court of Justice, and the third, by the "government of Salta" through a "cacique who had no part in the conflict [...] and who was politically aligned with the Governor at the time," against Lhaka Honhat, before the Salta courts, requiring Lhaka Honhat to withdraw its actions. According to the relevant information provided by the representatives, this is what happened. First, an action requesting "a declaratory judgment" was rejected by the Supreme Court of Justice of the Nation on September 27, 2005, because it understood that the Constitution was not concerned and that the national State was not involved, and therefore declared itself incompetent. The second action was rejected on September 29, 2005: the Salta Court of Justice asserted that Law 7,352 was not manifestly arbitrary and it could not "preclude the presumption of its legality." The third action was received favorably on September 7, 2005, by a trial judge, understanding that the judicial and extrajudicial submissions by Lhaka Honhat were "arbitrary." This decision was appealed and the Salta Court of Justice rejected the appeal on February 14, 2006, four months after the referendum had been held, indicating that "the matter had become theoretical."

VII-3
DERECHOS A LAS GARANTIAS Y PROTECCIÓN JUDICIALES EN RELACIÓN CON LAS OBLIGACIONES DE RESPETAR Y GARANTIZAR LOS DERECHOS RESPECTO A ACCIONES JUDICIALES PRESENTADAS POR LHAKA HONHAT[291]

290. En lo que sigue, la Corte analizará los alegatos de las partes sobre diversos procesos entablados respecto a algunas circunstancias suscitadas en el caso. En primer término, reseñará los argumentos de las partes y luego dará cuenta de las consideraciones de este Tribunal.

A. ARGUMENTOS DE LAS PARTES

291. Los *representantes* alegaron la violación a las garantías judiciales y al derecho a la protección judicial, establecidos en los artículos 8 y 25 de la Convención, dada la falta de idoneidad y efectividad de los recursos disponibles para la salvaguarda de los derechos de las comunidades indígenas cuando éstos se encontraban amenazados o habían sido violados. Adujeron distintas situaciones en las que, según sostuvieron, hubo "completa [...] inefectiv[idad]", en alusión al "devenir judicial" relacionado con: (a) la construcción por la Provincia de Salta del puente internacional en 1995[292]; (b) la realización de adjudicaciones parciales de terrenos en diciembre de 1999[293] y (c) los intentos de detener la realización del referéndum en el 2005[294].

---

[291] Artículos 8, 25 y 1.1 de la Convención.
[292] Explicaron que el 11 de septiembre de 1995, Lhaka Honhat presentó una acción de amparo y una solicitud cautelar para que se suspendan las obras de construcción del puente. Agregaron que los días 8 de noviembre de 1995 y 29 de abril de 1996 la Corte de Justicia de Salta rechazó, respectivamente, la medida cautelar de "no innovar" presentada y el amparo, por entender que el asunto requería mayor "debate y amplitud de prueba" que la permitida por la vía rápida del amparo. Conforme expresaron, el 10 de diciembre de 1997, la Corte Suprema de Justicia de la Nación desestimó un recurso intentado, por entender que no procedía por no atacarse una sentencia definitiva. Los representantes explicaron que "[a] pesar de que la sentencia definitiva se dictó en 1997, para esa fecha la Provincia ya había concluido la construcción del puente sin tomar ningún recaudo a favor de las comunidades indígenas".
[293] En noviembre de 1999 Salta dictó la Resolución 423/99, que preveía acciones a fin de adjudicar terrenos (*supra* párr. 65). Los representantes señalaron que, luego de una sentencia de la Corte Suprema de Justicia de la Nación de 15 de junio de 2004, el 8 de mayo de 2007 la Corte de Justicia de Salta declaró la nulidad de la Resolución 423/99 (y del Decreto 461/99). Adujeron que, pese al resultado, la vía judicial no fue "expedita e idónea" pues "tuvieron que pasar alrededor de ocho años para que se dejaran sin efecto los actos administrativos".
[294] Los representantes manifestaron que la ley 7.352, que convocó al referéndum, motivó tres acciones judiciales: una de Lhaka Honhat ante la Corte Suprema de Justicia de la Nación; otra, de una agrupación de derechos humanos local ante la Corte de Justicia de Salta; la tercera, del "gobierno salteño" a través de un "cacique ajeno al conflicto [...] y afín políticamente al entonces gobernador", contra Lhaka Honhat, ante la justicia de Salta, para que Lhaka Honhat desistiera de sus acciones. De acuerdo a lo informado por los representantes, respecto a tales acciones judiciales ocurrió lo que sigue. La primera, una acción "declarativa de certeza", fue rechazada por la Corte Suprema de Justicia de la Nación el 27 de septiembre de 2005 porque entendió que no estaba en juego la vigencia de la Constitución Nacional y que el Estado Nacional no estaba involucrado, por lo que se declaró incompetente. Respecto a la segunda, fue rechazada el 29 de septiembre de 2005: la Corte de Justicia de Salta afirmó que la ley 7.352 no resultaba arbitraria en forma manifiesta, y no podía "desvanecer[se] la presunción de legalidad que [...] ostenta[ba]". La tercera acción fue acogida favorablemente, el 7 de septiembre de 2005, por un juez de primera instancia, entendiendo que las presentaciones judiciales y extrajudiciales de Lhaka Honhat eran "arbitrarias". La decisión fue apelada, y la Corte de Justicia de Salta rechazó la apelación el 14 de febrero de 2006, cuatro meses después de realizado el referéndum, indicando que "la cuestión había devenido abstracta".

courts of justice played a major role in the violation of rights, and increased that vulnerability."

292. The *State* argued that, as acknowledged by the "petitioners" themselves, they had access to legally established judicial remedies and, in one case, had obtained a judgment in their favor. It also asserted that the referendum had produced no effects and argued that it was not possible to invoke the violation of the articles cited because, over the years, the indigenous communities had been able to have recourse to provincial, national and international justice.

B. CONSIDERATIONS OF THE COURT

293. First, the Court will make some general consideration with regard to Articles 8(1) and 25(1) of the Convention and, then, it will examine the specific case and, lastly, set out its conclusions.

B.1. General considerations

294. Regarding the judicial guarantees contained in Article 8(1) of the Convention, this Court has understood that due process of law "includes the conditions that must be met to ensure the adequate defense of those whose rights or obligations are being considered by the court."[295] Meanwhile, Article 25 of the Convention establishes "the obligation of the States Parties to ensure, to all persons subject to their jurisdiction, a simple, prompt and effective remedy before a competent judge or court."[296] Articles 8, 25 and 1 are interrelated insofar as "effective judicial remedies […] must be substantiated pursuant to the rules of due process of law, […] under the general obligation of the […] States to ensure the free and full exercise of the rights recognized by the Convention to all persons subject to their jurisdiction (Art. 1)."[297] The effectiveness of the remedies should be assessed in each specific case taking into account whether "domestic remedies exist that guarantee real access to justice to claim reparation for a violation."[298]

295. The Court has stipulated that the State is obliged to provide effective remedies that allow individuals to dispute those acts of the authorities that they consider have violated their rights, "regardless of whether the judicial authority declares the claim of the individual who files the remedy inadmissible because it is not included in the norm he invokes or does not find a violation of the right that is alleged

---

[295] *Cf. Case of the Constitutional Court v. Peru. Merits, reparations and costs.* Judgment of January 31, 2001, Series C No. 71, paras. 69 and 108, and *Case of López et al. v. Argentina. Preliminary objections, merits, reparations and costs.* Judgment of November 25, 2019. Series C No. 396, para. 199.

[296] *Cf. Case of Mejía Idrovo v. Ecuador. Preliminary objections, merits, reparations and costs.* Judgment of July 5, 2011, Series C No. 228, para. 95, and *Case of López et al. v. Argentina*, para. 209.

[297] *Cf. Case of Velásquez Rodríguez v. Honduras. Preliminary objections.* Judgment of June 26, 1987. Series C No. 1, para. 91, and *Case of Gómez Virula et al. v. Guatemala. Preliminary objection, merits, reparations and costs.* Judgment of November 21, 2019. Series C No. 393, para. 64.

[298] *Case of Goiburú et al. v. Paraguay. Merits, reparations and costs.* Judgment of September 22, 2006. Series C No. 153, para. 120, and *Case of García Lucero et al. v. Chile. Preliminary objection, merits and Reparations.* Judgment of August 28, 2013. Series C No. 267, para. 182.

Sostuvieron que "[e]n un momento de extrema vulnerabilidad, los tribunales de justicia se convirtieron en artífices de la transgresión de derechos, y profundizaron aquella vulnerabilidad".

292. El *Estado* adujo que conforme a lo que reconocieron los propios "peticionarios", éstos tuvieron acceso a los remedios judiciales legalmente previstos, obteniendo en un caso una sentencia favorable a su pretensión. Expresó que el referéndum no ha producido efecto alguno. En concordancia con esto, indicó que no se puede invocar violación a los artículos citados, ya que a lo largo de estos años las comunidades indígenas han tenido la posibilidad de recurrir a la justicia provincial, nacional e internacional.

B. Consideraciones de la Corte

293. En primer término, la Corte realizará consideraciones generales respecto de los artículos 8.1 y 25.1 de la Convención y seguidamente examinará el caso concreto. Luego expondrá su conclusión.

B.1. Consideraciones generales

294. Respecto de las garantías judiciales comprendidas en el artículo 8.1 de la Convención, esta Corte ha entendido que el debido proceso legal "abarca las condiciones que deben cumplirse para asegurar la adecuada defensa de aquéllos cuyos derechos u obligaciones que están bajo consideración judicial"[295]. Por otro lado, el artículo 25 de la Convención contempla "la obligación de los Estados Partes de garantizar, a todas las personas bajo su jurisdicción, un recurso judicial sencillo, rápido y efectivo ante juez o tribunal competente"[296]. Los artículos 8, 25 y 1 se encuentran interrelacionados en la medida que "[l]os […] recursos judiciales efectivos […] deben ser sustanciados de conformidad con las reglas del debido proceso legal, […] dentro de la obligación general a cargo de los […] Estados, de garantizar el libre y pleno ejercicio de los derechos reconocidos por la Convención a toda persona que se encuentre bajo su jurisdicción (art. 1)"[297]. La efectividad de los recursos debe evaluarse en el caso particular teniendo en cuenta si "existieron vías internas que garantizaran un verdadero acceso a la justicia para reclamar la reparación de la violación"[298].

295. La Corte ha precisado que el Estado está obligado a proveer recursos efectivos que permitan a las personas impugnar aquellos actos de autoridades que consideren violatorios de sus derechos "independientemente de si la autoridad judicial declarare infundado el reclamo de la persona que interpone el recurso por no estar cubierto por la norma que invoca o no encontrare una violación del derecho que se

---
[295] *Cfr. Caso del Tribunal Constitucional Vs. Perú. Fondo, Reparaciones y Costas*. Sentencia de 31 de enero de 2001, Serie C No. 71, párr. 69, párr. 108, y *Caso López y otros Vs. Argentina. Excepciones Preliminares, Fondo, Reparaciones y Costas*. Sentencia de 25 de noviembre de 2019. Serie C No. 396, párr. 199.
[296] *Cfr. Caso Mejía Idrovo Vs. Ecuador. Excepciones Preliminares, Fondo, Reparaciones y Costas*. Sentencia de 5 de julio de 2011, Serie C No. 228, párr. 95, y *Caso López y otros Vs. Argentina*, párr. 209.
[297] *Cfr. Caso Velásquez Rodríguez Vs. Honduras. Excepciones Preliminares*. Sentencia de 26 de junio de 1987. Serie C No. 1, párr. 91, y *Caso Gómez Virula y otros Vs. Guatemala. Excepción Preliminar, Fondo, Reparaciones y Costas*. Sentencia de 21 de noviembre de 2019. Serie C No. 393, párr. 64..
[298] *Caso Goiburú y otros Vs. Paraguay. Fondo, Reparaciones y Costas*. Sentencia de 22 de septiembre de 2006. Serie C No. 153, párr. 120, y *Caso García Lucero y otras Vs. Chile. Excepción Preliminar, Fondo y Reparaciones*. Sentencia de 28 de agosto de 2013. Serie C No. 267, párr. 182.

to have been violated."[299] The Court notes that Articles 8 and 25 of the Convention also recognize the right to obtain a response to the claims and requests filed before the judicial authorities because the efficacy of the remedy entails a positive obligation to provide a response within a reasonable time.[300]

296. On this basis, the Court will examine the different judicial remedies indicated by the representatives.

B.2. Examination of the circumstances of the case

B.2.1. Application for amparo regarding the construction of the international bridge

297. *Facts.* The construction of the international bridge began in 1995 (*supra* para. 63). On September 11, 1995, a legal representative of Lhaka Honhat filed an application for amparo with the Salta Court of Justice (CJS) requesting it to order the immediate suspension of the work.[301] The request for an injunction and the application for amparo were rejected on November 8, 1995, and April 29, 1996, respectively. The CJS understood that the contested act lacked "manifest arbitrariness or illegitimacy" and required "greater discussion and evidence" than allowed by the remedy filed. On May 14, 1996, Lhaka Honhat filed a federal special remedy that was rejected. On February 27, 1997, the Association's representatives filed a remedy of complaint against the rejection of the federal special remedy. This appeal was dismissed by the National Supreme Court of Justice (CSJN) in a ruling of December 10, 1997, notified on February 5, 1998, because it had not been filed against a final judgment.[302] By then the bridge had been built.

298. *Considerations.* As has already been pointed out, the rights recognized in Articles 25 and 8 of the Convention should be examined in relation to whether, in the specific case, there was a real possibility of access to justice and whether the guarantees of due process have been respected. The Court observes that the application for amparo did not have the result that Lhaka Honhat expected, but this, alone, does not prove that the State has not provide adequate and effective judicial remedies.

299. In this regard, the CJS understood that the application was not admissible and that the claim filed required another type of remedy. Subsequently, the CSJN understood that, since it was not challenging a final judgment, the appeal filed before it was inadmissible. The decision of the CJS indicated that the procedural remedy filed by Lhaka Honhat was not appropriate. The Inter-American Court has not received arguments indicating the ineffectiveness or inexistence of other remedies.

---

[299] *Case of Castañeda Gutman v. Mexico. Preliminary objections, merits, reparations and costs.* Judgment of August 6, 2008. Series C No. 184, para. 101.

[300] *Cf. Case of Cantos v. Argentina. Merits, reparations and costs.* Judgment of November 28, 2002. Series C No. 97, para. 57. Similarly, indicating that the State responsibility in relation to the right to judicial protection involves the issue of a decision, *Case of the National Association of Discharged and Retired Employees of the National Tax Administration Superintendence (ANCEJUB-SUNAT) v. Peru*, para. 103.

[301] Application for amparo of September 11, 1995 (evidence file, annex I.3 to the pleadings and motions brief, fs. 31,823 to 31,844).

[302] Initial petition of August 4, 1998 (evidence file, annex 2 to the Merits Report, fs. 7 to 33).

alega vulnerado"[299]. En esta línea, el Tribunal advierte que los artículos 8 y 25 de la Convención también consagran el derecho de obtener respuesta a las demandas y solicitudes planteadas a las autoridades judiciales, ya que la eficacia del recurso implica una obligación positiva de proporcionar una respuesta en un plazo razonable[300].

296. Con base en lo dicho, este Tribunal analizará los distintos recursos judiciales indicados por los representantes.

B.2. Examen de las circunstancias del caso

B.2.1. Acción de amparo respecto a la construcción del puente internacional

297. *Hechos*. La construcción del puente internacional se inició en 1995 (*supra* párr. 63). El 11 de septiembre de 1995, un representante legal de Lhaka Honhat presentó una acción de amparo ante la Corte de Justicia de Salta (CJS) solicitando que se ordenara la suspensión inmediata de las obras[301]. La solicitud de medida cautelar de "no innovar" y la acción de amparo fueron rechazadas el 8 de noviembre de 1995 y el 29 de abril de 1996, respectivamente. La CJS entendió que el acto reclamado carecía de "ilegitimidad o arbitrariedad manifiesta" y requería "mayor debate y prueba" que lo que permitía la vía judicial intentada. El 14 de mayo de 1996, Lhaka Honhat interpuso un recurso extraordinario federal, que fue rechazado. El 27 de febrero de 1997, los representantes de la Asociación interpusieron un recurso de queja en contra de la denegación del recurso extraordinario federal. El recurso fue desestimado por la Corte Suprema de Justicia de la Nación (CSJN) mediante resolución de 10 de diciembre de 1997, notificada el 5 de febrero de 1998, porque el recurso no había sido interpuesto contra una sentencia definitiva[302]. Para entonces, el puente ya había sido construido.

298. *Consideraciones*. Como ya se ha señalado, los derechos receptados en los artículos 25 y 8 de la Convención deben examinarse conforme a si existió, en el caso concreto, una posibilidad real de acceso a la justicia y a si se han respetado las garantías del debido proceso. La Corte observa que el amparo intentado no causó el resultado esperado por Lhaka Honhat, pero eso no demuestra por sí solo que el Estado no haya proveído acciones judiciales adecuadas y efectivas.

299. En este sentido, la CJS entendió que la acción no era procedente, y que la pretensión planteada requería otra vía judicial. Luego la CSJN entendió que, al no cuestionarse una sentencia definitiva, no procedía el recurso intentado ante ella. La decisión de la CJS indicó que la vía procesal intentada por Lhaka Honhat no era la correspondiente. No han sido presentados a la Corte Interamericana argumentos sobre la inexistencia de otras vías judiciales o sobre su inefectividad. Por eso, este Tribunal

---

[299] *Caso Castañeda Gutman Vs. México. Excepciones Preliminares, Fondo, Reparaciones y Costas*. Sentencia de 6 de agosto de 2008. Serie C No. 184, párr. 101.
[300] *Cfr. Caso Cantos Vs. Argentina. Fondo, Reparaciones y Costas*. Sentencia de 28 de noviembre de 2002. Serie C No. 97, párr. 57. En el mismo sentido, señalando que la responsabilidad estatal frente al derecho a la protección judicial implica la emisión de una decisión, *Caso Asociación Nacional de Cesantes y Jubilados de la Superintendencia Nacional de Administración Tributaria (ANCEJUB-SUNAT) Vs. Perú*, párr. 103.
[301] Presentación de amparo de 11 de septiembre de 1995. Expediente de prueba, anexo I.3 al escrito de solicitudes y argumentos, fs. 31.823 a 31.844.
[302] Petición inicial de 4 de agosto de 1998. Expediente de prueba, anexo 2 al Informe de Fondo, fs. 7 a 33.

Consequently, the Court cannot understand that the rejection of the application for amparo signified the denial of the right to judicial protection. In addition, the decision of the CSJN was based on procedural aspects regarding the admissibility of the special remedy inherent in the Argentine system of justice, and the Inter-American Court has no evidence to consider that this was contrary to the Convention. In conclusion, the Court has not received the arguments required to determine that there has been a violation of judicial protection or judicial guarantees.

B.2.2. Actions relating to Decree 461/99 and Resolution 423/99

300. *Facts.* As already indicated, in 1999, Salta issued Decree 461/99 and Resolution 423/99, with regard to the adjudication of parcels of land (*supra* para. 65). On March 8, 2000, Lhaka Honhat filed an application for amparo against these government acts.[303] The application was rejected by the provincial court. Following the filing of a federal special appeal,[304] the CSJN revoked the rejection on June 15, 2004, ruling that the provincial court should adopt a new decision.[305] On May 8, 2007, the CJS revoked the resolution and the decree.[306]

301. *Considerations.* In its case law, this Court has indicated that "the obligation to provide adequate and effective judicial remedies signifies that the proceedings must be held within a reasonable time."[307] The Court has considered that, based on "a significant delay in the proceedings [...] without a justified explanation," it is not "necessary to analyze the [different] criteria [for evaluating the time taken]."[308]

302. In this case, the Court notes that, in all, the judicial proceedings lasted nearly seven years. In particular, around three years elapsed after the CSJN had ordered the provincial court to issue a new ruling. The Inter-American Court does not observe any justification for this three-year delay and the State has presented no explanation in this regard.[309] Consequently, the Court observes that there is sufficient reason to

---

[303] Lhaka Honhat had previously filed an administrative remedy against this resolution that was rejected (*Cf.* Resolution 500/99 of the General Secretariat of Governance; evidence file, annex 14 to the Merits Report, fs. 279 to 291).

[304] On March 14, 2001, the Salta Court of Justice rejected the admissibility of the special appeal; consequently, Lhaka Honhat filed a complaint directly before the CSJN, which admitted the appeal.

[305] CSJN, Lhaka Honhat Association of Aboriginal Communities v/Executive Branch of the province of Salta, Appeal, A.182.XXXVII (evidence file, annex 18 to the Merits Report, fs. 329 to 335).

[306] CJS, Judgment of May 8, 2007 (evidence file, annex F.6. to the pleadings and motions brief, fs. 30,874 to 30,881).

[307] *Case of Ramírez Escobar et al. v. Guatemala*, para. 257, and *Case of Colindres Schonenberg v. El Salvador. Merits, reparations and costs.* Judgment of February 4, 2019. Series C No. 373, para. 118.

[308] *Case of Bayarri v. Argentina. Preliminary objection, merits, reparations and costs.* Judgment of October 30, 2008. Series C No. 187, para. 107. The Court has consistently taken four factors into account to determine whether the time is reasonable: (i) the complexity of the matter; (ii) the procedural activity of the interested party; (iii) the conduct of the judicial authorities, and (iv) the effects on the legal situation of the person involved in the proceedings (*Cf. Case of Ramírez Escobar et al. v. Guatemala*, para. 257, and *Case of Colindres Schonenberg v. El Salvador*, para. 118).

[309] It is for the State to explain the reason why it has required this amount of time; in the absence of such an explanation the Court has broad authority to draw its own conclusions in this regard (*Cf. Case of Granier et al. (Radio Caracas Televisión) v. Venezuela. Preliminary objections, merits, reparations and costs.* Judgment of June 22, 2015. Series C No. 293, para. 255, and *Case of Amrhein et al. v. Costa Rica. Preliminary objections, merits, reparations and costs.* Judgment of April 25, 2018. Series C No. 354, para. 422). In light

no puede entender que el rechazo del amparo implicara la negación del derecho a la protección judicial. Además, la decisión de la CSJN se basó en aspectos procesales de admisibilidad del recurso extraordinario, propios del sistema jurídico argentino, y la Corte Interamericana no tiene elementos para considerar que ello sea contrario a la Convención. En definitiva, la Corte no cuenta con los argumentos necesarios para determinar que haya existido violación a la protección judicial o a las garantías judiciales.

B.2.2. Acciones sobre el Decreto 461/99 y la Resolución 423/99

300. *Hechos.* Como se ha indicado, en 1999 Salta dictó el Decreto 461/99 y la Resolución 423/99, relacionados con la adjudicación de parcelas (*supra* párr. 65). El 8 de marzo de 2000, Lhaka Honhat presentó una acción de amparo contra tales actos gubernamentales[303]. La acción fue rechazada en la justicia provincial. Luego de la presentación de un recurso extraordinario federal[304], el 15 de junio de 2004 la CSJN revocó ese rechazo, disponiendo que la justicia provincial adoptase una nueva decisión[305]. El 8 de mayo de 2007 la CJS dejó sin efectos la Resolución y el Decreto[306].

301. *Consideraciones.* La jurisprudencia de este Tribunal ya ha señalado que "la obligación de proveer recursos judiciales adecuados y efectivos implica que los procesos se realicen en un plazo razonable"[307]. La Corte ha considerado que, en vista de "un retardo notorio del proceso [...] carente de explicación razonada", no se hace "necesario realizar el análisis de los [distintos] criterios [de evaluación del tiempo insumido]"[308].

302. Respecto del caso bajo examen, este Tribunal nota que en total el proceso judicial demoró cerca de siete años. En particular, desde que la CSJN ordenó dictar a la justicia provincial una sentencia, transcurrieron alrededor de 3 años. La Corte Interamericana no advierte justificación para esta demora de tres años y el Estado no ha presentado explicaciones al respecto[309]. En consecuencia, este Tribunal observa

---

[303] Antes Lhaka Honhat había presentado un recurso Administrativo contra dicha resolución, que fue rechazado (*cfr.* Resolución 500/99 de la Secretaría General de Gobernación; expediente de prueba, anexo 14 al Informe de Fondo, fs. 279 a 291).

[304] La procedencia del recurso extraordinario fue negada en primer término, el 14 de marzo de 2001, por la Corte de Justicia de Salta, por lo que Lhaka Honhat presentó un recurso de queja directo ante la CSJN, que aceptó el recurso.

[305] CSJN, "Asociación de Comunidades Aborígenes Lhaka Honhat c/Poder Ejecutivo de la Provincia de Salta", Recurso de Hecho, A.182.XXXVII. Expediente de prueba, anexo 18 al Informe de Fondo, fs. 329 a 335.

[306] CJS, Sentencia del 8 de mayo de 2007. Expediente de prueba, anexo F.6. al escrito de solicitudes y argumentos, fs. 30.874 a 30.881.

[307] *Caso Ramírez Escobar y otros Vs. Guatemala*, párr. 257, y *Caso Colindres Schonenberg Vs. El Salvador. Fondo, Reparaciones y Costas.* Sentencia de 4 de febrero de 2019. Serie C No. 373, párr. 118.

[308] *Caso Bayarri Vs. Argentina. Excepción Preliminar, Fondo, Reparaciones y Costas.* Sentencia de 30 de octubre de 2008. Serie C No. 187, párr. 107. De manera consistente la Corte ha tomado en cuenta cuatro elementos para determinar la razonabilidad del plazo: (i) complejidad del asunto; (ii) actividad procesal del interesado; (iii) conducta de las autoridades judiciales, y (iv) afectación generada en la situación jurídica de la persona involucrada en el proceso (*cfr. Caso Ramírez Escobar y otros Vs. Guatemala*, párr. 257, y *Caso Colindres Schonenberg Vs. El Salvador*, párr. 118).

[309] Corresponde al Estado exponer la razón por la que ha requerido esa cantidad de tiempo; en ausencia de ello, este Tribunal tiene amplias atribuciones para hacer su propia estimación al respecto (*cfr. Caso Granier y otros (Radio Caracas Televisión) Vs. Venezuela. Excepciones Preliminares, Fondo, Reparaciones y Costas.* Sentencia de 22 de junio de 2015. Serie C No. 293, párr. 255, y *Caso Amrhein y otros Vs. Costa Rica.*

understand that the length of time mentioned has been excessive and unjustified and, therefore, cannot be considered reasonable in the terms of Article 8(1) of the Convention.

B.2.3. *Judicial action against the 2005 referendum*[310]

303. *Facts*. On August 11, 2005, Lhaka Honhat filed an action for a declaratory judgment with the CSJN against the referendum law, asking the CSJN to declare it unconstitutional. In a judgment of September 27, 2005,[311] the CSJN rejected the appeal considering that it did not have competence to rule on acts of the provincial legal system.

304. *Considerations*. As mentioned previously (*supra* paras. 295 and 298), the fact that the response of a domestic court is not favorable to the petitioners' claims does not necessarily violate Articles 8 and 25 of the Convention. In this case, the rejection of the appeal for a declaratory judgment was based on procedural reasons: lack of competence. The circumstances in which the CSJN has competence relate to domestic procedural matters, and it is not for the Inter-American Court to determine them. However, having established this, it should be clarified that the fact that the CSJN declared itself incompetent does not, in itself, reveal that there were no other appropriate judicial remedies. Consequently, the Inter-American Court cannot find the State responsible.

B.3. *Conclusion*

305. Based on the foregoing in relation to the actions against Decree 461/99 and Resolution 423/99, the Court determines that the State violated the guarantee of a reasonable time. Consequently, it violated Article 8(1) of the Convention, in relation to its Article 1(1), to the detriment of the indigenous communities that inhabit Lots 14 and 55.[312]

---

of the failure to explain the three-year delay by the provincial court, it is not necessary to make a specific evaluation of the time taken by the CSJN to adopt its decision.

[310] The representatives mentioned that additional judicial actions related to the referendum were filed by persons other than Lhaka Honhat, (*supra* footnote 294). The Court will only analyze the judicial action filed by the organization that represents the indigenous communities, because the others are not related to the rights to judicial guarantees and protection of these communities.

[311] CSJN, Lhaka Honhat Association of Aboriginal Communities v/province of Salta and another (national State) ref/ declaratory judgment. Case No. A 1596/05 (evidence file, annex D.22 to the pleadings and motions brief, fs. 30,481 to 30,502).

[312] The actions were filed by Lhaka Honhat. According to the Association's statute, it is constituted of members who are over the age of 18 and who belong to the communities that inhabit Lots 14 and 55. The Court understands that it can reasonably be assumed that all the said communities (*supra* para. 35 and Annex V) have a relevant interest in the proceedings filed by Lhaka Honhat. Consequently, it considers that the violation declared prejudiced all these communities. (Similarly, *Case of Coc Max et al. (Xamán Massacre) v. Guatemala*, para. 92, footnote 144.)

que hay motivos suficientes para entender que el plazo mencionado ha sido excesivo e injustificado y, por lo tanto, no puede considerarse razonable en los términos del artículo 8.1 de la Convención.

B.2.3. Acción judicial contra el referéndum de 2005[310]

303. *Hechos.* El 11 de agosto de 2005, Lhaka Honhat interpuso una acción declarativa de certeza ante la CSJN en contra de la ley de referéndum, buscando que se declarara su inconstitucionalidad. Mediante sentencia del 27 de septiembre de 2005[311], la CSJN rechazó el recurso interpuesto, al considerar que no tenía competencia para pronunciarse sobre actos del ordenamiento jurídico provincial.

304. *Consideraciones.* Como se ha mencionado anteriormente (*supra* párrs. 295 y 298), la respuesta, por parte de un tribunal interno, no favorable a las pretensiones de los solicitantes, no es necesariamente violatoria de los artículos 8 y 25 de la Convención. En este caso, el rechazo de la acción declarativa de certeza fue por un motivo procesal, la falta de competencia. Los supuestos en los que la CSJN sea competente refieren a cuestiones de orden procesal interno, que no corresponde a la Corte Interamericana dirimir. Sentado lo anterior, debe aclararse que el hecho de que la CSJN se declarase incompetente, no muestra, por sí mismo, que no hubiera otros medios judiciales idóneos. Por ende, la Corte Interamericana no puede determinar la responsabilidad del Estado.

B.3. Conclusión

305. De acuerdo a lo expuesto sobre las acciones contra el Decreto 461/99 y la Resolución 423/99, la Corte determina que el Estado violó la garantía del plazo razonable. Por consiguiente violó, en perjuicio de las comunidades indígenas habitantes de los lotes 14 y 55[312], el artículo 8.1 de la Convención, en relación con su artículo 1.1.

Excepciones Preliminares, Fondo, Reparaciones y Costas. Sentencia de 25 de abril de 2018. Serie C No. 354, párr. 422). Dada la falta de explicación respecto a los tres años de demora por la justicia provincial, no hace falta hacer una evaluación particular sobre el tiempo insumido por la CSJN para adoptar su decisión.

[310] Los representantes mencionaron que hubo otras acciones judiciales, presentadas por personas distintas a Lhaka Honhat, relacionadas con el referéndum (*supra* nota a pie de página 294). La Corte solo analizará la acción judicial iniciada por la organización representante de las comunidades indígenas, ya que las otras no se vinculan con los derechos a las garantías y protección judiciales de dichas comunidades.

[311] CSJN, "Asociación de Comunidades Aborígenes Lhaka Honhat c/ Salta, Provincia de y otro (Estado Nacional) s/ acción declarativa de certeza". Expte. N° A 1596/05. Expediente de prueba, anexo D.22 al escrito de solicitudes y argumentos, fs. 30.481 a 30.502.

[312] Las acciones fueron intentadas por Lhaka Honhat. De acuerdo a los términos del estatuto de dicha Asociación, la misma se ha constituido de un modo que, formalmente, integra como miembros a las personas mayores de edad que pertenezcan a las comunidades habitantes de los lotes 14 y 55. La Corte entiende que puede, razonablemente, asumirse un interés relevante de todas las comunidades aludidas (*supra* párr. 35 y Anexo V) en los procesos iniciados por Lhaka Honhat. Por ello, considera que la violación declarada perjudica a todas esas comunidades. (En similar sentido, *Caso Coc Max y otros (Masacre de Xamán) Vs. Guatemala*, párr. 92, nota pie de página 144.)

VIII
REPARATIONS

306. On the basis of the provisions of Article 63(1) of the American Convention, the Court has indicated that any violation of an international obligation that has caused harm entails the obligation to repair this adequately, and that this provision reflects a customary norm that constitutes one of the fundamental principles of contemporary international law on State responsibility.[313]

307. The reparation of the harm caused by the violation of an international obligation requires, whenever possible, full restitution (*restitutio in integrum*), which consists in the re-establishment of the previous situation. If this is not feasible, as in most cases of human rights violations, the Court will determine measures to guarantee the rights that have been violated and to redress the consequences of the violations. Based on the case, the Court has considered the need to grant diverse measures of reparation. Thus, pecuniary measures, and measures of restitution, rehabilitation and satisfaction as well as guarantees of non-repetition may have special relevance for the harm caused. The reparations must have a causal nexus to the facts of the case, the violations declared, and the damage proved, and also be related to the measures requested.[314]

308. Taking into consideration the violations declared in the preceding chapter, the Court will now analyze the claims submitted by the Commission and the victims' representatives, as well as the arguments of the State.

A. INJURED PARTY

309. Pursuant to Article 63(1) of the Convention, the injured party is considered to be anyone who has been declared a victim of the violation of any right recognized therein.[315] Therefore, based on the foregoing, this Court considers as "injured party" the 132 indigenous communities identified in Annex V of this judgment, settled on the territory identified previously as Fiscal Lots 14 and 55 and currently identified with the cadastral registration numbers 175 and 5557 of the department of Rivadavia, in the Argentine province of Salta, in the understanding that this includes the communities that, increasing or decreasing the total number, may derive from the said 132 through the process of "fission-fusion" referred to in this judgment (*supra* paras. 33, 35, 50 and 156 and footnotes 22 and 23).

---

[313] *Cf. Case of Velásquez Rodríguez v. Honduras. Reparations and costs.* Judgment of July 21, 1989. Series C No. 7, paras. 25 to 27, and *Case of Jenkins v. Argentina*, para. 122.

[314] *Cf. Case of Velásquez Rodríguez v. Honduras. Reparations and costs*, paras. 25 and 26; *Case of Ticona Estrada v. Bolivia. Merits, reparations and costs.* Judgment of November 27, 2008. Series C No. 191, para. 110; *Case of the Las Dos Erres Massacre v. Guatemala. Preliminary objection, merits, reparations and costs.* Judgment of November 24, 2009. Series C No. 211, para. 226, and *Case of Jenkins v. Argentina*, paras. 123 and 124.

[315] *Cf. Case of the La Rochela Massacre v. Colombia. Merits, reparations and costs.* Judgment of May 11, 2007. Series C No. 163, para. 233, and *Case of Jenkins v. Argentina*, para. 126.

VIII
REPARACIONES

306. Sobre la base de lo dispuesto en el artículo 63.1 de la Convención Americana, la Corte ha indicado que toda violación de una obligación internacional que haya producido daño comporta el deber de repararlo adecuadamente, y que esa disposición recoge una norma consuetudinaria que constituye uno de los principios fundamentales del derecho internacional contemporáneo sobre responsabilidad de un Estado[313].

307. La reparación del daño ocasionado por la infracción de una obligación internacional requiere, siempre que sea posible, la plena restitución (*restitutio in integrum*), que consiste en el restablecimiento de la situación anterior. De no ser esto factible, como ocurre en la mayoría de los casos de violaciones a derechos humanos, el Tribunal determinará medidas para garantizar los derechos conculcados y reparar las consecuencias que las infracciones produjeron. De acuerdo al caso, la Corte ha considerado la necesidad de otorgar diversas medidas de reparación; las medidas pecuniarias, de restitución, rehabilitación, satisfacción y garantías de no repetición pueden tener especial relevancia por los daños ocasionados. Las reparaciones deben tener un nexo causal con los hechos del caso, las violaciones declaradas, los daños acreditados, así como relación con las medidas solicitadas[314].

308. En consideración de las violaciones declaradas en el capítulo anterior, el Tribunal procederá a analizar las pretensiones presentadas por la Comisión y los representantes de las víctimas, así como los argumentos del Estado.

A. PARTE LESIONADA

309. Se considera parte lesionada, en los términos del artículo 63.1 de la Convención, a quien ha sido declarado víctima de la violación de algún derecho reconocido en la misma[315]. Por lo tanto, de conformidad con lo ya expuesto, esta Corte considera como "parte lesionada" a las 132 comunidades indígenas que se identifican en el Anexo V de esta Sentencia, asentadas en el territorio antes identificado como lotes fiscales 14 y 55 e identificado actualmente como lotes con las matrículas catastrales 175 y 5557 del Departamento de Rivadavia, en la Provincia argentina de Salta, en el entendido de que ello abarca a las comunidades que, aumentando o disminuyendo el número total, puedan derivarse de esas 132 por acción del proceso de "fisión-fusión" referido en esta Sentencia (*supra* párrs. 33, 35, 50 y 156 y notas a pie de página 22 y 23).

---

[313] Cfr. *Caso Velásquez Rodríguez Vs. Honduras. Reparaciones y Costas.* Sentencia de 21 de julio de 1989. Serie C No. 7, párrs. 25 a 27, y *Caso Jenkins Vs. Argentina*, párr. 122.
[314] Cfr. *Caso Velásquez Rodríguez Vs. Honduras. Reparaciones y Costas*, párrs. 25 y 26; *Caso Ticona Estrada Vs. Bolivia. Fondo, Reparaciones y Costas.* Sentencia de 27 de noviembre de 2008. Serie C No. 191, párr. 110; *Caso de la Masacre de Las Dos Erres Vs. Guatemala. Excepción Preliminar, Fondo, Reparaciones y Costas.* Sentencia de 24 de noviembre de 2009. Serie C No. 211, párr. 226, y *Caso Jenkins Vs. Argentina*, párrs. 123 y 124.
[315] Cfr. *Caso de la Masacre de la Rochela Vs. Colombia. Fondo, Reparaciones y Costas.* Sentencia de 11 de mayo de 2007. Serie C No. 163, párr. 233, y *Caso Jenkins Vs. Argentina*, párr. 126.

B. MEASURES OF RESTITUTION

310. The *Commission* indicated, when submitting the case to the Court, that a pertinent measure of reparation would be "to finalize process conducted" on Fiscal Lots 14 and 55. It then specified that it understood that it would be appropriate for the Court to order the *delimitation, demarcation and titling, free of all encumbrances,* of all the indigenous territory. It also asked the Court to require the State to make the necessary human and financial resources available to *relocate the criollo families.* It understood that if the Court established a specific timetable, this would facilitate compliance with the judgment.

311. The *representatives* asked the Court to require the State: (a) within no more than six months: (i) to carry out the *delimitation, demarcation and titling* of the 400,000 ha claimed in Lots 14 and 55 in a single collective title in the name of all the indigenous communities that inhabit those lots; (ii) to ensure the elimination of all the *fencing* and to take the necessary steps to prevent the erection of new enclosures, including the elaboration and implementation, in consultation with the communities, of a protocol for the actions to be taken by the State in this regard; (iii) to guarantee, the provision to the indigenous communities of *an adequate, sufficient, accessible and permanent supply of water* apt for human consumption, and (iv) to halt the *illegal logging* on indigenous territory and, to this end, (a) "create a State agency, with the permanent presence of environmental police, and a model for the control of deforestation in the region," and (b) within no more than two years, complete *the relocation of all the criollo population,* as well as all their livestock.[316] The representatives understood that legal measures would have to be taken to "restore" the "possession and ownership" of the indigenous peoples if agreement could not be reached with the *criollo* settlers.

312. It also considered that it was necessary to "prohibit" the State from undertaking *"any project in the* [indigenous] *territory"* without, first, "fully complying with the standards of the inter-American system.

313. The representatives also asked the Court to "require the State to provide reports every two months on the progress made in the measures of restitution, including by presenting them on an indicator matrix.

314. Furthermore, they requested the *creation of a community development fund* for the indigenous communities that inhabit former Fiscal Lots 14 and 55. They argued that this was pertinent in light of the deterioration of the natural resources owing to the presence of fences and livestock on the territory as well as the illegal logging, which, they alleged, had caused significant environmental damage and harmed the communities' food sources and cultural identity. They considered that the fund "would provide a great opportunity for implementing programs in the area of

---

[316] The representatives considered that "regarding the on-site work methodology, it was essential: in cases in which no agreement was reached with the *criollos,* to take the necessary administrative and legal measures urgently, in keeping with the standards of the inter-American human rights system, to restitute, within the shortest time possible, the property and ownership to the indigenous communities; to increase teams with sufficient and stable personnel to allow the technical fieldwork (delimitation and demarcation) to be concluded urgently; to design work strategies, in consultation with and with the participation of the indigenous communities, that allow all the efforts to be increased [...] outside the summer months; in the cases in which agreements have been reached with *criollo* families that require relocation, to facilitate this by formalizing the agreements by having them notarized by the Government Notary, and by conducting the tasks of delimitation and demarcation with the intervention of surveyors to indicate the precise locations on a map to be registered with the General Property Directorate of the province of Salta."

B. MEDIDAS DE RESTITUCIÓN

310. La *Comisión* señaló, al someter el caso a la Corte, como medida de reparación pertinente "concluir el proceso [que se ha] llevado a cabo" en los lotes 14 y 55. Después especificó que entiende que corresponde que se ordene la *titulación, delimitación, demarcación* y *saneamiento* de la totalidad del territorio indígena. Solicitó también a la Corte que ordene al Estado disponer de los recursos humanos y financieros necesarios para la *reubicación de las familias criollas*. Entendió que una fijación concreta de plazos favorecería el cumplimiento de la Sentencia.

311. Los *representantes* solicitaron que se ordene al Estado: (a) en un plazo no mayor a seis meses, (i) la *titulación, delimitación y demarcación* de 400.000 ha reclamadas dentro de los lotes 14 y 55 en un solo título colectivo a nombre de todas las comunidades indígenas habitantes de dichos lotes; (ii) la erradicación de la totalidad de los *alambrados* y que se tomen las medidas necesarias para prevenir el levantamiento de nuevos cercos, inclusive la confección e implementación, en consulta con las comunidades, de un protocolo de acción estatal al efecto; (iii) garantizar, de modo adecuado, suficiente, accesible y permanente, la *provisión de agua* apta para consumo humano a las comunidades indígenas, y (iv) detener la *tala ilegal* de madera en el territorio indígena y, para esto, "[c]rear una dependencia estatal, con presencia permanente de policía con competencia ambiental[, y c]rear un modelo de control de deforestación en la zona"; y (b) en un plazo no mayor a dos años, concretar el *traslado de la totalidad de la población criolla*, así como de todo su ganado[316]. Entendieron que deben instituirse medios legales para "restituir" la "posesión y propiedad" indígenas en casos de falta de acuerdos con pobladores criollos.

312. También consideraron necesario que se "prohib[a]" al Estado emprender "cualquier *proyecto en el territorio*" indígena, sin antes "cumplir cabalmente con los estándares" del sistema Interamericano.

313. Los representantes solicitaron que se "ordene al Estado realizar informes bimestrales respeto al avance de las medidas de restitución, incluyendo su presentación en una matriz de indicadores".

314. Los representantes solicitaron también la *creación de un fondo de desarrollo comunitario*, destinado a las comunidades indígenas habitantes de los ex lotes fiscales 14 y 55. Alegaron la pertinencia del mismo, dado el deterioro de los recursos naturales por la presencia de alambrados y ganado en el territorio, y por la tala ilegal, que, según adujeron, ha provocado un fuerte impacto ambiental y ha menoscabado la alimentación e identidad cultural de las comunidades. Consideraron que la utilización del fondo "sería una gran oportunidad para implementar programas en relación a

---

[316] Los representantes consideraron que "respecto de la metodología de trabajo en terreno, es imprescindible[,] en casos en que no hubiere acuerdo con los criollos, que se instituyan con urgencia los pasos administrativos y legales necesarios, conforme estándares del Sistema Interamericano de Derechos Humanos, para restituir a la máxima brevedad, la posesión y propiedad a las comunidades indígenas[;] [i]ncrementar equipos con personal suficiente y estable, que permitan concluir con urgencia el trabajo técnico en terreno [...] (delimitación y demarcación)[;] [d]iseñar estrategias de trabajo, con participación y consulta con las comunidades indígenas, que permitan incrementar todos los esfuerzos de trabajo [...] en la época no estival[;] [e]n caso de acuerdos con familias criollas que requieren traslados, avanzar en su instrumentación mediante la protocolización con la Escribanía de Gobierno y las tareas de delimitación y demarcación con la intervención de agrimensores a fin de que den las ubicaciones precisas en un plano que luego debe ser registrado en la Dirección General de Inmuebles de la Provincia de Salta".

education, health care, food security, crop-growing techniques, the history of community traditions, land management workshops, and publications on the land claim process, among many other possible uses." The representatives expressed their "commitment" to present "specific information" on the possible allocation of the funds "within two months of delivery of the judgment." They asked the Court to determine the amount of the fund and that a committee be created to administer it, with representatives of the State, academe and Lhaka Honhat.

315. The *State* argued that "the time frame of [six] months" for the *delimitation, demarcation and titling* was very short, because it was the agreements between the *criollo* families and the communities that required most time, and this did not depend merely on the willingness of the State. It considered that up to a year would be required to demarcate the territory, up to 18 months to conduct the surveys,[317] and up to two years to "hand over the final title." Despite this, Argentina also indicated that a pre-requisite for the "demarcation, delimitation and titling" was the *relocation of the criollo families and their livestock*, and this would require approximately eight years, given the different actions and infrastructure work that had to be carried out.[318] Argentina understood that the request to establish six-month and two-year time frames, respectively for the delimitation, demarcation and titling of the territory and for the relocation of the *criollo* families were "incongruous." In this regard, it stressed the importance of "insisting upon the process of agreements between the parties (indigenous population and *criollos*)." It asked that the Court "take into account the time frames proposed in the comprehensive plan" submitted to the Commission (*supra* para. 85), which are the same as those indicated at this stage.

316. In addition, the State indicated that the *fences* of the *criollo* families would be removed "as the families are effectively relocated."[319] Argentina also indicated that the construction of wells and the installation of *water* tanks had been confirmed. Regarding *illegal logging*, it argued that it now had the relevant agencies to prevent this.

317. In relation to future *projects in the territory*, Argentina recalled that the communities still have to give their opinion on a consultation protocol that the State had sent them.

318. With regard to the request for a community development fund, the State argued that it had been shown that the province of Salta and the national State had consistently allocated economic and human resources to improve the access to education, health care, security and infrastructure of the communities that inhabit the region. It indicated that the representatives had not determined the purpose of this fund.

---

[317] *Cf.* "Comprehensive Work Plan."
[318] Among these, Argentina indicated: (a) "completion of the process of relocating the *criollo* families"; (b) "laying the foundations for developing action protocols for consultation and for environmental assessments in the case of infrastructure work or concessions that might be carried out on community lands in the future"; (c) respecting the time required for the *criollo* families to adopt new production models and technology. Also, that "the transfer of the animals had to be the last component of the production module, because [...] it was essential to guarantee water, enclosures and pastures." It indicated that the time frame indicated was necessary owing to the time "that [the *criollo* families] would need to adapt their production systems in keeping with the relocation and the new surface areas." *Cf.* "Comprehensive Work Plan".
[319] The State explained that "eliminating the enclosures where the livestock are would lead to increased invasion of the territory dedicated to the traditional uses of the communities by these animals."

educación, salud, seguridad alimentaria, técnicas de cultivo, sobre la historia de las tradiciones de las comunidades, talleres de gestión territorial, material de difusión sobre el proceso de reivindicación territorial, entre muchos otros usos posibles". Los representantes expresaron su "comprom[iso]" de presentar "información concreta" sobre el destino que puede darse a los fondos "en el plazo de dos meses luego de dicta[da] la sentencia". Solicitaron que este Tribunal determine el monto del fondo y que se implemente un Comité para su administración, con representación estatal, académica y de Lhaka Honhat.

315. El *Estado* manifestó que "el plazo de [seis] meses" para la *titulación, delimitación y demarcación* es muy exiguo ya que lo que más demora son los acuerdos entre las familias criollas y las comunidades, y que esto no depende solo de la voluntad del Estado. Estimó que requiere hasta un año para la demarcación del territorio, hasta 18 meses para la realización de mensuras[317], y hasta dos años para "la entrega del título definitivo". Pese a lo anterior, Argentina indicó también que es condición para la "demarcación, delimitación y titulación" el *traslado de familias criollas y su ganado*, para lo que requiere un plazo estimado de ocho años, dadas las diversas acciones y obras que es necesario realizar[318]. Argentina entendió "incongruente" las solicitudes de que se fijen plazos de seis meses y de dos años, respectivamente, para la delimitación, demarcación y titulación del territorio y para la reubicación de familias criollas. Resaltó la importancia de que, para este último fin, "se insista en el proceso de acuerdo entre partes (indígenas y criollos)". Solicitó que "se tome[n] en cuenta los plazos propuestos en el plan integral" presentado a la Comisión (*supra* párr. 85), que coinciden con los expresados.

316. Por otra parte, el Estado afirmó que los *alambrados* de las familias criollas serán removidos "a medida que las familias efectivicen su relocalización"[319]. Argentina manifestó también que se encuentra demostrada la construcción de pozos y la elevación de tanques de *agua*. Respecto a la *tala ilegal*, afirmó que ya cuenta con los organismos correspondientes para prevenirla.

317. En cuanto a posibles futuros *proyectos en el territorio*, Argentina recordó que está pendiente que las comunidades den su parecer respecto a un protocolo de consulta que el Estado les había remitido.

318. Sobre la solicitud de un fondo de desarrollo comunitario, el Estado alegó que se ha demostrado que la Provincia de Salta y el Estado Nacional han destinado permanentemente sus recursos económicos y humanos con la finalidad de mejorar el acceso a la educación, salud, seguridad e infraestructura de las comunidades que habitan la zona. Señaló que los representantes no determinaron cuál era la finalidad del fondo solicitado.

---

[317] *Cfr.* "Propuesta Integral de Trabajo".
[318] Entre ellas, Argentina indicó: (a) "la culminación del proceso de relocalización de las familias criollas"; (b) "sentar las bases para establecer protocolos de actuación en materia de consulta y estudios ambientales sobre obras o concesiones que quieran realizarse en tierras comunitarias en el futuro"; (c) respetar los tiempos necesarios para la adopción de tecnología y las nuevas pautas productivas por parte de las familias criollas. También que "el traslado de los animales debe ser necesariamente el último componente del módulo productivo, ya que [...] es indispensable garantizar el agua, los cerramientos y las pasturas". Señaló que ese plazo es necesario por el tiempo "que necesitan [las familia criollas] para realizar la readecuación productiva, acorde a las nuevas superficies y traslados". *Cfr.* "Propuesta Integral de Trabajo".
[319] Explicó el Estado que "levantar los cerramientos donde se encuentra el ganado implicaría una mayor invasión de animales en el territorio de uso tradicional de las comunidades".

319. The Court has declared that Argentina violated the right to property of the indigenous communities that inhabit Lots 14 and 55. The State has failed to take the appropriate measures to guarantee the right to property and, also, has carried out activities on the territory without the corresponding prior consultation process. Consequently, it is pertinent for the Court to order measures to restore the right to property, and other rights that have been infringed.

320. The Court finds it necessary to note that, when establishing the appropriate measures of reparation, it has taken into consideration the particular characteristics of the case. This is due to the vast territory that it covers, as well as the large number of persons, both indigenous and *criollo*, that inhabit this area. In this context, the Court takes into account the complexity of the case as regards the actions that the State must undertake to redress the violations related to property, as well as their impact on the different human groups that inhabit the region.

321. The Court: (a) will indicate, first, the time frame for compliance with the measures of restitution; (b) then, it will refer to these measures in relation to the right to property and to the rights to a healthy environment, food, water and cultural identity, and (c) lastly, it will include some considerations on the State obligation to report on compliance with the measures of restitution, and on actions to monitor them.

B.1. Time frame for complying with the measures of restitution ordered

322. The arguments of the parties reveal that a dispute exists with regard to the time needed to carry out the corresponding actions. Consequently, the Court finds it relevant to rule in this regard. While the representatives ask that the different actions be carried out within two years or less, depending on the action involved, the State affirms that it would require eight years to complete the whole process (*supra* paras. 311 and 315).

323. The Court understands that the case is extremely complex (*supra* paras. 90, 139, 147 and 320, and footnote 130) and appreciates the steps taken by the State to date, which have involved economic disbursements and the actions of different government departments. Argentina had indicated the total time of eight years in its document of November 24, 2017 (*supra* footnote 87).

324. The Court also understands that it must establish a time frame that takes into account the State's obligation to restore the enjoyment of their rights to the victims, but this must also be materially feasible.

325. Based on the above, the Court orders that the State carry out each of the measures of restitution established below within a maximum period of six years from notification of this judgment and, immediately following this notification, the State must begin to take the corresponding actions to implement them as rapidly as possible, notwithstanding the maximum time indicated and the specific time frames and other clarifications described below.

319. La *Corte* ha declarado que Argentina violó el derecho a la propiedad de las comunidades indígenas habitantes de los lotes 14 y 55. El Estado no ha actuado en forma adecuada para garantizar el derecho de propiedad y, además, ha llevado a cabo actividades sobre el territorio sin el previo proceso de consulta correspondiente. Por ende, es pertinente que este Tribunal ordene medidas de restitución del derecho de propiedad, como así también de otros derechos lesionados.

320. La Corte considera necesario expresar que, a fin de ordenar las medidas de reparación procedentes, tiene en consideración las características particulares del caso. Ello, en cuanto a la gran extensión territorial que abarca, así como el elevado número de personas, tanto indígenas como criollas, que habitan el lugar. En ese marco, tiene en cuenta la complejidad del caso respecto a las acciones estatales que deben llevarse a cabo para reparar las violaciones vinculadas a la propiedad, así como el impacto de las mismas en los distintos grupos humanos que habitan la zona.

321. La Corte: (a) indicará primero el plazo para el cumplimiento de las medidas de restitución; (b) luego se referirá a dichas medidas, respecto al derecho de propiedad y respecto de los derechos al medio ambiente sano, a la alimentación, al agua y a la identidad cultural, y (c) por último, hará consideraciones sobre el deber estatal de informar sobre el cumplimiento de medidas de restitución y acciones para su supervisión.

B.1. Plazo para el cumplimiento de las medias de restitución ordenadas

322. De los argumentos de las partes surge que existe controversia en cuanto a los plazos necesarios para llevar a cabo las acciones correspondientes, por lo que entiende relevante pronunciarse al respecto. Mientras los representantes solicitan que las distintas acciones se realicen, según el caso, en dos años o menos, el Estado sostiene que requiere de ocho años para completar todo el proceso (*supra* párrs. 311 y 315).

323. La Corte entiende que el caso reviste un alto nivel de complejidad (*supra* párrs. 90, 139, 147 y 320, y nota a pie de página 130CHECK!!!) y valora las acciones realizadas por el Estado hasta ahora, que han implicado erogaciones presupuestarias y la actuación de diversas entidades gubernamentales. El plazo total de ocho años indicado por Argentina fue señalado en un documento estatal fechado el 24 de noviembre de 2017 (*supra* nota a pie de página 87CHECK!!!).

324. Este Tribunal entiende que corresponde fijar un plazo que tenga en cuenta la obligación del Estado de restituir a las víctimas en el goce de sus derechos, pero que resulte apto para que ello materialmente sea factible.

325. A partir de todo lo antes expuesto, la Corte ordena que cada una de las medidas de restitución que se establecen a continuación sea realizada por el Estado en un plazo máximo de seis años a partir de la notificación de la presente Sentencia, debiendo el Estado comenzar en forma inmediata, a partir de dicha notificación, las acciones correspondientes para su implementación, la que debe llevar a cabo con la mayor celeridad posible, sin perjuicio del tiempo máximo indicado y de las precisiones y plazos específicos que se detallan más adelante.

B.2. Measures for the restitution of the right to property

B.2.1. Delimitation, demarcation and titling

326. The Court has understood that, although Decree 1498/14 is an act that acknowledges the right to property, it required subsequent actions for the "determination" and "delimitation" of the property that have not yet been undertaken.

327. Therefore, the Court orders that the State adopt and conclude the necessary actions, whether these be legislative, administrative, judicial, registration, notarial or of any other type, in order to *delimit, demarcate and grant a collective title* that recognizes the ownership of their territory to all the indigenous communities identified as victims (*supra* para. 309); in other words, over a surface area of 400,000 hectares on the land identified as lots with the cadastral registration numbers 175 and 5557 of the department of Rivadavia, in the Argentine province of Salta, previously identified as Fiscal Lots 14 and 55 (*supra* paras. 1, 47, 80, 145 and footnotes 30 and 79). The following guidelines shall be following in order to comply with this measure:

1. A single title must be granted; that is, one for all the indigenous communities victims and for all the territory without subdivisions or fragmentation. Despite this, the Court finds it pertinent to clarify that the "single" nature of this title does not prevent any agreements that the communities victims may reach among themselves with regard to the use of their common territory.[320]
2. This title must guarantee the collective or communal nature of the ownership of the said surface area, the administration of which must be autonomous, and this title cannot be taken away by proscription, seized or transferred, or subject to liens or attachments.
3. For compliance with this measure, the map submitted by Lhaka Honhat, mentioned in the considerations of Decree 1498/14 (*supra* para. 81) should be used as a reference.

B.2.2. Obligation of prior consultation

328. The State must *abstain from carrying out actions, infrastructure works or undertakings on indigenous territory* that could affect its existence, value, use or enjoyment by the communities victims, or ordering, requiring, authorizing, tolerating

---

[320] This clarification is relevant because although the Court has indicated that the unity of the territory is connected to the cultural identity and way of life of the communities victims in this case (*Cf.* expert opinions of Ms. Naharro and Ms. Yáñez Fuenzalida), it has received some statements by members of indigenous communities insisting that separate titles should be given to each community (for example, the statements of Víctor González, Francisco Gomez and Humberto Chenes (merits file, fs. 938 to 941, 954 to 958 and 963 to 966). The Court understands that this does not alter the State obligation to recognize the ownership collectively as determined and ordered in this judgment. However, this does not prevent possible agreements by the communities regarding the use of their territory, a matter that, if applicable, they must decide, and not the State authorities or this Court. In this regard, the oral statement of Cacique Rogelio Segundo during the public hearing should be recalled. When asking the State to "delimit the 400,000 [ha], demarcate them and [grant] title," he affirmed that, when this has been done, "the work of the State ends" and that "on the territory, [… the communities] would resolve matters, according to unwritten laws [that] endured in […] the communities."

B.2. Medidas para la restitución del derecho de propiedad

B.2.1. Delimitación, demarcación y titulación

326. La Corte ha entendido que, si bien el Decreto 1498/14 resulta un acto de reconocimiento del derecho de propiedad, ello conlleva actos posteriores, aun no realizados, de "determinación" y "delimitación" de la propiedad.
327. Por ello, la Corte ordena al Estado adoptar y concluir las acciones necesarias, sean estas legislativas, administrativas, judiciales, registrales, notariales o de cualquier otro tipo, a fin de *delimitar, demarcar y otorgar un título colectivo* que reconozca la propiedad de todas las comunidades indígenas víctimas (*supra* párr. 309) sobre su territorio, es decir, sobre una superficie de 400.000 hectáreas en la tierra identificada como lotes con las matrículas catastrales 175 y 5557 del Departamento de Rivadavia, en la Provincia argentina de Salta, y antes identificada como lotes fiscales 14 y 55 (*supra* párrs. 1, 47, 80, 145 y notas a pie de página 30 y 79). A efectos del cumplimiento de esta medida, deberán observarse las siguientes pautas:

1. El título debe ser único; es decir, uno para el conjunto de todas las comunidades indígenas víctimas y relativo a todo el territorio, sin subdivisiones ni fragmentaciones. Sin perjuicio de lo anterior, la Corte considera pertinente aclarar que el carácter "único" del título, antes expresado, no obsta a los acuerdos que pudieran tener las comunidades víctimas entre sí sobre el uso de su territorio común[320].
2. Dicho título debe garantizar el carácter colectivo o comunitario, de administración autónoma, imprescriptible, inembargable, no enajenable ni susceptible de gravámenes o embargos de la propiedad de la superficie indicada.
3. A efectos del cumplimiento de esta medida, debe tenerse en cuenta, como referencia, el mapa entregado por Lhaka Honhat, aludido en las consideraciones del Decreto 1498/14 (*supra* párr. 81).

B.2.2. Obligación de consulta previa

328. El Estado debe *abstenerse de realizar actos, obras o emprendimientos sobre el territorio indígena* que puedan afectar su existencia, valor, uso o goce por parte de las comunidades víctimas, u ordenar, requerir, autorizar, tolerar o consentir que

---

[320] La aclaración es relevante, pues si bien se ha indicado que la unidad del territorio se vincula a la identidad cultural y modo de vida de las comunidades víctimas en el caso (*cfr.* declaraciones periciales de las señoras Naharro y Yáñez Fuenzalida), la Corte recibió algunas declaraciones de integrantes de comunidades indígenas que bregaban porque se dieran títulos separados a cada comunidad (pueden señalarse, en este sentido, las declaraciones de Víctor González, Francisco Gomez y Humberto Chenes (expediente de fondo, fs. 938 a 941, 954 a 958 y 963 a 966)). La Corte entiende que lo expuesto no modifica la obligación estatal de reconocer la propiedad en forma unificada, conforme se ha determinado y se ordena en esta Sentencia. Ello no impide los eventuales acuerdos que adopten las comunidades para el uso de su territorio, cuestión que, de ser el caso, compete a las mismas decidir, no a autoridades estatales ni a esta Corte. En ese sentido cabe recordar la declaración oral, en la audiencia pública, del Cacique Rogelio Segundo, quien al solicitar que el Estado "delimite las 400.000 [ha], que [las] demarque y [otorgue el] títul[o]", afirmó que con eso "termina el trabajo" estatal y que "para adentro [...] lo soluciona[n las comunidades], según las leyes [que] no están escritas pero [que] permanece[n] en [...] las comunidades".

or allowing third parties to do this.[321] If any of the said actions are carried out, they must be preceded, as appropriate, by providing information to the indigenous communities victims, and conducting prior, adequate, free and informed consultations, in keeping with the standards indicated by the Court in this judgment (*supra* paras. 174 and 175). The State must respect these parameters immediately on notification of this judgment, and the Court will monitor this until it has determined that the measure ordered above consisting in delimiting, demarcating and granting a collective title that recognizes the ownership of the territory (*supra* para. 327) has been complied with.

B.2.3. Relocation of the criollo population

329. To ensure the full exercise of the right to property of the indigenous communities victims over their territory, and as revealed by the agreements reached between these communities, the State and the Organization of *Criollo* Families in 2007, ratified by Decree 2786/07 and considered as precedents by Decree 1498/14, actions must be taken to relocate the *criollo* population outside the indigenous territories defined as ordered above (*supra* para. 327). To achieve this, the Court requires the State to *implement the relocation of the criollo population*, based on the following guidelines:

a) The State must facilitate procedures aimed at the voluntary relocation of the *criollo* population, endeavoring to avoid compulsory evictions.[322]
b) To guarantee this, during the first three years following notification of this judgment, the State, judicial, administrative and any other authorities, whether provincial or national, may not execute compulsory or enforced evictions of *criollo* settlers.[323]
c) Notwithstanding the process of agreements established following Decree 2786/07 of 2007 and described in this judgment, the State must make mediation or arbitral procedures available to interested parties to determine relocation conditions; if such procedures are not used, recourse may be had to the

---

[321] *Cf.* Similarly, *Case of the Mayagna (Sumo) Awas Tingni Community v. Nicaragua*, para. 153.2, and *Case of the Kaliña and Lokono Peoples v. Suriname*, para. 282.

[322] It should be noted that this is consistent with one of the aspects indicated by the *criollo* families in the "proposal" that they submitted to the Court, in which they stated that "time should be established for undertaking discussions in the areas where agreements have not been reached." In addition, the document recalls that "[i]n the State's proposal […] it was established that this would be done within one year" and "it is considered that this is sufficient time to conclude the remaining agreements and surveys by means of the dialogue method used in the land process" (*Criollo* proposal, merits file, fs. 1823 to 1841).

[323] In this judgment, the Court has indicated that the *criollo* population is a vulnerable population and that the State has duties towards it. The Court clarifies that compliance with this judgment, in particular with regard to the relocation of the *criollo* population must be implemented in a way that respects their rights. In the context of these guidelines, the Court understands that it is pertinent for the State to take into account the following indications of the CESCR: "[e]victions should not result in individuals being rendered homeless or vulnerable to the violation of other human rights. Where those affected are unable to provide for themselves, the State party must take all appropriate measures, to the maximum of its available resources, to ensure that adequate alternative housing, resettlement or access to productive land, as the case may be, is available" (*General Comment No. 7. The right to adequate housing (Art. 11.1): forced evictions*. Sixteenth session (1997). Doc. E/1998/22, annex IV, para. 16).

terceros lo hagan[321]. En caso de realizarse alguno de los actos indicados, debe estar precedido, según corresponda, de la provisión de información a las comunidades indígenas víctimas, así como de la realización de consultas previas adecuadas, libres e informadas, de acuerdo a pautas señaladas por la Corte en la presente Sentencia (*supra* párrs 174 y 175). Esta conducta debe ser observada por el Estado en forma inmediata a partir de la notificación de la presente Sentencia; será supervisada por la Corte hasta tanto se determine el cumplimiento de la medida, antes ordenada, consistente en delimitar, demarcar y otorgar un título colectivo que reconozca la propiedad de territorio (*supra* párr. 327).

B.2.3. Traslado de la población criolla

329. A efectos de garantizar el pleno ejercicio del derecho de propiedad sobre su territorio por parte de las comunidades indígenas víctimas, y como surge de los acuerdos alcanzados entre las mismas, el Estado y la Organización de Familias Criollas en 2007, aprobados por el Decreto 2786/07 y considerados como antecedentes por el Decreto 1498/14, deben concretarse acciones para el traslado de la población criolla fuera del territorio indígena definido de acuerdo a lo ya ordenado (*supra* párr. 327). Para el logro de tal fin, la Corte ordena al Estado *hacer efectivo el traslado de la población criolla*, de acuerdo a las pautas que se fijan a continuación:

a) El Estado debe promover procedimientos tendientes al traslado voluntario de la población criolla, procurando evitar desalojos compulsivos[322].

b) A fin de garantizar lo anterior, durante los primeros tres años contados a partir de la notificación de la presente Sentencia, las autoridades estatales, judiciales, administrativas o de cualquier índole, provinciales o nacionales, no podrán ejecutar acciones de desalojo forzoso o compulsivo de pobladores criollos[323].

c) Sin perjuicio del proceso de acuerdos establecido a partir del Decreto 2786/07 de 2007 en adelante, y descrito en esta Sentencia, el Estado deberá poner a disposición de los interesados procesos de mediación o arbitrales para determinar las condiciones del traslado; en caso de no acudirse a los mismos, podrá recurrirse

---

[321] *Cfr.* en el mismo sentido, *Caso de la Comunidad Mayagna (Sumo) Awas Tingni Vs Nicaragua*, párr. 153.2, y *Caso Pueblos Kaliña y Lokono Vs. Surinam*, párr. 282.

[322] Se hace notar que esto es consistente con uno de los aspectos indicados por familias criollas en su "propuesta" hecha llegar a la Corte, en la que se expresa que "se debería prever un tiempo para desarrollar diálogos en las zonas sin acuerdos". Además, en el documento se recuerda que "[e]n la propuesta del Estado [...] esto estaba previsto realizar[se] en un año" y se "[c]onsidera que es tiempo suficiente para realizar los acuerdos y mensuras faltantes a través de la metodología de dialogo instaurada en el proceso de tierras" (Propuesta Criolla. Expediente de fondo, fs. 1823 a 1841).

[323] Se ha indicado en esta Sentencia que la población criolla es una población vulnerable y que el Estado tiene deberes respecto de ella. La Corte aclara que el cumplimiento de esta Sentencia, en particular en relación con el traslado de la población criolla, debe efectuarse de modo respetuoso de los derechos de esa población. Al respecto, en el marco de las pautas fijadas, este Tribunal entiende pertinente que el Estado tome en cuenta los siguientes señalamientos del Comité DESC: "[l]os desalojos no deberían dar lugar a que haya personas que se queden sin vivienda o expuestas a violaciones de otros derechos humanos. Cuando los afectados por el desalojo no dispongan de recursos, el Estado Parte deberá adoptar todas las medidas necesarias, en la mayor medida que permitan sus recursos, para que se proporcione otra vivienda, reasentamiento o acceso a tierras productivas, según proceda" (*Observación General No. 7. El derecho a una vivienda adecuada (párrafo 1 del artículo 11 del Pacto): los desalojos forzosos*, 16° período de sesiones (1997). Doc. E/1998/22, anexo IV, párr. 16).

corresponding legal proceedings.[324] During these procedures, those concerned may argue their claims and the rights they consider they possess, but they may not challenge the right to indigenous communal property determined in this judgment and, consequently, the admissibility of their relocation outside indigenous territory. The authorities that have to decide these procedures may not take decisions that prevent compliance with this judgment.

d) In any case, the competent administrative, judicial or other authorities must ensure that the relocation of the *criollo* population is implemented, safeguarding their rights. Accordingly, provision should be made for resettlement and access to productive land with adequate property infrastructure (including implanting pasture and access to sufficient water for production and consumption, as well as the installation of the necessary fencing) and, if necessary, technical assistance and training for productive activities.

330. The State must *remove from indigenous territory the fences and livestock* that belong to the *criollo* settlers.

B.3. Measures for restitution of the rights to a healthy environment, food, water and cultural identity

331. In this judgment, the Court has indicated that the presence of livestock on the territory of the indigenous communities victims, and activities implemented by the *criollo* population have affected the water that exists on this land and the indigenous communities' access to drinking water. It has also referred to the environmental degradation produced by illegal logging. Thus, it has determined that the rights to a healthy environment, adequate food, water and cultural identity have been violated.

B.3.1. Actions relating to water, food and forestry resources

332. Notwithstanding any actions that the State may take to respond to urgent situations, the Court orders the State, within six months of notification of this judgment, to submit a report to the Court identifying, from among all the individuals who are members of the indigenous communities victims, critical situations of lack of access to drinking water or to food that could endanger their health or their life, and to draw up an action plan establishing the actions that the State will take, which must be appropriate to respond adequately to such critical situations, indicating the implementation timetable. The State must begin to implement the actions set out in the action plan as soon as this has been submitted to the Court. The Court will transmit the said report to the Commission and the representatives so that they may forward any comments they deem pertinent. Based on the opinions of the parties and the Commission, the Court will evaluate whether this report and action plan are adequate and meet the terms of this judgment, and may require that they be completed or expanded. The Court will monitor the implementation of the respective actions until it considers that it has sufficient information to consider that this measure of reparation

---

[324] The Court takes into account that a similar mechanism was established in the memorandum of understanding adopted by Decree 2786/07 (*supra* paras. 75 and 144).

a la vía jurisdiccional que corresponda[324]. En el marco de cualquiera de los procesos referidos, quienes concurran a ellos podrán aducir sus pretensiones y los derechos que consideren que les asisten, mas no podrán cuestionar el derecho de propiedad comunitaria indígena determinado en esta Sentencia y, consecuentemente, tampoco la procedencia del traslado fuera del territorio indígena. Las autoridades que eventualmente resuelvan en tales procesos no podrán adoptar decisiones que impidan el cumplimiento de esta Sentencia.

d) En cualquier caso, las autoridades competentes, administrativas, judiciales o de cualquier carácter, deberán procurar que el traslado de la población criolla se haga efectivo resguardando los derechos de dicha población. En ese sentido, debe posibilitarse de modo efectivo el reasentamiento o acceso a tierras productivas con adecuada infraestructura predial (inclusive implantación de pasturas y acceso a agua para producción y consumo suficientes, así como instalación de alambrados necesarios) y, en su caso, asistencia técnica y capacitación para la realización de actividades productivas.

330. El Estado debe *remover del territorio indígena los alambrados y el ganado* perteneciente a pobladores criollos.

B.3. Medidas para la restitución de los derechos al medio ambiente sano, a la alimentación, al agua y a la identidad cultural

331. Por otra parte, se ha señalado en esta Sentencia que la presencia de ganado en el territorio de las comunidades indígenas víctimas y actividades desarrolladas por la población criolla ha afectado el agua existente en el lugar y el acceso de comunidades indígenas al agua potable. Además, se ha indicado la degradación ambiental que produce la tala ilegal. Se ha determinado la vulneración de los derechos a un medio ambiente sano, a alimentación adecuada, al agua y a la identidad cultural.

B.3.1. Acciones dirigidas al agua, la alimentación y los recursos forestales

332. Sin perjuicio de las acciones de atención de situaciones urgentes que el Estado pueda realizar, esta Corte ordena al Estado que, en el plazo máximo de seis meses a partir de la notificación de la presente Sentencia, presente a la Corte un estudio en que identifique, dentro del conjunto de personas que integran las comunidades indígenas víctimas, situaciones críticas de falta de acceso a agua potable o alimentación, que puedan poner en grave riesgo la salud o la vida, y que formule un plan de acción en el que determine las acciones que el Estado realizará, que deben ser aptas para atender tales situaciones críticas en forma adecuada, señalando el tiempo en que las mismas serán ejecutadas. El Estado deberá comenzar la implementación de las acciones indicadas en el plan de acción en forma inmediata a la presentación del mismo a este Tribunal. La Corte transmitirá a la Comisión y a los representantes el estudio referido, a efectos de que remitan las observaciones que estimen pertinentes. Teniendo en cuenta el parecer de las partes y la Comisión, la Corte evaluará si el estudio y el plan de acción presentados son adecuados y se corresponden con los términos de las presente Sentencia, pudiendo requerir que se completen o amplíen. La

---

[324] La Corte tiene en cuenta que un mecanismo similar fue dispuesto en el Acta-Acuerdo aprobada por el Decreto 2786/07 (*supra* párrs. 75 y 144).

has been completed.

333. In addition to the actions required in the preceding paragraph, in order to guarantee that the provision of basic goods and services is adequate, periodic, and permanent in nature, and to ensure reasonable conservation and improvement of the environmental resources, the State must draw up a report, within one year of notification of this judgment, setting out the actions that should be taken:

> a) to conserve the surface and groundwater in the indigenous territory within Lots 14 and 55 that is used by the indigenous communities victims, as well as to avoid its contamination or to rectify any contamination that exists;
> b) to guarantee permanent access to drinking water for all the members of the indigenous communities victims in this case;
> c) to avoid a continuation of the loss of, or decrease in, forestry resources in the said territory, as well as to endeavor to ensure its gradual recovery, and
> d) to provide permanent access to nutritional and culturally appropriate food to all the members of the indigenous communities victims in this case.[325]

334. Regarding the preparation of the report mentioned in the preceding paragraph, the experts responsible for this must have the specific technical expertise required for each task. Also, these experts must always seek the opinion of the indigenous communities victims, to be provided in keeping with their own forms of decision-making.

335. When the State has sent the report to the Court, it will be forwarded to the Commission and the representatives so that they may submit any observations they deem pertinent. The Court, taking into account the views of the Commission and the parties, and pursuant to the terms of this judgment, may establish that the State must require the experts to complete or expand the report. When, having evaluated the report in accordance with the foregoing, the Court determines, the State must implement the actions indicated in the report. The Court will monitor the implementation of the respective actions until it considers that it has sufficient information to consider that the measure of reparation ordered has been completed.

336. Regarding illegal logging, the Court notes that the State has indicated that it is implementing "monitoring" and "follow-up" tasks, including as a result of "denunciations." Therefore, notwithstanding the measures ordered, the Court urges the

---

[325] It should not be understood that the measures ordered in section B.3.1 of Chapter VIII of this judgment ("Actions relating to water, food and forestry resources") necessarily signify that the State authorities must provide food and water directly and/or free of charge; the State may comply with the measure ordered in this way or another, while the measures it decides to take are appropriate to effectively guarantee the access to drinking water and food as required, in keeping with State public policies, government plans, and the pertinent provincial or national laws. In addition, it should be clarified that the Court will not monitor the implementation of "any actions that the State may take to respond to urgent situations," pursuant to paragraph 332 of this judgment, that differ from those arising from the action plan indicated in the same paragraph.

Corte supervisará la implementación de las acciones respectivas hasta que evalúe que cuenta con información suficiente para considerar cumplida la medida de reparación ordenada.

333. Adicionalmente a las acciones ordenadas en el párrafo anterior, a efectos de lograr de forma permanente que la prestación de bienes y servicios básicos sea adecuada y periódica, así como una razonable preservación y mejora de los recursos ambientales, el Estado deberá elaborar un estudio, en el plazo máximo de un año a partir de la notificación de esta Sentencia, en el que establezca las acciones que deben instrumentarse para:

> a) la conservación de las aguas, superficiales o subterráneas, existentes en el territorio indígena dentro de los lotes 14 y 55, que sean de utilización por parte de las comunidades indígenas víctimas, así como para evitar su contaminación o remediar la contaminación ya existente;
> b) garantizar el acceso permanente a agua potable por parte de todas las personas integrantes de las comunidades indígenas víctimas en este caso;
> c) evitar que continúe la pérdida o disminución de recursos forestales en el territorio indicado, así como procurar su paulatina recuperación, y
> d) posibilitar de forma permanente a todas las personas integrantes de las comunidades indígenas víctimas en el presente caso, el acceso a alimentación en forma nutricional y culturalmente adecuada[325].

334. Para la elaboración del estudio mencionado en el párrafo anterior, los especialistas encargados del mismo deberán tener los conocimientos técnicos específicos requeridos para cada tarea. Además, tales especialistas deberán contar siempre con el punto de vista de las comunidades indígenas víctimas, expresado conforme a sus propias formas de toma de decisiones.

335. Una vez que el Estado remita al Tribunal el estudio, el mismo será transmitido a la Comisión y a los representantes, a efectos de que remitan las observaciones que estimen pertinentes. La Corte, teniendo en cuenta el parecer de la Comisión y las partes, y en correspondencia con los términos de esta Sentencia, podrá disponer que el Estado requiera a los especialistas que completen o amplíen el estudio. Una vez que la Corte, luego de evaluar el estudio con base en lo señalado, así lo determine, el Estado deberá implementar las acciones que el estudio indique. La Corte supervisará la implementación de las acciones respectivas hasta que evalúe que cuenta con información suficiente para considerar cumplida la medida de reparación ordenada.

336. En cuanto a la tala ilegal, este Tribunal nota que el Estado ha afirmado que realiza tareas de "monitoreo" y "seguimiento", inclusive a partir de "denuncias". Por lo tanto, sin perjuicio de las medidas ordenadas, este Tribunal insta al Estado a

---

[325] No debe entenderse que las medidas ordenadas bajo el apartado B.3.1 del Capítulo VIII de la presente Sentencia ("Acciones dirigidas al agua, la alimentación y los recursos forestales") imponen, necesariamente, la provisión directa y/o gratuita de agua y alimento por parte de autoridades estatales; el Estado puede cumplir lo ordenado de esas formas o de otras, en tanto las medidas que determine adoptar sean adecuadas para garantizar en forma efectiva el acceso a agua potable y a alimentos conforme lo dispuesto, en armonía con políticas públicas estatales, planes de gobierno y la normativa nacional o provincial pertinente. Por otra parte, se aclara que la Corte no supervisará la implementación de aquellas "acciones de atención de situaciones urgentes que el Estado pueda realizar", en los términos del párrafo 332 de la presente Sentencia, que sean distintas a aquellas que se deriven del plan de acción indicado en el mismo párrafo.

State to continue its monitoring and follow-up actions, and to take any other steps that would be effective to this end. In particular, the Court calls on the State to install or maintain control posts as established by Decree 2786/07. The Court will not supervise these actions.

B.3.2. Community Development Fund for the indigenous culture

337. The Court recalls that it has determined that the interrelated rights to cultural identity, a healthy environment, adequate food, and water have been harmed.

338. Consequently, the Court finds it appropriate, as it has in previous cases,[326] to order the State to set up a community development fund (hereinafter also the "Fund"), especially to redress the harm to cultural identity, and considering that it also serves to compensate the pecuniary and non-pecuniary damage suffered. This Fund is additional to any other present or future benefit that corresponds to the communities based on the State's general development obligations.[327]

339. In this judgment, the Court has established a violation of the cultural identity of the indigenous communities victims related to natural and food resources. Consequently, the Court orders that the Community Development Fund be earmarked for actions addressed at the recovery of the indigenous culture, including among its uses, without prejudice to any others, the implementation of programs relating to food security, and the documentation, teaching and dissemination of the history of the traditions of the indigenous communities victims. The determination of the specific uses of the Fund, which should include those indicated, must be decided by the indigenous communities victims and communicated to the State authorities and to the Court within six months of notification of this judgement. The indigenous communities victims and their representatives must play an active role in the design and execution of the respective programs, based on pre-established objectives.

340. The State must take all the administrative, legislative, financial, human resource and any other measures necessary for the prompt constitution of this Fund so that the funds allocated to it may be invested in the corresponding programs and actions, within their respective time frames and, in any case, within four years at the most of notification of this judgment. The Fund will be administered by a Committee created to this end, to be composed of one person designated by the indigenous communities victims in this case, one person designated by the State, and a third person designated by mutual agreement between the first two. This Committee must be established within six months of notification of this judgment.

341. Possible non-compliance with the time limits established in the two preceding paragraphs to determine the uses to which the Fund will be put and with regard to the Committee, does not exempt the State from complying with the measure

---

[326] *Cf. Case of the Yakye Axa Indigenous Community v. Paraguay*, para. 205, and *Case of the Kaliña and Lokono Peoples v. Suriname*, para. 295.
[327] *Cf. Case of the Garifuna Community of Punta Piedra and its members v. Honduras*, paras. 332 to 336, and *Case of the Kaliña and Lokono Peoples v. Suriname*, para. 295.

continuar con sus acciones de monitoreo y seguimiento, y adoptar otras que sean eficaces a tal fin. En particular, la Corte exhorta al Estado a mantener o instalar puestos de control, en concordancia con lo que fue previsto por el Decreto 2786/07. Estas acciones no serán supervisadas por la Corte.

B.3.2. Fondo de Desarrollo Comunitario para la cultura indígena

337. La *Corte* recuerda que ha determinado una lesión de los derechos, relacionados entre sí, a la identidad cultural, al ambiente sano, a la alimentación adecuada y al agua.

338. En vista de lo anterior, la Corte estima apropiado, como lo ha hecho en casos anteriores[326], ordenar al Estado la creación de un fondo de desarrollo comunitario (en adelante también "Fondo") a efectos, principalmente, de reparar el daño a la identidad cultural, y considerando que funge también como compensación del daño material e inmaterial sufrido. En este sentido, dicho Fondo es adicional a cualquier otro beneficio presente o futuro que corresponda a las comunidades con motivo de los deberes generales de desarrollo del Estado[327].

339. En la presente Sentencia, la Corte estableció una lesión a la identidad cultural de las comunidades indígenas víctimas, relacionada con recursos naturales y alimentarios. En consecuencia, la Corte ordena que el fondo de desarrollo comunitario sea destinado a acciones dirigidas a la recuperación de la cultura indígena, incluyendo entre sus objetivos, sin perjuicio de otros posibles, el desarrollo de programas atinentes a seguridad alimentaria y documentación, enseñanza o difusión de la historia de las tradiciones de las comunidades indígenas víctimas. La determinación de los objetivos puntuales a los que debe destinarse el Fondo, que deben contemplar los indicados, deberá ser decidida por las comunidades indígenas víctimas, y comunicada a las autoridades estatales y a la Corte en el plazo máximo de seis meses a partir de la notificación de la presente Sentencia. El diseño y ejecución de los programas respectivos, a partir de los objetivos fijados, deberá contar con la participación activa de las comunidades indígenas víctimas y sus representantes.

340. El Estado deberá adoptar todas las medidas administrativas, legislativas, financieras, de recursos humanos y de cualquier otra índole necesarias para la constitución oportuna de este Fondo, de modo que el dinero asignado al mismo pueda invertirse en forma efectiva, en los programas y acciones correspondientes, en los plazos fijados en los mismos y, en todo caso, en un período no mayor a cuatro años a partir de la notificación de la presente Sentencia. La administración del Fondo estará a cargo de un Comité que se creará al efecto, que estará integrado por una persona designada por las comunidades indígenas víctimas en el presente caso, una persona designada por el Estado y una tercera persona designada de común acuerdo por las dos primeras. El Comité indicado debe quedar constituido en el plazo de seis meses a partir de la notificación de la presente Sentencia.

341. El eventual incumplimiento de los plazos fijados en los dos párrafos anteriores para la determinación de los objetivos a los que debe destinarse el Fondo o respecto a la determinación del Comité, no exime al Estado del cumplimiento de la

---

[326] *Cfr. Caso Comunidad Indígena Yakye Axa Vs. Paraguay*, párr. 205, y *Caso Pueblos Kaliña y Lokono Vs. Surinam*, párr. 295.
[327] *Cfr. Caso Comunidad Garífuna de Punta Piedra y sus miembros Vs Honduras*, párrs. 332 a 336, y *Caso Pueblos Kaliña y Lokono Vs. Surinam*, párr. 295.

ordered. If appropriate, the State authorities are authorized to take the corresponding decisions and must take the necessary steps to ensure the effective use of the sum allocated to the Fund within the time frame indicated.

342. The State must allocate the sum of US$2,000,000.00 (two million United States dollars) to this Fund, to be invested in accordance with the proposed objectives within four years of notification of this judgment. When determining the amount allocated to the Fund, the Court has taken into account the need for this to be reasonable to comply with the purpose of the measure and also the other measures ordered and the complexity and costs entailed.

B.4. Additional considerations, State reports, work plan and actions to monitor the measures ordered

343. All the measures ordered in the preceding paragraphs commit the State as a whole, in the terms of Article 28 of the Convention. The State cannot argue its federal system as an obstacle to compliance with any of the measures ordered in this judgment.

344. To facilitate monitoring compliance with the measures ordered to restore the right to property (*supra* paras. 327 to 330), and based on the time frames established to this end, the Court considers it useful that the State provide it with information periodically for six years from notification of this judgment. Therefore, it orders the State, following the said notification, to present a report detailing the actions taken and the progress made in compliance with each measure of restitution of the right to property every six months. The first bi-annual report provided by Argentina, in addition to including a description of any progress made, must contain a detailed work plan to be completed within six years of the date on which this judgment is notified to the State, for each of the actions or steps to be taken by the State to achieve full compliance with each measure to restore the right to property. In addition to the said actions or steps, this work plan should indicate the State organs, institutions or authorities responsible for implementing them, and the time frame for each action. The State is responsible for presenting the work plan to the Court but, before this, Argentina should allow the representatives, if they so wish, to submit considerations or proposals to the authorities responsible for drawing up the plan. The following bi-annual reports provided by the State must provide an updated and detailed description of the progress made in the execution of each measure to restore the right to property based on the work plan presented in the initial bi-annual report. The presentation of these State reports is independent of the submission of the reports and plan of action ordered in paragraphs 332 to 335 of this judgment, the reports established in paragraphs 348 and 349 on the publications and radio broadcasts ordered, and the one-year time limit established in the eighteenth operative paragraph for the presentation of information on compliance with all the measures of reparation ordered in this judgment.

345. In addition to the foregoing, the Court underscores the actions taken by the Inter-American Commission in the process implemented since the publication of the

medida ordenada. En su caso, las autoridades estatales quedarán habilitadas para realizar las determinaciones correspondientes y deberán efectuar las acciones necesarias para la utilización efectiva del monto asignado al Fondo dentro del plazo previsto.

342. Para el Fondo indicado, el Estado deberá destinar la cantidad de US$ 2.000.000,00 (dos millones de dólares de los Estados Unidos de América), la cual será invertida de acuerdo con los objetivos propuestos, en el período fijado no mayor a cuatro años a partir de la notificación de la presente Sentencia. En la determinación del monto asignado al Fondo, la Corte tiene en cuenta la necesidad de que el mismo resulte razonable para cumplir con la finalidad de la medida y también el resto de las medidas dispuestas y la complejidad y costos que conllevan.

B.4. Consideraciones adicionales, informes estatales, plan de trabajo y acciones para la supervisión de las medias ordenadas

343. Todo lo ordenado en los párrafos precedentes compromete al Estado en su conjunto, en los términos del artículo 28 de la Convención. El Estado no puede aducir su sistema federal como obstáculo para el cumplimiento de ninguna de las medidas ordenadas en la presente Sentencia.

344. A fin de facilitar la supervisión del cumplimiento de las medidas de restitución del derecho de propiedad ordenadas (*supra* párrs. 327 a 330), y en atención a los plazos fijados para ello, la Corte considera útil que el Estado, durante seis años a partir de la notificación de esta Sentencia, presente a este Tribunal información periódica. Por ello, ordena al Estado que, a partir de dicha notificación, cada seis meses presente un informe en que se detallen las acciones y avances efectivizados en el cumplimiento de cada una de las medidas de restitución del derecho de propiedad ordenadas. El primer informe semestral que rinda Argentina, además de incluir los avances que se hubieren logrado, deberá consistir en un plan de trabajo detallado, a cumplirse en seis años desde la notificación al Estado de la presente Sentencia, de cada una de las acciones o pasos que deben ser ejecutados por el Estado para alcanzar el cumplimiento total de cada una de las medidas de restitución del derecho de propiedad ordenadas. En este plan se debe indicar, además de las referidas acciones o pasos, cuáles son los órganos, instituciones o autoridades estatales que serán responsables de implementarlos y el plazo en que cada acción será ejecutada. La presentación del plan de trabajo es responsabilidad del Estado, pero Argentina debe, de modo previo a tal acto, permitir a los representantes, si estos lo solicitan, remitir consideraciones o propuestas a las autoridades a cargo de la elaboración de dicho plan. Los siguientes informes semestrales que rinda el Estado deberán dar cuenta, de manera detallada y actualizada, sobre los avances que se vayan presentando en la ejecución de cada una las medidas de restitución del derecho de propiedad, en seguimiento al plan de trabajo presentado en el referido informe semestral inicial. La presentación de estos informes estatales es independiente de la remisión de los estudios y el plan de acción mandada en los párrafos 332 a 335 de esta Sentencia, de los informes previstos en los párrafos 348 y 349 para las publicaciones y transmisiones radiales que se ordenan, así como del plazo de un año previsto en el punto resolutivo 18 para presentar información sobre el cumplimiento de todas las medidas de reparación ordenadas en esta Sentencia.

345. Además de lo anterior, la Corte resalta la actuación que ha tenido la Comisión Interamericana en el proceso llevado a cabo a partir de la publicación del

Merits Report, following which it has made three on-site visits and facilitated progress. The Court finds it desirable that the Inter-American Commission continue playing an active role in the process of ensuring compliance with the measures of restitution established in this judgment. Consequently, the Court encourages the Inter-American Commission to assume the role of facilitator between the parties, within the framework of its functions and possibilities, in order to contribute to compliance with the measures of restitution ordered herein. This is supplementary to the normal tasks of the Commission in the context of the monitoring of compliance with judgment carried out by the Court and, in no way, excludes this.

C. MEASURES OF SATISFACTION

346. The *representatives* considered that it was extremely important that the international responsibility of the State should be made public by different means. Therefore, they asked the Court to order the State to comply with the following measures within one year of notification of the judgment: translation into the languages of the indigenous communities and distribution of the official summary of the judgment; publication of the whole official summary of the judgment, in Spanish, in the following media: the Salta newspaper "*El Tribuno*" and in a national newspaper, as well as in the official gazette of the Argentine Republic and in that of the province of Salta; publication of the whole judgment, in Spanish, in State institutions, and the broadcast of the official summary of the judgment, in Spanish and in the languages of the indigenous communities, by a radio station.[328]

347. The *State* considered that the measures of satisfaction requested by the representatives were unnecessary. It indicated that, on numerous occasions by decrees and resolutions, it had acknowledged that the indigenous communities victims in this case had the right to their ancestral territory.

348. The *Court* finds it pertinent to order, as it has in other cases,[329] that, within six months of notification of this judgment, the State: (a) publish this judgment, in its entirety, in a legible font size, so that it is available for at least one year on the INAI official website and on the website of the government of Salta, so that it is accessible to the public from the respective homepage; (b) publish, once, the official summary of the judgment prepared in Spanish by the Court in a legible and appropriate font, in: (i) the official gazette of the Argentine Republic; (ii) the official gazette of the province of Salta; (iii) a newspaper distributed in the province of Salta, and (iv) a newspaper with widespread national coverage; (c) disseminate the official summary of this judgment prepared by the Court, in indigenous languages and in Spanish, among the population that currently inhabits Lots 14 and 55, including each of the

---

[328] Regarding the measures indicated, the representatives asked: (a) in the case of the official summary: that its printed version be distributed among the communities members of Lhaka Honhat; (b) in the case of the publications in provincial and national newspapers: that the State advise them one week before this takes place, so that they "are able to communicate this to the indigenous communities, considering the immense difficulties in communication that exist at times"; (c) in the case of the publication of the entire judgment: that this is for one year: (i) for Salta, on the official websites of the government, the Ministry of Indigenous Affairs and Social Development, and the Judiciary; (ii) for the national State, on the official websites of the CSJN Judicial Information Center and of INAI, and (d) in the case of the radio broadcast, that this should be made the first Sunday of every month for four months, and that the State be ordered to give them at least three weeks' notice of the date and time, and the station that will make the broadcast.

[329] *Cf. Case of Cantoral Benavides v. Peru. Reparations and costs.* Judgment of December 3, 2001. Series C No. 88, para. 79, and *Case of Jenkins v. Argentina*, para. 134.

Informe de Fondo, luego de lo cual realizó tres visitas al terreno e impulsó avances. La Corte estima conveniente que la Comisión Interamericana continúe asumiendo una conducta activa en el marco del proceso de cumplimiento de las medidas de restitución establecidas en esta Sentencia. Este Tribunal exhorta a la Comisión Interamericana, por ello, a asumir, en el marco de sus posibilidades y funciones, un rol de facilitadora entre las partes, para coadyuvar al cumplimiento de las medidas de restitución que aquí se ordenan. Lo indicado es complementario al quehacer habitual de la Comisión en el marco de la supervisión del cumplimiento de las sentencias que realiza esta Corte y no obsta en modo alguno al mismo.

C. MEDIDAS DE SATISFACCIÓN

346. Los *representantes* consideraron que es de suma importancia que se conozca públicamente y por distintas vías la responsabilidad internacional del Estado. Para ello solicitaron a la Corte que ordene al Estado cumplir, en el término de un año desde la notificación de la Sentencia, las siguientes medidas: traducción y difusión del resumen oficial de la sentencia en los idiomas de las comunidades indígenas; publicación del resumen oficial de la sentencia en su integridad, en español, en los siguientes medios: Diario "El Tribuno" de Salta y en un diario de circulación nacional, así como en el boletín oficial de la República Argentina y en el de la Provincia de Salta; publicación de la Sentencia en su integridad, en español, en instituciones estatales, y difusión del resumen oficial de la Sentencia, en español y en los idiomas de las comunidades indígenas, a través de una emisora radial[328].

347. El *Estado* consideró que las medidas de satisfacción solicitadas por los representantes resultan innecesarias. Indicó que ha reconocido, en reiteradas ocasiones a través de decretos y resoluciones, que las comunidades indígenas víctimas de este caso tenían derecho a su territorio ancestral.

348. La *Corte* estima pertinente ordenar, como lo ha hecho en otros casos[329], que en el plazo máximo de seis meses a partir de la notificación de la presente Sentencia el Estado: (a) publique en un tamaño de letra legible y adecuado la presente Sentencia en su integridad, de modo que esté disponible por un período de al menos un año en el sitio web oficial del INAI y en la página de la Gobernación de Salta, de manera accesible al público desde las respectivas páginas de inicio; (b) publique en un tamaño de letra legible y adecuado, en idioma español, el resumen oficial de la Sentencia elaborado por la Corte, por una sola vez, en: (i) el Boletín Oficial de la República Argentina, (ii) el Boletín oficial de la Provincia de Salta, (iii) un diario de circulación provincial en Salta, y (iv) un diario de amplia circulación nacional; (c) difunda el resumen oficial de la presente Sentencia elaborado por la Corte, en lenguas indígenas

---

[328] Los representantes, en cuanto a las medidas indicadas, solicitaron: (a) sobre el resumen oficial: que su versión impresa sea difundida entre las comunidades nucleadas en Lhaka Honhat; (b) respecto a las publicaciones en periódicos de circulación provincial y nacional: que el Estado les informe una semana antes de que las haga, "[a] fin de difundir ampliamente la noticia entre las comunidades indígenas, considerando la enorme dificultad de comunicación que en ocasiones existe"; (c) sobre la publicación íntegra de la sentencia: que sea durante un año: (i) en Salta, en las páginas oficiales de la Gobernación, del Ministerio de Asunto Indígenas y Desarrollo Social y del Poder Judicial; (ii) en el Estado Nacional, en las páginas oficiales del Centro de Información Judicial de la CSJN y del INAI, y (d) que la transmisión radial se efectúe cada primer domingo de mes durante cuatro meses, y que se ordene al Estado que les informe con al menos tres semanas de antelación la fecha, horario y emisora que efectuará la difusión.

[329] Cfr. *Caso Cantoral Benavides Vs. Perú. Reparaciones y Costas*. Sentencia de 3 de diciembre de 2001. Serie C No. 88, párr. 79, y *Caso Jenkins Vs Argentina*, párr. 134.

communities victims. To comply with this measures, the State shall be responsible for translating the official summary of this judgment, but must reach agreement with the representatives with regard to the indigenous languages into which the summary will be translated and enable them to verify that the translations are correct before they are disseminated. In addition, the State must give the representatives one week's notice of the realization of the publications ordered in points (a) and (b) above, and of the actions ordered in point (c).

349. Furthermore, the Court finds it pertinent, as it has in other cases,[330] that the State broadcast, via a radio station with widespread coverage that reaches every corner of Fiscal Lots 14 and 55 of the department of Rivadavia, in the province of Salta, the official summary of the judgment in Spanish and, with the prior approval of the representatives, in languages of the indigenous communities victims. The radio broadcast must be made on the first Sunday of the month for at least four months after 8 a.m. and before 10 p.m. Two weeks before the State orders the first broadcast, it must advise the Court and the representatives in writing of the date, hour and radio station on which this will take place. The State must comply with this measure within six months of notification of this judgment. Argentina must advise the Court immediately when it has made each broadcast ordered in this paragraph and the publications ordered in the preceding paragraph.

D. MEASURES OF NON-REPETITION

350. The *Commission* asked the Court to require the State to take any necessary legislative, administrative or other measures to establish an effective mechanism for the indigenous peoples to claim their ancestral lands.

351. The *representatives* asked the Court to require the State to establish provincial and national laws on the free, prior and informed consultation of indigenous communities in relation to projects to be executed on their territories. They also asked the Court to require the State to enact and implement provincial and national laws that permit the appropriate registration of the Lhaka Honhat Association and other similar indigenous organizations and association. They added that the State should be required to enact and implement provincial and national laws that guarantee the right to communal property.

352. The *State* considered that its domestic laws were pertinent and adapted to international standards. It also argued that the provincial state had proposed protocols for prior consultations and that the representatives had not responded or commented on them.

353. The *Court* determined that the existing legal regulations are insufficient to provide legal certainty to the right to indigenous communal property since they failed to establish specific procedures that are appropriate for this purpose. The considerations included in this judgment reveal that the Argentine authorities themselves have noted the insufficiency of their domestic laws and the need to take

---

[330] *Cf. Case of the Yakye Axa Indigenous Community v. Paraguay*, para. 227, and *Case of Rodríguez Vera et al. (Disappeared from the Palace of Justice) v. Colombia. Preliminary objections, merits, reparations and costs.* Judgment of November 14, 2014. Series C No. 287, para. 573.

y en español, entre la población que habita actualmente los lotes 14 y 55, inclusive cada una de las comunidades víctimas. A fin de cumplir lo último ordenado, el Estado tendrá a su cargo la traducción del resumen oficial de esta Sentencia, pero deberá consensuar con los representantes las lenguas indígenas a las que se traducirá el resumen, y posibilitar que estos verifiquen, antes de su difusión, la corrección de las traducciones. Además, el Estado deberá comunicar a los representantes con una semana de anticipación la realización de las publicaciones dispuestas en los puntos (a) y (b) precedentes, así como los actos de difusión dispuestos en el punto (c).

349. Asimismo, la Corte considera pertinente, tal como lo ha dispuesto en otros casos[330], que el Estado difunda, a través de una emisora radial de amplia cobertura, que alcance a toda la extensión de los lotes fiscales 14 y 15 del Departamento de Rivadavia en la Provincia de Salta, el resumen oficial de la Sentencia, en español y, previo consenso con los representantes, en lenguas de las comunidades indígenas víctimas. La transmisión radial deberá efectuarse cada primer domingo de mes al menos durante cuatro meses, después de las 8:00 hs. y antes de las 22:00 hs. Dos semanas antes de que el Estado realice la primera acción de radiodifusión deberá comunicar por escrito a esta Corte y a los representantes la fecha, horario y emisora en que efectuará tal acto. El Estado deberá cumplir con esta medida dentro del plazo de seis meses contado a partir de la notificación de la presente Sentencia. Argentina deberá comunicar de forma inmediata a esta Corte una vez que haya procedido a realizar cada una de las transmisiones radiales dispuestas en este párrafo y de las publicaciones ordenadas en el párrafo anterior.

D. MEDIDAS DE NO REPETICIÓN

350. La *Comisión* solicitó a la Corte que el Estado adoptara medidas legislativas, administrativas y de cualquier otro carácter, que sean pertinentes para la creación de un mecanismo eficaz de reclamación de la tierra ancestral de los pueblos indígenas.

351. Los *representantes* solicitaron a la Corte que ordenara al Estado sancionar normativa nacional y provincial sobre consulta libre, previa e informada a comunidades indígenas por proyectos a ejecutarse en sus territorios. También solicitaron que la Corte ordene al Estado sancionar e implementar la normativa nacional y provincial que permita el registro adecuado de la Asociación Lhaka Honhat y de otras organizaciones y asociaciones indígenas de su naturaleza. Agregaron a su solicitud que el Estado sancione e implemente en su normativa nacional y provincial la garantía del derecho a la propiedad comunitaria.

352. El *Estado* consideró que la normativa interna es pertinente y adecuada a los estándares internacionales. También alegó que el Estado Provincial ha hecho propuestas de protocolos para consultas previas, y que los representantes no dieron respuestas ni consideraciones.

353. La *Corte* determinó que las regulaciones normativas existentes no son suficientes para dotar de seguridad jurídica al derecho de propiedad comunitaria indígena, previendo procedimientos específicos adecuados para tal fin. En ese sentido, surge de lo expuesto antes en esta Sentencia que las propias autoridades argentinas han notado la insuficiencia del ordenamiento interno y la necesidad de adoptar

---

[330] *Cfr. Caso Comunidad Indígena Yakye Axa Vs. Paraguay*, párr. 227, y *Caso Rodríguez Vera y otros (desaparecidos del Palacio de Justicia) Vs Colombia. Excepciones preliminares, Fondo, Reparaciones y Costas.* Sentencia de 14 de noviembre de 2014. Serie C No. 287, párr. 573.

measures in relation to indigenous property (*supra* paras. 54 and 165). Moreover, expert witness Solá indicated that "there are no adequate provincial or national procedures for receiving the land claims of indigenous peoples in keeping with the standards of the inter-American system."[331]

354. Consequently, as it has on other occasions,[332] the Court orders the State, within a reasonable time, to adopt the legislative and/or other measures necessary, pursuant to the guidelines indicated in this judgment (*supra* paras. 93 to 98, 115 and 116), to provide legal certainty to the human right to indigenous communal property, establishing specific procedures that are adapted to this end.

355. This Court notes that Article XXIII of the American Declaration on the Rights of Indigenous Peoples stipulates that: "[i]ndigenous peoples have the right to full and effective participation in decision-making, through representatives chosen by themselves in accordance with their own institutions, in matters which affect their rights, and which are related to the development and execution of laws, public policies, programs, plans, and actions related to indigenous matters." In this regard, the Argentine National Executive has noted the appropriateness and importance of the participation of the indigenous peoples in matters that affect them, as revealed by Decree 672/2016.[333] The Court orders the State, prior to adopting the legislative and/or any other measures ordered (*supra* para. 354), to establish actions that permit

---

[331] In addition, expert witness Solá, after describing a 2018 survey of more than 1,500 indigenous communities, indicated that, in 2017, in the whole country, only 110 "possessed a communal property title," obtained by "procedures other than indigenous law, such as expropriations, acquisitive prescription, or donation by private individuals." He added that "[e]xceptionally, communal property titles have been adjudicated [...] in cases of fiscal lands, especially in the province of Jujuy." He also advised that, in February 2019, at the national level, three bills "related to formalizing indigenous communal property" were being "processed by the legislature," but indicated that none of them "had been considered yet [...] and they are all on the point of lapsing [in the context of this] procedure." Similarly, the CDH-UBA indicated, in its *amicus curiae* brief, that "the obstacles faced by the communities [victims] to exercise their right to the territory provides an example of the reality of hundreds of other indigenous communities in the country"; it understood that the "inadequacy of federal legislation" is one of the main obstacles and recalled that, in 2012, the United Nations Special Rapporteur on the rights of indigenous peoples at the time had noted, with regard to Argentina, that "[t]he majority of indigenous communities in the country have not received legal recognition of their lands in line with their traditional ways of using and occupying those lands."

[332] *Cf.* Among other decisions, *Case of Loayza Tamayo v. Peru. Reparations and costs.* Judgment of November 27, 1998. Series C No. 42, para. 171 and fifth operative paragraph; *Case of the Moiwana Community v. Suriname*, para. 209; *Case of the Sawhoyamaxa Indigenous Community v. Paraguay*, para. 235, and *Case of López et al. v. Argentina*, para. 247.

[333] *Cf.* Decree 672/2016, issued on May 12, 2016. The reasoning indicates that "consultation is the right of the indigenous peoples [...] to be able to intervene, previously, in legislative or administrative measures that directly affect their collective rights." This decree created the "Consultative and Participatory Council of the Indigenous Peoples," and its article 2 established that this "will contribute to creating conditions to implement an intercultural dialogue to ensure that the indigenous peoples and/or communities have previously been able to intervene in the legislative and/or administrative measures that directly affect them, including the decision-making processes." This decree cites as a precedent a resolution that "recognized" a "Working group for political dialogue between the indigenous peoples of Argentina with the national State." The Court clarifies that the purpose of mentioning this is merely to record that the Argentine authorities considered it relevant to provide mechanisms to enable the participation of indigenous peoples. Furthermore, it is pertinent to note that expert witness Solá indicated that "Argentina adopted the American Declaration on the Rights of Indigenous Peoples, during the forty-sixth General Assembly of the Organization of American Stats on June 15, 2016."

medidas respecto a la propiedad indígena (*supra* párrs. 54 y 165). A su vez, el perito Solá ha indicado que "no existen procedimientos adecuados a nivel nacional ni provincial para recibir pretensiones territoriales de pueblos indígenas conforme a los estándares del sistema interamericano"[331].

354. Por lo anterior, de modo similar a como lo ha hecho en otras oportunidades[332], la Corte ordena al Estado que, en un plazo razonable, adopte las medidas legislativas y/o de otro carácter que fueren necesarias para, conforme a las pautas indicadas en la presente Sentencia (*supra* párrs. 93 a 98, 115 y 116), dotar de seguridad jurídica al derecho humano de propiedad comunitaria indígena, previendo procedimientos específicos adecuados para tal fin.

355. Este Tribunal advierte que el artículo XXIII de la Declaración Americana sobre Derechos de los Pueblos Indígenas, expresa que "[l]os pueblos indígenas tienen derecho a la participación plena y efectiva, por conducto de representantes elegidos por ellos de conformidad con sus propias instituciones, en la adopción de decisiones en las cuestiones que afecten sus derechos y que tengan relación con la elaboración y ejecución de leyes, políticas públicas, programas, planes y acciones relacionadas con los asuntos indígenas". En el mismo sentido, el Poder Ejecutivo Nacional argentino ha advertido la procedencia e importancia de la participación de los pueblos indígenas en asuntos que les afecten, como surge del Decreto 672/2016[333]. La Corte ordena al Estado que, de forma previa a la adopción de las medidas legislativas y/o de otro carácter ordenadas (*supra* párr. 354), arbitre acciones que permitan la participación de

---

[331] Además, el perito Solá, luego de dar cuenta de un relevamiento de 2018 de más de 1.500 comunidades indígenas, señaló que para 2017, en todo el país, solo 110 "contaban con título de propiedad comunitaria", lograda por "procedimientos ajenos al Derecho Indígena tales como expropiaciones, prescripciones adquisitivas o donaciones de particulares". Agregó que "[e]xcepcionalmente se adjudicaron títulos de propiedad comunitaria […] en caso de tierras fiscales, especialmente en la provincia de Jujuy". Informó también que en febrero de 2019, en el ámbito nacional, tres proyectos de ley "vinculados a la instrumentación de la propiedad comunitaria indígena" se encontraban en "trámite legislativo", pero indicó que ninguno "ha sido considerado aún […] y todos se encuentran próximos a caducar en [el marco de dicho] trámite". En sentido concordante, el CDH-UBA afirmó, en su escrito de *amicus curiae*, que "los obstáculos enfrentados por las comunidades [víctimas] para ejercer su derecho al territorio ejemplifican la realidad de centenas de otras comunidades indígenas del país"; entendió que la "inadecuación de la normativa federal" es uno de los obstáculos referidos principales, y recordó que en 2012 el entonces Relator de Naciones Unidas sobre derechos de los pueblos indígenas había advertido, en referencia a Argentina, que "[l]a mayoría de las comunidades indígenas del país no cuentan con un 'reconocimiento legal de sus tierras acorde a sus formas de uso y ocupación tradicional'".

[332] *Cfr.*, entre otras decisiones, *Caso Loayza Tamayo Vs. Perú. Reparaciones y Costas*. Sentencia de 27 de noviembre de 1998. Serie C No. 42, párr. 171 y punto resolutivo 5; *Caso de la Comunidad Moiwana Vs. Surinam*, párr. 209; *Caso Comunidad Indígena Sawhoyamaxa Vs. Paraguay*, párr. 235, y *Caso López y otros Vs. Argentina*, párr. 247.

[333] *Cfr.* Decreto 672/2016, emitido el 12 de mayo de 2016. En sus fundamentos indica que "la consulta es el derecho de los [p]ueblos [i]ndígenas […] de poder intervenir de forma previa sobre las medidas legislativas o administrativas que afecten directamente sus derechos colectivos". Dicho Decreto creo el "Consejo Consultivo y Participativo de los Pueblos Indígenas", estableciendo en el artículo 2 que el mismo "propenderá a generar condiciones para que se efectivice un diálogo intercultural, a fin de que las medidas legislativas y/o administrativas que afecten directamente a los Pueblos y/o Comunidades Indígenas, hayan contado con su intervención previa, incluyéndolos en los procesos de toma de decisión". El Decreto cita como antecedente una Resolución que "reconoció" una "Mesa de Trabajo y Diálogo Político de los Pueblos Indígenas de Argentina con el Estado Nacional". La Corte aclara que la mención a lo anterior tiene por objeto sólo dar cuenta de que las autoridades argentinas consideraron relevante propiciar medios para posibilitar la participación de pueblos indígenas. Por otra parte, es pertinente hacer notar que el perito Solá señaló que "Argentina aprobó la Declaración Americana sobre los Derechos de los Pueblos Indígenas, en el 46° Período Ordinario de Sesiones de la Asamblea General de la Organización de Estados Americanos el 15 de junio de 2016".

the participation of the country's indigenous peoples and/or communities (not only the victims in this case) in consultation processes in relation to such measures.[334]

356. The Court recalls that, pursuant to Article 28 of the American Convention, a State cannot validly argue that it has a federal system to fail to comply with the provisions of the Convention. Added to this, the Court notes that the highest judicial authorities of Argentina and Salta have indicated, based on constitutional texts, that, in matters relating to the rights of indigenous peoples, the provincial and national powers are "concurrent," and that national laws operate as a "minimum level" (*supra* para. 161). Thus, the Court understands that in order to guarantee the non-repetition of the violations declared in this case effectively, it is pertinent that the legislative and/or other types of regulations whose adoption has been ordered are applicable throughout national territory, by both the national State and by all the federative state entities that comprise the Argentine federation; in other words, all the provinces and the autonomous City of Buenos Aires.[335]

357. Consequently, the State, within the framework of the competencies and functions inherent in its federal organization system, must adopt the pertinent measures to ensure that: (a) the legislative and/or other types of measures ordered (*supra* para. 354) are enforceable both with regard to the national State and to all the federative entities, and (b) regarding the actions to acknowledge, implement or guarantee the rights of indigenous peoples or communities to recognition of communal property, there is coordination between the federal sphere and the federative entities so that the actions taken in either of those sectors is valid in the other and duplication, overlapping and contradiction in the legal acts or procedures is avoided.

---

[334] The Court orders this measure taking note of the said precedents and considering it appropriate and useful for the effectiveness of the legislative and/or other types of measures ordered, taking into account also previous events that have occurred in Argentina. For example, the *amicus curiae* brief presented by AADI and SERPAJ indicated that, during the processing – initiated in 2012 – of the draft Unified Civil and Commercial Code, an "attempt" was made to "regulate the right to indigenous communal property" but, during the public hearings held in this context, a "general rejection" of the idea became evident, because there had been "no type of consultation with the [indigenous] communities or with the institutions that represent the indigenous peoples." The same document described the processing of one of the three bills mentioned by expert witness Solá (*supra* footnote 331), and indicated that this "had encountered various obstacles in its processing and consultation because the mechanism for consultation with the indigenous peoples have not been duly regulated in the Argentine Republic." The authors explained that, despite this situation, "the Senate's Special Committee on Indigenous Peoples […] had held a series of workshops and activities to socialize, debate and analyze this bill throughout the country." The text, received on March 28, 2018, described these activities and explained that the bill in question "ha[d] recently lapsed; however, despite this, work has been done on a new draft in different parts of the country, through the Special Committee of Indigenous Peoples created in the Nation's Senate in 2017, and its contributions will be presented once again in a new bill." In addition, in 2018, in the context of the United Nations Universal Periodic Review, Argentina was recommended to "[e]nsure that indigenous peoples are fully involved in the process of drafting legislative or administrative measures that could affect them" (Human Rights Council, thirty-seventh session, February 26 to Mach 23, 2018. Report of the Working Group on the Universal Periodic Review. Argentina. Doc. A/HRC/37/5, para. 107.175).

[335] In this regard, the *amicus curiae* brief presented by AADI and SERPAJ indicated that, currently, the right to indigenous communal property lacks "specific legislation that regulates it and standardizes it adequately for the whole of the Argentine Republic" and that "different political sectors have been proposing the need to enact a basic law" in this regard.

pueblos y/o comunidades indígenas del país (no sólo las víctimas de este caso) en procesos de consulta respecto de tales medidas[334].

356. La Corte recuerda que, de conformidad con el artículo 28 de la Convención Americana, un Estado no puede válidamente oponer el sistema federal para incumplir normas convencionales. Aunado a ello, este Tribunal nota que las máximas autoridades judiciales de Argentina y de Salta han indicado, con base en textos constitucionales, que en materia de derechos de pueblos indígenas las facultades nacionales y provinciales son "concurrentes", y que normativa nacional opera como un "piso mínimo" (*supra* párr. 161). La Corte entiende, considerando lo dicho, que a efectos de garantizar efectivamente la no repetición de las violaciones declaradas en el presente caso, es pertinente que las regulaciones normativas y/o de otro carácter cuya adopción fue ordenada sean aplicables en todo el territorio nacional, tanto por el Estado Nacional como por todas la entidades estatales federativas que conforman la federación argentina; es decir, todas las Provincias y la Ciudad Autónoma de Buenos Aires[335].

357. Por lo dicho, el Estado, de conformidad con el marco de las competencias y funciones propias de su sistema de organización federal, debe adoptar las medidas pertinentes a fin de que: (a) las medidas normativas y/o de otro carácter ordenadas (*supra* párr. 354) sean de aplicación tanto respecto al Estado nacional como a todas las entidades federativas, y (b) respecto de las acciones de reconocimiento, implementación o garantía de los derechos de pueblos o comunidades indígenas al reconocimiento de la propiedad colectiva, se asegure la coordinación del ámbito federal y de las entidades federativas, de modo que las actuaciones desarrolladas en uno de tales ámbitos tengan validez en los otros y que se evite la duplicidad, superposición o contradicción de procedimientos o actos jurídicos.

---

[334] La Corte ordena esta medida tomando nota de los antecedentes referidos y por considerarlo apropiado y útil para la efectividad de las medidas legislativas y/o de otro carácter ordenadas, teniendo en cuenta también circunstancias previas acaecidas en Argentina. En ese sentido, el escrito de *amicus curiae* presentado por AADI y SERPAJ indicó que durante el tratamiento, iniciado en 2012, del proyecto de Código Civil y Comercial Unificado, hubo un "intento" de "reglamentación del derecho de propiedad comunitaria indígena", pero que durante audiencias públicas realizadas en ese marco se evidenció un "rechazo generalizado", pues no se había realizado "ningún tipo de consulta con las comunidades [indígenas] ni con las instituciones representativas de los pueblos indígenas". El mismo documento dio cuenta del trámite de uno de los proyectos referidos por el perito Solá (*supra* nota a pie de página 331), y expresó que el mismo "ha debido observar diversos obstáculos para su tratamiento y su efectiva consulta, en tanto los mecanismos destinados a la consulta con los pueblos indígenas aún no se hayan debidamente reglamentados en la República Argentina". Explicó que aún pese a esa situación "desde la Comisión Especial de Pueblos Indígenas del Senado [...] se han llevado a cabo una serie de talleres y actividades destinados a la socialización, debate y análisis de dicho proyecto a lo largo y ancho del país". El texto, recibido el 28 de marzo de 2018, describió esas actividades y aclaró que el proyecto en cuestión "ha vuelto a perder estado parlamentario recientemente, a pesar de lo cual se ha [...] venido trabajando sobre un nuevo borrador en diferentes regiones del país, a través de la Comisión Especial de Pueblos Indígenas creada en [...] 2017 en el Senado de la Nación, y cuyos aportes serán nuevamente presentados en un nuevo proyecto de ley". Por otra parte, en el marco del Examen Periódico Universal de Naciones Unidas, en 2018 se ha recomendado a Argentina, "[v]elar por que los pueblos indígenas participen plenamente en el proceso de elaboración de las medidas legislativas o administrativas que puedan afectarlos" (Consejo de Derechos Humanos. 37° período de sesiones. 26 de febrero a 23 de marzo de 2018. Informe del Grupo de Trabajo sobre el Examen Periódico Universal. Argentina. Doc. A/HRC/37/5, párr. 107.175).

[335] Al respecto, el escrito de *amicus curiae* presentado por AADI y SERPAJ señala que el derecho a la propiedad comunitaria indígena carece actualmente "de una legislación específica que lo reglamente y unifique de forma adecuada para toda la República Argentina" y que "se viene proponiendo desde distintos sectores políticos la necesidad de sancionar una [l]ey de fondo" sobre ello.

E. OTHER MEASURES REQUESTED

358. The *representatives* asked the Court to require that the State "reimburse, immediately, the *expenses relating to providing support*" to the Lhaka Honhat Association of Aboriginal Communities, so that "the on-site support to Lhaka Honhat can continue." It also requested that the State be ordered to carry out a public act acknowledging its responsibility.

359. The *State* argued that the "expenses relating to providing support" to Lhaka Honhat "are included," although not explicitly, in an agreement between INAI and Salta. Also, as already indicated, it contested the measures of satisfaction requested (*supra* para. 347).

360. The Court rejects the representatives' request that it order the State to pay "the *expenses relating to providing support*" to Lhaka Honhat. The Lhaka Honhat Association is not, in itself, a victim in this case (*supra* paras. 35 and 309, and Annex V to this judgment), and it has not been explained how this payment to Lhaka Honhat by the State would be connected to the violation of the rights of the communities victims or necessary to redress them. Also, the Court understands that the measures of satisfaction it has ordered are sufficient and does not find it pertinent in this case to require a public act to acknowledge responsibility.

F. COSTS AND EXPENSES

361. The representatives recalled that the case originated in the 1980s, and indicated that due to its "complexity and magnitude," CELS had formed a team of several people, who "have had to undertake numerous tasks." They indicated that although they have documentary support for expenditure incurred, they "do not find it prudent to request a set amount" and asked the Court to determine this.

362. The State, when referring to the costs and expenses claimed, recalled that both the national State and the provincial State are executing a land regularization plan and allocating funds to this end.

363. The Court reiterates that:

> Pursuant to its case law, costs and expenses form part of the concept of reparation, because the activity deployed by the victims in order to obtain justice, at both the national and the international level, entails disbursements that must be compensated when the international responsibility of the State has been declared in a judgment. Regarding the reimbursement of costs and expenses, it is for the Court to assess their scope prudently, and this includes the expenses generated before the authorities of the domestic jurisdiction and also those incurred during the proceedings before the inter-American system, taking into account the circumstances of the specific case and the nature of the international jurisdiction for the protection of human rights. This assessment may be made based on the equity principle and taking into account the expenses indicated by the parties, provided the *quantum* is reasonable.[336]

---

[336] *Case of Garrido and Baigorria v. Argentina. Reparations and costs.* Judgment of August 27, 1998. Series C No. 39, paras. 79 and 82, and *Case of Muelle Flores v. Peru*, para. 271.

E. OTRAS MEDIDAS SOLICITADAS

358. Los *representantes* solicitaron que se disponga que, "de inmediato", el Estado "solvente los *gastos de acompañamiento*" de la Asociación de Comunidades Aborígenes Lhaka Honhat, para que pueda haber "continuidad en el acompañamiento de Lhaka Honhat en terreno". Además, requirieron que se ordene la realización de un *acto público* de reconocimiento de responsabilidad.

359. El *Estado* afirmó que los "gastos de acompañamiento" para Lhaka Honha "están contemplados", aunque no de modo explícito, en un convenio entre el INAI y Salta. Por otra parte, como ya se señaló, se opuso a las medidas de satisfacción solicitadas (*supra* párr. 347).

360. La *Corte* rechaza la solicitud de los representantes de que se ordene al Estado solventar "*gastos de acompañamiento*" para Lhaka Honhat. La Asociación Lhaka Honhat no es en sí misma víctima en el caso (*supra* párrs. 35 y 309, y Anexo V a la presente Sentencia), y no se ha explicado de qué forma esa prestación patrimonial del Estado a Lhaka Honhat estaría vinculada a la lesión de derechos de las comunidades víctimas o sería necesaria para la reparación de los mismos. Por otra parte, entiende suficientes las medidas de satisfacción ya dispuestas y no considera pertinente en el caso la realización de un *acto público* de reconocimiento de responsabilidad.

F. COSTAS Y GASTOS

361. Los *representantes* recordaron que el caso se originó en la década de 1980, y expresaron que debido a su "complejidad y magnitud" se formó un equipo de varias personas del CELS, que "han tenido que sobrellevar muchísimas tareas". Señalaron que si bien cuentan con respaldo documental de gastos realizados, "no considera[n] prudente solicitar un monto fijo" y pidieron que lo determine la Corte.

362. El *Estado*, al referirse a las costas y gastos demandados, recordó que tanto el Estado nacional como el provincial se encuentran ejecutando un plan de regularización de tierras, destinando recursos económicos a tal fin.

363. La *Corte* reitera que,

> conforme a su jurisprudencia, las costas y gastos son parte del concepto de reparación, toda vez que la actividad desplegada por las víctimas con el fin de obtener justicia, tanto a nivel nacional como internacional, implica erogaciones que deben ser compensadas cuando la responsabilidad internacional del Estado es declarada mediante una sentencia condenatoria. En cuanto al reembolso de las costas y gastos, corresponde al Tribunal apreciar prudentemente su alcance, el cual comprende los gastos generados ante las autoridades de la jurisdicción interna, así como los generados en el curso del proceso ante el sistema interamericano, teniendo en cuenta las circunstancias del caso concreto y la naturaleza de la jurisdicción internacional de protección de derechos humanos. Esta apreciación puede ser realizada con base en el principio de equidad y tomando en cuenta los gastos señalados por las partes, siempre que su *quantum* sea razonable[336].

---

[336] *Caso Garrido y Baigorria Vs. Argentina. Reparaciones y Costas.* Sentencia de 27 de agosto de 1998. Serie C No. 39, párrs. 79 y 82, y *Caso Muelle Flores Vs. Perú*, párr. 271.

364. This Court notes that the representatives have not requested a specific sum for reimbursement of costs and expenses, or duly provided justifying evidence for all the disbursements made. However, the State's argument is unrelated to this matter.

365. The Court decides, understanding that this is reasonable, to establish the payment of US$50,000.00 (fifty thousand United States dollars) for costs and expenses. This amount shall be delivered, within six months of notification of this judgment, to the *Centro de Estudios Legales y Sociales* (CELS).[337] During the proceedings on monitoring compliance with this judgment, the Court may order the State to reimburse any reasonable and duly authenticated expenses incurred at that procedural stage to the victims or their representatives.[338]

G. METHOD OF COMPLIANCE

366. The State shall comply with its monetary obligations by payment in United States dollars or, if this is not possible, in the equivalent in Argentine currency, using the rate in force at the time of payment that is highest and most beneficial to the beneficiaries permitted by domestic law to make the calculation. At the stage of monitoring compliance with judgment, the Court may make a prudent adjustment of the amounts in Argentine currency in order to avoid variations in currency exchange substantially affecting their purchasing power.

367. If, for causes that can be attributed to the beneficiaries, it is not possible to pay the amount established within the indicated time, the State shall deposit this amount in their favor in a deposit certificate or account in a solvent Argentine financial institution, in United States dollars and in the most favorable financial conditions allowed by banking law and practice. If the corresponding amount is not claimed within ten years, the amounts shall be returned to the State with the interest accrued.

368. The amounts allocated in this judgment as a measures of reparation for the harm caused and to reimburse costs and expenses shall be delivered integrally, without any deductions resulting from possible taxes or charges.

369. If the State should incur in arrears, it shall pay interest on the amount owed corresponding to bank interest on arrears in the Argentine Republic.

IX
OPERATIVE PARAGRAPHS

370. Therefore,

THE COURT

---

[337] The Court notes that it has not been indicated that Lhaka Honhat had procedural expenses, and the claim for this reimbursement was limited to CELS.
[338] *Cf. Case of the Xákmok Kásek Indigenous Community v. Paraguay*, para. 331, and *Case of Muelle Flores v. Peru*, para. 274.

364. Este Tribunal nota que los representantes no han solicitado un monto dinerario específico para el reintegro de gastos y costas, ni acreditado en forma debida y razonada la totalidad de los gastos efectuados. El argumento estatal, por otra parte, no se relaciona con esta cuestión.

365. La Corte decide, por entenderlo razonable, fijar el pago de un monto total de US$ 50.000.00 (cincuenta mil dólares de los Estados Unidos de América) por concepto de costas y gastos. Dicha cantidad será entregada, en el plazo de seis meses a partir de la notificación de la presente Sentencia, al Centro de Estudios Legales y Sociales (CELS)[337]. En el procedimiento de supervisión de cumplimiento de la presente Sentencia, el Tribunal podrá disponer el reembolso por parte del Estado a las víctimas o sus representantes de los gastos razonables debidamente comprobados en dicha etapa procesal[338].

G. MODALIDAD DE CUMPLIMIENTO

366. El Estado debe cumplir sus obligaciones monetarias mediante el pago en dólares de los Estados Unidos de América o, de no ser esto posible, en su equivalente en moneda argentina, utilizando para el cálculo respectivo la tasa más alta y más beneficiosa para las personas beneficiarias que permita su ordenamiento interno, vigente al momento del pago. Durante la etapa de supervisión de cumplimento de la sentencia, la Corte podrá reajustar prudentemente el equivalente de estas cifras en moneda argentina, con el objeto de evitar que las variaciones cambiarias afecten sustancialmente el valor adquisitivo de esos montos.

367. Si por causas atribuibles a los beneficiarios no fuese posible el pago de la cantidad determinada dentro del plazo indicado, el Estado consignará dicho monto a su favor en una cuenta o certificado de depósito en una institución financiera argentina solvente, en dólares de los Estados Unidos de América, y en las condiciones financieras más favorables que permitan la legislación y la práctica bancaria. Si no se reclama el monto correspondiente una vez transcurridos diez años, las cantidades serán devueltas al Estado con los intereses devengados.

368. Las cantidades asignadas en la presente Sentencia como medidas de reparación del daño y como reintegro de costas y gastos deberán ser entregadas de forma íntegra, sin reducciones derivadas de eventuales cargas fiscales.

369. En caso de que el Estado incurriera en mora deberá pagar un interés sobre la cantidad adeudada, correspondiente al interés bancario moratorio en la República Argentina.

IX
PUNTOS RESOLUTIVOS

370. Por tanto,

LA CORTE

---

[337] La Corte advierte que no se ha señalado que la Lhaka Honhat realizara gastos procesales, sino que el reclamo de ese reintegro se ha limitado al CELS.
[338] *Cfr. Caso Comunidad Indígena Xákmok Kásek Vs. Paraguay*, párr. 331, y *Caso Muelle Flores Vs. Perú*, párr. 274.

DECLARES:

Unanimously, that:

1. The State is responsible for the violation of the right to property established in Article 21 of the American Convention on Human Rights, in relation to the rights to judicial guarantees and judicial protection, established in Articles 8(1) and 25(1) of this instrument, and the obligations established in Articles 1(1) and 2 of this instrument, to the detriment of the 132 indigenous communities indicated in Annex V to this judgment, pursuant to paragraphs 92 to 98, 114 to 152 and 158 to 168.

Unanimously, that:

2. The State is responsible for the violation of the right to property and to political rights established in Articles 21 and 23(1) of the American Convention on Human Rights, in relation to Article 1(1) of this instrument, to the detriment of the 132 indigenous communities indicated in Annex V to this judgment, pursuant to paragraphs 173 to 184.

By three votes, including the President of the Court, to three,[339] that:

3. The State is responsible for the violation of the right to take part in cultural life as this relates to cultural identity, a healthy environment, adequate food and water, established in Article 26 of the American Convention on Human Rights, in relation to Article 1(1) of this instrument, to the detriment of the 132 indigenous communities indicated in Annex V to this judgment, pursuant to paragraphs 195 to 289.

Dissenting Judges Eduardo Vio Grossi, Humberto Antonio Sierra Porto and Ricardo Pérez Manrique

Unanimously, that:

4. The State is responsible for the violation of the right to judicial guarantees, established in Article 8(1) of the American Convention on Human Rights, in relation to Article 1(1) of this instrument, to the detriment of the 132 indigenous communities indicated in Annex V of this judgment, pursuant to paragraphs 294, 295, 300 to 302 and 305.

Unanimously, that:

5. The State is not responsible for the violation of the right to recognition of juridical personality or the rights to freedom of thought and expression, freedom of

---

[339] Paragraphs 2 and 3 of Article 23 of the Court's Statute, entitled "*Quorum,*" indicate that "[d]ecisions of the Court shall be taken by a majority vote of the judges present," and that "[i]n the event of a tie, the President shall cast the deciding vote." Paragraphs 3 and 4 of Article 16 of the Court's Rules of Procedure, entitled "Decisions and voting" establish that "[t]he decisions of the Court shall be adopted by a majority of the judges present" and that "[i]n the event of a tie, the President shall cast the deciding vote."

DECLARA:

Por unanimidad, que:

1. El Estado es responsable por la violación del derecho a la propiedad, establecido en el artículo 21 de la Convención Americana sobre Derechos Humanos, en relación con los derechos a las garantías judiciales y a la protección judicial, establecidos en los artículos 8.1 y 25.1 del mismo tratado, y con los deberes establecidos en los artículos 1.1 y 2 del mismo instrumento, en perjuicio de las 132 comunidades indígenas señaladas en el Anexo V a la presente Sentencia, en los términos de sus párrafos 92 a 98, 114 a 152 y 158 a 168.

Por unanimidad, que:

2. El Estado es responsable por la violación al derecho a la propiedad y a los derechos políticos, establecidos en los artículos 21 y 23.1 de la Convención Americana sobre Derechos Humanos, en relación con el artículo 1.1 del mismo tratado, en perjuicio de las 132 comunidades indígenas señaladas en el Anexo V a la presente Sentencia, en los términos de sus párrafos 173 a 184.

Por tres votos a favor, incluido el de la Presidenta de la Corte, y tres en contra[339], que:

3. El Estado es responsable por la violación a los derechos a participar en la vida cultural, en lo atinente a la identidad cultural, al medio ambiente sano, a la alimentación adecuada y al agua, establecidos en el artículo 26 de la Convención Americana sobre Derechos Humanos, en relación con el artículo 1.1 del mismo tratado, en perjuicio de las 132 comunidades indígenas señaladas en el Anexo V a la presente Sentencia, en los términos de sus párrafos 195 a 289.

Disienten los jueces Eduardo Vio Grossi, Humberto Antonio Sierra Porto y Ricardo Pérez Manrique

Por unanimidad, que:

4. El Estado es responsable por la violación al derecho a las garantías judiciales, establecido en el artículo 8.1 de la Convención Americana sobre Derechos Humanos, en relación con el artículo 1.1 del mismo tratado, en perjuicio de las 132 comunidades indígenas señaladas en el Anexo V de la presente Sentencia, en los términos de los párrafos 294, 295, 300 a 302 y 305.

Por unanimidad, que:

5. El Estado no es responsable por la violación al derecho al reconocimiento de la personalidad jurídica ni de las libertades de pensamiento y de expresión, de asociación

---

[339] El artículo 23 del Estatuto de la Corte, titulado *"Quorum"*, en sus apartados 2 y 3, indica que "[l]as decisiones de la Corte se tomarán por mayoría de los jueces presentes", y que "[e]n caso de empate, el voto del Presidente decidirá". El artículo 16 del Reglamento de la Corte, titulado "Decisiones y votaciones", establece en sus apartados 3 y 4 que "[l]as decisiones de la Corte se tomarán por mayoría de los Jueces presentes en el momento de la votación" y que "[e]n caso de empate decidirá el voto de la Presidencia".

association, and freedom of movement and residence established in Articles 3, 13, 16 and 22(1) of the American Convention on Human Rights, as established in paragraphs 153 to 157, 185 and 194 of this judgment.

AND ESTABLISHES,

Unanimously, that:

6. This judgment constitutes, *per se,* a form of reparation.

Unanimously, that:

7. The State, within six years of notification of this judgment, shall adopt and conclude the necessary actions to delimit, demarcate and grant a title that recognizes the ownership of the 132 indigenous communities identified as victims in this case, and indicated in Annex V of this judgment, of their territory, as established in paragraphs 325, 327 and 343 of this judgment.

Unanimously, that:

8. The State shall refrain from implementing actions, public works or undertakings on the indigenous territory or that might affects its existence, value, use and enjoyment, without previously informing the indigenous communities that have been identified as victims, and conducting adequate, free and informed prior consultation, pursuant to the standards established in this judgment, as established in paragraphs 328 and 343 of this judgment.

Unanimously, that:

9. The State, within six years of notification of this judgment, shall arrange the removal of the *criollo* population from the indigenous territory, as established in paragraphs 325, 329 and 343 of this judgment.

Unanimously, that:

10. The State, within six years of notification of this judgment, shall remove from the indigenous territory the fencing and the livestock belonging to the *criollo* settlers, as established in paragraphs 325, 330 and 343 of this judgment.

By five votes to one, that:

11. The State, within six months of notification of this judgment, shall submit a report to the Court identifying critical situations of lack of access to drinking water or food and shall draw up and implement an action plan, as established in paragraphs 332 and 343 of this judgment.

Dissenting Judge Eduardo Vio Grossi.

y de circulación y de residencia, conforme establecen los artículos 3, 13, 16 y 22.1 de la Convención Americana sobre Derechos Humanos, en los términos de los párrafos 153 a 157, 185 y 194 de la presente Sentencia.

Y DISPONE,

Por unanimidad, que:

6. Esta Sentencia constituye por sí misma una forma de reparación.

Por unanimidad, que:

7. El Estado, en un plazo de seis años desde la notificación de la presente Sentencia, adoptará y concluirá las acciones necesarias a fin de delimitar, demarcar y otorgar un título que reconozca la propiedad de las 132 comunidades indígenas víctimas del presente caso, señaladas en el Anexo V de la presente Sentencia, sobre su territorio, en los términos de los párrafos 325, 327 y 343 de la presente Sentencia.

Por unanimidad, que:

8. El Estado se abstendrá de realizar actos, obras o emprendimientos sobre el territorio indígena o que puedan afectar su existencia, valor, uso o goce, sin la previa provisión de información a las comunidades indígenas víctimas, así como de la realización de consultas previas adecuadas, libres e informadas, de acuerdo a las pautas señaladas en la presente Sentencia, en los términos indicados en los párrafos 328 y 343 de la presente Sentencia.

Por unanimidad, que:

9. El Estado, en un plazo de seis años contado desde la notificación de la presente Sentencia, concretará el traslado de la población criolla fuera del territorio indígena, en los términos señalados en los párrafos 325, 329 y 343 de la presente Sentencia.

Por unanimidad, que:

10. El Estado, en un plazo de seis años contado desde la notificación de la presente Sentencia, removerá del territorio indígena los alambrados y el ganado perteneciente a pobladores criollos, en los términos señalados en los párrafos 325, 330 y 343 de la presente Sentencia.

Por cinco votos contra uno, que:

11. El Estado, en el plazo máximo de seis meses contado a partir de la notificación de la presente Sentencia, presentará a la Corte un estudio en que identifique situaciones críticas de falta de acceso a agua potable o alimentación y formulará e implementará un plan de acción, en los términos señalados en los párrafos 332 y 343 de la presente Sentencia.

Disiente el Juez Eduardo Vio Grossi.

By five votes to one, that:

12. The State, within one year of notification of this judgment, shall prepare a report establishing the actions that must be implemented to conserve water and to avoid and rectify its contamination; to guarantee permanent access to drinking water; to avoid the persistence of the loss or decrease in forestry resources and endeavor to recover them, and to facilitate access to nutritional and culturally acceptable food, as established in paragraphs 333 to 335 and 343 of this judgment.

Dissenting Judge Eduardo Vio Grossi.

By five votes to one, that:

13. The State shall create a community development fund and shall ensure its execution within no more than four years of notification of this judgment, as established in paragraphs 338 to 343 of this judgment.

Dissenting Judge Eduardo Vio Grossi.

Unanimously, that:

14. The State shall, within six months of notification of this judgment, make the publications and radio broadcasts indicated, as established in paragraphs 348 and 349 of this judgment.

By five votes to one, that:

15. The State, within a reasonable time, shall adopt the necessary legislative and/or any other measures to provide legal certainty to the right to indigenous communal property, pursuant to paragraphs 354 to 357 of this judgment.

Dissenting Judge Humberto Antonio Sierra Porto.

Unanimously, that:

16. The State shall, within six months of notification of this judgment, pay the amount established in its paragraph 365 to reimburse costs and expenses, as established in paragraphs 366 to 369 of this judgment.

By five votes to one, that:

17. The State shall provide the Court with the bi-annual reports ordered in paragraph 344 of this judgment.

Dissenting Judge Humberto Antonio Sierra Porto.

Por cinco votos contra uno, que:

12. El Estado, en un plazo de un año contado a partir de la notificación de la presente Sentencia, elaborará un estudio en el que establezca acciones que deben instrumentarse para la conservación de aguas y para evitar y remediar su contaminación; garantizar el acceso permanente a agua potable; evitar que continué la pérdida o disminución de recursos forestales y procurar su recuperación, y posibilitar el acceso a alimentación nutricional y culturalmente adecuada, en los términos de los párrafos 333 a 335 y 343 de la presente Sentencia.

Disiente el Juez Eduardo Vio Grossi.

Por cinco votos contra uno, que:

13. El Estado creará un fondo de desarrollo comunitario e implementará su ejecución en un plazo no mayor a cuatro años a partir de la notificación de la presente Sentencia, en los términos señalados en los párrafos 338 a 343 de la presente Sentencia.

Disiente el Juez Eduardo Vio Grossi.

Por unanimidad, que:

14. El Estado, en un plazo de seis meses a partir de la notificación de la presente Sentencia, realizará las publicaciones y transmisiones radiales indicadas, en los términos señalados en los párrafos 348 y 349 de la presente Sentencia.

Por cinco votos contra uno, que:

15. El Estado, en un plazo razonable, adoptará las medidas legislativas y/o de otro carácter que fueren necesarias para dotar de seguridad jurídica al derecho de propiedad comunitaria indígena, en los términos señalados en los párrafos 354 a 357 de la presente Sentencia.

Disiente el Juez Humberto Antonio Sierra Porto.

Por unanimidad, que:

16. El Estado pagará en el plazo de seis meses partir de la notificación de la presente Sentencia, la cantidad fijada en su párrafo 365 por concepto de reintegro de gastos y costas, en los términos de los párrafos 366 a 369 del presente Fallo.

Por cinco votos contra uno, que:

17. El Estado rendirá al Tribunal los informes semestrales ordenados en el párrafo 344 de la presente Sentencia.

Disiente el Juez Humberto Antonio Sierra Porto.

Unanimously, that:

18. The State shall advise the Court, within one year of notification of this judgment, of the actions taken to comply with the measures ordered herein, notwithstanding the measure indicated in the seventeenth operative paragraph and paragraphs 344 and 349 of this judgment.

Unanimously, that:

19. The Court will monitor complete compliance with this judgment, in exercise of its attributes and in fulfillment of its obligations under the American Convention on Human Rights, and will close this case when the State has complied fully with its provisions.

Judges L. Patricio Pazmiño Freire and Eduardo Ferrer Mac-Gregor Poisot advised the Court of their concurring opinions. Judges Eduardo Vio Grossi, Humberto Antonio Sierra Porto and Ricardo Pérez Manrique advised the Court of their partially dissenting opinions.

DONE, at San José, Costa Rica, on February 6, 2020, in the Spanish language.

I/A Court HR, *Case of the Indigenous Communities of the Lhaka Honhat Association (Our Land) v. Argentina*. Merits, Reparations and Costs. Judgment of February 6, 2020.

Elizabeth Odio Benito
President

L. Patricio Pazmiño Freire   Eduardo Vio Grossi
Humberto Antonio Sierra Porto   Eduardo Ferrer Mac-Gregor Poisot
Ricardo C. Pérez Manrique

Pablo Saavedra Alessandri
Secretary

So ordered,

Elizabeth Odio Benito
President

Pablo Saavedra Alessandri
Secretary

ANNEX I
INDIGENOUS COMMUNITIES INCLUDED IN THE INITIAL PETITION ACCORDING TO MERITS REPORT NO. 2/12

1. Alto La Sierra
2. Bajo Grande
3. Bella Vista
4. Cañaveral
5. El Pin Pin

Por unanimidad, que:

18. El Estado informará, dentro del plazo de un año contado a partir de la notificación de esta Sentencia, sobre las medidas adoptadas para cumplir con todas las medidas ordenadas en la misma, sin perjuicio de lo establecido en el punto resolutivo 17 y los párrafos 344 y 349 de la presente Sentencia.

Por unanimidad, que:

19. La Corte supervisará el cumplimiento íntegro de esta Sentencia, en ejercicio de sus atribuciones y en cumplimiento de sus deberes conforme a la Convención Americana sobre Derechos Humanos, y dará por concluido el presente caso una vez que el Estado haya dado cabal cumplimiento a lo dispuesto en la misma.

Los jueces L. Patricio Pazmiño Freire y Eduardo Ferrer Mac-Gregor Poisot dieron a conocer sus votos individuales concurrentes. Los jueces Eduardo Vio Grossi, Humberto Antonio Sierra Porto y Ricardo Pérez Manrique dieron a conocer sus votos individuales parcialmente disidentes.

Redactada en español en San José, Costa Rica, el 6 de febrero de 2020.

Corte IDH, *Caso Comunidades Indígenas Miembros de la Asociación Lhaka Honhat (Nuestra Tierra) Vs. Argentina. Excepción Preliminar, Fondo, Reparaciones y Costas.* Sentencia de 6 de febrero de 2020.

Elizabeth Odio Benito
Presidenta

L. Patricio Pazmiño Freire   Eduardo Vio Grossi
Humberto Antonio Sierra Porto   Eduardo Ferrer Mac-Gregor Poisot
Ricardo C. Pérez Manrique

Pablo Saavedra Alessandri
Secretario

Comuníquese y ejecútese,

Elizabeth Odio Benito
Presidenta

Pablo Saavedra Alessandri
Secretario

ANEXO I
LISTADO DE COMUNIDADES INDÍGENAS INCLUIDAS EN LA PETICIÓN INICIAL CONFORME EL INFORME DE FONDO No. 2/12

1. Alto La Sierra
2. Bajo Grande
3. Bella Vista
4. Cañaveral
5. El Pin Pin

6. La Bolsa
7. La Curvita
8. La Gracia
9. La Merced Nueva
10. La Merced Vieja
11. La Puntana
12. Las Vertientes
13. Misión la paz km. 1 and 2
14. Monte Carmelo
15. Pozo El Mulato
16. Pozo El Toro
17. Pozo del Tigre – San Ignacio
18. Pozo La China
19. Rancho del Ñato
20. San Luis
21. Santa María

ANNEX II
INDIGENOUS COMMUNITIES CONSIDERED VICTIMS IN MERITS REPORT NO. 2/12

1. Bella Vista
2. El Cañaveral 1
3. El Cercado
4. El Cruce
5. Km 1
6. Km 2
7. Kom Lañoko – Misión Toba – Monte Carmelo
8. La Bolsa
9. La Curvita
10. Las Juntas
11. La Merced Nueva
12. La Merced Vieja
13. La Puntana I
14. Las Vertientes
15. Lantawos – Alto La Sierra
16. Misión La Gracia
17. Misión La Paz
18. Misión San Luis
19. Padre Coll
20. Pin Pin
21. Pozo El Mulato
22. Pozo El Tigre
23. Pozo El Toro
24. Pozo La China
25. Rancho El Ñato
26. Santa María
27. Santa Victoria 2

6. La Bolsa
7. La Curvita
8. La Gracia
9. La Merced Nueva
10. La Merced Vieja
11. La Puntana
12. Las Vertientes
13. Misión la paz km. 1 y 2
14. Monte Carmelo
15. Pozo El Mulato
16. Pozo El Toro
17. Pozo del Tigre – San Ignacio
18. Pozo La China
19. Rancho del Ñato
20. San Luis
21. Santa María

ANEXO II
COMUNIDADES INDÍGENAS CONSIDERADAS VÍCTIMAS EN EL INFORME DE FONDO NO. 2/12

1. Bella Vista
2. El Cañaveral 1
3. El Cercado
4. El Cruce
5. Km 1
6. Km 2
7. Kom Lañoko – Misión Toba – Monte Carmelo
8. La Bolsa
9. La Curvita
10. Las Juntas
11. La Merced Nueva
12. La Merced Vieja
13. La Puntana I
14. Las Vertientes
15. Lantawos – Alto La Sierra
16. Misión La Gracia
17. Misión La Paz
18. Misión San Luis
19. Padre Coll
20. Pin Pin
21. Pozo El Mulato
22. Pozo El Tigre
23. Pozo El Toro
24. Pozo La China
25. Rancho El Ñato
26. Santa María
27. Santa Victoria 2

ANNEX III
INDIGENOUS COMMUNITIES INCLUDED IN DECREE 1498/14 OF THE PROVINCE OF SALTA

1. Al Pu-Mision Las Juntas
2. Arenales (Hoot)
3. Bella Vista
4. Bajo Grande
5. Cañaveral 1
6. Cho"way Alto de la Sierra
7. Ebeneser
8. El Bordo
9. El Cañaveral II
10. El Cruce – Santa María
11. El Desemboque
12. Golondrina
13. Inhate Alto La Sierra
14. Kilómetro 1
15. Kilómetro 2
16. Kom La Chaca – Monte Carmelo
17. La Bolsa
18. La Bolsa II
19. La Curvita
20. La Esperanza
21. La Esperanza 2 (La Puntana)
22. La Estrella
23. La Merced Chica
24. La Merced Nueva
25. La Merced Vieja
26. Las Mojarras
27. La Puntana I
28. Las Vertientes
29. Las Vertientes 2
30. Lantawos Alto La Sierra
31. Larguero
32. Madre Esperanza
33. Misión Algarrobal
34. Misión Anselmo
35. Misión Grande De Santa María (Molhatati)
36. Misión La Gracia
37. Misión La Paz
38. Misión La Paz – B (Chica)
39. Misión San Luis
40. Molathati
41. Molathati 3
42. Monte Carmelo (toba)
43. Monte Carmelo (wichí)
44. Monte Verde
45. Nahakwet (Vertientes Chica)

ANEXO III
COMUNIDADES INDÍGENAS CONTEMPLADAS EN EL DECRETO 1498/14 DE LA PROVINCIA DE SALTA

1. Al Pu-Mision Las Juntas
2. Arenales (Hoot)
3. Bella Vista
4. Bajo Grande
5. Cañaveral 1
6. Cho"way Alto de la Sierra
7. Ebeneser
8. El Bordo
9. El Cañaveral II
10. El Cruce – Santa María
11. El Desemboque
12. Golondrina
13. Inhate Alto La Sierra
14. Kilómetro 1
15. Kilómetro 2
16. Kom La Chaca – Monte Carmelo
17. La Bolsa
18. La Bolsa II
19. La Curvita
20. La Esperanza
21. La Esperanza 2 (La Puntana)
22. La Estrella
23. La Merced Chica
24. La Merced Nueva
25. La Merced Vieja
26. Las Mojarras
27. La Puntana I
28. Las Vertientes
29. Las Vertientes 2
30. Lantawos Alto La Sierra
31. Larguero
32. Madre Esperanza
33. Misión Algarrobal
34. Misión Anselmo
35. Misión Grande De Santa María (Molhatati)
36. Misión La Gracia
37. Misión La Paz
38. Misión La Paz – B (Chica)
39. Misión San Luis
40. Molathati
41. Molathati 3
42. Monte Carmelo (toba)
43. Monte Carmelo (wichí)
44. Monte Verde
45. Nahakwet (Vertientes Chica)

46. Nueva Esperanza
47. Nueva Vida
48. Padre Coll
49. Padre Coll 2
50. Pim-Pim
51. Pomis Jiwet
52. Pozo El Bravo
53. Pozo El Mulato
54. Pozo El Tigre
55. Pozo El Tigre III
56. Pozo El Toro
57. Pozo La China
58. Pozo de las Víboras
59. Puesto Nuevo
60. Puntana Chica
61. Quebrachal 1
62. Quebrachal 2
63. Rancho El Ñato
64. Roberto Romero
65. San Andrés
66. San Bernardo
67. San Ignacio
68. San Lorenzo
69. San Miguel
70. Santa Victoria Este I
71. Santa Victoria 2

ANNEX IV
INDIGENOUS COMMUNITIES INDICATED IN THE BRIEF WITH PLEADINGS, MOTIONS AND EVIDENCE

1. Algarrobal 2
2. Al PU – Misión Las Juntas
3. Anglicana 2
4. Arenales (Hoot)
5. Bajo Grande (Sopak – Wen'hi)
6. Barrio Pozo el Tigre
7. Bella Vista
8. Buen Destino 1
9. Buen Destino 2
10. Cañada Larga
11. Cho" way Alto La Sierra
12. Cruce Buena Fe
13. Cruce Santa Victoria Este
14. Ebeneser
15. El Bordo
16. El Cañaveral I
17. El Cañaveral II

46. Nueva Esperanza
47. Nueva Vida
48. Padre Coll
49. Padre Coll 2
50. Pim-Pim
51. Pomis Jiwet
52. Pozo El Bravo
53. Pozo El Mulato
54. Pozo El Tigre
55. Pozo El Tigre III
56. Pozo El Toro
57. Pozo La China
58. Pozo de las Víboras
59. Puesto Nuevo
60. Puntana Chica
61. Quebrachal 1
62. Quebrachal 2
63. Rancho El Ñato
64. Roberto Romero
65. San Andrés
66. San Bernardo
67. San Ignacio
68. San Lorenzo
69. San Miguel
70. Santa Victoria Este I
71. Santa Victoria 2

ANEXO IV
COMUNIDADES INDÍGENAS SEÑALADAS EN EL ESCRITO DE SOLICITUDES, ARGUMENTOS Y PRUEBAS

1. Algarrobal 2
2. Al PU – Misión Las Juntas
3. Anglicana 2
4. Arenales (Hoot)
5. Bajo Grande (Sopak – Wen'hi)
6. Barrio Pozo el Tigre
7. Bella Vista
8. Buen Destino 1
9. Buen Destino 2
10. Cañada Larga
11. Cho" way Alto La Sierra
12. Cruce Buena Fe
13. Cruce Santa Victoria Este
14. Ebeneser
15. El Bordo
16. El Cañaveral I
17. El Cañaveral II

18. El Cruce – Santa María
19. El Desemboque
20. El Porvenir
21. Golondrina
22. Inhate Alto La Sierra
23. Kilómetro 1
24. Kilómetro 2
25. Kilómetro 2 (2)
26. Kilómetro 2 (3)
27. Kom La Chaca – Monte Carmelo
28. La Banda
29. La Bolsa
30. La Bolsa II
31. La Curvita
32. La Esperanza
33. La Esperanza 2 (La Puntana)
34. La Estrella
35. La Merced Chica
36. La Merced Nueva 1
37. La Merced Vieja
38. La Puntana I
39. La Sardina
40. Larguero
41. Las Lomitas
42. Las Vertientes 1
43. Las Vertientes 2
44. Latawos Alto La Sierra
45. Lhaka Honhat Nueva
46. Misión Algarrobal
47. Misión Anselmo
48. Misión Anselmo*
49. Misión Grande Santa María (Molthatí)
50. Misión La Gracia
51. Misión La Paz
52. Misión La Paz –B (Chica)
53. Misión San Luis
54. Misión Vieja Santa María
55. Misión Vieja (Santa María)
56. Mistolar
57. Molathati
58. Molathati 2
59. Monteverde
60. Monte Carmelo (toba)
61. Monte Carmelo (wichí)
62. Nahakwet (Vertientes Chica)
63. Nueva Esperanza

---

* Regarding the reference to two communities with the same name, "Misión Anselmo," the Court clarifies that this is what was indicated in the pleadings and motions brief.

18. El Cruce – Santa María
19. El Desemboque
20. El Porvenir
21. Golondrina
22. Inhate Alto La Sierra
23. Kilómetro 1
24. Kilómetro 2
25. Kilómetro 2 (2)
26. Kilómetro 2 (3)
27. Kom La Chaca – Monte Carmelo
28. La Banda
29. La Bolsa
30. La Bolsa II
31. La Curvita
32. La Esperanza
33. La Esperanza 2 (La Puntana)
34. La Estrella
35. La Merced Chica
36. La Merced Nueva 1
37. La Merced Vieja
38. La Puntana I
39. La Sardina
40. Larguero
41. Las Lomitas
42. Las Vertientes 1
43. Las Vertientes 2
44. Latawos Alto La Sierra
45. Lhaka Honhat Nueva
46. Misión Algarrobal
47. Misión Anselmo
48. Misión Anselmo[*]
49. Misión Grande Santa María (Molthatí)
50. Misión La Gracia
51. Misión La Paz
52. Misión La Paz – B (Chica)
53. Misión San Luis
54. Misión Vieja Santa María
55. Misión Vieja (Santa María)
56. Mistolar
57. Molathati
58. Molathati 2
59. Monteverde
60. Monte Carmelo (toba)
61. Monte Carmelo (wichí)
62. Nahakwet (Vertientes Chica)
63. Nueva Esperanza

---

[*] En relación a la referencia a dos comunidades con el mismo nombre, "Misión Anselmo", se aclara que así fue indicado en escrito de solicitudes y argumentos.

64. Nueva Vida
65. Padre Coll 1
66. Padre Coll 2
67. Palmar
68. Pelícano
69. Pim-Pim
70. PomisJiwet
71. Pozo El Bravo
72. Pozo El Mulato
73. Pozo El Tigre
74. Pozo El Tigre III
75. Pozo El Toro
76. Pozo La China
77. Puesto Nuevo
78. Puntana Chica
79. Quebrachal 1
80. Quebrachal 2
81. Rancho El Ñato
82. Rincón de la Paz
83. Roberto Romero
84. San Andrés
85. San Bernardo
86. San Ignacio
87. San Martin
88. San Martín (Misión Vieja)
89. San Miguel
90. Santa Victoria Este I
91. Santa Victoria 2
92. Sepak Comunidad Wichí

ANNEX V
INDIGENOUS COMMUNITIES INDICATED IN THE REPRESENTATIVES' FINAL WRITTEN ARGUMENTS THAT ARE VICTIMS IN THIS CASE PURSUANT TO THE JUDGMENT ISSUE BY THE INTER-AMERICAN COURT OF HUMAN RIGHTS*

1. Algarrobal 2 (Algarrobalito – San Luis)
2. Alto de la Sierra – Inhate Lhais (Cho'way)
3. Anglicana II
4. Anglicana III
5. Arenales (Hoot)
6. Arrozal

---

* According to paragraphs 35 and 309 of the judgment and footnotes 22 and 23, the victims in this case are the communities listed in this Annex V to the judgment, understanding that this includes the communities of the Wichí (Mataco), Iyjwaja (Chorote), Komlek (Toba), Niwackle (Chulupí) and Tapy'y (Tapiete) indigenous peoples who live on the lots identified with the cadastral registration numbers 175 and 5557 of the department of Rivadavia, in the Argentine province of Salta, previously known as Fiscal Lots 14 and 55, and those that may derive from these 132 communities indicated owing to the "fission-fusion" process.

64. Nueva Vida
65. Padre Coll 1
66. Padre Coll 2
67. Palmar
68. Pelícano
69. Pim-Pim
70. PomisJiwet
71. Pozo El Bravo
72. Pozo El Mulato
73. Pozo El Tigre
74. Pozo El Tigre III
75. Pozo El Toro
76. Pozo La China
77. Puesto Nuevo
78. Puntana Chica
79. Quebrachal 1
80. Quebrachal 2
81. Rancho El Ñato
82. Rincón de la Paz
83. Roberto Romero
84. San Andrés
85. San Bernardo
86. San Ignacio
87. San Martin
88. San Martín (Misión Vieja)
89. San Miguel
90. Santa Victoria Este I
91. Santa Victoria 2
92. Sepak Comunidad Wichí

ANEXO V
COMUNIDADES INDÍGENAS SEÑALADAS EN LOS ALEGATOS FINALES ESCRITOS DE LOS REPRESENTANTES Y VÍCTIMAS DEL CASO DE CONFORMIDAD CON LA SENTENCIA EMITIDA POR LA CORTE INTERAMERICANA DE DERECHOS HUMANOS*

1. Algarrobal 2 (Algarrobalito – San Luis)
2. Alto de la Sierra – Inhate Lhais (Cho'way)
3. Anglicana II
4. Anglicana III
5. Arenales (Hoot)
6. Arrozal

---

* De conformidad con los párrafos 35 y 309 de la Sentencia y la notas a pie de página 22 y 23, las víctimas del caso son las comunidades listadas en el presente Anexo V a la Sentencia, entendiéndose que ello abarca a las comunidades pertenecientes a los pueblos indígenas Wichí (Mataco), Iyjwaja (Chorote), Komlek (Toba), Niwackle (Chulupí) y Tapy'y (Tapiete) que habiten en los lotes con las matrículas catastrales 175 y 5557 del Departamento Rivadavia, de la Provincia argentina de Salta, antes conocidos como lotes fiscales 14 y 55, y que puedan derivarse de las 132 comunidades señaladas por acción del proceso de "fisión-fusión".

7. Avenida Pilcomayo
8. Bajo Grande (Sop'ak wen')
9. Bella Vista (Nakwojay)
10. Betel
11. Buen Destino 1 (Honhat Tais)
12. Buen Destino 2
13. Campo Verde (Ex Lhaka Honhat Nueva) (Lhip ta is)
14. Cañada Larga (Fwitenukitaj)
15. Cañaveral 1 (Kanohis)
16. Cañaveral 2
17. Cañaveral – Kanohis
18. Chelhyuk Quebrachal (Santa María)
19. Chowhay Km 2
20. Comunidad Nueva Sta. María
21. Comunidad Emanuel
22. Cruce Buena Fe
23. Cruce Santa Victoria
24. Desemboque (Wosotsuk)
25. Ebenezer (Isten')
26. El Bordo
27. El Cruce – Santa María (Tsofwa Tanu (1))
28. El Cruce Viejo
29. El Indio – La Puntana
30. El Paraiso
31. El Pim Pim
32. El Pim Pim 2
33. El Porvenir (Imak Tanek Hila)
34. El Rincón La Paz
35. Golondrina
36. Guayacan
37. Inhate – Alto De La Sierra
38. Kilómetro 1 (Onhaichuy)
39. Kilómetro 2 Central (Ex 3)
40. Kilómetro 2 "H'okad" (Nop'ok W'et)
41. Kilómetro 12 (Ex Km 2)
42. Kom La Chaca – Monte Carmelo
43. La Banda
44. La Bolsa (Tewuk Iliyi)
45. La Bolsa 2
46. La Curvita
47. La Esperanza (Fewj Wen'i)
48. La Esperanza 2 (La Puntana)
49. La Estrella (Kates)
50. La Gracia (Pomis Ji'wet)
51. La Junta (Alpu)
52. Las Lomitas
53. La Merced Chica
54. La Merced Nueva
55. La Merced Vieja

7. Avenida Pilcomayo
8. Bajo Grande (Sop'ak wen')
9. Bella Vista (Nakwojay)
10. Betel
11. Buen Destino 1 (Honhat Tais)
12. Buen Destino 2
13. Campo Verde (Ex Lhaka Honhat Nueva) (Lhip ta is)
14. Cañada Larga (Fwitenukitaj)
15. Cañaveral 1 (Kanohis)
16. Cañaveral 2
17. Cañaveral - Kanohis
18. Chelhyuk Quebrachal (Santa María)
19. Chowhay Km 2
20. Comunidad Nueva Sta. María
21. Comunidad Emanuel
22. Cruce Buena Fe
23. Cruce Santa Victoria
24. Desemboque (Wosotsuk)
25. Ebenezer (Isten')
26. El Bordo
27. El Cruce – Santa María (Tsofwa Tanu (1))
28. El Cruce Viejo
29. El Indio – La Puntana
30. El Paraiso
31. El Pim Pim
32. El Pim Pim 2
33. El Porvenir (Imak Tanek Hila)
34. El Rincón La Paz
35. Golondrina
36. Guayacan
37. Inhate – Alto De La Sierra
38. Kilómetro 1 (Onhaichuy)
39. Kilómetro 2 Central (Ex 3)
40. Kilómetro 2 "H'okad" (Nop'ok W'et)
41. Kilómetro 12 (Ex Km 2)
42. Kom La Chaca – Monte Carmelo
43. La Banda
44. La Bolsa (Tewuk Iliyi)
45. La Bolsa 2
46. La Curvita
47. La Esperanza (Fewj Wen'i)
48. La Esperanza 2 (La Puntana)
49. La Estrella (Kates)
50. La Gracia (Pomis Ji'wet)
51. La Junta (Alpu)
52. Las Lomitas
53. La Merced Chica
54. La Merced Nueva
55. La Merced Vieja

56. La Paz B
57. La Paz Chica
58. La Puntana 1 (Tsetwo P'itsek)
59. La Sardina
60. Las Vertientes 1 (Waj Ch'inha)
61. Las Vertientes III
62. Larguero
63. Lantawos – Alto De La Sierra
64. Los 6 Hermanos (Padre Coll 3)
65. Madre Esperanza
66. Misión Algarrobal
67. Misión Anselmo
68. Misión Grande Santa María (Mola Lhat hi)
69. Misión la Paz (Nop'ok W'et)
70. Misión Las Vertientes
71. Misión Nueva Vida (Tsofwa Tanu (2))
72. Misión Pozo El Tigre (Ex Barrio Pozo El Tigre)
73. Misión Rancho El Ñato
74. Misión San Andrés
75. Misión San Luis (Sop'antes W'et)
76. Misión Vieja Sta María
77. Mistolar
78. Monte Carmelo (Toba)
79. Monteverde
80. Nahak'wek (Vertientes Chica) (Nahak' wek)
81. Nueva Esperanza
82. Padre Coll 1 (Mola Lhat hi)
83. Padre Coll 2
84. Palmar
85. Pelicano
86. Pomis Jiwet
87. Pozo El Bravo (Kacha)
88. Pozo El Mulato (Nowej Lhile)
89. Pozo El Tigre (Hayäj Lhokwe)
90. Pozo El Tigre III
91. Pozo El Toro (Sich'et t'i)
92. Pozo La China (Pa'i his)
93. Pozo La China I
94. Pozo La China II
95. Pozo La Yegua (Molalhaty)
96. Puesto Nuevo
97. Puesto Nuevo 1 – San Luis
98. Puntana Central
99. Puntana Chica (Wichí w'et wumek)
100. Puntana Nueva
101. Puntana II
102. Quebrachal 1 (Awutsojakas)
103. Quebrachal 2 (Chelhchat)
104. Quebrachal III

56. La Paz B
57. La Paz Chica
58. La Puntana 1 (Tsetwo P'itsek)
59. La Sardina
60. Las Vertientes 1 (Waj Ch'inha)
61. Las Vertientes III
62. Larguero
63. Lantawos – Alto De La Sierra
64. Los 6 Hermanos (Padre Coll 3)
65. Madre Esperanza
66. Misión Algarrobal
67. Misión Anselmo
68. Misión Grande Santa María (Mola Lhat hi)
69. Misión la Paz (Nop'ok W'et)
70. Misión Las Vertientes
71. Misión Nueva Vida (Tsofwa Tanu (2))
72. Misión Pozo El Tigre (Ex Barrio Pozo El Tigre)
73. Misión Rancho El Ñato
74. Misión San Andrés
75. Misión San Luis (Sop'antes W'et)
76. Misión Vieja Sta María
77. Mistolar
78. Monte Carmelo (Toba)
79. Monteverde
80. Nahak'wek (Vertientes Chica) (Nahak' wek)
81. Nueva Esperanza
82. Padre Coll 1 (Mola Lhat hi)
83. Padre Coll 2
84. Palmar
85. Pelicano
86. Pomis Jiwet
87. Pozo El Bravo (Kacha)
88. Pozo El Mulato (Nowej Lhile)
89. Pozo El Tigre (Hayäj Lhokwe)
90. Pozo El Tigre III
91. Pozo El Toro (Sich'et t'i)
92. Pozo La China (Pa'i his)
93. Pozo La China I
94. Pozo La China II
95. Pozo La Yegua (Molalhaty)
96. Puesto Nuevo
97. Puesto Nuevo 1 – San Luis
98. Puntana Central
99. Puntana Chica (Wichí w'et wumek)
100. Puntana Nueva
101. Puntana II
102. Quebrachal 1 (Awutsojakas)
103. Quebrachal 2 (Chelhchat)
104. Quebrachal III

105. Rancho El Ñato (Ho'o Cha'a)
106. Retiro
107. Roberto Romero
108. Sauce (Sichuyukat)
109. San Bernardo
110. San Emilio
111. San Ignacio
112. San Ignacio 2
113. San Lorenzo
114. San Luis Central
115. San Martin (La Invernada)
116. San Miguel (Waj Lhokwe)
117. San Miguel Chico
118. San Rafael
119. Santa María Chica
120. Santa Victoria Este I (Notsoj)
121. Santa Victoria II
122. Sepak
123. Tewok Wichí
124. Vertientes IV
125. Yuchan
126. 2 De Agosto Ruta 54
127. 3 De Febrero
128. 3 De Septiembre
129. 12 De Agosto
130. 13 De Enero "Mecle"
131. June 23
132. 27 De Junio

105. Rancho El Ñato (Ho'o Cha'a)
106. Retiro
107. Roberto Romero
108. Sauce (Sichuyukat)
109. San Bernardo
110. San Emilio
111. San Ignacio
112. San Ignacio 2
113. San Lorenzo
114. San Luis Central
115. San Martin (La Invernada)
116. San Miguel (Waj Lhokwe)
117. San Miguel Chico
118. San Rafael
119. Santa María Chica
120. Santa Victoria Este I (Notsoj)
121. Santa Victoria II
122. Sepak
123. Tewok Wichí
124. Vertientes IV
125. Yuchan
126. 2 De Agosto Ruta 54
127. 3 De Febrero
128. 3 De Septiembre
129. 12 De Agosto
130. 13 De Enero "Mecle"
131. 23 De Junio
132. 27 De Junio

CONCURRING OPINION OF
JUDGE L. PATRICIO PAZMIÑO FREIRE

FIRST. The judgment in the case of the *Indigenous Communities of the Lhaka Honhat (Our Land) Association v. Argentina* (hereinafter "the judgment") incorporates the line of case law adopted by the Inter-American Court of Human Rights (hereinafter "the Inter-American Court") since the case of *Lagos del Campo v. Peru,* following which it began to declare the violation of the economic, social, cultural and environmental rights (hereinafter "the ESCER"), directly and autonomously, using Article 26 of the American Convention on Human Rights (hereinafter "the American Convention"). I developed some elements that form part of this opinion in my partially dissenting opinion in the case of *Hernandez v. Argentina,* in which I also described how, prior to the precedent of *Lagos del Campo v. Peru,* the Inter-American Court examined the ESCER indirectly and subordinated their violation to the existence of a violation of the civil and political rights recognized in Articles 3 to 25 of the American Convention.

SECOND. The innovative contribution of this judgment stems from the fact that, for the first time, the Inter-American Court declares the responsibility of the State for violating the rights to participate in cultural life, as this relates to cultural identity, to a healthy environment and to adequate food and water, directly and as autonomous rights based on Article 26 of the American Convention which establishes:

> Progressive Development. The States Parties undertake to adopt measures, both internally and through international cooperation, especially those of an economic and technical nature, with a view to achieving progressively, subject to available resources, by legislation or other appropriate means, the full realization of the rights implicit in the economic, social, educational, scientific, and cultural standards set forth in the Charter of the Organization of American States as amended by the Protocol of Buenos Aires.

THIRD. I should stress that there are sufficient normative elements arising from Article 26 of the American Convention to reach the conclusion, even from a rigid perspective of exegetical interpretation, that subjective rights are derived from the economic, social, educational, scientific and cultural standards set forth in the Charter of the Organization of the American States (hereinafter "the OAS Charter"). Even if this observation might appear to be a platitude, the literal meaning of the article, notwithstanding the valid criticism about its wording, does not allow us to consider valid those positions that indicate that only "goals," "expectations," "objectives," "principles," "mechanisms" or "intentions" of the States for the development of their inhabitants can be derived from the OAS Charter. The justification for this assertion stems from the verification that the signatory States, by means of the exegesis of the article, recognize that, indeed, rights are derived from the provisions of the OAS Charter.

FOURTH. Following its judgment in *Lagos del Campo v. Peru,* the Inter-American Court has been refining application criteria[1] which now allow us to

---

[1] This application criteria are found, in part, developed in the section of the judgment entitled "Considerations of the Court," specifically in paras. 194 to 201.

VOTO CONCURRENTE DEL
JUEZ L. PATRICIO PAZMIÑO FREIRE

PRIMERA. La sentencia del caso *Comunidades Indígenas Miembros De La Asociación Lhaka Honhat (Nuestra Tierra) Vs. Argentina* (en adelante "la Sentencia") se inscribe dentro de la línea jurisprudencial adoptada por la Corte Interamericana de Derechos Humanos (en adelante "Corte IDH") desde el caso *Lagos del Campo Vs. Perú*, a partir del cual se comenzaron a declarar violados derechos económicos, sociales, culturales y ambientales (en adelante "DESCA") de forma directa y autónoma, vía artículo 26 de la Convención Americana sobre Derechos Humanos (en adelante "Convención Americana"). Algunos elementos que forman parte de este pronunciamiento los desarrollé en mi voto parcialmente disidente en el expediente *Hernandez Vs. Argentina*, en el cual también describí, como, con anterioridad al precedente *Lagos del Campo Vs. Perú*, la Corte IDH analizaba los DESCA vía indirecta y subordinaba su violación a la existencia de una afectación a los derechos civiles y políticos receptados en la Convención Americana en sus artículos 3 a 25.

SEGUNDA. El novedoso aporte de la Sentencia en comento radica en que por primera vez la Corte IDH declara la responsabilidad del estado por la violación a los derechos a participar en la vida cultural, en lo atinente a su identidad cultural, al medio ambiente sano, a la alimentación adecuada y al agua, declarándolos de acceso por vía directa y como derechos autónomos a partir del artículo 26 de la Convención Americana que establece:

> Desarrollo Progresivo. Los Estados Partes se comprometen a adoptar providencias, tanto a nivel interno como mediante la cooperación internacional, especialmente económica y técnica, para lograr progresivamente la plena efectividad de los derechos que se derivan de las normas económicas, sociales y sobre educación, ciencia y cultura, contenidas en la Carta de la Organización de los Estados Americanos, reformada por el Protocolo de Buenos Aires, en la medida de los recursos disponibles, por vía legislativa u otros medios apropiados.

TERCERA. Debo destacar la existencia de suficientes elementos normativos que se desprenden del artículo 26 de la Convención Americana que permiten, aún desde una posición rígida de interpretación exegética, concluir que, de las normas económicas, sociales y sobre educación ciencia y cultura, contenidas en la Carta de la Organización de los Estados Americanos (en adelante "Carta de la OEA") se derivan derechos subjetivos. Aunque esta observación pareciera de perogrullo, la literalidad del artículo, sin perjuicio de las críticas acertadas sobre su redacción, no nos permite considerar como acertadas aquellas posiciones que señalan que de la Carta de la OEA solo se pueden extraer "metas", "expectativas", "finalidades", "principios", "mecanismos" o "propósitos" de los Estados para el desarrollo de sus habitantes. La razón para esta afirmación radica en la constatación de que los Estados signatarios, mediante la exégesis del artículo, reconocen que, efectivamente, de las normas contenidas en la Carta de la OEA se derivan derechos.

CUARTA. La Corte IDH a partir del fallo *Lagos del Campo Vs. Perú* ha ido perfilando un criterio de aplicación[1], que hoy nos permite determinar, entre otros

---

[1] Este criterio de aplicación se encuentra, en parte, desarrollado bajo el apartado titulado "consideraciones de la Corte" de la Sentencia, específicamente en los párrafos 194 a 201.

determine, among other matters, that the referral we make to Article 26 is directly related to the OAS Charter. Thus, verification of the justiciability of the ESCER will be subject to explicit or implicit derivation from the right arising from the economic, social, educational, scientific and cultural standards set forth in the OAS Charter. In addition, we can categorically affirm that this derivation does not result in "creating" or "innovating" international obligations, or broad or abstract standards because, clearly, this would not only violate the principle of legal certainty, but would also make it impossible for States to anticipate the conduct they should adopt in relation to their international undertakings.

FIFTH. In this judgment, the Inter-American Court has recognized and argued that the rights to a healthy environment, adequate food, water and cultural identity are derived from the OAS Charter.[2] Also, regarding the rights to adequate food and to cultural identity, it indicated that these are referred to in the American Declaration of the Rights and Duties of Man (hereinafter "the American Declaration"),[3] which is acquiring relevance in light of its interpretation by the Inter-American Court[4] and the rule of interpretation under Article 29(d) of the American Convention. Pursuant to judicial practice and the development of precedents, these arguments, which are being used for the first time, must evidently continue to be refined and achieve a greater degree of precision and conceptual and hermeneutic exactitude as specific new cases are submitted to the Court.

SIXTH. In the context of this reflection, and more as a starting point – without seeking to exhaust the issue – recalling a maxim of universal law that to every right there corresponds a duty, the Inter-American Court has interpreted that the rights derived from a referral to Article 26 of the American Convention give rise to obligations of both an immediate and a progressive nature.[5] And, lastly, it has indicated that the said article is subject to the general obligations contained in Articles 1(1) and 2 of the American Convention, as are the civil and political rights contained in Articles 3 to 25.[6]

ADDITIONAL HERMENEUTICS

SEVENTH. Notwithstanding the normative elements that I have indicated in the preceding section, I find it important to underline that a superior international

---

[2] Paras. 202, 210, 222 and 231 respectively (of this judgment).
[3] Paras. 211 and 232 respectively.
[4] Advisory Opinion OC-10/89. *Interpretation of the American Declaration of the Rights and Duties of Man Within the Framework of Article 64 of the American Convention on Human Rights*, paras. 46 and 47.
[5] *Case of Poblete Vilches et al. v. Chile. Merits, Reparations and Costs.* Judgment of March 8, 2018. Series C No. 349, para. 104, and *Case of Cuscul Pivaral et al. v. Guatemala. Preliminary Objection, Merits, Reparations and Costs.* Judgment of August 23, 2018. Series C No. 359, para. 98, and, *mutatis mutandis*, *Case of Muelle Flores v. Peru. Preliminary Objections, Merits, Reparations and Costs.* Judgment of March 6, 2019. Series C No. 375, para. 190.
[6] *Cf. Case of Acevedo Buendía et al. ("Discharged and Retired Employees of the Comptroller's Office") v. Peru. Preliminary Objection, Merits, Reparations and Costs.* Judgment of July 1, 2009. Series C No 198, para. 100, and *Case of Poblete Vilches et al. v. Chile. Merits, Reparations and Costs.* Judgment of March 8, 2018. Series C No. 349, para. 100.

aspectos, que la remisión que hacemos al artículo 26 está directamente relacionada con la Carta de la OEA. Entonces, la verificación de justiciabilidad de los DESCA se encontrará sujeta a la derivación, explícita o implícita, del derecho que surge de las normas económicas, sociales y sobre educación, ciencia y cultura, contenidas en la Carta de la OEA, derivación que, por otro lado, afirmamos categóricamente, no lleva al resultado de "crear" o "innovar" obligaciones internacionales o normativas amplias o abstractas, pues esto claramente, no solo que atentaría contra el principio de seguridad jurídica relacionado con el principio de legalidad, sino que adicionalmente haría imposible a los Estados que puedan prever la conducta que deben adoptar frente a los compromisos asumidos internacionalmente.

QUINTA. En la Sentencia, la Corte IDH ha reconocido y argumentado la derivación de la Carta de la OEA para los derechos a un medio ambiente sano, a una alimentación adecuada, al agua y a la identidad cultural[2]. Además, con relación a los derechos a una alimentación adecuada y a la identidad cultural indicó su referencia a la Declaración Americana de los Derechos y Deberes del hombre (en adelante "Declaración Americana")[3], que toma relevancia conforme dictamen de interpretación que a la misma le ha dado la Corte IDH[4] y la norma de interpretación del artículo 29 inciso d de la Convención Americana. Razonamientos que, al ser abordados por primera vez, conforme es la práctica judicial y en la construcción de precedentes, deberán, a no dudarlo, seguir perfeccionando y logrando mayores niveles de precisión y de exigencia conceptual y hermenéutica, conforme se materialicen nuevos casos concretos.

SEXTA. En el marco de la reflexión expuesta y, más como punto de partida, sin ánimo de agotar su tratamiento, recordando una máxima del derecho universal que a la existencia de un derecho le corresponde un deber jurídico, la Corte IDH ha interpretado que de los derechos que se desprenden de la remisión al artículo 26 de la Convención Americana, surgen tanto obligaciones de carácter inmediato como progresivas[5]; y, finalmente, ha sostenido que dicho artículo se encuentra sujeto a las obligaciones generales contenidas en los artículos 1.1 y 2 de la Convención Americana, como también lo están los Derechos Civiles y Políticos contenidos en los artículos 3 a 25[6].

HERMENÉUTICA ADICIONAL

SEPTIMA. Sin perjuicio de los elementos normativos que me he permitido compartir en el apartado anterior, considero importante destacar que se ha ido

---

[2] Parrs. 202, 210, 222 y 231 respectivamente (esta sentencia)
[3] Párrs. 211 y 232 repectivamente
[4] Opinión Consultiva OC-10/89. *Interpretación de la Declaración Americana de los Derechos y Deberes del Hombre en el marco del artículo 64 de la Convención Americana sobre Derechos Humanos*, párrs. 46 y 47.
[5] *Caso Poblete Vilches y otros Vs. Chile. Fondo, Reparaciones y Costas.* Sentencia de 8 de marzo de 2018. Serie C No. 349, párr. 104 y *Caso Cuscul Pivaral y otros Vs. Guatemala. Excepción Preliminar, Fondo, Reparaciones y Costas.* Sentencia de 23 de agosto de 2018. Serie C No. 359., párr. 98, y, *mutatis mutandis, Caso Muelle Flores Vs. Perú. Excepciones Preliminares, Fondo, Reparaciones y Costas.* Sentencia de 6 de marzo de 2019. Serie C No. 375, párr. 190.
[6] Cfr. *Caso Acevedo Buendía y otros ("Cesantes y Jubilados de la Contraloría") Vs. Perú. Excepción Preliminar, Fondo, Reparaciones y Costas.* Sentencia de 1 de julio de 2009. Serie C No 198, párr. 100, y *Caso Poblete Vilches y otros Vs. Chile. Fondo, Reparaciones y Costas.* Sentencia de 8 de marzo de 2018. Serie C No. 349, párr. 100.

hierarchy has gradually been established of principles and values that constitute an ontological basis for the previous arguments on the interpretation and application of the provisions of international human rights law.

EIGHTH. The *corpus juris* is supported by founding principles, systematizing values and, evidently, written rules and regulations, which I understand from a literal perspective, provided their meaning and comprehension are clear and sufficient. However, when this is not possible, or it is insufficient, I am aided by a teleological appraisal that seeks support in the origin and spirit of the texts, trying to discover what the drafters were trying to transmit, in the context of a systemic reflection of the norm, in its living evolutive version, but always interrelated with the hierarchic order of the normative to which it belongs and, lastly, I seek support in the generally accepted rules of interpretation.

NINTH. I point out that this idea is similar to the development of international human rights law in general, and inter-American law in particular. The interpretation standards used in relation to human rights is based on the Vienna Convention on the Law of Treaties, with its rules that outline literal, systematic and teleological interpretation. However, regarding human rights, great importance has also been given to other principles such as the practical effects (*effet utile*), the *pro personae* principle, and evolutive interpretation. These standards are based on Convention provisions (for example, Article 29 of the Convention) and on international practice (the European Court of Human Rights has also developed the concept of evolutive interpretation), allowing international human rights instruments to become a more effective mechanism for safeguarding human dignity and that of the peoples of the Americas, over and above the excessive protection of the principle of sovereignty. And, to this extent, they also allow the object and purpose of the American Convention to be met, which is the effective protection of human rights.

TENTH. One of the important consequences of this reflection, forces me to consider that, to read this opinion favorably and to agree with it, we must first agree that the work of the Court, in its hermeneutic task, is directly related to and soundly based on the principles, purposes and values that constitute the regional and global superior hierarchical order described above. From this perspective, by mandate of the Charter of the United Nations, the signatory States of the OAS Charter have accepted and submitted themselves to the said superior hierarchical order in their instruments of ratification.

ELEVENTH. Therefore, the Court, when exercising its functions and applying its interpretive approach, has generally acted based on solid and sufficient legal grounds, in keeping with its extremely important responsibility to ensure and protect the human rights of every person in the States that have signed, first, the OAS Charter and, then, the American Convention on Human Rights. Thus, in certain circumstances, and on this basis, at times, it is necessary to make a more expansive interpretation of the provisions to ensure a greater protection for the human being.

TWELFTH. In this way, the majority of the Court's judges, when interpreting the ESCER in general and, in particular in this case the rights of indigenous peoples to take part in cultural life in relation to their cultural identity, to a healthy environment,

conformando un orden jerárquico internacional superior de principios y valores que componen un fondo ontológico a partir del cual se deben conducir los razonamientos previos de interpretación y aplicación de las normas de derecho internacional de los derechos humanos.

OCTAVO. El corpus juris se nutre de principios fundacionales, valores ordenadores y por supuesto de reglas y normas escritas, las mismas que las entiendo desde una perspectiva literal, siempre y cuando su sentido y entendimiento sea suficiente y claro, más cuando eso no es posible o es insuficiente, me asisto de una revisión teleológica, que busque apoyo en el origen, el espíritu de los textos, tratando de desentrañar lo que sus mentores trataron de transmitir, en el marco de una reflexión sistémica de la norma, en su versión viva, evolutiva pero siempre interconectada con el orden jerárquico normativo al que se pertenece, y, por último, me apoyo en las técnicas de interpretación generalmente aceptadas.

NOVENO. Destaco que esta idea no se aleja del desarrollo que ha tenido el derecho internacional de los derechos humanos en general, y el derecho interamericano en particular. La utilización de las pautas de interpretación que se han utilizado en materia de derechos humanos encuentra su punto de partida en la Convención de Viena sobre el Derecho de los Tratados, con sus reglas que dan lugar a la interpretación literal, sistemática y teleológica. Pero también en materia de derechos humanos también se ha dado un lugar primordial a otros principios como es el efecto útil (*effet utile*), el principio *pro persona*, y la interpretación evolutiva. Estas pautas encuentran su origen en disposiciones convencionales (por ejemplo, el artículo 29 de la Convención) y en la práctica internacional (el Tribunal Europeo de Derechos Humanos también ha desarrollado el concepto de interpretación evolutiva), permitiendo a los instrumentos internacionales de derechos humanos ser un mecanismo más efectivo para salvaguardar la dignidad humana y de los pueblos de América, por sobre la protección excesiva del principio de soberanía. En esa medida también permiten lograr el objeto y fin de la Convención Americana que es la efectiva protección de los derechos humanos.

DECIMO. Una de las consecuencias importantes de esta reflexión me impone anticipar que para leer coincidente y favorablemente este voto, es preciso que de manera previa concordemos que la labor del Tribunal, en su labor hermenéutica hace conexión directa y tiene fundamentación sólida con los principios, propósitos y valores que conforman el orden jerárquico superior global y regional, antes descrito. Desde esta perspectiva, por mandato de la Carta de la Naciones Unidas, los Estados signatarios de la Carta de la OEA, por así haberlo asumido en su carta fundacional, aceptaron y se sometieron al orden normativo jerárquico superior antes descrito.

DECIMO PRIMERO. Por lo tanto, el Tribunal, al momento de ejercer su función y aplicar su enfoque interpretativo, de manera general ha actuado bajo fundamentos jurídicos sólidos y suficientes, acordes a su altísima responsabilidad de garantizar y proteger los derechos humanos de todas las personas humanas de los Estados que suscribieron en primera instancia la Carta de la OEA y luego la Convención Americana sobre Derechos Humanos. Entonces, bajo ciertas circunstancias, y a partir de este trasfondo es que, en ciertas oportunidades, se impone implementar una hermenéutica más expansiva de la norma en pos de garantizar una mejor protección del ser humano.

DECIMO SEGUNDO. De esta manera la Corte, en su composición mayoritaria, al interpretar los DESCA, en general, y de manera particular, en este caso, los derechos de los pueblos indígenas a participar en la vida cultural, en lo atinente a su identidad

to adequate food and to water, by declaring, directly, that these are autonomous rights pursuant to Article 26 of the American Convention, have merely developed the said postulates and principles in this specific case.

THIRTEENTH. However, it is important to recognize that, owing to the newness and innovative content of the Court's decisions, and the measures of reparation and non-repetition, as well as the interpretation made, a necessary expansion and more detailed examination remains pending to contribute to and consolidate more precisely the application of the decisions, and the monitoring and verification of compliance with them and, in this way, to contribute adequately to materializing the effective and useful effects and results of the Court's decisions in relation to the ESCER.

FOURTEENTH. In its analysis of Article 26, it is not the first time that the Inter-American Court has assumed a position of "guarantor" and protector of human rights, making an expansive, non-restrictive, interpretation of the specific text of the American Convention: the cases of Lagos del Campo, Poblete Vilches, Cuscul Pivaral and others attest to this.

FIFTEENTH. Examining further what the Inter-American Court has indicated previously, it would appear that an interpretation contrary to the direct and autonomous justiciability of Article 26 of the American Convention would be contrary to the rules of interpretation established in Article 29 of this instrument; especially the *pro personae* principle. This article establishes that:

No provision of this Convention shall be interpreted as:

a) permitting any State Party, group, or person to suppress the enjoyment or exercise of the rights and freedoms recognized in this Convention or to restrict them to a greater extent than is provided for herein;
b) restricting the enjoyment or exercise of any right or freedom recognized by virtue of the laws of any State Party or by virtue of another convention to which one of the said states is a party;
c) precluding other rights or guarantees that are inherent in the human personality or derived from representative democracy as a form of government; or
d) excluding or limiting the effect that the American Declaration of the Rights and Duties of Man and other international acts of the same nature may have.

SIXTEENTH. Preventing the Inter-American Court from addressing an economic, social, cultural or environmental right fully and comprehensively when this has possibly been violated, and obliging it to make an indirect analysis, subordinated to the prior violation of a civil and political right, would represent a possible exclusion or limitation of the effects of the American Declaration (if the right was included in it) and/or a limitation of the enjoyment and exercise of the right if it was recognized by the State either by a domestic law or by another convention. It is easy to understand, even in the abstract, how much greater a protection is if it is addressed directly, for example, based on the right to health, than if it is addressed from the perspective of the right to life, in which case the interpretation restrictions imposed by Article 29(b) and (d) would be implicated.

cultural, al medio ambiente sano, a la alimentación adecuada y al agua, declarándolos de acceso por vía directa y como derechos autónomos a través del artículo 26 de la Convención Americana, no ha hecho más que desarrollar en el caso específico, los postulados y principios antes referidos.

DECIMO TERCERO. Sin embargo, no es asunto menor dejar de reconocer que por lo reciente e inédito de sus decisiones, las medidas de reparación y no repetición, así como la interpretación implementada, aguardan una necesaria profundización y ampliación, para contribuir y afianzar con mayor precisión la aplicación de las resoluciones, el seguimiento y verificación de su cumplimiento, y de esta manera contribuir adecuadamente a materializar los efectos y resultados eficaces y útiles de las decisiones de la Corte en la dimensión de los DESCA.

DECIMO CUARTO. En el análisis del artículo 26 no es la primera vez que la Corte IDH asume una posición "garantista", y protectora de los derechos del hombre, realizando una interpretación expansiva no restrictiva del texto específico de la Convención Americana: Lagos del Campo, Poblete Vilches, Cuscul Piraval y otros dan fe de ello.

DECIMO QUINTO. Profundizando lo que ya ha señalado la Corte IDH, pareciera que una interpretación contraria a la justiciabilidad directa y autónoma del artículo 26 de la Convención Americana entraría en contradicción con las normas de interpretación establecidas en el artículo 29 de la misma. Principalmente con el principio pro persona. El artículo en cuestión establece:

Ninguna disposición de la presente Convención puede ser interpretada en el sentido de:

a) permitir a alguno de los Estados partes, grupo o persona, suprimir el goce y ejercicio de los derechos y libertades reconocidos en la Convención o limitarlos en mayor medida que la prevista en ella;
b) limitar el goce y ejercicio de cualquier derecho o libertad que pueda estar reconocido de acuerdo con las leyes de cualquiera de los Estados partes o de acuerdo con otra convención en que sea parte uno de dichos Estados;
c) excluir otros derechos y garantías que son inherentes al ser humano o que se derivan de la forma democrática representativa de gobierno, y
d) excluir o limitar el efecto que puedan producir la Declaración Americana de Derechos y Deberes del Hombre y otros actos internacionales de la misma naturaleza.

DECIMO SEXTO. En primer lugar, impedirle a la Corte IDH realizar un abordaje pleno y amplio de un derecho económico, social, cultural o ambiental ante una posible vulneración de este, y obligarla a un análisis indirecto y subordinado a una afectación previa de un derecho civil y político, representaría una posible exclusión o limitación al efecto que produce la Declaración Americana (en el caso en que el derecho se encuentre receptado por la misma) y/o también una limitación al goce y ejercicio del derecho en el caso en el que el mismo esté reconocido por el Estado, ya sea mediante una ley interna o por otra convención. No cuesta imaginarse, aún desde un ejercicio abstracto, por ejemplo, cuanto mayor efectiva puede ser una protección abordada directamente desde el derecho a la salud como si se lo hiciera desde el prisma del derecho a la vida. Por ende, se comprometerían las limitaciones interpretativas impuestas por el artículo 29 inc. (b) y (d).

SEVENTEENTH. As already mentioned, the judgment indicated, for example, that the rights to adequate food and to cultural identity are reflected in the American Convention. It also indicated that the rights to a healthy environment,[7] adequate food,[8] water,[9] and cultural identify[10] are recognized in constitutional provisions and the provisions of conventions with constitutional rank in the Argentine State.

EIGHTEENTH. The Court has recalled and affirmed the interdependence and indivisibility of civil and political rights and economic, social, cultural and environmental rights in different judgments. And this allows us to assume that they should be understood integrally as rights without any specific hierarchy that are enforceable in all cases before the competent authorities.[11] This reiterated precedent of the Court has established that the discriminatory hierarchy between the rights has been overcome. Thus, the Court has placed then all on an equal footing, overcoming the restrictive narrative that excluded them from being the sole subject of allegations and claims before the courts of justice of the region.

NINETEENTH. Arguing in favor of indirect justiciability, subordinated to the violation of the right to life or to personal integrity, would be a restrictive interpretation of the Convention that would again exclude the ESCER from the sphere of autonomous rights that can be judicialized directly, representing a retrogressive understanding contrary to the explicit text of Article 29(c) of the American Convention and its literal interpretation.

TWENTIETH. With this opinion, my intention is to join and support the majority position adopted by the Inter-American Court, which is to prosecute violations of the ESCER directly. The Inter-American Court has been systematically implementing important expansive and evolutive exercises in hermeneutics that have made it possible to develop this case law. Evidently, it must be stressed, this assertion does not mean assuming that this approach and legal development have been fully achieved. To the contrary, the achievements made cannot obscure the need for an effort to be made to strengthen the arguments and assumptions that support this judicial thought in the jurisprudential debate.

L. Patricio Pazmiño Freire
Judge

Pablo Saavedra Alessandri
Secretary

---

[7] Para. 204 of the judgment.
[8] Para. 214 of the judgment.
[9] Para. 225 of the judgment.
[10] Para. 235 of the judgment.
[11] *Case of Gonzales Lluy et al. v. Ecuador. Preliminary Objections, Merits, Reparations and Costs.* Judgment of September 1, 2015. Series C No. 298, para. 172. Similarly: *Case of Suárez Peralta v. Ecuador. Preliminary Objections, Merits, Reparations and Costs.* Judgment of May 21, 2013. Series C No. 261, para. 131, and *Case of Lagos del Campo v. Peru. Preliminary Objections, Merits, Reparations and Costs.* Judgment of August 31, 2017. Series C No. 340, para. 141

DECIMO SEPTIMO. Como mencioné anticipadamente, en la Sentencia se señaló que, por ejemplo, los derechos a una alimentación adecuada y a la identidad cultural se encuentran receptados en la Convención Americana. También se hizo referencia a que existe reconocimiento mediante normas constitucionales o convencionales con jerarquía constitucional del estado de Argentina de los derechos a un medio ambiente sano[7], a la alimentación adecuada[8], al agua[9], y a la identidad cultural[10].

DECIMO OCTAVO. La Corte ha recordado y afirmado en distintas sentencias sobre la interdependencia e indivisibilidad entre los derechos civiles, políticos y los derechos económicos, sociales, culturales y ambientales, precisión que nos orienta a que asumamos que estos deben ser entendidos integralmente como derechos, sin jerarquía entre sí y exigibles en todos los casos ante aquellas autoridades que resulten competentes para ello[11]. Este reiterado precedente de la Corte ha consagrado la superación de la jerarquía discriminatoria entre los derechos y ha colocado a todos en pie de igualdad, superando el relato restrictivo que los excluía de ser pleno objeto de alegación y reclamo ante las cortes de justicia en la región.

DECIMO NOVENO. Argumentar a favor de la justiciabilidad indirecta y subordinada a la violación del derecho a la vida o la integridad personal, consagraría una interpretación restrictiva de la Convención que excluiría, nuevamente, a los DESCA, de la esfera de los derechos autónomos susceptibles de judicialización directa, incurriendo en una lectura de carácter regresivo, que contraría el texto expreso y su interpretación literal, que manifiesta en el artículo 29 inc. (c) de la Convención Americana.

VIGESIMO. Con el presente voto pretendo acompañar y sustentar la postura mayoritaria adoptada por la Corte IDH para juzgar violaciones a los DESCA. Existen valiosos ejercicios hermenéuticos, expansivos y evolutivos que viene implementado sistemáticamente el tribunal interamericano que posibilitaron el desarrollo de esta jurisprudencia, claro, es menester destacar, que esta afirmación no implica asumir como plena la consecución o realización de este enfoque y desarrollo jurídico, por el contrario, sus logros no pueden obnubilar la necesidad que esta línea de pensamiento judicial se empeñe en profundizar los argumentos y postulados subyacentes en el debate jurisprudencial.

L. Patricio Pazmiño Freire
Juez

Pablo Saavedra Alessandri
Secretario

---

[7] Párr. 204 de la sentencia.
[8] Parr. 214 de la sentencia.
[9] Parr. 225 de la sentencia.
[10] Parr. 235 de la sentencia.
[11] *Caso Gonzales Lluy y otros Vs. Ecuador. Excepciones Preliminares, Fondo, Reparaciones y Costas.* Sentencia de 1 de septiembre de 2015. Serie C No. 298, párr. 172. En el mismo sentido: *Caso Suárez Peralta Vs. Ecuador. Excepciones Preliminares, Fondo, Reparaciones y Costas.* Sentencia de 21 de mayo de 2013. Serie C No. 261, párr. 131, y *Caso Lagos del Campo Vs. Perú. Excepciones Preliminares, Fondo, Reparaciones y Costas.* Sentencia de 31 de agosto de 2017. Serie C No. 340, párr. 141.

CONCURRING OPINION OF
JUDGE EDUARDO FERRER MAC-GREGOR POISOT

INTRODUCTION

1. Almost 20 years have passed since the Inter-American Court of Human Rights (hereinafter "the Court" or "the Inter-American Court") decided the first case in which it addressed indigenous communal property and referred to the special relationship that the indigenous peoples and communities have with their lands, territories and natural resources.[1]

2. Since then, and in subsequent cases,[2] the Inter-American Court has adopted a broad vision of what "land" and "territory" signify for the original communities that inhabit the States that compose the inter-American system. And, even though the Inter-American Court was not the first international organ to address territoriality as part of the life of the indigenous and tribal peoples,[3] in each of the cases in which it has had occasion to rule on the issue, it has made a consistent and considerable effort to conceptualize comprehensively the obligations that States must comply with to respect and ensure the rights of these peoples and communities.

3. The case of the *Indigenous Communities Members of the Lhaka Honhat (Our Land) Association v. Argentina* (hereinafter "the judgment" or "the *Lhaka Honhat*

---

[1] *Case of the Mayagna (Sumo) Awas Tingni Community v. Nicaragua, Merits, Reparations and Costs.* Judgment of August 31, 2001. Series C No. 71. The *preliminary objections* had previously been decided in a judgment of February 1, 2000.

[2] The Inter-American Court has extensive case law on the rights of indigenous and tribal peoples and communities in relation to their territories. The Court has addressed this issue following the leading case – the said *Case of the Mayagna (Sumo) Awas Tingni Community* – in: *Case of the Yakye Axa Indigenous Community v. Paraguay. Merits, Reparations and Costs.* Judgment of June 17, 2005. Series C No. 125; *Case of the Sawhoyamaxa Indigenous Community v. Paraguay, Merits, Reparations and Costs.* Judgment of March 29, 2006. Series C No. 146; *Case of the Saramaka People v. Suriname. Preliminary Objections, Merits, Reparations and Costs.* Judgment of November 28, 2007. Series C No. 172; *Case of the Xákmok Kásek Indigenous Community v. Paraguay, Merits, Reparations and Costs.* Judgment of August 24, 2010. Series C No. 214; *Case of the Kichwa Indigenous People of Sarayaku v. Ecuador. Merits and reparations.* Judgment of June 27, 2012. Series C No. 245; *Case of the Afro-descendant Communities displaced from Río Cacarica Basin (Operation Genesis) v. Colombia. Preliminary Objections, Merits, Reparations and Costs.* Judgment of November 20, 2013. Series C No. 270; *Case of the Kuna Indigenous People of Madungandí and the Emberá Indigenous People of Bayano and their members v. Panama. Preliminary Objections, Merits, Reparations and Costs.* Judgment of October 14, 2014. Series C No. 284; *Case of the Garifuna Community of Punta Piedra and its members v. Honduras. Preliminary Objections, Merits, Reparations and Costs.* Judgment of October 8, 2015. Series C No. 304; *Case of the Garifuna Community of Triunfo de la Cruz and its members v. Honduras. Merits, Reparations and Costs.* Judgment of October 8, 2015. Series C No. 305; *Case of the Kaliña and Lokono Peoples v. Suriname. Merits, Reparations and Costs.* Judgment of November 25, 2015. Series C No. 309, and *Case of the Xucuru Indigenous People and its members v. Brazil. Preliminary Objections, Merits, Reparations and Costs.* Judgment of February 5, 2018. Series C No. 346.
It is important to stress that the indigenous and tribal case law is not exhausted by these cases related to their territory, and the list is merely illustrative of that issue. No reference is made to cases concerning sexual violence, political participation, forced displacement, deprivation of liberty, extrajudicial executions or massacres.

[3] For example, the United Nations Human Rights Committee, at least starting with the 1990 case of *Lubicon Lake Band v. Canada*, has ruled on the rights of indigenous peoples with regard to natural resources.

VOTO CONCURRENTE DEL
JUEZ EDUARDO FERRER MAC-GREGOR POISOT

INTRODUCCIÓN

1. Han pasado casi veinte años desde que la Corte Interamericana de Derechos Humanos (en adelante "Corte IDH" o "Tribunal Interamericano") decidió el primer caso en donde abordó la propiedad colectiva indígena e hizo alusión a la relación especial que los pueblos y comunidades indígenas tienen con sus tierras, territorios y recursos naturales[1].

2. A partir de entonces, y en casos subsecuentes[2], la Corte IDH ha tenido una visión comprensiva de lo que la "tierra" y el "territorio" significa para las comunidades originarias que habitan en los Estados que conforman el Sistema Interamericano. Si bien la Corte IDH no fue el primer órgano internacional en abordar la territorialidad como parte de la vida de los pueblos indígenas y tribales[3], lo cierto es que en cada uno de los casos en los que ha tenido la oportunidad de pronunciarse sobre la temática, ha realizado un esfuerzo constante y considerable por conceptualizar de manera exhaustiva las obligaciones que los Estados tienen que observar para respetar y garantizar los derechos de estos pueblos y comunidades.

3. El caso de las *Comunidades indígenas miembros de la asociación Lhaka Honhat (Nuestra Tierra) Vs. Argentina* (en adelante "la Sentencia" o "el caso *Lhaka*

---

[1] *Caso de la Comunidad Mayagna (Sumo) Awas Tigni Vs Nicaragua. Fondo, Reparaciones y Costas.* Sentencia de 31 de agosto de 2001. Serie C No. 71. Previamente se decidieron las *Excepciones Preliminares*, Sentencia de 1 de febrero de 2000.

[2] La Corte IDH tiene una amplia jurisprudencia sobre los derechos de los pueblos y comunidades indígenas y tribales, con respecto a sus territorios. El Tribunal Interamericano ha abordado esta cuestión con posterioridad al *leading case*, el referido *Caso de la Comunidad Mayagna (Sumo) Awas Tigni: Caso Comunidad Indígena Yakye Axa Vs. Paraguay. Fondo, Reparaciones y Costas.* Sentencia de 17 de junio de 2005. Serie C No. 125; *Caso Comunidad Indígena Sawhoyamaxa Vs. Paraguay. Fondo, Reparaciones y Costas.* Sentencia de 29 de marzo de 2006. Serie C No. 146; *Caso del Pueblo Saramaka Vs. Surinam. Excepciones Preliminares, Fondo, Reparaciones y Costas.* Sentencia de 28 de noviembre de 2007. Serie C No. 172; *Caso Comunidad Indígena Xákmok Kásek Vs. Paraguay. Fondo, Reparaciones y Costas.* Sentencia de 24 de agosto de 2010. Serie C No. 214; *Caso Pueblo Indígena Kichwa de Sarayaku Vs. Ecuador. Fondo y Reparaciones.* Sentencia de 27 de junio de 2012. Serie C No. 245; *Caso de las Comunidades Afrodescendientes desplazadas de la Cuenca del Río Cacarica (Operación Génesis) Vs. Colombia. Excepciones Preliminares, Fondo, Reparaciones y Costas.* Sentencia de 20 de noviembre de 2013. Serie C No. 270; *Caso de los Pueblos Indígenas Kuna de Madungandí y Emberá de Bayano y sus miembros Vs. Panamá. Excepciones Preliminares, Fondo, Reparaciones y Costas.* Sentencia de 14 de octubre de 2014. Serie C No. 284; *Caso Comunidad Garífuna de Punta Piedra y sus miembros Vs. Honduras. Excepciones Preliminares, Fondo, Reparaciones y Costas.* Sentencia de 8 de octubre de 2015. Serie C No. 304; *Caso Comunidad Garífuna Triunfo de la Cruz y sus miembros Vs. Honduras. Fondo, Reparaciones y Costas.* Sentencia de 8 de octubre de 2015. Serie C No. 305; *Caso Pueblos Kaliña y Lokono Vs. Surinam. Fondo, Reparaciones y Costas.* Sentencia de 25 de noviembre de 2015. Serie C No. 309, y *Caso Pueblo Indígena Xucuru y sus miembros Vs. Brasil. Excepciones Preliminares, Fondo, Reparaciones y Costas.* Sentencia de 5 de febrero de 2018. Serie C No. 346. Es importante puntualizar que la jurisprudencia indígena o tribal no se agota en estos casos que han versado sobre el territorio, por lo que el listado solo es ilustrativo en la materia. Por ejemplo, no se hace referencia a aquellos casos referidos a violencia sexual, participación política, desplazamiento forzado, privados de la libertad, ejecuciones extrajudiciales o masacres.

[3] Por ejemplo, el Comité de Naciones Unidas, al menos desde el caso *Lubicon Lake Band Vs. Canadá* de 1990, ya se había pronunciado de alguna manera sobre los derechos de los pueblos indígenas respecto de los recursos naturales.

case")[4] adds to the precedents that have addressed the direct justiciability of the economic, social, cultural and environmental rights (hereinafter "the ESCER" or "the social rights")[5] and reaffirms that, in relation to the civil and political rights, the former have their own content and scope that may be protected autonomously, but interdependently and indivisibly, a position that I have maintained since the case of *Suarez Peralta et al.*[6]

4. The *Lhaka Honhat* case represents a milestone in inter-American case law for three reasons fundamentally. First, it is the first occasion on which the Inter-American Court rules autonomously on ESCER related to indigenous peoples and communities. Second, contrary to the precedents that the Court has had the occasion to examine, the judgment declares the violation of four ESCER that may be derived from and protected by Article 26 of the Pact of San José: the right to cultural identity, regarding participation in cultural life; the right to a healthy environment; the right to food, and the right to water.[7] Third, the reparations ordered have a differentiated focus, attempting to redress the violation of each of the social, cultural and environmental rights that the judgment declared had been violated.

5. It should not be overlooked that, in their "brief with pleadings, motions and evidence," the victims' representatives emphasized that they were asking the Court to "declare the violation of Article 26 of the American Convention owing to the violation of the rights to a healthy environment, to cultural identity, and to food, *as autonomous rights*," all rights that – they asserted – were derived from the economic, social, educational, scientific and cultural norms contained in the Charter of the Organization of American States" (hereinafter "the OAS Charter").[8]

---

[4] *Case of the Indigenous Communities Members of the Lhaka Honhat (Our Land) Association v. Argentina. Merits, Reparations and Costs.* Judgment of February 6, 2020. Series C No. 400.

[5] *Cf. Case of Lagos del Campo v. Peru. Preliminary Objections, Merits, Reparations and Costs.* Judgment of August 31, 2017. Series C No. 340; *Advisory Opinion OC-23/17* of November 15, 2017. *The Environment and Human Rights (State obligations in relation to the environment in the context of the protection and guarantee of the rights to life and to personal integrity – interpretation and scope of Articles 4(1) and 5(1) of the American Convention on Human Rights).* Advisory Opinion OC-23/17 of November 15, 2017. Series A No. 23; *Case of the Dismissed Employees of PetroPeru et al. v. Peru. Preliminary Objections, Merits, Reparations and Costs.* Judgment of November 23, 2017. Series C No. 344; *Case of San Miguel Sosa et al. v. Venezuela, Merits, Reparations and Costs.* Judgment of February 8, 2018. Series C No. 348; *Case of Poblete Vilches et al. v. Chile, Merits, Reparations and Costs.* Judgment of March 8, 2018. Series C No. 349; *Case of Cuscul Pivaral et al. v. Guatemala. Preliminary Objection, Merits, Reparations and Costs.* Judgment of August 23, 2018. Series C No. 359; *Case of Muelle Flores v. Peru. Preliminary Objections, Merits, Reparations and Costs.* Judgment of March 6, 2019. Series C No. 375; *Case of the National Association of Discharged and Retired Employees of the National Tax Administration Superintendence (ANCEJUB-SUNAT) v. Peru. Preliminary Objections, Merits, Reparations and Costs.* Judgment of November 21, 2019. Series C No. 394, and *Case of Hernández v. Argentina. Preliminary objection, Merits, Reparations and Costs.* Judgment of November 22, 2019. Series C No. 395.

[6] In my concurring opinion in the case of *Suárez Peralta*, I stated that: "15. The possibility that this Inter-American Court rule on [the justiciability of the ESCER] derives, first, from the 'interdependence and indivisibility' that exists between the civil and political rights and the economic, social and cultural rights. Indeed, [in the Suárez Peralta case,] the Court expressly recognized this characteristic, because all rights must be understood integrally as human rights, without any specific hierarchy, and enforceable at all times before the competent authorities."

[7] This matter is of particular relevance because the judgment indicates that several rights may be derived simultaneously from the OAS Charter in a specific case.

[8] As indicated in footnote 173 of the judgment: "In addition to Article 26 [of the American Convention], the representatives alleged, in relation to that article and based on the referral it makes to the provisions of the Charter of the Organization of American States: (a) as a normative basis for the right to a healthy

Honhat")⁴ se suma a los precedentes que han abordado la justiciabilidad directa de los derechos económicos, sociales, culturales y ambientales (en adelante "DESCA" o "los derechos sociales")⁵; y reafirma que, frente a los derechos civiles y políticos, los primeros tienen un contenido y alcances propios que pueden ser protegidos de manera autónoma pero interdependiente e indivisible, postulado que sostuve desde el caso *Suarez Peralta y otros*⁶.

4. El caso *Lhaka Honhat* representa un hito en la jurisprudencia interamericana fundamentalmente por tres razones. En primer lugar, constituye la primera ocasión en que el Tribunal Interamericano se pronuncia de manera autónoma sobre DESCA que atañen a pueblos y comunidades indígenas. En segundo término, a diferencia de los precedentes que había tenido la oportunidad de conocer, la Sentencia declara la vulneración de cuatro DESCA que pueden ser derivados y protegidos por el artículo 26 del Pacto de San José – derecho a la identidad cultural, en lo atinente a participar en la vida cultural, derecho al medio ambiente sano, derecho a la alimentación, y derecho al agua⁷. En tercer lugar, las reparaciones ordenadas están centradas de manera diferenciada, tratando de restituir la violación de cada uno de los derechos sociales, culturales y ambientales declarados violados en la Sentencia.

5. No debe pasar inadvertido que *los representantes de las víctimas* solicitaron de manera destacada en el "escrito de solicitudes, argumentos y pruebas", que se "declare la violación del artículo 26 de la Convención Americana por la vulneración de los derechos al medio ambiente, a la identidad cultura y a alimentación, *como derechos autónomos*, todos ellos derechos que – afirman – se derivan de las normas económicas, sociales y sobre educación, ciencia y cultura, contenidos en la Carta de la Organización de los Estados Americanos" (en adelante "la Carta de la OEA")⁸.

---

⁴ *Caso Comunidades indígenas miembros de la asociación Lhaka Honhat (Nuestra Tierra) Vs. Argentina. Fondo, Reparaciones y Costas.* Sentencia de 6 de febrero de 2020. Serie C No. 400.
⁵ *Cfr. Caso Lagos del Campo Vs. Perú. Excepciones Preliminares, Fondo, Reparaciones y Costas.* Sentencia de 31 de agosto de 2017. Serie C No. 340; Opinión Consultiva OC-23/17 de 15 de noviembre de 2017. *Medio ambiente y derechos humanos (obligaciones estatales en relación con el medio ambiente en el marco de la protección y garantía de los derechos a la vida y a la integridad personal – interpretación y alcance de los artículos 4.1 y 5.1, en relación con los artículos 1.1 y 2 de la Convención Americana sobre Derechos Humanos).* Serie A No. 23; *Caso Trabajadores Cesados de Petroperú y otros Vs. Perú. Excepciones Preliminares, Fondo, Reparaciones y Costas.* Sentencia de 23 de noviembre de 2017. Serie C No. 344; *Caso San Miguel Sosa y otras Vs. Venezuela. Fondo, Reparaciones y Costas.* Sentencia de 8 de febrero de 2018. Serie C No. 348; *Caso Poblete Vilches y otros Vs. Chile. Fondo, Reparaciones y Costas.* Sentencia de 8 de marzo de 2018. Serie C No. 349; *Caso Cuscul Pivaral y otros Vs. Guatemala. Excepción Preliminar, Fondo, Reparaciones y Costas.* Sentencia de 23 de agosto de 2018. Serie C No. 359; *Caso Muelle Flores Vs. Perú. Excepciones Preliminares, Fondo, Reparaciones y Costas.* Sentencia de 6 de marzo de 2019. Serie C No. 375; *Caso de la Asociación Nacional de Cesantes y Jubilados de la Superintendencia Nacional de Administración Tributaria (ANCEJUB-SUNAT) Vs. Perú. Excepciones Preliminares, Fondo, Reparaciones y Costas.* Sentencia de 21 de noviembre de 2019. Serie C No. 394, y *Caso Hernández Vs. Argentina. Excepción Preliminar, Fondo, Reparaciones y Costas.* Sentencia de 22 de noviembre de 2019. Serie C No. 395.
⁶ En aquella oportunidad, en el Voto Concurrente al caso *Suárez Peralta*, sostuve que: "15. La posibilidad de que este Tribunal Interamericano se pronuncie sobre [la justiciabilidad de los DESCA] deriva, en primer término, de la 'interdependencia e indivisibilidad' existente entre los derechos civiles y políticos con respecto de los económicos, sociales y culturales. En efecto [en el caso Suárez Peralta] expresamente se reconoce ese carácter, ya que deben ser entendidos integralmente como derechos humanos, sin jerarquía entre sí y exigibles en todos los casos ante aquellas autoridades que resulten competentes para ello".
⁷ En este sentido, esta cuestión resulta de especial relevancia debido a que la Sentencia demuestra que varios derechos pueden ser derivados de la Carta de al OEA de manera simultanea en un caso concreto.
⁸ Tal y como se expresa en la nota 173 de la Sentencia: "Además del artículo 26 [de la Convención Americana], los representantes adujeron, en relación con esa norma y dada la remisión que la misma hace a

6. Following this claim, the State, in its answering brief, did not file a preliminary objection on the Inter-American Court's competence to examine alleged violations of the ESCER contained in Article 26 of the Pact of San José. To the contrary, it set out the reasons why they were not violated in this specific case, which reveals that there was no dispute with regard to the justiciability of these rights under this article of the American Convention. It is also worth emphasizing that, in its brief with "final observations," the Inter-American Commission indicated that:[9]

> Although the Commission did not determine a violation of Article 26 of the Convention in its Merits Report 2/12, in view of recent developments in the Court's case law, it considers it important that the Court develop, for the first time, the violation of Article 26, with regard to the territorial rights of indigenous peoples, in particular as regards the right to food and other pertinent rights.

7. It should be stressed that this is not the first time that the Inter-American Court has been asked – either by the Inter-American Commission or by the victims' representatives – to rule on the content of Article 26 in relation to the rights of indigenous communities, over and above the protection that Article 21 of the American Convention may grant in relation to their lands. In the *Yakye Axa* (2005)[10] and *Sarayaku* (2012)[11] cases, the Inter-American Court had already examined the alleged violation of Article 26 of the Pact of San José, without considering that this article has been violated. Thus, the relevance of this case for inter-American and international case law by settling a pending debt with the indigenous and tribal peoples and communities of our region.

8. Furthermore, it is important to underline the special interest that the *Lhaka Honhat* case has aroused in civil society, as revealed by the numerous and appreciated *amicus curiae* briefs submitted by associations, institutions and individuals,[12] which

---

environment, Articles 30, 31, 33 and 34 of the Charter; (b) as a normative basis for the right to "cultural identity", Articles 2, 3, 17, 19, 30, 45, 48 and 52 of the Charter and Article XIII of the American Declaration on the Rights and Duties of Man, and (c) as a normative basis for the right to food, also the said Charter and Declaration, in their Articles 34.j and XI, respectively."

[9] Brief with final observations presented by the Inter-American Commission on Human Rights in this case, para. 41. It is understandable that the Commission did not determine the violation of 26 of the Pact of San José in the Merits Report, because this report was issued in 2012, several years before the change in case law, in the 2017 *Case of Lagos del Campo*, regarding the direct justiciability of the ESCER.

[10] *Case of the Yakye Axa Indigenous Community v. Paraguay. Merits, Reparations and Costs.* Judgment of June 17, 2005. Series C No. 125.

[11] *Case of the Kichwa Indigenous People of Sarayaku v. Ecuador. Merits and Reparations.* Judgment of June 27, 2012. Series C No. 245.

[12] The *amicus curiae* briefs were presented by: (i) Asociación de Abogados y Abogadas de Derecho Indígena (AADI) and the Servicio Paz y Justicia (SERPAJ), (ii) the Human Rights Center of the Jurisprudence Faculty of the Pontificia Universidad Católica del Ecuador; (iii) the Fundación Ambiente y Recursos Naturales (FARN); (iv) the Due Process of Law Foundation (DPLF), the Human Rights Clinic of the University of Ottawa, the Democracy and Human Rights Institute of the Pontificia Universidad Católica del Perú, the Center for Studies on International Human Rights Systems of the Universidade Federal do Paraná, the International Human Rights Clinic of the Universidad de Guadalajara, and the O'Neill Institute for National and Global Health Law at Georgetown University Law Center; (v) various organizations coordinated by the Secretariat of the International Economic, Social and Cultural Rights Network (ESCR-Net); (vi) Tierraviva a los pueblos indígenas del Chaco (hereinafter "Tierraviva"); (vii) the Legal Clinic of

6. Ante esta pretensión, en su escrito de contestación, *el Estado* no opone como excepción preliminar la falta de competencia de la Corte IDH para conocer sobre las alegadas violaciones a los DESCA contenidos en el artículo 26 del Pacto de San José. Por el contrario, expresa las razones por las cuales los mismos no fueron violados en el caso particular, lo que demuestra que no existía controversia sobre la justiciabilidad de los mismos desde dicho precepto de la Convención Americana. Asimismo, cabe destacar que la *Comisión Interamericana*, en su escrito de "observaciones finales" escritas señaló que[9]:

> Si bien la Comisión no determinó violación del artículo 26 de la Convención en su Informe de Fondo 2/12, considera importante que, dado el reciente desarrollo de la jurisprudencia de esa Honorable Corte, pueda desarrollar, por primera vez, la violación al artículo 26, respecto a los derechos territoriales de los pueblos indígenas, en particular en lo relativo al derecho a la alimentación y otros que resulten pertinentes.

7. Debe destacarse que no ha sido la primera ocasión en que se le ha solicitado a la Corte IDH – ya sea por parte de la Comisión Interamericana o por los representantes de las víctimas – que se pronuncie sobre el contenido del artículo 26 frente a los derechos de las comunidades indígenas más allá de la protección que se pueda otorgar sobre las tierras mediante el artículo 21 de la Convención Americana. En este sentido, ya el Tribunal Interamericano en los casos *Yakye Axa* (2005)[10] y *Sarayaku* (2012)[11] había conocido el alegato respecto de la violación al artículo 26 del Pacto de San José, sin que la Corte IDH hubiese considerado vulnerada dicha disposición. Y de ahí la relevancia de este caso en la jurisprudencia interamericana e internacional, al abonar a una deuda pendiente para los pueblos y comunidades indígenas y tribales de nuestra región.

8. Asimismo, resulta importante resaltar el especial interés que despertó en la sociedad civil el caso *Lhaka Honhat*, como se aprecia por los numerosos y valiosos escritos presentados por asociaciones, instituciones y personas en calidad de *amicus curiae*[12], los cuales resultaron de mucha utilidad y fueron particularmente citados a lo

---

disposiciones de la Carta de la Organización de Estados Americanos: (a) como base normativa del derecho a un medio ambiente sano los artículos 30, 31, 33 y 34 de dicha Carta; (b) como base normativa del derecho a la "identidad cultural", los artículos 2, 3, 17, 19, 30, 45, 48 y 52 de la misma Carta y el artículo XIII de la Declaración Americana sobre Derechos y Deberes del Hombre, y (c) como base normativa del derecho a la alimentación, también la Carta y la Declaración mencionadas, en sus artículos 34.j y XI, respectivamente".

[9] Escrito de "Observaciones Finales" presentado por la Comisión Interamericana de Derechos Humanos en el presente caso, pág. 10, párr. 41. Es explicable que la Comisión no determinara la violación del artículo 26 del Pacto de San José en el Informe de Fondo, ya que dicho Informe se produjo en 2012, años antes del cambio jurisprudencial en 2017, en el *Caso Lagos del Campo*, sobre la justiciabilidad directa de los DESCA.

[10] *Caso Comunidad Indígena Yakye Axa Vs. Paraguay. Fondo, Reparaciones y Costas.* Sentencia de 17 de junio de 2005. Serie C No. 125.

[11] *Caso Pueblo Indígena Kichwa de Sarayaku Vs. Ecuador. Fondo y Reparaciones.* Sentencia de 27 de junio de 2012. Serie C No. 245.

[12] Los escritos de *amicus curiae* presentados fueron: (1) Asociación de Abogados y Abogadas de Derecho Indígena (AADDI) y el Servicio Paz y Justicia (SERPAJ); (2) Centro de Derechos Humanos de la Facultad de Jurisprudencia de la Pontificia Universidad Católica del Ecuador; (3) Fundación Ambiente y Recursos Naturales (FARN); (4) Fundación para el Debido Proceso Legal (DPLF), Clínica de Derechos Humanos de la Universidad de Ottawa, Instituto de Democracia y Derechos Humanos de la Pontificia Universidad Católica del Perú, Núcleo de Estudios en Sistemas Internacionales de Derechos Humanos de la Universidad Federal de Paraná, Clínica Internacional de Derechos Humanos de la Universidad de Guadalajara y *O'Neill Institute for National and Global Health Law* de *Georgetown University Law* Center; (5) Organizaciones

were extremely useful and cited throughout the judgment as noted below.[13] Several of them referred to the competence to examine the autonomous violation of the ESCER protected by Article 26 of the American Convention, in light of the methodology adopted by the Inter-American Court in its precedents on the issue since the changes made in its case law in 2017.

9. Based on the above, and on my opinions in other cases on this matter,[14] I am issuing this separate opinion in order to reflect on some relevant aspects for inter-American public order that arise from this judgment. To this end, I have divided this opinion as follows: *(I) The land and the territory: their differentiated protection based on the American Convention on Human Rights and the ESCER* (paras. 10 to 41); *(II) Autonomy and interdependence of human rights* (paras. 42 to 59); *(III) Reparations focused on economic, social, cultural and environmental rights* (paras. 60 to 69); (IV) *The* amici curiae *as a means of dialogue between civil society and the Inter-American Court* (paras. 70 to 82), and *(V) Conclusions* (paras. 83 to 87).

I
THE LAND AND THE TERRITORY: THEIR DIFFERENTIATED PROTECTION BASED ON THE AMERICAN CONVENTION ON HUMAN RIGHTS AND THE ESCER

10. The Inter-American Court, in the evolution of its case law, has substantiated rights of indigenous and tribal peoples and communities related to their land and territory through the right to property contained in Article 21 of the American Convention. This should not suggest that the territorial rights of indigenous peoples are circumscribed by or assimilate an aspect that is merely economic or patrimonial.

---

the Human Rights Center of the Law Faculty of the Universidad de Buenos Aires (CDH-UBA), and (viii) Oliver De Schutter, Professor at the Université catholique *de* Louvain (UCL) and former United Nations Special Rapporteur on the right to food (2008–2014).

[13] See *infra*, section IV of this opinion: "The *amici curiae* as a means of dialogue between civil society and the Inter-American Court".

[14] See the opinions on this matter that I have issued in the following judgments: *Case of Suárez Peralta v. Ecuador. Preliminary Objections, Merits, Reparations and Costs.* Judgment of May 21, 2013. Series C No. 261; *Case of Canales Huapaya et al. v. Peru. Preliminary Objections, Merits, Reparations and Costs.* Judgment of June 24, 2015. Series C No. 296; *Case of Gonzales Lluy et al. v. Ecuador. Preliminary Objections, Merits, Reparations and Costs.* Judgment of September 1, 2015. Series C No. 298; *Case of Chinchilla Sandoval et al. v. Guatemala. Preliminary Objection, Merits, Reparations and Costs.* Judgment of February 29, 2016. Series C No. 312; *Case of I.V. v. Bolivia. Preliminary Objections, Merits, Reparations and Costs.* Judgment of November 20, 2016. Series C No. 329; *Case of Yarce et al. v. Colombia. Preliminary objection, Merits, Reparations and Costs.* Judgment of November 22, 2016. Series C No. 325; *Case of Lagos del Campo v. Peru. Preliminary Objections, Merits, Reparations and Costs.* Judgment of August 31, 2017. Series C No. 340; *Case of Vereda La Esperanza v. Colombia. Preliminary Objections, Merits, Reparations and Costs.* Judgment of August 31, 2017. Series C No. 341; *Case of San Miguel Sosa et al. v. Venezuela. Merits, Reparations and Costs.* Judgment of February 8, 2018. Series C No. 348; *Case of Cuscul Pivaral et al. v. Guatemala. Preliminary objection, Merits, Reparations and Costs.* Judgment of August 23, 2018. Series C No. 359; *Case of Muelle Flores v. Peru. Preliminary Objections, Merits, Reparations and Costs.* Judgment of March 6, 2019. Series C No. 375 and *Case of Hernández v. Argentina. Preliminary objection, Merits, Reparations and Costs.* Judgment of November 22, 2019. Series C No. 395.

largo de la Sentencia como se destaca más adelante[13]; varios de ellos referidos a la competencia para conocer de la violación autónoma de los DESCA protegidos por el artículo 26 de la Convención Americana, a la luz de la metodología adoptada por la Corte IDH en sus precedentes sobre la materia, desde el cambio jurisprudencial del año 2017.

9. Teniendo en cuenta lo anterior, así como lo ya razonado en otras ocasiones sobre el particular[14], emito el presente voto razonado con el objetivo de reflexionar en torno a algunos aspectos relevantes para el orden público interamericano que surgen de esta Sentencia. Para ello, he dividido el presente Voto de la siguiente manera: *(I) La tierra y el territorio: su protección diferenciada desde la Convención Americana sobre Derechos Humanos y los DESCA* (párrs. 10–41); *(II) Autonomía e interdependencia de los derechos humanos* (párrs. 42–59); *(III) Las reparaciones con enfoque de derechos económicos, sociales, culturales y ambientales* (párrs. 60–69); *(IV) Los* amici curiae *como medio de diálogo de la sociedad civil con la Corte Interamericana* (párrs. 70 a 82), y *(V) Conclusiones* (párrs. 83–87).

I
LA TIERRA Y EL TERRITORIO: SU PROTECCIÓN DIFERENCIADA DESDE LA CONVENCIÓN AMERICANA SOBRE DERECHOS HUMANOS Y LOS DESCA

10. La Corte IDH, en su evolución jurisprudencial, ha sustentado derechos de los pueblos y comunidades indígenas y tribales relacionados con su tierra y territorio a través del derecho de propiedad privada contenido en el artículo 21 de la Convención Americana. Esto no debe hacer pensar que los derechos territoriales de los pueblos indígenas se ciñen o asimilan a un aspecto meramente económico o patrimonial.

---

coordinadas por la Secretaría de la Red Internacional de Derechos Económicos, Sociales y Culturales (Res-DESC); (6) Tierraviva a los Pueblos Indígenas del Chaco; (7) Clínica Jurídica del Centro de Derechos Humanos de la Facultad de la Universidad de Buenos Aires (CDH-UBA), y (8) Oliver de Schutter, Profesor de la Universidad Católica de Lovaina y ex Relator Especial de las Naciones Unidas sobre el Derecho a la Alimentación (2008–2014).

[13] Véase *infra*, apartado IV del presente Voto razonado: "Los *amici curiae* como medio de diálogo de la sociedad civil con la Corte Interamericana".

[14] Véanse los votos que sobre la materia he formulado en las siguientes sentencias: *Caso Suárez Peralta Vs. Ecuador. Excepciones Preliminares, Fondo, Reparaciones y Costas.* Sentencia de 21 de mayo de 2013. Serie C No. 261; *Caso Canales Huapaya y otros Vs. Perú. Excepciones Preliminares, Fondo, Reparaciones y Costas.* Sentencia de 24 de junio de 2015. Serie C No. 296; *Caso Gonzales Lluy y otros Vs. Ecuador. Excepciones Preliminares, Fondo, Reparaciones y Costas.* Sentencia de 1 de septiembre de 2015. Serie C No. 298; *Caso Chinchilla Sandoval y otros Vs. Guatemala. Excepción Preliminar, Fondo, Reparaciones y Costas.* Sentencia de 29 de febrero de 2016. Serie C No. 312; *Caso I.V. Vs. Bolivia. Excepciones Preliminares, Fondo, Reparaciones y Costas.* Sentencia de 30 de noviembre de 2016. Serie C No. 329; *Caso Yarce y otras Vs. Colombia. Excepción Preliminar, Fondo, Reparaciones y Costas.* Sentencia de 22 de noviembre de 2016. Serie C No. 325; *Caso Lagos del Campo Vs. Perú. Excepciones Preliminares, Fondo, Reparaciones y Costas.* Sentencia de 31 de agosto de 2017. Serie C No. 340; *Caso Vereda La Esperanza Vs. Colombia. Excepciones Preliminares, Fondo, Reparaciones y Costas.* Sentencia de 31 de agosto de 2017. Serie C No. 341; *Caso San Miguel Sosa y otras Vs. Venezuela. Fondo, Reparaciones y Costas.* Sentencia de 8 de febrero de 2018. Serie C No. 348; *Caso Cuscul Pivaral y otros Vs. Guatemala. Excepción Preliminar, Fondo, Reparaciones y Costas.* Sentencia de 23 de agosto de 2018. Serie C No. 359; *Caso Muelle Flores Vs. Perú. Excepciones Preliminares, Fondo, Reparaciones y Costas.* Sentencia de 6 de marzo de 2019. Serie C No. 375 y *Caso Hernández Vs. Argentina. Excepción Preliminar, Fondo, Reparaciones y Costas.* Sentencia de 22 de noviembre de 2019. Serie C No. 395.

11. The Inter-American Court indicated this in the first judgment in which it addressed this matter as the central issue in dispute. Thus, in 2001, when deciding the case of the *Mayagna (Sumo) Awas Tingni Community v. Nicaragua*, it stated that "among indigenous peoples there is a communal tradition regarding a form of communal ownership of the land, in the sense that ownership of the land is not centered on an individual but rather on the group and its community." It also clarified that "[f]or indigenous communities, their relationship to the land is not merely a matter of possession and production, but a physical and spiritual element that they must enjoy fully, even to preserve their cultural legacy and transmit this to future generations."[15] On the same occasion, the Inter-American Court indicated the right of the indigenous peoples "to live freely in their own *territories*";[16] Subsequently, it emphasized the "unique and lasting ties that unite the indigenous communities to their ancestral territory."[17]

12. In my opinion, this important – and transcendental – precedent has different components that may be protected in a differentiated manner depending on the content of the right that has been violated. In this understanding, "the land" may include some aspects that are protected by Article 21 from the perspective of communal property. On the other hand, there is the more general concept of "the territory" (that although it includes the land as one of its elements, does not consist merely of this). Thus, the territory includes other more specific elements that can be protected – as occurred in the *Lhaka Honhat* case – by the rights protected by Article 26 of the American Convention in relation to the social, cultural and environmental rights. These elements include water, environmental protection, the resources on which the diet of indigenous peoples is based, and also their relationship with the territory as an expression of their cultural identity.

13. In this regard, the content of Article 13 of Convention No. 169 of the International Labour Organization is particularly important;[18] and this is a convention that has been signed and ratified by Argentina:[19]

---

[15] *Case of the Mayagna (Sumo) Awas Tingni Community v. Nicaragua. Merits, Reparations and Costs.* Judgment of August 31, 2001. Series C No. 79, para. 149. In that decision and subsequently, the Inter-American Court stressed that "the close ties of the indigenous peoples to the land must be recognized and understood as the fundamental basis of their cultures, their spiritual life, their integrity and their economic survival and the preservation and transmittal of these to future generations" (*Case of the Plan de Sánchez Massacre. Reparations* (Art. 63(1) American Convention on Human Rights). Judgment of November 19, 2004. Series C No. 116, para. 85, and *Case of the Yakye Axa Indigenous Community v. Paraguay. Merits, Reparations and Costs.* Judgment of June 17, 2005. Series C No. 125, para. 131.

[16] *Case of the Mayagna (Sumo) Awas Tingni Community Tingni v. Nicaragua. Merits, Reparations and Costs.* Judgment of August 31, 2001. Series C No. 79, para. 149.

[17] *Case of the Moiwana Community v. Suriname. Preliminary Objections, Merits, Reparations and Costs.* Judgment of June 15, 2005. Series C No. 124, para. 131.

[18] This important international treaty was adopted more than 30 years ago, on June 27, 1989, in Geneva, Switzerland, and entered into force on September 5, 1991. To date, according to information published by the International Labour Organization, it has been signed and ratified by 23 countries, 14 of them in Latin America: Argentina, Bolivia (Plurinational State of), Brazil, Central African Republic, Chile, Colombia, Costa Rica, Denmark, Dominica, Ecuador, Fiji, Guatemala, Honduras, Luxembourg, Mexico, Nepal, Nicaragua, Norway, Netherlands, Paraguay, Peru, Spain and Venezuela, (Bolivarian Republic of).

[19] Argentina acceded to Convention No. 169 by national Law 24,071, enacted on March 4, 1992, and promulgated on April 7 that year. The State ratified the treaty on July 3, 2000. According to its Article 38(3), it entered into force for Argentina on July 3, 2001.

11. El Tribunal Interamericano lo señaló desde su primera sentencia en la que abordó la cuestión de un modo central. Así, en 2001, al resover el caso *Comunidad Mayagna (Sumo) Awas Tingni Vs. Nicaragua*, expresó que "entre los indígenas existe una tradición comunitaria sobre una forma comunal de la propiedad colectiva de la tierra, en el sentido de que la pertenencia de ésta no se centra en un individuo sino en el grupo y su comunidad". Asimismo, se precisó que "[p]ara las comunidades indígenas la relación con la tierra no es meramente una cuestión de posesión y producción, sino un elemento material y espiritual del que deben gozar plenamente, inclusive para preservar su legado cultural y transmitirlo a las generaciones futuras"[15]. En la misma oportunidad la Corte IDH indicó el derecho de los pueblos indígenas a "vivir libremente en sus propios *territorios*"[16]; más adelante destacó los "lazos únicos y duraderos que unen a las comunidades indígenas con su territorio ancestral"[17].

12. Desde mi perspectiva, este importante – y trascendental – precedente tiene diversos componentes que pueden ser protegidos de forma diferenciada dependiendo del contenido del derecho que se encuentre vulnerado. En este entendido, "la tierra" puede comprender algunos aspectos que se encontrarían protegidos por el artículo 21 desde la concepción de propiedad colectiva. Por otro lado, se encuentra un concepto más general como lo es "el territorio" (que si bien comprende a la tierra como uno de los elementos, el mismo no se agota en aquella). Así, el territorio comprendería otros elementos más específicos que pueden ser tutelados – como ocurrió en el caso *Lhaka Honhat* – mediante los derechos protegidos por el artículo 26 de la Convención Americana en lo atinente a los derechos sociales, culturales y ambientales. Estos elementos incluyen el agua, la protección al ambiente, los recursos que forman base de la alimentación de los pueblos indígenas, así como el vínculo que tienen con el territorio como manifestación de su identidad cultural.

13. En este sentido, resulta particularmente importante el contenido del artículo 13 del Convenio No. 169 de la Organización Internacional del Trabajo[18], suscrito y ratificado por Argentina[19]:

---

[15] *Caso de la Comunidad Mayagna (Sumo) Awas Tingni Vs. Nicaragua. Fondo, Reparaciones y Costas.* Sentencia de 31 de agosto de 2001. Serie C No. 79, párr. 149. En ese sentido, el Tribunal Interamericano, en esa decisión y con posterioridad "ha resaltado que la estrecha relación que los indígenas mantienen con la tierra debe de ser reconocida y comprendida como la base fundamental de su cultura, vida espiritual, integridad, supervivencia económica y su preservación y transmisión a las generaciones futuras" (*Caso Masacre Plan de Sánchez. Reparaciones* (art. 63.1 Convención Americana sobre Derechos Humanos). Sentencia de 19 de noviembre 2004. Serie C No. 116, párr. 85, y *Caso Comunidad Indígena Yakye Axa Vs. Paraguay. Fondo, Reparaciones y Costas.* Sentencia de 17 de junio de 2005. Serie C No. 125, párr. 131.
[16] *Caso de la Comunidad Mayagna (Sumo) Awas Tingni Vs. Nicaragua. Fondo, Reparaciones y Costas.* Sentencia de 31 de agosto de 2001. Serie C No. 79, párr. 149.
[17] *Caso de la Comunidad Moiwana Vs. Surinam. Excepciones Preliminares, Fondo, Reparaciones y Costas.* Sentencia de 15 de junio de 2005. Serie C No. 124, párr. 131.
[18] Este importante tratado internacional fue adoptado hace más de tres décadas, el 27 de junio de 1989, en Ginebra, Suiza, entrando en vigor el 5 de septiembre de 1991. Hasta la fecha, de acuerdo a información publicada por la Organización Internacional del Trabajo, ha sido suscrito y ratificado por 23 países, 14 Latinoamericanos: Argentina, Estado Plurinacional de Bolivia, Brasil, Chile, Colombia, Costa Rica, Dinamarca, Dominica, Ecuador, España, Fiji, Guatemala, Honduras, Luxemburgo, México, Nepal, Nicaragua, Noruega, Países Bajos, Paraguay, Perú, República Centroafricana y República Bolivariana de Venezuela.
[19] Argentina aprobó el Convenio No. 169 por medio de la ley nacional 24.071, sancionada el 4 de marzo de 1992 y promulgada el 7 de abril del mismo año. El Estado ratificó el tratado el 3 de julio de 2000. De conformidad con el artículo 38.3 del instrumento, el mismo entró en vigor para Argentina el 3 de julio de 2001.

Part II. Land

Article 13

1. In applying the provisions of this Part of the Convention governments shall respect the special importance for the cultures and spiritual values of the peoples concerned of *their relationship with the lands or territories, or both* as applicable, which they occupy or otherwise use, and in particular the collective aspects of this relationship.
2. *The use of the term lands in Articles 15 and 16 shall include the concept of territories,* which covers the total environment of the areas which the peoples concerned occupy or otherwise use. (italics added)

14. As noted from the above article transcribed from ILO Convention No. 169, the first paragraph refers to "lands or territories" and then adds "or both", while the second paragraph clarifies that the term "lands" in Articles 15 and 16 of this instrument – referring to rights over natural resources and standards for moving indigenous peoples from the lands they occupy – "shall include the concept of territories, which covers the total environment of the areas which the peoples concerned occupy or otherwise use." The ILO has indicated, when explaining Article 13 cited above that "[t]he territory is the basis for most indigenous peoples' economies and livelihood strategies, traditional institutions, spiritual well-being and distinct cultural identity."[20]

15. The United Nations Declaration on the Rights of Indigenous Peoples adopted in 2007, very clearly established the protection provided both to the land as part of the territory, in a differentiated manner, and without subsuming "the territory" to the concept of "land." Article 25 indicates:

Indigenous peoples have the right to maintain and strengthen their distinctive spiritual relationship with their traditionally owned or otherwise occupied and used *lands, territories, waters and coastal seas and other resources* and to uphold their responsibilities to future generations in this regard. (Italics added)

16. In addition, Article 26 of this Declaration clarifies:

1. Indigenous peoples have the right to the *lands, territories and resources* which they have traditionally owned, occupied or otherwise used or acquired.
2. Indigenous peoples have the right to own, use, develop and control *the lands, territories and resources* that they possess by reason of traditional ownership or other traditional occupation or use, as well as those which they have otherwise acquired.
3. States shall give legal recognition and protection to these *lands, territories and resources*. Such recognition shall be conducted with due respect to the customs,

---

[20] International Labour Organization, "Indigenous and tribal peoples' rights in practice. A guide to ILO Convention No. 169." Programme to promote ILO Convention No. 169 (PRO 169). International Labour Standards Department, 2009, p. 91.

Parte II. Tierras

Artículo 13

1. Al aplicar las disposiciones de esta parte del Convenio, los gobiernos deberán respetar la importancia especial que para las culturas y valores espirituales de los pueblos interesados reviste *su relación con las tierras o territorios, o con ambos,* según los casos, que ocupan o utilizan de alguna otra manera, y en particular los aspectos colectivos de esa relación.
2. *La utilización del término* tierras *en los artículos 15 y 16 deberá incluir el concepto de territorios,* lo que cubre la totalidad del hábitat de las regiones que los pueblos interesados ocupan o utilizan de alguna otra manera. (Énfasis añadido)

14. Como se advierte del artículo transcrito del Convenio No. 169 de la OIT, en su primer apartado, alude a "tierras o territorios" y luego agrega "o a ambos", mientras que el segundo apartado del mismo precepto aclara que el término "tierras", en los artículos 15 y 16 de ese instrumento – referidos a derechos sobre recursos naturales y pautas relativas al traslado de pueblos indígenas de las tierras que ocupan – , "deberá incluir el concepto de territorios, lo que cubre la totalidad del hábitat de las regiones que los pueblos interesados ocupan o utilizan de alguna otra manera". La OIT ha señalado al explicar el artículo 13 citado, que "[e]l territorio es la base de la economía y las estrategias de sustento, las instituciones tradicionales, el bienestar espiritual y la identidad cultural particular de la mayoría de los pueblos indígenas"[20].

15. De manera muy clara, la Declaración de Naciones Unidas sobre los Derechos de los Pueblos Indígenas adoptada en 2007, prevé la protección brindada tanto para la tierra como para el territorio, de manera diferenciada y sin subsumir "el territorio" en el concepto de "tierra". El artículo 25 señala:

Los pueblos indígenas tienen derecho a mantener y fortalecer su propia relación espiritual con *las tierras, territorios, aguas, mares costeros y otros recursos* que tradicionalmente han poseído u ocupado y utilizado y a asumir las responsabilidades que a ese respecto les incumben para con las generaciones venideras. (Énfasis añadido)

16. Asimismo, el artículo 26 de la misma Declaración precisa:

1. Los pueblos indígenas tienen derecho *a las tierras, territorios y recursos* que tradicionalmente han poseído, ocupado o utilizado o adquirido.
2. Los pueblos indígenas tienen derecho a poseer, utilizar, desarrollar y controlar *las tierras, territorios y recursos* que poseen en razón de la propiedad tradicional u otro tipo tradicional de ocupación o utilización, así como aquellos que hayan adquirido de otra forma.
3. Los Estados asegurarán el reconocimiento y protección jurídicos de *esas tierras, territorios y recursos.* Dicho reconocimiento respetará debidamente las

---

[20] Organización Internacioal del Trabajo, "Los derechos de los pueblos indígenas y tribales en la páctica. Una guia sobre el Convenio Núm. 169 de la OIT". Programa para promover el Convenio Núm. 169 de la OIT (PRO 169). Departamento de Normas Internacionales del Trabajo, 2009, pág. 19.

traditions and land tenure systems of the indigenous peoples concerned. (Italics added)

17. The concepts indicated by the United Nations Declaration were reaffirmed – with certain nuances – in the 2016 American Declaration on the Rights of Indigenous Peoples. In particular, the Declaration added as a differentiated element of the land and the territory, the environment. Thus, Article XIX stipulates:

> Article XIX. Right to protection of a healthy environment
>
> 1. Indigenous peoples have the right to live in harmony with nature and to a healthy, safe, and sustainable environment, essential conditions for the full enjoyment of the rights to life and to their spirituality, cosmovision, and collective well-being.
> 2. Indigenous peoples have the right to conserve, restore, and protect *the environment and to manage their lands, territories and resources in a sustainable way*.
> 3. Indigenous peoples have the right to be protected against the introduction, abandonment, dispersion, transit, indiscriminate use, or deposit of any harmful substance that could adversely affect indigenous communities, lands, territories and resources.
> 4. Indigenous peoples have the right to the *conservation and protection of the environment and the productive capacity of their lands or territories and resources*. States shall establish and implement assistance programs for indigenous peoples for such conservation and protection, without discrimination. (Italics added)

18. In addition, and revealing the territory and the resources as aspects with a different content from the land, as well as their relationship to the ESCER, the American Declaration stipulates the "social, economic and property rights" in its fifth section, in which Article XXV indicates that:

> Article XXV. Traditional forms of property and cultural survival. Right to *land, territory, and resources*
>
> 1. Indigenous peoples have the right to *maintain and strengthen their distinctive spiritual, cultural, and material relationship with their lands, territories, and resources* and to uphold their responsibilities to preserve them for themselves and for future generations.
> 2. Indigenous peoples *have the right to the lands, territories and resources which they have traditionally owned, occupied or otherwise used or acquired.*
> 3. Indigenous peoples have the right *to own, use, develop and control the lands, territories and resources* that they possess by reason of traditional ownership or other traditional occupation or use, as well as those which they have otherwise acquired.
> 4. States shall give *legal recognition and protection to these lands, territories and resources*. Such recognition shall be conducted with due respect to the customs, traditions and land tenure systems of the indigenous peoples concerned.

costumbres, las tradiciones y los sistemas de tenencia de la tierra de los pueblos indígenas de que se trate. (Énfasis añadido)

17. Lo indicado y expresado por la Declaración de Naciones Unidas, fue reafirmado – con ciertos matices – por la Declaración Americana sobre los Derechos de los Pueblos Indígenas de 2016. Particularmente la Declaración agrega como un aspecto diferenciado de la tierra y el territorio, al medio ambiente. Así el artículo XIX prescribe:

> Artículo XIX. Derecho a la protección del medio ambiente sano
>
> 1. Los pueblos indígenas tienen derecho a vivir en armonía con la naturaleza y a un ambiente sano, seguro y sustentable, condiciones esenciales para el pleno goce del derecho a la vida, a su espiritualidad, cosmovisión y al bienestar colectivo.
> 2. Los pueblos indígenas tienen derecho a conservar, restaurar y proteger *el medio ambiente y al manejo sustentable de sus tierras, territorios y recursos.*
> 3. Los pueblos indígenas tienen el derecho de ser protegidos contra la introducción, abandono, dispersión, tránsito, uso indiscriminado o depósito de cualquier material peligroso que pueda afectar negativamente a las comunidades, tierras, territorios y recursos indígenas.
> 4. Los pueblos indígenas tienen derecho a la *conservación y protección del medio ambiente y de la capacidad productiva de sus tierras o territorios y recursos.* Los Estados deberán establecer y ejecutar programas de asistencia a los pueblos indígenas para asegurar esa conservación y protección, sin discriminación. (Énfasis añadido)

18. Adicionalmente, y mostrando como aspectos de contenido diferente a la tierra, el territorio y los recursos, así como su relación con los DESCA, la misma Declaración Americana estipula en su sección quinta a "los derechos sociales, económicos y de propiedad", en donde el artículo XXV indica que:

> Artículo XXV. Formas tradicionales de propiedad y supervivencia cultural.
> Derecho a *tierras, territorios y recursos*
>
> 1. Los pueblos indígenas tienen derecho a *mantener y fortalecer su propia relación espiritual, cultural y material con sus tierras, territorios y recursos*, y a asumir sus responsabilidades para conservarlos para ellos mismos y para las generaciones venideras.
> 2. Los pueblos indígenas *tienen derecho a las tierras, territorios y recursos que tradicionalmente han poseído, ocupado o utilizado o adquirido.*
> 3. Los pueblos indígenas tienen derecho a *poseer, utilizar, desarrollar y controlar las tierras, territorios y recursos* que poseen en razón de la propiedad tradicional u otro tipo tradicional de ocupación o utilización, así como aquellos que hayan adquirido de otra forma.
> 4. Los Estados asegurarán el *reconocimiento y protección jurídicos de esas tierras, territorios y recursos.* Dicho reconocimiento respetará debidamente las costumbres, las tradiciones y los sistemas de tenencia de la tierra de los pueblos indígenas de que se trate.

5. Indigenous peoples have *the right to legal recognition of the various and particular modalities and forms of property, possession and ownership of their lands, territories, and resources, in accordance with the legal system of each State and the relevant international instruments.* States shall establish special regimes appropriate for such recognition and for their effective demarcation or titling. (Italics added)

19. As we can see, international normative development reveals that the land and the territory are two aspects that concern indigenous peoples and that may be protected in a differentiated although interrelated way in many cases. This is especially clear in the recent American Declaration on the Rights of Indigenous Peoples because it distinguishes "the land' and "the territory" in different paragraphs, but also adds the protection of the "environment" (Art. XIX).

20. The foregoing reveals that the two concepts ("land" and "territory") are strongly interrelated, but not strictly the same. Indeed, when the international instruments cited refer to "land" and "territory" together (and also to "resources"), they adopt a mechanism that permits a protection that encompasses more completely the connection between the indigenous peoples and their environment. At the same time, it can be inferred from the same normative that the terms have nuances, and the concept of "territory" which denotes the exercise of autonomy or jurisdiction is more encompassing while that of "land" is related more to the notion of a material possession that may be occupied, possessed or owned. The territory encompasses a cultural dimension and a spiritual connection. The right of the indigenous and tribal peoples to determine freely their own social, cultural and economic development includes the right to "enjoy the particular spiritual relationship with the territory they have traditionally used and occupied."[21]

21. The considerations of the Inter-American Court when ruling on the case of the *Saramaka People v. Suriname* in 2007 would appear to fall within this understanding. The Inter-American Court noted that the members of this people "had a strong spiritual relationship with the territory," and clarified that "[w]hen using the term 'territory, the Court refers to the totality of the land and resources that the Saramaka have traditionally used. Thus, the Saramaka territory belongs collectively to the members of the Saramaka people, while the lands within that territory are divided between the twelve Saramaka clans."[22]

22. In another judgment, in 2012, the Inter-American Court referred to "incorporeal elements" linked to the territory, understanding that it was "pertinent to

---

[21] *Case of the Kaliña and Lokono Peoples v. Suriname. Merits, Reparations and Costs.* Judgment of November 25, 2015. Series C No. 309, para. 124.

[22] *Case of the Saramaka People v. Suriname. Preliminary Objections, Merits, Reparations and Costs.* Judgment of November 28, 2007. Series C No. 172, para. 82 and footnote 63. The meaning indicated appears to be observed in the judgment delivered by the Court in 2010 in the case of the *Xákmok Kásek Indigenous Community v. Paraguay.* This refers to "lands" in paragraphs 108 to 111, when including consideration on "possession" or "ownership," or related aspects, but then indicates (in paragraph 114) that "the Court observe[d] that the relationship of the members of the Community with its traditional territory is manifested, *inter alia,* by the development of their traditional activities on [the] lands" (*Case of the Xákmok Kásek Indigenous Community v. Paraguay. Merits, Reparations and Costs.* Judgment of August 24, 2010. Series C No. 214, paras. 108 to 111 and 114).

5. Los pueblos indígenas tienen *el derecho al reconocimiento legal de las modalidades y formas diversas y particulares de propiedad, posesión o dominio de sus tierras, territorios y recursos de acuerdo con el ordenamiento jurídico de cada Estado y los instrumentos internacionales pertinentes*. Los Estados establecerán los regímenes especiales apropiados para este reconocimiento y su efectiva demarcación o titulación. (Énfasis añadido)

19. Como podemos observar del desarrollo normativo internacional, se pone de manifiesto que la tierra y el territorio son dos aspectos que atañen a los pueblos indígenas que pueden ser protegidos de manera diferenciada, aunque en muchos casos de manera interrelacionada. Lo anterior se advierte con especial claridad en la reciente Declaración Americana sobre los Derechos de los Pueblos Indígenas, pues distingue en diferentes preceptos "la tierra" y "el territorio", pero además agrega la protección al "medio ambiente" (art. XIX).

20. De lo todo lo expresado surge que ambos conceptos ("tierra" y "territorio"), se encuentras fuertemente interrelacionados, pero que no son estrictamente equivalentes.

En efecto, los instrumentos internacionales citados, cuando se refieren en forma conjunta a "tierra" y "territorio" (como también a "recursos"), adoptan una técnica que permite una protección que abarque de la forma más completa el vínculo de los pueblos indígenas con su hábitat. Al mismo tiempo, de la misma normativa se infiere que los términos presentan matices, siendo más abarcador el concepto de "territorio", que denota el ejercicio de autonomía o jurisdicción, mientras que el de "tierra" queda más vinculado a la noción de un bien material, susceptible de ocupación, tenencia o propiedad. El territorio abarca una dimensión cultural y una vinculación espiritual. El derecho de los pueblos indígenas y tribales a determinar libremente su propio desarrollo social, cultural y económico incluye el derecho a "gozar de la particular relación espiritual con el territorio que han usado y ocupado tradicionalmente"[21].

21. Parecen insertarse en este entendimiento precisiones efectuadas por la Corte IDH en 2007, al pronunciarse sobre el caso del *Pueblo Saramaka Vs. Surinam*. El Tribunal Interamericano notó que los integrantes de dicho pueblo "mantienen una fuerte relación espiritual con el territorio", y aclaró que "[a]l hacer referencia al término 'territorio' la Corte se refiere a la totalidad de tierra y recursos que los Saramaka han utilizado tradicionalmente. En este sentido, el territorio Saramaka pertenece de manera colectiva a los miembros del pueblo Saramaka, mientras que las tierras dentro de ese territorio están divididas entre los doce clanes Saramaka"[22].

22. Se ha referido el Tribunal Interamericano en otra sentencia, de 2012, a "elementos incorporales" ligados al territorio, entendiendo "pertinente destacar el profundo lazo cultural, inmaterial y espiritual que la comunidad mantiene con su

---

[21] *Caso Pueblos Kaliña y Lokono Vs. Surinam. Fondo, Reparaciones y Costas.* Sentencia de 25 de noviembre de 2015. Serie C No. 309, párr. 124.

[22] *Caso del Pueblo Saramaka Vs. Surinam. Excepciones Preliminares, Fondo, Reparaciones y Costas.* Sentencia de 28 de noviembre de 2007. Serie C No. 172, párr. 82 y nota 63. El sentido expuesto parece observarse en la sentencia de la Corte emitida en 2010 sobre el caso *Comunidad Indígena Xákmok Kásek Vs. Paraguay*. La misma alude a "tierras" en sus párrafos 108 a 111, para hacer consideraciones sobre "posesión" o "propiedad", o aspectos conexos, pero luego indica que "la Corte observ[ó]" (en el párrafo 114) "que la relación de los miembros de la Comunidad con su territorio tradicional se manifiesta, *inter alia*, en el desarrollo de sus actividades tradicionales dentro de [las] tierras" (*Caso Comunidad Indígena Xákmok Kásek Vs. Paraguay. Fondo, Reparaciones y Costas.* Sentencia de 24 de agosto de 2010. Serie C No. 214, párrs. 108 a 111 y 114).

underline the deep cultural, intangible and spiritual ties that the community maintains with its territory, to understand more fully the harm caused in the […] case."[23]

23. Likewise, in 2014, in the case of the *Kuna Indigenous People of Madungandí and the Emberá Indigenous People of Bayano and their members v. Panama*, the Inter-American Court noted how the "connection" between "territory" and "natural resources" used traditionally had implications for "physical and cultural survival, as well as for the continuity and development of their world view, […] their traditional way of life, their cultural identity, social structure, economic system, customs, beliefs and traditions."[24] Similarly, recalling its own precedents,[25] in 2018, the Inter-American Court stated that "[w]hen the ancestral right of the members of the indigenous communities over their territories ignored, other basic rights may be harmed, such as the right to cultural identity and the very survival of the indigenous communities and their members."[26]

24. It is possible, therefore, based on the said examples, supported by international law, to differentiate the notions of "territory" and "land." The latter concept would imply physical space, while "territory" should be understood as cultural life, in a broad sense related to that physical space. Thus, there is a connection between "territory" and indigenous "cultural identity." In the words of the Inter-American Court:

> The culture of the members of the indigenous communities corresponds to a particular way of life and to be, to see and to act in the world, constituted based on a close relationship with their traditional territories and the resources found on them, not only because such resources are their principal means of subsistence, but also because they constitute an element that is part of their world vision, spirituality and, consequently, their cultural identity.[27]

25. That said, when deciding the case of *Yakye Axa v. Paraguay* in 2005, the Inter-American Court indicated that "the close relationship of the indigenous peoples with their traditional territories and the natural resources connected to their culture found therein, as well as the incorporeal elements derived from them, should be safeguarded by Article 21 of the American Convention" on the right to property.[28] This has subsequently been repeated with nuances.[29]

---

[23] *Cf. Case of the Kichwa Indigenous People of Sarayaku v. Ecuador. Merits and Reparations.* Judgment of June 27, 2012. Series C No. 245, paras. 145 and 149.

[24] *Case of the Kuna Indigenous People of Madungandí and the Emberá Indigenous People of Bayano and their members v. Panama. Preliminary Objections. Merits, Reparations and Costs.* Judgment of October 14, 2014. Series C No. 284, para. 112.

[25] *Case of the Yakye Axa Indigenous Community v. Paraguay. Merits, Reparations and Costs.* Judgment of June 17, 2005. Series C No. 125, para. 147, and *Case of the Kuna Indigenous People of Madungandí and the Emberá Indigenous People of Bayano and their members v. Panama. Preliminary Objections, Merits, Reparations and Costs.* Judgment of October 14, 2014. Series C No. 284, para. 18.

[26] *Case of the Xucuru Indigenous People and its members v. Brazil. Preliminary Objections, Merits, Reparations and Costs.* Judgment of February 5, 2018. Series C No. 346, para. 115.

[27] *Case of the Yakye Axa Indigenous Community v. Paraguay. Merits, Reparations and Costs.* Judgment of June 17, 2005. Series C No. 125, para. 135.

[28] *Case of the Yakye Axa Indigenous Community v. Paraguay. Merits, Reparations and Costs.* Judgment of June 17, 2005. Series C No. 125, para. 137.

[29] For example, the *case of the Sawhoyamaxa Indigenous Community v. Paraguay*, in which the Inter-American Court reiterated the above, although referring to "lands" instead of "territory" (*Cf. Case of the Sawhoyamaxa Indigenous Community v. Paraguay. Merits, Reparations and Costs.* Judgment of March 29,

territorio, para comprender más integralmente las afectaciones ocasionadas en el [...] caso"[23].

23. De igual modo, en 2014, respecto al caso *Pueblos Indígenas Kuna de Madungandí y Emberá de Bayano y sus miembros Vs. Panamá*, la Corte IDH advirtió cómo la "conexión" entre "territorio" y "recursos naturales" de uso tradicional, tiene implicancias para la "supervivencia física y cultural, así como [para] el desarrollo y continuidad de su cosmovisión, [...] su modo de vida tradicional[,] su identidad cultural, estructura social, sistema económico, costumbres, creencias y tradiciones"[24]. En la misma línea, recordando sus propios precedentes[25], en 2018 la Corte IDH expresó que "[a]l desconocerse el derecho ancestral de los miembros de las comunidades indígenas sobre sus territorios, se podría estar afectando otros derechos básicos, como el derecho a la identidad cultural y la supervivencia misma de las comunidades indígenas y sus miembros"[26].

24. Es posible, entonces, con base en las pautas referidas, sustentadas en el derecho internacional, diferenciar las nociones de "territorio" y "tierra". Este último concepto implicaría un espacio físico, mientras que por "territorio" debería entenderse la vida cultural, en un amplio sentido, relacionada con ese espacio físico. Hay un enlace, entonces, entre "territorio" e "identidad cultural" indígena. En palabras de la Corte IDH:

> La cultura de los miembros de las comunidades indígenas corresponde a una forma de vida particular de ser, ver y actuar en el mundo, constituido a partir de su estrecha relación con sus territorios tradicionales y los recursos que allí se encuentran, no sólo por ser estos su principal medio de subsistencia, sino además porque constituyen un elemento integrante de su cosmovisión, religiosidad y, por ende, de su identidad cultural[27].

25. Ahora bien, la Corte IDH ha señalado en 2005, al decidir el caso *Yakye Axa Vs. Paraguay*, que "la estrecha vinculación de los pueblos indígenas sobre sus territorios tradicionales y los recursos naturales ligados a su cultura que ahí se encuentren, así como los elementos incorporales que se desprendan de ellos, deben ser salvaguardados por el artículo 21 de la Convención Americana", referido al derecho de propiedad[28]. Eso fue reiterado, con matices, con posterioridad[29].

---

[23] *Cfr. Caso Pueblo Indígena Kichwa de Sarayaku Vs. Ecuador. Fondo y Reparaciones*. Sentencia de 27 de junio de 2012. Serie C No. 245, párrs. 145 y 149.
[24] *Caso de los Pueblos Indígenas Kuna de Madungandí y Emberá de Bayano y sus miembros Vs. Panamá. Excepciones Preliminares, Fondo, Reparaciones y Costas*. Sentencia de 14 de octubre de 2014. Serie C No. 284, párr. 112.
[25] *Caso Comunidad Indígena Yakye Axa Vs. Paraguay. Fondo Reparaciones y Costas*. Sentencia 17 de junio de 2005. Serie C No. 125, párr. 147, y *Caso de los Pueblos Indígenas Kuna de Madungandí y Emberá de Bayano y sus miembros Vs. Panamá. Excepciones Preliminares, Fondo, Reparaciones y Costas*. Sentencia de 14 de octubre de 2014. Serie C No. 284, párr. 18.
[26] *Caso Pueblo Indígena Xucuru y sus miembros Vs. Brasil. Excepciones Preliminares, Fondo, Reparaciones y Costas*. Sentencia de 5 de febrero de 2018. Serie C No. 346, párr. 115.
[27] *Caso Comunidad Indígena Yakye Axa Vs. Paraguay. Fondo, Reparaciones y Costas*. Sentencia de 17 de junio de 2005. Serie C No. 125, párr. 135.
[28] *Caso Comunidad Indígena Yakye Axa Vs. Paraguay. Fondo, Reparaciones y Costas*. Sentencia de 17 de junio de 2005. Serie C No. 125, párr. 137.
[29] Por ejemplo, respecto al caso *Comunidad Indígena Sawhoyamaxa Vs. Paraguay*, en el que la Corte IDH reiteró lo indicado, aunque aludiendo a "tierras", en lugar de "territorio" (*Cfr. Caso Comunidad Indígena Sawhoyamaxa Vs. Paraguay. Fondo, Reparaciones y Costas*. Sentencia de 29 de marzo de 2006. Serie C

26. The safeguard of territorial elements founded on the right to property is based on the aforementioned relationship between "territory" and "land," so that the right to property in relation to the land permitted the protection of the territory, by a broad understanding of collective property. This finds justification and has been effective in rulings of the Inter-American Court to protect rights of indigenous and tribal peoples, especially at the jurisprudential stage of the indirect protection, or protection by connectivity, of the ESCER.

27. However, this does not prevent noting that there are different aspects that may be related to the "territory" and that there are numerous rights that, in different cases, may be affected. Although the Inter-American Court had generally examined violations related to the "territory" based on Article 21 of the American Convention, there is no reason to exclude *a priori* the possibility of analyzing other rights. Depending on the case, this may even be more appropriate, considering the breadth of the notion of "territory" and the different rights that it encompasses. This has had special relevance since the case of *Lagos del Campo v. Peru*,[30] when the Inter-American Court has been analyzing the ESCER autonomously under Article 26 of the American Convention, and these rights may reflect territorial problems, as in the *Lhaka Honhat* case.

28. In my opinion, in the *Lhaka Honhat* case the Inter-American Court has clarified that, on the one hand, "the land" as indigenous ancestral collective property has a content that may be protected by Article 21 of the Pact of San José. On the other, when analyzing the ESCER in a separate chapter of the judgment, resources such as water, the products that form part of the traditional diet, and the natural environment are differentiated as a form of cultural expression and of identity; as elements that although they are connected to the "land" are, in reality, part of the concept of "territory," an element that is much broader and more comprehensive from the point of view of the world view of the indigenous communities owing to their close relationship to their territory.

29. I therefore consider it appropriate that the judgment addresses, in a separate chapter, the violations related to the rights to a healthy environment, water and food and their particular impact on the right to cultural identity as a specific offshoot of the right to take part in cultural life.[31] Specifically, Chapter VII.2 of the judgment,[32]

2006. Series C No. 146, para. 118). The considerations included on Article 13 of ILO Convention 169, which refers to both concepts, should be borne in mind. Subsequently, the Inter-American Court has referred to the protection that the indigenous (or tribal) "territory" receives under Article 21 of the American Convention. See the following, among others, with regard to the protection of the territory based on the right to property: *Case of the Kuna Indigenous People of Madungandí and the Emberá Indigenous People of Bayano and their members v. Panama. Preliminary Objections, Merits, Reparations and Costs.* Judgment of October 14, 2014. Series C No. 284, para. 112; *Case of the Garifuna Community of Punta Piedra and its members v. Honduras. Preliminary Objections, Merits, Reparations and Costs.* Judgment of October 8, 2015. Series C No. 304, para. 167; *Case of the Garifuna Community of Triunfo de la Cruz and its members v. Honduras. Merits, Reparations and Costs.* Judgment of October 8, 2015. Series C No. 305, para. 101; *Case of the Kaliña and Lokono Peoples v. Suriname, Merits, Reparations and Costs.* Judgment of November 25, 2015. Series C No. 309, para. 124; and *Case of the Xucuru Indigenous People and its members v. Brazil. Preliminary Objections, Merits, Reparations and Costs.* Judgment of February 5, 2018. Series C No. 346, para. 116.

[30] *Case of Lagos del Campo v. Peru. Preliminary Objections, Merits, Reparations and Costs.* Judgment of August 31, 2017. Series C No. 340.

[31] Cf. *Case of the Indigenous Communities of the Lhaka Honhat (Our Land) Association v. Argentina. Merits, Reparations and Costs.* Judgment of February 6, 2020. Series C No. 400, paras. 202 to 242.

26. La salvaguarda de aspectos territoriales a partir del derecho de propiedad privada tiene por base la vinculación, ya expuesta, entre "territorio" y "tierra", de modo tal que el derecho de propiedad sobre la tierra permitió, en un entendimiento amplio de la propiedad colectiva, la protección del territorio. Ello se encuentra justificado y ha sido efectivo, en el marco de los pronunciamientos de la Corte Interamericana, para tutelar derechos de pueblos indígenas y tribunales, especialmente en la etapa jurisprudencial de la protección indirecta o por conexidad de los DESCA.

27. Sin embargo, lo anterior no obsta a advertir que hay diversos aspectos que pueden tener relación con el "territorio", y que son múltiples los derechos que, según los diversos casos, pueden verse afectados. Si bien la Corte IDH había, en general, examinado afectaciones ligadas al "territorio" con base en el artículo 21 de la Convención Americana, no hay motivo para excluir *a priori* la posibilidad de analizar otros derechos. Esto puede ser incluso, según el caso, más adecuado, considerando la amplitud de la noción de "territorio" y los distintos bienes que abarca. Lo anterior tiene especial relevancia a partir del caso *Lagos del Campo Vs. Perú*[30], en el que la Corte IDH ha venido analizando en forma autónoma los DESCA a través del artículo 26 de la Convención Americana, y los mismos pueden dar cuenta de problemáticas territoriales, como ha sucedido en el caso *Lhaka Honhat*.

28. Desde mi entender, lo que clarifica la Corte IDH en el caso *Lhaka Honhat* es que, por un lado, "la tierra" como propiedad colectiva ancestral indígena tiene un contenido que puede ser protegido por el artículo 21 del Pacto de San José. Por otro lado, al analizar en un capitulo por separado los DESCA, se distingue recursos como el agua, los productos que forman parte de la dieta tradicional y el entorno natural, como forma de expresión cultural y de su identidad, como elementos que si bien están conectados con la "tierra" son, en realidad, parte del concepto de "territorio", elemento que es mucho más amplio y comprensivo desde el punto de vista de la cosmovisión de las comunidades indígenas dada la estrecha relación que mantienen con su territorio.

29. Por ello estimo apropiada la manera en que la Sentencia aborda en un capítulo diferente, las violaciones relativas al derecho al medio ambiente, al agua y a la alimentación y su particular impacto en el derecho a la identidad cultural como proyección especifica del derecho a participar en la vida cultural[31]. Particularmente,

---

No. 146, párr. 118). Debe tenerse en cuenta lo señalado antes sobre el artículo 13 del Convenio 169 de la OIT, que alude a ambos conceptos. Más adelante, la Corte IDH ha indicado la protección que el "territorio" indígena (o tribal) recibe a partir del artículo 21 de la Convención Americana. Pueden verse, respecto a la protección del territorio a partir del derecho de propiedad, entre otras, las siguientes decisiones: *Caso de los Pueblos Indígenas Kuna de Madungandí y Emberá de Bayano y sus miembros Vs. Panamá. Excepciones Preliminares, Fondo, Reparaciones y Costas.* Sentencia de 14 de octubre de 2014. Serie C No. 284, párr. 112; *Caso Comunidad Garífuna de Punta Piedra y sus miembros Vs. Honduras. Excepciones Preliminares, Fondo, Reparaciones y Costas.* Sentencia de 8 de octubre de 2015. Serie C No. 304, párr. 167; *Caso Comunidad Garífuna Triunfo de la Cruz y sus miembros Vs. Honduras. Fondo, Reparaciones y Costas.* Sentencia de 8 de octubre de 2015. Serie C No. 305 (párr. 101); *Caso Pueblos Kaliña y Lokono Vs. Surinam. Fondo, Reparaciones y Costas.* Sentencia de 25 de noviembre de 2015. Serie C No. 309, párr. 124; y *Caso Pueblo Indígena Xucuru y sus miembros Vs. Brasil. Excepciones Preliminares, Fondo, Reparaciones y Costas.* Sentencia de 5 de febrero de 2018. Serie C No. 346, párr. 116.

[30] *Caso Lagos del Campo Vs. Perú. Excepciones Preliminares, Fondo, Reparaciones y Costas.* Sentencia de 31 de agosto de 2017. Serie C No. 340.

[31] *Cfr. Caso Comunidades indígenas miembros de la asociación Lhaka Honhat (Nuestra Tierra) Vs. Argentina. Fondo, Reparaciones y Costas.* Sentencia de 6 de febrero de 2020. Serie C No. 400, párrs. 202 a 242.

includes an autonomous analysis of each of the rights that is of vital importance in this case because the indigenous peoples have a special relationship with their territories, and especially with the elements that these territories contain.

30. Regarding this way of addressing the issue in the judgment, the Inter-American Court's decision to determine a violation of the right to water, which was not directly alleged by the parties or the Inter-American Commission, should be emphasized. It is true that this right – as the judgment stresses – is closely related to the others, such as the rights to a healthy environment and to food. However, it has its own specificity and has particular importance for the indigenous peoples and communities because access to, and the use of, water and the way in which this is implemented, is central not only because of its obvious implications for the physical survival of the peoples, but also owing to its relevance for the development of their cultural life, and the distinctive indigenous way of life.[33]

31. The judgment underlines how the presence on the territory of non-indigenous settlers and activities alien to the traditional practices of the communities, such as livestock farming, affect access to water – leading to desertification and contamination – as well as the possibilities of "survival of the aboriginal cultures that [...] depend on the [Pilcomayo] river," as one of the expert witnesses indicated. And this is despite the fact that the State itself had considered that the area should be preserved and the environment protected. In this context, evidence submitted in the case indicated that most of the indigenous communities were unable to obtain potable water and sufficient food, and that their indigenous way of life had also been altered. Thus, in a case with the characteristics of the *Lhaka Honhat* case, the appropriate nature of an analysis such as the one made by the Court, which considered the interrelationship between water, the environment and food and cultural life. This analysis, by interrelating the different rights and considering the particular characteristics of the indigenous peoples, avoided a restrictive or biased vision that could have led to a

---

[32] Cf. *Case of the Indigenous Communities of the Lhaka Honhat (Our Land) Association v. Argentina. Merits, Reparations and Costs. Judgment of February 6, 2020.* Series C No. 400, paras. 186 to 289.

[33] In this regard, in its paragraphs 227, 228 and 230, the judgment mentions comments made by the CESCR in relation to the importance of considering water a "cultural good," and its implications for indigenous peoples, which entails the State obligation to protect the water resources that exist on ancestral lands. Also, in the sphere of the United Nations, the Office of the United Nations High Commissioner for Human Rights has indicated that "Water plays an important role in indigenous peoples' day-to-day existence, as it is a central part of their traditions, culture and institutions. It is also a key element of their livelihood strategies." Furthermore, that "[n]atural water sources traditionally used by indigenous peoples, such as lakes or rivers, may no longer be accessible because of land expropriation or encroachment. Access might also be threatened by unlawful pollution or over-extraction" (Office of the United Nations High Commissioner for Human Rights, Fact Sheet No. 35, "The Right to Water", pp. 23 and 24). In particular with regard to Argentina, in 2012, the Special Rapporteur on the rights of indigenous peoples reported that numerous situations existed in the country, including in Salta, in which indigenous communities faced difficulties to obtain adequate access to water, and recommended that "[t]he federal and provincial governments should make greater efforts to respond to indigenous peoples' demands for access to basic services in rural areas, especially water supply services." He indicated that "[t]he Government should adopt a long-term vision for the social development of these areas, taking into account the importance of traditional lands to the lives and cultures of indigenous peoples" (Human Rights Council, 21st session. Report of the Special Rapporteur on the Rights of indigenous peoples, James Anaya. *The situation of indigenous peoples in Argentina*. July 4, 2012. Doc. A/HRC/21/47/Add.2, para. 111).

este ejercicio realizado en el Capitulo VII-2 de la Sentencia[32], enmarca un análisis autónomo de cada uno de los derechos que resultan de vital importancia en este caso pues los pueblos indígenas tienen un especial vínculo con sus territorios, pero en específico con los elementos que se encuentren inmersos en el mismo.

30. En este abordaje realizado en la Sentencia, debe destacarse la decisión del Tribunal Interamericano en determinar una violación al derecho al agua, que no fue directamente alegado por las partes o la Comisión Interamericana. Es cierto que este derecho, como resalta la Sentencia, tiene una estrecha vinculación con otros, tales como el derecho a un medio ambiente sano y a la alimentación. No obstante, tiene una especificidad propia y presenta una importancia particular para los pueblos y comunidades indígenas, en tanto el acceso y la utlización del agua, y el modo en que se desarrolla, resulta central, no solo por las obvias implicaciones para la supervivencia física de los individuos, sino también por la relevancia para el desarrollo de la vida cutural, de los propios modos de vida indígenas[33].

31. La Sentencia destaca, en ese sentido, cómo la presencia en el territorio de población no indígena y de actividades ajenas a las prácticas tradicionales de las comunidades, como la ganadería, afectaron el acceso al agua, generando desertificación y contaminación, así como las posibilidades de "supervivencia de las culturas aborígenes que [...] dependen del río [Pilcomayo]", como indicó un peritaje. Lo anterior, pese a que la zona había sido considerada de preservación y recuperación ambiental por el propio Estado. En este marco, prueba presentada en el caso indicó que la mayoría de comunidades indígenas no obtiene agua apta para el consumo, ni alimentación suficiente, alterándose por ello, además, el modo de vida indígena. De ahí que en un caso con las características del caso *Lhaka Honhat*, resuta apropiado un examen, como el que se hizo, que considere la interrelación del agua, el ambiente y la alimentación con la vida cultural. Este análisis, al relacionar los diversos derechos entre sí y considerar las características particulares de los pueblos indígenas, evitó una visión restrictiva o sesgada, que podría haber llevado a no comprender en su cabal

---

[32] *Cfr. Cfr. Caso Comunidades indígenas miembros de la asociación Lhaka Honhat (Nuestra Tierra) Vs. Argentina. Fondo, Reparaciones y Costas*. Sentencia de 6 de febrero de 2020. Serie C No. 400, párrs. 186 a 289 de la Sentencia.

[33] En ese sentido, la Sentencia menciona, en sus párrafos 227, 228 y 230, señalamientos del Comité DESC respecto a la importancia de considerar al agua un "bien cultural", y sus implicancias respecto a pueblos indígenas, que conllevan el deber estatal de proteger los recursos de agua que existan en tierras ancestrales. También en el ámbito de las Naciones Unidas, la Oficina del Alto Comisionado de las Naciones Unidas para los Derechos Humanos ha señalado que "El agua desempeña un papel importante en la existencia cotidiana de los pueblos indígenas, ya que es un componente central de sus tradiciones, su cultura y sus instituciones. También es un elemento clave de sus estrategias de sustento". Asimismo, ha expresado que "[L]as fuentes naturales de agua utilizadas tradicionalmente por los pueblos indígenas, como los lagos o ríos, pueden no ser ya accesibles debido a la expropiación o la apropiación gradual de las tierras por otros. El acceso puede verse amenazado también por la contaminación ilegal o la sobreexplotación" (Oficina del Alto Comisionado de las Naciones Unidas para los Derechos Humanos, Folleto Informativo No. 35, "El derecho al agua", pág. 30). En particular respecto de Argentina, en 2012 el Relator Especial sobre los derechos de los pueblos indígenas dio cuenta de múltiples situaciones existentes en el país, inclusive en Salta, de dificultades de comunidades indígenas para un acceso adecuado al agua, y recomendó que el "Gobierno nacional y los gobiernos provinciales [...] realizar mayores esfuerzos para responder a las solicitudes de los pueblos indígenas en relación con el acceso a servicios básicos en las áreas rurales, especialmente los servicios del agua". Señaló que "[e]n este sentido, el Estado debe adoptar una visión a largo plazo para el desarrollo social de estas áreas, tomando en cuenta la importancia que revisten las tierras tradicionales para las vidas y culturas de los pueblos indígenas" (Consejo de Derechos Humanos, 21° período de sesiones. Informe del Relator Especial sobre los derechos de los pueblos indígenas, James Anaya. *La situación de los pueblos indígenas en Argentina*. 4 de julio de 2012. Doc. A/HRC/21/47/Add.2, párr. 111).

misunderstanding of the full dimension of the problem in this case and the human rights violations committed.[34]

32. In addition, I consider that the way in which this case was decided (that is, by analyzing the issues relating to indigenous communal property in a separate chapter from the analysis of the issues relating to the ESCER) was correct because, to the contrary, the Court would have run the risk of considering that it was only to the extent that indigenous communal property protected by Article 21 was declared violated that possible violations of ESCER related to the indigenous territory could be analyzed.

33. I should emphasize that the separate analysis of Articles 21 and 26 of the American Convention does not ignore the Court's previous case law in relation to the territory, which includes the land and the natural resources. To the contrary, it reinforces the thesis that, in the case of indigenous peoples who have a special relationship with their ancestral territories, it is necessary to make a detailed analysis of each and every element that forms part of their rights; in other words, both "their right to indigenous collective property" and their "right to the territory."

34. Consequently, when taking a decision on some of the elements included in the concept of "territory" by means of Article 26 of the American Convention – in other words, on the rights to a healthy environment, to water, to food and to take part in cultural life – the Inter-American Court is not disregarding the extensive case law on this matter. To the contrary, the Court is optimizing the way in which this concept should be understood, which goes beyond the traditional understanding of the property protected by Article 21 of the American Convention.

35. Similarly, when deciding the case of the *African Commission on Human and Peoples' Rights (on behalf of the Ogiek indigenous community) v. Kenya* in 2017, the African Court on Human and Peoples' Rights separated its analysis of the land (property) from the content of other rights, such as the right to culture and the right to dispose of natural resources. Regarding the former, it indicated that "in its classical conception, the right to property usually refers to three elements: namely the right to use the thing that is the subject of the right (*usus*), the right to enjoy the fruit thereof (*fructus*) and the right to dispose of the thing, that is the right to transfer it (abusos)";[35] therefore "it follows in particular from Article 26(2) of the Declaration [of the United Nations on the Rights of Indigenous Peoples] that the rights that can be recognised for indigenous peoples/communities on their ancestral lands are variable and do not necessarily entail the right of ownership in its classical meaning, including the right to dispose thereof (*abusus*). Without excluding the right to property in the traditional sense, this provision places greater emphasis on the rights of possession, occupation, use/utilization of land."[36]

36. On the other hand, regarding the right of the peoples to enjoy their wealth and natural resources that are recognized autonomously in Article 21 of the African

---

[34] Cf. *Case of the Indigenous Communities of the Lhaka Honhat (Our Land) Association v. Argentina. Merits, Reparations and Costs.* Judgment of February 6, 2020. Series C No. 400, paras. 261, 269, 277, 278 and 280 to 284.

[35] ACoHPR, *African Commission on Human and People's Rights (Ogiek) v. Kenya*, Application No. 006/2012. Judgment of May 26, 2017, para. 124

[36] ACoHPR, *African Commission on Human and People's Rights (Ogiek) v. Kenya*, Application No. 006/2012. Judgment of May 26, 2017, para. 127.

dimensión la problemática del caso y las violaciónes a derechos humanos que se cometieron[34].

32. Adicionalmente, considero que la forma en la que fue decidido este caso (es decir, analizar en un capítulo los temas relativos a la propiedad comunal indígena de manera separada del capítulo relativo al análisis de las cuestiones relativas a los DESCA), fue acertada, ya que de lo contrario se hubiera corrido el riesgo de considerar que solo en la medida en que la propiedad comunal indígena protegida por el artículo 21 sea declarada violada, se podría analizar posibles violaciones a DESCA relacionadas con el territorio indígena.

33. Debo destacar que el análisis separado entre el artículo 21 y 26 de la Convención Americana, no desconoce la jurisprudencia previa de la Corte IDH relacionada con en el territorio, mismo que abarca la tierra y los recursos naturales; por el contrario, se refuerza la tesis que en el caso de los pueblos indígenas, al tener una relación especial con sus territorios ancestrales es necesario hacer un análisis pormenorizado entre todos y cada uno de los elementos que forman parte de sus derechos, es decir, tanto "su derecho a la propiedad colectiva indígena" como su "derecho al territorio".

34. En este entendido, lo que hace el Tribunal Interamericano al momento de decidir sobre algunos elementos que se encuentran dentro del concepto de "territorio" mediante el artículo 26 de la Convención Americana, es decir, sobre los derechos al medio ambiente sano, al agua, a la alimentación y a participar en la vida cultural, no lo hace en el entendido de desconocer la amplia jurisprudencia en la materia. Por el contrario, la Corte IDH perfecciona la forma en la que debe ser entendida este concepto que va más allá del entendimiento tradicional sobre la propiedad privada protegido por el artículo 21 de la Convención Americana.

35. En consonancia con lo anterior, la Corte Africana de Derechos Humanos, al resolver el caso del pueblo *Ogiek Vs. Kenia* en el año 2017, analizó por separado lo relativo a la tierra (propiedad) del contenido de otros derechos, como lo fueron el derecho a la cultura y el derecho a disponer los recursos naturales. Sobre el primer derecho indicó que "en su concepción clásica, el derecho a la propiedad generalmente se refiere a tres elementos, a saber: el derecho a usar lo que es el sujeto del derecho[35] (usus), el derecho a disfrutar el fruto del mismo (fructus) y el derecho a deshacerse de la cosa, es decir, el derecho a transferirla (abuso)"; por lo tanto "se desprende del [a]rtículo 26 (2) de la Declaración [de Naciones Unidas sobre los Derechos de los Pueblos Indígenas] que los derechos que pueden reconocerse para los pueblos/comunidades indígenas en sus tierras ancestrales son variables y no implican necesariamente el derecho de propiedad en su significado clásico, incluido el derecho a disponer del mismo (abuso). Sin excluir el derecho a la propiedad en el sentido tradicional, esta disposición pone mayor énfasis en los derechos de posesión, ocupación, uso/utilización de la tierra"[36].

36. Por otro lado, en cuanto al derecho de los pueblos a disfrutar de sus riquezas y recursos naturales, que tiene un reconocimiento autónomo en el artículo 21 de la Carta

---

[34] *Cfr. Caso Comunidades indígenas miembros de la asociación Lhaka Honhat (Nuestra Tierra) Vs. Argentina. Fondo, Reparaciones y Costas.* Sentencia de 6 de febrero de 2020. Serie C No. 400, párrs. 261, 269, 277, 278 y 280 a 284.

[35] ACoHPR, *African Commission on Human and People's Rights (Ogiek) Vs. Kenya*, Application No. 006/2012, Sentencia de 26 de mayo de 2017, párr. 124.

[36] ACoHPR, *African Commission on Human and People's Rights (Ogiek) Vs. Kenya*, Application No. 006/2012, Sentencia de 26 de mayo de 2017, párr. 127.

Charter on Human and Peoples' Rights, the African Court indicated that "[i]nsofar as [the right to property] has been violated by the [State], the Court holds that the latter has also violated Article 21 of the Charter, since the Ogieks have been deprived of the right to enjoy and freely dispose of the abundance of food produced by their ancestral lands." In this understanding, the African Court, instead of subsuming the content of the right "to enjoy the natural resources" within the content of the right to property, analyzed each of the rights in its judgment, understanding that they each had their own content. As the judgment indicates, this does not deny the link that exists between the violations.

37. In the judgment in the *Ogiek* case, in keeping with this position of understanding the content of each right autonomously, the African Court made a distinction between "the right to religion" and the "right to culture." In this regard, the African Court indicated that "[t]he right to freedom of worship [or, in other words, the right to religion] offers protection to all forms of beliefs regardless of denominations: theistic, non-theistic and atheistic beliefs, as well as the right not to profess any religion or belief." However, it clarified that "[t]he Court notes that, in the context of traditional societies, where formal religious institutions often do not exist, the practice and profession of religion are usually inextricably linked with land and the environment." It also indicated that "[i]n indigenous societies, in particular, the freedom to worship and to engage in religious ceremonies depends on access to land and the natural environment. Any impediment to, or interference with accessing the natural environment, including land, severely constrains their ability to conduct or engage in religious rituals with considerable repercussion on the enjoyment of their freedom of worship." On this basis, the African Court concluded that Article 8 of the African Charter on the right to freedom of worship had been violated.[37]

38. The African Court also distinguished between the violation of Article 8 and the content of the violation of the cultural rights established in Article 17(2) and 17(3) of the Banjul Charter.[38] In this regard, that Court indicated that "[t]he right to culture enshrined in […] the [African] Charter is to be considered in a dual dimension, in both its individual and collective nature. It ensures protection, on the one hand, of individuals' participation in the cultural life of their community and, on the other, obliges the State to promote and protect traditional values of the community."[39] In this judgment, it also added that:

> The protection of the right to culture goes beyond the duty not to destroy or deliberately weaken minority groups, but requires respect for, and protection of, their cultural heritage essential to the group's identity. In this respect, culture should be construed in its widest sense encompassing the total way of life of a particular group, including the group's languages, symbols such as dressing codes and the manner the group constructs shelters; engages in certain economic activities, produces items for survival; rituals such as the group's particular way of dealing with problems and practicing spiritual ceremonies; identification and

---

[37] ACoHPR, *African Commission on Human and People's Rights (Ogiek) v. Kenya*, Application No. 006/2012, Judgment of May 26, 2017, para. 165.
[38] ACoHPR, *African Commission on Human and People's Rights (Ogiek) v. Kenya*, Application No. 006/2012, Judgment of May 26, 2017, para. 170.
[39] ACoHPR, *African Commission on Human and People's Rights (Ogiek) v. Kenya*, Application No. 006/2012, Judgment of May 26, 2017, para. 177.

Africana de Derechos Humanos y de los Pueblos, la Corte Africana indicó que "[e]n la medida en que [el Estado] haya violado [la propiedad], el Tribunal sostiene que este último también ha violado el [a]rtículo 21 de la Carta, ya que los Ogiek han sido privados del derecho a disfrutar y disponer libremente de la abundancia de alimentos producidos por sus tierras ancestrales". En este entendido, la Corte Africana en lugar subsumir el contenido del derecho a "disfrutar de los recursos naturales" dentro del contenido del derecho a la propiedad, en su Sentencia analiza, entendiendo que tienen un contenido propio, cada uno de los derechos. Ello no niega, tal como enmarca la Sentencia, el vínculo existente entre las violaciones.

37. En la misma Sentencia del caso *Ogiek*, siguiendo esta postura sobre entender de manera autónoma el contenido de cada uno de los derechos, el Tribunal Africano hizo una distinción entre "el derecho a la religión" y el "derecho a la cultura". Al respecto, dicha Corte Africana indicó que "[e]l derecho a la libertad de culto [o en otras palabras, el derecho a la religión] ofrece protección a todas las formas de creencias, independientemente de las denominaciones: creencias teístas, no teístas y ateas, así como el derecho a no profesar ninguna religión o creencia"; sin embargo, precisó que "[l]a Corte nota que, en el contexto de las sociedades tradicionales, donde a menudo no existen instituciones religiosas formales, la práctica y la profesión de la religión generalmente están inextricablemente vinculadas con la tierra y el medio ambiente". Indicó, además que "[e]n las sociedades indígenas en particular, la libertad de adorar y participar en ceremonias religiosas depende del acceso a la tierra y al medio ambiente natural. Cualquier impedimento o interferencia para acceder al medio ambiente natural, incluida la tierra, restringe severamente su capacidad para realizar o participar en rituales religiosos con una considerable repercusión en el disfrute de su libertad de culto". De lo anterior la Corte Africana concluyó que en el caso se violaba el artículo 8 de la Carta Africana, sobre el derecho a la libertad de culto[37].

38. Por otro lado, la Corte Africana hizo la distinción de la violación del artículo 8 con el contenido de la violación del derecho a la cultura, contemplado en los artículos 17.2 y 17.3 de la Carta de Banjul[38]. Al respecto, dicha Corte indicó que "[e]l derecho a la cultura consagrado en [la] Carta [Africana] debe considerarse en una doble dimensión, tanto en su naturaleza individual como colectiva. [P]or un lado [asegura] la participación de los individuos en la vida cultural de su comunidad y, por otro, obliga al Estado a promover y proteger los valores tradicionales de la comunidad"[39]. Además, en su Sentencia agregó que:

> La protección del derecho a la cultura va más allá del deber, no de destruir o debilitar deliberadamente a los grupos minoritarios, sino que requiere el respeto y la protección de su patrimonio cultural esencial para la identidad del grupo. A este respecto, la cultura debe interpretarse en su sentido más amplio que abarque la forma de vida total de un grupo en particular, incluidos los idiomas del grupo, símbolos como los códigos de vestimenta y la forma en que el grupo construye refugios; participa en ciertas actividades económicas, produce artículos para la supervivencia; rituales como la forma particular del grupo de tratar problemas y

---

[37] ACoHPR, *African Commission on Human and People's Rights (Ogiek) Vs. Kenya*, Application No. 006/2012, Sentencia de 26 de mayo de 2017, párr. 165.
[38] ACoHPR, *African Commission on Human and People's Rights (Ogiek) Vs. Kenya*, Application No. 006/2012, Sentencia de 26 de mayo de 2017, párr. 170.
[39] ACoHPR, *African Commission on Human and People's Rights (Ogiek) Vs. Kenya*, Application No. 006/2012, Sentencia de 26 de mayo de 2017, párr. 177.

veneration of its own heroes or models and shared values of its members which reflect its distinctive character and personality.[40]

In the instant case, the Court notes from the records available before it that the Ogiek population has a distinct way of life centered and dependent on the Mau Forest Complex. As a hunter-gatherer community, they get their means of survival through hunting animals and gathering honey and fruits; they have their own traditional clothes, their own language, distinct way of entombing the dead, practicing rituals and traditional medicine, and their own spiritual and traditional values, which distinguish them from other communities living around and outside the May Forest Complex, thereby demonstrating that the Ogieks have their own distinct culture."[41]

39. These precedents of the African Court in the *Ogiek* case and, now, the Inter-American Court in the *Lakha Honhat* case position themselves as two precedents that show that each of the rights that can be analyzed in a case (in these judgments on indigenous and tribal issues) have specific connotations that should be observed and assessed autonomously to be able to understand and comprehend integrally the way in which the indigenous peoples relate to their environment. And, it is precisely the possibility of the autonomous justiciability of the ESCER by means of Article 26 of the Pact of San José, that allows the Inter-American Court to make this analysis without negating its previous case law.

40. Evidently, the difference between "land" and "territory" cannot be understood categorically in relation to indigenous and tribal peoples, as revealed by the Court's case law. However, the use of the two concepts permits, among other matters, distinguishing and comprehending diverse characteristics that may harm the rights of indigenous peoples. Thus, many violations of their cultural life and associated rights may be linked to the free enjoyment of the territory, but not in all cases necessarily be related to the right to property. At times, violations of the rights of indigenous or tribal peoples, while related to the territory, may best be analyzed based on rights other than the right to property.

41. The evolution of inter-American case law, which has resulted in an autonomous understanding of the ESCER, helps to underscore the said differences and nuances and to make a more precise analysis: it will not always be necessary or pertinent to turn to the right to property in order to examine violations of rights associated with the territory. The judgment in the *Lhaka Honhat* case is an example of this. By examining rights under Article 26, the Court has not tried to deny the relationship between the rights to a healthy environment, adequate food, water and cultural identity and the territory. To the contrary, in the instant case, this relationship is undeniable, as well as the interdependence between them. But this has had a separate and differentiated impact on the said rights that allows them to be examined autonomously, in relation to the violation of the right to property.

---

[40] ACoHPR, *African Commission on Human and People's Rights (Ogiek) v. Kenya*, Application No. 006/2012, Judgment of May 26, 2017, para. 179.
[41] ACoHPR, *African Commission on Human and People's Rights (Ogiek) v. Kenya*, Application No. 006/2012, Judgment of May 26, 2017, para. 182.

practicando ceremonias espirituales; identificación y veneración de sus propios héroes o modelos y valores compartidos de sus miembros que reflejan su carácter y personalidad distintivos[40].

En el presente caso, el Tribunal observa de los registros disponibles ante ella que la población Ogiek tiene una forma de vida distinta centrada y dependiente del Complejo Forestal de Mau. Como comunidad de cazadores-recolectores, obtienen sus medios de supervivencia a través de la caza de animales y la recolección de miel y frutas, tienen su propia ropa tradicional, su propio idioma, una forma distinta de sepultar a los muertos, practicar rituales y medicina tradicional, y su propia espiritualidad y valores tradicionales, que los distinguen de otras comunidades que viven alrededor y fuera del Complejo Forestal de Mau, lo que demuestra que los Ogieks tienen su propia cultura[41].

39. Como lo muestra el precedente de la Corte Africana en el caso *Ogiek*, y ahora la Corte Interamericana con el caso *Lakha Honhat*, se posicionan como dos precedentes que demuestran que cada uno de los derechos que pueden ser analizados en un caso (en estos fallos sobre temática indígena y tribal), tienen connotaciones específicas que deben de ser observadas y valoradas de manera autónoma para poder entender y comprender la forma integral la manera en que los pueblos indígenas se relacionan con su entorno. Justamente la posibilidad de la justiciabilidad autónoma de los DESCA mediante el artículo 26 del Pacto de San José, permite a la Corte IDH hacer este ejercicio sin negar la jurisprudencia existente previamente.

40. La diferencia entre "tierra" y "territorio", evidentemente, no puede entenderse en forma tajante respecto a pueblos indígenas o tribales, como la jurisprudencia de la Corte IDH da cuenta de ello. No obstante, el uso de ambos conceptos permite, entre otras cosas, distinguir y comprender distintas características que pueden presentar lesiones a los derechos de pueblos indígenas. Asi, muchas vulneraciones a esa vida cultural y bienes asociados podrán presentar vínculos con el libre disfrute del territorio, pero no en todos los casos necesariamente presentará relación con el derecho de propiedad. Puede haber lesiones a derechos de pueblos indígenas o tribales que, estando vinculadas al territorio, puedan ser analizadas de mejor modo con base en derechos distintos del de propiedad.

41. La evolución de la jurisprudencia interamericana, que ha derivado en un entendimiento autónomo de los DESCA, ayuda a resaltar las diferencias y matices mencionados, y a efectuar un examen más preciso: no siempre será necesario o pertinente reconducir al derecho de propiedad lesiones a derechos asociadas al territorio. La Sentencia sobre el caso *Lhaka Honhat* es muestra de esto. El examen de derechos a través del artículo 26 no ha pretendido negar la relación entre los derechos al medio ambiente sano, la alimentación adecuada, el agua y la identidad cultural con el territorio. Por el contrario, es innegable esa relación en el caso, existiendo una interdependencia entre ellos. Pero la misma ha generado impactos propios y diferenciados en los derechos referidos, que permitieron su examen autónomo, con respecto a la vulneración del derecho a la propiedad.

---

[40] ACoHPR, *African Commission on Human and People's Rights (Ogiek) Vs. Kenya*, Application No. 006/2012, Sentencia de 26 de mayo de 2017, párr. 179.
[41] ACoHPR, *African Commission on Human and People's Rights (Ogiek) Vs. Kenya*, Application No. 006/2012, Sentencia de 26 de mayo de 2017, párr. 182.

II
AUTONOMY AND INTERDEPENDENCE OF HUMAN RIGHTS

42. The autonomy of rights (both ESCER and civil and political) in no way opposes their interdependence. Indeed, the concept of interdependence can only be understood based on autonomy. Interdependence is predicated with regard to autonomous entities; to the contrary, it would be meaningless. The meaning of these concepts, thus, should eliminate an understanding that, by emphasizing the connectivity between the rights, results in the enforceability of one of them being a necessary condition for the enforceability of others.

43. "Autonomy" refers to the fact that each right has its own legal content, that differs from that of others. The different rights refer to different entitlements (health, liberty, education, life, etc.), and a series of obligations must be complied with in order to protect them. Each right contains particularities that give meaning to its differentiated legal recognition.

44. Thus, merely as an example, based on considerations of the United Nations Committee on Economic, Social and Cultural Rights (hereinafter "the CESCR"), the right to social security, as it is established in the International Covenant on Economic, Social and Cultural Rights, entails, among other matters, the establishment by the States of "social security schemes that provide benefits to older persons starting at a specific age, to be prescribed by national law"; and that provide "benefits" to older persons who reach the prescribed age even if they "have not completed the qualifying period of contributions, or are not otherwise entitled to an old-age insurance-based pension or other social security benefit or assistance, and have no other source of income."

45. It would appear that this State obligation to provide old-age benefits, not necessarily related to employment, exceeds the obligations that might be derived from other rights, because it does not derive from them *a priori*. And this is despite the fact that, in different circumstances, the possible violation of the right to social security could have an impact on the enjoyment of other rights. The Committee itself has clarified that the content of the right to social security is different from that of other rights: "The right to social security plays an important role in supporting the realization of many of the rights in the Covenant, [...h]owever, the adoption of measures to realize other rights in the Covenant will not in itself act as a substitute for the creation of social security schemes."[42]

46. This latter concept, that a right can "play an important role in supporting the realization" of others is related to the interdependence of the rights. In 1993, the Vienna Declaration and Programme of Action, which established the international human rights agenda at the global level, stipulated that "[a]ll human rights are universal, indivisible and interdependent and interrelated. The international community must treat human rights globally." In 2012, this was reaffirmed in the American sphere by the Social Charter of the Americas which indicates: "the universality, indivisibility, and interdependence of all human rights and their essential

---

[42] CESCR, 39th session (2007). General Comment No. 19. The right to social security (Art. 9 of the Covenant), paras. 15 and 28.

II
AUTONOMÍA E INTERDEPENDENCIA DE LOS DERECHOS HUMANOS

42. La autonomía de los derechos (tanto DESCA como civiles y políticos) en modo alguno se opone a la interdependencia de los mismos. De hecho, el concepto de interdependencia solo puede entenderse a partir de la autonomía. La interdependencia se predica respecto de entidades autónomas, de lo contrario carecería de sentido. La significación de estos conceptos, entonces, debe vedar un entendimiento que, por vía de enfatizar la conexidad entre los derechos, lleve que la exigibilidad de uno de ellos sea condición necesaria para la exigibilidad de otros.

43. La "autonomía" hace alusión a que cada derecho tiene un contenido jurídico propio, distinto del de otros. Los diversos derechos se refieren a diferentes bienes (salud, libertad, educación, vida, etc.), para cuya tutela o protección existe un conjunto de obligaciones que deben cumplirse. El contenido de cada derecho presenta particularidades, que dan sentido a su reconocimiento jurídico diferenciado.

44. Así, solo por poner un ejemplo, teniendo como base señalamientos del Comité de Derechos Económicos, Sociales y Culturales de las Naciones Unidas (en adelante "Comité DESC"), el derecho a la seguridad social, conforme está plasmado en el Pacto Internacional de Derechos Económicos, Sociales y Culturales, implica, entre otras cuestiones, el establecimiento por parte de los Estados de planes de seguridad social, que concedan prestaciones a las personas a partir de una edad determinada por la legislación; y que prevean "ayuda" para todas las personas que cumplan la edad prescrita aun cuando "no tengan cubiertos los períodos mínimos de cotización exigidos, o por cualquier otra causa no tengan derecho a disfrutar de una pensión de vejez o de otro tipo de prestación o ayuda de la seguridad social y carezcan de cualquier otra fuente de ingresos".

45. Parece que esta obligación estatal de prever prestaciones relacionadas con la vejez, no relacionada necesariamente con una actividad laboral, excede el contenido obligacional que podría desprenderse de otros derechos, pues no deriva *a priori* de ellos. Ello no obsta a que, en diversas circunstancias, la eventual vulneración del derecho a la seguridad social pueda tener impacto en el goce de otros derechos. El mismo Comité aclara que el derecho a la seguridad social distingue su contenido del de otros derechos: "[e]l derecho a la seguridad social contribuye en gran medida a reforzar el ejercicio de muchos de los derechos enunciados en el Pacto, [...s]in embargo, la adopción de medidas para el disfrute de otros derechos enunciados en el Pacto no constituirá en sí misma un sustituto de la creación de sistemas de seguridad social"[42].

46. Lo último señalado, que un derecho puede "reforzar el ejercicio" de otros, se relaciona con la interdependencia de los derechos. En 1993, la Declaración y Programa de Acción de Viena, que marcó la agenda internacional sobre Derechos Humanos a nivel global, estableció que "[t]odos los derechos humanos son universales, indivisibles e interdependientes y están relacionados entre sí. La comunidad internacional debe tratar los derechos humanos en forma global". En 2012 esto fue reafirmado en el ámbito americano, en la Carta Social de las Américas, que señala "la universalidad, indivisibilidad e interdependencia de todos los derechos

---

[42] Comité DESC, 39° Periodo de Sesiones (2007). Observación General No. 19. El Derecho a la Seguridad Social (artículo 9 del Pacto), párrs. 15 y 28.

role in the promotion of social development and the realization of human potential."[43] No right can be enjoyed in isolation, its enjoyment depends on the enjoyment of all the other rights.

47. The concept of "interdependence" refers to the connection between the rights that means that the realization or satisfaction of some of them depends on that of the others. Thus, for example, it cannot be considered that freedom of conscience and religion can truly be realized if freedom of thought and expressions is not guaranteed.

48. The autonomy of the ESCER based on Article 26 does not deny (cannot deny) their interdependent nature, with each other and with other civil and political rights. When examining cases that involve rights protected by this article, the Court has frequently taken decisions based on this nature. Some examples of this may be mentioned.

49. In the case of *Poblete Vilches v. Chile*, the Inter-American Court noted that the failure to obtain informed consent for a medical act violated not only the exercise of the right to health, but also the right of access to information and to freely take decisions about one's own body, which had an impact on personal autonomy, and on private and family life. Furthermore, since it was concluded that there had been a relationship between failures in the provision of health care and the suffering and death of the victim, the Court declared that the right to life and to personal integrity had been violated "in relation" to the right to health.[44]

50. In its decision in the case of *San Miguel Sosa et al. v. Venezuela*, the Court verified that the facts of the case revealed that the arbitrary termination of an employment relationship had been used as a form of reprisal and "political discrimination" owing to the exercise of the rights to political participation and to freedom of expression and that, in this regard, the victims were not guaranteed access to justice. The Court therefore determined that there had been a violation of the right to work (Article 26) "in relation" to "the right to political participation, freedom of expression, and access to justice, as well as the principle of non-discrimination."[45]

51. In the case of the *National Association of Discharged and Retired Employees of the National Tax Administration Superintendence (ANCEJUB-SUNAT) v. Peru*, the Court also indicated that one "of the fundamental elements of social security is its relationship to the guarantee of other rights," and that the said right was "interrelated" with the right to a decent life, that was infringed in that case. In addition, it concluded that the failure to receive the sums to which the victims had a right, given their right to a pension, also violated the right to property. In that case, this was linked to delays and non-compliance with judgments on pensions. The Court determined that the right to social security, a decent life and property had been violated "in relation" to the rights to judicial guarantees and judicial protection.[46]

---

[43] OAS. General Assembly. Social Charter of the Americas. Adopted in the second plenary session held on June 4, 2012. Doc. OEA/Ser.P AG/doc.5242/12 rev. 1.
[44] *Cf. Case of Poblete Vilches et al. v. Chile. Merits, Reparations and Costs.* Judgment of March 8, 2018. Series C No. 349, paras. 136 to 143, 156, 161 to 173 and 198.
[45] *Case of San Miguel Sosa et al. v. Venezuela. Merits, Reparations and Costs.* Judgment of February 8, 2018. Series C No. 348, paras. 221 and 222.
[46] *Cf. National Association of Discharged and Retired Employees of the National Tax Administration Superintendence (ANCEJUB-SUNAT) v. Peru. Preliminary Objections, Merits, Reparations and Costs.* Judgment of November 21, 2019. Series C No. 394, paras. 149, 150 and 184 to 196.

humanos y su papel esencial para el desarrollo social y la realización del potencial humano"[43]. Ningún derecho puede disfrutarse de forma aislada, sino que ese disfrute depende del disfrute de todos los demás derechos.

47. El concepto de "interdependencia" alude al vínculo entre los derechos, que hace que la concreción o satisfacción de unos dependa de la de otros. Así, por ejemplo, no podría pensarse que puede realmente realizarse la libertad de conciencia y religión si, a su vez, no se garantiza la libertad de pensamiento y expresión.

48. La autonomía de los DESCA a partir del artículo 26 no niega (no podría hacerlo) su carácter interdependiente, entre sí y con otros derechos civiles y políticos. La Corte IDH, al examinar casos que involucraron derechos protegidos por esa disposición, con frecuencia ha decidido de conformidad con tal carácter. Pueden mencionarse, al respecto, algunos ejemplos.

49. En el caso *Poblete Vilches Vs. Chile*, la Corte IDH advirtió que la falta de obtención de consentimiento informado para un tratamiento médico, afectó no solo el ejercicio del derecho a la salud, sino también el derecho a acceder a información y a tomar decisiones libres sobre el propio cuerpo, lo que incidió en la autonomía personal y la vida privada y familiar. Por otra parte, dado que se concluyó que hubo una relación entre omisiones en prestaciones de salud y padecimientos y la muerte de la víctima, se declararon violados los derechos a la vida y a la integridad personal "en relación" con el derecho a la salud[44].

50. En su decisión sobre el caso *San Miguel Sosa y otras Vs. Venezuela*, el Tribunal Interamericano constató que los hechos del caso mostraban que la terminación arbitraria de una relación laboral se había utilizado como forma de represalia y "discriminación política" por el ejercicio de derechos de participación política y libertad de expresión y que, al respecto, no se garantizó a las víctimas el acceso a la justicia. Por ello determinó una vulneración al derecho al trabajo (artículo 26) "en relación" con "los derechos a la participación política, a la libertad de expresión y de acceso a la justicia, así como con el principio de no discriminación"[45].

51. En el caso *Asociación Nacional de Cesantes y Jubilados de la Superintendencia Nacional de Administración Tributaria (ANCEJUB-SUNAT) Vs. Perú*, la Corte IDH señaló además que uno de "de los elementos fundamentales de la seguridad social lo constituye su relación con la garantía de otros derechos" y que ese derecho se "interrelaciona" con el derecho a la vida digna, que se vio incidido en el caso. Asimismo, concluyó que la falta de percepción de montos pecuniarios a los que las víctimas tenían derecho dado su derecho a la pensión, afectó también el derecho de propiedad. En el caso, todo lo anterior se vinculó con el incumplimiento y demora respecto de sentencias relativas a pensiones. La Corte IDH determinó que se violaron los derechos a la seguridad social, a una vida digna y a la propiedad "en relación" con los derechos a las garantías judiciales y a la protección judicial[46].

---

[43] OEA Asamblea General, Carta Social de las Américas. Aprobada en la segunda sesión plenaria, celebrada el 4 de junio de 2012 Doc. OEA/Ser.P AG/doc.5242/12 rev. 1.
[44] *Cfr. Caso Poblete Vilches y otros Vs. Chile. Fondo, Reparaciones y Costas.* Sentencia de 8 de marzo de 2018. Serie C No. 349, párrs. 136 a 143, 156, 161 a 173 y 198.
[45] *Caso San Miguel Sosa y otras Vs. Venezuela. Fondo, Reparaciones y Costas.* Sentencia de 8 de febrero de 2018. Serie C No. 348, párrs. 221 y 222.
[46] *Cfr. Asociación Nacional de Cesantes y Jubilados de la Superintendencia Nacional de Administración Tributaria (ANCEJUB-SUNAT) Vs. Perú. Excepciones Preliminares, Fondo, Reparaciones y Costas.* Sentencia de 21 de noviembre de 2019. Serie C No. 394, párrs. 149, 150 y 184 a 196.

52. In the case of *Cuscul Pivaral et al. v. Guatemala,* the Court determined that there had been a violation of the right to health and, in relation to this right, non-compliance with the prohibition of discrimination and the principle of progressivity; but, also, that the lack of adequate medical care had a causal nexus with the suffering and death of certain persons, and it therefore declared that the rights to personal integrity and to life had been violated "in relation" to Article 26, which protects the right to health.[47]

53. In the case of *Hernández v. Argentina,* the Court noted that medical care had not been provided to an individual deprived of liberty and that "the suffering and deterioration of personal integrity caused by the lack of adequate medical care – and the consequent harm to health – of a person deprived of liberty may constitute, in themselves, cruel, inhuman and degrading treatment." It understood that there had been a violation of both personal integrity (which constituted degrading treatment) and the right to health.[48]

54. That said, the examples cited (to which others could be added), differ from an understanding that, based on noting a connectivity between the rights, flatly denies their autonomy.

55. In the specific context of the application of Article 26 of the American Convention, if it is inferred, as the Court has, that this article protects the ESCER, and that the Court has competence to decide on presumed violations of such rights, there is no reason to then make their examination dependent on their connection to any of the other rights established in the American Convention or, eventually, in other treaties for which the Inter-American Court has competence.

56. An interpretation such as the one indicated would lead to an unjustified ranking of the rights established in Articles 3 to 25 of the American Convention, above those included in its Article 26. This would be contrary to the equal rank that, *a priori*, the two groups of rights possess, and that can be inferred from the Preamble to the American Convention itself, which indicates that "the ideal of free men enjoying freedom from fear and want can be achieved only if conditions are created whereby everyone may enjoy *his economic, social, and cultural rights, as well as his civil and political rights."*

57. On this basis, in the case of *Lagos del Campo v. Peru* in which direct violations of the ESCER were declared for the first time based on Article 26 of the Pact of San José, the Court "reiterated the interdependence and indivisibility that exists between the civil and political rights, and the economic, social and cultural rights because they should be understood integrally and comprehensively as human rights, *without any ranking among them and enforceable* in all cases before the competent authorities."[49]

58. In addition, a form of analysis, even one that takes Article 26 of the Pact of San José into consideration, but that makes the application of this norm depend on the connectivity of a right recognized in this instrument with another that is not, would

---

[47] *Cf. Case of Cuscul Pivaral et al. v. Guatemala. Preliminary Objection, Merits, Reparations and Costs.* Judgment of August 23, 2018. Series C No. 359, paras. 127, 139, 148, 158, 159, 163 and 164 and operative paragraphs 5 and 6.
[48] *Cf. Case of Hernández v. Argentina. Preliminary Objection, Merits, Reparations and Costs.* Judgment of November 22, 2019. Series C No. 395, paras. 54 to 61 and 96.
[49] *Cf. Case of Lagos del Campo v. Peru. Preliminary Objection, Merits, Reparations and Costs.* Judgment of August 31, 2017. Series C No. 340, para. 141.

52. En el caso *Cuscul Pivaral y otros Vs. Guatemala* se determinó una vulneración al derecho a la salud y el incumplimiento, respecto de ese derecho, de la prohibición de discriminación y del principio de progresividad; pero además que la falta de tratamiento médico adecuado tuvo un nexo causal con los padecimientos y la muerte de determinadas personas, por lo que declaró violado los derechos a la integridad personal y a la vida "en relación" con el artículo 26, que protege el derecho a la salud[47].

53. En el caso *Hernández Vs. Argentina* el Tribunal advirtió que hubo una falta de atención médica a una persona privada de la libertad, y que "el sufrimiento y el deterioro a la integridad personal causado por la falta de atención médica adecuada – y el consecuente daño a su salud – de una persona privada de libertad pueden constituir por sí mismos tratos crueles, inhumanos y degradantes". Entendió entonces que hubo una lesión tanto a la integridad personal (que configuró un trato degradante) como al derecho a la salud[48].

54. Ahora bien, los ejemplos citados (a los que podrían adicionarse otros) se diferencian de un entendimiento que, so pretexto de advertir una conexidad entre los derechos, niegue de plano su autonomía.

55. En el marco específico de la aplicación del artículo 26 de la Convención Americana, si se colige, como lo ha hecho la Corte IDH, que esa disposición protege DESCA, y que el Tribunal Interamericano tiene competencia para decidir sobre presuntas violaciones a los mismos, no se advierte motivo para luego hacer depender su examen de su vinculación con alguno de los demás derechos establecidos en la Convención Americana o, eventualmente, en otros tratados que asignen competencia a la Corte IDH.

56. Una intelección como la señalada derivaría en una injustificada jerarquización de los derechos plasmados en los artículos 3 a 25 de la Convención Americana, sobre aquellos incluidos en su artículo 26. Esto sería contrario a la igual jerarquía que, *a priori*, tienen ambos grupos de derechos, y que puede desprenderse de expresiones del propio Preámbulo de la Convención Americana, que dice que "[…] sólo puede realizarse el ideal del ser humano libre, exento del temor y la miseria, si se crean condiciones que permitan a cada persona gozar *de sus derechos económicos, sociales y culturales, tanto como de sus derechos civiles y políticos*".

57. De ahí que en el caso *Lagos del Campo Vs. Perú*, en el que se declaró por primera vez violaciones directas a los DESCA vía el artículo 26 del Pacto de San José, se consideró que la Corte IDH "ha reiterado la interdependencia e indivisibilidad existente entre los derechos civiles y políticos, y los económicos, sociales y culturales, puesto que deben ser entendidos integralmente y de forma conglobada como derechos humanos, *sin jerarquía entre sí y exigibles* en todos los casos ante aquellas autoridades que resulten competentes para ello"[49].

58. Por otra parte, una forma de examen que, aun considerando el artículo 26 del Pacto de San José haga depender la aplicación de dicha norma de la conexidad de un derecho recogido en la misma a otro que no lo esté, llevaría a una comprensión de los

---

[47] *Cfr. Caso Cuscul Pivaral y otros Vs. Guatemala. Excepción Preliminar, Fondo, Reparaciones y Costas.* Sentencia de 23 de agosto de 2018. Serie C No. 359, párrs 127, 139, 148, 158, 159, 163 y 164 y puntos resolutivos 5 y 6.
[48] *Cfr. Caso Hernández Vs. Argentina. Excepción Preliminar, Fondo, Reparaciones y Costas.* Sentencia de 22 de noviembre de 2019. Serie C No. 395, párrs. 54 a 61 y 96.
[49] *Cfr. Caso Lagos del Campo Vs. Perú. Excepción Preliminar, Fondo, Reparaciones y Costas.* Sentencia de 31 de agosto de 2017. Serie C No. 340, párr. 141.

result in a partial and limited understanding of the ESCER. This is because the content of the rights included in Article 26 that would be justiciable before the Inter-American Court, would be limited to a right which could be related to the content of another civil or political right incorporated into other articles of the American Convention.

59. The result of this type of interpretation, which I consider cannot be justified, would, in practical terms, return matters to the situation before the change in case law resulting from the case of *Lagos del Campo* in 2017. Accordingly, it would result in the eventual determination of a violation of Article 26 of the Pact of San José only being found if some aspect of an ESCER included in that article could be inferred from other rights that had previously been declared to have been violated. In other words, the mention of Article 26 would be merely accessory and without substance, ranking and establishing categories among human rights.

III
REPARATIONS FOCUSED ON ECONOMIC, SOCIAL, CULTURAL AND ENVIRONMENTAL RIGHTS

60. From the perspective of the ESCER, a key aspect is the section of the chapter on reparations entitled *"Measures for the restitution of the rights to a healthy environment, to food, to water and to cultural identity."* This is unique in inter-American case law on indigenous issues because it does not focus the reparations on the "land" as an element of communal possession, but rather on the comprehensive restitution of differentiated elements of the "territory" which the Court declared had been violated autonomously in the judgment.

61. Indeed, the autonomous determination of the rights to a healthy environment, to adequate food, to water and to participation in cultural life had concrete consequences on the measures of reparation ordered in the judgment. Having proved the violation of those rights, it was appropriate to determine reparations aimed specifically at redressing these violations. A possible understanding to the contrary, that might have subsumed the violations within the right to property, could have led to more limited reparations aimed only at restoring that right.

62. Consequently, added to the measures requiring the delimitation, demarcation and titling of the property, as well as the removal of the non-indigenous population, the Court ordered other measures of restitution specifically addressed at the rights to a healthy environment, to adequate food, to water and to cultural identity: (a) elaboration by the State of a report identifying critical situations of lack of access to drinking water or to food and the preparation and implementation of an action plan in this regard; (b) preparation and presentation of another report establishing the actions required to achieve the permanent conservation of water resources on indigenous territory, and access to potable water and food, and to avoid the continued loss of the forest and achieve its gradual recovery, and (c) creation of a community development fund to finance actions to recover indigenous culture.[50]

---

[50] *Cf. Case of the Indigenous Communities of the Lhaka Honhat (Our Land) Association v. Argentina. Merits, Reparations and Costs.* Judgment of February 6, 2020. Series C No. 400, paras. 331 to 342.

DESCA parcial y limitada. Ello debido a que el contenido de los derechos incluidos en el artículo 26 que serían justiciable ante el Tribunal Interamericano, se limitaría a aquél que pudiera relacionarse con el contenido de otro derecho civil o político incorporado en otras disposiciones de la Convención Americana.

59. El resultado de una interpretación de estas características, que considero no resulta justificada, sería, en términos prácticos, volver al estado de cosas anterior al cambio jurisprudencial generado a partir del caso *Lagos del Campo* en 2017. De tal manera que dicho entendimiento llevaría a que la eventual determinación de una violación al artículo 26 del Pacto de San José solo se efectuaría si algún aspecto de un DESCA incluido en la norma puede desprenderse de otro derecho previamente declarada su violación. Es decir, la mención del artículo 26 resultaría meramente accesoria, no sustancial, jerarquizando y estableciendo categorías entre derechos humanos.

III

LAS REPARACIONES CON ENFOQUE DE
DERECHOS ECONÓMICOS, SOCIALES, CULTURALES Y AMBIENTALES

60. Un aspecto central desde la perspectiva DESCA es el capitulo de reparaciones denominado *"Medidas para la restitución de los derechos al medio ambiente sano, a la alimentación, al agua y a la identidad cultural"*. Lo anterior es único en la jurisprudencia interamericana en materia indígena, ya que no centra las reparaciones desde una visión de la "tierra" como aspecto de posesión comunal, sino que se fundamenta en la reparación integral de aspectos diferenciados del "territorio" y que fueron declarados violados de manera autónoma en la Sentencia.

61. En efecto, la determinación en forma autónoma a los derechos al medio ambiente sano, a la alimentación adecuada, al agua y a la participación en la vida cultural, tuvo consecuencias concretas en las medidas de reparación ordenadas en la Sentencia. Al evidenciarse las afectaciones a tales derechos, resultó apropiado determinar reparaciones que tuvieran por objeto atender a tales lesiones en forma específica. Un eventual entendimiento contrario, que hubiera subsumido la problemática en el derecho de propiedad, podría haber derivado en reparaciones más acotadas dirigidas solo a restituir este derecho.

62. De ese modo, aunadas a medidas para la delimitación, demarcación y titulación de la propiedad, así como para el traslado de la población no indígena fuera de la misma, se han ordenado otras medidas de restitución, específicamente dirigidas a los derechos a un medio ambiente sano, a la alimentación adecuada, al agua y a la identidad cultural: (a) la elaboración por parte del Estado de un estudio en el que identifique situaciones críticas de falta de acceso a agua potable o alimentación y la formulación e implementación de un plan de acción al respecto; (b) la elaboración y presentación de otro estudio que establezca acciones a instrumentar para lograr en forma permanente la conservación de aguas existentes en el territorio indígena, el acceso a agua potable y alimentación, y evitar la continuidad de pérdida de forestación y lograr su paulatina recuperación, y (c) la constitución de un fondo de desarrollo

63. It should be emphasized that in view of the complexity of the case and the actions ordered, the Inter-American Court has sought to ensure that the precise definition of the specific actions to be taken is decided subsequently, with the intervention of State authorities and the indigenous communities declared victims and their representatives., The judgment establishes an active intervention of the Inter-American Court in this process based on the assessment of the said reports.

64. Regarding the community development fund, the specific definition of its use – notwithstanding the basic standards established by the Inter-American Court – will also be determined with the intervention of both the State and the indigenous communities. Thus, the judgment established that: (a) the objectives for which the fund is used should be defined by the indigenous communities; (b) on this basis, program design and execution should be defined based on the "active participation" of the indigenous communities and their representatives, and (c) in order to comply with the foregoing, the fund would be administered by a committee on which the indigenous communities and the State would be represented.

65. This way of establishing measures of reparation that relate to the violations of the ESCER seeks to achieve different objectives. On the one hand, it ensures the due participation of the indigenous communities declared victims themselves, as well as through the intervention of their representatives, in the determination of actions that have an impact on the way in which they recover the enjoyment of their rights. On the other, it ensures that the measures are more effective, since the actions can be defined more precisely based on participatory interaction, technical reports and detailed workplans, as ordered in the judgment. Furthermore, this greater precision and effectiveness is sought in order to exercise what could be called a "dynamic control" of compliance with the measures because some of the details could be decided during the process of monitoring compliance with the intervention of the different parties to the proceedings, including the Inter-American Commission. In this regard, the judgment indicates that the Court, following the observations of the victims' representatives and the Inter-American Commission, will assess the action plans presented by the State, and may request that they be expanded or completed, as appropriate.

66. The judgment also establishes an active role for the Inter-American Commission, encouraging it – always "within the framework of its functions and possibilities," – "to assume the role of facilitator" between the parties, "to contribute" to compliance with the measures. Lastly, the Court has endeavored to respect the State's functions and obligations in the determination of the actions. Here, it should be stressed that, not only is it the State that should, pursuant to the said standards, prepare the reports and plan the actions to be taken, but also the measures adopted should be adequate, and "in keeping with State public policies, government plans, and the pertinent provincial or national laws."[51]

---

[51] *Cf. Case of the Indigenous Communities of the Lhaka Honhat (Our Land) Association v. Argentina. Merits, Reparations and Costs. Judgment of February 6, 2020.* Series C No. 400, para. 333, footnote 325.

comunitario destinado a financiar acciones para la recuperación de la cultura indígena[50].

63. Debe resaltarse que la Corte IDH, advirtiendo la complejidad propia del caso y de las acciones ordenadas, ha procurado que la definición precisa de las acciones puntuales a implementar surja de determinaciones posteriores, con intervención de autoridades estatales y las comunidades indígenas víctimas y sus representantes. En este proceso, la Sentencia preveé una intervención activa del Tribunal Interamericano, a partir de la evaluación de los estudios referidos.

64. En cuanto al fondo de desarrollo comunitario, también las definiciones puntuales para su utilización – sin perjuicio de las pautas básicas establecidas por la Corte IDH – serán determinadas a partir de la intervención tanto del Estado como de las comunidades indígenas. Así, la Sentencia prevé: (a) que los objetivos a que debe destinarse en el fondo sean definidos por las comunidades indígenas; (b) que, sobre la base de lo anterior, el diseño y ejecución de programas sea definido a partir de la "participación activa" de las comunidades indígenas y sus representantes, y (c) que la administración del fondo, para cumplir lo anterior, esté a cargo de un Comité que, en su integración, contará con representación de las comunidades indígenas y del Estado.

65. Este modo de establecer las medidas de reparación correlativas a afectaciones a DESCA busca cumplir distintos fines. Por una parte, posibilitar la debida participación de las comunidades indígenas víctimas, por sí mismas, y también con la intervención de sus representantes, en la determinación de acciones que incidirán en el modo en que recuperarán el goce de sus derechos. Por otra parte, permitir una mayor efectividad de las medidas, dada las definiciones más precisas que se posibilitan a partir de la interacción participativa, informes técnicos y planes de trabajo detallados, conforme lo mandado en la Sentencia. A su vez, esta mayor precisión y efectividad se persigue, además, – por lo que podría denominarse un "control dinámico" de la observancia de las medidas –, en que algunas definiciones de las mismas podrían realizarse en el curso del proceso de supervición de su cumplimiento, con intervención de los diversos actores del proceso, inclusive la Comisión Interamericana. En ese sentido, la Sentencia indica que la Corte IDH, previas observaciones de los representantes de las víctimas y la Comisión Ineramericana, evaluará los planes de acción que presente el Estado, pudiendo requerir, según el caso, su ampliación o que sean completados.

66. La Sentencia contempla también un papel activo de la Comisión Interamericana, exhortando a la misma, siempre "en el marco de sus posibilidades y funciones", a "facilita[r]" la interacción entre las partes, a fin de "coadyuvar" al cumplimiento de las medidas. Por último, también se ha procurado tener el debido respeto a las funciones y deberes estatales en la determinación de las acciones. Debe destacarse, en ese sentido, no solo que es el Estado quien debe, bajo las pautas ya referidas, desarrollar estudios y planificar las acciones a realizar, sino también se aclara que las medidas que se adopten deben ser adecuadas, guardando "armonía con políticas públicas estatales, planes de gobierno y la normativa nacional o provincial pertinente"[51].

---

[50] *Cfr. Caso Comunidades Indígenas Miembros del a Asociación Lhaka Honhat (Nuestra Tierra) Vs. Argentina. Fondo, Reparaciones y Costas.* Sentencia de 6 de febrero de 2020. Serie C No. 400, párrs. 331 a 342.
[51] *Cfr. Caso Comunidades Indígenas Miembros del a Asociación Lhaka Honhat (Nuestra Tierra) Vs. Argentina. Fondo, Reparaciones y Costas.* Sentencia de 6 de febrero de 2020. Serie C No. 400, párr. 333, nota 325.

67. The intervention of courts in litigations involving the ESCER is frequently disputed, considering that these rights involve social benefits – which are not unrelated to the civil and political rights – based on reasons that, in different ways, refer to the lack of legitimacy or capacity of jurisdictional organs to define public policies. For example, it is said that the courts lack technical or budgetary information; that they are unable to evaluate such information adequately, and that they do not have legitimacy in this regard (which is usually attributed to executive or legislative organs). Aspects such as these pose – on a case-by-case basis – important challenges to the jurisdictional activity. However, they cannot negate or impair the justiciability or effectiveness of rights that are full in force and autonomous. In this regard, the judgment has attempted to take up this challenge, seeking a way of implementing the measures of reparation that truly restitutes the rights that have been violated and addresses the difficulties and complexity of the activities required to do this.

68. Thus, the Inter-American Court has tried to make an autonomous examination of the ESCER, to establish measures of reparation in keeping with the violation of these rights, and to ensure that these measures are truly appropriate. But also, enabling a subsequent more precise definition of these measures to facilitate their implementation, always under the supervision of the Inter-American Court and within a time frame considered sufficient for their execution.

69. Accordingly, as indicated in the respective chapter, the reparations are founded on social rights and seek to restore the enjoyment of the content of each of these rights that the judgment declared had been violated. I consider that the specificity of these measures of reparation constitutes an example of the Inter-American Court's ability to establish reparations that are in keeping with the violations of the ESCER and in conformity with the particularities of each case.

IV
THE *AMICI CURIAE* AS A MEANS OF DIALOGUE BETWEEN CIVIL SOCIETY AND THE INTER-AMERICAN COURT

70. The Court's first five Rules of Procedure did not include the mechanism of the *amicus curiae*. However, this did not prevent various non-governmental organizations submitting *amici curiae* to the Court the first time it ruled on the merits of a contentious case,[52] and this paved the procedural way for this to continue to be the usual practice before the Inter-American Court. It was only in 2009 when, in an amendment to the Rules of Procedure at that time, the definition of this mechanism was included, together with the first specific regulation concerning its presentation.[53]

71. Accordingly, the expression *amicus curiae* refers to "the person or institution, who is unrelated to the case and to the proceeding and submits to the Court reasoned

---

[52] In the *Case of Velásquez Rodríguez v. Honduras. Merits* (Judgment of July 29, 1988), the following non-governmental organizations presented *amicus curiae* briefs: Amnesty International, Association of the Bar of the City of New York, Lawyers Committee for Human Rights, and Minnesota Lawyers International Human Rights Committee.

[53] Rules of Procedure of the Inter-American Court of Human Rights, adopted by the Court at its forty-ninth regular session held from November 16 to 25, 2001, and partially amended by the Court at its eighty-second regular session held from January 19 to 31, 2009.

67. Resulta frecuente que se objete la intervención de tribunales en litigios que involucren DESCA, considerando aspectos prestacionales de estos derechos – que no son ajenos a los derechos civiles y políticos –, con base en razones que, de diversos modos, aluden a la falta de legitimidad o capacidad de los órganos jurisdiccionales respecto a la definición de políticas púbicas. Así, por ejemplo, se alude a la falta de información técnica o presupuestaria de los tribunales, a su incapacidad para evaluar adecuadamente dicha información, o a la ilegitimidad de tal ejercicio (atribuido, en general, a órganos ejecutivos o legislativos). Aspectos como los señalados presentan ciertamente, y de acuerdo a cada caso, desafíos importantes para la actividad jurisdiccional. No obstante, no pueden llevar a negar o mermar la justiciabilidad o eficacia de derechos plenamente vigentes y autónomos. La Sentencia, al respecto, ha procurado asumir tal desafío, buscando un modo de implementación de las medidas de reparación que, a la vez, sea eficaz para restituir los derechos lesionados y atienda a las dificultades y complejidad que presentan las acciones necesarias para tal fin.

68. Del modo referido, la Corte IDH ha procurado lograr, a la vez de un examen autónomo de los DESCA, establecer medidas de reparación acordes a la lesión de los mismos, y que estas resulten realmente idóneas en la materia. Ello, a partir de posibilitar definiciones posteriores más precisas para su implementación, siempre supervisada por la Corte IDH y en los tiempos que se estiman suficientes para su ejecución.

69. De este modo las reparaciones como las indicadas en ese capítulo tienen un verdadero trasfondo de derechos sociales y buscan restaurar el goce del contenido de cada uno de los derechos indicados y declarados violados en la Sentencia. Considero que esta especificación en cuanto a las medidas de reparación, constituye una muestra de la posibilidad que tiene el Tribunal Interamericano para ir estableciendo reparaciones acorde con las violaciones a DESCA y conforme a las particularidades de cada caso.

IV
LOS *AMICI CURIAE* COMO MEDIO DE DIÁLOGO DE LA SOCIEDAD CIVIL CON LA CORTE INTERAMERICANA

70. Los primeros cinco reglamentos del Tribunal Interamericano no contemplaban la figura del *amicus curiae*. Sin embargo, ello no fue impedimento para que desde el primer caso contencioso en el que la Corte IDH se pronunció sobre el fondo, se recibieran diversos *amici curiae* por organizaciones no gubernamentales[52], lo que abrió el camino procedimental para que siguiera como una práctica habitual ante la Corte IDH. Fue hasta el año 2009 cuando, a través de una reforma al entonces reglamento, se introduce la definición de dicha institución, así como la primera regulación específica para su presentación[53].

71. Así, la figura del *amicus curiae* hace referencia a "la persona o institución, ajena al litigio y al proceso que presenta a la Corte razonamientos en torno a los

---

[52] En el *Caso Velásquez Rodríguez Vs. Honduras* (*Fondo*. Sentencia de 29 de julio de 1988), las siguientes organizaciones no gubernamentales presentaron escritos en calidad de *amicus curiae*: Amnesty International, Association of the Bar of the City of New York, Lawyers Committee for Human Rights y Minnesota Lawyers International Human Rights Committee.

[53] Reglamento de la Corte Interamericana de Derechos Humanos, aprobado por la Corte en su XLIX Período Ordinario de Sesiones celebrado del 16 al 25 de noviembre de 2001 y reformado parcialmente por la Corte en su LXXXII Período Ordinario de Sesiones, celebrado del 19 al 31 de enero de 2009.

arguments on the facts contained in the presentation of the case or legal considerations on the subject-matter of the proceeding by means of a document or an argument presented at a hearing."[54]

72. The Court's current Rules of Procedure, in force since January 2010, establish the possibility of submitting an *amicus curiae* brief in contentious cases before the Inter-American Court, and also during the proceedings on monitoring compliance with judgment and on provisional measures.[55] In the case of the Court's advisory function, the Rules of Procedure establish that "any interested party" may submit "a written opinion on the issues included in the request."[56]

73. This mechanism has played a significant role in the case law of the Inter-American Court. This is reflected by the fact that *amicus curiae* briefs have been submitted in 143 contentious cases and written opinions have been presented in 23 advisory opinions. *Amicus curiae* briefs have also been submitted in proceedings on provisional measures and on monitoring compliance with judgment, although to a lesser extent.[57] In the words of the Inter-American Court on their utility:[58]

> 60. The Court accords special importance to the submission of *amicus curiae*, recognizing their significant contribution to the inter-American system through the presentation of reasonings related to particular cases, legal considerations on the subject-matter of the proceedings, and other specific issues. Thus, as indicated by the Court on repeated occasions, they contribute arguments and opinions that may serve as input on aspects of the law that are aired before it.

74. Regarding indigenous and tribal issues, in the course of its contentious function, the Court has received *amicus curiae* briefs in ten cases that were essentially

---

[54] Current Rules of Procedure of the Inter-American Court, Article 2(3).
[55] Article 44 of the Rules of Procedure of the Inter-American Court.
[56] Article 73(3) of the Rules of Procedure of the Inter-American Court.
[57] For example, the *Case of Durand and Ugarte v. Peru. Provisional measures.* Order of the Inter-American Court of Human Rights of February 8, 2018, para. 10; *Case of Barrios Altos v. Peru. Monitoring compliance with judgment.* Order of the Inter-American Court of Human Rights of September 7, 2012, para. 9; and *Cases of Barrios Altos* and *La Cantuta v. Peru. Monitoring compliance with judgment.* Order of the Inter-American Court of Human Rights of May 30, 2018, para. 15.
[58] *Cf. Article 55 of the American Convention on Human Rights.* Advisory Opinion OC-20/09 of September 29, 2009. Series A No. 20, para. 60. Additionally, in the cases of *Kimel v. Argentina,* and *Castañeda Gutman v. Mexico,* the Inter-American Court indicated that these briefs "[...] are presentations by third parties who are not involved in the dispute and who submit arguments or opinions to the Court that can serve as input on legal aspects that are aired before it. In this regard, they may be presented at any moment prior to the deliberation of the corresponding judgment. In addition, pursuant to this Court's practice, the *amici curiae* may even refer to matters related to compliance with the judgment. The Court also stresses that the matters they examine have an importance or a general interest that justifies the greatest possible deliberation of arguments discussed publicly; therefore the *amici curiae* are important for the strengthening of the inter-American system of human rights by reflections provided by members of society that contribute to the debate and broaden the scope of the information provided to the Court." *Cf. Case of Kimel v. Argentina. Merits, Reparations and Costs.* Judgment of May 2, 2008. Series C No. 177, para. 14; and *Case of Castañeda Gutman v. Mexico. Preliminary Objections, Merits, Reparations and Costs.* Judgment of August 6, 2008. Series C No. 184, para. 16.

hechos contenidos en el sometimiento del caso o formula consideraciones jurídicas sobre la materia del proceso, a través de un documento o de un alegato en audiencia"[54].

72. El actual Reglamento de la Corte IDH, vigente desde enero de 2010, establece la posibilidad de presentar un escrito en calidad de *amicus curiae* en los casos contenciosos del Tribunal Interamericano, así como también en los procedimientos de supervisión de cumplimiento de sentencia y de medidas provisionales[55]; en lo que respecta a su función consultiva, el Reglamento prevé que "cualquier persona" puede presentar "su opinión escrita sobre los puntos sometidos a la consulta[56].

73. Esta institución, ha tenido una gran presencia en la jurisprudencia de la Corte IDH. Esto se ve reflejado por el hecho de que se han presentado escritos de *amicus curiae* en 143 casos contenciosos y se han emitido opiniones escritas en 23 opiniones consultivas. También se han presentado en procedimientos de medidas provisionales y de supervisión de cumplimiento de sentencias, aunque en menor cantidad[57]. En palabras de la propia Corte IDH sobre su utilidad[58]:

> 60. Especial mención tienen para esta Corte la presentación de *amicus curiae*, de los cuales reconoce el gran aporte que han hecho al Sistema Interamericano a través de la exposición de razonamientos en torno a hechos de casos concretos, consideraciones jurídicas sobre la materia del proceso y otras temáticas específicas. Como el Tribunal lo ha señalado en diversas oportunidades, aportan argumentos u opiniones que pueden servir como elementos de juicio relativos a aspectos de derecho que se ventilan ante el mismo.

74. En lo que respecta a la temática indígena o tribal, la Corte IDH ha recibido en su función contenciosa escritos de *amicus curiae* en diez casos que han versado

---

[54] Reglamento Vigente de la Corte Interamericana, artículo 2, numeral 3.
[55] Artículo 44 del Reglamento de la Corte Interamericana.
[56] Artículo 73.3 del Reglamento de la Corte Interamericana.
[57] Por ejemplo, *Caso Durand y Ugarte Vs. Perú. Medidas Provisionales*. Resolución de la Corte Interamericana de Derechos Humanos de 8 de febrero de 2018, párr. 10; *Caso Barrios Altos Vs. Perú. Supervisión de Cumplimiento de Sentencia*. Resolución de la Corte Interamericana de Derechos Humanos de 7 de septiembre de 2012, párr. 9; y *Caso Barrios Altos y Caso La Cantuta Vs. Perú. Supervisión de Cumplimiento de Sentencia*. Resolución de la Corte Interamericana de Derechos Humanos de 30 de mayo de 2018, párr. 15.
[58] *Cfr. Artículo 55 de la Convención Americana sobre Derechos Humanos*. Opinión Consultiva OC-20/09 de 29 de septiembre de 2009. Serie A No. 20, párr. 60. Adicionalmente, en los casos *Kimel Vs. Argentina*, y *Castañeda Gutman Vs. México*, la Corte IDH indicó que dichos escritos "[…] son presentaciones de terceros ajenos a la disputa que aportan a la Corte argumentos u opiniones que pueden servir como elementos de juicio relativos a aspectos de derecho que se ventilan ante la misma. En este sentido, pueden ser presentados en cualquier momento antes de la deliberación de la sentencia correspondiente. Además, conforme a la práctica de esta Corte, los *amici curiae* pueden incluso referirse a cuestiones relacionadas con el cumplimiento mismo de la sentencia . Por otra parte, la Corte resalta que los asuntos que son de su conocimiento poseen una trascendencia o interés general que justifica la mayor deliberación posible de argumentos públicamente ponderados, razón por la cual los *amici curiae* tienen un importante valor para el fortalecimiento del Sistema Interamericano de Derechos Humanos, a través de reflexiones aportadas por miembros de la sociedad, que contribuyen al debate y amplían los elementos de juicio con que cuenta la Corte". *Cfr. Caso Kimel Vs. Argentina. Fondo, Reparaciones y Costas*. Sentencia de 2 de mayo de 2008. Serie C No. 177, párr. 14; y *Caso Castañeda Gutman Vs. México. Excepciones Preliminares, Fondo, Reparaciones y Costas*. Sentencia de 6 de agosto de 2008. Serie C No. 184, párr. 16.

related to the land and the territory,[59] forced displacement,[60] political participation,[61] and massacres.[62] The case of *Lakha Honhat* adds to these. Their utility in this judgment is evident, because the helpful content of the *amici curiae* submitted by organisations, institutions and individuals has been incorporated into several sections.[63]

75. A total of eight briefs of this type were presented to the Court in the *Lakha Honhat* case by 20 different organisations, institutions and private individuals, who submitted different observations and set out substantive arguments on certain issues. Most of the briefs addressed the right of the indigenous peoples to their ancestral territory with special emphasis on the right to be consulted,[64] as well as on aspects relating to the partial occupation by settlers and the need for the territories of indigenous and tribal peoples to be sufficiently extensive and of good quality.[65]

76. Another aspect of these briefs related to the direct justiciability and autonomous protection of the economic, social, cultural and environmental rights. In this regard, arguments were submitted to declare that the human rights to food, to cultural identity, to a healthy environment and even to water – the latter, which was not alleged by either the victims' representatives or by the Inter-American

---

[59] *Cf. Case of the Mayagna (Sumo) Awas Tingni Community v. Nicaragua. Merits, Reparations and Costs.* Judgment of August 31, 2001. Series C No. 79, paras. 38, 41, 42, 52 and 61; *Case of the Yakye Axa Indigenous Community v. Paraguay. Merits, Reparations and Costs.* Judgment of June 17, 2005. Series C No. 125, para. 19; *Case of the Kichwa Indigenous People of Sarayaku v. Ecuador. Merits and Reparations.* Judgment of June 27, 2012. Series C No. 245, para. 13; *Case of the Garifuna Community of Triunfo de la Cruz and its members v. Honduras. Merits, Reparations and Costs.* Judgment of October 8, 2015. Series C No. 305, para. 11; *Case of the Kaliña and Lokono Peoples v. Suriname. Merits, Reparations and Costs.* Judgment of November 25, 2015. Series C No. 309, para. 9, and *Case of the Xucuru Indigenous People and its members v. Brazil. Preliminary Objections, Merits, Reparations and Costs.* Judgment of February 5, 2018. Series C No. 346, para. 11.

[60] *Cf. Case of the Moiwana Community v. Suriname. Preliminary Objections, Merits, Reparations and Costs.* Judgment of June 15, 2005. Series C No. 124, para. 16; and *Case of the Afro-descendant Communities displaced from the Río Cacarica Basin (Operation Genesis) v. Colombia. Preliminary Objections, Merits, Reparations and Costs.* Judgment of November 20, 2013. Series C No. 270, para. 10.

[61] *Cf. Case of Yatama v. Nicaragua. Preliminary Objections, Merits, Reparations and Costs.* Judgment of June 23, 2005. Series C No. 127, paras. 17, 34, 38 and 42.

[62] *Cf. Case of the Members of the village of Chichupac and neighboring communities of the municipality of Rabinal v. Guatemala. Preliminary Objections, Merits, Reparations and Costs.* Judgment of November 30, 2016. Series C No. 328, para. 9.

[63] *Cf. Case of the Indigenous Communities of the Lhaka Honhat (Our Land) Association v. Argentina. Merits, Reparations and Costs. Judgment of February 6, 2020.* Series C No. 400, para. 50, footnote 33; para. 54, footnote 42; para. 144, footnote 141; para. 146, footnote 142; para. 161, footnote 150; para. 165, footnote 153; para. 165, footnote 154; para. 174, footnote 161; para. 174, footnote 162; para. 203, footnote 193; para. 216, footnote 210; para. 246, footnote 247; para. 250, footnote 251; para. 254, footnote 260; para. 258, footnote 263; para. 261, footnote 270; para. 275, footnote 288; para. 279, footnote 289; para. 353, footnote 331; para. 355, footnote 334, and para. 356, footnote 335.

[64] In this regard, see the *amicus curiae* submitted by the *Fundación Ambiente and Recursos Naturales*, pp. 6 to 13.

[65] See the entire *amicus curiae* of the Human Rights Center at the Pontificia Universidad Católica del Ecuador; also, the *amicus curiae* prepared jointly by the Due Process of Law Foundation (DPLF), the Human Rights Clinic of the University of Ottawa, the Democracy and Human Rights Institute of the Pontificia Universidad Católica del Perú, the Center for Studies on International Human Rights Systems of the Universidade Federal do Paraná, the International Human Rights Clinic of the Universidad de Guadalajara, and the O'Neill Institute for National and Global Health Law at Georgetown University Law Center, pp. 9 to 23; and lastly, see the *amicus curiae* submitted by the NGO "Tierraviva a los pueblos indígenas del Chaco," pp. 10 to 16.

1279

esencialmente sobre aspectos de la tierra y el territorio[59], desplazamiento forzado[60], participación política[61] y masacres[62]. El caso *Lakha Honat* se suma a los anteriores. Su utilidad en la presente Sentencia resulta evidente, ya que en diversas secciones se incorpora el valioso contenido de los *amici curiae* remitidos por organizaciones, instituciones y personas[63].

75. Así, en el caso *Lakha Honat* fueron presentados un total de 8 escritos en esta calidad ante la Corte IDH, por parte de 20 diferentes organizaciones, instituciones y personas de la sociedad civil, quienes sometieron diversas observaciones y expresaron ricos argumentos, que comparten ciertas líneas temáticas. En los escritos fue común el abordaje del derecho al territorio ancestral de los pueblos indígenas, con especial énfasis en el derecho a la consulta[64], así como aspectos relativos a la ocupación parcial por parte de colonos y la necesidad de que los territorios de pueblos indígenas y tribales sean de suficiente extensión y calidad[65].

76. Otra vertiente de los referidos escritos se refiere a la justiciabilidad directa y la protección autónoma de los derechos económicos, sociales, culturales y ambientales. Sobre esta línea se presentaron argumentos para declarar que los derechos humanos a la alimentación, a la identidad cultural, al medio ambiente sano e incluso al derecho al agua – este último, no alegado por los representantes de las víctimas ni por la

---

[59] *Cfr. Caso de la Comunidad Mayagna (Sumo) Awas Tingni Vs. Nicaragua. Fondo, Reparaciones y Costas.* Sentencia de 31 de agosto de 2001. Serie C No. 79, párrs. 38, 41, 42, 52 y 61; *Caso Comunidad Indígena Yakye Axa Vs. Paraguay. Fondo, Reparaciones y Costas.* Sentencia de 17 de junio de 2005. Serie C No. 125, párr. 19; *Caso Pueblo Indígena Kichwa de Sarayaku Vs. Ecuador. Fondo y Reparaciones.* Sentencia de 27 de junio de 2012. Serie C No. 245, párr. 13; *Caso Comunidad Garífuna Triunfo de la Cruz y sus miembros Vs. Honduras. Fondo, Reparaciones y Costas.* Sentencia de 8 de octubre de 2015. Serie C No. 305, párr. 11; *Caso Pueblos Kaliña y Lokono Vs. Surinam. Fondo, Reparaciones y Costas.* Sentencia de 25 de noviembre de 2015. Serie C No. 309, párr. 9; y *Caso Pueblo Indígena Xucuru y sus miembros Vs. Brasil. Excepciones Preliminares, Fondo, Reparaciones y Costas.* Sentencia de 5 de febrero de 2018. Serie C No. 346, párr. 11.

[60] *Cfr. Caso de la Comunidad Moiwana Vs. Surinam. Excepciones Preliminares, Fondo, Reparaciones y Costas.* Sentencia de 15 de junio de 2005. Serie C No. 124, párr. 16; y *Caso de las Comunidades Afrodescendientes desplazadas de la Cuenca del Río Cacarica (Operación Génesis) Vs. Colombia. Excepciones Preliminares, Fondo, Reparaciones y Costas.* Sentencia de 20 de noviembre de 2013. Serie C No. 270, párr. 10.

[61] *Cfr. Caso Yatama Vs. Nicaragua. Excepciones Preliminares, Fondo, Reparaciones y Costas.* Sentencia de 23 de junio de 2005. Serie C No. 127, párrs. 17, 34, 38 y 42.

[62] *Cfr. Caso Miembros de la Aldea Chichupac y comunidades vecinas del Municipio de Rabinal Vs. Guatemala. Excepciones Preliminares, Fondo, Reparaciones y Costas.* Sentencia de 30 de noviembre de 2016. Serie C No. 328, párr. 9.

[63] *Cfr. Caso Comunidades indígenas miembros de la asociación Lhaka Honhat (Nuestra Tierra) Vs. Argentina. Fondo, Reparaciones y Costas.* Sentencia de 6 de febrero de 2020. Serie C No. 400, párr. 50, nota 33; párr. 54, nota 42; párr. 144, nota 141; párr. 146, nota 142; párr. 161, nota 150; párr. 165, nota 153; párr. 165, nota 154; párr. 174, nota 161; párr. 174, nota 162; párr. 203, nota 193; párr. 216, nota 210; párr. 246, nota 247; párr. 250, notal 251; párr. 254, nota 260; párr. 258, nota 263; párr. 261, nota 270; párr. 275, nota 288; párr. 279, nota 289; párr. 353, nota 331; párr. 355, nota 334, y párr. 356, nota 335.

[64] Al respecto, véase el *Amicus Curiae* presentado por la Fundación Ambiente y Recursos Naturales, págs. 6–13.

[65] Véase *Amicus Curiae* del Centro de Derechos Humanos de la Pontificia Universidad Católica del Ecuador, en su totalidad; asimismo, *Amicus Curiae* elaborado de manera conjunta por la Fundación para el Debido Proceso, la Clínica de Derechos Humanos de la Universidad de Ottawa, el Instituto de Democracia y Derechos Humanos de la Pontificia Universidad Católica del Perú (IDEHPUCP), el Núcleo de Estudios en Sistemas Internacionales de Derechos Humanos (NESIDH) de la Universidad Federal de Paraná (UFPR), la Clínica Internacional de Derechos Humanos CUCSH – Universidad de Guadalajara, y el O'Neill Institute for National and Global Health Law, Georgetown University Law Center, pág. 9–23; y finalmente, ver *Amicus Curiae* presentado por la organización "Tierra Viva a los pueblos indígenas del Chaco", págs. 10–16.

Commission, but was incorporated in the judgment under the *iura novit curia* principle – were rights protected by Article 26 of the American Convention based on the methodology previously used in the Inter-American Court's case law, which, according to these briefs, were violated by the Argentine State in this case.[66]

77. Furthermore, they proposed criteria that, based on its methodology since the 2017 case of *Lagos del Campo,* the Inter-American Court should use to interpret both the content of the said rights and the series of related obligations. In this way, these briefs reinforced the jurisprudential line initiated by the Court, but with a vision and a focus on the relationship that exists between the ESCER and the indigenous ancestral territories, which reveals the need and importance of continuing to address such problems autonomously, directly and integrally.

78. The *amici curiae* that were submitted also contributed important elements that were reflected in the judgment concerning the "fission-fusion" processes,[67] problems of the domestic legal system in relation to indigenous communal property,[68] the importance of environmental impact assessments made by independent and technically capable entities or on the rights to a healthy environment,[69] to food, to water, and to cultural identity of the indigenous peoples,[70] or on the importance of the right to a healthy environment as an essential component of development policies and in order to combat climate change, as well as its connection to the indigenous peoples in the 2030 Agenda of the United Nations.[71]

79. Based on the above, it can be said that one of the fundamental pillars of the Inter-American Court's work is the permanent communication with organizations, institutions and society in general, which takes places in both directions – in other words, the Court, by establishing regional standards for human rights, and the organizations, institutions and individuals, by their active participation in procedures

---

[66] See the entire *amicus curiae* of Olivier De Schutter, in collaboration with the Human Rights Clinic of the Law Faculty of the University of Miami and the Environmental Law Clinic of the University of Saint Louis; also see the *amicus curiae* prepared jointly by the Due Process of Law Foundation (DPLF), the Human Rights Clinic of the University of Ottawa, the Democracy and Human Rights Institute of the Pontificia Universidad Católica del Perú, the Center for Studies on International Human Rights Systems of the Universidade Federal do Paraná, the International Human Rights Clinic of the Universidad de Guadalajara, and the O'Neill Institute for National and Global Health Law at Georgetown University Law Center, pp. 23 to 51; also see the entire *amici curiae* submitted jointly by the Asociación Civil por la Igualdad y la Justicia; Amnesty International; Interamerican Association for Environmental Defense; Comisión Colombiana de Juristas; Dejusticia; FIAN International; International Women's Rights Action Watch-Asia Pacific, and Minority Rights Group International, coordinated by the Secretariat of the International Economic, Social and Cultural Rights Network (ESCR-Net).
[67] *Cf. Case of the Indigenous Communities of the Lhaka Honhat (Our Land) Association v. Argentina. Merits, Reparations and Costs.* Judgment of February 6, 2020. Series C No. 400, footnote 33.
[68] *Cf. Case of the Indigenous Communities of the Lhaka Honhat (Our Land) Association v. Argentina. Merits, Reparations and Costs.* Judgment of February 6, 2020. Series C No. 400, footnote 154.
[69] *Cf. Case of the Indigenous Communities of the Lhaka Honhat (Our Land) Association v. Argentina. Merits, Reparations and Costs.* Judgment of February 6, 2020. Series C No. 400, footnotes 162, 193 and 288.
[70] *Cf. Case of the Indigenous Communities of the Lhaka Honhat (Our Land) Association v. Argentina. Merits, Reparations and Costs.* Judgment of February 6, 2020. Series C No. 400, footnotes 210, 247, 260, 263 and 270.
[71] *Cf. Case of the Indigenous Communities of the Lhaka Honhat (Our Land) Association v. Argentina. Merits, Reparations and Costs.* Judgment of February 6, 2020. Series C No. 400, footnote 193.

Comisión Interamericana, pero que fue incorporado vía *iura novit curia* en la Sentencia –, eran derechos protegidos por el artículo 26 de la Convención Americana de acuerdo a la metodología previa de la jurisprudencia de la Corte IDH y que, de acuerdo a esos escritos, fueron vulnerados en este caso por el Estado argentino[66].

77. Además, se propusieron criterios mediante las cuales el Tribunal Interamericano, a partir de su metodología fijada desde el caso *Lagos del Campo* de 2017, debería interpretar tanto el contenido como el régimen de obligaciones de los derechos antes mencionados. De esta forma, los referidos escritos afianzaron el camino jurisprudencial emprendido por esta Corte IDH, pero ahora con una visión y bajo un enfoque sobre la relación existente de los DESCA y los territorios ancestrales indígenas, con lo que se demuestra la necesidad e importancia de seguir abordando estas problemáticas de manera autónoma, directa e integral.

78. También los *amici curiae* presentados aportaron elementos muy importantes que quedaron reflejados en la Sentencia, relacionados con los procesos de "fisión-fusión"[67], problemáticas del régimen legal interno respecto a la propiedad comunitaria indígena[68], la importancia de los estudios de impacto ambiental realizada por entidades independientes y técnicamente capaces o sobre el derecho al medio ambiente sano[69], a la alimentación, al agua y a la identidad cultural de los pueblos indígenas[70], o la importancia que tiene el derecho al medio ambiente sano como un componente prioritario de las políticas de desarrollo y con el fin de combatir el cambio climático, así como su vínculo con los pueblos indígenas en la Agenda 2030 de las Naciones Unidas[71].

79. Con todo lo anterior, es posible señalar que la Corte IDH tiene como pilar fundamental en su labor, la comunicación permanente con organizaciones, instituciones y la sociedad en general, lo cual se realiza en ambas direcciones; es decir, la Corte IDH mediante establecimiento de estándares regionales en materia de derechos humanos, y las organizaciones, instituciones y personas mediante su activa

---

[66] Véase *Amicus Curiae* de Olivier De Schutter, en colaboración con Clínica de Derechos Humanos de la Facultad de Derecho de la Universidad de Miami y la Clínica de Derecho Ambiental de la Universidad de Saint-Louis, en su totalidad; asimismo, ver *Amicus Curiae* elaborado de manera conjunta por la Fundación para el Debido Proceso, la Clínica de Derechos Humanos de la Universidad de Ottawa, el Instituto de Democracia y Derechos Humanos de la Pontificia Universidad Católica del Perú (IDEHPUCP), el Núcleo de Estudios en Sistemas Internacionales de Derechos Humanos (NESIDH) de la Universidad Federal de Paraná (UFPR), la Clínica Internacional de Derechos Humanos CUCSH – Universidad de Guadalajara, y el O'Neill Institute for National and Global Health Law, Georgetown University Law Center, pág. 23-51; también, ver escrito de *Amici Curiae* presentado conjuntamente por Asociación Civil por la Igualdad y la Justicia, Amnesty International, Asociación Interamericana para la Defensa del Ambiente, Comisión Colombiana de Juristas, Dejusticia, FIAN International, International Women's Rights Action Watch Asia Pacific y Minority Rights Group International, coordinado por la secretaría de la Red Internacional de Derechos Económicos, Sociales y Culturales (Red-DESC), en su totalidad.

[67] Cfr. *Caso Comunidades indígenas miembros de la asociación Lhaka Honhat (Nuestra Tierra) Vs. Argentina. Fondo, Reparaciones y Costas*. Sentencia de 6 de febrero de 2020. Serie C No. 400, nota 33.

[68] Cfr. *Caso Comunidades indígenas miembros de la asociación Lhaka Honhat (Nuestra Tierra) Vs. Argentina. Fondo, Reparaciones y Costas*. Sentencia de 6 de febrero de 2020. Serie C No. 400, nota 154.

[69] Cfr. *Caso Comunidades indígenas miembros de la asociación Lhaka Honhat (Nuestra Tierra) Vs. Argentina. Fondo, Reparaciones y Costas*. Sentencia de 6 de febrero de 2020. Serie C No. 400, notas 162, 193 y 288.

[70] Cfr. *Caso Comunidades indígenas miembros de la asociación Lhaka Honhat (Nuestra Tierra) Vs. Argentina. Fondo, Reparaciones y Costas*. Sentencia de 6 de febrero de 2020. Serie C No. 400, notas 210, 247, 260, 263 y 270.

[71] Cfr. *Caso Comunidades indígenas miembros de la asociación Lhaka Honhat (Nuestra Tierra) Vs. Argentina. Fondo, Reparaciones y Costas*. Sentencia de 6 de enero de 2020. Serie C No. 400, nota 193.

and proceedings using the mechanisms of the *amicus curiae* – and which strengthens the multidimensional dialogue in favor of inter-American public order in the region.

80. The *amicus curiae* mechanism has become an important tool of the Inter-American Court that enhances its jurisprudential work and the effective protection of human rights, and is increasingly being used by non-governmental organizations, academic institutions and members of civil society who have a legitimate interest in the issues discussed before the organs of the inter-American system. Even though such briefs are not binding and lack evidentiary value,[72] they allow the Court to benefit from greater insight regarding domestic and international law and, by drawing on valuable contributions from civil society, it can gain a panoramic view of the implications of its decisions.

81. The inter-American system not only encourages the use of the standards issued by the Inter-American Court, but also the Court's openness to receiving observations and opinions in the exercise of its contentious and advisory jurisdiction, and this ensures that there is a bi-directional, rather than an unidirectional, sharing of ideas.

82. The constructive and exemplary dialogue generated by the participation of organizations, institutions and individuals using the mechanism of *amicus curiae* submitted to the Court must continue to be encouraged, thereby creating an inclusive environment for ideas that promotes more and better protection for human rights in the region, and results in the permanent evolution American law.

V
CONCLUSIONS

83. The case of *Lakha Honhat* constitutes the first contentious case in which the Inter-American Court has ruled directly and autonomously on the rights to a healthy environment, to food, to water and to cultural identity, the latter as an offshoot of the right to enjoy cultural life.[73]

84. In this regard, for each of the rights analyzed, the Court identified the provisions of both international law,[74] and comparative constitutional law;[75] but, in particular, the way in which these rights have been recognized and incorporated by Argentine constitutional law.[76] It is also relevant to emphasize that Argentina did not file a preliminary objection on the Court's competence to examine the autonomous violation of these rights; to the contrary, the State merely submitted arguments on why

---

[72] *Case of the Expelled Dominicans and Haitians v. Dominican Republic. Preliminary Objections, Merits, Reparations and Costs*. Judgment of August 28, 2014. Series C No. 282, para. 15.

[73] *Case of the Indigenous Communities of the Lhaka Honhat (Our Land) Association v. Argentina. Merits, Reparations and Costs*. Judgment of February 6, 2020. Series C No. 400, para. 201.

[74] *Cf. Case of the Indigenous Communities of the Lhaka Honhat (Our Land) Association v. Argentina. Merits, Reparations and Costs*. Judgment of February 6, 2020. Series C No. 400, paras. 202, 210, 222 to 224 and 231.

[75] *Cf. Case of the Indigenous Communities of the Lhaka Honhat (Our Land) Association v. Argentina. Merits, Reparations and Costs*. Judgment of February 6, 2020. Series C No. 400, paras. 206, 215 and 236.

[76] *Cf. Case of the Indigenous Communities of the Lhaka Honhat (Our Land) Association v. Argentina. Merits, Reparations and Costs*. Judgment of February 6, 2020. Series C No. 400, paras. 204, 214, 225 and 235.

participación en los procesos y procedimientos mediante la figura del *amicus curiae*, lo que fortalece el diálogo multidimensional a favor del orden público interamericano en la región.

80. El *amicus curiae* se erige ante el Tribunal Interamericano como una importante herramienta que enriquece el trabajo jurisprudencial de esta Corte IDH y la efectiva protección de los derechos humanos, y cada vez tiene una mayor atención por parte de las organizaciones no gubernamentales, instituciones académicas y personas de la sociedad civil, que tienen un interés legítimo en los temas que se discuten ante los órganos del Sistema Interamericano. Pese a que no son vinculantes y que carecen de valor probatorio[72], le permiten al Tribunal Interamericano favorecerse con mayores elementos conforme al derecho nacional e internacional, y de esta manera tener una panorámica de las implicaciones de la decisión, nutriéndose de valiosas consideraciones desde la sociedad civil.

81. En el Sistema Interamericano se ha incentivado no sólo el acercamiento a los estándares emitidos por el Tribunal Interamericano, sino también su apertura para recibir observaciones y opiniones en el ejercicio de su competencia contenciosa y consultiva, con lo que se garantiza que exista un diálogo de emisión y recepción de ideas recíproco, y no sólo unidireccional.

82. Es necesario seguir impulsando el diálogo constructivo y virtuoso que se genera con la participación de las organizaciones, instituciones y personas mediante la figura del *amicus curiae* ante la Corte IDH y así procurar un ámbito de ideas incluyente, para la mayor y mejor protección de los derechos humanos en la región, lo que permite un Derecho Americano en permanente evolución.

V
CONCLUSIONES

83. El caso *Lakha Honhat* constituye el primer caso contencioso en el cual la Corte IDH se pronuncia de manera directa y autónoma sobre los derechos al medio ambiente sano, a la alimentación, al agua y a la identidad cultural, este último como proyección del derecho a disfrutar de la vida cultural[73].

84. Al respecto, por cada uno de los derechos analizados se realiza un ejercicio de identificación de las disposiciones tanto de derecho internacional[74] como las pertinentes en relación con el derecho constitucional comparado[75], pero en lo particular la forma en la que dichos derechos han sido reconocidos e integrados por el derecho constitucional argentino[76]. Además, es pertinente destacar que Argentina no presentó excepción preliminar cuestionando la competencia de la Corte IDH sobre la

---

[72] *Caso de Personas dominicanas y haitianas expulsadas Vs. República Dominicana. Excepciones Preliminares, Fondo, Reparaciones y Costas.* Sentencia de 28 de agosto de 2014. Serie C No. 282, párr. 15.
[73] *Caso Comunidades indígenas miembros de la asociación Lhaka Honhat (Nuestra Tierra) Vs. Argentina. Fondo, Reparaciones y Costas.* Sentencia de 6 de febrero de 2020. Serie C No. 400, párr. 201.
[74] *Cfr. Caso Comunidades indígenas miembros de la asociación Lhaka Honhat (Nuestra Tierra) Vs. Argentina. Fondo, Reparaciones y Costas.* Sentencia de 6 de febrero de 2020. Serie C No. 400, párrs. 202, 210, 222 a 224 y 231.
[75] *Cfr. Caso Comunidades indígenas miembros de la asociación Lhaka Honhat (Nuestra Tierra) Vs. Argentina. Fondo, Reparaciones y Costas.* Sentencia de 6 de febrero de 2020. Serie C No. 400, párrs. 206, 215, y 236.
[76] *Cfr. Caso Comunidades indígenas miembros de la asociación Lhaka Honhat (Nuestra Tierra) Vs. Argentina. Fondo, Reparaciones y Costas.* Sentencia de 6 de febrero de 2020. Serie C No. 400, párrs. 204, 214, 225 y 235.

it considered that the rights had not been violated in this case, which reveals that there was no dispute about their justiciability.

85. It is also the first occasion on which the Court has declared the violation of Article 26 of the American Convention in a case relating to indigenous and tribal peoples and communities, based on the methodology used in the precedents on the direct justiciability of the ESCER. This case has underscored the close ties between the rights to take part in cultural life (as this relates to their cultural identity), to a healthy environment, to adequate food, and to water, which are analyzed from a perspective of guaranteeing the rights of the communities that were declared victims. In particular, the judgment focuses on the content of these rights based on the subject-matter involved: namely, indigenous peoples and communities. The judgment understands that they have, and express, a particular way of seeing and understanding their environment based on their specific world view, which called for a comprehensive assessment of the possible violations of the Pact of San José.

86. This judgment is a response to one of the major debts owed by the inter-American case law to indigenous issues, especially because it develops and places the "territory" as its central element, considering it a concept that includes not only the "land" but also other elements that were protected autonomously on this occasion, using Article 26 of the American Convention. This reasoning allows the indigenous and tribal peoples of the region to find greater access to justice and provides a holistic vision of the protection of their rights in this precedent, which should also be seen as harmonizing with the UN 2030 Agenda[77] and its Sustainable Development Goals (SDGs).[78]

87. In sum, the case of *Lakha Honhat* is one more element in the consolidation of the jurisprudential line on ESCER in the inter-American system and, in general, contributes to provide greater clarity to the content of these rights and to the State obligations in relation to the protection of social rights in our region. It reflects an approach taken by the Inter-American Court to ensure that all rights – civil, political, economic, social, cultural and environmental – are seen as such, in light of their

---

[77] As indicated in a recent ILO document: "the 2030 Agenda recognizes that, if poverty is to be eliminated, development policies must also counter inequalities – including those that exist along gender and ethnic lines (UN, SDG 10) – through a simultaneous pursuit of economic growth and respect for rights. For this opportunity to be seized, it is essential that specific attention is paid to the situation of indigenous and tribal peoples, their participation and contributions, and integrated into actions taken towards achieving the SDGs. The next ten years *en route* to 2030 will be critical if existing patterns of disadvantage and exclusion are to be sustainably reversed." ILO, *Implementing the ILO Indigenous and Tribal Peoples Convention No. 169: Towards an inclusive, sustainable and just future*, February 2020, p.37.

[78] For example, it has been indicated that the following SDGs of the 2030 Agenda are especially relevant to the development priorities of the indigenous peoples: "Goal 1. End poverty in all its forms everywhere; Goal 2. End hunger, achieve food security and improved nutrition and promote sustainable agriculture; Goal 3. Ensure healthy lives and promote well-being for all at all ages; Goal 4. Ensure inclusive and equitable quality education and promote lifelong learning opportunities for all; Goal 5. Achieve gender equality and empower all women and girls; Goal 13. Take urgent action to combat climate change and its impacts; Goal 15. Protect, restore and promote sustainable use of terrestrial ecosystems, sustainably manage forests, combat desertification, and halt and reverse land degradation and halt biodiversity loss." See: UN, Economic and Social Council, Permanent Forum for Indigenous Issues, *Report of the Expert Group Meeting on Indigenous Peoples and the 2030 Agenda*, E/C.19/2016/2, February 18, 2016, para. 16.

posibilidad de conocer sobre la vulneración autónoma de estos derechos; por el contrario, el Estado se limitó a emitir argumentos por los cuales consideró que dichos derechos no fueron vulnerados en el presente caso, lo que demuestra que no existía controversia sobre la justiciabilidad de los mismos.

85. También es la primera ocasión en el que se declara violado el artículo 26 de la Convención Americana en un caso de pueblos y comunidades indígenas y tribales, conforme a la metodología seguida en los precedentes sobre la justiciabilidad directa de los DESCA. En el caso se ha puesto de relieve la estrecha vinculación entre los derechos a participar en la vida cultural, en lo atinente a su identidad cultural, al medio ambiente sano, a la alimentación adecuada y al agua, que son analizados desde una visión de garantía para las comunidades que fueron víctimas. Particularmente, la Sentencia enfoca el contenido de estos derechos atendiendo al sujeto del cual se trata, es decir, pueblos y comunidades indígenas; la Sentencia comprende que éstos tienen, y manifiestan, una particular forma de ver y comprender el entorno que los rodea, a la luz de su propia cosmovisión, por lo que requieren una forma integral de evaluar las posibles violaciones que se derivan del Pacto de San José.

86. La presente Sentencia se erige como respuesta a una de las grandes deudas que tiene la jurisprudencia interamericana en la materia indígena, en lo particular porque desarrolla y pone como eje central al "territorio" como concepto que comprende no sólo la "tierra", sino tambien otros elementos que fueron tutelados de manera autónoma, en esta oportunidad a través del artículo 26 de la Convención Americana. Este razonamiento permite que las comunidades y pueblos indigenas y tribales de la región encuentren en este precedente un mayor acceso a la justicia y una visión holística en la protección a sus derechos, lo que también debe verse en sintonía con la Agenda 2030 de la ONU[77] y sus Objetivos de Desarrollo Sostenible (ODS)[78].

87. En suma, el caso *Lakha Honhat* es un elemento más en la consolidación de la línea jurisprudencial en materia de DESCA en el Sistema Interamericano y, en general, contribuye a una mayor claridad en el contenido de los derechos y en las obligaciones estatales para la protección de los derechos sociales en nuestra región. Se trata de una aproximación que ha adoptado la Corte IDH para lograr que todos los derechos – civiles, políticos, económicos, sociales, culturales y ambientales – sean

---

[77] Como se expresa en un documento reciente de la OIT, "la Agenda 2030 reconoce que para eliminar la pobreza, las políticas de desarrollo también deben combatir las desigualdades, inclusive las originadas por cuestiones de género u origen étnico (Naciones Unidas, ODS 10), a través de la búsqueda simultánea del desarrollo económico y el respeto de los derechos. Para aprovechar esta oportunidad, es fundamental que se preste especial atención a la situación de los pueblos indígenas y tribales, a su participación y a sus contribuciones, y que se traduzca en acciones orientadas al logro de los ODS: Los próximos diez años que quedan hasta 2030 serán decisivos si se quieren invertir de manera duradera los patrones existentes de desigualdad y exclusión". OIT, *Aplicación del Convenio sobre pueblos indígenas y tribales núm. 169 de la OIT: Hacia un futuro inclusivo, sostenible y justo,* febrero de 2020.

[78] Por ejemplo, se ha indicado que los siguientes ODS de la Agenda 2030, se relacionan especialmente con las prioridades de desarrollo de los pueblos indígenas: Objetivo 1. Poner fin a la pobreza en todas sus formas y en todo el mundo; Objetivo 2. Poner fin al hambre, lograr la seguridad alimentaria y la mejora de la nutrición y promover la agricultura sostenible; Objetivo 3. Garantizar una vida sana y promover el bienestar de todos a todas las edades; Objetivo 4. Garantizar una educación inclusiva y equitativa de calidad y promover oportunidades de aprendizaje permanente para todos; Objetivo 5. Lograr la igualdad de género y empoderar a todas las mujeres y las niñas; Objetivo 13. Adoptar medidas urgentes para combatir el cambio climático y sus efectos; Objetivo 15. Proteger, restablecer y promover el uso sostenible de los ecosistemas terrestres, gestionar sosteniblemente los bosques, luchar contra la desertificación, detener e invertir la degradación de las tierras y detener la pérdida de biodiversidad. Véase: ONU, Consejo Económico y Social, Foro Permanente para las Cuestiones Indígenas, *Informe de la Reunión de Expertos sobre los Pueblos Indígenas y la Agenda 2030,* E/C.19/2016/2, 18 de febrero de 2016, párr. 16.

interdependence and indivisibility, without any hierarchy among them, so that the States comply with and implement their obligations to respect and to ensure human rights. This is especially important for certain vulnerable groups in the region, such as the indigenous and tribal communities and peoples (who continue to be "the poorest among the poor"[79]), suffering "historic injustices,"[80] and who not only depend physically on the resources in their territory, but also have a spiritual symbiosis with them.

Eduardo Ferrer Mac-Gregor Poisot
Judge

Pablo Saavedra Alessandri
    Secretary

---

[79] ILO, *Implementing the ILO Indigenous and Tribal Peoples Convention No. 169: Towards an inclusive, sustainable and just future*, February 2020, p. 20. The report notes the social inequality and inequity faced by these peoples in light of current social and environmental challenges. The UN has indicated, referring to this report, that the "'Spectre of poverty' hangs over tribes and indigenous groups" and that "Indigenous and tribal communities are around three times more likely to face extreme poverty than others with women "consistently at the bottom of all social and economic indicators." Data from nine countries in this same region also showed that these indigenous communities constituted almost 30 per cent of the extreme poor – the highest proportion across all global regions." See UN, February 3, 2020: https://news.un.org/en/story/2020/02/1056612

[80] As recognized in the *Preamble to the American Declaration on the Rights of Indigenous Peoples* – which took almost 20 years of negotiations – the States of the continent expressed their concern "that indigenous peoples have suffered from *historic injustices* as a result of, *inter alia*, their colonization and the dispossession of *their lands, territories and resources*, thus preventing them from exercising, in particular, their right to development in accordance with their own needs and interests;" and therefore recognized the "urgent need to respect and promote the inherent rights of indigenous peoples, which derive from their political, economic, and social structures and from their cultures, spiritual traditions, histories, and philosophies, especially their rights to their lands, territories, and resources." *Preamble to the American Declaration on the Rights of Indigenous Peoples,* adopted at the second plenary session of the OAS General Assembly held on June 14, 2016.

vistos como tales, a la luz de la interdependencia e indivisibilidad de los mismos, sin jerarquía entre sí, y para que los Estados cumplan y materialicen de mejor forma sus obligaciones de respeto y garantía a los derechos humanos. Lo anterior resulta especialmente importante para ciertos grupos en situación de vulnerabilidad en la región, como las comunidades y pueblos indígenas y tribales (que siguen siendo "los más pobres entre los pobres"[79]), sufriendo "injusticias históricas"[80], y que no solo dependen físicamente de los recursos que se encuentran en su territorio, sino que también tienen una simbiosis espiritual con los mismos.

Eduardo Ferrer Mac-Gregor Poisot
Juez

Pablo Saavedra Alessandri
    Secretario

---

[79] *Aplicación del Convenio sobre pueblos indígenas y tribales núm. 169 de la OIT: Hacia un futuro inclusivo, sostenible y justo,* Ginebra, 2019, p. 20. En dicho estudio se advierte la desigualdad e inequidad sociales que afrontan estos pueblos, a la luz de los desafíos sociales y ambientales actuales. La ONU ha señalado haciendo referencia a este estudio, que "América Latina es la región del mundo con la mayor proporción de indígenas en la pobreza extrema", en el que los "grupos indígenas y tribales del mundo tienen tres veces más probabilidades de padecer pobreza extrema que otras comunidades y las mujeres se encuentran al fondo de todos los indicadores sociales y económicos. Un análisis por regiones señala a América Latina como el área donde esos pueblos sufren más el flagelo en relación con el total de la población". Véase ONU, 3 de febrero de 2020: https://news.un.org/es/story/2020/02/1468982.

[80] Como se reconoce en el *Preámbulo* de la *Declaración Americana sobre los Derechos de los Pueblos Indígenas*, motivo de negociaciones por casi dos décadas, los Estados del continente expresan su preocupación "por el hecho de que los pueblos indígenas han sufrido *injusticias históricas* como resultado, entre otras cosas, de la colonización y de haber sido despojseídos *de sus tierras, territorios y recursos*, lo que les ha impedido ejercer, en particular, su derecho al desarrollo de conformidad con sus propias necesidades e intereses"; y por ello reconocen la "urgente necesidad de respetar y promover los derechos intrínsecos de los pueblos indígenas, que derivan de sus estructuras políticas, económicas y sociales y de sus culturas, de sus tradiciones espirituales, de su historia y de su filosofía, *especialmente los derechos a sus tierras, territorios y recursos*". *Preámbulo de la Declaración Americana sobre los Derechos de los Pueblos Indígenas*, aprobada en la segunda sesión plenaria de la Asamblea General de la OEA, celebrada el 14 de junio de 2016.

PARTIALLY DISSENTING OPINION OF JUDGE EDUARDO VIO GROSSI

I
INTRODUCTION

1. This partially dissenting opinion is issued[1] with regard to the above judgment[2] in order to explain the reasons why the author disagrees with operative paragraphs 3,[3] 11,[4] 12[5] and 13[6] of the judgment, which, based on the provisions of Article 26 of the American Convention on Human Rights,[7] declare, in the first, the violation of the rights to cultural identity, a healthy environment, adequate food, and water, and establish in the following paragraphs measures of reparation in relation to these violations, thereby making them justiciable before the Inter-American Court of Human Rights.[8] Evidently, my basic disagreement relates to the content of the said third operative paragraph, because the contents of the eleventh, twelfth and thirteenth operative paragraphs are merely its consequences.

2. First, it is necessary to indicate that the author is repeating what he has already stated in previous separate opinions[9] regarding the use of that article of the

---

[1] Art. 66(2) of the Convention: "If the judgment does not represent in whole or in part the unanimous opinion of the judges, any judge shall be entitled to have his dissenting or separate opinion attached to the judgment."
Art. 24(3) of the Court's Statute: "The decisions, judgments and opinions of the Court shall be delivered in public session, and the parties shall be given written notification thereof. In addition, the decisions, judgments and opinions shall be published, along with judges' individual votes and opinions and with such other data or background information that the Court may deem appropriate."
Art. 65(2) of the Court's Rules of Procedure: "Any judge who has taken part in the consideration of a case is entitled to append a separate concurring or dissenting opinion to the judgment. These opinions shall be submitted within a time frame established by the President so that the other judges may take cognizance thereof before notice of the judgment is served. Such opinions shall only refer to the issues covered in the judgment."
Hereinafter, each time a provision is cited without indicating the corresponding legal instrument, it should be understood that it refers to the American Convention on Human Rights.
[2] Hereinafter, the judgment.
[3] "The State is responsible for the violation of the right to take part in cultural life as this relates to cultural identity, a healthy environment, adequate food and water, established in Article 26 of the American Convention on Human Rights, in relation to Article 1(1) of this instrument, to the detriment of the 132 indigenous communities indicated in Annex V to this judgment, pursuant to paragraphs 195 to 289."
[4] "The State, within six months of notification of this judgment, shall submit a report to the Court identifying critical situations of lack of access to drinking water or food and shall draw up and implement an action plan, as established in paragraphs 332 and 343 of this judgment."
[5] "The State, within one year of notification of this judgment, shall prepare a report establishing the actions that must be implemented to conserve water and to avoid and rectify its contamination; to guarantee permanent access to drinking water; to avoid the persistence of the loss or decrease in forestry resources and endeavor to recover them, and to facilitate access to nutritional and culturally acceptable food, as established in paragraphs 333 to 335 and 343 of this judgment."
[6] "The State shall create a community development fund and shall ensure its execution within no more than four years of notification of this judgment, as established in paragraphs 338 to 343 of this judgment.'
[7] Hereinafter, the Convention.
[8] Hereinafter, the Court.
[9] Partially dissenting opinion of Judge Eduardo Vio Grossi, Inter-American Court of Human Rightse,*Case of Hernández v. Argentina. Preliminary Objection, Merits, Reparations and Costs.* Judgment of November 22, 2019; Partially dissenting opinion of Judge Eduardo Vio Grossi, Inter-American Court of Human Rights, *Case of Muelle Flores v. Peru.* Judgment of March 6, 2019, *Preliminary Objections, Merits, Reparations and Costs;* Partially dissenting opinion of Judge Eduardo Vio Grossi, Inter-American Court of

VOTO PARCIALMENTE DISIDENTE DEL JUEZ EDUARDO VIO GROSSI

I
INTRODUCCIÓN

1. Se expide el presente voto parcialmente disidente[1] con relación a la Sentencia del rótulo[2], a los efectos de dar cuenta de las razones por las que se discrepa de lo dispuesto en los resolutivos N°s 3[3], 11[4], 12[5] y 13[6] de aquella, los que, sobre la base de lo prescrito en el artículo 26 de la Convención Americana sobre Derechos Humanos[7], declara, en el primero, las violaciones de los derechos a la identidad cultural, al medio ambiente sano, a la alimentación adecuada y al agua y dispone, en los siguientes, medidas de reparación relativas a dichas violaciones, con todo lo cual hace éstas justiciables ante la Corte Interamericana de Derechos Humanos[8]. Evidentemente, la discrepancia fundamental dice relación con lo dispuesto en el indicado Resolutivo N° 3, ya que lo señalado en los mencionados Resolutivos N°s 11, 12 y 13 no son más que consecuencias de aquél.

2. A respecto, es menester señalar, previamente, que se reitera lo expresado en los votos individuales emitidos por el suscrito[9] acerca de la invocación que en las

---

[1] Art. 66.2 de la Convención: "Si el fallo no expresare en todo o en parte la opinión unánime de los jueces, cualquiera de éstos tendrá derecho a que se agregue al fallo su opinión disidente o individual".
Art. 24.3 de los Estatutos de la Corte: "Las decisiones, juicios y opiniones de la Corte se comunicarán en sesiones públicas y se notificarán por escrito a las partes. Además, se publicarán conjuntamente con los votos y opiniones separados de los jueces y con cualesquiera otros datos o antecedentes que la Corte considere conveniente".
Art.65.2 del Reglamento de la Corte: "Todo Juez que haya participado en el examen de un caso tiene derecho a unir a la sentencia su voto concurrente o disidente que deberá ser razonado. Estos votos deberán ser presentados dentro del plazo fijado por la Presidencia, de modo que puedan ser conocidos por los Jueces antes de la notificación de la sentencia. Dichos votos sólo podrán referirse a lo tratado en las sentencias".
En lo sucesivo, cada vez que se cite una disposición sin indicar el instrumento jurídico al que corresponde, se entenderá que es de la Convención Americana sobre Derechos Humanos.
[2] En adelante, la Sentencia.
[3] "El Estado es responsable por la violación a los derechos a participar en la vida cultural, en lo atinente a su identidad cultural, al medio ambiente sano, a la alimentación adecuada y al agua, establecidos en el artículo 26 de la Convención Americana sobre Derechos Humanos, en relación con el artículo 1.1 del mismo tratado, en perjuicio de las 132 comunidades indígenas señaladas en el Anexo V a la presente Sentencia, en los términos de sus párrafos 195 a 289."
[4] "El Estado, en el plazo máximo de seis meses contado a partir de la notificación de la presente Sentencia, presentará a la Corte un estudio en que identifique situaciones críticas de falta de acceso a agua potable o alimentación y formulará e implementará un plan de acción, en los términos señalados en los párrafos 332 y 343 de la presente Sentencia".
[5] "El Estado, en un plazo de un año contado a partir de la notificación de la presente Sentencia, elaborará un estudio en el que establezca acciones que deben instrumentarse para la conservación de aguas y para evitar y remediar su contaminación; garantizar el acceso permanente a agua potable; evitar que continúe la pérdida o disminución de recursos forestales y procurar su recuperación, y posibilitar el acceso a alimentación nutricional y culturalmente adecuada, en los términos de los párrafos 333 a 335 y 343 de la presente Sentencia".
[6] "El Estado creará un fondo de desarrollo comunitario e implementará su ejecución en un plazo no mayor a cuatro años a partir de la notificación de la presente Sentencia, en los términos señalados en los párrafos 338 a 343 de la presente Sentencia".
[7] En adelante, la Convención.
[8] En adelante, la Corte.
[9] Voto Parcialmente Disidente del Juez Eduardo Vio Grossi a la Sentencia del 22 de noviembre de 2019, Corte Interamericana de Derechos Humanos, *Caso Hernández Vs. Argentina. Excepción Preliminar, Fondo, Reparaciones y Costas*; Voto Parcialmente Disidente del Juez Eduardo Vio Grossi, Corte Interamericana de

Convention in the corresponding judgments, including the general and preliminary considerations included in some of these opinions.

3. However, it should also be indicated that since the adoption of the third operative paragraph – where the tie was broken by the casting vote of the President – constitutes an innovation in the Court's case law, this opinion clarifies or expands and even modifies certain aspects of the said partially dissenting opinions.

4. Moreover, it is extremely relevant to indicate at once that this opinion does not refer to the existence of the rights to cultural identity, a healthy environment, adequate food, and water, or to the other economic, social and cultural rights. The existence of those rights is not the purpose of this brief. Rather, the author is merely asserting that the Court, contrary to what is indicated in the judgment, lacks competence to examine the violation of such rights under the provisions of Article 26 of the Convention;[10] in other words, that the presumed violation of these rights is not justiciable before the Court.

5. This does not mean, however, that the violations of the said rights cannot be justiciable before the corresponding domestic jurisdictions. This will depend on the provisions of the respective domestic law, a matter that falls outside the purpose of this opinion and that is part of the internal, domestic or exclusive jurisdiction of the States Parties to the Convention.[11]

6. This opinion contends that it is necessary to distinguish between human rights in general, which, in all circumstances, must be respected pursuant to international law, and those that, in addition, are justiciable before an international jurisdiction. In this regard, it is worth noting that there are only three international human rights courts; the Inter-America Court of Human Rights, the European Court of Human Rights, and the African Court on Human and Peoples' Rights. Also, not all the States of the respective regions have accepted the jurisdiction of the corresponding court. Moreover, not all the regions of the world have an international human rights jurisdiction, and no universal human rights court has been created.

Human Rights, *Case of San Miguel Sosa et al. v. Venezuela. Merits, Reparations and Costs.* Judgment of February 8, 2018; Partially dissenting opinion of Judge Eduardo Vio Grossi, Inter-American Court of Human Rights, *Case of Lagos del Campo v. Peru. Preliminary Objection, Merits, Reparations and Costs.* Judgment of August 31, 2017, and Separate opinion of Judge Eduardo Vio Grossi, Inter-American Court of Human Rights, *Case of the Dismissed Employees of PetroPeru et al. v. Peru. Preliminary Objections, Merits, Reparations and Costs.* Judgment of November 23, 2017.

[10] Hereinafter, Article 26.

[11] "The question whether a certain matter is or is not solely within the jurisdiction of a State is an essentially relative question; it depends upon the development of international relations. Thus, in the present state of international law, questions of nationality are, in the opinion of the Court, in principle within this reserved domain." Permanent Court of International Justice, Advisory opinion on Nationality Decrees Issued in Tunis and Morocco (French Zone), Series B No. 4, p. 24.

Protocol No. 15 amending the [European] Convention for the Protection of Human Rights and Fundamental Freedoms. Art.1: "At the end of the preamble to the Convention, a new recital shall be added, which shall read as follows: "Affirming that the High Contracting Parties, in accordance with the principle of subsidiarity, have the primary responsibility to secure the rights and freedoms defined in this Convention and the Protocols thereto, and that in doing so they enjoy a margin of appreciation, subject to the supervisory jurisdiction of the European Court of Human Rights established by this Convention."

correspondientes Sentencias se hacen a la mencionada disposición convencional, incluyendo las consideraciones generales y previas realizadas en algunos de ellos.

3. Sin embargo, se debe igualmente señalar que, atendido que lo resuelto en el resolutivo No. 3, aprobado por empate con el voto dirimente de la Presidenta, constituye una innovación de la jurisprudencia de la Corte, en el presente escrito se precisa o amplía y aún se modifica, en ciertos aspectos, lo que se señaló en los indicados votos parcialmente disidentes.

4. Es, asimismo, de suma relevancia desde ya indicar que este texto no se refiere a la existencia de los derechos a la identidad cultural, al medio ambiente sano, a la alimentación adecuada y al agua, como tampoco a la de los demás derechos económicos, sociales y culturales. La existencia de tales derechos no es objeto del presente escrito. Lo que, en cambio, se sostiene aquí es únicamente que la Corte, contrariamente a lo indicado en la Sentencia, carece de competencia para conocer, al amparo de lo previsto en el artículo 26 de la Convención[10], de las violaciones de aquellos, esto es, que las presuntas vulneraciones de esos derechos no son susceptibles de ser justiciables ante ella.

5. Lo anterior no implica, por ende, que las violaciones de dichos derechos no puedan ser justiciables ante las jurisdicciones nacionales correspondientes. Ello dependerá de lo que dispongan los respectivos ordenamientos internos, materia que escapa, en todo caso, al objeto del presente documento y que se inserta en la jurisdicción interna, doméstica o exclusiva de los Estados Partes de la Convención[11].

6. Lo que se sostiene en este voto supone que se debe distinguir entre los derechos humanos en general, que, en toda circunstancia, deben ser respetados en virtud de lo prescrito en el Derecho Internacional y aquellos que, además, pueden ser justiciables ante una jurisdicción internacional. A este respecto, cabe llamar la atención de que solo existen tres tribunales internacionales en materia de derechos humanos, a saber, la Corte, el Tribunal Europeo de Derechos Humanos y la Corte Africana de Derechos Humanos y de los Pueblos. Pues bien, no todos los Estados de las respectivas regiones, han aceptado la jurisdicción del tribunal correspondiente. Por otra parte, no

---

Derechos Humanos, *Caso Muelle Flores Vs. Perú, Sentencia de 06 de marzo de 2019,(Excepciones Preliminares, Fondo, Reparaciones y Costas);* Voto Parcialmente Disidente del Juez Eduardo Vio Grossi, Corte Interamericana de Derechos Humanos, *Caso San Miguel Sosa y Otras Vs. Venezuela, Sentencia de 8 de febrero de 2018 (Fondo, Reparaciones y Costas);* Voto Parcialmente Disidente del Juez Eduardo Vio Grossi, Corte Interamericana de Derechos Humanos, *Caso Lagos del Campo Vs. Perú, Sentencia de 31 de agosto de 2017, (Excepciones Preliminares, Fondo, Reparaciones y Costas);* y Voto Individual del Juez Eduardo Vio Grossi, Corte Interamericana de Derechos Humanos, *Caso Trabajadores Cesados de Petroperú y Otros Vs. Perú (Excepciones Preliminares, Fondo, Reparaciones y Costas).* Sentencia de 23 de noviembre de 2017.

[10] En adelante, artículo 26.

[11] "La cuestión de si un asunto determinado corresponde o no a la jurisdicción exclusiva del Estado, es una cuestión esencialmente relativa, la que depende del desarrollo de las relaciones internacionales. En el estado actual del desarrollo del derecho internacional, la Corte es de opinión que los asuntos relativos a la nacionalidad pertenecen, en principio, a ese dominio reservado". Corte Permanente de Justicia Internacional, Opinión Consultiva sobre ciertos decretos de nacionalidad dictados en la zona francesa de Túnez y Marruecos, Serie B No. 4, pág. 24.

Protocole No. 15 portant amendement à la Convention (Européenne) de Sauvegarde des Droits de l'Homme et des Libertés fondamentales, art.1: "A la fin du préambule de la Convention, un nouveau considérant est ajouté et se lit comme suit: Affirmant qu'il incombe au premier chef aux Hautes Parties contractantes, conformément au principe de subsidiarité, de garantir le respect des droits et libertés définis dans la présente Convention et ses protocoles, et que, ce faisant, elles jouissent d'une marge d'appréciation, sous le contrôle de la Cour européenne des Droits de l'Homme instituée par la présente Convention".

7. Thus, the fact that a State has not agreed to be subject to an international jurisdictional human rights body does not mean that human rights do not exist and that they may eventually be violated. The State must always respect them, even if there is no international court to which recourse may be had if they are violated and, especially, if they are established in a treaty to which the State is party. In that case, international society may use diplomatic or political measures to achieve the restoration of respect for the rights involved. Thus, the international recognition of human rights is one matter and the international instrument used to achieve the restoration of their realization in situations in which they are violated is another.

8. Bearing in mind the foregoing, this text will be divided into the interpretation of Article 26, the provisions of the Charter of the Organization of American States,[12] the provisions of the Additional Protocol to the American Convention on Human Rights in the Area of Economic, Social and Cultural Rights (Protocol of San Salvador) and the Conclusions.

II
INTERPRETATION OF ARTICLE 26

9. In view of the fact that the Convention is an inter-State treaty and, consequently, governed by public international law,[13] the reasons that substantiate this dissent relate, above all, to how Article 26 should be interpreted based on the rules for the interpretation of treaties established in the Vienna Convention on the Law of Treaties.[14] These rules relate to good faith, the ordinary meaning to be given to the terms of the treaty, in their context and in the light of its object and purpose.[15]

---

[12] Hereinafter, the OAS.
[13] Art. 2 of the Vienna Convention on the Law of Treaties: "*Use of terms*. 1. For the purposes of the present Convention: (a) "treaty" means an international agreement concluded between States in written form and governed by international law, whether embodied in a single instrument or in two or more related instruments and whatever its particular designation."
[14] Hereinafter, the Vienna Convention.
[15] Art.31: "General rule of interpretation.
1. A treaty shall be interpreted in good faith in accordance with the ordinary meaning to be given to the terms of the treaty in their context and in the light of its object and purpose.
2. The context for the purpose of the interpretation of a treaty shall comprise, in addition to the text, including its preamble and annexes: (a) any agreement relating to the treaty which was made between all the parties in connection with the conclusion of the treaty; (b) any instrument which was made by one or more parties in connection with the conclusion of the treaty and accepted by the other parties as an instrument related to the treaty.
3. There shall be taken into account, together with the context: (a) any subsequent agreement between the parties regarding the interpretation of the treaty or the application of its provisions; (b) any subsequent practice in the application of the treaty which establishes the agreement of the parties regarding its interpretation; (c) any relevant rules of international law applicable in the relations between the parties.
4. A special meaning shall be given to a term if it is established that the parties so intended."
Art.32: "Supplementary means of interpretation. Recourse may be had to supplementary means of interpretation, including the preparatory work of the treaty and the circumstances of its conclusion, in order to confirm the meaning resulting from the application of article 31, or to determine the meaning when the interpretation according to article 31: (a) leaves the meaning ambiguous or obscure; or (b) leads to a result which is manifestly absurd or unreasonable."

todas las regiones del mundo disponen de una jurisdicción internacional en materia de derechos humanos. Tampoco se ha creado un tribunal universal de derechos humanos.

7. La circunstancia, pues, de que un Estado no haya aceptado ser sometido a una instancia jurisdiccional internacional en materia de derechos humanos, no significa que éstos no existan y que no los pueda eventualmente ser violarlos. El Estado los debe, de todas maneras, respetar, aunque no exista un tribunal internacional al que se pueda concurrir en el evento de que los vulnere y ello máxime si son consagrados en un tratado del que es Estado Parte. En tal eventualidad, la sociedad internacional podrá emplear medios netamente diplomáticos o políticos para lograr el restablecimiento del respeto de los derechos en comento. Entonces, un asunto es la consagración internacional de éstos y otro, el instrumento internacional que se emplee para lograr que se restablezca su vigencia en las situaciones en que sean violados.

8. Teniendo presente todo lo expuesto precedentemente, lo que se planteará en este texto se dividirá en la interpretación del artículo 26, lo dispuesto en la Carta de la Organización de los Estados Americanos[12], lo establecido en el Protocolo Adicional a la Convención Americana sobre Derechos Humanos en Materia de Derechos Económicos, Sociales y Culturales – Protocolo de San Salvador y las Conclusiones.

II
INTERPRETACIÓN DEL ARTÍCULO 26

9. En vista de que la Convención es un tratado entre Estados y, por ende, regida por el Derechos Internacional Público[13], las razones que sustentan este disenso se encuentran, principalmente, en la interpretación que, acorde a los métodos de interpretación de los tratados previstos en la Convención de Viena sobre el Derecho de los Tratados[14], se debe hacer del artículo 26. Dichos métodos dicen relación con la buena fe, el tenor literal de los términos del tratado, el contexto de ellos y el objeto y fin de aquél[15].

---

[12] En adelante, la OEA.
[13] Art. 2 de la Convención de Viena sobre el Derechos de los Tratados: "Términos empleados. 1. Para los efectos de la presente Convención: (a) se entiende por "tratado" un acuerdo internacional celebrado por escrito entre Estados y regido por el derecho internacional, ya conste en un instrumento único o en dos o más instrumentos conexos y cualquiera que sea su denominación particular;"
[14] En adelante, la Convención de Viena.
[15] Art. 31: "Regla general de interpretación.
1. Un tratado deberá interpretarse de buena fe conforme al sentido corriente que haya de atribuirse a los términos del tratado en el contexto de estos y teniendo en cuenta su objeto y fin.
2. Para los efectos de la interpretación de un tratado. el contexto comprenderá, además del texto, incluidos su preámbulo y anexos: (a) todo acuerdo que se refiera al tratado y haya sido concertado entre todas las partes con motivo de la celebración del tratado⊗b) todo instrumento formulado por una o más partes con motivo de la celebración del tratado y aceptado por las demás como instrumento referente al tratado;
3. Juntamente con el contexto, habrá de tenerse en cuenta: (a) todo acuerdo ulterior entre las partes acerca de la interpretación del tratado o de la aplicación de sus disposiciones: (b) toda práctica ulteriormente seguida en la aplicación del tratado por la cual conste el acuerdo de las partes acerca de la interpretación del tratado: (c) toda forma pertinente de derecho internacional aplicable en las relaciones entre las partes.
4. Se dará a un término un sentido especial si consta que tal fue la intención de las partes."
Art. 32: "Medios de interpretación complementarios. Se podrán acudir a medios de interpretación complementarios, en particular a los trabajos preparatorios del tratado y a las circunstancias de su celebración, para confirmar el sentido resultante de la aplicación del artículo 31, o para determinar el sentido cuando la interpretación dada de conformidad con el artículo 31: (a) deje ambiguo u oscuro el sentido; o (b) conduzca a un resultado manifiestamente absurdo o irrazonable".

10. Accordingly, the matter in hand is to interpret Article 26 using these rules. This article establishes:

> Progressive Development. The States Parties undertake to adopt measures, both internally and through international cooperation, especially those of an economic and technical nature, with a view to achieving progressively, subject to available resources, by legislation or other appropriate means, the full realization of the rights derived from the economic, social, educational, scientific, and cultural standards set forth in the Charter of the Organization of American States as amended by the Protocol of Buenos Aires.

A. GOOD FAITH

11. The method supported by good faith means that what has been agreed by the States Parties to the treaty in question should be understood based on what they truly intended to agree, so that it is applied effectively and has practical effects. Thus, good faith is closely related to the principle of *"pacta sunt servanda"* established in Article 26[16] of the Vienna Convention.[17]

12. From this perspective, it is extremely clear that the practical effect of this rule is that the States Parties to the Convention truly take measures to achieve progressively the full effectiveness of the rights derived from the provisions of the OAS that it mentions and this, subject to available resources. Article 26 does not establish, contrary to what is asserted in a ruling cited in the judgment,[18] that "the States undertake to make effective 'rights' derived from the economic, social, educational, scientific, and cultural standards" to which it refers.

13. It should also be pointed out that the provisions of Article 26 are similar to those of Article 2 of the Convention; in other words, that the States undertake to adopt, in the first, measures if the exercise of the rights established in Article 1 of the Convention are not already ensured[19] and, in the second, measures to achieving progressively, the full realization of the rights implicit in the said standards of the OAS, even though the two articles differ in that the latter conditions compliance with its provisions to the availability of the necessary resources.

14. Bearing in mind the above, it is therefore necessary to ask oneself why Article 26 was adopted and, therefore, why were the rights to which it refers not addressed in the same way as the civil and political rights. The answer, based on good faith, can only be that the Convention established that both types of human rights, although they are closely related owing to the ideal aspired to – which, according to the Preamble, is

---

[16] "Every treaty in force is binding upon the parties to it and must be performed by them in good faith."

[17] It should be recalled that the principle of good faith inspires both the whole process of concluding treaties, whether traditional or solemn (that is, the negotiation, signature, ratification, and exchange or deposit of the ratification instruments) or simple and abbreviated (that is, the negotiation and the signature or the exchange of texts or notes, and their application).

[18] Para.78, *Case of Cuscul Pivaral et al. v. Guatemala. Preliminary Objection, Merits, Reparations and Costs*, 2018.

[19] Art. 2: "Domestic Legal Effects. Where the exercise of any of the rights or freedoms referred to in Article 1 is not already ensured by legislative or other provisions, the States Parties undertake to adopt, in accordance with their constitutional processes and the provisions of this Convention, such legislative or other measures as may be necessary to give effect to those rights or freedoms."

10. De lo que se trata, entonces, es interpretar, según esos métodos, el artículo 26, el que establece:

Desarrollo Progresivo. Los Estados Partes se comprometen a adoptar providencias, tanto a nivel interno como mediante la cooperación internacional, especialmente económica y técnica, para lograr progresivamente la plena efectividad de los derechos que se derivan de las normas económicas, sociales y sobre educación, ciencia y cultura, contenidas en la Carta de la Organización de los Estados Americanos, reformada por el Protocolo de Buenos Aires, en la medida de los recursos disponibles, por vía legislativa u otros medios apropiados.

A. BUENA FE

11. El método sustentado en la buena fe implica que lo pactado por los Estados Partes del tratado de que se trate debe entenderse a partir de que efectivamente ellos tuvieron la voluntad de concordarlo, de suerte de que realmente se aplicara o tuviera un efecto útil. En este sentido, la buena fe se vincula estrechamente al principio *"pacta sunt servanda"* contemplado en el artículo 26 de la Convención de Viena[16] y [17].

12. En esta perspectiva, es más que evidente que el efecto útil de esa norma es que los Estados Partes de la Convención realmente adopten las providencias en vista de lograr progresivamente la plena efectividad de los derechos que se derivan de las normas de la OEA que indica y todo ello según los recursos disponibles. El artículo 26 no establece, a contrario de lo que afirma un fallo citado por la Sentencia[18], que "los Estados se comprometieron a hacer a hacer efectivos "derechos" que derivan de las normas económicas, sociales y sobre educación, ciencia y cultura" a que alude.

13. En esa misma dirección, es necesario llamar la atención acerca de que lo que establece el artículo 26 es semejante a lo previsto en el artículo 2 de la Convención, esto es, que los Estados se obligan a adoptar, en el primero, medidas si el ejercicio de los derechos consagrados en el artículo 1.2 de la Convención no estuviere garantizado[19] y en segundo, providencias en vista de lograr progresivamente la plena efectividad de los derechos que se derivan de las normas de la OEA que alude, aunque ambas disposiciones difieren en que esta última condiciona el cumplimiento de lo que establece a la disponibilidad de los correspondientes recursos.

14. Considerando lo precedente, importa interrogarse, en consecuencia, respecto la razón por la que se convino el artículo 26 y, por tanto, por qué no se abordaron los derechos a que se remite de la misma forma en que se hizo en cuanto a los derechos civiles y políticos. La respuesta sustentada en la buena fe no puede ser otra que la Convención contempló que ambos tipos de derechos humanos, si bien están

---

[16] "Todo tratado en vigor obliga a las partes y debe ser cumplido por ellas de buena fe."
[17] Procede recordar que el principio de buena fe inspira tanto a todo el procedimiento de celebración de tratados, sea tradicional o solemne, vale decir, a la negociación, a la firma, a la ratificación y al canje o depósito de los instrumentos de ratificación, sea simplificado o abreviado, esto es, a la negociación y a la firma o al intercambio de textos o de notas, como a su aplicación.
[18] Párr.78, *Caso Cuscul Pivaral y otros Vs. Guatemala. Excepción Preliminar, Fondo, Reparaciones y Costas*, 2018.
[19] Art. 2: "Deber de Adoptar Disposiciones de Derecho Interno. Si el ejercicio de los derechos y libertades mencionados en el artículo 1 no estuviere ya garantizado por disposiciones legislativas o de otro carácter, los Estados Partes se comprometen a adoptar, con arreglo a sus procedimientos constitucionales y a las disposiciones de esta Convención, las medidas legislativas o de otro carácter que fueren necesarias para hacer efectivos tales derechos y libertades".

to create the conditions for their "enjoyment"[20] – are different and, in particular, developed differently in the sphere of public international law; therefore, they should be subject to a differentiated treatment, which is precisely what the Convention does on the basis of what is also indicated in its Preamble.[21]

15. Consequently, good faith leads us to consider Article 26 on its own merits. This means that it should be interpreted, not as recognizing rights that it does not establish or develop, but as referring to norms other than those of the Convention such as those of the OAS Charter (in order to acknowledge them). Consequently, its specific practical effects are, let us repeat, that the States Parties to the Convention undertake to adopt measures to make the rights derived from those standards effective progressively, and subject to available resources.

16. It is also fundamental to note that it is surprising that the judgment did not refer more extensively to good faith as a factor that is as essential as the other elements established in Article 31(1) of the Vienna Convention on the Law of Treaties, all of which should be used simultaneously and harmoniously, without favoring or downplaying any of them. It is also unusual that no explanation was given for including Article 26 in a separate chapter from the political and civil rights and, in particular, with regard to its raison d'être and its practical effects. The judgment has provided no answer with regard to why Article 26 was included as a norm that differs from those established with regard to the civil and political rights.

17. In sum, and based on the principle of good faith, it should be stressed that it cannot be inferred from the fact that the Preamble to the Convention affirms that the individual should enjoy both his economic, social and cultural rights and his civil and political rights that the practical effect of Article 26 is that the violation of the rights to which that article alludes are justiciable before the Court, but rather that the States must adopt the pertinent measures to make those rights effective progressively.

B. TEXTUAL OR LITERAL RULE

18. When interpreting Article 26 in light of the literal method of interpreting a treaty, it may be concluded that this article:

a) does not list, describe or specify the rights that it alludes to; it merely identifies them as those "that are derived[22] from the economic, social, educational, scientific

---

[20] Para. 4: "Reiterating that, in accordance with the Universal Declaration of Human Rights, the ideal of free men enjoying freedom from fear and want can be achieved only if conditions are created whereby everyone may enjoy his economic, social, and cultural rights, as well as his civil and political rights."

[21] Whereas No. 5: "Considering that the Third Special Inter-American Conference (Buenos Aires, 1967) approved the incorporation into the Charter of the Organization itself of broader standards with respect to economic, social, and educational rights and resolved that an inter-American convention on human rights should determine the structure, competence, and procedure of the organs responsible for these matters."

[22] "*Derivar: Dicho de una cosa: Traer su origen de otra*" [Derive: originate from something else], Diccionario of the Lengua Española, Real Academia Española, 2018.

estrechamente vinculados entre sí en razón del ideal al que se aspira, cual es, según su Preámbulo, el de crear las condiciones que permitan su "goce"[20], son distintos y particularmente, de desigual desarrollo en el ámbito del Derecho Internacional Público, por lo que deben tener un tratamiento diferenciado, que es precisamente lo que aquella hace en vista de lo que también indica su Preámbulo[21].

15. La buena fe conduce, en consecuencia, a estimar al artículo 26 en su propio mérito, lo que implica que debe ser interpretado, no como reconociendo derechos que no enumera ni desarrolla, sino como remitiendo, para conocerlos, a normas distintas a las de la Convención, como son las de la Carta de la OEA y que, por ende, su efecto útil propio o particular, es, se reitera, que los Estados Partes de la Convención adopten providencias para hacer progresivamente efectivos los derechos que se derivan de aquellas normas y todo ello según los recursos disponibles.

16. Como una acotación adicional, resulta imperioso expresar que es sorprendente que la Sentencia no se haya referido más extensamente, en parte alguna, a la buena fe como elemento tan esencial como los otros que contempla el art.31.1 de la Convención de Viena para la interpretación de los tratados, todos los cuales deben ser empleados simultánea y armoniosamente, sin privilegiar o desmerecer a uno u otro. En el mismo sentido, es también insólito que no suministre ninguna explicación acerca de la inclusión del artículo 26 en un capítulo separado de los derechos políticos y civiles y, en particular, de cuál sería su razón de ser y su efecto útil. La Sentencia no da respuesta alguna en lo que dice relación al motivo o razón de la existencia del artículo 26 en tanto norma diferente a las previstas en cuanto a los derechos civiles y políticos.

17. En suma, entonces y al amparo del principio de buena fe, procede subrayar que de la circunstancia de que en el Preámbulo de la Convención se afirme que la persona debe gozar de sus derechos económicos, sociales y culturales, tanto como de sus derechos civiles y políticos, no se colige que el efecto útil del artículo 26 sea que la violación de los derechos a que alude son justiciables ante la Corte, sino que los Estados adopten las providencias pertinentes para hacer progresivamente efectivos dichos derechos.

B. MÉTODO TEXTUAL O LITERAL

18. Al interpretar el artículo 26 a la luz del método de interpretación literal de un tratado, se puede concluir en que dicha norma:

a) no enumera ni detalla o especifica los derechos que alude, tan solo los identifica como los "que se derivan[22] de las normas económicas, sociales y sobre educación,

---

[20] Párr. 4: "Reiterando que, con arreglo a la Declaración Universal de los Derechos Humanos, sólo puede realizarse el ideal del ser humano libre, exento del temor y de la miseria, si se crean condiciones que permitan a cada persona gozar de sus derechos económicos, sociales y culturales, tanto como de sus derechos civiles y políticos."
[21] 5° Considerando: "[...] la Tercera Conferencia Interamericana Extraordinaria (Buenos Aires, 1967) aprobó la incorporación a la propia Carta de la Organización de normas más amplias sobre derechos económicos, sociales y educacionales y resolvió que una convención interamericana sobre derechos humanos determinara la estructura, competencia y procedimiento de los órganos encargados de esa materia".
[22] "Derivar: Dicho de una cosa: Traer su origen de otra." Diccionario de la Lengua Española, Real Academia Española, 2018.

and cultural standards contained in the Charter of the" OAS; namely, rights that are revealed by or may be inferred from[23] the latter's provisions;

b) it does not establish respect for human rights or that this respect should be ensured;

c) it does not recognize or establish the rights to which it refers;

d) it does not make those rights effective or enforceable because, if it had wished to do so, it would have stated this clearly and without ambiguity;

e) to the contrary, it establishes an obligation of conduct, but not of results, consisting in that the States Parties to the Convention should "adopt measures, both internally and through international cooperation, especially those of an economic and technical nature, with a view to achieving progressively [...] the full realization of the rights" to which it refers;

f) it indicates that the obligation of conduct that it establishes should be complied with "subject to available resources, by legislation or other appropriate means," which not only reinforces the lack of effectiveness of such rights, but conditions the possibility of complying with the obligation to the existence of the resources that the State concerned may have available to this end, and

g) it makes the adoption of the corresponding measures dependent not only on the unilateral will of the respective State, but on the agreement that it can reach with other States, also sovereign, and with international cooperation organizations.

19. It can also be concluded that the rights in question are not, in the terms used by the Convention, "recognized,"[24] "set forth,"[25] "guaranteed,"[26] "protected"

---

[23] "*Inferir: Deducir algo o sacarlo como conclusión de otra cosa*" [Infer: deduce something or conclude it from something else]: Idem.

[24] Art. 1(1): "Obligation to Respect Rights. The States Parties to this Convention undertake to respect the rights and freedoms recognized herein and to ensure to all persons subject to their jurisdiction the free and full exercise of those rights and freedoms, without any discrimination for reasons of race, color, sex, language, religion, political or other opinion, national or social origin, economic status, birth, or any other social condition."

Art. 22(4): "Freedom of Movement and Residence. The exercise of the rights recognized in paragraph 1 may also be restricted by law in designated zones for reasons of public interest."

Art. 25(1): "Judicial Protection. Everyone has the right to simple and prompt recourse, or any other effective recourse, to a competent court or tribunal for protection against acts that violate his fundamental rights recognized by the constitution or laws of the state concerned or by this Convention, even though such violation may have been committed by persons acting in the course of their official duties."

Art. 29(a): "Restrictions Regarding Interpretation. No provision of this Convention shall be interpreted as: (a) permitting any State Party, group, or person to suppress the enjoyment or exercise of the rights and freedoms recognized in this Convention or to restrict them to a greater extent than is provided for herein."

Art. 30: "Scope of Restrictions. The restrictions that, pursuant to this Convention, may be placed on the enjoyment or exercise of the rights or freedoms recognized herein may not be applied except in accordance with laws enacted for reasons of general interest and in accordance with the purpose for which such restrictions have been established."

Art. 31: "Recognition of Other Rights. Other rights and freedoms recognized in accordance with the procedures established in Articles 76 and 77 may be included in the system of protection of this Convention."

Art. 48(1)(f): "1. When the Commission receives a petition or communication alleging violation of any of the rights protected by this Convention, it shall proceed as follows: [...] The Commission shall place itself at the disposal of the parties concerned with a view to reaching a friendly settlement of the matter on the basis of respect for the human rights recognized in this Convention."

[25] Art. 45(1): "Any State Party may, when it deposits its instrument of ratification of or adherence to this Convention, or at any later time, declare that it recognizes the competence of the Commission to receive and

ciencia y cultura, contenidas en la Carta de la" OEA, vale decir, derechos que se desprenden o se pueden inferir[23] de disposiciones de esta última;

b) no prescribe el respeto de derechos humanos ni que se garantice su respeto;

c) no consagra ni contempla los derechos a que se refiere;

d) no hace efectivos o exigibles tales derechos, pues si así lo hubiera querido, lo habría expresado derechamente y sin ambigüedad alguna;

e) dispone, en cambio, una obligación de hacer, no de resultado, consistente en que los Estados Partes de la Convención deben "adoptar providencias, tanto a nivel interno como mediante la cooperación internacional, especialmente económica y técnica, para lograr progresivamente la plena efectividad de los derechos" a que se refiere;

f) indica que la obligación de comportamiento que establece se cumple "en la medida de los recursos disponibles, por vía legislativa u otros medios apropiados", con lo que no sólo refuerza la falta de efectividad de tales derechos, sino que condiciona la posibilidad de cumplir aquella a la existencia de los recursos de que el pertinente Estado disponga para ello; y

g) hace depender la adopción de las medidas de que se trata, no sólo de la voluntad unilateral del correspondiente Estado, sino de los acuerdos que él pueda llegar con otros Estados, también soberanos, y con organizaciones internacionales de cooperación.

19. Igualmente se puede concluir en que los derechos en cuestión no son, en términos empleados por la Convención, "reconocidos"[24], "establecidos"[25],

---

[23] "*Inferir: Deducir algo o sacarlo como conclusión de otra cosa*", Idem.

[24] Art. 1.1:" Obligación de Respetar los Derechos. Los Estados Partes en esta Convención se comprometen a respetar los derechos y libertades reconocidos en ella y a garantizar su libre y pleno ejercicio a toda persona que esté sujeta a su jurisdicción, sin discriminación alguna por motivos de raza, color, sexo, idioma, religión, opiniones políticas o de cualquier otra índole, origen nacional o social, posición económica, nacimiento o cualquier otra condición social."

Art. 22.4: "Derecho de Circulación y de Residencia. El ejercicio de los derechos reconocidos en el inciso 1 puede asimismo ser restringido por la ley, en zonas determinadas, por razones de interés público."

Art. 25.1:" Protección Judicial. Toda persona tiene derecho a un recurso sencillo y rápido o a cualquier otro recurso efectivo ante los jueces o tribunales competentes, que la ampare contra actos que violen sus derechos fundamentales reconocidos por la Constitución, la ley o la presente Convención, aun cuando tal violación sea cometida por personas que actúen en ejercicio de sus funciones oficiales."

Art. 29.a): " Normas de Interpretación. Ninguna disposición de la presente Convención puede ser interpretada en el sentido de: (a) permitir a alguno de los Estados Partes, grupo o persona, suprimir el goce y ejercicio de los derechos y libertades reconocidos en la Convención o limitarlos en mayor medida que la prevista en ella."

Art. 30: "Alcance de las Restricciones. Las restricciones permitidas, de acuerdo con esta Convención, al goce y ejercicio de los derechos y libertades reconocidas en la misma, no pueden ser aplicadas sino conforme a leyes que se dictaren por razones de interés general y con el propósito para el cual han sido establecidas."

Art. 31: "Reconocimiento de Otros Derechos. Podrán ser incluidos en el régimen de protección de esta Convención otros derechos y libertades que sean reconocidos de acuerdo con los procedimientos establecidos en los artículos 76 y 77."

Art. 48.1.f): "1. La Comisión, al recibir una petición o comunicación en la que se alegue la violación de cualquiera de los derechos que consagra esta Convención, procederá en los siguientes términos: [...] se pondrá a disposición de las partes interesadas, a fin de llegar a una solución amistosa del asunto fundada en el respeto a los derechos humanos reconocidos en esta Convención."

[25] 45.1: "Todo Estado parte puede, en el momento del depósito de su instrumento de ratificación o adhesión de esta Convención, o en cualquier momento posterior, declarar que reconoce la competencia de la

[*consagrado*][27] or "protected" [*protegido*] [28] in it or by it and, furthermore, they are not, as the judgment asserts, "rights contained in Article 26"[29] or "included" in this article[30] or "included in the Convention,"[31] in other words, contained or included in the latter;[32] rather, they are "rights derived from the economic, social, educational, scientific, and cultural standards set forth in the Charter of the" OAS; in other words, they are rights that originate[33] in the latter and not in the Convention.

20. The foregoing also reveals that it is the Convention itself that makes a clear distinction between the human rights, when establishing, in its Part I, "State Obligations and Rights Protected," Chapter I "General Obligations," Chapter II "Civil and Political Rights" and Chapter III, "Economic, Social and Cultural Rights";[34] thus, considering each of the last two categories of rights in a special and different manner.

21. As an additional comment, it appears rather curious that the judgment indicates that it makes an interpretation that "allows it to update the meaning of the rights derived from the Charter that are recognized in Article 26 of the Convention.*"*[35] Thus, according to the Court, the said rights would not only be derived from the OAS Charter, but would also be "recognized" in Article 26 and "updated" by the Court. This is what permits the judgment to tacitly conclude that the presumed violation of those rights may be examined and decided by the Court.

22. It is also surprising that, in the judgment, the Court affirms that, since Article 26 "makes a direct referral to the economic, social, educational, scientific and cultural standards contained in the OAS Charter,"[36] once it is "established that it is understood

---

examine communications in which a State Party alleges that another State Party has committed a violation of a human right set forth in this Convention."

[26] Art 47(b): "The Commission shall consider inadmissible any petition or communication submitted under Articles 44 or 45 if: [...] the petition or communication does not state facts that tend to establish a violation of the rights guaranteed by this Convention;

[27] *Supra*, Art. 48(1)(f), footnote 24.

[28] Art. 4(1): "Right to life. Every person has the right to have his life respected. This right shall be protected by law and, in general, from the moment of conception. No one shall be arbitrarily deprived of his life."
Art. 63(1): "If the Court finds that there has been a violation of a right or freedom protected by this Convention, the Court shall rule that the injured party be ensured the enjoyment of his right or freedom that was violated. It shall also rule, if appropriate, that the consequences of the measure or situation that constituted the breach of such right or freedom be remedied and that fair compensation be paid to the injured party."

[29] Para. 194. Hereinafter, each time a paragraph is indicated without indicating the legal document to which it corresponds, it shall be understood that it is from the judgment.

[30] Paras. 196, 202 and 222.

[31] Para. 207.

[32] *Diccionario of the Lengua Española*, Real Academia Española, 2019.

[33] Idem.

[34] Chapter IV of Part I is entitled "Suspension of Guarantees, Interpretation, and Application," and Chapter V, "Personal Responsibilities."

[35] Para. 199.

[36] Para. 196.

"garantizados"[26], "consagrados"[27] o "protegidos"[28] en o por ella y tampoco son, como lo afirma la Sentencia, derechos "contenidos por el artículo 26"[29] o "incluidos" en él[30] o "receptados en la Convención"[31], es decir, recibidos o acogidos en ésta[32], sino que son "derechos que se derivan de las normas económicas, sociales y sobre educación, ciencia y cultura, contenidas en la Carta de la" OEA, es decir, son derechos que tiene su origen[33] en esta última y no en la Convención.

20. También se puede desprender de lo expuesto que es el propio instrumento convencional el que hace una nítida distinción entre los derechos humanos, al establecer, en su Parte I, "Deberes de los Estados y Derechos Protegidos", su Capítulo I "Enumeración de Deberes", su Capítulo II "Derechos Civiles y Políticos" y su Capítulo III, "Derechos Económicos, Sociales y Culturales"[34], dándoles así a cada una de estas dos últimas categorías de derechos una consideración especial y diferente.

21. En tanto comentario adicional, parece al menos curioso que la Sentencia indique que realiza una interpretación que permite "actualizar el sentido de los derechos derivados de la Carta de la OEA que se encuentran reconocidos en el artículo 26 de la Convención"[35]. Según aquella, los citados derechos no solo derivarían, por lo tanto, de la Carta de la OEA, sino que, además, serían "reconocidos" por el artículo 26 y, además, "actualizados" por la Corte. Es eso, entonces, lo que le permite a la Sentencia tácitamente concluir que las presuntas violaciones de tales derechos pueden ser conocidas y resueltas por aquella.

22. Igualmente, resulta sorprendente que en la Sentencia se sostenga que, dado que el artículo 26 "realiza una remisión directa a las normas económicas, sociales y sobre educación, ciencia y cultura contendidas en la Carta de la OEA"[36], está

Comisión para recibir y examinar las comunicaciones en que un Estado parte alegue que otro Estado parte ha incurrido en violaciones de los derechos humanos establecidos en esta Convención."

[26] Art 47.b: "La Comisión declarará inadmisible toda petición o comunicación presentada de acuerdo con los artículos 44 ó 45 cuando: […] no exponga hechos que caractericen una violación de los derechos garantizados por esta Convención;"

[27] *Supra*, art.48.1.f), cit. nota N° 24.

[28] Art.4.1: "Derecho a la Vida. Toda persona tiene derecho a que se respete su vida. Este derecho estará protegido, en general, a partir del momento de la concepción. Nadie puede ser privado de la vida arbitrariamente."

Art. 63.1: "Cuando decida que hubo violación de un derecho o libertad protegidos en esta Convención, la Corte dispondrá que se garantice al lesionado en el goce de su derecho o libertad conculcados. Dispondrá asimismo, si ello fuera procedente, que se reparen las consecuencias de la medida o situación que ha configurado la vulneración de esos derechos y el pago de una justa indemnización a la parte lesionada."

[29] Párr. 194. En lo sucesivo, cada vez que se cite un párrafo sin indicar el instrumento jurídico al que corresponde, se entenderá que es de la Sentencia.

[30] Párrs. 196, 202 y 222.

[31] Párr. 207.

[32] Diccionario de la Lengua Española, Real Academia Española, 2019.

[33] Idem.

[34] El Capítulo IV de la Parte I se titula "*Suspensión de Garantías, Interpretación y Aplicación*" y el Capítulo V de la misma, "*Deberes de las personas*".

[35] Párr. 199.

[36] Párr. 196.

that a right should be included in" that article, "its scope must be established [by the Court] in light of the corresponding international *corpus iuris*."

23. Evidently, the author cannot share these affirmations. In particular, because Article 26 does not recognize any right, but merely refers to the OAS norms that it indicates, and also because what the judgment asserts diverges totally from what the article explicitly establishes, without providing any grounds whatsoever for this approach; merely explanations that appear to be elaborated in order to interpret the article in a way that is totally contrary to what it clearly and textually indicates.

24. By taking this approach, the judgment evidently ignores the literal meaning of Article 26 and, consequently, does not apply the provisions of Article 31(1) of the Vienna Convention to it harmoniously or even, strictly, interpret it. It would appear that, for the judgment, the literal meaning of what was agreed is totally irrelevant and, consequently, that it is considered a mere formalism, allowing the judgment to attribute a meaning and scope to this provision that is unrelated to what the States expressly agreed, as if they really meant to agree something else, which is evidently illogical.

25. To the contrary, it can authoritatively be affirmed that, according to its literal meaning and the principle of good faith, Article 26 does not establish several possibilities of application – that is, doubts about its meaning and scope that, consequently, justify an interpretation that ostensibly diverges from what has been agreed – and does not establish any human right and, in particular, one that is enforceable before the Court. Rather it alludes to obligations of conduct, and not of result, assumed by the States Parties to the Convention.

26. Consequently, it can be concluded that "in accordance with the ordinary meaning to be given to the terms of the treaty," Article 26 does not provide sufficient grounds to having recourse to the Court to safeguard the rights that "derive" from the OAS Charter and that, consequently, are not "recognized," "established," "guaranteed," or "protected" in or by the Convention.

C. SUBJECTIVE METHOD

27. When attempting to discover the intention of the States Parties to the Convention with regard to Article 26 – always in accordance with the provisions of the Vienna Convention – reference must be made to the context of the terms, so that it is necessary to refer to the system established in the Convention in which this article is inserted, which means that:

a) this system is composed of the obligations and rights that it establishes, the organs responsible for ensuring their respect and requiring compliance with them, and provisions relating to the Convention;[37]

b) regarding the obligations, there are two, namely: the "Obligation to Respect Rights"[38] and "Domestic Legal Effects"[39] and, regarding the rights, they are the "Civil and Political Rights" and the "Economic, Social and Cultural Rights";[40] and

---

[37] "Part III, "General and Transitory Provisions."
[38] *Supra*, footnote 24.
[39] Art. 2: "Domestic Legal Effects. Where the exercise of any of the rights or freedoms referred to in Article 1 is not already ensured by legislative or other provisions, the States Parties undertake to adopt, in

"establecido que un derecho debe entenderse incluido en" aquél, por lo que solo correspondería "fijar sus alcances a la luz del *corpus iuris* internacional en la materia".

23. Evidentemente, no se pueden compartir las señaladas afirmaciones, por de pronto, porque el artículo 26 no reconoce derecho alguno sino que se remite a las normas de la OEA que señala y enseguida, puesto lo que indica la Sentencia se aparta totalmente de lo que aquella norma explícitamente establece, sin suministrar fundamento alguno de su proceder, sino únicamente explicaciones que parecen elaboradas para interpretarlo de manera totalmente en contraposición a lo que textual y claramente indica.

24. Al actuar en esa dirección, indudablemente que la Sentencia hace caso omiso del tenor literal del artículo 26 y, consecuentemente, no aplica armoniosamente a su respecto lo previsto en el artículo 31.1 de la Convención de Viena ni efectúa, en rigor, una interpretación de aquél. Al parecer, el tenor literal de lo pactado no tiene, para la Sentencia relevancia alguna y, por ende, lo considera como un mero formulismo, lo que le posibilita atribuir a dicha disposición un sentido y alcance que escapa con mucho a lo que los Estados expresamente estamparon, como si en realidad quisieron convenir otra cosa, lo que, evidentemente, choca contra toda lógica.

25. Por el contrario, fundadamente se puede sostener que, de acuerdo a su tenor literal y el principio de buena fe, el artículo 26, por una parte, no plantea varias posibilidades de aplicación, esto es, dudas acerca de su sentido y alcance y que, en consecuencia, justifiquen la interpretación que se aparte ostensiblemente de lo pactado y por la otra, no establece derecho humano alguno y menos aún, que puedan ser exigibles ante la Corte, sino que alude a obligaciones de hacer, no de resultado, asumidas por los Estados Partes de la Convención.

26. En definitiva, en consecuencia, se puede concluir en que, "conforme al sentido corriente que haya de atribuirse a los términos del tratado", el artículo 26 no constituye título suficiente para recurrir a la Corte en resguardo de los derechos que "derivan" de la Carta de la OEA y que, por ende, no son "reconocidos", "establecidos", "garantizados", "consagrados" o "protegidos" en o por la Convención.

C. MÉTODO SUBJETIVO

27. Al intentar desentrañar la voluntad de la Estados Partes de la Convención respecto del artículo 26, resulta menester referirse, siempre conforme a lo previsto en la Convención de Viena, al contexto de los términos, por lo que se debe aludir al sistema consagrado en la Convención en el cual se inserta dicho artículo, lo que importa que:

a) dicho sistema está conformado por los deberes y derechos que dispone, los órganos encargados de garantizar su respeto y exigir su cumplimiento y disposiciones concernientes a la Convención[37];

b) en lo relativo a los deberes, ellos son dos, a saber, la "Obligación de Respetar los Derechos"[38] y el "Deber de Adoptar Disposiciones de Derecho Interno"[39] y en

---

[37] "Parte III, Disposiciones generales y transitorias".
[38] *Supra*, Nota 24.
[39] Art. 2: "Deber de Adoptar Disposiciones de Derecho Interno. Si el ejercicio de los derechos y libertades mencionados en el artículo 1 no estuviere ya garantizado por disposiciones legislativas o de otro carácter, los Estados Partes se comprometen a adoptar, con arreglo a sus procedimientos constitucionales y a las

c) in the case of the organs, these are the Inter-American Commission on Human Rights, the Court[41] and the OAS General Assembly. The Commission is responsible for the promotion and defense of human rights,[42] the Court for interpreting and applying the Convention,[43] and the OAS General Assembly for adopting the necessary measures to ensure compliance with the pertinent decision.[44]

28. From the harmonious interpretation of these norms, it can be understood that the States that have accepted the Court's contentious jurisdiction can only be required – in relation to a case that has been submitted to the Court – to ensure due respect for the civil and political rights "recognized," "established," "guaranteed," or "protected" by the Convention, and also – if this should be necessary – to adopt "in accordance with their constitutional processes and the provisions of this Convention such legislative or other measures as may be necessary to give effect to those rights or freedoms."

---

accordance with their constitutional processes and the provisions of this Convention, such legislative or other measures as may be necessary to give effect to those rights or freedoms."

[40] Part I, Chapter II, Arts.3 to 25. Right to recognition of juridical personality (Art. 3), right to life, (Art. 4), right to personal integrity (Art. 5), freedom from slavery (Art. 6), right to personal liberty (Art. 7), right to a fair trial (Art. 8), freedom from *ex-post facto* laws (Art. 9), right to compensation (Art. 10), right to privacy (Art. 11), freedom of conscience and religion (Art. 12), freedom of thought and expression (Art. 13), right of reply (Art. 14), right of assembly (Art. 15), freedom of association (Art. 16), rights of the family (Art. 17), right to a name (Art. 18), rights of the child (Art. 19), right to nationality (Art. 20), right to property (Art. 21), freedom of movement and residence (Art. 22), right to participate in government (Art. 23), right to equal protection (Art. 24) and right to judicial protection (Art. 25). Art. 26 *cit.*

[41] "Part II. Means of Protection. Art. 33: "The following organs shall have competence with respect to matters relating to the fulfillment of the commitments made by the States Parties to this Convention: (a) the Inter-American Commission on Human Rights, referred to as "the Commission," and (b) the Inter-American Court of Human Rights, referred to as "the Court."

[42] Art. 41: "The main function of the Commission shall be to promote respect for and defense of human rights. In the exercise of its mandate, it shall have the following functions and powers: (a) to develop an awareness of human rights among the peoples of America; (b) to make recommendations to the governments of the member states, when it considers such action advisable, for the adoption of progressive measures in favor of human rights within the framework of their domestic law and constitutional provisions as well as appropriate measures to further the observance of those rights; (c) to prepare such studies or reports as it considers advisable in the performance of its duties; (d) to request the governments of the member states to supply it with information on the measures adopted by them in matters of human rights; (e) to respond, through the General Secretariat of the Organization of American States, to inquiries made by the member states on matters related to human rights and, within the limits of its possibilities, to provide those states with the advisory services they request; (f) to take action on petitions and other communications pursuant to its authority under the provisions of Articles 44 through 51 of this Convention; and (g) to submit an annual report to the General Assembly of the Organization of American States."
Hereinafter, each time there is a reference to the Commission, it shall be understood that this is the Inter-American Commission on Human Rights.

[43] Art. 62.3: "The jurisdiction of the Court shall comprise all cases concerning the interpretation and application of the provisions of this Convention that are submitted to it, provided that the States Parties to the case recognize or have recognized such jurisdiction, whether by special declaration pursuant to the preceding paragraphs, or by a special agreement."

[44] Art. 65: "To each regular session of the General Assembly of the Organization of American States the Court shall submit, for the Assembly's consideration, a report on its work during the previous year. It shall specify, in particular, the cases in which a state has not complied with its judgments, making any pertinent recommendations."

lo atinente a los derechos, ellos son los "Derechos Civiles y Políticos" y los "Derechos Económicos, Sociales y Culturales"[40]; y

c) en lo pertinente a los órganos, ellos son la Comisión Interamericana de Derechos Humanos, la Corte[41] y la Asamblea General de la OEA, correspondiéndole a la primera la promoción y defensa de los derechos humanos[42], a la segunda, interpretar y aplicar la Convención[43] y a la tercera, adoptar las medidas que correspondan para hacer cumplir el pertinente fallo[44];

28. De la interpretación armónica de esas normas, se puede colegir que a los Estados que han reconocido la competencia contenciosa de la Corte, únicamente se les puede requerir, en cuanto al caso que le ha sido sometido a ésta, el debido respeto de los derechos civiles y políticos "reconocidos", "establecidos", "garantizados", "consagrados" o "protegidos" por la Convención y además, siempre que eventualmente sea menester, la adopción, "con arreglo a (a los) procedimientos constitucionales (del correspondiente Estado) y a las disposiciones de (aquella), las medidas legislativas o de otro carácter que fueren necesarias para hacer efectivos tales derechos y libertades".

---

disposiciones de esta Convención, las medidas legislativas o de otro carácter que fueren necesarias para hacer efectivos tales derechos y libertades".

[40] Parte I, Capítulo II, arts.3 a 25. Derecho al reconocimiento de la personalidad jurídica (art.3), Derecho a la vida (art.4), Derecho a la integridad personal (art.5), Prohibición de la esclavitud y la servidumbre (art.6), Derecho a la libertad personal (art.7), Garantías judiciales (art.8), Principio de legalidad y retroactividad (art.9), Derecho a indemnización (art.10), Protección de la honra y la dignidad (art.11), Libertad de conciencia y de religión (art.12),Libertad de pensamiento y de expresión (art.13), Derecho de rectificación o respuesta (art.14), Derecho de reunión (art.15), Libertad de asociación (art.16), Protección a la familia (art.17), Derecho al nombre (art.18), Derechos del niño (art.19), Derecho a la nacionalidad (art.20), Derecho a la propiedad privada (art.21), Derecho de circulación y de residencia (art.22), Derechos políticos (art.23), Igualdad ante la ley (art.24) y Protección judicial (art.25). Art.26 cit.

[41] "Parte II, Medios de Protección." Art. 33: "Son competentes para conocer de los asuntos relacionados con el cumplimiento de los compromisos contraídos por los Estados Partes en esta Convención: (a) la Comisión Interamericana de Derechos Humanos, llamada en adelante la Comisión, y (b) la Corte Interamericana de Derechos Humanos, llamada en adelante la Corte."

[42] Art. 41: "La Comisión tiene la función principal de promover la observancia y la defensa de los derechos humanos, y en el ejercicio de su mandato tiene las siguientes funciones y atribuciones: (a) estimular la conciencia de los derechos humanos en los pueblos de América; (b) formular recomendaciones, cuando lo estime conveniente, a los gobiernos de los Estados miembros para que adopten medidas progresivas en favor de los derechos humanos dentro del marco de sus leyes internas y sus preceptos constitucionales, al igual que disposiciones apropiadas para fomentar el debido respeto a esos derechos; (c) preparar los estudios e informes que considere convenientes para el desempeño de sus funciones; (d) solicitar de los gobiernos de los Estados miembros que le proporcionen informes sobre las medidas que adopten en materia de derechos humanos; (e) atender las consultas que, por medio de la Secretaría General de la Organización de los Estados Americanos, le formulen los Estados miembros en cuestiones relacionadas con los derechos humanos y, dentro de sus posibilidades, les prestará el asesoramiento que éstos le soliciten; (f) actuar respecto de las peticiones y otras comunicaciones en ejercicio de su autoridad de conformidad con lo dispuesto en los artículos 44 al 51 de esta Convención, y (g) rendir un informe anual a la Asamblea General de la Organización de los Estados Americanos."
En lo sucesivo, cada vez que se aluda a la Comisión, se entenderá que es a la Comisión Interamericana de Derechos Humanos.

[43] Art. 62.3: "La Corte tiene competencia para conocer de cualquier caso relativo a la interpretación y aplicación de las disposiciones de esta Convención que le sea sometido, siempre que los Estados Partes en el caso hayan reconocido o reconozcan dicha competencia, ora por declaración especial, como se indica en los incisos anteriores, ora por convención especial."

[44] Art. 65: "La Corte someterá a la consideración de la Asamblea General de la Organización en cada período ordinario de sesiones un informe sobre su labor en el año anterior. De manera especial y con las recomendaciones pertinentes, señalará los casos en que un Estado no haya dado cumplimiento a sus fallos."

29. To the contrary, in the case of "the rights derived from the economic, social, educational, scientific, and cultural standards set forth in the Charter of the Organization of American States as amended by the Protocol of Buenos Aires," the States Parties to the Convention can only be required to "adopt measures, both internally and through international cooperation, especially those of an economic and technical nature, with a view to achieving progressively, [...] by legislation or other appropriate means, the[ir] full realization" and this "subject to available resources."

30. That said, it should be noted, for the purposes of the application of this method of interpretation that, according to the fifth preambular paragraph of the Convention,[45] the OAS Charter incorporated "broader standards with respect to economic, social, and educational rights" and that the Convention determined "the structure, competence, and procedure of the organs responsible for these matters."

31. In other words, it was the Convention itself that, in compliance with this mandate and as already indicated, gave the civil and political rights a differentiated treatment from the economic, social and cultural rights, the former in Chapter II of Part I of the Convention and the latter in Chapter III of the same part of this instrument. Thus, the indivisibility of the civil and political rights and the economic, social and cultural rights mentioned in the Preamble to the Convention refers to the "enjoyment" of both types of human rights and not that they should be subject to the same rules for their exercise and international control.

32. It should also be recalled that there is no treaty or instrument, in force or in preparation "in connection with the conclusion of the [Convention]" that addresses its interpretation, nor is there any subsequent agreement or practice of its States Parties regarding their interpretation of it, as mandated by Article 31(2) and 3 of the Vienna Convention.[46] Consequently, it is not acceptable that, on the pretext of the absence of what is known as the "authentic interpretation"[47] of the Convention, the Court determines a meaning and scope distinct from, and even in contradiction with, what was agreed by its States Parties. The Convention, as any treaty, only exists within the bounds of what the States Parties expressly agreed.

33. This is particularly true with regard to the presumed violation of the rights to cultural identity, a healthy environment, adequate food and water and, in general, to the other economic, social and cultural rights; rights the meaning of which, contrary to what the judgment indicates, it is not the Court's task "to update"; rather, pursuant to the rules of the Vienna Convention, its role is to interpret what the Convention establishes. Above all, with the pretext of updating[48] such rights, the Court cannot conclude that it is able to examine and declare their violation.

34. Furthermore, in its attempt to justify the judicialization before the Court of the rights to cultural identity, a healthy environment, adequate food and water, the judgment does not use autonomous sources of international law; namely, those that create rights, such as international conventions, international custom, the general

---

[45] *Supra*, footnote 21.
[46] *Supra*, footnote 14.
[47] Designation given by doctrine.
[48] "*Actualizar*," Diccionario de la Lengua Española, Real Academia Española, 2019.

29. En cambio, respecto de los derechos "que se derivan de las normas económicas, sociales y sobre educación, ciencia y cultura, contenidas en la Carta de la Organización de los Estados Americanos, reformada por el Protocolo de Buenos Aires", únicamente se les podría requerir a los Estados Partes de la Convención, la adopción "por vía legislativa u otros medios apropiados", de "providencias, tanto a nivel interno como mediante la cooperación internacional, especialmente económica y técnica, para lograr progresivamente (su) plena efectividad" y ello "en la medida de los recursos disponibles".

30. Ahora bien, procede dejar constancia, a los efectos de la aplicación de este método de interpretación, que, acorde a lo dispuesto en el párrafo 5 del Preámbulo de la Convención[45], que en la Carta de la OEA se incorporaron "normas más amplias sobre derechos económicos, sociales y educacionales" y que en la Convención se determinó "la estructura, competencia y procedimiento de los órganos encargados de esa materia".

31. Es decir, ha sido la propia Convención la que, en cumplimiento de dicho mandato y como ya se ha afirmado, le dio a los derechos civiles y políticos un tratamiento diferenciado de los derechos económicos sociales y culturales, expresado, como ya se afirmó, el primero en el Capítulo II de la Parte I de la Convención y el segundo en el Capítulo III de la misma parte e instrumento. De suerte, por tanto, que la indivisibilidad de los derechos civiles y políticos y de los derechos económicos, sociales y culturales a que hace referencia el Preámbulo de la Convención, es al "goce" de ambos tipos de derechos humanos y no a que deban someterse a las mismas reglas para su ejercicio y fiscalización internacional.

32. Asimismo, es menester hacer presente que no existe tratado o instrumento, celebrado o formulado con motivo de la adopción de la Convención, que aborde su interpretación y que tampoco existe un acuerdo o práctica ulterior de sus Estados Partes en que conste la interpretación que ellos le dan, como lo mandata el artículo 31.2. y 3 de la Convención de Viena[46]. Por ende, no es aceptable que, bajo el pretexto de la ausencia de lo que se conoce como la "interpretación auténtica"[47] de la Convención, su sentido y alcance sea determinado por la Corte al margen y aún en contradicción con lo pactado por sus Estados Partes. La Convención, como todo tratado, no existe al margen de lo que estos últimos expresamente convinieron.

33. Lo anterior es particularmente cierto en lo que dice relación con las presuntas violaciones de los derechos a la identidad cultural, al medio ambiente sano, a la alimentación adecuada y al agua y, en general, a los demás derechos económicos, sociales y culturales, derechos que, a contrario de lo que señala la Sentencia, no le corresponde a la Corte "actualizar" su sentido, sino interpretar, según las reglas de la Convención de Viena, lo que dispone la Convención y menos puede, bajo el pretexto de poner al día[48] tales derechos, concluir que sus violaciones pueden ser conocidas y resueltas por ella.

34. Por otra parte, en el intento por justificar la judicialización ante la Corte de los derechos a la identidad cultural, al medio ambiente sano, a la alimentación adecuada y al agua, la Sentencia no acude a fuentes autónomas del Derecho Internacional, es decir, a las que crean derechos, como son los tratados, la costumbre internacional, los

---

[45] *Supra*, Nota N° 20.
[46] *Supra*, Nota N°14.
[47] Denominación dada por la doctrina.
[48] Significado de actualizar, Diccionario de la Lengua Española, Real Academia Española, 2019.

principles of law, or unilateral legal acts, or even other sources of international law – that is, those that help to determine the applicable rules of law, such as judicial decisions, doctrine or the legal declarative statements of international organizations.[49] Rather it uses the decisions of international organizations; that is, mere recommendations that are non-binding for the States, that do not interpret the Convention, and that are not designed to interpret it.

35. The truth is that these instruments merely constitute expressions of aspirations for the change or development of international law on the corresponding matter, legitimate in themselves, but some of them are not even issued by an official or an international organ of the inter-American system of human rights.

36. This is the case, in particular, of the allusions made in the judgment, to support its position, to the Committee on Economic, Social and Cultural Rights of the United Nations Economic and Social Council;[50] to the 2001 UNESCO Universal Declaration on Cultural Diversity;[51] to the decisions of the UN Human Rights Committee;[52] to a report of the Special Rapporteur on the situation of human rights and fundamental freedoms of indigenous people;[53] to the United Nations Declaration on the Rights of Indigenous Peoples,[54] and to Principle 22 of the Rio Declaration.[55]

37. However, there is a difference with the references to the International Covenant on Economic, Social and Cultural Rights;[56] Convention 169 of the International Labour Organization,[57] the Convention on the Rights of the Child;[58] the Convention on the Elimination of All Forms of Discrimination against Women;[59] the 1948 Universal Declaration of Human Rights,[60] and United Nations General Assembly Resolution 64/292 of July 29, 2010, entitled "The human right to water and sanitation."[61] Indeed, while the first three instruments are treaties and, consequently, binding *per se*, the last two are international legal declarative statements and, therefore, constitute supplementary sources of international law insofar as they reflect

---

[49] Article 38 of the Statute of the International Court of Justice: "The Court, whose function is to decide in accordance with international law such disputes as are submitted to it, shall apply: (a) international conventions, whether general or particular, establishing rules expressly recognized by the contesting states; (b) international custom, as evidence of a general practice accepted as law; (c) the general principles of law recognized by civilized nations; (d) subject to the provisions of Article 59, judicial decisions and the teachings of the most highly qualified publicists of the various nations, as subsidiary means for the determination of rules of law. (2) These provisions shall not prejudice the power of the Court to decide a case *ex aequo et bono* if the parties agree thereto."
[50] Paras. 217 to 221, 223, 226 to 230, 239 to 242, 245, 246 and 249.
[51] Paras. 224 and 238.
[52] Para. 251.
[53] Para. 252.
[54] Para. 248.
[55] Para. 250.
[56] Paras. 213, 214 and 234.
[57] Para. 247.
[58] Para. 223.
[59] Idem.
[60] Paras. 213 and 223.
[61] Para. 224.

principios generales de derecho o los actos jurídicos unilaterales, ni tampoco a fuentes auxiliares del Derecho Internacional, esto es, a las que ayudan en la determinación de las reglas de derecho aplicables, como son la jurisprudencia, la doctrina o las resoluciones de organizaciones internacionales declarativas de derecho[49], sino que básicamente recurre a resoluciones de organizaciones internacionales, es decir, meras recomendaciones no vinculantes para los Estados y que no interpretan a la Convención ni tienen por objeto interpretarla.

35. Y es que esos instrumentos constituyen expresión de aspiraciones, por lo demás legítimas, de cambio o desarrollo del Derecho Internacional en la materia a la que cada uno se refiere, por lo que incluso algunos ni siquiera emanan de un funcionario o de un órgano internacional del sistema interamericano de derechos humanos.

36. Es lo que acontece, en especial, con las alusiones que hace la Sentencia, para sostener su posición, respecto del Comité de Derechos Económicos, Sociales y Culturales del Consejo Económico y Social de las Naciones Unidas[50]; con la Declaración Universal de la UNESCO sobre la diversidad cultural, de 2001[51]; con lo resuelto por el Comité de Derechos Humanos de la ONU[52]; con lo expresado por el Relator Especial sobre la situación de los derechos humanos y las libertades fundamentales de los pueblos indígenas[53]; con la Declaración de Naciones Unidas sobre los Derechos de los Pueblos Indígenas[54]; y con el Principio 22 de la Declaración de Río[55].

37. Algo diferente acontece, sin embargo, con las referencias al Pacto Internacional de Derechos Económicos, Sociales y Culturales[56]; al Convenio 169 de la Organización Internacional del Trabajo[57], a la Convención sobre los Derechos del Niño[58]; a la Convención sobre la Eliminación de todas las Formas de Discriminación contra la Mujer[59];a la Declaración Universal de Derechos Humanos, de 1948[60]; y a la Resolución 64/292 de la Asamblea General de la Organización de las Naciones Unidas del 28 de julio de 2010, denominada "El derecho humano al agua y el saneamiento"[61]. Efectivamente, mientras los tres primeros instrumentos son tratados y, por ende, vinculantes *per se*, los dos últimos son Resoluciones Internacionales Declarativas de Derecho y, por tanto, constituyen fuentes auxiliares del Derecho

---

[49] Artículo 38 del Estatuto de la Corte Internacional de Justicia: "La Corte, cuya función es decidir conforme al derecho internacional las controversias que le sean sometidas, deberá aplicar: (a) las convenciones internacionales, sean generales o particulares, que establecen reglas expresamente reconocidas por los Estados litigantes; (b) la costumbre internacional como. prueba de una práctica generalmente aceptada como derecho; (c) los principios generales de derecho reconocidos por las naciones civilizadas; (d) las decisiones judiciales y las doctrinas de los publicistas de mayor competencia de las distintas naciones, como medio auxiliar para la determinación de las reglas de derecho, sin perjuicio de lo dispuesto en el Artículo 59. 2. La presente disposición no restringe la facultad de la Corte para decidir un litigio *ex aequo et bono*, si las partes así lo convinieren."
[50] Párrs. 217 a 221, 223, 226 a 230, 239 a 242, 245, 246 y 249.
[51] Párrs. 224 y 238.
[52] Párr. 251.
[53] Párr. 252.
[54] Párr.248.
[55] Párr. 250.
[56] Pársr. 213, 214 y 234.
[57] Párr. 247.
[58] Párr. 223.
[59] *Idem.*
[60] Párrs. 213 y 223.
[61] Párr. 224.

customary norms or general principles of law in relation to the matters to which they refer.

38. Something similar occurs in the inter-American sphere. Here, the judgment mentions Resolutions 2349/07 and 2760/12 of the General Assembly of the Organization of American States[62] and the Social Charter of the Americas.[63] It also refers, on the one hand, to the Protocol of San Salvador[64] and the Inter-American Convention on Protecting the Human Rights of Older Persons[65] and, on the other, to the 1948 American Declaration of the Rights and Duties of Man,[66] the 2016 American Declaration on the Rights of Indigenous Peoples,[67] and Advisory Opinion OC-23/17 of the Court of November 15, 2017, entitled "The Environment and Human Rights (State obligations in relation to the environment in the context of the protection and guarantee of the rights to life and to personal integrity – interpretation and scope of Articles 4(1) and 5(1) of the American Convention on Human Rights)."[68] The first two texts are treaties and, therefore binding on the States; the Protocol of San Salvador will be analyzed below.[69]

39. Regarding the American Declaration of the Rights and Duties of Man and the American Declaration on the Rights of Indigenous Peoples, they are also international legal declarative statements; that is, they are supplementary sources of international law because they reflect general principles of law applicable to the corresponding issues; and, in the case of the former, this is recognized by the Convention when declaring that "the essential rights of man […] are based upon attributes of the human personality," and that they are "principles […] set forth" in it.[70]

40. In the case of OC 23/17, which – as part of case law – is a supplementary source of international law and, consequently, non-binding, it should be indicated that, as in the case of all the documents cited, nowhere does it indicate that presumed violations of the economic, social and cultural rights may be examined and decided by the Court. That was not its purpose. Moreover, it could not declare this, because it was not trying to interpret any norm that established the justiciable nature of such rights.

41. It should also be recalled that, to support its competence in relation to the provisions of Article 26, the judgment had recourse, in particular, to the case law of

---

[62] Para. 224
[63] Idem.
[64] Paras. 205 and 212.
[65] Para. 224.
[66] Paras. 211 and 232.
[67] Para. 248.
[68] Para. 203.
[69] *Infra*, IV.
[70] Paras. 2 and 3 of the Preamble: "Recognizing that the essential rights of man are not derived from one's being a national of a certain state, but are based upon attributes of the human personality, and that they therefore justify international protection in the form of a convention reinforcing or complementing the protection provided by the domestic law of the American states;
Considering that these principles have been set forth in the Charter of the Organization of American States, in the American Declaration of the Rights and Duties of Man, and in the Universal Declaration of Human Rights, and that they have been reaffirmed and refined in other international instruments, worldwide as well as regional in scope."

Internacional en la medida en que dan cuenta de normas consuetudinarias o de principios generales de derecho en las materias sobre la que versan.

38. Algo similar acontece en el ámbito interamericano. Por de pronto, la Sentencia menciona a las Resoluciones 2349/07 y 2760/12 de la Asamblea General de la Organización de los Estados Americanos[62] y a la la Carta Social de las Américas[63]. Además, señala, por una parte, al Protocolo de San Salvador[64] y a la Convención Interamericana sobre la Protección de los Derechos Humanos de las Personas Mayores[65] y por la otra, a la Declaración Americana de los Derechos y Deberes del Hombre, de 1948[66], a la Declaración Americana sobre Derechos de los Pueblos Indígenas, de 2016[67] y a la Opinión Consultiva 23, de la Corte, del 15 de noviembre de 2017, titulada "Medio Ambiente y Derechos Humanos (obligaciones estatales en relación con el medio ambiente en el marco de la protección y garantía de los derechos a la vida y a la integridad personal - interpretación y alcance de los artículos 4.1 y 5.1, en relación con los artículos 1.1 y 2 de la Convención Americana sobre Derechos Humanos)"[68]. Los dos primeros textos son tratados y, por tanto, de cumplimiento obligatorio. Además, el Protocolo de San Salvador se analizará más adelante[69].

39. En cuanto a la Declaración Americana de los Derechos y Deberes del Hombre y a la Declaración Americana sobre Derechos de los Pueblos Indígenas, ellas también son Resoluciones Internacionales Declarativas de Derecho, esto es, son fuentes auxiliares del Derecho Internacional en cuanto dan cuenta de principios generales de Derecho aplicables en las materias correspondientes, lo que, respecto a la primera Declaración citada, es reconocido por la Convención en orden a que "los derechos esenciales del hombre [...] (que) tienen como fundamento los atributos de la persona humana" y de que son "principios [...] consagrados en" ella[70].

40. Y en lo atingente a la OC 23/17, que, como parte de la jurisprudencia, es fuente auxiliar del Derecho Internacional y, por ende, no vinculante, cabe afirmar que, tal como sucede con todos los documentos citados, ella no señala en parte alguna que las presuntas violaciones de los derechos económicos, sociales y culturales pueden ser conocidas y resueltas por la Corte. No era ese su objeto. Y, además, es que no podía declarar aquello, ya que no pretendía interpretar norma alguna que dispusiera el carácter justiciable de tales derechos.

41. Igualmente, se debe hacer presente que, para sostener su competencia respecto de lo dispuesto por el artículo 26, la Sentencia recurre especialmente a la

---

[62] Párr. 224.
[63] *Idem.*
[64] Párrs. 205 y 212.
[65] Párr.224.
[66] Párrs. 211 y 232.
[67] Párr. 248.
[68] Párr. 203.
[69] *Infra,* IV.
[70] Párrs. 2 y 3 de Preámbulo: "Reconociendo que los derechos esenciales del hombre no nacen del hecho de ser nacional de determinado Estado, sino que tienen como fundamento los atributos de la persona humana, razón por la cual justifican una protección internacional, de naturaleza convencional coadyuvante o complementaria de la que ofrece el derecho interno de los Estados americanos;
Considerando que estos principios han sido consagrados en la Carta de la Organización de los Estados Americanos, en la Declaración Americana de los Derechos y Deberes del Hombre y en la Declaración Universal de los Derechos Humanos que han sido reafirmados y desarrollados en otros instrumentos internacionales, tanto de ámbito universal como regional;"

the Court itself,[71] which, in turn, is based on the provisions of the instruments cited above and even, with regard to the right to water, on the *iura novit curia* principle.[72] This reveals that, ultimately, the support for its position is provided by the said instruments and not its own case law.

42. From this perspective, and bearing in mind that the judgment cites the aforementioned texts to substantiate its position that the Court has competence to examine and decide eventual violations of the rights to cultural identity, a healthy environment, adequate food and water, it can be categorically stated that, at best, it could be considered that those instruments recognize the existence of the said rights, but not the Court's competence. It is undeniable that none of them, I repeat, none, makes any mention or establishes that the presumed violation of the said rights makes it possible to submit them to the consideration of the Court, and for the Court to take a decision on them.

43. Furthermore, it should be noted that even the references made in the judgment to the domestic laws of the State concerned and of other States,[73] does not justify the judgment's thesis that they authorize recourse to the Court based on the violation of the said rights. The Court derives its competence from the authority granted by the Convention and not from a provision of the respective State's domestic law, even though, as indicated in Article 29 of the Convention, that domestic law should evidently be taken into account when interpreting the Convention so that it does not limit the enjoyment and exercise of a right recognized therein.[74]

44. In this regard, and due to the respective mention in the judgment,[75] it is worth recalling that the said Article 29 is exclusively applicable to the interpretation of the Convention. However, it is insufficient since it does not relieve the Court from having to resort to the provisions of the Vienna Convention. In this regard, it should be stressed that this article tends to place a limit on the conclusions that could be reached by applying only the rules of interpretation contained in the latter. In other words, what that article establishes is that, if that interpretation leads to the conclusion that a legal instrument other than the Convention guarantees a human right in a broader and/or more complete way, what that instrument establishes should prevail over what is established in the Convention. It is on this basis that it is considered that the said provision establishes the "*pro persona* principle" and, I insist, it is not the only rule of interpretation that should be used.

45. It should also be indicated that the interpretation of Article 26 should refer to its meaning and scope in accordance with how it will be applied. In this case, as

---

[71] Paras. 195 to 197, 203, 206 to 209, 216, 226, 244 and 252.
[72] Para. 200.
[73] Paras. 204, 214, 225, 235 and 236
[74] "Restrictions Regarding Interpretation. No provision of this Convention shall be interpreted as: (a) permitting any State Party, group, or person to suppress the enjoyment or exercise of the rights and freedoms recognized in this Convention or to restrict them to a greater extent than is provided for herein; (b) restricting the enjoyment or exercise of any right or freedom recognized by virtue of the laws of any State Party or by virtue of another convention to which one of the said states is a party; (c) precluding other rights or guarantees that are inherent in the human personality or derived from representative democracy as a form of government; or (d) limiting the effect that the American Declaration of the Rights and Duties of Man and other international acts of the same nature may have."
[75] Para. 195.

jurisprudencia de la propia Corte[71], la que, a su vez, se fundamenta en lo indicado en los instrumentos precedentemente señalados e incluso en cuanto al derecho al agua, en el principio *iura novit curia*[72], de donde se desprende que, en definitiva, el sustento de su posición son dichos instrumentos y no su propia jurisprudencia.

42. En esa perspectiva y teniendo presente que los textos aludidos son invocados por la Sentencia a fin de fundamentar su posición en cuanto a que la Corte tiene competencia para conocer y resolver sobre las eventuales la violaciones de los derechos a la identidad cultural, al medio ambiente sano, a la alimentación adecuada y al agua, se puede afirmar categóricamente que lo cierto es que, en el mejor de los casos, aquellos instrumentos podrían ser considerados como que reconocerían la existencia de esos derechos, más no la mencionada competencia. Es, pues, irrefutable que ninguno de ellos, se reitera, ninguno, dice relación o dispone que las presuntas violaciones de los citados derechos habilita para que sean llevadas ante la Corte y para que ésta resuelva sobre ellas.

43. A lo precedentemente indicado, procede añadir que las referencias que la Sentencia hace a la legislación interna tanto del Estado como de otros Estados[73], tampoco justifica la tesis sostenida por aquella en cuanto a que habilitaría para que se pudiera recurrir ante la Corte por las violaciones de los derechos antes mencionados. La competencia de la Corte deriva de la facultad que se le concede por la Convención y no por una disposición del derecho interno del Estado de que se trate, aunque, evidentemente, dicho ordenamiento jurídico se debe tener presente, conforme lo indica el artículo 29 de aquella, al momento de interpretar aquella a los efectos de que ello no limite el goce y el ejercicio de un derecho reconocido por este último[74].

44. Y vale recordar, en relación a lo último expresado en el párrafo precedente y en mérito de la alusión que la Sentencia hace al respecto[75], que el citado artículo 29 es una norma exclusivamente aplicable a la interpretación de la Convención, pero insuficiente, dado que no exime que también se deba recurrir a las previstas en la Convención de Viena. Debe destacar en este sentido, que dicho artículo, constituye más bien un límite a las conclusiones que se pudieran arribar aplicando solo las normas de interpretación contenidas en este último tratado, es decir, lo que tal norma dispone es que, si de esa interpretación se concluye que en otro instrumento jurídico distinto a la Convención, se garantiza un derecho humano de una manera más amplia y/o completa, lo que establezca aquél debe prevalecer sobre lo que señale ésta. De allí que dicha disposición sea conocida como la que consagra el "principio *pro persona*" y, se insiste, no es la única norma de interpretación a la que se debe recurrir.

45. Igualmente es procedente indicar que la interpretación del artículo 26 debe referirse a su sentido y alcance conforme a la alternativa de aplicación que se

---

[71] Párrs. 195 a 197, 203, 206 a 209, 216, 226, 244 y 252.
[72] Párr. 200.
[73] Párrs. 204, 214, 225, 235 y 236.
[74] "Normas de Interpretación. Ninguna disposición de la presente Convención puede ser interpretada en el sentido de: (a) permitir a alguno de los Estados Partes, grupo o persona, suprimir el goce y ejercicio de los derechos y libertades reconocidos en la Convención o limitarlos en mayor medida que la prevista en ella;(b) limitar el goce y ejercicio de cualquier derecho o libertad que pueda estar reconocido de acuerdo con las leyes de cualquiera de los Estados Partes o de acuerdo con otra convención en que sea parte uno de dichos Estados; (c) excluir otros derechos y garantías que son inherentes al ser humano o que se derivan de la forma democrática representativa de gobierno, y (d) excluir o limitar el efecto que puedan producir la Declaración Americana de Derechos y Deberes del Hombre y otros actos internacionales de la misma naturaleza."
[75] Párr. 195.

revealed by the judgment, this would consist in inferring from this article that violations of the human rights derived from the economic, social, educational, scientific and cultural standards contained in the OAS Charter can be examined and decided by the Court. From this perspective, the international *corpus iuris*[76] that should have been used is that which relates to this interpretation. Therefore, it would have been necessary to select from among the different instruments that constitute this *corpus iuris*, based on their status as sources of international law, so that the meaning and scope of the respective norm could be clearly revealed by such instruments pursuant to the objective sought. Evidently, none of this occurred in the instant case because, as already indicated, the instruments cited are unrelated to the Court's competence in relation to violations of the said rights.

46. It is also necessary to comment on the reference made in the judgment to Article 1 of the Convention.[77] That article establishes that the States Parties to the Convention must respect and ensure respect for the human rights. Therefore, contrary to what the judgment appears to maintain, this article does not indicate – nor can it be inferred from it – that violations of all the human rights should or may be examined and decided by the Court. This is appropriate only and exclusively in those cases that are submitted to the Court, "provided that the States Parties to the case recognize or have recognized such jurisdiction."[78]

47. From the foregoing it can be concluded that application of the subjective method of treaty interpretation, which signifies considering treaties as a whole, as well as any subsequent agreements and practices of the States parties, and other international norms applicable between the States parties leads to the result described above; namely, that at no time were the economic, social and cultural rights "derived" from the standards of the OAS Charter – among them the rights to cultural identity, a healthy environment, adequate food and water – included in the protection system established in the Convention.

48. Moreover, with regard to citing Article 26 as a source that authorizes recourse to the Court, it should be noted that this had never been considered until the case of *Lagos del Campo v. Peru.*[79] Previously, cases relating to the violation of economic and social rights had been dealt with based on, or as part of, the violation of a political or civil right. It was only in that case that the representatives of the presumed victims cited Article 26 as grounds for the Court's intervention. The Court admitted their petition, but on the basis of the *iura novit curia* principle; thus, the State and the Commission were unable to express an opinion in this regard. In the instant case, it was the victims' representatives and the Commission who requested the application of Article 26.

49. However, the Court has now gone a step further. Indeed, up until now the reference to the said article has been linked to norms that establish a political or civil right. In the instant case, the judgment declares the violation of the rights to cultural identity, a healthy environment, adequate food and water, based exclusively on the

---

[76] Paras. 196 and 198.
[77] *Supra*, footnotes 23 and 38, and paras. 207 and 208.
[78] *Supra*, footnote 43.
[79] Case of *Lagos del Campo v. Peru. Preliminary Objections, Merits, Reparations and Costs*, 2017.

pretende, que en este caso consistiría, según puede desprenderse de la Sentencia, en inferir de él que las violaciones de los derechos humanos que derivan de las normas económicas, sociales y sobre educación, ciencia y cultura, contenidas en la Carta de la OEA, pueden ser conocidas y resueltas por la Corte. En tal perspectiva, el *corpus iuris* internacional[76] al que se debería recurrir es al que diga relación con dicha alternativa de interpretación, distinguiendo, al efecto, entre los diversos instrumentos que lo constituyen, acorde a la condición de fuente del Derecho Internacional aplicable de cada cual, de suerte que se pueda desprender de ellos con claridad el sentido y alcance de la norma en comento acorde al objetivo perseguido, todo lo cual, evidentemente, no acontece en autos, puesto que, como ya precedentemente se expresó, los evocados instrumentos no conciernen a la competencia de la Corte en cuanto a las violaciones de los aludidos derechos.

46. Del mismo modo, es oportuno hacer formular un comentario acerca de la invocación que la Sentencia hace del artículo 1 de la Convención[77]. Esa norma dispone que los Estados Partes de la Convención deben respetar y hacer respetar los derechos humanos. *Ergo*, a contrario de lo que parece sostener la Sentencia, dicho artículo no expresa, ni tampoco puede deducirse de él, que las violaciones de todos los derechos humanos deben o pueden ser conocidas y resueltas por la Corte. Ésta puede proceder única y exclusivamente respecto de que los casos que le sean sometidos, "siempre que los Estados Partes en el caso hayan reconocido o reconozcan dicha competencia"[78]

47. De lo reseñado, se puede concluir, por lo tanto, que la aplicación del método subjetivo de interpretación de los tratados, que importa considerar a éstos en su totalidad, así como los acuerdos y las prácticas posteriores seguidas por sus Estados Partes y otros normas internacionales aplicables entre ellos, conduce al mismo resultado ya antes señalado, a saber, que en momento alguno se incluyó a los derechos económicos, sociales y culturales que se "derivan" de las normas de la Carta de la OEA, entre ellos, los derechos a la identidad cultural, al medio ambiente sano, a la alimentación adecuada y al agua, en el régimen de protección previsto en la Convención

48. Por otra parte, se debe tomar nota acerca de que la evocación del artículo 26 como fuente habilitante para recurrir ante la Corte, no fue planteada sino hasta el caso, *Lagos del Campo Vs. Perú*[79]. Antes de ello, lo relativo a la violación de derechos económicos y sociales fue tratado a partir o como parte de la violación de algún derecho político o civil. Fue en el citado caso en el que el artículo 26 fue planteado como fundamento de la intervención de la Corte y lo fue por los representantes de las presuntas víctimas. La Corte acogió la petición de estos últimos, pero sobre la base del principio *iura novit curia*, motivo por el que el Estado y la Comisión no tuvieron la oportunidad de pronunciarse a su respecto. En la actualidad, fueron los representantes de las víctimas y la Comisión los que demandan la aplicación del artículo 26.

49. Más, ahora se ha avanzado un paso más. En efecto, hasta hoy la referencia al mencionado artículo se hacía vinculándolo a normas que establecen un derecho político o civil. En el presente caso, la Sentencia declara la violación de los derechos a la identidad cultural, al medio ambiente sano, a la alimentación adecuada y al agua, en

---

[76] Párrs 196 y 198.
[77] *Supra*, Notas N° 23 y 38 y párrs. 207 y 208.
[78] *Supra*, Nota N°43.
[79] *Caso Lagos del Campo Vs. Perú. Excepciones Preliminares, Fondo, Reparaciones y Costas*, 2017.

provisions of this article. Thus, for the Court, it may be considered an autonomous source to declare the violation of any human right that it considers is derived from the provisions of the OAS Charter, a position that, for the reasons set out in this brief, I am unable to share.

50. It should also be noted that, in other judgments, the Court has achieved a similar result to the one sought in this case without the need to resort to Article 26, by applying only the articles of the Convention that relate to the rights that this instrument recognizes and, logically, within the limits of those provisions – for example, those that protect the right to personal integrity, to property, or to judicial guarantees and judicial protection. Thus, it is difficult to see why the Court insists on indicating Article 26 as grounds for violations of the human rights "derived" from the OAS Charter that it is examining, when it is evident that this is superfluous.

51. This is especially true when it is noted that the judgment, when declaring the violation of the rights to cultural identity, a healthy environment, adequate food and water on the basis of Article 26 considered autonomously, by fragmenting its analysis, ultimately weakens or contradicts its own thesis or conception of the interdependence and indivisibility of the human rights, because, in this case, the protection of the right to property is exactly what would have permitted guaranteeing the other rights that are declared to have been violated.

D. FUNCTIONAL OR TELEOLOGICAL METHOD

52. When trying to define the object and purpose of the article of the Convention in question, it can be affirmed that:

a) the purpose of the States when signing the Convention was "to consolidate in this hemisphere, within the framework of democratic institutions, a system of personal liberty and social justice based on respect for the essential rights of man;"[80]
b) to this end, and as already indicated,[81] "the Third Special Inter-American Conference (Buenos Aires, 1967) approved the incorporation into the Charter of the Organization (of American States) itself of broader standards with respect to economic, social, and educational rights and resolved that an inter-American convention on human rights should determine the structure, competence, and procedure of the organs responsible for these matters";
c) thus, it is evident that what was established at the said Conference was realized with the Protocol of Buenos Aires in relation to the economic, social and educational rights, and with the Convention as regards the structure, competence, and procedure of the organs responsible for these matters; and
d) therefore, it was in compliance with this mandate that Article 26 was included in the Convention in a separate chapter from the one on political and civil rights and, also, establishing a special obligation for the States Parties to the Convention, which did not exist with regard to the aforementioned rights; namely that of adopting "measures, both internally and through international cooperation, especially those of an economic and technical nature, with a view to achieving

---

[80] Para.1 of the Preamble.
[81] *Supra*, footnote 20.

base exclusivamente a lo que dispone dicha norma. Así, para la Corte, ésta puede ser considerada como fuente autónoma para declarar la violación de todo derecho humano que estime que se deriva de las normas de la Carta de la OEA, posición que, por las razones que se exponen en este escrito, no se puede compartir.

50. Adicionalmente, se debe advertir que en otras sentencias de la Corte se alcanzó un resultado análogo al que se pretende en autos, aplicando únicamente disposiciones de la Convención referentes a derechos que ésta reconoce y lógicamente dentro de los límites de ellas, como las que protegen el derecho a la integridad personal, a la propiedad o a las garantías judiciales y la protección judicial, sin haber tenido necesidad de recurrir al artículo 26. De modo, pues, que no se vislumbra la razón por la insistencia de señalar dicha norma como fundamento para que las violaciones de los derechos humanos que se "derivan" de la Carta de la OEA puedan ser conocidas por la Corte, cuando es evidente que ello resulta superfluo.

51. Lo anterior es tanto más cierto cuando se constata que la Sentencia, al señalar que declara, sobre la base del artículo 26 considerado de manera autónoma, la violación de los derechos a la identidad cultural, al medio ambiente sano, a la alimentación adecuada y al agua, en definitiva debilita o contradice, al fragmentar el análisis, su propia tesis o concepción de la interdependencia e indivisibilidad de los derechos humanos, pues, en el caso de autos, la protección de la propiedad es justamente lo que permitiría garantizar los otros derechos que se declararon violados.

D. MÉTODO FUNCIONAL O TELEOLÓGICO

52. Al tratar de precisar el objeto y fin de la disposición convencional que interesa, se puede sostener que:

a) el propósito de los Estados al suscribir la Convención fue "consolidar en este Continente, dentro del cuadro de las instituciones democráticas, un régimen de libertad personal y de justicia social, fundado en el respeto de los derechos esenciales del hombre"[80];
b) para ello y tal como ya se señaló[81], "la Tercera Conferencia Interamericana Extraordinaria (Buenos Aires 1967) aprobó la incorporación a la propia Carta de la Organización (de los Estados Americanos) de normas más amplias sobre derechos económicos, sociales y educacionales" y se "resolvió que una Convención interamericana sobre derechos humanos determinara la estructura, competencia y procedimiento de los órganos encargados de esa materia";
c) es del todo evidente, entonces, que, lo dispuesto en la citada Conferencia se cumplió, en lo concerniente a los derechos económicos, sociales y educacionales, con el Protocolo de Buenos Aires y en lo que respecta a la estructura, competencia y procedimiento de los órganos encargados de esa materia, con la Convención; y
d) es, por tanto, dando cumplimiento a ese mandato, que se incluyó el artículo 26 en la Convención en un capítulo separado del relativo a los derecho políticos y civiles y, además, estableciendo una especial obligación para los Estados Partes de la Convención, no existente en cuanto a los recién mencionados derechos, a saber, la de adoptar las "providencias, tanto a nivel interno como mediante la cooperación internacional, especialmente económica y técnica, para lograr

---

[80] Párr. 1° del Preámbulo.
[81] *Supra* Nota N° 20.

progressively subject to available resources, by legislation or other appropriate means, the full realization of the rights implicit in the economic, social, educational, scientific, and cultural standards set forth in the Charter of the Organization of American States as amended by the Protocol of Buenos Aires."

53. In other words, while it is true that the ultimate object and purpose of the Convention is, as the Court has indicated, "the protection of the fundamental rights of the human being,"[82] it is also true that each of its provisions has a specific object and purpose in keeping with those of a general scope. Thus, it is undisputable that the object and purpose of Article 26 is that the measures it indicates be adopted to achieve the realization of the rights mentioned and not that those rights are enforceable immediately and, in particular, that they are justiciable before the Court.

54. If we accept that, to interpret a specific provision of the Convention, it would be sufficient to cite its general object and purpose – which is extremely vague and imprecise – this would affect the legal certainty and security that should characterize every ruling of the Court because it would provide it with a wide margin of discretion to determine – or what the judgement refers to as "to update"[83] – the rights derived from the said standards of the OAS Charter and, therefore, the States Parties to the Convention would not know which these were in advance of the corresponding litigations.

55. Moreover, proceeding as referred to above, would mean that the Court was assuming the international normative function that, in the case of the Convention, corresponds only to the States Parties.[84] And this is because, in the absence of a definition of the rights that are derived from the standards of the OAS Charter and with their updating that, in consequence, the judgment attributes to the Court, the Court could well establish rights that are not expressly prescribed in the said standards and determine that they are justiciable before it, as occurred in this case.

56. In addition to the above, a certain nuance should be added to a citation from a previous ruling referred to in the judgment, that human rights treaties "are not traditional multilateral treaties concluded on the basis of a reciprocal exchange of rights for the benefit of the contracting parties; rather, their object and purpose are the

---

[82] Para. 92, *Case of Cuscul Pivaral et al. v. Guatemala. Preliminary objection, Merits, Reparations and Costs*, 2018.
[83] Para. 199.
[84] Art. 31: "Recognition of Other Rights. Other rights and freedoms recognized in accordance with the procedures established in Articles 76 and 77 may be included in the system of protection of this Convention."
Art. 76: "(1) Proposals to amend this Convention may be submitted to the General Assembly for the action it deems appropriate by any State Party directly, and by the Commission or the Court through the Secretary General. (2) Amendments shall enter into force for the States ratifying them on the date when two-thirds of the States Parties to this Convention have deposited their respective instruments of ratification. With respect to the other States Parties, the amendments shall enter into force on the dates on which they deposit their respective instruments of ratification."
Art. 77: "(1) In accordance with Article 31, any State Party and the Commission may submit proposed protocols to this Convention for consideration by the States Parties at the General Assembly with a view to gradually including other rights and freedoms within its system of protection. (2) Each protocol shall determine the manner of its entry into force and shall be applied only among the States Parties to it."

progresivamente la plena efectividad de los derechos que se derivan de las normas económicas, sociales y sobre educación, ciencia y cultura, contenidas en la Carta de la Organización de los Estados Americanos, reformada por el Protocolo de Buenos Aires, en la medida de los recursos disponibles, por vía legislativa u otros medios apropiados".

53. En otros términos, es cierto que el objeto y fin último de la Convención es, como lo ha indicado la Corte, "la protección de los derechos fundamentales de los seres humanos"[82], pero también es verdad que cada una de sus disposiciones tiene un objeto y fin específico acorde al de alcance general. En tal sentido, es sin duda indiscutible que el objeto y fin del artículo 26 es que se adopten las providencias que señala para lograr a efectividad de los derechos que indica y no que éstos sean exigibles de inmediato y menos aún que sean justiciables ante la Corte.

54. Aceptar que, para interpretar una específica disposición de la Convención, bastaría evocar el objeto y fin general de ésta antes señalado, de suyo amplio vago o impreciso y, por tanto, implicaría afectar la seguridad y certeza jurídicas que debe caracterizar a todo fallo de la Corte, puesto que dejaría a su criterio, con extenso margen, la determinación, que la Sentencia denomina actualización[83], de los derechos que derivan de las mencionadas normas de la Carta de la OEA, por lo que los Estados Partes de la Convención no sabrían con antelación a los juicios correspondientes, cuales son.

55. Por otra parte, un proceder como el aludido, conllevaría, por parte de la Corte, la asunción de la función normativa internacional, que, en lo concerniente a la Convención, solo corresponde a sus Estados Partes[84]. Y ello en atención a que, con la ausencia de especificación de los derechos que se derivan de las normas de la Carta de la OEA y con la actualización de ellos que, consecuentemente, la Sentencia atribuye a la Corte, ésta bien podría establecer derechos no expresamente previstos en dichas normas y disponer que son justiciables ante ella, como ocurre en autos.

56. A todo lo expuesto precedentemente, habría que añadir un cierto matiz a lo expresado en fallo aludido en la Sentencia, en cuanto a que los tratados de derechos humanos "no son tratados multilaterales del tipo tradicional, concluidos en función de un intercambio recíproco de derechos, para el beneficio de las partes contratantes, sino

---

[82] Párr. 92, *Caso Cuscul Pivaral y otros Vs. Guatemala. Excepción Preliminar, Fondo, Reparaciones y Costas*, 2018.
[83] Párr.199.
[84] Art.31: "Reconocimiento de Otros Derechos. Podrán ser incluidos en el régimen de protección de esta Convención otros derechos y libertades que sean reconocidos de acuerdo con los procedimientos establecidos en los artículos 76 y 77."
Art. 76: "(1) Cualquier Estado parte directamente y la Comisión o la Corte por conducto del Secretario General, pueden someter a la Asamblea General, para lo que estime conveniente, una propuesta de enmienda a esta Convención. (2) Las enmiendas entrarán en vigor para los Estados ratificantes de las mismas en la fecha en que se haya depositado el respectivo instrumento de ratificación que corresponda al número de los dos tercios de los Estados Partes en esta Convención. En cuanto al resto de los Estados Partes, entrarán en vigor en la fecha en que depositen sus respectivos instrumentos de ratificación."
Art. 77: (1) De acuerdo con la facultad establecida en el artículo 31, cualquier Estado parte y la Comisión podrán someter a la consideración de los Estados Partes reunidos con ocasión de la Asamblea General, proyectos de protocolos adicionales a esta Convención, con la finalidad de incluir progresivamente en el régimen de protección de la misma otros derechos y libertades. (2) Cada protocolo debe fijar las modalidades de su entrada en vigor, y se aplicará sólo entre los Estados Partes en el mismo."

protection of human rights before the State and before other States."[85] Indeed, this statement should be nuanced in the sense, first, that there are also multilateral treaties that are not concluded on the basis of reciprocal exchanges, but rather in order to establish legal norms that are valid for all their States parties, as in the case, for example, of the United Nations Charter or the OAS Charter and, evidently, the Convention. Second, because there are multilateral treaties that grant the individual a certain international legal subjectivity, as in the case of the Investment Protection and Promotion Treaties, the Treaty of Rome and, evidently, the Convention. Thus, it is not precisely the object and purpose that distinguishes the latter, but rather the circumstance that it grants the individual international legal subjectivity consisting in the authority to lodge petitions against the States Parties to it before the Commission; although, if the corresponding case is submitted to the Court, the representation of the petitioner is assumed by the Commission itself, in representation of the OAS States.[86] Therefore, the particularity of the Convention is not, fundamentally, the object and purpose of protecting human rights; rather it guarantees the presumed victims of violations of those rights that the obligations assumed by its States Parties are based on norms that are valid for all of them and, consequently, that in the event of non-compliance of any of those obligations by one of the States Parties, compliance with it is enforceable by the others. If this were not so, the asymmetry and imbalance between, on the one hand, the respondent State, and on the other, the presumed victims, would be enormous and impossible to overcome.

57. In sum, the application of the functional or teleological method of treaty interpretation in relation to Article 26 of the Convention leads to the same conclusion as that reached with the use of the other means of treaty interpretation; namely, that the purpose of this article is not to establish any human right, but rather merely to set forth the obligation of the States Parties to the Convention to adopt measures to realize the economic, social and cultural rights "derived" from the OAS Charter.

E. SUPPLEMENTARY MEANS

58. Regarding the supplementary means of treaty interpretation, it is worth noting that, during the 1969 Inter-American Specialized Conference on Human Rights, at which the final text of the Convention was adopted, two articles on this matter were proposed. One was Article 26 in the terms that appear in the Convention. This article was adopted.[87]

59. The other proposed article, number 27, indicated:

Monitoring Compliance with Obligations. The States Parties shall transmit to the Inter-American Commission of Human Rights a copy of each of the reports and studies that they submit annually to the Executive Committees of the Inter-American Economic and Social Council and the Inter-American Council for

---

[85] Para. 77, *Case of Cuscul Pivaral et al. v. Guatemala*, 2018.
[86] Art. 35: "The Commission shall represent all the member countries of the Organization of American States."
[87] Proceedings of the Inter-American Specialized Conference on Human Rights, November 7 to 22, 1969, OEA/Ser.K/XVI/1.2, p. 318.

que su objeto y fin son la protección de los derechos humanos tanto frente al Estado como frente a otros Estados"[85]. En efecto, es necesario matizar esa afirmación, en el sentido, primero, de que hay también tratados multilaterales que no se suscriben en función de intercambios recíprocos, sino en vista de establecer normas de derecho válidas para todos sus Estados Partes, como ocurre, por ejemplo, con la Carta de la Organización de las Naciones Unidas o con la Carta de la OEA y, ciertamente, con la Convención. En segundo lugar, porque hay tratados multilaterales que le conceden al individuo cierta subjetividad jurídica internacional, como acontece con los Tratados de Protección y Promoción de Inversiones, con el Tratado de Roma y, evidentemente, con la Convención. De manera, por lo tanto, que no es precisamente el objeto y fin lo que distingue a esta última, sino la circunstancia de que le concede al ser humano la subjetividad jurídica internacional consistente en presentar ante la Comisión denuncias en contra de Estados Partes de ella, aunque, en el evento de que el correspondiente caso sea llevado ante la Corte, la representación del peticionario es asumida por la misma Comisión, en representación de los Estados de la OEA[86]. La peculiaridad de la Convención no es, en consecuencia, fundamentalmente el objeto y fin de proteger los derechos humanos, cuanto proporcionar una garantía para las presuntas víctimas de violaciones de éstos de que las obligaciones que sus Estados Partes contraen, lo son en virtud de normas válidas para todos y, por ende, que en el evento de incumplimiento de alguna de ellas por parte de uno de ellos, su cumplimiento es exigible por todos los demás. Si así no fuese, la asimetría o desequilibrio entre, por una parte, el Estado denunciado y por la otra, las presuntas víctimas, sería enorme e imposible de superar.

57. En definitiva, pues, la aplicación del método funcional o teleológico de interpretación de tratados respecto del artículo 26 de la Convención, conduce a la misma conclusión a que se llega con la utilización de los demás métodos de interpretación de tratados, es decir, que dicha disposición no tiene por finalidad establecer derecho humano alguno, sino únicamente consagrar el deber de los Estados Partes de aquella de adoptar medidas para hacer efectivos los derechos económicos, sociales y culturales que se "derivan" de la Carta de la OEA.

E. Medios Complementarios

58. En lo concerniente a los medios complementarios de interpretación de tratados, es de destacar que, en la Conferencia Especializada Interamericana sobre Derechos Humanos de 1969, en la que se acordó el texto definitivo de la Convención, se propusieron en esta materia, dos artículos. Uno fue el 26 en los términos que actualmente figura en la Convención. Dicho artículo fue aprobado[87].

59. El otro artículo propuesto, el 27, expresaba:

> Control del Cumplimiento de las Obligaciones. Los Estados Partes deben remitir a la Comisión Interamericana de Derechos Humanos copia de los informes y estudios que en sus respectivos campos someten anualmente a las Comisiones Ejecutivas del Consejo Interamericano Económico y Social y del Consejo

---

[85] Parr. 77, *Caso Cuscul Pivaral y otros Vs. Guatemala*, 2018.
[86] Art. 125: "La Comisión representa a todos los miembros que integran la Organización de los Estados Americanos."
[87] Actas de la Conferencia Especializada Interamericana sobre Derechos Humanos, 7 a 22 de noviembre de 1969, OEA/Ser.K/XVI/1.2, p. 318.

Education, Science and Culture, in their respective fields, so that the Commission can verify their compliance with the obligations determined previously, which are the essential basis for the exercise of other rights enshrined in this Convention.

60. It should be noted that this draft article 27, which was not adopted,[88] referred to "reports and studies" for the Commission to verify whether the said obligations were being met and, thus distinguished between, "the "obligations determined previously," obviously in Article 26; in other words, those relating to the rights derived from the economic, social, educational, scientific, and cultural standards set forth in the Charter of the Organization of American States as amended by the Protocol of Buenos Aires," and "the other rights establishes in this Convention"; that is, the "civil and political rights."

61. Accordingly, when adopting Article 26, the States did not intend to incorporate the economic, social and cultural rights into the protection system established in the Convention. The only intention they had in this regard was that compliance with the obligations relating to those rights should be subject to examination by the organs of the OAS, considering that this compliance was the basis for the exercise of the civil and political rights. And, as indicated, this proposal was not accepted. Therefore, this confirms that the States Parties to the Convention had no intention to incorporate the economic, social and cultural rights into the protection system that, to the contrary, it establishes for the civil and political rights.[89]

III
THE OAS CHARTER

62. That said, based on the fact that Article 26 refers to the "the economic, social, educational, scientific, and cultural standards set forth in the Charter of the Organization of American States as amended by the Protocol of Buenos Aires," it is essential, in order to discover its scope, to refer to the content of the said standards and, in particular, to those cited in the judgment.

63. With regard to the right to a healthy environment, the judgment refers to Articles 30,[90] 31,[91] 32,[92] 33[93] and 34[94] of the OAS Charter. In the case of the right to

---

[88] Proceedings of the Inter-American Specialized Conference on Human Rights, November 7 to 22, 1969, OEA/Ser.K/XVI/1.2, p. 448.
[89] Concurring opinion of Judge Alberto Pérez Pérez, *Case of Gonzales Lluy et al. v. Ecuador. Preliminary Objections, Merits, Reparations and Costs.* Judgment of September 1, 2015.
[90] "The Member States, inspired by the principles of inter-American solidarity and cooperation, pledge themselves to a united effort to ensure international social justice in their relations and integral development for their peoples, as conditions essential to peace and security. Integral development encompasses the economic, social, educational, cultural, scientific, and technological fields through which the goals that each country sets for accomplishing it should be achieved."
[91] "Inter-American cooperation for integral development is the common and joint responsibility of the Member States, within the framework of the democratic principles and the institutions of the inter-American system. It should include the economic, social, educational, cultural, scientific, and technological fields, support the achievement of national objectives of the Member States, and respect the priorities established by each country in its development plans, without political ties or conditions."
[92] "Inter-American cooperation for integral development should be continuous and preferably channeled through multilateral organizations, without prejudice to bilateral cooperation between Member States.

Interamericano para la Educación, la Ciencia y la Cultura, a fin de que aquélla verifique si se están cumpliendo las obligaciones antes determinadas, que son la sustentación indispensable para el ejercicio de los otros derechos consagrados en esta Convención.

60. Nótese que el mencionado proyecto de artículo 27, que no fue aprobado[88], se refería a "informes y estudios" para que la Comisión verificara si se estaban cumpliendo las referidas obligaciones y distinguía, entonces, entre, por una parte, "las obligaciones antes determinadas", obviamente en el artículo 26, es decir, las pertinentes a los derechos que "derivan de las normas económicas, sociales y sobre educación, ciencia y cultura, contenidas en la Carta de la Organización de los Estados Americanos, reformada por el Protocolo de Buenos Aires" y por la otra parte, "los otros derechos consagrados en esta Convención", esto es, los "derechos civiles y políticos".

61. De suerte que con la adopción del artículo 26, no se tuvo la intención de incorporar los derechos económicos, sociales y culturales en el régimen de protección previsto en la Convención. La única proposición que hubo al respecto fue que se sometiera a examen de órganos de la OEA el cumplimiento de las obligaciones referidas a esos derechos, por estimar que dicho cumplimiento era la base para la realización de los derechos civiles y políticos. Y, como se indicó, esa propuesta no fue acogida. Ello confirma, por lo tanto, que los Estados Partes de la Convención no tuvieron la voluntad alguna de incluir a los derechos económicos, sociales y culturales en el régimen de protección que establece, en cambio, para los derechos civiles y políticos[89].

III
LA CARTA DE LA OEA

62. Pues bien, atendido el hecho de que el artículo 26 remite a "las normas económicas, sociales y sobre educación, ciencia y cultura, contenidas en la Carta de la Organización de los Estados Americanos, reformada por el Protocolo de Buenos Aires", resulta indispensable, para conocer el alcance de aquél, referirse asimismo al contenido de las mencionadas normas y, en particular, a las citadas en la Sentencia.

63. Con relación al derecho a un ambiente sano, ella evoca a los artículos 30[90], 31[91], 32[92], 33[93] y 34[94] de la mencionada Carta de la OEA. En cuanto al derecho a la

---

[88] Actas de la Conferencia Especializada Interamericana sobre Derechos Humanos, 7 a 22 de noviembre de 1969, OEA/Ser.K/XVI/1.2, p. 448.
[89] Voto concurrente del Juez Alberto Pérez Pérez, *Caso Gonzales Lluy y Otros Vs. Ecuador. Excepciones Preliminares, Fondo, Reparaciones y Costas*. Sentencia de 1 de septiembre de 2015.
[90] "Los Estados miembros, inspirados en los principios de solidaridad y cooperación interamericanas, se comprometen a aunar esfuerzos para lograr que impere la justicia social internacional en sus relaciones y para que sus pueblos alcancen un desarrollo integral, condiciones indispensables para la paz y la seguridad. El desarrollo integral abarca los campos económico, social, educacional, cultural, científico y tecnológico, en los cuales deben obtenerse las metas que cada país defina para lograrlo".
[91] "La cooperación interamericana para el desarrollo integral es responsabilidad común y solidaria de los Estados miembros en el marco de los principios democráticos y de las instituciones del sistema interamericano. Ella debe comprender los campos económico, social, educacional, cultural, científico y tecnológico, apoyar el logro de los objetivos nacionales de los Estados miembros y respetar las prioridades que se fije cada país en sus planes de desarrollo, sin ataduras ni condiciones de carácter político."

food, it cites Article 34(j)[95] of the Charter. Regarding the right to water, it indicates that this is revealed by rights that, in turn, derive from others, mentioning the rights to a healthy environment and to adequate food and adding that this right also stems from the provisions of Articles 34(i),[96] 34(l)[97] and 45(h)[98] of the Charter. Finally, with regard to the right to cultural identity, it mentions Articles 30,[99] 45(f),[100] 47[101] and 48[102] of the Charter.

The Member States shall contribute to inter-American cooperation for integral development in accordance with their resources and capabilities and in conformity with their laws."

[93] "Development is a primary responsibility of each country and should constitute an integral and continuous process for the establishment of a more just economic and social order that will make possible and contribute to the fulfillment of the individual."

[94] "The Member States agree that equality of opportunity, the elimination of extreme poverty, equitable distribution of wealth and income and the full participation of their peoples in decisions relating to their own development are, among others, basic objectives of integral development. To achieve them, they likewise agree to devote their utmost efforts to accomplishing the following basic goals: (a) Substantial and self-sustained increase of per capita national product; (b) Equitable distribution of national income; (c) Adequate and equitable systems of taxation; (d) Modernization of rural life and reforms leading to equitable and efficient land-tenure systems, increased agricultural productivity, expanded use of land, diversification of production and improved processing and marketing systems for agricultural products; and the strengthening and expansion of the means to attain these ends; (e) Accelerated and diversified industrialization, especially of capital and intermediate goods; (f) Stability of domestic price levels, compatible with sustained economic development and the attainment of social justice; (g) Fair wages, employment opportunities, and acceptable working conditions for all; (h) Rapid eradication of illiteracy and expansion of educational opportunities for all; (i) Protection of man's potential through the extension and application of modern medical science; (j) Proper nutrition, especially through the acceleration of national efforts to increase the production and availability of food; (k) Adequate housing for all sectors of the population; (l) Urban conditions that offer the opportunity for a healthful, productive, and full life; (m) Promotion of private initiative and investment in harmony with action in the public sector; and (n) Expansion and diversification of exports."

[95] Idem, (j).

[96] Idem, (i).

[97] Idem, (l).

[98] "The Member States, convinced that man can only achieve the full realization of his aspirations within a just social order, along with economic development and true peace, agree to dedicate every effort to the application of the following principles and mechanisms: ... (h) Development of an efficient social security policy."

[99] "The Member States, inspired by the principles of inter-American solidarity and cooperation, pledge themselves to a united effort to ensure international social justice in their relations and integral development for their peoples, as conditions essential to peace and security. Integral development encompasses the economic, social, educational, cultural, scientific, and technological fields through which the goals that each country sets for accomplishing it should be achieved."

[100] "The Member States, convinced that man can only achieve the full realization of his aspirations within a just social order, along with economic development and true peace, agree to dedicate every effort to the application of the following principles and mechanisms: [...] (f) The incorporation and increasing participation of the marginal sectors of the population, in both rural and urban areas, in the economic, social, civic, cultural, and political life of the nation, in order to achieve the full integration of the national community, acceleration of the process of social mobility, and the consolidation of the democratic system. The encouragement of all efforts of popular promotion and cooperation that have as their purpose the development and progress of the community."

[101] "The Member States will give primary importance within their development plans to the encouragement of education, science, technology, and culture, oriented toward the overall improvement of the individual, and as a foundation for democracy, social justice, and progress."

[102] "The Member States will cooperate with one another to meet their educational needs, to promote scientific research, and to encourage technological progress for their integral development. They will consider themselves individually and jointly bound to preserve and enrich the cultural heritage of the American peoples."

alimentación, lo hace al artículo 34.j[95] de la misma. Respecto al derecho al agua, señala que se desprende de derechos que, a su vez, derivan de otros, señalando así a los derechos a un ambiente sano y a la alimentación adecuada y añadiendo que aquél deriva también de lo dispuesto en los artículos 34.i[96], 34.l[97] y 45.h[98] de la citada Carta. Y, finalmente, en lo pertinente al derecho a la identidad cultural, menciona a los artículos 30[99], 45.f[100], 47[101] y 48[102] de la citada Carta.

---

[92] "La cooperación interamericana para el desarrollo integral debe ser continua y encauzarse preferentemente a través de organismos multilaterales, sin perjuicio de la cooperación bilateral convenida entre Estados miembros.
Los Estados miembros contribuirán a la cooperación interamericana para el desarrollo integral de acuerdo con sus recursos y posibilidades, y de conformidad con sus leyes."
[93] "El desarrollo es responsabilidad primordial de cada país y debe constituir un proceso integral y continuo para la creación de un orden económico y social justo que permita y contribuya a la plena realización de la persona humana."
[94] "Los Estados miembros convienen en que la igualdad de oportunidades, la eliminación de la pobreza crítica y la distribución equitativa de la riqueza y del ingreso, así como la plena participación de sus pueblos en las decisiones relativas a su propio desarrollo, son, entre otros, objetivos básicos del desarrollo integral. Para lograrlos, convienen asimismo en dedicar sus máximos esfuerzos a la consecución de las siguientes metas básicas: (a) Incremento sustancial y autosostenido del producto nacional per cápita; (b) Distribución equitativa del ingreso nacional; (c) Sistemas impositivos adecuados y equitativos; (d) Modernización de la vida rural y reformas que conduzcan a regímenes equitativos y eficaces de tenencia de la tierra, mayor productividad agrícola, expansión del uso de la tierra, diversificación de la producción y mejores sistemas para la industrialización y comercialización de productos agrícolas, y fortalecimiento y ampliación de los medios para alcanzar estos fines; (e) Industrialización acelerada y diversificada, especialmente de bienes de capital e intermedios; (f) Estabilidad del nivel de precios internos en armonía con el desarrollo económico sostenido y el logro de la justicia social; (g) Salarios justos, oportunidades de empleo y condiciones de trabajo aceptables para todos; (h) Erradicación rápida del analfabetismo y ampliación, para todos, de las oportunidades en el campo de la educación; (i) Defensa del potencial humano mediante la extensión y aplicación de los modernos conocimientos de la ciencia médica; (j) Nutrición adecuada, particularmente por medio de la aceleración de los esfuerzos nacionales para incrementar la producción y disponibilidad de alimentos; (k) Vivienda adecuada para todos los sectores de la población; (l) Condiciones urbanas que hagan posible una vida sana, productiva y digna; (m) Promoción de la iniciativa y la inversión privadas en armonía con la acción del sector público, y (n) Expansión y diversificación de las exportaciones."
[95] *Idem*, letra (j).
[96] *Idem*, letra (i).
[97] *Idem*, letra (l).
[98] "Los Estados miembros, convencidos de que el hombre sólo puede alcanzar la plena realización de sus aspiraciones dentro de un orden social justo, acompañado de desarrollo económico y verdadera paz, convienen en dedicar sus máximos esfuerzos a la aplicación de los siguientes principios y mecanismos: [...] (h) Desarrollo de una política eficiente de seguridad social."
[99] "Los Estados miembros, inspirados en los principios de solidaridad y cooperación interamericanas, se comprometen a aunar esfuerzos para lograr que impere la justicia social internacional en sus relaciones y para que sus pueblos alcancen un desarrollo integral, condiciones indispensables para la paz y la seguridad. El desarrollo integral abarca los campos económico, social, educacional, cultural, científico y tecnológico, en los cuales deben obtenerse las metas que cada país defina para lograrlo."
[100] "Los Estados miembros, convencidos de que el hombre sólo puede alcanzar la plena realización de sus aspiraciones dentro de un orden social justo, acompañado de desarrollo económico y verdadera paz, convienen en dedicar sus máximos esfuerzos a la aplicación de los siguientes principios y mecanismos: [...] (f) La incorporación y creciente participación de los sectores marginales de la población, tanto del campo como de la ciudad, en la vida económica, social, cívica, cultural y política de la nación, a fin de lograr la plena integración de la comunidad nacional, el aceleramiento del proceso de movilidad social y la consolidación del régimen democrático. El estímulo a todo esfuerzo de promoción y cooperación populares que tenga por fin el desarrollo y progreso de la comunidad;"
[101] "Los Estados miembros darán importancia primordial, dentro de sus planes de desarrollo, al estímulo de la educación, la ciencia, la tecnología y la cultura orientadas hacia el mejoramiento integral de la persona humana y como fundamento de la democracia, la justicia social y el progreso."

64. However, a simple reading of the said provisions is sufficient to verify, clearly and without any doubt, that they establish "principles," "goals" or "mechanisms" that, through a united effort of the States Parties to the OAS Charter, "ensure international social justice in their relations and integral development for their peoples, as conditions essential to peace and security." It should not be forgotten that all the provisions cited are in Chapter VII of the Charter entitled "Integral Development." Thus, these provisions establish obligations of action, consisting in cooperation and the adoption of public policies addressed at achieving the development of the peoples of the Americas.

65. Accordingly, the corresponding human rights would be derived from the objectives of these provisions relating to "international social justice," "integral development," a "just social order," "economic development and true peace," the "full integration of the national community," its "development and progress" and to be a developed country, according to the interpretation proposed in the judgment. And the same would be true of the corresponding "basic goals"; for example, the "substantial and self-sustained increase of per capita national product" or the "equitable distribution of national income" or the "modernization of rural life" or the "accelerated and diversified industrialization" or the "stability of domestic price levels" or "urban conditions" or "private initiative and investment" or the "expansion and diversification of exports." In other words, the range of possibilities from which the interpreter could "derive" or "update" human rights that were not expressly established in any international provisions would be enormous, even unlimited.

66. And this is what is actually happening. Previously, the Court decided cases under Article 26, but related to other articles of the Convention; cases concerning the rights to health, social security, work, and job stability. Now it is deciding cases concerning the rights to cultural identity, a healthy environment, adequate food and water, but based only on this provision. If this tendency continues and is taken to its extremes, all the States Parties to the Convention that have accepted the Court's jurisdiction could eventually be brought before it because they are under-developed or developing countries; in other words, because they have not fully achieved integral development or some of its aspects – namely, "principles," "goals" or "mechanisms" established in the OAS Charter from which the judgment derives rights.

67. In this regard, it should be stressed that the judgment has advanced in this direction. Indeed, it affirms that it is "the obligation of the States to ensure 'integral development for their peoples,' as revealed by Articles 30, 31, 33 and 34 of the Charter."[103] Consequently, according to the judgment, it can logically be supposed that, in view of this obligation, there is a corresponding right to development and that non-compliance with this could result in litigation before the Court owing to violation of the correlative human right. If this were to occur, it would appear to be very far from what the States Parties intended when they signed the Convention or, at least, from the logic implicit therein; especially, owing to the way in which the said Chapter VII was drafted.

---

[103] Para. 202.

64. Ahora bien, basta la sola lectura de las normas citadas para comprobar, con claridad y sin la menor duda, que ellas establecen "principios", "metas" o "mecanismos" para, aunando esfuerzos entre los Estados Partes de la Carta de la OEA, "lograr que impere la justicia social internacional en sus relaciones y para que sus pueblos alcancen un desarrollo integral, condiciones indispensables para la paz y la seguridad". No se debe olvidar que todas las normas citadas se encuentran en el Capítulo VII de aquella, denominado "Desarrollo Integral". De modo, pues, que tales normas establecen obligaciones de hacer, consistentes en cooperar y adoptar políticas públicas con la finalidad de que se alcance el desarrollo de los pueblos de América.

65. Así las cosas, de los objetivos de las normas aludidas, referentes a la "justicia social internacional", el "desarrollo integral", el "orden social justo", el "desarrollo económico y la paz", la "integración de la comunidad nacional", su "desarrollo y progreso" y el "ser un país desarrollado", se "derivarían", según a la interpretación suministrada por la Sentencia, los derechos humanos correspondientes. Y eso acontecería asimismo con las "metas básicas" atingentes con, por ejemplo, el "incremento sustancial y autosostenido del producto nacional per cápita" o la "distribución equitativa del ingreso nacional" o la "modernización de la vida rural" o la "industrialización acelerada y diversificada" o la estabilidad del nivel de precios internos", o las "condiciones urbanas" o "la iniciativa y la inversión privada" o "la expansión y diversificación de las exportaciones". Esto es, el abanico de posibilidades de las que el intérprete podría "derivar" o "actualizar" derechos humanos no expresamente contemplados en noma internacional alguna, sería enorme, por no afirmar, sin límite.

66. Y se trata de un fenómeno que ya es actual. Antes, la Corte resolvió, conforme al artículo 26, aunque relacionado con otras normas convencionales, casos atingentes al derecho de la salud, a la seguridad social, al derecho del trabajo y al derecho a la estabilidad del empleo. Ahora lo hace respecto de los derechos a la identidad cultural, al medio ambiente sano, a la alimentación adecuada y al agua, más únicamente sobre la base de lo dispuesto en dicha disposición. De seguir esta tendencia y llevada a su extremo, todos los Estados Partes de la Convención y que han aceptado la jurisdicción de la Corte, eventualmente podrían ser llevados ante ella por ser subdesarrollados o en vías de desarrollo, es decir, por no alcanzar plenamente el desarrollo integral o algunas de sus facetas, esto es, principios", "metas" o "mecanismos" contempladas en la Carta de la OEA de los que la Sentencia deriva derechos.

67. En este orden de ideas, procede subrayar que la Sentencia ha avanzado en tal dirección. Efectivamente, afirma que existe "la obligación de los Estados de alcanzar el "desarrollo integral" de sus pueblos", la que "surge de los artículos 30, 31, 33 y 34 de la Carta"[103], por lo que lógicamente se podría suponer, por una parte, que, según la Sentencia, ante la citada obligación, existiría el correspondiente derecho al desarrollo y que el incumplimiento de aquella, podría dar lugar a una acción ante la Corte por violación del correlativo derecho humano. Si ello efectivamente fuese así, a todas luces parecería alejado de lo que los Estados Partes deseaban al firmar la Convención o, al menos, de la lógica implícita en ella, en especial, por la forma en que está redactado el mencionado Capítulo VII.

---

[102] "Los Estados miembros cooperarán entre sí para satisfacer sus necesidades educacionales, promover la investigación científica e impulsar el adelanto tecnológico para su desarrollo integral, y se considerarán individual y solidariamente comprometidos a preservar y enriquecer el patrimonio cultural de los pueblos americanos."
[103] Párr. 202.

68. It is therefore evident that it is not possible to infer from "the economic, social, educational, scientific, and cultural standards set forth in the Charter of the Organization of American States as amended by the Protocol of Buenos Aires" referred to in Article 26, that the Court has competence to examine and decide eventual violations derived from them.

IV
PROTOCOL OF SAN SALVADOR

69. Reference must also be made to the "Additional Protocol to the American Convention on Human Rights in the Area of Economic, Social and Cultural Rights – Protocol of San Salvador,"[104] which is also cited in the judgment to support its interpretation of Article 26. However, the undersigned considers that, to the contrary, its signature and application support what is maintained in this opinion.

70. This instrument was adopted pursuant to Articles 31, 76 and 77[105] of the Convention. This is indicated in its Preamble, which states that:

> Bearing in mind that, although fundamental economic, social and cultural rights have been recognized in earlier international instruments of both world and regional scope it is essential that those rights be reaffirmed, developed, perfected and protected in order to consolidate in America, on the basis of full respect for the rights of the individual, the democratic representative form of government as well as the right of its peoples to development, self-determination, and the free disposal of their wealth and natural resources; and [c]onsidering that the American Convention on Human Rights provides that draft additional protocols to that Convention may be submitted for consideration to the States Parties, meeting together on the occasion of the General Assembly of the Organization of American States, for the purpose of gradually incorporating other rights and freedoms into the protective system thereof.

71. The foregoing reveals that this is an agreement "additional to the Convention" with the specific purpose of reaffirming, developing, perfecting and protecting the economic, social and cultural rights and including them progressively in the Convention's protection system and achieving their full realization.

72. In other words, the Protocol is adopted because, at the date of its signature, the economic, social and cultural rights had not been reaffirmed, developed, perfected and protected or included in the protection system of the Convention, which means that they were not fully realized under Article 26. Otherwise, neither the purpose of, nor the need for, this Protocol could be understood.

---

[104] *Supra*, footnote 64.
[105] *Supra*, footnote 84.

68. Es, por lo tanto, evidente que "de las normas económicas, sociales y sobre educación, ciencia y cultura, contenidas en la Carta de la Organización de los Estados Americanos, reformada por el Protocolo de Buenos Aires" a que se refiere el artículo 26, no se colige la competencia de la Corte de conocer y resolver las eventuales violaciones de los derechos que se derivan de ellas.

IV
PROTOCOLO DE SAN SALVADOR

69. A mayor abundamiento a lo ya expresado, cabe referirse al "Protocolo Adicional a la Convención Americana sobre Derechos Humanos en Materia de Derechos Económicos, Sociales y Culturales – Protocolo de San Salvador"[104], el que también es citado en la Sentencia en apoyo a su interpretación del artículo 26, pero que el suscrito estima que su suscripción y vigencia respalda, por el contrario, lo que sostiene en este escrito.

70. Dicho instrumento es adoptado en consideración a lo previsto en los artículos 31, 76 y 77[105] de la Convención. Así lo expresa su propio Preámbulo, al señalar que

> (T)eniendo presente que si bien los derechos económicos, sociales y culturales fundamentales han sido reconocidos en anteriores instrumentos internacionales, tanto de ámbito universal como regional, resulta de gran importancia que éstos sean reafirmados, desarrollados, perfeccionados y protegidos en función de consolidar en América, sobre la base del respeto integral a los derechos de la persona, el régimen democrático representativo de gobierno, así como el derecho de sus pueblos al desarrollo, a la libre determinación y a disponer libremente de sus riquezas y recursos naturales, y considerando que la Convención Americana sobre Derechos Humanos establece que pueden someterse a la consideración de los Estados partes reunidos con ocasión de la Asamblea General de la Convención con la finalidad de incluir progresivamente en el régimen de protección de la misma otros derechos y libertades.

71. De lo transcrito se desprende, por ende, que se trata de un acuerdo "Adicional a la Convención", que tiene por específica finalidad reafirmar, desarrollar, perfeccionar y proteger los derechos económicos, sociales y culturales y de progresivamente incluirlos en el régimen de protección de la misma y lograr su plena efectividad.

72. Esto es, se adopta el Protocolo dado que los derechos económicos sociales y culturales no han sido, a la fecha de su suscripción, reafirmados, desarrollados, perfeccionados y protegidos ni incluidos en el régimen de protección de la Convención, lo que implica que tampoco tienen plena efectividad por en virtud del artículo 26. De otra manera, no se entendería la finalidad ni la conveniencia del citado Protocolo.

---

[104] *Supra*, Nota N° 64.
[105] *Supra*, Nota N° 84.

73. That said, the Protocol of San Salvador recognizes,[106] establishes,[107] sets forth [*enuncia*][108] or sets forth [*consagra*][109] the following rights: Right to Work (Art.6), Just, Equitable, and Satisfactory Conditions of Work (Art. 7), Trade Union Rights (Art. 8), Right to Social Security (Art. 9), Right to Health (Art. 10), Right to a Healthy Environment (Art. 11), Right to Food (Art. 12), Right to Education (Art. 13), Right to the Benefits of Culture (Art. 14), Right to the Formation and Protection of Families (Art. 15), Rights of Children (Art. 16), Protection of the Elderly (Art. 17) and Protection of the Handicapped (Art. 18). It should be recalled that, to the contrary, Article 26 does not establish or set forth any right, it merely refers to those that are "derived" from the OAS Charter.

74. In the case of the rights recognized by the Protocol of San Salvador, the States Parties undertake to adopt, progressively, the necessary measure to ensure their full realization (Arts. 6(2), 10(2), 11(2) and 12(2)). This is in keeping with the provisions of Article 26; in other words, both the Protocol of San Salvador and Article 26 refer to rights that have not yet been realized or, at least, not fully.

75. The Protocol of San Salvador also includes a provision, Article 19, concerning the means of protecting the above rights. This consists in the reports that the States Parties must submit to the OAS General Assembly "on the progressive measures they have taken to ensure due respect for the rights set forth in this Protocol"; in the treatment accorded by the Inter-American Economic and Social Council and the Inter-American Council for Education, Science and Culture to those reports, and in the

---

[106] Art. 1: "Obligation to Adopt Measures. The States Parties to this Additional Protocol to the American Convention on Human Rights undertake to adopt the necessary measures, both domestically and through international cooperation, especially economic and technical, to the extent allowed by their available resources, and taking into account their degree of development, for the purpose of achieving progressively and pursuant to their internal legislations, the full observance of the rights recognized in this Protocol."
Art. 4: "Inadmissibility of Restrictions. A right which is recognized or in effect in a State by virtue of its internal legislation or international conventions may not be restricted or curtailed on the pretext that this Protocol does not recognize the right or recognizes it to a lesser degree."
[107] Art. 2: "Obligation to Enact Domestic Legislation. If the exercise of the rights set forth in this Protocol is not already guaranteed by legislative or other provisions, the States Parties undertake to adopt, in accordance with their constitutional processes and the provisions of this Protocol, such legislative or other measures as may be necessary for making those rights a reality."
Art.5: "Scope of Restrictions and Limitations. The State Parties may establish restrictions and limitations on the enjoyment and exercise of the rights established herein by means of laws promulgated for the purpose of preserving the general welfare in a democratic society only to the extent that they are not incompatible with the purpose and reason underlying those rights."
Art.19(6), *infra* footnote 96.?
[108] Art. 3: Obligation of Non-discrimination. The State Parties to this Protocol undertake to guarantee the exercise of the rights set forth herein without discrimination of any kind for reasons related to race, color, sex, language, religion, political or other opinions, national or social origin, economic status, birth or any other social condition."
[109] *Infra*, footnote 110. Art.19(1).

73. Así las cosas, el Protocolo de San Salvador reconoce[106], establece[107], enuncia[108] o consagra[109] los siguientes derechos: Derecho al Trabajo (art.6), Condiciones Justas, Equitativas y Satisfactorias de Trabajo (art.7), Derechos Sindicales (art.8), Derecho a la Seguridad Social (art.9), Derecho a la Salud (art.10), Derecho a un Medio Ambiente Sano (art.11), Derecho a la Alimentación (art.12), Derecho a la Educación (art.13), Derecho a los Beneficios de la Cultura(art.14), Derecho a la Constitución y Protección de la Familia (art.15), Derecho de la Niñez (art.16), Protección de los Ancianos (art.17) y Protección de los Minusválidos (art.18). Téngase presente que, por el contrario, el artículo 26 no establece o consagra derecho alguno, solo se remite a los que se "deriven" de la Carta de la OEA.

74. Y respecto de esos derechos reconocidos por el Protocolo de San Salvador, los Estados Partes se comprometen a adoptar, de manera progresiva, las medidas que garanticen su plena efectividad (arts.6.2, 10.2, 11.2 y 12.2). En esto hay una coincidencia con lo previsto en el artículo 26, es decir, que tanto el Protocolo de San Salvador como esta última disposición, dicen relación con derechos cuya efectividad no existe o no es plena.

75. El Protocolo de San Salvador igualmente contempla una norma, el artículo 19, concerniente a los medios de protección de los antes señalados derechos. Tales medios consisten en los informes que los Estados Partes deben presentar a la Asamblea General de la OEA "respecto de las medidas progresivas que hayan adoptado para asegurar el debido respeto de los derechos consagrados en el mismo Protocolo", en el tratamiento que el Consejo Interamericano Económico y Social y el Consejo

---

[106] Art. 1: "Obligación de Adoptar Medidas .Los Estados partes en el presente Protocolo Adicional a la Convención Americana sobre Derechos Humanos se comprometen a adoptar las medidas necesarias tanto de orden interno como mediante la cooperación entre los Estados, especialmente económica y técnica, hasta el máximo de los recursos disponibles y tomando en cuenta su grado de desarrollo, a fin de lograr progresivamente, y de conformidad con la legislación interna, la plena efectividad de los derechos que se reconocen en el presente Protocolo."
Art. 4:" No Admisión de Restricciones. No podrá restringirse o menoscabarse ninguno de los derechos reconocidos o vigentes en un Estado en virtud de su legislación interna o de convenciones internacionales, a pretexto de que el presente Protocolo no los reconoce o los reconoce en menor grado."
[107] Art. 2:" Obligación de Adoptar Disposiciones de Derecho Interno. Si el ejercicio de los derechos establecidos en el presente Protocolo no estuviera ya garantizado por disposiciones legislativas o de otro carácter, los Estados partes se comprometen a adoptar, con arreglo a sus procedimientos constitucionales y a las disposiciones de este Protocolo las medidas legislativas o de otro carácter que fueren necesarias para hacer efectivos tales derechos."
Art. 5: "Alcance de las Restricciones y Limitaciones. Los Estados partes sólo podrán establecer restricciones y limitaciones al goce y ejercicio de los derechos establecidos en el presente Protocolo mediante leyes promulgadas con el objeto de preservar el bienestar general dentro de una sociedad democrática, en la medida que no contradigan el propósito y razón de los mismos"
Art. 19.6, *infra* Nota N° 96.
[108] Art.3:" Obligación de no Discriminación. Los Estados partes en el presente Protocolo se comprometen a garantizar el ejercicio de los derechos que en él se enuncian, sin discriminación alguna por motivos de raza, color, sexo, idioma, religión, opiniones políticas o de cualquier otra índole, origen nacional o social, posición económica, nacimiento o cualquier otra condición social".
[109] *Infra,* Nota N° 110. Art. 19.1.

opinion that could eventually be provided by the Commission in this regard.¹¹⁰ It should be noted that this provision is similar to the draft article 27 of the Convention, which was rejected in the corresponding Conference.

76. All the above signifies, first, that, for the States Parties to the Protocol, realization of the economic, social and cultural rights is of a "progressive nature"; in other words, *a contrario sensu*, they have not been realized or, at least, nor fully realized, a similar situation to that established in Article 26 with regard to the rights derived from the OAS Charter.

77. Second, and consequently, this signifies that, for the said States, the provisions of Article 26 do not mean that the said rights are included among those incorporated into the protection system established in the Convention or those that are enforceable.

78. It should also be recalled that the OAS has created the Working Group to Examine the National Reports envisioned in the Protocol of San Salvador,¹¹¹ as a mechanism to follow-up on compliance with the corresponding undertakings made in this instrument. This confirms that the intention of the said States was, undoubtedly, to

---

¹¹⁰ Art. 19: "Means of Protection. 1. Pursuant to the provisions of this article and the corresponding rules to be formulated for this purpose by the General Assembly of the Organization of American States, the States Parties to this Protocol undertake to submit periodic reports on the progressive measures they have taken to ensure due respect for the rights set forth in this Protocol.
2. All reports shall be submitted to the Secretary General of the OAS, who shall transmit them to the Inter-American Economic and Social Council and the Inter-American Council for Education, Science and Culture so that they may examine them in accordance with the provisions of this article. The Secretary General shall send a copy of such reports to the Inter-American Commission on Human Rights.
3. The Secretary General of the Organization of American States shall also transmit to the specialized organizations of the inter-American system of which the States Parties to the present Protocol are members, copies or pertinent portions of the reports submitted, insofar as they relate to matters within the purview of those organizations, as established by their constituent instruments.
4. The specialized organizations of the inter-American system may submit reports to the Inter-American Economic and Social Council and the Inter-American Council for Education, Science and Culture relative to compliance with the provisions of the present Protocol in their fields of activity.
5. The annual reports submitted to the General Assembly by the Inter-American Economic and Social Council and the Inter-American Council for Education, Science and Culture shall contain a summary of the information received from the States Parties to the present Protocol and the specialized organizations concerning the progressive measures adopted in order to ensure respect for the rights acknowledged in the Protocol itself and the general recommendations they consider to be appropriate in this respect.
6. Any instance in which the rights established in paragraph a) of Article 8 and in Article 13 are violated by action directly attributable to a State Party to this Protocol may give rise, through participation of the Inter-American Commission on Human Rights and, when applicable, of the Inter-American Court of Human Rights, to application of the system of individual petitions governed by Article 44 through 51 and 61 through 69 of the American Convention on Human Rights.
7. Without prejudice to the provisions of the preceding paragraph, the Inter-American Commission on Human Rights may formulate such observations and recommendations as it deems pertinent concerning the status of the economic, social and cultural rights established in the present Protocol in all or some of the States Parties, which it may include in its Annual Report to the General Assembly or in a special report, whichever it considers more appropriate.
8. The Councils and the Inter-American Commission on Human Rights, in discharging the functions conferred upon them in this article, shall take into account the progressive nature of the observance of the rights subject to protection by this Protocol."
¹¹¹ AG/RES. 2262 (XXXVII-O/07), of 05/06/2007.

Interamericano para la Educación, la Ciencia y la Cultura de la organización le den a tales informes y en la opinión eventualmente que pueda proporcionar sobre el particular la Comisión[110]. Nótese que esta disposición es similar al proyecto de artículo 27 de la Convención, que fue rechazado por la Conferencia correspondiente.

76. Todo lo anteriormente reseñado significa, primeramente, que, para los Estados Partes del Protocolo, la vigencia de los derechos económicos, sociales y culturales es de "naturaleza progresiva", vale decir, *a contrario sensu,* aquellos no se encuentran vigentes o, al menos, plenamente vigentes, situación similar a la prevista en el artículo 26 en cuanto a los derechos que derivan de la Carta de la OEA.

77. En segundo término y, en consecuencia, ello importa, para los aludios Estados, que lo dispuesto en el 26 no implica que los citados derechos se encuentren comprendidos entre los que se aplica el sistema de protección previsto en la Convención o que se estén vigentes.

78. Téngase presente también que en la OEA se creó el Grupo de Trabajo para Analizar los informes Periódicos de los Estados Partes del Protocolo de San Salvador[111], como mecanismo para dar seguimiento al cumplimiento de los compromisos contraídos por dicho instrumento en la materia. Ello confirma que,

---

[110] Art. 19: "Medios de Protección.1. Los Estados partes en el presente Protocolo se comprometen a presentar, de conformidad con lo dispuesto por este artículo y por las correspondientes normas que al efecto deberá elaborar la Asamblea General de la Organización de los Estados Americanos, informes periódicos respecto de las medidas progresivas que hayan adoptado para asegurar el debido respeto de los derechos consagrados en el mismo Protocolo.
2. Todos los informes serán presentados al Secretario General de la Organización de los Estados Americanos quien los transmitirá al Consejo Interamericano Económico y Social y al Consejo Interamericano para la Educación, la Ciencia y la Cultura, a fin de que los examinen conforme a lo dispuesto en el presente artículo. El Secretario General enviará copia de tales informes a la Comisión Interamericana de Derechos Humanos.
3. El Secretario General de la Organización de los Estados Americanos transmitirá también a los organismos especializados del sistema interamericano, de los cuales sean miembros los Estados partes en el presente Protocolo, copias de los informes enviados o de las partes pertinentes de éstos, en la medida en que tengan relación con materias que sean de la competencia de dichos organismos, conforme a sus instrumentos constitutivos.
4. Los organismos especializados del sistema interamericano podrán presentar al Consejo Interamericano Económico y Social y al Consejo Interamericano para la Educación, la Ciencia y la Cultura informes relativos al cumplimiento de las disposiciones del presente Protocolo, en el campo de sus actividades."
5. Los informes anuales que presenten a la Asamblea General el Consejo Interamericano Económico y Social y el Consejo Interamericano para la Educación, la Ciencia y la Cultura contendrán un resumen de la información recibida de los Estados partes en el presente Protocolo y de los organismos especializados acerca de las medidas progresivas adoptadas a fin de asegurar el respeto de los derechos reconocidos en el propio Protocolo y las recomendaciones de carácter general que al respecto se estimen pertinentes.
6. En el caso de que los derechos establecidos en el párrafo (a) del artículo 8 y en el artículo 13 fuesen violados por una acción imputable directamente a un Estado parte del presente Protocolo, tal situación podría dar lugar, mediante la participación de la Comisión Interamericana de Derechos Humanos, y cuando proceda de la Corte Interamericana de Derechos Humanos, a la aplicación del sistema de peticiones individuales regulado por los artículos 44 a 51 y 61 a 69 de la Convención Americana sobre Derechos Humanos.
7. Sin perjuicio de lo dispuesto en el párrafo anterior, la Comisión Interamericana de Derechos Humanos podrá formular las observaciones y recomendaciones que considere pertinentes sobre la situación de los derechos económicos, sociales y culturales establecidos en el presente Protocolo en todos o en algunos de los Estados partes, las que podrá incluir en el Informe Anual a la Asamblea General o en un Informe Especial, según lo considere más apropiado.
8. Los Consejos y la Comisión Interamericana de Derechos Humanos en ejercicio de las funciones que se les confieren en el presente artículo tendrán en cuenta la naturaleza progresiva de la vigencia de los derechos objeto de protección por este Protocolo."
[111] AG/RES. 2262 (XXXVII-O/07), del 05/06/2007.

create a non-jurisdictional mechanism for the international supervision of compliance with the Protocol of San Salvador.

79. The only exception to this procedure is established in Article 19(6); namely, that:

> Any instance in which the rights established in paragraph a) of Article 8[112] and in Article 13[113] are violated by action directly attributable to a State Party to this Protocol may give rise, through participation of the Inter-American Commission on Human Rights and, when applicable, of the Inter-American Court of Human Rights, to application of the system of individual petitions governed by Article 44 through 51 and 61 through 69 of the American Convention on Human Rights.

80. Third, this means that it is only if the said rights relating to education and trade unions are violated that the respective cases are justiciable before the Court. To the contrary, in the case of violations of the other rights, including the rights to a healthy environment and to adequate food, it is only the system of reports established in Article 19 of the Protocol of San Salvador that is in effect.

---

[112] Art. 8: "Trade Union Rights. 1. The States Parties. The States Parties shall ensure: (a) The right of workers to organize trade unions and to join the union of their choice for the purpose of protecting and promoting their interests. As an extension of that right, the States Parties shall permit trade unions to establish national federations or confederations, or to affiliate with those that already exist, as well as to form international trade union organizations and to affiliate with that of their choice. The States Parties shall also permit trade unions, federations and confederations to function freely;"

[113] Art. 13: "Right to Education. 1. Everyone has the right to education.
2. The States Parties to this Protocol agree that education should be directed towards the full development of the human personality and human dignity and should strengthen respect for human rights, ideological pluralism, fundamental freedoms, justice and peace. They further agree that education ought to enable everyone to participate effectively in a democratic and pluralistic society and achieve a decent existence and should foster understanding, tolerance and friendship among all nations and all racial, ethnic or religious groups and promote activities for the maintenance of peace.
3. The States Parties to this Protocol recognize that in order to achieve the full exercise of the right to education:
    a) Primary education should be compulsory and accessible to all without cost;
    b) Secondary education in its different forms, including technical and vocational secondary education, should be made generally available and accessible to all by every appropriate means, and in particular, by the progressive introduction of free education;
    c) Higher education should be made equally accessible to all, on the basis of individual capacity, by every appropriate means, and in particular, by the progressive introduction of free education;
    d) Basic education should be encouraged or intensified as far as possible for those persons who have not received or completed the whole cycle of primary instruction;
    e) Programs of special education should be established for the handicapped, so as to provide special instruction and training to persons with physical disabilities or mental deficiencies.
4. In conformity with the domestic legislation of the States Parties, parents should have the right to select the type of education to be given to their children, provided that it conforms to the principles set forth above.
5. Nothing in this Protocol shall be interpreted as a restriction of the freedom of individuals and entities to establish and direct educational institutions in accordance with the domestic legislation of the States Parties.

indudablemente, la voluntad de los mencionados Estados ha sido la de crear un mecanismo no jurisdiccional para la supervisión internacional del cumplimiento del Pacto de San Salvador.

79. La única excepción a ese régimen está prevista en el numeral 6 del artículo 19, a saber, que

> en el caso de que los derechos establecidos en el párrafo (a) del artículo 8[112] y en el artículo 13[113] fuesen violados por una acción imputable directamente a un Estado parte del presente Protocolo, tal situación podría dar lugar, mediante la participación de la Comisión Interamericana de Derechos Humanos, y cuando proceda de la Corte Interamericana de Derechos Humanos, a la aplicación del sistema de peticiones individuales regulado por los artículos 44 a 51 y 61 a 69 de la Convención Americana sobre Derechos Humanos.

80. En tercer lugar, lo indicado precedentemente implica que únicamente en el evento de violación de los derechos referidos a los sindicatos y a la educación, los pertinentes casos pueden ser justiciables ante la Corte. Respecto de la violación de los demás derechos, entre los que están los derechos al medio ambiente sano y a la alimentación adecuada, opera, por el contrario, sólo el sistema de informes establecido en el artículo 19 del Protocolo de San Salvador.

---

[112] Art.8: "Derechos Sindicales. (1) Los Estados partes garantizarán: (a) el derecho de los trabajadores a organizar sindicatos y a afiliarse al de su elección, para la protección y promoción de sus intereses. Como proyección de este derecho, los Estados partes permitirán a los sindicatos formar federaciones y confederaciones nacionales y asociarse a las ya existentes, así como formar organizaciones sindicales internacionales y asociarse a la de su elección. Los Estados partes también permitirán que los sindicatos, federaciones y confederaciones funcionen libremente;"

[113] Art.13: "Derecho a la Educación. 1. Toda persona tiene derecho a la educación.
2. Los Estados partes en el presente Protocolo convienen en que la educación deberá orientarse hacia el pleno desarrollo de la personalidad humana y del sentido de su dignidad y deberá fortalecer el respeto por los derechos humanos, el pluralismo ideológico, las libertades fundamentales, la justicia y la paz. Convienen, asimismo, en que la educación debe capacitar a todas las personas para participar efectivamente en una sociedad democrática y pluralista, lograr una subsistencia digna, favorecer la comprensión, la tolerancia y la amistad entre todas las naciones y todos los grupos raciales, étnicos o religiosos y promover las actividades en favor del mantenimiento de la paz.
3. Los Estados partes en el presente Protocolo reconocen que, con objeto de lograr el pleno ejercicio del derecho a la educación:
    a) la enseñanza primaria debe ser obligatoria y asequible a todos gratuitamente;
    b) la enseñanza secundaria en sus diferentes formas, incluso la enseñanza secundaria técnica y profesional, debe ser generalizada y hacerse accesible a todos, por cuantos medios sean apropiados, y en particular por la implantación progresiva de la enseñanza gratuita;
    c) la enseñanza superior debe hacerse igualmente accesible a todos, sobre la base de la capacidad de cada uno, por cuantos medios sean apropiados y en particular, por la implantación progresiva de la enseñanza gratuita;
    d) se deberá fomentar o intensificar, en la medida de lo posible, la educación básica para aquellas personas que no hayan recibido o terminado el ciclo completo de instrucción primaria;
    e) se deberán establecer programas de enseñanza diferenciada para los minusválidos a fin de proporcionar una especial instrucción y formación a personas con impedimentos físicos o deficiencias mentales.
4. Conforme con la legislación interna de los Estados partes, los padres tendrán derecho a escoger el tipo de educación que habrá de darse a sus hijos, siempre que ella se adecue a los principios enunciados precedentemente.
5. Nada de lo dispuesto en este Protocolo se interpretará como una restricción de la libertad de los particulares y entidades para establecer y dirigir instituciones de enseñanza, de acuerdo con la legislación interna de los Estados partes."

81. Consequently, the indication in another judgment[114] – which this judgment cites[115] – that "there are no indications that, with the adoption of the Protocol of San Salvador, the States sought to limit the Court's competence to examine violations of Article 26 of the American Convention" is erroneous. According to that judgment, "there are no indications" because "if the American Convention is not expressly amended by a subsequent act of the States, the corresponding interpretation should not be less restrictive as regards its scope in relation to the protection of human rights," adding that "Article 76 of the American Convention establishes a specific procedure for amendments, which require the ratification of two-thirds of the States Parties to the Convention" and concluding that "it would be contradictory to consider that the adoption of the Additional Protocol, which did not require such a high number of ratifications as an amendment to the American Convention, could modify the content and scope of the latter's effects." Moreover, the said judgment confuses an amendment to the Convention with an additional protocol to it. According to the Vienna Convention, an amendment is a change to the respective treaty that may be adopted by agreement between all its States Parties and, therefore, may be binding for all of them.[116] A modification is a change in the treaty agreed to by two or more States Parties and is only binding for them.[117]

---

[114] Para. 66, *Case of Cuscul Pivaral et al. v. Guatemala*, para. 101.

[115] Footnote 188 of the judgment.

[116] Art. 39: "General rule regarding the amendment of treaties. A treaty may be amended by agreement between the parties. The rules laid down in Part II apply to such an agreement except in so far as the treaty may otherwise provide."
Art. 40 of the Vienna Convention: "Amendment of multilateral treaties. 1. Unless the treaty otherwise provides, the amendment of multilateral treaties shall be governed by the following paragraphs.
2. Any proposal to amend a multilateral treaty as between all the parties must be notified to all the contracting States, each one of which shall have the right to take part in: (a) the decision as to the action to be taken in regard to such proposal; (b) the negotiation and conclusion of any agreement for the amendment of the treaty.
3. Every State entitled to become a party to the treaty shall also be entitled to become a party to the treaty as amended.
4. The amending agreement does not bind any State already a party to the treaty which does not become a party to the amending agreement; article 30, paragraph 4(b), applies in relation to such State.
5. Any State which becomes a party to the treaty after the entry into force of the amending agreement shall, failing an expression of a different intention by that State: (a) be considered as a party to the treaty as amended; and (b) be considered as a party to the unamended treaty in relation to any party to the treaty not bound by the amending agreement.

[117] Art. 41: "Agreements to modify multilateral treaties between certain of the parties only. 1. Two or more of the parties to a multilateral treaty may conclude an agreement to modify the treaty as between themselves alone if: (a) the possibility of such a modification is provided for by the treaty; or (b) the modification in question is not prohibited by the treaty and: (i) does not affect the enjoyment by the other parties of their rights under the treaty or the performance of their obligations; (ii) does not relate to a provision, derogation from which is incompatible with the effective execution of the object and purpose of the treaty as a whole.
2. Unless in a case falling under paragraph 1(a) the treaty otherwise provides, the parties in question shall notify the other parties of their intention to conclude the agreement and of the modification to the treaty for which it provides."

81. Es, en consecuencia, un error lo expresado en otro fallo[114] y que la Sentencia cita[115], en orden a "que no existen elementos para considerar que, con la adopción del Protocolo de San Salvador, los Estados buscaron limitar la competencia del Tribunal para conocer sobre violaciones al artículo 26 de la Convención Americana". Y no existirían tales elementos, según el fallo en cuestión, dado que "si la Convención Americana no está siendo modificada expresamente con un acto posterior de los Estados, la interpretación que corresponde debe ser la menos restrictiva respecto a sus alcances en materia de protección de los derechos humanos", agregando que "recuerda que la propia Convención Americana prevé en su artículo 76 un procedimiento específico para realizar enmiendas a la misma, el cual requiere una aprobación de dos terceras partes de los Estados parte de la Convención" y concluyendo en que "sería contradictorio considerar que la adopción de un Protocolo adicional, que no requiere un margen de aceptación tan elevado como una enmienda a la Convención Americana, puede modificar el contenido y alcance de los efectos de la misma". Más, al parecer, en el citado fallo confunde una enmienda a la Convención con un protocolo adicional a ella. La enmienda, es, según la Convención de Viena, una modificación del tratado de que se trate que puede ser adoptada por todos sus Estados Partes y, por tanto, que puede regir para todas ellas[116]. La modificación es el cambio del tratado adoptado solo por algunos Estados Partes, de suerte que rija únicamente respecto de ellos[117].

---

[114] Párr. 66, *Caso Cuscul Pivaral y otros Vs. Guatemala*, párr. 101.
[115] Nota 188 de la Sentencia.
[116] Art.39: "Norma general concerniente a la enmienda de los tratados. Un tratado podrá ser enmendado por acuerdo entre las partes. Se aplicarán a tal acuerdo las normas enunciadas en la Parte II, salvo en la medida en que el tratado disponga otra cosa."
Art. 40 de la Convención de Viena: "Enmienda de los tratados multilaterales. 1. Salvo que el tratado disponga otra cosa, la enmienda de los tratados multilaterales se regirá por los párrafos siguientes.
2. Toda propuesta de enmienda de un tratado multilateral en las relaciones entre todas las partes habrá de ser notificada a todos los Estados contratantes, cada uno de los cuales tendrá derecho a participar:
a) en la decisión sobre las medidas que haya que adoptar con relación a tal propuesta:
b) en la negociación y la celebración de cualquier acuerdo que tenga por objeto enmendar el tratado.
3. Todo Estado facultado para llegar a ser parte en el tratado estará también facultado para llegar a ser parte en el tratado en su forma enmendada.
4. El acuerdo en virtud del cual se enmiende el tratado no obligará a ningún Estado que sea ya parte en el tratado que no llegue a serlo en ese acuerdo, con respecto a tal Estado se aplicará el apartado b) del párrafo 4 del artículo 30.
5. Todo Estado que llegue a ser parte en el tratado después de la entrada en vigor del acuerdo en virtud del cual se enmiende el tratado será considerado, de no haber manifestado ese Estado una intención diferente: (a) parte en el tratado en su forma enmendada; y (b) parte en el tratado no enmendado con respecto a toda parte en el tratado que no esté obligada por el acuerdo en virtud del cual se enmiende el tratado."
[117] Art.41: "Acuerdos para modificar tratados multilaterales entre algunas de las partes únicamente. 1. Dos o más partes en un tratado multilateral podrán celebrar un acuerdo que tenga por objeto modificar el tratado únicamente en sus relaciones mutuas: (a) si la posibilidad de tal modificación esta prevista por el tratado: o (b) si tal modificación no está prohibida por el tratado. a condición de que: (i) no afecte al disfrute de los derechos que a las demás partes correspondan en virtud del tratado ni al cumplimiento de sus obligaciones: y (ii) no se refiera a ninguna disposición cuya modificación sea incompatible con la consecución efectiva del objeto y del fin del tratado en su conjunto.
2. Salvo que en el caso previsto en el apartado (a) del párrafo 1 el tratado disponga otra cosa, las partes interesadas deberán notificar a las demás partes su intención de celebrar el acuerdo y la modificación del tratado que en ese acuerdo se disponga."

82. That said, the Protocol of San Salvador is an amendment. This is revealed by the text itself which contains all the elements of an amendment.[118] However, in addition, it expressly establishes that the Protocol itself may be amended.[119] At the same time and as a type of amendment, it is a protocol, a mechanism established in the Convention.[120] It should be stressed that, in its Preamble, the Protocol of San Salvador indicates that it is adopted considering that the Convention provides for this possibility.[121] Thus, it is an "additional protocol" signed "for the purpose of gradually incorporating other rights and freedoms into the protective system" of the Convention that, therefore, were not previously included in it.

83. Consequently, when establishing the Court's competence to examine eventual violations of the right to education and trade union rights in its Article 19, this instrument is not limiting the Court's competence; to the contrary, it is expanding it. If the Protocol of San Salvador did not exist, the Court could not even examine the possible violation of those rights.

84. Additionally, the aforementioned judgment erred when affirming that "there are no indications that, with the adoption of the Protocol of San Salvador, the States sought to limit the Court's competence to examine violations of Article 26 of the American Convention,"[122] because, to the contrary, what Article 19(6) of this instrument establishes is that, of the possible violations of all the rights that the Protocol recognizes, establishes, or sets forth, the Court can only examine those relating to the "right of workers to organize trade unions and to join the union of their choice for the purpose of protecting and promoting their interests" and the right to education.[123] All the presumed violations of the other rights that the Protocol of San Salvador recognizes, establishes, or sets forth including, consequently, those relating to the right to cultural identity (Art. 14), to a healthy environment (Art. 11) to adequate food (Art. 12) and to water, are therefore subject to the mechanism established in Article 19[124] and, thus, fall outside the Court's sphere of competence.

---

[118] Art. 21: "Signature, Ratification or Accession. Entry into Effect 1. This Protocol shall remain open to signature and ratification or accession by any State Party to the American Convention on Human Rights.
2. Ratification of or accession to this Protocol shall be effected by depositing an instrument of ratification or accession with the General Secretariat of the Organization of American States.
3. The Protocol shall enter into effect when eleven States have deposited their respective instruments of ratification or accession.
4. The Secretary General shall notify all the member states of the Organization of American States of the entry of the Protocol into effect."

[119] Art. 22: "Inclusion of other Rights and Expansion of those Recognized. 1. Any State Party and the Inter-American Commission on Human Rights may submit for the consideration of the States Parties meeting on the occasion of the General Assembly proposed amendments to include the recognition of other rights or freedoms or to extend or expand rights or freedoms recognized in this Protocol.
2. Such amendments shall enter into effect for the States that ratify them on the date of deposit of the instrument of ratification corresponding to the number representing two thirds of the States Parties to this Protocol. For all other States Parties they shall enter into effect on the date on which they deposit their respective instrument of ratification"

[120] *Supra*, footnote 84
[121] *Supra*, para.70.
[122] Para. 89, *Case of Cuscul Pivaral et al. v. Guatemala*, ¿????????????
[123] *Supra*, para. 79.
[124] *Supra*, footnote 110.

82. Pues bien, el Protocolo de San Salvador es una enmienda. Así se desprende de su propio texto, que contienen todos los elementos de una enmienda[118]. Pero, adicionalmente, contempla expresamente que él mismo sea enmendado[119]. Y al mismo tiempo y como una especie de enmienda, es un protocolo, figura prevista en la Convención[120] Procede resaltar el hecho de que el propio Protocolo de San Salvador indica en su preámbulo que se adopta considerando que la Convención contempla esa posibilidad[121]. Se trata, pues, de un "protocolo adicional" suscrito "con la finalidad de incluir progresivamente en el régimen de protección de la misma otros derechos y libertades", los que, por tanto, no estaban comprendidos en ella.

83. De manera, en consecuencia, que dicho instrumento, al establecer en su artículo 19 la competencia de la Corte para conocer las eventuales violaciones de los derechos referidos a los sindicatos y a la educación, no está limitando a aquella sino todo lo contrario, la está ampliando. De no existir el Protocolo de San Salvador, la Corte no podría conocer ni siquiera la eventual violación de esos derechos.

84. Por otra parte, también el fallo que se ha aludido se ha equivocado al afirmar que "(n)o queda duda que la voluntad de los Estados sobre la competencia de la Corte para pronunciarse sobre violaciones al Protocolo de San Salvador encuentra sus límites en los derechos sindicales y el derecho a la educación"[122], ya que lo que establece el artículo 19.6 de ese tratado es, muy por el contrario, que de las eventuales violaciones de todos los derechos que reconoce, establece, enuncia o consagra, únicamente puede conocer de las pertinentes al "derecho de los trabajadores a organizar sindicatos y a afiliarse al de su elección, para la protección y promoción de sus intereses" y al derecho a la educación[123]. Todas las presuntas violaciones a los demás derechos que el Protocolo de San Salvador que reconoce, establece, enuncia o consagra, incluidas, por ende, las concernientes al derecho a la la identidad cultural (art.14), al medio ambiente sano (art.11) a la alimentación adecuada (art.12) y al agua, quedan sometidas, consecuentemente, al mecanismo previsto en el artículo 19[124] y, por lo tanto, fuera del ámbito de la competencia de la Corte.

---

[118] Art. 21: "Firma, Ratificación o Adhesión. Entrada en Vigor. 1. El presente Protocolo queda abierto a la firma y a la ratificación o adhesión de todo Estado parte de la Convención Americana sobre Derechos Humanos.
2. La ratificación de este Protocolo o la adhesión al mismo se efectuará mediante el depósito de un instrumento de ratificación o de adhesión en la Secretaría General de la Organización de los Estados Americanos.
3. El Protocolo entrará en vigor tan pronto como once Estados hayan depositado sus respectivos instrumentos de ratificación o de adhesión.
4. El Secretario General informará a todos los Estados miembros de la Organización de la entrada en vigor del Protocolo".
[119] Art. 22:"Incorporación de otros Derechos y Ampliación de los Reconocidos. 1. Cualquier Estado parte y la Comisión Interamericana de Derechos Humanos podrán someter a la consideración de los Estados partes, reunidos con ocasión de la Asamblea General, propuestas de enmienda con el fin de incluir el reconocimiento de otros derechos y libertades, o bien otras destinadas a extender o ampliar los derechos y libertades reconocidos en este Protocolo.
2. Las enmiendas entrarán en vigor para los Estados ratificantes de las mismas en la fecha en que se haya depositado el respectivo instrumento de ratificación que corresponda al número de los dos tercios de los Estados partes en este Protocolo. En cuanto al resto de los Estados partes, entrarán en vigor en la fecha en que depositen sus respectivos instrumentos de ratificación."
[120] *Supra*, Nota N° 84.
[121] *Supra*, Párr. 70.
[122] Párr. 87, *Caso Cuscul Pivaral y otros Vs. Guatemala*.
[123] *Supra*, párr.79.
[124] *Supra*, Nota N° 110.

85. Interpreting the Protocol of San Salvador as the said judgment did, would mean that this instrument had not been signed "for the purpose of gradually incorporating other rights and freedoms into the protection system" of the Convention, but rather, to limit the Court's competence with regard to them, which, pursuant to Article 32 of the Vienna Convention would be manifestly absurd or unreasonable; that is, irrational or meaningless.

86. Consequently, all the above is clear evidence that, for the States Parties to this Protocol, the provisions of Article 26 of the Convention cannot be interpreted to establish or recognize economic, social and cultural rights or that it authorizes cases involving a violation of such rights to be submitted to the consideration of the Court. If it had established this or legitimized the intervention of the Court in this regard, the Protocol would not have been signed. This is why it was necessary to adopt it. Its signature cannot be explained in any other way.

87. All this leads to the conclusion that the Protocol of San Salvador is the clear demonstration that the provisions of Article 26 do not establish any human right or give the Court legal standing in the case of violations of the economic, social and cultural rights to which it refers.

V
CONCLUSIONS

88. As can be concluded from the foregoing, I dissent from the judgment because the failure to use the means of interpretation established in the Vienna Convention appropriately leads to a result that is contrary to logic and never intended or established in the Convention, which is that the violations of the economic, social and cultural rights including the rights to cultural identity, a healthy environment, adequate food and water, are justiciable before the Court.

89. Indeed, although the judgment refers briefly and in very general terms to previous judgments,[125] it really favors some means of interpretation of treaties – especially the context of the terms of the treaty and its object and purpose – over others.[126] Thus it modifies the simultaneous and harmonious nature of all the means of interpretation that the Vienna Convention establishes by mentioning them together in the same paragraph. And even the means of interpretation that the judgment applies are not applied properly.[127]

90. Above all, I do not agree with the judgment because all its arguments are addressed exclusively at demonstrating the existence of the rights to cultural identity, a healthy environment, adequate food and water, and to this end it cites different international and even national instruments, most of which are non-binding, but without being able to substantiate its opinion that violations of those rights are justiciable before the Court.

91. I also disagree with the judgment because the interdependence, indivisibility, and interrelationship or close or indissoluble ties between the political and civil rights and the economic, social and cultural rights, is not a valid argument to justify that the latter are justiciable before the Court. Human rights exist before they are established

---

[125] Para. 195.
[126] Paras. 196 and 198.
[127] *Supra*, II, C and D.

85. Interpretar el Protocolo de San Salvador tal como lo hizo el fallo mencionado, significaría que dicho tratado no habría sido suscrito con la "finalidad de incluir progresivamente en el régimen de protección de la" Convención "otros derechos y libertades", sino, en cambio, para limitar la competencia de la Corte a su respecto, lo que, obviamente, resulta, en términos del artículo 32 de la Convención de Viena, manifiestamente absurdo o irrazonable, es decir, contrario a la razón o sin sentido.

86. Todo lo precedentemente expuesto es, por ende, prueba más que evidente que, para los Estados Partes de dicho Protocolo, lo previsto en el artículo 26 de la Convención no puede ser interpretado en orden a que establece o reconoce derechos económicos, sociales o culturales ni que habilita para elevar un caso de violación de ellos a conocimiento de la Corte. Si así lo hubiese establecido o proporcionase la legitimación activa ante la Corte en cuanto a ellos, obviamente no se hubiese celebrado dicho Protocolo. Es, por tal motivo, entonces, que ha sido necesaria su adopción. Su suscripción no se explicaría de otra manera.

87. En mérito de lo precedentemente afirmado, se colige que el Protocolo de San Salvador es, en consecuencia, la nítida demostración de que lo previsto en el artículo 26 no establece derecho humano alguno ni proporciona legitimación activa ante la Corte por violación de los derechos económicos sociales y culturales a que se remite

V
CONCLUSIONES

88. Como se puede colegir de lo todo lo expuesto, se disiente de la Sentencia ya que, al no emplear adecuadamente los medios de interpretación previstos en la Convención de Viena, conduce a un resultado contrario a la lógica y jamás deseado ni previsto en la Convención, cual es, que las violaciones de los derechos económicos, sociales y culturales, incluidos los derechos a la identidad cultural, al medio ambiente sano, a la alimentación adecuada y al agua, son justiciables ante la Corte.

89. Efectivamente, la Sentencia, aunque formula una muy breve y genérica remisión a fallos anteriores[125], en verdad privilegia a algunos de los medios de interpretación de los tratados, especialmente el contexto de los términos del tratado y su objeto y fin, por sobre los otros.[126] La simultaneidad y armonía de todos esos medios que establece la Convención de Viena al mencionarlos a todos juntos en el mismo inciso, se ve así alterada. Y, adicionalmente, incluso las reglas que la Sentencia aplica, no lo son como corresponde[127].

90. En especial, no se comparte la Sentencia ya que toda su argumentación se dirige, en definitiva, exclusivamente a demostrar la existencia de los derechos a la identidad cultural, al medio ambiente sano, a la alimentación adecuada y al agua, para lo que invoca diversos instrumentos internacionales e incluso nacionales, por cierto, en su gran mayoría, no vinculantes, pero sin lograr sustentar su parecer en orden que las violaciones de aquellos derechos son justiciables ante la Corte.

91. Asimismo, se discrepa de la Sentencia, puesto que la interdependencia, indivisibilidad, entrelazamiento o vinculación estrecha o indisoluble entre los derechos políticos y civiles y los derechos económicos, sociales y culturales, no es argumento válido para justificar que estos últimos son justiciables ante la Corte, ya

---

[125] Párr. 195.
[126] Párrs. 196 y 198.
[127] *Supra*, II, C y D.

in treaties, irrespective of whether their eventual violation may be examined and decided by an international court. This is revealed by the Convention itself, when it indicates that "they are based upon attributes of the human personality" and that they have been "set forth in the Charter of the Organization of American States, in the American Declaration of the Rights and Duties of Man, and in the Universal Declaration of Human Rights."[128]

92. But, also, I dissent from judgment because the Convention itself makes a clear distinction between the political and civil rights and the economic, social and cultural rights and also because, for the latter, including the rights to cultural identity, a healthy environment, adequate food and water, to be justiciable before the Court, the signature of a supplementary protocol would be required, as in the case of the Protocol of San Salvador with regard to the right to organize and to join trade unions and the right to education.

93. I must also insist, once again, that this opinion does not question the existence of the rights to cultural identity, a healthy environment, adequate food and water. That is not its purpose. It merely maintains that their possible violation cannot be submitted to the consideration of the Court to be examined and ruled on.

94. In addition, it should not be understood that this opinion is opposed to violations of the economic, social and cultural rights eventually being submitted to the Court. I consider that, in that case, it should be by those responsible for the international normative function.[129] It does not appear desirable that the organ responsible for the inter-American judicial function assume the international normative function, especially when the States are democratic and their respect for human rights is governed by the Inter-American Democratic Charter, which establishes the separation of powers and civic participation in public affairs,[130] a separation that should also be reflected with regard to the international normative function, particularly of those norms that concern the citizen most directly.

95. From this perspective, it is worth insisting that interpretation does not consist in determining that the meaning and scope of a norm establish what the interpreter would like, but rather what it objectively establishes. In the case of the Convention, this means defining how what was agreed by the States Parties can be applied at the time and in the circumstances in which the respective dispute is filed; in other words, how to make the "*pacta sunt servanda*" principle applicable to the time and circumstances in which the dispute occurs. The issue is how to ensure that human

---

[128] Para. 3 of its Preamble
[129] *Supra*, footnote 119.
[130] Adopted at the twenty-eighth special period of sessions of the OAS General Assembly, September 11, 2001, Lima, Peru.
Art. 3: "Essential elements of representative democracy include, *inter alia*, respect for human rights and fundamental freedoms, access to and the exercise of power in accordance with the rule of law, the holding of periodic, free, and fair elections based on secret balloting and universal suffrage as an expression of the sovereignty of the people, the pluralistic system of political parties and organizations, and the separation of powers and independence of the branches of government."
Art. 6: "It is the right and responsibility of all citizens to participate in decisions relating to their own development. This is also a necessary condition for the full and effective exercise of democracy. Promoting and fostering diverse forms of participation strengthens democracy."

que los derechos humanos existen desde antes de que se consagraran en Tratados y ello con prescindencia de que sus eventuales violaciones puedan ser conocidas y resueltas en sede internacional. Así lo demuestra la propia Convención, al indicar que ellos "tienen como fundamento los atributos de la persona humana" y que han sido "consagrados en la Carta de la Organización de los Estados Americanos, en la Declaración Americana de los Derechos y Deberes del Hombre y en la Declaración Universal de los Derechos Humanos"[128].

92. Pero, además, se disiente de la Sentencia puesto que, por una parte, es la propia Convención la que realiza una clara distinción entre los derechos políticos y civiles y los derechos económicos, sociales y culturales y por la otra, porque, para que estos últimos, incluyendo a los derechos a la identidad cultural, al medio ambiente sano, a la alimentación adecuada y al agua, pudieran ser justiciables ante la Corte, sería menester la suscripción de un protocolo complementario, como ha acontecido con el Protocolo de San Salvador en lo que dice relación al derecho de formar y adherirse a sindicatos y al derecho a la educación.

93. Igualmente, se debe insistir, una vez más, que este escrito no dice relación con la existencia de los derechos a la identidad cultural, al medio ambiente sano, a la alimentación adecuada y al agua. Ello escapa a su propósito. Únicamente se sostiene que su eventual violación no puede ser sometida al conocimiento y resolución de la Corte.

94. Asimismo, se debe señalar que tampoco el presente voto debe ser entendido en orden a que eventualmente no se esté a favor de someter ante la Corte las violaciones de los derechos económicos, sociales y culturales. Lo que se considera sobre el particular es que, si se procede a ello, debe hacerse por quién detenta la titularidad de la función normativa internacional[129]. No parecería conveniente que el órgano al que le compete la función judicial interamericana asuma la función normativa internacional, máxime cuando dichos los Estados son democráticos y a su respecto rige la Carta Democrática Interamericana, la que prevé la separación de poderes y la participación ciudadana en los asuntos públicos[130], separación que también debería reflejarse en lo atinente a la función normativa internacional, particularmente de aquellas normas que les conciernen más directamente a la ciudadanía.

95. En esta perspectiva, cabe insistir en que la interpretación no consiste en determinar el sentido y alcance de una norma en vista de que exprese lo que el intérprete desea, sino que ella objetivamente dispone o establece y, en lo que respecta a la Convención, de lo que se trata es precisar cómo lo convenido por sus Estados Partes se puede aplicar en los tiempos y condiciones en que se plantea la respectiva controversia, es decir, cómo hacer aplicable el principio *"pacta sunt servanda"* en los tiempos y condiciones de vida en que la controversia tiene lugar. El asunto es,

---

[128] Párr. 3 de su Preámbulo.
[129] *Supra*, Nota N° 119.
[130] Adoptada en el Vigésimo Octavo Período Extraordinario de Sesiones de la Asamblea General de la OEA, 11 de septiembre de 2001, Lima, Perú.
Art. 3: "Son elementos esenciales de la democracia representativa, entre otros, el respeto a los derechos humanos y las libertades fundamentales; el acceso al poder y su ejercicio con sujeción al estado de derecho; la celebración de elecciones periódicas, libres, justas y basadas en el sufragio universal y secreto como expresión de la soberanía del pueblo; el régimen plural de partidos y organizaciones políticas; y la separación e independencia de los poderes públicos."
Art. 6: "La participación de la ciudadanía en las decisiones relativas a su propio desarrollo es un derecho y una responsabilidad. Es también una condición necesaria para el pleno y efectivo ejercicio de la democracia. Promover y fomentar diversas formas de participación fortalece la democracia."

rights treaties are, *per se,* truly living instruments; in other words, able to encompass or be applicable to the new realities encountered and not that it is their interpretation – as if it was a separate entity – that evolves with the time and circumstances, altering what such treaties establish.

96. Lastly, it is essential to repeat that, if the Court insists in following the line adopted by this judgment,[131] the inter-American human rights system, as a whole, could be severely restricted. This is because very probably, on the one hand, it would not motivate, but rather deter, the accession to the Convention of other States, and the acceptance of the Court's contentious jurisdiction by those States that have not yet done so and, on the other hand, it could renew or increase the tendency among the States Parties to the Convention not to comply fully and promptly with its judgments. In sum, it would weaken the principle of legal certainty or security, which, in the case of human rights, also benefits the victims of their violation by ensuring compliance with the Court's judgments because the said system is solidly based on the sovereign commitments made by the States.

97. In this regard, it should not be forgotten that, in practice and over and above any theoretical consideration, the function of the Court is to deliver judgments that re-establish respect for the human rights that have been violated as promptly as possible.[132] It is not certain that this can be achieved in relation to violations of human rights that were not considered justiciable before the Court in the Convention.

Eduardo Vio Grossi
Judge

Pablo Saavedra Alessandri
Secretary

---

[131] *Supra,* para. 67.
[132] Art. 63(1), *supra,* footnote 27.

entonces, cómo hacer que los tratados de derechos humanos sean, *per se,* efectivamente instrumentos vivos, es decir, susceptibles de comprender o ser aplicables a las nuevas realidades que se enfrentan y no que sea su interpretación la que, como si fuese una entidad separada de aquellos, acompañe la evolución de los tiempos y las condiciones de vida actuales, alterando lo prescrito por aquellos.

96. Finalmente, es imperioso repetir que, de insistirse en el derrotero adoptado por la Sentencia[131], el Sistema Interamericano de Derechos Humanos en su conjunto podría verse seriamente limitado. Y ello en razón de que muy probablemente, por una parte, no se incentivaría, sino todo lo contrario, la adhesión de nuevos Estados a la Convención ni la aceptación de la competencia contenciosa de la Corte por los que no lo hayan hecho y por la otra parte, podría renovarse o aún acentuarse la tendencia entre los Estados Partes de la Convención de no dar cumplimiento completo y oportuno a sus fallos. En suma, se debilitaría el principio de la seguridad o certeza jurídica, el que, en lo atingente a los derechos humanos, también beneficia a las víctimas de sus violaciones al garantizar el cumplimiento de las sentencias de la Corte por sustentarse sólidamente en los compromisos soberanamente asumidos por los Estados.

97. Al respecto, no se debe olvidar que, en la práctica y más allá de cualquier consideración teórica, la función de la Corte es, en definitiva, dictar fallos que restablezcan, lo más pronto posible, el respeto de los derechos humanos violados[132]. No es tan seguro que ello se logre respecto de violaciones derechos humanos que no fueron consideradas en la Convención como justiciables ante la Corte.

Eduardo Vio Grossi
Juez

Pablo Saavedra Alessandri
Secretario

---

[131] *Supra*, Párr.67.
[132] Art.63.1, *supra*, Nota N° 27.

PARTIALLY DISSENTING OPINION OF
JUDGE HUMBERTO ANTONIO SIERRA PORTO

1. While reiterating my respect for the decisions of the Inter-American Court of Human Rights (hereinafter also "the Inter-American Court" or "the Court"), I am presenting this partially dissenting opinion. The opinion focuses on an analysis of the merits made by the Court in relation to the international responsibility of the State (hereinafter "the State," "the Argentine Republic" or "Argentina") for the violation of Article 26 of the American Convention on Human Rights (hereinafter "the American Convention" or "the Convention"). On the one hand, I consider it opportune to reaffirm and examine the logical and legal inconsistencies of the theory of the direct and autonomous justiciability of the economic, social, cultural and environmental rights (hereinafter "the ESCER") using Article 26 of the American Convention, that has been adopted by the majority of the Court's judges since the case of *Lagos del Campo v. Peru*. On the other hand, I find it pertinent to reflect on the measures of reparations, their degree of specificity and detail, as well as the challenges and complexities involved in monitoring compliance with measures granted under the innovative logic of the autonomy of Article 26.

2. In particular, I will explain my discrepancy with regard to operative paragraphs 3,[1] 15[2] and 17.[3] My analysis will be made as follows: (A) Some general consideration on the justiciability of Article 26 of the American Convention and the ESCER; (B) the need to weigh and balance the rights of indigenous and tribal peoples against the rights of third parties; (C) the problems of construing the meaning and scope of the right to communal property contained in Article 21 of the American Convention in order to protect the rights of indigenous and tribal peoples; (D) the direct legal effectiveness of the rights of indigenous and tribal peoples without the need for laws that regulate this, and (E) the problems of monitoring compliance with the measures of reparation on the restitution of the lands as regards timing and details.

A. GENERAL CONSIDERATION ON THE JUSTICIABILITY OF ARTICLE 26 OF THE AMERICAN CONVENTION AND THE ESCER

3. In this opinion, I do not intend to elaborate on my position concerning the complex judicial dynamics in relation to Article 26 initiated by the case of *Lagos del Campo v. Peru* and regarding which I have had occasion to express my views in

---

[1] "The State is responsible for the violation of the right to take part in cultural life as this relates to cultural identity, a healthy environment, adequate food and water, established in Article 26 of the American Convention on Human Rights, in relation to Article 1(1) of this instrument, to the detriment of the 132 indigenous communities indicated in Annex V to this judgment, pursuant to paragraphs 195 to 289."

[2] "The State, within a reasonable time, shall adopt the necessary legislative and/or any other measures to provide legal certainty to the right to indigenous communal property, pursuant to paragraphs 354 to 357 of this judgment."

[3] "The State shall provide the Court with the bi-annual reports ordered in paragraph 344 of this judgment."

VOTO PARCIALMENTE DISIDENTE DEL
JUEZ HUMBERTO ANTONIO SIERRA PORTO

1. Con el reiterado respeto por las decisiones de la Corte Interamericana de Derechos Humanos (en adelante, también "la Corte" o "el Tribunal"), me permito formular el presente voto parcialmente disidente. El voto se centra en el análisis de fondo que realizó la Corte acerca de la responsabilidad internacional del Estado (en adelante "el Estado", "República de Argentina" o "Argentina") por la violación al artículo 26 de la Convención Americana sobre Derechos Humanos (en adelante "Convención Americana", "Convención" o "CADH"). Por un lado, considero oportuno reafirmar y profundizar las inconsistencias lógicas y jurídicas de las que adolece la teoría de la justiciabilidad directa y autónoma de los derechos económicos, sociales, culturales y ambientales (en adelante "DESCA") a través del artículo 26 de la Convención Americana, que ha sido asumida por la mayoría de los jueces del Tribunal desde el caso *Lagos del Campo Vs. Perú*. Por otro lado encuentro pertinente reflexionar en torno a las medidas de reparación, su grado de especificidad y pormenorización, así como los retos y complejidades a la hora a la hora de supervisar el cumplimento de medidas otorgadas bajo la novedosa lógica de la autonomía del artículo 26.

2. En particular, explicaré mi discrepancia respecto de los puntos resolutivos 3[1], 15[2] y 17[3]. Mi análisis se realizará en el siguiente orden: (A) algunas consideraciones generales en torno a la justiciabilidad del artículo 26 de la Convención Americana y los DESCA; (B) la necesidad de ponderación y equilibrio entre los derechos de los pueblos indígenas y tribales y los derechos de terceros; (C) los problemas en la sustracción del contenido y alcance del derecho a la propiedad comunal contenido en el artículo 21 de la Convención Americana para proteger los derechos de los pueblos indígenas y tribales; (D) la eficacia jurídica directa de los derechos de los pueblos indígenas y tribales sin necesidad de legislación que la regule, y (E) los inconvenientes en la supervisión de cumplimiento relativos a la periodicidad y pormenorización de la medida de reparación sobre la restitución de las tierras.

A. CONSIDERACIONES GENERALES EN TORNO A LA JUSTICIABILIDAD DEL ARTÍCULO 26 DE LA CONVENCIÓN AMERICANA Y LOS DESCA

3. En el presente voto, no pienso extenderme en mi posición sobre la compleja dinámica judicial relativa al artículo 26, que inauguró el *caso Lagos del Campo Vs. Perú* y sobre la cual he tenido oportunidad de pronunciarme en votos parcialmente

---

[1] "El Estado es responsable por la violación a los derechos a participar en la vida cultural, en lo atinente a la identidad cultural, al medio ambiente sano, a la alimentación adecuada y al agua, establecidos en el artículo 26 de la Convención Americana sobre Derechos Humanos, en relación con el artículo 1.1 del mismo tratado, en perjuicio de las 132 comunidades indígenas señaladas en el Anexo V a la presente Sentencia, en los términos de sus párrafos 195 a 289".

[2] "El Estado, en un plazo razonable, adoptará las medidas legislativas y/o de otro carácter que fueren necesarias para dotar de seguridad jurídica al derecho de propiedad comunitaria indígena, en los términos señalados en los párrafos 354 a 357 de la presente Sentencia".

[3] "El Estado rendirá al Tribunal los informes semestrales ordenados en el párrafo 344 de la presente Sentencia".

partially dissenting opinions in the cases of *Lagos del Campo v. Peru*,[4] *Dismissed Employees of PetroPeru et al. v. Peru*,[5] *San Miguel Sosa et al. v. Venezuela*,[6] *Cuscul Pivaral et al. v. Guatemala*,[7] *Muelle Flores v. Peru*,[8] *National Association of Discharged and Retired Employees of the National Tax Administration Superintendence (ANCEJUB-SUNAT) v. Peru*,[9] and *Hernández v. Argentina*,[10] and also in my concurring oinions in the cases of *Gonzales Lluy et al. v. Ecuador*,[11] *Poblete Vilches et al. v. Chile*,[12] and *Rodríguez Revolorio et al. v. Guatemala*,[13] as well as in my concurring opinion in *Advisory Opinion OC-23/17 on the Environment and Human Rights*.[14]

4. My purpose in referring to Article 26 in this specific case is to show how, three years after the first judgment that initiated the new interpretation, what was predicted at the time, has become a reality. Thus, in my concurring opinion in the case of *Lagos del Campo v. Peru* I stated:

> I hope that this opinion makes a contribution to understanding the magnitude of the decision that the majority of the Inter-American Court adopted in this case, and reveals the main problems arising from the judgment. *Only sincere criticism and open and public debate can help mitigate, up to a certain point, the risks to legitimacy and legal certainty that may arise from this judgment.*

---

[4] *Cf. Case of Lagos del Campo v. Peru. Preliminary Objections, Merits, Reparations and Costs.* Judgment of August 31, 2017. Series C No. 340. Partially dissenting opinion of Judge Antonio Humberto Sierra Porto.

[5] *Cf. Case of the Dismissed Employees of PetroPeru et al. v. Peru. Preliminary Objections, Merits, Reparations and Costs.* Judgment of November 23, 2017. Series C No. 344. Partially dissenting opinion of Judge Antonio Humberto Sierra Porto.

[6] *Cf. Case of San Miguel Sosa et al. v. Venezuela. Merits, Reparations and Costs.* Judgment of February 8, 2018. Series C No. 348. Partially dissenting opinion of Judge Humberto Antonio Sierra Porto.

[7] *Cf. Case of Cuscul Pivaral et al. v. Guatemala. Preliminary Objection, Merits, Reparations and Costs.* Judgment of August 23, 2018. Series C No. 359. Partially dissenting opinion of Judge Humberto Antonio Sierra Porto.

[8] *Cf. Case of Muelle Flores v. Peru. Preliminary Objections, Merits, Reparations and Costs.* Judgment of March 6, 2019. Series C No. 375. Partially dissenting opinion of Judge Humberto Antonio Sierra Porto.

[9] *Cf. Case of the National Association of Discharged and Retired Employees of the National Tax Administration Superintendence (ANCEJUB-SUNAT) v. Peru. Preliminary Objections, Merits, Reparations and Costs.* Judgment of November 21, 2019. Series C No. 394. Partially dissenting opinion of Judge Humberto Antonio Sierra Porto.

[10] *Cf. Case of Hernández v. Argentina. Preliminary Objection, Merits, Reparations and Costs.* Judgment of November 22, 2019. Series C No. 395. Partially dissenting opinion of Judge Humberto Antonio Sierra Porto.

[11] *Cf. Case of Gonzales Lluy et al. v. Ecuador. Preliminary Objections, Merits, Reparations and Costs.* Judgment of September 1, 2015. Series C No. 298. Concurring opinion of Judge Humberto Antonio Sierra Porto.

[12] *Cf. Case of Poblete Vilches et al. v. Chile. Merits, Reparations and Costs.* Judgment of March 8, 2018. Series C No. 349. Concurring opinion of Judge Humberto Antonio Sierra Porto.

[13] *Cf. Case of Rodríguez Revolorio et al. v. Guatemala. Preliminary Objection, Merits, Reparations and Costs.* Judgment of October 14, 2019. Series C No. 387. Concurring opinion of Judge Humberto Antonio Sierra Porto.

[14] *The Environment and Human Rights (State obligations in relation to the environment in the context of the protection and guarantee of the rights to life and to personal integrity – interpretation and scope of Articles 4(1) and 5(1) of the American Convention on Human Rights).* Advisory Opinion OC-23/17 of November 15, 2017. Series A No. 23.

disidentes a los casos *Lagos del Campo Vs. Perú*[4], *Trabajadores Cesados de Petroperú y otros Vs. Perú*[5], *San Miguel Sosa y otras Vs. Venezuela*[6], *Cuscul Pivaral y otros Vs. Guatemala*[7], *Muelle Flores Vs. Perú*[8], *Asociación Nacional de Cesantes y Jubilados de la Superintendencia Nacional de Administración Tributaria (ANCEJUB-SUNAT) Vs. Perú*[9], y *Hernández Vs. Argentina*[10], así como de mis votos concurrentes a los casos *Gonzales Lluy y otros Vs. Ecuador*[11], *Poblete Vilches y otros Vs. Chile*[12], y *Rodríguez Revolorio y otros Vs. Guatemala*[13], al igual que mi voto concurrente en la *Opinión Consultiva OC 23/17 sobre Medio Ambiente y Derechos Humanos*[14].

4. El objetivo de mi mención al artículo 26 en este caso en concreto, es demostrar cómo después de transcurridos tres años desde la primera Sentencia que inauguró la nueva interpretación, lo que vaticine en su momento, se ha convertido en una realidad. Efectivamente, en mi voto concurrente del caso *Lagos del Campo Vs. Perú* expresé:

> espero que el presente Voto contribuya como reflexión para entender la dimensión de la decisión que la mayoría de la Corte IDH adoptó en este caso, y se visibilicen las principales problemáticas que se generan a partir de la misma. *Solo la crítica sincera y el debate abierto y público puede ayudar a mitigar, hasta cierto punto, los riesgos de legitimidad y de inseguridad jurídica que se puedan desprender de esta Sentencia.*

---

[4] *Cfr. Caso Lagos del Campo Vs. Perú. Excepciones Preliminares, Fondo, Reparaciones y Costas.* Sentencia de 31 de agosto de 2017. Serie C No. 340. Voto parcialmente disidente del Juez Antonio Humberto Sierra Porto.

[5] *Cfr. Caso Trabajadores Cesados de Petroperú y otros Vs. Perú. Excepciones Preliminares, Fondo, Reparaciones y Costas.* Sentencia de 23 de noviembre de 2017. Serie C No. 344. Voto parcialmente disidente del Juez Antonio Humberto Sierra Porto.

[6] *Cfr. Caso San Miguel Sosa y otras Vs. Venezuela. Fondo, Reparaciones y Costas.* Sentencia de 8 de febrero de 2018. Serie C No. 348. Voto parcialmente disidente del Juez Humberto Antonio Sierra Porto.

[7] *Cfr. Caso Cuscul Pivaral y otros Vs. Guatemala. Excepción Preliminar, Fondo, Reparaciones y Costas.* Sentencia de 23 de agosto de 2018. Serie C No. 359. Voto parcialmente disidente del Juez Humberto Antonio Sierra Porto.

[8] *Cfr. Caso Muelle Flores Vs. Perú. Excepciones Preliminares, Fondo, Reparaciones y Costas.* Sentencia de 6 de marzo de 2019. Serie C No. 375. Voto parcialmente disidente del Juez Humberto Antonio Sierra Porto.

[9] *Cfr. Caso Asociación Nacional de Cesantes y Jubilados de la Superintendencia Nacional de Administración Tributaria (ANCEJUB-SUNAT) Vs. Perú. Excepciones Preliminares, Fondo, Reparaciones y Costas.* Sentencia de 21 de noviembre de 2019. Serie C No. 394. Voto parcialmente disidente del Juez Humberto Antonio Sierra Porto.

[10] *Cfr. Caso Hernández Vs. Argentina. Excepción Preliminar, Fondo, Reparaciones y Costas.* Sentencia de 22 de noviembre de 2019. Serie C No. 395. Voto parcialmente disidente del Juez Humberto Antonio Sierra Porto.

[11] *Cfr. Caso Gonzales Lluy y otros Vs. Ecuador. Excepciones Preliminares, Fondo, Reparaciones y Costas.* Sentencia de 1 de septiembre de 2015. Serie C No. 298. Voto concurrente del Juez Humberto Antonio Sierra Porto.

[12] *Cfr. Caso Poblete Vilches y otros Vs. Chile. Fondo, Reparaciones y Costas.* Sentencia de 8 de marzo de 2018. Serie C No. 349. Voto concurrente del Juez Humberto Antonio Sierra Porto.

[13] *Cfr. Caso Rodríguez Revolorio y otros Vs. Guatemala. Excepción Preliminar, Fondo, Reparaciones y Costas.* Sentencia de 14 de octubre de 2019. Serie C No. 387. Voto concurrente del Juez Humberto Antonio Sierra Porto.

[14] *Medio ambiente y derechos humanos (obligaciones estatales en relación con el medio ambiente en el marco de la protección y garantía de los derechos a la vida y a la integridad personal – interpretación y alcance de los artículos 4.1 y 5.1, en relación con los artículos 1.1 y 2 de la Convención Americana sobre Derechos Humanos).* Opinión Consultiva OC-23/17 de 15 de noviembre de 2017. Serie A No. 23.

5. The judgment delivered by the Inter-American Court in this case reveals that the misgivings that I felt at that time have materialized and, what is worse, would appear to have no limits. In this regard, I find it necessary to reiterate four specific aspects before making a thorough analysis of the problems arising from the change in case law undertaken by the Court in its approach to the rights of indigenous and tribal peoples.

6. First, in keeping with my position in relation to the ESCER, the lack of legal support for the fact that violations of these rights are being determined autonomously using the mechanism of individual petitions cannot be ignored. I repeat that the Court does not have this competence explicitly under either the American Convention or Article 19(6) of the Additional Protocol to the American Convention on Human Rights in the Area of Economic, Social and Cultural Rights (hereinafter "Protocol of San Salvador"), interpreted in light of Articles 30 and 31 of the Vienna Convention on the Law of Treaties.

7. Hence, I should point out that, in the sections of the judgment on the right to a healthy environment and the right to adequate food, Articles 11 and 12 of the Protocol of San Salvador are expressly cited to affirm that the Argentine State has recognized the existence of these rights. However, the Court continues to totally disregard that, both Argentina and also the other States that have ratified the Protocol decided, in its Article 19, to admit the lodging of individual petitions only with regard to the rights contained in Articles 8(a) and 13 of that instrument. On this point, I am no longer sure which line of argument I consider most problematic; whether the one under which the existence of the Protocol of San Salvador within the legal framework of the inter-American system of human rights is entirely disregarded, or the one under which international instruments of soft law are referred to as convenience dictates. In any case, in this judgment, as in others in which the responsibility of a State has been determined for the direct violation of Article 26, there has been no extensive analysis of the grounds for the justiciability of the ESCER and the limits – clearly defined in the treaties establishing the contentious jurisdiction of this Court – have been contravened.

8. Second, following in the steps of its recent practice in relation to the ESCER, once again the majority makes an improper use of the *iura novit curiae* principle to analyze the possible violation of provisions of the Convention that have not been alleged, particularly with regard to the right to water supposedly contained in Article 26 of the Convention. We had understood that the misuse of this principle in judgments on the ESCER had been overcome, with the decision in the case of *Hernández v. Argentina*. In that case, which related to the violation of the personal integrity of a prisoner who contracted tubercular meningitis and failed to receive adequate medical care, the Court did not apply the *iura novit curiae* principle. In that case, in which the judgment was handed down on November 29, 2019, the Court did not analyze the violations that had occurred from the perspective of the right to health and the right to food, supposedly contained in Article 26, but, to the contrary, it analyzed them, as it had been doing before the change in its case law in 2017, from the perspective of the right to personal integrity. Thus, it appeared that the Court had returned to the sensible path of analyzing the ESCER in connectivity with other articles of the Convention. However, this judgment returns to the logic of the autonomous violation of the ESCER and also reiterates the use of the *iura novit curiae*

5. La decisión que ha emitido la Corte IDH en el presente caso, demuestra que el temor que en su momento sentí se ha materializado y lo que es peor, pareciera no tener limite. Al respecto, considero necesario reiterar cuatro aspectos puntuales, previos al análisis profundo sobre las problemáticas del cambio jurisprudencial emprendido por el Tribunal en la aproximación de los derechos de los pueblos indígenas y tribales.

6. En primer lugar, siguiendo mi posición relativa a los DESCA, la carencia de sustento normativo que supone el hecho que por vía de peticiones individuales se determinen violaciones a estos derechos de manera autónoma, no puede ser obviada. Reitero que el Tribunal no tiene esta competencia de manera expresa, ni por la Convención Americana, ni por el artículo 19.6 del Protocolo Adicional a la Convención Americana sobre Derechos Humanos en materia de Derechos Económicos, Sociales y Culturales (en lo adelante "Protocolo de San Salvador"), interpretados a la luz de los artículos 30 y 31 de la Convención de Viena sobre el Derecho de los Tratados.

7. En este sentido debo hacer notar que, en los acápites de la sentencia referidos al derecho a un medio ambiente sano y al derecho a la alimentación adecuada, se citan expresamente los artículos 11 y 12 del Protocolo de San Salvador para afirmar que el Estado argentino ha reconocido la existencia de estos derechos. Sin embargo, se continúa omitiendo frontalmente que, tanto Argentina como todos los demás Estados que han ratificado el Protocolo, decidieron en su artículo 19 admitir la presentación de peticiones individuales únicamente respecto de los derechos contenidos en los artículos 8.a) y 13 del mismo instrumento. En este punto, ya no estoy seguro de cuál estrategia argumentativa me parece más problemática, si aquella en la cual se omite por completo la existencia del Protocolo de San Salvador en el marco normativo del Sistema Interamericano de Derechos Humanos (en adelante "SIDH"), o aquella en que se referencian instrumentos internacionales de *soft law* según conveniencia. En todo caso, en esta sentencia, como en otras en las que se determina la responsabilidad estatal por violación directa del artículo 26 no se ha abordado un debate profundo sobre el fundamento de la justiciabilidad de los DESCA y se han transgredido los límites claramente definidos en los tratados que establecen la competencia contenciosa de este Tribunal.

8. En segundo lugar, siguiendo la práctica reciente sobre DESCA, nuevamente la mayoría hace un uso inadecuado del principio *iura novit curiae* para analizar la posible violación de las normas de la Convención que no han sido alegadas, particularmente en lo que respecta al derecho al agua, supuestamente contenido en el artículo 26 de la Convención. Entendíamos ya superado el inadecuado uso de este principio en las sentencias en materia de DESCA, con la decisión del *caso Hernández Vs. Argentina*. En dicho caso, relacionado con la violación a la integridad personal de una persona detenida que contrajo meningitis T.B.C. y que fue privada de la atención médica adecuada, la Corte no aplicó el principio *iura novit curiae*. En dicho caso, cuyo fallo es del 29 de noviembre de 2019, la Corte no analizó las violaciones ocurridas desde una perspectiva del derecho a la salud y el derecho a la alimentación, supuestamente contenidos en el artículo 26, sino que en cambio lo hizo, como venía haciéndolo antes del cambio jurisprudencial de 2017, desde la perspectiva del derecho a la integridad personal. Desde esta óptica parecía que la Corte retornaba al sensato camino hacia la violación de los DESCA en conexidad con otros artículos de la Convención. Sin embargo, la presente Sentencia vuelve a lógica de violación

principle in relation to the right to water without including criteria of reasonableness and pertinence.

9. Added to the improper use of the *iura novit curiae* principle, there are significant problems in the substantiation of the right to water in this judgment. In some of the judgments in which the Court has declared the violation of the ESCER, it has based itself on an erroneous interpretation of the referral made by Article 26 of the American Convention to the OAS Charter. According to this interpretation, the establishment of the list of rights on which the analysis of State responsibility is founded is left to the discretion of the judges of the Court, based on the aspirations expressed by the States in the OAS Charter. I have already mentioned on several occasions that the Charter does not contain a list of rights and, in practice, this means that the agent of justice ends up justifying the direct justiciability of the right based on a vague mention made of it in that text. Thus, for example, the word "health" is sought within a list of goals established in the OAS Charter; a large number of references to instruments that form part of the international *corpus iuris* are added and, based on this simple mention, it is declared that the subjective right is part of Article 26 of the Convention and, therefore, enforceable before the Inter-American Court.

10. However, in this judgment, the Court goes much further. The OAS Charter does not contain any reference to the right to water, which does not permit the line of argument that I have been describing. Consequently, the Court has decided that it is no longer necessary to look for even a mention of the right that it claims is justiciable in the OAS Charter, if its existence can be extracted from other rights that are mentioned in the latter. Thus, paragraph 222 states: "The *right to water* is protected by Article 26 of the American Convention and this is revealed by the provisions of the OAS Charter that permit deriving rights from which, in turn, the right to water can be understood." Based on this interpretation, it could be argued that Article 26 of the Convention contains all the rights that the Court would like to make justiciable in a specific case and that it is not necessary for them to be alleged by the parties or that there is brief mention of them in the OAS Charter. It will be sufficient to include numerous citations of other declarations, treaties or soft law documents, in addition to referring to "a vast *corpus iuris*" to create an international obligation for the States. This is precisely what I was referring to in my opinion in the case of *Lagos del Campo v. Peru* when I spoke of the lack of legal certainty that arises from this type of interpretation. At the present time, the State have no way in which to be aware of, anticipate or even defend themselves from possible violations of Article 26 of the Convention for which they could be sentenced by the Inter-American Court.

11. Fourth, and irrespective of the problems that I will describe in relation to the scope of Article 21 of the Convention, I would like to point out the problems that arise from the definition and analysis of the interdependence of the rights made in this judgment. A whole section is dedicated to showing how the "new" rights contained in Article 26 are so interrelated that it is not necessary to make a specific analysis of the State's responsibility for each one. Therefore, mention is made of the proven facts of the case and it is considered that the rights to a healthy environment, to food, to water and "to participate in cultural life" have been violated collectively. In this regard, I would just like to stress that the fact that human rights are interrelated, and even considered indivisible, does not mean that there are no differences between them and that, consequently, each one has its own scope. By making a collective analysis of the rights, without distinguishing between them, it is unclear what are the obligations that

autónoma de los DESCA y además reitera la utilización del principio *iura novit curiae* en lo que atañe al derecho al agua sin acudir a criterios de razonabilidad y pertinencia.

9. Aunado al uso inadecuado del principio *iura novit curiae*, el desarrollo del derecho al agua en esta Sentencia presenta dificultades profundas en su fundamentación. En algunas de las sentencias en las que la Corte declara la vulneración de los DESCA, se ha partido de una interpretación equivocada de la remisión que hace el artículo 26 de la CADH a la Carta de la OEA, según la cual se deja al arbitrio de los jueces y juezas de la Corte la creación del catálogo de derechos que fundamenta el análisis de la responsabilidad de los Estados, a partir de las expectativas presentadas por estos en la Carta de la OEA. En efecto, ya he mencionado en varias oportunidades que la Carta no contiene un catálogo de derechos, lo cual implica en la práctica que, el operador judicial termina justificando la justiciabilidad directa del derecho, a partir de una mención vaga que se haga del mismo dentro de este texto. Así, por ejemplo, se busca la expresión "salud" dentro del listado de metas que establece la Carta de la OEA, se le adhieren un número importante referencias a instrumentos que hacen parte del *corpus iuris* internacional y, con base en esa simple mención se declara que el derecho subjetivo es parte del artículo 26 de la Convención y, por tanto, exigible ante la Corte IDH.

10. Sin embargo, en esta Sentencia el Tribunal va mucho más allá, la Carta de la OEA no contiene ninguna referencia al derecho al agua, lo cual no permite realizar la secuencia argumentativa que he venido describiendo. Por tanto, decide que ya no es necesario buscar siquiera la mención dentro de la Carta de la OEA a un derecho que se pretende justiciable, si su existencia se extrae de otros derechos referenciados en esta, así se afirma en el párrafo 222: "El *derecho al agua* se encuentra protegido por el artículo 26 de la Convención Americana. Ello se desprende de las normas de la Carta de la OEA, en tanto las mismas permiten derivar derechos de los que, a su vez, se desprende el derecho al agua". Con esta interpretación se podría afirmar que, el artículo 26 de la CADH contiene todos los derechos que se quieran hacer justiciables en un caso concreto, y no es necesario que hayan sido alegados por las partes o que aparezcan, aunque sea someramente, estén mencionados en la Carta de la OEA. Bastará con hacer largas citas sobre otras declaraciones, tratados o documentos de soft law, además de hacer referencia a "un vasto corpus iuris" para crear una obligación internacional para los Estados. Es precisamente a esto a lo que me refería en mi voto en el caso *Lagos del Campo Vs. Perú*, cuando hablaba de la inseguridad jurídica que este tipo de interpretaciones genera. Los Estados actualmente no tienen cómo saber, anticipar o incluso defenderse de posibles vulneraciones al artículo 26 de la Convención por las cuales podrían ser condenados ante la Corte IDH.

11. En cuarto lugar, e independientemente de los problemas que expondré sobre los alcances del artículo 21 de la CADH, quisiera hacer notar lo problemática que resulta la definición y análisis sobre la interdependencia de los derechos que se realizó en la presente sentencia. En efecto, se escribe todo un acápite para mostrar como los "nuevos" derechos contenidos en el artículo 26 están tan relacionados entre sí, que no es necesario hacer un análisis concreto de responsabilidad del Estado para cada uno. Por tanto, se hace una mención de los hechos probados del caso y se dan por vulnerados de forma conjunta los derechos al medio ambiente sano, a la alimentación, al agua y "a participar en la vida cultural". Al respecto, solo quiero recalcar que el hecho de que los derechos humanos esten interrelacionados e incluso se consideren inescindibles, no implica que no sean diferenciables entre sí y que, en consecuencia, cada uno tenga su propio alcance. Al realizar un análisis conjunto, sin diferenciar los

each one entails and the specific actions that a State can undertake to avoid violating them. Moreover, such an unfettered perspective of the interdependence of the rights could give rise to the paradox of understanding that, since they are all related in some way, any type of violation would entail the violation of all the rights contained in the Convention. Providing content to and establishing the scope of the rights is extremely important so that everyone can understand them and the States can respect them, but it is even more relevant in these cases in which, as I have already mentioned, new rights are being generated under Article 26 of the American Convention

B. NEED TO WEIGH AND BALANCE THE RIGHTS OF INDIGENOUS AND TRIBAL PEOPLES AGAINST THE RIGHTS OF THIRD PARTIES

12. In this case, there is no discussion on the right of the indigenous peoples to the territory claimed. The dispute centers on the actions taken by the State to ensure this right and, in particular, implementation of the agreement reached between the State, the settlers and the indigenous communities. Hence, this is a sentence *sui generis* because the dispute does not lie in the territory claimed, but rather in the measures taken by the State to implement the claim: a series of public policies and State actions that were supposed to create the conditions for the settlers to be able to move to lots on which they would be granted property rights.

13. In addition to the State's failure to comply with what had been agreed previously with those involved, the judgment determined a series of violations of the human rights of the indigenous communities. However, I consider it important not to lose sight of the fact that, in this case, the non-compliance by the Argentine State also affected the rights of the peasant farmers who live in this territory in similar conditions of poverty and precarity. During the on-site procedure conducted when processing this case, I was able to witness these conditions firsthand. However, owing to the limitations to the Court's jurisdiction in contentious cases, this group of individuals were unable to participate in the case because they were not alleged as victims in the proceedings.

14. Even though the Court has received and assessed all the evidence submitted during the proceedings and has been very aware of the situation of vulnerability of these settlers, it is necessary to rethink the dynamics of proceedings relating to the rights of indigenous and tribal peoples. In particular, when deciding situations derived from Article 21 of the Convention that affect or involve groups of non-indigenous settlers or peasant farmers who, as third parties, do not have a direct participation in the proceedings; especially, taking into account that these problems are usually accompanied by acts of violence, harassment, deaths or displacement. Such decisions should always be weighed, and seek a balance with the rights of third parties, in a context of dialogue, conciliation and the exclusion of factors that may contribute to causing or increasing situations of violence.

derechos, no quedan claras cuáles son las obligaciones que cada uno de estos conlleva y las acciones concretas que puede emprender el Estado para evitar su vulneración. Incluso una visión tan abierta de la interdependencia de los derechos podría generar un absurdo como entender que al estar todos de una u otra forma relacionados, cualquier tipo de vulneración conllevaría la violación de todos los derechos contenidos en la Convención. Dotar de contenido y establecer los alcances de los derechos es de suma importancia para que las personas los entiendan y los Estados los acaten, pero es aun más relevante en estos casos en los que, como ya mencione, se están generando nuevos derechos en el marco del artículo 26 de la CADH.

B. NECESIDAD DE PONDERACIÓN Y EQUILIBRIO ENTRE LOS DERECHOS DE LOS PUEBLOS INDÍGENAS Y TRIBALES Y TERCEROS

12. En el presente caso no existe una discusión sobre el derecho de los pueblos indígenas al territorio reclamado, la controversia versa sobre el accionar del Estado para asegurar dicho derecho y, particularmente, en que se haga efectivo el acuerdo entre el Estado, los colonos y las comunidades indígenas. Se trata entonces de una condena *sui generis* en tanto el conflicto no reside en el territorio reclamado sino en las acciones tomadas por el Estado para hacer efectivo este territorio; un conjunto de políticas públicas y actuaciones estatales, cuya realización supondría crear las condiciones para que los colonos puedan ser trasladados a lotes en los que se les otorgará la propiedad privada.

13. En la Sentencia, además del incumplimiento por parte del Estado de lo que había acordado previamente con los involucrados, se deciden una serie de violaciones a los derechos humanos de las comunidades indígenas. Sin embargo, considero importante no perder de vista que, en este caso, el incumplimiento del Estado argentino afecta también los derechos de las de personas campesinas que viven en similares condiciones de pobreza y precariedad en este territorio. Durante la diligencia *in situ* practicada en el marco de la tramitación de este caso tuve la oportunidad de evidenciar de primera mano estas condiciones, pero por las limitaciones de competencia de la Corte en casos contenciosos, se impide la participación de estos grupos de personas, pues no son alegadas víctimas en el proceso.

14. Si bien la Corte ha recibido y valorado todos los elementos probatorios que se han presentado en el proceso y ha tenido muy presente la situación de vulnerabilidad de los campesinos, es necesario repensar la dinámica de los procesos sobre derechos de la población indígena y tribal. Particularmente, cuando se deciden situaciones derivadas del artículo 21 de la Convención que afectan o involucran a grupos de colonos, campesinos o criollos, que como terceros no tienen participación directa en el proceso. Especialmente teniendo en consideración que estas problemáticas, usualmente van acompañadas de actos de violencia, acoso, muertes, o desplazamiento. Estas decisiones deben estar siempre ponderadas, y buscar un equilibrio con los derechos de terceros, en un contexto de diálogo, conciliación y exclusión de factores que puedan contribuir a generar o profundizar situaciones de violencia.

C. Problems of Construing the Meaning and Scope of the Right to Communal Property (Article 21 of the American Convention) in Order to Protect the Rights of Indigenous and Tribal Peoples

15. Possibly one of the Court's most significant and most innovative jurisprudential developments has been its case law on indigenous and tribal peoples. With rulings that have no precedent by an international court, the Inter-American Court has delimited the State's obligations in relation to the rights to communal property, prior consultation, political rights, and the principle of non-discrimination, among others; rights that are essential for the members of these communities. This is why, with much surprise and disappointment, I note how the intention of extending the case law on the justiciability of the ESCER has had an unfavorable result for the rights of indigenous and tribal peoples. Up until this judgment, the Court's constant and reiterated position was to protect these rights in connectivity with Article 21 of the Convention. On this occasion, the majority of the Court has chosen to increase the trend of its case law on the ESCER so that the rights to participate in cultural life in relation to their cultural identity, to a healthy environment, to adequate food and to water are established autonomously in Article 26. This new interpretation of Article 26 of the Convention as a source of autonomous and justiciable rights involves a transcendental change in the substantiation of the rights of indigenous and tribal peoples.

16. In no way should my position be understood as contrary to the recognition of the rights to cultural life, a healthy environment, adequate food and water of the indigenous peoples. On the contrary, I consider that, in this case in particular their violation occurred in connectivity with the right to communal property recognized in Article 21 of the Convention, and not independently, as a violation of Article 26. In my opinion this unfortunate change in case law not only has an impact, indirectly, on a greater lack of protection for the rights of indigenous peoples, but also supposes an elevated level of unawareness of the essential characteristics of the rights of indigenous peoples for the following reasons.

17. First, using the excuse of a supposed direct protection of these rights from the perspective of Article 26 of the American Convention, the undisputable development and protection that this Court has been giving to the rights of indigenous and tribal peoples in the course of its case law is being overlooked. As I have pointed out, in this case the dispute does not lie in the right of the indigenous communities to the territories claimed, but rather in the State's actions to implement what has been agreed. Perhaps this is why it appears that the importance given by the Court in its case law to communal property, its content and scope, has not been taken into account. This right, contained in Article 21 of the Convention, as the Court had understood up until this judgment, not only included "geographical certainty," in addition to the demarcation, delimitation, titling[15] and recognition of a territory in practice,[16] but also a larger series of other rights, such as the right to cultural identity, the right to prior consultation and the right to a healthy environment.

---

[15] *Case of the Mayagna (Sumo) Awas Tingni Community v. Nicaragua*, para. 153.
[16] *Case of Pueblos Kaliña and Lokono v. Surinam*, para. 133.

C. Problemas en la sustracción del contenido y alcance del derecho a la propiedad comunal (artículo 21 de la Convención Americana) para proteger los derechos de los pueblos indígenas y tribales

15. Posiblemente uno de los mayores y más innovadores desarrollos jurisprudenciales de la Corte ha sido su jurisprudencia respecto de pueblos indígenas y tribales. Con pronunciamientos sin precedentes de parte de un tribunal internacional, la Corte ha delimitado las obligaciones estatales en torno al derecho a la propiedad comunal, a la consulta previa, a los derechos políticos, al principio de no discriminación, entre otros, derechos esenciales de los miembros de estas comunidades. Es por ello que, con mucha sorpresa y desavenencia observo cómo el propósito de extender la jurisprudencia sobre justiciabilidad de los DESCA ha resultado, de manera desfavorable para los derechos de los pueblos indígenas y tribales. Hasta antes de la emisión de esta decisión, la postura constante y reiterada del Tribunal fue la protección de dichos derechos en conexidad con el artículo 21 Convención. En esta ocasión, la mayoría de la Corte ha optado por extender la dinámica jurisprudencial de los DESCA, de manera tal que los derechos a participar en la vida cultural, en lo atinente a su identidad cultural, al medio ambiente sano, a la alimentación adecuada y al agua se encuentran establecidos en el artículo 26 de manera autónoma. Esta nueva interpretación del artículo 26 de la Convención como fuente de derechos justiciables y autónomos implica un cambio trascendental en la fundamentación de los derechos de los pueblos indígenas y tribales.

16. De ninguna manera, mi posición debe entenderse como contraria al reconocimiento de los derechos a la vida cultural, al medio ambiente sano, a la alimentación adecuada o al agua de los pueblos indígenas. Todo lo contrario, considero que en este caso en particular su violación se dio en conexidad con el derecho a la propiedad comunal, consagrado en el artículo 21) de la Convención, y no de manera independiente como una violación al artículo 26. Soy de la opinión que este desafortunado cambio jurisprudencial, no sólo incide de manera indirecta en una mayor desprotección de los derechos de los pueblos indígenas, sino que además supone un profundo grado de desconocimiento de las características esenciales de sus derechos de los pueblos indígenas por las siguientes razones.

17. En primer lugar, bajo la excusa de una supuesta protección directa a estos derechos desde la perspectiva del artículo 26 de la CADH, se está obviando el actual desarrollo y protección que este Tribunal ha realizado a los pueblos indígenas y tribales a lo largo de su jurisprudencia. Tal como había señalado, en el presente caso la controversia no reside en el derecho de las comunidades indígenas sobre los territorios reclamados, sino sobre el acccionar del Estado para hacer efectivo lo acordado. Tal vez, es por ello que parece no tenerse en cuenta la importancia que le ha dado la Corte en su jurisprudencia a la propiedad comunal, su contenido y alcance. Dicho derecho, contenido en el artículo 21 de la Convención, tal como lo había entendido la Corte hasta esta Sentencia, no sólo incluye la "certeza geográfica", además de la demarcación, delimitación, titulación[15] y reconocimiento en la práctica de un territorio[16], sino también un cúmulo más grande de otros derechos, tales como, el derecho a la identidad cultural, el derecho a la consulta previa o,al medio ambiente sano.

---

[15] *Caso de la Comunidad Mayagna (Sumo) Awas Tingni Vs. Nicaragua*, párr. 153.
[16] *Caso Pueblos Kaliña y Lokono Vs. Surinam*, párr. 133.

18. Starting with its first judgment in relation to the right to communal property in the case of the *Mayagna (Sumo) Awas Tingni Community v. Nicaragua,* the Court, in an evolutive interpretation, understood that the right to private property included the relationship between indigenous property and cultural identity. Specifically, it determined that "the close relationship that indigenous peoples maintain with the land must be recognized and understood as the fundamental basis of their cultures, their spiritual life, their integrity and their economic survival."[17] Since then, the Court has been developing the meaning and scope of this right to cultural identity and a healthy environment always tied to the right to communal property, insofar as this notion of property includes "the natural resources linked to their culture [...], as well as the incorporeal elements that are derived from such resources."[18] The right to cultural identity and environmental rights have always been considered as inherent and inseparable elements of the right to communal property; they constitute two sides of the same coin. The axiom land, culture and resources to ensure the survival, both material and spiritual, of indigenous and tribal peoples, had become an essential element of the case law of the Inter-American Court.[19] Thus, an approach that does not take Article 21 of the Convention into account, such as the one that this judgment proposes, is not only legally incorrect, but also diverges from essential anthropological and sociological principles that describe and substantiate the particularity of indigenous and tribal peoples. These were revealed, even in this specific case, by the expert opinions and evidence. For example, expert witness Yáñez Fuenzalida concluded that "if indigenous communal property is not recognized, other connected rights could be violated such as the right to cultural identity, to survival as a people, and to food."[20]

---

[17] *Case of the Mayagna (Sumo) Awas Tingni Community v. Nicaragua*, paras. 148, 149 and 151. Also, similarly: *Case of the Yakye Axa Indigenous Community v. Paraguay*, paras. 131 and 132; *Case of the Sawhoyamaxa Indigenous Community v. Paraguay. Merits, Reparations and Costs.* Judgment of March 29, 2006, Series C No. 146, para. 118, and *Case of the Saramaka People v. Suriname. Preliminary Objections, Merits, Reparations and Costs.* Judgment of November 28, 2007, Series C No. 173, para. 90.
[18] *Case of the Yakye Axa Indigenous Community v. Paraguay*, para. 137. Similarly *Case of the Kichwa Indigenous People of Sarayaku v. Ecuador. Merits and reparations.* Judgment of June 27, 2012. Series C No. 245, para. 145; *Case of the Kuna Indigenous People of Madungandí and the Emberá Indigenous People of Bayano and their members v. Panama. Preliminary Objections, Merits, Reparations and Costs.* Judgment of October 14, 2014. Series C No. 284, para. 111 and 112; *Case of the Punta Piedra Garifuna People and its members v. Honduras. Preliminary Objections, Merits, Reparations and Costs.* Judgment of October 8, 2015. Series C No. 304, para. 165; *Case of the Triunfo de la Cruz Garifuna Community and its members v. Honduras. Merits, Reparations and Costs.* Judgment of October 8, 2015. Series C No. 324, para. 100; *Case of the Kaliña and Lokono Peoples v. Suriname. Merits, Reparations and Costs.* Judgment of November 25, 2015. Series C No. 309, para. 129, and *Case of the Xucuru Indigenous People and its members v. Brazil*, para. 115.
[19] *Cf. Human rights and indigenous issues.* Report of the Special Rapporteur on the situation of human rights and fundamental freedoms of indigenous people, Mr. Rodolfo Stavenhagen, submitted pursuant to Commission Resolution 2001/57. February 4, 2002. Doc. E/CN.4/2002/97, para. 57.
[20] Similarly, the *amicus curiae* brief of DPLF and other organisations underlined the connection between food and adequate land titles. It indicated that although the violation of the right of access to culturally appropriate food was closely linked to the violation of the territorial aspect and may derive from the same act that results in State responsibility (such as the failure to issue a land title in favor of the community), it was important to maintain a conceptual distinction between the two aspects in order to "perceive holistically the severity" of the violation of the rights.

18. Desde su primera Sentencia relativa al derecho a la propiedad comunal, emitida en el caso *Comunidad Mayagna (Sumo) Awas Tingni Vs. Nicaragua*, la Corte mediante una interpretación evolutiva entendió que el derecho a la propiedad privada, comprendía la vinculación entre la propiedad indígena y la identidad cultural. Puntualmente, determinó que "la estrecha relación que los indígenas mantienen con la tierra debe de ser reconocida y comprendida como la base fundamental de sus culturas, su vida espiritual, su integridad y su supervivencia económica"[17]. A partir de entonces, la Corte ha venido ahondando en el alcance y contenido de este derecho a la identidad cultural y al medio ambiente sano siempre vinculado al derecho a la propiedad comunal, en tanto que dicha concepción de propiedad incluye "los recursos naturales ligados a su cultura […], así como los elementos incorporales que se desprendan de ellos"[18]. En este sentido, el derecho a la identidad cultural y los derechos medioambientales siempre se había considerado como elementos inherentes e indisolubles del derecho a la propiedad comunal; constituyendo dos caras de una misma moneda. El axioma tierra, cultura y recursos para asegurar la supervivencia, tanto material como espiritual de los pueblos indígenas y tribales, se había constituido entonces como una cuestión esencial en la jurisprudencia de la Corte Interamericana[19]. Así, una concepción distanciada del artículo 21 de la Convención, como la que se propone en esta sentencia no sólo es jurídicamente incorrecta, sino que se aparta de fundamentos antropológicos y sociológicos esenciales que describen y fundamentan la particularidad de las poblaciones indígenas y tribales. Estos quedaron evidenciados incluso en el caso en particular, a través de los peritajes y la prueba por ejemplo, la perita Yáñez Fuenzalida concluyó que "si no se reconoce la propiedad comunal indígena se podría vulnerar otros derechos conexos como son [, entre otros,] el derecho a la identidad cultural, a la supervivencia organizada como pueblo [y] a la alimentación"[20].

---

[17] *Caso de la Comunidad Mayagna (Sumo) Awas Tingni Vs. Nicaragua*, párrs. 148, 149 y 151. También, en sentido equivalente: *Caso Comunidad Indígena Yakye Axa Vs. Paraguay*, párrs. 131 y 132; *Caso Comunidad Indígena Sawhoyamaxa Vs. Paraguay. Fondo, Reparaciones y Costas.* Sentencia de 29 de marzo de 2006, Serie C No. 146, párr. 118, y *Caso del Pueblo Saramaka. Vs. Surinam. Excepciones Preliminares, Fondo, Reparaciones y Costas.* Sentencia de 28 de noviembre de 2007, Serie C No. 173, párr. 90.
[18] *Caso Comunidad Indígena Yakye Axa Vs. Paraguay*, párr. 137. En el mismo sentido, *Caso Pueblo Indígena Kichwa de Sarayaku Vs. Ecuador. Fondo y reparaciones.* Sentencia de 27 de junio de 2012. Serie C No. 245, párr. 145; *Caso de los Pueblos Indígenas Kuna de Madungandí y Emberá de Bayano y sus Miembros Vs. Panamá. Excepciones Preliminares, Fondo, Reparaciones y Costas.* Sentencia de 14 de octubre de 2014. Serie C No. 284, párr. 111 y 112; *Caso Comunidad Garífuna de Punta Piedra y sus Miembros Vs. Honduras. Excepciones Preliminares, Fondo, Reparaciones y Costas. S*entencia de 8 de octubre de 2015. Serie C No. 304, párr. 165; *Caso Comunidad Garífuna Triunfo de la Cruz y sus Miembros Vs. Honduras. Fondo, Reparaciones y Costas.* Sentencia de 8 de octubre de 2015. Serie C No. 324, párr. 100; *Caso Pueblos Kaliña y Lokono Vs. Surinam. Fondo, Reparaciones y Costas.* Sentencia de 25 de noviembre de 2015. Serie C No. 309, párr. 129, y *Caso Pueblo Indígena Xucuru*, párr. 115.
[19] *Cfr. Derechos humanos y cuestiones indígenas Informe del Relator Especial sobre la situación de los derechos humanos y las libertades fundamentales de los indígenas, Sr. Rodolfo Stavenhagen, presentado de conformidad con la resolución 2001/57 de la Comisión.* 4 de febrero de 2002. Doc. E/CN.4/2002/97, párr. 57.
[20] En igual sentido, el escrito de *amicus curiae* de DPLF y otras organizaciones destacó el vínculo entre la alimentación y la titulación adecuada de la tierra. Expresó que si bien la violación del derecho a acceder a alimentos culturalmente adecuados se encuentra estrechamente vinculado a la violación del aspecto territorial, y pueden derivar del mismo acto detonante de responsabilidad estatal (como la omisión de expedir un título de propiedad a favor de la comunidad), es importante mantener una distinción conceptual de ambos aspectos para "percibir de forma holística la gravedad" de la lesión a los derechos.

19. Second, by removing the rights to cultural identity and a healthy environment from the support of Article 21 of the Convention, there is a risk of weakening the singularity of the rights of indigenous and tribal peoples. Using the excuse of a direct and autonomous protection of the ESCER under Article 26 of the Convention subjects such peoples to the same conditions as the general population, disregarding their unique, inherent and differentiated characteristics. In this regard, the Court's case law has been clear in indicating that the right of indigenous peoples to their territory is not a privilege to use the land, but rather a right that must be respected to ensure their very existence.[21] Without doubt, what was needed in this case, if the intention was to provide them with multi-level protection, was not to disassociate the possession of the land so comprehensively from the environmental and cultural rights, but rather to determine the violation of Article 21 in relation to Article 26 of the Convention.

20. Third, this change in the legal framework from Article 21 to Article 26 of the Convention not only constitutes an erroneous understanding of the particularities of the rights of indigenous and tribal peoples, but also opens up a hazardous pathway towards an incorrect approach as regards the effectiveness of the State obligations towards them. There is no doubt that, if a violation had been declared of Article 21 of the Convention in connectivity with the rights to cultural life, as regards their cultural identity, to a healthy environment, to adequate food, and to water, there would have been an immediate and effective obligation for the State to comply with this. However, the literal wording of Article 26 of the Convention establishes specifically that the obligations it contains are of a "progressive" nature. In other words, they are enforceable based on the adequacy of public policies and of the State's capacity to implement them. The ESCER, by their nature, are rights that depend for their realization on the existence of the material conditions. Also, they are not "homogeneous" rights, because they have a varied scope according to the economic capabilities and the characteristics of the State and its bureaucratic apparatus. Consequently, there is no uniform standard for compliance with these obligations; rather their content may depend on the specific actions that each State is able to implement. The error of disconnecting the justification for indigenous rights from Article 21 of the Convention is that it lessens their peremptory nature. We understand, as did the Court up until this time, that the human rights of members of indigenous and tribal peoples cannot be subject to conditions that relate to the progressivity of their rights; rather they are rights that must be complied with immediately and effectively.

21. Fourth, another factor to stress is the fragility of the majority that took the decision, ratified by the qualifying vote of the President. Despite the validity and the sufficiency of the majority to take the decision based on the Court's statutory and regulatory provisions, this particular way of achieving a majority reveals that the issue merited consensus and greater consistency in its development, to the extent that its purpose is the effective protection of rights rather than an apparently innovative advance in case law that, in any case, is far from being consolidated.

22. Fifth, as I have maintained in my concurring and dissenting opinions on the issue of the ESCER, the analysis of the violations by connectivity may have the same

---

[21] *Cf. Case of the Moiwana Community v. Suriname*, para. 211, and *Case of the Xucuru Indigenous People and its members v. Brazil*, para. 117.

19. En segundo lugar, al quitarle el sustento del artículo 21 de la Convención al derecho a la identidad cultural y al medio ambiente sano, se corre el peligro de debilitar la singularidad de los derechos de los pueblos indígenas y tribales. Bajo la excusa de una protección directa y autónoma de los DESCA desde una óptica del artículo 26 de la CADH, se sujeta a dichos pueblos a las mismas condiciones de la población general, desconociendo sus características singulares, propias y diferenciadas. Sobre el particular la jurisprudencia de la Corte ha sido clara en señalar que el derecho de los pueblos indígenas a su territorio no se trata de un privilegio para usar la tierra, sino de un derecho de cuya satisfacción depende su existencia[21]. Sin duda, lo que correspondía en este caso, si se buscaba profundizar en una protección multinivel, era no generar una disociación tan amplia entre la pertenencia territorial y los derechos medioambientales y culturales, sino determinar la violación al artículo 21 en relación con el artículo 26 de la Convención.

20. En tercer lugar, este cambio del sustento jurídico del artículo 21 al 26 de la Convención no sólo constituye un inadecuado entendimiento de las particularidades de los derechos de los pueblos indígenas y tribales, sino que también abre una peligrosa puerta a incorrecta aproximación de la efectividad de las obligaciones estatales en torno a ellos. No queda duda que, si se hubiera declarado una violación al artículo 21 de la CADH en conexidad con los derechos a vida cultural, en lo atinente a su identidad cultural, al medio ambiente sano, a la alimentación adecuada y al agua, existiría una obligación inmediata y efectiva de cumplimiento por parte del Estado. No obstante, la letra fiel del artículo 26 de la Convención establece específicamente que las obligaciones contenidas en él son de naturaleza "progresiva". Es decir, son exigibles en función de la suficiencia de las políticas públicas y de la capacidad del Estado para materializarlas. Los DESCA por naturaleza son derechos que dependen en su satisfacción de la existencia de condiciones materiales. Igualmente, no se trata de derechos "homogéneos", ya que tienen un alcance diverso según las capacidades económicas y las características propias del Estado y su aparato burocrático. En esta medida no existiría un estándar uniforme de cumplimiento de estas obligaciones, sino que su contenido podría depender de las acciones determinadas que cada Estado esté en posibilidades de realizar. El error de desligar el fundamento de los derechos indígenas del artículo 21 de la Convención esta en la mengua de su perentoriedad. Somos del entendimiento, como lo había sido la Corte hasta este momento, que los derechos humanos de las personas miembros de comunidades indígenas y tribales no pueden estar sujetos a condicionamientos relativos a la progresividad de derechos, sino que son derechos de inmediato y efectivo cumplimiento.

21. En cuarto lugar, otro factor a destacar es la precariedad de la mayoría que tomó la decisión, avalada por el voto de calidad de la Presidenta. No obstante, la validez y suficiencia de mayoría para tomar la decisión conforme las normas estatuarias y reglamentarias del Tribunal, esta particularidad en alcanzar la mayoría pone en manifiesto que se trata de un tema que merece consenso, y una mayor consistencia en su construcción. En la medida en que se oriente más a una protección eficaz de los derechos y menos a una elaboración jurisprudencial aparentemente innovadora, que en todo caso dista mucho de ser consolidada.

22. En quinto lugar, tal como he sostenido en mis votos concurrentes y disidentes en materia de DESCA, el análisis por conexidad de las violaciones puede llegar a

---

[21] Cfr. *Caso de la Comunidad Moiwana Vs. Suriname*, párr. 211, y *Caso Pueblo Indígena Xucuru y sus miembros Vs. Brasil*, párr. 117.

practical result as the "autonomous" analysis proposed by the majority in recent judgments. Evidently, the advantage of the analysis by connectivity is that it protects rights without generating institutional attrition and the argumentative and evidentiary weakness that gives rise to an analysis that draws different conclusions.

D. THE RIGHTS OF INDIGENOUS AND TRIBAL PEOPLES HAVE DIRECT LEGAL EFFECTIVENESS AND DO NOT "REQUIRE" DOMESTIC LAWS THAT DEVELOP THEM TO GIVE THEM EFFECT

23. The rights of indigenous and tribal peoples to property demarcation, delimitation and titling – as the other rights of the indigenous population in general – are rights with direct and immediate legal effect. In other words, they do not require laws to give them effect. Thus, international responsibility arises when these rights are violated; consequently, the international judgment cannot be subordinated to the enactment of laws. In this regard, the majority decision may lead to numerous difficulties. The judgment establishes, in paragraphs 54 and 160 that, "there can be no doubt that the State recognizes the right to indigenous communal property" and that this "should be understood to be operative inasmuch as the State has the immediate and unconditional obligation to respect this." It even adds the logical consequence of this premise which is that "[t]he possible absence of domestic laws does not excuse the State." However, in contradiction to this it establishes that "the existing legal regulations are insufficient to provide legal certainty to the right to indigenous communal property since they fail to establish specific procedures that are appropriate for this purpose."[22]

24. The Court has indicated that Article 2 of the Convention "obliges the States Parties to adopt, in accordance with their constitutional processes and the provisions of the Convention, such legislative or other measures as may be necessary to give effect to the rights and freedoms protected by the Convention."[23] However, in this case, as mentioned above, the dispute lay in the actions taken by the State in the domestic sphere – that is, it referred to the lack of due diligence of the authorities that resulted in their ineffectiveness – and not necessarily in the difficulties resulting from the design of the legislative measures.

25. In this regard, the criteria adopted by the Court in similar circumstances is illustrative. In the case of the *Kuna Indigenous People of Madungandí and the Emberá Indigenous People of Bayano and their members v. Panama,* the victims' representatives and the Inter-American Commission also alleged the absence of an adequate and effective procedure for the protection of indigenous territories vis-à-vis third parties.[24] The Court verified that, indeed, in Panama there was no specific procedure for removing third parties who occupied the collective territories of the indigenous communities. However, it considered that it was neither essential nor necessary based on Article 2 of the Convention to create specific legal instances or

---

[22] Paragraph 353.
[23] *Cf. Case of Genie Lacayo v. Nicaragua. Merits, Reparations and Costs.* Judgment of January 29, 1997. Series C No. 30, para. 51, and *Case of the Pacheco Tineo family v. Bolivia. Preliminary Objections, Merits, Reparations and Costs.* Judgment of November 25, 2013. Series C No. 272, para. 140.
[24] *Case of the Kuna Indigenous People of Madungandí and the Emberá Indigenous People of Bayano and their members v. Panama. Preliminary Objections, Merits, Reparations and Costs.* Judgment of October 14, 2014. Series C No. 284, paras. 188 to 198

generar el mismo resultado práctico que el propuesto análisis "autónomo" que ha propuesto la mayoría en sentencias recientes. Por supuesto, la ventaja del análisis por conexidad es que protege derechos sin generar el desgaste institucional y la debilidad argumentativa y probatoria que suscita el análisis contrario.

D. LOS DERECHOS DE PUEBLOS INDÍGENAS Y TRIBALES TIENEN EFICACIA JURÍDICA DIRECTA Y NO ES "NECESARIA" LEGISLACIÓN INTERNA QUE LOS DESARROLLE PARA QUE SE HAGAN EFECTIVOS.

23. Los derechos de los pueblos indígenas y tribales en materia de titulación, demarcación y delimitación, como en general los demás derecho de la población indígena son derechos de eficacia jurídica directa e inmediata. Es decir, éstos no requieren de leyes para su efectiva realización. De esta manera, la responsabilidad internacional se genera cuando se infringen y, por este motivo, la condena internacional no puede estar supeditada al desarrollo legislativo. En este sentido, la decisión de la mayoría puede generar múltiples dificultades. En la propia Sentencia se establece, de acuerdo con los párrafos 54 y 160, que "no puede dudarse de que el Estado reconoce el derecho de propiedad comunitaria indígena" y que el mismo "debe entenderse operativo, en cuanto el Estado tiene el deber inmediato e incondicionado de observarlo". Se añade, incluso, la consecuencia lógica de esa premisa que es que "la eventual falta de disposiciones normativas internas no excusa al Estado". No obstante, contradictoriamente se dispone que "las regulaciones normativas existentes no son suficientes para dotar de seguridad jurídica al derecho de propiedad comunitaria indígena, previendo procedimientos específicos adecuados para tal fin"[22].

24. La Corte ha señalado que el artículo 2 de la Convención "obliga a los Estados Parte a adoptar, con arreglo a sus procedimientos constitucionales y a las disposiciones de la Convención, las medidas legislativas o de otro carácter que fueren necesarias para hacer efectivos los derechos y libertades protegidos por la Convención"[23]. No obstante en el presente caso, tal como habíamos mencionado, la controversia residía en las acciones estatales adoptadas a nivel interno, es decir, se refería a la falta de debida diligencia de las autoridades que generó la inefectividad de las mismas y no necesariamente en las dificultades que presentaba el diseño de la normativa.

25. Sobre el particular, resulta ilustrativo el criterio de la Corte en circunstancias similares. En el *caso de los Pueblos Indígenas Kuna de Madungandí y Emberá de Bayano y sus miembros Vs. Panamá* los representantes de las víctimas y la Comisión Interamericana también alegaron la falta de un procedimiento adecuado y efectivo para la protección de los territorios indígenas frente a terceros[24]. La Corte constató que efectivamente en Panamá no existía un procedimiento específico para el lanzamiento de terceros ocupantes de territorios colectivos de las comunidades indígenas. Sin embargo, consideró que no era esencial ni necesario con base en el artículo 2 de la Convención, que se crearan instancias o acciones jurídicas y normativas específicas

---

[22] Párrafo 353.
[23] *Cfr. Caso Genie Lacayo Vs. Nicaragua. Fondo, Reparaciones y Costas.* Sentencia de 29 de enero de 1997. Serie C No. 30, párr. 51, y *Caso Familia Pacheco Tineo Vs. Bolivia. Excepciones Preliminares, Fondo, Reparaciones y Costas.* Sentencia de 25 de noviembre de 2013. Serie C No. 272, párr. 140.
[24] *Caso de los Pueblos Indígenas Kuna de Madungandí y Emberá de Bayano y sus miembros Vs. Panamá. Excepciones Preliminares, Fondo, Reparaciones y Costas.* Sentencia de 14 de octubre de 2014. Serie C No. 284, párrs. 188 a 198

actions or laws to ensure the rights of the indigenous population. The previous criteria should have been followed in this case because considering that the legal certainty of indigenous communal property is contingent upon the existence of legislative regulation ends up by generating an effect of lack of protection and lack of the direct legal effect of this right.

26. I should point out with concern that, from the perspective of case law precedent, it would appear that an exception has been introduced, or at least a reason for delaying the State's obligations in relation to the indigenous and tribal communities of our countries. Evidently, the appropriateness of enacting laws to protect them is a completely different issue. Without doubt it is desirable and opportune that legal protection mechanisms are developed, but we cannot wait for the existence of a legal structure or architecture for human rights to be effective at the domestic level.

E. PROBLEMS OF MONITORING COMPLIANCE WITH THE MEASURES OF REPARATION ON THE RESTITUTION OF THE LANDS AS REGARDS TIMING AND DETAILS

27. Lastly, but no less important, I wish to refer to the problems arising from the seventeenth operative paragraph, which imposes on the State the obligation to present bi-annual reports on compliance with the State obligation to "adopt and conclude the necessary actions, whether these be legislative, administrative, judicial, registration, notarial or of any other type, in order to delimit, demarcate and grant a collective title that recognizes the ownership of their territory to all the indigenous communities identified as victims."[25]

28. First, I should point out that I do not disagree with the adoption of this measure of reparation, because I consider that, in this case, there was a violation of Article 21 of the Convention. Nevertheless, I consider that the criteria based on which it is sought to monitor this measure are disproportionate. In general terms, my disagreement is based on the way in which, recently, the Court is monitoring compliance with its judgments by activities that are not appropriate due to the principle of complementarity. In this case, the Court determined that "it will monitor" in detail and very frequently – every six months – compliance with this measure of reparation. I consider that, if it does this, the Court will lose sight of the goal, in between actions plans, concrete activities and short-, medium- and long-term objectives. All the foregoing are absolutely necessary actions to ensure the effectiveness of the rights, but they do not require the direct oversight of a court, especially an international court. Ultimately, this measure introduces just one more element that could render the excellent objectives sought by the judgment inoperable.

29. In addition, I should point out that the level of specificity or responsibility of the Court when monitoring this measure is unclear. In other words, is it the Court that will approve the specific plans? Will the Court issue a new order on monitoring compliance every six months giving the green light to or rejecting specific actions? Over and above the theoretical and legal limitations that arise from the text of the Convention establishing the Court's competences and their complementary nature, are

---

[25] Paragraph 327.

para asegurar los derechos de las poblaciones indígenas. En el presente caso se debió seguir el criterio anterior, pues considerar que la seguridad jurídica de la propiedad comunitaria indígena está supeditada a la existencia de regulación legislativa termina generando un efecto de desprotección y falta de eficacia jurídica directa de este derecho.

26. Debo señalar con preocupación, que, desde la perspectiva del precedente jurisprudencial, parece abrirse una excepción o por lo menos un motivo de dilación frente a las obligaciones estatales en relación con a los comunidades indígenas y tribales de nuestros países. Por supuesto, un tema aparte es la conveniencia de la adopción de leyes para la protección. Sin duda, es deseable y oportuno que haya desarrollos normativos de protección de derecho, pero de ninguna manera se puede esperar a que exista esta estructura o arquitectura jurídica para que los derechos humanos sean efectivos a nivel interno.

E. INCONVENIENTES EN LA SUPERVISIÓN DE CUMPLIMIENTO RELATIVOS A LA PERIODICIDAD Y PORMENORIZACIÓN DE LA MEDIDA DE REPARACIÓN SOBRE LA RESTITUCIÓN DE LAS TIERRAS

27. Finalmente, pero no menos importante, quisiera referirme a los inconvenientes que genera el Punto Resolutivo 17 que impone al Estado la obligación de presentar informes semestrales sobre el cumplimiento de la medida de reparación relativa a la restitución de tierras. Es decir, sobre el deber estatal de "adoptar y concluir las acciones necesarias, sean estas legislativas, administrativas, judiciales, registrales, notariales o de cualquier otro tipo, a fin de delimitar, demarcar y otorgar un título colectivo que reconozca la propiedad de todas las comunidades indígenas víctimas sobre su territorio"[25].

28. En primera línea debo señalar que no soy contrario a la adopción de dicha medida de reparación, ya que considero que en el caso existió una violación al artículo 21 de la Convención. No obstante, creo que los criterios con base en los cuales se pretende adelantar su supervisión son desproporcionados, en términos generales mi oposición se sustenta en la forma en que recientemente el Tribunal está realizando la supervisión de cumplimiento de sus Sentencias, mediante actividades que en virtud del principio de complementariedad, no le corresponden. En el presente caso la Corte determinó que "fiscalizará" de manera pormenorizada y en periodos extremadamente cortos, cada seis meses, el cumplimiento de esta medida de reparación. Considero que con estos propósitos la Corte se perderá entre planes de acción, actividades concretas y objetivos a corto, mediano y largo plazo. Todas sí, actividades absolutamente necesarias para garantizar la efectividad de los derechos, pero que no requieren la supraviligencia directa de un tribunal, menos aún uno internacional. En definitiva, con esta medida se está tejiendo una hebra más que podría hacer inoperable los buenos propositos que persigue la sentencia.

29. Adicionalmente debo señalar, que no queda claro el grado de responsabilidad, ni de especificidad que tendrá la Corte a la hora de supervisar esta medida. Es decir, ¿será la Corte quién apruebe los planes específicos? ¿cada seis meses el Tribunal emitirá una nueva Resolución de supervisión de cumplimiento dando luz verde o rechazando las acciones específicas? Más allá de las limitaciones teóricas y jurídicas, que surgen de la propia letra de la Convención que establece las competencias del

---

[25] Párrafo 327.

the practical restrictions: that this complex interaction between the State and the Court, converts the Court into a sort of comptrollership of the State's activities. Similarly, in the case of *Carvajal Carvajal et al. v. Colombia* relating to the international responsibility of the State for the violation of the rights to life and to freedom of expression of a journalist, the Court ordered the State to forward the periodic reports that it sends to the specialized bodies of the OAS and the United Nations concerning the measures implemented for the protection of journalists in Colombia, without establishing a temporal limit.

30. One may wonder whether these measures are being ordered in a quest for institutional protagonism that will disproportionately increase the activities of monitoring compliance. Moreover, this could directly conflict with the functions of other institutions such as the Inter-American Commission, whose work of monitoring, prevention and advocacy are fundamental within the framework of the respective competences of the organs of the inter-American system of human rights. I am obliged to note that this tendency to seek structural approaches, without specific violations of rights, in both monitoring compliance and in provisional measures, does not correspond to the functions of this Court and may end up undermining the effectiveness of its decisions.

Humberto Antonio Sierra Porto
Judge

Pablo Saavedra Alessandri
    Secretary

Tribunal y su naturaleza complementaria, se encuentran las restricciones prácticas de que en este complejo ir y venir entre el actuar estatal e internacional haga que el Tribunal se convierta en una suerte de contraloría de las actividades estatales. En sentido similar, en el *caso Carvajal Carvajal y otros Vs. Colombia* que tiene que ver con la responsabilidad internacional del Estado por la violación al derecho a la vida y libertad de expresión de un periodista, la Corte ordenó sin límite temporal que el Estado remitiera los informes periódicos que envía a los organismos especializados de la OEA y de las Naciones Unidas, relacionados con las medidas implementadas para la prevención y protección de los periodistas en Colombia.

30. Cabe preguntarse si estas medidas no están siendo ordenadas por un afán de progatonismo institucional que termine por ampliar desmesuradamente las actividades de supervisión de cumplimiento. Lo que además podría implicar una confrontación directa con las funciones de otras instituciones como es la Comisión Interamericana, cuyas tareas de monitoreo, prevención e incidencia son fundamentales en el marco de las respectivas competencias de los órganos del SIDH. Es mi deber advertir que esta tendencia en la búsqueda abordajes estructurales, sin vulneraciones específicas a derechos, tanto en materia de supervisión de cumplimiento como en medidas provisionales, no corresponde a las funciones de este Tribunal y puede terminar minando la eficacia de sus decisiones.

Humberto Antonio Sierra Porto
Juez

Pablo Saavedra Alessandri
Secretario

PARTIALLY DISSENTING OPINION OF
JUDGE RICARDO C. PÉREZ MANRIQUE

I
INTRODUCTION

1. In my concurring opinions in the cases of the *National Association of Discharged and Retired Members of the Tax Administration Superintendence (ANCEJUB-SUNAT) v. Peru* and *Hernández v. Argentina*, I included two initial reflections on the way in which I consider that the Inter-American Court of Human Rights (hereinafter, "the Court") should address cases that involve violations of the economic, social, cultural and environmental rights (hereinafter "the ESCER"). My work as a national judge for almost 30 years reveals a commitment to the ESCER that is particularly relevant in the most unequal continent on the planet. The ideas I expressed in those opinions were the result of reflections I have had on this issue as a judge of the Court, a situation that has allowed me to examine more thoroughly the discussions that are taking place on the different ways in which the issue of violations of the ESCER can be addressed. The thesis set out in the said opinions is an idea in development that seeks to make a contribution to a better understanding of the issue and to reinforce future analyses of these rights. Consequently, in this opinion, I will repeat some of the ideas expressed in the opinion in the cases of *ANCEJUB* and *Hernández*, making the pertinent clarifications in relation to the case of *Lhaka Honhat*.

II
THE DISCUSSION WITHIN THE INTER-AMERICAN COURT

2. As I see it, a discussion has been going on within the Court concerning what we might refer to as two viewpoints on the justiciability of the ESCER: the first is that the analysis of individual violations of these rights should be made exclusively in relation to the rights recognized by Articles 3 to 25 of the American Convention on Human Rights (hereinafter "the Convention" or "the American Convention"), or based on what is expressly permitted by the Additional Protocol to the American Convention on Human Rights in the Area of Economic, Social and Cultural Rights "Protocol of San Salvador" (hereinafter "Protocol of San Salvador"). I consider that this perspective was reflected in cases such as the *Case of the "Juvenile Re-education Institute" v. Paraguay* (2004) or the *Case of the Yakye Axa Indigenous Community v. Paraguay* (2005), just to mention two examples, and also in the *Case of González Lluy v. Ecuador* (2015).

3. The second is that the Court has competence to examine autonomous violations of the ESCER based on Article 26 of the Convention. Those rights – that, according to this point of view, are justiciable before the Court on an individual basis – are implicitly or explicitly derived from the Charter of the Organization of American States (hereinafter "the OAS Charter"), as well as from numerous national and international instruments such as the American Declaration on the Rights and Duties of Man, the Protocol of San Salvador, the Universal Declaration on Human Rights, the International Covenant on Economic, Social and Cultural Rights, and even the Constitutions of the States Parties to the Convention, among others. This is the thesis that has prevailed in most of the cases related to the ESCER since *Lagos del Campo v.*

VOTO PARCIALMENTE DISIDENTE DEL
JUEZ RICARDO C. PÉREZ MANRIQUE

I
INTRODUCCIÓN

1. En mi voto concurrente en los casos de la *Asociación Nacional de Cesantes y Jubilados de la Superintendencia de Administración Tributaria (ANCEJUB-SUNAT) Vs. Perú* y de *Hernández Vs. Argentina* expresé dos primeras reflexiones respecto a la manera en que considero que la Corte Interamericana de Derechos Humanos (en adelante, "la Corte") debería abordar los casos que involucren violaciones a los derechos económicos, sociales, culturales y ambientales (en adelante, "DESCA"). En mi intervención como juez nacional he demostrado un compromiso de casi treinta años con los DESCA, especialmente relevante en el continente más desigual del planeta. Las ideas planteadas fueron resultado de mis reflexiones que sobre el particular he tenido ya como Juez de la Corte, condición que me ha permitido profundizar acerca del debate que se ha dado respecto de las diversas formas en que se puede abordar la cuestión de las violaciones a los DESCA. La tesis expuesta en dichos votos es una idea en desarrollo que busca aportar a un mejor entendimiento del tema y a fortalecer los análisis que se realicen en el futuro y que involucren estos derechos. Por esta razón, en el presente me permito reiterar algunas de las ideas manifestadas en los votos de *ANCEJUB* y *Hernández*, haciendo las precisiones pertinentes respecto del caso de *Lhaka Honat*.

II
EL DEBATE EN LA CORTE IDH

2. A mi modo de ver en el seno de la Corte ha habido un debate en torno a lo que podríamos llamar dos visiones sobre la justiciabilidad de los DESCA: la primera es que el análisis de violaciones individuales a estos derechos se debe realizar exclusivamente en su relación con los derechos reconocidos por los artículos 3 al 25 de la Convención Americana sobre Derechos Humanos (en adelante, "la Convención" o "la Convención Americana"), o bien sobre la base de lo expresamente permitido por el Protocolo Adicional a la Convención Americana sobre Derechos Humanos en materia de Derechos Económicos, Sociales y Culturales "Protocolo de San Salvador" (en adelante, "Protocolo de San Salvador"). A mi entender, esta visión se vio reflejada en casos como el *Caso "Instituto de Reeducación del Menor" Vs. Paraguay* (2004) o el *Caso Comunidad Indígena Yakye Axa Vs. Paraguay* (2005), por mencionar dos ejemplos, así como en el *Caso González Lluy Vs. Ecuador* (2015).

3. La segunda es que la Corte tiene competencia para conocer violaciones autónomas a los DESCA sobre la base del artículo 26 de la Convención. Estos derechos – que en esta visión serían justiciables ante la Corte de forma individual – se derivan implícita o explícitamente de la Carta de la Organización de Estados Americanos (en adelante, "Carta de la OEA"), así como de una pluralidad de instrumentos internacionales y nacionales que reconocen derechos, como son la Declaración Americana de los Derechos y Deberes del Hombre, el Protocolo de San Salvador, la Declaración Universal de los Derechos Humanos, el Pacto de Derechos Económicos Sociales y Culturales, e incluso las constituciones de los Estados parte de la Convención, entre otros. Esta es la tesis que ha imperado en la mayor parte de los

Peru on the issue of job stability, as well as in cases involving the rights to health and to social security. In such cases the Court has determined that the State is internationally responsible for the violation of social rights based on Article 26 of the Convention. This change in its case law has occurred since 2017.

III
A THIRD VIEWPOINT: INTERDEPENDENCE-SIMULTANEITY

4. Article 26 of the Convention is what could be called a framework article that refers to the ESCER in general without specifying which rights they are and what they consist of. The article includes a referral to the OAS Charter for their analysis and content. Meanwhile, the Protocol of San Salvador, an instrument subsequent to the American Convention, individualizes and provides content to the ESCER. The Protocol is explicit in indicating that individual cases relating to the ESCER may be submitted to the consideration of the Court only with regard to trade union rights and the right to education. Other instruments of the inter-American *corpus juris* also mention the ESCER.

5. In my opinion in the *ANCEJUB-SUNAT* case, I set out my point of view on the indivisibility and interdependence of the human rights. This leads me to state that I consider that the Inter-American Court does have competence to examine and rule on the ESCER in relation to both their individual and collective aspect. These same principles allow me to make a systematic analysis of the Convention, the Protocol of San Salvador, the OAS Charter, and other instruments of the inter-American *corpus juris*. I will now try to explain my views concerning the grounds on which the Inter-American Court is competent to examine and rule on the ESCER.

6. Part II of the American Convention refers to the means of protection and its Article 44 indicates that "Any person or group of persons […] may lodge petitions with the Commission *containing denunciations or complaints of violation of this Convention by a State Party.*" Meanwhile, Article 48 indicates that "When the Commission receives a petition or communication *alleging violation of any of the rights protected by this Convention*, it shall proceed as follows […]" Also, Article 62(3) of the Convention indicates that: *"The jurisdiction of the Court shall comprise all cases concerning the interpretation and application of the provisions of this Convention* that are submitted to it […]" (italics added)

7. These articles of the Convention clearly indicate that any of the rights mentioned in the Convention, without any type of distinction (civil, political, economic, social, cultural and environmental) may be submitted to the consideration of both organs of protection and that these organs have competence to examine them. The said articles do not make any distinction between civil, political, economic, social, cultural and environmental rights as regards their protection. To claim that the inter-American organs of protection are only able to examine civil and political rights and not the ESCER would be contrary to the indivisibility and interdependence of the rights and would also result in a fragmentation of the international protection of the individual and of his or her entitlements as a subject of international law.

8. In this regard, it is interesting to emphasize the provisions of Article 4 of the Protocol of San Salvador which indicate that there can be no restrictions to the

casos que se relacionan con los DESCA desde *Lagos del Campo Vs. Perú*, en materia de estabilidad laboral, así como en casos de derecho a la salud y a la seguridad social. En los mismos, la Corte ha calificado la responsabilidad internacional del Estado por violaciones de derechos sociales a partir del artículo 26 de la Convención. Este cambio jurisprudencial se dio a partir del año 2017.

III
UNA TERCERA VISIÓN: INTERDEPENDENCIA-SIMULTANEIDAD

4. El artículo 26 de la Convención es lo que podría denominarse un artículo marco que de manera general hace alusión a los DESCA sin especificar cuáles son y en qué consisten. Este artículo hace una remisión a la Carta de la OEA para su lectura y contenido. Por otro lado, el Protocolo de San Salvador, instrumento posterior a la Convención Americana, individualiza y da contenido a los DESCA. El Protocolo es explícito en señalar qué casos individuales respecto a DESCA pueden ser llevados a conocimiento de la Corte: únicamente en lo que respecta a libertad sindical y educación. Por su parte otros instrumentos del *corpus juris* interamericano hacen mención a los DESCA.

5. En el voto de *ANCEJUB* manifesté mi visión sobre la indivisibilidad e interdependencia de los DH, esto me lleva a expresar que considero que la Corte IDH sí tiene competencia para conocer y pronunciarse sobre los DESCA tanto en su aspecto individual como colectivo. Estos mismos principios me permiten hacer un análisis sistemático de la Convención, el Protocolo de San Salvador, la Carta de la OEA y otros instrumentos del *corpus juris* interamericano. A continuación, trataré de explicar mi visión de los fundamentos en función de los cuales la Corte IDH es competente para conocer y pronunciarse sobre los DESCA.

6. La parte II de la Convención Americana, que trata de los medios de protección, señala en su artículo 44 que: "Cualquier persona o grupo de personas [...] puede presentar a la Comisión peticiones *que contengan denuncias o quejas de violación de esta Convención por un Estado parte*". Por su parte, el artículo 48 indica que: "La Comisión, al recibir una petición o comunicación en la que *se alegue la violación de los derechos que consagra esta Convención*, procederá en los siguientes términos [...]". De igual manera, el artículo 62 No 3 de la Convención indica que: "La Corte tiene competencia *para conocer cualquier caso relativo a la interpretación y aplicación de las disposiciones de esta Convención* que le sea sometido [...]" (énfasis del autor).

7. Los artículos de la Convención antes indicados son claros en cuanto a que cualquiera de los derechos indicados en la Convención sin distinción de especie alguna (civiles, políticos, económicos, sociales, culturales y ambientales) pueden ser llevados a conocimiento de ambos órganos de protección y que éstos tienen competencia para conocer de los mismos. Los artículos mencionados no hacen distinciones entre civiles, políticos, sociales, culturales y ambientales en lo que respecta a la protección de los mismos. Pretender que los órganos de protección interamericanos solo puedan conocer los derechos civiles y políticos y no así los DESCA, sería contrario por un lado a la indivisibilidad e interdependencia de los derechos y llevaría a una fragmentación de la protección internacional de la persona y de su titularidad como sujeto de derecho internacional.

8. En relación a lo anterior, es interesante destacar lo señalado en el artículo 4 del Protocolo de San Salvador en cuanto a la no admisión de restricciones de los DESCA.

ESCER. On this point, this article indicates that: "A right which is recognized or in effect in a State by virtue of its internal legislation or international conventions *may not be restricted or curtailed on the pretext that this Protocol does not recognize the right or recognizes it to a lesser degree*" [italics added]. In my opinion, this article, read together with the American Convention, leads to the conclusions that access to inter-American justice cannot be restricted in relation to alleged violations of the ESCER invoking the American Convention. To do so, would be acting in violation of the Protocol that does not allow restrictions and, as I mentioned previously, affecting the individual as a subject of rights. It would be violating the principle of the *pro persona* interpretation of human rights (Art. 29 of the American Convention).

9. However, it cannot be ignored that the adoption of the Protocol of San Salvador, while making advances in the content of the rights, also expressly delimited the use of the system of individual petitions to "trade union rights" and "the right to education." In my opinion, it is only in relation to these two rights (to freedom of association and to education) that the Court may consider an autonomous violation of the ESCER in light of the provisions of Article 19(6) of the Protocol of San Salvador. On this point, it is important to recall that Article 31 of the Vienna Convention on the Law of Treaties stipulates that the interpretation of treaties should include, in addition to the text, "any agreement relating to the treaty which was made between all the parties in connection with the conclusion of the treaty." The Protocol of San Salvador is precisely a treaty adopted by the contracting parties to the American Convention "for the purpose of gradually incorporating other rights and freedoms into the protective system thereof" (Preamble to the "Protocol of San Salvador").

10. Nevertheless, in order to make a harmonious interpretation of the American instruments, nothing prevents the Court – by taking into consideration the interdependence and indivisibility of the civil and political rights on the one hand, and the economic, social and cultural rights on the other – from ruling on the ESCER and declaring the violation of both a right recognized in Articles 3 to 25 of the American Convention and Article 26. Because, owing to act or omission, one and the same action may signify simultaneously the violation of both a civil and political right and an ESCER, which can be examined owing to its significance. A possible formula to effect this type of analysis is to establish in the operative paragraphs of a judgment the violation of a right over which the Court has competence, in relation to Article 26 and the general obligations to respect and to ensure the rights. The formula – based on the principles of indivisibility and interdependence – would be simple but compelling: "the Court declares the violation of Article 21 of the Convention in relation to Articles 26 and 1(1) of this instrument"; and this is what has happened in the instant case as I will now explain.

11. It should be pointed out that, based on the position described, Article 26 and the rights it contains are justiciable before the Court; thus, eliminating definitively the thesis of their justiciability being restricted or limited exclusively to the provision of the Protocol of San Salvador. It allows the Court to analyze specific aspects that distinguish these rights, both individually and collectively, from their violation.

Sobre el particular, el artículo indicado señala que: "*no podrá restringirse* o menoscabarse ninguno de los derechos reconocidos o vigentes en un Estado en virtud de su legislación interna o de convenciones internacionales *a pretexto de que el presente Protocolo no los reconoce o los reconoce en menor grado*" (énfasis del autor). A mi modo de ver, este artículo leído conjuntamente con la Convención Americana, permite concluir que no es de recibo restringir el acceso a la justicia interamericana respecto a alegadas violaciones de los DESCA invocando la Convención Americana, de hacerse se estaría actuando en violación del propio Protocolo que no permite restricciones y, como señalé anteriormente, afectando a la persona como sujeto de derechos. Sería violatorio del principio de interpretación pro persona de los Derechos Humanos (art. 29 de la Convención Americana).

9. Por otra parte no se puede ignorar que la adopción del Protocolo de San Salvador al tiempo que avanzó en el contenido de los derechos, también delimitó expresamente la utilización del sistema de peticiones individuales respecto únicamente de los derechos de "libertad sindical" y "educación". A mi modo de ver solo respecto de estos dos derechos (libertad sindical y educación) la Corte podrá ingresar considerando una violación autónoma de los DESCA a la luz de lo indicado en el artículo 19, párrafo 6, del Protocolo de San Salvador. En este punto es importante recordar lo estipulado por el artículo 31 de la Convención de Viena sobre el Derecho de los Tratados, en el sentido que la interpretación de los tratados debe comprender, además del texto, "todo acuerdo que se refiera al tratado y haya sido concertado entre las partes con motivo de la celebración del tratado". El Protocolo de San Salvador es precisamente un tratado adoptado por las partes contratantes de la Convención Americana para "incluir progresivamente en el régimen de protección de la misma otros derechos y libertades" (Preámbulo del "Protocolo de San Salvador").

10. Sin perjuicio de lo anterior, haciendo una interpretación armónica de los instrumentos americanos nada impide al tribunal que a través de la consideración de la interdependencia e indivisibilidad de los derechos civiles y políticos por un lado y los económicos, sociales y culturales por el otro, pueda pronunciarse sobre los DESCA y declarar conjuntamente la violación tanto a algún derecho reconocido en los artículos 3–25 de la Convención Americana y al artículo 26. Toda vez que un mismo hecho por acción u omisión simultáneamente puede significar a la vez la violación de un derecho Civil y Político y de un DESCA, a la que se podrá ingresar en función de su trascendencia. Una posible fórmula para plasmar este tipo de análisis es que en los puntos resolutivos de una sentencia se establezca la violación a un derecho sobre el que la Corte tiene competencia, en relación con el artículo 26 y los deberes generales de respetar y garantizar los derechos. La fórmula – sustentada en los principios de indivisibilidad e interdependencia – sería simple pero contundente: "se declara la violación al artículo 21 de la Convención en relación con los artículos 26 y 1.1 del mismo instrumento" Lo que ha ocurrido en el presente caso como paso a explicar.

11. Es menester señalar que en la posición reseñada el artículo 26 y los derechos en él contenidos resultan justiciables por esta Corte, aventando definitivamente la tesis de su justiciabilidad restringida o limitada exclusivamente a lo establecido en el Protocolo de San Salvador. Ello permite a la Corte analizar aspectos propios y que distinguen a estos derechos tanto en el plano individual como colectivo a las violaciones de los mismos.

IV
THE LHAKA HONHAT CASE

12. In the instant case, the Court was also able to make an analysis such as the one I proposed for the cases of *ANCEJUB-SUNAT* and *Hernández*. The judgment reveals that the violations of the rights to a healthy environment, adequate food, access to water, and cultural identity were mainly the result of the activities that the *criollo* population (non-indigenous settlers) carried out on the territory, with the complicity of the State of the Argentine Republic at both the federal level and that of the Province of Salta and, as a result of which, the indigenous communities were unable to enjoy this territory free of interference. Those activities included the presence of non-indigenous persons and actions such as unfenced livestock farming and the presence of wire fencing. Illegal logging was also verified. The impact was proved: on the flora and fauna (that contributed protein to the communities' diet); on the supply and quality of the water required for their subsistence; on biological and socio-economic degradation as a result of the logging activities and the presence of fences that eliminated access to rivers and forests. This demonstrated the existence of a causal nexus between the activities of the *criollo* settlers on the territories of the communities and the violation of the rights of the indigenous peoples to participate in cultural life, and to a healthy environment, adequate food, and water. Consequently, the Court declared the international responsibility of the State for the violation of Articles 26 and 1(1) of the Convention.

13. In essence, I agree with how the substantive content of the said rights was developed; nevertheless, I voted against the declaration of the autonomous violation of those rights in the judgment. This is because, as in the cases of *ANCEJUB-SUNAT* and *Hernández*, I considered that the most appropriate way to analyze the case would have been by the thesis of simultaneity. In this regard, it is not appropriate or necessary to declare an autonomous and separate violation of the rights to cultural life, a healthy environment, adequate food and water based on Article 26 of the Convention.[1] As mentioned previously, the appropriate course would have been to declare a violation of Article 21 in relation to Articles 26 and 1(1) of the Convention, with a restricted – and brief – analysis of the violation of the said social rights as a result of the State's failure to ensure effective protection of the right to property, which permitted the presence of third parties and the harm to other rights.[2] This type of analysis could also have avoided separating the analysis of communal property and

---

[1] *Cf. Case of the Indigenous Communities of the Lhaka Honhat (Our Land) Association v. Argentina. Merits, Reparations and Costs.* Judgment of February 6, 2020. Series C No. 400, paras. 92 to 185 and 186 to 289. The Court decided to analyze, on the one hand, the right to indigenous communal property and, on the other, the rights to freedom of movement and residence, to a healthy environment, to adequate food, to water, and to take part in cultural life in separate chapters.

[2] *Cf. Case of the Mayagna (Sumo) Awas Tingni Community v. Nicaragua. Merits, Reparations and Costs.* Judgment of August 31, 2001. Series C No. 79, para. 149. Starting with its first judgments on the communal property of indigenous communities, the Court had already recognized that "the close ties of the indigenous peoples to the land must be recognized and understood as the fundamental basis of their cultures, their spiritual life, their integrity and their economic survival. For the indigenous communities, their relationship to the land is not merely a matter of possession and production, but a physical and spiritual element that they must enjoy fully, even to preserve their cultural legacy and transmit this to future generations." The separation of the analysis of the violation of rights made in the judgment would appear to contradict the letter and spirit of recognizing the value of acknowledging and protecting the communal property of indigenous communities.

IV
EL CASO LHAKA HONAT

12. En el presente caso también se pudo realizar un análisis como el que propuse para los casos de *ANCEJUB-SUNAT y Hernández*. De la sentencia se desprende que las violaciones a los derechos al medio ambiente sano, a la alimentación adecuada, al acceso al agua y a la identidad cultural fueron resultado, principalmente, de las actividades que criollos realizaron sobre el territorio, con la complicidad del Estado de la República Argentina tanto en su aspecto federal como por la Provincia de Salta, lo cual tuvo como efecto que las comunidades indígenas no pudieran gozar de dicho territorio libre de interferencia. Estas actividades incluyeron la presencia de personas y la realización de acciones como explotación de ganado a campo abierto y la presencia de alambrados. También se constataron actos de tala ilegal. El impacto fue probado: existió afectación de la flora y la fauna silvestre (que contribuye en la dieta proteica de las comunidades), en el abastecimiento y la calidad del agua que requieren para su subsistencia, en la degradación bio socioeconómica resultado de la actividad forestal, y en la presencia de alambrados que cortaron el acceso al río y el monte. Es así que se acreditó la existencia de un nexo causal entre las actividades de los criollos en los territorios de las comunidades y la violación de los derechos de los pueblos indígenas a participar en la vida cultural, al medio ambiente sano, a la alimentación adecuada y al agua. En consecuencia, se declaró la responsabilidad internacional del Estado por la violación a los artículos 26 y 1.1 de la Convención.

13. En esencia comparto el desarrollo respecto al contenido sustantivo de los derechos antes mencionados, y sin embargo voté en contra de la sentencia en lo que se refiere a la declaración a la violación autónoma de estos derechos. Esto es porque al igual que en los casos de *ANCEJUB-SUNAT* y *Hernández*, considero que la forma más adecuada de analizar el caso habría sido a través de la tesis de la simultaneidad. En ese sentido, no es procedente ni necesario declarar una violación autónoma y separada del derecho a la vida cultural, al medio ambiente sano, a la alimentación adecuada y al agua a partir del artículo 26 de la Convención[1]. Lo pertinente habría sido realizar una calificación como se dijera antes: declarar violación del artículo 21 en relación con el artículo 26 y 1.1 de la Convención, con un análisis delimitado –y breve- de la afectación de los derechos sociales antes mencionados como resultado del incumplimiento del Estado de garantizar una tutela efectiva del derecho a la propiedad, lo que ha permitido la presencia de terceros y el daño a otros derechos[2].

---

[1] *Cfr. Caso comunidades indígenas miembros de la asociación Lhaka Honhat (nuestra tierra) Vs. Argentina. Fondo, Reparaciones y Costas.* Sentencia de 6 de febrero de 2020. Serie C No. 400, párrs. 92–185 y 186–289. La Corte decidió hacer una separación por capítulos para analizar, por un lado, el derecho a la propiedad comunitaria indígena, y por el otro, los derechos a la circulación y residencia, a un medio ambiente sano, a una alimentación adecuada, al agua y a participar en la vida cultural.

[2] *Cfr. Caso de la Comunidad Mayagna (Sumo) Awas Tingni Vs. Nicaragua. Fondo, Reparaciones y Costas.* Sentencia de 31 de agosto de 2001. Serie C No. 79, párr. 149. La Corte ya había reconocido, desde sus primeras sentencias en materia de propiedad comunal de las comunidades indígenas, que existe una "estrecha relación que los indígenas mantienen con la tierra [la cual] debe ser reconocida y comprendida como la base fundamental de sus culturas, su vida espiritual, su integridad y su supervivencia económica. Para las comunidades indígenas la relación con la tierra no es meramente una cuestión de posesión y producción sino un elemento material y espiritual del que deben gozar plenamente, inclusive para preservar su legado cultural y transmitirlo a las generaciones futuras." La separación del análisis de la violación de derechos, que la Sentencia realiza, pareciera ir en contra de la lógica y el espíritu de reconocer el valor que tiene el reconocimiento y protección de la propiedad comunal de las comunidades indígenas.

other rights and, to the contrary, would have underscored the interdependence and indivisibility that exists between property and the guarantee of the ESCER of indigenous communities.

14. The analysis of simultaneity in this case would have resulted in the point of departure being the right to collective property recognized in Article 21 of the Convention. Specifically, the Court should have addressed the relationship that exists between the failure to ensure the indigenous communities' property rights and their participation in cultural life and the guarantee of other rights (such as to water, food and the environment). It is from this perspective that the judgment should have addressed the premise of the indissoluble relationship that exists between the land and the enjoyment of other rights, which is particularly relevant in the case of victims such as those of this case. The indissoluble relationship to which I refer is revealed from the numerous sources that the judgment cites when it refers to the interdependence between the rights "to a healthy environment, to adequate food, to water and to cultural identity in relation to the indigenous peoples"[3] (paras. 243 to 254). The judgment chose to declare an autonomous violation of Article 26 without taking into account that it is the right to land that is indissolubly linked to the violations of the ESCER.

15. An analysis founded on simultaneity such as I propose would have been based on the indissoluble relationship between the rights to the land, a healthy environment, water and cultural identity. In this way, the State's obligations as guarantor of the rights of the indigenous communities would have an impact not only on the aspects related to communal property in the terms of Article 21 but also, in consequence, on the ESCER that are derived from Article 26. The simultaneous analysis of the rights would have allowed the Court to provide greater scope and content to the obligations in this case, emphasizing their interdependence and indivisibility.

V
CONCLUSION

16. The Court should not lose sight of the fact that its main function is to examine cases submitted to it that require the interpretation and application of the provisions of the Convention in order to decide whether there has been a violation of a protected right or freedom, and to determine that the injured party must be guaranteed the enjoyment of the right or freedom that was violated. Thus, the Court has the Convention-based obligation to provide justice in specific cases within the limits established by treaty law. However, it also has a function of contributing to achieve the objectives of the Convention, and this involves addressing the problems that affect our societies. It is important to consider that the Court's legitimacy is based on the solidity of its reasoning, its adherence to the law, and the prudence of its rulings. It is

---

[3] *Cf.* United Nations Declaration on the Rights of Indigenous Peoples, Articles 20(1), 29(1) and 32(1); American Declaration on the Rights of Indigenous Peoples, Article XIX; CESCR, *General Comment 21. Right of everyone to take part in cultural life (art. 15, para 1 (a) of the ICESCR)*, para. 36; Human Rights Committee, *General Comment 23. Right of minorities (Art. 27)*, para. 3; *Human rights and indigenous matters*. Report of the Special Rapporteur on the situation of human rights and fundamental freedoms of indigenous people, Mr. Rodolfo Stavenhagen, submitted pursuant to Commission Resolution 2001/57. February 4, 2002. Doc. E/CN.4/2002/97, para. 57.

Este tipo de análisis también podría haber evitado acudir a la separación del análisis de la propiedad comunitaria y otros derechos y en cambio subrayaría la interdependencia e indivisibilidad que existe entre la propiedad y la garantía de los DESCA de las comunidades indígenas.

14. El análisis de la simultaneidad en este caso habría conducido a que el punto de partida fuera el derecho a la propiedad colectiva reconocido en el artículo 21 de la Convención. Específicamente se debió haber abordado la relación que existe entre la falta de garantía de la propiedad de las comunidades indígenas, y la participación en la vida cultural y la garantía de otros derechos (como el agua, alimentación, y el medio ambiente). Es en este punto del análisis que la Sentencia debió haber abordado el planteo sobre la inescindible relación que existe entre la tierra y el goce de otros derechos, lo cual es particularmente relevante en el caso de víctimas como las del presente caso. Esta inescindible relación a la que me refiero se desprende de las múltiples fuentes a las que hace referencia la sentencia cuando se refiere a la interdependencia entre los derechos "a un ambiente sano, a la alimentación adecuada, al agua y a la identidad cultural en relación con los pueblos indígenas"[3] (párrs. 243-254). La sentencia opta por declarar una violación autónoma del artículo 26 sin tener en cuenta que es el derecho a la tierra que se encuentra inescindiblemente ligado a las violaciones de DESCA.

15. Un análisis desde simultaneidad como el que propongo habría partido de la base de la inescindible relación entre los derechos a la tierra, al medio ambiente sano, al agua y a la identidad cultural. De esta forma, las obligaciones del Estado como garante de los derechos de las comunidades indígenas impactarían no solo los aspectos relacionados con la propiedad comunal en términos del artículo 21 sino también, en consecuencia, los DESCA que se deriven del artículo 26. El análisis simultáneo de los derechos habría permitido a la Corte dar un mayor alcance y contenido a las obligaciones en el caso, resaltando la interdependencia e indivisibilidad de los derechos.

V
CONCLUSIÓN

16. El Tribunal no debe de perder de vista que su función primaria es conocer sobre casos que requieran la interpretación y aplicación de las disposiciones de la Convención cuando le sean sometidos, con el objetivo de decidir si existió una violación a un derecho o libertad protegido, y disponer que se le garantice al lesionado el goce de su derecho o libertad conculcado. En ese sentido, la Corte tiene el deber convencional de hacer justicia en casos concretos dentro de los límites previstos por el derecho de los tratados. Pero también tiene una función de contribuir a que se realicen los objetivos de la Convención, y eso implica atender los problemas que aquejan a nuestras sociedades. Es importante considerar que la legitimidad del Tribunal se funda

---

[3] *Cfr.* Declaración de las Naciones Unidas sobre los Derechos de los Pueblos Indígenas, artículos 20.1, 29.1 y 32.1; Declaración Americana sobre Derechos de los Pueblos Indígenas, artículo XIX; Comité DESC. *Observación General 21. Derecho de toda persona a participar en la vida cultural (artículo 15, párrafo 1 a), del Pacto Internacional de Derechos Económicos, Sociales y Culturales)*, párr. 36; Comité de Derechos Humanos. *Observación General 23. Derecho de las minorías (artículo 27)*, párr. 3; *Derechos humanos y cuestiones indígenas Informe del Relator Especial sobre la situación de los derechos humanos y las libertades fundamentales de los indígenas, Sr. Rodolfo Stavenhagen, presentado de conformidad con la resolución 2001/57 de la Comisión.* 4 de febrero de 2002. Doc. E/CN.4/2002/97, párr. 57.

also based on the consensus of its members. The thesis of simultaneity – proposed in this opinion – would have been a way to achieve sounder arguments and consensus among the Court's judges in this case. From this perspective, it was a lost opportunity to achieve agreement on how to address cases related to the justiciability of the ESCER.

17. In this case, the interventions of numerous *amicus curiae* and expert witnesses, and the different citations of both the Committee on Economic, Social and Cultural Rights (CESCR) and the Special Rapporteurs of the universal system reveal that the indigenous peoples share a world vision centered on the relationship between human beings and the land they inhabit, which can be observed in the cultural, social and religious elements that define a way of life in which one cannot be realized without the other. Perhaps this is the case in which it is possible to observe most clearly the inadmissibility and needlessness of invoking the autonomy of the ESCER in the Court's reasoning. Therefore, my position in no way differs from the position supported by the majority as regards the consequences of the violation of an ESCER. My position reinforces the justiciability of the ESCER. Therefore, it is possible to establish measures of reparation such as those determined in this judgment that I have voted in favor of, without the application and guarantee of those rights being affected in any way. As mentioned above, the issue is how to develop an argumentative theory of reasoning that allows the ESCER to be applied to their full extent without leaving the Inter-American Court open to questions regarding its competence to decide these cases, and that rallies the greatest support among the members of the Court.

Ricardo C. Pérez Manrique
Judge

Pablo Saavedra Alessandri
    Secretary

en la solidez de sus razonamientos y en su apego al derecho y la prudencia de sus fallos. También lo hace por el consenso de sus miembros. La tesis de la simultaneidad – propuesta en este voto – habría sido una vía para lograr una mayor solidez argumentativa en el caso, así como un consenso entre los jueces de la Corte. Desde esa perspectiva, se trató de una oportunidad perdida para lograr un acuerdo sobre el abordaje de casos relacionados con la justiciabilidad de los DESCA.

17. En el presente caso las intervenciones de numerosos *amicus curiae*, los peritajes agregados y las variadas citas tanto del PIDESC como de relatores del Sistema Universal señalan que los pueblos indígenas participan de una cosmogonía que tiene como centro la relación entre los seres humanos y la tierra que habitan, lo que se aprecia en aspectos culturales, sociales, religiosos que definen un modo de vida en que uno no se puede realizar sin el otro. Tal vez sea el caso donde con mayor nitidez es posible apreciar la improcedencia e innecesaridad de invocar en la argumentación la autonomía de los DESCA. En la posición que sustento, en consecuencia, no existe diferencia alguna en cuanto a las consecuencias de la violación de un DESCA con la sustentada por la mayoría. En mi posición, los DESCA resultan reforzados en cuanto a su justiciabilidad, razón por la cual es posible aplicar medidas de reparación como las que resultan de la presente sentencia que he compartido con mi voto, sin que de ninguna manera puede verse afectada la aplicación y garantía de tales derechos. Como se dijera ut supra la cuestión es propiciar una teoría argumentativa que permita aplicar los DESCA en todos sus alcances sin dejar flancos para cuestionar la competencia de la Corte IDH para resolver estos casos y que permita recoger el mayor apoyo entre los miembros del Tribunal.

Ricardo C. Pérez Manrique
Juez

Pablo Saavedra Alessandri
Secretario

4. CASO NOGUERA Y OTRA VS. PARAGUAY
Sentencia de 9 de marzo de 2020
(Fondo, Reparaciones y Costas)

En el *Caso Noguera y otros Vs. Paraguay*,

la Corte Interamericana de Derechos Humanos (en adelante "la Corte Interamericana", "la Corte" o "el Tribunal"), integrada por los siguientes Jueces[1]:

Elizabeth Odio Benito, Presidenta;
L. Patricio Pazmiño Freire, Vicepresidente;
Eduardo Ferrer Mac-Gregor Poisot, Juez;
Eugenio Raúl Zaffaroni, Juez, y
Ricardo Pérez Manrique, Juez;

presentes, además,

Pablo Saavedra Alessandri, Secretario;
Romina I. Sijniensky, Secretaria Adjunta;

de conformidad con los artículos 62.3 y 63.1 de la Convención Americana sobre Derechos Humanos (en adelante, "la Convención Americana" o "la Convención") y con los artículos 31, 32, 65 y 67 del Reglamento de la Corte (en adelante también "el Reglamento"), dicta la presente Sentencia.

ÍNDICE

	Párr.
I. INTRODUCCIÓN DE LA CAUSA Y OBJETO DE LA CONTROVERSIA	1
II. PROCEDIMIENTO ANTE LA CORTE	4
III. COMPETENCIA	11
IV. CONSIDERACIÓN PREVIA	12
V. RECONOCIMIENTO DE RESPONSABILIDAD	
A. Observaciones de las partes y de la Comisión	17
B. Consideraciones de la Corte	21
B.1. En cuanto a los hechos	22
B.2. En cuanto a las pretensiones de derecho	23
B.3. En cuanto a las reparaciones	26
B.4. Valoración del reconocimiento parcial de responsabilidad	27
VI. PRUEBA	29
VII. HECHOS	33
A. Contexto	34
B. La muerte de Vicente Noguera	38

---

[1] Los jueces Eduardo Vio Grossi y Humberto Antonio Sierra Porto no participaron en la deliberación y firma de la presente Sentencia por motivos de fuerza mayor, lo cual fue aceptado por el Pleno.

C. Las Investigaciones y procesos judiciales iniciados por la muerte de
Vicente Noguera
    C.1. Proceso sumario ante la jurisdicción penal militar   44
    C.2. Investigación y proceso ante la jurisdicción ordinaria   48

VIII. FONDO   58
  VIII-1. DERECHOS A LA VIDA, A LA INTEGRIDAD PERSONAL Y DERECHOS DEL NIÑO (ARTÍCULOS 4, 5 Y 19 DE LA CONVENCIÓN AMERICANA)
    A. Alegatos de las partes y de la Comisión   59
    B. Consideraciones de la Corte   64
      B.1. La responsabilidad del Estado por no haber aclarado las circunstancias en las que se produjo la muerte de Vicente Noguera   70
      B.2. La responsabilidad del Estado por los alegados malos tratos en contra de Vicente Noguera   71
  VIII-2. DERECHOS A LAS GARANTÍAS JUDICIALES Y A LA PROTECCIÓN JUDICIAL (ARTÍCULOS 1.1, 8.1 y 25 DE LA CONVENCIÓN AMERICANA)
    A. Alegatos de las partes y de la Comisión   76
    B. Consideraciones de la Corte   78
      B.1. Sobre el principio del plazo razonable y las debidas diligencias de investigación   80
      B.2. Sobre el principio del juez natural   86

IX. REPARACIONES (APLICACIÓN DEL ARTÍCULO 63.1 DE LA CONVENCIÓN AMERICANA)   88
  A. Parte lesionada   91
  B. Obligación de investigar los hechos e identificar, y en su caso, juzgar y sancionar a todos los responsables   92
  C. Medidas de rehabilitación   94
  D. Medidas de satisfacción
    D.1. Publicación de la Sentencia   96
    D.2. Otras Medidas de Satisfacción   97
  E. Garantías de no repetición   101
  F. Otras medidas de no repetición solicitadas   105
  G. Indemnización compensatoria
    G.1. Alegatos de las partes y de la Comisión
      a) Sobre el daño material   108
      b) Sobre el daño inmaterial   112
    G.2. Consideraciones de la Corte   114
  H. Costas y gastos   117
  I. Reintegro de los gastos al Fondo de Asistencia Legal de víctimas   121
  J. Modalidad de cumplimiento de los pagos ordenados   123

X. PUNTOS RESOLUTIVOS   129

I
INTRODUCCIÓN DE LA CAUSA Y OBJETO DE LA CONTROVERSIA

1. *El caso sometido a la Corte.* El 2 de julio de 2018 la Comisión Interamericana de Derechos Humanos (en adelante, "la Comisión Interamericana" o "la Comisión") sometió a la jurisdicción de la Corte Interamericana, de conformidad con los artículos 51 y 61 de la Convención Americana, el caso "Vicente Ariel Noguera y Familia" en contra de la República del Paraguay (en adelante "el Estado", "el Estado paraguayo" o

"Paraguay"). La controversia versa sobre la muerte de Vicente Noguera, de 17 años de edad, ocurrida el 11 de enero de 1996 mientras prestaba el servicio militar voluntario. La Comisión sostuvo que el Estado paraguayo no ofreció una explicación satisfactoria por la muerte del adolescente que se encontraba bajo su custodia y, por lo tanto, no logró desvirtuar los indicios que apuntan a su responsabilidad internacional por dicha muerte, como consecuencia de haberlo sometido a ejercicios físicos excesivos como una forma de castigo ordenada por sus superiores. Agregó que la muerte del cabo Noguera fue investigada en el marco de un proceso en la jurisdicción militar que fue sobreseído el 21 de octubre de 1996 al concluirse que su muerte se debió a una infección pulmonar generalizada. Indicó que más tarde, el 6 de noviembre de 2002, el caso fue archivado en la jurisdicción ordinaria por inactividad.

2. *Trámite ante la Comisión.* El trámite ante la Comisión fue el siguiente:

a) Petición. El 17 de octubre de 2000, la Comisión recibió una petición presentada por María Noguera (en adelante también "la peticionaria") en contra de Paraguay.

b) Informe de Admisibilidad. El 22 de marzo de 2011 la Comisión aprobó el Informe de Admisibilidad No. 10/11.

c) Acuerdo de Solución Amistosa. El 5 de agosto de 2011 se suscribió un Acuerdo de Solución Amistosa entre el Estado y los representantes. El Acuerdo no fue homologado por la Comisión en los términos de los artículos 48.1.f y 49 de la Convención Americana[2].

d) Informe de Fondo. El 24 de febrero de 2018 la Comisión emitió el Informe de Fondo No. 23/18, conforme al artículo 50 de la Convención (en adelante "Informe de Fondo" o "Informe No. 23/18"), en el cual llegó a una serie de conclusiones y formuló varias recomendaciones al Estado.

e) Notificación al Estado. El Informe de Fondo fue notificado al Estado el 2 de abril de 2018, otorgándole un plazo de dos meses para informar sobre el cumplimiento de las recomendaciones. El Estado contestó el Informe de Fondo el 26 de junio de 2018, informando sobre una serie de medidas adoptadas para cumplir con las recomendaciones contenidas en el mismo. La Comisión consideró que existía un incumplimiento de la medida fundamental de justicia y ante la ausencia de una solicitud de prórroga por parte del Estado, decidió enviar el caso a la Corte Interamericana.

3. *Sometimiento a la Corte.* El 2 de julio de 2018 la Comisión sometió a la jurisdicción de la Corte Interamericana la totalidad de los hechos y supuestas violaciones de derechos humanos descritas en el Informe de Fondo "ante la necesidad de obtención de justicia y reparación". Además, la Comisión solicitó a la Corte que declarara la responsabilidad internacional de Paraguay por la vulneración a los derechos indicados en las conclusiones del referido Informe, y que se dispongan determinadas medidas de reparación (*infra* Capítulo IX). Este Tribunal nota que, entre la presentación de la petición inicial ante la Comisión y el sometimiento del caso ante la Corte, han transcurrido casi dieciocho años.

---

[2] Según indicó la Comisión en sus observaciones finales escritas, consideró la situación de incumplimiento del componente de justicia dispuesto por las partes en el Acuerdo. Afirmó que ponderó dichos elementos aunados a la solicitud de la madre de Vicente Ariel Noguera de dar por culminado el proceso de negociación por la falta de implementación total de las medidas pactadas. Esa decisión fue comunicada a las partes el 3 de diciembre de 2015 y se continuó con el trámite del caso hasta la adopción del Informe de Fondo No. 23/18.

II
PROCEDIMIENTO ANTE LA CORTE

4. *Notificación al Estado y a los representantes*[3]. El sometimiento del caso fue notificado a los representantes y al Estado el 19 de noviembre de 2018.

5. *Escrito de solicitudes, argumentos y pruebas*. El 19 de enero de 2019 los representantes presentaron su escrito de solicitudes, argumentos y pruebas (en adelante "escrito de solicitudes y argumentos" o "ESAP"), en los términos de los artículos 25 y 40 del Reglamento de la Corte.

6. *Escrito de contestación*[4]. El 12 de abril de 2019 el Estado presentó su escrito de contestación al sometimiento del caso y al escrito de solicitudes y argumentos (en adelante "contestación" o "escrito de contestación"), en el cual interpuso un alegato que denominó "excepción preliminar" y reconoció parcialmente su responsabilidad por los hechos del presente caso.

7. *Observaciones a la excepción preliminar y al reconocimiento de responsabilidad*. El 1 de julio de 2019 los representantes presentaron sus observaciones sobre el alegato denominado "excepción preliminar" presentado por el Estado y sobre el reconocimiento de responsabilidad. Por su parte, la Comisión informó el 5 de junio de 2019 que no tenía observaciones que formular al respecto.

8. *Audiencia pública*. Mediante la Resolución de 8 de julio de 2019 el Presidente de la Corte convocó a las partes y a la Comisión a una audiencia pública que fue celebrada el día 28 de agosto de 2019, durante el 62° Período Extraordinario de Sesiones de la Corte[5].

9. *Alegatos y observaciones finales escritos*. Los días 27 y 30 de septiembre de 2019 los representantes y el Estado presentaron, respectivamente, sus escritos de alegatos finales. La Comisión presentó el 30 de septiembre sus observaciones finales escritas.

10. *Deliberación del presente caso*. La Corte inició la deliberación de la presente Sentencia el 9 de marzo de 2020.

III
COMPETENCIA

11. La Corte es competente para conocer el presente caso, en los términos del artículo 62.3 de la Convención, en razón de que Paraguay es Estado Parte de la Convención desde el 24 de agosto de 1989 y reconoció la competencia contenciosa de este Tribunal el 11 de marzo de 1993.

---

[3] Los representantes de las presuntas víctimas son María Noguera, presunta víctima y madre de Vicente Noguera y Alejandro Nissen Pessonali, ambos de la Asociación de Familiares Víctimas del Servicio Militar.

[4] El Estado designó como Agente Titular a Sergio Coscia, Procurador General de la República y como Agentes Alternos a Ricardo Merlo Faella, fiscal adjunto responsable de la Unidad Especializada de Derechos Humanos del Ministerio Público y Marcelo Scappini, Director General de Derechos Humanos del Ministerio de Relaciones Exteriores.

[5] A esta audiencia comparecieron: (a) por la Comisión Interamericana: Luis Ernesto Vargas, Marisol Blanchard, Jorge H. Meza Flores, Piero Vásquez y Analía Banfi Vique; (b) por los representantes: María Noguera y Andrés Vásquez, y (c) por el Estado: Sergio Coscia Nogues, Ricardo Merlo Faella, Martha Sophia López Garelli, Renzo Cristaldo, Bélen Diana, Pablo Rojas Pichler, Rodolfo Barrios, Alejandra Peralta, Silvia Cabrera, Pablo Lemir, María Romy Romero, Noelia López y Patricia Sulim.

IV
CONSIDERACIÓN PREVIA

12. El *Estado* presentó un alegato que tituló "excepción preliminar" en el cual indicó que la Comisión no había determinado las presuntas víctimas que denominaba como "familiares" de Vicente Noguera en sus respectivos escritos de sometimiento del caso e Informe de Fondo. Al igual que en otros casos, la Corte considera que el alegato del Estado no configura una excepción preliminar, pues no expone las razones por las cuales el caso sometido sería inadmisible o la Corte sería incompetente para conocerlo, por lo tanto, analizará estas alegaciones como una consideración previa.

13. El *Estado* indicó que, en el Informe de Fondo, la Comisión solo ha identificado expresamente como presuntas víctimas a Vicente Noguera, a su madre María Noguera y a su abuelo, sin mencionar el nombre de este último. Agregó que, a pesar de lo anterior, en el escrito de solicitudes y argumentos los representantes presentaron como presuntas víctimas a los tres hermanos de Vicente Ariel Noguera y recién mencionaron el nombre de su abuelo en ese escrito. Por tal motivo, solicitó que esas personas fueran excluidas como presuntas víctimas de este caso por no haber sido identificadas en el Informe de Fondo y por no acreditarse documentalmente su relación de parentesco con la presunta víctima fallecida.

14. Los *representantes* afirmaron que la muerte de Vicente Noguera generó consecuencias en la vida de sus hermanos, razón por la cual debían ser considerados como víctimas. La *Comisión* no presentó observaciones respecto a estos alegatos.

15. Con relación a la identificación de presuntas víctimas, el Tribunal observa que el artículo 35.1 de su Reglamento dispone que el caso le será sometido mediante la presentación del Informe de Fondo, que deberá contener la identificación de las presuntas víctimas. Corresponde pues a la Comisión identificar con precisión y en la debida oportunidad procesal a las presuntas víctimas en un caso ante la Corte[6], salvo en las circunstancias excepcionales contempladas en el artículo 35.2 del Reglamento de la Corte[7].

16. En el Informe de Fondo del presente caso, sólo aparecen identificadas como presuntas víctimas Vicente y María Noguera. En consecuencia, y debido a que no se configura la excepción prevista en el artículo 35.2, la Corte concluye que solo se considerará a Vicente Ariel Noguera y María Ramona Isabel Noguera Domínguez como presuntas víctimas puesto que son las personas identificadas por la Comisión en el Informe de Fondo, no correspondiendo admitir a los restantes familiares.

---

[6] *Cfr. Caso de las Masacres de Ituango Vs. Colombia. Excepción Preliminar, Fondo, Reparaciones y Costas*. Sentencia de 1 de julio de 2006. Serie C No. 148, párr. 98, y *Caso Jenkins Vs. Argentina. Excepciones Preliminares, Fondo, Reparaciones y Costas*. Sentencia de 26 de noviembre de 2019. Serie C No. 397, párr. 36.

[7] De conformidad con el cual, cuando se justifique que no fue posible identificarlas, por tratarse de casos de violaciones masivas o colectivas, el Tribunal decidirá en su oportunidad si las considera víctimas de acuerdo con la naturaleza de la violación. *Cfr. Caso Masacres de Río Negro Vs. Guatemala. Excepción Preliminar, Fondo, Reparaciones y Costas*. Sentencia de 4 de septiembre de 2012. Serie C No. 250, párr. 48, y *Caso Jenkins Vs. Argentina*, párr. 36.

V
RECONOCIMIENTO DE RESPONSABILIDAD

A. OBSERVACIONES DE LAS PARTES Y DE LA COMISIÓN

17. El *Estado* reconoció su responsabilidad internacional en los mismos términos del Acuerdo de Solución Amistosa suscripto en el año 2011 (*supra* párr. 2.c). Expresó en particular, que en esa oportunidad reconoció su responsabilidad internacional en el presente caso, el cual se refiere "a la muerte del joven Vicente Noguera mientras se encontraba bajo custodia del Ejército, por violación a los derechos a la integridad personal, a la vida, a las medidas especiales de protección de la niñez, a la protección judicial y a las garantías judiciales, derechos [contenidos] en los artículos 4, 5, 8, 19 y 25 de la Convención Americana sobre Derechos Humanos de 1969 y las obligaciones derivadas del artículo 1.1 de la misma". Indicó que el reconocimiento persiste, es expreso, y se aparta del Informe de Fondo y del escrito de solicitudes y argumentos solo en "aspectos puntuales".

18. En lo que se refiere a esas discrepancias con lo alegado por los representantes y la Comisión: (a) señaló que, a raíz de los casos "Víctor Hugo Maciel", "Vargas Areco" e incluso este mismo caso "Vicente Ariel Noguera", el Estado adecuó su legislación y sus prácticas respecto de la prestación del servicio militar a los estándares internacionales en la materia; (b) se refirió a la autorización solicitada por María Noguera para que su hijo Vicente pudiera prestar el servicio militar; (c) respecto de la autopsia ordenada por la jurisdicción militar, señaló que la misma fue realizada en el sanatorio privado Migone Battilana por el Dr. M.A.M. (pedido expreso de María Noguera) y contó con la participación de otros dos doctores; (d) se refirió a las comprobaciones independientes de la afectación pulmonar de Vicente Noguera; (e) controvirtió lo señalado por la Comisión en torno a la ausencia de un dictamen fiscal militar el 6 de octubre de 1997, el cual se encuentra en el expediente; (f) presentó aclaraciones sobre las condiciones en las cuales se desarrolló la segunda autopsia al cuerpo de Vicente Noguera; (g) se refirió a la reapertura de la investigación por la muerte de Vicente Noguera en el año 2012; (h) indicó que en el sumario de la justicia penal, en este caso concreto, fueron realizadas múltiples diligencias investigativas *ex officio* de gran valor; (i) alegó que al momento de los hechos, en el año 1996, no era una obligación del Estado cumplir con lo dispuesto por el Protocolo de Minnesota para la realización de autopsias, y (j) alegó que no vulneró la prohibición general de enlistar menores de 15 años en el servicio militar ni aceptó que el enrolamiento de Vicente Noguera fuera contrario a la Convención o a lo establecido por el ordenamiento jurídico interno. Acerca de los alegatos de los representantes y las referencias respecto de investigaciones particulares llevadas adelante por María Noguera, o de versiones de testimonios a los que ella tuvo acceso en forma independiente y al margen de los procesos formales, el Estado negó las afirmaciones que se desprenden de estos elementos por no tener forma de comprobarlos.

19. En cuanto al reconocimiento de responsabilidad efectuado por la vulneración a los artículos 8 y 25 de la Convención, el Estado únicamente indicó que reconocía que las investigaciones fueron "insuficientes para la aclaración de todos los hechos denunciados".

20. Los *representantes* señalaron que, hasta el momento, no se han aclarado las circunstancias de la muerte de Vicente Noguera ni se ha identificado a la persona responsable del trato cruel, inhumano y degradante y posible tortura. La *Comisión*

indicó que el referido reconocimiento de responsabilidad internacional requiere ser aclarado en cuanto a su alcance y sus efectos jurídicos. Explicó que los argumentos expuestos por el Estado controvierten algunos de los hechos supuestamente reconocidos y algunas de sus implicaciones jurídicas[8].

B. CONSIDERACIONES DE LA CORTE

21. De conformidad con los artículos 62 y 64 del Reglamento, y en ejercicio de sus poderes de tutela judicial internacional de derechos humanos, cuestión de orden público internacional, incumbe a este Tribunal velar porque los actos de reconocimiento de responsabilidad resulten aceptables para los fines que busca cumplir el sistema interamericano[9]. A continuación, el Tribunal analizará la situación planteada en este caso en concreto.

B.1. En cuanto a los hechos

22. Paraguay efectuó un reconocimiento expreso de responsabilidad por los hechos alegados por la Comisión en el Informe de Fondo, sin embargo se apartó en algunos puntos de dicho informe y de lo alegado en el escrito de solicitudes y argumentos. La Corte considera que ha cesado la controversia sobre los hechos reconocidos por el Estado, relacionados con la falta de explicación satisfactoria sobre las circunstancias que rodearon la muerte de Vicente Noguera. Por otra parte, aún se mantiene la controversia en torno a los hechos relacionados con los alegados maltratos que habría sufrido Vicente Noguera previamente a que se produjera su muerte. Este Tribunal, se pronunciará sobre esos hechos, que aún se encuentran en controversia, al examinar el fondo de este caso.

B.2. En cuanto a las pretensiones de derecho

23. Teniendo en cuenta las violaciones reconocidas por el Estado, así como las observaciones de los representantes y de la Comisión, la Corte considera que la controversia ha cesado respecto de:

a) la falta de aclaración sobre las circunstancias en las que se produjo la muerte de Vicente Noguera en un establecimiento militar, bajo tutela del Estado, y la vulneración del derecho a la vida (artículo 4.1 de la Convención), a la integridad personal (artículo 5.2 de la Convención) y a los derechos del niño (artículo 19 de la Convención) en su perjuicio, y

b) la vulneración del derecho a la integridad personal (artículo 5.1 de la Convención) en perjuicio de María Noguera, por los efectos del sufrimiento que le

---

[8] Indicó que el Estado cambió su posición y señaló que la muerte de Vicente Noguera fue el resultado de una afección pulmonar y que no fue violenta, negando los hechos que precisamente activaron su responsabilidad internacional sin que hubiera concluido la nueva investigación que informó que habría iniciado. Agregó que el Estado no se refirió a las violaciones del artículo 19 en conexión con los artículos 1.1 y 2 de la Convención relacionados con la falta de salvaguardas especiales para adolescentes en servicio militar, reflejada en la existencia de prácticas como los "descuereos", por lo que la controversia sobre dichas violaciones subsiste en su totalidad.

[9] *Cfr. Caso Manuel Cepeda Vargas Vs. Colombia. Excepciones Preliminares, Fondo, Reparaciones y Costas.* Sentencia de 26 de mayo de 2010. Serie C No. 213, párr. 17, y *Caso Valenzuela Ávila Vs. Guatemala. Fondo, Reparaciones y Costas.* Sentencia de 11 de octubre de 2019. Serie C No. 386, párr. 17.

produjo la muerte de su hijo Vicente Noguera. En las circunstancias particulares del caso, la Corte no considera necesario efectuar un ulterior análisis respecto de este derecho en un capítulo de Fondo.

24. En lo que respecta a la alegada vulneración de los derechos a las garantías judiciales y a la protección judicial, el Tribunal advierte que el reconocimiento de responsabilidad efectuado por el Estado no especifica los motivos por los cuales se vulneraron esos derechos y que, por otra parte, controvierte un número importante de alegaciones de la Comisión y de los representantes. En atención a ello, la Corte considera que el reconocimiento efectuado por el Estado en relación con esos dos derechos carece de claridad y, por tanto, estima que la controversia se mantiene respecto a esas alegadas violaciones.

25. La Corte estima que se mantiene la controversia respecto de:

a) Los alegados malos tratos a los cuales habría sido sometido Vicente Noguera que habrían llevado a su muerte en un establecimiento militar, todo ello en vulneración del derecho a la vida (artículo 4.1 de la Convención) a la integridad personal (artículo 5.2 de la Convención) y a los derechos del niño (artículo 19 de la Convención) en su perjuicio, y
b) la vulneración de los derechos a las garantías judiciales (artículo 8 de la Convención) y a la protección judicial (artículo 25.1 de la Convención) en perjuicio de María Noguera.

B.3. En cuanto a las reparaciones

26. Por último, subsiste la controversia en relación con la determinación de las eventuales reparaciones, costas y gastos. En atención a ello, la Corte constata que en el año 2011 fue suscripto un Acuerdo de Solución Amistosa entre María Noguera y el Estado de acuerdo al cual se convinieron determinadas medidas de reparación (*supra* párr. 2.c). Sobre ese punto, si bien el acuerdo no fue homologado por la Comisión, a juicio de esta Corte la suscripción de ese acuerdo y la conducta posterior de las partes son relevantes a la hora de decidir sobre las reparaciones. En particular, en el capítulo correspondiente, la Corte evaluará las medidas de reparación que fueron implementadas por el Estado y analizará, eventualmente, la necesidad de otorgar medidas adicionales conforme con las solicitudes presentadas por la Comisión y los representantes, la jurisprudencia de esta Corte en esa materia, y las alegaciones del Estado al respecto (*infra* Capítulo IX).

B.4. Valoración del reconocimiento parcial de responsabilidad

27. El reconocimiento efectuado por el Estado constituye una aceptación parcial de los hechos y un reconocimiento parcial de las violaciones alegadas. Este Tribunal estima que el reconocimiento de responsabilidad internacional constituye una contribución positiva al desarrollo de este proceso y a la vigencia de los principios que inspiran la Convención, así como a las necesidades de reparación de las víctimas[10]. El reconocimiento efectuado por el Estado produce plenos efectos jurídicos de acuerdo a

---

[10] *Cfr. Caso Benavides Cevallos Vs. Ecuador. Fondo, Reparaciones y Costas.* Sentencia de 19 de junio de 1998. Serie C No. 38, párr. 57, y *Caso Valenzuela Ávila Vs. Guatemala*, párr. 18.

los artículos 62 y 64 del Reglamento de la Corte ya mencionados y que tiene un alto valor simbólico en aras de que no se repitan hechos similares. Adicionalmente, la Corte advierte que el reconocimiento de hechos y violaciones puntuales y específicos puede tener efectos y consecuencias en el análisis que haga este Tribunal sobre los demás hechos y violaciones alegados, en la medida en que todos forman parte de un mismo conjunto de circunstancias[11].

28. De cualquier manera, cabe precisar cuál es el alcance de este reconocimiento. En principio, el Estado tenía a su cargo a una persona menor de edad y era responsable por su vida e integridad. Frente a la muerte de un adolescente bajo su custodia en un establecimiento militar y ante la falta de esclarecimiento que el Estado admite, esta Corte considera que el reconocimiento significa jurídicamente que la muerte de Vicente Noguera no ha sido accidental ni fortuita. Todo ello se ve reforzado por el hecho que es el Estado quien tenía a su cargo la prueba para desvirtuar la muerte por malos tratos.

28. En virtud de lo anterior y de las atribuciones que le incumben como órgano internacional de protección de derechos humanos, la Corte estima necesario, en atención a las particularidades de los hechos del presente caso, dictar una sentencia en la cual se determinen los hechos ocurridos de acuerdo a la prueba recabada en el proceso ante este Tribunal, toda vez que ello contribuye a la reparación de las víctimas, a evitar que se repitan hechos similares y a satisfacer, en suma, los fines de la jurisdicción interamericana sobre derechos humanos.

VI
PRUEBA

29. El Tribunal admite los documentos presentados en la debida oportunidad procesal por las partes y la Comisión, cuya admisibilidad no fue controvertida ni objetada, ni cuya autenticidad fue puesta en duda[12].

30. Adicionalmente, los representantes aportaron una serie de documentos como anexos al escrito de observaciones a la excepción preliminar interpuesta por el Estado[13]. A su vez, los representantes remitieron junto con sus alegatos finales escritos unas copias de planillas de pago del mes de enero, julio y agosto de 2019. Por otra parte, el Estado presentó junto con sus alegatos finales escritos, unos anexos que constituyen una "carpeta fiscal con las actuaciones hasta el 19 de septiembre de 2019".

31. En lo que se refiere a la oportunidad procesal para remitir los anexos a los escritos principales, la Corte reitera que la prueba documental puede ser presentada, en general y de conformidad con el artículo 57.2 del Reglamento, junto con los

---

[11] *Cfr. Caso Rodríguez Vera y otros (Desaparecidos del Palacio de Justicia) Vs. Colombia*, párr. 27, y *Caso Valenzuela Ávila Vs. Guatemala*, párr. 17.

[12] *Cfr. Caso Velásquez Rodríguez Vs. Honduras. Fondo*. Sentencia de 29 de julio de 1988. Serie C No. 4, párr. 140, y *Caso Montesinos Mejía Vs. Ecuador. Excepciones Preliminares, Fondo, Reparaciones y Costas*. Sentencia de 27 de enero de 2020. Serie C No. 398, párr. 42.

[13] Estos documentos son: 1. Certificado de nacimiento de Vicente Noguera; 2. Certificado de nacimiento de Catherine Elizabeth Noguera; 3. Certificado de nacimiento de Aldo David Alcaraz Noguera; 4. Certificado de nacimiento de Ruth Araceli Alcaraz Noguera; 5. Medidas Cautelares Otorgada por la CIDH, a favor de María Noguera y Familia; 6. Declaratoria de Herederos a favor de María Noguera; 7. Fotografía del Primer Monolito; 8. Fotografía de la placa de plástico con la foto Impresa de Vicente Noguera; 9. Fotografía del segundo monolito; 10. Fotografía del tercer monolito, y 11. Acta de compromiso para la reparación del panteón de Vicente Noguera, firmada por el Estado y las víctimas.

escritos de sometimiento del caso, de solicitudes y argumentos o de contestación, según corresponda, y no es admisible la prueba remitida fuera de esas oportunidades procesales, salvo en las excepciones establecidas en el referido artículo 57.2 del Reglamento (a saber, fuerza mayor, impedimento grave) o salvo si se tratara de un hecho superviniente, es decir, ocurrido con posterioridad a los citados momentos procesales[14]. Por tal motivo, la prueba aportada por los representantes junto con su escrito de observaciones a la excepción preliminar resulta inadmisible en virtud de que no fue aportada en el momento procesal oportuno. Los demás documentos que acompañan los alegatos finales escritos presentados por los representantes y el Estado constituyen prueba superviniente por lo cual este Tribunal los admite dentro del acervo probatorio del caso.

32. Asimismo, la Corte estima pertinente admitir las declaraciones rendidas en audiencia pública[15] y ante fedatario público[16], en cuanto se ajusten al objeto definido por la Resolución que ordenó recibirlos y al objeto del presente caso[17].

VII
HECHOS

33. En este capítulo, la Corte establecerá los hechos que se tendrán por probados en el presente caso, con base en el acervo probatorio que ha sido admitido, según el marco fáctico establecido del Informe de Fondo, así como el reconocimiento de responsabilidad internacional efectuado por el Estado. Además, se incluirán los hechos expuestos por las partes que permitan explicar, aclarar o desestimar ese marco fáctico[18]. A continuación, se exponen los hechos de acuerdo al siguiente orden: (a) Contexto; (b) La muerte de Vicente Noguera, y (c) Las investigaciones y procesos judiciales iniciados por la muerte de Vicente Noguera.

A. CONTEXTO

34. Para la época de los hechos del presente caso, existía en Paraguay un contexto de violaciones a derechos humanos en el reclutamiento militar y en las condiciones en que se prestaba el servicio militar en ese país. Específicamente, el mismo se refería a la existencia de situaciones que vulneraban el libre consentimiento y el uso de intimidación para el alistamiento en el servicio militar, así como la falta de verificación de los requisitos legales de edad para la incorporación de reclutas. Por su parte, el Estado no controvirtió la existencia de ese contexto aunque indicó que, posteriormente, había adecuado su legislación y sus prácticas respecto de la prestación del servicio militar a los estándares internacionales en la materia.

---

[14] Cfr. Caso Barbani Duarte y otros Vs. Uruguay. Fondo, Reparaciones y Costas. Sentencia de 13 de octubre de 2011. Serie C No. 234, párr. 22, y Caso Montesinos Mejía Vs. Ecuador, párr. 43.
[15] Se recibieron las declaraciones de María Noguera, Miguel Cillero Bruñol y María Liz Cecilia García Frasqueri.
[16] Se recibieron las declaraciones rendidas ante fedatario público (affidavit) de Amalia Quintana de Florentín Aldo David Alcaraz Noguera y Andrés Colman Gutiérrez.
[17] Los objetos de las declaraciones se encuentran establecidos en la Resolución del Presidente de la Corte de 16 de julio de 2019.
[18] Cfr. Caso "Cinco Pensionistas" Vs. Perú. Fondo, Reparaciones y Costas. Sentencia de 28 de febrero de 2003. Serie C No. 98, párr. 153, y Caso Díaz Loreto y otros Vs. Venezuela. Excepciones Preliminares, Fondo, Reparaciones y Costas. Sentencia de 19 de noviembre de 2019. Serie C No. 382, párr. 28.

35. En relación con lo anterior, corresponde recordar que en el caso *Vargas Areco Vs. Paraguay*, la Corte indicó que el "Estado ha[bía] reconocido la existencia de maltratos, reclutamiento forzado, e incluso de muerte en agravio de niños que prestan el servicio militar" y que esas "violaciones se deben, en la mayoría de los casos, a excesos cometidos por superiores en aplicación de castigos físicos y psicológicos a los reclutas, así como a ejercicios físicos que exceden la resistencia de los conscriptos y accidentes derivados de las características del servicio militar. Todo esto causa, en muchos casos, secuelas irreversibles, tanto físicas como psíquicas"[19].

36. En concordancia con lo anterior, en el marco del sistema universal de derechos humanos se ha hecho notar la persistencia de este contexto, el Comité contra la Tortura indicó el 10 de mayo de 2000, que en Paraguay continuaban las prácticas de tortura y tratos crueles, inhumanos o degradantes en las dependencias de las fuerzas armadas[20]. En el mismo sentido, el Comité de Derechos del Niño ya había manifestado su preocupación en el año 2001 por los maltratos, reclutamientos forzados y muertes ocurridas durante el servicio militar[21]. A su vez, el Comité de Derechos Humanos manifestó su preocupación por la persistente práctica de reclutamiento de niños en el servicio militar de Paraguay, a través de un informe de 24 de abril de 2006[22]. De forma más reciente, el 25 de octubre de 2013, el Comité de Derechos del Niño emitió un informe en el que señaló que "[a] pesar de las medidas administrativas y legislativas adoptadas por el Estado parte para asegurarse de que no se reclute a ningún niño menor de 18 años, el Comité sigue preocupado por la persistente falsificación de certificados de nacimiento, que facilita el ingreso de personas menores de 18 años en las fuerzas armadas"[23].

37. Por último, en el ámbito nacional, la Coordinadora por los Derechos de la Infancia y la Adolescencia de Paraguay ("CDIA") señaló que entre 1989 y 2012 se registraron entre 149 y 156 muertes de niños reclutados en cuarteles de las Fuerzas Armadas, mientras unos 400 habrían quedado con graves secuelas físicas y psicológicas como pérdida de miembros, pérdida de movilidad, heridas por armas de fuego, entre otras[24].

B. LA MUERTE DE VICENTE NOGUERA

38. Vicente Ariel Noguera nació el 29 de abril de 1978 en Asunción, Paraguay. Tenía 16 años de edad cuando fue incorporado al Centro de Instrucción Militar para Estudiantes y Formación de Oficiales de Reserva (en adelante "CIMEFOR"), el 1 de

---

[19] *Cfr. Caso Vargas Areco Vs. Paraguay*. Sentencia de 26 de septiembre de 2006. Serie C No. 155, párr. 71.27.
[20] *Cfr.* Naciones Unidas, Comité contra la Tortura. Conclusiones y recomendaciones. A/55/44, 10 de mayo de 2000, párrs. 146 a 151.
[21] *Cfr.* Naciones Unidas, Comité de los Derechos del Niño. *Examen de los informes presentados por los Estados con arreglo al artículo 44 de la Convención sobre los Derechos del Niño. Informe del Paraguay.* CRC/C/65/Add.12, de 15 de marzo de 2001.
[22] *Cfr.* Naciones Unidas, Comité de Derechos Humanos. Examen de los informes presentados por los Estados Partes con arreglo al artículo 40 del Pacto. CCPR/C/PRY /C0/2, de 24 de abril de 2006, párr. 14.
[23] *Cfr.* Naciones Unidas, Comité de los Derechos del Niño. Observaciones finales sobre el informe inicial presentado por el Paraguay en virtud del artículo 8 del Protocolo facultativo de la Convención sobre los derechos del Niño relativo a la participación de niños en los conflictos armados. CRC/C/OPAC/PRY/C0/1, de 25 de octubre de 2013, párr.14.
[24] *Cfr.* Informe alternativo al primer informe del Estado Paraguayo sobre Protocolo Facultativo de la Convención de Derechos del Niño sobre Participación de Niños en Conflictos Armados, presentado por Plan Paraguay y la Coordinadora por los Derechos de la Infancia y la Adolescencia (CDIA), julio de 2012, pág. 9.

diciembre de 1994, tras ser declarado apto por la Dirección de Reclutamiento y Movilización[25]. El reclutamiento contó con la venia judicial otorgada por solicitud de su madre, María Ramona Isabel Noguera Domínguez, quien al momento de los hechos se desempeñaba como modista y actualmente es activista dirigente de la Asociación de Familiares de Víctimas del Servicio Militar ("AFAVISEM")[26].

39. El 2 de enero de 1996, mientras se encontraba cursando el segundo año de servicio militar, Vicente Noguera fue trasladado a la III Compañía de la Agrupación CIMEFOR en Mariscal Estigarribia, en el Chaco Paraguayo. Vicente Noguera falleció el 11 de enero del año 1996 en las instalaciones de la III Compañía de la Agrupación CIMEFOR en Mariscal Estigarribia, en el Chaco Paraguayo. El último día que Vicente Noguera fue visto con vida fue el 10 de enero de 1996, cuando estuvo presente en las actividades físicas del entrenamiento premilitar. Sin embargo, de la prueba aportada y lo alegado, existen dos versiones diferentes sobre las circunstancias en las cuales se desarrollaron los hechos.

40. Una primera versión, alegada por los representantes, y consignada en el Informe de Fondo como en el ESAP, considera que la muerte de Vicente Noguera se produjo de manera violenta luego de haber sido sometido a malos tratos y ejercicios excesivos ("descuereo"[27]) por parte de miembros superiores integrantes del CIMEFOR. Según se alegó, compañeros de Vicente Noguera, habrían manifestado inicialmente a María Noguera que vieron cómo patearon el cuerpo de su hijo, lo torturaron y lo encerraron en un calabozo para castigarlo. Asimismo, de acuerdo a esta misma versión, se oyeron gritos y quejidos, sin precisar si ocurrieron dentro o fuera de la escuadra donde descansaban. Según esta versión, habría habido un pacto de silencio entre cabos aspirantes quienes habrían sido amenazados con ser dados de baja si decían la verdad a las autoridades que investigaban los hechos[28].

41. Por otra parte, los representantes señalaron que desde el primer momento tuvieron dudas acerca de las circunstancias en las que se produjo la muerte de Vicente Noguera, puesto que, como se advierte en el parte médico para ingresar a la CIMEFOR[29] y en el informe de fallecimiento[30], gozaba de buen estado físico y no demostró síntomas de afección o bajo rendimiento para ser internado o medicado. A su vez, al momento de llevar el cuerpo al centro médico para realizar la autopsia, sus

---

[25] *Cfr.* Dirección del Servicio de reclutamiento y Movilización, oficio de 18 de enero de 1996 en el cual se indica que su fecha de reclutamiento fue el 1 de diciembre de 1994 (expediente de prueba, folio 1783), y Boleta de Inscripción del servicio de Reclutamiento e inscripción No 016303/660 de 19 de septiembre de 1994 (expediente de prueba, folio 67). Del mismo modo, Ministerio de Salud Pública y Bienestar Social, XIV Región, Certificado de 7 de noviembre de 1994, en la cual consta que Vicente no revelaba manifestación de enfermedad infecto contagiosa, física ni mental (expediente de prueba, folio 3205).

[26] *Cfr.* Poder Judicial, Expediente Judicial: "Vicente Ariel Noguera s/ venia para CIMEFOR", No. 722, año 1994 (expediente de prueba, folios 3209 y 3210).

[27] *Cfr.* Término utilizado en la jerga militar de Paraguay para referirse a malos tratos y tratos crueles, inhumanos o degradantes por parte de los superiores (*Cfr.* Escrito de Solicitudes, Argumentos y Pruebas, folio 121).

[28] *Cfr.* Petición inicial de 19 de septiembre de 2000 (expediente de prueba, folios 1777 y ss).

[29] *Cfr.* Boleta de Inscripción del servicio de Reclutamiento e inscripción No. 016303/660 de 19 de septiembre de 1994 (expediente de prueba, folio 67), y Dirección de Servicios de Inteligencia y Movilización, Oficio de 18 de enero de 1996 en el cual se indica que un examen médico tuvo lugar el 3 de mayo de 1995 y que fue declarado apto (expediente de prueba, foja 1783). Del mismo modo, Ministerio de Salud Pública y Bienestar Social, XIV Región, Certificado de 7 de noviembre de 1994, en la cual consta que Vicente no revelaba manifestación de enfermedad infecto contagiosa, física ni mental (expediente de prueba, folio 3205).

[30] *Cfr.* Informe del Teniente Coronel P.E. de 11 de enero de 1996 (expediente de prueba, folio 1785).

familiares habrían advertido que presentaba un golpe en la cabeza y rastros de sangre en su ropa interior, lo que resulta indicativo de que podría haber sufrido violencia sexual; no obstante, no se brindó una explicación válida y razonable al respecto[31].

42. Una segunda versión, que se desprende de las declaraciones de 21 cabos aspirantes y del Teniente Germán Alcaraz señala que el día previo a su muerte transcurrió con normalidad, que no recibió ningún castigo y tenía un buen estado de salud física[32]. De igual manera, en el informe de fallecimiento que fue elevado al Comandante de la III Compañía de la Agrupación CIMEFOR, se señala que Vicente Noguera estuvo presente en las actividades propias de su entrenamiento premilitar durante el día 10 de enero de 1996 y que, posteriormente, al ser las 20:30 horas se efectuó la retreta para luego "ya en la escuadra proceder a la lectura de la lista y acostarse a dormir sin ninguna novedad"[33].

43. Según se indica, los testimonios coinciden en que Vicente Noguera habría emitido un grito alrededor de las 00:45 a 01:30, posiblemente un acceso de tos o una pesadilla, de tal magnitud que sus compañeros se habrían acercado para masajear su pecho. De acuerdo a esta versión, Vicente Noguera se habría volteado y continuó durmiendo. El informe también señala que al día siguiente al ser las 5:00 am dado que la presunta víctima no se despertaba, unos compañeros trataron de despertarlo y debido a que seguía acostado se bajó a Vicente Noguera de su cama y allí se pudo constatar que no presentaba signos vitales[34]. En esta segunda versión se estableció que la causa de muerte fue una infección generalizada sin ningún tipo de violencia traumática. Esta última hipótesis habría quedado demostrada a través diversos análisis forenses, pruebas médicas y autopsias realizadas.

C. LAS INVESTIGACIONES Y PROCESOS JUDICIALES INICIADOS POR LA MUERTE DE VICENTE NOGUERA

C.1. Proceso sumario ante la jurisdicción penal militar

44. El 11 de enero de 1996 el Juzgado de Instrucción Militar del Primer Turno emitió Auto de Apertura de Instrucción del sumario en averiguación y comprobación de la muerte de Vicente Noguera[35]. El primer examen forense concluyó que no se registraron signos o señales de violencia física visible en el cuerpo "solo las manchas marmóreas cadavéricas de rigor"[36].

45. En el marco de esa investigación por los hechos del caso, el juez en acuerdo con la familia de la presunta víctima ordenó que la autopsia se realizara en un Hospital

---

[31] *Cfr.* Querella criminal presentada por María Noguera el 6 de setiembre de 1996 (expediente de prueba, folios 1790 y ss).
[32] *Cfr.* Declaraciones de los cabos aspirantes ante el Juez de Instrucción Militar del Primer Turno (expediente de prueba, folios 1795 a 1900).
[33] Informe del Teniente H.A. de 11 de enero de 1996 (expediente de prueba, folio 216).
[34] *Cfr.* Informe del Teniente Coronel P.E. de 11 de enero de 1996 (expediente de prueba, folio 1785) e Informe del Teniente H.A. de 11 de enero de 1996 (expediente de prueba, folio 216).
[35] *Cfr.* Comando en jefe de las Fuerzas Armadas de la Nación, Expediente "Sumario administrativo instruido en averiguación de la causa de fallecimiento del cabo aspirante Vicente Ariel Noguera del centro No. 3 de la CIMEFOR, con asiento en Mcal. Estigarribia" (expediente de prueba, folio 3214).
[36] *Cfr.* Comando en jefe de las Fuerzas Armadas de la Nación, Expediente "Sumario administrativo instruido en averiguación de la causa de fallecimiento del cabo aspirante Vicente Ariel Noguera del centro No. 3 de la CIMEFOR, con asiento en Mcal. Estigarribia". Reconocimiento y examen médico de 11 de enero de 1996 (expediente de prueba, folio 2767).

privado denominado "Migone" en Asunción, la cual fue practicada el 11 de enero de 1996, entre las 16:45 y 18:00 horas, con la presencia de un médico que había solicitado expresamente María Noguera.

46. En el informe de la autopsia que fue emitido el 23 de febrero de 1996 se determinó que la "patología principal detectada es una inflamación pulmonar de la variedad *neumonitis* intersticial con importante *edema alveolar de tipo inflamatorio que se observa con intensidad variable, entre leve y severa en ambos pulmones*"[37]. A su vez, se practicó un examen toxicológico, cuyo resultado dio negativo a la presencia de drogas o de sustancias tóxicas[38]. Por otra parte, unas muestras de tejido pulmonar fueron enviadas al C*enter for Disease Control and Prevention* (Nuevo México, Estados Unidos) para que se efectuaran análisis. En el informe de 20 de marzo de 1996 la referida institución confirmó que se trataba de una neumonitis intersticial, aunque indicó que los resultados no eran consistentes con el Syndrome Pulmonar por Hantavirus (HPS). Por otra parte, también se indicó que el resultado del análisis inmunohistoquímico fue negativo[39].

47. El 21 de octubre de 1997 el Juzgado de Primera Instancia Militar de Primer Turno emitió auto de sobreseimiento, por no existir delito que investigar ni "delincuente que castigar". Asimismo, se dispuso el archivo del asunto, de conformidad con el artículo 199 del Código de Procedimiento Penal Militar[40].

C.2. Investigación y proceso ante la jurisdicción ordinaria

48. Los días 17 de enero y 29 de julio de 1996 María Noguera expresó al Fiscal General su convicción de que la muerte de su hijo no fue accidental, sino un hecho de violencia y solicitó su intervención para que se investigara su muerte[41]. Adicionalmente, presentó querella criminal por el homicidio de su hijo el 6 de septiembre de 1996[42].

49. El 2 de agosto de 1996 el Ministerio Público recomendó la exhumación del cadáver del fallecido a los efectos de la realización de una nueva autopsia[43]. El 5 de septiembre de 1996 se ordenó la exhumación y una segunda autopsia al cuerpo de Vicente Noguera, la cual se realizó el 9 de septiembre de 1996. En el informe de la

---

[37] El informe agregó que otra "alteración llamativa es una congestión de casi todos los órganos, de tipo pasiva, de relativa corta duración, que puede estar en relación con una alteración difusa de la pared vascular asociada a un shock probablemente séptico y a una alteración funcional cardíaca". Informe de autopsia de 23 de febrero de 1996 (expediente de prueba, folio 3426).
[38] *Cfr.* Policía Nacional de Paraguay. Departamento de Investigación de Delitos. Laboratorio Forense. Resultado laboratorial de 15 de enero de 1996 (expediente de prueba, folio 2945).
[39] *Cfr.* Center for Disease Control and Prevention. Mensaje de 20 de marzo de 1996 (expediente de prueba, folio 3444).
[40] *Cfr.* Comando en jefe de las Fuerzas Armadas de la Nación, Expediente "Sumario administrativo instruido en averiguación de la causa de fallecimiento del cabo aspirante Vicente Ariel Noguera del centro No. 3 de la CIMEFOR, con asiento en Mcal. Estigarribia" (expediente de prueba, folio 3452). El artículo 199 del Código del Procedimiento Penal Militar disponía que "[d]ecretado el sobreseimiento total, se mandará que se archiven los autos, después de haberse practicado las diligencias para la ejecución de lo mandado".
[41] *Cfr.* Cartas de la madre de la presunta víctima al Fiscal General del Estado de 17 de enero de 1996 y 29 de julio de 1996 (expediente de prueba, folios 1916 a 1920).
[42] *Cfr.* Querella criminal presentada por María Noguera el 6 de setiembre de 1996 (expediente de prueba, folios 1790 y ss).
[43] *Cfr.* Dictamen No. 1007 del Fiscal General de 2 de agosto de 1996. Anexo al escrito del Estado de 16 de setiembre de 2004 (expediente de prueba, folio 1925).

autopsia se concluyó que no se observan "lesiones de evidencia traumática en piel, músculos y huesos" y que la muerte se produjo a causa de "neumonitis intersticial con importante edema alveolar y hemorragia"[44].

50. El 19 de septiembre de 1996, el Juzgado Criminal del 11° Turno remitió los actuados en la investigación a la jurisdicción de Mariscal Estigarribia, por considerar que los hechos ocurrieron en dicha localidad[45]. Ante dicha situación, un nuevo juez de instrucción asumió la conducción del proceso, pero fue recusado por María Noguera alegando que la indujo a error y mantenía animadversión personal contra ella. El Tribunal de Apelaciones en lo Criminal hizo lugar a la recusación basándose "en que las expresiones vertidas por la recusante, son graves y más que suficientes para justificar por razones de prudencia la separación del Juez"[46]. Se inició un conflicto de competencia negativa entre los jueces involucrados, puesto que ninguno se reconocía con jurisdicción para conocer la investigación. Al respecto, el 26 de febrero de 1999 la Corte Suprema resolvió declarando competente al Juez de Primer Turno perteneciente a la jurisdicción de Mariscal Estigarribia[47].

51. El 2 de octubre de 1996, el Juzgado admitió la querella criminal "contra personas innominadas por la supuesta comisión de los delitos de homicidio, lesión corporal, abuso de autoridad"[48].

52. Entre abril y julio de 1999, el agente Fiscal intimó a la querellante a presentar las direcciones de las personas que conocían de las circunstancias de la muerte de Vicente Noguera. María Noguera solicitó en dos ocasiones que se intimara al jefe de las Fuerzas Armadas de la Nación para que proporcionara dicha información[49]. El 18 de julio de 2001 mediante Dictamen Fiscal se reiteró al jefe de las Fuerzas Armadas que remitiera las direcciones de las personas individualizadas como testigos[50]. El 31 de agosto de 2001 el Presidente de la Corte Suprema de Justicia Militar remitió solo el auto de sobreseimiento de la investigación por la muerte de la Vicente Noguera y las direcciones solicitadas.

53. El 6 de noviembre de 2002, el Juez Penal de Liquidación y Sentencia archivó el pedido de investigación con fundamento en el artículo 7 de la Ley 1444/99 que establece que en los procesos con imputados no individualizados, el Juzgado decretará el archivo del expediente, cuando el Ministerio Público o las partes, dentro del plazo de seis meses, no hubiesen formulado peticiones o realizado actos o diligencias pertinentes para dar continuidad a la causa[51].

54. El 28 de mayo de 2012 se reabrió la investigación por la muerte de Vicente Noguera en cumplimiento de lo establecido por el Acuerdo de Solución Amistosa[52].

---

[44] *Cfr.* Informe de autopsia de 18 de octubre de 1996 (expediente de prueba, folio 1935).
[45] *Cfr.* Juzgado de Primera Instancia en lo Criminal del 11° Turno. Auto de 19 de setiembre de 1996 (expediente de prueba, folio 2018).
[46] *Cfr.* Primera Sala del Tribunal de Apelación en lo Criminal. Incidente de recusación, de 13 de marzo de 1998 (expediente de prueba, folios 1941 a 1942).
[47] Corte Suprema de Justicia. Resolución A. I. No. 157, de 26 de febrero de 1999 (expediente de prueba, folios 1944 a 1945).
[48] *Cfr.* Juzgado de Primera Instancia en lo Criminal del 11° Turno. Auto de 2 de octubre de 1996 (expediente de prueba, folios 1922 a 1923).
[49] *Cfr.* Escritos de la parte querellante en el pedido de investigación de 6 de febrero de 2000 y 6 de junio de 2000 (expediente de prueba, folios 1948 a 1951).
[50] *Cfr.* Dictamen Fiscal No. 226 de 18 de julio de 2001 (expediente de prueba, folio 1953).
[51] *Cfr.* Auto de Instrucción No. 670 del Juez Penal de Liquidación y Sentencia No 7 de 6 de noviembre de 2002. Anexo al escrito del Estado de 16 de setiembre de 2004 (expediente de prueba, folios 1954 y 1955).
[52] *Cfr.* Ministerio Público, Fiscalía Adjunta de Derechos Humanos, Resolución de 28 de mayo de 2012 (expediente de prueba, folio 3178).

En el año 2013 la Fiscal a cargo solicitó diligencias vinculadas al Acuerdo de Solución Amistosa para la conformación de una junta médica que realizara un estudio adicional relacionado con las autopsias, que se llevó a cabo el 1 de octubre del mismo año[53]. El 9 de octubre de 2013, la junta médica presentó un informe en el cual se señala que la causa de la muerte de Vicente Noguera es una neumonitis aguda, reconoció los resultados que dan negativo por Hantavirus realizados en Estados Unidos, y constató que no se encuentran signos de apremio físico, de modo tal que concluyó que se trata de una muerte natural producto de la evolución de un cuadro patológico[54].

55. Con posterioridad a la investigación correspondiente, la referida Agente Fiscal solicitó el sobreseimiento definitivo el 31 de octubre de 2013, como también en el mismo sentido lo hizo el Fiscal Adjunto el 20 de noviembre de 2013[55]. El 10 de marzo de 2014 se ordenó el archivo de la causa y no se hizo lugar al pedido de sobreseimiento libre efectuado por representante del Ministerio Público por improcedente[56].

56. El 13 de diciembre de 2018, luego de haber sido sometido el caso ante la Corte Interamericana, la Fiscalía de Derechos Humanos correspondiente al Ministerio Público, inició el procedimiento de apertura de la causa por tortura. En el formulario de ingreso de la causa se indicó que deben realizarse todas las diligencias pertinentes para llegar a la verdad real de los hechos y tener en cuenta que los antecedentes investigativos con relación al caso se encuentran en la Unidad Especializada No. 2 de Hechos Punibles contra los Derechos Humanos[57]. Desde esa fecha se han efectuado algunas diligencias, tales como la realización de audiencias para recabar declaraciones testimoniales[58], la remisión de oficios a la Unidad N° 2 Especializada de Derechos Humanos[59], al Comandante en Jefe de las Fuerzas Armadas de la Nación[60], y se realizó una pericia de autopsia histórica a Vicente Noguera[61].

57. En la autopsia histórica practicada el 18 de julio de 2019 se recalca nuevamente que la causa de la muerte fue la neumonitis intersticial de origen, "virósico", natural, no violenta. Según se indicó, lo cual fue reconocido por el Estado, este tipo de cuadro de salud puede darse de forma asintomática y que entrenamientos físicos, incluso los inherentes al rigor propio de la disciplina militar, pudieran influir en desenlaces como el ocurrido en este caso[62].

---

[53] Cfr. Expediente judicial: "Pedido de archivo: Pedido de investigación judicial solicitado por María Ramona Noguera" (expediente de prueba, folios 3130 a 3193).
[54] Cfr. Dirección de Medicina legal y Ciencias Forenses, Causa "Pedido de Investigación Judicial Solicitado por María Noguera", respuestas a los puntos de pericia solicitados, 9 de octubre de 2013 (expediente de prueba, folio 3137).
[55] Cfr. Ministerio Público, Unidad Penal No. 2 Especializada en los DDHH, requerimiento No. 88 de 31 de octubre de 2013 (expediente de prueba, folios 3139 a 3148) y Fiscal Adjunto, Dictamen No. 1615 de 20 de noviembre de 2013 (expediente de prueba, folio 3157).
[56] Cfr. Resolución F.A.DD.HH de 28 de mayo de 2012 (expediente de prueba, folio 4219).
[57] Cfr. Ministerio Público de la República de Paraguay, Formulario de Ingreso de Causa, 13 de diciembre de 2018 (expediente de prueba, folios 4201 a 4215).
[58] Cfr. Ministerio Público, Transcripción de audiencia e 25 de febrero de 2019 (expediente de prueba folios 4225 a 4235). Asimismo, expediente de prueba, folios 4427 y siguientes.
[59] Cfr. Ministerio Público, Nota 86/19 de 18 de febrero de 2019 (expediente de prueba, folio 4237).
[60] Cfr. Ministerio Público, Oficios 15/19 de 11 de marzo de 2019 y 50/19 de 5 de junio de 2019 (expediente de prueba, folios 4239 y 4277).
[61] Cfr. Ministerio Público, Oficio 15/19 de 11 de marzo de 2019 (expediente de prueba, folio 4239), y Ministerio Público, Dirección de Medicina Legal y Ciencias Forenses, Departamento de Clínica Forense, Entrada No.19/19 de 18 de julio de 2019 (expediente de prueba, folios 4391 a 4419).
[62] Cfr. Autopsia histórica, 18 de julio de 2018 (expediente de prueba, folios 4417 a 4419).

VIII
FONDO

58. En el presente caso, la Corte debe analizar la responsabilidad internacional del Estado por la alegada violación a diversos derechos convencionales en relación con la muerte de Vicente Noguera mientras se encontraba bajo custodia del Estado prestando servicio militar. El Estado efectuó un reconocimiento parcial de responsabilidad, por lo que la Corte analizará únicamente lo que aún está en controversia. A continuación, la Corte analizará los alegatos sobre el fondo de conformidad con el siguiente orden: (a) Derechos a la vida, a la integridad personal y derechos del niño, y (b) Derechos a las garantías judiciales y a la protección judicial.

VIII-1
DERECHOS A LA VIDA, A LA INTEGRIDAD PERSONAL Y DERECHOS DEL NIÑO (ARTÍCULOS 4, 5 Y 19 DE LA CONVENCIÓN AMERICANA)

A. ALEGATOS DE LAS PARTES Y DE LA COMISIÓN

59. La *Comisión* argumentó que las investigaciones a nivel interno no lograron esclarecer las circunstancias de la muerte de Vicente Noguera, por lo que dicha muerte resulta atribuible al Estado. Sostuvo que la posición del Estado sobre las razones que dieron lugar a la muerte de la presunta víctima se basa en dos informes de autopsias practicadas, por lo que la única explicación aportada se relaciona con la supuesta causa médica de la muerte, mas no con las circunstancias de tiempo, modo y lugar. Agregó que existen otros indicios que apuntan a la responsabilidad del Estado, sumado al contexto de afectaciones a la vida e integridad de los cabos aspirantes que prestaban el servicio militar en Paraguay durante la época en que sucedieron los hechos, por lo que la muerte de la presunta víctima no podía considerarse un hecho aislado.

60. Adicionalmente, la Comisión determinó que no existe controversia respecto a que un día antes de su muerte, la presunta víctima gozaba de buena salud, lo que sumado a las versiones que relatan excesivo ejercicio físico ese día, genera un serio cuestionamiento a la versión que indica que la presunta víctima murió producto de un proceso infeccioso, lo cual, de todos modos, no exime de responsabilidad al Estado, en tanto la presunta víctima en su condición de niño se encontraba bajo su custodia, sumado a que existieron denuncias y el Estado no presentó una explicación suficiente que esclareciera la muerte y abusos denunciados. Además, consideró que Paraguay no tomó en consideración la condición de niño de la presunta víctima ni desplegó acciones especiales para su protección por lo que violó los derechos del niño.

61. Por su parte, los *representantes* coincidieron con lo señalado por la Comisión y agregaron que más allá de la explicación insuficiente del Estado basada en el resultado de los informes de autopsia se observaba que las investigaciones a nivel interno tampoco lograron esclarecer las circunstancias de la muerte de Vicente Noguera, por lo que al acaecer bajo custodia del Estado y ante los intentos de ocultar las circunstancias de los hechos en que ocurrió sin la debida protección y garantía de sus derechos, se podía inferir la responsabilidad de Paraguay, debido a que es el Estado el encargado de proteger, preservar y garantizar el derecho a la vida y el pleno y libre ejercicio de los derechos de todas las personas bajo su tutela.

62. Los *representantes* afirmaron que el Estado debe ser garante de los niños que se encuentran bajo su custodia, ofreciéndoles una protección especial en orden de salvaguardar su vida y desarrollo integral primando su interés superior. Asimismo, precisaron que los niños que se encuentran bajo la custodia estatal en su condición de soldados militares, en cumplimiento del servicio militar, deben contar con medidas especiales a fin de salvaguardar su vida e integridad, ya que se encuentran privados de su libertad de una forma especial bajo el régimen del servicio militar.

63. El *Estado* aceptó que, al no haber desvirtuado satisfactoriamente los indicios respecto de la posibilidad de una muerte violenta, era responsable de la violación de los artículos 4.1, 5.2 y 19 de la Convención. Asimismo, precisó que luego del Informe de Fondo resolvió iniciar una nueva investigación el 13 de diciembre de 2018[63], dentro de la cual se han realizado acciones como recibir la declaración testimonial de la señora María Noguera el 25 de febrero de 2019, pedidos de informes al Comandante en Jefe de las Fuerzas Armadas de la Nación y la orden de 8 de abril de 2019 de realización de una pericia de autopsia histórica.

B. CONSIDERACIONES DE LA CORTE

64. La Corte procederá a examinar la cuestión acerca de la responsabilidad internacional del Estado por la violación de los artículos 4, 5, y 19 de la Convención Americana en perjuicio de Vicente Noguera.

65. Este Tribunal ha establecido que el derecho a la vida juega un papel fundamental en la Convención Americana, por ser el presupuesto esencial para el ejercicio de los demás derechos. La observancia del artículo 4, relacionado con el artículo 1.1 de la Convención Americana, no sólo presupone que ninguna persona sea privada de su vida arbitrariamente (obligación negativa), sino que además requiere que los Estados adopten todas las medidas apropiadas para proteger y preservar el derecho a la vida (obligación positiva)[64], conforme al deber de garantizar el pleno y libre ejercicio de los derechos de todas las personas bajo su jurisdicción[65].

66. En consecuencia, los Estados tienen la obligación de garantizar la creación de las condiciones que se requieran para que no se produzcan violaciones de ese derecho inalienable y, en particular, el deber de impedir que sus agentes atenten contra el mismo. Esta protección activa del derecho a la vida por parte del Estado no sólo involucra a sus legisladores, sino a toda institución estatal y a quienes deben resguardar la seguridad, sean éstas sus fuerzas de policía o sus fuerzas armadas[66].

67. Respecto de las personas bajo la custodia del Estado las cuales incluye también a los miembros de las fuerzas armadas en servicio activo acuartelado, esta Corte ha señalado que el Estado debe garantizar su derecho a la vida y a la integridad personal, en razón de que éste se encuentra en posición especial de garante con

---

[63] *Cfr.* Investigación No 01-01-02-01-2018-203 caratulada como "Persona innominada s/ Tortura" a cargo de la Unidad Fiscal Especializada en Derechos Humanos, agente fiscal Silvia Cabrera.
[64] *Cfr. Caso de los "Niños de la Calle" (Villagrán Morales y otros) Vs. Guatemala. Fondo.* Sentencia de 19 de noviembre de 1999, párr. 144, y *Caso Valencia Hinojosa y otra Vs. Ecuador. Excepciones Preliminares, Fondo, Reparaciones y Costas.* Sentencia de 29 de noviembre de 2016. Serie C No. 327, párr. 100.
[65] *Cfr. Caso Myrna Mack Chang Vs. Guatemala,* párr. 153, y *Caso Ruiz Fuentes y otra Vs. Guatemala. Excepción Preliminar, Fondo, Reparaciones y Costas.* Sentencia de 10 de octubre de 2019. Serie C No. 385, párr. 100.
[66] *Cfr. Caso de los "Niños de la Calle" (Villagrán Morales y otros) Vs. Guatemala. Fondo,* párrs. 144 y 145, y *Caso Ruiz Fuentes y otra Vs. Guatemala,* párr. 100.

respecto a dichas personas[67]. Así, la Corte ha interpretado que, en relación con esas personas en especial situación de sujeción en el ámbito militar, el Estado tiene el deber de: (i) salvaguardar la integridad y el bienestar de los militares en servicio activo; (ii) garantizar que la manera y el método de entrenamiento no excedan el nivel inevitable de sufrimiento inherente a esa condición, y (iii) proveer una explicación satisfactoria y convincente sobre las afectaciones a la integridad y a la vida que presenten las personas que se encuentran en una especial situación de sujeción en el ámbito militar, sea que se encuentran prestando servicio militar de forma voluntaria u obligatoria, o que se hayan incorporado a las fuerzas armadas en carácter de cadetes u ostentando un grado en la escala jerárquica militar. En consecuencia, procede la presunción de considerar responsable al Estado por las afectaciones a la integridad personal y a la vida que sufre una persona que ha estado bajo autoridad y control de funcionarios estatales, como aquellos que participan en la instrucción o escuela militar[68].

68. Por otra parte, cuando el Estado se encuentra en presencia de niñas y niños que están bajo su custodia, como ocurre en el presente caso, tiene, además de las obligaciones señaladas para toda persona que se encuentra en esa condición, una obligación adicional establecida en el artículo 19 de la Convención Americana. Por una parte, debe asumir su posición especial de garante con mayor cuidado y responsabilidad, y debe tomar medidas especiales orientadas en el principio del interés superior del niño[69].

69. Por último, con relación a personas bajo custodia del estado en instalaciones militares, la Corte ha afirmado que los derechos a la vida y a la integridad personal se hallan directa e inmediatamente vinculados con la atención a la salud humana[70] y que la falta de atención médica adecuada puede conllevar la vulneración del artículo 5.1 de la Convención[71]. De ese modo, la Corte estima que, entre las medidas de seguridad que es preciso adoptar en el marco de los procesos de formación de las fuerzas militares, se encuentra la de contar con atención médica adecuada y de calidad en el transcurso de los entrenamientos militares, ya sea dentro de los cuarteles o en el exterior, incluyendo la asistencia médica de emergencia y especializada que se considere pertinente[72].

---

[67] *Cfr. Caso Quispialaya Vilcapoma Vs. Perú*. Sentencia de 23 de noviembre de 2015. Serie C No. 308, párr. 124.

[68] *Cfr. Ortiz Hernández y otros Vs Venezuela. Fondo, Reparaciones y Costas*. Sentencia de 22 de agosto de 2017, párr. 107.

[69] *Cfr. Caso de los Hermanos Gómez Paquiyauri*, párrs. 124, 163–164, y 171, y *Caso Cuscul Pivaral y otros Vs. Guatemala. Sentencia de Excepción Preliminar, Fondo, Reparaciones y Costas*. Sentencia de 14 de mayo de 2019. Serie C No. 359, párr. 132.

[70] *Cfr. Caso Albán Cornejo y otros. Vs. Ecuador. Fondo, Reparaciones y Costas*. Reparaciones y Costas. Sentencia de 22 de noviembre de 2007. Serie C No. 171 párr. 117; *Caso Chinchilla Sandoval y otros Vs. Guatemala. Excepción Preliminar, Fondo, Reparaciones y Costas*. Sentencia de 29 de febrero de 2016. Serie C No. 312, párr. 170, y *Caso Ortiz Hernández y otros Vs Venezuela*, párr. 119.

[71] *Cfr. Caso Tibi Vs. Ecuador. Excepciones Preliminares, Fondo, Reparaciones y Costas*. Sentencia de 7 de septiembre de 2004. Serie C No. 114, párr. 157, y *Caso Cuscul Pivaral y otros Vs. Guatemala*, párr. 161.

[72] *Cfr. Caso Ortiz Hernández y otros Vs. Venezuela*, párr. 119.

B.1. La responsabilidad del Estado por no haber aclarado las circunstancias en las que se produjo la muerte de Vicente Noguera

70. La Corte recuerda que el Estado reconoció su responsabilidad internacional por la vulneración de los derechos a la vida (artículo 4.1), a la integridad personal (artículo 5.1) y a los derechos del niño (artículo 19) en perjuicio de Vicente Noguera. Expresó que esos derechos se vulneraron tomando en consideración que la muerte de Vicente Noguera, de 17 años de edad al momento de su muerte, se produjo en un establecimiento militar, bajo tutela del Estado, sin que se hubieran aclarado las circunstancias en las que se produjo, ni que se hubieran desvirtuado satisfactoriamente los indicios respecto de la posibilidad de una muerte violenta (*supra* párr. 63). Conforme a lo anterior, y en virtud del reconocimiento de responsabilidad efectuado por el Estado, el Tribunal encuentra que el Estado es responsable por una violación del derecho a la vida, dell derecho a la integridad personal y de los derechos del niño, reconocidos en los artículos 4.1, 5.1 y 19 de la Convención en relación con el artículo 1.1 del mismo instrumento, en perjuicio de Vicente Noguera.

B.2. La responsabilidad del Estado por los alegados malos tratos en contra de Vicente Noguera

71. Por otra parte, este Tribunal ya expresó que aún se encontraba en controversia la alegada vulneración a esos derechos en perjuicio de Vicente Noguera por los alegados malos tratos a los cuales habría sido sometido y que habrían llevado a su muerte en un establecimiento militar (*supra* párr. 25). En ese sentido, corresponde determinar si existen elementos de prueba suficiente como para concluir que el Estado es también responsable por una vulneración del derecho a la vida, a la integridad y a los derechos del niño por esos motivos en perjuicio de Vicente Noguera.

72. Con respecto a lo anterior, la Corte advierte que en el presente caso se practicaron varias experticias médicas, o forenses: (a) examen forense de 11 de enero de 1996; (b) autopsia de 11 de enero de 1996; (c) examen del Center for Disease Control and Prevention (Nuevo México, Estados Unidos) con base en muestras del pulmón de la presunta víctima; (d) exhumación y pericia practicada al cuerpo de Vicente Noguera de 9 de septiembre de 1996, (e) autopsia practicada el 18 de octubre de 1996; (f) pericia de una junta médica practicada el 9 de octubre de 2013, y (g) autopsia histórica el 18 de julio de 2019 (*supra* Capítulo VII.C). En el marco de esas experticias, no se registran signos o señales de violencia física, y la muerte se habría producido como consecuencia de una infección generalizada que podría haber sido asintomática. A su vez, estas experticias son coincidentes con la versión de los hechos de acuerdo a la cual no se cuenta con evidencia suficiente que permita concluir que Vicente Noguera fue objeto de apremios físicos, la cual ha sido reconocida por las autoridades internas en los procedimientos jurisdiccionales (*supra* Capítulo VII.C).

73. Por otra parte, la versión sostenida por los familiares de Vicente Noguera que habrían advertido que presentaba un golpe en la cabeza y rastros de sangre en su ropa interior lo que resulta indicativo de que podría haber sufrido violencia sexual (*supra* Capítulo VII.B) está basada en el testimonio de los familiares de Vicente Noguera, en lo que habrían declarado los compañeros de la víctima a la madre de Vicente, y en versiones de prensa. Por último, para el momento en que ocurrieron los hechos del presente caso, existía un contexto de vulneraciones en las condiciones en que se prestaba el servicio militar en Paraguay, y en particular se hizo referencia a la

existencia de maltratos, reclutamiento forzado, e incluso de muerte en agravio de niños reclutas (*supra* Capítulo VII.A).

74. En relación con este último punto, cabe recordar que sin perjuicio de la situación general que podía existir en Paraguay para la época en que ocurrieron los hechos del caso, para fincar responsabilidad estatal por transgresión al deber de respeto en relación con el actuar de sus agentes, no basta con una situación general o un contexto en esa región de vulneraciones a los derechos humanos por parte de funcionarios del Estado, también resulta necesario que en el caso concreto se vulneren las obligaciones de respeto a cargo de los Estados en las circunstancias propias del mismo[73].

75. Sobre la responsabilidad del Estado por los alegados maltratos en contra de Vicente Noguera, el Tribunal advierte que el Estado no presentó información que pueda explicar de qué forma las autoridades militares paraguayas habrían cumplido con su obligación de garantizar la seguridad de la presunta víctima a través de mecanismos o exámenes médicos rutinarios para determinar su aptitud y el seguimiento de su estado de salud. Además, tal como el informe de autopsia histórica del difunto indica, el cuadro de salud que habría causado su muerte se podría haber agravado con los entrenamientos físicos, incluso con los inherentes al rigor propio de la disciplina militar. En ese sentido, la falta de control para detectar un padecimiento físico de Vicente Noguera, así como su sometimiento a ejercicios físicos que podrían haber agravado su estado de salud, son elementos que refuerzan la responsabilidad del Estado a pesar de que a la luz de la prueba presentada no sea posible llegar a una conclusión precisa con relación a que su muerte fuera el resultado de malos tratos que habría sufrido.

VIII-2
DERECHOS A LAS GARANTÍAS JUDICIALES Y A LA PROTECCIÓN JUDICIAL (ARTÍCULOS 1.1, 8.1 y 25 DE LA CONVENCIÓN AMERICANA)

A. ALEGATOS DE LAS PARTES Y DE LA COMISIÓN

76. La *Comisión* señaló que en el presente caso se vulneró: (a) el derecho a contar con una autoridad competente, independiente e imparcial por la investigación en la jurisdicción militar de la muerte de Vicente Noguera; (b) la obligación por parte del Estado de investigar con la debida diligencia la muerte de Vicente Noguera[74], y (c) el principio del plazo razonable en la investigación. Los *representantes* coincidieron con la Comisión.

---

[73] *Cfr. Caso Yarce y otras Vs. Colombia. Excepción Preliminar, Fondo, Reparaciones y Costas.* Sentencia de 22 de noviembre de 2016. Serie C No. 325, párr. 180, y *Caso Díaz Loreto y otros Vs. Venezuela. Excepciones Preliminares, Fondo, Reparaciones y Costas.* Sentencia de 19 de noviembre de 2019. Serie C No. 392, párr. 67.

[74] Indicó la Comisión: (a) en relación con la práctica de pruebas testimoniales, de la veintena de testigos convocados solo se concretaron dos entrevistas y además, la Fiscalía volcó sobre la madre de la presunta víctima la obligación de proveer las direcciones de los cabos aspirantes cuyo testimonio era requerido para la construcción de la prueba testimonial; (b) que en los dos informes de las autopsias se señala como causa de muerte una infección pulmonar sin relacionar dicha enfermedad con el entorno contextual y las condiciones de vida de la presunta víctima, sumado a que no se tomaron pruebas de rayos-x en ninguna de las autopsias ni se adjuntaron fotografías al informe médico ni al expediente judicial militar, y (c) que no consta que se hubiese seguido una estrategia investigativa orientada a corroborar o descartar que la muerte de la presunta víctima no fue un hecho accidental sino más bien el resultado de un hecho violento.

77. Por su parte, el *Estado* reconoció su responsabilidad por una violación a los derechos a a las garantías judiciales y a la protección judicial. Sin embargo, como fuera indicado en el capítulo correspondiente (*supra* Capítulo V.B.2), no son claros los motivos por los cuales procedió a tal reconocimiento. Indicó de forma genérica que "reconoce que [las investigaciones] fueron insuficientes para la aclaración de todos los hechos denunciados". A su vez, el Estado se refirió a algunos puntos para los cuales habría habido "alguna confusión en su interpretación". Alegó, en particular, que en el sumario de la justicia penal fueron realizadas múltiples diligencias investigativas *ex officio* de gran valor y que con la finalidad de satisfacer el estándar internacional se abrió una nueva investigación. Asimismo, señaló que cuando sucedieron los hechos no era obligación de los Estados adoptar las recomendaciones del Protocolo de Minnesota. Finalmente, se refirió a las investigaciones particulares llevadas adelante por la madre de la presunta víctima al margen de los procesos formales, negando las afirmaciones que se desprenden por no existir forma de comprobarlos y abrió la posibilidad de que en el marco de la investigación que lleva adelante el Ministerio Público, la referida información pudiera ser incorporada y verificada.

B. CONSIDERACIONES DE LA CORTE

78. El artículo 8.1 de la Convención reconoce el derecho de toda persona a ser oída con las debidas garantías y dentro de un plazo razonable por un juez o tribunal competente, independiente e imparcial, establecido con anterioridad por la ley, en la sustanciación de cualquier acusación penal formulada en su contra o para la determinación de sus derechos, todo ello dentro de la obligación general, a cargo de los mismos Estados, de garantizar el libre y pleno ejercicio de los derechos reconocidos por la Convención a toda persona que se encuentre bajo su jurisdicción (artículo 1.1)[75].

79. Este Tribunal ha señalado que el artículo 25.1 de la Convención contempla la obligación de los Estados Parte de garantizar, a todas las personas bajo su jurisdicción, un recurso judicial sencillo, rápido, y efectivo contra actos violatorios de sus derechos fundamentales[76]. Teniendo en cuenta lo anterior, es posible identificar dos obligaciones específicas del Estado. La primera, consiste en reconocer normativamente y asegurar la debida aplicación de recursos efectivos ante las autoridades competentes, que amparen a todas las personas bajo su jurisdicción contra actos que violen sus derechos fundamentales o que conlleven la determinación de los derechos y obligaciones de éstas. La segunda, garantizar los medios para ejecutar las respectivas decisiones y sentencias definitivas emitidas por tales autoridades competentes, de manera que se protejan efectivamente los derechos declarados o reconocidos[77].

---

[75] *Cfr. Caso Velásquez Rodríguez Vs. Honduras. Excepciones Preliminares*. Sentencia de 26 de junio de 1987. Serie C No. 1, párr. 91, y *Caso Montesinos Mejía Vs. Ecuador*, párr. 151.

[76] *Cfr. Caso Mejía Idrovo Vs. Ecuador. Excepciones Preliminares, Fondo, Reparaciones y Costas*. Sentencia de 5 de julio de 2011. Serie C No. 228, párr. 95, y *Caso López y otros Vs. Argentina. Excepciones Preliminares, Fondo, Reparaciones y Costas*. Sentencia de 25 de noviembre de 2019. Serie C No. 396, párr. 209.

[77] *Cfr. Caso de los "Niños de la Calle" (Villagrán Morales y otros) Vs. Guatemala. Fondo*, párr. 237 y *Caso López y otros Vs. Argentina*, párr. 209.

B.1. Sobre el principio del plazo razonable y las debidas diligencias de investigación

80. En el presente caso, se indicó en el capítulo sobre el reconocimiento de responsabilidad efectuado por el Estado que aún se encontraba en controversia la alegada vulneración a los derechos a las garantías judiciales y protección judicial (artículos 8 y 25 de la Convención) en perjuicio de María Noguera.

81. La Corte ha señalado de manera consistente que el deber de investigar es una obligación de medios y no de resultados, que debe ser asumida por el Estado como un deber jurídico propio y no como una simple formalidad condenada de antemano a ser infructuosa, o como una mera gestión de intereses particulares, que dependa de la iniciativa procesal de las víctimas o de sus familiares o de la aportación privada de elementos probatorios[78]. Asimismo, la debida diligencia exige que el órgano que investiga lleve a cabo todas aquellas actuaciones y averiguaciones necesarias para procurar el resultado que se persigue[79].

82. Además, la Corte ha señalado de forma constante que, en el marco de la investigación, es crucial la importancia que tienen las primeras etapas de la investigación y el impacto negativo que las omisiones e irregularidades en tales etapas puede tener en las perspectivas reales y efectivas de esclarecer el hecho[80]. En ese sentido, en aras de garantizar la efectividad de la investigación se debe evitar omisiones en la recaudación de prueba y en el seguimiento de líneas lógicas de investigación[81].

83. Asimismo, la Corte ha considerado en su jurisprudencia constante que una demora prolongada en el proceso puede llegar a constituir, por sí misma, una violación a las garantías judiciales[82]. El Tribunal ha establecido que la evaluación del plazo razonable se debe analizar en cada caso concreto, en relación con la duración total del proceso, lo cual podría también incluir la ejecución de la sentencia definitiva. De esta manera, ha considerado cuatro elementos para analizar si se cumplió con la garantía del plazo razonable, a saber: (i) la complejidad del asunto[83], (ii) la actividad procesal del interesado[84], (iii) la conducta de las autoridades judiciales[85], y (iv) la afectación

---

[78] *Cfr. Caso Velásquez Rodríguez Vs. Honduras. Fondo*, párr. 177, y *Caso Gómez Virula y otros Vs. Guatemala. Excepción Preliminar, Fondo, Reparaciones y Costas*. Sentencia de 21 de noviembre de 2019. Serie C No. 393, párr. 65.

[79] *Cfr. Caso de las Hermanas Serrano Cruz Vs. El Salvador. Fondo, Reparaciones y Costas*. Sentencia de 1 de marzo de 2005. Serie C No. 120, párr. 83, y *Caso Omeara Carrascal y otros Vs. Colombia. Interpretación de la Sentencia de Fondo, Reparaciones y Costas*. Sentencia de 14 de octubre de 2019. Serie C No. 389, párr. 211.

[80] *Cfr. Caso Servellón García y otros Vs. Honduras*. Sentencia de 21 de septiembre de 2006. Serie C No. 152, párr. 119, y *Caso Gómez Virula y otros Vs. Guatemala*, párr. 73.

[81] *Cfr. Caso de las Hermanas Serrano Cruz Vs. El Salvador. Fondo, Reparaciones y Costas*. Sentencia de 1 de marzo de 2005. Serie C No. 120, párrs. 88 y 105, y *Caso Gómez Virula y otros Vs. Guatemala*, párr. 77.

[82] *Cfr. Caso Hilaire, Constantine y Benjamin y otros Vs. Trinidad y Tobago. Fondo, Reparaciones y Costas*. Sentencia de 21 de junio de 2002. Serie C No. 94, párr. 145, y *Caso Montesinos Mejía Vs. Ecuador*, párr. 178.

[83] En relación con la complejidad del asunto, la Corte ha tenido en cuenta diversos criterios para determinarla. Entre ellos, la complejidad de la prueba, la pluralidad de sujetos procesales o la cantidad de víctimas, el tiempo transcurrido desde que se tuvo noticia del hecho que debe ser investigado, las características del recurso consagradas en la legislación interna y el contexto en el que ocurrió la violación. *Cfr. Caso Genie Lacayo Vs. Nicaragua. Excepciones Preliminares*. Sentencia de 27 de enero de 1995. Serie C No. 21, párr. 78, y *Caso Jenkins Vs. Argentina*, párr. 110.

[84] Para determinar la razonabilidad del plazo, la Corte ha tomado en consideración si la conducta procesal del propio interesado en obtener justicia ha contribuido en algún grado a prolongar indebidamente la

generada en la situación jurídica de la presunta víctima[86]. La Corte recuerda que corresponde al Estado justificar, con fundamento en los criterios señalados, la razón por la cual ha requerido del tiempo transcurrido para tratar los casos y, en la eventualidad de que éste no lo demuestre, la Corte tiene amplias atribuciones para hacer su propia estimación al respecto[87]. La Corte, además, reitera que se debe apreciar la duración total del proceso, desde el primer acto procesal hasta que se dicte sentencia definitiva, incluyendo los recursos de instancia que pudieran eventualmente presentarse[88].

84. En el presente caso, el Estado reconoció que hasta el momento no había logrado esclarecer las circunstancias que rodearon la muerte de Vicente Noguera y que las investigaciones que fueron desarrolladas para tales fines fueron insuficientes (*supra* párr. 77). Esa falta de aclaración de los hechos del caso se ha prolongado por más de 23 años desde la ocurrencia de la muerte de Vicente Noguera. Del mismo modo, la Corte encuentra que los hechos del caso no revisten una complejidad que puedan justificar una dilación semejante. A su vez, la actividad procesal de los familiares de Vicente Noguera corresponde con lo que era razonablemente exigible. Por otra parte, el procedimiento contó con distintos períodos de inactividad o de dilaciones que no resultan razonables ((i) antes del archivo del caso en el año 2002, hubo un conflicto de competencia que tardó cerca de dos años y medio en resolverse – entre septiembre de 1996 y febrero de 1999, (ii) el caso estuvo archivado cerca de 10 años antes de ser reabierto en el año 2012 para luego ser archivado nuevamente en el año 2014, y (iii) en 2018 se abrió un procedimiento de apertura de la causa por presuntos hechos de tortura que aún sigue en curso). En lo concerniente a la afectación generada por la duración del procedimiento en la situación jurídica de las personas involucradas, la Corte considera que no cuenta con elementos suficientes para pronunciarse respecto a este último criterio.

85. Por lo anteriormente señalado, el Tribunal concluye que el Estado es responsable por una vulneración la violación al principio del plazo razonable y a la debida diligencia en la investigación (artículos 8.1 y 25 de la Convención Americana) por la muerte de Vicente Noguera, establecidos en los artículos 8.1 y 25 de la Convención Americana, en perjuicio de su madre, María Noguera.

---

duración del proceso. *Cfr. Caso Cantos Vs. Argentina. Fondo, Reparaciones y Costas*. Sentencia de 28 de noviembre de 2002. Serie C No. 97, párr. 57, y *Caso Montesinos Mejía Vs. Ecuador*, párr. 184.

[85] La Corte ha entendido que, para lograr plenamente la efectividad de la sentencia, las autoridades judiciales deben actuar con celeridad y sin demora, debido a que el principio de tutela judicial efectiva requiere que los procedimientos de ejecución sean llevados a cabo sin obstáculos o demoras indebidas, a fin de que alcancen su objetivo de manera rápida, sencilla e integral. *Cfr. Caso Mejía Idrovo Vs. Ecuador*, párr. 106, y *Caso Jenkins Vs. Argentina*, párr. 119.

[86] Por último, en relación a la afectación generada en la situación jurídica de la presunta víctima, la Corte ha afirmado que para determinar la razonabilidad del plazo se debe tomar en cuenta la afectación generada por la duración del procedimiento en la situación jurídica de la persona involucrada, considerando, entre otros elementos, la materia de la controversia. *Cfr. Caso Asociación Nacional de Cesantes y Jubilados de la Superintendencia Nacional de Administración Tributaria (ANCEJUB-SUNAT) Vs. Perú. Excepciones Preliminares, Fondo, Reparaciones y Costas*. Sentencia de 21 de noviembre de 2019. Serie C No. 394, párr. 148.

[87] *Cfr. Caso Anzualdo Castro Vs. Perú. Excepción Preliminar, Fondo, Reparaciones y Costas*. Sentencia de 22 de septiembre de 2009. Serie C No. 202, párr. 156, y *Caso Jenkins Vs. Argentina*, párr. 106.

[88] *Cfr. Caso Suárez Rosero Vs. Ecuador. Reparaciones y Costas*. Sentencia de 20 de enero de 1999. Serie C No. 44, párr. 71, y *Caso Jenkins Vs. Argentina*, párr. 106.

B.2. Sobre el principio del juez natural

86. En lo que respecta el principio del juez natural, el Tribunal constata en primer término que la investigación sumaria por los hechos del caso fue iniciada en el ámbito de la jurisdicción militar. En el marco de esa investigación, se efectuaron diversas diligencias de investigación, en particular pruebas forenses (autopsias, y exámenes de muestras de tejidos pulmonares), en establecimientos privados, dentro y fuera del país, con la participación de un médico designado por la familia del difunto. En esa investigación se concluyó que Vicente Noguera murió por causa de una infección (*supra* Capítulo VII.C.1). En un segundo momento, la investigación fue abierta ante la jurisdicción ordinaria una vez que fue presentada una querella criminal por homicidio por parte de la madre de Vicente Noguera (*supra* Capítulo VII.C.2). Ante esa jurisdicción, se practicó una exhumación y una segunda autopsia y se recabó prueba testimonial y se llegó a iguales conclusiones (*supra* Capítulo VII.C.2).

87. De ese modo, frente a la posibilidad de que Vicente Noguera hubiese sido víctima de actos de violencia, las autoridades internas abrieron una causa en el ámbito de la jurisdicción ordinaria, y desarrollaron diligencias de investigación, las cuales llegaron a idénticos resultados que los que se habían presentado ante la jurisdicción militar. A su vez, la Instrucción del sumario en averiguación y comprobación de la muerte de Vicente Noguera abarcó diligencias (autopsia y exámenes) que se desarrollaron en establecimientos no militares. En consecuencia, dadas las particularidades del caso, la Corte concluye que no se vulneró el principio del juez natural contenido en el artículo 8.1 de la Convención Americana.

IX
REPARACIONES
(APLICACIÓN DEL ARTÍCULO 63.1 DE LA CONVENCIÓN AMERICANA)

88. Sobre la base de lo dispuesto en el artículo 63.1 de la Convención Americana, la Corte ha indicado que toda violación de una obligación internacional que haya producido daño comporta el deber de repararlo adecuadamente, y que esa disposición recoge una norma consuetudinaria que constituye uno de los principios fundamentales del Derecho Internacional contemporáneo sobre responsabilidad de un Estado[89]. La Corte ha considerado la necesidad de otorgar diversas medidas de reparación, a fin de resarcir los daños de manera integral, por lo que además de las compensaciones pecuniarias, las medidas de restitución, rehabilitación, satisfacción y garantías de no repetición tienen especial relevancia por los daños ocasionados[90]. Del mismo modo, las reparaciones deben tener un nexo causal con los hechos del caso, las violaciones declaradas, los daños acreditados, así como las medidas solicitadas para reparar los daños respectivos[91].

89. En consideración de las violaciones declaradas en los capítulos anteriores, este Tribunal procederá a analizar las pretensiones presentadas por la Comisión y los

---

[89] *Cfr. Caso Velásquez Rodríguez Vs. Honduras. Reparaciones y Costas*. Sentencia de 21 de julio de 1989. Serie C No. 7, párr. 26, y *Caso Montesinos Mejía Vs. Ecuador*, párr. 204.
[90] *Cfr. Caso de la Masacre de Las Dos Erres Vs. Guatemala, Excepción Preliminar, Fondo, Reparaciones y Costas*. Sentencia de 24 de noviembre de 2009. Serie C No. 211, párr. 226, y *Caso Montesinos Mejía Vs. Ecuador*, párr. 218.
[91] *Cfr. Caso Ticona Estrada y otros Vs. Bolivia. Fondo, Reparaciones y Costas*. Sentencia de 27 de noviembre de 2008. Serie C No. 191, párr. 110, y *Caso Montesinos Mejía Vs. Ecuador*, párr. 219.

representantes, así como los argumentos del Estado, a la luz de los criterios fijados en la jurisprudencia de la Corte en relación con la naturaleza y alcance de la obligación de reparar[92].

90. La Corte reitera que en transcurso del proceso del presente caso ante la Comisión se firmó un Acuerdo de Solución Amistosa entre los representantes y el Estado el cual no fue homologado por la Comisión (*supra* párr. 2.c). A pesar de ello, el Estado cumplió con varias medidas de reparación que habían sido acordadas con los representantes y que son objeto de pretensión de medidas de reparación en el proceso ante el Tribunal.

A. PARTE LESIONADA

91. Este Tribunal reitera que se considera parte lesionada, en los términos del artículo 63.1 de la Convención, a quien ha sido declarada víctima de la violación de algún derecho reconocido en la misma. Por lo tanto, en mérito de lo expuesto precedentemente, esta Corte considera como "parte lesionada" a Vicente Ariel Noguera, así como a su madre, la señora María Ramona Isabel Noguera Domínguez.

B. OBLIGACIÓN DE INVESTIGAR LOS HECHOS E IDENTIFICAR, Y EN SU CASO, JUZGAR Y SANCIONAR A TODOS LOS RESPONSABLES

92. La *Comisión* solicitó a la Corte que ordenare al Estado impulsar y concluir la investigación penal que fue reabierta en mayo de 2012 de manera diligente, efectiva y dentro de un plazo razonable con el objeto de esclarecer los hechos en forma completa, identificar los responsables e imponer las sanciones que correspondan. Los *representantes* señalaron que el Estado debía llevar a cabo una investigación en la que se realizara la reconstrucción de los hechos, entregar a la madre la filmación de la autopsia realizada el 11 de enero de 1996 y en caso de ser necesario, realizar una nueva autopsia con la presencia de peritos designados por la familia de la víctima. El *Estado* afirmó que en 2012 reabrió el caso que había sido archivado en el 2001, conformando una nueva junta médica la cual trabajó sobre la base de dos autopsias previas y concluyó nuevamente que la muerte de Vicente Noguera no fue violenta y que el 13 de diciembre de 2018 decidió iniciar una nueva investigación por el hecho punible de tortura para determinar si existieron o no hechos de relevancia penal, así como el esclarecimiento completo de todos los hechos. Con relación a la autopsia, el *Estado* precisó que realizó una pericia consistente en una autopsia histórica para determinar si Vicente Noguera tuvo signos de violencia en su cuerpo.

93. En relación con esta solicitud, la *Corte* constata que en el año 2018 fue abierta una investigación. En consecuencia, la Corte ordena al Estado continuar y completar esa investigación de conformidad con el derecho interno aplicable.

C. MEDIDAS DE REHABILITACIÓN

94. La *Comisión* señaló que el Estado debe disponer las medidas de atención en salud física y mental necesarias para la rehabilitación de María Noguera, de ser su voluntad y de manera concertada. Los *representantes* no se refirieron a esta medida de

---

[92] Cfr. *Caso Andrade Salmón Vs. Bolivia. Fondo, Reparaciones y Costas*. Sentencia de 1 de diciembre de 2016. Serie C No. 330, párr. 189, y *Caso Montesinos Mejía Vs. Ecuador*, párr. 220.

reparación. El *Estado* afirmó que esta medida de reparación ya había sido cumplida en el marco de los compromisos que figuran en el marco del Acuerdo de Solución Amistosa y que coinciden con esta solicitud de la Comisión.

95. La *Corte* no estima procedente ordenar la referida medida de reparación por entender que el Estado la ha cumplido en el marco del cumplimiento de las disposiciones del Acuerdo de Solución Amistosa[93]. Los representantes no han controvertido la información presentada por el Estado sobre el cumplimiento de esta medida ni tampoco formularon solicitud alguna al respecto.

D. MEDIDAS DE SATISFACCIÓN

D.1. Publicación de la Sentencia

96. Las partes y la *Comisión* no se refirieron a esta medida de reparación. No obstante, la *Corte* estima pertinente ordenar, como lo ha hecho en otros casos[94], que el Estado debepublicar, en el plazo de seis meses, contado a partir de la notificación de la presente Sentencia: (a) el resumen oficial de esta Sentencia elaborado por la Corte, por una sola vez, en el Diario Oficial en un tamaño de letra legible y adecuado; (b) el resumen oficial de la Sentencia elaborado por la Corte, por una sola vez, en un diario de amplia circulación nacional, en un tamaño de letra legible y adecuado, y (c) la presente sentencia en su integridad, la cual debe estar disponible por un período de un año, en un sitio web oficial, de manera accesible al público. El Estado deberá comunicar de forma inmediata a esta Corte una vez que proceda a realizar cada una de las publicaciones dispuestas.

D.2. Otras Medidas de Satisfacción

97. Los *representantes* solicitaron que se ordenara al Estado: (i) la construcción de un nuevo monolito con una placa conmemorativa en la intersección de la calle Cnel. Martínez y Avda. Sta. Teresa; (ii) la permanencia del monolito construido en memoria de la víctima en Mariscal Estigarribia en el Chaco Paraguayo; (iii) cambiar el nombre de la Avenida Santa Teresa por el de Subteniente de Infantería Vicente Noguera; (iv) la cesión de un local para la instalación y funcionamiento de la Casa del Soldado con la finalidad de brindar una atención integral a las víctimas y familiares del servicio militar; (v) oficializar la lista parcial de los 157 jóvenes fallecidos ya reconocidos y continuar hasta completar dicha lista; (vi) hacer entrega del contrato de usufructo vitalicio del panteón donde reposan los restos de la víctima, así como exonerar las tasas municipales del mismo, y (vii) apartar de las negociaciones al Ministerio de Defensa. La *Comisión* no se refirió específicamente a estas medidas.

98. El *Estado* señaló en relación con la construcción del monolito que dicha medida ya fue cumplida, dado que se construyeron tres monolitos con sus placas

---

[93] En el Acuerdo de Solución Amistosa, la cláusula quinta establece que el Estado "a través del Ministerio de Salud Pública y Bienestar Social se compromete a brindar asistencia médica y psicológica gratuita a los padre hermanos de la víctima, así como la provisión de medicamentos. Dicha atención se realizará en el hospital público o centro de salud más cercano al domicilio de los beneficiarios y que ofrezca los servicios y medicación adecuados al tratamiento preciso según se requiera, independientemente del Servicio que reciban en el Hospital Militar". Acuerdo de Solución Amistosa (expediente de prueba, folio 3508).

[94] *Cfr. Caso Cantoral Benavides Vs. Perú. Reparaciones y Costas*. Sentencia de 3 de diciembre de 2001. Serie C No. 88, párr. 79, y *Caso Montesinos Mejía Vs. Ecuador*, párr. 226.

conmemorativas en honor a Vicente Noguera y el último fue levantado en la calle Cnel. Martínez y Avda. Santa Teresa, requerido por la señora María Noguera; en lo que respecta a la permanencia del monolito construido, el Estado consideró que la misma era innecesaria debido a que no existen denuncias de hechos que permitan sugerir que el monolito será retirado; referente al cambio de nombre de la Avenida Santa Teresa, el Estado afirmó que envió notas a las municipalidades de Asunción y Fernando de la Mora en las cuales se solicitó el cambio de nombre; finalmente, el Estado afirmó que el local "Casa del Soldado" se encuentra a disposición de la señora María Noguera desde el 2013. El *Estado* no presentó alegatos sobre el contrato de usufructo vitalicio del panteón donde se encuentran los restos de la presunta víctima y la *Comisión* no se refirió a estas medidas solicitadas.

99. En cuanto a estas solicitudes de reparación, la *Corte* nota que en el marco del Acuerdo de Solución Amistosa, (a) el Estado reconoció su responsabilidad internacional en el acto público difundido por los medios de comunicación por medio del entonces Presidente Fernando Lugo quien pidió disculpas a la familia Noguera; (b) el ex-Presidente de Paraguay Federico Franco ha participado en actos de desagravio respecto de la señora Noguera en representación del Estado; (c) el Estado ha suscrito un contrato de usufructo con señora Noguera y entregado en acto público con la presencia del ex-Presidente Federico Franco un inmueble denominado Casa del Soldado para que sirva como oficina de la asociación familiar de víctimas del servicio militar de la que la María Noguera es Presidenta; (d) se construyeron 3 monolitos con placas conmemorativas en memoria del fallecido, y (e) se reparó el panteón donde se encuentra Vicente Noguera y se hizo entrega del mismo en presencia de altas autoridades.

100. Por esos motivos, este Tribunal considera que la emisión de la presente Sentencia y las demás medidas de satisfacción que ya fueron cumplidas por el Estado resultan suficientes y adecuadas para remediar las violaciones sufridas por las víctimas y no estima procedente ordenar medidas adicionales.

E. GARANTÍAS DE NO REPETICIÓN

101. La *Comisión* y los *representantes* solicitaron que se ordenara al Estado realizar programas de capacitación a miembros de las fuerzas armadas a cargo de las personas que prestan el servicio militar, específicamente en cuanto a los estándares internacionales sobre su posición especial de garante frente a dichas personas y sobre los límites que el derecho internacional de los derechos humanos impone a los métodos de disciplina militar. A su vez, la *Comisión* solicitó que se ordenare al Estado la creación de mecanismos independientes, idóneos y efectivos de rendición de cuentas sobre abusos en el ámbito de la prestación del servicio militar, así como la eliminación del uso de la justicia militar y el fortalecimiento de las capacidades investigativas frente a muertes y otros abusos que tengan lugar bajo la custodia del Estado en el marco de la prestación del servicio militar. Además, los *representantes* señalaron que el Estado debía eliminar la Justicia Militar como ámbito jurisdiccional para investigación de casos de acción penal pública y casos de violaciones de derechos humanos y solicitaron que se reglamentara la Ley No. 4913 que recuerda la no violencia en los cuarteles.

102. Sobre los programas de capacitación, el *Estado* señaló que esta medida ya fue cumplida, sumado a que en el caso Vargas Areco ya se tuvo por cumplida una medida de reparación de similar naturaleza. Específicamente, el Estado afirmó que por

directiva general del Comando en Jefe de las Fuerzas Armadas, se ordenó enfatizar la enseñanza en el área de los Derechos Humanos, Derecho Internacional Humanitario y defensa del ambiente. En cuanto a la justicia penal militar, el *Estado* informó que existe en trámite un pedido de modificación de todo el sistema penal militar y un completo cambio de paradigma respecto de su alcance, cuya discusión estaba por iniciar en el congreso.

103. Esta *Corte* observa que, en el Acuerdo de Solución Amistosa, el Estado se comprometió a incluir en la *curricula* de formación académica militar de la Escuela de Estado Mayor y Escuelas de Capitanes de las tres Armas, Programas de Educación en Derechos Humanos, en atención a que la víctima formaba parte de la Escuela de Formación de Oficiales de Reserva. Por otra parte, el Tribunal valora, que en el marco del cumplimiento de las reparaciones ordenadas en el caso Vargas Areco, se implementaran programas de capacitación dirigidos a las fuerzas armadas como una garantía de no repetición y que Paraguay no permite que personas menores de edad puedan efectuar el servicio militar voluntario desde el año 2008. Sin embargo, estima que corresponde ordenar al Estado que se asegure que dentro de la *curricula* de formación académica militar de la Escuela de Estado Mayor y Escuelas de Capitanes de las tres Armas estén previstos programas de formación en Derechos Humanos específicamente en cuanto a los estándares internacionales sobre la posición especial de garante del Estado frente a todas las personas que prestan el servicio militar. Lo anterior deberá ser cumplido en el plazo de un año desde la notificación de la presente Sentencia.

104. Por otra parte, en cuanto a la jurisdicción penal militar, la Corte recuerda que, si bien en el presente caso no se llegó a concluir que el Estado fuera responsable por una violación a su deber de adoptar disposiciones de derecho interno contenido en el artículo 2 de la Convención Americana, sí estima pertinente ordenar al Estado paraguayo que, en razón de que la primera investigación se adelantó en el ámbito de la justicia militar, rinda un informe sobre el avance del trámite legislativo relativo a la reforma de la jurisdicción penal militar que fuera mencionada por éste. Dicho informe deberá contener precisiones respecto a los principales cambios propuestos, su compatibilidad con la Convención y los plazos propuestos para su aprobación definitiva. Lo anterior deberá ser cumplido en el plazo de un año desde la notificación de la presente Sentencia.

F. OTRAS MEDIDAS DE NO REPETICIÓN SOLICITADAS

105. Los *representantes* solicitaron que se ordenara al Estado trabajar en un protocolo a seguir con la investigación de todos los casos de violaciones de derechos humanos dentro de los cuarteles y adecuar la realización de autopsias conforme a los estándares internacionales. Por otra parte, los *representantes* solicitaron que, a través del Servicio Nacional de Calidad y Salud Animal (SENACSA), se realizara un control epidemiológico de animales portadores del Hantavirus, comprobar en todos los establecimientos militares de la Región Occidental la existencia de roedores portadores del Hanta Virus y adoptar las medidas necesarias con el fin de erradicar dicha enfermedad.

106. En lo que respecta a la medida de reparación sobre el control epidemiológico de animales portadores del Hantavirus, el *Estado* señaló que la medida solicitada se encuentra descontextualizada de los hechos que motivaron el litigio, sumado a que la señora Noguera solicitó como medida de reparación que se elimine de la lista de

fallecidos por Hantavirus el nombre de su hijo, afirmando que no murió de dicha enfermedad. Por último, en lo que respecta el protocolo a seguir con la investigación de todos los casos de violaciones de derechos humanos, el Estado señaló que dicha medida era sumamente genérica, sumado a que los representantes de las víctimas tienen la posibilidad de participar en los procedimientos penales y que desde el 2006, se cuenta con un protocolo de autopsias en el Ministerio Público.

107. En lo que respecta a lo anterior, la Corte nota en primer término, y tal como lo ha enfatizado la representación de las víctimas, que la evidencia presentada por las partes y la Comisión no concluyen que Vicente Noguera hubiese fallecido a causa de una enfermedad relacionada con el Hantavirus, por lo cual no corresponde ordenar una medida de reparación relacionada con un control epidemiológico de animales portadores del Hantavirus a través del Servicio Nacional de Calidad y Salud Animal (SENACSA) en razón de que dicha solicitud carece de nexo causal con las conclusiones de los capítulos de hechos y de fondo de la presente Sentencia. Con relación a las otras solicitudes, este Tribunal considera que las demás medidas de reparación que ya fueron cumplidas por el Estado resultan suficientes y adecuadas para remediar las violaciones sufridas por las víctimas y no estima procedente ordenar medidas adicionales.

G. INDEMNIZACIÓN COMPENSATORIA

G.1. Alegatos de las partes y de la Comisión

a) *Sobre el daño material*

108. La *Comisión* solicitó que se ordenare al Estado reparar integralmente tanto en el aspecto material como inmaterial y adoptar medidas de compensación económica. Los *representantes* estimaron que el Estado debía pagar por concepto de lucro cesante la suma de Gs 1.634.929.686,00 (mil seiscientos treinta y cuatro millones novecientos veintinueve mil seiscientos ochenta y seis guaraníes) de Vicente Noguera. Para ello, tomaron en consideración el salario mínimo desde el año 1996 hasta el año 2046 y la expectativa de vida al momento de los hechos (67.7 años)[95]. Adicionalmente, estimaron el lucro cesante de María Noguera en Gs 129.600.000,00 (ciento veintinueve millones seiscientos mil guaraníes), tomando en cuenta lo que ella percibía en su taller de confecciones diariamente.

109. El *Estado* informó que acordó y pagó a la señora María Noguera en concepto de indemnización la suma de US$ 75.000 (setenta y cinco mil dólares de los Estados Unidos de América), sumado al monto mensual que percibe en carácter de pensión desde 1996 y que seguirá percibiendo el resto de su vida, razón por la cual consideraba que lo pagado y lo que seguirá pagando constituye una justa indemnización[96]. Indicó en particular, que la señora Noguera percibe desde 1996 y

---

[95] La metodología utilizada por los representantes para el cálculo del lucro cesante fue la siguiente: utilizar los parámetros del Banco Central de Paraguay sobre el sueldo mínimo y los promedios de inflación desde 1999 hasta 2017 conforme a la Oficina de Atención del Consumidor que resultó de 6.6%, sin embargo, calcularon la evolución del salario mínimo legal con un 4% de inflación anual de proyección.
[96] El *Estado* cuestionó el requerimiento de los representantes, debido a que los eventuales salarios que hubiera percibido el fallecido no podrían componer un lucro cesante de su madre, sumado a que se reclama el 100% del eventual salario que correspondería al hijo si viviese hasta los 67.7 años, partiendo del hecho que le entregaría todos los meses el 100% de su salario.

mientras viva, una pensión que fue acordada luego del fallecimiento de su hijo y que hasta marzo de 2019 había recibido aproximadamente US$ 92.656 (noventa y dos mil seiscientos cincuenta y seis dólares de los Estados Unidos de América), por lo que el reclamo del lucro cesante era improcedente. Finalmente, señaló que el importe de dinero que habría dejado de percibir la señora Noguera no se realizó con base en prueba documental alguna, por lo que el mismo también debía ser rechazado.

110. Respecto al daño emergente, los *representantes* señalaron que tomaban en cuenta todos los imponderables que surgieron como consecuencia del daño ocasionado. Específicamente, tomaron en cuenta el promedio pagado durante 15 años de alquiler, por lo que estimaron el daño emergente en Gs 144.000.000,00 (ciento cuarenta y cuatro millones de guaraníes), así como Gs 50.000.000,00 (cincuenta millones de guaraníes) por concepto de gastos médicos y Gs 27.750.000,00 (veintisiete millones setecientos cincuenta mil guaraníes) por concepto de reparación y terminación del panteón de la víctima, para un total de Gs 221.750.000,00 (doscientos veintiún millones setecientos cincuenta mil guaraníes).

111. El *Estado* señaló que respecto a los pagos de alquileres no existe un nexo causal entre el daño reclamado y los hechos denunciados; en cuanto a los gastos médicos señaló que no se aportaba un solo documento que permitiera deducir los mismos, así como sus fechas y costos, sumado a que se ofreció atención médica gratuita a la señora Noguera, la cual fue rechazada por la misma argumentando que contaba con un seguro médico privado, por lo que se podía suponer que no existieron gastos médicos reclamables. Finalmente, el *Estado* se refirió al monto solicitado por concepto de reparación y terminación del panteón, afirmando que el mismo no tiene ninguna fundamentación, ya que dicho panteón fue remodelado y entregado a satisfacción en el marco del Acuerdo de Solución Amistosa en el año 2011, sumado a que no existe rechazo con la remodelación ni prueba que demuestre deterioro o desperfecto, por lo que dicho reclamo debía ser rechazado.

b) Sobre el daño inmaterial

112. Los *representantes* señalaron que el monto por daño moral quedaba a criterio del Tribunal. Sin embargo, requirieron la suma de Gs1 387.000.000,00 (mil trescientos ochenta y siete millones de guaraníes) y agregaron que solicitaban US$ 50.000 (cincuenta mil dólares de los Estados Unidos de América) para cada uno de los hijos de la señora María Noguera: Aldo David Alcaraz Noguera, Catherine Elizabeth Noguera y Ruth Araceli Alcaraz Noguera.

113. El *Estado* argumentó que los montos solicitados pretendían sostenerse en una serie de factores genéricos y meramente subjetivos, por lo que solicitó que en virtud de la compensación económica recibida voluntariamente por la señora Noguera no se realizaran pronunciamientos adicionales por concepto de daño inmaterial. Con elación a los hijos de María Noguera, reiteró que no consideraba que debían ser considerados como víctimas en el presente caso y agregó que el reclamo resultaba genérico, ya que no se adjuntaba un solo documento que demostrara los daños psicológicos o emocionales señalados ni certificados de las actas de nacimiento que permitan valorar la edad de los mismos al momento en que sucedieron los hechos.

G.2. Consideraciones de la Corte

114. Respecto al daño material, este Tribunal ha desarrollado en su jurisprudencia que el mismo supone la pérdida o detrimento de los ingresos de las víctimas, los gastos efectuados con motivo de los hechos y las consecuencias de carácter pecuniario que tengan un nexo causal con los hechos del caso[97].

115. En el presente caso, la Corte constata que la señora Noguera está percibiendo desde el año 1996 una pensión la cual fue acordada luego del fallecimiento de su hijo, motivo por el cual no corresponde a esta Corte establecer ningún monto de reparación pecuniaria por concepto de lucro cesante. Por otra parte, esta Corte estima pertinente ordenar, en equidad, el pago US$ 20.000,00 (veinte mil dólares de los Estados Unidos de América) a María Noguera por concepto de daño material emergente relacionado con la búsqueda de justicia por la muerte de su hijo.

116. A su vez, el Tribunal constata que tal como había sido acordado en el Acuerdo de Solución Amistosa, el Estado pagó a la señora Noguera US$ 75.000,00 (setenta y cinco mil dólares de los Estados Unidos de América) por la muerte de su hijo. Esta Corte entiende que no que corresponde ordenar una reparación adicional a lo que ya fue percibido por María Noguera por ese concepto.

H. COSTAS Y GASTOS

117. Los *representantes* solicitaron que conforme a los estándares internacionales se otorgara la suma de US$ 15.000 (quince mil dólares de los Estados Unidos de América). El *Estado* señaló que rechazaba las costas reclamadas ya que eventualmente se reintegrarán esos gastos utilizando el Fondo de Asistencia Legal de Víctimas, sumado a que los representantes no agregaron comprobantes que permitan acreditar erogaciones que puedan ser justificadas como el pago de costas, por lo que la solicitud debía ser rechazada.

118. La *Corte* reitera que, conforme a su jurisprudencia, las costas y gastos hacen parte del concepto de reparación, toda vez que la actividad desplegada por las víctimas con el fin de obtener justicia, tanto a nivel nacional como internacional, implica erogaciones que deben ser compensadas cuando la responsabilidad internacional del Estado es declarada mediante una sentencia condenatoria. En cuanto al reembolso de las costas y gastos, corresponde al Tribunal apreciar prudentemente su alcance, el cual comprende los gastos generados ante las autoridades de la jurisdicción interna, así como los generados en el curso del proceso ante el Sistema Interamericano, teniendo en cuenta las circunstancias del caso concreto y la naturaleza de la jurisdicción internacional de protección de los derechos humanos. Esta apreciación puede ser realizada con base en el principio de equidad y tomando en cuenta los gastos señalados por las partes, siempre que su *quantum* sea razonable[98].

119. Este Tribunal ha señalado que "las pretensiones de las víctimas o sus representantes en materia de costas y gastos, y las pruebas que las sustentan, deben presentarse a la Corte en el primer momento procesal que se les concede, esto es, en el escrito de solicitudes y argumentos, sin perjuicio de que tales pretensiones se

---

[97] *Cfr. Caso Bámaca Velásquez Vs. Guatemala. Reparaciones y Costas.* Sentencia de 22 de febrero de 2002. Serie C No. 91, párr. 43, y *Caso Montesinos Mejía Vs. Ecuador*, párr. 236.
[98] *Cfr. Caso Garrido y Baigorria Vs. Argentina. Reparaciones y Costas.* Sentencia de 27 de agosto de 1998. Serie C No. 39, párrs. 79 y 82, y *Caso Montesinos Mejía Vs. Ecuador*, párr. 244.

actualicen en un momento posterior, conforme a las nuevas costas y gastos en que se haya incurrido con ocasión del procedimiento ante esta Corte". Asimismo, la Corte reitera que "no es suficiente la remisión de documentos probatorios, sino que se requiere que las partes hagan una argumentación que relacione la prueba con el hecho que se considera representado, y que, al tratarse de alegados desembolsos económicos, se establezcan con claridad los rubros y la justificación de los mismos"[99].

120. En el presente caso, no consta en el expediente respaldo probatorio preciso en relación con las costas y gastos en los cuales incurrieron los representantes respecto a la tramitación del caso ante la Corte. Sin embargo, la Corte considera que tales trámites necesariamente implicaron erogaciones pecuniarias, por lo que determina que el Estado debe entregar a la representación de la víctima la cantidad de US$ 15.000,00 (quince mil dólares de los Estados Unidos de América) por concepto de costas y gastos. En la etapa de supervisión de cumplimiento de la presente Sentencia, la Corte podrá disponer que el Estado reembolse a las víctimas o sus representantes los gastos razonables en que incurra en dicha etapa procesal[100].

I. REINTEGRO DE LOS GASTOS AL FONDO DE ASISTENCIA LEGAL DE VÍCTIMAS

121. Mediante Resolución de 16 de julio de 2019, la Presidencia del Tribunal declaró procedente la solicitud interpuesta por las presuntas víctimas a través de sus representantes para acogerse al Fondo de Asistencia Legal, y aprobó que se otorgara la asistencia económica necesaria para solventar los gastos para la presentación de un testimonio y la comparecencia de dos representantes legales en la audiencia pública del presente caso. La Secretaría de la Corte transmitió al Estado copia del informe sobre las erogaciones realizadas en aplicación de dicho fondo en el presente caso, las cuales ascendieron a la suma de US$1.994,88 (mil novecientos noventa y cuatro dólares de los Estados Unidos de América con ochenta y ocho centavos). Paraguay señaló que era atribución de la Corte decidir al momento de emitir la Sentencia sobre el reintegro de los recursos al Fondo de Asistencia Legal de Víctimas. Corresponde al Tribunal, en aplicación del artículo 5 del Reglamento del Fondo, evaluar la procedencia de ordenar al Estado demandado el reintegro al Fondo de Asistencia Legal de las erogaciones en que se hubiese incurrido.

122. En razón de las violaciones declaradas en la presente Sentencia, la Corte ordena al Estado el reintegro a dicho Fondo por la cantidad de US$1.994,88 (mil novecientos noventa y cuatro dólares de los Estados Unidos de América con ochenta y ocho centavos), por los gastos incurridos. Este monto deberá ser reintegrado a la Corte Interamericana en el plazo de noventa días, contados a partir de la notificación del presente Fallo.

J. MODALIDAD DE CUMPLIMIENTO DE LOS PAGOS ORDENADOS

123. El Estado deberá efectuar el pago de las indemnizaciones y el reintegro de costas y gastos establecidos en la presente Sentencia directamente a María Noguera, dentro del plazo de un año contado a partir de la notificación de la presente Sentencia.

---

[99] Cfr. Caso Chaparro Álvarez y Lapo Íñiguez Vs. Ecuador, párrs. 275 y 277, y Caso Montesinos Mejía Vs. Ecuador, párr. 245.
[100] Cfr. Caso Gudiel Álvarez y otros (Diario Militar) Vs. Guatemala. Interpretación de la Sentencia de Fondo, Reparaciones y Costas. Sentencia de 19 de agosto de 2013. Serie C No. 262, párr. 62, y Caso Montesinos Mejía Vs. Ecuador, párr. 246.

124. En caso de que la beneficiaria haya fallecido o fallezca antes de que les sea entregada la cantidad respectiva, esta se entregará directamente a sus derechohabientes, conforme al derecho interno aplicable.

125. El Estado deberá cumplir con las obligaciones monetarias mediante el pago en dólares de los Estados Unidos de América o su equivalente en moneda nacional, utilizando para el cálculo respectivo el tipo de cambio que se encuentre vigente en la bolsa de Nueva York, Estados Unidos de América, el día anterior al pago.

126. Si por causas atribuibles a la beneficiaria de las indemnizaciones o a sus derechohabientes no fuese posible el pago de las cantidades determinadas dentro del plazo indicado, el Estado consignará dichos montos a su favor en una cuenta o certificado de depósito en una institución financiera paraguaya solvente, en dólares de los Estados Unidos de América, y en las condiciones financieras más favorables que permitan la legislación y la práctica bancaria. Si no se reclama la indemnización correspondiente una vez transcurridos diez años, las cantidades serán devueltas al Estado con los intereses devengados.

127. Las cantidades asignadas en la presente Sentencia como indemnizaciones, y como reintegro de costas y gastos, deberán ser entregadas a la persona indicada en forma íntegra, conforme a lo establecido en esta Sentencia, sin reducciones derivadas de eventuales cargas fiscales.

128. En caso de que el Estado incurriera en mora, incluyendo en el reintegro de los gastos al Fondo de Asistencia Legal de Víctimas, deberá pagar un interés sobre la cantidad adeudada correspondiente al interés bancario moratorio en la República de Paraguay.

X
PUNTOS RESOLUTIVOS

129. Por tanto,

LA CORTE

DECLARA,

Por unanimidad, que:

1. El Estado es responsable por la violación de los derechos contenidos en los artículos 4.1, 5.1 y 19 de la Convención Americana sobre Derechos Humanos en perjuicio de Vicente Noguera, en los términos de los párrafos 70 a 75 de la presente Sentencia.

2. El Estado es responsable por la violación de los derechos contenidos en los artículos 8.1 y 25.1 de la Convención Americana sobre Derechos Humanos, en relación con el artículo 1.1 del mismo instrumento, en perjuicio de María Noguera, en los términos de los párrafos 80 a 85 de la presente Sentencia.

3. El Estado es responsable por la violación del derecho contenido en el artículo 5.1 de la Convención Americana sobre Derechos Humanos, en relación con el artículo 1.1 del mismo instrumento, en perjuicio de María Noguera, en los términos del párrafo 23 de la presente Sentencia.

4. El Estado no es responsable por la violación al principio del juez natural contenido en el artículo 8.1 de la Convención Americana sobre Derechos Humanos,

en relación con el artículo 1.1 del mismo instrumento, en perjuicio de María Noguera, en los términos de los párrafos 86 y 87 de la presente Sentencia.

Y DISPONE:

Por unanimidad, que:

5. Esta Sentencia *per se* una forma de reparación.
6. El Estado continuará y completará la investigación que se encuentra en trámite en relación con los hechos del presente caso de conformidad con el derecho interno aplicable y en los términos del párrafo 93 de la presente Sentencia.
7. El Estado realizará las publicaciones indicadas en el párrafo 96 de esta Sentencia, en el plazo de seis meses contado a partir de la notificación de la misma.
8. El Estado acreditará que dentro de la *curricula* de formación académica militar de la Escuela de Estado Mayor y Escuelas de Capitanes de las tres Armas programas de Derechos Humanos se encuentren establecidos programas de Derechos Humanos específicamente en cuanto a los estándares internacionales sobre su posición especial de garante frente a las personas que prestan el servicio militar, de conformidad con el párrafo 103 de la presente Sentencia.
9. El Estado rendirá un informe sobre el avance del trámite legislativo relativo a la reforma de la jurisdicción penal militar, en los términos del párrafo 104 de la presente Sentencia.
10. El Estado pagará las cantidades fijadas en los párrafos 115 y 120 de la presente Sentencia, por concepto de daño material y por el reintegro de costas y gastos, en los términos de los párrafos 123 a 128 del presente Fallo.
11. El Estado reintegrará al Fondo de Asistencia Legal de Víctimas de la Corte Interamericana de Derechos Humanos la cantidad erogada durante la tramitación del presente caso, en los términos de los párrafos 122 y 128 de la presente Sentencia.
12. El Estado rendirá al Tribunal un informe, dentro del plazo de un año contado a partir de la notificación de la Sentencia, sobre las medidas adoptadas para cumplir con la misma, sin perjuicio de lo establecido en el párrafo 96 de la presente Sentencia.
13. La Corte supervisará el cumplimiento íntegro de la Sentencia, en ejercicio de sus atribuciones y en cumplimiento de sus deberes conforme a la Convención Americana sobre Derechos Humanos, y dará por concluido el presente caso una vez que el Estado haya dado cabal cumplimiento a lo dispuesto en la misma.

Redactada en español en San José, Costa Rica, el 9 de marzo de 2020.

Corte IDH, *Caso Noguera y otros Vs. Paraguay. Fondo, Reparaciones y Costas.* Sentencia de 9 de marzo de 2020.

Elizabeth Odio Benito
Presidenta

L. Patricio Pazmiño Freire   Eduardo Ferrer Mac-Gregor Poisot
Eugenio Raúl Zaffaroni   Ricardo C. Pérez Manrique

Pablo Saavedra Alessandri
Secretario

Comuníquese y ejecútese,

Elizabeth Odio Benito
Presidenta

Pablo Saavedra Alessandri
Secretario

5. CASE OF AZUL ROJAS MARÍN *ET AL.* V. PERU
Judgment of March 12, 2020
(Preliminary Objections, Merits, Reparations and Costs)

In the case of *Azul Rojas Marín et al. v. Peru,*

the Inter-American Court of Human Rights (hereinafter "the Inter-American Court" or "the Court"), composed of the following judges:[*]

Elizabeth Odio Benito, President
L. Patricio Pazmiño Freire, Vice President
Humberto Antonio Sierra Porto, Judge
Eduardo Ferrer Mac-Gregor Poisot, Judge
Eugenio Raúl Zaffaroni, Judge, and
Ricardo Pérez Manrique, Judge,

also present,

Pablo Saavedra Alessandri, Secretary, and
Romina I. Sijniensky, Deputy Secretary,

pursuant to Articles 62(3) and 63(1) of the American Convention on Human Rights (hereinafter "the American Convention" or "the Convention") and Articles 31, 32, 42, 65 and 67 of the Rules of Procedure of the Court (hereinafter "the Rules of Procedure" or "the Court's Rules of Procedure"), delivers this judgment structured as follows:

TABLE OF CONTENTS

	Para.
I. INTRODUCTION OF THE CASE AND PURPOSE OF THE DISPUTE	1
II. PROCEEDINGS BEFORE THE COURT	6
III. JURISDICTION	17
IV. PRELIMINARY OBJECTIONS	18
A. Alleged failure to exhaust domestic remedies	
A.1. Arguments of the parties and of the Commission	19
A.2. Considerations of the Court	22
B. The subsidiary nature of the inter-American system	
B.1. Arguments of the parties and of the Commission	27
B.2. Considerations of the Court	28
C. Preliminary objection of "fourth instance"	
C.1. Arguments of the parties and of the Commission	30
C.2. Considerations of the Court	31

---

[*] Judge Eduardo Vio Grossi did not take part in the deliberation and signature of this judgment for reasons beyond his control, accepted by the full Court.

5. CASO AZUL ROJAS MARÍN Y OTRA VS. PERÚ
Sentencia de 12 de marzo de 2020
(*Excepciones Preliminares, Fondo, Reparaciones y Costas*)

En el caso *Azul Rojas Marín y otra Vs. Perú*,

la Corte Interamericana de Derechos Humanos (en adelante "la Corte Interamericana", "la Corte" o "este Tribunal"), integrada por los siguientes jueces[*]:

Elizabeth Odio Benito, Presidenta;
L. Patricio Pazmiño Freire, Vicepresidente;
Humberto Antonio Sierra Porto, Juez;
Eduardo Ferrer Mac-Gregor Poisot, Juez;
Eugenio Raúl Zaffaroni, Juez, y
Ricardo Pérez Manrique, Juez,

presentes además,

Pablo Saavedra Alessandri, Secretario,
Romina I. Sijniensky, Secretaria Adjunta,

de conformidad con los artículos 62.3 y 63.1 de la Convención Americana sobre Derechos Humanos (en adelante "la Convención Americana" o "la Convención") y con los artículos 31, 32, 42, 65 y 67 del Reglamento de la Corte (en adelante "el Reglamento" o "Reglamento de la Corte"), dicta la presente Sentencia que se estructura en el siguiente orden:

ÍNDICE

	Párr.
I. INTRODUCCIÓN DE LA CAUSA Y OBJETO DE LA CONTROVERSIA	1
II. PROCEDIMIENTO ANTE LA CORTE	6
III. COMPETENCIA	17
IV. EXCEPCIONES PRELIMINARES	18
A. Alegada falta de agotamiento de recursos internos	
A.1. Alegatos de las partes y de la Comisión	19
A.2. Consideraciones de la Corte	22
B. Subsidiariedad del sistema interamericano	
B.1. Alegatos de las partes y de la Comisión	27
B.2. Consideraciones de la Corte	28
C. Excepción preliminar de "cuarta instancia"	
C.1. Alegatos de las partes y de la Comisión	30
C.2. Consideraciones de la Corte	31

---

[*] El Juez Eduardo Vio Grossi no participó en la deliberación y firma de la presente Sentencia por razones de fuerza mayor, aceptadas por el Pleno del Tribunal.

V. EVIDENCE
A. Admissibility of the documentary evidence — 34
B. Admissibility of the testimonial and expert evidence — 39

VI. FACTS — 45
A. Situation of the LGBTI population in Peru — 46
B. Detention of Azul Rojas Marín and alleged torture — 52
C. Investigation of the facts — 55
D. The complaint filed against the Ascope Prosecution Service — 68
E. The disciplinary administrative proceeding against the members of the Peruvian National Police — 72
F. The second investigation into the facts — 76

VII. MERITS — 81
VII-1. GENERAL CONSIDERATIONS ON THE RIGHT TO EQUALITY AND NON-DISCRIMINATION
A. Arguments of the parties and of the Commission — 83
B. Considerations of the Court — 86

VII-2. RIGHT TO PERSONAL LIBERTY
A. Arguments of the parties and of the Commission — 96
B. Considerations of the Court — 100
  B.1. Determination of the facts — 102
  B.2. Lawfulness of the detention — 110
  B.3. Arbitrary nature of the detention — 123
  B.4. Notification of the reasons for the detention — 131
  B.5. Conclusion — 133

VII-3. RIGHTS TO PERSONAL INTEGRITY AND TO PRIVACY
A. Arguments of the parties and of the Commission — 136
B. Considerations of the Court — 139
  B.1. The statements made by Azul Rojas Marín — 145
  B.2. Forensic medical examination — 150
  B.3. Expert appraisal of the presumed victim's clothing — 155
  B.4. Determination of the ill-treatment that occurred — 157
  B.5. Legal classification — 158

VII-4. RIGHTS TO JUDICIAL GUARANTEES AND JUDICIAL PROTECTION
A. Arguments of the parties and of the Commission — 168
B. Considerations of the Court — 173
  B.1. Obligation to receive the complaint — 176
  B.2. Due diligence in the investigation — 178
  B.3. The absence of an investigation into the crime of torture — 206
  B.4. The dismissal decision — 209
  B.5. Conclusion — 219

VII-5. RIGHT TO PERSONAL INTEGRITY OF AZUL ROJAS MARÍN'S MOTHER
A. Arguments of the parties and the Commission — 220
B. Considerations of the Court — 221

VIII. REPARATIONS — 224
A. Injured party — 226
B. Obligation to investigate — 227

V. PRUEBA
   A. Admisibilidad de la prueba documental   34
   B. Admisibilidad de la prueba testimonial y pericial   39

VI. HECHOS   45
   A. Situación de la población LGBTI en el Perú   46
   B. Detención de la señora Azul Rojas Marín y alegada tortura   52
   C. Investigación de los hechos   55
   D. Sobre la queja presentada en contra de la Fiscalía de Ascope   68
   E. El procedimiento administrativo disciplinario seguido contra los miembros de la Policía Nacional del Perú   72
   F. Respecto a la segunda investigación de los hechos   76

VII. FONDO   81
   VII-1. CONSIDERACIONES GENERALES SOBRE EL DERECHO A LA IGUALDAD Y A LA NO DISCRIMINACIÓN
    A. Alegatos de las partes y la Comisión   83
    B. Consideraciones de la Corte   86
   VII-2. DERECHO A LA LIBERTAD PERSONAL
    A. Alegatos de las partes y de la Comisión   96
    B. Consideraciones de la Corte   100
      B.1. Determinación de los hechos   102
      B.2. Legalidad de la detención   110
      B.3. Arbitrariedad de la detención   123
      B.4. La notificación de las razones de la detención   131
      B.5. Conclusión   133
   VII-3. DERECHO A LA INTEGRIDAD PERSONAL Y VIDA PRIVADA
    A. Alegatos de las partes y de la Comisión   136
    B. Consideraciones de la Corte   139
      B.1. Las declaraciones de la señora Azul Rojas Marín   145
      B.2. Examen médico legal   150
      B.3. Dictamen pericial de la vestimenta de la presunta víctima   155
      B.4. Determinación de los maltratos ocurridos   157
      B.5. Calificación Jurídica   158
   VII-4. DERECHOS A LAS GARANTÍAS JUDICIALES Y PROTECCIÓN JUDICIAL
    A. Alegatos de las partes y de la Comisión   168
    B. Consideraciones de la Corte   173
      B.1. Obligación de recibir la denuncia   176
      B.2. Debida diligencia en la investigación   178
      B.3. La falta de investigación por el delito de tortura   206
      B.4. La decisión de sobreseimiento   209
      B.5. Conclusión   219
   VII-5. DERECHO A LA INTEGRIDAD PERSONAL DE LA MADRE DE AZUL ROJAS MARÍN
    A. Alegatos de las partes y de la Comisión   220
    B. Consideraciones de la Corte   221

VIII. REPARACIONES   224
   A. Parte Lesionada   226
   B. Obligación de investigar   227

C. Measures of satisfaction and rehabilitation
   C.1. Measures of satisfaction — 230
   C.2. Measures of rehabilitation — 235
D. Guarantees of non-repetition
   D.1. Adoption of a protocol on investigation and administration of justice in cases of violence against LGBTI people — 238
   D.2. Awareness-raising and training of state agents on violence against LGBTI people — 245
   D.3. Design and implementation of a system to produce and compile statistics on violence against LGBTI people — 250
   D.4. Eliminate the indicator of "eradication of homosexuals and transvestites" from the public safety plans of the regions and districts of Peru — 253
E. Compensation
   E.1. Pecuniary damage — 256
   E.2. Non-pecuniary damage — 261
F. Other measures requested — 268
G. Costs and expenses — 271
H. Reimbursement of the Victims' Legal Assistance Fund — 277
I. Method of compliance with the payments ordered — 283

IX. OPERATIVE PARAGRAPHS — 289

I
INTRODUCTION OF THE CASE AND PURPOSE OF THE DISPUTE

1. *The case submitted to the Court.* On August 22, 2018, the Inter-American Commission on Human Rights (hereinafter "the Inter-American Commission" or "the Commission") submitted to the jurisdiction of the Court the case of *Azul Rojas Marín et al. v. the Republic of Peru* (hereinafter "the State" or "Peru"). The Commission indicated that the case related 'to the illegal, arbitrary and discriminatory deprivation of liberty of Azul Rojas Marín […] on February 25, 2008, supposedly for identification purposes." The Commission also "considered that serious acts of physical and psychological violence had been proved" and that, owing to "the nature of this violence and the way in which it was inflicted, particular brutality was used based on the identification or perception of Azul Rojas Marín as a gay man at that time." Lastly, the Commission "concluded that the facts of the case remain unpunished owing to various factors that include failure to comply with the obligation to conduct an investigation with due diligence from the very start of the investigation. […] The Commission considered that the State had violated the obligations to provide care and protection to a victim who reports sexual violence, with the aggravating factor of the prejudice against LGBTI people. The Commission also determined that the right to personal integrity of Azul Rojas Marín's mother[, Juana Rosa Tanta Marín,] had been violated."

2. *Procedure before the Commission.* The procedure before the Commission was as follows:

a) Petition. On April 15, 2009, the National Human Rights Coordinator, the *Centro de Promoción y Defensa de los Derechos Sexuales y Reproductivos* (PROMSEX) and Redress Trust lodged the initial petition on behalf of the presumed victims.

C. Medidas de satisfacción y rehabilitación	
C.1. Medidas de satisfacción	230
C.2. Medidas de rehabilitación	235
D. Garantías de no repetición	
D.1. Adopción de un protocolo sobre la investigación y administración de justicia en casos de violencia contra las personas LGBTI	238
D.2. Sensibilización y capacitación de agentes estatales sobre violencia contra las personas LGBTI	245
D.3. Diseño e implementación de un sistema de recopilación y producción estadística de violencia contra personas LGBTI	250
D.4. Eliminar el indicador de "erradicación de homosexuales y travestis" de los Planes de Seguridad Ciudadana de las Regiones y Distritos del Perú	253
E. Indemnizaciones compensatorias	
E.1. Daño material	256
E.2. Daño inmaterial	261
F. Otras medidas solicitadas	268
G. Costas y gastos	271
H. Reintegro de los gastos al Fondo de Asistencia Legal de Víctimas	277
I. Modalidad de cumplimiento de los pagos ordenados	283
IX. PUNTOS RESOLUTIVOS	289

I
INTRODUCCIÓN DE LA CAUSA Y OBJETO DE LA CONTROVERSIA

1. *El caso sometido a la Corte.* El 22 de agosto de 2018 la Comisión Interamericana de Derechos Humanos (en adelante "la Comisión Interamericana" o "la Comisión") sometió a la jurisdicción de la Corte el caso *Azul Rojas Marín y otra respecto a la República del Perú* (en adelante "el Estado" o "Perú"). La Comisión señaló que el caso se relaciona "con la privación de libertad ilegal, arbitraria y discriminatoria de Azul Rojas Marín, […] el 25 de febrero de 2008, supuestamente con fines de identificación". De igual manera, la Comisión "consideró acreditada la existencia de graves actos de violencia física y psicológica", y consideró que por "la naturaleza y forma en que dicha violencia fue ejercida, existió un especial ensañamiento con la identificación o percepción de Azul Rojas Marín, para ese momento, como un hombre gay". Por último, la Comisión "concluyó que los hechos se encuentran en impunidad por una serie de factores que incluyen el incumplimiento del deber de investigar con la debida diligencia desde las etapas iniciales de la investigación. […] La Comisión consideró que el Estado contravino las obligaciones de atención y protección de una víctima que denuncia violencia sexual, con el factor agravado del prejuicio existente respecto a las personas LGBTI. La Comisión también determinó la violación al derecho a la integridad personal de la madre de Azul Rojas Marín", Juana Rosa Tanta Marín.

2. *Trámite ante la Comisión.* El trámite ante la Comisión fue el siguiente:

a) Petición. El 15 de abril de 2009 la Coordinadora Nacional de Derechos Humanos, el Centro de Promoción y Defensa de los Derechos Sexuales y Reproductivos (PROMSEX) y Redress Trust presentaron la petición inicial en representación de las presuntas víctimas.

b) Admissibility Report. On November 6, 2014, the Commission adopted the Admissibility Report in which it concluded that the petition was admissible.
c) Merits Report. On February 24, 2018, the Commission adopted Merits Report No. 24/18, in which it reached a series of conclusions[1] and made several recommendations to the State.

3. *Notification to the State.* The Merits Report was notified to the State on March 22, 2018, granting it two months to provide a report on compliance with the recommendations. The State "presented information on a series of measures taken to avoid the repetition of the violations that occurred in this case, as well as on the reopening of the criminal investigation." However, "regarding the recommendation to provide full reparation to the victims, the Peruvian State indicated that this recommendation was related to the investigation into the facts in the domestic sphere [...] and indicated that, in any case, this was the function of the competent entities." The Commission indicated that five months after this report, "the Peruvian State ha[d] not contacted the victims and their representatives to make a specific proposal on full reparation."

4. *Submission to the Court.* On August 22, 2018, the Commission submitted this case to the Court owing to "the need to obtain justice for the victims."[2]

5. *Requests of the Commission.* Based on the foregoing, the Inter-American Commission asked the Court to find and declare the international responsibility of the State for the violations contained in its Merits Report and to require the State, as measures of reparation, to execute the measures included in the said report.

II
PROCEEDINGS BEFORE THE COURT

6. *Notification to the State and to the representatives.* The submission of the case was notified to the State and to the representatives of the presumed victims on October 15, 2018.

7. *Brief with pleadings, motions and evidence.* On December 11, 2018, the National Human Rights Coordinator, the *Centro de Promoción y Defensa de los Derechos Sexuales y Reproductivos* (PROMSEX) and Redress Trust (hereinafter "the representatives") submitted their brief with pleadings, motions and evidence (hereinafter "pleadings and motions brief"), pursuant to Articles 25 and 40 of the Court's Rules of Procedure. The representatives agreed with the allegations made by

---

[1] The Commission concluded that the State was responsible for: the violation of the rights established in Articles 7(1), 7(2), 7(3), 11 and 24 of the American Convention, in relation to the obligations established in Article 1(1) of this instrument, to the detriment of Azul Rojas Marín; the violation of Articles 5(1), 5(2), 11(2) and 24 of the American Convention, and also non-compliance with Articles 1 and 6 of the Inter-American Convention to Prevent and Punish Torture (ICPPT) to the detriment of Azul Rojas Marín; the violation of the rights established in Articles 5(1), 8(1), 11, 24, and 25(1) of the American Convention in relation to Article 1(1) of this instrument, and also the violation of its duty to investigate acts of torture established in Articles 1, 6 and 8 of the ICPPT, all to the detriment of Azul Rojas Marín; also, the violation of the right to mental and moral integrity established in Article 5(1) of the American Convention to the detriment of Juana Rosa Tanta Marín, the mother of Azul Rojas Marín.

[2] The Commission appointed Commissioner Joel Hernández and Executive Secretary Paulo Abrão as its delegates, and Silvia Serrano Guzmán, lawyer of the Commission's Executive Secretariat acted as Legal Adviser.

b) Informe de Admisibilidad. El 6 de noviembre de 2014 la Comisión aprobó el Informe de Admisibilidad, en el que concluyó que la petición era admisible.

c) Informe de Fondo. El 24 de febrero de 2018 la Comisión aprobó el Informe de Fondo No. 24/18, en el cual llegó a una serie de conclusiones[1] y formuló varias recomendaciones al Estado.

3. *Notificación al Estado.* El Informe de Fondo fue notificado al Estado el 22 de marzo de 2018, con un plazo de dos meses para que informara sobre el cumplimiento de las recomendaciones. El Estado "presentó información sobre una serie de medidas adoptadas con la finalidad de evitar la repetición de las violaciones ocurridas en el caso, así como sobre la reapertura de la investigación penal". Sin embargo, "en cuanto a la recomendación sobre la reparación integral a las víctimas, el Estado peruano señaló que dicha recomendación estaba relacionada con la investigación de los hechos a nivel interno […] e indicó que en todo caso, ofició a las entidades competentes". La Comisión indicó que cinco meses después de dicho informe, "el Estado peruano no se ha[bía] puesto en contacto con las víctimas y sus representantes, a fin de formular una propuesta concreta de reparación integral".

4. *Sometimiento a la Corte.* El 22 de agosto de 2018 la Comisión sometió el presente caso a la Corte debido a "la necesidad de obtención de justicia para las víctimas"[2].

5. *Solicitudes de la Comisión.* Con base en lo anterior, la Comisión Interamericana solicitó a este Tribunal que concluyera y declarara la responsabilidad internacional del Estado por las violaciones contenidas en su Informe de Fondo y se ordenara al Estado, como medidas de reparación, aquellas incluidas en dicho informe.

II
PROCEDIMIENTO ANTE LA CORTE

6. *Notificación al Estado y a las representantes.* El sometimiento del caso fue notificado al Estado y a las representantes de las presuntas víctimas el 15 de octubre de 2018.

7. *Escrito de solicitudes, argumentos y pruebas.* El 11 de diciembre de 2018 la Coordinadora Nacional de Derechos Humanos, el Centro de Promoción y Defensa de los Derechos Sexuales y Reproductivos (PROMSEX) y Redress Trust (en adelante "las representantes") presentaron su escrito de solicitudes, argumentos y pruebas (en adelante "escrito de solicitudes y argumentos"), conforme a los artículos 25 y 40 del Reglamento de la Corte. Las representantes coincidieron con lo alegado por la

---

[1] La Comisión concluyó que el Estado es responsable por: la violación de los derechos establecidos en los artículos 7.1, 7.2, 7.3, 11 y 24 de la Convención Americana, en relación con las obligaciones establecidas en el artículo 1.1 del mismo tratado, en perjuicio de Azul Rojas Marín; la violación de los artículos 5.1, 5.2, 11.2, y 24 de la Convención Americana, así como del incumplimiento de los artículos 1 y 6 de la CIPST en perjuicio de Azul Rojas Marín; la violación de los derechos establecidos en los artículos 5.1, 8.1, 11, 24, y 25.1 de la Convención Americana en relación con el artículo 1.1 del mismo instrumento, así como por la violación de su deber de investigar hechos de tortura, establecida respectivamente en los artículos 1, 6 y 8 de la CISPT, todo en perjuicio de Azul Rojas Marín; y la violación del derecho a la integridad psíquica y moral establecido en el artículo 5.1 de la Convención Americana en perjuicio de Juana Rosa Tanta Marín, como madre de Azul Rojas Marín.

[2] La Comisión designó como sus delegados al Comisionado Joel Hernández y al Secretario Ejecutivo Paulo Abrão. Asimismo, Silvia Serrano Guzmán, abogada de la Secretaría Ejecutiva de la Comisión, actuó como Asesora Legal.

the Commission and added that the State was also responsible for the violation of the obligation to adopt domestic legal provisions in light of Article 2 of the American Convention. In addition, it asked that the Court order the State to adopt various measures of reparation and to reimburse certain costs and expenses.

8. *Answering brief.* On April 5, 2019, the State submitted to the Court its brief with preliminary objections and in answer to the submission of the case by the Commission, together with its observations on the pleadings and motions brief (hereinafter "answering brief"). In this brief, the State filed three preliminary objections and contested the alleged violations and the requests for measures of reparation presented by the Commission and the representatives.

9. *Observations on the preliminary objections.* On May 24, 2019, the representatives and the Commission presented their observations on the preliminary objections.

10. *Public hearing.* On July 10, 2019, the President of the Court at the time issued an order in which he called the parties and of the Commission to a public hearing on the preliminary objections and eventual merits, reparations and costs.[3] Also, in this order, he called on the presumed victim, a witness and an expert witness proposed by the Commission to testify during the public hearing, and required two witnesses and six expert witnesses to submit their statements by affidavit and these were forwarded on August 12, 2019. On July 18, 2019, the representatives asked the Court to reconsider this decision because, for reasons beyond her control, the presumed victim would be unable to attend the hearing, and they requested that the Court call a witness. In an order of the Court of August 26, 2019, it was decided to admit the representatives' request.[4] The public hearing took place on August 27, 2019, during the 62nd special session held in Barranquilla, Colombia.[5] During the hearing, the Court's judges asked the parties and of the Commission to provide certain information and explanations.

11. *Amici curiae.* The Court received eight *amicus curiae* briefs presented by: (1) the Únicxs Free Legal Clinic of the Faculty of Law at the Pontificia Universidad Católica del Perú;[6] (2) the Coalition of Lesbian, Gay, Bisexual, Travesti, Transgender, Transsexual and Intersex Organizations of the Americas before the OAS

---

[3] *Cf. Case of Rojas Marín et al. v. Peru. Call to a hearing.* Order of the President of the Inter-American Court of Human Rights of July 10,2019. Available at: http://www.corteidh.or.cr/docs/asuntos/rojas_marin_10_07_19.pdf

[4] *Cf. Case of Rojas Marín et al. v. Peru.* Order of the Inter-American Court of Human Rights of August 26, 2019. Available at: http://www.corteidh.or.cr/docs/asuntos/rojas_26_08_19.pdf

[5] There appeared at this hearing: (a) for the Inter-American Commission; Luis Ernesto Vargas, Commissioner, and Jorge H. Meza Flores, Analía Banfi Vique and Piero Vásquez, IACHR Legal Advisers; (b) for the representatives of the presumed victims: Ana María Vidal Carrasco, Deputy Executive Secretary of the National Human Rights Coordinator, Gabriela Oporto Patroni, Coordinator of Strategic Litigation of the *Centro de Promoción y Defensa de los Derechos Sexuales y Reproductivos*, Clara Sandoval, REDRESS Consultant for this case, and Alejandra Vicente, Head of Law, REDRESS, and (c) for the State of Peru: Carlos Redaño Balarezo, *Supra*national Special Public Attorney and Agent in this case, Silvana Gómez and Carlos LLaja, lawyers of the *Supra*national Special Public Attorney's Office and Deputy Agents in this case.

[6] The brief was signed by Renata Bregaglio Lazarte, María Alejandra Espino and María Susana Barrenechea. The brief describes the situation of LGBTI people in Peru.

Comisión, y agregaron que el Estado también era responsable por la violación del deber de adoptar disposiciones de derecho interno a la luz del artículo 2 de la Convención Americana. Asimismo, solicitaron que se ordenara al Estado adoptar diversas medidas de reparación y el reintegro de determinadas costas y gastos.

8. *Escrito de contestación.* El 5 de abril de 2019 el Estado presentó ante la Corte su escrito de excepciones preliminares y contestación al sometimiento del caso por parte de la Comisión, así como sus observaciones al escrito de solicitudes y argumentos (en adelante "escrito de contestación"). En dicho escrito, el Estado interpuso tres excepciones preliminares y se opuso a las violaciones alegadas y a las solicitudes de medidas de reparación de la Comisión y las representantes.

9. *Observaciones a las excepciones preliminares.* El 24 de mayo de 2019 las representantes y la Comisión presentaron sus observaciones a las excepciones preliminares.

10. *Audiencia Pública.* El 10 de julio de 2019 el entonces Presidente emitió una Resolución mediante la cual convocó a las partes y a la Comisión a la celebración de una audiencia pública, sobre las excepciones preliminares y eventuales fondo, reparaciones y costas[3]. Asimismo, mediante dicha Resolución, se convocó a declarar en la audiencia pública a la presunta víctima, a una testigo y una perita propuesta por la Comisión y se ordenó recibir las declaraciones rendidas ante fedatario público (afidávit) de dos testigos y seis peritos, las cuales fueron presentadas el 12 de agosto de 2019. El 18 de julio de 2019 las representantes solicitaron la reconsideración de la decisión ya que por razones de fuerza mayor la presunta víctima no podía asistir a la audiencia, por lo que solicitaron que se convocara a un testigo. Mediante Resolución de la Corte de 26 de agosto de 2019 se decidió acoger la solicitud de las representantes[4]. La audiencia pública se celebró el 27 de agosto de 2019, durante el 62 Período Extraordinario de Sesiones que se llevó a cabo en Barranquilla, Colombia[5]. En el curso de dicha audiencia, los Jueces de la Corte solicitaron cierta información y explicaciones a las partes y a la Comisión.

11. *Amici Curiae.* El Tribunal recibió ocho escritos de *amicus curiae* presentados por: (1) el Consultorio Jurídico Gratuito Únicxs de la Facultad de Derecho de la Pontificia Universidad Católica del Perú[6]; (2) la Coalición de Lesbianas, Gays, Bisexuales, Travestis, Transexuales, Transgénero e Intersex de las Américas ante la

---

[3] *Cfr. Caso Rojas Marín y otra Vs. Perú. Convocatoria a Audiencia.* Resolución del Presidente de la Corte Interamericana de Derechos Humanos de 10 de julio de 2019. Disponible en: http://www.corteidh.or.cr/docs/asuntos/rojas_marin_10_07_19.pdf

[4] *Cfr. Caso Rojas Marín y otra Vs. Perú.* Resolución de la Corte Interamericana de Derechos Humanos de 26 de agosto de 2019. Disponible en: http://www.corteidh.or.cr/docs/asuntos/rojas_26_08_19.pdf

[5] A esta audiencia comparecieron: (a) por la Comisión Interamericana; Luis Ernesto Vargas, Comisionado CIDH, Jorge H. Meza Flores, Asesor CIDH, Analía Banfi Vique, Asesora CIDH, y Piero Vásquez, Asesor CIDH; (b) por las representantes de las presuntas víctimas: Ana María Vidal Carrasco, Secretaria Ejecutiva Adjunta de la Coordinadora Nacional de Derechos Humanos, Gabriela Oporto Patroni, Coordinadora de Litigio Estratégico del Centro de Promoción y Defensa de los Derechos Sexuales y Reproductivos, Clara Sandoval Consultora para el caso de REDRESS, y Alejandra Vicente, Directora Jurídica de REDRESS, y (c) por el Estado del Perú: Carlos Redaño Balarezo, Procurador Público Especializado *Supra*nacional y Agente Titular en el presente caso, Silvana Gómez, abogada de la Procuraduría Publica Especializada *Supra*nacional y Agente Alterna en el presente caso y Carlos LLaja abogado de la Procuraduría Publica Especializada *Supra*nacional y Agente Alterno en el presente caso.

[6] El escrito fue firmado por Renata Bregaglio Lazarte, María Alejandra Espino y María Susana Barrenechea. El escrito describe la situación de las personas LGBTI en Perú.

(LGBTTTICoalition);[7] (3) students and professors at Boston College Law School;[8] (4) European Region of the International Lesbian, Gay, Bisexual, Trans and Intersex Association (ILGA-Europe);[9] (5) the *No Tengo Miedo* organization;[10] (6) the Centre on Law and Social Transformation;[11] (7) the International Bar Association's Human Rights Institute (IBAHRI),[12] and (8) Juan Pablo Pérez León Acevedo.[13]

12. *Final written arguments and observations.* On September 30, 2019, the State, the representatives and the Commission, forwarded their final written arguments and observations, respectively, together with the annexes.[14]

13. *Supervening facts.* On May 24, 2019, and February 3, 2020, the representatives forwarded information on supervening facts concerning the actual situation of the presumed victim and the status of the investigation opened following the issue of the Merits Report. The State and the Commission presented their observations in this regard.

14. *Helpful information and evidence.* On February 7, 2020, the President of the Court asked the State to present helpful documentation. Peru presented this information on February 13 and 28, 2020.

15. *Observations on the helpful information and evidence.* On October 21, 2019, the Commission, the representatives and the State presented their observations on the annexes presented with the final written arguments. The representatives and the Commission also presented their observations on the helpful evidence presented by the State.

16. *Deliberation of this case.* The Court began to deliberate this judgment on March 12, 2020.

---

[7] The brief was signed by Fanny Gómez-Lugo, Juan Felipe Rivera Osorio, María Daniela Díaz Villamil, María Alejandra Medina Ubajoa and Robinson Sánchez Tamayo. The brief describes the situation of LGBTI people in Peru and includes legal considerations on the protection of gender expression.
[8] The brief was signed by Susan Simone Kang, Daniela Urosa, Milena Cuadra Seas and Liliana Mamani Condori. The brief refers to the facts of this case.
[9] The brief was signed by Evelyne Paradis. The brief refers to the State obligation to conduct investigations into acts of violence or abuse, especially in cases involving LGBTI people.
[10] The brief was signed by María Lucía Muchuca Rose. The brief describes the situation of LGBTI people in Peru.
[11] The brief was signed by Camila Gianella Malca. The brief refers to care for victims of torture, and the transgender population in Peru.
[12] The brief was signed by Baroness Helena Kennedy. The brief describes how discrimination may be used as an element of intent and purpose in torture, especially in cases of discrimination based on sexual orientation.
[13] The brief was signed by Juan Pablo Pérez León Acevedo. The brief refers to sexual violence as an act of torture, and uses case law of both the Inter-American Court and the European courts to establish that sexual violence may be an act of torture.
[14] The Court notes that the representatives' brief with final arguments was submitted unsigned on September 30, 2019. On October 1, 2019, the representatives forwarded a signed copy of this brief. The State argued that, according to Article 28 of the Court's Rules of Procedure, the representatives must provide their final written arguments not only by electronic means, but also send the original brief to the Court and the Court must receive this within 21 days of the expiry of the time frame for submission of these arguments. The Court considered that the presentation of the signed version of the brief by electronic means was sufficient, without it being necessary to send the original copy of the brief.

OEA (Coalición LGBTTTI)[7]; (3) estudiantes y profesoras del Boston College Law School[8]; (4) European Region of the International Lesbian, Gay, Bisexual, Trans and Intersex Association (ILGA-Europe)[9]; (5) la Organización No Tengo Miedo[10]; (6) el Centre on Law & Social Transformation[11]; (7) el International Bar Association's Human Rights Institute (IBAHRI)[12], y (8) el señor Juan Pablo Pérez León Acevedo[13].

12. *Alegatos y observaciones finales escritas.* El 30 de septiembre de 2019 el Estado, las representantes y la Comisión, remitieron, respectivamente, sus alegatos finales y observaciones finales escritas, junto con sus anexos[14].

13. *Hechos supervinientes.* Los días 24 de mayo de 2019 y 3 de febrero de 2020 las representantes remitieron información sobre hechos supervinientes relativos a la situación actual de la presunta víctima y al estado de la investigación abierta tras la emisión del Informe de Fondo. El Estado y la Comisión presentaron sus observaciones al respecto.

14. *Prueba e información para mejor resolver.* El 7 de febrero de 2020 la Presidenta de la Corte solicitó al Estado la presentación de documentación para mejor resolver. Perú presentó dicha información el 13 y el 28 de febrero de 2020.

15. *Observaciones a la información y prueba para mejor resolver.* El 21 de octubre de 2019 la Comisión, las representantes y el Estado presentaron sus observaciones a los anexos presentados junto con los alegatos finales escritos. Las representantes y la Comisión presentaron sus observaciones a la prueba presentada por el Estado como prueba como mejor resolver.

16. *Deliberación del presente caso.* La Corte inició la deliberación de la presente sentencia el 12 de marzo de 2020.

---

[7] El escrito fue firmado por Fanny Gómez-Lugo, Juan Felipe Rivera Osorio, María Daniela Díaz Villamil, María Alejandra Medina Ubajoa y Robinson Sánchez Tamayo. El escrito describe la situación de las personas LGBTI en Perú y realiza consideraciones jurídicas relacionadas a la protección de la expresión de género.
[8] El escrito fue firmado por Susan Simone Kang, Daniela Urosa, Milena Cuadra Seas y Liliana Mamani Condori. El escrito se refiere a los hechos del presente caso.
[9] El escrito fue firmado por Evelyne Paradis. El escrito se refiere a la obligación Estatal de llevar a cabo investigaciones de actos de violencia o abuso, especialmente, en casos hacia personas LGBTI.
[10] El escrito fue firmado por María Lucía Muchuca Rose. El escrito describe la situación de las personas LGBTI en Perú.
[11] El escrito fue firmado por Camila Gianella Malca. El escrito se refiere a la atención de víctimas de tortura, y a la población transgenero en el Perú.
[12] El escrito fue firmado por Baronesa Helena Kennedy. El escrito se refiere a que la discriminación puede ser utilizado como elemento de intencionalidad y finalidad en la tortura, especialmente en los casos de discriminación por razón de orientación sexual.
[13] El escrito fue firmado por Juan Pablo Pérez León Acevedo. El escrito se refiere a la violencia sexual como un acto de tortura, y utiliza jurisprudencia tanto de la Corte Interamericana como de Tribunales Europeos para demostrar que la violencia sexual puede ser un acto de tortura.
[14] La Corte advierte que el escrito de alegatos finales de las representantes fue remitido sin firma el 30 de septiembre de 2019. El 1 de octubre de 2019 remitieron una copia firmada de los mismos. El Estado alegó que de acuerdo al artículo 28 del Reglamento de la Corte, correspondía a las representantes remitir sus alegatos finales escritos no solo mediante medios electrónicos, sino que además remitir el escrito original a la Corte y recibirlo por esta a más tardar veintiún días después de vencido la remisión de los alegatos. Al respecto, la Corte considera suficiente el envío por medios electrónicos de la versión firmada del escrito, sin que sea necesario el envío del escrito original en físico.

III
JURISDICTION

17. The Court has jurisdiction to hear this case, pursuant to Article 62(3) of the Convention, because Peru has been a State Party to this instrument since July 28, 1978, and accepted the contentious jurisdiction of the Court on January 21, 1981. In addition, the State ratified the Inter-American Convention to Prevent and Punish Torture on March 28, 1991.

IV
PRELIMINARY OBJECTIONS

18. In this case, the State filed three preliminary objections relating to: (a) the alleged failure to exhaust domestic remedies; (b) the subsidiary nature of the inter-American system, and (c) the "fourth instance" objection.

A. ALLEGED FAILURE TO EXHAUST DOMESTIC REMEDIES

A.1. Arguments of the parties and of the Commission

19. The *State* argued that "the order to dismiss the proceedings […] requiring the archive of the criminal investigation for the offenses of rape and abuse of authority could have been contested by the presumed victim and/or her representatives […] pursuant to domestic law." In this regard, it indicated that the remedy was filed belatedly. Therefore, the State argued that the presumed victim had incurred in an "improper exhaustion of domestic remedies" and, consequently, the Commission should have declared the petition inadmissible.

20. The *Commission* reiterated the analysis made in the Admissibility Report. It also indicated that "in the case of acts of torture such as those denounced by Azul Rojas Marín, the domestic remedies should be provided by the State *ex officio*"; therefore, "an appeal against a specific procedural measure should not be understood as an appropriate and effective remedy in cases of serious human rights violations, because an appropriate and effective remedy would be the integrity of the investigation and criminal proceedings that […] should be opened and conducted satisfactorily and, *ex officio*, by the State." It also asserted that, the analysis of admissibility revealed that "there were numerous indications that *prima facie* pointed to the ineffectiveness of the investigations that were conducted and that culminated in the dismissal of the proceedings" and that "[o]n this basis, the Commission made a preliminary decision on the lack of effectiveness of the domestic remedies which was amply confirmed in its analysis of the merits." The Commission asked the Court not to diverge from the analysis made in the Admissibility Report and to reject the preliminary objection filed by the State.

21. The *representatives* pointed out that "a careful reading of the Commission's decision on admissibility reveals that it did not fail to consider the objection filed by the State or to include reasoned arguments on the obligation to exhaust domestic remedies and on the possible application of exceptions to this rule." They indicated that the remedy of appeal referred to by the State was neither adequate nor effective in proceedings for rape and abuse of power because "it would not have protected [the presumed victim] in relation to the legal situation that was violated." They stressed

III
COMPETENCIA

17. La Corte es competente para conocer el presente caso, en los términos del artículo 62.3 de la Convención, en razón de que Perú es Estado Parte de dicho instrumento desde el 28 de julio de 1978 y reconoció la competencia contenciosa de la Corte el 21 de enero de 1981. Además, el Estado ratificó la Convención Interamericana para Prevenir y Sancionar la Tortura el 28 de marzo de 1991.

IV
EXPCEPCIONES PRELIMINARES

18. En el presente caso el Estado presentó tres excepciones preliminares relativas a: (a) la alegada falta de agotamiento de recursos internos; (b) la subsidiariedad del sistema interamericano, y (c) la excepción preliminar de la "cuarta instancia".

A. ALEGADA FALTA DE AGOTAMIENTO DE RECURSOS INTERNOS

A.1. Alegatos de las partes y de la Comisión

19. El *Estado* alegó que "el auto de sobreseimiento […] que dispuso el archivo de la investigación penal por los delitos de violación sexual y el abuso de autoridad, pudo ser impugnado por la presunta víctima y/o sus representantes […] de acuerdo a la legislación interna". Al respecto, señaló que el recurso se presentó de forma extemporánea. Por tanto, el Estado alegó que la presunta víctima incurrió en un "agotamiento indebido de los recursos internos" y que, en virtud de ello, la Comisión debió declarar la inadmisibilidad de la petición.

20. La *Comisión* reiteró el análisis efectuado en el Informe de Admisibilidad. Asimismo, señaló que "frente a actos de tortura como los denunciados por Azul Rojas Marín, los recursos internos deben ser provistos por el Estado de manera oficiosa", por lo cual "la apelación de un acto de procedimiento puntual no debe ser entendida como el recurso idóneo y efectivo en casos de graves violaciones de derechos humanos, puesto que tal recurso es la integridad de la investigación y proceso penal que […] debe ser iniciado y conducido debidamente y de manera oficiosa por parte del Estado". Además, indicó que del análisis de admisibilidad se desprende que "existían múltiples indicios que *prima facie* apuntaban a la inefectividad de las investigaciones iniciadas, las cuales además culminaron con el acto de sobreseimiento" y que "[e]n virtud de ello, la Comisión efectuó una determinación preliminar sobre la falta de efectividad de los recursos internos, la cual fue ampliamente confirmada en su análisis de fondo". La Comisión solicitó a la Corte no apartarse del análisis del Informe de Admisibilidad y desechar la excepción preliminar planteada por el Estado.

21. Las *representantes* señalaron que "una lectura cuidadosa de la decisión de admisibilidad adoptada por la Comisión demuestra que la misma no omitió considerar la excepción presentada por el Estado ni hacer una argumentación razonable sobre la obligación de agotar recursos internos y de la posible aplicación de excepciones a esta regla". Indicaron que el recurso de apelación referido por el Estado en el proceso por violencia sexual y abuso de poder no era adecuado ni efectivo, ya que "no habría protegido a [la presunta víctima] en la situación jurídica infringida". Resaltaron que

that "in Peru, there is no due process of law that guarantees access to effective remedies in cases such as that of Azul because the criminal definition of torture is inadequate and due to deficiencies in due process in the context of structural discrimination against the LGBTI community."

A.2. Considerations of the Court

22. The Court notes that there is no dispute that the petition in this case was lodged before the Commission on April 15, 2009, asserting that the domestic remedies had been exhausted and providing the relevant information. On June 5, 2013, the petition was forwarded to the State which sent its answering brief on March 24, 2014, in which it duly filed the objection of failure to exhaust domestic remedies for the reasons indicated.[15] Therefore, bearing in mind that is not the task of either the Court or the Commission to identify *ex officio* which domestic remedies remain pending,[16] it is necessary to analyze whether the presumed victim exhausted the domestic remedies or whether one of the exceptions stipulated in Article 46 of the American Convention was applicable and, as appropriate, whether the State specified the remedies that remained to be exhausted and whether it proved that these were available and were adequate, suitable and effective.[17]

23. In this case, following the complaint filed by the presumed victim, an investigation into rape and abuse of authority was opened. On May 5, 2008, the presumed victim requested that the investigation be expanded to include torture, and this was rejected by the prosecution on June 16, 2008, indicating that there had not been criminal intent or evidence that the act had been committed for one of the purposes described in article 321 of the Criminal Code, which describes the elements that constitute torture.[18] The presumed victim appealed this decision, arguing that the presumed torture had been committed to punish her for her sexual orientation.[19] This appeal was declared without grounds by the prosecution on August 28, 2008, and,

---

[15] The initial petition was forwarded to the State on June 5, 2013, granting it two months to presents its observations. The State asked for an extension on October 10, 2013, which the Commission denied. The State presented its observations on March 24, 2014. In this brief, the State indicated that the decision dismissing the case "could have been contested by the petitioner," by the remedy of appeal. However, this remedy was filed belatedly, and was therefore declared inadmissible. *Cf.* Communication of the Commission addressed to the State of June 5, 2013 (evidence file, folio 887); the State's request for an extension of October 10, 2013 (evidence file, folio 878); Communication of the Commission addressed to the State of October 18, 2018 (evidence file, folio 887), and the State's report of March 24, 2014 (evidence file, folios 840 and 847).
[16] *Cf. Case of Reverón Trujillo v. Venezuela. Preliminary Objection, Merits, Reparations and Costs.* Judgment of June 30, 2009. Series C No. 197, para. 23, and *Case of López et al. v. Argentina. Preliminary Objections, Merits, Reparations and Costs.* Judgment of November 25, 2019. Series C No. 396, para. 22.
[17] *Cf. Case of Velásquez Rodríguez v. Honduras. Preliminary Objections.* Judgment of June 26, 1987. Series C No. 1, paras. 88 and 91, and *Case of Muelle Flores v. Peru. Preliminary Objections, Merits, Reparations and Costs.* Judgment of March 6, 2019. Series C No. 375, para. 26.
[18] *Cf.* Request of Azul Rojas Marín filed before the Preliminary Investigation Judge of Ascope and Paiján on May 5, 2008 (evidence file, folios 2871 to 2873), and Public Prosecution Service. Second Provincial Corporate Criminal Prosecution Service of Ascope. Decision not to allow the expansion of the preliminary investigation of June 16, 2008 (evidence file, folios 2875 to 2878).
[19] *Cf.* Request of Azul Rojas Marín filed before the Second Provincial Corporate Criminal Prosecution Service of Ascope, of August 1 2008 (evidence file, folios 2880 to 2894).

"en Perú no existe el debido proceso legal que garantice el acceso a recursos efectivos en casos como el de Azul debido a que la tipificación de tortura es inadecuada y las fallas del debido proceso en un contexto de discriminación estructural contra personas LGBTI".

A.2. Consideraciones de la Corte

22. Este Tribunal constata que no se encuentra controvertido en autos que la petición en esta causa fue presentada a la Comisión el 15 de abril de 2009, haciendo valer en ella que se habían agotado los recursos internos y proporcionando información al respecto, y que fue transmitida al Estado el 5 de junio de 2013, haciendo llegar éste su contestación el 24 de marzo de 2014, en la que oportunamente interpuso la excepción de falta de previo agotamiento de los recursos internos por las razones señaladas[15]. Por tanto, teniendo presente que no es tarea de la Corte, ni de la Comisión, identificar *ex officio* cuáles son los recursos internos pendientes de agotamiento[16], es necesario analizar si la presunta víctima agotó los recursos internos o si era aplicable alguna de las excepciones estipuladas en el artículo 46 de la Convención Americana y, en cuanto fuese procedente, si el Estado especificó los recursos que aún no se habrían agotado y si demostró que éstos se encontraban disponibles y eran adecuados, idóneos y efectivos[17].

23. En el presente caso, tras la denuncia presentada por la presunta víctima, se abrió una investigación por violación sexual y abuso de autoridad. El 5 de mayo de 2008 la presunta víctima solicitó la ampliación de la investigación a tortura, lo cual fue negado por la fiscalía el 16 de junio de 2008, indicando que no había habido dolo o prueba que el acto se haya realizado con una finalidad de las descritas en el artículo 321 del Código Penal relativo a los elementos constitutivos de la tortura[18]. La presunta víctima recurrió esta decisión, alegando que la presunta tortura se habría cometido para castigarle por su orientación sexual[19]. Este recurso fue declarado infundado por la

---

[15] La petición inicial fue transmitida al Estado el 5 de junio de 2013, otorgándole un plazo de dos meses para presentar sus observaciones. El Estado solicitó una prórroga el 10 de octubre de 2013, la cual fue negada por la Comisión. El Estado presentó sus observaciones el 24 de marzo de 2014. En este escrito el Estado indicó que la decisión que sobreseyó la causa "podría haber sido cuestionad[a] por el peticionario", mediante un recurso de apelación. Sin embargo, este recurso se presentó de forma extemporánea por lo que fue declarado improcedente. *Cfr.* Comunicación de la Comisión dirigida al Estado de 5 de junio de 2013 (expediente de prueba, folio 887); Solicitud de prórroga del Estado de 10 de octubre de 2013 (expediente de prueba, folio 878); Comunicación de la Comisión dirigida al Estado de 18 de octubre de 2018 (expediente de prueba, folio 887), e Informe del Estado de 24 de marzo de 2014 (expediente de prueba, folios 840 y 847).

[16] *Cfr. Caso Reverón Trujillo Vs. Venezuela. Excepción Preliminar, Fondo, Reparaciones y Costas.* Sentencia de 30 de junio de 2009. Serie C No. 197, párr. 23, y *Caso López y otros Vs. Argentina. Excepciones Preliminares, Fondo, Reparaciones y Costas.* Sentencia de 25 de noviembre de 2019. Serie C No. 396, párr. 22.

[17] *Cfr. Caso Velásquez Rodríguez Vs. Honduras. Excepciones Preliminares.* Sentencia de 26 de junio de 1987. Serie C No. 1, párrs. 88 y 91, y *Caso Muelle Flores Vs. Perú. Excepciones Preliminares, Fondo, Reparaciones y Costas.* Sentencia de 6 de marzo de 2019. Serie C No. 375, párr. 26.

[18] *Cfr.* Solicitud de Azul Rojas Marín presentada ante el Juez de Investigación Preparatoria de Ascope y Paiján, de 5 de mayo de 2008 (expediente de prueba, folios 2871 a 2873), y Ministerio Público. Segundo Despacho de la Fiscalía Provincial Penal Corporativa de Ascope. Disposición de no a lugar ampliación de investigación preparatoria de 16 de junio de 2008 (expediente de prueba, folios 2875 a 2878).

[19] *Cfr.* Solicitud de Azul Rojas Marín presentada ante el Segundo Despacho de la Fiscalía Provincial Penal Corporativa de Ascope, de 1 de agosto de 2008 (expediente de prueba, folios 2880 a 2894).

following the appeal presented by the presumed victim, the superior prosecutor confirmed that decision on October 15, 2008.[20]

24. Regarding the investigation into rape and abuse of authority, on January 9, 2009, the Ascope Criminal Judge of Preliminary Investigations of the Superior Court of Justice of La Libertad issued, at the request of the prosecution, an order to dismiss the proceedings.[21] The presumed victim, constituted as "civil actor" in the criminal proceedings, filed a time-barred remedy of appeal against this decision.[22]

25. This Court recalls that the State has an obligation to investigate, *ex officio*, acts of torture such as those alleged in the instant case.[23] To examine the proper exhaustion of domestic remedies, in each case it is necessary to evaluate whether the person concerned (or other persons or entities on his behalf) had the possibility – and exercised it – of enabling the State to settle the matter by its own means using available remedies.[24] The Court has also indicated that the obligation to exhaust domestic remedies does not signify the obligation to act as a special complainant or plaintiff in criminal proceedings.[25]

26. In this case, the presumed victim reported the facts, and this initiated the corresponding criminal investigation. The Court notes that the representatives and the Commission alleged various violations of due diligence in the investigation conducted in this case which led to the closure of the investigation owing to the dismissal of the case, and this allegedly resulted in the ineffectiveness of the remedies. An examination of these arguments involves an evaluation of the State's actions in relation to its obligation to guarantee the rights recognized in the American Convention that are alleged to have been violated, and this is a matter that is closely related to the merits of the dispute.[26] Bearing in mind that the presumed victim reported the facts, which resulted in the State's obligation to investigate them, *ex officio*, as well as the alleged violations of due process, the Court finds that the alleged failure to exhaust domestic remedies is inextricably linked to the examination of due diligence in the criminal investigation. Therefore, it is a matter that must be examined when analyzing the merits of the dispute. Consequently, this preliminary objection is rejected.

---

[20] *Cf.* Public Prosecution Service. First Superior Criminal Prosecutor of La Libertad Judicial District . Decision of August 28, 2008 (evidence file, folios 2911 to 2912), and Public Prosecution Service. First Superior Criminal Prosecutor of La Libertad Judicial District . Decision of October 15, 2008 (evidence file, folio 636).
[21] *Cf.* Ascope First Preliminary Investigation Court. La Libertad Superior Court of Justice. Order to dismiss the proceedings of January 9, 2009 (evidence file, folios 22 to 28).
[22] *Cf.* Remedy of appeal filed by Azul Rojas Marín on January 22, 2009 (evidence file, folios 154 to 159).
[23] *Cf. Case of Tibi v. Ecuador. Preliminary Objections, Merits, Reparations and Costs.* Judgment of September 7, 2004. Series C No. 114, para. 159, and *Case of Montesinos Mejía v. Ecuador. Preliminary Objections, Merits, Reparations and Costs.* Judgment of January 27, 2020. Series C No. 398, para. 151.
[24] *Cf. Case of Galindo Cárdenas et al. v. Peru. Preliminary Objections, Merits, Reparations and Costs.* Judgment of October 2, 2015. Series C No. 301, para. 41.
[25] *Cf., mutatis mutandis, Case of Heliodoro Portugal v. Panama. Preliminary Objections, Merits, Reparations and Costs.* Judgment of August 12, 2008. Series C No. 186, para. 16.
[26] *Cf. Case of Velásquez Rodríguez v. Honduras. Preliminary Objections*, supra, para. 96, and *Case of Jenkins v. Argentina. Preliminary Objections, Merits, Reparations and Costs.* Judgment of November 26, 2019. Series C No. 397, para. 23.

fiscalía el 28 de agosto de 2008, y, tras la apelación presentada por la presunta víctima, la fiscalía superior confirmó esta decisión el 15 de octubre de 2008[20].

24. En relación con la investigación por violación sexual y abuso de autoridad, el 9 de enero de 2009 el Juez Penal de Investigación Preparatoria de Ascope de la Corte Superior de Justicia de la Libertad dictó, por requerimiento de la fiscalía, auto de sobreseimiento[21]. La presunta víctima, constituida como "actor civil" en el proceso penal presentó el recurso de apelación de esta decisión de forma extemporánea[22].

25. Este Tribunal recuerda que el Estado tiene una obligación de investigar de oficio los hechos de tortura, como los alegados en el presente caso[23]. Para examinar el agotamiento debido de los recursos internos, debe evaluarse en cada caso si la persona afectada (u otras personas o entidades en su nombre o interés) tuvo y ejerció la posibilidad, mediante el uso de recursos disponibles, de dar oportunidad al Estado de solucionar el asunto por sus propios medios[24]. En el mismo sentido, se ha señalado que la obligación de agotar recursos internos no implica la obligación de actuar como querellante o accionante particular en un proceso penal[25].

26. En el presente caso la presunta víctima denunció los hechos, dando así inicio a la investigación penal de los mismos. Asimismo, la Corte advierte que las representantes y la Comisión alegaron diversas violaciones a la debida diligencia en la investigación realizada en el presente caso que desembocó en el archivo por sobreseimiento y habría traido como consecuencia la inefectividad de los recursos. Examinar estos argumentos implica una evaluación sobre las actuaciones del Estado en relación con sus obligaciones de garantizar los derechos reconocidos en la Convención Americana cuya violación se alega, lo cual es un asunto que se encuentra íntimamente relacionado con el fondo de la controversia[26]. Tomando en cuenta que la presunta víctima denunció los hechos, lo cual dio inicio a la obligación Estatal de investigarlos de oficio, así como las alegadas violaciones al debido proceso, el Tribunal estima que la alegada falta de agotamiento de los recursos internos está inescindiblemente ligada al examen de la debida diligencia en la investigación penal y, por lo tanto, se trata de una cuestión que debe ser examinada en el fondo de la controversia. En consecuencia, se desestima la presente excepción preliminar.

---

[20] *Cfr.* Ministerio Público. Primera Fiscalía Superior en lo Penal del Distrito Judicial de La Libertad. Resolución de 28 de agosto de 2008 (expediente de prueba, folios 2911 a 2912), y Ministerio Público. Primera Fiscalía Superior en lo Penal del Distrito Judicial de La Libertad. Resolución de 15 de octubre de 2008 (expediente de prueba, folio 636).
[21] *Cfr.* Juzgado Penal de Investigación Preparatoria de Ascope. Corte Superior de Justicia de La Libertad. Auto de sobreseimiento de 9 de enero de 2009 (expediente de prueba, folios 22 a 28).
[22] *Cfr.* Recurso de apelación interpuesto por Azul Rojas Marín el 22 de enero de 2009 (expediente de prueba, folios 154 a 159).
[23] *Cfr. Caso Tibi Vs. Ecuador. Excepciones Preliminares, Fondo, Reparaciones y Costas.* Sentencia de 7 de septiembre de 2004. Serie C No. 114, párr. 159, y *Caso Montesinos Mejía Vs. Ecuador. Excepciones Preliminares, Fondo, Reparaciones y Costas.* Sentencia de 27 de enero de 2020. Serie C No. 398, párr. 151.
[24] *Cfr. Caso Galindo Cárdenas y otros Vs. Perú. Excepciones Preliminares, Fondo, Reparaciones y Costas.* Sentencia de 2 de octubre de 2015. Serie C No. 301, párr. 41.
[25] *Cfr., mutatis mutandis, Caso Heliodoro Portugal Vs. Panamá. Excepciones Preliminares, Fondo, Reparaciones y Costas.* Sentencia de 12 de agosto de 2008. Serie C No. 186, párr. 16.
[26] *Cfr. Caso Velásquez Rodríguez Vs. Honduras. Excepciones Preliminares, supra,* párr. 96, y *Caso Jenkins Vs. Argentina. Excepciones Preliminares, Fondo, Reparaciones y Costas.* Sentencia de 26 de noviembre de 2019. Serie C No. 397, párr. 23.

B. THE SUBSIDIARY NATURE OF THE INTER-AMERICAN SYSTEM

B.1. Arguments of the parties and of the Commission

27. The *State* argued that, in light of the recommendations made by the Commission in the Merits Report, a new investigation into the facts had been opened and, therefore, "there was a real possibility that the State could respond to the presumed human right violations alleged by Azul Rojas Marín." Pursuant to the principle of subsidiarity, the State argued that it "should not be found internationally responsible while a process to address the violations alleged by the presumed victim was underway." The *Commission* pointed out that "in order for the Court, when examining the merits, not to declare the State's responsibility based on an argument of complementarity, the State must recognize the internationally wrongful act and assess whether this has ceased and whether it has made full reparation for the consequences of the measure or situation that constituted it." The Commission argued that the elements that would indicate the admissibility of the argument of complementarity did not exist in this case, and therefore asked the Court to reject the preliminary objection. The *representatives* argued that: "(i) the State has based itself on an erroneous interpretation of the principle of subsidiarity, and (ii) the State had already had the opportunity to investigate the facts and punish those who were responsible, but did not do so."

B.2. Considerations of the Court

28. Owing to the complementary nature of the inter-American system, the Court has considered it pertinent not to declare the responsibility of the State if, when hearing the case, the State has put an end to the violation and redressed the consequences of the measure or situation that constituted it.[27] In this case, the State has opened a new investigation into the facts. However, the Court notes that, in the context of this new investigation, it was decided not to annul the dismissal that had been ordered, and the rights that were presumably violated have not been redressed. Therefore, the conditions required in order not to examine State responsibility have not been met.

29. Consequently, the Court declares the preliminary objection filed by the State inadmissible.

C. PRELIMINARY OBJECTION OF "FOURTH INSTANCE"

C.1. Arguments of the parties and of the Commission

30. The *State* argued that the Commission had acted as "a court of fourth instance when classifying the sexual violence suffered by Azul Rojas Marín as torture in its Merits Report, because this classification corresponds to the domestic authorities." It therefore asked the Court to conduct a control of the legality of the Commission's

---

[27] *Cf., mutatis mutandis, Case of the Santo Domingo Massacre v. Colombia. Preliminary Objections, Merits and Reparations.* Judgment of November 30, 2012. Series C No. 259, para. 171; *Case of Duque v. Colombia. Preliminary Objections, Merits, Reparations and Costs.* Judgment of February 26, 2016. Series C No. 310, para. 137, and *Case of Colindres Schonenberg v. El Salvador. Merits, Reparations and Costs.* Judgment of February 4, 2019. Series C No. 373, para. 75.

B. Subsidiariedad del sistema interamericano

B.1. Alegatos de las partes y de la Comisión

27. El *Estado* señaló que, en virtud de las recomendaciones realizadas por la Comisión en el Informe de Fondo, se abrió una nueva investigación de los hechos, por lo que "existe una posibilidad concreta para que el Estado pueda atender las presuntas afectaciones de derechos humanos alegadas por Azul Rojas Marín". A la luz del principio de subsidiariedad, el Estado indicó que "no debería ser sancionado internacionalmente mientras exista un proceso en trámite destinado a atender las violaciones alegadas por la presunta víctima". La *Comisión* señaló que "para que en el fondo no se declare la responsabilidad estatal con base en un argumento de complementariedad, es necesario que el Estado reconozca el hecho ilícito internacional, así como evaluar si lo hizo cesar y si reparó integralmente las consecuencias de la medida o situación que lo configuró". La Comisión indicó que en el caso no se encuentran presentes los elementos para la procedencia del argumento de complementariedad, por lo que solicitó a la Corte desestimar la excepción preliminar. Las *representantes* alegaron que "(i) el Estado parte de una errada interpretación del principio de subsidiariedad, y, (ii) el Estado ya tuvo la oportunidad de investigar los hechos y sancionar a quienes resulten responsables, pero no lo hizo".

B.2. Consideraciones de la Corte

28. En virtud del carácter complementario del sistema interamericano, esta Corte ha considerado pertinente no declarar la responsabilidad estatal si al momento de conocer el caso el Estado hizo cesar la violación y reparó las consecuencias de la medida o situación que lo configuró[27]. En el presente caso el Estado abrió una nueva investigación de los hechos. Sin embargo, la Corte advierte que dentro de la misma se decidió no declarar la nulidad del sobreseimiento decretado y no se han reparado los derechos presuntamente violados. Por tanto, no se cumplen las condiciones necesarias para no examinar la responsabilidad estatal.

29. En consecuencia, el Tribunal declara sin lugar la excepción preliminar presentada por el Estado.

C. Excepción preliminar de "cuarta instancia"

C.1. Alegatos de las partes y de la Comisión

30. El *Estado* alegó que la Comisión actuó como "un tribunal de cuarta instancia al calificar en su Informe de Fondo como tortura la violencia sexual sufrida por Azul Rojas Marín, calificación que corresponde a las autoridades internas". Por ello, solicitó a la Corte efectuar un control de legalidad de las actuaciones de la Comisión.

---

[27] *Cfr.*, *mutatis mutandis*, *Caso Masacre de Santo Domingo Vs. Colombia. Excepciones Preliminares, Fondo y Reparaciones.* Sentencia de 30 de noviembre de 2012. Serie C No. 259, párr. 171; *Caso Duque Vs. Colombia. Excepciones Preliminares, Fondo, Reparaciones y Costas.* Sentencia de 26 de febrero de 2016. Serie C No. 310, párr. 137, y *Caso Colindres Schonenberg Vs. El Salvador. Fondo, Reparaciones y Costas.* Sentencia de 4 de febrero de 2019. Serie C No. 373, párr. 75.

action. The *Commission* argued that "the Peruvian State has not proved that the minimum assumptions exist for [executing a possible control of the legality of its actions]." The *representatives* clarified that it was not asking the Court to review the ruling of a domestic court; rather they were arguing that a series of acts and omissions of the Peruvian State constituted violations of the rights contained in the Convention.

C.2. Considerations of the Court

31. The Court has established that, when assessing compliance with certain international obligations, there may be an intrinsic interrelationship between the analysis of international law and domestic law. Therefore, the determination of whether or not the actions of judicial organs constitute a violation of the State's international obligations may result in the Court having to examine the respective domestic proceedings to establish their compatibility with the American Convention.[28] However, the Court has established that it does not have competence to rule on domestic judicial decisions if it has not been verified that they have violated due process and if they are not manifestly arbitrary or unreasonable. Thus, although this Court is not a fourth instance of judicial review and does not examine the assessment of the evidence made by the domestic judges, it does have competence, exceptionally, to decide on the content of judicial decisions that contravene the American Convention in an arbitrary manner.[29]

32. The Court considers that the determination of whether the alleged facts can be classified as torture does not represent a review of the decisions of the domestic courts. To the contrary, this determination falls within the competence of the organs of the inter-American system when establishing whether there has been a violation of the American Convention and, if appropriate, of the Inter-American Convention to Prevent and Punish Torture.

33. Accordingly, the Court declares the preliminary objection filed by the State inadmissible.

V
EVIDENCE

A. ADMISSIBILITY OF THE DOCUMENTARY EVIDENCE

34. The Court received diverse documents presented as evidence by the Commission, the representatives and the State, as well as those requested by the Court or its President as helpful evidence and, as in other cases, it admits them in the understanding that they were presented at the proper procedural opportunity (Article

---

[28] *Cf. Case of the "Street Children" (Villagrán Morales et al.) v. Guatemala. Merits.* Judgment of November 19, 1999. Series C No. 63, para. 222, and *Case of Montesinos Mejía v. Ecuador. Preliminary Objections, Merits, Reparations and Costs*, *supra*, para. 33.

[29] *Cf. Case of Rico v. Argentina. Preliminary Objection and Merits.* Judgment of September 2, 2019. Series C No 383, para. 82, and *Case of Montesinos Mejía v. Ecuador. Preliminary Objections, Merits, Reparations and Costs*, *supra*, para. 33.

La *Comisión* señaló que "el Estado peruano no ha acreditado que se encuentren presentes los presupuestos mínimos concurrentes para que [se pueda efectuar un control de legalidad de sus actuaciones]". Las *representantes* aclararon que no solicitaban a la Corte que revise el fallo de un tribunal interno, sino que alegan que un conjunto de acciones y omisiones del Estado peruano constituyeron violaciones a los derechos contenidos en la Convención.

C.2. Consideraciones de la Corte

31. Esta Corte ha establecido que, al valorarse el cumplimiento de ciertas obligaciones internacionales, puede darse una intrínseca interrelación entre el análisis de derecho internacional y de derecho interno. Por tanto, la determinación de si las actuaciones de órganos judiciales constituyen o no una violación de las obligaciones internacionales del Estado, puede conducir a que deba ocuparse de examinar los respectivos procesos internos para establecer su compatibilidad con la Convención Americana[28]. Por otra parte, este Tribunal ha establecido que no es competente para pronunciarse sobre decisiones judiciales en sede interna cuya violación al debido proceso no se haya acreditado o no sean manifiestamente arbitrarias o irrazonables. En ese sentido, si bien esta Corte no es una cuarta instancia de revisión judicial ni examina la valoración de la prueba realizada por los jueces nacionales, sí es competente, de forma excepcional, para decidir sobre el contenido de resoluciones judiciales que contravengan de forma manifiestamente arbitraria la Convención Americana[29].

32. La Corte considera que la determinación de si los hechos alegados pueden ser calificados o no como tortura no es una revisión de los fallos de los tribunales internos. Por el contrario, dicha determinación es parte de la competencia de los órganos del sistema interamericano para establecer si ocurrió una violación a la Convención Americana y, en su caso de la Convención Interamericana para Prevenir y Sancionar la Tortura.

33. Por tanto, el Tribunal declara sin lugar la excepción preliminar presentada por el Estado.

V
PRUEBA

A. ADMISIBILIDAD DE LA PRUEBA DOCUMENTAL

34. El Tribunal recibió diversos documentos presentados como prueba por la Comisión, las representantes y el Estado, así como también aquellos solicitados por la Corte o su Presidencia como prueba para mejor resolver, los cuales, como en otros casos, admite en el entendido que fueron presentados en la debida oportunidad

---

[28] Cfr. *Caso de los "Niños de la Calle" (Villagrán Morales y otros) Vs. Guatemala. Fondo*. Sentencia de 19 de noviembre de 1999. Serie C No. 63, párr. 222, y *Caso Montesinos Mejía Vs. Ecuador. Excepciones Preliminares, Fondo, Reparaciones y Costas, supra*, párr. 33.

[29] Cfr. *Caso Rico Vs. Argentina. Excepción Preliminar y Fondo*. Sentencia de 2 de septiembre de 2019. Serie C No 383, párr. 82, y *Caso Montesinos Mejía Vs. Ecuador. Excepciones Preliminares, Fondo, Reparaciones y Costas, supra*, párr. 33.

57 of the Rules of Procedure)[30] and their admissibility was neither contested nor challenged.

35. The *Commission* indicated that annexes 1,[31] 3[32] and 4[33] provided by the State with its final written arguments "refer to information that was available when the State presented its answering brief and were not requested by the Court." The *representatives* indicated that, in annexes 1, 3, 4, 5,[34] 6[35] and 7,[36] the "State seeks to introduce evidence that is not supervening outside the proper procedural occasion." They also indicated that annexes 2[37] and 4, "are unrelated to the arguments made by the IACHR or the victims' representatives." Regarding the documents presented by the State together with its final arguments, the Court notes that they respond to the request made by the Court during the public hearing under Article 58(b) of the Rules of Procedure, and therefore considers it appropriate to admit them.

36. The *State* indicated that most of the expenses included by the representatives "were inadmissible owing to late submission of the documentary support."

37. The Court notes that the representatives presented vouchers for costs and expenses incurred prior to the presentation of the pleadings and motions brief with their final written arguments. The Court considers that, pursuant to Article 40(b) of the Rules of Procedure, this offer of evidence is time-barred and, consequently, when calculating the costs and expenses, it will not take it into consideration any voucher dated prior to the presentation of the pleadings and motions brief on December 11, 2018.

38. Lastly, the State contested the admissibility of the facts and evidence presented by the representatives on May 24, 2019, on the current situation of the presumed

---

[30] In general and pursuant to 57(2) of the Rules of Procedure, documentary evidence may be presented with the briefs submitting the case or with pleadings and motions or in the answering brief, as applicable, and evidence provided outside these procedural opportunities is not admissible, unless this is pursuant to the exceptions established in Article 57(2) of the Rules of Procedure (namely, *force majeure or* grave impediment) or if it relates to a supervening fact, in other words one that has occurred following the said procedural occasions. *Cf. Case of the Barrios Family v. Venezuela. Merits, Reparations and Costs.* Judgment of November 24, 2011. Series C No. 237, paras. 17 and 18, and *Case of Montesinos Mejía v. Ecuador. Preliminary Objections, Merits, Reparations and Costs, supra,* para. 42.

[31] Annex 1 corresponds to the document entitled "Report on six (6) training courses on human rights for the Peruvian National Police, offered between May 2015 and September 2018."

[32] Annex 3 corresponds to the document entitled "Administrative Decision No. 090-2016-CE-PJ, of April 7, 2016, adopting the "National Plan for Access to Justice by Persons in a Vulnerable Situation - Judiciary of Peru 2016–2021."

[33] Annex 4 corresponds to the document entitled "Administrative Decision No. 087-2019-CE-PJ, of February 20, 2019, adopting "The incorporation of a gender approach into the management tools of the Judiciary."

[34] Annex 5 corresponds to the document entitled "Legislative Decree No.1267, published in the official gazette *El Peruano* on December 16, 2016, adopting the Law of the Peruvian National Police."

[35] Annex 6 corresponds to the document entitled "Decision of the Executive Directorate No.017-2016-MIMP-PNCVFS-DE, of March 31, 2016, adopting the "Guidelines for the care of LGTBI persons in the services of the PNCVFS of the MIMP,"

[36] Annex 7 corresponds to the document entitled "Ministerial Decision No.157-2016-MIMP, of July 22, 2016, adopting the "Manual on comprehensive care of the women's emergency centers."

[37] Annex 2 corresponds to the document entitled "Report of planned academic activities for 2019 by the Academy of the Judiciary on "issues of gender, violence and people trafficking."

procesal (artículo 57 del Reglamento)[30] y su admisibilidad no fue controvertida ni objetada.

35. La *Comisión* señaló que los anexos 1[31], 3[32] y 4[33] aportados por el Estado junto con sus alegatos finales escritos "se refieren a información que estaba disponible al momento de la presentación de la contestación del Estado y que no fue solicitada por esta Honorable Corte". Las *representantes* señalaron que con los anexos 1, 3, 4, 5[34], 6[35] y 7[36], el "Estado pretende introducir prueba que no es superviniente fuera del momento procesal oportuno". Además, indicaron que los anexos 2[37] y 4, "no se relaciona[n] con los alegatos formulados por la CIDH ni por las representantes de las víctimas". Sobre los documentos presentados por el Estado junto con sus alegatos finales, la Corte nota que responden a lo solicitado por la Corte en virtud del artículo 58.b) del Reglamento en el transcurso de la audiencia pública, por lo que la Corte considera oportuno admitirlos.

36. Por otra parte, el *Estado* señaló que la gran mayoría de los gastos planteados por las representantes "devienen en improcedentes por haber sido sustentados documentalmente de forma extemporánea".

37. La Corte observa que las representantes presentaron junto con sus alegatos finales escritos comprobantes de las costas y gastos incurridos con anterioridad a la presentación del escrito de solicitudes y argumentos. La Corte considera que de conformidad con el artículo 40.b del Reglamento este ofrecimiento de prueba resulta extemporáneo, por lo que en consecuencia no tomará en consideración para el cálculo de las costas y gastos cualquier comprobante con fecha anterior a la presentación del escrito de solicitudes y argumentos, el 11 de diciembre de 2018.

38. Por último, el Estado objetó la admisibilidad de los hechos y la prueba presentados el 24 de mayo de 2019 por las representantes, relativos a la situación

---

[30] La prueba documental puede ser presentada, en general y de conformidad con el artículo 57.2 del Reglamento, junto con los escritos de sometimiento del caso, de solicitudes y argumentos o de contestación, según corresponda, y no es admisible la prueba remitida fuera de esas oportunidades procesales, salvo en las excepciones establecidas en el referido artículo 57.2 del Reglamento (a saber, fuerza mayor, impedimento grave) o salvo si se trata de un hecho superviniente, es decir, ocurrido con posterioridad a los citados momentos procesales. *Cfr. Caso Familia Barrios Vs. Venezuela. Fondo, Reparaciones y Costas*. Sentencia de 24 de noviembre de 2011. Serie C No. 237, párrs. 17 y 18, y *Caso Montesinos Mejía Vs. Ecuador. Excepciones Preliminares, Fondo, Reparaciones y Costas, supra*, párr. 42.

[31] El anexo 1 corresponde al documento denominado "Relación de seis (6) cursos de capacitación en derechos humanos de la Policía Nacional del Perú, realizados entre mayo de 2015 y setiembre de 2018".

[32] El anexo 3 corresponde al documento denominado "Resolución Administrativa N° 090-2016-CE-PJ, del 7 de abril de 2016, que aprueba el "Plan Nacional de Acceso a la Justicia de las Personas en condición de Vulnerabilidad – Poder Judicial del Perú 2016-2021".

[33] El anexo 4 corresponde al documento denominado "Resolución Administrativa N° 087-2019-CE-PJ, del 20 de febrero de 2019, que aprueba "La incorporación del enfoque de género en las herramientas de gestión del Poder Judicial".

[34] El anexo 5 corresponde al documento denominado "Decreto Legislativo N° 1267, publicado en el diario oficial El Peruano el 16 de diciembre de 2016, que aprueba la Ley de la Policía Nacional del Perú".

[35] El anexo 6 corresponde al documento denominado "Resolución de la Dirección Ejecutiva N° 017-2016-MIMP-PNCVFS-DE, del 31 de marzo de 2016, que aprueba los "Lineamientos para la atención de personas LGTBI en los servicios del PNCVFS del MIMP".

[36] El anexo 7 corresponde al documento denominado "Resolución Ministerial N° 157-2016-MIMP, del 22 de julio de 2016, que aprueba la "Guía de atención integral de los Centros Emergencia Mujer".

[37] El anexo 2 corresponde al documento denominado "Relación de actividades académicas programadas para el año 2019 por la Academia de la Magistratura respecto a "temas de género, violencia y trata de personas".

victim. The Court notes that these facts do not form part of the purpose of the case and are, therefore, not admissible.

B. ADMISSIBILITY OF THE TESTIMONIAL AND EXPERT EVIDENCE

39. The Court finds it pertinent to admit the statements made by affidavit[38] and at the public hearing,[39] insofar as they are in keeping with the purpose defined by the President in the order requiring them and the purpose of this case.

40. The *representatives* argued that the questions sent to the deponents offered by the State were disregarded or unanswered. They indicated that: (i) expert witness Víctor Manuel Cubas Villanueva failed to address the only question posed to him; (ii) while expert witness Moisés Valdemar Ponce Malaver did address the questions posed, he indicated that he did not have the information requested even though, in his expert opinion, he referred to the training courses that he was asked about, and (iii) expert witness Luís Alberto Naldos Blanco indicated that the question fell outside the purpose of his expert opinion, even though it was within this purpose and the expert witness referred to this aspect in the text of his expert opinion; also the answer was given in the plural and it was not clear whether the expert witness was answering the question directly. They therefore asked the Court to take these comments into account when assessing this evidence.

41. First, the Court notes that expert witness Cubas Villanueva did not explicitly answer the only question posed by the representatives, and reiterates the duty of the party that offers a statement to take the necessary steps to forward the questions to the deponents and to ensure that they provide the respective answers.[40] Nevertheless, the Court considers that the failure to answer the questions of the other party does not affect the admissibility of a statement and is an aspect that, according to the scope of a deponent's silence, may have an impact on the probative value of the statement or expert opinion, an aspect that will be assessed when examining the merits of the case.[41] Second, the Court notes that the comments made by the representatives on the expert opinions of Messrs. Ponce Malaver and Naldos Blanco relate to their content and probative value, but not to their admissibility.

---

[38] *Cf.* Affidavit of Juan Ernesto Méndez of August 1, 2019 (evidence file, folios 3395 to 3414); affidavit of Nora Sveaass of August 5, 2019 (evidence file, folios 3414 to 3429); affidavit of Roger Mauricio Noguera Rojas of August 12, 2019 (evidence file, folios 3431 to 3446); affidavit of Moisés Valdemar Ponce Malaver of August 12, 2019 (evidence file, folios 3448 to 3462); affidavit of Luis Alberto Naldos Blanco of August 9, 2019 (evidence file, folios 3463 to 3481); affidavit of Victor Manuel Cubas Villanueva of August 12, 2019 (evidence file, folios 3482 to 3519), and affidavit of Nancy Rosalina Tolentino Gamarra of August 12, 2019 (evidence file, folios 3543 to 3571).

[39] *Cf.* Statement made by Víctor Manuel Álvarez at the public hearing held in this case; statement made by Ketty Garibay Mascco at the public hearing held in this case, and statement made by María Mercedes Gómez at the public hearing held in this case.

[40] *Cf. Case of Cantoral Benavides v. Peru. Preliminary Objections*. Judgment of September 3, 1998. Series C No. 40, para. 30, and *Case of Galindo Cárdenas et al. v. Peru. Preliminary Objections, Merits, Reparations and Costs, supra*, para. 89.

[41] *Cf. Case of Artavia Murillo et al. (In vitro fertilization) v. Costa Rica. Preliminary Objections, Merits, Reparations and Costs.* Judgment of November 28, 2012. Series C No. 257, para. 56, and *Case of Galindo Cárdenas et al. v. Peru. Preliminary Objections, Merits, Reparations and Costs, supra*, para. 89.

actual de la presunta víctima. Al respecto, este Tribunal advierte que estos hechos no forman parte del objeto del caso, y, por tanto, no son admisibles.

B. ADMISIBILIDAD DE LA PRUEBA TESTIMONIAL Y PERICIAL

39. Este Tribunal estima pertinente admitir las declaraciones rendidas ante fedatario público[38] y en audiencia pública[39] en la medida en que se ajusten al objeto que fue definido por la Presidencia en la Resolución mediante la cual se ordenó recibirlos y al objeto del presente caso.

40. Las *representantes* alegaron que las preguntas enviadas a los declarantes ofrecidos por el Estado fueron ignoradas o no respondidas por estos. En este sentido señalaron que: (i) el perito Víctor Manuel Cubas Villanueva no abordó de ninguna manera la única pregunta que le fue realizada; (ii) el perito Moisés Valdemar Ponce Malaver, si bien abordó las preguntas formuladas, indicó que no tenía la información solicitada a pesar de que en su peritaje se refirió a las capacitaciones sobre las cuales se le preguntaba, y (iii) el perito Luís Alberto Naldos Blanco señaló que la pregunta escapaba el objeto de su peritaje, a pesar de que la misma estaba dentro del objeto y que el perito se había referido a este aspecto en el cuerpo del peritaje, y que la respuesta está formulada en plural y no es claro si el perito la respondió directamente. Por ello, solicitaron a la Corte tuviera en consideración dichas precisiones a la hora de valorar la prueba.

41. En primer lugar, la Corte observa que el perito Cubas Villanueva no contestó expresamente la única pregunta planteada por las representantes. En tal sentido este Tribunal reitera el deber de la parte que ofreció la declaración de coordinar y realizar las diligencias necesarias para que se trasladen las preguntas a los declarantes y se incluyan las respuestas respectivas[40]. Sin perjuicio de ello, este Tribunal considera que la no presentación de respuestas a las preguntas de la contraparte no afecta la admisibilidad de una declaración y es un aspecto que, según los alcances de los silencios de un declarante, podría llegar a impactar en el peso probatorio que puede alcanzar una declaración o un peritaje, aspecto que corresponde valorar en el fondo del caso[41]. En segundo lugar, la Corte nota que las observaciones planteadas por las

---

[38] *Cfr*. Declaración rendida ante fedatario público (afidávit) por Juan Ernesto Méndez de 1 de agosto de 2019 (expediente de prueba, folios 3395 a 3414); declaración rendida ante fedatario público (afidávit) por Nora Sveaass de 5 de agosto de 2019 (expediente de prueba, folios 3414 a 3429); declaración rendida ante fedatario público (afidávit) por Roger Mauricio Noguera Rojas de 12 de agosto de 2019 (expediente de prueba, folios 3431 a 3446); declaración rendida ante fedatario público (afidávit) por Moisés Valdemar Ponce Malaver de 12 de agosto de 2019 (expediente de prueba, folios 3448 a 3462); declaración rendida ante fedatario público (afidávit) por Luis Alberto Naldos Blanco de 9 de agosto de 2019 (expediente de prueba, folios 3463 a 3481); declaración rendida ante fedatario público (afidávit) por Victor Manuel Cubas Villanueva de 12 de agosto de 2019 (expediente de prueba, folios 3482 a 3519); declaración rendida ante fedatario público (afidávit) por Nancy Rosalina Tolentino Gamarra de 12 de agosto de 2019 (expediente de prueba, folios 3543 a 3571).

[39] *Cfr*. Declaración de Víctor Manuel Álvarez rendida en audiencia pública celebrada en el presente caso; declaración de Ketty Garibay Mascco rendida en audiencia pública celebrada en el presente caso, y declaración de María Mercedes Gómez rendida en audiencia pública celebrada en el presente caso.

[40] *Cfr. Caso Cantoral Benavides Vs. Perú. Excepciones Preliminares*. Sentencia de 3 de septiembre de 1998. Serie C No. 40, párr. 30, y *Caso Galindo Cárdenas y otros Vs. Perú. Excepciones Preliminares, Fondo, Reparaciones y Costas*, *supra*, párr. 89.

[41] *Cfr. Caso Artavia Murillo y otros (Fecundación in Vitro) Vs. Costa Rica. Excepciones Preliminares, Fondo, Reparaciones y Costas*. Sentencia de 28 de noviembre de 2012. Serie C No. 257, párr. 56, y *Caso Galindo Cárdenas y otros Vs. Perú. Excepciones Preliminares, Fondo, Reparaciones y Costas*, *supra*, párr. 89.

42. Consequently, the Court finds it pertinent to admit the expert opinions of Víctor Manuel Cubas Villanueva, Moisés Valdemar Ponce Malaver and Luis Alberto Naldos Blanco offered by Peru, insofar as they are in keeping with their purpose, bearing in mind the relevant comments of the representatives when assessing their probative value.

43. The State made several comments on the statement by Víctor Álvarez. First, it indicated that the fact that Mr. Álvarez had been summoned to make his statement at the public hearing – in the order amending the order calling the public hearing – infringed the principle of the "equality of arms" and the Peruvian State's right of defense. It pointed out that, as of July 30, 2019, the representatives, and consequently the witness, were aware of the questions that the Peruvian State wished to ask him and, therefore, knew part of the Peruvian State's strategy with 28 days' advance notice.

44. Regarding the State's comment, the Court recalls that, at the proper procedural moment, it was advised that, it could pose other questions to the witness at the public hearing. Consequently, the Court does not find that the Peruvian State's defense was affected. Regarding the other comments made by the State, the Court will take them into account when assessing their probative value.

VI
FACTS

45. This case refers to the detention and alleged torture of Azul Rojas Marín. Based on the arguments submitted by the parties and the Commission, the Court will describe the main facts of the case in the following order: (a) the situation of the LGBTI population in Peru; (b) the detention and alleged torture of Azul Rojas Marín; (c) the investigation of the facts; (d) the complaint filed against the Ascope Prosecution Service; (e) the disciplinary administrative proceeding instituted against the members of the Peruvian National Police, and (f) the second investigation of the facts.

A. SITUATION OF THE LGBTI POPULATION IN PERU

46. Since 2008, in different resolutions, the OAS General Assembly has stated that LGBTI persons are subject to various forms of violence and discrimination in the region based on the perception of their sexual orientation, gender identity or expression and [has] resolved to condemn all forms of discrimination, acts of violence, and human rights violations on the basis of sexual orientation and gender identity or expression.[42]

---

[42] *Cf.* OAS, Resolutions of the General Assembly: AG/RES. 2928 (XLVIII-O/18), Human rights and prevention of discrimination and violence against LGBTI persons, adopted at the fourth plenary session held on June 5, 2018; AG/RES. 2908 (XLVII-O/17), Human rights, sexual orientation and gender identity and expression, June 21, 2017; AG/RES. 2887 (XLVI-O/16), Human rights, sexual orientation and gender identity and expression, June 14, 2016; AG/RES. 2863 (XLIV-O/14), Human rights, sexual orientation and gender identity and expression, June 5, 2014; AG/RES. 2807 (XLIII-O/13), Human rights, sexual orientation and gender identity and expression, June 6, 2013; AG/RES. 2721 (XLII-O/12), Human rights, sexual

representantes a los peritajes de los señores Ponce Malaver y Naldos Blanco versan sobre su contenido y valor probatorio, pero no sobre su admisibilidad.

42. En consecuencia, la Corte estima pertinente admitir los peritajes de Víctor Manuel Cubas Villanueva, Moisés Valdemar Ponce Malaver y Luis Alberto Naldos Blanco ofrecidos por Perú, en lo que se ajusten a su objeto, tomando en consideración en lo pertinente las observaciones de las representantes al momento de su valoración probatoria.

43. Por su parte, el *Estado* realizó varias observaciones a la declaración de Víctor Álvarez. En primer término, señaló que el haber convocado al señor Álvarez a la audiencia pública, mediante la Resolución de Reconsideración de la Resolución de Convocatoria afectó la igualdad de armas y la defensa del Estado peruano. En este sentido, señaló que las representantes, y por ende el testigo, conocieron desde el 30 de julio de 2019 las preguntas que el Estado peruano deseaba formularle, y pudieron conocer parte de la estrategia del Estado peruano con veintiocho días de anticipación. Asimismo, realizó varias consideraciones respecto al contenido de su declaración.

44. En cuanto a la primera observación del Estado, la Corte recuerda que en el momento procesal oportuno se le comunicó que en la audiencia pública podría formular otras preguntas adicionales al testigo. En consecuencia, el Tribunal no considera que se haya afectado la defensa del Estado peruano. En lo que concierne a las otras observaciones presentadas por el Estado, la Corte las tomará en cuenta al momento de realizar la valoración probatoria de las mismas.

VI
HECHOS

45. El presente caso se refiere a la detención y alegada tortura de Azul Rojas Marín. En atención a los alegatos presentados por las partes y la Comisión, se expondrán los principales hechos del caso en el siguiente orden: (a) la situación de la población LGBTI en el Perú; (b) la detención de Azul Rojas Marín y alegada tortura; (c) la investigación de los hechos; (d) la queja presentada en contra de la Fiscalía de Ascope; (e) el procedimiento administrativo disciplinario seguido contra los miembros de la Policía Nacional del Perú, y (f) la segunda investigación de los hechos.

A. SITUACIÓN DE LA POBLACIÓN LGBTI EN EL PERÚ

46. Desde el año 2008, la Asamblea General de la OEA en distintas resoluciones ha expresado que las personas LGBTI están sujetas a diversas formas de violencia y discriminación en la región, basadas en la percepción de su orientación sexual e identidad o expresión de género, y resolvió condenar los actos de violencia, las violaciones a los derechos humanos y todas las formas de discriminación, a causa o por motivos de orientación sexual e identidad o expresión de género[42].

---

[42] *Cfr.* OEA, Resoluciones de la Asamblea General: AG/RES. 2928 (XLVIII-O/18), Derechos humanos y prevención de discriminación y violencia contra personas LGBTI, aprobada en la cuarta sesión plenaria, celebrada el 5 de junio de 2018; AG/RES. 2908 (XLVII-O/17), Derechos humanos, orientación sexual e identidad y expresión de género, 21 de junio de 2017; AG/RES. 2887 (XLVI-O/16), Derechos humanos, orientación sexual e identidad y expresión de género, 14 de junio de 2016; AG/RES. 2863 (XLIV-O/14), Derechos humanos, orientación sexual e identidad y expresión de género, 5 de junio de 2014; AG/RES. 2807 (XLIII-O/13), Derechos humanos, orientación sexual e identidad y expresión de género, 6 de junio de

47. Up until 2017, the Peruvian State had no statistical information on the LGBTI population. That year, the National Institute of Statistics and Informatics conducted the "First virtual survey of LGBTI persons," to enable "the public authorities and civil society to implement policies, actions and strategies that guarantee their recognition and protection in different public and private spheres."[43] According to this survey of LGBTI persons, 62.7% indicated that they had been victims of violence or discrimination, and 17.7% that they had been victims of sexual violence.[44] Only 4.4% of all those who had been attacked or discriminated against had reported the fact to the authorities and, of these, 27.5% indicated that they had been treated badly and 24.4% that they had been treated very badly in the place where they had filed a complaint.[45]

48. These statistics reveal that the violence against the LGBTI community in Peru receives very little visibility. Given the structural nature and persistence of this phenomenon, it is pertinent to use subsequent information to establish the context in which the facts of this case occurred.

49. Significant prejudice exists against the LGBTI population in Peru. The survey conducted by the National Institute of Statistics and Informatics determined that "56.5% of the LGBTI population are afraid to express their sexual orientation and/or gender identity, the main reason being the fear of discrimination and/or aggression (72%)."[46] According to information cited by the Peruvian Ombudsman, "45% of those [surveyed by the Ministry of Justice and Human Rights in 2013] consider that LGBTI people should not teach in schools and 59% that they should not have the right to a civil marriage."[47] According to data from the 2001 World Values Survey, 64.4% of those surveyed considered that "homosexuality was never justified" and 49.2% indicated that the neighbor they would least like to have was a homosexual neighbor;[48] in 2012, these percentages decreased to 41.8% and 44%, respectively.[49] In this regard, local governments in Peru include in their public safety plans the

---

orientation and gender identity, June 4, 2012; AG/RES. 2653 (XLI-O/11), Human rights, sexual orientation and gender identity, June 7, 2011; AG/RES. 2600 (XL-O/10), Human rights, sexual orientation and gender identity, June 8, 2010; AG/RES. 2504 (XXXIX-O/09), Human rights, sexual orientation and gender identity, June 4, 2009, and AG/RES. 2435 (XXXVIII-O/08), Human rights, sexual orientation and gender identity, June 3, 2008.

[43] *Cf.* National Institute of Statistics and Informatics, First virtual survey of LGBTI persons, 2017, p. 5. Available at: https://www.inei.gob.pe/media/MenuRecursivo/boletines/lgbti.pdf

[44] *Cf.* National Institute of Statistics and Informatics, First virtual survey of LGBTI persons, 2017, pp. 22 and 23. Available at: https://www.inei.gob.pe/media/MenuRecursivo/boletines/lgbti.pdf

[45] *Cf.* National Institute of Statistics and Informatics, First virtual survey of LGBTI persons, 2017, p. 25. Available at: https://www.inei.gob.pe/media/MenuRecursivo/boletines/lgbti.pdf

[46] *Cf.* National Institute of Statistics and Informatics, First virtual survey of LGBTI persons, 2017, p. 20. Available at: https://www.inei.gob.pe/media/MenuRecursivo/boletines/lgbti.pdf

[47] Peruvian Ombudsman, *Derechos humanos de las personas LGBTI: Necesidad de una política pública para la igualdad en Perú*, pp. 16 and 17. Available at: https://defensoria.gob.pe/modules/Downloads/informes/defensoriales/Informe-175--Derechos-humanos-de-personas-LGBTI.pdf

[48] Instituto de Opinión Pública, *Actitudes hacia la homosexualidad en Perú*, February 2015, pp. 18 and 19, citing the World Values Survey. Available at: http://repositorio.pucp.edu.pe/index/bitstream/handle/123456789/47040/ Cuadernos%20de%20investigaci%C3%B3n%2011.pdf?sequence=4

[49] Instituto de Opinión Pública, *Actitudes hacia la homosexualidad en Perú*, February 2015, pp. 20 and 21, citing la World Values Survey. Available at: http://repositorio.pucp.edu.pe/index/bitstream/handle/123456789/47040/ Cuadernos%20de%20investigaci%C3%B3n%2011.pdf?sequence=4

47. Hasta el año 2017, el Estado peruano no contaba con información estadística sobre la población LGBTI. Ese año el Instituto Nacional de Estadística e Informática realizó la "Primera Encuesta Virtual para personas LGBTI", con el fin de que "las autoridades públicas y sociedad civil [puedan] implementar políticas, acciones y estrategias que garanticen su reconocimiento y protección en los diferentes ámbitos públicos y privados"[43]. De acuerdo a esta encuesta realizada a personas LGBTI, el 62.7% señaló haber sido víctima de violencia o discriminación, siendo un 17.7% víctima de violencia sexual[44]. Solo un 4.4% del total de personas agredidas o discriminadas denunció el hecho ante las autoridades, y de estas el 27.5% señaló haber sido atendido mal y el 24.4% señaló haber sido atendido muy mal en el lugar donde denunció[45].

48. Estas estadísticas demuestran que la violencia contra la población LGBTI en el Perú no estaba siendo visibilizada. En este sentido, dadas las características estructurales y la continuidad de este fenómeno, es pertinente utilizar información de fechas posteriores para establecer el contexto en el que ocurrieron los hechos del presente caso.

49. En el Perú existen prejuicios significativos contra la población LGBTI. En la encuesta realizada por el Instituto Nacional de Estadística e Informática se determinó que el "56,5% de la población LGBTI siente temor de expresar su orientación sexual y/o identidad de género, señalando como principal motivo el miedo a ser discriminado y/o agredido (72%)"[46]. De acuerdo a información citada por la Defensoría del Pueblo del Perú, el "45% de las personas [encuestadas en el 2013 por el Ministerio de Justicia y Derechos Humanos] considera que las personas LGBTI no deberían ser docentes en colegios y un 59% que no deben tener derecho al matrimonio civil"[47]. De acuerdo a datos de la Encuesta Mundial de Valores en 2001, el 64,4% de la población encuestada consideraba que "la homosexualidad nunca estaba justificada" y el 49,2% señaló que el vecino que menos le agradaría tener es un vecino homosexual[48], estos porcentajes bajaron en el 2012 al 41.8% y al 44%, respectivamente[49]. Del mismo modo, gobiernos locales en el Perú incluyen dentro de las metas de seguridad

---

2013; AG/RES. 2721 (XLII-O/12), Derechos humanos, orientación sexual e identidad de género, 4 de junio de 2012; AG/RES. 2653 (XLI-O/11), Derechos humanos, orientación sexual e identidad de género, 7 de junio de 2011; AG/RES. 2600 (XL-O/10), Derechos humanos, orientación sexual e identidad de género, 8 de junio de 2010; AG/RES. 2504 (XXXIX-O/09), Derechos humanos, orientación sexual e identidad de género, 4 de junio de 2009, y AG/RES. 2435 (XXXVIII-O/08), Derechos humanos, orientación sexual e identidad de género, 3 de junio de 2008.

[43] *Cfr.* Instituto Nacional de Estadística e Informática, Primera Encuesta Virtual para personas LGBTI, 2017, pág. 5. Disponible en: https://www.inei.gob.pe/media/MenuRecursivo/boletines/lgbti.pdf

[44] *Cfr.* Instituto Nacional de Estadística e Informática, Primera Encuesta Virtual para personas LGBTI, 2017, págs. 22 y 23. Disponible en: https://www.inei.gob.pe/media/MenuRecursivo/boletines/lgbti.pdf

[45] *Cfr.* Instituto Nacional de Estadística e Informática, Primera Encuesta Virtual para personas LGBTI, 2017, pág. 25. Disponible en: https://www.inei.gob.pe/media/MenuRecursivo/boletines/lgbti.pdf

[46] *Cfr.* Instituto Nacional de Estadística e Informática, Primera Encuesta Virtual para personas LGBTI, 2017, pág. 20. Disponible en: https://www.inei.gob.pe/media/MenuRecursivo/boletines/lgbti.pdf

[47] Defensoría del Pueblo del Perú, Derechos humanos de las personas LGBTI: Necesidad de una política pública para la igualdad en el Perú, págs. 16 y 17. Disponible en: https://defensoria.gob.pe/modules/Downloads/informes/defensoriales/Informe-175--Derechos-humanos-de-personas-LGBTI.pdf

[48] Instituto de Opinión Pública, Actitudes hacia la homosexualidad en el Perú, Febrero 2015, págs. 18 y 19, citando la Encuesta de Valores Mundiales. Disponible en: http://repositorio.pucp.edu.pe/index/bitstream/handle/123456789/47040/Cuadernos%20de%20investigaci%C3%B3n%2011.pdf?sequence=4

[49] Instituto de Opinión Pública, Actitudes hacia la homosexualidad en el Perú, Febrero 2015, págs. 20 y 21, citando la Encuesta de Valores Mundiales. Disponible en: http://repositorio.pucp.edu.pe/index/bitstream/handle/123456789/47040/Cuadernos%20de%20investigaci%C3%B3n%2011.pdf?sequence=4

"eradication of homosexuals," which consists in eliminating them from local territory.[50]

50. Regarding acts of violence, in its Concluding observations on the combined fifth and sixth periodic reports of Peru, which include 2008 among the years reported, the Committee against Torture indicated that:

> The Committee is seriously concerned at reports of harassment and violent attacks, some of which have resulted in deaths, against the LGBT community by members of the national police, armed forces, municipal security patrols (*serenos*) and prison officials and at arbitrary detention and physical abuse in police stations with denial of fundamental legal safeguards (arts. 2, 11, 12, 13 and 16).
> The State party should take effective measures to protect the LGBT community from attacks, abuse and arbitrary detention and ensure that all acts of violence are promptly, effectively and impartially investigated and prosecuted, perpetrators brought to justice and victims provided with redress.[51]

51. In sum, the Court concludes that strong prejudices against the LGBTI population existed and continue to exist in Peruvian society and, in some cases, this results in violence. The Court notes that 62.7% of LGBTI people surveyed indicated that they had been victims of violence or discrimination, and 17.7% victims of sexual violence. At times, this violence is committed by state agents, including members of the national police, and the municipal security service (*serenazgo*), as it is alleged occurred in this case.

B. DETENTION OF AZUL ROJAS MARÍN AND ALLEGED TORTURE

52. Azul Rojas Marín was born on November 30, 1981.[52] She raised pigs for a living.[53] At the time of her detention on February 25, 2008, she identified as a gay man.[54] Currently, she identifies as a woman and uses the name Azul.

---

[50] Peruvian Ombudsman, *Derechos humanos de personas LGBTI: Necesidad de una política pública para la igualdad en Perú*, p. 17. Available at: https://defensoria.gob.pe/modules/Downloads/informes/defensoriales/Informe-175--Derechos-humanos-de-personas-LGBTI.pdf

[51] Committee against Torture, Concluding observations on the combined fifth and sixth periodic reports of Peru, adopted by the Committee at its forty-ninth session, January 21, 2013, CAT/C/PER/CO/5-6, para. 22 (evidence file, folio 4959).

[52] *Cf.* National identity document (evidence file, folio 2172). This identity document contains the name given to the presumed victim at birth. However, the Court notes that she identifies herself as a transgender woman. Consequently, the Court will refer to her as Azul Rojas Marín, as this is the name she use and is identified by.

[53] *Cf.* La Libertad Superior Court of Justice, Ascope First Preliminary Investigation Court. Order to dismiss the proceedings of January 9, 2009 (evidence file, folio 28); Public Prosecution Service. Institute of Forensic Medicine. Ascope Forensic Medicine Division. Psychological expertise protocol (evidence file, folio 3), and Statement of witness Víctor Álvarez at the public hearing on August 27, 2019.

[54] *Cf.* Public Prosecution Service. Institute of Forensic Medicine. Ascope Forensic Medicine Division. Psychological expertise protocol (evidence file, folio 3), and Request presented by Azul Rojas Marín on August 1, 2008 (evidence file, 2277).

ciudadana la "erradicación de los homosexuales", lo cual consiste en retirar a la persona del territorio del distrito[50].

50. Respecto a hechos de violencia, el Comité contra la Tortura señaló en sus observaciones finales sobre los informes periódicos del Perú que incluyen entre los años reportados el año 2008, que:

> Al Comité le preocupan sobremanera las informaciones sobre hostigamiento y agresiones violentas, algunas de las cuales han causado muertes, cometidos contra la comunidad de lesbianas, homosexuales, bisexuales y transexuales por miembros de la policía nacional, de las fuerzas armadas o de las patrullas municipales de seguridad ("serenos") o por funcionarios penitenciarios, así como los casos en que miembros de esa comunidad han sido objeto de detención arbitraria, maltrato físico o denegación de salvaguardias legales fundamentales en comisarías (arts. 2, 11, 12, 13 y 16).
> El Estado parte debe adoptar medidas efectivas para proteger a la comunidad de lesbianas, homosexuales, bisexuales y transexuales contra las agresiones, el maltrato y la detención arbitraria, y velar por que todos los casos de violencia sean, sin demora y de manera efectiva e imparcial, objeto de investigación, enjuiciamiento y sanciones y por que las víctimas obtengan reparación[51].

51. En suma, la Corte concluye que en la sociedad peruana existían y continúan existiendo fuertes prejuicios en contra de la población LGBTI, que en algunos casos llevan a la violencia. En efecto se advierte que el 62.7% de las personas LGBTI encuestadas señalaron haber sido víctima de violencia o discriminación, siendo un 17.7% víctima de violencia sexual. La violencia en algunas ocasiones es cometida por agentes estatales, incluyendo efectivos de la policía nacional y del serenazgo, tal como se alega que ocurrió en el presente caso.

B. Detención de la señora Azul Rojas Marín y alegada tortura

52. Azul Rojas Marín nació el 30 de noviembre de 1981[52]. Trabajaba criando chanchos[53]. Al momento de su detención, el 25 de febrero de 2008, se identificaba como hombre gay[54]. Actualmente se identifica como mujer y utiliza el nombre de Azul.

---

[50] Defensoría del Pueblo del Perú, Derechos humanos de las personas LGBTI: Necesidad de una política pública para la igualdad en el Perú, pág. 17. Disponible en: https://defensoria.gob.pe/modules/Downloads/informes/defensoriales/Informe-175--Derechos-humanos-de-personas-LGBTI.pdf

[51] Comité contra la Tortura, Observaciones finales sobre los informes periódicos quinto y sexto combinadas del Perú, aprobadas por el Comité en su 49° período de sesiones, 21 de enero de 2013, CAT/C/PER/CO/5-6, párr. 22 (expediente de prueba, folio 4959).

[52] Cfr. Documento nacional de identidad (expediente de prueba, folio 2172). El documento de identidad referido contiene el nombre que le fuera asignado al nacer a la presunta víctima. Sin embargo, la Corte nota que la misma se identifica como una mujer transgénero. En consecuencia, este Tribunal se referirá a ella como Azul Rojas Marín, al ser este su nombre social y de identidad.

[53] Cfr. Corte Superior de Justicia de La Libertad, Juzgado Penal de Investigación Preparatoria de Ascope. Auto de sobreseimiento de 9 de enero de 2009 (expediente de prueba, folio 28); Ministerio Público. Instituto de Medicina Legal. División Médico Legal de Ascope. Protocolo de pericia psicológica (expediente de prueba, folio 3), y Declaración del testigo Víctor Álvarez en audiencia pública el 27 de agosto de 2019.

[54] Cfr. Ministerio Público. Instituto de Medicina Legal. División Médico Legal de Ascope. Protocolo de pericia psicológica (expediente de prueba, folio 3), y Solicitud presentada por Azul Rojas Marín el 1 de agosto de 2008 (expediente de prueba, 2277).

53. The Court notes that the dispute centers on the way in which the said detention was carried out, the reasons for it, and what happened at the Police Station. The representatives and the Commission argue that the presumed victim was detained by state agents in an unlawful, arbitrary and discriminatory manner. They also allege that she was subjected to serious acts of physical and mental violence, including rape, using particular brutality, owing to the identification or perception of Azul as a gay man at that time. Meanwhile, the State bases its defense on the argument that the presumed victim was detained for identification purposes, which is permitted by Peruvian law. In addition, it argued that it is the prerogative of the State to classify the facts and the prosecutor considered that they did not constitute torture pursuant to the legal definition of that crime at the time of the facts.

54. The Court will examine the different versions of what happened below in order to determine which of the alleged violations it considers have been proved (*infra* paras. 145 to 157).

C. INVESTIGATION OF THE FACTS

55. According to the presumed victim, on February 25, 2008, she tried to report what had happened at the Casa Grande Police Station, but her complaint was not received.[55] The state agents deny that the presumed victim went to the Police Station to file a complaint on February 25.[56] That same day, she reported the facts to the media.[57]
On February 27, 2008, Azul Rojas Marín filed a complaint with the police station of the Peruvian National Police in Casa Grande, describing the acts of violence to which she had been subjected at the time of her detention.[58] At that time, Azul Rojas Marín identified three agents of the National Police and one agent of the *serenazgo* who had

---

[55] In her first statement, the presumed victim indicated that a police agent had refused to receive it because "the major had told him that he could not receive the complaint at the police station." Subsequently, when expanding her statement, she indicated that it was not received "because the major was not there." *Cf.* Statement made by Azul Rojas Marín before the Second Provincial Corporate Criminal Prosecution Service of Ascope on February 28, 2008 (evidence file, folios 2811 and 2812), and Statement made by Azul Rojas Marín before the investigating officer on March 6, 2008 (evidence file, folio 2213).

[56] In particular, the police major denied that he had given an order not to receive the presumed victim's complaint. DPP, another police agent, indicated that he was unaware of whether the presumed victim had filed a complaint, "but if she had, the agent on duty would have informed me that she wanted to file a complaint because I am in charge of investigations." Lastly, the police agent who had supposedly refused to receive the complaint indicated that Ms. Rojas Marín did not go to the Police State to file a complaint on either February 25 or 26, 2008. He also maintained that it was false that he told her that he would not receive the complaint. *Cf.* Statement by the major of the Peruvian National Police before the Second Provincial Corporate Criminal Prosecution Service of Ascope on April 18, 2008 (evidence file, folio 2785); Statement by DPP of March 8, 2008 (evidence file, folio 42), and Statement by JVP of April 22, 2008 (evidence file, folio 2781).

[57] *Cf.* Statement by an employee of Radio Ozono (evidence file, folio 2829); Statement by an employee of Cable Times channel (evidence file, folio 2915), and Press release published in the newspaper *"Nuevo Norte"* on February 27, 2008, entitled *"Denuncia a serenazgo y a Policía por abuso de autoridad"* [*Serenazgo* and police accused of abuse of authority] (evidence file, folio 2788).

[58] *Cf.* Oral report by Azul Rojas Marín on February 27, 2008 (evidence file, folio 2793).

53. La Corte advierte que está en controversia la forma en la que se llevó a cabo la referida detención, sus motivos y lo sucedido en la comisaría. Por un lado, las representantes y la Comisión alegaron que la presunta víctima fue detenida por agentes estatales de manera ilegal, arbitraria y discriminatoria. Asimismo alegaron que fue sujeta a graves actos de violencia física y psicológica, incluyendo violación sexual, y de un especial ensañamiento debido a la identificación o percepción de Azul, para ese momento, como un hombre gay. Por otro lado, el Estado sustentó su defensa en que la presunta víctima fue detenida por fines de identificación, lo cual está permitido por la legislación peruana. Además, señaló que la calificación de los hechos le corresponde al Estado, y que, en ese sentido, la fiscalía consideró que no se configuró la tortura de acuerdo con la tipificación de este delito al momento de los hechos.

54. La Corte analizará las distintas versiones de lo ocurrido más adelante para efecto de determinar cuáles de las alegadas violaciones considera probadas (*infra* párrs. 145 a 157).

C. INVESTIGACIÓN DE LOS HECHOS

55. De acuerdo a la presunta víctima, ella intentó denunciar lo sucedido el 25 de febrero de 2008 ante la Comisaría de Casa Grande pero no le recibieron su denuncia[55]. Los agentes estatales niegan que la presunta víctima haya acudido a denunciar el 25 de febrero[56]. Ese mismo día denunció los hechos en medios de comunicación[57].

56. El 27 de febrero de 2008, Azul Rojas Marín presentó una denuncia en la Comisaría de la Policía Nacional del Perú de Casa Grande, relatando los actos de violencia a los que habría sido sometida al momento de la detención[58]. En dicha diligencia, Azul Rojas Marín reconoció tres agentes de la Policía Nacional que la

---

[55] En la primera declaración la presunta víctima indicó que un policía se negó a recibirla porque "el Mayor le había dicho de que no podía recibir la denuncia en la Comisaría". Posteriormente en la ampliación, indicó que no podían recibir la misma "ya que el Mayor no se encontraba". *Cfr.* Manifestación de Azul Rojas Marín ante el Segundo Despacho de la Fiscalía Provincial Penal Corporativa de Ascope el 28 de febrero de 2008 (expediente de prueba, folios 2811 y 2812), y declaración de Azul Rojas Marín ante el Instructor el 6 de marzo de 2008 (expediente de prueba, folio 2213).

[56] En particular el Mayor de la policía negó que hubiese dado la orden de no recibir la denuncia de la presunta víctima. DPP, otro agente policial, señaló que desconocía si la presunta víctima se había presentado a denunciar, "pero de haber sido el caso mi personal de guardia me hubiera informado que quería hacer la denuncia debido a que estoy a cargo de investigaciones". Por último el policía que supuestamente se habría negado a recibir la denuncia indicó que la señora Rojas Marín no acudió a la Comisaría a interponer una denuncia ni el 25 ni 26 de febrero del 2008. Además, sostuvo que era falso que él le dijo que no iba a recibir la denuncia. *Cfr.* Declaración del Mayor de la Policía Nacional del Perú rendida ante el Segundo Despacho de la Fiscalía Provincial Penal Corporativa de Ascope el 18 de abril de 2008 (expediente de prueba, folio 2785); Declaración de DPP de 8 de marzo de 2008 (expediente de prueba, folio 42), y Manifestación de JVP de 22 de abril de 2008 (expediente de prueba, folio 2781).

[57] *Cfr.* Manifestación de trabajador de radio Ozono (expediente de prueba, folio 2829); Manifestación de trabajadora de canal Cable Times (expediente de prueba, folio 2915), y Nota de prensa, publicada en el periódico "Nuevo Norte" el 27 de febrero de 2008, titulada "Denuncia a serenazgo y a Policía por abuso de autoridad" (expediente de prueba, folio 2788).

[58] *Cfr.* Denuncia verbal realizada por Azul Rojas Marín el 27 de febrero de 2008 (expediente de prueba, folio 2793).

attacked her.[59] Azul Rojas Marín made a second statement about the facts on February 28, 2008, ratifying her previous description and adding that she was raped while she was detained.[60]

56. On February 29, 2008, Ms. Rojas Marín underwent a forensic medical examination and a psychological assessment.[61] The medical examination determined that the presumed victim had: (i) recent extragenital traumatic injuries caused by someone else with a blunt instrument, and (ii) older anal fissures "with signs of a recent unnatural sexual act."[62] While, the psychological assessment concluded that: (i) the presumed victim required psycho-therapeutic support, and (ii) suggested that the presumed aggressors should undergo forensic psychological evaluation.[63]

57. On March 6, 2008, Ms. Rojas Marín made another statement at the Casa Grande Police Station.[64] On that occasion, she clarified that the complaint filed was for "rape and other violations," and again described what had happened.[65]

58. On March 24, 2008, the prosecutor decided to open a preliminary investigation against the police agents of the Casa Grande Police Station for the offense "against sexual liberty by rape," against Azul Rojas Marín.[66]

60. On March 31, 2008, the police authorities of the Casa Grande Police Station issued a report indicating that the different complaints made by the presumed victim contained contradictions because she had told the media that, at the Police State, "they took her mobile telephone and wallet, without mentioning a sum of money," while in the complaint, she described the type of mobile telephone and that the wallet contained 150 soles. In addition, on one occasion, she had stressed that "a police agent tried to forcibly introduce a rubber baton in the anus,"[67] and in another statement she indicated that one of the police agents "forcibly introduced the rubber baton."[68] The report indicated that, from the foregoing, "it is presumed that the complainant [...] injured [her]self in order to cause anal injuries, merely to harm the police agent who arrested [her] and the police agents who took [her] to task for behaving disrespectfully

---

[59] The Court will use the initials LQC, JLM and DPP to refer to the police agents identified in the complaint and the initials FFR to refer to the *serenazgo* agent. *Cf.* Identification procedure of February 27, 2008 (evidence file, folio 54).

[60] *Cf.* Statement made by Azul Rojas Marín before the Second Provincial Corporate Criminal Prosecution Service of Ascope on February 28, 2008 (evidence file, folio 2811).

[61] *Cf.* Forensic medical certificate of February 29, 2008 (evidence file, folio 2193), and protocol of psychological expertise conducted by the Ascope Forensic Medicine Division of the Institute of Forensic Medicine of the Public Prosecution Service on February 29, 2008 and March 4, 2008 (evidence file, folio 2).

[62] *Cf.* Forensic medical certificate of February 29, 2008 (evidence file, folio 2193).

[63] *Cf.* Protocol of the psychological expertise conducted by the Ascope Forensic Medicine Division of the Institute of Forensic Medicine of the Public Prosecution Service on February 29, 2008 and March 4, 2008 (evidence file, folio 2).

[64] *Cf.* Statement made by Azul Rojas Marín before the investigating officer on March 6, 2008 (evidence file, folios 69 to 75).

[65] *Cf.* Statement made by Azul Rojas Marín before the investigating officer on March 6, 2008 (evidence file, folio 69).

[66] *Cf.* Order for a preliminary investigation issued by the Second Provincial Corporate Criminal Prosecution Service of Ascope on March 24, 2008 (evidence file, folio 81).

[67] *Cf.* Police report of the Casa Grande Police Station of March 31, 2008 (evidence file, folio 15).

[68] *Cf.* Police report of the Casa Grande Police Station of March 31, 2008 (evidence file, folio 15).

agredieron y a uno del serenazgo⁵⁹. Azul Rojas Marín rindió una segunda declaración sobre los hechos el 28 de febrero de 2008, ratificando los relatos anteriores y añadiendo que mientras estuvo detenida fue violada sexualmente⁶⁰.

57. El 29 de febrero de 2008 se realizó el reconocimiento médico legal y una pericia psicológica a la señora Rojas Marín⁶¹. El reconocimiento médico legal determinó que la presunta víctima contaba con (i) lesiones traumáticas extragenitales recientes de origen contuso por mano ajena, y (ii) fisuras anales antiguas "con signos de acto contranatura reciente"⁶². Por otro lado, la pericia psicológica concluyó que (i) la presunta víctima requería de apoyo psicoterapéutico, y (ii) sugirió que se le practicara una evaluación psicológica forense para los presuntos agresores⁶³.

58. El 6 de marzo de 2008 la señora Rojas Marín realizó una nueva declaración en la Comisaría de Casa Grande⁶⁴. En esta oportunidad precisó que la denuncia presentada era por "violación sexual y otros", narrando de nuevo lo sucedido⁶⁵.

59. El 24 de marzo de 2008 la fiscalía dispuso promover una investigación preliminar contra el personal policial de la Comisaría de Casa Grande por el delito "CONTRA LA LIBERTAD SEXUAL en la modalidad de VIOLACI[Ó]N SEXUAL" en agravio de Azul Rojas Marín⁶⁶.

60. El 31 de marzo de 2008 la Policía de la Comisaría de Casa Grande emitió un informe indicando que, en las diferentes denuncias realizadas por la presunta víctima, existían contradicciones ya que ante los medios de comunicación señaló que en la comisaría "le sustrajeron el teléfono celular y una billetera, sin mencionar cantidad de dinero", mientras que en la denuncia especificó qué tipo de celular era y que tenía 150 soles en efectivo. Además destacó que en una oportunidad, "un efectivo policial trató de introducirle una vara de goma por el ano"⁶⁷, y en otra declaración indicó que uno de policías "le introdujo por la fuerza la vara de goma"⁶⁸. El informe señala que de lo anterior "se presume que [la] denunciante se […] autolesion[ó] con la finalidad de causarse lesiones en el ano, con el único fin de causar daño al efectivo policial que l[a] intervino y al personal policial que le llamo la atención para que deponga su

---

⁵⁹ La Corte usará las siglas LQC, JLM y DPP para referirse a los agentes de la policía señalados en ese reconocimiento y las siglas FFR para referirse al agente del serenazgo. *Cfr.* Acta de Reconocimiento de 27 de febrero de 2008 (expediente de prueba, folio 54).
⁶⁰ *Cfr.* Manifestación de Azul Rojas Marín ante el Segundo Despacho de la Fiscalía Provincial Penal Corporativa de Ascope el 28 de febrero de 2008 (expediente de prueba, folio 2811).
⁶¹ *Cfr.* Certificado Médico Legal de 29 de febrero de 2008 (expediente de prueba, folio 2193), y protocolo de pericia psicológica realizado por la División Médico Legal de Ascope del Instituto de Medicina Legal del Ministerio Público los días 29 de febrero de 2008 y 4 de marzo de 2008 (expediente de prueba, folio 2).
⁶² *Cfr.* Certificado Médico Legal de 29 de febrero de 2008 (expediente de prueba, folio 2193).
⁶³ *Cfr.* Protocolo de pericia psicológica realizado por la División Médico Legal de Ascope del Instituto de Medicina Legal del Ministerio Público los días 29 de febrero de 2008 y 4 de marzo de 2008 (expediente de prueba, folio 2).
⁶⁴ *Cfr.* Declaración de Azul Rojas Marín ante el Instructor el 6 de marzo de 2008 (expediente de prueba, folios 69 al 75).
⁶⁵ *Cfr.* Declaración de Azul Rojas Marín ante el Instructor el 6 de marzo de 2008 (expediente de prueba, folio 69).
⁶⁶ *Cfr.* Disposición de Investigación Preliminar emitida por el Segundo Despacho de la Fiscalía Provincial Penal Corporativa de Ascope el 24 de marzo de 2008 (expediente de prueba, folio 81).
⁶⁷ *Cfr.* Informe Policial de la Comisaría de Casa Grande de 31 de marzo de 2008 (expediente de prueba, folio 15).
⁶⁸ *Cfr.* Informe Policial de la Comisaría de Casa Grande de 31 de marzo de 2008 (expediente de prueba, folio 15).

inside [the] police station where [s]he remained [...] [for four] hours."[69] They also mentioned that it should be taken into account that one of the agents presumably involved "was in charge of police investigations relating to [Ms. Rojas Marín's brothers] who were implicated in [a] murder."[70]

61. On April 2, 2008, the prosecutor ordered the opening of the preliminary investigation for "the offense against sexual liberty by aggravated rape" and abuse of authority against the three police officers indicated by the presumed victim, considering that there were "indications that revealed the perpetration of the unlawful acts investigated."[71] The prosecutor also ordered that the Ascope preliminary investigation judge be informed of this preliminary investigation,[72] requesting him to order the preventive detention of the accused.[73]

62. During the investigation, the following procedures were conducted: a forensic biology expertise on the clothes that the presumed victim was wearing when she was detained;[74] an expert assessment of the police baton presumably used;[75] a test to determine the presumed victim's blood group;[76] a psychiatric assessment of Ms. Rojas Marín;[77] a psychiatric assessment of the three agents presumably responsible,[78] and a judicial inspection and reconstruction procedure.[79] Also, various statements were received, including from the four individuals presumably involved.[80]

63. On May 5, 2008, Ms. Rojas Marín requested "the expansion of the complaint and of the investigation into the crime of torture" pursuant to article 321 of the Peruvian Criminal Code and "[clarification of the] offense of rape [...] in order to define the offense appropriately and avoid future nullifications." She also requested the "disqualification of the representative of the Public Prosecution Service" because

---

[69] Cf. Police report of the Casa Grande Police Station of March 31, 2008 (evidence file, folio 16).

[70] Cf. Police report of the Casa Grande Police Station of March 31, 2008 (evidence file, folio 16).

[71] Cf. Decision of the Second Provincial Corporate Criminal Prosecution Service of Ascope of April 2, 2008 (evidence file, folio 110).

[72] Cf. Decision of the Second Provincial Corporate Criminal Prosecution Service of Ascope of April 2, 2008 (evidence file, folio 111).

[73] Cf. Decision of the Second Provincial Corporate Criminal Prosecution Service of Ascope of April 2, 2008 (evidence file, folio 112). They were confined in the Trujillo Prison on May 1, 2008, and released on May 5, 2008. Cf. Official note of May 5, 2008 (evidence file, folios 2847 to 2848).

[74] Cf. Expert report of March 12, 2008 (evidence file, folio 2236).

[75] Cf. Expert report of March 2008 (evidence file, folio 104).

[76] Cf. Expert report of March 11, 2008 (evidence file, folio 2238).

[77] Cf. Psychiatric assessment of August 13, 2008 (evidence file, folio 2733).

[78] Cf. Psychiatric assessment of May 23 and 26, 2008 (evidence file, folios 2857 to 2862); Psychiatric assessment of May 30, 2008 (evidence file folios 2850 to 2855), and Psychiatric assessment of August 19, 2008 (evidence file, folios 2864 to 2869).

[79] Cf. Videos 1 and 2 of the inspection and reconstruction procedure on August 15, 2008 (evidence file, folder of audiovisual material, "Annex 50" and "Annex 51") and Record of inspection and reconstruction procedure on August 15, 2008 (evidence file, folios 2896 to 2909).

[80] Cf. Police report of the Casa Grande Police Station of March 31, 2008 (evidence file, folio 14).

actituddescortés cuando se encontraba en el interior de [la] [d]ependencia [p]olicial donde permaneció [...] [cuatro] horas"[69]. Además, hacen referencia a que debe tenerse en consideración que uno de los agentes presuntamente involucrados, "se ha encontrado a cargo de las investigaciones policiales relacionadas con [los hermanos de la señora Rojas Marín,] quienes se han encontrado involucrados en el homicidio de [una persona]"[70].

61. El 2 de abril de 2008 la fiscalía dispuso la formalización de la investigación preparatoria por "el delito Contra la Libertad Sexual en la modalidad de Violación Sexual agravada" y abuso de autoridad en contra de los tres oficiales de policía señalados por la presunta víctima, considerando que existían "indicios reveladores de la comisión de [los] ilícito[s] investigado[s]"[71]. De igual forma, la fiscalía dispuso poner en conocimiento del Juez de la Investigación Preparatoria de Ascope dicha investigación preparatoria[72], solicitándole la prisión preventiva de los denunciados[73].

62. A lo largo de la investigación adicionalmente se realizó un dictamen pericial de biología forense a la vestimenta que tenía puesta la presunta víctima cuando fue detenida[74]; un dictamen pericial a la vara policial presuntamente utilizada[75]; un examen para determinar el grupo sanguíneo de la presunta víctima[76]; la evaluación psiquiátrica de la señora Rojas Marín[77]; la evaluación psiquiátrica de los tres presuntos responsables[78]; una diligencia de inspección y reconstrucción judicial[79], y la recepción de diversas declaraciones, incluyendo las cuatro personas presuntamente involucradas[80].

63. El 5 de mayo de 2008, la señora Rojas Marín solicitó "la ampliación de la denuncia y de la investigación sobre el delito de Tortura" en los términos del artículo 321 del Código Penal peruano, y la "[precisión del] delito de violación sexual [...] a fin de tipificar adecuadamente el delito y evitar futuras nulidades". Solicitó, además la "inhibición del representante del ministerio público" por ser compañero de labores de

---

[69] *Cfr.* Informe Policial de la Comisaría de Casa Grande de 31 de marzo de 2008 (expediente de prueba, folio 16).
[70] *Cfr.* Informe Policial de la Comisaría de Casa Grande de 31 de marzo de 2008 (expediente de prueba, folio 16).
[71] *Cfr.* Resolución de la Segunda Fiscalía Provincial Penal Corporativa de Ascope de 2 de abril de 2008 (expediente de prueba, folio 110).
[72] *Cfr.* Resolución de la Segunda Fiscalía Provincial Penal Corporativa de Ascope de 2 de abril de 2008 (expediente de prueba, folio 111).
[73] *Cfr.* Resolución de la Segunda Fiscalía Provincial Penal Corporativa de Ascope de 2 de abril de 2008 (expediente de prueba, folio 112). El 1 de mayo de 2008 fueron recluidos en el Establecimiento Penal de Trujillo y fueron puestos en libertad el 5 de mayo de 2008. *Cfr.* Oficio de 5 de mayo de 2008 (expediente de prueba, folios 2847 a 2848).
[74] *Cfr.* Dictamen Pericial de 12 de marzo de 2008 (expediente de prueba, folio 2236).
[75] *Cfr.* Dictamen Pericial de marzo de 2008 (expediente de prueba, folio 104).
[76] *Cfr.* Dictamen Pericial de 11 de marzo de 2008 (expediente de prueba, folio 2238).
[77] *Cfr.* Evaluación Psiquiátrica de 13 de agosto de 2008 (expediente de prueba, folio 2733).
[78] *Cfr.* Evaluación Psiquiátrica de 23 y 26 mayo de 2008 (expediente de prueba, folios 2857 a 2862); Evaluación Psiquiátrica de 30 de mayo de 2008 (expediente de prueba folios 2850 a 2855), y Evaluación Psiquiátrica de 19 de agosto de 2008 (expediente de prueba, folios 2864 a 2869).
[79] *Cfr.* Vídeos 1 y 2 de diligencia de inspección y reconstrucción de hechos del 15 de agosto de 2008 (expediente de prueba, carpeta de material audiovisual, "Anexo 50" y "Anexo 51") y Acta de la Diligencia de Inspección y Reconstrucción de 15 de agosto de 2008 (expediente de prueba, folios 2896 a 2909).
[80] *Cfr.* Informe Policial de la Comisaría de Casa Grande de 31 de marzo de 2008 (expediente de prueba, folio 14).

he was a colleague of the Ascope provincial prosecutors who were subject to a disciplinary administrative proceeding (*infra* paras. 68 to 71).[81]

64. On June 16, 2008, the prosecutor decided not to expand the preliminary investigation to include the crime of torture.[82] Ms. Rojas Marín appealed this refusal.[83] On August 28, 2008, the First Superior Criminal Prosecutor of La Libertad Judicial District declared the appeal without grounds, indicating that the element of the crime of torture relating to its purpose was not present.[84]

65. On October 21, 2008, the Second Provincial Corporate Criminal Prosecution Service requested the dismissal of the proceedings against the three police officers for the offenses of aggravated rape and abuse of authority to the detriment of Azul Rojas Marín.[85]

66. On January 9, 2009, the Ascope First Preliminary Investigation Court "declared the request of the Public Prosecution Service was substantiated" and "dismissed the proceedings for both offenses against the three accused," ordering that the case be closed.[86] The court indicated that the presumed victim's version was not credible because one of the accused was an important witness in the criminal proceedings underway against one of her brothers. It also indicated that the aggrieved party had varied her statement about the facts, and underscored that the she had stated that she had continued her usual work on February 25, "activities for which she had to employ significant physical force and use motor-cycle taxis," and she could not have done this if she had been as sore as she described after the supposed sexual abuse.[87] The court also indicated that "the facts occurred in the early morning hours of February [25 ... and] the forensic medical examination of the aggrieved party and [the examination of the clothing were performed on February 29], in other words almost four days after the events. This lack of immediacy in performing the said expert examinations gives rise to a reasonable doubt that [the injuries found] were caused on the day of the incident and by the accused, and it could be presumed that they occurred after the day of the incident."[88]

67. On January 22, 2009, Ms. Rojas Marín filed a remedy of appeal against this decision.[89] On January 23, 2009, the Ascope First Preliminary Investigation

---

[81] *Cf.* Request filed by Azul Rojas Marín on May 5, 2008 (evidence file, folios 115, 116 and 117).
[82] *Cf.* Decision of the Second Provincial Corporate Criminal Prosecution Service of Ascope of June 16, 2008 (evidence file, folio 122).
[83] *Cf.* Request filed by Azul Rojas Marín with the Second Provincial Corporate Criminal Prosecution Service on August 1, 2008 (evidence file, folio 138).
[84] *Cf.* Decision of the First Superior Criminal Prosecutor of La Libertad Judicial District of August 28, 2008 (evidence file, folio 2912).
[85] *Cf.* Request for dismissal by the Second Provincial Corporate Criminal Prosecution Service of Ascope of October 21, 2008 (evidence file, folio 83).
[86] *Cf.* Order to dismiss the proceedings dated January 9, 2009, issued by the Ascope First Preliminary Investigation Court (evidence file, folios 2954 to 2969).
[87] *Cf.* Order to dismiss the proceedings dated January 9, 2009, issued by the Ascope First Preliminary Investigation Court (evidence file, folio 2960).
[88] *Cf.* Order to dismiss the proceedings dated January 9, 2009, issued by the Ascope First Preliminary Investigation Court (evidence file, folio 2962).
[89] *Cf.* Remedy of appeal filed by Azul Rojas Marín on January 22, 2009 (evidence file, folios 154 to 159).

los Fiscales Provinciales de Ascope, quienes eran sujetos de un proceso administrativo disciplinario (*infra* párrs. 68 a 71)[81].

64. El 16 de junio de 2008 la fiscalía resolvió no proceder a la ampliación de la investigación preparatoria por el delito de tortura[82]. La señora Rojas Marín apeló la negativa de ampliación de la investigación por el delito de tortura[83]. El 28 de agosto de 2008 la Primera Fiscalía Superior en lo Penal del Distrito Judicial de La Libertad declaró infundada la queja, indicando que no se cumplía con el elemento del delito de tortura de la finalidad[84].

65. El 21 de octubre de 2008 el Segundo Despacho de la Fiscalía Provincial Penal Corporativa requirió el sobreseimiento del proceso seguido contra los tres oficiales de policía por los delitos de violación sexual agravada y abuso de autoridad en perjuicio de Azul Rojas Marín[85].

66. El 9 de enero de 2009 el Juzgado Penal de Investigación Preparatoria de Ascope "declaró fundado el requerimiento del Ministerio Público" y "sobreseyó el proceso por ambos delitos y contra los tres imputados", ordenando el archivo del expediente[86]. El Juzgado indicó que no existía credibilidad en la versión de la presunta víctima, ya que uno de los imputados, participó como testigo importante en el proceso penal que se siguió contra uno de sus hermanos. Asimismo, indicó que la agraviada no había sido uniforme en su declaración sobre los hechos. Resaltó además que la agraviada relató haber continuado con sus labores habituales el 25 de febrero, "actividades para las que tuvo que desplegar una gran energía física y haciendo uso de mototaxis", lo cual no hubiera podido hacer en el estado adolorido como el que refiere quedó después del supuesto abuso sexual[87]. Además, el Juzgado señaló que "los hechos ocurrieron en la madrugada [del 25] de febrero [… y] el reconocimiento médico legal que se practicó [a la] agraviada y [el examen a la vestimenta se realizaron el 29 de febrero], es decir casi cuatro días después de los sucesos. Esta falta de inmediatez de la actuación de las pericias antes señaladas generan una duda razonable que [las lesiones encontradas] hayan sido ocasionadas el día de los hechos y por los imputados, pudiéndose presumir que puedan haberse producido con posterioridad al día de los hechos"[88].

67. El 22 de enero de 2009, la señora Rojas Marín interpuso un recurso de apelación contra la resolución anterior[89]. El 23 de enero de 2009 el Juzgado Penal de

---

[81] *Cfr.* Solicitud interpuesta por Azul Rojas Marín el 5 de mayo de 2008 (expediente de prueba, folios 115, 116 y 117).

[82] *Cfr.* Resolución del Segundo Despacho de la Fiscalía Provincial Penal Corporativa de Ascope de 16 de junio de 2008 (expediente de prueba, folio 122).

[83] *Cfr.* Solicitud interpuesta por Azul Rojas Marín el 1 de agosto de 2008 ante el Fiscal del Segundo Despacho de la Fiscalía Provincial Penal Corporativa (expediente de prueba, folio 138).

[84] *Cfr.* Resolución de la Primera Fiscalía Superior en lo Penal del Distrito Judicial de La Libertad de 28 de agosto de 2008 (expediente de prueba, folio 2912).

[85] *Cfr.* Requerimiento de Sobreseimiento del Segundo Despacho de la Fiscalía Provincial Penal Corporativa de Ascope de 21 de octubre de 2008 (expediente de prueba, folio 83).

[86] *Cfr.* Auto de Sobreseimiento de 9 de enero de 2009 emitido por el Juzgado Penal de Investigación Preparatoria de Ascope (expediente de prueba, folios 2954 al 2969).

[87] *Cfr.* Auto de Sobreseimiento de 9 de enero de 2009 emitido por el Juzgado Penal de Investigación Preparatoria de Ascope (expediente de prueba, folio 2960).

[88] *Cfr.* Auto de Sobreseimiento de 9 de enero de 2009 emitido por el Juzgado Penal de Investigación Preparatoria de Ascope (expediente de prueba, folio 2962).

[89] *Cfr.* Recurso de apelación interpuesto por Azul Rojas Marín el 22 de enero de 2009 (expediente de prueba, folios 154 al 159).

Court unhesitatingly declared this inadmissible as being time-barred.[90]

D. THE COMPLAINT FILED AGAINST THE ASCOPE PROSECUTION SERVICE

68. In parallel to the investigation process, Ms. Rojas Marín filed a complaint with the Superior Prosecutor, Head of the Decentralized Office of Internal Control of La Libertad and Santa against the Prosecutor and Deputy Prosecutor of the province of Ascope in charge of the preliminary investigation into the acts of sexual violence perpetrated against her.[91] Ms. Rojas Marín alleged that the said prosecutors had committed the offenses of "abuse of authority, coercion [and] delay in the administration of justice."[92] Among other arguments, she alleged that this was because "the Prosecutor [...], abusing of her position, prevented the petitioner from undergoing [the] forensic medical examination on [February 28, 2008,] by retaining [her] in her office until late [...] so that the injuries and the traces of rape would not be noticeable."[93]

69. Ms. Rojas Marín also stated that, during the "statement and identification" procedure, the prosecutor "coerced [her] to minimize the severity of the criminal acts committed by the accused and [...] on several occasions cast doubts on [her] complaint, saying: "I don't believe anything; you're probably lying because you are Tuco's brother."[94] Regarding the deputy prosecutor, Ms. Rojas Marín stated that "the prosecutor's words [made her] feel humiliated [and] attacked because he very openly cast doubt on [her] words, as if it were not a serious offense."[95] Also, "when reclaiming the clothing [she] was wearing on February 25, [the prosecutor] insinuated that, perhaps the clothes were stained with animal's blood and, therefore, it was necessary to examine them."[96] In addition, on February 29, while the forensic physician was examining her, the prosecutor entered the room, violently grabbed her hair and said "perhaps your little friends did this to you while you were playing" and, also, insisted to the physician that, although injuries were present, they were not the result of rape.[97] Lastly, Ms. Rojas Marín alleged that the Ascope Prosecution Service had been "violating [her] rights, offending [her], and humiliating [her] by psychological abuse, [and she was harassed by the police agents who] offered [her]

---

[90] *Cf.* Decision of the Ascope First Preliminary Investigation Court of January 23, 2009 (evidence file, folios 3003 and 3004).
[91] *Cf.* Complaint filed by Azul Rojas Marín before the Superior Prosecutor, Head of the Decentralized Office of Internal Control of La Libertad on March 28, 2008 (evidence file, folios 2248 to 2254).
[92] *Cf.* Complaint filed by Azul Rojas Marín before the Superior Prosecutor, Head of the Decentralized Office of Internal Control of La Libertad on March 28, 2008 (evidence file, folio 2248).
[93] *Cf.* Complaint filed by Azul Rojas Marín before the Superior Prosecutor, Head of the Decentralized Office of Internal Control of La Libertad on March 28, 2008 (evidence file, folio 2251).
[94] *Cf.* Complaint filed by Azul Rojas Marín before the Superior Prosecutor, Head of the Decentralized Office of Internal Control of La Libertad on March 28, 2008 (evidence file, folio 2251).
[95] *Cf.* Complaint filed by Azul Rojas Marín before the Superior Prosecutor, Head of the Decentralized Office of Internal Control of La Libertad on March 28, 2008 (evidence file, folio 2252).
[96] *Cf.* Complaint filed by Azul Rojas Marín before the Superior Prosecutor, Head of the Decentralized Office of Internal Control of La Libertad on March 28, 2008 (evidence file, folio 2252).
[97] *Cf.* Complaint filed by Azul Rojas Marín before the Superior Prosecutor, Head of the Decentralized Office of Internal Control of La Libertad on March 28, 2008 (evidence file, folio 2252).

Investigación Preparatoria de Ascope lo declaró improcedente de plano por extemporáneo[90].

D. SOBRE LA QUEJA PRESENTADA EN CONTRA DE LA FISCALÍA DE ASCOPE

68. De forma paralela al proceso de investigación de los hechos, la señora Rojas Marín presentó una queja ante el Fiscal Superior Jefe de la Oficina Descentralizada del Control Interno de La Libertad y del Santa en contra de la Fiscal y el Fiscal Adjunto de la Provincia de Ascope responsables de la investigación preliminar sobre los actos de violencia sexual en su perjuicio[91]. La señora Rojas Marín alegó que los referidos fiscales habían cometido los delitos de "abuso de autoridad, coacción [y] retardo en la administración de justicia"[92]. Lo anterior, entre otros argumentos, debido a que "la señora Fiscal […] abusando de su cargo impidió que a [la] recurrente se [le] realizara [el] reconocimiento médico legal [el día 28 de febrero de 2008] toda vez que [la] tuvo hasta tarde en su oficina […] con la finalidad de que no se apreciaran las huellas y lesiones por violación sexual"[93].

69. Además, la señora Rojas Marín declaró que, durante la diligencia de "Declaración y Reconocimiento", la fiscal la "coaccionó a efecto de minimizar la gravedad de los hechos delictivos de los denunciados y […] en varias oportunidades puso en tela de juicio [su] denuncia: diciendo[l]e [']No te creo nada, de repente mientes pues eres hermano del [']Tuco[']'"[94]. En cuanto al Fiscal Adjunto, la señora Rojas Marín manifestó que los "dichos del fiscal [la hicieron] sentir humillad[a] [y] agredid[a] porque muy descaradamente ponía en duda [su] palabra como si no fuera un delito grave"[95]. Asimismo, "al recuperar [sus] prendas de vestir usada[s] el día 25 de febrero; [el Fiscal] insinuó que tal vez la ropa [estaba] manchada con sangre de animal por [lo que] era necesario el examen"[96]. Adicionalmente, el 29 de febrero, mientras el médico legista le realizaba el examen, entró el Fiscal de forma abusiva, la cogió por el pelo y le decía "tus amiguitos jugando tal vez te hicieron esto" y, además, le insistía al médico que tal vez se trataba de lesiones más no de violación[97]. Por último, la señora Rojas Marín sostuvo que la Fiscalía de Ascope le venía "violentando [sus] derechos, ofendiendo[la] y humillando[la] con su maltrato psicológico, [siendo acosada por los policías, quienes le] ofrecieron dinero […] para dejarlo ahí no más el

---

[90] Cfr. Resolución del Juzgado Penal de Investigación Preparatoria de Ascope de 23 de enero de 2009 (expediente de prueba, folios 3003 a 3004).
[91] Cfr. Queja presentada por Azul Rojas Marín ante el Fiscal Superior Jefe de la Oficina Descentralizada del Control Interno de la Libertad de 28 de marzo de 2008 (expediente de prueba, folios 2248 a 2254).
[92] Cfr. Queja presentada por Azul Rojas Marín ante el Fiscal Superior Jefe de la Oficina Descentralizada del Control Interno de la Libertad de 28 de marzo de 2008 (expediente de prueba, folio 2248).
[93] Cfr. Queja presentada por Azul Rojas Marín ante el Fiscal Superior Jefe de la Oficina Descentralizada del Control Interno de la Libertad de 28 de marzo de 2008 (expediente de prueba, folio 2251).
[94] Cfr. Queja presentada por Azul Rojas Marín ante el Fiscal Superior Jefe de la Oficina Descentralizada del Control Interno de la Libertad de 28 de marzo de 2008 (expediente de prueba, folio 2251).
[95] Cfr. Queja presentada por Azul Rojas Marín ante el Fiscal Superior Jefe de la Oficina Descentralizada del Control Interno de la Libertad de 28 de marzo de 2008 (expediente de prueba, folio 2252).
[96] Cfr. Queja presentada por Azul Rojas Marín ante el Fiscal Superior Jefe de la Oficina Descentralizada del Control Interno de la Libertad de 28 de marzo de 2008 (expediente de prueba, folio 2252).
[97] Cfr. Queja presentada por Azul Rojas Marín ante el Fiscal Superior Jefe de la Oficina Descentralizada del Control Interno de la Libertad de 28 de marzo de 2008 (expediente de prueba, folio 2252).

money [...] to abandon the case there and then because, otherwise, they would kill [her]."[98]

70. On April 7, 2008, a preliminary investigation was opened against the provincial prosecutor and the deputy provincial prosecutor of the Second Provincial Corporate Criminal Prosecution Service of Ascope by the Superior Prosecutor, Head of the Decentralized Office of Internal Control of La Libertad and Santa.[99] Both the provincial prosecutor and the deputy prosecutor submitted their exculpatory reports in relation to the complaint filed by Ms. Rojas Marín[100].

71. The Decentralized Office of Internal Control of La Libertad and Santa found that the complaint filed for the presumed perpetration of the offense of abuse of authority should be declared substantiated.[101] However, on November 19, 2010, that is, after the petition had been lodged in this case, the Prosecutor General ruled that there were no grounds to decide that a criminal action should be filed against the prosecutor and the deputy prosecutor of the Second Criminal Provincial Prosecution Service of Ascope.[102]

E. THE DISCIPLINARY ADMINISTRATIVE PROCEEDING AGAINST THE MEMBERS OF THE PERUVIAN NATIONAL POLICE

72. On March 5, 2008, Ms. Rojas Marín filed a complaint with the Trujillo Regional Inspectorate of the Peruvian National Police against four agents presumably implicated in the acts of rape and sexual torture against her.[103]

73. On May 2, 2008, the Pacasmayo Provincial Inspectorate of the Peruvian National Police issued a report concluding that: (i) administrative responsibility had not been established because the complainant had been detained in compliance with

---

[98] *Cf.* Complaint filed by Azul Rojas Marín before the Superior Prosecutor, Head of the Decentralized Office of Internal Control of La Libertad on March 28, 2008 (evidence file, folio 2254).

[99] *Cf.* Decision of the Superior Prosecutor, Head of the Decentralized Office of Internal Control of La Libertad and del Santa of April 7, 2008 (evidence file, folios 174 and 175).

[100] *Cf.* Official note of May 6, 2008, signed by the Deputy Provincial Prosecutor of the Second Provincial Corporate Criminal Prosecution Service of Ascope addressed to the Superior Prosecutor, Head of the Decentralized Office of Internal Control of La Libertad and Santa (evidence file, folio 176); Report signed by the Provincial Prosecutor, Head of the Second Provincial Corporate Criminal Prosecution Service of Ascope addressed to the Superior Prosecutor, Head of the Decentralized Office of Internal Control of La Libertad and Santa (evidence file, folios 178 to 182), and Report signed by the Superior Prosecutor, Head of the Decentralized Office of Internal Control of La Libertad of July 24, 2009 (evidence file, folios 2800 and 2801).

[101] *Cf.* Report signed by the Superior Prosecutor, Head of the Decentralized Office of Internal Control of La Libertad of July 24, 2009 (evidence file, folio 2806).

[102] Initially, on December 31, 2008, the Superior Prosecutor, Head of the Decentralized Office of Internal Control of La Libertad and Santa had declared that the complaint filed against the prosecutors by Ms. Rojas Marín was unfounded. *Cf.* Decision of the Superior Prosecutor, Head of the Decentralized Office of Internal Control of La Libertad and Santa of December 31, 2008 (evidence file, folio 186); Remedy of appeal filed on February 13, 2009, by Ms. Rojas Marín against the decision of the Superior Prosecutor, Head of the Decentralized Office of Internal Control of La Libertad and Santa of December 31, 2008 por (evidence file, folios 187 to 192); Decision of the Superior Prosecutor, Head of the Decentralized Office of Internal Control of La Libertad and Santa of March 10, 2009 (evidence file, folio 193); Ruling issued by the Supreme Prosecutor for Internal Control on April 20, 2009 (evidence file, folio 195), and Decision of the Prosecutor General of November 19, 2010 (evidence file, folios 3023 to 3028).

[103] *Cf.* Complaint filed by Azul Rojas Marín with the Trujillo Regional Inspectorate of the Peruvian National Police on March 5, 2008 (evidence file, folios 3030 and 3031).

caso porque sino [la iban] a matar"[98].

70. El 7 de abril de 2008 fue abierta una investigación preliminar en contra de la Fiscal Provincial y el Fiscal Adjunto Provincial del Segundo Despacho de la Fiscalía Provincial Penal Corporativa de Ascope por el Fiscal Superior Titular Jefe de la Oficina Desconcentrada de Control Interno de La Libertad y del Santa[99]. Tanto la Fiscal Provincial Titular, como el Fiscal Adjunto Provisional, rindieron sus respectivos informes de descargo con relación a la queja presentada por la señora Rojas Marín[100].

71. La Oficina Desconcentrada de Control Interno de La Libertad y del Santa opinó que la denuncia presentada por la presunta comisión del delito de abuso de autoridad debía ser declarada fundada[101]. No obstante, el 19 de noviembre de 2010, esto es, con posterioridad a la presentación de la petición en esta causa, la Fiscal de la Nación resolvió que no existía mérito para decidir el ejercicio de la acción penal en contra de la Fiscal del Segundo Despacho de la Fiscalía Provincial Penal de Ascope, y del Fiscal Provincial del Segundo Despacho de la Fiscalía Provincial Penal Corporativa de Ascope[102].

E. EL PROCEDIMIENTO ADMINISTRATIVO DISCIPLINARIO SEGUIDO CONTRA LOS MIEMBROS DE LA POLICÍA NACIONAL DEL PERÚ

72. El 5 de marzo de 2008, la señora Rojas Marín presentó una denuncia ante la Inspectoría Regional de Trujillo de la Policía Nacional del Perú contra cuatro oficiales presuntamente implicados en los hechos de violación y tortura sexual en su contra[103].

73. El 2 de mayo de 2008 la Inspectoría Provincial de Pacasmayo de la Policía Nacional del Perú emitió un informe concluyendo que: (i) no se estableció

---

[98] *Cfr.* Queja presentada por Azul Rojas Marín ante el Fiscal Superior Jefe de la Oficina Descentralizada del Control Interno de la Libertad de 28 de marzo de 2008 (expediente de prueba, folio 2254).
[99] *Cfr.* Resolución del Fiscal Superior Titular Jefe de la Oficina Desconcentrada de Control Interno de La Libertad y del Santa de 7 de abril de 2008 en el expediente (expediente de prueba, folios 174 al 175).
[100] *Cfr.* Oficio de 6 de mayo de 2008 suscrito por el Fiscal Adjunto Provincial del Segundo Despacho de la Fiscalía Provincial Penal Corporativa de Ascope dirigido al Fiscal Superior Titular Jefe de la Oficina Desconcentrada de Control Interno de La Libertad y del Santa (expediente de prueba, folio 176); Informe suscrito por la Fiscal Provincial Titular del Segundo Despacho de la Fiscalía Provincial Penal Corporativa de Ascope dirigido al Fiscal Superior Titular Jefe de la Oficina Desconcentrada de Control Interno de La Libertad y del Santa (expediente de prueba, folios 178 a 182), e Informe suscrito por el Fiscal Superior Jefe de la Oficina Descentralizada del Control Interno de la Libertad de 24 de julio de 2009 (expediente de prueba, folios 2800 a 2801).
[101] *Cfr.* Informe suscrito por el Fiscal Superior Jefe de la Oficina Descentralizada del Control Interno de la Libertad de 24 de julio de 2009 (expediente de prueba, folios 2806).
[102] Inicialmente, el 31 de diciembre de 2008 el Fiscal Superior Jefe de la Oficina Descentralizada del Control Interno de La Libertad y del Santa había declarado infundada la denuncia interpuesta en contra de los fiscales por la señora Rojas Marín. Tras una apelación interpuesta por la presunta víctima, esta resolución fue declarada nula. *Cfr.* Resolución del Fiscal Superior Titular Jefe de la Oficina Desconcentrada de Control Interno de La Libertad y del Santa de 31 de diciembre de 2008 (expediente de prueba, folio 186); Recurso de Apelación interpuesto el 13 de febrero de 2009 por la señora Rojas Marín contra la resolución del Fiscal Superior Jefe de la Oficina Descentralizada del Control Interno de La Libertad y del Santa de 31 de diciembre de 2008 por (expediente de prueba, folios 187 al 192); Resolución del Fiscal Superior Titular Jefe de la Oficina Desconcentrada de Control Interno de La Libertad y del Santa de 10 de marzo de 2009 (expediente de prueba, folio 193); Resolución emitida por la Fiscalía Suprema de Control Interno el 20 de abril de 2009 (expediente de prueba, folio 195), y Resolución de la Fiscalía de la Nación el 19 de noviembre de 2010 (expediente de prueba, folios 3023 a 3028).
[103] *Cfr.* Denuncia presentada por Azul Rojas Marín ante la Inspectoría Regional de Trujillo de la Policía Nacional del Perú de 5 de marzo de 2008 (expediente de prueba, folios 3030 a 3031).

the law and with police procedures, taking into account that the presumed victim was not carrying identification documents and that was with two individuals who fled the scene, and (ii) it had not been determined that the presumed victim had been physically assaulted in the Police Station by the agents who were accused of this, because "the forensic medical examination was performed on the complainant four days after the detention [and] it was possible that [s]he had injured [her]self in order to harm the police agents who detained h[er] on [February 25, 2008]."[104]

74. On June 6, 2008, the President of the Second Chamber of the Trujillo Disciplinary Administrative Tribunal issued an order to remove the disciplinary administrative case against the accused agents to a higher authority.[105]

75. On September 2, 2008, the Territorial Disciplinary Administrative Tribunal decided that "there were no grounds for imposing sanctions on the agents [...] as their disciplinary administrative responsibility in the events reported by [Azul Rojas Marín] had not been established; consequently, the closure of this case is ordered."[106] The Administrative Court found that it was not possible to verify that Ms. Rojas Marín had been raped or tortured, because the minor bodily injuries and the older anal fissures were insufficient to prove that they had been caused by the police agents, and, "in addition to the forensic medical examination being performed [four] days later, it should be taken into account, with regard to the anal fissures, that [Ms. Rojas Marín] [...] practices unnatural sexual relations since the age of 14 and has sexual relations 3 or 4 times a day."[107]

F. THE SECOND INVESTIGATION INTO THE FACTS

76. On November 20, 2018, the Second Supraprovincial Prosecutor, in compliance with the Inter-American Commission's recommendations in the Merits Report in this case, "ordered the re-opening of the investigation into those presumably responsible" for the crime of torture established in article 321 of the Criminal Code perpetrated against Ms. Rojas Marín.[108] In this decision, the prosecutor ordered 13 investigative procedures.[109] Subsequently, on December 4, 2018, the Fifth Superior Prosecutor of La Libertad decided "to declare the order dismissing the case to be declared null and void as well as all actions taken since the order to open an

---

[104] *Cf.* Report of the Pacasmayo Provincial Inspectorate of the Peruvian National Police of May 2, 2008 (evidence file, folio 3056).
[105] *Cf.* Order to remove the case to a higher authority of June 6, 2008 (evidence file, folio 3059).
[106] *Cf.* Decision of the Territorial Disciplinary Administrative Tribunal of September 2, 2008 (evidence file, folio 3064).
[107] *Cf.* Decision of the Territorial Disciplinary Administrative Tribunal of September 2, 2008 (evidence file, folio 3063).
[108] *Cf.* Decision of the Deputy Provincial Prosecutor of November 20, 2018 (evidence file, folios 3067 and 3068).
[109] *Cf.* Decision of the Deputy Provincial Prosecutor of November 20, 2018 (evidence file, folio 3067 and 3068), and statement by Ketty Garibay Mascco during the public hearing held in this case.

responsabilidad administrativa por cuanto la intervención a la denunciante se realizó en cumplimiento de la normativa y procedimientos policiales, tomando en cuenta la falta de identificación de la presunta víctima y que esta se encontraba en compañía de dos sujetos que se dieron a la fuga, y (ii) no se determinó que la presunta víctima fuese agredida físicamente dentro de la Comisaría por parte del personal denunciado, en razón de que "el Reconocimiento Médico Legal realizado al denunciante ha sido después de 04 días de la intervención [y] que posiblemente se haya autolesionado con la finalidad de causar daño al Personal Policial que l[a] intervino el [25 de febrero de 2008]"[104].

74. El 6 de junio de 2008, el Presidente de la Segunda Sala del Tribunal Administrativo Disciplinario de Trujillo dictó auto de avocamiento en el expediente administrativo disciplinario seguido contra los funcionarios denunciados[105].

75. El 2 de septiembre de 2008 el Tribunal Administrativo Disciplinario Territorial resolvió "no ha lugar a interponer sanción contra los Sub-Oficiales […] al no haberse establecido responsabilidad administrativa disciplinaria en los hechos denunciados por [Azul Rojas Marín], consiguientemente se dispone el archivo definitivo del presente caso"[106]. El Tribunal Administrativo determinó que no fue posible acreditar que la señora Rojas Marín habría sufrido violación sexual o tortura, ya que las lesiones corporales leves así como fisuras anales antiguas no resultaban suficientes para acreditar que fueron causadas por el personal policial "pues además de haberse practicado el examen médico legal [cuatro] días después […] se debe tener en cuenta respecto a las fisuras anales que presenta, que [la señora Rojas Marín] […] practica relaciones contra natura desde los 14 años y mantiene una vida sexual de 3 a 4 veces por día"[107].

F. RESPECTO A LA SEGUNDA INVESTIGACIÓN DE LOS HECHOS

76. El 20 de noviembre de 2018 la Segunda Fiscalía Supraprovincial, en cumplimiento de las recomendaciones incluidas en el Informe de Fondo por la Comisión Interamericana en el presente caso, "dispuso la reapertura de la investigación contra los presuntos responsables" por el delito de tortura previsto en el artículo 321 del Código Penal, en agravio de la señora Rojas Marín[108]. En dicha resolución, la fiscalía ordenó la realización de 13 diligencias investigativas[109]. Posteriormente, el 4 de diciembre de 2018, la Quinta Fiscalía Superior de la Libertad dispuso "declarar nulo e insubsistente el requerimiento de sobreseimiento y todo lo

---

[104] Cfr. Informe de la Inspectoría Provincial de Pacasmayo de la Policía Nacional del Perú de 2 de mayo de 2008 (expediente de prueba, folio 3056).
[105] Cfr. Auto de Avocamiento de 6 de junio de 2008 (expediente de prueba, folio 3059).
[106] Cfr. Resolución del Tribunal Administrativo Disciplinario Territorial de 2 de septiembre de 2008 (expediente de prueba, folio 3064).
[107] Cfr. Resolución del Tribunal Administrativo Disciplinario Territorial de 2 de septiembre de 2008 (expediente de prueba, folio 3063).
[108] Cfr. Resolución de la Fiscal Adjunta Provincial Titular de 20 de noviembre de 2018 (expediente de prueba, folios 3067 y 3068).
[109] Cfr. Resolución de la Fiscal Adjunta Provincial Titular de 20 de noviembre de 2018 (expediente de prueba, folio 3067 y 3068), y declaración de Ketty Garibay Mascco rendida en audiencia pública celebrada en el presente caso.

investigation and up until the order to close the preliminary investigation."[110]

77. On January 16, 2019, the provincial prosecutor of the Ascope Provincial Corporate Criminal Prosecution Service asked the Ascope judge of preliminary criminal investigations to annul the actions in the proceedings underway against the three police officers for the offenses of rape and abuse of authority against Azul Rojas Marín.[111]

78. On August 14, 2019, the Ascope Preliminary Investigation Court decided to declare the request for annulment inadmissible, arguing that the case had become *res judicata* because, according to Peruvian criminal procedural law it was not possible to file a remedy against the decision ordering the dismissal of proceedings, and also that the Commission's recommendations did not have the same binding force as the decisions of the Court. In this regard, that court indicated that "since neither the Inter-American Court of Human Rights nor the Peruvian State have issued a final ruling, the annulment shall be declared inadmissible."[112]

79. The Ascope Provincial Corporate Criminal Prosecution Service filed a remedy of appeal, indicating that the State should make every effort to comply with the Commission's recommendations and pointing out that the judge had ignored the fact that the Commission had indicated that the State "may not argue that the ruling dismissing the case was based on the principle of *ne bis in idem, res judicata* or the statute of limitations in order to justify its failure to comply with this recommendation."[113]

80. On September 3, 2019, the Ascope Preliminary Investigation Court decided to declare the remedy of appeal inadmissible, considering that it did not meet the admissibility requirements of Peruvian criminal procedural law.[114]

VII
MERITS

81. This case relates to the alleged unlawful, arbitrary and discriminatory deprivation of liberty of Rojas Marín on February 25, 2008, owing to her sexual orientation or gender expression, as well as the alleged rape of which she was a victim while she was detained. The case is also related to the inadequate investigation of the incident and the violation of the right to personal integrity of Azul Rojas Marín's mother, Juana Rosa Tanta Marín, as a result of the said events.

---

[110] *Cf.* Decision of the Fifth Superior Prosecutor of La Libertad of December 4, 2018 (evidence file, folio 3085).

[111] *Cf.* Official note of January 16, 2019, signed by the Provincial Prosecutor of the Ascope Provincial Corporate Criminal Prosecution Service addressed to the Ascope judge of preliminary criminal investigations (evidence file, folios 3088 to 3094).

[112] *Cf.* Decision No. 8 of the Ascope Preliminary Investigation Court of August 14, 2019, paras. 11, 17, 19, and 21 (evidence file, folios 5426, 5428, 5429 and 5439).

[113] *Cf.* Remedy of appeal filed by the Ascope Provincial Corporate Criminal Prosecution Service of August 20, 2019 (evidence file, folios 5432 to 5440).

[114] *Cf.* Decision No. 9 of the Ascope Preliminary Investigation Court of September 3, 2019 (evidence file, folio 5444).

actuado desde la disposición de formalización hasta la disposición de conclusión de investigación preparatoria"[110].

77. El 16 de enero de 2019 la Fiscal Provincial de la Fiscalía Provincial Penal Corporativa de Ascope solicitó al Juez Penal de Investigación Preparatoria de Ascope la nulidad de las actuaciones en el proceso seguido contra los tres oficiales de policía por los delitos de violación sexual y abuso de autoridad en contra de Azul Rojas Marín[111].

78. El 14 de agosto de 2019, el Juzgado de Investigación Preparatoria de Ascope resolvió declarar improcedente el pedido de nulidad argumentando que el expediente tenía autoridad de cosa juzgada pues, de acuerdo con la normativa procesal penal peruana no era posible interponer ningún recurso contra la decisión de sobreseimiento definitivo, y que las recomendaciones de la Comisión no tenían la misma fuerza vinculante que las decisiones de la Corte. Al respecto, el Juzgado señaló que "al no existir un pronunciamiento definitivo por parte de la Corte Interamericana de Derechos Humanos ni del Estado Peruano, deberá declararse improcedente la nulidad"[112].

79. La Fiscalía Provincial Penal Corporativa de Ascope presentó recurso de apelación, señalando que el Estado debía hacer sus mejores esfuerzos para cumplir con las recomendaciones de la Comisión y señalando que el juez había inobservado que la Comisión señaló que el Estado "no podrá oponer la decisión de sobreseimiento dictada a la luz del principio de ne bis in ídem, cosa juzgada o prescripción para justificar el incumplimiento de esta recomendación"[113].

80. El 3 de septiembre de 2019, el Juzgado de Investigación Preparatoria de Ascope resolvió declarar inadmisible el recurso de apelación por considerar que no respetaba los requisitos de admisibilidad exigidos por la normativa procesal penal peruana[114].

VII
FONDO

81. El presente caso se relaciona con la alegada privación de libertad ilegal, arbitraria y discriminatoria de Azul Rojas Marín el 25 de febrero de 2008 en razón de su orientación sexual o expresión de género, así como la alegada violación sexual de la que habría sido víctima mientras estuvo detenida. El caso también se relaciona con la indebida investigación de los hechos y las afectaciones al derecho a la integridad personal que estos hechos habrían generado a la madre de Azul Rojas Marín, Juan Rosa Tanta Marín.

---

[110] Cfr. Resolución de la Quinta Fiscalía Superior de la Libertad de 4 de diciembre de 2018 (expediente de prueba, folio 3085).
[111] Cfr. Oficio de 16 de enero de 2019 suscrito por la Fiscal Provincial de la Fiscalía Provincial Penal Corporativa de Ascope dirigido al Juez Penal de Investigación Preparatoria de Ascope (expediente de prueba, folios 3088 al 3094).
[112] Cfr. Resolución No. 8 del Juzgado de Investigación Preparatoria de Ascope de 14 de agosto de 2019, párrs. 11, 17, 19, y 21 (expediente de prueba, folios 5426, 5428, 5429 y 5439).
[113] Cfr. Recurso de apelación interpuesto por la Fiscalía Provincial Penal Corporativa de Ascope de 20 de agosto de 2019 (expediente de prueba, folios 5432 a 5440).
[114] Cfr. Resolución No. 9 del Juzgado de Investigación Preparatoria de Ascope de 3 de septiembre de 2019 (expediente de prueba, folio 5444).

82. On the basis of the arguments submitted by the parties and the Commission in this case, the Court will develop: (1) general considerations on the right to equality and non-discrimination, and will examine, (2) the right to personal liberty; (3) the right to personal integrity and privacy; (4) the right to judicial protection and judicial guarantees, and (5) the right to personal integrity of Ms. Rojas Marín's mother.

VII-1
GENERAL CONSIDERATIONS ON THE RIGHT TO EQUALITY[115] AND NON-DISCRIMINATION[116]

A. ARGUMENTS OF THE PARTIES AND OF THE COMMISSION

83. The *Commission* argued that what happened to Azul Rojas Marín "should be understood as violence based on prejudice," "because the violence was associated with the perception of Azul Rojas Marín as a gay man at that time." It indicated that the elements of violence based on prejudice could be identified at three key moments: "(i) in the initial detention; (ii) in the acts that took place in the Casa Grande Police Station, and (iii) in the absence of an effective investigation." With regard to the initial moment, the Commission stressed that "there were no objective facts that justified the detention; rather, this was based on subjective perceptions." Regarding the second and third moment, the Commission indicated that "the decision to dismiss the case based on the offense of rape and abuse of authority contests the occurrence of rape and its attribution to the police agents, based on two factors […]; (i) supposed inconsistencies in the victim's statements," and "(ii) the lack of procedural immediacy in the medical examination performed on Azul," concluding that "the evidence available in the case file reveals that the delay can be directly attributed to the State."

84. The *representatives* indicated that "from the circumstances of the aggressions suffered by Azul, it can be established that the motive for all of them was the negative prejudice against her sexual orientation and non-normative gender expression." In this regard, they stressed: "(i) the characteristics of the detention; (ii) the characteristics of the physical aggression; (iii) the content of the verbal aggression, and (iv) the lack of investigation and the application of gender stereotyping by several judicial officials." They concluded, as had the Commission, that Azul was a victim of violence based on prejudice, arguing that "this aggression took place […] in a context encouraged and legitimized because the Peruvian State did not and does not comply with the obligation to adopt domestic legal provisions […] that prevent, punish and eradicate violence based on prejudice […]." It argued that the State had violated the rights to the prohibition of discrimination and to equality before the law recognized in Articles 1(1) and 24 of the Convention, respectively.

85. The *State* argued that the reason for Ms. Rojas Marín's detention "was not her condition as a LGBTI person, but rather that she was in suspicious circumstances, without identity documents, and with the smell of alcohol on her breath." Consequently, the State denied the Commission's allegation that "from the moment Azul Rojas Marín was intercepted by State officials, they used physical violence

---

[115] Article 24 of the Convention.
[116] Article 1(1) of the Convention.

82. De acuerdo a los alegatos de las partes y la Comisión, en el presente caso la Corte realizará: (1) consideraciones generales sobre el derecho a la igualdad y a la no discriminación, y examinará, (2) el derecho a la libertad personal; (3) el derecho a la integridad personal y vida privada; (4) el derecho a la protección judicial y garantías judiciales, y (5) el derecho a la integridad personal de la madre de la señora Rojas Marín.

VII-1
CONSIDERACIONES GENERALES SOBRE EL DERECHO A LA IGUALDAD[115] Y A LA NO DISCRIMINACIÓN[116]

A. Alegatos de las partes y la Comisión

83. La *Comisión* señaló que lo sucedido a Azul Rojas Marín "debe ser entendido como violencia por prejuicio", "dado que dicha violencia estuvo asociada con la percepción de Azul Rojas Marín, para ese momento, como un hombre gay". Indicó que los elementos de violencia por prejuicio se identifican en tres momentos claves: "(i) en la detención inicial; (ii) en los hechos que ocurrieron en la Comisaría de Casa Grande; (iii) y en la falta de investigación efectiva". Sobre el primer momento, la Comisión recalcó que "no existieron hechos objetivos que motivaran la detención, sino que la misma se basó en apreciaciones subjetivas". Respecto al segundo y tercer momento, la Comisión indicó que "la decisión de sobreseimiento por delito de violación sexual y abuso de autoridad controvierte la ocurrencia de la violación sexual y su atribución a los policías, con base en dos elementos […]: (i) las supuestas inconsistencias de parte de la víctima en sus declaraciones", y "(ii) la falta de inmediatez procesal en el examen médico practicado a Azul", concluyendo que de "la prueba disponible en el expediente demuestra que la demora es directamente atribuible al Estado".

84. Las *representantes* señalaron que "de las circunstancias de las agresiones sufridas por Azul, es posible establecer que el móvil de todas […]de ellas fue el prejuicio negativo sobre su orientación sexual y su expresión de género no normativa". Al respecto destacaron (i) las características de la detención; (ii) las características de las agresiones físicas; (iii) el contenido de las agresiones verbales, y (iv) la falta de investigación y aplicación de estereotipos de género por varios funcionarios judiciales. Concluyeron, al igual que la Comisión que Azul fue víctima de violencia por prejuicio, afirmando que "estas agresiones ocurrieron […] en un contexto propiciado y legitimado porque el Estado peruano no cumplió, y no cumple, con el deber de adoptar disposiciones de Derecho interno […] que permitan prevenir, sancionar y erradicar la violencia por prejuicio […]". En este sentido, alegaron que el Estado violó los derechos a la prohibición de discriminación y a la igualdad ante la ley, reconocidos en los artículos 1.1 y 24 de la Convención, respectivamente.

85. El *Estado* alegó que lo que motivó la intervención de la señora Rojas Marín "no fue su condición de persona LGBTI sino el encontrarse en actitud sospechosa, por encontrarla indocumentada y con aliento alcohólico". En virtud de aquello, el Estado negó lo alegado por la Comisión relativo a que "desde el momento en que Azul Rojas Marín fue interceptada por funcionarios estatales, estos ejercieron violencia física en

---
[115] Artículo 24 de la Convención.
[116] Artículo 1.1 de la Convención.

against her and attacked her verbally with repeated references to her sexual orientation […] thus the police actions […] had been discriminatory."

B. CONSIDERATIONS OF THE COURT

86. Article 1(1) of the Convention establishes that "[t]he States Parties to this Convention undertake to respect the rights and freedoms recognized herein and to ensure to all persons subject to their jurisdiction the free and full exercise of those rights and freedoms, without any discrimination for reasons of race, color, sex, language, religion, political or other opinion, national or social origin, economic status, birth, or any other social condition."

87. The Court recalls that the obligation to respect the human rights recognized in the Convention comprises all those who act in the State's name, especially if they are acting as state agents; therefore, any eventual violation they commit can be directly attributed to the State. It also notes that the obligation to ensure the free and full exercise of these rights means that the State is responsible for their violation by third parties if it has failed to adopt the measures required to prevent their violation or to make this cease, redressing the harm caused. And, all this with regard to any person who is subject to its jurisdiction for any reason, circumstance or motive.

88. The Court also notes that real respect for human rights means that their possible violation constitutes, *per se*, an internationally wrongful act, whatever the condition of the presumed victim, a circumstance that can never be alleged to justify this. Therefore, the arbitrary detention or the torture of a person, whatsoever their condition, is always contrary to international law and, especially, to international human rights law.[117]

89. Consequently, based on the above and owing to the obligation not to discriminate, States are also obliged to adopt positive measures to revert or change discriminatory situations that exist in their societies which affect a determined group of persons. This involves the special duty of protection that States must exercise with regard to the acts and practices of third parties who, with their tolerance or acquiescence, create, maintain or promote discriminatory situations.[118] Thus, discrimination based on one of the categories indicated for illustrative purposes in Article 1(1) of the Convention warrants special or particular consideration because the

---

[117] *Cf., mutatis mutandis, Case of the La Rochela Massacre v. Colombia. Merits, Reparations and Costs.* Judgment of May 11, 2007. Series C No. 163, para. 132.

[118] *Cf. Juridical Condition and Rights of the Undocumented Migrants,* Advisory Opinion OC-18, September 17, 2003. Series A No. 18, para. 104; *Case of the Xákmok Kásek Indigenous Community v. Paraguay. Merits, Reparations and Costs.* Judgment of August 24, 2010. Series C No. 241, para. 271; *Case of Norín Catrimán et al. (Leaders, members and activist of the Mapuche Indigenous People) v. Chile. Merits, Reparations and Costs.* Judgment of May 29, 2014. Series C No. 279, para. 201; *Case of Espinoza Gonzáles v. Peru. Preliminary Objections, Merits, Reparations and Costs.* Judgment of November 20, 2014. Series C No. 289, para. 220; *Case of Atala Riffo and daughters v. Chile. Merits, Reparations and Costs.* Judgment of February 24, 2012. Series C No. 239, para. 80; *Case of Duque v. Colombia. Preliminary Objections, Merits, Reparations and Costs, supra,* para. 92; *Case of Flor Freire v. Ecuador. Preliminary Objection, Merits, Reparations and Costs.* Judgment of August 31, 2016. Series C No. 315, para. 110, and *Case of the Hacienda Brasil Verde Workers v. Brazil. Preliminary Objections, Merits, Reparations and Costs.* Judgment of October 20, 2016. Series C No.318, para. 336. Also, United Nations, Human Rights Committee, General Comment No. 18, Non-discrimination, November 10, 1989, CCPR/C/37, para. 5.

su contra y la agredieron verbalmente con reiteradas referencias a su orientación sexual [...] por lo que la actuación policial [...] habría sido discriminatoria".

B. CONSIDERACIONES DE LA CORTE

86. El artículo 1.1 de la Convención establece que "los Estados Partes en esta Convención se comprometen a respetar los derechos y libertades reconocidos en ella y a garantizar su libre y pleno ejercicio a toda persona que esté sujeta a su jurisdicción, sin discriminación alguna por motivos de raza, color, sexo, idioma, religión, opiniones políticas o de cualquier otra índole, origen nacional o social, posición económica, nacimiento o cualquier otra condición social".

87. La Corte recuerda que el deber de respetar los derechos humanos reconocidos en la Convención, concierne a todos los que actúen a nombre del Estado, especialmente si proceden en la condición de órganos estatales, por lo que la eventual violación de aquellos le es atribuible directamente. Igualmente, hace presente que la obligación de garantizar el libre y pleno ejercicio de dichos derechos, significa que es responsable de la violación de éstos por parte de terceros en el evento de que no haya adoptado las medidas indispensables para impedir su trasgresión o para hacerla cesar, reparando el daño causado. Y todo ello respecto de cualquier persona que se encuentre, por cualquier causa, circunstancia o motivo, bajo su jurisdicción.

88. Asimismo, la Corte advierte que el efectivo respeto de los derechos humanos implica que su eventual violación constituye, *per se*, un hecho ilícito internacional, cualquiera sea la condición de la presunta víctima, circunstancia de que en modo alguno puede ser esgrimida para justificar aquella. De modo, pues, que la detención arbitraria o la tortura de una persona, cualquiera sea su condición, es siempre contraria al Derecho Internacional y, especialmente, al Derecho Internacional de los Derechos Humanos[117].

89. Por ello, esto es, teniendo en cuenta lo anterior, es que, en virtud de la obligación de no discriminar, los Estados están obligados, además, a adoptar medidas positivas para revertir o cambiar situaciones discriminatorias existentes en sus sociedades, en perjuicio de determinado grupo de personas. Esto implica el deber especial de protección que el Estado debe ejercer con respecto a actuaciones y prácticas de terceros que, bajo su tolerancia o aquiescencia, creen, mantengan o favorezcan las situaciones discriminatorias[118]. En este sentido, la discriminación efectuada en razón de una de las categorías señaladas a título ilustrativo en el artículo

---

[117] *Cfr., mutatis mutandis, Caso de la Masacre de la Rochela vs. Colombia. Fondo, Reparaciones y Costas.* Sentencia de 11 de mayo de 2007. Serie C No. 163, párr. 132.

[118] *Cfr. Condición Jurídica y Derechos de los Migrantes Indocumentados.* Opinión Consultiva OC-18/03 de 17 de septiembre de 2003. Serie A No. 18, párr. 104; *Caso Comunidad Indígena Xákmok Kásek. Vs. Paraguay. Fondo, Reparaciones y Costas.* Sentencia de 24 de agosto de 2010. Serie C No. 241, párr. 271; *Caso Norín Catrimán y otros (Dirigentes, miembros y activista del Pueblo Indígena Mapuche) Vs. Chile. Fondo, Reparaciones y Costas.* Sentencia de 29 de mayo de 2014. Serie C No. 279, párr. 201; *Caso Espinoza Gonzáles Vs. Perú. Excepciones Preliminares, Fondo, Reparaciones y Costas.* Sentencia de 20 de noviembre de 2014. Serie C No. 289, párr. 220; *Caso Atala Riffo y niñas Vs. Chile. Fondo, Reparaciones y Costas.* Sentencia de 24 de febrero de 2012. Serie C No. 239, párr. 80; *Caso Duque Vs. Colombia. Excepciones Preliminares, Fondo, Reparaciones y Costas, supra,* párr. 92; *Caso Flor Freire Vs. Ecuador. Excepción Preliminar, Fondo, Reparaciones y Costas.* Sentencia de 31 de agosto de 2016. Serie C No. 315, párr. 110, y *Caso Trabajadores de la Hacienda Brasil Verde Vs. Brasil. Excepciones Preliminares, Fondo, Reparaciones y Costas.* Sentencia de 20 de octubre de 2016. Serie C No.318, párr. 336. Asimismo, Naciones Unidas, Comité de Derechos Humanos, Observación General No. 18, No discriminación, 10 de noviembre de 1989, CCPR/C/37, párr. 5.

respective offense occurs due to what the presumed victims represent or seem to represent and what distinguishes them from other people.

90. The Inter-American Court has recognized that LGBTI people have historically been victims of structural discrimination, stigmatization, and different forms of violence and violations of their fundamental rights.[119] In this regard, it has established that the sexual orientation, gender identity or gender expression of a person[120] are categories protected by the Convention.[121] Consequently, the State cannot act against a person based on their sexual orientation, their gender identity and/or their gender expression.[122]

91. Numerous forms of discrimination against LGBTI people are evident in the public and private sphere.[123] In the Court's opinion one of the most extreme forms of discrimination against LGBTI people occurs in violent situations.[124] In Advisory Opinion OC-24/17, this Court underlined that:

> [T]he mechanisms for the protection of human rights of the United Nations[125] and the inter-American system[126] have recorded violent acts against LGBTI persons in many regions based on prejudices. The UNHCHR has noted that "such violence may be physical (including murder, beatings, kidnapping and sexual assault) or

---

[119] *Cf. Case of Atala Riffo and daughters v. Chile. Merits, Reparations and Costs*, *supra*, paras. 92 and 267, and *Gender Identity, and Equality and Non-Discrimination with regard to Same-Sex Couples. State Obligations in relation to Change of Name, Gender Identity, and Rights deriving from a Relationship between Same-Sex Couples (Interpretation and scope of Articles 1(1), 3, 7, 11(2), 13, 17, 18 and 24, in relation to Article 1, of the American Convention on Human Rights)*. Advisory Opinion OC-24/17 of November 24, 2017. Series A No. 24, para. 33.

[120] This Court has explained that gender expression is understood to be the outward manifestation of a person's gender, by physical aspects, which may include dress, hair style, or the use of cosmetics, or by mannerisms, speech, personal behavior or social interaction, and names or personal references. A person's gender expression may or may not correspond to his or her self-perceived gender identity. Advisory Opinion OC-24/17, *supra*, para. 32(g).

[121] *Cf. Case of Atala Riffo and daughters v. Chile. Merits, Reparations and Costs*, *supra*, para. 93, and Advisory Opinion OC-24/17, *supra*, para. 78.

[122] *Cf.*, *mutatis mutandis*, *Advisory Opinion OC-18/03*, *supra*, paras. 100 and 101; *Case of Servellón García et al. v. Honduras*. Judgment of September 21, 2006. Series C No. 152, para. 95, and *Case of Cuscul Pivaral et al. v. Guatemala. Preliminary Objection, Merits, Reparations and Costs*. Judgment of August 23, 2018. Series C No. 359, para. 129.

[123] *Cf.* Advisory Opinion OC-24/17, *supra*, para. 36, and United Nations, Report of the United Nations High Commissioner for Human Rights. Discriminatory laws and practices and acts of violence against individuals based on their sexual orientation and gender identity. November 17, 2011, A/HRC/19/41, para. 1.

[124] *Cf.* Advisory Opinion OC-24/17, *supra*, para. 36.

[125] *Cf.* United Nations, Report of the United Nations High Commissioner for Human Rights. Discriminatory laws and practices and acts of violence against individuals based on their sexual orientation and gender identity, May 4, 2015, A/HRC/29/23, para. 21. See also, Report of the United Nations High Commissioner for Human Rights. Discriminatory laws and practices and acts of violence against individuals based on their sexual orientation and gender identity, November 17, 2011, A/HRC/19/41, para. 20.

[126] *Cf.* Inter-American Commission on Human Rights, *Violence against Lesbian, Gay, Bisexual, Trans and Intersex Persons in the Americas*. OAS/Ser.L/V/II.rev.2, November 12, 2015, para. 24.

1.1 de la Convención, amerita una particular o peculiar consideración, habida cuenta que el respectivo hecho ilícito que su ejercicio significa, tiene lugar en razón de lo que la presunta víctima específicamente representa o parece ser y que es lo que la distingue de las demás personas.

90. La Corte Interamericana ha reconocido que las personas LGBTI han sido históricamente víctimas de discriminación estructural, estigmatización, diversas formas de violencia y violaciones a sus derechos fundamentales[119]. En este sentido, ya ha establecido que la orientación sexual, identidad de género o expresión de género de la persona[120] son categorías protegidas por la Convención[121]. En consecuencia, el Estado no puede actuar en contra de una persona por motivo de su orientación sexual, su identidad de género y/o su expresión de género[122].

91. Las formas de discriminación en contra de las personas LGBTI se manifiestan en numerosos aspectos en el ámbito público y privado[123]. A juicio de la Corte, una de las formas más extremas de discriminación en contra de las personas LGBTI es la que se materializa en situaciones de violencia[124]. En la Opinión Consultiva OC-24/17 este Tribunal destacó que:

[L]os mecanismos de protección de derechos humanos de la Organización de Naciones Unidas[125] y del Sistema Interamericano[126], han dejado constancia de los actos violentos basados en prejuicios cometidos en todas las regiones en contra de las personas LGBTI. El ACNUDH ha observado que este tipo de violencia "puede ser física (asesinatos, palizas, secuestros, agresiones sexuales) o psicológica

---

[119] *Cfr. Caso Atala Riffo y niñas Vs. Chile. Fondo, Reparaciones y Costas, supra*, párrs. 92 y 267, y *Identidad de género, e igualdad y no discriminación a parejas del mismo sexo. Obligaciones estatales en relación con el cambio de nombre, la identidad de género, y los derechos derivados de un vínculo entre parejas del mismo sexo (interpretación y alcance de los artículos 1.1, 3, 7, 11.2, 13, 17, 18 y 24, en relación con el artículo 1 de la Convención Americana sobre Derechos Humanos)*. Opinión Consultiva OC-24/17 de 24 de noviembre de 2017. Serie A No. 24, párr. 33.

[120] Este Tribunal ha explicado que la expresión de género se entiende como la manifestación externa del género de una persona, a través de su aspecto físico, la cual puede incluir el modo de vestir, el peinado o la utilización de artículos cosméticos, o a través de manerismos, de la forma de hablar, de patrones de comportamiento personal, de comportamiento o interacción social, de nombres o referencias personales, entre otros. La expresión de género de una persona puede o no corresponder con su identidad de género auto-percibida. Opinión Consultiva OC-24/17, *supra*, párr. 32, letra g).

[121] *Cfr. Caso Atala Riffo y niñas Vs. Chile. Fondo, Reparaciones y Costas, supra*, párr. 93, y Opinión Consultiva OC-24/17, *supra*, párr. 78.

[122] *Cfr., mutatis mutandis, Opinión Consultiva OC-18/03, supra,* párrs. 100 y 101; *Caso Servellón García y otros Vs. Honduras*. Sentencia de 21 de septiembre de 2006. Serie C No. 152, párr. 95. y *Caso Cuscul Pivaral y otros Vs. Guatemala. Excepción Preliminar, Fondo, Reparaciones y Costas*. Sentencia de 23 de agosto de 2018. Serie C No. 359, párr. 129.

[123] *Cfr.* Opinión Consultiva OC-24/17, *supra*, párr. 36, y Naciones Unidas, Informe del Alto Comisionado de las Naciones Unidas para los Derechos Humanos. Leyes y prácticas discriminatorias y actos de violencia cometidos contra personas por su orientación sexual e identidad de género, 17 de noviembre de 2011, A/HRC/19/41, párr. 1.

[124] *Cfr.* Opinión Consultiva OC-24/17, *supra*, párr. 36.

[125] *Cfr.* Naciones Unidas, Informe de la Oficina del Alto Comisionado de las Naciones Unidas para los Derechos Humanos. *Discriminación y violencia contra las personas por motivos de orientación sexual e identidad de género*, 4 de mayo de 2015, A/HRC/29/23, párr. 21. Asimismo, véase Informe del Alto Comisionado de las Naciones Unidas para los Derechos Humanos. *Leyes y prácticas discriminatorias y actos de violencia cometidos contra personas por su orientación sexual e identidad de género*, 17 de noviembre de 2011, A/HRC/19/41, A/HRC/19/41, párr. 20.

[126] *Cfr.* Comisión Interamericana de Derechos Humanos, *Violencia contra Personas Lesbianas, Gay, Bisexuales, Trans e Intersex en América*. OAS/Ser.L/V/II.rev.2, 12 de noviembre 2015, párr. 24.

psychological (including threats, coercion and the arbitrary deprivation of liberty, including forced psychiatric incarceration)."[127]

92. Violence against LGBTI people is based on prejudices; that is, perceptions that are usually negative of individuals or situations that are alien or different.[128] In the case of LGBTI people this refers to prejudices based on sexual orientation and gender expression or identity. This type of violence may be driven by "the desire to punish those seen as defying gender norms."[129] In this regard, the United Nations Independent Expert on protection against violence and discrimination based on sexual orientation or gender identity has indicated that:

> At the root of the acts of violence and discrimination [... based on sexual orientation or gender identity] lies the intent to punish based on preconceived notions of what the victim's sexual orientation or gender identity should be, with a binary understanding of what constitutes a male and a female or the masculine and the feminine, or with stereotypes of gender sexuality.[130]

93. Violence against LGBTI people has a symbolic purpose; the victim is chosen in order to communicate a message of exclusion or subordination. On this point, the Court has indicated that the use of violence for discriminatory reasons has the purpose or effect of preventing or annulling the recognition, enjoyment or exercise of the fundamental human rights and freedoms of the person who is the object of the discrimination, regardless of whether that person identifies themself with a determined category.[131] This violence, fed by hate speech, can result in hate crimes.[132]

---

[127] *Cf.* Advisory Opinion OC-24/17, *supra*, para. 36, and United Nations, Report of the United Nations High Commissioner for Human Rights. Discriminatory laws and practices and acts of violence against individuals based on their sexual orientation and gender identity May 4, 2015, A/HRC/29/23, para. 21.

[128] *Cf.* Statement made by María Mercedes Gómez during the public hearing held in this case.

[129] United Nations, Report of the United Nations High Commissioner for Human Rights. Discriminatory laws and practices and acts of violence against individuals based on their sexual orientation and gender identity, May 4, 2015, A/HRC/29/23, para. 21. Also, Report of the United Nations High Commissioner for Human Rights. Discriminatory laws and practices and acts of violence against individuals based on their sexual orientation and gender identity, November 17, 2011, A/HRC/19/41, paras. 20 and 21. See, similarly, Organization for Security and Cooperation in Europe (OSCE), *Hate Crimes in the OSCE Region – Incidents and Responses, 2006 Annual Report, OSCE/ODIHR*, Warsaw, 2007, p. 53.

[130] Report of the United Nations Independent Expert on protection against violence and discrimination based on sexual orientation or gender identity, Víctor Madrigal-Borloz, UN Doc. A/HRC/38/43, May 11, 2018, para. 48.

[131] *Cf. Case of Perozo et al. v. Venezuela, Preliminary Objections, Merits, Reparations and Costs.* Judgment of January 28, 2009. Series C No. 195, para. 158, and Advisory Opinion OC-24/17, *supra*, para. 79.

[132] In this regard, the Court has stressed that "discriminatory speech and the resulting attitudes based on stereotypes of heteronormativity and cisnormativity with different degrees of radicalization, lead to the homophobia, lesbophobia and transphobia that encourage such hate crimes." Advisory Opinion OC-24/17, *supra*, para. 47.

(amenazas, coacción o privación arbitraria de la libertad, incluido el internamiento psiquiátrico forzado)"[127].

92. La violencia contra las personas LGBTI es basada en prejuicios, percepciones generalmente negativas hacia aquellas personas o situaciones que resultan ajenas o diferentes[128]. En el caso de las personas LGBTI se refiere a prejuicios basados en la orientación sexual, identidad o expresión de género. Este tipo de violencia puede ser impulsada por "el deseo de castigar a quienes se considera que desafían las normas de género"[129]. En este sentido, el Experto Independiente de las Naciones Unidas sobre la protección contra la violencia y la discriminación por motivos de orientación sexual o identidad de género, ha señalado que:

> La causa fundamental de los actos de violencia y discriminación [por orientación sexual o identidad de género] es la intención de castigar sobre la base de nociones preconcebidas de lo que debería ser la orientación sexual o la identidad de género de la víctima, partiendo de un planteamiento binario de lo que constituye un hombre y una mujer o lo masculino y lo femenino, o de estereotipos de la sexualidad de género[130].

93. La violencia contra las personas LGBTI tiene un fin simbólico, la víctima es elegida con el propósito de comunicar un mensaje de exclusión o de subordinación. Sobre este punto, la Corte ha señalado que la violencia ejercida por razones discriminatorias tiene como efecto o propósito el de impedir o anular el reconocimiento, goce o ejercicio de los derechos humanos y libertades fundamentales de la persona objeto de dicha discriminación, independientemente de si dicha persona se auto-identifica o no con una determinada categoría[131]. Esta violencia, alimentada por discursos de odio, puede dar lugar a crímenes de odio[132].

---

[127] *Cfr.* Opinión Consultiva OC-24/17, *supra*, párr. 36, y Naciones Unidas, Informe de la Oficina del Alto Comisionado de las Naciones Unidas para los Derechos Humanos. *Discriminación y violencia contra las personas por motivos de orientación sexual e identidad de género*, 4 de mayo de 2015, A/HRC/29/23, párr. 21.
[128] *Cfr.* Declaración de María Mercedes Gómez rendida en audiencia pública celebrada en el presente caso.
[129] Naciones Unidas, Informe de la Oficina del Alto Comisionado de las Naciones Unidas para los Derechos Humanos. *Discriminación y violencia contra las personas por motivos de orientación sexual e identidad de género*, 4 de mayo de 2015, A/HRC/29/23, párr. 21. Asimismo, Informe del Alto Comisionado de las Naciones Unidas para los Derechos Humanos. *Leyes y prácticas discriminatorias y actos de violencia cometidos contra personas por su orientación sexual e identidad de género*, 17 de noviembre de 2011, A/HRC/19/41, A/HRC/19/41, párrs. 20 y 21. Véase en el mismo sentido, Organización para la Seguridad y la Cooperación en Europa – OSCE, *Hate Crimes in the OSCE Region – Incidents and Responses*, reporte anual 2006, OSCE/ODIHR, Varsovia, 2007, pág. 53.
[130] Informe presentado por el Experto Independiente sobre la protección contra la violencia y la discriminación por motivos de orientación sexual o identidad de género, Víctor Madrigal-Borloz, UN Doc. A/HRC/38/43, 11 de mayo de 2018, párr. 48.
[131] *Cfr. Caso Perozo y otros Vs. Venezuela, Excepciones Preliminares, Fondo, Reparaciones y Costas.* Sentencia de 28 de enero de 2009. Serie C No. 195, párr. 158, y Opinión Consultiva OC-24/17, *supra*, párr. 79.
[132] Al respecto la Corte ha destacado que "los discursos discriminatorios y las consiguientes actitudes que responden a ellos, con base en los estereotipos de heteronormatividad y cisnormatividad con distintos grados de radicalización, acaban generando la homofobia, lesbofobia y transfobia que impulsan los crímenes de odio". Opinión Consultiva OC-24/17, *supra*, párr. 47.

94. The Court notes also that, at times, it may be difficult to distinguish between discrimination due to sexual orientation and discrimination due to gender expression. Discrimination due to sexual orientation may be based on a real or perceived sexual orientation, so that it includes cases in which a person is discriminated against owing to the perception that others have of their sexual orientation.[133] This perception may be influenced, for example, by clothing, hairstyle, mannerisms or behavior that do not correspond to traditional or stereotypical gender standards or that constitute a non-normative gender expression. In this case, third parties could have associated the presumed victim's gender expression with a specific sexual orientation.

95. In the instant case, the arguments concerning discrimination crosscut the other alleged violations; consequently, the Court will take them into account throughout the judgment.

VII-2
RIGHT TO PERSONAL LIBERTY[134]

A. ARGUMENTS OF THE PARTIES AND OF THE COMMISSION

96. The *Commission* argued that the deprivation of liberty of the presumed victim was unlawful because "the police intervention and detention of Azul Rojas Marín was not recorded in the logbook as required by article 205 of the Code of Criminal Procedure." In addition, the Commission considered that her retention for identification purposes "was based on subjective perceptions" that bore no relationship to the purposes established in the Code. It added that the police action "was discriminatory" because the state officials "not only used physical force against her, but also attacked her verbally with repeated references to her sexual orientation," so that the detention was also arbitrary.

97. The *representatives* argued that Azul Rojas Marín was detained owing to "discrimination based on sexual orientation and non-normative gender expression," because "the agents who detained and tortured Azul initiated the detention by insulting her and using language that clearly referred to the perceived sexual orientation." This constituted a discriminatory application of article 205 of the Code of Criminal Procedure. They considered that "there is no evident reason why the agents who detained and tortured Azul were in the area." They indicated that "the supposed reason for the detention (an identity check) was totally unjustified because, although it is true that Azul was not carrying her identity document at the time of the detention, at least one of the agents knew her and knew who she was." They also argued that the detention was unlawful because: (i) it was carried out due to calls with complaints by neighbors; (ii) "Azul was not given the possibility of being able to produce her identity document"; (iii) "she was not allowed to contact her family and her detention was not recorded in the logbook as required by article 205 [of the Code of Criminal Procedure]," and (iv) the intervention lasted more than the four hours permitted by law. They argued that the detention was also arbitrary and that Azul was not advised of the reasons for her detention. They also indicated that "no judicial control was

---

[133] *Cf. Case of Flor Freire v. Ecuador. Preliminary Objection, Merits, Reparations and Costs, supra,* para. 120.
[134] Article 7 of the Convention.

94. La Corte advierte además que en ocasiones puede ser difícil distinguir entre la discriminación por orientación sexual y la discriminación por expresión de género. La discriminación por orientación sexual puede tener fundamento en una orientación sexual real o percibida, por lo que incluye casos en los cuales una persona es discriminada con motivo de la percepción que otros tengan acerca de su orientación sexual[133]. Esta percepción puede estar influenciada, por ejemplo, por el modo de vestir, peinado, manerismos, o forma de comportarse que no corresponde a las normas tradicionales o estereotipos de género, o constituye una expresión de género no normativa. En el presente caso, la expresión de género de la presunta víctima pudo ser asociada por terceros con una determinada orientación sexual.

95. En el presente caso, los alegatos relativos a la discriminación constituyen un tema transversal a las demás violaciones alegadas y, en razón de ello, la Corte los tomará en cuenta a lo largo de toda la Sentencia.

VII-2
DERECHO A LA LIBERTAD PERSONAL[134]

A. ALEGATOS DE LAS PARTES Y DE LA COMISIÓN

96. La *Comisión* estableció que la privación de la libertad de la presunta víctima fue ilegal, ya que "la intervención policial y detención en contra de Azul Rojas Marín no se hizo constar en el Libro de Registro que el propio artículo 205 del Código Procesal Penal exigía". Además, consideró que su retención con fines de identificación "se basó en apreciaciones subjetivas" que no guardaban relación con las finalidades proveídas en el Código. Agregó que la actuación policial "fue discriminatoria" porque los funcionarios estatales "no solo ejercieron violencia física en su contra sino que además la agredieron verbalmente con reiteradas referencias a su orientación sexual", por lo que además fue una detención arbitraria.

97. Las *representantes* señalaron que Azul Rojas Marín fue detenida por motivos de "discriminación por orientación sexual y expresión de género no normativa", debido a que "los efectivos que detuvieron y torturaron a Azul comenzaron la detención dirigiéndose a ella empleando insultos y palabras con clara referencia a la orientación sexual percibida". Esto constituyó una aplicación discriminatoria del artículo 205 del Código Procesal Penal. Consideraron que "no existe una razón clara de por qué los agentes que detuvieron y torturaron a Azul se encontraban en la zona". Indicaron que "el supuesto motivo de la detención (control de identidad) no encuentra justificación en la realidad, pues si bien es cierto que Azul no portaba su DNI al momento de la detención, por lo menos uno de los agentes la conocía y sabía su identidad". Igualmente, argumentaron que la detención fue ilegal porque (i) fue realizada a raíz de llamadas de quejas de vecinos; (ii) "a Azul no se le proporción[aron] las facilidades para poder mostrar su documento de identidad"; (iii) "[n]o se le permitió entrar en contacto con su familia y su detención no fue debidamente registrada en el Libro-Registro, como lo ordena el Artículo 205 [del Código Procesal Penal]", y (iv) la intervención duró más de las cuatro horas permitidas por la ley. Alegaron que la detención fue además arbitraria y que no se le

---

[133] *Cfr. Caso Flor Freire Vs. Ecuador. Excepción Preliminar, Fondo, Reparaciones y Costas, supra,* párr. 120.
[134] Artículo 7 de la Convención.

exercise while she was detained, which is also indicative of the fact that her detention was arbitrary."

98. Lastly, they considered that article 205 of the Code of Criminal Procedure was contrary to the Convention. They indicated that: (i) the first paragraph of the article gives "broad discretion and can be used subjectively and indiscriminately by the police"; (ii) the third paragraph contradicts the first paragraph because it permits identity checks "even if there is no well-founded reason to believe that the person concerned is linked to an offense"; (iii) the fourth paragraph "does not authorize the police to accompany the person detained to another place where their identity can be verified," but merely establishes that the person be taken to a police station'(iv) the article does not establish that "as soon as the person's identity has been verified, that person shall be released, without having to wait until the four hours have elapsed," and (v) the article should include an "obligation to inform the Public Prosecution Service, because a police identity check is supposedly only carried out if, and only if, there are objective and well-founded reasons to connect the person detained to the perpetration of an offense."

99. The *State* argued that the detention of the presumed victim was in keeping with the provisions of Peruvian law. It stressed that the police agents and the member of the *serenazgo* service saw a person "lying down in the middle of Industrial Highway"; therefore, one of the agents got out of the patrol car and saw that it was Azul Rojas Marín. She was taken to the police station "considering that she was acting suspiciously and because she was not carrying her identification document and had alcohol on her breath." It indicated that following the identification and verification process she was released, and that there was no reliable evidence to support the fact that she was at the police station until 6 a.m. The State considered that the detention of Azul Rojas Marín was not arbitrary because "a series of elements were present that, when analyzed as a whole, allowed it to be determined that the detention was necessary, reasonable and proportionate." It argued that, since the detention of Azul Rojas Marín was justified, her right to privacy was not violated. The State also indicated that article 205 of the Code of Criminal Procedure was in keeping with the Convention; in this regard, it emphasized that the article complied with the criteria of reasonableness, appropriateness, necessity and proportionality.

B. CONSIDERATIONS OF THE COURT

100. The Court has maintained that the essential content of Article 7 of the American Convention is protection of a person's freedom from any arbitrary or unlawful interference by the State.[135] This article includes two distinct provisions, one general and the other specific. The general provision is to be found in the first paragraph: "[e]very person has the right to personal liberty and security"; while the specific provision is composed of a series of guarantees that protect the right not to be deprived of liberty unlawfully (Article 7(2)) or arbitrarily (Article 7(3)), to be informed of the reasons for the detention and the charges against him (Article 7(4)), to judicial control of the deprivation of liberty and the reasonable time of the preventive

---

[135] *Cf. Case of Juan Humberto Sánchez v. Honduras. Preliminary Objection, Merits, Reparations and Costs.* Judgment of June 7, 2003. Series C No. 99, para. 84, and *Case of Montesinos Mejía v. Ecuador. Preliminary Objections, Merits, Reparations and Costs, supra,* para. 93.

informó a Azul de los motivos de su detención. Además, indicaron que "ningún control judicial estuvo disponible mientras estuvo detenida, lo cual también es indicativo de su detención arbitraria".

98. Por último, consideraron que el artículo 205 del Código Procesal Penal es contrario a la Convención. Indicaron que (i) el numeral 1 del artículo deja "un criterio amplio y puede ser utilizado de manera subjetiva e indiscriminada por parte de la policía"; (ii) el numeral 3 contradice el numeral 1 ya que permite que el control de identidad se efectúe "así no haya motivo fundado de que la persona intervenida esté vinculada a un hecho delictuoso"; (iii) el numeral 4 "no faculta a la policía a acompañar a la persona intervenida a otro lugar donde pueda verificarse la identificación" sino que solo prevé que la persona sea conducida a una dependencia policial; (iv) la norma no establece que "en el momento en que se verifique la identidad, cesará la restricción de la libertad de la persona intervenida, sin tener que esperar a que se cumpla el plazo de las cuatro horas", y (v) la norma debería incluir una "obligación de informar al Ministerio Público, esto debido a que el control de identidad policial se hace supuestamente si y solo si se tienen motivos objetivos y fundados para vincular a la persona intervenida con la comisión de un delito".

99. El *Estado* indicó que la detención de la presunta víctima fue acorde a lo establecido por la legislación peruana. Resaltó que los policías y el efectivo del servicio de serenazgo vieron a una persona "echada en el centro de la carretera industrial", por lo que se bajó uno de los efectivos y observó que se trataba de Azul Rojas Marín. Se le condujo a la comisaría "por considerar su actitud sospechosa, y [por] encontrarla indocumentada y con aliento alcohólico". Señaló que luego del proceso de identificación y verificación de requisitorias fue dejada en libertad, sin que existan elementos de convicción fehacientes que sustente que estuvo en la comisaría hasta las 6:00 a.m. El Estado consideró que la intervención de Azul Rojas Marín no fue arbitraria, porque "concurrieron una serie de elementos que analizados en su conjunto permiten determinar la necesidad, razonabilidad y proporcionalidad de la intervención". Igualmente, alegó que, dado que la intervención de Azul Rojas Marín fue justificada, no hubo violación a su derecho a la vida privada. Por otra parte, el Estado señaló que el artículo 205 del Código Procesal Penal es acorde a la Convención. Al respecto, destacó que cumple con criterios de razonabilidad, idoneidad, necesidad y proporcionalidad.

B. CONSIDERACIONES DE LA CORTE

100. La Corte ha sostenido que el contenido esencial del artículo 7 de la Convención Americana es la protección de la libertad del individuo contra toda interferencia arbitraria o ilegal del Estado[135]. Este artículo tiene dos tipos de regulaciones bien diferenciadas entre sí, una general y otra específica. La general se encuentra en el primer numeral: "[t]oda persona tiene el derecho a la libertad y a la seguridad personales". Mientras que la específica está compuesta por una serie de garantías que protegen el derecho a no ser privado de la libertad ilegalmente (artículo 7.2) o arbitrariamente (artículo 7.3), a conocer las razones de la detención y los cargos formulados en contra del detenido (artículo 7.4), al control judicial de la privación de

---

[135] *Cfr. Caso Juan Humberto Sánchez Vs. Honduras. Excepción Preliminar, Fondo, Reparaciones y Costas.* Sentencia de 7 de junio de 2003. Serie C No. 99, párr. 84, y *Caso Montesinos Mejía Vs. Ecuador. Excepciones Preliminares, Fondo, Reparaciones y Costas, supra,* párr. 93.

detention (Article 7(5)), to contest the lawfulness of the detention (Article 7(6)) and not to be detained for debt (Article 7(7)). Any violation of paragraphs 2 to 7 of Article 7 of the Convention necessarily results in the violation of Article 7(1) thereof.[136]

101. Bearing in mind the factual dispute that exists, the Court finds it necessary: (1) to determine the facts and, then, based on the arguments submitted, it will analyze: (2) the lawfulness of the detention; (3) the arbitrary nature of the detention and the right to equality, and (4) notification of the reasons for the detention.

B.1. Determination of the facts

102. In this case the circumstances of the detention are disputed. To determine what transpired, the Court will take into account the official records of the police action, the statements of the state agents who took part in the detention, and the statements of the presumed victim.

103. The initial detention of the presumed victim was documented in the police report. This established that, on February 25, 2008, agents of the Casa Grande Police Station of the Peruvian National Police, together with *serenazgo* agents went to the "Miguel Grau" housing estate, located in the Casa Grande district, because the neighbors had reported the presence of "three unknown subjects in the road." When the police arrived, "one subject [...] tried to escape with two others." The police report established that the agents "[were able to detain] one of them, who had alcohol on [her] breath and [...] was presumably in an advanced stage of inebriation. [... when asked for] identification, [s]he said [s]he was called [Azul] Rojas Marín[, and] indicated that [s]he was not carrying any kind of document"; therefore, the agents proceeded to search her without finding any evidence.[137] The report establishes that the presumed victim refused to sign the report and was taken to the Casa Grande Police Station for the respective identification, taking in account that she had been detained "undocumented, in suspicious circumstances, and in a place frequented by miscreants."[138]

104. Since the detention of Ms. Rojas Marín in the Casa Grande Police Station was not recorded, there is no direct evidence to prove its duration or the reasons for it.

105. A police agent who took part in the initial detention indicated that when they arrived on the scene, two people fled and the presumed victim threw herself on the ground.[139] In addition, three *serenazgo* agents who took part in the detention indicated that it took place because they were patrolling the area and "noticed someone lying

---

[136] *Cf. Case of Chaparro Álvarez and Lapo Íñiguez v. Ecuador. Preliminary Objections, Merits, Reparations and Costs.* Judgment of November 21, 2007. Series C No. 170, para. 54, and *Case of Montesinos Mejía v. Ecuador. Preliminary Objections, Merits, Reparations and Costs, supra*, para. 93.

[137] *Cf.* Police report of February 25, 2008 (evidence file, folio 2752).

[138] *Cf.* Police report of February 25, 2008 (evidence file, folio 2752), and Personal Search Record of February 25, 2008 (evidence file, folio 9). The record specifically establishes that the police did not find "drugs, firearms, jewelry and similar objects, cash and/or mobile telephone."

[139] *Cf.* Statement made by LQC at the Casa Grande Police Station on March 4, 2008 (evidence file, folio 2759).

la libertad y la razonabilidad del plazo de la prisión preventiva (artículo 7.5), a impugnar la legalidad de la detención (artículo 7.6) y a no ser detenido por deudas (artículo 7.7). Cualquier violación de los numerales 2 al 7 del artículo 7 de la Convención acarreará necesariamente la violación del artículo 7.1 de la misma[136].

101. Tomando en cuenta la controversia fáctica existente, la Corte considera necesario realizar (1) la determinación de los hechos. Seguidamente, en consideración de los alegatos presentados, la Corte analizará: (2) la legalidad de la detención; (3) la arbitrariedad de la detención y el derecho a la igualdad, y (4) la notificación de las razones de la detención.

B.1. Determinación de los hechos

102. En el presente caso se encuentra en controversia las circunstancias de la detención. Para determinar lo ocurrido se tomarán en cuenta los registros oficiales del actuar policial, las declaraciones de los agentes estatales que participaron en la intervención y las declaraciones de la presunta víctima.

103. La intervención inicial de la presunta víctima fue documentada en el parte policial. Este establece que el 25 de febrero de 2008 personal de la Comisaría de Casa Grande de la Policía Nacional del Perú, en conjunto con personal de serenazgo, acudieron a la urbanización "Miguel Grau", ubicada en el distrito de Casa Grande, debido a que vecinos de dicho lugar habían reportado la presencia de "[tres] sujetos desconocidos por la carretera". Ante la presencia de la policía "un sujeto […] trat[ó] de darse a la fuga junto con [dos] personas más". El parte policial establece que los agentes "[lograron intervenir] a un[a] de ellos[,] [quien] presentaba aliento alcoh[ó]lico y […] presumiblemente se encontraba en estado de ebriedad avanzado. […Al serle solicitada] su identificación dijo llamarse [Azul] Rojas Marín[, e] indicó que no portaba [ninguna] clase de documentos, por lo cual [los agentes procedieron a registrarla]", sin encontrar ninguna evidencia[137]. El parte establece que la presunta víctima se negó a firmar el acta del registro realizado y fue conducida a la Comisaría de Casa Grande para su respectiva identificación, tomando en cuenta que se encontraba "indocumentada, sospechosa y por un lugar que es frecuentado por personas que se encuentran al margen de la ley"[138].

104. En vista de que la detención de la señora Rojas Marín en la Comisaría de Casa Grande no fue registrada, no hay prueba directa que acredite la duración y motivos de la misma.

105. Por otra parte, el agente de policía que participó en la detención indicó que al llegar dos personas huyeron y la presunta víctima se tiró al suelo[139]. Asimismo, tres agentes del serenazgo que participaron en la intervención indicaron que esta se habría producido porque se encontraban patrullando la zona y se "percataron de que se

---

[136] *Cfr. Caso Chaparro Álvarez y Lapo Íñiguez Vs. Ecuador. Excepciones Preliminares, Fondo, Reparaciones y Costas.* Sentencia de 21 de noviembre de 2007. Serie C No. 170, párr. 54, y *Caso Montesinos Mejía Vs. Ecuador. Excepciones Preliminares, Fondo, Reparaciones y Costas, supra,* párr. 93.
[137] *Cfr.* Parte policial de 25 de febrero de 2008 (expediente de prueba, folio 2752).
[138] *Cfr.* Parte policial de 25 de febrero de 2008 (expediente de prueba, folio 2752), y Acta de Registro Personal de 25 de febrero de (expediente de prueba, folio 9). El acta específicamente establece que no encontraron "droga, arma de fuego, joyas y especies, dinero en efectivo y/o celular".
[139] *Cfr.* Manifestación de LQC ante la Comisaría de Casa Grande el el 4 de marzo de 2008 (expediente de prueba, folio 2759).

down in the center of the Casa Grande-Industrial Highway."[140] They also indicated that the presumed victim threatened to report them.[141] Three agents indicated that, when she had been taken to the police station, the presumed victim remained there for about an hour.[142]

106. The presumed victim indicated that the events described in the report were false.[143] Moreover, she has consistently stated that, on February 25, 2008, at the time of the detention, she was walking home alone at 00:30 hours when a police vehicle approached her and the agents said: "*Luchito*, where are you going?" and [Ms. Rojas Marín] answered that [she was on her way] home […]; then the *serenazgo* said: "So late! Be careful because it's very late."[144] Twenty minutes later the vehicle approached her again, they hit her with a police baton, they made her get into the police vehicle and they shouted at her three times "*cabro concha de tu madre*" [queer, motherfucker].[145] While they were making her get into the police vehicle, Ms. Rojas Marín asked why they were detaining her and the State agent did not answer her.[146] She was taken to the Casa Grande Police Station where state agents forcibly undressed her, hit her, raped her with a police baton and subjected her to other mistreatment and insults concerning her sexual orientation (*infra* para. 157). The presumed victim indicated that she remained in the Police Station until 6 a.m., that is, around five hours.[147]

---

[140] *Cf.* Statement made by FFR at the Casa Grande Police Station on March 18, 2008 (evidence file, folio 2755); Statement made by HMN at the Casa Grande Police Station on March 18, 2008 (evidence file, folios 928 and 929), and Statement made by VRV at the Casa Grande Police Station on March 18, 2008 (evidence file, folio 943).

[141] *Cf.* Statement made by FFR at the Casa Grande Police Station on March 18, 2008 (evidence file, folio 2755); Statement made by HMN at the Casa Grande Police Station on March 18, 2008 (evidence file, folio 929), and Statement made by VRV at the Casa Grande Police Station on March 18, 2008 (evidence file, folio 943).

[142] *Cf.* Statement made by SAR ante the Pacasmayo Provincial Inspectorate on April 30, 2008 (evidence file, folio 2774); Statement made by DPP at the Casa Grande Police Station on March 7, 2008 (evidence file, folio 2768), and Statement by JLM at the Casa Grande Police Station on March 4, 2008 (evidence file, folio 2776).

[143] *Cf.* Expansion of the statement made by Azul Rojas Marín at the Casa Grande Police Station on March 6, 2008 (evidence file, folio 2816).

[144] *Cf.* Verbal complaint made by Azul Rojas Marín at the Casa Grande Police Station on February 27, 2008 (evidence file, folio 2793); Statement made by Azul Rojas Marín at the Casa Grande Police Station on February 28, 2008 (evidence file, folio 2808), and Statement made by Azul Rojas Marín at the public hearing on merits before the Inter-American Commission on December 1, 2016.

[145] *Cf.* Verbal complaint made by Azul Rojas Marín at the Casa Grande Police Station on February 27, 2008 (evidence file, folio 2793); Statement made by Azul Rojas Marín at the Casa Grande Police Station on February 28, 2008 (evidence file, folios 2808 and 2809), and Expansion of the statement made by Azul Rojas Marín at the Casa Grande Police Station on March 6, 2008 (evidence file, folio 2815).

[146] In this regard, the Court notes that, in her first statement, the presumed victim indicated that when she asked why she was being detained, they answered "Get into the van, *cabro concha de tu madre*." The written report on the psychological assessment indicated that they answered: "the police have orders to detain you." *Cf.* Statement of the facts by Azul Rojas Marín at the Casa Grande Police Station on February 28, 2008 (evidence file, folio 2809), and Report on the psychological assessment of Azul Rojas Marín on September 5, 6 and 7, 2008 (evidence file, folio 2396).

[147] *Cf.* Statement made by Azul Rojas Marín at the Casa Grande Police Station on February 28, 2008 (evidence file, folio 2813); Verbal complaint made by Azul Rojas Marín at the Casa Grande Police Station on February 27, 2008 (evidence file, folio 2793); Expansion of the statement made by Azul Rojas Marín at the Casa Grande Police Station on March 6, 2008 (evidence file, folio 2816), and Statement made by Azul Rojas Marín at the public hearing on merits before the Inter-American Commission on December 1, 2016 (evidence file, folder of audiovisual material, minutes 06:48 to 06:50).

encontraba tirada una persona en el centro de la carretera Industrial-Casa Grande"[140]. Indicaron, además, que la presunta víctima amenazó con denunciarlos[141]. Tres agentes señalaron que, una vez conducida a la comisaría, la presunta víctima permaneció allí cerca de una hora[142].

106. Por su parte, la presunta víctima denunció que los hechos relatados en el parte son falsos[143]. Además, ha declarado consistentemente que el 25 de febrero de 2008 al momento de la detención se encontraba caminando sola a su casa a las 00:30 horas cuando se le acercó un vehículo policial y le dijeron: "LUCHITO A DONDE VAS", contestándole [la señora Rojas Marín] que [se dirigía a] su domicilio [...] entonces el serenazgo [le] dijo[:] "A ESTAS HORAS TEN CUIDADO PORQUE ES MUY TARDE"[144]. Veinte minutos después se acercó el vehículo nuevamente, la golpearon con la vara policial, la obligaron a subir al vehículo policial, y le gritaron en tres ocasiones "cabro concha de tu madre"[145]. Mientras la montaban en el vehículo policial, la señora Rojas Marín preguntó por qué la llevaban y el agente estatal no respondió cuáles eran las razones de la detención[146]. Fue conducida a la Comisaría de Casa Grande, donde agentes estatales la desnudaron forzadamente, golpearon, violaron con una vara policial y fue sujeta a otros maltratos e insultos relativos a su orientación sexual (*infra* párr. 157). La presunta víctima indicó que permaneció en la Comisaría hasta las 6 de la mañana, es decir, alrededor de cinco horas[147].

---

[140] *Cfr*. Manifestación de FFR ante la Comisaría de Casa Grande el 18 de marzo de 2008 (expediente de prueba, folio 2755); Manifestación de HNM ante la Comisaría de Casa Grande de 18 de marzo de 2008 (expediente de prueba, folios 928 y 929), y Manifestación de VRV ante la Comisaría de Casa Grande de 18 de marzo de 2008 (expediente de prueba, folio 943).

[141] *Cfr*. Manifestación de FFR ante la Comisaría de Casa Grande el 18 de marzo de 2008 (expediente de prueba, folio 2755); Manifestación de HNM ante la Comisaría de Casa Grande de 18 de marzo de 2008 (expediente de prueba, folio 929), y Manifestación de VRV ante la Comisaría de Casa Grande de 18 de marzo de 2008 (expediente de prueba, folio 943).

[142] *Cfr*. Manifestación de SAR ante la Oficina de Inspectoría Provincial Pacasmayo de 30 de abril de 2008 (expediente de prueba, folio 2774); Manifestación de DPP ante la Comisaría de Casa Grande de 7 de marzo de 2008 (expediente de prueba, folio 2768), y Manifestación de JLM ante la Comisaría de Casa Grande de 4 de marzo de 2008 (expediente de prueba, folio 2776).

[143] *Cfr*. Ampliación de la Manifestación de Azul Rojas Marín ante la Comisaría de Casa Grande de 6 de marzo de 2008 (expediente de prueba, folio 2816).

[144] *Cfr*. Denuncia verbal de Azul Rojas Marín ante la Comisaría de Casa Grande el 27 de febrero de 2008 (expediente de prueba, folio 2793); Manifestación de Azul Rojas Marín ante la Comisaría de Casa Grande de 28 de febrero de 2008 (expediente de prueba, folio 2808), y Declaración de Azul Rojas Marín en la audiencia pública de fondo ante la Comisión Interamericana el 1 de diciembre de 2016.

[145] *Cfr*. Denuncia verbal rendida por Azul Rojas Marín ante la Comisaría de Casa Grande de 27 de febrero de 2008 (expediente de prueba, folio 2793); Manifestación de Azul Rojas Marín ante la Comisaría de Casa Grande el 28 de febrero de 2008 (expediente de prueba, folios 2808 y 2809), y Ampliación de la manifestación de Azul Rojas Marín ante la Comisaría de Casa Grande de 6 de marzo de 2008 (expediente de prueba, folio 2815).

[146] Al respecto, la Corte advierte que en la primera declaración la presunta víctima indicó que al preguntar las razones de la detención le respondieron "SUBE CABRO CONCHA DE TU MADRE". En una manifestación transcrita en peritaje psicológico indicó que le respondieron: "Son órdenes de la policía que te intervenga". *Cfr*. Manifestación de los hechos de Azul Rojas Marín ante la Comisaría de Casa Grande el 28 de febrero de 2008 (expediente de prueba, folio 2809), e Informe de peritaje psicológico de Azul Rojas Marín de 5, 6 y 7 de septiembre de 2008 (expediente de prueba, folio 2396).

[147] *Cfr*. Manifestación de Azul Rojas Marín ante la Comisaría de Casa Grande de 28 de febrero de 2008 (expediente de prueba, folio 2813); Denuncia verbal de Azul Rojas Marín ante la Comisaría de Casa Grande 27 de febrero de 2008 (expediente de prueba, folio 2793); Ampliación de la manifestación de Azul Rojas Marín ante la Comisaría de Casa Grande de 6 de marzo de 2008 (expediente de prueba, folio 2816), y Declaración de Azul Rojas Marín en la audiencia pública de fondo ante la Comisión Interamericana el 1 de diciembre de 2016 (expediente de prueba, carpeta de material audiovisual, minutos 06:48 a 06:50).

107. First, the Court notes that there are inconsistencies between the police report and the statements of the state agents as to whether the presumed victim was alone or with two other individuals, or whether or not the presumed victim had tried to flee when the state agents approached. There is no other evidence, including additional information on the telephone call from the neighbors noting the presence of suspicious individuals or a record of the detention that the State was obliged to prepare (*infra* para. 119), which would corroborate the version presented by the state agents. On the other hand, the statements of the presumed victim have been consistent as regards what happened. Her version on the circumstances of the detention is also in keeping with the acts of torture that took place at the Casa Grande Police Station which are analyzed and admitted as proven in the chapter on the right to personal integrity (*infra* paras. 145 to 165).

108. Based on the foregoing, the Court finds it proved that, on February 25, 2008, at 00:30 hours, Ms. Rojas Marín was walking home alone when a police vehicle approached her, a state agent asked her where she was going and said to her: "So late! Be careful because it's very late." Twenty minutes later the vehicle returned, they hit her, they made her get into the police vehicle and they shouted at her three times *"cabro concha de tu madre."* While they were making her get into the police vehicle, Ms. Rojas Marín asked why they were detaining her and the state agent did not answer her. The presumed victim was taken to the Casa Grande Police Station where she remain until 6 a.m.; that is, around five hours. In the case of facts that were not mentioned by the presumed victim but included in the police report, this will be used as evidence.

109. The Court considers that, from the time the state agents detained Ms. Rojas Marín until she left the police station, she was deprived of her personal liberty.[148] Therefore, it will now analyze whether this deprivation of liberty was in keeping with the Convention.

B.2. Lawfulness of the detention

110. The Court has indicated that the restriction of the right to personal liberty is only permissible "for the reasons and under the conditions established beforehand by the Constitution […] or by a law established pursuant thereto" (substantive aspect), and also strictly adhering to the procedures objectively defined in them (formal aspect).[149] This is because the Convention itself refers to the domestic law of the State concerned. However, irrespective of this referral, the Court is able to rule in this regard,[150] precisely because it must rule in accordance with the Convention and not according to the said domestic law. Thus the Court is not carrying out a control of constitutionality or even of legality, but rather of conventionality.

---

[148] *Cf. Case of Torres Millacura et al. v. Argentina. Merits, Reparations and Costs.* Judgment of August 26, 2011. Series C No. 229, para. 76, and *Case of Rodríguez Vera et al. (Disappeared from the Palace of Justice) v. Colombia. Preliminary Objections, Merits, Reparations and Costs.* Judgment of November 14, 2014. Series C No. 287, para. 404.

[149] *Cf. Case of Gangaram Panday v. Suriname. Merits, Reparations and Costs.* Judgment of January 21, 1994. Series C No. 16, para. 47, and *Case of Montesinos Mejía v. Ecuador. Preliminary Objections, Merits, Reparations and Costs, supra,* para. 94.

[150] Article 62(3) of the Convention.

107. En primer lugar, la Corte advierte que el parte policial y las declaraciones de los agentes estatales presentan inconsistencias respecto a si la presunta víctima se encontraba sola o con otras dos personas, o si la presunta víctima habría intentado huir o no cuando se acercaron los agentes estatales. No existen otros medios de prueba, incluyendo información adicional sobre la llamada de los vecinos advirtiendo de personas sospechosas o un registro de la detención que el Estado estaba obligado a realizar (*infra* párr. 119), que corroboren la versión presentada por los agentes estatales. Por otra parte, las declaraciones de la presunta víctima han sido consistentes sobre lo sucedido. Su versión sobre las circunstancias de la detención es, además, concordante con los hechos de tortura ocurridos en la Comisaría de Casa Grande que se analizan y dan por probado en el capítulo sobre el derecho a la integridad personal (*infra* párrs. 145 a 165).

108. En virtud de lo anterior, la Corte considera probado que el 25 de febrero de 2008 a las 00:30 horas la señora Rojas Marín se encontraba caminando sola a su casa cuando se acercó un vehículo policial, un agente estatal le preguntó a dónde se dirigía y le dijeron "¿a estas horas? Ten cuidado porque es muy tarde". Veinte minutos después volvió el vehículo policial, la golpearon, obligaron a subir al vehículo policial, y le gritaron en tres ocasiones "cabro concha de tu madre". Mientras la montaban en el vehículo policial, la señora Rojas Marín preguntó por qué la llevaban y el agente estatal no respondió cuáles eran las razones de la detención. La presunta víctima fue conducida a la Comisaría de Casa Grande, donde permaneció hasta las 6 de la mañana, es decir, alrededor de cinco horas. Sobre los hechos no mencionados por la presunta víctima e incluidos en el parte policial se utilizará éste último como prueba.

109. Asimismo, este Tribunal considera que, desde el momento en que los agentes estatales intervinieron a la señora Rojas Marín hasta que esta salió de la comisaría, existió una privación de la libertad personal[148]. Por tanto, se procederá a analizar si esta privación de la libertad fue acorde a la Convención.

B.2. Legalidad de la detención

110. La Corte ha expresado que la restricción del derecho a la libertad personal únicamente es viable cuando se produce por las causas y en las condiciones fijadas de antemano por las Constituciones Políticas o por las leyes dictadas conforme a ellas (aspecto material), y además, con estricta sujeción a los procedimientos objetivamente definidos en las mismas (aspecto formal)[149]. Y ello en mérito de que es la propia Convención la que remite al derecho interno del Estado concernido, motivo por el que tal remisión no importa que la Corte deje de fallar de acuerdo a la Convención[150], sino precisamente hacerlo conforme a ella y no según el referido derecho interno. La Corte no realiza, en tal eventualidad, un control de constitucionalidad ni tampoco de legalidad, sino únicamente de convencionalidad.

---

[148] *Cfr. Caso Torres Millacura y otros Vs. Argentina. Fondo, Reparaciones y Costas.* Sentencia de 26 de agosto de 2011. Serie C No. 229, párr. 76, y *Caso Rodríguez Vera y otros (Desaparecidos del Palacio de Justicia) Vs. Colombia. Excepciones Preliminares, Fondo, Reparaciones y Costas.* Sentencia de 14 de noviembre de 2014. Serie C No. 287, párr. 404.
[149] *Cfr. Caso Gangaram Panday Vs. Surinam. Fondo, Reparaciones y Costas.* Sentencia de 21 de enero de 1994. Serie C No. 16, párr. 47, y *Caso Montesinos Mejía Vs. Ecuador. Excepciones Preliminares, Fondo, Reparaciones y Costas, supra,* párr. 94.
[150] Artículo 62.3 de la Convención.

111. This is precisely what happens regarding Article 7(2) of the American Convention, which establishes that "[n]o one shall be deprived of his physical liberty except for the reasons and under the conditions established beforehand by the Constitution of the State Party concerned or by a law established pursuant thereto." Thus, with regard to the requirement that a detention must be lawful, the Court has indicated that, since the Convention refers to the Constitution and laws established "pursuant thereto," the examination of compliance with the said Article 7(2) entails the analysis of compliance with the requirements established as specifically as possible and "beforehand" in these laws in relation to the "reasons" and "conditions" for deprivation of physical liberty. If domestic law – both the substantive and formal aspects – is not complied with when depriving a person of their liberty, this deprivation will be unlawful and contrary to the American Convention, in light of Article 7(2).[151]

112. The Peruvian Constitution establishes that "no form of restriction of personal liberty is permitted unless in the cases established by law," and also that "[n]o one may be detained unless this is with a reasoned written order of a judge or by the police authorities *in flagrante delicto*."[152]

113. Meanwhile, article 205 of the Code of Criminal Procedure on police identity checks establishes:

> 1. The police, in the context of their functions, without the need for an order by the prosecutor or the judge, may request anyone to identify themselves and make the necessary verification on the street or in the place where the request is made, when they consider this necessary to prevent an offense or to obtain useful information in the investigation of an offense. The person concerned has the right to require the police to provide proof of their identity and the unit to which they are attached.
> 2. The identification shall be carried out in the place where the person is by means of the corresponding identity document. The person concerned shall be provided with the necessary facilities to find it and show it. If, at this time, it is verified that the document is in order, the document shall be returned and the person concerned authorized to continue on his way.
> 3. If there are well-founded grounds to consider that the person concerned may be linked to the perpetration of an offense the police may search his clothing, bags or vehicle. If the result is positive, a record shall be made of this specific procedure indicating what was found, informing the Public Prosecution Service immediately.
> 4. If the person concerned is unable to show the identity document, based on the seriousness of the act investigated or the sphere of the police operation, this person shall be taken to the nearest police station exclusively in order to identify him. His fingerprints may be taken and verification made of whether there is any outstanding warrant against him. This procedure, calculated from the moment the police intervene, may not exceed four hours, following which the person shall be allowed to leave. In such cases, the person concerned may not be placed in a holding cell or a regular cell or held in contact with detainees, and shall have the

---

[151] *Cf. Case of Chaparro Álvarez and Lapo Íñiguez v. Ecuador. Preliminary Objections, Merits, Reparations and Costs*, supra, para. 57, and *Case of Montesinos Mejía v. Ecuador. Preliminary Objections, Merits, Reparations and Costs*, supra, para. 94.

[152] *Cf.* Constitution of the Republic of Peru, promulgated on December 29, 1993, articles 2.24(b) and 2.24(f) (evidence file, folio 5256).

111. Lo anterior es precisamente lo que ocurre con el artículo 7.2 de la Convención Americana, el que establece que "nadie puede ser privado de su libertad física, salvo por las causas y en las condiciones fijadas de antemano por las Constituciones Políticas de los Estados Partes o por las leyes dictadas conforme a ellas". Así, en cuanto al requisito de legalidad de la detención, el Tribunal ha señalado que al remitir a la Constitución y leyes establecidas "conforme a ellas", el estudio de la observancia del artículo 7.2 de la Convención implica el examen del cumplimiento de los requisitos establecidos tan concretamente como sea posible y "de antemano" en dicho ordenamiento en cuanto a las "causas" y "condiciones" de la privación de la libertad física. Si la normativa interna, tanto en el aspecto material como en el formal, no es observada al privar a una persona de su libertad, tal privación será ilegal y contraria a la Convención Americana, a la luz del artículo 7.2[151].

112. La Constitución del Perú establece que "[n]o se permite forma alguna de restricción de la libertad personal, salvo en los casos previstos por la ley", así como que "[n]adie puede ser detenido sino por mandamiento escrito y motivado del juez o por las autoridades policiales en caso de flagrante delito"[152].

113. Por su parte, el artículo 205 del Código Procesal Penal sobre el control de identidad policial establece:

1. La Policía, en el marco de sus funciones, sin necesidad de orden del Fiscal o del Juez, podrá requerir la identificación de cualquier persona y realizar las comprobaciones pertinentes en la vía pública o en el lugar donde se hubiere hecho el requerimiento, cuando considere que resulta necesario para prevenir un delito u obtener información útil para la averiguación de un hecho punible. El intervenido tiene derecho a exigir al Policía le proporcione su identidad y la dependencia a la que está asignado.
2. La identificación se realizará en el lugar en que la persona se encontrare, por medio del correspondiente documento de identidad. Se deberá proporcionar al intervenido las facilidades necesarias para encontrarlo y exhibirlo. Si en ese acto se constata que su documentación está en orden se le devolverá el documento y autorizará su alejamiento del lugar.
3. Si existiere fundado motivo que el intervenido pueda estar vinculado a la comisión de un hecho delictuoso, la Policía podrá registrarle sus vestimentas; equipaje o vehículo. De esta diligencia específica, en caso resulte positiva, se levantará un acta, indicándose lo encontrado, dando cuenta inmediatamente al Ministerio Público.
4. En caso no sea posible la exhibición del documento de identidad, según la gravedad del hecho investigado o del ámbito de la operación policial practicada, se conducirá al intervenido a la Dependencia Policial más cercana para exclusivos fines de identificación. Se podrá tomar las huellas digitales del intervenido y constatar si registra alguna requisitoria. Este procedimiento, contado desde el momento de la intervención policial, no puede exceder de cuatro horas, luego de las cuales se le permitirá retirarse. En estos casos, el intervenido no podrá ser

---
[151] Cfr. Caso Chaparro Álvarez y Lapo Íñiguez Vs. Ecuador. Excepciones Preliminares, Fondo, Reparaciones y Costas, supra, párr. 57, y Caso Montesinos Mejía Vs. Ecuador. Excepciones Preliminares, Fondo, Reparaciones y Costas, supra, párr. 94.
[152] Cfr. Constitución Política de la República del Perú, promulgada el 29 de diciembre de 1993, artículos 2.24(b) y 2.24(f) (expediente de prueba, folio 5256).

right to communicate with a family member or with the person he indicates. In such cases, the police shall keep a logbook in which they record the identification procedures conducted, as well as the reasons for the procedures and their duration.
5. Whenever necessary, for the purposes of a trial or of identification, the accused may be photographed, even though his fingerprints may have been taken, and even against his will – in which case the explicit order of the Public Prosecution Service is required – and his measurements taken as well as similar actions. A record shall be made of this.[153]

114. This Court notes that the law regulates different situations, from the temporary restriction of personal liberty involved by a request for identification to the deprivation of liberty entailed by being taken to a police station. Whether the police request identification or take someone to the police station depends on compliance with slightly different circumstances that are interrelated. To request the identification document requires this measure to be considered necessary "to prevent an offense or to obtain useful information in the investigation of an offense," while taking them to a police station means that the person has been provided with "the necessary facilities to find and show" the identify document; and depends on "the seriousness of the act investigated or the sphere of the police operation." The State indicated that providing the necessary facilities to find and show the identity document meant that "[t]he Police must provide the person concerned with facilities to find and show the document, and these include telephone calls, the use of electronic means or going to the place where the documents are, if possible." In addition, article 205 establishes that the search of the clothing is only possible "if there are well-founded grounds to consider that the person concerned may be linked to the perpetration of an offense." In this case, the presumed victim was asked for her identification, her clothes were searched and then she was taken to the police station; therefore, in order to determine the lawfulness of the detention the Court must analyze whether the different actions of the State authorities were in keeping with the provisions of article 205 of the Code of Criminal Procedure.

115. First, the police may ask someone for their identification documents when they "consider this necessary to prevent an offense or to obtain useful information in the investigation of an offense." Ms. Rojas Marín was walking home alone when she was approached by state agents. It has not been proved that it was necessary to ask for her identification document in order to prevent an offense or to obtain useful information in the investigation of an offense. Also, once it was determined that the presumed victim was not carrying her identity document, she was not provided with the necessary facilities to find it and show it.[154] Both facts are contrary to domestic law.

116. Second, the search of a person's clothing is admissible "if there are well-founded grounds to consider that the person concerned may be linked to the

---

[153] Code of Criminal Procedure of the Republic of Peru. Legislative Decree No, 957, promulgated on July 22, 2004, article 205 (evidence file, folios 5538 and 5539).
[154] *Cf.* Statement of witness Víctor Álvarez at the public hearing on August 27, 2019.

ingresado a celdas o calabozos ni mantenido en contacto con personas detenidas, y tendrá derecho a comunicarse con un familiar o con la persona que indique. La Policía deberá llevar, para estos casos, un Libro-Registro en el que se harán constar las diligencias de identificación realizadas en las personas, así como los motivos y duración de las mismas.

5. Siempre que sea necesario para las finalidades del juicio o para las finalidades del servicio de identificación, se pueden tomar fotografías del imputado, sin perjuicio de sus huellas digitales, incluso contra su voluntad -en cuyo caso se requiere la expresa orden del Ministerio Público-, y efectuar en él mediciones y medidas semejantes. De este hecho se levantará un acta[153].

114. Este Tribunal advierte que la legislación regula distintos supuestos, desde la restricción transitoria de la libertad personal que supone la solicitud de identificación hasta la privación de libertad que implica la conducción a la comisaría. En este sentido, la posibilidad de la policía de solicitar la identificación o conducir a la dependencia policial, depende del cumplimiento de supuestos gradualmente distintos y relacionados entre sí. Mientras que para solicitar la identificación se requiere que esta medida se considere necesaria "para prevenir un delito u obtener información útil para la averiguación de un hecho punible", la conducción a una comisaría implica que se le haya brindado a la persona "las facilidades necesarias para encontrar y exhibir el documento de identidad"; y depende de "la gravedad del hecho investigado o del ámbito de la operación policial practicada". El Estado señaló que brindar las facilidades necesarias para encontrar y exhibir el documento de identidad implica que "[l]a Policía debe brindar facilidades al intervenido para la ubicación y exhibición del documento, lo que incluye llamadas telefónicas, utilización de medios electrónicos o conducción al lugar donde se encuentran documentos, de ser posible". Asimismo, el artículo 205 establece que el registro de vestimentas solo es posible si "existiere fundado motivo que el intervenido pueda estar vinculado a la comisión de un hecho delictuoso". En el presente caso, a la presunta víctima le fue solicitada la identificación, se le realizó un registro de vestimentas y luego fue conducida a la Comisaría de Policía, por tal razón para efectos de determinar la legalidad de la detención, es preciso analizar si las distintas actuaciones de las autoridades estatales se ajustaron a las previsiones contenidas en los numerales del artículo 205 del Código Procesal Penal.

115. En primer lugar, la solicitud de identificación es posible cuando la policía "considere que resulta necesario para prevenir un delito u obtener información útil para la averiguación de un hecho punible". La señora Rojas Marín se encontraba caminado sola a su casa cuando fue abordada por agentes estatales. No se ha demostrado que fuera necesario solicitarle la identificación para prevenir un delito u obtener información útil para la averiguación de un hecho punible. Además, una vez que se determinó que la presunta víctima no contaba con su documento de identidad, no se le brindaron las facilidades necesarias para encontrar y exhibir su documento de identidad[154]. Ambos hechos son contrarios a la legislación nacional.

116. En segundo lugar, el registro de vestimentas es procedente "si existiere fundado motivo que el intervenido pueda estar vinculado a la comisión de un hecho

---

[153] Código Procesal Penal de la República del Perú. Decreto Legislativo Nº 957, promulgado el 22 de julio de 2004, artículo 205 (expediente de prueba, folios 5538 y 5539).
[154] *Cfr.* Declaración del testigo Víctor Álvarez en audiencia pública el 27 de agosto de 2019.

perpetration of an offense." According to the police report, in this case, the search was conducted because the presumed victim did not have her identity document, "had alcohol on [her] breath and […] presumably was in an advanced state of inebriation."[155] In this regard, expert witness Luis Alberto Naldos Blanco, offered by the State, indicated that:

> It is evident that the mere fact of being inebriated – without the intervention of acts against persons, public order or public or private property – does not justify a presumption of the perpetration of an offense and, especially, a police arrest. […]
> In the case of the detention of Azul Rojas Marín there is no objective element that would clearly establish the existence of well-founded grounds for conducting a personal search, or of compliance with the established legal procedure to conduct this. Consequently, it can be affirmed that the personal search of Azul Rojas Marín was not conducted in accordance with the provisions of article 205.[156]

117. The Court considers that the personal search of Ms. Rojas Marín was not conducted in accordance with domestic law, because it has not been proved that there were well-founded grounds linking her to the perpetration of an offense.

118. Third, regarding the fact that she was taken to the police station, the law establishes that the person concerned may be taken to the nearest police station exclusively for identification purposes, "[i]f the person concerned is unable to show the identity document, [and] based on the seriousness of the act investigated or the sphere of the police operation." It has already been determined that Ms. Rojas Marín was not provided with the necessary facilities to find and show her identity document (*supra* para. 115), so that it has not been proved that it was not possible for her to show her identity document. In addition, the police report establishes that the presumed victim was taken to the police station for the respective identification because she was "undocumented, in suspicious circumstances, and in a place frequented by miscreants."[157] The police report makes no mention of the investigation of an offense or that a police operation was being conducted. Consequently, the State has not proved compliance with the legal assumptions for taking the presumed victim to a police station.

119. Fourth, the law requires that: (i) the "procedure, calculated from the moment the police intervene, may not exceed four hours"; (ii) the person concerned must be guaranteed "the right to communicate with a family member or with the person he indicates," and (iii) "[i]n such cases, the Police shall keep a logbook in which they record the identification procedures conducted, as well as the reasons for the procedures and their duration (*supra* para. 113). In this regard, the Court notes that the presumed victim was detained for at least five hours which exceeds the permitted

---

[155] *Cf.* Police report of February 25, 2008 (evidence file, folio 2752).
[156] Affidavit of Luis Alberto Naldos Blanco of August 9, 2019 (evidence file, folio 3473).
[157] *Cf.* Police report of February 25, 2008 (evidence file, folio 2752), and Record of personal search dated February 25, (evidence file, folio 9). The record specifically establishes that the police did not find "drugs, firearms, jewelry and similar objects, cash and/or mobile telephone."

delictuoso". De acuerdo al parte policial, en el presente caso este registro se realizó porque la presunta víctima no contaba con documento de identificación, "presentaba aliento alcoh[ó]lico y […] presumiblemente se encontraba en estado de ebriedad avanzado"[155]. Al respecto, el perito Luis Alberto Naldos Blanco, ofrecido por el Estado, indicó que:

> Resulta evidente que el solo hecho de encontrarse en estado de ebriedad – sin que concurran actos contra las personas, el orden público o el patrimonio público o privado – no justifica una presunción de comisión de un hecho delictivo y, mucho menos, un arresto policial. […]
> En el caso de la intervención a Azul Rojas Marín no existe ningún elemento objetivo que permita establecer de manera cierta la existencia del motivo fundado para la realización del registro personal, así como tampoco del cumplimiento del procedimiento legal previsto para llevarlo a cabo. Consecuentemente, se puede afirmar que el registro personal practicado a Azul Rojas Marín no se realizó conforme a las reglas del artículo 205[156].

117. La Corte considera que el registro personal de la señora Rojas Marín no fue acorde a la legislación nacional, ya que no se ha demostrado que existiera un motivo fundado vinculando a la intervenida con la comisión de un hecho delictuoso.

118. En tercer lugar, respecto a la conducción a la comisaría, la legislación establece que se puede conducir al intervenido a la Dependencia Policial más cercana para fines exclusivos de identificación, "[e]n caso [que] no sea posible la exhibición del documento de identidad[y] según la gravedad del hecho investigado o del ámbito de la operación policial practicada". Ya se determinó que no se brindaron a la señora Rojas Marín las facilidades necesarias para encontrar y exhibir su documento de identidad (*supra* párr. 115), por lo que no se ha demostrado que no era posible la exhibición del documento de identidad. Además, el parte establece que la presunta víctima fue conducida a la comisaría para su respectiva identificación tomando en cuenta que se encontraba "indocumentada, sospechosa y por un lugar que es frecuentado por personas que se encuentran al margen de la ley"[157]. En el parte policial no se hace referencia a la investigación de un hecho delictivo o a que se estaba llevando a cabo una operación policial. En consecuencia, el Estado no ha acreditado el cumplimiento de los supuestos legales para la conducción de la presunta víctima a una dependencia policial.

119. En cuarto lugar, la legislación exige que (i) el "procedimiento, contado desde el momento de la intervención policial" no exceda las cuatro horas; (ii) se le debe garantizar al intervenido "el derecho a comunicarse con un familiar o con la persona que indique", y (iii) "[l]a Policía deberá llevar, para estos casos, un Libro-Registro en el que se harán constar las diligencias de identificación realizadas en las personas, así como los motivos y duración de las mismas" (*supra* párr. 113). Al respecto, la Corte advierte que la presunta víctima estuvo detenida al menos cinco horas, lo cual excede

---

[155] *Cfr.* Parte policial de 25 de febrero de 2008 (expediente de prueba, folio 2752).
[156] Declaración rendida ante fedatario público (afidávit) por Luis Alberto Naldos Blanco de 9 de agosto de 2019 (expediente de prueba, folios 3473).
[157] *Cfr.* Parte policial de 25 de febrero de 2008 (expediente de prueba, folio 2752), y Acta de Registro Personal de 25 de febrero de (expediente de prueba, folio 9). El acta específicamente establece que no encontraron "droga, arma de fuego, joyas y especies, dinero en efectivo y/o celular".

time. In addition, there is no dispute that the procedure to identify Ms. Rojas Marín was not recorded.

120. Regarding the possibility for Ms. Rojas Marín to contact a family member or a person of her choice, the Court notes that it is the State that has the burden of proving that Ms. Rojas Marín was advised of this right. In this case, the State has not alleged that it complied with this obligation. Also, Ms. Rojas Marín's statements do not show that she was advised that she could contact someone. Taking into account that it corresponded to the State to prove that, in this case, it had complied with the legal obligation to notify Ms. Rojas Marín of her right to contact a family member or friend, the Court considers that it failed to comply with this obligation.

121. Based on the foregoing, the Court find that the deprivation of liberty of Ms. Rojas Marín did not comply with the requirements established in its own domestic law, so that it constituted a violation of Article 7(2) of the Convention, to the detriment of Azul Rojas Marín.

122. In addition, the Court notes that, since there was no reason to take the presumed victim to the police station, it does not find it necessary to analyze the alleged violation of Article 7(5) of the Convention.

B.3. Arbitrary nature of the detention

123. Even though the Court has already considered that the deprivation of liberty of Ms. Rojas Marín was unlawful, in this case it considers it necessary to examine its allegedly arbitrary nature.

124. The State argued that Ms. Rojas Marín was detained for identification purposes and, according to the police report, she was taken to the police station because she was "undocumented, in suspicious circumstances, and in a place frequented by miscreants." The Court has already determined that, during the identity check of the presumed victim, the legal requirements were not met as regards the possible relationship of the person concerned to an offense. In addition, at the time of the events, one of the *serenazgo* agents nicknamed *Chimbotano* knew the presumed victim.[158] Therefore, it has not been proved that the identity check and the resulting detention were necessary, or what the grounds were for the measures taken in the case of the presumed victim.

125. Furthermore, twenty minutes before the presumed victim was detained, a police vehicle approached her and the agents said: "*Luchito*, where are you going?" and [Ms. Rojas Marín] answered that [she was on her way] home [...], so the *serenazgo* said: "So late! Be careful because it's very late."[159] The Court notes that it was entirely possible to interpret this comment as a possible threat and a

---

[158] *Cf.* Verbal complaint made by Azul Rojas Marín at the Casa Grande Police Station on February 27, 2008 (evidence file, folio 2793), and Statement made by LQC before the Second Provincial Corporate Criminal Prosecution Service of Ascope on March 4, 2008 (evidence file, folio 2759). The *serenazgo* agent FFR declared that "I met [her] in December 2004, at the home of a friend [...], who played volleyball and with whom I have a distant friendship; I feel no animosity towards him and I am not related to him in any way." Statement made by FFR before the Second Provincial Corporate Criminal Prosecution Service of Ascope of March 18, 2008 (evidence file, folio 2754).
[159] *Cf.* Verbal complaint made by Azul Rojas Marín at the Casa Grande Police Station on February 27, 2008 (evidence file, folio 2793).

el plazo permitido. Además, no existe controversia sobre que la diligencia de identificación de la señora Rojas Marín no fue registrada.

120. Respecto a la posibilidad que la señora Rojas Marín contactara a un familiar o la persona de su elección, la Corte advierte que es el Estado quien tiene la carga de demostrar que se le comunicó este derecho a la señora Rojas Marín. En el presente caso, el Estado no ha alegado que se cumplió con esta obligación. Asimismo, en las declaraciones de la señora Rojas Marín no se advierte que le haya comunicado que podía contactar a una persona. Tomando en cuenta que correspondía al Estado demostrar que en el presente caso cumplió con la obligación legal de notificar a la señora Rojas Marín de su derecho de contactar a un familiar o amigo, la Corte considera que se incumplió con dicha obligación.

121. En virtud de lo anterior, esta Corte considera que la privación de la libertad de la señora Rojas Marín no cumplió con los requisitos establecidos por la propia legislación interna, por lo cual constituyó una violación al artículo 7.2 de la Convención, en perjuicio de Azul Rojas Marín.

122. Adicionalmente, este Tribunal advierte que, al no existir razón por la cual la presunta víctima ha debido ser llevada a una Comisaría, no considera necesario analizar la alegada violación del artículo 7.5 de la Convención.

B.3. Arbitrariedad de la detención

123. Sin perjuicio de que la Corte ya consideró que la privación de la libertad de la señora Rojas Marín fue ilegal, en el presente caso estima necesario analizar la alegada arbitrariedad de la misma.

124. El Estado alegó que la señora Rojas Marín fue detenida con fines de identificación y, de acuerdo al parte policial, fue conducida a la comisaría ya que se encontraba "indocumentada, sospechosa y por un lugar que es frecuentado por personas que se encuentran al margen de la ley". La Corte ya determinó que durante el control de identidad de la presunta víctima no se cumplieron con los requisitos de la legislación relativos a la posible relación de la intervenida con un hecho delictuoso. Adicionalmente, uno los agentes del serenazgo apodado Chimbotano al momento de los hechos conocía a la presunta víctima[158]. Por tanto, no se ha demostrado que el control de identidad ni la posterior detención fueran necesarios, ni cuáles fueron los fundamentos detrás de las medidas tomadas respecto a la presunta víctima.

125. Por otra parte, veinte minutos antes de la detención de la presunta víctima se le acercó el vehículo policial y le dijeron: "LUCHITO A DONDE VAS", contestándole [la señora Rojas Marín] que [se dirigía a] su domicilio [...] entonces el serenazgo [le] dijo[:] "A ESTAS HORAS TEN CUIDADO PORQUE ES MUY TARDE"[159]. La Corte advierte que este comentario puede ser fundamente

---

[158] *Cfr.* Denuncia verbal de Azul Rojas Marín ante la Comisaría de Casa Grande el 27 de febrero de 2008 (expediente de prueba, folio 2793), y Declaración de LQC ante el Segundo Despacho de la Fiscalía Provincial Penal Corporativa de Ascope el 4 de marzo de 2008 (expediente de prueba, folio 2759). En este sentido, el agente de serenazgo FFR declaró que "l[a] conocí en Diciembre del 2004, en la casa de [un] amigo [...], que jugaban voleibol, con quien mantengo una amistad lejana, no manteniendo enemistad ni me une grado de parentesco alguno". Declaración de FFR rendida ante el Segundo Despacho de la Fiscalía Provincial Penal Corporativa de Ascope de 18 de marzo de 2008 (expediente de prueba, folio 2754).
[159] *Cfr.* Denuncia verbal de Azul Rojas Marín ante la Comisaría de Casa Grande el 27 de febrero de 2008 (expediente de prueba, folio 2793).

demonstration of authority by the state agents and it is probable that this is how the presumed victim interpreted it.

126. At the time of the detention, a police agent shouted out at her on three occasions, "*cabro concha de tu madre.*"[160] Also, while they were making her get into the police vehicle, Ms. Rojas Marín asked why she was being detained and the answered "get in, *cabro concha de tu madre.*"[161] This type of insult and the derogatory terms that clearly referred to her sexual orientation or non-normative gender expression continued while she was detained (*infra* para. 157).[162]

127. The Working Group on Arbitrary Detention has indicated that deprivation of liberty is for discriminatory reasons "when it is apparent that persons have been deprived of their liberty specifically on the basis of their own or perceived distinguishing characteristics or because of their real or suspected membership of a distinct (and often minority) group." The Working Group considered that one of the factors to take into account to determine the existence of discriminatory grounds was whether "the authorities have made statements to, or conducted themselves towards, the detained person in a manner that indicates a discriminatory attitude."[163] In addition, expert witness María Mercedes Gómez indicated that "one of the essential elements [to establish that a person was detained based on prejudice] is that it is not possible to identify any other apparent grounds than the perception of the victim; in other words, there is no practical purpose for the detention. [And also] the expressions that were used."[164]

128. In the absence of legal grounds for subjecting the presumed victim to an identity check and with the existence of elements that point towards discriminatory treatment based on sexual orientation or non-normative gender expression, the Court must presume that the detention of Ms. Rojas Marín was carried out for discriminatory reasons.

129. This Court has indicated that detentions for discriminatory motives are manifestly unreasonable and, therefore, arbitrary.[165] Since the deprivation of liberty was discriminatory, it is not necessary to examine its purpose, necessity and proportionality to determine that it was arbitrary.

---

[160] *Cf.* Verbal complaint made by Azul Rojas Marín at the Casa Grande Police Station on February 27, 2008 (evidence file, folio 2793); Statement made by Azul Rojas at the Casa Grande Police Station on February 28, 2008 (evidence file, folio 2808), and Expansion of the statement made by Azul Rojas Marín at the Casa Grande Police Station on March 6, 2008 (evidence file, folio 2815).

[161] *Cf.* Verbal complaint made by Azul Rojas Marín at the Casa Grande Police Station on February 27, 2008 (evidence file, folio 2793).

[162] The word "*cabro*" "is generally understood as a pejorative term to refer to homosexuals." Thus, it is said, "in Peru, homosexual men are called "*cabros.*" It is also used as a variant of "*marica*" or "*maricón.*" Ultimately, "*cabro*" is a little stronger than the latter. *Cf.* Amicus curiae presented by the Coalition of Lesbian, Gay, Bisexual, Travesti, Transgender, Transsexual and Intersex Organizations of the Americas before the OAS (merits file, folio 820) [Note: "*concha de tu madre*" can be understood as "motherfucker."]

[163] Report of the Working Group on Arbitrary Detention. A/HRC/36/37 of July 19, 2017, para. 48.

[164] *Cf.* Statement made by María Mercedes Gómez during the public hearing held in this case.

[165] *Cf. Case of Expelled Dominicans and Haitians v. Dominican Republic. Preliminary Objections, Merits, Reparations and Costs.* Judgment of August 28, 2014. Series C No. 282, para. 368. See also, Report of the Working Group on Arbitrary Detention. A/HRC/22/44 of December 24, 2012, para. 38.

interpretado, y lo pudo ser por la presunta víctima, como una posible amenaza y una demostración de poder por parte de los agentes del Estado.

126. Al momento de la detención, un agente policial le gritó en tres ocasiones "cabro concha de tu madre"[160]. Asimismo, mientras la montaban en el vehículo policial, la señora Rojas Marín preguntó por qué la llevaban y le respondieron "sube cabro concha de tu madre"[161]. Este tipo de insultos y palabras despectivas con clara referencia a su orientación sexual o expresión de género no normativa continuaron mientras estuvo detenida (*infra* párr. 157)[162].

127. El Grupo de Trabajo sobre la Detención Arbitraria ha señalado que una privación de libertad tiene motivos discriminatorios "cuando resultaba evidente que se había privado a las personas de su libertad específicamente en función de las características distintivas reales o aparentes, o a causa de su pertenencia real o presunta a un grupo diferenciado (y a menudo minoritario)". El Grupo de Trabajo considera como uno de los factores a tomar en cuenta para determinar la existencia de motivos discriminatorios, si "[l]as autoridades han hecho afirmaciones a la persona detenida o se han comportado con ella de manera que indique una actitud discriminatoria"[163]. Adicionalmente, la perita María Mercedes Gómez indicó que "uno de los elementos fundamentales [para establecer que una persona fue detenida por prejuicio] es que no sea posible identificar motivo distinto aparente a lo que se percibe de la víctima, es decir, que no haya un fin instrumental en la detención. [Así como] las expresiones que se usaron"[164].

128. Ante la ausencia de un motivo conforme a la ley por el cual la presunta víctima fue sujeta a un control de identidad y la existencia de elementos que apuntan hacia un trato discriminatorio por razones de orientación sexual o expresión de género no normativa, la Corte debe presumir que la detención de la señora Rojas Marín fue realizada por razones discriminatorias.

129. Este Tribunal ha señalado que las detenciones realizadas por razones discriminatorias son manifiestamente irrazonables y por tanto arbitrarias[165]. En virtud del carácter discriminatorio de la privación de libertad no resulta necesario examinar la finalidad, necesidad y proporcionalidad de la misma para determinar su arbitrariedad.

---

[160] *Cfr.* Denuncia verbal rendida por Azul Rojas Marín ante la Comisaría de Casa Grande el 27 de febrero de 2008 (expediente de prueba, folio 2793); Manifestación de Azul Rojas ante la Comisaría de Casa Grande el 28 de febrero de 2008 (expediente de prueba, folio 2808), y Ampliación de la manifestación de Azul Rojas Marín ante la Comisaría de Casa Grande el 6 de marzo de 2008 (expediente de prueba, folio 2815).

[161] *Cfr.* Denuncia verbal rendida por Azul Rojas Marín ante la Comisaría de Casa Grande el 27 de febrero de 2008 (expediente de prueba, folio 2793).

[162] El término cabro "en general se entiende como un término peyorativo para referirse a personas homosexuales". En ese sentido, se afirma "en el Perú se les llama cabros a los hombres homosexuales. También se usa como una variante del "marica" o "maricón". Al final cabro termina siendo una palabra un poco más fuerte que las anteriores". *Cfr.* Amicus curiae presentado por la Coalición de Lesbianas, Gays, Bisexuales, Travestis, Transexuales, Transgénero e Intersex de las Américas ante la OEA (expediente de fondo, folio 820).

[163] Informe del Grupo de Trabajo sobre la Detención Arbitraria. A/HRC/36/37 de 19 de julio de 2017, párr. 48.

[164] *Cfr.* Declaración de María Mercedes Gómez rendida en audiencia pública celebrada en el presente caso.

[165] *Cfr. Caso de personas dominicanas y haitianas expulsadas Vs. República Dominicana. Excepciones Preliminares, Fondo, Reparaciones y Costas.* Sentencia de 28 de agosto de 2014. Serie C No. 282, párr. 368. *Véase también,* Informe del Grupo de Trabajo de Detención Arbitrarias. A/HRC/22/44 de 24 de diciembre de 2012, párr. 38.

130. Based on the preceding considerations, the Court finds that the State violated Article 7(3) of the Convention, in relation to the obligation to respect rights without discrimination, to the detriment of Azul Rojas Marín.

B.4. Notification of the reasons for the detention

131. Article 7(4) of the American Convention refers to two guarantees for the person who is being detained: (i) oral or written notice of the reasons for the detention, and (ii) written notification of the charges.[166] Information on the "grounds and reasons" for the detention must be provided "when this occurs," and this constitutes a mechanism to avoid unlawful or arbitrary detentions at the very moment of the deprivation of liberty and, also, guarantees the person's right of defense.[167] The Court has also indicated that the agent who carries out the detention must provide information in a simple, non-technical manner on the essential facts and the legal grounds for the detention, and that Article 7(4) of the Convention is not complied with if only the legal grounds are mentioned.[168] The State has not alleged that this obligation was met. The Court considers proved that, when she was being made to get into the official vehicle, Ms. Rojas Marín asked why she was being detained and the state agent did not answer telling her the reasons for the detention.

132. Therefore, the Court considers that the State violated Article 7(4) of the Convention, in relation to Article 1(1) of this instrument, to the detriment of Azul Rojas Marín.

B.5. Conclusion

133. Based on the preceding considerations, the Court concludes that the initial detention of Ms. Rojas Marín was unlawful because it was carried out without abiding by the causes and procedures established in domestic law, including the failure to record the detention. In addition, the detention was arbitrary because it was carried out on discriminatory grounds. The Court has also concluded that Ms. Rojas Marín was not advised of the reasons for her detention.

134. Consequently, due to actions of its agents acting in this capacity, the State violated the rights recognized in Articles 7(1), 7(2), 7(3) and 7(4) of the Convention, in relation to the obligation to respect these rights without discrimination established in Article 1(1) of this instrument, to the detriment of Azul Rojas Marín.

135. In addition, regarding the alleged violation of Article 2 owing to the alleged non-conformity with the Convention of article 205 of the Code of Criminal Procedure, the Court notes that the proven facts reveal that the officials failed to comply with this provision. Consequently, a ruling on the conventionality of this would constitute a

---

[166] Cf. Case of Cabrera García and Montiel Flores v. Mexico. Preliminary Objection, Merits, Reparations and Costs. Judgment of November 26, 2010. Series C No. 220, para. 106, and Case of Women Victims of Sexual Torture in Atenco v. Mexico, Preliminary Objection, Merits, Reparations and Costs. Judgment of November 28, 2018. Series C No. 371, para. 246.

[167] Cf. Case of Juan Humberto Sánchez v. Honduras. Preliminary Objection, Merits, Reparations and Costs, supra, para. 82, and Case of Montesinos Mejía v. Ecuador. Preliminary Objections, Merits, Reparations and Costs, supra, para. 96.

[168] Cf. Case of Chaparro Álvarez and Lapo Íñiguez v. Ecuador. Preliminary Objections, Merits, Reparations and Costs, supra, para. 71, and Case of Women Victims of Sexual Torture in Atenco v. Mexico. Preliminary Objection, Merits, Reparations and Costs, supra, para. 246.

130. En virtud de las consideraciones anteriores, este Tribunal considera que el Estado violó el artículo 7.3 de la Convención, en relación con las obligaciones de respetar dichos derechos sin discriminación, en perjuicio de Azul Rojas Marín.

B.4. La notificación de las razones de la detención

131. El artículo 7.4 de la Convención Americana alude a dos garantías para la persona que está siendo detenida: (i) la información en forma oral o escrita sobre las razones de la detención, y (ii) la notificación, que debe ser por escrito, de los cargos[166]. La información de los "motivos y razones" de la detención debe darse "cuando ésta se produce", lo cual constituye un mecanismo para evitar detenciones ilegales o arbitrarias desde el momento mismo de la privación de libertad y, a su vez, garantiza el derecho de defensa del individuo[167]. Asimismo, esta Corte ha señalado que el agente que lleva a cabo la detención debe informar en un lenguaje simple, libre de tecnicismos, los hechos y bases jurídicas esenciales en los que se basa la detención y que no se satisface el artículo 7.4 de la Convención si sólo se menciona la base legal[168]. El Estado no alegó que se cumplió con dicha obligación. La Corte dio por probado que, al ser subida al vehículo estatal, la señora Rojas Marín preguntó por qué la llevaban y el agente estatal no respondió cuáles eran las razones de la detención.

132. Por tanto, la Corte considera que el Estado vulneró el artículo 7.4 de la Convención, en relación con el artículo 1.1 del tratado, en perjuicio de Azul Rojas Marín.

B.5. Conclusión

133. En virtud de las consideraciones anteriores, la Corte concluye que la detención inicial de la señora Rojas Marín fue ilegal ya que fue realizada sin atender a las causas y procedimientos establecidos en la legislación interna, incluyendo la falta de registro de la detención. Además, la detención fue arbitraria ya que la misma fue realizada por motivos discriminatorios. Asimismo, la Corte concluyó que la señora Rojas Marín no fue informada de los motivos de su detención.

134. En consecuencia, el Estado violó, por acciones de sus agentes actuando en esa condición, los derechos reconocidos en los artículos 7.1, 7.2, 7.3 y 7.4 de la Convención, en relación con las obligaciones de respetar dichos derechos sin discriminación, consagradas en el artículo 1.1 del mismo tratado, en perjuicio de Azul Rojas Marín.

135. Por otro lado, respecto a la alegada violación del artículo 2 por la alegada falta de adecuación a la Convención del artículo 205 del Código Procesal Penal, la Corte advierte que los hechos probados demuestran que los funcionarios incumplieron con la mencionada disposición. Por ende, pronunciarse sobre la convencionalidad de

---

[166] *Cfr. Caso Cabrera García y Montiel Flores Vs. México. Excepción Preliminar, Fondo, Reparaciones y Costas.* Sentencia de 26 de noviembre de 2010. Serie C No. 220, párr. 106, y *Caso Mujeres Víctimas de Tortura Sexual en Atenco Vs. México, Excepción Preliminar, Fondo, Reparaciones y Costas.* Sentencia de 28 de noviembre de 2018. Serie C No. 371, párr. 246.

[167] *Cfr. Caso Juan Humberto Sánchez Vs. Honduras. Excepción Preliminar, Fondo, Reparaciones y Costas*, supra, párr. 82, y *Caso Montesinos Mejía Vs. Ecuador. Excepciones Preliminares, Fondo, Reparaciones y Costas, supra,* párr. 96.

[168] *Cfr. Caso Chaparro Álvarez y Lapo Íñiguez Vs. Ecuador. Excepciones Preliminares, Fondo, Reparaciones y Costas, supra,* párr. 71, y *Caso Mujeres Víctimas de Tortura Sexual en Atenco Vs. México. Excepción Preliminar, Fondo, Reparaciones y Costas, supra,* párr. 246.

theoretical ruling, and it is not incumbent on this Court to make this type of ruling in a contentious case.[169] Based on all the above, the Court does not find it necessary to rule on the alleged violation of Article 2 of the Convention. However, the Court notes that it would be desirable to adapt this article to the actual technology for identification and verification of arrest warrant records.

VII-3
RIGHTS TO PERSONAL INTEGRITY AND TO PRIVACY[170]

A. ARGUMENTS OF THE PARTIES AND OF THE COMMISSION

136. The *Commission* argued that "the existence of serious acts of physical and psychological violence […] against Azul Rojas Marín was proved" for three reasons: (i) Azul Rojas Marín "has made consistent statements" about the events that occurred during her detention. "The fact that, in her first statement, Azul Rojas Marín described some forms of sexual abuse and then supplemented her description" did not refute the credibility of her version of the facts; (ii) despite the deficiencies in the forensic medical examination, the report documented physical injuries "compatible with some of the acts that she reported," and (iii) having already established that "the deprivation of liberty of Azul Rojas Marín was unlawful, arbitrary and discriminatory," the State created the situation of risk for her personal safety. It also considered that the elements required to consider the said acts as torture were present.

137. The *representatives* argued that "discrimination on the basis of sexual orientation and gender expression was the reason for the sexual violence and [rape] of Azul, which signified a form of violation of her sexual liberty due, above all, to this prejudice." They indicated that it was "fully proved that Azul Rojas Marín was a victim of sexual violence, including rape, by agents of the Peruvian State." They characterized the acts as torture "in view of the severity of the violence suffered by Azul." Regarding the intentionality of the acts, they argued that "the acts committed by the *serenazgo* agents and the police were deliberate, intentional and calculated." With regard to the severity, they indicated that "severe physical and mental suffering is inherent in rape." Regarding the purpose, they considered that "the torture and inhuman treatment to which Azul was subjected sought to humiliate and punish her owing to her sexual orientation." They argued that an additional motive "had been to obtain information from the victim concerning the whereabouts of her brother." In addition to constituting acts of torture, they considered that "all the forms of violence suffered by Azul (that is, the rape, the other forms of physical violence and the verbal aggression) involved a form of arbitrary and abusive interference in her privacy."

---

[169] In this regard, the Court recalls that "[t]he contentious jurisdiction of the Court is not intended to review domestic laws in the abstract, but is exercised to decide concrete cases in which it is alleged that an act [or omission] of the State, executed against certain persons, is contrary to the Convention." *Cf. International Responsibility for the Promulgation and Enforcement of Laws in Violation of the Convention (Arts. 1 and 2 American Convention on Human Rights).* Advisory Opinion OC-14/94 of December 9, 1994. Series A No. 14, para. 48, and *Case of the National Association of Discharged and Retired Employees of the National Tax Administration Superintendence (ANCEJUB-SUNAT) v. Peru. Preliminary Objections, Merits, Reparations and Costs.* Judgment of November 21, 2019. Series C No. 394. 203.

[170] Articles 5 and 11 of the Convention.

la misma constituiría un pronunciamiento en abstracto, lo cual no le corresponde a este Tribunal en un caso contencioso[169]. En virtud de lo anterior, la Corte no considera necesario pronunciarse sobre la alegada violación del artículo 2 de la Convención. No obstante, este Tribunal observa la conveniencia de una adecuación de dicha norma a la tecnología actual en materia de identificación y verificación de registro de órdenes de captura.

VII-3
DERECHO A LA INTEGRIDAD PERSONAL Y VIDA PRIVADA[170]

A. Alegatos de las partes y de la Comisión

136. La *Comisión* consideró "acreditada la existencia de graves actos de violencia física y psicológica […] en contra de Azul Rojas Marín" por tres razones: (i) Azul Rojas Marín "ha declarado de manera consistente" los hechos ocurridos durante su detención. Señaló que "el hecho de que en una primera declaración Azul Rojas Marín hubiese declarado unas formas de violencia sexual y que luego complementara su descripción" no niega la credibilidad a su versión de los hechos; (ii) a pesar de las falencias en el reconocimiento médico legal, este informe documentó lesiones físicas "compatibles con algunos de los hechos que denunció", y (iii) ya habiendo establecido que "la privación de libertad de Azul Rojas Marín fue ilegal, arbitraria y discriminatoria", el Estado creó las circunstancias de riesgo de su seguridad personal. Además, consideró que concurrirían los elementos necesarios para considerar estos actos como tortura.

137. Las *representantes* consideraron que "la discriminación por orientación sexual y expresión de género motivó la violencia [y violación] sexual contra Azul, lo que significó una forma de vulneración de la libertad sexual particularmente dirigida hacia ella a causa de dicho prejuicio". Indicaron que está "plenamente probado que Azul Rojas Marín fue víctima de violencia sexual, incluyendo violación sexual, por parte de agentes del Estado peruano". Calificaron los hechos como tortura "dada [la] severidad de la violencia sufrida por Azul". En cuanto a la intencionalidad de los actos, alegaron que "los actos por parte del personal de serenazgo y policía fueron deliberados, intencionales y conscientes". Respecto a la severidad, señalaron que "el sufrimiento físico y mental severo es inherente a la violación sexual". En relación con el fin o propósito, consideraron que "la tortura y el tratamiento inhumano al que fue sometida Azul buscó humillarla y castigarla debido a su orientación sexual". Indicaron que un móvil adicional "habría sido el obtener de la víctima información relativa al paradero de su hermano". Además de constituir actos de tortura, consideraron que "todas las formas de violencia sufridas por Azul (es decir, la violencia sexual, las otras formas de violencia física y las agresiones verbales) significaron una forma de

---

[169] Al respecto, la Corte recuerda que "[l]a competencia contenciosa de la Corte no tiene por objeto la revisión de las legislaciones nacionales en abstracto, sino que es ejercida para resolver casos concretos en que se alegue que un acto [u omisión] del Estado, ejecutado contra personas determinadas, es contrario a la Convención". *Cfr. Responsabilidad internacional por expedición y aplicación de leyes violatorias de la Convención (Arts. 1 y 2 Convención Americana sobre Derechos Humanos)*. Opinión Consultiva OC-14/94 de 9 de diciembre de 1994. Serie A No. 14, párr. 48, y *Caso Asociación Nacional de Cesantes y Jubilados de la Superintendencia Nacional de Administración Tributaria (ANCEJUB-SUNAT) Vs. Perú. Excepciones Preliminares, Fondo, Reparaciones y Costas*. Sentencia de 21 de noviembre de 2019. Serie C No. 394. 203.

[170] Artículos 5 y 11 de la Convención.

Lastly, they indicated that "the lack of due diligence in the investigation by the system of justice" in this case "constitute[d] cruel, inhuman or degrading treatment according to the American Convention."

138. The *State* argued that "the legal classification of the facts corresponds to the domestic authorities." Nevertheless, it indicated that to constitute the crime of torture, a special intentionality must exist, which had not been proved in this case. It also indicated that "it cannot be affirmed that the legal definition of torture – as it was regulated at the time of the facts – had a decisive impact on the different decisions of the prosecution service that decided not to expand the investigation to include the crime of torture. On this basis, the State considered that it was not appropriate to declare that the legal definition of torture be amended." It also clarified that the legal definition of torture had been amended in 2017.

B. CONSIDERATIONS OF THE COURT

139. Article 5(1) of the Convention establishes the right to personal integrity, both physical and also mental and moral, in general terms. While Article 5(2) establishes, more specifically, the absolute prohibition to subject someone to torture or to cruel, inhuman or degrading treatment or punishment, and also the right of all persons deprived of their liberty to be treated with respect for the inherent dignity of the human person. The Court understands that any violation of Article 5(2) of the American Convention necessarily entails the violation of Article 5(1) of this instrument.[171]

140. The Court has established that torture and cruel, inhuman or degrading treatment or punishment are absolutely and strictly prohibited by international human rights law. This prohibition is absolute and non-derogable, even in the most difficult circumstances, such as war, threat of war, actions to combat terrorism and any other crimes, state of siege or emergency, internal conflict or unrest, suspension of constitutional guarantees, internal political instability or other public emergencies or catastrophes,[172] and now belongs to the domain of international *jus cogens*.[173] Both universal[174] and regional[175] treaties establish this prohibition and the non-derogable right not to be subjected to any form of torture.

---

[171] *Cf. Case of Yvon Neptune v. Haiti. Merits, Reparations and Costs.* Judgment of May 6, 2008. Series C No. 180, para. 129, and *Case of López et al. v. Argentina. Preliminary Objections, Merits, Reparations and Costs, supra,* para. 179.

[172] *Cf. Case of Lori Berenson Mejía v. Peru. Merits, Reparations and Costs.* Judgment of November 25, 2004. Series C No. 119, para. 100, and *Case of López et al. v. Argentina. Preliminary Objections, Merits, Reparations and Costs, supra,* para. 180.

[173] *Cf. Case of Maritza Urrutia v. Guatemala. Merits, Reparations and Costs.* Judgment of November 27, 2003. Series C No. 103, para. 92, and *Case of Valenzuela Ávila v. Guatemala. Merits, Reparations and Costs.* Judgment of October 11, 2019. Series C No. 386, para. 180. In this regard, see, Article 53 of the Vienna Convention on the Law of Treaties, which establishes: "Treaties conflicting with a peremptory norm of general international law (*jus cogens*): A treaty is void if, at the time of its conclusion, it conflicts with a peremptory norm of general international law. For the purposes of the present Convention, a peremptory norm of general international law is a norm accepted and recognized by the international community of States as a whole as a norm from which no derogation is permitted and which can be modified only by a subsequent norm of general international law having the same character."

[174] *Cf.* International Covenant on Civil and Political Rights, Article 7; Convention against Torture and Other Cruel, Inhuman or Degrading Treatment or Punishment, Article 2; Convention on the Rights of the Child,

injerencia arbitraria y abusiva en su vida privada". Por último, indicaron que "la falta de debida diligencia en la investigación por parte del sistema de justicia" en el presente caso "constituyen tratamiento cruel, inhumano o degradante de acuerdo a la Convención Americana".

138. El *Estado* alegó que "la calificación jurídica de los hechos corresponde a las autoridades nacionales". Sin perjuicio de lo anterior, indicó que para la configuración del delito de tortura debe existir una intencionalidad especial, la cual no se demostró que existiese en este caso. Además, indicó que "no puede sostenerse que el tipo penal de tortura – tal como estaba regulado en la época de los hechos – haya tenido impacto decisivo en las distintas decisiones fiscales que resolvieron no ampliar la investigación por el delito de tortura. Por tal motivo, el Estado considera que no corresponde que se declare la modificación del tipo penal de tortura". Aclaró, además, que esta tipificación de tortura fue modificada en 2017.

B. CONSIDERACIONES DE LA CORTE

139. El artículo 5.1 de la Convención consagra en términos generales el derecho a la integridad personal, tanto física y psíquica como moral. Por su parte, el artículo 5.2 establece, de manera más específica, la prohibición absoluta de someter a alguien a torturas o a penas o tratos crueles, inhumanos o degradantes, así como el derecho de toda persona privada de libertad a ser tratada con el respeto debido a la dignidad inherente al ser humano. La Corte entiende que cualquier violación del artículo 5.2 de la Convención Americana acarreará necesariamente la violación del artículo 5.1 de la misma[171].

140. La Corte ha establecido que la tortura y las penas o tratos crueles, inhumanos o degradantes están absoluta y estrictamente prohibidos por el Derecho Internacional de los Derechos Humanos. Esta prohibición es absoluta e inderogable, aún en las circunstancias más difíciles, tales como guerra, amenaza de guerra, lucha contra el terrorismo y cualesquiera otros delitos, estado de sitio o de emergencia, conmoción o conflicto interior, suspensión de garantías constitucionales, inestabilidad política interna u otras emergencias o calamidades públicas[172], y pertenece hoy día al dominio del *jus cogens* internacional[173]. Los tratados de alcance universal[174] y regional[175]

---

[171] *Cfr. Caso Yvon Neptune Vs. Haití. Fondo, Reparaciones y Costas.* Sentencia de 6 de mayo de 2008. Serie C No. 180, párr. 129, y *Caso López y otros Vs. Argentina. Excepciones Preliminares, Fondo, Reparaciones y Costas, supra,* párr. 179.

[172] *Cfr. Caso Lori Berenson Mejía Vs. Perú. Fondo, Reparaciones y Costas.* Sentencia de 25 de noviembre de 2004. Serie C No. 119, párr. 100, y *Caso López y otros Vs. Argentina. Excepciones Preliminares, Fondo, Reparaciones y Costas, supra,* párr. 180.

[173] *Cfr. Caso Maritza Urrutia Vs. Guatemala. Fondo, Reparaciones y Costas.* Sentencia de 27 de noviembre de 2003. Serie C No. 103, párr. 92, y *Caso Valenzuela Ávila Vs. Guatemala. Fondo, Reparaciones y Costas.* Sentencia de 11 de octubre de 2019. Serie C No. 386, párr. 180. Al respecto, véase, el artículo 53 de la Convención de Viena sobre el Derecho de los Tratados, el cual establece: "Tratados que están en oposición con una norma imperativa de derecho internacional general ("jus cogens"). Es nulo todo tratado que, en el momento de su celebración esté en oposición con una norma imperativa de derecho internacional general. Para los efectos de la presente Convención, una norma imperativa de derecho internacional general es una norma aceptada y reconocida por la comunidad internacional de Estados en su conjunto como norma que no admite acuerdo en contrario y que sólo puede ser modificada por una norma ulterior de derecho internacional general que tenga el mismo carácter".

[174] *Cfr.* Pacto Internacional de Derechos Civiles y Políticos, artículo 7; Convención contra la Tortura y Otros Tratos o Penas Crueles, Inhumanos o Degradantes, artículo 2; Convención sobre los Derechos del Niño,

141. Furthermore, in cases involving any form of sexual violence, the Court has indicated that violations of personal integrity entail a violation of a person's privacy, protected by Article 11 of the Convention, which encompasses their sexual life or sexuality.[176] Sexual violence violates essential values and aspects of a person's private life, supposes interference in their sexual life, and annuls their right to take decisions freely about who they wish to have sexual relations with, causing them to lose complete control over their most personal and intimate decisions and over basic bodily functions.[177]

142. It has also considered that rape is any act of vaginal or anal penetration without the victim's consent using parts of the aggressor's body or objects, as well as oral penetration by the male organ.[178]

143. Additionally, the Court notes that, in this case, the general obligations derived from Articles 5 and 11 of the American Convention are reinforced by the specific obligations derived from the Inter-American Convention to Prevent and Punish Torture. Articles 1 and 6 of this inter-American convention reinforce the absolute prohibition of torture and the obligation of the States to prevent and to punish any act of torture or attempt to commit torture and other cruel, inhuman or degrading treatment within their jurisdiction.

144. In this case, the dispute centers on what happened to the presumed victim while she was detained. In order to analyze what happed to the presumed victim, the Court will take into account the different evidence that helps determine what happened, and will examine them in the following order: (B.1) the statements made by Azul Rojas Marín; (B.2) the forensic medical examination, and (B.3) the expert appraisal of the presumed victim's clothing. Then, the Court will determine (B.4) the ill-treatment that occurred, and (B.5) the legal classification.

B.1. The statements made by Azul Rojas Marín

145. The file in this case reveals that the presumed victim filed a verbal complaint about the facts with the police on February 27, 2008, at 4 p.m.;[179] a statement of the

---

Article 37, and International Convention on the Protection of the Rights of all Migrant Workers and Members of their Families, Article 10.

[175] *Cf.* Inter-American Convention to Prevent and Punish Torture, Articles 1 and 5; African Charter of Human and Peoples' Rights, Article 5; African Charter on the Rights and Welfare of the Child, Article 16; Convention of Belém do Pará, Article 4, and European Convention on Human Rights, Article 3.

[176] *Cf. Case of Fernández Ortega et al. v. Mexico. Preliminary Objection, Merits, Reparations and Costs.* Judgment of August 30, 2010. Series C No. 215, para. 129, and *Case of Women Victims of Sexual Torture in Atenco v. Mexico. Preliminary Objection, Merits, Reparations and Costs, supra,* para. 179.

[177] *Cf. Case of J. v. Peru. Preliminary Objection, Merits, Reparations and Costs, supra,* para. 367, and *Case of Women Victims of Sexual Torture in Atenco v. Mexico, supra,* para. 179.

[178] *Cf. Case of the Miguel Castro Castro Prison v. Peru. Merits, Reparations and Costs.* Judgment of November 25, 2006. Series C No. 160, para. 306, and *Case of Women Victims of Sexual Torture in Atenco v. Mexico. Preliminary Objection, Merits, Reparations and Costs, supra,* para. 182.

[179] Ms. Rojas Marín reported that, at the time of the detention, they shouted at her: "Get in, *cabro concha de tu madre"* and when she did not do so, they shouted the same insults three times and then hit her with the police baton in the solar plexus to make her get into the van. On arrival at the Casa Grande Police Station, they locked her in a room "and then three police agents entered; one of them began to say '*te gusta la pin...*

consagran tal prohibición y el derecho inderogable a no ser sometido a ninguna forma de tortura.

141. Asimismo, en casos que involucran alguna forma de violencia sexual, se ha precisado que las violaciones a la integridad personal conllevan la afectación de la vida privada de las personas, protegida por el artículo 11 de la Convención, la cual abarca la vida sexual o sexualidad de las personas[176]. La violencia sexual vulnera valores y aspectos esenciales de la vida privada de las personas, supone una intromisión en su vida sexual y anula su derecho a tomar libremente las decisiones respecto a con quien tener relaciones sexuales, perdiendo de forma completa el control sobre sus decisiones más personales e íntimas, y sobre las funciones corporales básicas[177].

142. Asimismo, ha considerado que la violación sexual es cualquier acto de penetración vaginal o anal, sin consentimiento de la víctima, mediante la utilización de otras partes del cuerpo del agresor u objetos, así como la penetración bucal mediante el miembro viril[178].

143. Adicionalmente, se advierte que en este caso las obligaciones generales que se derivan de los artículos 5 y 11 de la Convención Americana son reforzadas por las obligaciones específicas derivadas de la Convención Interamericana para Prevenir y Sancionar la Tortura. Los artículos 1 y 6 de esta Convención Interamericana, refuerzan la prohibición absoluta de la tortura y las obligaciones del Estados para prevenir y sancionar todo acto o intento de tortura y otros tratos crueles, inhumanos y degradantes en el ámbito de su jurisdicción.

144. En el presente caso se encuentra en controversia lo ocurrido a la presunta víctima mientras estuvo detenida. Para realizar el análisis de lo ocurrido a la presunta víctima, la Corte tomará en cuenta distintos elementos indiciarios que contribuyen a determinar lo sucedido, los cuales serán abarcados en el siguiente orden: (B.1) las declaraciones de la señora Azul Rojas Marín; (B.2) el examen médico legal, y (B.3) el dictamen pericial de las vestimentas de la presunta víctima. Seguidamente, (B.4) se determinará los maltratos ocurridos y (B.5) se procederá a calificarlos jurídicamente.

B.1. Las declaraciones de la señora Azul Rojas Marín

145. En el presente caso, consta en el expediente que la presunta víctima realizó una denuncia verbal de los hechos el 27 de febrero de 2008 a las 16:00 horas ante la policía[179], una manifestación de los hechos el 28 de febrero de 2008[180]; la ampliación

---

artículo 37, y Convención Internacional sobre la protección de los derechos de todos los trabajadores migratorios y de sus familiares, artículo 10.
[175] *Cfr.* Convención Interamericana para Prevenir y Sancionar la Tortura, artículos 1 y 5; Carta Africana de los Derechos Humanos y de los Pueblos, artículo 5; Carta Africana de los Derechos y Bienestar del Niño, artículo 16; Convención de Belém do Pará, artículo 4, y Convenio Europeo de Derechos Humanos, artículo 3.
[176] *Cfr. Caso Fernández Ortega y otros Vs. México. Excepción Preliminar, Fondo, Reparaciones y Costas.* Sentencia de 30 de agosto de 2010. Serie C No. 215, párr. 129, y *Caso Mujeres Víctimas de Tortura Sexual en Atenco Vs. México. Excepción Preliminar, Fondo, Reparaciones y Costas, supra*, párr. 179.
[177] *Cfr. Caso J. Vs. Perú. Excepción Preliminar, Fondo, Reparaciones y Costas, supra*, párr. 367, y *Caso Mujeres Víctimas de Tortura Sexual en Atenco Vs. México, supra*, párr. 179.
[178] *Cfr. Caso del Penal Miguel Castro Castro Vs. Perú. Fondo, Reparaciones y Costas.* Sentencia de 25 de noviembre de 2006. Serie C No. 160, párr. 306, y *Caso Mujeres Víctimas de Tortura Sexual en Atenco Vs. México. Excepción Preliminar, Fondo, Reparaciones y Costas, supra*, párr. 182.
[179] La señora Rojas Marín denunció que al momento de la detención le gritaron "SUBE CABRO CONCHA DE TU MADRE" y al no hacerle caso, le volvió a gritar con las mismas frases por tres oportunidades y

facts on February 28, 2008;[180] the expansion of the statement on March 6, 2008;[181] the statement made during the judicial inspection and reconstruction procedure,[182] and a statement at a hearing held during the procedure before the Inter-American

---

concha de tu madre; take your clothes off" and, as she did not want to do this, they slapped her, and as she did not undress, the police agents began to undress her forcibly and they tore her underwear. [...] then, a police agent tried to introduce the baton [in her] anus, and as he was unable to do this, they pushed [her] against the wall and took [her] clothes, leaving [her] naked. Then a tall police agent approached and began to caress [her] face and neck with his hands saying *'te gusta la p..., concha de tu madre'* to which [Ms. Rojas Marín] reacted by spitting in his face. The police then withdrew leaving [her] alone in the room. Later, a police agent threw [her] clothes at [her] so that [she] could get dressed and, on checking the pockets of her trousers, [she] could not find her mobile telephone [...] and [cash] so [she] proceeded to demand them back and they told [her] that there had been nothing in the trousers and they again undressed [her] and left [her] naked until 6 a.m. that day, when a police technician arrived [...] and on seeing her said *'What's this fucking fag doing here!.'* Then they gave [her] back [her] clothes so that [she] could get dressed and following this, [she] again asked the police technician [...] to return her things, and he answered: 'Leave *maricon concha de tu madre*, they should have put you in a cell so that everyone could fuck you." *Cf.* Verbal complaint made by Azul Rojas Marín at the Casa Grande Police Station on February 27, 2008 (evidence file, folio 2793).

[180] Ms. Rojas Marín reported that, at the time of the detention, they shouted at her: "Get in, *cabro concha de tu madre"* and when she did not do so, they shouted the same insults three times and then hit her with the police baton in the solar plexus to make her get into the van. On arrival at the Casa Grande Police Station, three police agents made her go into a room and one of them said *'te gusta la pin... concha de tu madre'*; take your clothes off" and, as she did not want to undress, they slapped [her], and as she did not undress, the police agents began to undress her forcibly and they tore her underwear." In answer to the questions of the Public Prosecution Service, she indicated that a police agent "ordered the agent [LQC] to take out his baton and he began to hit me, so I got down on the floor, leaning against the wall and the other younger agent lifted me up by the arms, and the tall police agent began to ram the baton into my genitals, while the other agent behind me held me by the arms (armpits) and had his back to the wall, and the tall agent rammed the baton into my testicles and then ordered the agent [LQC] to bring water and he brought a pitcher which he filled from a disposable plastic water bottle, and they wet the baton in the water, then [LQC together] with the agent who was holding my arms, turned me around and the tall police agent with the baton continued to hit me and tried to introduce the baton in my rectum, and as I was kicking trying to make them free me, I pushed [LQC] who fell and the other agent also fell and they let go of me, and then the tall police agent told them to get up; and because I was squatting they made me stand against the wall [...] and made me turn round, insulting me, and when I was against the wall he twice introduced the rubber baton in my rectum and I screamed because of the pain and I expelled it." *Cf.* Statement made by Azul Rojas Marín at the Casa Grande Police Station on February 28, 2008 (evidence file, folios 2808 to 2811).

[181] She stated that she ratified the content of her statement of February 28, 2008. She indicated that, on arriving at the police station, "a police agent said to me *'te gusta la pinga, cabro concha de tu madre'* and then he came closer and asked me 'Where is your brother, *El Tuco*,' and then I said 'I don't know' and he grabbed me and slapped me and said 'Take your clothes off, *concha de tu madre'* and as I did not want to undress and asked him why they were doing this to me, he again asked about me about my brother '*Tuco*' and then he came closer and shouted 'Take your clothes off, take your clothes off, *concha de tu madre'* and then he came even closer and tried to undress me forcibly and I fell to the ground and the tall police agent sat on top of me [and] ordered two other agents to undress me; the pale-faced agent took off my shirt and the agent [LQC] took off my trousers and shoes, and then I was able to get up and, then, the tall police agent came up to me and said *'te gusta la pinga, cabro concha de tu madre'* and tore my underwear and ordered [LQC] to give him his baton." Then he asked for water, "he began to wet the baton in the water and rammed the baton into me rectum several times." *Cf.* Expansion of the statement made by Azul Rojas Marín at the Casa Grande Police Station on March 6, 2008 (evidence file, folio 2815).

[182] During this procedure, the presumed victim described: (i) how two police agents held her arms against a wall and another introduced a rubber baton in her rectum twice; (ii) while resisting this she was able to free her arms and LQC grabbed her by the hair, pushing her against the wall again; (iii) as she was screaming, LQC picked up her clothes and the three agents left the room, and (iv) after the three agents had left, DPP entered and began to caress her arms asking her *"cabro, te gusta la pinga?" Cf.* Video 1 of inspection and reconstruction procedure on August 15, 2008 (evidence file, folder of audiovisual material, minutes 00:00 to 00:22, 01:10 to 02:38, 4:02 to 4:38 and 11:11 to 12:48).

de la manifestación el 6 de marzo de 2008[181]; la declaración realizada durante la diligencia de inspección y reconstrucción judicial[182], y una declaración en una

---

seguidamente la golpearon con la vara de ley en la boca del estómago para obligarla a subir a la camioneta. Una vez en la Comisaría de Casa Grande, la encerraron en una habitación "y luego entraron tres policías, uno de ellos [le] comenzó a decir 'TE GUSTA LA PIN… CONCHA DE TU MADRE[,] SACATE LA ROPA' y al no querer sacársela le tiraron dos cachetadas, y como no se despojaba de la ropa, los policías empezaron a sacarle la ropa a la fuerza y le rompieron [la] ropa interior,[…] después un policía trató de meterle la vara [en el] ano, y como no pudo [la] aventaron contra la pared y se llevaron su ropa dejándol[a] desnud[a.] [P]osteriormente se acerc[ó] un policía colorado, alto y empezó [a] acariciar[l]e con sus manos la cara y el cuello diciendo[l]e 'TE GUTA la P…, CONCHA DE TU MADRE' a lo que [la señora Rojas Marín] reaccionó y le escupió la cara para luego el policía retirarse y dejarl[a] sol[a] en la habitación[.] [D]espués un policía le tir[ó] su ropa para que se vist[a] y al revisar los bolsillos de su pantalón, no se encontraba su teléfono celular […] y [dinero en efectivo] por lo que procedió a reclamarles y le dijeron que no había tenido nada y [l]e volvieron a quitar la ropa y [la] dejaron desnud[a] hasta las 06:00 de la mañana del mismo día, donde se hizo presente [un] técnico […], y al verla le dijo 'QUE HACE ESTE MARICÓN DE MIERDA ACÁ' y luego le aventaron su ropa para que se vista, y luego de vestirse le volvió a decir al técnico […] que le entreguen sus cosas, contestando[l]e 'LARGATE MARICON CONCHA DE TU MADRE, TE HUBIERAN METIDO AL CALABOZO PARA QUE TE CACHEN TODOS'". *Cfr.* Denuncia verbal de Azul Rojas Marín ante la Comisaría de Casa Grande el 27 de febrero de 2008 (expediente de prueba, folio 2793).

[180] La señora Rojas Marín denunció que al momento de la detención le gritaron "SUBE CABRO CONCHA DE TU MADRE" y al no hacerle caso, le volvió a gritar con las mismas frases por tres oportunidades" y seguidamente lo golpearon con la vara de ley en la boca del estómago para obligarlo a subir a la camioneta. Una vez en la Comisaría de Casa Grande, tres policías lo hicieron entrar a un habitación y uno de ellos le dijo "TE GUSTA LA PIN CONCHA DE TU MADRE; SACATE LA ROPA" y al no querer sacármela [l]e tiraron dos cachetadas, y como no se sacaba [la] ropa, los policías empezaron la saca[rle la] ropa por la fuerza y [l]e rompieron [su] calzoncillo". Ante las preguntas del Ministerio Público indicó que un policía "le ordenó al policía [LQC] que saque su vara y comenzó a hincarme entonces me agaché hasta el suelo, recostándome contra la pared, y el otro policía joven me levantó jalándome de los brazos, y el policía alto me comenzó a hincarme con el mazo por mis genitales, mientras que el policía que me tenía agarrado de los brazos (axilas) por la espalda y éste se encontraba contra la pared, y el policía alto me hincaba con la vara por mis testículos y entonces le ordenó al policía [LQC] para que traiga agua y lo trajo en un jarro hecho de una botella de plástico descartable, donde mojaron la vara, entonces [LQC junto] con el que me tenía cogido de los brazos, me dan vuelta en el aire y el policía alto con la vara me continuaba hincando e intentado introducirme la vara por el recto, y como yo pataleaba tratando de hacerme soltar, lo empujé [a LQC] que se cayó y el otro policía también se cayó y me soltaron, y luego el policía alto [l]e dijo que [se] para[ra] ya que me encontraba sentada de cuclillas y me obligó a pararme contra la pared […] y me obligó a voltear con insultos y pegado contra la pared y cuando estaba contra la pared me introdujo la vara de goma por el recto en dos oportunidades y por el dolor yo grité y lo aventé". *Cfr.* Manifestación de Azul Rojas Marín ante la Comisaría de Casa Grande el 28 de febrero de 2008 (expediente de prueba, folios 2808 a 2811).

[181] Indicó que ratificaba el contenido de la manifestación de 28 de febrero de 2008. Indicó que al llegar a la comisaría un agente policial le comenzó a decir "TE GUSTA LA PINGA CABRO CONCHA DE TU MADRE y de allí se [le] acercó más y [le] preguntó 'DONDE ESTÁ TU HERMANO EL TUCO', y entonces yo le dije 'NO SÉ' y [la] agarró y [le] tiró dos cachetadas de allí [le] dijo "SACATE LA ROPA CONCHA DE TU MADRE" y al no querer[se] sacar la ropa, le preguntaba por [] qu[é] me hace esto y [l]e volvió a preguntar por [su] hermano 'TUCO' y luego se [le] acercó más y [le] dijo 'SACATE LA ROPA, SACATE LA ROPA CONCHA DE TU MADRE' y de allí se [l]e acercó más y [l]e quiso [sacar] a la fuerza la ropa y [se cayó] al suelo y el policía alto se sentó en […] encima [de ella y le] ordenó a otros dos policías que [l]e saquen la ropa que vestía, el policía blanquito [le] sacó el polo y el policía [LQC] [l]e sacó el pantalón y las zapatillas, y después me logré parar y en eso el policía alto se me acerca y me dice TE GUSTA LA PINGA CABRO CONCHA DE TU MADRE y [le] rompió [la] ropa interior, y él le ordenó [a LQC] que le de su mazo" luego pidió agua, "comenzó a mojar la vara en el agua y le "hincaron con el mazo en mi recto por varias oportunidades". *Cfr.* Ampliación de la manifestación de Azul Rojas Marín ante la Comisaría de Casa Grande el 6 de marzo de 2008 (expediente de prueba, folio 2815).

[182] En dicha diligencia la presunta víctima narró: (i) como dos policías le restringieron los brazos contra una pared y otro le introdujo una vara de goma por el recto en dos ocasiones; (ii) tras resistirse logró soltar sus brazos y LQC la agarró de su pelo, tirándole de nuevo contra la pared; (iii) ante los gritos de la presunta víctima, LQC cogió toda su ropa y los tres policías se retiraron de habitación y iv) luego de retirarse los tres

Commission on December 1, 2016.[183] The analysis of these statements reveals that, in general, Ms. Rojas Marín indicated on at least three occasions that the state agents hit her with a baton to make her get into the police vehicle[184] and, on arriving at the police station, three police agents shut her in a room where: (i) she was forcibly undressed;[185] (ii) asked about the whereabouts of her brother;[186] (iii) slapped;[187] (iv) comments were made about her sexual orientation,[188] and (vi) the police baton was twice introduced into her anus.[189]

146. First, the Court finds it evident that rape is a particular type of aggression that, in general, is characterized by occurring in the absence of people other than the victim and the aggressor or aggressors. Given the nature of this type of violence, the

---

[183] She indicated that, at the time of her detention, they hit her in the stomach with the police baton and, in the Police Station, they undressed her "they began to hit me with a baton that they wet in a bucket, which I believe was so that it would not leave traces. Then they took off my pants and grabbed my buttocks, while shouting 'Te gusta la P'; they pushed me against the wall and I felt sudden pain; they had introduced the baton in my rectum." Cf. Statement made by Azul Rojas Marín at the public hearing on merits before the Inter-American Commission on December 1, 2016.

[184] Cf. Verbal complaint made by Azul Rojas Marín at the Casa Grande Police Station on February 27, 2008 (evidence file, folio 2793); Statement of facts made by Azul Rojas Marín at the Casa Grande Police Station on February 28, 2008 (evidence file, folio 2808), and Statement made by Azul Rojas Marín at the public hearing on merits before the Inter-American Commission on December 1, 2016 (evidence file, folder of audiovisual material, minutes 3:40 to 3:45).

[185] Cf. Verbal complaint made by Azul Rojas Marín at the Casa Grande Police Station on February 27, 2008 (evidence file, folio 2793); Statement made by Azul Rojas Marín at the Casa Grande Police Station on February 28, 2008 (evidence file, folio 2809), and Expansion of the statement made by Azul Rojas Marín at the Casa Grande Police Station on March 6, 2008 (evidence file, folio 2815).

[186] Cf. Statement made by Azul Rojas Marín at the Casa Grande Police Station on February 28, 2008 (evidence file, folio 2810); Expansion of the statement made by Azul Rojas Marín before the Second Provincial Corporate Criminal Prosecution Service of Ascope on March 6, 2008 (evidence file, folio 2815), and Statement made by Azul Rojas Marín at the public hearing on merits before the Inter-American Commission on December 1, 2016 (evidence file, folder of audiovisual material, minutes 4:11 to 4:13).

[187] Cf. Verbal complaint made by Azul Rojas Marín at the Casa Grande Police Station on February 27, 2008 (evidence file, folio 2793); Statement made by Azul Rojas Marín at the Casa Grande Police Station on February 28, 2008 (evidence file, folios 2809 and 2810); Expansion of the statement made by Azul Rojas Marín the Casa Grande Police Station on March 6, 2008 (evidence file, folio 2815), and Statement made by Azul Rojas Marín at the public hearing on merits before the Inter-American Commission on December 1, 2016 (evidence file, folder of audiovisual material, minutes 4:45 to 4:46).

[188] Cf. Verbal complaint made by Azul Rojas Marín at the Casa Grande Police Station on February 27, 2008 (evidence file, folio 2793); Statement made by Azul Rojas Marín at the Casa Grande Police Station on February 28, 2008 (evidence file, folios 2809, 2810 and 2811); Expansion of the statement made by Azul Rojas Marín at the Casa Grande Police Station on March 6, 2008 (evidence file, folios 2815 and 2816), and Statement made by Azul Rojas Marín at the public hearing on merits before the Inter-American Commission on December 1, 2016 (evidence file, folder of audiovisual material, minutes 3:36 to 3:39, 4:18 to 4:25, 5:03 to 5:07 and 5:49 to 5:51).

[189] Cf. Statement made by Azul Rojas Marín at the Casa Grande Police Station on February 28, 2008 (evidence file, folio 2811); Expansion of the statement made by Azul Rojas Marín at the Casa Grande Police Station on March 6, 2008 (evidence file, folio 2816); Video 1 of the inspection and reconstruction procedure on August 15, 2008 (evidence file, folder of audiovisual material, annexes to the pleadings and motions brief, minutes 00:00 to 00:22), and Statement made by Azul Rojas Marín at the public hearing on merits before the Inter-American Commission on December 1, 2016 (evidence file, folder of audiovisual material, minutes 5:59 to 6:05).

audiencia realizada durante el proceso ante la Comisión Interamericana el 1 de diciembre de 2016[183]. Del análisis de dichas declaraciones, en términos generales, consta que la señora Rojas Marín señaló, en al menos tres oportunidades, que los agentes estatales la golpearon con la vara de ley para obligarla a subir al vehículo policial[184], y al momento de la detención tres policías la encerraron en una habitación donde: (i) fue desnudada forzadamente[185]; (ii) le preguntaron por el paradero de su hermano[186]; (iii) le pegaron cachetadas[187]; (iv) le realizaron comentarios respecto a su orientación sexual[188], y (v) le introdujeron la vara policial en el ano en dos oportunidades[189].

146. En primer lugar, para la Corte es evidente que la violación sexual es un tipo particular de agresión que, en general, se caracteriza por producirse en ausencia de otras personas más allá de la víctima y el agresor o los agresores. Dada la naturaleza

---

policías entró DPP quién comenzó a acariciarle los brazos, preguntándole "¿cabro te gusta la pinga?". *Cfr.* Vídeo 1 de diligencia de inspección y reconstrucción de hechos del 15 de agosto de 2008 (expediente de prueba, carpeta de material audiovisual, minutos 00:00 a 00:22, 01:10 a 02:38, 4:02 -4:38 y 11:11 a 12:48).

[183] Indicó que al momento de la detención lo golpearon en el estómago con la vara de uso policial. Señaló que en la Comisaría le quitaron la ropa, "le empezaron a golpear con un mazo, el que mojaban en un balde, el cree que era para no dejarle huellas. Luego le quitaron el calzoncillo y le agarraron las nalgas, le continuaban gritando "Te gusta la P, me pusieron contra la pared y sentí un dolor, le habían introducido la vara en el recto". *Cfr.* Declaración de Azul Rojas Marín en la audiencia pública de fondo ante la Comisión Interamericana el 1 de diciembre de 2016.

[184] *Cfr.* Denuncia verbal de Azul Rojas Marín ante la Comisaría de Casa Grande el 27 de febrero de 2008 (expediente de prueba, folio 2793); Manifestación de los hechos de Azul Rojas Marín ante la Comisaría de Casa Grande el 28 de febrero de 2008 (expediente de prueba, folio 2808), y Declaración de Azul Rojas Marín en la audiencia pública de fondo ante la Comisión Interamericana el 1 de diciembre de 2016 (expediente de prueba, carpeta de material audiovisual, minutos 3:40 a 3:45).

[185] *Cfr.* Denuncia verbal de Azul Rojas Marín ante la Comisaría de Casa Grande el 27 de febrero de 2008 (expediente de prueba, folio 2793); Manifestación de Azul Rojas Marín ante la Comisaría de Casa Grande el 28 de febrero de 2008 (expediente de prueba, folios 2809), y Ampliación de la manifestación de Azul Rojas Marín ante la Comisaría de Casa Grande el 6 de marzo de 2008 (expediente de prueba, folio 2815).

[186] *Cfr.* Manifestación de Azul Rojas Marín ante la Comisaría de Casa Grande el 28 de febrero de 2008 (expediente de prueba, folio 2810); Ampliación de la manifestación de Azul Rojas Marín ante el Segundo Despacho de la Fiscalía Provincial Penal Corporativa de Ascope el 6 de marzo de 2008 (expediente de prueba, folio 2815), y Declaración de Azul Rojas Marín en la audiencia pública de fondo ante la Comisión Interamericana de 1 de diciembre de 2016 (expediente de prueba, carpeta de material audiovisual, minutos 4:11 a 4:13).

[187] *Cfr.* Denuncia verbal de Azul Rojas Marín ante la Comisaría de Casa Grande el 27 de febrero de 2008 (expediente de prueba, folio 2793); Manifestación de Azul Rojas Marín ante la Comisaría de Casa Grande el 28 de febrero de 2008 (expediente de prueba, folios 2809 y 2810); Ampliación de la manifestación de Azul Rojas Marín la Comisaría de Casa Grande el 6 de marzo de 2008 (expediente de prueba, folio 2815), y Declaración de Azul Rojas Marín en la audiencia pública de fondo ante la Comisión Interamericana de 1 de diciembre de 2016 (expediente de prueba, carpeta de material audiovisual, minutos 4:45 a 4:46).

[188] *Cfr.* Denuncia verbal de Azul Rojas Marín ante la Comisaría de Casa Grande el 27 de febrero de 2008 (expediente de prueba, folio 2793); Manifestación de Azul Rojas Marín ante la Comisaría de Casa Grande el 28 de febrero de 2008 (expediente de prueba, folios 2809, 2810 y 2811); Ampliación de la manifestación de Azul Rojas Marín ante la Comisaría de Casa Grande el 6 de marzo de 2008 (expediente de prueba, folios 2815 y 2816), y Declaración de Azul Rojas Marín en la audiencia pública de fondo ante la Comisión Interamericana de 1 de diciembre de 2016 (expediente de prueba, carpeta de material audiovisual, minutos 3:36 a 3:39, 4:18 a 4:25, 5:03 a 5:07 y 5:49 a 5:51).

[189] *Cfr.* Manifestación de Azul Rojas Marín ante la Comisaría de Casa Grande el 28 de febrero de 2008 (expediente de prueba, folio 2811); Ampliación de la manifestación de Azul Rojas Marín ante la Comisaría de Casa Grande el 6 de marzo de 2008 (expediente de prueba, folio 2816); Vídeo 1 de diligencia de inspección y reconstrucción de hechos del 15 de agosto de 2008 (expediente de prueba, carpeta de material audiovisual, anexos al ESAP, minutos 00:00 a 00:22), y Declaración de Azul Rojas Marín en la audiencia pública de fondo ante la Comisión Interamericana el 1 de diciembre de 2016 (expediente de prueba, carpeta de material audiovisual, minutos 5:59 a 6:05).

existence of graphic or documentary evidence cannot be expected and, therefore, the victim's statement constitutes fundamental evidence of the fact.[190]

147. The Court notes that the presumed victim did not mention the rape when reporting the facts to the press. Also, in the first complaint filed before the police, she indicated that "a police agent tried to put the baton [in her] anus, and as he was unable to do so, he pushed [her] against the wall."

148. This Court has indicated that the mention of some of the alleged ill-treatment only in some of the statements does not mean that they are false or that the facts described are untrue.[191] The Court takes into account that the facts described by Ms. Rojas Marín refer to a traumatic event that she suffered, the impact of which could lead to a certain lack of precision when recalling them.[192] Also, when analyzing the said statements, it must be taken into account that sexual aggression corresponds to a type of offense that, frequently, the victim does not report owing to the stigma that this report usually entails.[193] Thus, it is reasonable that Ms. Rojas Marín did not mention the rape in the report made in the media or in the first oral complaint made at the police station.

149. In sum, the Court considers that, aside from some details, the different statements made by Ms. Rojas Marín before the domestic authorities are consistent, which reinforces their plausibility.

B.2. Forensic medical examination

150. On February 29, 2008, at 12:30 p.m., the forensic medical examination requested by the prosecutor was performed. The report indicated that the presumed victim "walks with slight difficulty owing to the pain, sits down slowly and then seeks an antalgic position." It describes swelling on the head, an injury to the lip and bruising on the arms. It also indicates:

> Anus: folds present, presence of recent upper perianal fissure of +3 x 0.5 cm and recent inferior perianal fissure of +2 x 0.2 cm, painful to the touch. Presence of recent anal fissures [… and] presence of earlier anal fissures.

151. The report concluded that Ms. Rojas Marín had: "(1) recent extragenital traumatic injuries caused by someone else with a blunt instrument; (2) no recent paragenital traumatic injuries, and (3) anus: old anal fissures with signs of a recent

---

[190] *Cf. Case of Fernández Ortega et al. v. Mexico. Preliminary Objection, Merits, Reparations and Costs*, *supra*, para. 100, and *Case of Valenzuela Ávila v. Guatemala. Merits, Reparations and Costs*, *supra*, para. 183.
[191] *Cf. Case of Cabrera García and Montiel Flores v. Mexico. Preliminary Objection, Merits, Reparations and Costs*, *supra*, para. 113, and *Case of Espinoza Gonzáles v. Peru. Preliminary Objections, Merits, Reparations and Costs*, *supra*, para. 150.
[192] *Cf. Case of Fernández Ortega et al. v. Mexico. Preliminary Objection, Merits, Reparations and Costs*, *supra*, para. 105, and *Case of Alvarado Espinoza et al. v. Mexico. Merits, Reparations and Costs*. Judgment of November 28, 2018. Series C No. 370, para. 187.
[193] *Cf. Case of Rosendo Cantú et al. v. Mexico. Preliminary Objection, Merits, Reparations and Costs*. Judgment of August 31, 2010. Series C No. 216, para. 95, and *Case of Espinoza Gonzáles v. Peru. Preliminary Objections, Merits, Reparations and Costs*, *supra*, para. 150.

de esta forma de violencia, no se puede esperar la existencia de pruebas gráficas o documentales y, por ello, la declaración de la víctima constituye una prueba fundamental sobre el hecho[190].

147. La Corte advierte que la presunta víctima no mencionó lo relativo a la violación sexual en la denuncia de los hechos en los medios de comunicación. Asimismo, en la primera denuncia ante la policía esta señaló que "un policía trató de meterle la vara [en el] ano, y como no pudo [la] aventaron contra la pared".

148. Este Tribunal ha señalado que la mención de algunos de los alegados maltratos solamente en algunas de las declaraciones no significa que sean falsos o que los hechos relatados carezcan de veracidad[191]. Al respecto, este Tribunal toma en cuenta que los hechos descritos por la señora Rojas Marín se refieren a un momento traumático sufrido por ella, cuyo impacto puede derivar en determinadas imprecisiones al recordarlos[192]. Asimismo, al analizar dichas declaraciones se debe tomar en cuenta que las agresiones sexuales corresponden a un tipo de delito que la víctima no suele denunciar, por el estigma que dicha denuncia conlleva usualmente[193]. En este sentido, es razonable que la señora Rojas Marín no haya mencionado la violación sexual en la denuncia realizada en medios de comunicación, ni en la primera denuncia verbal realizada en la policía.

149. En suma, la Corte considera que las distintas declaraciones rendidas por la señora Rojas Marín ante las autoridades nacionales, más allá de las particularidades, son coincidentes de forma que se refuerza la verosimilitud de las mismas.

B.2. Examen médico legal

150. El 29 de febrero de 2008 a las 12:30 se realizó el examen médico legal solicitado por la fiscalía. El examen señala que la presunta víctima "deambula con ligera dificultad por dolor, al sentarse lo hace con lentitud y luego busca una posición antálgica". Asimismo, describe un edema en la cabeza, una herida en el labio y hematomas en los brazos. Además, señala:

Ano: pliegues presentes, presencia de fisura perianal superior reciente de + 3 x 0.5 cm y fisura perianal inferior reciente de + 2 x 0.2 cm dolorosas al tacto. Presencia de fisuras anales recientes [... y] presencia de fisuras anales antiguas.

151. El examen concluyó que la señora Rojas Marín presentaba: "(1) lesiones traumáticas extragenitales recientes de origen contuso por mano ajena; (2) no lesiones traumáticas paragenitales recientes, y (3) ano: fisuras anales antiguas con signos de

---

[190] *Cfr. Caso Fernández Ortega y otros. Vs. México. Excepción Preliminar, Fondo, Reparaciones y Costas*, supra, párr. 100, y *Caso Valenzuela Ávila Vs. Guatemala. Fondo, Reparaciones y Costas*, supra, párr. 183.
[191] *Cfr. Caso Cabrera García y Montiel Flores Vs. México. Excepción Preliminar, Fondo, Reparaciones y Costas*, supra, párr. 113, y *Caso Espinoza Gonzáles Vs. Perú. Excepciones Preliminares, Fondo, Reparaciones y Costas*, supra, párr. 150.
[192] *Cfr. Caso Fernández Ortega y otros. Vs. México. Excepción Preliminar, Fondo, Reparaciones y Costas*, supra, párr. 105, y *Caso Alvarado Espinoza y otros Vs. México. Fondo, Reparaciones y Costas*. Sentencia de 28 de noviembre de 2018. Serie C No. 370, párr. 187.
[193] *Cfr. Caso Rosendo Cantú y otra Vs. México. Excepción Preliminar, Fondo, Reparaciones y Costas*. Sentencia de 31 de agosto de 2010. Serie C No. 216, párr. 95, y *Caso Espinoza Gonzáles Vs. Perú. Excepciones Preliminares, Fondo, Reparaciones y Costas*, supra, párr. 150.

unnatural act." The report indicates that she required 8 disability days.[194] In a medical expertise to ratify those findings, the forensic physical indicated that the injuries described in the forensic medical certificate "cannot prove that [...] they were caused by a police baton, but owing to the form, this is probable."[195]

152. In the course of the investigations conducted in 2019, the forensic physician indicated in a ratification procedure that, to determine whether the injuries were compatible with the attempt of forcible penetration of the rectum with a police baton, he would have to see the police baton and know the measurements of the said object.[196] Additionally, a forensic medical certificate issued on November 4, 2019, indicated that "[i]n a recent examination performed of the person evaluated, old injuries were found that are consistent with the act described (in other words, scars in the anal region located in the same place as indicated in the initial forensic medical certificate [...])." In this regard, the report indicated that "the description of the facts made by the presumed victim, as well as the injuries produced are those that are generally found with this type of act."[197]

153. It should be pointed out that the absence of physical signs does not mean that ill-treatment did not occur, because it is frequent that such acts of violence against an individual do not leave permanent traces or scars.[198] The same is true for cases of sexual violence and rape in which the occurrence is not necessarily reflected in marks or scars during a medical examination because not all cases of sexual violence and/or rape cause physical injuries or diseases that can be verified by a medical examination.[199]

154. Even though several of the alleged abuses did not leave physical traces, the Court notes that the injuries found in the extragenital and genital areas are consistent with the presumed victim's assertion that she was hit several times during her detention and that they introduced the police baton in her anus.

B.3. Expert appraisal of the presumed victim's clothing

155. In the course of the investigation, the clothing that the presumed victim was wearing on the day of the incident was examined. The expert report indicated that, on the "outside back of [the trousers], at the level of the pockets, brownish contact stains can be observed. On the central part of the inside reddish-brown stains are impregnated." The analysis of the latter determined that this was type "O"[200] human blood, which coincides with the presumed victim's blood type.[201]

---

[194] *Cf.* Forensic Medical Certificate of February 29, 2008 (evidence file, folio 2193).
[195] *Cf.* Medical ratification procedure of April 22, 2008 (evidence file, folios 5473 and 5474).
[196] *Cf.* Medical ratification procedure of July 4, 2019 (evidence file, folio 5671).
[197] *Cf.* Forensic Medical Certificate of November 4, 2019 (evidence file, folios 5469 to 5471).
[198] *Cf. Case of J. v. Peru. Preliminary Objection, Merits, Reparations and Costs, supra,* para. 329, and *Case of Valenzuela Ávila v. Guatemala. Merits, Reparations and Costs, supra,* para. 192.
[199] *Cf. Case of Fernández Ortega et al. v. Mexico. Preliminary Objection, Merits, Reparations and Costs, supra,* para. 124, and *Case of Valenzuela Ávila v. Guatemala. Merits, Reparations and Costs, supra,* para. 185.
[200] *Cf.* Expert report of March 12, 2008 (evidence file, folio 2236).
[201] *Cf.* Expert report of March 11, 2008 (evidence file, folio 2238).

acto contranatura reciente". El examen indica que requería 8 días de incapacidad[194]. Mediante una ratificación pericial médica, el médico legista indicó que de las lesiones descritas en su certificado médico legal "no puede afirmar que […] hayan sido causad[as] por una vara de reglamento policial, pero por la forma, consistencia es probable"[195].

152. Dentro de las investigaciones realizadas en el 2019, el médico legista señaló en una diligencia de ratificación que, para poder determinar si las lesiones eran compatibles con el intento de forzar la penetración en el recto con una vara policial, tendría que ver la vara policial y disponer de la cuantificación de medidas del objeto en mención[196]. Adicionalmente, en un certificado médico legal realizado el 4 de noviembre de 2019, se indicó que "[e]n el examen reciente que se le realizó a[la] evaluad[a] se encontraron lesiones antiguas que guardan relación el hecho descrito (es decir, cicatrices en la región anal que tienen la misma ubicación que en el certificado médico legal inicial […])". En este sentido, el examen señaló que "el relato de los hechos realizado por la presunta víctima, así como las lesiones producidas son las que generalmente se encuentran con este tipo de actos"[197].

153. Es necesario señalar que la ausencia de señales físicas no implica que no se han producido maltratos, ya que es frecuente que estos actos de violencia contra las personas no dejen marcas ni cicatrices permanentes[198]. Lo mismo es cierto para los casos de violencia y violación sexual, en los cuales no necesariamente se verá reflejada la ocurrencia de marcas o cicatrices en un examen médico, ya que no todos los casos de violencia y/o violación sexual ocasionan lesiones físicas o enfermedades verificables a través de un examen médico[199].

154. Sin perjuicio que varios de los maltratos alegados no dejarían rastros físicos, este Tribunal advierte que las lesiones encontradas en las zonas extragenitales y genitales son consistentes con lo relatado por la presunta víctima, en el sentido que fue golpeada en diversos momentos durante su detención y que le introdujeron en el ano la vara policial.

B.3. Dictamen pericial de la vestimenta de la presunta víctima

155. Dentro de la investigación se examinó la vestimenta que la presunta víctima usó el día de los hechos. El dictamen pericial indica que el pantalón en la "parte posterior externa a la altura de los bolsillos se observan "manchas pardas tipo contacto". Internamente en la parte posterior central presenta manchas pardo rojizas tipo contacto impregnación". Al analizarlas se determinó que se trataba de sangre humana, grupo sanguíneo "O"[200], lo cual coincide con el grupo sanguíneo de la presunta víctima[201].

---

[194] *Cfr.* Certificado Médico Legal de 29 de febrero de 2008 (expediente de prueba, folio 2193).
[195] *Cfr.* Diligencia de ratificación pericial médica de 22 de abril de 2008 (expediente de prueba, folios 5473 y 5474).
[196] *Cfr.* Diligencia de ratificación pericial médica de 4 de julio de 2019 (expediente de prueba, folio 5671).
[197] *Cfr.* Certificado Médico legal de 4 de noviembre de 2019 (expediente de prueba, folios 5469 a 5471).
[198] *Cfr. Caso J. Vs. Perú. Excepción Preliminar, Fondo, Reparaciones y Costas, supra,* párr. 329, y *Caso Valenzuela Ávila Vs. Guatemala. Fondo, Reparaciones y Costas, supra,* párr. 192.
[199] *Cfr. Caso Fernández Ortega y otros. Vs. México. Excepción Preliminar, Fondo, Reparaciones y Costas, supra,* párr. 124, y *Caso Valenzuela Ávila Vs. Guatemala. Fondo, Reparaciones y Costas, supra,* párr. 185.
[200] *Cfr.* Dictamen Pericial de 12 de marzo de 2008 (expediente de prueba, folio 2236).
[201] *Cfr.* Dictamen Pericial de 11 de marzo de 2008 (expediente de prueba, folio 2238).

156. The correspondence between the blood type of the blood found on the back of the presumed victim's trousers and the blood type of the presumed victim is additional evidence to support the statements made by Ms. Rojas Marín.

B.4. Determination of the ill-treatment that occurred

157. Based on all the preceding considerations, the Court finds that it has been sufficiently proved that, during her detention, Ms. Rojas Marín was forcibly undressed, hit on several occasions, the state agents made derogatory comments about her sexual orientation, and she was the victim of rape because a police baton was introduced into her anus twice. This determination is based on: (1) the statements made by Ms. Rojas Marín; (2) the medical examinations performed on Ms. Rojas Marín, and (3) the expert report on the presumed victim's clothing. In addition, the Court recalls that the detention of Ms. Rojas Marín was carried out without meeting the legal requirements, including the obligation to record the detention, and that this detention was carried out for discriminatory purposes (*supra* paras. 100 to 134). The conditions in which the detention was carried out support the conclusion that the ill-treatment alleged by the presumed victim occurred.

B.5. Legal classification

158. The Court has indicated that any use of force that is not strictly necessary owing to the conduct of the person detained constitutes an attack on human dignity in violation of Article 5 of the American Convention.[202] In the instant case, the State has not shown that the force used at the time of the detention was necessary. In addition, the rape of which Ms. Rojas Marín was a victim also constituted a violation of her right to personal integrity.

159. The violation of the right to physical and mental integrity has different connotations of degree and ranges from torture to other types of abuse or cruel, inhuman or degrading treatment, the physical and mental aftereffects of which vary in intensity based on factors that are exogenous and endogenous to the individual (such as, duration of the treatment, age, sex, health, context, and vulnerability) that must be analyzed in each specific situation.[203]

160. The Court has understood that, in light of Article 5(2) of the Convention, "torture" is any act of abuse that: (i) is intentional; (ii) causes severe physical or mental suffering, and (iii) is committed with any objective or purpose.[204] The Court has also recognized that threats and the real danger of subjecting a person to serious physical injuries produces, in certain circumstances, moral anguish of such intensity

---

[202] *Cf. Case of Loayza Tamayo v. Peru. Merits.* Judgment of September 17, 1997. Series C No. 33, para. 57, and *Case of Díaz Loreto et al. v. Venezuela. Preliminary Objections, Merits, Reparations and Costs.* Judgment of November 19, 2019. Series C No. 392, para. 91.

[203] *Cf. Case of Loayza Tamayo v. Peru. Merits, supra,* paras. 57 and 58, and *Case of Montesinos Mejía v. Ecuador. Preliminary Objections, Merits, Reparations and Costs, supra,* para. 150.

[204] *Cf. Case of Bueno Alves v. Argentina. Merits, Reparations and Costs.* Judgment of May 11, 2007. Series C No. 164, para. 79, and *Case of Ruiz Fuentes et al. v. Guatemala. Preliminary Objection, Merits, Reparations and Costs.* Judgment of October 10, 2019. Series C No. 385, para. 129.

156. La coincidencia entre el grupo sanguíneo de la sangre encontrada en la parte trasera del pantalón de la presunta víctima y el grupo sanguíneo de la presunta víctima constituye un indicio adicional concordante con lo relatado por la señora Rojas Marín.

B.4. Determinación de los maltratos ocurridos

157. En virtud de todas las consideraciones anteriores, la Corte encuentra suficientemente acreditado que, durante la detención, la señora Rojas Marín fue desnudada forzosamente, golpeada en varias oportunidades, los agentes estatales realizaron comentarios despectivos sobre su orientación sexual, y fue víctima de violación sexual ya que en dos oportunidades le introdujeron una vara policial en el ano. Dicha determinación se basa en: (1) las declaraciones de la señora Rojas Marín; (2) los exámenes médicos realizado a la señora Rojas Marín, y (3) el dictamen pericial de la vestimenta de la presunta víctima. Adicionalmente, la Corte recuerda que la detención de la señora Rojas Marín se realizó sin que se cumplieran con los requisitos legales, incluyendo la obligación de registrar la detención, y que esta detención fue realizada con fines discriminatorios (*supra* párrs. 100 a 134). Estas condiciones en las que se realizó la detención favorecen la conclusión de la ocurrencia de los malos tratos alegados por la presunta víctima.

B.5. Calificación Jurídica

158. El Tribunal ha indicado que todo uso de la fuerza que no sea estrictamente necesario por el propio comportamiento de la persona detenida constituye un atentado a la dignidad humana, en violación del artículo 5 de la Convención Americana[202]. En el presente caso, el Estado no ha demostrado que la fuerza utilizada al momento de la detención fue necesaria. Asimismo, la violación sexual a la que fue víctima la señora Rojas Marín constituye también una violación a su derecho a la integridad personal.

159. La violación del derecho a la integridad física y psíquica de las personas tiene diversas connotaciones de grado y que abarca desde la tortura hasta otro tipo de vejámenes o tratos crueles, inhumanos o degradantes, cuyas secuelas físicas y psíquicas varían de intensidad según factores endógenos y exógenos de la persona (duración de los tratos, edad, sexo, salud, contexto, vulnerabilidad, entre otros) que deberán ser analizados en cada situación concreta[203].

160. La Corte ha entendido que, a la luz del artículo 5.2 de la Convención "tortura" es todo acto de maltrato que: (i) sea intencional; (ii) cause severos sufrimientos físicos o mentales, y (iii) se cometa con cualquier fin o propósito[204]. Asimismo, el Tribunal ha reconocido que las amenazas y el peligro real de someter a una persona a graves lesiones físicas produce, en determinadas circunstancias, una

---

[202] *Cfr. Caso Loayza Tamayo Vs. Perú. Fondo*. Sentencia de 17 de septiembre de 1997. Serie C No. 33, párr. 57, y *Caso Díaz Loreto y otros Vs. Venezuela. Excepciones Preliminares, Fondo, Reparaciones y Costas*. Sentencia de 19 de noviembre de 2019. Serie C No. 392, párr. 91.
[203] *Cfr. Caso Loayza Tamayo Vs. Perú. Fondo*, *supra*, párrs. 57 y 58, y *Caso Montesinos Mejía Vs. Ecuador. Excepciones Preliminares, Fondo, Reparaciones y Costas*, *supra*, párr. 150.
[204] *Cfr. Caso Bueno Alves Vs. Argentina. Fondo, Reparaciones y Costas*. Sentencia de 11 de mayo de 2007. Serie C No. 164, párr. 79, y *Caso Ruiz Fuentes y otra Vs. Guatemala. Excepción Preliminar, Fondo, Reparaciones y Costas*. Sentencia de 10 de octubre de 2019. Serie C No. 385, párr. 129.

that it may be considered "psychological torture."[205] Similarly, the Court has reiterated that rape and other forms of sexual violence may constitute cruel, inhuman or degrading treatment and even acts of torture if the elements of the definition are met.[206] To classify a rape as torture, it is necessary to examine the intentionality, the severity of the suffering, and the purpose of the act, taking into consideration the specific circumstances of each case.[207] The Court will now examine whether these elements were present in the abuse of which Azul Rojas Marín was a victim.

161. Regarding the existence of an intentional act, the evidence in the case file proves that the abuse was inflicted on the presumed victim deliberately. Indeed, the statements reveal that the state agents hit Ms. Rojas Marín intentionally on several occasions and raped her by introducing the police baton in her anus.

162. Based on the evidence provided, the Court finds that the severity of the abuse suffered by the presumed victim has been proved. The Court has established that rape is an extremely traumatic experience that has severe consequences and causes great physical and psychological harm, leaving the victim "physically and emotionally humiliated."[208] On this point, the forensic medical examination ratified the presence of extragenital and anal injuries (*supra* para. 151), and the blood found on the back of the presumed victim's trousers reveals that, possibly following the rape, when putting the trousers back on, the bleeding continued. Also, Ms. Rojas Marín indicated that the "first four days the pain was most intense, she was even afraid to defecate because it hurt."[209] She also indicated that "it hurt her to sit down, she felt pressure, she had to find a comfortable position."[210].

163. Lastly, regarding the purpose, the Court has considered, in general, that rape, like torture, seeks, among other objectives, to intimidate, degrade, humiliate, punish or control the person subjected to it.[211] The representatives argued that the abuse was inflicted for discriminatory purposes. In this regard, expert witness Juan Méndez indicated that "to determine whether a case of torture has been motivated by prejudice against LGBTI people," the following indicators can be used: "the method and characteristics of the violence inspired by discrimination. For example, in cases of LGBTI people, anal rape or the use of other forms of sexual violence";

---

[205] *Cf. Case of Cantoral Benavides v. Peru. Reparations and costs.* Judgment of December 3, 2001. Series C No. 88, para. 102, and *Case of Women Victims of Sexual Torture in Atenco v. Mexico. Preliminary Objection, Merits, Reparations and Costs, supra*, para. 192.

[206] *Cf. Case of Rosendo Cantú et al. v. Mexico. Preliminary Objection, Merits, Reparations and Costs, supra*, paras. 110 and 112, and *Case of Women Victims of Sexual Torture in Atenco v. Mexico. Preliminary Objection, Merits, Reparations and Costs, supra*, para. 193.

[207] *Cf. Case of Fernández Ortega et al. v. Mexico. Preliminary Objection, Merits, Reparations and Costs, supra*, para. 128, and *Case of Women Victims of Sexual Torture in Atenco v. Mexico. Preliminary Objection, Merits, Reparations and Costs, supra*, para. 193.

[208] *Cf. Case of the Miguel Castro Castro Prison v. Peru. Merits, Reparations and Costs, supra*, para. 311, and *Case of López Soto et al. v. Venezuela. Merits, Reparations and Costs.* Judgment of September 26, 2018. Series C No. 362, para. 187.

[209] Expansion of the statement made by Azul Rojas Marín at the Casa Grande Police Station on March 6, 2008 (evidence file, folio 2819).

[210] Expansion of the statement made by Azul Rojas Marín at the Casa Grande Police Station on March 6, 2008 (evidence file, folio 2819).

[211] *Cf. Case of Rosendo Cantú et al. v. Mexico. Preliminary Objection, Merits, Reparations and Costs, supra*, para. 117, and *Case of Women Victims of Sexual Torture in Atenco v. Mexico. Preliminary Objection, Merits, Reparations and Costs, supra*, para. 193.

angustia moral de tal grado que puede ser considerada "tortura psicológica"[205]. De igual manera, la Corte ha reiterado que la violación y otras formas de violencia sexual pueden configurar tratos crueles, inhumanos o degradantes, e incluso actos de tortura si se satisfacen los elementos de la definición[206]. Para calificar una violación sexual como tortura deberá atenerse a la intencionalidad, a la severidad del sufrimiento y a la finalidad del acto, tomando en consideración las circunstancias específicas de cada caso[207]. En este sentido, se procederá a examinar si los maltratos de los que fue víctima Azul Rojas Marín cumplen con estos elementos.

161. Con respecto a la existencia de un acto intencional, de las pruebas que constan en el expediente queda acreditado que el maltrato fue deliberadamente infligido en contra de la presunta víctima. En efecto, de las declaraciones se desprende que los agentes estatales golpearon intencionalmente a la señora Rojas Marín en repetidas oportunidades y la violaron al introducir la vara policial en su ano.

162. De la prueba ofrecida, la Corte da por demostrada la severidad de los maltratos sufridos por la presunta víctima. En este sentido, este Tribunal ha establecido que la violación sexual es una experiencia sumamente traumática que tiene severas consecuencias y causa gran daño físico y psicológico que deja a la víctima "humillada física y emocionalmente"[208]. Sobre este punto, el examen médico legal acredita la presencia de lesiones extragenitales y en el ano (*supra* párr. 151), y la sangre encontrada en la parte trasera del pantalón de la presunta víctima muestra que posiblemente tras la violación, al ponerse el pantalón, continuó sangrando. Asimismo, la señora Rojas Marín indicó que los "primeros cuatro días el dolor fue más intenso, incluso tenía temor de hacer mis deposiciones porque [l]e dolía"[209]. Asimismo indicó que "al sentarse a veces le dolía, le presionaba, tenía que acomodarse"[210].

163. Por último, respecto a la finalidad, la Corte ha considerado que en términos generales, la violación sexual, al igual que la tortura, persigue, entre otros, los fines de intimidar, degradar, humillar, castigar o controlar a la persona que la sufre[211]. Las representantes alegaron que los malos tratos fueron realizados con fines discriminatorios. Al respecto, el perito Juan Méndez indicó que "para determinar si un caso de tortura ha sido motivado por un prejuicio contra personas LGBTI" se puede usar como indicadores: "[l]a modalidad y características de la violencia inspirada en la discriminación. Por ejemplo, en casos de personas LGBTI, la violación anal o el uso

---

[205] *Cfr. Caso Cantoral Benavides Vs. Perú. Reparaciones y Costas.* Sentencia de 3 de diciembre de 2001. Serie C No. 88, párr. 102, y *Caso Mujeres Víctimas de Tortura Sexual en Atenco Vs. México. Excepción Preliminar, Fondo, Reparaciones y Costas, supra,* párr. 192.

[206] *Cfr. Caso Rosendo Cantú y otra Vs. México. Excepción Preliminar, Fondo, Reparaciones y Costas, supra,* párrs. 110 y 112, y *Caso Mujeres Víctimas de Tortura Sexual en Atenco Vs. México. Excepción Preliminar, Fondo, Reparaciones y Costas, supra,* párr. 193.

[207] *Cfr. Caso Fernández Ortega y otros Vs. México. Excepción Preliminar, Fondo, Reparaciones y Costas, supra,* párr. 128, y *Caso Mujeres Víctimas de Tortura Sexual en Atenco Vs. México. Excepción Preliminar, Fondo, Reparaciones y Costas, supra,* párr. 193.

[208] *Cfr. Caso del Penal Miguel Castro Castro Vs. Perú. Fondo, Reparaciones y Costas, supra,* párr. 311, y *Caso López Soto y otros Vs. Venezuela. Fondo, Reparaciones y Costas.* Sentencia de 26 de septiembre de 2018. Serie C No. 362, párr. 187.

[209] Ampliación de la manifestación de Azul Rojas Marín la Comisaría de Casa Grande el 6 de marzo de 2008 (expediente de prueba, folio 2819).

[210] Ampliación de la manifestación de Azul Rojas Marín ante la Comisaría de Casa Grande el 6 de marzo de 2008 (expediente de prueba, folio 2819).

[211] *Cfr. Caso Rosendo Cantú y otra Vs. México. Excepción Preliminar, Fondo, Reparaciones y Costas, supra,* párr. 117, y *Caso Mujeres Víctimas de Tortura Sexual en Atenco Vs. México. Excepción Preliminar, Fondo, Reparaciones y Costas, supra,* párr. 193.

"discriminatory insults, comments or gestures by the perpetrators during the perpetration of the conduct or in its immediate context, referring to the sexual orientation or gender identity of the victim" or "the absence of other reasons."[212] In this case, one of the aggressions suffered by the presumed victim was anal rape. On this point, expert witness María Mercedes Gómez indicated that rape carried out using "an instrument that symbolically represents authority [such as] the police baton, [...] sends the symbolic message [...] of restoring a masculinity that is threatened by the perception of the victim as not complying with the established order of masculinity."[213]

164. In addition, the violence use by the state agents against Ms. Rojas Marín included stereotypical insults and threats of rape. Thus, the Court notes that on several occasions the agents said *"cabro"*, *"concha de tu madre"*, *"te gusta la pinga"* [you like cock], *"maricón de mierda,"* [fucking fag] and "they should have put you in a cell so that everyone could fuck you."[214] The Court considers that the anal rape and the comments relating to sexual orientation also reveal a discriminatory purpose, so that this was an act of violence based on prejudice.

165. Furthermore, the Court notes that the case can be considered a "hate crime" because it is clear that the aggression against the victim was based on her sexual orientation; in other words, this crime not only damaged the rights of Azul Rojas Marín, but was also a message to the whole LGBTI community, a threat to the freedom and dignity of this entire social group.

166. Based on the foregoing, the Court concludes that the series of abuses and aggressions suffered by Azul Rojas Marín, including the rape, constituted an act of torture by state agents.

167. Consequently, the State violated the rights to personal integrity, privacy, and not to be subjected to torture established in Articles 5(1), 5(2) and 11 of the Convention, in relation to the obligations to respect and to ensure these rights without discrimination, established in Article 1(1) of this instrument and Articles 1 and 6 of the Inter-American Convention to Prevent and Punish Torture.

VII-4
RIGHTS TO JUDICIAL GUARANTEES AND JUDICIAL PROTECTION[215]

A. ARGUMENTS OF THE PARTIES AND OF THE COMMISSION

168. The *Commission* argued that the investigation and the criminal proceedings conducted in the domestic sphere "contravened the obligations to protect and to provide care for a victim who reports sexual violence, with the aggravating factor of

---

[212] *Cf.* Affidavit of Juan Ernesto Méndez of August 1 2019 (evidence file, folios 3401 and 3402).
[213] *Cf.* Statement made by María Mercedes Gómez during the public hearing held in this case.
[214] *Cf.* Verbal complaint made by Azul Rojas Marín at the Casa Grande Police Station on February 27, 2008 (evidence file, folio 2793); Statement made by Azul Rojas Marín at the Casa Grande Police Station on February 28, 2008 (evidence file, folio 2811); Expansion of the statement made by Azul Rojas Marín at the Casa Grande Police Station on March 6, 2008 (evidence file, folio 2815); Video 1 of the inspection and reconstruction procedure on August 15, 2008 (evidence file, folder of audiovisual material, minutes 00:00 to 00:22, 01:10 to 02:38, 4:02 to 4:38 and 11:11 to 12:48), and Statement made by Azul Rojas Marín at the public hearing on merits before the Inter-American Commission on December 1, 2016.
[215] Articles 8 and 25 of the Convention.

de otras formas de violencia sexual"; "insultos, comentarios o gestos discriminatorios realizados por los perpetradores durante la comisión de la conducta o en su contexto inmediato, con referencia a la orientación sexual o identidad de genera de la víctima" o "la ausencia de otras motivaciones"[212]. En el presente caso, una de las agresiones sufridas por la presunta víctima fue una violación anal. Sobre este punto, la perita María Mercedes Gómez indicó que en la violación mediante "un elemento que simbólicamente representa la autoridad, [como lo es] la vara de dotación,[…] manda [el] mensaje simbólico […] de reinstaurar una masculinidad que se ve amenazada por la percepción de la víctima como no cumpliendo los órdenes establecidos de la masculinidad"[213].

164. Además, la violencia ejercida por los agentes estatales contra la señora Rojas Marín incluyó insultos estereotipados y amenazas de violación. En este sentido, se advierte que le dijeron en varias oportunidades "cabro", "concha de tu madre", "te gusta la pinga", "maricón de mierda", y "te hubieran metido al calabozo para que te cachen todos"[214]. Este Tribunal considera que la violación anal y los comentarios relativos a la orientación sexual, evidencian también un fin discriminatorio, por lo que constituyó un acto de violencia por prejuicio.

165. Asimismo, la Corte advierte que el caso resulta encuadrable en lo que considera "delito de odio" o "*hate crime*", pues es claro que la agresión a la víctima estuvo motivada en su orientación sexual, o sea que, este delito no solo lesionó bienes jurídicos de Azul Rojas Marín, sino que también fue un mensaje a todas las personas LGBTI, como amenaza a la libertad y dignidad de todo este grupo social.

166. En virtud de lo anterior, la Corte concluye que el conjunto de abusos y agresiones sufridas por Azul Rojas Marín, incluyendo la violación sexual, constituyó un acto de tortura por parte de agentes estatales.

167. Por tanto, el Estado violó los derechos a la integridad personal, a la vida privada, y a no ser sometida a tortura, consagrados en los artículos 5.1, 5.2 y 11 de la Convención, en relación con las obligaciones de respetar y garantizar dichos derechos sin discriminación, consagradas en el artículo 1.1 del mismo tratado y los artículos 1 y 6 de la Convención Interamericana para Prevenir y Sancionar la Tortura.

VII-4
DERECHOS A LAS GARANTÍAS JUDICIALES Y PROTECCIÓN JUDICIAL[215]

A. ALEGATOS DE LAS PARTES Y DE LA COMISIÓN

168. La *Comisión* afirmó que la investigación y el proceso penal llevados a cabo a nivel interno "contravin[ieron] las obligaciones de atención y protección de una

---

[212] *Cfr.* Declaración rendida ante fedatario público (afidávit) por Juan Ernesto Méndez de 1 de agosto de 2019 (expediente de prueba, folios 3401 y 3402).
[213] *Cfr.* Declaración de María Mercedes Gómez rendida en audiencia pública celebrada en el presente caso.
[214] *Cfr.* Denuncia verbal de Azul Rojas Marín ante la Comisaría de Casa Grande el 27 de febrero de 2008 (expediente de prueba, folio 2793); Manifestación de Azul Rojas Marín ante la Comisaría de Casa Grande el 28 de febrero de 2008 (expediente de prueba, folio 2811); Ampliación de la manifestación de Azul Rojas Marín ante la Comisaría de Casa Grande el 6 de marzo de 2008 (expediente de prueba, folio 2815); Vídeo 1 de diligencia de inspección y reconstrucción de hechos del 15 de agosto de 2008 (expediente de prueba, carpeta de material audiovisual, minutos 00:00 a 00:22, 01:10 a 02:38, 4:02 -4:38 y 11:11 a 12:48), y Declaración de Azul Rojas Marín en la audiencia pública de fondo ante la Comisión Interamericana el 1 de diciembre de 2016.
[215] Artículos 8 y 25 de la Convención.

the prejudice that exists with regard to LGBTI people." It indicated that "initially, there was a delay in providing the appropriate means to obtain evidence to clarify what happened," and that "in this type of case, a delay [...] may be significant." It considered that the information provided by Azul Rojas Marín "should have been sufficient evidence for the State to activate its reinforced duty" to investigate possible acts of violence based on prejudice, and this did not occur. It stressed that the authorities performed a [forensic medical] examination without providing the victim with any kind of "counseling or support." It observed that the forensic medical examination "made a superficial assessment" without "verifying, in the greatest possible detail, the specific aggressions that she described having suffered" and indicated that this examination report included "irrelevant statements about Azul Rojas Marín's private life and negative gender stereotyping"; also, that the psychological assessment discredited "the victim and [...] her credibility," constituting "an additional form of revictimization." Lastly, the Commission considered that, the Ascope Prosecutor's decisions not "to expand the investigation to include the crime of torture" and to dismiss the case "used an analysis methodology based on comparing the statements of the victim with those of the agents involved, and failed to make a comprehensive analysis."

169. The *representatives* argued that there were "numerous acts and omissions of State officials in the investigation of the unlawful detention, sexual violence and torture." They indicated that Azul "went to file a complaint with the Casa Grande Police Station, where the acts took place, the day after her release," and they refused to receive the complaint because "the police agents alleged that their chief was not there at that time." They added that the prosecutor "failed to order a forensic medical examination for the offense of rape immediately, or to require the custody of key evidence, such as the clothes that Azul was wearing on the day of the incident." The argued that "the forensic medical examination was not performed by appropriate personnel, trained in cases of torture," and that Azul received no medical or psychological care from the State. They indicated that "the procedure to obtain her statement [...] was not carried out privately and respecting the victim."

170. They also argued that "the preliminary investigation was fraught with irregularities, deficiencies and gaps." Therefore, "it was clear that the judicial authorities and the Public Prosecution Service acted in a discriminatory way, applying stereotypes. The representatives considered that the lack of an adequate investigation was discriminatory because "the prosecution's file does not show that any procedures were conducted to clarify whether the facts" were related to the "sexual orientation and non-normative gender expression" of Azul Rojas Marín even though "these elements were mentioned from the start of the investigation." They indicated that "in this case, Azul Rojas Marín faced discrimination and prejudices based on her sexual orientation and non-normative gender expression from the start of the investigation, reflected in the minimization of the facts, the discrediting of her statements, the disparaging references, and other actions by the agents of justice." They considered that "her complaint was not handled by an impartial prosecutor owing to the presence of negative stereotypes about Azul."

171. In addition, they argued that the definition of torture in the Peruvian Criminal Code does not comply "with international standards" and that this was "not only a violation of Peru's international obligations, but also a violation of the rights to a

víctima que denuncia violencia sexual, con el factor agravado del prejuicio existente respecto de las personas LGBTI". Señaló que hubo "una demora inicial en disponer los medios probatorios idóneos para esclarecer lo sucedido" y que "en este tipo de casos una demora […] puede ser fundamental". Consideró que la información proveída por Azul Rojas Marín "debió ser también un indicio suficiente para [que] el Estado activara su deber reforzado" de investigar posibles actos de violencia por prejuicio, lo cual no tuvo lugar. Resaltó que las autoridades realizaron un reconocimiento [médico legal] sin brindar a la víctima ninguna "asesoría ni acompañamiento". Observó que el reconocimiento médico legal "realizó una constatación superficial" sin "constatar con el mayor nivel de detalle posible, las agresiones concretas que ella relató sufrir" y señaló que este reconocimiento incluyó "afirmaciones irrelevantes sobre la vida privada de Azul Rojas Marín y estereotipos de género negativos" y que la pericia psicológica descalificó a "la víctima y […] su credibilidad", constituyendo "una forma adicional de revictimización". Finalmente, consideró que en las decisiones de la Fiscalía de Ascope de no "ampliar la investigación por el delito de tortura" y de sobreseer el caso "utilizaron una metodología de análisis basada en confrontar el dicho de la víctima con el de los funcionarios involucrados, y no en un análisis integral".

169. Las *representantes* consideraron que hubo "numerosas acciones y omisiones de parte de funcionarios estatales en la investigación de la detención ilegal, violencia sexual y tortura". Señalaron que Azul "acudió a interponer la denuncia a la Comisaría de Casa Grande, donde ocurrieron los hechos al día siguiente de su liberación" y no le recibieron la denuncia, "aduciendo los policías que el jefe policial no estaba presente en ese momento". Agregaron que la Fiscal a cargo "no ordenó que se llevara a cabo el examen médico legal sobre el delito de violación sexual de manera inmediata, ni tampoco requirió la custodia de medios de prueba clave[s], como por ejemplo la ropa que Azul llevaba el día de los hechos". Alegaron que "el examen médico-legal no se llevó a cabo por personal idóneo y capacitado en casos de tortura", y que Azul no recibió asistencia médica o psicológica alguna por parte del Estado. Indicaron que "el proceso de prestar su declaración […] no se llevó a cabo en condiciones de intimidad y respeto hacia la víctima".

170. Asimismo, afirmaron que "la investigación preliminar estuvo cargada de irregularidades, deficiencias y vacíos". Por lo tanto, concluyeron que "result[ó] claro que las autoridades judiciales y del Ministerio Público actuaron de manera discriminatoria y aplicando estereotipos". Las representantes consideraron que la falta de investigación adecuada fue discriminatoria porque "no se identific[ó] en el expediente fiscal que se hayan realizado diligencias mínimas para esclarecer si los hechos" eran relacionados con la "orientación sexual y expresión de género no normativa" de Azul Rojas Marín a pesar de que "dichos elementos fueron mencionados desde el inicio de la investigación". Señalaron que "en el presente caso Azul Rojas Marín enfrentó discriminación y prejuicios basados en su orientación sexual y expresión de género no normativa desde el inicio de la investigación, que se reflejaron en la minimización de los hechos, la desacreditación de su declaración, las referencias despectivas y otros actos de parte de operadores judiciales". En este sentido, consideraron que "su denuncia no fue atendida por fiscal imparcial debido a la presencia de estereotipos negativos sobre Azul".

171. Señalaron igualmente que la tipificación de la tortura en el Código Penal peruano no cumple "con los estándares internacionales" y que esto constituyó "no sólo una violación de las obligaciones internacionales del Perú sino una violación de

remedy and to reparation of every victim of torture." They added that "the lack of due diligence in the investigation […] and the discriminatory and offensive treatment to which she was subjected by different members of the system of justice owing to her sexual orientation, constituted cruel, inhuman or degrading treatment." Furthermore, owing to the "inadequacy of the criminal definition [of torture], this was not investigated in this case." In particular, they emphasized that the definition of torture "does not include the circumstance that the act is committed in order to discriminate against the victim."

172. The *State* considered that, "during the criminal proceedings, Azul Rojas Marín […] was heard with the due guarantees and within a reasonable time by a competent and independent court, previously established by law" and had access to "simple, prompt and effective remedies." It indicated that it was false that Azul Rojas Marín had gone to the Casa Grande Police Station to file a criminal complaint on February 25 and 26, 2008. It underlined that "there is no reason to conclude that the rules established by the Convention and the case law of the Inter-American Court make it necessary to invalidate all the evidence obtained by the police in certain circumstances." The State also provided information on the second investigation of the facts that the Second Supraprovincial Prosecutor ordered on November 20, 2018.

B. CONSIDERATIONS OF THE COURT

173. The Court has established that, pursuant to the American Convention, the States Parties are obliged to provide effective judicial remedies to the victims of human rights violations (Article 25), and these remedies must be substantiated in keeping with the rules of due process of law (Article 8(1)), all of this within the general obligation of the States to ensure the free and full exercise of the rights recognized in the Convention to all persons subject to their jurisdiction (Article 1(1)).[216] It has also indicated that the right of access to justice must ensure, within a reasonable time, the right of the presumed victims or their family members that everything necessary is done to discover the truth about what happened and to investigate, prosecute and punish, as appropriate, those found responsible.[217]

174. The Court has also indicated that Article 8 of the Inter-American Convention to Prevent and Punish Torture clearly establishes that, "if there is an accusation or well-grounded reason to believe that an act of torture has been committed within their jurisdiction, the States Parties shall guarantee that their respective authorities will proceed, *ex officio*, and immediately to conduct an investigation into the case and to initiate, whenever appropriate, the corresponding criminal proceedings."[218]

---

[216] *Cf. Case of Velásquez Rodríguez v. Honduras. Preliminary Objections, supra*, para. 91, and *Case of Gómez Virula et al. v. Guatemala. Preliminary Objection, Merits, Reparations and Costs.* Judgment of November 21, 2019. Series C No. 393, para. 64.
[217] *Cf. Case of Bulacio v. Argentina. Merits, Reparations and Costs.* Judgment of September 18, 2003. Series C No. 100, para. 114, and *Case of Gómez Virula et al. v. Guatemala. Preliminary Objection, Merits, Reparations and Costs, supra*, para. 86.
[218] *Cf. Case of Gutiérrez Soler v. Colombia.* Judgment of September 12, 2005. Series C No. 132, para. 54, and *Case of Montesinos Mejía v. Ecuador. Preliminary Objections, Merits, Reparations and Costs, supra*, para. 151.

los derechos a un recurso y a una reparación de toda víctima de tortura". Agregaron que "la falta de debida diligencia en la investigación […] y el tratamiento discriminatorio y ofensivo al que ha sido sometida por diversos miembros del sistema de justicia debido a su orientación sexual, constituyen [un] tratamiento cruel, inhumano o degradante". Adicionalmente, señalaron que la "inadecuación del tipo penal [de tortura] tuvo como resultado que la investigación en el presente caso no se realizara". En particular destacaron que la tipificación de tortura "no incluye entre sus elementos el que la conducta sea realizada con el propósito de discriminar a la víctima".

172. El *Estado* consideró que "Azul Rojas Marín, durante el proceso penal […] fue oída con las debidas garantías y dentro de un plazo razonable por un juez competente, independiente, establecido con anterioridad por la ley" y que tuvo acceso a "recursos sencillos, rápidos y efectivos". Indicó que es falso que Azul Rojas Marín haya acudido a la Comisaría Casa Grande para interponer denuncia penal en los días 25 y 26 de febrero de 2008. Destacó que "no existen razones para concluir que las reglas establecidas por la Convención y por la jurisprudencia de la Corte IDH obligan a restar validez a todas las evidencias obtenidas por la policía en determinadas condiciones". El Estado, asimismo, informó sobre la segunda investigación de los hechos que la Segunda Fiscalía Penal Supraprovincial dispuso abrir el 20 de noviembre de 2018.

B. CONSIDERACIONES DE LA CORTE

173. La Corte ha establecido que, de conformidad con la Convención Americana, los Estados Partes están obligados a suministrar recursos judiciales efectivos a las víctimas de violaciones a los derechos humanos (artículo 25), recursos que deben ser sustanciados de conformidad con las reglas del debido proceso legal (artículo 8.1), todo ello dentro de la obligación general, a cargo de los mismos Estados, de garantizar el libre y pleno ejercicio de los derechos reconocidos por la Convención a toda persona que se encuentre bajo su jurisdicción (artículo 1.1)[216]. Asimismo, ha señalado que el derecho de acceso a la justicia debe asegurar, en tiempo razonable, el derecho de las presuntas víctimas o sus familiares a que se haga todo lo necesario para conocer la verdad de lo sucedido e investigar, juzgar y, en su caso, sancionar a los eventuales responsables[217].

174. Igualmente, se ha señalado que el artículo 8 de la Convención Interamericana para Prevenir y Sancionar la Tortura establece claramente que, cuando exista denuncia o razón fundada para creer que se ha cometido un acto de tortura en el ámbito de su jurisdicción, los Estados partes garantizarán que sus respectivas autoridades procederán de oficio y de inmediato a realizar una investigación sobre el caso y a iniciar, cuando corresponda, el respectivo proceso penal[218].

---

[216] *Cfr. Caso Velásquez Rodríguez Vs. Honduras. Excepciones Preliminares, supra,* párr. 91, y *Caso Gómez Virula y otros Vs. Guatemala. Excepción Preliminar, Fondo, Reparaciones y Costas.* Sentencia de 21 de noviembre de 2019. Serie C No. 393, párr. 64.
[217] *Cfr. Caso Bulacio Vs. Argentina. Fondo, Reparaciones y Costas.* Sentencia de 18 de septiembre de 2003. Serie C No. 100, párr. 114, y *Caso Gómez Virula y otros Vs. Guatemala. Excepción Preliminar, Fondo, Reparaciones y Costas, supra,* párr. 86.
[218] *Cfr. Caso Gutiérrez Soler Vs. Colombia.* Sentencia de 12 de septiembre de 2005. Serie C No. 132, párr. 54, y *Caso Montesinos Mejía Vs. Ecuador. Excepciones Preliminares, Fondo, Reparaciones y Costas, supra,* párr. 151.

175. Taking into account the arguments of the parties and of the Commission, the Court will proceed to examine: (1) the obligation to receive the complaint; (2) the due diligence in the investigation; (3) the failure to investigate torture, and (4) the dismissal decision.

B.1. Obligation to receive the complaint

176. The Court finds it essential that police and jurisdictional agencies offer accessible mechanisms for filing complaints and that these are well publicized.[219] In this case, the presumed victim has stated that, on February 25, 2008, she went to the Police Station to report the facts, but her complaint was not received.[220] Meanwhile, three state agents denied that the presumed victim had come forward to file a complaint on February 25 or 26, 2008.[221] On this point, it is the representatives who must prove to the Court that the presumed victim went to file a complaint on February 25, which they could have done, for example, by presenting statements by persons who were with the presumed victim that day. Consequently, the Court considers that it has no evidence to conclude that the presumed victim went to the police station to report the facts before February 27, 2008.

177. Therefore, the State did not violate Articles 8(1) and 25 of the Convention based on the above.

B.2. Due diligence in the investigation

178. The Court has indicated that the obligation to investigate established in the American Convention is reinforce by the provisions of Articles 1, 6 and 8 of the Inter-American Convention to Prevent and Punish Torture which oblige the States to "take effective measures to prevent and punish torture within their jurisdiction," and also "to prevent and punish other cruel, inhuman or degrading treatment or punishment."

179. The Court has developed specific standards on how to investigate sexual violence in cases in which the victims have been women. These standards are based

---

[219] *Cf. Case of Quispialaya Vilcapoma v. Peru. Preliminary Objections, Merits, Reparations and Costs.* Judgment of November 23, 2015. Series C No. 308, para. 207.

[220] In her first statement, the presumed victim indicated that a police agent refused to receive it because "the major had told him that he could not receive the complaint at the police station." Subsequently, in the expansion of her statement, she indicated that he could not receive it "because the major was not there." *Cf.* Statement made by Azul Rojas Marín at the Casa Grande Police Station on February 28, 2008 (evidence file, folios 2811 and 2812), and Expansion of the statement made by Azul Rojas Marín at the Casa Grande Police Station on March 6, 2008 (evidence file, folio 2817).

[221] In particular, the police major denied that he had given orders not to receive the presumed victim's complaint. Another police agent, DPP, indicated that he was unaware whether the presumed victim had come to the police station to file a complaint, "but, if that had been the case, the agent on guard would have advised me that [she] wanted to file a complaint because I am in charge of investigations." Lastly, the agent who supposedly had refused to receive the complaint indicated that Ms. Rojas Marín had not come to the police station to file a complaint on either February 25 or 26, 2008. He also affirmed that it was false that he had said that he could not receive the complaint. *Cf.* Statement made by the major of the Peruvian National Police before the Second Provincial Corporate Criminal Prosecution Service of Ascope on April 18, 2008 (evidence file, folio 2785); Statement made by DPP at the Casa Grande Police Station on March 7, 2008 (evidence file, folio 2770), and Statement made by JVP at the Casa Grande Police Station on April 22, 2008 (evidence file, folio 2781).

175. Tomando en cuenta los alegatos de las partes y la Comisión, la Corte procederá a analizar: (1) la obligación de recibir la denuncia; (2) la debida diligencia en la investigación; (3) la falta de investigación de la tortura, y 4) la decisión de sobreseimiento.

B.1. Obligación de recibir la denuncia

176. La Corte estima indispensable que las agencias policiales y jurisdiccionales ofrezcan mecanismos de denuncia accesibles y que aquellos sean difundidos para el conocimiento de los individuos[219]. En el presente caso, la presunta víctima ha declarado que el 25 de febrero de 2008 se presentó en la Comisaría a denunciar los hechos, pero no recibieron la denuncia[220]. Por otra parte, tres agentes estatales negaron que la presunta víctima se hubiese presentado a denunciar el 25 o el 26 de febrero de 2008[221]. Sobre este punto son las representantes quienes debían probar ante esta Corte que la presunta víctima acudió a denunciar el 25 de febrero, lo cual se pudiera haber realizado, por ejemplo, mediante la presentación de declaraciones de personas que estuvieron con la presunta víctima ese día. En consecuencia, este Tribunal considera que no tiene elementos para concluir que la presunta víctima acudió a denunciar los hechos con anterioridad al 27 de febrero de 2008.

177. Por tanto, el Estado no violó los artículos 8.1 y 25 de la Convención por este hecho.

B.2. Debida diligencia en la investigación

178. La Corte ha señalado que el deber de investigar previsto en la Convención Americana se ve reforzado por lo dispuesto en los artículos 1, 6 y 8 de la Convención Interamericana para Prevenir y Sancionar la Tortura que obligan al Estado a "toma[r] medidas efectivas para prevenir y sancionar la tortura en el ámbito de su jurisdicción", así como a "prevenir y sancionar [...] otros tratos o penas crueles, inhumanos o degradantes".

179. La Corte ha desarrollado estándares específicos sobre cómo se debe investigar la violencia sexual en casos donde las víctimas han sido mujeres. Estos

---

[219] Cfr. Caso Quispialaya Vilcapoma Vs. Perú. Excepciones Preliminares, Fondo, Reparaciones y Costas. Sentencia de 23 de noviembre de 2015. Serie C No. 308, párr. 207.
[220] En la primera declaración la presunta víctima indicó que un policía se negó a recibirla porque "el Mayor le había dicho de que no podía recibir la denuncia en la Comisaría". Posteriormente en la ampliación, indicó que no podían recibir la misma "ya que el Mayor no se encontraba". Cfr. Manifestación de Azul Rojas Marín ante la Comisaría de Casa Grande el 28 de febrero de 2008 (expediente de prueba, folios 2811 y 2812), y Ampliación de la manifestación de Azul Rojas Marín ante la Comisaría de Casa Grande el 6 de marzo de 2008 (expediente de prueba, folio 2817).
[221] En particular el Mayor de la policía negó que hubiese dado la orden de no recibir la denuncia de la presunta víctima. Otro agente policial, DPP señaló que desconocía si la presunta víctima se había presentado a denunciar, "pero de haber sido el caso el personal de guardia me hubiera informado que quería hacer la denuncia debido a que estoy a cargo de investigaciones". Por último el policía que supuestamente se habría negado a recibir la denuncia indicó que la señora Rojas Marín no acudió a la Comisaría a interponer una denuncia ni el 25 ni 26 de febrero del 2008. Además, sostuvo que era falso que él le dijo que no iba a recibir la denuncia. Cfr. Declaración del Mayor de la Policía Nacional del Perú rendida ante ante el Segundo Despacho de la Fiscalía Provincial Penal Corporativa de Ascope el 18 de abril de 2008 (expediente de prueba, folio 2785); Declaración de DPP ante la Comisaría de Casa Grande de 7 de marzo de 2008 (expediente de prueba, folio 2770), y Declaración de JVP ante la Comisaría de Casa Grande de 22 de abril de 2008 (expediente de prueba, folio 2781).

above all on the provisions of the Istanbul Protocol and the World Health Organization's Guidelines for medico-legal care for victims of sexual violence,[222] which describe measures that should be taken in cases of sexual violence, regardless of whether the victims are men or women. Therefore, these same standards are applicable in this case.

180. This Court has stipulated that, in a criminal investigation into sexual violence, it is necessary that: (i) the victim's statement is taken in a safe and comfortable environment that offers privacy and inspires confidence; (ii) the victim's statement is recorded to avoid or limit the need to repeat it; (iii) the victim is provided with medical, psychological and hygienic care, both on an emergency basis and continuously if required, under a care protocol aimed at reducing the consequences of the rape; (iv) a complete and detailed medical and psychological examination is performed immediately by appropriate trained personnel, if possible of the sex preferred by the victim, advising the victim that they may be accompanied by a person of confidence if they so wish; (v) the investigative measures are coordinated and documented and the evidence is handled diligently, taking sufficient samples, performing tests to determine the possible perpetrator of the act, securing other evidence such as the victim's clothing, investigating the scene of the incident immediately, and guaranteeing the proper chain of custody, and (vi) the victim is provided with access to free legal assistance at all stages of the proceedings.[223]

181. Taking the above into account, the Court will now examine: (a) the statements made by Azul Rojas Marín; (b) the medical examination that was performed; (c) the omissions in the collection of evidence and in the investigation of possible discriminatory motives; (d) the use of discriminatory stereotyping during the investigation, and (e) the conclusion concerning due diligence.

B.2.a) The statements made by Azul Rojas Marín

182. In interviews with someone who states that they have been subjected to acts of torture: (i) the person should be allowed to describe freely what they consider relevant; (ii) no one should be required to talk about any form of torture if they feel uncomfortable doing so; (iii) during the interview, the presumed victim's pre-arrest psycho-social history should be documented; and also a summary of the facts relating to the time and circumstances of the initial detention, the place and conditions of detention while in State custody, and the methods of ill-treatment and torture presumably suffered, and (iv) the detailed statement should be recorded and transcribed.[224] In addition, the interview with a presumed victim of acts of sexual

---

[222] *Cf. Case of Fernández Ortega et al. v. Mexico. Preliminary Objection, Merits, Reparations and Costs*, supra, para. 194, and *Case of Rosendo Cantú et al. v. Mexico. Preliminary Objection, Merits, Reparations and Costs*, supra, para. 178.

[223] *Cf. Case of Fernández Ortega et al. v. Mexico. Preliminary Objection, Merits, Reparations and Costs*, supra, para. 194, and *Case of Women Victims of Sexual Torture in Atenco v. Mexico. Preliminary Objection, Merits, Reparations and Costs*, supra, 272.

[224] *Cf. Case of Espinoza Gonzáles v. Peru. Preliminary Objections, Merits, Reparations and Costs*, supra, para. 248, and *Case of Women Victims of Sexual Torture in Atenco v. Mexico. Preliminary Objection, Merits, Reparations and Costs*, supra, para. 273. See also, United Nations, Office of the United Nations High Commissioner for Human Rights, Istanbul Protocol (Manual on Effective Investigation and Documentation of Torture and Other Cruel, Inhuman or Degrading Treatment or Punishment), New York and Geneva, 2004, paras. 100, and 135 to 141.

estándares se basaron principalmente en lo establecido en el Protocolo de Estambul y la Guía de la Organización Mundial de la Salud para el cuidado médico-legal de víctimas de violencia sexual[222], los cuales se refieren a medidas que se deben tomar en caso de violencia sexual, independientemente de si las víctimas son hombres o mujeres. Por tanto, los mismos estándares son aplicables en el presente caso.

180. Este Tribunal ha especificado que en una investigación penal por violencia sexual, es necesario que: (i) la declaración de la víctima se realice en un ambiente cómodo y seguro, que le brinde privacidad y confianza; (ii) la declaración de la víctima se registre de forma tal que se evite o limite la necesidad de su repetición; (iii) se brinde atención médica, sanitaria y psicológica a la víctima, tanto de emergencia como de forma continuada si así se requiere, mediante un protocolo de atención cuyo objetivo sea reducir las consecuencias de la violación; (iv) se realice inmediatamente un examen médico y psicológico completo y detallado por personal idóneo y capacitado, en lo posible del género que la víctima indique, ofreciéndole que sea acompañada por alguien de su confianza si así lo desea; (v) se documenten y coordinen los actos investigativos y se maneje diligentemente la prueba, tomando muestras suficientes, realizando estudios para determinar la posible autoría del hecho, asegurando otras pruebas como la ropa de la víctima, investigando de forma inmediata el lugar de los hechos y garantizando la correcta cadena de custodia, y (vi) se brinde acceso a asistencia jurídica gratuita a la víctima durante todas las etapas del proceso[223].

181. Teniendo en cuenta lo anterior, la Corte procederá a analizar: (a) las declaraciones de la señora Azul Rojas Marín; (b) el examen médico practicado; (c) las omisiones en la recaudación de prueba y en la investigación de los posibles motivos discriminatorios; (d) la utilización de estereotipos discriminatorios durante la investigación, y (e) la conclusión sobre la debida diligencia.

B.2.a) Las declaraciones de la señora Azul Rojas Marín

182. En las entrevistas que se realicen a una persona que afirma haber sido sometida a actos de tortura: (i) se debe permitir que ésta pueda exponer lo que considere relevante con libertad; (ii) no debe exigirse a nadie hablar de ninguna forma de tortura si se siente incómoda al hacerlo; (iii) se debe documentar durante la entrevista la historia psicosocial y, de ser el caso, previa al arresto de la presunta víctima, el resumen de los hechos narrados por esta relacionados al momento de su detención inicial, las circunstancias, el lugar y las condiciones en las que se encontraba durante su permanencia bajo custodia estatal, los malos tratos o actos de tortura presuntamente sufridos, así como los métodos presuntamente utilizados para ello, y (iv) se debe grabar y hacer transcribir la declaración detallada[224]. Por otro lado,

---
[222] *Cfr. Caso Fernández Ortega y otros Vs. México. Excepción preliminar, Fondo, Reparaciones y Costas*, supra, párr. 194, y *Caso Rosendo Cantú y otra Vs. México. Excepción Preliminar, Fondo, Reparaciones y Costas*, supra, párr. 178.
[223] *Cfr. Caso Fernández Ortega y otros Vs. México. Excepción preliminar, Fondo, Reparaciones y Costas*, supra, párr. 194, y *Caso Mujeres Víctimas de Tortura Sexual en Atenco Vs. México. Excepción Preliminar, Fondo, Reparaciones y Costas*, supra, 272.
[224] *Cfr. Caso Espinoza Gonzáles Vs. Perú. Excepciones Preliminares, Fondo, Reparaciones y Costas*, supra, párr. 248, y *Caso Mujeres Víctimas de Tortura Sexual en Atenco Vs. México. Excepción Preliminar, Fondo, Reparaciones y Costas*, supra, párr. 273. *Véase también*, Naciones Unidas, Oficina del Alto Comisionado para los Derechos Humanos, Protocolo de Estambul (Manual para la investigación y

violence or rape should be conducted in a comfortable and safe environment that offers privacy and inspires confidence and should be recorded to avoid the need to repeat it.[225]

183. In this case, the presumed victim had to make a statement about the rape on three occasions,[226] in addition to describing the facts during the medical examination,[227] the psychological assessment,[228] and the psychiatric evaluation.[229] There is no evidence that the State took steps to limit the repetition of the statement.

184. Furthermore, the transcripts of the statements in the case file reveal that Ms. Rojas Marín was questioned without any effort being made to make her feel comfortable and free to describe what she considered relevant. To the contrary, the way in which she was questioned appears to show that, from the moment she began to make her statement, the participating officials were expressing doubts about the truth of what she was saying. For example, on March 6, 2008, the presumed victim was asked:

> Whether on February 28, 2008, when your initial statement was received, your anus was still hurting when you sat down, because your statement took around three and a half hours and you remained seated all that time without revealing any problem and you were even sitting with your legs crossed?[230]

185. Similarly, in that same statement, when she had already freely narrated the details of the rape, she was asked "if you can specify whether the rubber baton used by the police was introduced into your rectum or was there merely an attempt to introduce it?"[231]

186. In addition, the judicial authorities carried out a judicial inspection and reconstruction procedure where the presumed victim again had to describe what had happened, but this time in front of those presumably responsible and in the place where the acts occurred.[232] During this procedure, several police agents, judicial officials and the lawyer of one of the accused laughed from time to time when

---

[225] *Cf. Case of Fernández Ortega et al. v. Mexico. Preliminary Objection, Merits, Reparations and Costs*, *supra*, para. 194, and *Case of Women Victims of Sexual Torture in Atenco v. Mexico. Preliminary Objection, Merits, Reparations and Costs*, *supra*, para. 273.

[226] *Cf.* Statement made by Azul Rojas at the Casa Grande Police Station on February 28, 2008 (evidence file, folio 2811); Expansion of the statement made by Azul Rojas Marín at the Casa Grande Police Station on March 6, 2008 (evidence file, folio 2815), and Video 1 of the inspection and reconstruction procedure on August 15, 2008 (evidence file, folder of audiovisual material, minutes 00:00 to 00:22, 01:10 to 02:38, 4:02 to 4:38 and 11:11 to 12:48).

[227] *Cf.* Forensic Medical Certificate of February 29, 2008 (evidence file, folio 2822).

[228] *Cf.* Psychological assessment protocol conducted by the Ascope Forensic Medicine Division of the Institute of Forensic Medicine of the Public Prosecution Service on February 29, 2008 and March 4, 2008 (evidence file, folio 2824).

[229] *Cf.* Psychiatric assessment of September 13, 2008 (evidence file, folios 2917 and 2918).

[230] *Cf.* Expansion of the statement made by Azul Rojas Marín at the Casa Grande Police Station on March 6, 2008 (evidence file, folio 2815).

[231] *Cf.* Expansion of the statement made by Azul Rojas Marín at the Casa Grande Police Station on March 6, 2008 (evidence file, folio 2818).

[232] *Cf.* Video 1 of the inspection and reconstruction procedure on August 15, 2008 (evidence file, folder of audiovisual material), and Record of the inspection and reconstruction procedure on August 15, 2008 (evidence file, folio 2896).

la entrevista que se realiza a una presunta víctima de actos de violencia o violación sexual deberá realizarse en un ambiente cómodo y seguro, que le brinde privacidad y confianza, y deberá registrarse de forma tal que se evite o limite la necesidad de su repetición[225].

183. En el presente caso, la presunta víctima tuvo que declarar sobre la violación sexual en tres oportunidades[226], más las descripciones de los hechos que tuvo que realizar en el examen médico[227], en la pericia psicológica[228] y en la evaluación psiquiátrica[229]. En este sentido, no se advierte que el Estado hubiese tomado medidas para limitar las repeticiones de las declaraciones.

184. Adicionalmente, de las transcripciones de las declaraciones que constan en el expediente se desprende que interrogaron a la señora Rojas Marín sin que mediaran esfuerzos para hacerla sentir cómoda y libre para declarar lo que considerara relevante. Por el contrario, se le hicieron preguntas que parecieran mostrar que desde el momento en que se estaba tomando la declaración los funcionarios participantes estaban poniendo en duda la veracidad de lo declarado. En este sentido en la declaración del 6 de marzo de 2008 se le preguntó a la presunta víctima:

¿Si el día 28FEB08 en que se le recepcionó su manifestación inicial Ud. aún sentía dolor en el ano para sentarse, debido a que su declaración duró un promedio de tres horas y media y Ud. permaneció sentad[a] todo ese tiempo sin demostrar molestia alguna e incluso Ud. Estuvo setand[a] con las piernas cruzadas?[230].

185. Del mismo modo, en esa misma declaración, cuando ya había relatado libremente lo relativo a la violación sexual se le volvió a cuestionar "si Ud., puede precisar si la vara de goma o mazo utilizado por los policías fue introducido en su recto o solamente fue un intento de introducirlo?"[231].

186. Asimismo, las autoridades judiciales realizaron una diligencia de inspección y reconstrucción judicial donde la presunta víctima declaró nuevamente sobre lo sucedido, pero esta vez frente a los presuntos responsables y en el mismo lugar donde ocurrieron los hechos[232]. Durante dicha diligencia varios policías, funcionarios

---

documentación eficaces de la tortura y otros tratos o penas crueles, inhumanos o degradantes), Nueva York y Ginebra, 2004, párrs. 100, y 135 a 141.

[225] Cfr. Caso Fernández Ortega y otros. Vs. México. Excepción preliminar, Fondo, Reparaciones y Costas, supra, párr. 194, y Caso Mujeres Víctimas de Tortura Sexual en Atenco Vs. México. Excepción Preliminar, Fondo, Reparaciones y Costas, supra, párr. 273.

[226] Cfr. Manifestación de Azul Rojas la Comisaría de Casa Grande el 28 de febrero de 2008 (expediente de prueba, folio 2811); Ampliación de la manifestación de Azul Rojas Marín ante la Comisaría de Casa Grande el 6 de marzo de 2008 (expediente de prueba, folio 2815), y Vídeo 1 de diligencia de inspección y reconstrucción de hechos del 15 de agosto de 2008 (expediente de prueba, carpeta de material audiovisual, minutos 00:00 a 00:22, 01:10 a 02:38, 4:02 a 4:38 y 11:11 a 12:48).

[227] Cfr. Certificado Médico Legal de 29 de febrero de 2008 (expediente de prueba, folio 2822).

[228] Cfr. Protocolo de pericia psicológica realizado por la División Médico Legal de Ascope del Instituto de Medicina Legal del Ministerio Público los días 29 de febrero de 2008 y 4 de marzo de 2008 (expediente de prueba, folio 2824).

[229] Cfr. Evaluación psiquiátrica de 13 de septiembre de 2008 (expediente de prueba, folios 2917 y 2918).

[230] Cfr. Ampliación de la manifestación de Azul Rojas Marín ante la Comisaría de Casa Grande el 6 de marzo de 2008 (expediente de prueba, folio 2815).

[231] Cfr. Ampliación de la manifestación de Azul Rojas Marín ante la Comisaría de Casa Grande el 6 de marzo de 2008 (expediente de prueba, folio 2818).

[232] Cfr. Vídeo 1 de diligencia de inspección y reconstrucción de hechos del 15 de agosto de 2008 (expediente de prueba, carpeta de material audiovisual), y Acta de la Diligencia de Inspección y Reconstrucción de 15 de agosto de 2008 (expediente de prueba, folio 2896).

listening to Ms. Rojas Marín's statement.[233] Also, the lawyer of one of the accused constantly interrupted Ms. Rojas Marín's statement mockingly, and once asking her to scream as she had screamed on the night of February 25, 2008;[234] also, at another time, he asked the presumed victim whether "at the time the baton was introduced in the rectum [she] could determine the depth of this penetration."[235] Moreover, during most of the interrogation, this lawyer was holding a rubber baton, which he repeatedly hit against the palm of his other hand.[236] The Court notes that the judge in charge of the procedure never prohibited this conduct.

B.2.b) The medical examination that was performed

187. In cases in which there are indications of torture, the medical examinations performed on the presumed victim should be conducted with prior informed consent, and without the presence of law enforcement or other state agents.[237] Also, on becoming aware of acts of rape, a complete and detailed medical and psychological examination should be performed by appropriate trained personnel, if possible of the sex preferred by the victim, advising the victim that they may be accompanied by a person of confidence if they so wish.[238] This examination should be performed in accordance with protocols specifically addressed at documenting evidence in cases of sexual violence.[239]

188. In this case, on February 27, 2008, at 2 p.m., the presumed victim reported the detention, the forced nudity, the comments on her sexual orientation, the beatings she received while detained, and that the agents had tried to introduce a police baton in her anus.[240] The obligation to perform a forensic medical examination immediately arose as a result of this first statement by the presumed victim on February 27, at 2 p.m., where she had already reported ill-treatment and sexual violence. The presumed

---

[233] *Cf.* Video 1 of the inspection and reconstruction procedure on August 15, 2008 (evidence file, folder of audiovisual material, minutes 00:45, 07:52, 12:05) and Video 2 of the inspection and reconstruction procedure on August 15, 2008 (evidence file, folder of audiovisual material, minutes 05:20 to 05:25).

[234] *Cf.* Video 1 of the inspection and reconstruction procedure on August 15, 2008 (evidence file, folder of audiovisual material, minutes 02:55 to 03:02).

[235] *Cf.* Video 1 of the inspection and reconstruction procedure on August 15, 2008 (evidence file, folder of audiovisual material, minutes 01:49 to 2:23) and Record of the inspection and reconstruction procedure on August 15, 2008 (evidence file, folio 2908).

[236] *Cf.* Video 2 of the inspection and reconstruction procedure on August 15, 2008 (evidence file, folder of audiovisual material, minutes 3:16 to 3:29).

[237] *Cf. Case of Bayarri v. Argentina. Preliminary Objection, Merits, Reparations and Costs.* Judgment of October 30, 2008. Series C No, 187, para. 92, and *Case of Women Victims of Sexual Torture in Atenco v. Mexico. Preliminary Objection, Merits, Reparations and Costs, supra,* para. 275.

[238] *Cf., mutatis mutandis, Case of Espinoza Gonzáles v. Peru. Preliminary Objections, Merits, Reparations and Costs, supra,* para. 252, and *Case of Women Victims of Sexual Torture in Atenco v. Mexico. Preliminary Objection, Merits, Reparations and Costs, supra,* para. 275.

[239] *Cf., mutatis mutandis, Case of Espinoza Gonzáles v. Peru. Preliminary Objections, Merits, Reparations and Costs, supra,* para. 252, and *Case of Women Victims of Sexual Torture in Atenco v. Mexico. Preliminary Objection, Merits, Reparations and Costs, supra,* para. 275. See, for example, World Health Organization, Guidelines for medico-legal care for victims of sexual violence, Geneva, 2003. Available at: http://whqlibdoc.who.int/publications/2004/ 924154628X.pdf?ua=1.

[240] *Cf.* Verbal complaint made by Azul Rojas Marín at the Casa Grande Police Station on February 27, 2008 (evidence file, folio 2793).

judiciales y el abogado de uno de los imputados se rieron en distintos momentos al escuchar la declaración de la señora Rojas Marín[233]. Asimismo, el abogado de uno de los imputados constantemente interrumpía la declaración de la señora Rojas Marín con tono burlón, solicitándole en una ocasión que gritara de la misma forma que había gritado en la noche del 25 de febrero de 2008[234], y en otro momento preguntó a la presunta víctima si "en el momento en que le introducían la vara por el recto pudo determinar a qué longitud sintió dicha penetración"[235]. Además, durante la mayoría de su interrogatorio, dicho abogado tuvo una vara de goma en su mano, golpeándola repetidamente contra la palma de su otra mano[236]. La Corte advierte que el juez a cargo de la diligencia en ningún momento impidió este comportamiento.

B.2.b) El examen médico practicado

187. En casos donde existen indicios de tortura, los exámenes médicos practicados a la presunta víctima deben ser realizados con consentimiento previo e informado, sin la presencia de agentes de seguridad u otros agentes estatales[237]. Igualmente, al tomar conocimiento de actos de violación sexual, es necesario que se realice de inmediato un examen médico y psicológico completo y detallado por personal idóneo y capacitado, en lo posible del sexo que la víctima indique, ofreciéndole que sea acompañada por alguien de su confianza si así lo desea[238]. Dicho examen deberá ser realizado de conformidad con protocolos dirigidos específicamente a documentar evidencias en casos de violencia sexual[239].

188. En el presente caso, el 27 de febrero de 2008 a las 14 horas la presunta víctima denunció la detención, la desnudez forzada, los comentarios realizados respecto a su orientación sexual, los golpes recibidos mientras estuvo detenida y que se le había intentado introducir la vara policial en el ano[240]. La obligación de realizar un examen médico legal de forma inmediata surgió con esta primera declaración de la presunta víctima el 27 de febrero a las 14 horas, donde ya se habían denunciado malos

---

[233] *Cfr.* Vídeo 1 de diligencia de inspección y reconstrucción de hechos del 15 de agosto de 2008 (expediente de prueba, carpeta de material audiovisual, minutos 00:45, 07:52, 12:05) y Vídeo 2 de diligencia de inspección y reconstrucción de hechos del 15 de agosto de 2008 (expediente de prueba, carpeta de material audiovisual, minutos 05:20-05:25).

[234] *Cfr.* Vídeo 1 de diligencia de inspección y reconstrucción de hechos del 15 de agosto de 2008 (expediente de prueba, carpeta de material audiovisual, minutos 02:55 a 03:02).

[235] *Cfr.* Vídeo 1 de diligencia de inspección y reconstrucción de hechos del 15 de agosto de 2008 (expediente de prueba, carpeta de material audiovisual, minutos 01:49 a 2:23) y Acta de la Diligencia de Inspección y Reconstrucción de 15 de agosto de 2008 (expediente de prueba, folio 2908).

[236] *Cfr.* Vídeo 2 de diligencia de inspección y reconstrucción de hechos del 15 de agosto de 2008 (expediente de prueba, carpeta de material audiovisual, minutos 3:16 a 3:29).

[237] *Cfr. Caso Bayarri Vs. Argentina. Excepción Preliminar, Fondo, Reparaciones y Costas.* Sentencia de 30 de octubre de 2008. Serie C No, 187, párr. 92, y *Caso Mujeres Víctimas de Tortura Sexual en Atenco Vs. México. Excepción Preliminar, Fondo, Reparaciones y Costas, supra,* párr. 275.

[238] *Cfr.*, mutatis mutandis, *Caso Espinoza Gonzáles Vs. Perú. Excepciones Preliminares, Fondo, Reparaciones y Costas, supra,* párr. 252, y *Caso Mujeres Víctimas de Tortura Sexual en Atenco Vs. México. Excepción Preliminar, Fondo, Reparaciones y Costas, supra,* párr. 275.

[239] *Cfr.*, mutatis mutandis, *Caso Espinoza Gonzáles Vs. Perú. Excepciones Preliminares, Fondo, Reparaciones y Costas, supra,* párr. 252, y *Caso Mujeres Víctimas de Tortura Sexual en Atenco Vs. México. Excepción Preliminar, Fondo, Reparaciones y Costas, supra,* párr. 275. *Véase por ejemplo,* Organización Mundial de la Salud, Guidelines for medico-legal care for victims of sexual violence, Ginebra, 2003. Disponible en: http://whqlibdoc.who.int/publications/2004/924154628X.pdf?ua=1.

[240] *Cfr.* Denuncia verbal de Azul Rojas Marín ante la Comisaría de Casa Grande el 27 de febrero de 2008 (expediente de prueba, folio 2793).

victim reported the rape for the first time in her statement of February 28, 2008.[241] The medical examination was performed on February 29, 2008 at 12:30 p.m.[242]

189. The case file contains contradictory evidence on the reasons for this delay. On the one hand, according to the presumed victim, she had gone to the police station on February 27 at 3 p.m. and on February 28 at 4 p.m. and, on both days, owing to delays by the prosecution service it had been impossible to carry out the medical examination.[243] On the other hand, the presumed victim's statement of February 28 reveals that, up until that time she had not gone to be examined.[244] In addition, the prosecutor in charge of the case indicated that the statement made on February 28 was very detailed so that it was not possible to carry out the medical examination that day. Therefore, he ordered "that a detailed medical examination be conducted the following day at 7 a.m." According to the prosecutor, the presumed victim came "to the prosecution offices after 11 a.m."[245]

190. This Court has indicated that, in order to ensure the best preservation of evidence, the gynecological and anal examination, if this is considered appropriate, should be performed during the first 72 hours after the reported incident based on a specific protocol concerning care for victims of sexual violence.[246] Considering the time that had passed since the incident occurred, the State should have taken all possible steps to ensure that the examination was performed immediately, or at least before this 72-hour period had elapsed, and this did not happen in this case, even considering the delays that could be attributed to the presumed victim.

191. In addition, the Court notes that, the report of the medical examination did not include an interpretation of the probable relationship between the physical symptoms and the aggressions to which the presumed victim referred. In particular,

---

[241] *Cf.* Statement made by Azul Rojas Marín at the Casa Grande Police Station on February 28, 2008 (evidence file, folio 2811).

[242] *Cf.* Forensic Medical Certificate of February 29, 2008 (evidence file, folio 2822).

[243] In this regard, the presumed victim stated "that the prosecutor knew about the incident on February 27, [2008], at around 3 p.m. when the major […] called her on her mobile phone, and she arrived at the Casa Grande Police Station at around 6.30 p.m., taking my statement and organizing an identification procedure until after 9 p.m., and that same day the prosecutor gave me an official note for the forensic physician to examine the injuries." Regarding the delay in performing the medical examination from February 28, at 4.30 p.m. to February 29, at 12.30 p.m., the Court notes that, according to the complaint filed by the presumed victim against the prosecution service, "the prosecutor […] abusing of her position prevent [the] plaintiff from undergoing the forensic medical examination [on February 28, 2008,] because she retained the plaintiff in her office until late, and the forensic physician was no longer in his office when [the plaintiff] left." The presumed victim indicated that this was "so that the injuries and the traces of rape would not be noticeable." *Cf.* Statement made by Azul Rojas Marín on May 25, 2009, before the Superior Prosecutor, Head of the Decentralized Office of Internal Control of La Libertad and Santa (evidence file, folio 198), and Complaint filed by Azul Rojas Marín before the Superior Prosecutor, Head of the Decentralized Office of Internal Control of La Libertad on March 28, 2008 (evidence file, folio 3009).

[244] When making this statement, the presumed victim was asked: "if you can specify whether, owing to the physical aggression you suffered from the police agents, at the present time you have any bodily injury because, to date, you have not gone to the forensic physician to undergo the respective medical examination?" To which she answered "that, I only have a small bruise on my right arm near the armpit." *Cf.* Statement made by Azul Rojas Marín the Casa Grande Police Station on February 28, 2008 (evidence file, folio 2812).

[245] *Cf.* Report signed by the Superior Prosecutor, Head of the Decentralized Office of Internal Control of La Libertad of July 24, 2009 (evidence file, folio 2801).

[246] *Cf. Case of Espinoza Gonzáles v. Peru. Preliminary Objections, Merits, Reparations and Costs, supra,* para. 256.

tratos y violencia sexual. En la declaración de 28 de febrero de 2008, la presunta víctima denunció por primera vez la violación sexual[241]. El examen médico fue realizado el 29 de febrero de 2008 a las 12:30 horas[242].

189. Consta en el expediente prueba contradictoria respecto a las razones de dicho retraso. Por un lado, de acuerdo a la presunta víctima, ella se habría presentado el 27 de febrero a las 3 de la tarde y el 28 de febrero a las 4 de la tarde y ambos días por dilaciones de la fiscalía habría sido imposible realizar el examen médico[243]. Por otro lado, de la declaración de la presunta víctima de 28 de febrero, se desprende que hasta ese momento ella no había acudido a la realización del examen[244]. Asimismo, la fiscal a cargo señaló que la recepción de la declaración de 28 de febrero se realizó en forma detallada, por lo que no fue posible la realización del examen médico ese día. Por tanto, se ordenó la "práctica de un examen médico ampliatorio al día siguiente a las siete de la mañana". De acuerdo a la fiscal, la presunta víctima se presentó "a la [f]iscalía más de las once de la mañana"[245].

190. Esta Corte ha señalado que con el fin de garantizar la mejor preservación de las evidencias, el peritaje ginecológico y anal debe ser realizado, de considerarse procedente su realización, durante las primeras 72 horas a partir del hecho denunciado, con base en un protocolo específico de atención a las víctimas de violencia sexual[246]. Tomando en cuenta el tiempo que ya había pasado desde la ocurrencia del hecho, el Estado ha debido realizar todas las gestiones posibles para realizar el examen inmediatamente, o al menos antes que se cumpliesen las 72 horas a partir del hecho denunciado, lo cual no sucedió en el presente caso, incluso considerando los retrasos que podrían ser imputables a la presunta víctima.

191. Adicionalmente, la Corte advierte que, en el examen médico realizado, no se presenta una interpretación de relación probable entre los síntomas físicos y las

---

[241] *Cfr*. Manifestación de Azul Rojas Marín ante la Comisaría de Casa Grande el 28 de febrero de 2008 (expediente de prueba, folio 2811).
[242] *Cfr*. Certificado Médico Legal de 29 de febrero de 2008 (expediente de prueba, folio 2822).
[243] En este sentido, la presunta víctima declaró "que [la] fiscal tomó conocimiento del hecho el 27 de febrero de [2008], aproximadamente a las tres de la tarde, cuando el mayor [...] la llamó a su celular, llegando ella a la comisaría de Casa Grande aproximadamente como a las [6:30] de la tarde, tomándole su declaración y haciendo un reconocimiento hasta m[á]s de las [9] de la noche, siendo que ese mismo día dicha fiscal le dio el oficio para que pase el m[é]dico legista por lesiones". Por otra parte, respecto a la demora en la realización del examen médico entre el 28 de febrero a las 16:30 y el 29 de febrero a las 12:30 horas, se advierte que de acuerdo al escrito de denuncia contra la fiscalía presentado por la presunta víctima "[la s]eñora Fiscal [...] abusando de su cargo impidió que a [la] recurrente se [le] realizara [el] reconocimiento médico legal [el día 28 de febrero de 2008] toda vez que [la] tuvo hasta tarde en su oficina, por lo que el médico legista no se encontraba atendiendo a la hora que salí". La presunta víctima indicó esto fue "con la finalidad de que no se apreciaran las huellas y lesiones por violación sexual". *Cfr*. Declaración rendida por Azul Rojas Marín el 25 de mayo de 2009 ante el Fiscal Superior Encargado de la Oficina Desconcentrada de Control Interno de La Libertad y del Santa (expediente de prueba, folio 198), y Queja presentada por Azul Rojas Marín ante el Fiscal Superior Jefe de la Oficina Descentralizada del Control Interno de la Libertad de 28 de marzo de 2008 (expediente de prueba, folio 3009).
[244] En esta declaración le pregunta a la presunta víctima "[¿]Si puede precisar si con motivo de la agresión física que sufriera por parte del personal policial, Ud. registra actualmente alguna lesión en su cuerpo, toda vez que hasta la fecha no ha cumplido con acudir al Médico Legisla a fin de que se le practique el examen médico respectivo?, y respondió "que, solamente me queda un pequeño moretón en mi brazo derecho, cerca de la axila". *Cfr*. Manifestación de Azul Rojas Marín la Comisaría de Casa Grande el 28 de febrero de 2008 (expediente de prueba, folio 2812).
[245] *Cfr*. Informe suscrito por el Fiscal Superior Jefe de la Oficina Descentralizada del Control Interno de la Libertad de 24 de julio de 2009 (expediente de prueba, folio 2801).
[246] *Cfr. Caso Espinoza Gonzáles Vs. Perú. Excepciones Preliminares, Fondo, Reparaciones y Costas, supra*, párr. 256.

the Court notes that the examination found recent injuries in the anus and observed that the presumed victim indicated that she had suffered some bleeding. However, the respective conclusion is extremely vague. Indeed, the conclusion indicates: "Anus: old anal fissures with signs of a recent unnatural act."[247] There is no analysis of whether or not the injuries are compatible with an anal rape with a rubber baton. Also, there is no analysis of whether or not the signs of a recent sexual act reveal that it could have been caused by the use of force, or the amount of force that would have been needed to cause that type of injury. On this point, the World Health Organization has indicated that "anal and rectal injuries are seldom seen after consensual penetration."[248] The Court also notes that there is no evidence that the forensic physician was provided with a police baton and/or information on its dimensions that would have allowed him to examine the compatibility of the alleged acts with the injuries found.[249]

192. These shortcomings were partially rectified on April 22, 2008, by a medical ratification procedure in which the forensic physician indicated that he "could not affirm that [the injuries] were caused by a regulatory police baton, but owing to the form, it is probable."[250] However, the Court notes that these additional considerations were not taken into account in the request to dismiss the case or in the dismissal decision.[251]

193. This Court also notes that there is no record that Azul Rojas Marín was told that the medical examination could be performed by someone of the sex she preferred. Also, the deputy prosecutor was present during the examination,[252] with no record that the presumed victim had consented to this.[253]

B.2.c) Omissions in obtaining evidence and in the investigation of possible discriminatory motives

194. To guarantee the effectiveness of investigations into human rights violations, it is necessary to avoid omissions in obtaining evidence and in following up on logical

---

[247] Cf. Forensic Medical Certificate of examination of Azul Rojas Marín on February 29, 2008 (evidence file, folio 2822).
[248] World Health Organization, Guidelines for medico-legal care for victims of sexual violence, Geneva, 2003, p. 49.
[249] Cf. Medical ratification procedure of July 4, 2019 (evidence file, folio 5671).
[250] Cf. Medical ratification procedure of April 22, 2008 (evidence file, folios 5473 and 5474).
[251] Cf. Dismissal request of the Second Provincial Corporate Criminal Prosecutor of Ascope of October 21, 2008 (evidence file, folios 83 to 100), and Order to dismiss the proceedings of January 9, 2009, issued by the Ascope First Preliminary Investigation Court (evidence file, folios 2954 to 2969).
[252] On this point, the prosecutor stated that he entered the doctor's office at the explicit invitation of the forensic physician. Cf. Report signed by the Superior Prosecutor, Head of the Decentralized Office of Internal Control of La Libertad and Santa of July 24, 2009 (evidence file, folio 2801). See also, Statement made by Azul Rojas Marín at the public hearing on merits before the Inter-American Commission on December 1, 2016.
[253] Cf. Statement made by Azul Rojas Marín before the Superior Prosecutor, Head of the Decentralized Office of Internal Control of La Libertad and Santa on May 25, 2009 (evidence file, folio 199), and Statement of witness Víctor Álvarez at the public hearing on August 27, 2019.

agresiones a las que hizo referencia la presunta víctima. En particular, se advierte que en el examen encontraron lesiones recientes en el ano y notaron que la presunta víctima indicó que había sangrado. No obstante, la conclusión al respecto es sumamente vaga. En efecto, la conclusión indica "Ano: Fisuras anales antiguas con signos de acto contranatura reciente"[247]. No se analiza si las lesiones son o no compatibles con una violación anal mediante una vara de goma. Tampoco se analiza si los signos del acto sexual reciente muestran o no que el mismo pudiera ser causado mediante fuerza, o la cantidad de fuerza que hubiese sido requerida para causar ese tipo de lesiones. Sobre este punto, la Organización Mundial de Salud ha indicado que las lesiones en el ano o en el recto son rara vez causadas por penetraciones consensuadas[248]. Además, este Tribunal advierte que no consta que se le proporcionara al médico legista una vara policial y/o información sobre las dimensiones de la misma, que hubiesen permitido que este examinara la compatibilidad de los hechos alegados con las lesiones encontradas[249].

192. Estas falencias fueron parcialmente enmendadas el 22 de abril de 2008 mediante una ratificación pericial médica, en la cual el médico legista indicó que "no puede afirmar que [...] [las lesiones] hayan sido causad[as] por una vara de reglamento policial, pero por la forma, consistencia es probable"[250]. Sin embargo, la Corte advierte que estas consideraciones adicionales no fueron tomadas en cuenta por el requerimiento de sobreseimiento ni por la decisión de sobreseimiento[251].

193. Este Tribunal constata, además, que no consta que se le haya ofrecido a la señora Azul Rojas Marín que el examen fuese realizado por alguna persona del género de su preferencia. Asimismo, en el examen médico estuvo presente el Fiscal Adjunto[252], sin que conste que la presunta víctima diera su consentimiento al respecto[253].

B.2.c) Omisiones probatorias y en la investigación de los posibles motivos discriminatorios

194. En aras de garantizar la efectividad de la investigación de violaciones a los derechos humanos, se debe evitar omisiones probatorias y en el seguimiento de líneas

---

[247] *Cfr.* Certificado Médico Legal de 29 de febrero de 2008 practicado a Azul Rojas Marín (expediente de prueba, folio 2822).
[248] Organización Mundial de la Salud, Guidelines for medico-legal care for victims of sexual violence, Ginebra, 2003, pág. 49. Disponible en: http://whqlibdoc.who.int/publications/2004/924154628X.pdf?ua=1.
[249] *Cfr.* Diligencia de ratificación pericial médica de 4 de julio de 2019 (expediente de prueba, folio 5671).
[250] *Cfr.* Diligencia de ratificación pericial médica de 22 de abril de 2008 (expediente de prueba, folios 5473 y 5474).
[251] *Cfr.* Requerimiento de Sobreseimiento del Segundo Despacho de la Fiscalía Provincial Penal Corporativa de Ascope de 21 de octubre de 2008 (expediente de prueba, folios 83 a 100), y Auto de Sobreseimiento de 9 de enero de 2009 emitido por el Juzgado Penal de Investigación Preparatoria de Ascope (expediente de prueba, folios 2954 al 2969).
[252] Sobre este punto, el fiscal declaró que ingresó al consultorio médico por invitación expresa del médico legista. *Cfr.* Informe suscrito por el Fiscal Superior Jefe de la Oficina Desconcentrada de Control Interno de la Libertad y del Santa de 24 de julio de 2009 (expediente de prueba, folio 2801). *Véase además*, Declaración de Azul Rojas Marín en la audiencia pública de fondo ante la Comisión Interamericana el 1 de diciembre de 2016.
[253] *Cfr.* Declaración de Azul Rojas Marín ante el Fiscal Superior Encargado de la Oficina Desconcentrada de Control Interno de La Libertad y del Santa el 25 de mayo de 2009 (expediente de prueba, folio 199), y Declaración del testigo Víctor Álvarez en audiencia pública el 27 de agosto de 2019.

lines of investigation.[254] The Court has indicated the guidelines that must be observed in criminal investigations into human rights violations and these may include: recovering and preserving probative elements in order to aid any potential criminal investigation of those responsible; identifying possible witnesses and obtaining their statements, and determining the cause, manner, place and time of the act investigated. It is also necessary to conduct a thorough investigation of the scene of the crime, and ensure that rigorous analyses are conducted by competent professionals using the most appropriate procedures,[255] and this involves guaranteeing the proper chain of custody.

195. In the instant case, the Court notes that evidence was not secured in the areas where the presumed victim said she had been in the Casa Grande Police Station; nor was the immediate custody required of key evidence, including the clothing that Ms. Rojas Marín was wearing at the time and the rubber baton involved in the incident. Even though both items underwent biological testing, they were only handed in on February 29, 2008,[256] so that there is no certainty that evidence was preserved on them.

196. The Court also considers that when violent acts, such as torture, are investigated, the State authorities have the obligation to take all reasonable measures to discover whether there are possible discriminatory motives.[257] This obligation means that when there are specific indications or suspicions of violence based on discrimination, the State must do everything reasonable, according to the circumstances, to collect and secure the evidence, use all practical means to discover the truth, and issue fully reasoned, impartial and objective decisions, without omitting suspicious facts that could indicate violence based on discrimination.[258] The authorities' failure to investigate possible discriminatory motives may, in itself, constitute a form of discrimination, contrary to the prohibition established in Article 1(1) of the Convention.[259]

197. In addition, the Court notes that, during the investigation, the Public Prosecution Service never examined the possibility of whether the detention and subsequent torture of the presumed victim were motivated by Ms. Rojas Marín's

---

[254] *Cf. Case of the Serrano Cruz Sisters v. El Salvador. Merits, Reparations and Costs.* Judgment of March 1, 2005. Series C No. 120, paras. 88 and 105, and *Case of Gómez Virula et al. v. Guatemala. Preliminary Objection, Merits, Reparations and Costs, supra,* para. 77.

[255] *Cf. Case of Juan Humberto Sánchez v. Honduras. Preliminary Objection, Merits, Reparations and Costs, supra,* para. 128, and *Case of Gómez Virula et al. v. Guatemala. Preliminary Objection, Merits, Reparations and Costs, supra,* para. 73.

[256] *Cf.* Record of reception dated February 29, 2008 (evidence file, folio 2195), and Report presented by the Peruvian State to the Commission on March 24, 2014 (evidence file, folio 354).

[257] Similarly see, ECHR, *Case of Identoba and Others v. Georgia,* No. 73235/12 [Fourth Section]. Judgment of October 7, 2014, para. 67. Similarly see, *Case of Véliz Franco et al. v. Guatemala. Preliminary Objections, Merits, Reparations and Costs.* Judgment of May 19, 2014. Series C No. 277, para. 208.

[258] Similarly see, ECHR, *Case of Nachova and Others v. Bulgaria,* No. 43577/98 and 43579/98 [Grand Chamber]. Judgment of July 6, 2005, para. 160, and ECHR *Case of Identoba and Others v. Georgia,* No. 73235/12 [Fourth Section]. Judgment of May 12, 2015, para. 67. Similarly see, *Case of Véliz Franco et al. v. Guatemala. Preliminary Objections, Merits, Reparations and Costs.* Judgment of May 19, 2014. Series C No. 277, para. 208.

[259] Similarly see, ECHR, *Case of Begheluri and Others v. Georgia,* No. 28490/02 [Fourth Section]. Judgment of January 7, 2015, paras. 141 and 142; ECHR, *Case of Identoba and Others v. Georgia,* No. 73235/12 [Fourth Section]. Judgment of August 12, 2015, para. 67. Similarly see, *Case of López Soto et al. v. Venezuela. Merits, Reparations and Costs, supra,* para. 223.

lógicas de investigación[254]. La Corte ha especificado los principios rectores que son precisos observar en investigaciones penales relativas a violaciones de derechos humanos que pueden incluir, *inter alia*: recuperar y preservar el material probatorio con el fin de ayudar en cualquier potencial investigación penal de los responsables; identificar posibles testigos y obtener sus declaraciones, y determinar la causa, forma, lugar y momento del hecho investigado. Además, es necesario investigar exhaustivamente la escena del crimen, se deben realizar análisis en forma rigurosa, por profesionales competentes y empleando los procedimientos más apropiados[255], lo cual implica garantizar la correcta cadena de custodia.

195. En el presente caso, se advierte que no se aseguraron evidencias en los ambientes de la Comisaría de Casa Grande, dónde la presunta víctima relató haber estado. Tampoco se requirió la custodia inmediata de medios de prueba claves, incluyendo la ropa que llevaba ese día la señora Rojas Marín, así como la vara de goma involucrada en los hechos. Si bien ambos objetos fueron examinados mediante dictámenes biológicos, estos fueron entregadas el 29 de febrero de 2008[256], por lo que no existe certeza sobre la preservación de los mismos.

196. Adicionalmente, este Tribunal considera que cuando se investigan actos violentos, como la tortura, las autoridades estatales tienen el deber de tomar todas las medidas que sean razonables para develar si existen posibles motivos discriminatorios[257]. Esta obligación implica que cuando existan indicios o sospechas concretas de violencia por motivos discriminatorios, el Estado debe hacer lo que sea razonable de acuerdo con las circunstancias, en aras de recolectar y asegurar las pruebas, explorar todos los medios prácticos para descubrir la verdad y emitir decisiones completamente razonadas, imparciales y objetivas, sin omitir hechos sospechosos que puedan ser indicativos de violencia motivada por discriminación[258]. La falta de investigación por parte de las autoridades de los posibles móviles discriminatorios, puede constituir en sí misma una forma de discriminación, contraria a la prohibición establecida en el artículo 1.1 de la Convención[259].

197. Igualmente, la Corte advierte que, durante la investigación, el Ministerio Público en ningún momento examinó la posibilidad de si la detención y posterior

---

[254] *Cfr. Caso de las Hermanas Serrano Cruz Vs. El Salvador. Fondo, Reparaciones y Costas*. Sentencia de 1 de marzo de 2005. Serie C No. 120, párrs. 88 y 105, y *Caso Gómez Virula y otros Vs. Guatemala. Excepción Preliminar, Fondo, Reparaciones y Costas, supra*, párr. 77.

[255] *Cfr. Caso Juan Humberto Sánchez Vs. Honduras. Excepción Preliminar, Fondo, Reparaciones y Costas, supra*, párr. 128, y *Caso Gómez Virula y otros Vs. Guatemala. Excepción Preliminar, Fondo, Reparaciones y Costas, supra*, párr. 73.

[256] *Cfr.* Acta de Recepción de 29 de febrero de 2008 (expediente de prueba, folio 2195), e Informe presentado por el Estado Peruano ante la Comisión el 24 de marzo de 2014 (expediente de prueba, folio 354).

[257] *En el mismo sentido véase*, TEDH, *Caso Identoba y otros Vs. Georgia*, No. 73235/12 [Cuarta Sección]. Sentencia de 7 de octubre de 2014, párr. 67. *Véase en sentido similar, Caso Véliz Franco y otros Vs. Guatemala. Excepciones Preliminares, Fondo, Reparaciones y Costas*. Sentencia de 19 de mayo de 2014. Serie C No. 277, párr. 208.

[258] *En el mismo sentido véase*, TEDH, *Caso Nachova y otros Vs. Bulgaria*, No. 43577/98 y 43579/98 [Gran Sala]. Sentencia del 6 de julio de 2005, párr. 160, y TEDH *Caso Identoba y otros Vs. Georgia*, No. 73235/12 [Cuarta Sección]. Sentencia de 12 de mayo de 2015, párr. 67. *Véase en sentido similar, Caso Véliz Franco y otros Vs. Guatemala. Excepciones Preliminares, Fondo, Reparaciones y Costas*. Sentencia de 19 de mayo de 2014. Serie C No. 277, párr. 208.

[259] *En el mismo sentido véase*, TEDH, *Caso Begheluri y otros vs. Georgia*, No. 28490/02 [Cuarta Sección]. Sentencia del 7 de enero de 2015, párrs. 141 y 142; TEDH, *Caso Identoba y otros Vs. Georgia*, No. 73235/12 [Cuarta Sección]. Sentencia de 12 de agosto de 2015, párr. 67. *Véase en sentido similar, Caso López Soto y otros Vs. Venezuela. Fondo, Reparaciones y Costas, supra*, párr. 223.

sexual orientation or gender expression. The authorities did not conduct any investigative action in relation to the derogatory comments that Ms. Rojas Marín stated she had received concerning her sexual orientation. Also, during one of the psychiatric assessment, one of those possibly responsible made homophobic comments[260] which were not followed up on.

B.2.d) *Use of discriminatory stereotyping during the investigation*

198. The Court recalls that stereotyping based on sexual orientation refers to a preconception of attributes, conducts or characteristics possessed by a person based on their sexual orientation,[261] in this case in particular, by homosexual men or men perceived as such.

199. In particular, the Court has recognized that personal prejudices and gender stereotypes affect the objectivity of State officials responsible for investigating complaints, influencing their perceptions when determining whether or not an act of violence occurred, and their evaluation of the credibility of witnesses and of the victims themselves. "Stereotyping distorts perceptions and results in decisions based on preconceived beliefs and myths rather than relevant facts," "which can, in turn, lead to miscarriage of justice, including the revictimization of complainants."[262] The Court considers that the same may occur in cases of stereotyping based on sexual orientation[263].

200. In this case, the Court notes that, during the investigation of the facts, the prosecutor allegedly said to the presumed victim: "but if you're a homosexual, how am I going to believe you."[264] Also, during the investigation conducted in this case, remarks were made with regard to the previous sexual conduct of the presumed victim.

201. The report of the forensic medical examination included unnecessary information on the frequency with which the presumed victim had sexual relations and the age at which she became sexually active.[265] Also, during the psychiatric assessment, the presumed victim was asked whether she masturbated, the frequency

---

[260] *Cf.* Psychiatric assessment of JLM of August 19, 2008 (evidence file, folio 2744).

[261] *Cf. Case of Atala Riffo and daughters v. Chile. Merits, Reparations and Costs, supra,* para. 111, and *Case of Ramírez Escobar et al. v. Guatemala. Merits, Reparations and Costs.* Judgment of March 9, 2018. Series C No. 351, para. 301.

[262] *Cf. Case of Gutiérrez Hernández et al. v. Guatemala. Preliminary Objections, Merits, Reparations and Costs.* Judgment of August 24, 2017. Series C No. 339, para. 173, and *Case of López Soto et al. v. Venezuela. Merits, Reparations and Costs, supra,* para. 326. Similarly see, Committee for the Elimination of Discrimination against Women, General recommendation 33 on women's access to justice by women, 2015, para. 26.

[263] *Cf.* United Nations Office on Drugs and Crime (UNODC), Handbook on Prisoners with Special Needs: Lesbian, gay, bisexual and transgender (LGBT) prisoners, 2009, p. 104, and Inter-American Commission on Human Rights, *Violence against Lesbian, Gay, Bisexual, Trans and Intersex Persons in the Americas,* OEA/Ser.L/V/II.rev.2, November 12, 2015, para. 462.

[264] *Cf.* Statement made by Azul Rojas Marín at the public hearing on merits before the Inter-American Commission on December 1, 2016 (evidence file, folder of audiovisual material, minutes 10:10 to 10:23), and Statement of witness Víctor Álvarez at the public hearing on August 27, 2019.

[265] *Cf.* Forensic Medical Certificate of examination of Azul Rojas Marín on February 29, 2008 (evidence file, folio 2822).

tortura de la presunta víctima fueron motivadas por la orientación sexual o expresión de género de la señora Rojas Marín. Las autoridades no tomaron ninguna acción investigativa respecto a los comentarios despectivos respecto a su orientación sexual, que la señora Rojas Marín declaró haber recibido. Asimismo, en una de las evaluaciones psiquiátricas uno de los posibles responsables realizó comentarios homofóbicos[260] y tampoco se le dio seguimiento alguno.

B.2.d) Utilización de estereotipos discriminatorios durante la investigación

198. La Corte recuerda que el estereotipo por la orientación sexual se refiere a una pre-concepción de atributos, conductas o características poseídas por una persona en base a su orientación sexual[261], en este caso en particular, por hombres homosexuales o percibidos como tales.

199. En particular, la Corte ha reconocido que los prejuicios personales y los estereotipos de género afectan la objetividad de los funcionarios estatales encargados de investigar las denuncias que se les presentan, influyendo en su percepción para determinar si ocurrió o no un hecho de violencia, en su evaluación de la credibilidad de los testigos y de la propia víctima. Los estereotipos "distorsionan las percepciones y dan lugar a decisiones basadas en creencias preconcebidas y mitos, en lugar de hechos", lo que a su vez puede dar lugar a la denegación de justicia, incluida la revictimización de las denunciantes[262]. La Corte considera que lo mismo puede ocurrir en casos de estereotipos por la orientación sexual[263].

200. En este caso, la Corte advierte que, durante la investigación de los hechos, la fiscal le habría dicho a la presunta víctima "pero si tú eres homosexual, cómo te voy a creer"[264]. Adicionalmente, durante la investigación de este caso se vertieron expresiones relativas al comportamiento sexual previo de la presunta víctima.

201. En el examen médico legal se incluye información innecesaria sobre la frecuencia en la que la presunta víctima mantendría relaciones sexuales y la edad desde la cual es sexualmente activa[265]. Asimismo, en el examen psiquiátrico se le preguntó a la presunta víctima sobre si se masturbaba, la frecuencia en la que la

---

[260] *Cfr.* Evaluación Psiquiátrica de 19 de agosto de 2008 practicada a JLM (expediente de prueba, folio 2744).

[261] *Cfr. Caso Atala Riffo y niñas Vs. Chile. Fondo, Reparaciones y Costas, supra,* párr. 111, y *Caso Ramírez Escobar y otros Vs. Guatemala. Fondo, Reparaciones y Costas. Sentencia de 9 de marzo de 2018.* Serie C No. 351, párr. 301.

[262] *Cfr. Caso Gutiérrez Hernández y otros Vs. Guatemala. Excepciones Preliminares, Fondo, Reparaciones y Costas.* Sentencia de 24 de agosto de 2017. Serie C No. 339, párr. 173, y *Caso López Soto y otros Vs. Venezuela. Fondo, Reparaciones y Costas, supra,* párr. 326. *Ver, en el mismo sentido,* Comité para la Eliminación de la Discriminación contra la Mujer, Recomendación General 33 sobre el acceso de las mujeres a la justicia, 2015, párr. 26.

[263] *Cfr.* Oficina de las Naciones Unidas sobre las Drogas y el Delito (UNODC), Manual sobre Privados de Libertad con Necesidades Especiales: Personas Lesbianas, Gay, Bisexuales y Transgénero (LGBT) Privadas de Libertad (Handbook on Prisoners with special needs: Lesbian, gay, bisexual and transgender (LGBT) Prisoners) 2009, pág. 104, y Comisión Interamericana, *Violencia contra Personas Lesbianas, Gay, Bisexuales, Trans e Intersex en América,* OAS/Ser.L/V/II.rev.2, 12 de noviembre de 2015, párr. 462.

[264] *Cfr.* Declaración de Azul Rojas Marín en la audiencia pública de fondo ante la Comisión Interamericana el 1 de diciembre de 2016 (expediente de prueba, carpeta de material audiovisual, minutos 10:10 a 10:23), y Declaración del testigo Víctor Álvarez en audiencia pública el 27 de agosto de 2019.

[265] *Cfr.* Certificado Médico Legal de 29 de febrero de 2008 practicado a Azul Rojas Marín (expediente de prueba, folio 2822).

with which she had sexual relations, at what age she had become sexually active, the number of sexual partners she had had, whether she practiced oral sex, whether she watched pornography, whether she had frequented brothels, whether she had had sexual contact with animals, and whether she had had sexual relations with minors.[266]

202. This Court notes that opening lines of investigation into the previous social or sexual behavior of victims in cases of gender-based violence is merely the expression of policies or attitudes based on gender stereotypes.[267] There is no reason why this is not applicable in cases of sexual violence against LGBTI people, or those perceived as such. In this regard, the Court considers that questions regarding the presumed victim's sexual life are unnecessary as well as revictimizing.

203. In addition, it should be noted that, during the forensic medical examination, during the interrogations, and in the decision of the Administrative Court, the expression "unnatural" is used to refer to anal penetration.[268] The use of this term stigmatizes those who perform this type of sexual act, branding them as "abnormal" because they do not conform to heteronormative social rules.[269]

204. The Court considers that these types of inquiries and the terms used in the investigation constitute stereotyping. Even though these stereotypes were not explicitly used in the decisions relating to the dismissal of the criminal investigation, their use reveals that the complaints filed by the presumed victim were not being considered objectively. Also, during the disciplinary administrative proceeding against the members of the Peruvian National Police, one of the arguments used to consider that the facts had not been proved was that Ms. Rojas Marín "has been practicing unnatural relations since the age of 14 and has sexual relations 3 or 4 times a day."[270]

B.2.e) Conclusion concerning due diligence

205. Based on the foregoing considerations, the Court concludes that the State failed to act with due diligence to investigate the sexual torture of the presumed victim. The circumstances that surround the different statements made by Ms. Rojas Marín, especially the judicial inspection and reconstruction procedure, constituted acts of revictimization. In addition, the medical examination was performed more than 72 hours after the event and the report did not include an interpretation of the probable relationship between the physical symptoms and the aggressions narrated by the presumed victim. Added to this, there was a failure to collect evidence, and the presumed victim's clothing and the police baton possibly used were not secured immediately to submit them to an expert appraisal. Furthermore, the investigation did

---

[266] *Cf.* Psychiatric assessment of September 13, 2008 (evidence file, folios 2920 and 2921).

[267] *Cf. Case of Véliz Franco et al. v. Guatemala. Preliminary Objections, Merits, Reparations and Costs.* Judgment of May 19, 2014. Series C No. 277, para. 209, and *Case of Women Victims of Sexual Torture in Atenco v. Mexico. Preliminary Objection, Merits, Reparations and Costs, supra*, para. 316.

[268] *Cf.* Forensic Medical Certificate of examination of Azul Rojas Marín on February 29, 2008 (evidence file, folio 2822); Statement made by Azul Rojas Marín at the Casa Grande Police Station on February 28, 2008 (evidence file, folio 2812), and Decision of the Territorial Disciplinary Administrative Tribunal of September 2, 2008 (evidence file, folio 3062).

[269] *Cf.* Inter-American Commission on Human Rights, *Violence against Lesbian, Gay, Bisexual, Trans and Intersex Persons in the Americas*, OEA/Ser.L/V/II.rev.2, November 12, 2015, para. 31.

[270] *Cf.* Decision of the Territorial Disciplinary Administrative Tribunal of September 2, 2008 (evidence file, folio 3062).

presunta víctima mantendría relaciones sexuales, la edad desde la cual es sexualmente activa, el número de parejas sexuales que ha tenido, si ha practicado sexo oral, si ha visto pornografía, si ha acudido a prostíbulos, si ha tenido contacto sexual con animales y si ha tenido relaciones con menores de edad[266].

202. Este Tribunal advierte que la apertura de líneas de investigación sobre el comportamiento social o sexual previo de las víctimas en casos de violencia de género no es más que la manifestación de políticas o actitudes basadas en estereotipos de género[267]. No hay razón por lo que lo mismo no sea aplicable a casos de violencia sexual contra personas LGBTI, o percibidas como tales. En este sentido, el Tribunal considera que las preguntas relativas a la vida sexual de la presunta víctima son innecesarias, así como revictimizantes.

203. Adicionalmente, es necesario advertir que en el examen médico legal, en interrogatorios y en la decisión del tribunal administrativo se utiliza el término "contra natura" para referirse a la penetración anal[268]. La utilización de este término estigmatiza a quienes realizan este tipo de acto sexual, tildándolos de "anormales" por no ajustarse a las reglas sociales heteronormativas[269].

204. El Tribunal considera que este tipo de indagaciones y términos utilizados en la investigación constituyen estereotipos. Si bien estos estereotipos no fueron expresamente utilizados en las decisiones relativas al sobreseimiento de la investigación penal, la utilización de estos demuestra que no se estaba considerando las denuncias de la presunta víctima de forma objetiva. Adicionalmente, dentro del procedimiento administrativo disciplinario seguido contra los miembros de la Policía Nacional del Perú, se utilizó como uno de los argumentos para considerar los hechos como no acreditados que la señora Rojas Marín "practica relaciones contra natura desde los 14 años y mantiene una vida sexual de 3 a 4 veces por día"[270].

B.2.e) Conclusión sobre la debida diligencia

205. Con todas las consideraciones anteriores, este Tribunal concluye que el Estado no actuó con la debida diligencia para investigar la tortura sexual de la presunta víctima. Las circunstancias que rodearon las distintas declaraciones prestadas por la señora Rojas Marín, especialmente la diligencia de inspección y reconstrucción judicial, constituyeron actos de revictimización. Además, el examen médico fue realizado después de las 72 horas y no presentaba una interpretación de relación probable de los síntomas físicos y agresiones relatadas por la presunta víctima. Aunado a lo anterior, se omitió la realización de prueba y no se aseguró de forma inmediata la vestimenta de la presunta víctima y la vara policial posiblemente utilizadas para someterlas a pericias. Asimismo, la investigación no examinó la

---

[266] *Cfr.* Evaluación psiquiátrica de 13 de septiembre de 2008 ((expediente de prueba, folios 2920 y 2921).
[267] *Cfr. Caso Véliz Franco y otros Vs. Guatemala. Excepciones Preliminares, Fondo, Reparaciones y Costas.* Sentencia de 19 de mayo de 2014. Serie C No. 277, párr. 209, y *Caso Mujeres Víctimas de Tortura Sexual en Atenco Vs. México. Excepción Preliminar, Fondo, Reparaciones y Costas, supra,* párr. 316.
[268] *Cfr.* Certificado Médico Legal de 29 de febrero de 2008 practicado a Azul Rojas Marín (expediente de prueba, folio 2822); Manifestación de Azul Rojas Marín ante la Comisaría de Casa Grande el 28 de febrero de 2008 (expediente de prueba, folio 2812), y Resolución del Tribunal Administrativo Disciplinario Territorial de 2 de septiembre de 2008 (expediente de prueba, folio 3062).
[269] *Cfr.* Comisión Interamericana de Derechos Humanos, *Violencia contra Personas Lesbianas, Gay, Bisexuales, Trans e Intersex en América,* OAS/Ser.L/V/II.rev.2, 12 de noviembre de 2015IDH, párr. 31.
[270] *Cfr.* Resolución del Tribunal Administrativo Disciplinario Territorial de 2 de septiembre de 2008 (expediente de prueba, folio 3062).

not examine discrimination based on sexual orientation or gender expression as a possible motive for torture. Lastly, during the investigation, various state agents used discriminatory stereotyping that prevented an objective examination of the facts.

B.3. *The absence of an investigation into the crime of torture*

206. This Court has established the ill-treatment to which the presumed victim was subjected constituted torture (*supra* para. 165). The criminal investigation was conducted based on the offenses of aggravated rape and abuse of authority.[271] The presumed victim requested that the investigation be expanded to include the crime of torture.[272] The prosecutor decided not to expand the investigation, indicating that the legal definition of the crime of torture "required the intention that the criminal conduct produce a result." He noted that the presumed victim:

> [N]ever mentioned that the police agents obliged [her] to provide information on the whereabouts of [her] brother, alias "*Tuco*"; therefore, since the additional third subjective element of the legal definition of the crime of torture (to obtain from the victim or a third party a confession or information) was not present, the conduct of the defendants did not fall within the definition of the aforementioned wrongful act.[273]

207. This decision was based on the legal definition of the offense in force at the time, which restricted the possible purposes of torture.[274] The Court recalls that, according to its case law, torture can be committed with any objective or purpose (*supra* para. 160), including for discriminatory purposes. The definition of torture in Article 2 of the Inter-American Convention to Prevent and Punish Torture establishes several objectives or purposes, but adds "or for any other purpose." The Court considers that, in this case, the inadequate legal definition of torture[275] prevented the expansion of the investigation into the ill-treatment inflicted on Ms. Rojas Marín.

---

[271] *Cf.* Order to dismiss the proceedings issued by the Ascope First Preliminary Investigation Court on January 9, 2009 (evidence file, folio 2954).

[272] *Cf.* Request filed by Azul Rojas Marín on May 5, 2008 (evidence file, folios 115, 116 and 117).

[273] *Cf.* Decision of the First Superior Criminal Prosecutor of La Libertad Judicial District of August 28, 2008 (evidence file, folio 2912).

[274] Article 321 of the Peruvian Criminal Code established: "The public official or servant or any other person, with the consent or acquiescence of the former, who inflicts on another severe pain or suffering, either physical or mental, or subjects that person to conditions or methods that annul their personality or diminish their physical or mental capacity, even though this does not cause physical pain or mental distress, in order to obtain from the victim or from a third person a confession or information, or to punish them for any act that they may have committed or be suspected of having committed, or to intimate them or to coerce them, shall be punished by five to ten years' imprisonment. If the torture causes the death of the aggrieved person or serious injury is produced and the agent could have foreseen this result, the imprisonment shall be, respectively, from eight to twenty years, and from six to twelve years. *Cf.* Peruvian Criminal Code, Legislative Decree No. 635 published on April 8, 1991, article 321 (evidence file, folio 5188).

[275] *Cf.* Affidavit of Juan Ernesto Méndez of August 1, 2019 (evidence file, folio 3398).

discriminación por razones de orientación sexual o de expresión de género como un posible motivo de la tortura. Adicionalmente, durante la investigación diversos agentes estales utilizaron estereotipos discriminatorios que impidieron que se examinaran los hechos de forma objetiva.

B.3. La falta de investigación por el delito de tortura

206. Este Tribunal ya estableció que los maltratos a los que fue sujeta la presunta víctima constituyeron tortura (*supra* párr. 165). La investigación penal se realizó por los delitos de violación sexual agravada y abuso de autoridad[271]. La presunta víctima solicitó la ampliación de esta investigación para que se incluyera el delito de tortura[272]. La fiscalía decidió no ampliar la investigación indicando que el ilícito penal del delito de tortura "requiere el ánimo de producir con la conducta típica un ulterior resultado". En este sentido, advirtió que la presunta víctima:

[E]n ningún momento hizo referencia a que los efectivos policiales le obligaron a informar sobre el paradero de su hermano alias "tuco", por lo tanto, al no cumplirse el con tercer elemento subjetivo adicional del tipo penal del delito de tortura (obtener de la víctima o un tercero una confesión o información) no se llega a encuadrar la conducta de los denunciados dentro del ilícito penal antes mencionado[273].

207. Esta decisión se basó en la tipificación entonces vigente, en la cual se restringía las finalidades posibles de la tortura[274]. Esta Corte recuerda que de acuerdo a su jurisprudencia la tortura se puede cometer con cualquier fin o propósito (*supra* párr. 160), incluyendo el fin discriminatorio. En el mismo sentido, la definición de tortura establecida en el artículo 2 de la Convención Interamericana para Prevenir y Sancionar la Tortura establece varios fines o propósitos pero agrega "o con cualquier otro fin". En este sentido, este Tribunal considera que en el presente caso la indebida tipificación de la tortura[275] impidió que se ampliara la investigación de los maltratos ocurridos a la señora Rojas Marín.

---

[271] *Cfr.* Auto de Sobreseimiento de 9 de enero de 2009 emitido por el Juzgado Penal de Investigación Preparatoria de Ascope de 9 de enero de 2009 (expediente de prueba, folio 2954).
[272] *Cfr.* Solicitud interpuesta por Azul Rojas Marín el 5 de mayo de 2008 (expediente de prueba, folios 115, 116 y 117).
[273] *Cfr.* Resolución de la Primera Fiscalía Superior en lo Penal del Distrito Judicial de La Libertad de 28 de agosto de 2008 (expediente de prueba, folio 2912).
[274] El artículo 321 del Código Penal de Perú establecía: "El funcionario o servidor público o cualquiera persona, con el consentimiento o aquiescencia de aquel, que inflija a otro dolores o sufrimientos graves, sean físicos o mentales, o lo someta a condiciones o métodos que anulen su personalidad o disminuyan su capacidad física o mental, aunque no causen dolor físico o aflicción psíquica, con el fin de obtener de la víctima o de un tercero una confesión o información, o de castigarla por cualquier hecho que haya cometido o se sospeche que ha cometido, o de intimidarla o de coaccionarla, será reprimido con pena privativa de libertad no menor de cinco ni mayor de diez años. Si la tortura causa la muerte del agraviado o se produce lesión grave y el agente pudo prever este resultado, la pena privativa de libertad será respectivamente no menor de ocho ni mayor de veinte años, ni menor de seis ni mayor de doce años". *Cfr.* Código Penal del Perú, Decreto Legislativo No. 635 publicado el 8 de abril de 1991, artículo 321 (expediente de prueba, folio 5188).
[275] *Cfr.* Declaración rendida ante fedatario público (afidávit) por Juan Ernesto Méndez de 1 de agosto de 2019 (expediente de prueba, folio 3398).

208. Therefore, this decision violated Articles 8(1) and 25(1) of the American Convention on Human Rights, in relation to the general obligations contained in Articles 1(1) and 2 of this instrument, and Articles 1, 6 and 8 of the Inter-American Convention to Prevent and Punish Torture.

B.4. The dismissal decision

209. On January 9, 2009, the Ascope First Preliminary Investigation Court declared that the request of the Public Prosecution Service was well-founded and dismissed the proceedings for both offenses and against all three accused, ordering that the case be closed.[276] The judge based his decision on the following: (i) the statements of the presumed victim were not valid evidence because they lacked credibility and plausibility; (ii) the lack of immediacy of the medical examination and the expert appraisals that were performed, and (iii) the consistent and categorical rejection by the accused of the charges of rape and abuse of authority.[277]

210. The judge indicated that the presumed victim's version of the events was not credible because one of the accused was an important witness in the criminal proceedings underway against one of her brothers.[278]

211. This Court observes that this consideration reveals that the complaint of rape was automatically considered false on the basis of the procedural situation of the presumed victim's brother. This was a discretionary and discriminatory criterion that presumed the bad faith of Ms. Rojas Marín when filing the complaint.

212. The dismissal decision also emphasized that "the aggrieved party has not been consistent in her statement regarding the facts." Among the alleged incongruencies, the judge included the fact that:

> In [her] complaint in the printed, spoken and televised media, [she] never mentioned that [she] had been subjected to rape, a fact that only recently arose in her version of the events when answering [a question] by the representative of the Public Prosecution Service [in the statement of February 28]; therefore, her words lacked spontaneity, uniformity and consistency in this regard.[279]

213. This Court recalls that the mention of some of the ill-treatment only in some statements does not mean that these are false or that the facts narrated are not true.[280] Also, when examining the said statements, it should be taken into account that sexual aggressions are a type of offense that victims do not usually report owing to the

---

[276] *Cf.* Order to dismiss the proceedings issued by the Ascope First Preliminary Investigation Court of January 9, 2009 (evidence file, folios 2969 and 2970).

[277] *Cf.* Order to dismiss the proceedings issued by the Ascope First Preliminary Investigation Court of January 9, 2009 (evidence file, folios 2961, 2962 and 2963).

[278] *Cf.* Order to dismiss the proceedings issued by the Ascope First Preliminary Investigation Court of January 9, 2009 (evidence file, folio 2960).

[279] *Cf.* Order to dismiss the proceedings issued by the Ascope First Preliminary Investigation Court of January 9, 2009 (evidence file, folio 2960).

[280] *Cf. Case of Cabrera García and Montiel Flores v. Mexico. Preliminary Objection, Merits, Reparations and Costs, supra,* para. 113, and *Case of J. v. Peru. Preliminary Objection, Merits, Reparations and Costs, supra,* para. 325.

208. Por tanto, esta decisión violó los artículos 8.1 y 25.1 de la Convención Americana sobre Derechos Humanos, en relación con las obligaciones generales contenidas en los artículos 1.1 y 2 de la misma, y con los artículos 1, 6 y 8 de la Convención Interamericana para Prevenir y Sancionar la Tortura.

B.4. La decisión de sobreseimiento

209. El 9 de enero de 2009 el Juzgado Penal de Investigación Preparatoria de Ascope declaró fundado el requerimiento del Ministerio Público y sobreseyó el proceso por ambos delitos y contra los tres imputados, ordenando el archivo del expediente[276]. El Juzgado basó su decisión en que: (i) las declaraciones de la presunta víctima no eran una prueba válida, ya que carecían de credibilidad y verosimilitud; (ii) la falta de temporalidad e inmediatez del examen médico y las pericias realizadas, y (iii) el rechazo de los imputados de manera uniforme y categórica de los cargos de violación sexual y abuso de autoridad[277].

210. El Juzgado indicó que no existe credibilidad en la versión de la presunta víctima ya que uno de los imputados participó como testigo importante en el proceso penal que se siguió contra uno de sus hermanos[278].

211. Este Tribunal observa que esta consideración evidencia que automáticamente se consideró falsa la denuncia de violación sexual con base en la situación procesal del hermano de la presunta víctima. Lo anterior es un criterio discrecional y discriminatorio que presume la mala fe de la señora Rojas Marín al momento de realizar las denuncias.

212. Asimismo, la decisión de sobreseimiento resaltó que "[la] agraviad[a] no ha sido uniforme en su declaración sobre los hechos". Entre las alegadas incongruencias, el Juzgado incluyó que el hecho que

[E]n su denuncia a la prensa escrita, hablada y televisada, no se refiere en ningún momento que haya sido objeto de violación sexual, hecho que recién aparece en su versión al responder [una pregunta] de la representante del Ministerio Público [en la declaración de 28 de febrero], careciendo por lo tanto su dicho de espontaneidad, uniformidad y consistencia al respecto[279].

213. Este Tribunal recuerda que la mención de algunos maltratos solamente en algunas de las declaraciones no significa que sean falsos o que los hechos relatados carezcan de veracidad[280]. Asimismo, al analizar dichas declaraciones se debe tomar en cuenta que las agresiones sexuales corresponden a un tipo de delito que la víctima no

---

[276] *Cfr.* Auto de Sobreseimiento emitido por el Juzgado Penal de Investigación Preparatoria de Ascope de 9 de enero de 2009 (expediente de prueba, folios 2969 y 2970).
[277] *Cfr.* Auto de Sobreseimiento emitido por el Juzgado Penal de Investigación Preparatoria de Ascope de 9 de enero de 2009 (expediente de prueba, folios 2961, 2962 y 2963).
[278] *Cfr.* Auto de Sobreseimiento emitido por el Juzgado Penal de Investigación Preparatoria de Ascope de 9 de enero de 2009 (expediente de prueba, folio 2960).
[279] *Cfr.* Auto de Sobreseimiento emitido por el Juzgado Penal de Investigación Preparatoria de Ascope de 9 de enero de 2009 (expediente de prueba, folio 2960).
[280] *Cfr. Caso Cabrera García y Montiel Flores Vs. México. Excepción Preliminar, Fondo, Reparaciones y Costas, supra,* párr. 113, y *Caso J. Vs. Perú. Excepción Preliminar, Fondo, Reparaciones y Costas, supra,* párr. 325.

stigma that a complaint of this type may involve.²⁸¹ Thus, the Court notes that is it unreasonable to expect that the presumed victim would report such facts in the media and in all the statements she made on what occurred.

214. The judge also considered it incongruent that the presumed victim, "on February 25, after resting and having lunch, resumed [her] usual work (feeding the pigs, cleaning out the pigsties, visiting friends, the media), activities which required considerable physical energy and using motorcycle taxis to move around, as [she herself] states; and [she] would have been unable to do this in the painful condition that [she] described following the supposed sexual abuse."²⁸²

215. The Court notes that the forensic medical examination conducted by the State established that the presumed victim required 8 disability days,²⁸³ so that there can be no doubt that Ms. Rojas experienced physical consequences from the ill-treatment for several days. The considerations concerning the activities carried out by Ms. Rojas Marín represent a preconception by the authorities of how a rape victim should act.

216. The judge also indicated that "the facts took place in the early morning hours of February 25 [… and] the forensic medical examination of [the presumed victim] and [the examination of the clothing were carried out on February 29], that is, almost four days after the incident. This lack of immediacy in the implementation of the said expert appraisals raises a reasonable doubt that [the injuries found] were caused on the day of the event and by the accused, and it could be presumed that they may have been produced after the day of the event."²⁸⁴

217. The Court has indicated that the failure to perform a medical examination of a person who is in the State's custody, or implementing this without complying with the applicable standards, cannot be used to question the truth of the presumed victim's allegations of ill-treatment.²⁸⁵ The Court has already concluded that the delayed medical examination and the failure to secure the presumed victim's clothing immediately can be attributed to the State (*supra* paras. 190 and 195). In this regard, the State authorities gave excessive importance to the possibility that the physical evidence was not related to the alleged rape, which was particularly serious taking into account that the injuries found during the medical examination, their ratification, and the evidence found on the presumed victim's clothing are congruent with the occurrence of the rape of Ms. Rojas Marín with a police baton.

218. In sum, the judicial authorities failed to take into account the particularities of the investigation of torture and rape, unduly discrediting the presumed victim's

---

[281] *Cf. Case of Rosendo Cantú et al. v. Mexico. Preliminary Objection, Merits, Reparations and Costs*, supra, para. 95, and *Case of Favela Nova Brasília v. Brazil. Preliminary Objections, Merits, Reparations and Costs*. Judgment of February 16, 2017. Series C No. 333, para. 248.

[282] *Cf.* Order to dismiss the proceedings issued by the Ascope First Preliminary Investigation Court of January 9, 2009 (evidence file, folio 2960).

[283] *Cf.* Forensic Medical Certificate of examination of Azul Rojas Marín on February 29, 2008 (evidence file, folio 2822).

[284] *Cf.* Order to dismiss the proceedings issued by the Ascope First Preliminary Investigation Court of January 9, 2009 (evidence file, folio 2962).

[285] *Cf. Case of J. v. Peru. Preliminary Objection, Merits, Reparations and Costs*, supra, para. 333, and *Case of Espinoza Gonzáles v. Peru. Preliminary Objections, Merits, Reparations and Costs*, supra, para. 152.

suele denunciar, por el estigma que dicha denuncia conlleva usualmente[281]. En este sentido, la Corte advierte que es irrazonable esperar que la presunta víctima denunciara los hechos en los medios de comunicación y en todas las declaraciones que realizó sobre lo ocurrido.

214. El Juzgado además consideró una incongruencia que la presunta víctima "el [25] de febrero, después de descansar y almorzar, se dedicó a sus labores habituales (dar de comer a sus chanchos, asear los chiqueros, visitar a sus amigos, a los medios de comunicación) actividades para las que tuvo que desplegar una gran energía física y haciendo uso de mototaxis para su traslado, como [la] propi[a] agraviad[a] lo afirma, y que en el estado adolorido como el que se refiere que quedó después del supuesto abuso sexual no lo hubiera podido hacer"[282].

215. Esta Corte advierte que el examen médico legal realizado por el Estado estableció que la presunta víctima requería 8 días de incapacidad[283], por lo que no hay duda que la señora Rojas Marín tuvo consecuencias físicas por varios días de los maltratos sufridos. Las consideraciones sobre las actividades realizadas por la señora Rojas Marín son una preconcepción de las autoridades de cómo debe actuar una víctima de violación sexual.

216. Por otro lado, el Juzgado señaló que "los hechos ocurrieron en la madrugada [del 25] de febrero [… y] el reconocimiento médico legal que se practicó a [la presunta víctima] y [el examen a la vestimenta se realizaron el 29 de febrero], es decir después de casi cuatro días de los sucesos. Esta falta de inmediatez de la actuación de las pericias antes señaladas generan una duda razonable que [las lesiones encontradas] hayan sido ocasionadas el día de los hechos y por los imputados, pudiéndose presumir que puedan haberse producido con posterioridad al día de los hechos"[284].

217. La Corte ha señalado que la falta de realización de un examen médico de una persona que se encontraba bajo la custodia del Estado, o la realización del mismo sin el cumplimiento de los estándares aplicables, no puede ser usado para cuestionar la veracidad de los alegatos de maltrato de la presunta víctima[285]. Este Tribunal ya concluyó que la realización tardía del examen médico y de la falta de custodia inmediata de las vestimentas de la presunta víctima son imputables al Estado (*supra* párrs. 190 y 195). En este sentido, las autoridades estatales le dieron un peso excesivo a la posibilidad de que la evidencia física no estuviese relacionada con la alegada violación sexual, lo cual resulta particularmente grave teniendo en cuenta que las lesiones encontradas en el examen médico, la ratificación del mismo y las evidencias encontradas en la vestimenta de la presunta víctima son todas congruentes con la ocurrencia de la violación sexual de la señora Rojas Marín mediante una vara policial.

218. En suma, las autoridades judiciales no tomaron en cuenta las particularidades de las investigaciones de tortura y violación sexual, desacreditando indebidamente las

---

[281] *Cfr. Caso Rosendo Cantú y otra Vs. México. Excepción Preliminar, Fondo, Reparaciones y Costas, supra*, párr. 95, y *Caso Favela Nova Brasília Vs. Brasil. Excepciones Preliminares, Fondo, Reparaciones y Costas*. Sentencia de 16 de febrero de 2017. Serie C No. 333, párr. 248.

[282] *Cfr.* Auto de Sobreseimiento emitido por el Juzgado Penal de Investigación Preparatoria de Ascope de 9 de enero de 2009 (expediente de prueba, folio 2960).

[283] *Cfr.* Certificado Médico Legal de 29 de febrero de 2008 practicado a Azul Rojas Marín (expediente de prueba, folio 2822).

[284] *Cfr.* Auto de Sobreseimiento emitido por el Juzgado Penal de Investigación Preparatoria de Ascope de 9 de enero de 2009 (expediente de prueba, folio 2962).

[285] *Cfr. Caso J. Vs. Perú. Excepción Preliminar, Fondo, Reparaciones y Costas, supra*, párr. 333, y *Caso Espinoza Gonzáles Vs. Perú. Excepciones Preliminares, Fondo, Reparaciones y Costas, supra*, párr. 152.

statements, failing to accord the necessary importance to the expert appraisals that were carried out, and assuming that the presumed victim's injuries were self-inflicted.

B.5. Conclusion

219. Based on the above, the Court concludes that the State violated the rights to judicial guarantees and judicial protection, recognized in Articles 8(1) and 25(1) of the American Convention on Human Rights, in relation to the obligations to respect and to ensure these rights without discrimination and to adopt domestic legal provisions, established in Articles 1(1) and 2 of this instrument, and to Articles 1, 6 and 8 of the Inter-American Convention to Prevent and Punish Torture, to the detriment of Azul Rojas Marín.

VII-5
RIGHT TO PERSONAL INTEGRITY OF AZUL ROJAS MARÍN'S MOTHER[286]

A. Arguments of the Parties and of the Commission

220. The *Commission* considered it "reasonable to establish that the seriousness of the events that occurred, added to the absence of a prompt and adequate judicial response, had effects that went beyond the direct victim," and included Ms. Rojas Marín's mother. The *representatives* argued that "the serious violations suffered by Azul Rojas Marín caused profound suffering to her mother," Juana Rosa Tanta Marín. They indicated that, in addition to being directly related, "she and Azul had a very close relationship." They also indicated that the failure of the Peruvian authorities to respond to the complaints filed by Ms. Rojas Marín, the lack of sensitivity and the indifference they revealed, and the failure to investigate, prosecute and punish those responsible for the violations adequately caused great anguish to Mrs. Tanta Marín, who died on May 12, 2017, without knowing that it was possible to obtain justice in her daughter's case. The *State* indicated that, although a presumption *iuris tantum* is applicable to the next of kin of victims of torture, "the investigation into the crime of torture is underway," so that a final judicial decision was needed in order to apply this presumption.

B. Considerations of the Court

221. The Court has considered that, in cases of serious human rights violations, such as forced disappearance,[287] extrajudicial execution,[288] rape and torture,[289] a *iuris*

---

[286] Article 5 of the Convention.
[287] *Cf. Case of Valle Jaramillo et al. v. Colombia. Merits, Reparations and Costs. Judgment of* November 27, 2008. Series C No. 192, para. 119, and *Case of Munárriz Escobar et al. v. Peru. Preliminary Objection, Merits, Reparations and Costs.* Judgment of August 20, 2018. Series C No. 355, para. 114.
[288] *Cf. Case of La Cantuta v. Peru. Merits, Reparations and Costs.* Judgment of November 29, 2006. Series C No. 162, para. 218, and *Case of Ruiz Fuentes et al. v. Guatemala. Preliminary Objection, Merits, Reparations and Costs, supra,* para. 191.
[289] *Cf. Case of Rosendo Cantú et al. v. Mexico. Preliminary Objection, Merits, Reparations and Costs, supra,* paras. 137 to 139, and *Case of Women Victims of Sexual Torture in Atenco v. Mexico. Preliminary Objection, Merits, Reparations and Costs, supra,* para. 321.

declaraciones de la presunta víctima, no dando el valor necesario a las pericias realizadas y asumiendo que la presunta víctima se había autolesionado.

B.5. Conclusión

219. Por lo expuesto, la Corte concluye que el Estado violó los derechos a las garantías judiciales y a la protección judicial, reconocidos en los artículos 8.1 y 25.1 de la Convención Americana sobre Derechos Humanos, en relación con las obligaciones de respetar y garantizar dichos derechos sin discriminación y de adoptar disposiciones de derecho interno, consagradas en los artículos 1.1 y 2 de la misma, y con los artículos 1, 6 y 8 de la Convención Interamericana para Prevenir y Sancionar la Tortura, en perjuicio de Azul Rojas Marín.

VII-5
DERECHO A LA INTEGRIDAD PERSONAL DE LA MADRE DE AZUL ROJAS MARÍN[286]

A. ALEGATOS DE LAS PARTES Y DE LA COMISIÓN

220. La *Comisión* consideró "razonable establecer que debido a la gravedad de los hechos ocurridos, sumada a la ausencia de una respuesta judicial adecuada y oportuna, ha generado efectos que van más allá de la víctima directa", incluyendo a la madre de la señora Rojas Marín. Las *representantes* alegaron que "las graves violaciones sufridas por Azul Rojas Marín causaron un profundo sufrimiento en su madre", Juana Rosa Tanta Marín. Señalaron que, además de ser familiares directas, hubo una "íntima relación que existía entre ella y Azul". Asimismo, manifestaron que la falta de atención de las autoridades peruanas a las denuncias presentadas por la señora Rojas Marín, la falta de sensibilidad y desidia de parte de las mismas y la falta de investigación, procesamiento y sanción adecuada de los responsables de las violaciones, causó graves sufrimientos a la señora Tanta Marín, quien murió el 12 de mayo de 2017 sin ver que la justicia era posible en el caso de su hija. El *Estado* indicó que, si bien es aplicable una presunción *iuris tantum* a los familiares de las víctimas de tortura, destacó que "la investigación por el delito de tortura se encuentra en curso", por lo que se requeriría contar con una decisión judicial definitiva para poder aplicar la presunción indicada.

B. CONSIDERACIONES DE LA CORTE

221. La Corte ha considerado que, en casos de graves violaciones de derechos humanos, tales como, desapariciones forzadas[287], ejecuciones extrajudiciales[288],

---

[286] Artículo 5 de la Convención.
[287] *Cfr. Caso Valle Jaramillo y otros Vs. Colombia. Fondo, Reparaciones y Costas.* Sentencia de 27 de noviembre de 2008. Serie C No. 192, párr. 119, y *Caso Munárriz Escobar y otras Vs. Perú. Excepción Preliminar, Fondo, Reparaciones y Costas.* Sentencia de 20 de agosto de 2018. Serie C No. 355, párr. 114.
[288] *Cfr. Caso La Cantuta Vs. Perú. Fondo, Reparaciones y Costas.* Sentencia de 29 de noviembre de 2006. Serie C No. 162, párr. 218, y *Caso Ruiz Fuentes y otra Vs. Guatemala. Excepción Preliminar, Fondo, Reparaciones y Costas, supra,* párr. 191.

tantum presumption is applicable with regard to the violation of the right to personal integrity of mothers and fathers, daughters and sons, spouses and permanent companions, and also the siblings of the presumed victims.[290] In this case, the Court has concluded that what happened to Ms. Rojas Marín constituted rape and torture (*supra* para. 165) and the State has not disproved the presumption of the violation of the right to personal integrity of Mrs. Tanta Marín.

222. The evidence provided to the Court reveals that the personal integrity of Juana Rosa Tanta Marín was significantly affected by the sexual torture of Azul Rojas Marín, and the failure to investigate this. According to the psychological appraisal, Mrs. Tanta Marín "had major chronic depression that had serious effects on her physical health and constituted a risk to her life."[291] The report indicates that "given the particular nature of the relationship that Juana had with her [daughter], the traumatic incident had a devastating impact on her psyche, clearly destroying one of her emotional supports in life."[292]

223. Based on the above, the Court finds that the State is responsible for the violation of the right to personal integrity recognized in Article 5(1) of the Convention, in relation to Article 1(1) of this instrument, to the detriment of Juana Rosa Tanta Marín.

VIII
REPARATIONS

224. Based on Article 63(1) of the American Convention, the Court has indicated that any violation of an international obligation that has caused harm entails the duty to repair it adequately and that this provision reflects a customary norm that constitutes one of the fundamental principles of contemporary international law on State responsibility.[293] The Court has also established that reparations must have a causal nexus with the facts of the case, the violations that have been declared, the harm proved, and the measures requested to redress the respective harm. Therefore, the Court must examine the concurrence of these elements to rule appropriately and in keeping with law.[294]

---

[290] *Cf. Case of Valle Jaramillo et al. v. Colombia. Merits, Reparations and Costs, supra*, para. 119, and *Case of Women Victims of Sexual Torture in Atenco v. Mexico. Preliminary Objection, Merits, Reparations and Costs, supra*, para. 320.

[291] *Cf.* Report of psychological appraisal of Juana Rosa Tanta Marín on March 20, 2015 (evidence file, folio 2428).

[292] *Cf.* Report of psychological appraisal of Juana Rosa Tanta Marín on March 20, 2015 (evidence file, folio 2428).

[293] *Cf. Case of Velásquez Rodríguez v. Honduras. Reparations and costs.* Judgment of July 21, 1989. Series C No. 7, paras. 24 and 25, and *Case of Montesinos Mejía v. Ecuador. Preliminary Objections, Merits, Reparations and Costs, supra*, para. 217.

[294] *Cf. Case of Ticona Estrada et al. v. Bolivia. Merits, Reparations and Costs.* Judgment of November 27, 2008. Series C No. 191, para. 110, and *Case of Montesinos Mejía v. Ecuador. Preliminary Objections, Merits, Reparations and Costs, supra*, para. 219.

violencia sexual y tortura[289], es aplicable un a presunción *iuris tantum* respecto de la violación al derecho a la integridad personal de madres y padres, hijas e hijos, esposos y esposas, y compañeros y compañeras permanentes, así como hermanos y hermanas de las presuntas víctimas[290]. En el presente caso, la Corte concluyó que lo ocurrido a la señora Rojas Marín constituyó tortura y violación sexual (*supra* párr. 165) y el Estado no ha desvirtuado la presunción sobre la afectación al derecho a la integridad personal de la señora Tanta Marín.

222. Asimismo, de la prueba aportada ante la Corte se desprende que la señora Juan Rosa Tanta Marín vio afectada su integridad personal de forma significativa a raíz de la tortura sexual de Azul Rojas Marín, así como por la falta de investigación de la misma. Según el informe psicológico pericial, la señora Tanta Marín "presenta[ba] una depresión mayor de carácter crónico que incid[ía] seriamente en su salud física y que constitu[ía] un riesgo vital"[291]. El informe indica que "dada la naturaleza particular del vínculo que Juana ha sostenido con su hij[a], el evento traumático ha tenido un impacto devastador en su psiquismo quebrando de manera sensible un pilar emocional que la sostenía en el mundo"[292].

223. En virtud de lo expuesto, este Tribunal concluye que el Estado es responsable por la violación del derecho a la integridad personal, reconocido en el artículo 5.1 de la Convención, en relación con el artículo 1.1 de la misma, en perjuicio de Juana Rosa Tanta Marín.

VIII
REPARACIONES

224. Sobre la base de lo dispuesto en el artículo 63.1 de la Convención Americana, la Corte ha indicado que toda violación de una obligación internacional que haya producido daño comporta el deber de repararlo adecuadamente, y que esa disposición recoge una norma consuetudinaria que constituye uno de los principios fundamentales del Derecho Internacional contemporáneo sobre responsabilidad de un Estado[293]. Además, este Tribunal ha establecido que las reparaciones deben tener un nexo causal con los hechos del caso, las violaciones declaradas, los daños acreditados, así como las medidas solicitadas para reparar los daños respectivos. Por tanto, la Corte deberá analizar dicha concurrencia para pronunciarse debidamente y conforme a derecho[294].

---

[289] *Cfr. Caso Rosendo Cantú y otra Vs. México. Excepción Preliminar, Fondo, Reparaciones y Costas, supra*, párrs. 137 a 139, y *Caso Mujeres Víctimas de Tortura Sexual en Atenco Vs. México. Excepción Preliminar, Fondo, Reparaciones y Costas, supra*, párr. 321.
[290] *Cfr. Caso Valle Jaramillo y otros Vs. Colombia. Fondo, Reparaciones y Costas, supra*, párr. 119, y *Caso Mujeres Víctimas de Tortura Sexual en Atenco Vs. México. Excepción Preliminar, Fondo, Reparaciones y Costas, supra*, párr. 320.
[291] *Cfr.* Informe Psicológico realizado a Juana Rosa Tanta Marín el 20 de marzo de 2015 (expediente de prueba, folio 2428).
[292] *Cfr.* Informe Psicológico realizado a Juana Rosa Tanta Marín el 20 de marzo de 2015 (expediente de prueba, folio 2428).
[293] *Cfr. Caso Velásquez Rodríguez Vs. Honduras. Reparaciones y Costas.* Sentencia de 21 de julio de 1989. Serie C No. 7, párrs. 24 y 25, y *Caso Montesinos Mejía Vs. Ecuador. Excepciones Preliminares, Fondo, Reparaciones y Costas, supra*, párr. 217.
[294] *Cfr. Caso Ticona Estrada y otros Vs. Bolivia. Fondo, Reparaciones y Costas.* Sentencia de 27 de noviembre de 2008. Serie C No. 191, párr. 110, y *Caso Montesinos Mejía Vs. Ecuador. Excepciones Preliminares, Fondo, Reparaciones y Costas, supra*, párr. 219.

225. Consequently, notwithstanding any form of reparation that may subsequently be agreed between the State and the victim, and based on the foregoing considerations on the merits and the violations of the Convention declared in this judgment, the Court will proceed to examine the claims presented by the Commission and the victims' representatives, together with the corresponding observations of the State, in light of the criteria established in its case law on the nature and scope of the obligation to make reparation, in order to establish measures to redress the harm caused.[295]

A. INJURED PARTY

226. The Court considers that, pursuant to Article 63(1) of the Convention, the injured party is anyone who has been declared a victim of the violation of any right recognized in this instrument. Therefore, the Court considers that Azul Rojas Marín and Juana Rosa Tanta Marín are the "injured parties" and, as victims of the violations declared in Chapter VII, they will be considered beneficiaries of the reparations ordered by the Court.

B. OBLIGATION TO INVESTIGATE

227. The *Commission* asked that the State investigate effectively, with due diligence and within a reasonable time, the rape suffered by Azul Rojas Marín, classifying it as torture. It also indicated that "taking into account the severity of the violations declared as well as inter-American standards in this regard, the Commission underscores that the State may not argue that the dismissal decision that was delivered is governed by *ne bis in idem, res judicata* or the statute of limitations to justify failing to comply with this recommendation." The *representatives* agreed with the Commission and asked that the investigations be conducted in an independent, diligent and effective manner. Also, that they be assigned to State organs trained in the investigation of cases of victims who have survived torture and cruel, inhuman or degrading treatment, and with experience in the investigation of cases of violence against LGBTI people. To this end, the relevant international standards for this type of investigation should be applied, such as those defined in the Istanbul Protocol. The *State* argued that it had already ordered, as a measure of reparation, the opening of a new investigation into the crime of torture committed against Azul Rojas Marín. Regarding the administrative investigations, the State argued that this measure of reparation had already been complied with in the context of the proceeding processed by the Internal Control Office of the Public Prosecution Service.

228. The Court assesses positively the progress made to date by the State in order to clarify the facts. However, it notes that, in the context of the second investigation into the facts, the proceedings against the three police officers for the offenses of rape and abuse of authority against Azul Rojas Marín had not been declared null and void (*supra* paras. 76 to 80).

229. In light of the conclusions in this judgment, the Court establishes that the State shall, within a reasonable time and by officials trained in dealing with victims of

---

[295] *Cf. Case of Velásquez Rodríguez v. Honduras. Reparations and costs, supra,* paras. 25 and 26, and *Case of Montesinos Mejía v. Ecuador. Preliminary Objections, Merits, Reparations and Costs, supra,* para. 220.

225. En consecuencia, sin perjuicio de cualquier forma de reparación que se acuerde posteriormente entre el Estado y la víctima, y de acuerdo con las consideraciones expuestas sobre el fondo y las violaciones a la Convención declaradas en la presente Sentencia, el Tribunal procederá a analizar las pretensiones presentadas por la Comisión y las representantes de las víctimas, así como las observaciones del Estado a las mismas, a la luz de los criterios fijados en su jurisprudencia en relación con la naturaleza y alcance de la obligación de reparar, con el objeto de disponer las medidas dirigidas a reparar los daños ocasionados[295].

A. PARTE LESIONADA

226. Este Tribunal considera parte lesionada, en los términos del artículo 63.1 de la Convención, a quien ha sido declarada víctima de la violación de algún derecho reconocido en la misma. Por lo tanto, esta Corte considera como "partes lesionadas" a Azul Rojas Marín y Juana Rosa Tanta Marín, quienes en su carácter de víctimas de las violaciones declaradas en el capítulo VII, serán consideradas beneficiarias de las reparaciones que la Corte ordene.

B. OBLIGACIÓN DE INVESTIGAR

227. La *Comisión* solicitó investigar de manera efectiva, con la debida diligencia y dentro de un plazo razonable, la violencia sexual sufrida por Azul Rojas Marín, calificada como tortura. Asimismo, señaló que "tomando en cuenta la gravedad de las violaciones declaradas y los estándares interamericanos al respecto, la Comisión destaca que el Estado no podrá oponer la decisión de sobreseimiento dictada a la luz de la garantía de *ne bis in idem*, cosa juzgada o prescripción, para justificar el incumplimiento de esta recomendación". Las *representantes* coincidieron con la Comisión y solicitaron que las investigaciones sean conducidas de manera independiente, diligente y efectiva. Asimismo, que sean asignadas a órganos capacitados dentro del Estado en la investigación de casos de víctimas sobrevivientes de tortura y tratos crueles, inhumanos y degradantes, que además cuenten con expertiz en la investigación de casos de violencia contra personas LGBTI. Para ello, se deben aplicar los estándares internacionales relevantes a este tipo de investigación como los definidos en el Protocolo de Estambul. El *Estado* alegó que ya ha adoptado como medida de reparación el inicio de una nueva investigación por el delito de tortura en agravio de Azul Rojas Marín. En cuanto a las investigaciones administrativas, el Estado argumentó que dicha medida de reparación ya había sido cumplida en el marco del procedimiento tramitado ante la Oficina de Control Interno del Ministerio Público.

228. La Corte valora positivamente los avances hasta ahora alcanzados por el Estado con el fin de esclarecer los hechos. Sin embargo, advierte que en la segunda investigación de los hechos no se declaró la nulidad del proceso seguido contra los tres oficiales de policía por los delitos de violación sexual y abuso de autoridad en contra de Azul Rojas Marín (*supra* párrs. 76 a 80).

229. A la luz de las conclusiones de la presente Sentencia, la Corte dispone que el Estado deberá, en un plazo razonable y por medio de funcionarios capacitados en

---

[295] *Cfr. Caso Velásquez Rodríguez Vs. Honduras. Reparaciones y Costas, supra*, párrs. 25 y 26, y *Caso Montesinos Mejía Vs. Ecuador. Excepciones Preliminares, Fondo, Reparaciones y Costas, supra*, párr. 220.

discrimination and violence based on sexual orientation, facilitate and continue the extensive, systematic and thorough investigations required to identify, prosecute and punish, as appropriate, those responsible for the sexual violence and torture suffered by Ms. Rojas Marín, avoiding the application of discriminatory stereotyping and any act that could revictimize her.[296]

C. MEASURES OF SATISFACTION AND REHABILITATION

C.1. Measures of satisfaction

C.1.a) Publication of the judgment

230. The *representatives* asked the Court to order, as a measures of satisfaction, the publication of the entire judgment and the official summary on the website of the Ministry of Justice and Human Rights, to be easily accessible by the public and available for at least one year. The *State* did not oppose the eventual granting of this measure of reparation, but specified that "the publication of the official summary of the judgment in a newspaper with widespread circulation in the department of La Libertad would be included in the publication in the national newspaper."

231. The Court establishes, as it has in other cases,[297] that the State must publish, within six months of notification of this judgment, in an adequate and legible font: (a) the official summary of this judgment prepared by the Court, once, in the Official Gazette; (b) the official summary of this judgment prepared by the Court, once, in a national newspaper with widespread circulation and in a newspaper of the department of La Libertad, and (c) this judgment, in its entirety, available for one year, on the official website of the Ministry of Justice and Human Rights. The State shall advise this Court immediately when it has implemented each of these publications, regardless of the one-year time frame to present its first report indicated in the nineteenth operative paragraph of this judgment.

C.1.b) Public act to acknowledge international responsibility

232. The *Commission* asked that the State "hold a public act to acknowledge international responsibility" to apologize to the victims. The *representatives* asked the Court to order the State to organize "a public act to acknowledge international responsibility and to apologize" to Azul Rojas Marín and her mother, which should be "transmitted by local and national radio and television." The *State* indicated that, if the Court found it internationally responsible for the acts of torture, "it would not contest the holding of a public act to acknowledge responsibility, provided the Court

---

[296] *Cf. Case of López Soto et al. v. Venezuela. Merits, Reparations and Costs, supra,* para. 278, and *Case of Women Victims of Sexual Torture in Atenco v. Mexico. Preliminary Objection, Merits, Reparations and Costs, supra,* para. 338.

[297] *Cf. Case of Cantoral Benavides v. Peru. Reparations and costs, supra,* para. 79, and *Case of Montesinos Mejía v. Ecuador. Preliminary Objections, Merits, Reparations and Costs, supra,* para. 226.

atención a víctimas de discriminación y violencia por orientación sexual, promover y continuar las investigaciones amplias, sistemáticas y minuciosas que sean necesarias para determinar, juzgar y, en su caso, sancionar a los responsables de la violencia y tortura sexual sufrida por la señora Rojas Marín, evitando la aplicación de estereotipos discriminatorios y la realización de cualquier acto que pueda resultar revictimizante[296].

C. MEDIDAS DE SATISFACCIÓN Y REHABILITACIÓN

C.1. Medidas de satisfacción

C.1.a) Publicación de la sentencia

230. Las *representantes* solicitaron ordenar como medida de satisfacción, la publicación del resumen oficial y la Sentencia en su integridad en el sitio web del Ministerio de Justicia y Derechos Humanos, el cual deberá ser de fácil acceso al público, y estar disponible por un periodo de al menos un año. El *Estado* no se opuso al eventual otorgamiento de la presente medida de reparación, pero precisó que "la publicación del resumen oficial de la sentencia en un diario de amplia circulación del departamento de La Libertad estaría incluido en la publicación en el diario de circulación nacional".

231. La Corte dispone, como lo ha hecho en otros casos[297], que el Estado publique, en el plazo de seis meses, contado a partir de la notificación de la presente Sentencia, en un tamaño de letra legible y adecuado: (a) el resumen oficial de la presente Sentencia elaborado por la Corte, por una sola vez, en el Diario Oficial; (b) el resumen oficial de la presente Sentencia elaborado por la Corte, por una sola vez, en un diario de amplia circulación nacional y en un diario del Departamento de La Libertad, en un tamaño de letra legible y adecuado, y (c) la presente Sentencia en su integridad, disponible por un período de un año, en el sitio web oficial del Ministerio de Justicia y Derechos Humanos. El Estado deberá informar de forma inmediata a este Tribunal una vez que proceda a realizar cada una de las publicaciones dispuestas, independientemente del plazo de un año para presentar su primer informe dispuesto en el punto resolutivo 19 de la presente Sentencia.

C.1.b) Acto público de reconocimiento de responsabilidad internacional

232. La *Comisión* solicitó que el Estado "realice un acto público de reconocimiento de responsabilidad" para las víctimas. Las *representantes* solicitaron que la Corte ordene al Estado la realización de "un acto público de desagravio y reconocimiento de responsabilidad internacional" hacia Azul Rojas Marín y su madre, el cual deberá ser "trasmitido a través de radio y televisión de alcance nacional y local". El *Estado* señaló que, en caso de ser encontrado internacionalmente responsable por la Corte por los hechos de tortura, "no se opone a la realización de un

---

[296] *Cfr. Caso López Soto y otros Vs. Venezuela. Fondo, Reparaciones y Costas, supra*, párr. 278, y *Caso Mujeres Víctimas de Tortura Sexual en Atenco Vs. México. Excepción Preliminar, Fondo, Reparaciones y Costas, supra*, párr. 338.
[297] *Cfr. Caso Cantoral Benavides Vs. Perú. Reparaciones y Costas, supra*, párr. 79, y *Caso Montesinos Mejía Vs. Ecuador. Excepciones Preliminares, Fondo, Reparaciones y Costas, supra*, párr. 226.

considered that the other measures of reparation ordered were not sufficient."

233. The Court considers it necessary, in order to redress the harm caused to the victims and to avoid acts like those of this case being repeated, to order the State to hold a public act to acknowledge international responsibility for the facts of this case. During this act, reference must be made to the human rights violations declared in this judgment. Also, it must take place in a public ceremony in the presence of senior State officials and of Ms. Rojas Marín or her representatives.[298]

234. The State and the victim, and/or her representatives, shall reach agreement on how the public act is executed, as well as its particularities, such as the place and date.[299] Also, as it has in other cases,[300] the Court orders the State to publicize this act as widely as possible in the media, including by radio, television and social networks.

C.2. Measures of rehabilitation

C.2.a) Medical and psychological care

235. The *Commission* asked that the State provide, free of charge, immediately and for as long as necessary, the medical and psychological or psychiatric treatment, as appropriate, to the victim in this case, if she so requests and in agreement with her. The *representatives* asked the Court to order the State to provide "appropriate, individualized and free medical and psychological care together with any necessary medication for as long as required" to the victim. In addition, the "psychological care must be provided by psychologists or psychiatrists specialized in the type of violence suffered by Azul" and, if there are no such specialists in the public health system, "the State must provide private specialized care." The *State* indicated, regarding compliance with the Commission's recommendation, that "this was conditional on the presumed victim's request and, to date, it had not received the corresponding request." Nevertheless, the State advised that Azul Rojas Marín "was affiliated with the Comprehensive Health Care System" and this allowed her to receive the recommended medical, psychological and psychiatric care.

236. The Court has verified the serious impact on personal integrity suffered by Ms. Rojas Marín as a result of the acts of sexual violence and torture in this case (*supra* paras. 145 to 165). Therefore, the Court considers it necessary to order a measure of reparation that provides appropriate treatment for the physical, psychological or psychiatric problems suffered by the victim based on her

---

[298] *Cf. Case of Cantoral Benavides v. Peru. Reparations and costs, supra,* para. 81, and *Case of Women Victims of Sexual Torture in Atenco v. Mexico. Preliminary Objection, Merits, Reparations and Costs, supra,* para. 347.

[299] *Cf. Case of Radilla Pacheco v. Mexico. Preliminary Objections, Merits, Reparations and Costs. Judgment of November 23, 2009. Series C No. 209,* para. 353, and *Case of Women Victims of Sexual Torture in Atenco v. Mexico. Preliminary Objection, Merits, Reparations and Costs, supra,* para. 348.

[300] See, for example, *Case of the Miguel Castro Castro Prison v. Peru. Merits, Reparations and Costs, supra,* para. 445, *and Case of Women Victims of Sexual Torture in Atenco v. Mexico. Preliminary Objection, Merits, Reparations and Costs, supra,* para. 348.

acto público de reconocimiento de responsabilidad, siempre que la Corte considere que las otras medidas de reparación ordenadas no son suficientes".

233. La Corte estima necesario ordenar, con el fin de reparar el daño causado a las víctimas y de evitar que hechos como los de este caso se repitan, disponer que el Estado realice un acto público de reconocimiento de responsabilidad internacional en relación con los hechos del presente caso. En dicho acto se deberá hacer referencia a las violaciones de derechos humanos declaradas en la presente Sentencia. Asimismo, deberá llevarse a cabo mediante una ceremonia pública en presencia de altos funcionarios del Estado y de la señora Rojas Marín o sus representantes[298].

234. El Estado y la víctima, y/o sus representantes, deberán acordar la modalidad de cumplimento del acto público, así como las particularidades que se requieran, tales como el lugar y la fecha para su realización[299]. De igual manera, como lo ha hecho en otros casos[300], la Corte ordena al Estado difundir dicho acto a través de los medios de comunicación de la manera más amplia posible, incluyendo la difusión en la radio, televisión y redes sociales.

C.2. Medidas de rehabilitación

C.2.a) Asistencia médica y psicológica

235. La *Comisión* solicitó que el Estado brindara de forma gratuita, inmediata y por el tiempo que sea necesario, el tratamiento médico y psicológico o psiquiátrico, según corresponda, a la víctima del presente caso si así lo solicita y de manera concertada con ella. Las *representantes* solicitaron a la Corte que ordenara al Estado proporcionar un "tratamiento médico y psicológico adecuado, individualizado y gratuito, junto con los medicamentos necesarios por el tiempo que sea oportuno" a la víctima. Asimismo, el "tratamiento psicológico deberá ser prestado por psicólogos o psiquiatras especializados en el tipo de violencia sufrida por Azul" y en caso de no existir dichos especialistas en el sistema de salud público, "el Estado deberá proveer [un] tratamiento especializado privado". El *Estado* indicó, en cuanto al cumplimiento de la recomendación de la Comisión, que esta "estaba condicionada a la solicitud de la presunta víctima, sin que hasta la fecha se haya recibido la correspondiente solicitud". A pesar de aquello, el Estado informó que Azul Rojas Marín "se encuentra afiliada al Sistema Integral de Salud" lo que le permite recibir las atenciones médicas, psicológicas, y psiquiátricas recomendadas.

236. La Corte ha constatado las graves afectaciones a la integridad personal sufridas por la señora Rojas Marín como consecuencia de los hechos de violencia y tortura sexual del presente caso (*supra* párrs. 145 a 165). Por tanto, la Corte considera que es preciso disponer una medida de reparación que brinde una atención adecuada a los padecimientos físicos, psicológicos o psiquiátricos sufridos por la víctima que

---

[298] *Cfr. Caso Cantoral Benavides Vs. Perú. Reparaciones y Costas, supra,* párr. 81, y *Caso Mujeres Víctimas de Tortura Sexual en Atenco Vs. México. Excepción Preliminar, Fondo, Reparaciones y Costas, supra,* párr. 347.
[299] *Cfr. Caso Radilla Pacheco Vs. México. Excepciones Preliminares, Fondo, Reparaciones y Costas.* Sentencia de 23 de noviembre de 2009. Serie C No. 209, párr. 353, y *Caso Mujeres Víctimas de Tortura Sexual en Atenco Vs. México. Excepción Preliminar, Fondo, Reparaciones y Costas, supra,* párr. 348.
[300] *Véase, por ejemplo, Caso del Penal Miguel Castro Castro Vs. Perú. Fondo, Reparaciones y Costas, supra,* párr. 445, y *Caso Mujeres Víctimas de Tortura Sexual en Atenco Vs. México. Excepción Preliminar, Fondo, Reparaciones y Costas, supra,* párr. 348.

particularities and case history.[301] The Court orders the State to provide Azul Rojas Marín with medical care, free of charge and immediately, and this should include the provision of medication and, if applicable, transport and other directly related and necessary expenses.[302] Furthermore, this must be provided in the centers nearest to her place of residence,[303] for as long as necessary. The psychological and/or psychiatric care should also take into account the victim's particular circumstances and needs, as agreed with her and following an individual evaluation.[304]

237. The beneficiary of this measure has six months from notification of this judgment to confirm to the State that she agrees to receive psychological and/or psychiatric care.[305] And the State has three months from the reception of this request to provide the psychological and/or psychiatric care requested.

D. GUARANTEES OF NON-REPETITION

D.1. Adoption of a protocol on investigation and administration of justice in cases of violence against LGBTI people

238. The *Commission* asked the Court to order the State to adopt "legislative, administrative and any other measures to ensure access to justice in cases of violence against LGBTI people." The *representatives* requested, as a guarantee of non-repetition, that the Court order the State to implement investigation protocols and the services of experts and of justice to combat prejudice-based violence against LGBTI people, providing an annual report on the implementation of this measures for four years. They also requested implementation of specific guidelines for police personnel and members of the *serenazgo* on proper and non-discriminatory treatment of the LGBTI community.

239. The *State* advised "that it had been adopting measures in its different entities to prevent and eradicate discrimination and violence against LGBTI people." It highlighted the adoption of the National Gender Policy and "the Protocol of the Peruvian National Police for the protection and care of victims and witnesses of people trafficking" that had a gender-based approach that included the LGBTI population. Regarding the Peruvian National Police, the State had recently adopted the Manual of Human Rights applied to Police Work on August 13, 2018, which

---

[301] *Cf. Case of Barrios Altos v. Peru. Reparations and costs.* Judgment of November 30, 2001. Series C No. 87, para. 42 and 45, and *Case of Women Victims of Sexual Torture in Atenco v. Mexico. Preliminary Objection, Merits, Reparations and Costs, supra,* para. 341.

[302] *Cf. Case of Poblete Vilches et al. v. Chile. Merits, Reparations and Costs.* Judgment of March 8, 2018. Series C No. 349, para. 231, *and Case of Montesinos Mejía v. Ecuador. Preliminary Objections, Merits, Reparations and Costs, supra,* para. 232.

[303] *Cf. Case of the Las Dos Erres Massacre v. Guatemala. Preliminary Objection, Merits, Reparations and Costs.* Judgment of November 24, 2009. Series C No. 211, para. 270, and *Case of Montesinos Mejía v. Ecuador. Preliminary Objections, Merits, Reparations and Costs, supra,* para. 232.

[304] *Cf. Case of the Las Dos Erres Massacre v. Guatemala. Preliminary Objection, Merits, Reparations and Costs, supra,* para. 270, and *Case of Díaz Loreto et al. v. Venezuela. Preliminary Objections, Merits, Reparations and Costs, supra,* para. 153.

[305] *Cf. Case of Rosendo Cantú et al. v. Mexico. Preliminary Objection, Merits, Reparations and Costs, supra,* para. 253, and *Case of Montesinos Mejía v. Ecuador. Preliminary Objections, Merits, Reparations and Costs, supra,* para. 232.

atienda a sus especificidades y antecedentes[301]. Esta Corte ordena al Estado brindar gratuitamente, de forma prioritaria, tratamiento médico para Azul Rojas Marín, el cual deberá incluir la provisión de medicamentos y, en su caso, transporte y otros gastos directamente relacionados y necesarios[302]. Asimismo, deberá prestarse, en la medida de lo posible, en los centros más cercanos a su lugar de residencia[303], por el tiempo que sea necesario. Al proveer el tratamiento psicológico y/o psiquiátrico se debe considerar, además, las circunstancias y necesidades particulares de la víctima, según lo que se acuerde con ella y después de una evaluación individual[304].

237. La beneficiaria de esta medida dispone de un plazo de seis meses, contado a partir de la notificación de la presente Sentencia, para confirmar al Estado su anuencia a recibir atención psicológica y/o psiquiátrica[305]. A su vez, el Estado dispondrá del plazo de tres meses, contado a partir de la recepción de dicha solicitud, para brindar de manera efectiva la atención psicológica y/o psiquiátrica solicitada.

D. GARANTÍAS DE NO REPETICIÓN

D.1. Adopción de un protocolo sobre la investigación y administración de justicia en casos de violencia contra las personas LGBTI

238. La *Comisión* solicitó ordenar al Estado adoptar "medidas legislativas, administrativas o de otra índole para garantizar el acceso a la justicia en casos de violencia contra personas LGBTI". Las *representantes* solicitaron como garantía de no repetición, ordenar al Estado implementar protocolos de investigación, servicios periciales y de justicia, para combatir la violencia por prejuicio contra las personas LGBTI, rindiendo un informe anual de la implementación de esta medida durante cuatro años. Asimismo, solicitaron la implementación de directrices específicas a seguir por el personal de la policial y miembros del serenazgo en la atención, trato adecuado y no discriminatorio a las personas LGBTI.

239. El *Estado* informó "que desde sus diferentes entidades ha venido adoptando medidas para prevenir y erradicar la discriminación y violencia contra las personas LGBTI". En tal sentido, destacó la aprobación de la Política Nacional de Género y "el Protocolo de la Policía Nacional del Perú para la protección y atención a víctimas y testigos de trata de personas" que adopta un enfoque de género que incluye a la población LGBTI. En lo que respecta a la Policía Nacional del Perú, el Estado adoptó recientemente el Manual de Derechos Humanos Aplicados a la Función Policial el 13

---

[301] *Cfr. Caso Barrios Altos Vs. Perú. Reparaciones y Costas.* Sentencia de 30 de noviembre de 2001. Serie C No. 87, párr. 42 y 45, y *Caso Mujeres Víctimas de Tortura Sexual en Atenco Vs. México. Excepción Preliminar, Fondo, Reparaciones y Costas, supra,* párr. 341.
[302] *Cfr. Caso Poblete Vilches y otros Vs. Chile. Fondo, Reparaciones y Costas.* Sentencia de 8 de marzo de 2018. Serie C No. 349, párr. 231, y *Caso Montesinos Mejía Vs. Ecuador. Excepciones Preliminares, Fondo, Reparaciones y Costas, supra,* párr. 232.
[303] *Cfr. Caso de la Masacre de Las Dos Erres Vs. Guatemala. Excepción Preliminar, Fondo, Reparaciones y Costas.* Sentencia de 24 de noviembre de 2009. Serie C No. 211, párr. 270, y *Caso Montesinos Mejía Vs. Ecuador. Excepciones Preliminares, Fondo, Reparaciones y Costas, supra,* párr. 232.
[304] *Cfr. Caso de la Masacre de Las Dos Erres Vs. Guatemala. Excepción Preliminar, Fondo, Reparaciones y Costas, supra,* párr. 270, y *Caso Díaz Loreto y otros Vs. Venezuela. Excepciones Preliminares, Fondo, Reparaciones y Costas, supra,* párr. 153.
[305] *Cfr. Caso Rosendo Cantú y otra Vs. México. Excepción Preliminar, Fondo, Reparaciones y Costas, supra,* párr. 253, y *Caso Montesinos Mejía Vs. Ecuador. Excepciones Preliminares, Fondo, Reparaciones y Costas, supra,* párr. 232.

contained a "chapter on victims and vulnerable groups that describes factors that police personnel should take into account when dealing with situations that involve [...] the LGBTI community." In the area of the administration of justice, the State advised that it had established the Judiciary's Gender Justice Committee and had adopted the "National Plan for Access to Justice by Persons in a Situation of Vulnerability-Judiciary of Peru 2016-2021."

240. The State also indicated that the Institute of Forensic Medicine and Forensic Sciences attached to the Public Prosecution Service had two protocols that were applicable in cases of violence: (i) Guidelines for the comprehensive appraisal of bodily injuries by the forensic physician, and (ii) Guidelines for the appraisal of psychological harm in adults victims of intentional violence, which incorporates the Istanbul Protocol into the practice of forensic physicians in Peru. In addition, the State indicated that, although Plenary Decision No. 1-2011/CJ-116 was not legally binding, "it provides rules for the classification of the offense of rape, the validity and assessment of the victim's statement (including situations when this is retracted or discontinued), and for general evidence in rape offenses." It underscored that this decision stipulated that, "when sexual offenses are evaluated in court, any gender stereotyping or prejudice must be rejected." The State also mentioned two other plenary decisions, one on "assessment of expert evidence in rape offenses" and the other on "rules for the assessment of the statements of co-defendants and aggrieved parties."

241. The Court considers that the general criteria established in the documentation cited by the State signifies an important step forward towards the adaptation of domestic laws and practices to international standards concerning the protection of LGBTI people. However, it notes that more specific standards are required that include the criteria established in this judgment and in other relevant international instruments. For example, witness Ketty Garibay Mascco testified before the Court that, at the present time, the Public Prosecution Service does not have precise investigation guidelines and protocols relating specifically to LGBTI people.[306]

242. Consequently, the Court finds it appropriate to order the State to adopt, within two years of notification of this judgment, a protocol on investigations and administration of justice in criminal proceedings involving members of the LGBTI community who are victims of violence. The protocol must be addressed at all the public officials who intervene in the investigation and processing of criminal proceedings in cases involving members of the LGBTI community who are victims of violence, as well as the public and private health care personnel who participate in such investigations. This protocol must include the obligation of State agents to refrain from using discriminatory presumptions and stereotyping when receiving, processing and investigating complaints.

243. When preparing the protocol, the State must take into account the criteria established in the international instruments on torture, as well as the standards developed in this judgment and in the Court's case law. This protocol must take into consideration that due diligence in cases of the rape and torture of LGBTI people entails the adoption of special measures and the development of a process designed to

---

[306] *Cf.* Statement made by Ketty Garibay Mascco during the public hearing held in this case.

de agosto de 2018 que contiene un "capítulo referido a víctimas y grupos en situación de vulnerabilidad en el que se desarrollan disposiciones a tener en cuenta para el personal policial en la atención y tratamiento de situaciones que involucran [...] a la comunidad LGBTI". En el ámbito de la administración de justicia, el Estado informó que se ha implementado la Comisión de Justicia de Género del Poder Judicial, y ha aprobado el "Plan Nacional de Acceso a la Justicia de las Personas en Condición de Vulnerabilidad-Poder Judicial del Perú 2016-2021".

240. El *Estado* también indicó que el Instituto de Medicina Legal y Ciencias Forenses que está adscrito al Ministerio Público, cuenta con dos protocolos que son aplicables a casos de violencia: (i) la guía Médico Legal de Valoración Integral de Lesiones Corporales y (ii) la Guía de Valoración del Daño Psíquico en Personas Adultas Víctimas de Violencia Intencional, que incorpora el Protocolo de Estambul a la práctica de los médicos legistas en el Perú. Asimismo, señaló que en el Acuerdo Plenario No. 1-2011/CJ-116, aunque no es jurídicamente vinculante, "se brindan reglas para la calificación del delito de violación sexual, la validez y valoración de la declaración de la víctima (incluidos supuestos de retractación y no persistencia) y la prueba en general en los delitos de violación sexual. Se destaca que dicho acuerdo señala que para la evaluación en sede judicial de los delitos sexuales debe rechazarse cualquier perjuicio y estereotipo de género". Además, el Estado hizo mención sobre otros dos Acuerdos plenarios, uno referido a "valoración de la prueba pericial en delitos de violación sexual" y otro sobre "reglas de valoración de las declaraciones de coimputados y agraviados".

241. La Corte considera que los criterios generales establecidos en la documentación citada por el Estado implican un avance significativo para la adecuación de las normas y prácticas internas a la normativa internacional en materia de protección de las personas LGBTI. Sin embargo, advierte que es preciso contar con normas más específicas que contemplen los criterios establecidos en la presente Sentencia y en otros instrumentos internacionales en la materia. En este sentido, la testigo Garibay Mascco declaró ante la Corte que en la actualidad, el Ministerio Público no cuenta con guías o protocolos de investigación específicos para personas LGBTI[306].

242. En consecuencia, la Corte considera conveniente ordenar al Estado adoptar, en el plazo de dos años contados a partir de la notificación de la presente Sentencia, un protocolo de investigación y administración de justicia durante los procesos penales para casos de personas LGBTI víctimas de violencia. El protocolo debe tener carácter vinculante de acuerdo con la normativa interna. Este protocolo deberá estar dirigido a todos los funcionarios públicos que intervengan en la investigación y tramitación de procesos penales en casos de personas LGBTI víctimas de violencia, así como al personal de salud público y privado que participe en dichas investigaciones. Dicho protocolo deberá incluir la obligación de que los agentes estatales se abstengan de hacer uso de presunciones y estereotipos discriminatorios al momento de recibir, procesar e investigar las denuncias.

243. En la elaboración del protocolo el Estado deberá tener en cuenta los criterios establecidos en los instrumentos internacionales en materia de tortura, así como los estándares desarrollados en esta Sentencia y en la jurisprudencia de la Corte. En este sentido, dicho protocolo deberá tener en consideración que la debida diligencia en casos de violencia sexual y tortura contra personas LGBTI implica la adopción de

---

[306] *Cfr.* Declaración de Ketty Garibay Mascco rendida en audiencia pública celebrada en el presente caso.

avoid their revictimization, so that it must include, as a minimum, the standards developed in paragraphs 178 to 204 of this judgment. In the case of public and private health care personnel, based on the standards developed in paragraphs 187 to 193 and 198 to 204 of this judgment, the protocol must include at least the following guidelines: (i) the medical examination of the presumed victim must be performed with prior informed consent, without the presence of law enforcement or other state agents, avoiding, insofar as possible, more than one physical assessment; (ii) as soon as a rape is reported, an immediate complete and detailed medical and psychological examination must be performed by trained and appropriate personnel, if possible of the sex preferred by the victim, advising the victim that they may be accompanied by a person of confidence if they so wish; (iii) this examination must be performed based on protocols specifically addressed at documenting evidence in cases of sexual violence, and (iv) during psychological and/or psychiatric evaluations, doctors must refrain from inquiring into the victim's sexual history and, in general, using stereotypes of sexual orientation or gender expression.

244. Lastly, in the case of public officials who are employed in the administration of justice, the protocol must include, pursuant to the standards developed in paragraphs 178 to 204 of this judgment, at least the following criteria: (i) agents of justice must not mistreat or exercise discrimination towards victims and must respect everyone's sexual orientation and gender expression; (ii) presumed victims and witnesses, especially those who are members of the LGBTI population, must be able to report offenses in spaces in which their privacy can be guaranteed, and (iii) methods should be designed to identify indications of whether the sexual violence and torture was committed based on prejudices involving sexual orientation or non-normative gender identity or expression.

D.2. Awareness-raising and training of state agents on violence against LGBTI people

245. The *Commission* asked the Court to order the State: (i) "to ensure that article 205 of the Code [of Criminal Procedure] was not used in an abusive and discriminatory manner by the police authorities, including by establishing effective accountability measures"; (ii) "to train law enforcement agencies and, in general, officials responsible for the custody of persons deprived of liberty in the absolute prohibition of torture and sexual and other forms of violence against the LGBTI population, and also to send a clear message of condemnation of this type of act," and (iii) "to design training and educational programs for all agents of justice who enter into contact with and/or are responsible for investigating cases of prejudice-based violence, including sexual violence."

246. The *representatives* asked the Court to order the State to establish permanent and compulsory education and training programs for law enforcement agents and other public officials. They indicated that "these programs and courses should be addressed at police agents, prosecutors, judges, soldiers, and officials responsible for providing care and legal assistance to victims of violence (including those working in the area of forensic medicine)."

medidas especiales y el desarrollo de un proceso con miras a evitar su revictimización, por lo que deberá incluir, como mínimo los estándares desarrollados en los párrafos 178 a 204 de la presente Sentencia. Respecto del personal de salud, público o privado, el protocolo deberá incluir, conforme con los estándares desarrollados en los párrafos 187 a 193 y 198 a 204 de la presente Sentencia, al menos los siguientes lineamientos: (i) los exámenes médicos practicados a la presunta víctima deben ser realizados con consentimiento previo e informado, sin la presencia de agentes de seguridad u otros agentes estatales, evitándose, en la medida de lo posible, más de una evaluación física; (ii) al tomar conocimiento de actos de violación sexual, es necesario que se realice de inmediato un examen médico y psicológico completo y detallado por personal idóneo y capacitado, en lo posible del sexo que la víctima indique, ofreciéndole que sea acompañada por alguien de su confianza si así lo desea; (iii) dicho examen deberá ser realizado de conformidad con protocolos dirigidos específicamente a documentar evidencias en casos de violencia sexual, y (iv) en los peritajes psicológicos y/o psiquiátricos, los médicos deberán abstenerse de indagar sobre los antecedentes sexuales de la víctima y, en general, utilizar estereotipos de orientación sexual o expresión de género.

244. Por último, en lo que atañe a los funcionarios públicos que se desempeñan en la administración de justicia, el protocolo deberá incluir, conforme con los estándares desarrollados en los párrafos 178 a 204 de la presente Sentencia, al menos los siguientes criterios: (i) los operadores de justicia no podrán incurrir en malos tratos o discriminación hacia las víctimas y deberán respetar la orientación sexual y expresión de género de todas las personas; (ii) las presuntas víctimas y testigos, especialmente aquellos que pertenezcan a la población LGBTI, deben poder denunciar delitos en espacios en los que sea posible garantizar su privacidad, y (iii) se deben diseñar métodos para identificar indicios de si la violencia sexual y tortura fue cometida con base en prejuicios hacia las orientaciones sexuales, identidades o expresiones de género no normativas.

D.2. Sensibilización y capacitación de agentes estatales sobre violencia contra las personas LGBTI

245. La *Comisión* solicitó ordenar al Estado: (i) "asegurar que el artículo 205 del Código [Procesal Penal] no sea utilizado por autoridades policiales de manera abusiva y discriminatoria, incluyendo mecanismos efectivos de rendición de cuentas"; (ii) "capacitar a los a los cuerpos de seguridad, y en general funcionarios/as que tengan a su cargo la custodia de personas privadas de libertad, en la prohibición absoluta de la tortura y de la violencia sexual y de otra índole contra la población LGBTI, así como a enviar un claro mensaje de repudio a este tipo de actos", y (iii) "diseñar programas de formación y capacitación para todos los operadores jurídicos que tengan contacto y/o estén a cargo de investigar casos de violencia por prejuicio, incluida violencia sexual".

246. Las *representantes* solicitaron ordenar al Estado la creación de programas permanentes y obligatorios de educación y capacitación para los miembros de seguridad y otros funcionarios públicos del Estado. Indicaron que "[d]ichos programas y cursos tendrán como destinatarios a policías, fiscales, jueces, militares y funcionarios encargados de la atención y asistencia legal a víctimas de violencia (incluyendo a quienes laboran en el área de medicina legal)".

247. The *State* indicated that it had offered numerous courses "based on the Human Rights Manual as applicable to policing functions, and on human rights issues and the use of force." It recalled "that the Academy of the Judiciary" had "developed a comprehensive and continuing system of training, updating, upgrading, certification and accreditation for judges of the Judiciary and for the Public Prosecution Service […] with programs on issues of gender, violence and people trafficking," and reported that "the National Mechanism for the Prevention of Torture will incorporate the LGBTI population deprived of liberty as a new cross-cutting line of action."

248. The Court appreciates the efforts made by the State to train personnel in this way. However, it finds it pertinent to order the State to create and implement, within two years, a training plan for agents of the Peruvian National Police, the Public Prosecution Service, the Judiciary and the *serenazgo* aimed at raising the awareness of members of law enforcement agencies and prosecutors with regard to: (i) respect for sexual orientation and gender expression in their actions involving civilians, especially LGBTI people who report having suffered sexual violence or torture; (ii) due diligence in conducting investigations and judicial proceedings related to discrimination, sexual violence and torture of LGBTI people, and (iii) the discriminatory nature of stereotypes concerning sexual orientation and gender expression and the negative impact that their use has on LGBTI people. The training courses for the police forces should include information on the prohibition to base the measures included in article 205 of the Code of Criminal Procedure on discriminatory reasons, particularly against the LGBTI community.

249. This training plan should be incorporated into the regular training course of the Peruvian National Police, the Public Prosecution Service, the Judiciary and the *serenazgo*, as well as of any other organ that exercises functions relating to compliance with domestic law. This training must be accompanied by awareness-raising actions.

D.3. Design and implementation of a system to produce and compile statistics on violence against LGBTI people

250. The *representatives* asked the Court to order the State to implement a system to produce and compile statistics on prejudice-based violence against LGBTI people. According to the representatives, the database should include, at a minimum, statistical information on the number of reports of cases of violence against LGBTI people, type of perpetrator, procedures undertaken, and result of the investigations.

251. The *State* indicated that the 2018-2021 National Human Rights Plan had taken into consideration "strengthening the system for recording discrimination and violence (nationwide cases or reports), including cases involving LGBTI people owing to their gender identity or sexual orientation." It also indicated that the Ministry of the Interior "has ensured that the Police Reports System (SIDPOL) now incorporates a checkbox that allows complaints of discrimination based on sexual orientation and gender identity to be recorded," so that "it will be possible to know the exact number of complaints made in the police stations of the Peruvian National Police." Peru also indicated that, under the National Program to combat Domestic and Sexual Violence of the Ministry for Women and Vulnerable Populations (MIMP), in

247. El *Estado* indicó que se han realizado múltiples cursos con "contenidos del Manual de Derechos Humanos aplicados a la función policial y temas de derechos humanos y uso de la fuerza". Recordó "que la Academia de la Magistratura" se ha dedicado a "desarrollar un sistema integral y continuo de capacitación, actualización, perfeccionamiento, certificación y acreditación de los magistrados del Poder Judicial y el Ministerio Público […] con programas sobre temas de género, violencia y trata de personas", e informó que "el Mecanismo Nacional de Prevención de la Tortura (MNPT) incorporará como nueva línea de trabajo transversal a la población LGBTI privada de libertad".

248. Este Tribunal valora de manera positiva los esfuerzos llevados a cabo por el Estado de capacitar personal en este sentido. Sin embargo, estima pertinente ordenar al Estado crear e implementar, en el plazo de dos años, un plan de capacitación de agentes de la Policía Nacional del Perú, el Ministerio Público, el Poder Judicial y el serenazgo orientado a sensibilizar a los miembros de los cuerpos policiales y fiscales sobre: (i) el respeto de la orientación sexual y expresión de género en sus intervenciones a civiles, especialmente de personas LGBTI que denuncien haber sufrido violencia o tortura sexual; (ii) la debida diligencia en la conducción de investigaciones y procesos judiciales relacionados con discriminación, violencia sexual y tortura de personas LGBTI, y (iii) el carácter discriminatorio que tienen los estereotipos de orientación sexual y expresión de género y el impacto negativo que su utilización tiene sobre las personas LGBTI. Las capacitaciones dirigidas a la policía deben incluir información sobre la prohibición de fundamentar las medidas incluidas en el artículo 205 del Código Procesal Penal en razones discriminatorias, particularmente en perjuicio de las personas LGBTI.

249. Este plan de capacitación debe ser incorporado en el curso de formación regular de la Policía Nacional del Perú, el Ministerio Público, el Poder Judicial y el serenazgo, así como cualquier otro órgano que ejerza funciones relativas a velar por el cumplimiento de la normativa interna. Esta capacitación deberá estar acompañada con acciones de sensibilización.

D.3. Diseño e implementación de un sistema de recopilación y producción estadística de violencia contra personas LGBTI

250. Las *representantes* solicitaron ordenar al Estado la implementación de un sistema de recopilación y producción estadística de violencia por prejuicio hacia las personas LGBTI. De acuerdo con las representantes, la base de datos debe incluir, como mínimo, información estadística del número de denuncias en casos de violencia contra personas LGBTI, tipo de perpetrador, diligencias iniciadas y resultado de las investigaciones.

251. El *Estado* señaló que en el Plan Nacional de Derechos Humanos 2018-2021, se ha considerado "fortalecer el sistema de registro por discriminación y violencia (casos o denuncias a nivel nacional), incluyendo la que afecta a las personas LGBTI por su identidad de género u orientación sexual". Asimismo, indicó que el Ministerio del Interior "ha gestionado la incorporación en el Sistema de Denuncias Policiales (SIDPOL) de una casilla que permita registrar las denuncias de discriminación por orientación sexual e identidad de género", con lo que "se podrá conocer el número exacto de denuncias registradas en las dependencias policiales de la Policía Nacional del Perú". Asimismo, Perú señaló que en el marco de las competencias del Programa Nacional contra la Violencia Familiar y Sexual del MIMP, la ficha de registro de casos

2015 and 2016, the form to record cases in the Women's Emergency Centers (CEM) included information on users who identified as LGBTI. In 2017 and 2018, the form recorded information on vulnerability based on sexual orientation and gender identity as a risk factor for clients of the Centers. The State also reported that the National Mechanism to Prevent Torture and other cruel, inhuman and degrading treatment or punishment "has identified the LGBTI community as a particularly vulnerable group that merits a differentiated treated based on its specific needs." In this regard, the State indicated that "when preparing the said [2018] Annual Report, it became clear that there was no formal data recording information on the number of people belonging to vulnerable groups; however, important findings were made on such individuals as a result of surveys, interviews and evaluations, in which adolescents, young people and adults were consulted on their self-identification as a member of an indigenous people or of the LGBTI community, and to find out whether they had suffered any act of physical, mental or moral aggression on this basis."

252. The Court appreciates the progress made by the Peruvian State in the collection of data about violence against LGBTI people. However, the Court understands that comprehensive information on the violence suffered by LGBTI people must be collected in order to understand the true magnitude of this phenomenon and, on this basis, design strategies to prevent and to eliminate fresh acts of violence and discrimination. Therefore, the Court orders the State to design immediately and implement within one year, through the corresponding State entity, a system to compile data and figures linked to cases of violence against LGBTI people "in order to be able to uniformly and accurately assess the type, prevalence, trends and patterns of violence and discrimination against" LGBTI persons, disaggregating "the data by community, race, ethnicity, religion or belief, health status, age, class, and migration or economic status."[307] The number of cases prosecuted should also be specified, identifying the number of indictments, convictions and acquittals. The State must publish this information each year in the corresponding report, ensuring that the general public have access to it, while keeping the identity of the victims confidential.[308] The State must present the Court with an annual report for three years following the implementation of the data collection system indicating the relevant actions taken.

D.4. Eliminate the indicator of "eradication of homosexuals and transvestites" from the public safety plans of the regions and districts of Peru

253. The *representatives* asked the Court to order the Peruvian State to eliminate from the "Public safety plans of the regions and districts of Peru," which provide information on the incidence of crime in each jurisdiction, the indicator on the "eradication of homosexuals and transvestites […] because this policy legitimizes the violation of the rights of LGBTI people in Peru since it increases their segregation and

---

[307] *Cf.* Report of the United Nations Independent Expert on protection against violence and discrimination based on sexual orientation or gender identity, Víctor Madrigal-Borloz, A/HRC/41/45, May 14, 2019, para. 78.
[308] *Cf. Case of López Soto et al. v. Venezuela. Merits, Reparations and Costs, supra,* para. 349.

de los Centros de Emergencia Mujer (CEM) de 2015 y 2016 recogió información de personas usuarias que se identificaban como LGBTI. Para los años 2017 y 2018, la ficha recogió información de vulneración por orientación sexual e identidad de género como un factor de riesgo de la persona usuaria. El Estado también informó que el Mecanismo Nacional de Prevención de la Tortura y otros tratos o penas crueles, inhumanos o degradantes "ha identificado a los colectivos LGBTI como un grupo especialmente vulnerable, merecedores de un tratamiento diferenciado en base a sus necesidades específicas". Al respecto, señaló que "en la supervisión realizada para la elaboración del referido Informe Anual [de 2018], se da cuenta de que no se encontró data formal que registre información del número de personas pertenecientes a grupos vulnerables; no obstante, han encontrado hallazgos importantes relativos a las personas aludidas, como resultado de encuestas, entrevistas y evaluaciones, en las cuales se consultó a adolescentes, jóvenes y adultos sobre su auto-identificación como población indígena o pertenecientes a los colectivos LGBTI y para conocer si por ella habrían sufrido algún acto de agresión física, psíquica o moral".

252. La Corte valora positivamente los avances del Estado peruano en la recopilación de datos sobre violencia contra las personas LGBTI. No obstante, el Tribunal entiende que es necesario recolectar información integral sobre la violencia que sufren las personas LGBTI para dimensionar la magnitud real de este fenómeno y, en virtud de ello, diseñar las estrategias para prevenir y erradicar nuevos actos de violencia y discriminación. Por tanto, la Corte ordena al Estado que diseñe inmediatamente e implemente en un plazo de un año, a través del organismo estatal correspondiente, un sistema de recopilación de datos y cifras vinculadas a los casos de violencia contra las personas LGBTI, con el fin de evaluar con precisión y de manera uniforme el tipo, la prevalencia, las tendencias y las pautas de la violencia y la discriminación contra las personas LGBTI, desglosando los datos por comunidades, la raza, el origen étnico, la religión o las creencias, el estado de salud, la edad, y la clase o la situación migratoria o económica[307]. Además, se deberá especificar la cantidad de casos que fueron efectivamente judicializados, identificando el número de acusaciones, condenas y absoluciones. Esta información deberá ser difundida anualmente por el Estado a través del informe correspondiente, garantizando su acceso a toda la población en general, así como la reserva de identidad de las víctimas[308]. A tal efecto, el Estado deberá presentar a la Corte un informe anual durante tres años a partir de la implementación del sistema de recopilación de datos, en el que indique las acciones que se han realizado para tal fin.

D.4. Eliminar el indicador de "erradicación de homosexuales y travestis" de los Planes de Seguridad Ciudadana de las Regiones y Distritos del Perú

253. Las *representantes* solicitaron que se ordenara al Estado peruano eliminar de los "Planes de Seguridad Ciudadana de las Regiones y Distritos del Perú", donde se detalla información relacionada a la incidencia delictiva de la jurisdicción, el indicador sobre la "erradicación de homosexuales y travestis […] pues esta política legitima la violación de derechos de las personas LGBTI en el Perú[,] debido a que

---

[307] *Cfr.* Informe del Experto Independiente de las Naciones Unidas sobre la protección contra la violencia y la discriminación por motivos de orientación sexual o identidad de género, Víctor Madrigal Borloz, A/HRC/41/45, 14 de mayo de 2019, párr. 78.
[308] *Cfr. Caso López Soto y otros Vs. Venezuela. Fondo, Reparaciones y Costas, supra,* párr. 349.

provides a legal framework to justify arbitrary detentions based on prejudices relating to sexual orientation and identity, and non-normative gender expression. This action falls within the competence of the Ministry of the Interior in coordination with local and regional governments." The representatives explained that "eradication" consisted "in removing individuals from the territory of a district" owing to their perceived sexual orientation or gender identity.

254. The *State* indicated that although the representatives' request "accorded with the transformational approach of the reparations," it had no causal nexus with the facts of the case, and should therefore be rejected.

255. The Court considers that the inclusion of an indicator involving the "eradication of homosexuals and transvestites" in the public safety plans is a highly discriminatory element that exacerbates the prejudices against the LGBTI population and, therefore, promotes the possibility of violence based on prejudice occurring, as in this case. Consequently, the Court orders the State, in coordination with local and regional governments, to eliminate the indicator on "eradication of homosexuals and transvestites" from the public safety plans of the regions and districts of Peru within one year.

E. COMPENSATION

E.1. Pecuniary damage

256. In its case law, the Court has developed the concept that pecuniary damage supposes the loss or detriment to the income of the victims, the expenses incurred owing to the facts and the consequences of a pecuniary nature that have a causal nexus with the facts of the case.[309]

257. The *Commission* asked that the State "provide comprehensive reparation to Azul Rojas Marín and Juana Rosa Tanta Marín for the violations of their human rights that have been established." This should "include measures of pecuniary compensation and satisfaction to redress both the pecuniary and the non-pecuniary damage."

258. The *representatives* asked the Court to order compensation for the pecuniary damage suffered by Azul and her mother. They indicated that, "before the events of February 25, 2008, [...] Azul worked in the Casa Grande Health Center, where they paid her the minimum living wage at the time (that is, S/.550.00 new soles to 2018)." In addition, she worked raising and selling pigs, and also prepared food for certain events [...] and had begun a university course in law." They indicated that, as a result of the events of February 25, 2008, "Azul was unable to continue the said activities" and, currently, was engaged in "temporary informal employment." They asked the Court to calculate the pecuniary damage from March 2008 to the date of the Court's judgment," and this amounted to US$65,016. In the case of Azul's mother, before the events, "she worked selling food, and earned approximately the minimum wage at the time." They added that "after the complaint had been filed, Mrs. Tanta Marín was unable to continue her activities because she was afraid and had received threats." Therefore, the representatives asked that "pecuniary damage be calculated from

---

[309] *Cf. Case of Bámaca Velásquez v. Guatemala. Reparations and costs.* Judgment of February 22, 2002. Series C No. 91, para. 43, and *Case of Montesinos Mejía v. Ecuador. Preliminary Objections, Merits, Reparations and Costs, supra,* para. 233.

agrava la segregación en la que se encuentran y sirve como marco normativo para justificar las detenciones arbitrarias prejuiciadas en la orientación, identidad y expresión de género no normativas. Esta acción se enmarca en la competencia del Ministerio del Interior en coordinación con los gobiernos locales y regionales". Las representantes explicaron que la erradicación "consiste en retirar a una persona del territorio de un distrito", por su orientación sexual o identidad de género percibida.

254. El *Estado* señaló que la solicitud de los representantes "si bien se enmarca en el enfoque transformador de las reparaciones" no guarda un nexo causal con los hechos del caso, por lo que debe desestimarse.

255. La Corte considera que la inclusión de un indicador que implique la "erradicación de homosexuales y travestis" en los Planes de Seguridad Ciudadana es una medida altamente discriminatoria que exacerba los prejuicios en contra de la población LGBTI y, por tanto, fomenta la posibilidad de ocurrencia de la violencia por prejuicio, como la ocurrida en el presente caso. En consecuencia, la Corte ordena al Estado, en coordinación con los gobiernos locales y regionales, eliminar de los Planes de Seguridad Ciudadana de las Regiones y Distritos del Perú el indicador de "erradicación de homosexuales y travestis", en un plazo de un año.

E. INDEMNIZACIONES COMPENSATORIAS

E.1. Daño material

256. Este Tribunal ha desarrollado en su jurisprudencia que el daño material supone la pérdida o detrimento de los ingresos de las víctimas, los gastos efectuados con motivo de los hechos y las consecuencias de carácter pecuniario que tengan un nexo causal con los hechos del caso[309].

257. La *Comisión* solicitó que el Estado "disponga una reparación integral a Azul Rojas Marín y Juana Rosa Tanta Marín por las violaciones de los derechos humanos establecidos en su perjuicio". La cual debe "incluir medidas de compensación pecuniaria y satisfacción para reparar tanto el daño material como el moral".

258. Las *representantes* solicitaron a la Corte que dicte indemnizaciones compensatorias por los daños materiales sufridos por Azul y su madre. Señalaron que, "[a]ntes de los hechos del 25 de febrero de 2008, [...] Azul trabajaba en el Puesto de Salud de Casa Grande, donde le pagaban el sueldo mínimo vital de la época (es decir, S/.550.00 nuevos soles al 2018)". Además, se dedicaba a la crianza y venta de chanchos, y también preparaba comida para determinados eventos [...] y empezó un curso universitario de derecho". Como consecuencia de los hechos del 25 de febrero de 2008, indicaron que "Azul no pudo continuar con dichas actividades", encontrándose actualmente trabajando en "empleos temporales de manera informal". En este sentido, solicitaron que la Corte contabilice el daño pecuniario desde marzo de 2008 hasta la fecha del fallo eventual de la Corte", lo cual suma USD $65.016. Respecto de la madre de Azul, antes de los hechos, esta "trabajaba vendiendo comida, y el promedio de su nivel de "ingresos era aproximadamente el mismo que el sueldo mínimo vigente". Agregaron que, "[l]uego de realizada la denuncia, la señora Tanta

---

[309] *Cfr. Caso Bámaca Velásquez Vs. Guatemala. Reparaciones y Costas.* Sentencia de 22 de febrero de 2002. Serie C No. 91, párr. 43, y *Caso Montesinos Mejía Vs. Ecuador. Excepciones Preliminares, Fondo, Reparaciones y Costas, supra,* párr. 233.

March 2008 to the death of Doña Tanta on May 12, 2017," and requested the sum of US$21,946.

259. The State argued that the representatives had not provided sufficient evidence to prove that Azul Rojas Marín worked at the Casa Grande Health Center, but if she had worked there "there is nothing to suggest that the reason why her work relationship ended was what happened in February 2008." The State also indicated that the threats referred to by the representatives had not been proved. Regarding the impossibility of Ms. Rojas Marín continuing her university studies, the State argued that the representatives "had been unable to prove that Azul Rojas Marín had studied law in Trujillo, and had not identified either the university or the level reached in her studies." The State also argued that "the Inter-American Court should not take the calculation made by the [representatives] into account based on the foregoing grounds." In the case of Azul Rojas Marín's mother, the State indicated that "the said situation has not been proved, especially as the [representatives] have not attached any request for personal protection by her mother [...] or any criminal complaint based on the presumed threats suffered."

260. In light of the circumstances of this case, the Court finds it reasonable to order the State to pay compensation for pecuniary damage to both victims. Since the information provided by the representatives does not allow the Court to ascertain the amount of the pecuniary damage caused by the facts examined in this case, the Court establishes, in equity, the sums of US$10,000.00 ten thousand United States dollars) in favor of Azul Rojas Marín and US$5,000.00 (five thousand United States dollars) in favor of Juana Rosa Tanta Marín. The payment of the compensation to Azul Rojas Marín shall be made directly to her. The payment of the compensation to Juana Rosa Tanta Marín shall be made directly to her heirs, pursuant to applicable inheritance laws.

E.2. Non-pecuniary damage

261. In its case law, the Court has developed the concept of non-pecuniary damage, and has established that this may include both the suffering and afflictions caused to the direct victim and his family, and also the impairment of values of great significance to the individual, as well as the alterations of a non-pecuniary nature in the living conditions of the victim or his family.[310]

262. The *Commission* asked that the State provide "comprehensive reparation to Azul Rojas Marín and Juana Rosa Tanta Marín for the violations of their human rights that have been established, and this should include measures of compensation" to redress the "non-pecuniary damage."

263. The *representatives* asked the Court to order the State to provide compensation "for non-pecuniary damage to Azul and her mother, Juana Rosa Tanta

---

[310] Cf. *Case of the "Street Children" (Villagrán Morales et al.) v. Guatemala. Reparations and costs.* Judgment of May 26, 2001. Series C No. 77, para. 84, and *Case of Montesinos Mejía v. Ecuador. Preliminary Objections, Merits, Reparations and Costs, supra,* para. 238.

Marín no pudo continuar con sus actividades debido al miedo y a las amenazas recibidas". En razón de ello, las representantes solicitaron que el "daño pecuniario debe contabilizarse desde marzo de 2018 hasta el fallecimiento de Doña Tanta el 12 de mayo de 2017". Por tanto, solicitaron la suma de USD $21.946.

259. El *Estado* señaló que las representantes no aportaron elementos suficientes para acreditar que Azul Rojas Marín trabajó en el Puesto de Salud de Casa Grande, pero de haber mantenido una relación laboral en dicho lugar, "nada hace presuponer que el motivo por el que se habría dado término a la relación laboral fue lo ocurrido en febrero de 2008". Asimismo, el Estado señaló que no ha sido demostrada la ejecución de las amenazas a las que hacen referencia las representantes. A su vez, en lo relativo a la imposibilidad de la señora Rojas Marín de continuar su estudio universitario, el Estado sostuvo que las representantes "no han logrado demostrar que Azul Rojas Marín haya cursado estudios en derecho en Trujillo, tampoco han identificado la universidad y el ciclo hasta el cual habría estudiado". Además, el Estado sostuvo que "el cálculo efectuado por las [representantes] no debe ser tomado en cuenta por la Honorable Corte IDH en atención a los fundamentos expuestos". En lo que respecta a la madre de Azul Rojas Marín, el Estado indicó que "tal situación no está acreditada más aún si las [representantes] no han anexado ninguna solicitud de garantías personales en favor de la mamá […] o alguna denuncia penal en virtud de las presuntas amenazas sufridas".

260. En virtud de las circunstancias de este caso, la Corte considera razonable ordenar al Estado el pago de una indemnización por concepto de daño material a favor de ambas víctimas. Teniendo en cuenta que la información proporcionada por las representantes no permite establecer con certeza el monto del daño material causado por los hechos examinados en este caso, este Tribunal fija en equidad las cantidades de USD $10.000 (diez mil dólares de los Estados Unidos de América) a favor de Azul Rojas Marín y de USD $5.000 (cinco mil dólares de los Estados Unidos de América) a favor de Juana Rosa Tanta Marín. El pago de la indemnización a la señora Azul Rojas Marín deberá realizarse directamente a ella. El pago de la indemnización a la señora Juana Rosa Tanta Marín deberá realizarse directamente a sus derechohabientes, de conformidad con la normativa sucesoria aplicable.

E.2. Daño inmaterial

261. Este Tribunal ha desarrollado en su jurisprudencia el concepto de daño inmaterial, y ha establecido que este puede comprender tanto los sufrimientos y las aflicciones causados a la víctima directa y a sus allegados, como el menoscabo de valores muy significativos para las personas, así como las alteraciones, de carácter no pecuniario, en las condiciones de existencia de la víctima o su familia[310].

262. La *Comisión* solicitó que el Estado disponga de una "reparación integral a Azul Rojas Marín y Juana Rosa Tanta Marín por las violaciones de derechos humanos establecidas en su perjuicio, las cuales deben incluir medidas de compensación" para reparar el "daño moral".

263. Las *representantes* solicitaron a la Corte que ordenara al Estado indemnizar compensatoriamente "por daño moral a Azul y a su madre, doña Juana Rosa Tanta

---

[310] *Cfr. Caso de los "Niños de la Calle" (Villagrán Morales y otros) Vs. Guatemala. Reparaciones y Costas.* Sentencia de 26 de mayo de 2001. Serie C No. 77, párr. 84, y *Caso Montesinos Mejía Vs. Ecuador. Excepciones Preliminares, Fondo, Reparaciones y Costas, supra,* párr. 238.

Marín," owing to the "suffering endured by Azul as a result of the discrimination against her, her unlawful detention, rape and torture, the violation of her privacy, the stigma she underwent owing to her sexual orientation, the impunity of the violations, the destruction of her life project, the alienation from her family and friends." They asked that "based on the standards of the inter-American system of human rights and the particular circumstances of the case, Azul Rojas Marín be awarded US$60,000 as reparation for non-pecuniary damage."

264. The representatives also asked that the Court consider the "suffering of her mother," which was not only "the result of the suffering of her daughter" but also owing to the "lack of justice" and "the discrimination and stigma that were always present" up until the day of her death. On this basis, the representatives requested "payment of US$40,000 for non-pecuniary damage" in favor of Juana Rosa Tanta Marín.

265. The *State* argued that "in this case, the State's responsibility for [the violation of the Convention] to the detriment of Azul Rojas Marín has not been proved, so that it is not appropriate [that the Court take into account the suffering caused by the alleged violations]." It also noted that the representatives had requested US$40,000 for Juana Rosa Tanta Marín." In this regard, it considered "that in the most recent case law, for example in the case of *Women Victims of Sexual Torture in Atenco v. Mexico*, the Court had established reparations for non-pecuniary damage in favor of the mothers of some of the victims that was considerably less than forty thousand dollars." Therefore, the State asked the Court to take this situation into account.

266. In this judgment, the Court has considered proved that Ms. Rojas Marín and her mother suffered profound anguish (*supra* paras. 139 to 160 and 221 to 223). Also, the psychosocial appraisal of Ms. Rojas Marín determined that "following the acts of violence she reported, [Ms. Rojas Marín's] life changed drastically. The fact that she had been detained, tortured and raped in a police station harmed her physical and mental health. The stressors are still present because, following the events, she started out on a long road to seek justice and, on the way, she has experienced situations of abuse, revictimization and discrimination owing to her sexual orientation."[311] Also, the psychosocial appraisal of Juana Rosa Tanta Marín determined that she 'had major chronic depression [...] given the particular nature of the relationship that Juana had with her [daughter], the traumatic incident had a devastating impact on her psyche, clearly destroying one of her emotional supports in life."[312]

267. Taking these expert appraisals into account, the Court finds that both Ms. Rojas Marín and Mrs. Tanta Marín suffered serious moral harm. Consequently, based on the circumstances of this case and the violations declared, the Court finds it pertinent to establish, in equity, the sum of US$60,000.00 (sixty thousand United States dollars) for non-pecuniary damage in favor of Azul Rojas Marín. In the case of Juana Rosa Tanta Marín, the Court establishes, in equity, as pecuniary reparation for the non-pecuniary damage, the sum of US$15,000.00 (fifteen thousand United States

---

[311] *Cf.* Psychological report of March 20 and 21, 2015 (evidence file, folio 2420).
[312] *Cf.* Psychological report of March 20, 2015 (evidence file, folio 2428).

Marín". Todo esto, producto de los "sufrimientos padecidos por Azul como resultado de su discriminación, de su detención ilegal, violación sexual y tortura, de la destrucción de su intimidad, del estigma por lo que vivió y por su orientación sexual, la afectación por la impunidad respecto a las violaciones, la destrucción de su proyecto de vida, el alejamiento de su familia y amistades". Solicitaron "en razón de los estándares del sistema interamericano de derechos humanos y las circunstancias particulares del caso, que se otorgue a Azul Rojas Marín una reparación por daño moral por el monto de USD $60.000".

264. Asimismo, las representantes solicitaron considerar los "sufrimientos padecidos por su madre", los cuales no solo fueron "el resultado de lo sufrido por su hija", sino que también la "falta de justicia" y "la discriminación y estigma que estuvieron siempre presentes" hasta el día de su muerte. Por lo señalado, las representantes solicitaron "el pago de USD $40.000 por concepto de daño moral" a favor de Juana Rosa Tanta Marín.

265. El *Estado* alegó que "en el presente caso no se ha demostrado la responsabilidad del Estado por [la violación de la Convención] en perjuicio de Azul Rojas Marín, por lo que no corresponde [que la Corte tome en cuenta el sufrimiento causado por las alegadas violaciones]". Asimismo, observó que las representantes solicitaron USD $40.000 en favor de la señora Juana Rosa Tanta Marín". Al respecto, consideró "que en jurisprudencia más reciente, como por ejemplo en el caso de Mujeres víctimas de tortura sexual en Atenco Vs. México, la Corte ha establecido reparaciones por daño moral en favor de las madres de alguna de las víctimas considerablemente inferiores a los cuarenta mil dólares americanos". Por tanto, el Estado solicitó que dicha situación sea tomada en cuenta por la Corte.

266. La Corte acreditó en su Sentencia los profundos sufrimientos que padecieron la señora Rojas Marín y su madre (*supra* párrs. 139 a 160 y 221 a 223). Asimismo, el peritaje psico-social practicado a la señora Rojas Marín determinó que "[l]uego de los hechos de violencia denunciados[,] la vida [de la señora Rojas Marín] cambió drásticamente. El haber sido detenid[a], torturad[a] y violad[a] en una dependencia policial, generó un daño en su salud física y mental. Los estresores están aún presentes, dado que, a partir de los hechos, enrumbó un largo camino en busca de la justicia, en el cual ha experimentado situaciones de maltrato, revictimización y discriminación por su orientación sexual"[311]. Por otra parte, el peritaje psico-social practicado a la señora Juana Rosa Tanta Marín determinó que "la examinada presenta una depresión mayor de carácter crónico […] dada la naturaleza particular del vínculo que [sostenía con su hija] el evento traumático ha tenido un impacto devastador en su psiquismo quebrando de manera sensible un pilar emocional que la sostenía en el mundo"[312].

267. Teniendo en cuenta los peritajes reseñados, la Corte estima que hubo un grave daño moral en la señora Rojas Marín y en la señora Tanta Marín. En virtud de ello, en atención a las circunstancias del presente caso y las violaciones encontradas, la Corte considera pertinente fijar, en equidad, la cantidad de USD$ 60.000,00 (sesenta mil dólares de los Estados Unidos de América) en concepto de daño inmaterial a favor de Azul Rojas Marín. En cuanto a la señora Juana Rosa Tanta Marín, la Corte fija en equidad, como reparación pecuniaria de su daño inmaterial, la cantidad de USD$ 15.000,00 (quince mil dólares de los Estados Unidos de América).

---

[311] *Cfr.* Informe psicológico pericial de 20 y 21 de marzo de 2015 (expediente de prueba, folio 2420).
[312] *Cfr.* Informe psicológico pericial de 20 de marzo de 2015 (expediente de prueba, folio 2428).

dollars). The payment of Juana Rosa Tanta Marín's compensation shall be made directly to her heirs, pursuant to applicable inheritance laws.

F. OTHER MEASURES REQUESTED

268. The *Commission* asked the Court to require the State to ensure that article 205 of the Code of Criminal Procedure was not applied in an abusive and discriminatory manner by the police authorities. The *representatives* asked the Court to require the State: (i) to provide Ms. Rojas Marín with a "university grant to cover the costs of the professional career that Azul chooses"; (ii) to facilitate the change of identity of Azul Rojas Marín; (iii) to broadcast a radio and television program; (iv) to place a commemorative plaque in the Casa Grande Police Station; (v) to implement educational guidelines to prevent and eradicate discrimination and violence against LGBTI people through the Ministry of Education; (vi) to amend article 205 of the Code of Criminal Procedure; (vii) to ratify the Inter-American Convention against All Forms of Discrimination and Intolerance; (viii) to place informational leaflets or posters on the rights of persons deprived of liberty in police stations; (ix) to adapt the definition of torture in article 321 of the Criminal Code to the definition contained in Article 2(1) of the Inter-American Convention to Prevent and Punish Torture and Article 1 of the United Nations Convention against Torture.

269. With regard to the first and second requests of the representatives, the Court considers that they have no causal nexus with the violations determined in this case and, therefore, does not find it necessary to order them. Regarding the request to amend the legal definition of torture, the Court notes that the legal definition of torture now in force was not applied to the facts of this case. The Court recalls that it is not its task to make a theoretical review of norms that were not applied or that had no impact on the violations declared in a specific case. Therefore, the Court considers that it is not appropriate to issue a ruling on this request when ordering reparations in this case.[313] Nevertheless, the Court recalls that when a State is a party to an international treaty such as the American Convention, all its organs, including its judges, are subject to that treaty, and this obliges them to ensure that the effects of the provisions of the Convention are not impaired by the application of norms contrary to its object and purpose. Judges and organs involved in the administration of justice at all levels are obliged to exercise *ex officio* a "control of conventionality" between domestic laws and the American Convention, evidently within their respective terms of reference and the corresponding procedural rules. In this task, judges and organs involved in the administration of justice should take into account not only this treaty, but also its interpretation by the Inter-American Court, ultimate interpreter of the American Convention.[314] Therefore, when applying the new legal definition of torture,[315] the

---

[313] *Cf. Case of Genie Lacayo v. Nicaragua. Preliminary Objections.* Judgment of January 27, 1995. Series C No. 21, para. 50, and *Case of López Lone et al. v. Honduras. Preliminary Objection, Merits, Reparations and Costs.* Judgment of October 5, 2015. Series C No. 302, para. 307.

[314] *Cf. Case of Almonacid Arellano et al. v. Chile. Preliminary Objections, Merits, Reparations and Costs.* Judgment of September 26, 2006. Series C No. 154, para. 124, and *Case of Colindres Schonenberg v. El Salvador. Merits, Reparations and Costs, supra*, para. 129.

El pago de la indemnización de la señora Juana Rosa Tanta Marín deberá realizarse directamente a sus derechohabientes, de conformidad con la normativa sucesoria aplicable.

F. OTRAS MEDIDAS SOLICITADAS

268. La *Comisión* solicitó ordenar al Estado que el artículo 205 del Código Procesal Penal no sea aplicado por autoridades policiales de manera abusiva y discriminatoria. Las *representantes* solicitaron ordenar al Estado: (i) proporcionar a la señora Rojas Marín "una beca de estudios universitarios, con el fin de cubrir los costos de la carrera profesional que Azul elija"; (ii) facilitar el cambio de identidad de Azul Rojas Marín; (iii) difundir un programa de televisión y de radio; (iv) colocar una placa conmemorativa en la Comisaría de Casa Grande; (v) implementar lineamientos educativos para prevenir y erradicar la discriminación y violencia contra las personas LGBTI a través del Ministerio de Educación; (vi) modificar el artículo 205 del Código Procesal Penal; (vii) ratificar la Convención Interamericana contra toda forma de Discriminación e Intolerancia; (viii) la colocación de paneles o catálogos informativos sobre derechos de las personas privadas de libertad en comisarías; (ix) adecuar la prohibición de discriminar a las personas LGBTI en caso que al momento que se ordenen las reparaciones esta hubiese sido derogada, y (x) adecuar la definición de tortura del artículo 321 del Código Penal a la definición contemplada en el artículo 2(1) de la Convención Interamericana para Prevenir y Sancionar la Tortura y el artículo 1 de la Convención de Naciones Unidas Contra la Tortura.

269. Respecto de la primera y la segunda solicitud de las representantes, la Corte considera que ellas no guardan un nexo causal con las violaciones determinadas en el presente caso, por lo que no considera necesario ordenarlas. Respecto a la solicitud de modificación de la tipificación de la tortura, la Corte advierte que la tipificación de la tortura actualmente vigente no fue la aplicada en los hechos del presente caso. Este Tribunal recuerda que no le corresponde realizar una revisión en abstracto de normas que no fueron aplicadas o no tuvieron algún tipo de impacto en las violaciones declaradas en un caso concreto. Por tanto, la Corte considera que no corresponde emitir un pronunciamiento sobre dicha solicitud al disponer las reparaciones del presente caso[313]. No obstante, la Corte recuerda que cuando un Estado es parte de un tratado internacional como la Convención Americana, todos sus órganos, incluidos sus jueces, están sometidos a aquél, lo cual les obliga a velar porque los efectos de las disposiciones de la Convención no se vean mermados por la aplicación de normas contrarias a su objeto y fin. Los jueces y órganos vinculados a la administración de justicia en todos los niveles, están en la obligación de ejercer *ex officio* un "control de convencionalidad" entre las normas internas y la Convención Americana, evidentemente en el marco de sus respectivas competencias y de las regulaciones procesales correspondientes. En esta tarea, los jueces y órganos vinculados a la administración de justicia deben tener en cuenta no solamente el tratado, sino también la interpretación que del mismo ha hecho la Corte Interamericana, intérprete última de

---

[313] *Cfr. Caso Genie Lacayo Vs. Nicaragua. Excepciones Preliminares.* Sentencia de 27 de enero de 1995. Serie C No. 21, párr. 50, y *Caso López Lone y otros Vs. Honduras. Excepción Preliminar, Fondo, Reparaciones y Costas.* Sentencia de 5 de octubre de 2015. Serie C No. 302, párr. 307.

domestic authorities are obliged to take into account the interpretation of the American Convention made by the Inter-American Court in this and other cases, including the possibility that torture may be committed for discriminatory purposes.

270. Regarding the other measures requested by the Commission and the representatives, the Court considers that the delivery of this judgment and the reparations ordered in this chapter are sufficient and appropriate to redress the violations suffered by the victim. Therefore, it does not find it necessary to order those additional measures, without prejudice to the State deciding to adopt or grant them in the domestic sphere.

G. COSTS AND EXPENSES

271. Promsex indicated that it had assumed the defense of Azul since 2008, incurring expenses relating to hiring psychologists and lawyers, travel between Casa Grande, Trujillo and Lima, and administrative procedures, including for the national and international litigation, that amounted to 344.637,40 soles and US$17,701.69. The Human Rights Coordinator (CNDDHH) asked the Court to establish, in equity, the sum of US$30,000.00. REDRESS asked the Inter-American Court to establish, in equity, the sum of US$6,046.45 for costs and expenses.

272. Following the presentation of the pleadings and motions brief, Promsex advised the Court that it had incurred expenses totaling 35,982.50 soles and US$1,428.96 for legal and psycho-social assistance and the expenses assumed during the public hearing in this case. The costs and expenses incurred by CNDDH include support to ensure adequate legal assistance, as well as the expenses assumed during the public hearing, which amount to 12,390.65 soles. The costs and expenses incurred by REDRESS include support for adequate assistance as well as expenses assumed during the public hearing, amounting to US$2,749.39.

273. In summary, Promsex requested payment of 380,619.90 soles and US$19,130.65, the CNDDHH requested payment of US$30,000 and 12,390.65 soles, and REDRESS requested payment of US$8,795.84.

---

[315] The Court notes that the new legal definition does not includes specific purposes. According to expert witness Víctor Manuel Cubas Villanueva, since "the new legislation does not specifically restrict the purposes of the crime of torture, […] the purposes of this offense could be interpreted broadly by the agents of justice" and in accordance with the State's international obligations. The Court also notes that, in 2018, the Committee against Torture urged the State to modify this definition "so that it expressly covers acts of torture committed for such purposes as obtaining information or a confession from the victim or a third person, punishing the victim for an act that the victim or a third person has committed or is suspected of having committed, or intimidating or coercing the victim or a third person, or for any reason based on discrimination of any kind." *Cf.* Affidavit of Victor Manuel Cubas Villanueva of August 12, 2019 (evidence file, folio 3488), and Committee against Torture, Concluding observations on the seventh periodic report of Peru, CAT/C/PER/CO/7, December 18, 2018, paras. 10 and 11.

la Convención Americana[314]. Por tanto, en la aplicación de la nueva tipificación de tortura[315], las autoridades internas están obligadas a tomar en cuenta las interpretaciones de la Convención Americana realizadas por la Corte Interamericana, en este y otros casos, incluyendo la posibilidad que la tortura sea cometida con fines discriminatorios.

270. En cuanto al resto de las medidas solicitadas por la Comisión y las representantes, la Corte considera que la emisión de la presente Sentencia y las reparaciones ordenadas en este capítulo resultan suficientes y adecuadas para remediar las violaciones sufridas por la víctima. Por tanto, no estima necesario ordenar dichas medidas adicionales, sin perjuicio de que el Estado decida adoptarlas y otorgarlas a nivel interno.

G. COSTAS Y GASTOS

271. Promsex señaló que ha asumido la defensa de Azul desde el 2008, incurriendo en gastos relativos a la contratación de psicólogas/os y abogadas/os, traslados entre Casa Grande, Trujillo y Lima, trámites administrativos, entre otros para el litigio nacional e internacional, por un total de 344.637,40 soles y 17.701,69 dólares de los Estados Unidos de América. La Coordinadora de Derechos Humanos (CNDDHH) solicitó que se fije en equidad la suma de USD $30.000 dólares de los Estados Unidos de América. REDRESS solicitó que la Corte Interamericana fije en equidad la suma de USD $6.046,45 por concepto de costas y gastos.

272. Con posterioridad a la presentación del escrito de solicitudes y argumentos, Promsex informó que incurrió en gastos de un total de 35.982,50 soles y USD $1.428,96, por la asistencia legal y psicosocial, y los gastos asumidos durante la realización de la audiencia pública del caso. Las costas y gastos incurridos por la CNDDH incluyen el apoyo para la adecuada asistencia legal, así como los gastos asumidos durante la realización de la audiencia pública, que ascienden a un total de 12.390,65 soles. Los gastos y costas incurridos por REDRESS incluyen el apoyo para la adecuada asistencia, así como gastos asumidos durante la realización de la audiencia pública, que ascienden a un total de USD $2.749,39.

273. En suma, Promsex solicitó el pago de 380.619,90 soles y USD $19.130,65, la CNDDHH solicitó el pago de USD $30.000 y 12.390,65 soles, y REDRESS solicitó el pago de USD $8.795,84.

---

[314] Cfr. Caso Almonacid Arellano y otros Vs. Chile. Excepciones Preliminares, Fondo, Reparaciones y Costas. Sentencia de 26 de septiembre de 2006. Serie C No. 154, párr. 124, y Caso Colindres Schonenberg Vs. El Salvador. Fondo, Reparaciones y Costas, supra, párr. 129.

[315] La Corte advierte que la nueva tipificación no incluye finalidades en particular. De acuerdo al perito Víctor Manuel Cubas Villanueva en vista que "la nueva legislación no restringe taxativamente los fines del Delito de Tortura, [...] los fines de este tipo penal podrían ser interpretados por los operadores de justicia de una manera amplia" y acorde a las obligaciones internacionales del Estado. Por otra parte, este Tribunal nota que el Comité contra la Tortura ordenó en el 2018 la modificación de esta tipificación "para que incluya expresamente los actos de tortura cometidos con el fin de obtener de la víctima o de un tercero información o una confesión, de castigarla por un acto que haya cometido, o se sospeche que ha cometido, o de intimidar o coaccionar a esa persona o a otras, o por cualquier razón basada en cualquier tipo de discriminación". Cfr. Declaración rendida ante fedatario público (afidávit) por Victor Manuel Cubas Villanueva de 12 de agosto de 2019 (expediente de prueba, folio 3488), y Comité contra la Tortura, Observaciones finales sobre el séptimo informe periódico del Perú, CAT/C/PER/CO/7*, 18 de diciembre de 2018, párrs. 10 y 11.

274. The Court reiterates that, based on its case law,[316] costs and expenses form part of the concept of reparation, because the activities deployed by the victims in order to obtain justice, at both the national and the international level, entail disbursements that must be compensated when the international responsibility of a State has been declared in a judgment. Regarding the reimbursement of costs and expenses, it is for the Court to make a prudent assessment of their scope, which includes the expenses generated before the authorities of the domestic jurisdiction and those incurred during the process before the inter-American system, taking into account the circumstances of the specific case and the nature of the international jurisdiction for the protection of human rights. This assessment may be made based on the equity principle and taking into account the expenses indicated by the parties, provided their *quantum* is reasonable.[317]

275. This Court has indicated that "the claims of the victims or their representatives with regard to costs and expenses, and the evidence to support them, must be submitted to the Court at the first procedural opportunity granted to them; that is, in the pleadings and motions brief, without prejudice to these claims being updated subsequently in keeping with the new costs and expenses incurred under the proceedings before this Court."[318] The Court also reiterates that it not sufficient merely to forward probative documents; rather, the parties are required to include arguments that relate the evidence to the fact that it is considered to represent and, in the case of alleged financial disbursements, that the items and their justification are clearly established.[319]

276. Taking into account the amounts requested by each organization and the expense vouchers presented, the Court decides to establish, based on equity, the payment of: a total of US$9,000.00 (nine thousand United States dollars) for costs and expenses in favor of REDRESS; a total of US$3,000.00 (three thousand United States dollars) for costs and expenses in favor of CNDDHH, and a total of US$14,000.00 (fourteen thousand United States dollars) for costs and expenses in favor of Promsex. These amounts shall be delivered directly to the said organizations. At the stage of monitoring compliance with this judgment, the Court may determine that the State reimburse the victims or their representatives any reasonable expenses incurred at that procedural stage.[320]

---

[316] *Cf. Case of Garrido and Baigorria v. Argentina. Reparations and costs.* Judgment of August 27, 1998. Series C No. 39, para. 82, and *Case of Montesinos Mejía v. Ecuador. Preliminary Objections, Merits, Reparations and Costs, supra,* para. 244.

[317] *Cf. Case of Garrido and Baigorria v. Argentina. Reparations and costs, supra,* para. 82, and *Case of Montesinos Mejía v. Ecuador. Preliminary Objections, Merits, Reparations and Costs, supra,* para. 244.

[318] *Cf. Case of Garrido and Baigorria v. Argentina. Reparations and costs, supra,* para. 79, and *Case of Montesinos Mejía v. Ecuador. Preliminary Objections, Merits, Reparations and Costs, supra,* para. 245.

[319] *Cf. Case of Chaparro Álvarez and Lapo Íñiguez v. Ecuador. Preliminary Objections, Merits, Reparations and Costs, supra,* para. 277, and *Case of Montesinos Mejía v. Ecuador. Preliminary Objections, Merits, Reparations and Costs, supra,* para. 245.

[320] *Cf. Case of Ibsen Cárdenas and Ibsen Peña v. Bolivia. Merits, Reparations and Costs.* Judgment of September 1, 2010. Series C No. 217, para. 29, and *Case of Montesinos Mejía v. Ecuador. Preliminary Objections, Merits, Reparations and Costs, supra,* para. 246.

274. La Corte reitera que, conforme a su jurisprudencia[316], las costas y gastos hacen parte del concepto de reparación, toda vez que la actividad desplegada por las víctimas con el fin de obtener justicia, tanto a nivel nacional como internacional, implica erogaciones que deben ser compensadas cuando la responsabilidad internacional del Estado es declarada mediante una sentencia condenatoria. En cuanto al reembolso de las costas y gastos, corresponde al Tribunal apreciar prudentemente su alcance, el cual comprende los gastos generados ante las autoridades de la jurisdicción interna, así como los generados en el curso del proceso ante el Sistema Interamericano, teniendo en cuenta las circunstancias del caso concreto y la naturaleza de la jurisdicción internacional de protección de los derechos humanos. Esta apreciación puede ser realizada con base en el principio de equidad y tomando en cuenta los gastos señalados por las partes, siempre que su *quantum* sea razonable[317].

275. Este Tribunal ha señalado que "las pretensiones de las víctimas o sus representantes en materia de costas y gastos, y las pruebas que las sustentan, deben presentarse a la Corte en el primer momento procesal que se les concede, esto es, en el escrito de solicitudes y argumentos, sin perjuicio de que tales pretensiones se actualicen en un momento posterior, conforme a las nuevas costas y gastos en que se haya incurrido con ocasión del procedimiento ante esta Corte"[318]. Asimismo, la Corte reitera que no es suficiente la remisión de documentos probatorios, sino que se requiere que las partes hagan una argumentación que relacione la prueba con el hecho que se considera representado, y que, al tratarse de alegados desembolsos económicos, se establezcan con claridad los rubros y la justificación de los mismos[319].

276. Tomando en cuenta los montos solicitados por cada una de las organizaciones y los comprobantes de gastos presentados la Corte dispone fijar en equidad el pago de: un monto total de USD $9.000,00 (nueve mil dólares de los Estados Unidos de América) por concepto de costas y gastos a favor de REDRESS; un monto total de USD $3.000,00 (tres mil dólares de los Estados Unidos de América) por concepto de costas y gastos a favor de CNDDHH, y un monto total de USD $14.000,00 (catorce mil dólares de los Estados Unidos de América) por concepto de costas y gastos a favor de Promsex. Dichas cantidades deberán ser entregadas directamente a dichas organizaciones. En la etapa de supervisión del cumplimiento de la presente Sentencia, la Corte podrá disponer que el Estado reembolse a las víctimas o sus representantes los gastos razonables en que incurran en dicha etapa procesal[320].

---

[316] Cfr. *Caso Garrido y Baigorria Vs. Argentina. Reparaciones y Costas.* Sentencia de 27 de agosto de 1998. Serie C No. 39, párr. 82, y *Caso Montesinos Mejía Vs. Ecuador. Excepciones Preliminares, Fondo, Reparaciones y Costas, supra*, párr. 244.
[317] Cfr. *Caso Garrido y Baigorria Vs. Argentina. Reparaciones y Costas, supra*, párr. 82, y *Caso Montesinos Mejía Vs. Ecuador. Excepciones Preliminares, Fondo, Reparaciones y Costas, supra*, párr. 244.
[318] Cfr. *Caso Garrido y Baigorria Vs. Argentina. Reparaciones y Costas, supra*, párr. 79, y *Caso Montesinos Mejía Vs. Ecuador. Excepciones Preliminares, Fondo, Reparaciones y Costas, supra*, párr. 245.
[319] Cfr. *Caso Chaparro Álvarez y Lapo Íñiguez Vs. Ecuador. Excepciones Preliminares, Fondo, Reparaciones y Costas, supra*, párr. 277, y *Caso Montesinos Mejía Vs. Ecuador. Excepciones Preliminares, Fondo, Reparaciones y Costas, supra*, párr. 245.
[320] Cfr. *Caso Ibsen Cárdenas e Ibsen Peña Vs. Bolivia. Fondo, Reparaciones y Costas.* Sentencia de 1 de septiembre de 2010. Serie C No. 217, párr. 29, y *Caso Montesinos Mejía Vs. Ecuador. Excepciones Preliminares, Fondo, Reparaciones y Costas, supra*, párr. 246.

H. Reimbursement of the Victims' Legal Assistance Fund

277. In the instant case, in a note of August 7, 2019, the President of the Court declared that the request presented by the presumed victim, through her representatives, to access the Legal Assistance Fund was admissible. In an order of July 10, 2019, the Court's President at the time, established that the Fund would provide the financial assistance necessary to cover the expenses of the appearance of the presumed victim at the public hearing and the presentation of two statements by affidavit.

278. On July 18, 2019, the representatives asked the Court to reconsider this decision because, for reasons beyond her control, the presumed victim could not attend the hearing; therefore, they asked the Court to receive a witness. In an order of August 26, 2019, the Court decided to accept the representatives' request.[321] In light of the impossibility of the presumed victim attending the hearing, and the Court's reconsideration order in this regard (*supra* para. 10), on the instructions of the President, the parties and the Commission were notified that the Victim's Legal Assistance Fund would cover the travel and accommodation costs for Víctor Álvarez to appear before the Court.

279. On November 29, 2019, in keeping with article 5 of the Rules for the Operation of the said Fund, a disbursements report was sent to the State; thus, the State had the opportunity to present its observations on the disbursements made in this case which amount to US$886.23 (eight hundred and eighty-six United States dollars and twenty-three cents).

280. The *State* argued that the purpose of the Court's reconsideration order was to modify how Víctor Álvarez would present his statement and, since this was not a substitution, it did not correspond to the Victim's Legal Assistance Fund to cover these expenses. In addition, it indicated that the representatives' request should have been forwarded to the State for the corresponding observations. Also, "regarding the reimbursement of the expenses incurred in the notarization of the expert opinion of Nora Sveaass, the State notes that the Court has not forwarded the documentation on the amounts that have been reimbursed to the representatives; thus, it does not have the necessary elements to make observations."

281. This Court notes, first that decisions on the admissibility of access to the Victims' Assistance Fund and determination of the expenses to be covered by the Fund correspond to the President of the Court. Therefore, it is not necessary to forward this information to the State so that it may submit observations. Also, in this case, following the change in the way in which the statement by Víctor Álvarez was presented, it was not necessary to forward the representatives' request to the State, nor was it relevant that the statement by Víctor Álvarez did not substitute the statement of the presumed victim. Second, the Court notes that the documentation relating to the expenditure for notarizing the expert opinion of Nora Sveaass forms part of the annexes to the expense report forwarded to the State on November 29, 2019. Therefore, the Court rejects the State's objections.

---

[321] *Cf. Case of Rojas Marín et al. v. Peru.* Order of the Inter-American Court of Human Rights of August 26, 2019. Available at: http://www.corteidh.or.cr/docs/asuntos/rojas_26_08_19.pdf

H. REINTEGRO DE LOS GASTOS AL FONDO DE ASISTENCIA LEGAL DE VÍCTIMAS

277. En el presente caso, mediante una nota de 7 de agosto de 2019, la Presidencia de la Corte declaró procedente la solicitud presentada por la presunta víctima, a través de sus representantes, para acogerse al Fondo de Asistencia Legal. En la Resolución del entonces Presidente de 10 de julio de 2019, se dispuso la asistencia económica necesaria para cubrir los gastos la comparecencia de la presunta víctima a la audiencia pública y la presentación de dos declaraciones ante fedatario público.

278. El 18 de julio de 2019 las representantes solicitaron la reconsideración de la decisión ya que por razones de fuerza mayor la presunta víctima no podría asistir a la audiencia, por lo que solicitaron que se convocara a testigo. Mediante Resolución de la Corte de 26 de agosto de 2019 en la cual se decidió acoger la solicitud de las representantes[321]. Ante la imposibilidad de comparecencia de la presunta víctima y la Resolución de Reconsideración de la Corte al respecto (*supra* párr. 10), siguiendo instrucciones de la Presidencia de notificó a las partes y a la Comisión que el Fondo de Asistencia de Víctimas cubriría los gastos de viaje y estadía necesarios para que el señor Víctor Álvarez comparezca ante el Tribunal.

279. El 29 de noviembre de 2019 se remitió al Estado un informe de erogaciones según lo dispuesto en el artículo 5 del Reglamento de la Corte sobre el funcionamiento del referido Fondo. De esta forma, el Estado tuvo la oportunidad de presentar sus observaciones sobre las erogaciones realizadas en el presente caso, las cuales ascendieron a la suma de USD $886.23 (ochocientos ochenta y seis dólares con veintitrés centavos de los Estados Unidos de América).

280. El *Estado* alegó que en la Resolución de Reconsideración de la Corte aclaró que el objeto de la misma era modificar la modalidad de la declaración de Víctor Álvarez, por lo que al no ser una sustitución, no corresponde que el Fondo de Asistencia de Víctimas cubra esos gastos. Además, indicó que correspondía que la solicitud de las representantes hubiese sido trasladada al Estado para sus correspondientes observaciones. Por otra parte, "con relación al reintegro de los gastos incurridos en la formalización del peritaje de la Nora Sveaass, el Estado observa que la Corte IDH no ha alcanzado la documentación referida a los montos que han sido devueltos a las representantes, por lo que no cuenta con los elementos necesarios para realizar observaciones".

281. Este Tribunal advierte, en primer lugar, que la procedencia del Fondo de Asistencia de Víctimas, así como la determinación de los gastos que serán cubiertos por el mismo, son decisiones que corresponden a la Presidencia de la Corte. Por tanto, no es necesario remitir esta información al Estado para que presente observaciones. En este mismo sentido, en el presente caso, tras la modificación de la modalidad de la declaración del señor Víctor Álvarez, no era necesario remitir al Estado la solicitud presentada por las representantes, así como tampoco es relevante que la declaración de Víctor Álvarez no haya sido una sustitución de la declaración de la presunta víctima. En segundo lugar, la Corte constata que la documentación referida a los gastos de formalización del peritaje de la señora Nora Sveass forma parte de los anexos al informe de erogaciones remitido al Estado el 29 de noviembre de 2019. Por tanto, la Corte desestima las objeciones del Estado.

---

[321] *Cfr. Caso Rojas Marín y otra Vs. Perú.* Resolución de la Corte Interamericana de Derechos Humanos de 26 de agosto de 2019. Disponible en: http://www.corteidh.or.cr/docs/asuntos/rojas_26_08_19.pdf

282. Based on the violations declared in this judgment, the Court orders the State to reimburse the said Fund the sum of US$886.23 (eight hundred and eighty-six United States dollars and twenty-three cents) for the expenses incurred. This amount must be reimbursed within six months of notification of this judgment.

I. Method of Compliance with the Payments Ordered

283. The State shall make the payments for compensation of pecuniary and non-pecuniary damage and to reimburse costs and expenses established in this judgment directly to the persons indicated herein, within one year of notification of this judgment, or it may bring forward full payment, pursuant to the following paragraphs.

284. If the beneficiaries are deceased or die before they receive the respective amount, this shall be delivered directly to their heirs in accordance with the applicable domestic law.

285. The State shall comply with the monetary obligations by payment in United States dollars or the equivalent in national currency, using the exchange rate in force on the New York Stock Exchange (United States of America), the day before the payment to make the calculation.

286. If, for reasons that can be attributed to the beneficiaries of the compensation or their heirs, it should not be possible to pay the amounts established within the time frame indicated, the State shall deposit these amounts in a deposit account or certificate in their favor in a solvent Peruvian financial institution in United States dollars, and in the most favorable financial conditions permitted by banking law and practice. If the corresponding compensation is not claimed within ten years, the amounts shall be returned to the State with the interest accrued.

287. The amounts allocated in this judgment as compensation for pecuniary and non-pecuniary damage and to reimburse costs and expenses shall be delivered to the persons and organizations indicated integrally, as established in this judgment, without any deductions arising from possible taxes or charges.

288. If the State should fall in arrears, including in the reimbursement of the Victims' Legal Assistance Fund, it shall pay interest on the amount owed corresponding to banking interest on arrears in the Republic of Peru.

IX
OPERATIVE PARAGRAPHS

289. Therefore,

THE COURT

DECIDES,

Unanimously:

282. En razón de las violaciones declaradas en la presente Sentencia, la Corte ordena al Estado el reintegro a dicho Fondo de la cantidad de USD $886.23 (ochocientos ochenta y seis dólares con veintitrés centavos de los Estados Unidos de América) por los gastos incurridos. Este monto deberá ser reintegrado en el plazo de seis meses, contados a partir de la notificación del presente Fallo.

I. MODALIDAD DE CUMPLIMIENTO DE LOS PAGOS ORDENADOS

283. El Estado deberá efectuar el pago de las indemnizaciones por concepto de daño material e inmaterial y el reintegro de costas y gastos establecidos en la presente Sentencia directamente a las personas indicadas en la misma, dentro del plazo de un año contado a partir de la notificación de la presente Sentencia, sin perjuicio de que pueda adelantar el pago completo en un plazo menor, en los términos de los siguientes párrafos.

284. En caso de que las beneficiarias hayan fallecido o fallezcan antes de que les sea entregada la cantidad respectiva, esta se entregará directamente a sus derechohabientes, conforme al derecho interno aplicable.

285. El Estado deberá cumplir con las obligaciones monetarias mediante el pago en dólares de los Estados Unidos de América o su equivalente en moneda nacional, utilizando para el cálculo respectivo el tipo de cambio que se encuentre vigente en la bolsa de Nueva York, Estados Unidos de América, el día anterior al pago.

286. Si por causas atribuibles a los beneficiarios de las indemnizaciones o a sus derechohabientes no fuese posible el pago de las cantidades determinadas dentro del plazo indicado, el Estado consignará dichos montos a su favor en una cuenta o certificado de depósito en una institución financiera peruana solvente, en dólares de los Estados Unidos de América, y en las condiciones financieras más favorables que permitan la legislación y la práctica bancaria. Si no se reclama la indemnización correspondiente una vez transcurridos diez años, las cantidades serán devueltas al Estado con los intereses devengados.

287. Las cantidades asignadas en la presente Sentencia como indemnización por daños materiales e inmateriales, y como reintegro de costas y gastos, deberán ser entregadas a las personas y organizaciones indicadas en forma íntegra, conforme a lo establecido en esta Sentencia, sin reducciones derivadas de eventuales cargas fiscales.

288. En caso de que el Estado incurriera en mora, incluyendo en el reintegro de los gastos al Fondo de Asistencia Legal de Víctimas, deberá pagar un interés sobre la cantidad adeudada correspondiente al interés bancario moratorio en la República del Perú.

IX
PUNTOS RESOLUTIVOS

289. Por tanto,

LA CORTE

DECIDE,

Por unanimidad, que:

1. To reject the preliminary objection relating to the alleged failure to exhaust domestic remedies, pursuant to paragraphs 22 to 26 of this judgment.
2. To reject the preliminary objection relating to the subsidiary nature of the inter-American system, pursuant to paragraphs 28 and 29 of this judgment.
3. To reject the preliminary objection relating to the fourth instance, pursuant to paragraphs 31 to 33 of this judgment.

DECLARES,

Unanimously, that:

4. The State is responsible for the violation of the rights recognized in Articles 7(1), 7(2), 7(3) and 7(4) of the American Convention on Human Rights, in relation to the obligations to respect and to ensure these rights without discrimination, established in Article 1(1) of this instrument, to the detriment of Azul Rojas Marín, pursuant to paragraphs 100 to 134 of this judgment.
5. The State is responsible for the violation of the rights recognized in Articles 5(1), 5(2) and 11 of the American Convention on Human Rights, in relation to the obligations to respect and to ensure these rights without discrimination, established in Article 1(1), and Articles 1 and 6 of the Inter-American Convention to Prevent and Punish Torture, to the detriment of Azul Rojas Marín, pursuant to paragraphs 139 to 167 of this judgment.
6. The State is responsible for the violation of the rights recognized in Articles 8(1) and 25(1) of the American Convention on Human Rights, in relation to the obligations to respect and to ensure these rights without discrimination and to adopt domestic legal provisions, established in Articles 1(1) and 2 of this instrument and to Articles 1, 6 and 8 of the Inter-American Convention to Prevent and Punish Torture, to the detriment of Azul Rojas Marín, pursuant to paragraphs 178 to 219 of this judgment.
7. The State is responsible for the violation of the right recognized in Article 5(1) of the American Convention on Human Rights, to the detriment of Juana Rosa Tanta Marín, in relation to Article 1(1) of this instrument, pursuant to paragraphs 221 to 223 of this judgment.

AND ESTABLISHES:

Unanimously, that:

8. This judgment constitutes, *per se*, a form of reparation.
9. The State shall facilitate and shall continue the investigations required to identify, prosecute and punish, as appropriate, those responsible for the acts of torture perpetrated against Azul Rojas Marín, pursuant to paragraphs 228 and 229 of this judgment.
10. The State shall make the publications indicated in paragraph 231 of this judgment.
11. The State shall hold a public act to acknowledge international responsibility, as indicated in paragraphs 233 and 234 of this judgment.
12. The State shall provide, free of charge and immediately, opportune, adequate and effective medical and psychological and/or psychiatric treatment to Azul Rojas

1. Desestimar la excepción preliminar relativa a la alegada falta de agotamiento de recursos internos, de conformidad con los párrafos 22 a 26 de esta Sentencia.
2. Desestimar la excepción preliminar relativa a la subsidiariedad del sistema interamericano, de conformidad con los párrafos 28 a 29 de esta Sentencia.
3. Desestimar la excepción preliminar relativa a la cuarta instancia, de conformidad con los párrafos 31 a 33 de esta Sentencia.

DECLARA,

Por unanimidad, que:

4. El Estado es responsable por la violación de los derechos reconocidos en los artículos 7.1, 7.2, 7.3 y 7.4 de la Convención Americana sobre Derechos Humanos, en relación con las obligaciones de respetar y garantizar dichos derechos sin discriminación, consagradas en el artículo 1.1 del mismo tratado, en perjuicio de Azul Rojas Marín, en los términos de los párrafos 100 a 134 de la presente Sentencia.
5. El Estado es responsable por la violación de los derechos reconocidos en los artículos 5.1, 5.2 y 11 de la Convención Americana sobre Derechos Humanos, en relación con las obligaciones de respetar y garantizar dichos derechos sin discriminación, consagradas en el artículo 1.1, y los artículos 1 y 6 de la Convención Interamericana contra la Tortura, en perjuicio de Azul Rojas Marín, en los términos de los párrafos 139 a 167 de la presente Sentencia.
6. El Estado es responsable por la violación de los derechos reconocidos en los artículos 8.1 y 25.1 de la Convención Americana sobre Derechos Humanos, en relación con las obligaciones de respetar y garantizar dichos derechos sin discriminación y de adoptar disposiciones de derecho interno, consagradas en los artículos 1.1 y 2 de la misma, y con los artículos 1, 6 y 8 de la Convención Interamericana para Prevenir y Sancionar la Tortura, en perjuicio de Azul Rojas Marín, en los términos de los párrafos 178 a 219 de la presente Sentencia.
7. El Estado es responsable por la violación del derecho consagrado en el artículo 5.1 de la Convención Americana sobre Derechos Humanos, en perjuicio de Juana Rosa Tanta Marín, en relación con el artículo 1.1 del mismo tratado, en los términos de los párrafos 221 a 223 de la presente Sentencia.

Y DISPONE:

Por unanimidad, que:

8. Esta Sentencia constituye, por sí misma, una forma de reparación.
9. El Estado promoverá y continuará las investigaciones que sean necesarias para determinar, juzgar, y, en su caso, sancionar a los responsables por los hechos de tortura en perjuicio de Azul Rojas Marín, en los términos de los párrafos 228 y 229 de la presente Sentencia.
10. El Estado realizará las publicaciones indicadas en el párrafo 231 de la presente Sentencia.
11. El Estado realizará un acto público de reconocimiento de responsabilidad internacional, en los términos indicados en los párrafos 233 y 234 de esta Sentencia.
12. El Estado brindará gratuitamente, y de forma inmediata, oportuna, adecuada y efectiva, tratamiento médico y psicológico y/o psiquiátrico a Azul Rojas Marín, de

Marín, pursuant to paragraphs 236 and 237 of this judgment.

13. The State shall adopt a protocol on investigation and administration of justice in criminal proceedings involving LGBTI victims of violence, pursuant to paragraphs 241 to 244 of this judgment.

14. The State shall create and implement a training and awareness-raising plan, pursuant to paragraphs 248 and 249 of this judgment.

15. The State shall design and implement a system to compile data and figures linked to cases of violence against LGBTI people, pursuant to paragraph 252 of this judgment.

16. The State shall eliminate the indicator of "eradication of homosexuals and transvestites" from the public safety plans of the regions and districts of Peru, pursuant to paragraph 255 of this judgment.

17. The State shall pay the amounts established in paragraphs 260, 267 and 276 of this judgment as compensation for pecuniary and non-pecuniary damage, and to reimburse costs and expenses, pursuant to paragraphs 283 to 288 of this judgment.

18. The State shall reimburse the Victims' Legal Assistance Fund of the Inter-American Court of Human Rights the sum disbursed during the processing of this case, pursuant to paragraphs 282 and 288 of this judgment.

19. The State, within one year of notification of this judgment, shall provide the Court with a report on the measures adopted to comply with it, notwithstanding the provisions of paragraph 231 of this judgment.

20. The Court will monitor full compliance with this judgment, in exercise of its authority and in fulfillment of its duties under the American Convention on Human Rights, and will close this case when the State has complied fully with all its provisions.

DONE, at San José, Costa Rica, on March 12, 2020, in the Spanish language.

Corte IDH. *Case of Rojas Marín et al. v. Peru. Preliminary Objections, Merits, Reparations and Costs.* Judgment of March 12, 2020.

Elizabeth Odio Benito
President
L. Patricio Pazmiño Freire   Humberto Antonio Sierra Porto
Eduardo Ferrer Mac-Gregor Poisot   Eugenio Raúl Zaffaroni
Ricardo C. Pérez Manrique

Pablo Saavedra Alessandri
Secretary

So ordered,

Elizabeth Odio Benito
President

Pablo Saavedra Alessandri
Secretary

conformidad con lo establecido en los párrafos 236 y 237 de esta Sentencia.

13. El Estado adoptará un protocolo de investigación y administración de justicia durante los procesos penales para casos de personas LGBTI víctimas de violencia, de conformidad con lo establecido en los párrafos 241 a 244 de esta Sentencia.

14. El Estado creará e implementará un plan de capacitación y sensibilización, de conformidad con lo establecido en los párrafos 248 y 249 de esta Sentencia.

15. El Estado diseñará e implementará, un sistema de recopilación de datos y cifras vinculadas a los casos de violencia contra las personas LGBTI, de conformidad con lo establecido en el párrafo 252 de esta Sentencia.

16. El Estado eliminará de los Planes de Seguridad Ciudadana de las Regiones y Distritos del Perú el indicador de "erradicación de homosexuales y travestis, de conformidad con lo establecido en el párrafo 255 de esta Sentencia.

17. El Estado pagará las cantidades fijadas en los párrafos 260, 267 y 276 de la presente Sentencia por concepto de indemnización por concepto de daño daño material e inmaterial, y por el reintegro de costas y gastos, en los términos de los párrafos 283 a 288 del presente Fallo.

18. El Estado reintegrará al Fondo de Asistencia Legal de Víctimas de la Corte Interamericana de Derechos Humanos la cantidad erogada durante la tramitación del presente caso, en los términos de los párrafos 282 y 288 de esta Sentencia.

19. El Estado, dentro del plazo de un año contado a partir de la notificación de esta Sentencia, rendirá al Tribunal un informe sobre las medidas adoptadas para cumplir con la misma, sin perjuicio de lo establecido en el párrafo 231 de la presente Sentencia.

20. La Corte supervisará el cumplimiento íntegro de esta Sentencia, en ejercicio de sus atribuciones y en cumplimiento de sus deberes conforme a la Convención Americana sobre Derechos Humanos, y dará por concluido el presente caso una vez que el Estado haya dado cabal cumplimiento a lo dispuesto en la misma.

Redactada en español en San José, Costa Rica, el 12 de marzo de 2020.

Corte IDH, *Caso Rojas Marín y otra Vs. Perú. Excepciones Preliminares, Fondo, Reparaciones y Costas.* Sentencia de 12 de marzo de 2020.

Elizabeth Odio Benito
Presidenta

L. Patricio Pazmiño Freire   Humberto Antonio Sierra Porto
Eduardo Ferrer Mac-Gregor Poisot   Eugenio Raúl Zaffaroni
Ricardo C. Pérez Manrique

Pablo Saavedra Alessandri
Secretario

Comuníquese y ejecútese,

Elizabeth Odio Benito
Presidenta

Pablo Saavedra Alessandri
Secretario

6. CASO ROCHE AZAÑA Y OTROS VS. NICARAGUA
Sentencia de 3 de junio de 2020
(Fondo y Reparaciones)

En el caso *Roche Azaña y otros Vs. Nicaragua*,

la Corte Interamericana de Derechos Humanos (en adelante "la Corte Interamericana", "la Corte" o "este Tribunal"), integrada por los siguientes jueces:

Elizabeth Odio Benito, Presidenta;
L. Patricio Pazmiño Freire, Vicepresidente;
Eduardo Vio Grossi, Juez;
Humberto Antonio Sierra Porto, Juez;
Eduardo Ferrer Mac-Gregor Poisot, Juez;
Eugenio Raúl Zaffaroni, Juez, y
Ricardo Pérez Manrique, Juez;

presentes además,

Pablo Saavedra Alessandri, Secretario, y
Romina I. Sijniensky, Secretaria Adjunta,

de conformidad con los artículos 62.3 y 63.1 de la Convención Americana sobre Derechos Humanos (en adelante "la Convención Americana" o "la Convención") y con los artículos 31, 32, 62, 65 y 67 del Reglamento de la Corte (en adelante "el Reglamento" o "el Reglamento de la Corte"), dicta la presente Sentencia, que se estructura en el siguiente orden:

ÍNDICE

	Párr.
I. INTRODUCCIÓN DE LA CAUSA Y OBJETO DE LA CONTROVERSIA	1
II. PROCEDIMIENTO ANTE LA CORTE	5
III. COMPETENCIA	11
IV. PRUEBA	
A. Admisibilidad de la prueba documental	12
B. Admisibilidad de la prueba testimonial y pericial	18
V. HECHOS	22
A. Muerte de Pedro Bacilio Roche Azaña y lesiones de Patricio Fernando Roche Azaña	23
B. Proceso penal seguido contra los agentes estatales que participaron en los hechos del 14 de abril de 1996	31
VI. FONDO	39
VI-1. DERECHO A LA VIDA Y A LA INTEGRIDAD PERSONAL, ASÍ COMO EL DEBER DE ADOPTAR DISPOSICIONES DE DERECHO INTERNO	41

A. Argumentos de las partes y de la Comisión
   A.1. Muerte de Pedro Bacilio Roche Azaña y lesiones causadas a Patricio Fernando Roche Azaña ... 42
   A.2. Deber de adoptar disposiciones de derecho interno ... 47
B. Consideraciones de la Corte ... 50

VI-2. DERECHO A LAS GARANTÍAS JUDICIALES Y A LA PROTECCIÓN JUDICIAL ... 73
A. Argumentos de las partes y de la Comisión
   A.1. Participación del señor Patricio Fernando Roche Azaña y de sus familiares en el procedimiento penal ... 74
   A.2. Deber de motivación del veredicto de un jurado ... 78
   A.3. Ausencia de recurso contra el veredicto absolutorio ... 81
B. Consideraciones de la Corte
   B.1. Participación del señor Patricio Fernando Roche Azaña y de sus familiares en el procedimiento penal ... 84
   B.2. Deber de motivación del veredicto de un jurado de y ausencia de recurso contra el veredicto absolutorio ... 95

VI-3. DERECHO A LA INTEGRIDAD PERSONAL DE LOS FAMILIARES DE LOS HERMANOS ROCHE AZAÑA
A. Argumentos de las partes y de la Comisión ... 98
B. Consideraciones de la Corte ... 100

VII. REPARACIONES ... 103
   A. Parte lesionada ... 107
   B. Investigación, determinación, enjuiciamiento y, en su caso, sanción de todos los responsables ... 108
   C. Rehabilitación ... 112
   D. Medidas de satisfacción ... 116
   E. Garantías de no repetición ... 119
   F. Indemnizaciones compensatorias
      F.1. Daño material ... 123
      F.2. Daño inmaterial ... 130
   G. Costas y gastos ... 137
   H. Reintegro de los gastos al Fondo de Asistencia Legal de Víctimas de la Corte Interamericana ... 138
   I. Modalidad de cumplimiento de los pagos ordenados ... 141

VIII. PUNTOS RESOLUTIVOS ... 147

Voto concurrente del Juez L. Patricio Pazmiño Freire ... pág. 1623
Voto concurrente del Juez Eugenio Raúl Zaffaroni ... pág. 1633

I
INTRODUCCIÓN DE LA CAUSA Y OBJETO DE LA CONTROVERSIA

1. *El caso sometido a la Corte.* El 24 de abril de 2019 la Comisión Interamericana de Derechos Humanos (en adelante "la Comisión Interamericana" o "la Comisión") sometió a la jurisdicción de la Corte Interamericana el caso "Pedro Bacilio Roche Azaña y otro" contra la República de Nicaragua (en adelante "el Estado de Nicaragua", "el Estado nicaragüense", "el Estado" o "Nicaragua"). De acuerdo con lo indicado por la Comisión, el caso se relaciona con la supuesta ejecución extrajudicial de Pedro Bacilio Roche Azaña y las heridas causadas a su hermano, Patricio Fernando

Roche Azaña, el 14 de abril de 1996, como consecuencia de disparos proferidos por agentes estatales contra el vehículo en el que se transportaban y a bordo del cual pasaron dos controles migratorios, presuntamente sin atender la voz de alto. En consecuencia, concluyó que el uso de la fuera letal fue arbitrario, contrario a los principios de legalidad, absoluta necesidad y proporcionalidad y violó los derechos a la vida e integridad personal de las presuntas víctimas. Asimismo, el caso se relaciona con la presunta violación del derecho a las garantías judiciales y protección judicial en perjuicio de Patricio Fernando Roche Azaña y sus padres. Específicamente, la Comisión determinó tales violaciones por (i) por la alegada falta de participación de Patricio Roche Azaña en el proceso penal seguido contra los presuntos autores de los disparos, (ii) por la falta de motivación del veredicto emitido por un jurado mediante el cual se declaró la inocencia de las personas procesadas, así como (iii) por la imposibilidad legal de apelar dicho veredicto.

2. *Trámite ante la Comisión*. El trámite ante la Comisión fue el siguiente:

a) Petición. El 23 de diciembre de 1998, el representante de las presuntas víctimas presentó la petición inicial ante la Comisión.

b) Informe de admisibilidad. El 7 de agosto de 2009 la Comisión aprobó el Informe de Admisibilidad No. 88/09, en el que concluyó que la petición era admisible[1].

c) Informe de Fondo. El 5 de octubre de 2018 la Comisión aprobó el Informe de Fondo No. 114/18, de conformidad con el artículo 50 de la Convención (en adelante también "el Informe de Fondo" o "el Informe No. 114/8"), en el cual llegó a una serie de conclusiones[2], y formuló varias recomendaciones al Estado.

d) Notificación al Estado. El Informe de Fondo fue notificado al Estado el 24 de enero de 2019. El Estado nicaragüense no presentó una respuesta en el plazo indicado por la Comisión.

3. *Sometimiento a la Corte*. El 24 de abril de 2019 la Comisión sometió a la jurisdicción de la Corte Interamericana la totalidad de los hechos y violaciones de derechos humanos descritos en el informe de fondo "ante la necesidad de obtención de justicia y reparación"[3].

4. *Solicitudes de la Comisión Interamericana*. Con base en lo anterior, la Comisión solicitó a la Corte Interamericana que declarara la responsabilidad internacional del Estado por las mismas violaciones señaladas en su Informe de Fondo (*supra* párr. 2.c). Asimismo, la Comisión solicitó a la Corte que ordenara al Estado medidas de reparación, las cuales se detallan y analizan en el Capítulo VII de la presente Sentencia. Este Tribunal nota con preocupación que, entre la presentación de la petición inicial ante la Comisión y el sometimiento del caso ante la Corte, han transcurrido más de veinte años.

---

[1] El mismo fue notificado a las partes el 1 de septiembre de 2009.

[2] La Comisión concluyó que el Estado de Nicaragua era responsable por la violación de los derechos a la vida, a la integridad personal, a las garantías judiciales y a la protección judicial establecidos en los artículos 4.1, 5.1, 8.1 y 25.1 de la Convención Americana en relación con las obligaciones establecidas en los artículos 1.1 y 2 del mismo instrumento, en perjuicio de Patricio Fernando Roche Azaña, Pedro Bacilio Roche Azaña, María Angelita Azaña Tenesaca y José Fernando Roche Zhizhingo.

[3] La Comisión designó, como sus delegados ante la Corte, a la Comisionada Antonia Urrejola y al Secretario Ejecutivo Paulo Abrão. Asimismo, designó como asesoras legales a la señora Silvia Serrano Guzmán, entonces abogada de la Secretaría Ejecutiva, así como a la señora Mónica Oehler Toca, entonces abogada de la Secretaría Ejecutiva.

II
PROCEDIMIENTO ANTE LA CORTE

5. *Notificación al representante y al Estado.* El sometimiento del caso por parte de la Comisión fue notificado por la Corte al representante de las presuntas víctimas[4] (en adelante "el representante") y al Estado el 12 de junio de 2019.

6. *Escrito de solicitudes, argumentos y pruebas.* El 9 de agosto de 2019 el representante presentó ante la Corte su escrito de solicitudes, argumentos y pruebas (en adelante "escrito de solicitudes y argumentos" o "ESAP"). El representante coincidió sustancialmente con los alegatos de la Comisión y solicitó a la Corte que declarara la responsabilidad internacional del Estado por la violación de los mismos artículos alegados por la Comisión y, adicionalmente, la violación de los artículos 22.1, 22.4 y XVII de la Declaración Americana de los Derechos y Deberes del Hombre en relación con el artículo 24 de la Convención Americana en perjuicio de Patricio Fernando Roche Azaña y Pedro Bacilio Roche Azaña. Asimismo, las presuntas víctimas solicitaron, a través de su representante, acogerse al Fondo de Asistencia Legal de Víctimas de la Corte Interamericana (en adelante "Fondo de Asistencia de la Corte" o el "Fondo").

7. *Escrito de contestación.* El 11 de octubre de 2019 el Estado presentó ante la Corte su escrito de contestación al sometimiento e informe de fondo de la Comisión Interamericana y al escrito de solicitudes, argumentos y pruebas del representante (en adelante "escrito de contestación"). En dicho escrito, el Estado se opuso a las violaciones alegadas y a las medidas de reparación propuestas por la Comisión.

8. *Audiencia Pública.* Mediante Resolución de 6 de diciembre de 2019[5], la Presidencia convocó al Estado, al representante y a la Comisión Interamericana a una audiencia pública para recibir sus alegatos y observaciones finales orales sobre el fondo y eventuales reparaciones y costas, así como para recibir las declaraciones de dos presuntas víctimas propuestas por el representante, de un perito ofrecido por el representante y de un perito propuesto por la Comisión Interamericana. La audiencia pública fue celebrada el 4 de febrero de 2020, durante el 133° Período Ordinario de Sesiones de la Corte, llevado a cabo en su sede[6].

9. *Alegatos y observaciones finales escritos.* El 4 de marzo de 2020 el representante y el Estado remitieron sus respectivos alegatos finales escritos, y la Comisión presentó sus observaciones finales escritas.

10. *Deliberación del presente caso.* La Corte deliberó la presente Sentencia, a través de una sesión virtual, durante los días 2 y 3 de junio de 2020[7].

---

[4] El señor Luis Patricio Barrera Tello ejerce la representación de las presuntas víctimas en este caso.

[5] *Cfr. Caso Roche Azaña y otros Vs. Nicaragua. Convocatoria a audiencia.* Resolución del Presidente de la Corte Interamericana de Derechos Humanos de 6 de diciembre de 2019. Disponible en: http://www.corteidh.or.cr/docs/asuntos/roche_azana_6_12_19.pdf

[6] A esta audiencia comparecieron: (a) por la Comisión Interamericana: la Secretaria Ejecutiva Adjunta Marisol Blanchard, el asesor Jorge H. Meza Flores y el asesor Christian González; (b) por la representación de las presuntas víctimas el Dr. Patricio Barrera Tello, y (c) por el Estado de Nicaragua: la señora Grethel Fernández Sánchez y los señores Lenín Soza Robelo y Hernaldo Chamorro Díaz.

[7] Debido a las circunstancias excepcionales ocasionadas por la pandemia COVID-19, esta Sentencia fue deliberada y aprobada durante el 135 Período Ordinario de Sesiones, el cual se llevó a cabo de forma no presencial utilizando medios tecnológicos de conformidad con lo establecido en el Reglamento de la Corte.

III
COMPETENCIA

11. La Corte Interamericana es competente para conocer del presente caso, en los términos del artículo 62.3 de la Convención Americana, en razón de que Nicaragua es Estado Parte de dicho instrumento desde el 25 de septiembre de 1979, y reconoció la competencia contenciosa de la Corte el 12 de febrero de 1991.

IV
PRUEBA

A. ADMISIBILIDAD DE LA PRUEBA DOCUMENTAL

12. El Tribunal recibió diversos documentos presentados como prueba por la Comisión, el representante y el Estado, los cuales, como en otros casos, se admiten en el entendido de que fueron presentados en la debida oportunidad procesal (artículo 57 del Reglamento)[8].

13. La Corte advierte que, en su escrito de contestación, el Estado solicitó que no fueran admitidos los recortes de periódicos de fecha 19 de abril de 1996 que constan en el anexo 1 del ESAP, "toda vez que no constituyen un medio fiable". A este respecto, este Tribunal ha considerado que las notas de prensa podrán ser apreciadas cuando recojan hechos públicos y notorios o declaraciones de funcionarios del Estado, o cuando corroboren aspectos relacionados con el caso[9]. La Corte decide admitir los referidos documentos, toda vez que se encuentran completos y los valorará tomando en cuenta el conjunto del acervo probatorio, las observaciones de las partes y las reglas de la sana crítica.

14. Por otro lado, junto con su escrito de alegatos finales, el Estado remitió una copia del Código de Instrucción Criminal comentado, el cual fue requerido por esta Corte en la audiencia pública celebrada en el presente caso, así como un documento de "Análisis criminalística de las pruebas periciales contenidas en el expediente ofrecido como prueba".

15. Con respecto a la remisión del Código de Instrucción Criminal comentado, el representante objetó la admisión de dicho documento cuestionando las valoraciones que realiza el comentarista del referido Código, aduciendo que éstas correspondían con "un criterio que no pasa de ser personal y[,] por lo mismo[,] no es vinculante". Por otro lado, la Comisión observó que el texto del referido Código de Instrucción Criminal resultaba relevante a efectos de que la Corte pudiera contar con información sobre el marco normativo aplicable a la época de los hechos. Sin perjuicio de ello, la

---

[8] La prueba documental puede ser presentada, en general y de conformidad con el artículo 57.2 del Reglamento, junto con los escritos de sometimiento del caso, de solicitudes y argumentos o de contestación, según corresponda, y no es admisible la prueba remitida fuera de esas oportunidades procesales, salvo en las excepciones establecidas en el referido artículo 57.2 del Reglamento (a saber, fuerza mayor, impedimento grave) o salvo si se tratara de un hecho superviniente, es decir, ocurrido con posterioridad a los citados momentos procesales. *Cfr. Caso Familia Barrios Vs. Venezuela. Fondo, Reparaciones y Costas.* Sentencia de 24 de noviembre de 2011. Serie C No. 237, párrs. 17 y 18, y *Caso Azul Rojas Marín y otra Vs. Perú. Excepciones Preliminares, Fondo, Reparaciones y Costas.* Sentencia de 12 de marzo de 2020. Serie C No. 402, párr. 34.

[9] *Cfr. Caso Velásquez Rodríguez Vs. Honduras. Fondo,* Sentencia de 29 de julio de 1988. Serie C No. 4, párr. 146, y *Caso J. Vs. Perú. Excepción Preliminar, Fondo, Reparaciones y Costas.* Sentencia de 27 de noviembre de 2013. Serie C No. 275, párr. 41.

Comisión añadió que dicho documento poseía un carácter "comentado" que contenía diversas apreciaciones por parte de un autor sobre la interpretación jurídica de diversas normas que no podrían ser incorporadas como prueba en el proceso, pues fueron presentadas de manera extemporánea a las oportunidades con que cuenta el Estado para presentar prueba. Mediante escrito de 22 de abril de 2020, el Estado destacó que el anexo cuestionado había sido remitido a la vista de un requerimiento realizado por los Jueces en el acto de la audiencia pública y precisó que no pretendía incluir como prueba los referidos comentarios. Al respecto, este Tribunal constata que, tal y como todas las partes han indicado, el Estado tenía la obligación de remitir una copia del Código de Instrucción Criminal. En consecuencia, la Corte considera que la copia del Código de Instrucción Criminal comentado es admisible únicamente en lo referido al contenido de los artículos de dicho instrumento legal, excluyéndose, por tanto, las valoraciones que el comentarista realiza sobre las disposiciones.

16. Asimismo, con respecto al documento "Análisis criminalística de las pruebas periciales contenidas en el expediente ofrecido como prueba", la Corte advierte que el Estado no ha justificado la razón por la cual, en los términos del artículo 57.2 del Reglamento de la Corte, ha presentado dicho documento junto con los alegatos finales escritos, pues el momento procesal oportuno para hacerlo era junto con su escrito de Contestación. En consecuencia, dicho documento es inadmisible por extemporáneo.

17. Por otro lado, el representante remitió numerosa documentación junto con su escrito de alegatos finales. En este sentido, la Corte nota que el representante no remitió dicha prueba en el momento procesal oportuno, ni adujo ninguna de las causales excepcionales en virtud de la cuales la referida documentación debería haber sido admitida. En consecuencia, la Corte rechaza dichos documentos por extemporáneos.

B. ADMISIBILIDAD DE LA PRUEBA TESTIMONIAL Y PERICIAL

18. La Corte estima pertinente admitir las declaraciones recibidas en audiencia pública[10], así como las declaraciones rendidas ante fedatario público[11], en cuanto se ajustan al objeto definido por la Presidencia en la Resolución que ordenó recibirlos[12].

19. Por otro lado, con respecto al peritaje escrito del señor César Francisco Cañizares ofrecido por el representante, la Corte hace constar que éste no fue presentado dentro del plazo otorgado a estos efectos. Posteriormente, el representante desistió del mismo indicando que el objeto de dicho peritaje ya sería tratado por el perito Pablo Ceriani, ofrecido por la Comisión, de manera que sería "redundante" el análisis que iba a hacer dicho perito. Asimismo, con respecto al peritaje del señor Miguel Eugenio Méndez Rojas ofrecido por el representante, la Corte hace constar que el mismo fue admitido para ser rendido en audiencia pública. Sin embargo, el 30 de enero de 2020 el representante manifestó que, debido a una "calamidad doméstica surgida de manera imprevista", no iba a ser posible su presencia en la audiencia. En virtud de ello, remitió su peritaje mediante declaración ante fedatario público sin

---

[10] En audiencia pública la Corte recibió las declaraciones de Patricio Fernando Roche Azaña y María Angelita Azaña Tenesaca.
[11] La Corte recibió las declaraciones rendidas ante fedatario público (*afidávit*) del testigo Rómulo Elogio Gutiérrez Pesantez y la perita Ximena del Carmen Pacheco Paredes propuestos por el representante.
[12] Los objetos de todas estas declaraciones se encuentran establecidos en la Resolución del entonces Presidente de la Corte Interamericana emitida el 6 de diciembre de 2019. Disponible en: http://www.corteidh.or.cr/docs/asuntos/roche_azana_6_12_19.pdf

solicitar el cambio de modalidad en el momento procesal oportuno. A la vista de lo anterior, y en aras de garantizar el pleno respeto al principio contradictorio, el debido proceso y el principio de igualdad de armas, mediante comunicación de 31 de enero de 2020, dicho peritaje fue declarado inadmisible.

20. Con respecto al peritaje del señor Pablo Ceriani propuesto por la Comisión, la Corte nota que el 28 de enero de 2020 la Comisión remitió dicho peritaje sin que constaran las respuestas a las preguntas sometidas por el Estado y oportunamente admitidas. Al respecto, el 3 de febrero de 2020 el Estado de Nicaragua remitió un escrito en virtud del cual solicitó que no fuera admitido dicho peritaje en tanto, según indicó, "no se realizó conforme el procedimiento contradictorio ordenado por este Tribunal". Sobre el particular, el 4 de febrero de 2020 la Comisión remitió dos escritos manifestando no haber recibido la comunicación por medio de la cual esta Corte trasladó las preguntas realizadas por el Estado. Sin embargo, la Corte constató que dicha comunicación sí fue transmitida a la Comisión sin que se generara algún tipo aviso de error de envío, razón por la cual, mediante comunicación de 20 de febrero de 2020, la Corte informó que no se daría nuevamente traslado a las preguntas formuladas por el Estado.

21. Considerando lo anterior, la Corte recuerda que el hecho de que se encuentre contemplado en el Reglamento la posibilidad de que las partes puedan formular preguntas por escrito a las personas ofrecidas como declarantes por la Comisión impone el deber correlativo de la parte que ofreció la declaración de coordinar y realizar las diligencias necesarias para que se trasladen las preguntas a las personas declarantes y se incluyan las respuestas respectivas[13]. Sin perjuicio de ello, este Tribunal considera que la no presentación de respuestas a las preguntas de la contraparte no afecta a la admisibilidad de una declaración y es un aspecto que, según los alcances de los silencios de un declarante, podría llegar a impactar en el peso probatorio que puede alcanzar una declaración o un peritaje, aspecto que corresponde valorar en el fondo del caso[14]. Por lo tanto, este Tribunal admite el referido peritaje.

V
HECHOS

22. En este capítulo, la Corte establecerá los hechos del caso con base en el marco fáctico sometido al conocimiento de la Corte por la Comisión Interamericana, en relación con (i) la muerte del señor Pedro Bacilio Roche Azaña y las lesiones sufridas por su hermano Patricio Fernando y (ii) el procedimiento judicial penal seguido contra los autores de los disparos proferidos a la furgoneta.

---

[13] *Cfr. Caso Díaz Peña Vs. Venezuela. Excepción Preliminar, Fondo, Reparaciones y Costas.* Sentencia de 26 de junio de 2012. Serie C No. 244, párr. 33.
[14] *Cfr. Caso Díaz Peña Vs. Venezuela, supra,* párr. 33, y *Caso Galindo Cárdenas y otros Vs. Perú. Excepciones Preliminares, Fondo, Reparaciones y Costas.* Sentencia de 2 de octubre de 2015. Serie C No. 301, párr. 89.

A. Muerte de Pedro Bacilio Roche Azaña y lesiones de Patricio Fernando Roche Azaña

23. Los hermanos Roche Azaña vivían junto con sus padres en la provincia de Azuay, cantón San Fernando, República de Ecuador[15]. Pedro Bacilio Roche Azaña tenía 20 años al momento de los hechos y su hermano Patricio Fernando Roche Azaña 22[16]. El 8 de abril de 1996 iniciaron un viaje con el objetivo de emigrar a los Estados Unidos de América. De la ciudad de Guayaquil viajaron hasta la República de Panamá, desde donde se trasladaron a Nicaragua.

24. El 14 de abril de 1996 los hermanos Roche Azaña llegaron a la capital del país, Managua, donde se reunieron con otras 30 personas migrantes, junto con quienes fueron transportados en una furgoneta a la ciudad de Chinandega[17]. La referida furgoneta tenía vidrios polarizados en la parte delantera y en las dos puertas delanteras, así como dos pequeñas ventanas en la parte trasera[18].

25. A las 20:00 horas aproximadamente, en la carretera en dirección a Chinandega, la furgoneta atravesó un primer retén policial, el cual tenía como objetivo interceptar vehículos que presuntamente introducían mercancía ilícita a Nicaragua[19]. El conductor de la furgoneta ignoró la señal de alto indicada por la patrulla y continuó con su marcha[20]. Lo mismo sucedió en un segundo retén, el cual se ubicó a tres kilómetros en dirección Somotillo. Ante dicho retén el conductor de la furgoneta hizo caso omiso a las señales de alto y lo atravesó "a exceso de velocidad"[21] por lo que, sin que hubiera orden previa para ello, algunos de los agentes realizaron varios disparos hacia dicha furgoneta. Sobre la realización de dichos disparos, el policía F.S.O.N. afirmó que realizó dos disparos al aire[22]. El agente R.J.S.O. señaló que hizo tres

---

[15] Informe de Fondo de la Comisión, No. 114/18, Caso 12.722, *Pedro Basilio Roche Azaña y Otro* – Nicaragua, de 5 de octubre de 2012, OEA/Ser.L/V/II.169, Doc. 131 (expediente de fondo, folio 10).
[16] *Cfr.* Certificado de nacimiento de Pedro Bacilio Roche Azaña (expediente de prueba, folio 2514), y Certificado de nacimiento de Patricio Fernando Roche Azaña (expediente de prueba, folio 2515).
[17] *Cfr.* Declaración *ad-inquerendum* realizada por el Juez Primero de Distrito del Crimen del Departamento de Chinandega a M.Q.P., de 3 de mayo de 1996 (expediente de prueba, folio 3203).
[18] *Cfr.* Declaración de J.F.G.C. ante la Policía Nacional, de 19 de abril de 1996 (expediente de prueba, folio 449); Declaración indagatoria de J.M.R.V. ante el Juez Primero de Distrito del Crimen de Chinandega, de 29 de abril de 1996 (expediente de prueba, folio 448), y Declaración de R.J.S.O. ante la Policía Nacional, de 21 de abril de 1996 (expediente de prueba, folio 2071).
[19] *Cfr.* Declaración de G.P.D ante la Policía Nacional, de 18 de abril de 1996 (expediente de prueba, folio 418), y Declaración indagatoria de J.M.R.V. ante el Juez Primero de Distrito del Crimen de Chinandega, de 29 de abril de 1996 (expediente de prueba, folio 2073).
[20] *Cfr.* Declaración indagatoria de S.A.V.B. ante el Juez Primero de Distrito del Crimen de Chinandega, de 29 de abril de 1996 (expediente de prueba, folio 1110), y declaración *ad-inquerendum* realizada por el Juez Primero de Distrito del Crimen del Departamento de Chinandega a N.D.S., de 3 de mayo de 1996 (expediente de prueba, folios 2488 a 2493).
[21] *Cfr.* Declaración de J.F.G.C. ante la Policía Nacional, de 19 de abril de 1996 (expediente de prueba, folio 448), y declaración de S.A.V.B. ante la Policía Nacional, de 21 de abril de 1996 (expediente de prueba, folio 479).
[22] *Cfr.* Declaración indagatoria de F.S.O.N ante el Juez Primero de Distrito del Crimen de Chinandega, de 29 de abril de 1996 (expediente de prueba, folio 1115), y Auto de segura y formal prisión, dictado por el Juzgado Primero de Distrito del Crimen, de 6 de mayo de 1996 (expediente de prueba, folio 3287).

disparos al aire[23]. Por su parte, el agente J.M.R.V. dijo haber realizado de 3 a 4 disparos en dirección a las llantas del extremo derecho del vehículo[24].

26. Un tercer retén se situó en el kilómetro 169 de la carretera en dirección a Chinandega[25]. En este tercer retén la furgoneta tampoco atendió a la solicitud de alto de los agentes estatales, por lo que el oficial de policía S.A.V.B. afirmó haber realizado un disparo al aire[26]. Según las declaraciones de agentes estatales que participaron en el operativo, la furgoneta circulaba aproximadamente a "unos 160 kilómetros por hora" y casi colisiona con la camioneta de los agentes[27]. A pesar del disparo, el conductor de la furgoneta continuó con su fuga. Agentes estatales intentaron perseguir a la furgoneta durante aproximadamente un kilómetro, tras el cual perdieron su rastro[28].

27. Como resultado de los disparos efectuados, al menos seis personas resultaron heridas, dentro de las que se encontraban los hermanos Roche Azaña[29]. En particular, Pedro Bacilio Roche Azaña recibió un impacto de bala en la cabeza[30], mientras que su hermano Patricio Fernando recibió dos impactos de bala, uno que le produjo la fractura de la cadera derecha y otro que impactó en su muslo derecho[31].

28. De acuerdo con el relato de quienes iban en la furgoneta, estos solicitaron de manera reiterada al conductor que parara el vehículo. No obstante lo anterior, el conductor continuó su marcha hacia Marimboro, donde se introdujo en un camino de tierra. Recorrió aproximadamente 9 kilómetros hasta llegar a Jucote, donde se detuvo y bajó a las personas migrantes para posteriormente él continuar con la fuga[32].

---

[23] *Cfr.* Declaración indagatoria de R.J.S.O. ante el Juez Primero de Distrito del Crimen de Chinandega, de 29 de abril de 1996 (expediente de prueba, folio 2068), y Auto de segura y formal prisión, dictado por el Juzgado Primero de Distrito del Crimen, de 6 de mayo de 1996 (expediente de prueba, folio 3285).

[24] *Cfr.* Declaración de J.M.R.V. ante la Policía Nacional, de 19 de abril de 1996 (expediente de prueba, folio 489).

[25] *Cfr.* Declaración de J.F.G.C. ante la Policía Nacional, de 19 de abril de 1996 (expediente de prueba, folio 448).

[26] *Cfr.* Declaración indagatoria de S.A.V.B. ante el Juez Primero de Distrito del Crimen de Chinandega, de 29 de abril de 1996 (expediente de prueba, folio 1110).

[27] *Cfr.* Declaración indagatoria de J.M.R.V. ante el Juez Primero de Distrito del Crimen de Chinandega, de 29 de abril de 1996 (expediente de prueba, folio 448), y declaración de A.J.V.G. ante la Policía Nacional, de 20 de abril de 1996 (expediente de prueba, folio 2704).

[28] *Cfr.* Declaración indagatoria de J.M.R.V. ante el Juez Primero de Distrito del Crimen de Chinandega, de 29 de abril de 1996 (expediente de prueba, folio 448); declaración de J.M.R.V. ante la Policía Nacional, de 19 de abril de 1996 (expediente de prueba, folio 448); declaración indagatoria de J.M.R.V. ante el Juez Primero de Distrito del Crimen de Chinandega, de 29 de abril de 1996 (expediente de prueba, folio 448), y declaración de F.S.O.N ante la Policía Nacional, de 21 de abril de 1996 (expediente de prueba, folio 483).

[29] Las personas que recibieron impactos de proyectil de arma de fuego fueron Pedro Bacilio Roche Azaña, Patricio Fernando Roche Azaña, M.Q.P., N.D.S., A.C.S. y M.C. *Cfr.* Auto de segura y formal prisión, dictado por el Juzgado Primero de Distrito del Crimen, de 6 de mayo de 1996 (expediente de prueba, folio 3291).

[30] *Cfr.* Primer dictamen médico sobre Pedro Bacilio Roche Azaña, Médico Forense de Chinandega, 15 de abril de 1996 (expediente de prueba, folio 396). Ver también, Segundo dictamen médico sobre Pedro Bacilio Roche Azaña, Médico Forense de Chinandega, de 18 de abril de 1996 (expediente de prueba, folio 398).

[31] *Cfr.* Dictamen médico sobre Patricio Fernando Roche Azaña, Médico Forense de Chinandega, de 18 de abril de 1996 (expediente de prueba, folio 400).

[32] *Cfr.* Declaración *ad-inquerendum* realizada por el Juez Primero de Distrito del Crimen del Departamento de Chinandega a N.D.S., de 3 de mayo de 1996 (expediente de prueba, folio 2489), y declaración *ad-inquerendum* realizada por el Juez Primero de Distrito del Crimen del Departamento de Chinandega a M.Q.P., de 30 de abril de 1996 (expediente de prueba, folio 3201).

29. Algunas de las personas se internaron en el monte[33] mientras otras se quedaron en el lugar y ayudaron a las personas heridas a llegar a una vivienda que se encontraba en las inmediaciones, en donde los vecinos del lugar les prestaron atención y apoyo[34]. Al día siguiente, las personas heridas fueron trasladadas a un centro de salud por los vecinos y, posteriormente, mediante una ambulancia al Hospital España[35].

30. Como consecuencia del disparo sufrido, el señor Pedro Bacilio Roche Azaña falleció alrededor de la medianoche del 15 de abril de 1996. Posteriormente, fue trasladado a la morgue del Hospital España y, finalmente, repatriado a su país de origen, Ecuador[36]. Por su parte, el señor Patricio Fernando Roche Azaña ingresó en el Hospital España el 15 de abril de 1996, donde fue operado de urgencia debido que sufría una perforación del piso pélvico y una perforación intestinal. Luego, fue ingresado en la unidad de cuidados intensivos, toda vez que existía un "peligro inminente de muerte"[37]. Debido al estado de gravedad de su salud y a la existencia de un hematoma isquiorrectal y perforación de colon, el 21 de abril de 1996 fue nuevamente intervenido quirúrgicamente para realizarle una colostomía[38]. El señor Roche Azaña estuvo dos meses en coma[39]. Transcurridos aproximadamente 7 meses desde su hospitalización, tras recuperarse de sus heridas, retornó a Ecuador, donde también tuvo que ser operado nuevamente como consecuencia de las heridas sufridas el 14 de abril de 1996[40].

---

[33] *Cfr.* Declaración de Juan Izquierdo Narváez ante la Policía Nacional, de 18 de abril de 1996 (expediente de prueba, folio 2087), y declaración de Rómulo Eulogio Gutiérrez Pezante, de 18 de abril de 1996 (expediente de prueba, folios 2338 y 2339).

[34] *Cfr.* Declaración de Patricio Fernando Roche Azaña en la Audiencia Pública celebrada ante esta Corte el 4 de febrero de 2020, declaración por *afidavit* de R.E.G.P., de 10 de e enero de 2020 (expediente de prueba, folio 3563), y declaración de H.M.C.R. ante la Policía Nacional, de 18 de abril de 1996 (expediente de prueba, folio 2341).

[35] *Cfr.* Declaración *ad-inquerendum* realizada por el Juez Primero de Distrito del Crimen del Departamento de Chinandega a M.Q.P., de 30 de abril de 1996 (expediente de prueba, folio 3200), y declaración *ad-inquerendum* realizada por el Juez Primero de Distrito del Crimen del Departamento de Chinandega a N.D.S., de 3 de mayo de 1996 (expediente de prueba, folio 2490). Ver también, declaración de Patricio Fernando Roche Azaña en la Audiencia Pública celebrada ante esta Corte el 4 de febrero de 2020.

[36] *Cfr.* Primer dictamen médico sobre Pedro Bacilio Roche Azaña, Médico Forense de Chinandega, de 15 de abril de 1996 (expediente de prueba, folio 396); Segundo dictamen médico sobre Pedro Bacilio Roche Azaña, Médico Forense de Chinandega, de 18 de abril de 1996 (expediente de prueba, folio 398); Procedimiento para preparación y preservación de cadáver, de 27 de abril de 1997 (expediente de prueba, folio 2203); declaración de Patricio Fernando Roche Azaña en la Audiencia Pública celebrada ante esta Corte el 4 de febrero de 2020, y declaración de María Angelita Azaña Tenesaca en la Audiencia Pública celebrada ante esta Corte el 4 de febrero de 2020.

[37] *Cfr.* Dictamen médico sobre Patricio Fernando Roche Azaña, Médico Forense de Chinandega, de 17 de abril de 1996 (expediente de prueba, folio 400); Dictamen médico sobre Patricio Fernando Roche Azaña, Médico Forense de Chinandega, de 26 de abril de 1996 (expediente de prueba, folio 1124).

[38] *Cfr.* Dictamen médico sobre Patricio Fernando Roche Azaña, Médico Forense de Chinandega, de 26 de abril de 1996 (expediente de prueba, folio 1124). Ver también, declaración de Patricio Fernando Roche Azaña en la Audiencia Pública celebrada ante esta Corte el 4 de febrero de 2020.

[39] *Cfr.* Declaración de Patricio Fernando Roche Azaña en la Audiencia Pública celebrada ante esta Corte el 4 de febrero de 2020.

[40] *Idem.*

B. Proceso penal seguido contra los agentes estatales que participaron en los hechos del 14 de abril de 1996

31. A raíz de estos hechos, el Procurador Auxiliar Penal de Justicia de Chinandega presentó un escrito de denuncia en contra tres efectivos militares, dos miembtos de la Policía Nacional y un policía voluntario como presuntos autores de los delitos de homicidio doloso en perjuicio de Pedro Bacilio Roche Azaña y lesiones dolosas en perjuicio de Patricio Fernando Roche Azaña, así como de otras cuatro personas[41]. El 20 de abril de 1996 los procesados fueron detenidos por la Policía Nacional[42].

32. El 30 de abril de 1996 el Juez Primero de Distrito del Crimen del Departamento de Chinandega (en adelante, "Juez Primero del Distrito del Crimen") acudió al Hospital España con el objeto de tomar declaración a las personas heridas como consecuencia de los hechos ocurridos el 14 de abril de 1996. El Juez acudió a la Unidad de Cuidados Intensivos a fin de tomarle declaración al señor Patricio Fernando Roche Azaña. No obstante, debido a la situación delicada de salud en la que se encontraba – según el Juez, en esos momentos "peligra[ba] la vida del mismo" – no se pudo tomar la declaración[43]. Asimismo, el Juez pudo tomar la declaración de otras dos personas que también resultaron heridas[44].

33. El 6 de mayo de 1996 el Juez Primero de Distrito del Crimen dictó auto de segura y formal prisión contra los procesados F.A.C.P., J.M.R.V., R.J.S.O., S.A.V.B., F.S.O.N. por considerarles culpables de los delitos de homicidio doloso y lesiones dolosas por los hechos acaecidos el 14 de abril de 1996, y absolvió al policía voluntario[45].

34. El 28 de agosto de 1998 la Sala de lo Criminal del Tribunal de Apelaciones, Región Occidental, resolvió confirmar el auto de segura y formal prisión contra todos los procesados, a excepción de F.A.C.P. sobre quien se dictó un auto de sobreseimiento[46].

---

[41] *Cfr.* Declaración de F.A.C.P. ante la Policía Nacional, de 19 de abril de 1996 (expediente de prueba, folio 2410); declaración indagatoria de J.M.R.V. ante el Juez Primero de Distrito del Crimen de Chinandega, de 29 de abril de 1996 (expediente de prueba, folio 2073); declaración indagatoria de R.J.S.O ante el Juez Primero de Distrito del Crimen de Chinandega, de 29 de abril de 1996 (expediente de prueba, folio 2066); declaración indagatoria de S.A.V.B. ante el Juez Primero de Distrito del Crimen de Chinandega, de 29 de abril de 1996 (expediente de prueba, folio 2419); declaración indagatoria de F.S.O.N. ante el Juez Primero de Distrito del Crimen de Chinandega, de 29 de abril de 1996 (expediente de prueba, folio 2414), y declaración indagatoria de J.R.P.S. ante el Juez Primero de Distrito del Crimen de Chinandega, de 25 de abril de 1996 (expediente de prueba, folio 2424). Las restantes personas parte del procedimiento fueron M.Q.P., N.D.S., A.C.S. y M.C.R. *Cfr.* Auto de segura y formal prisión, dictado por el Juzgado Primero de Distrito del Crimen, de 6 de mayo de 1996 (expediente de prueba, folio 3291).

[42] *Cfr.* Actas de detención de F.A.C.P., J.M.R.V., R.J.S.O., S.A.V.B., F.S.O.N. y J.R.P.S (expediente de prueba, folios 2744 a 2762).

[43] *Cfr.* Constancia realizada por el Juez Primero de Distrito del Crimen del Departamento de Chinandega, de 30 de abril de 1996 (expediente de prueba, folio 3199), y Auto de segura y formal prisión, dictado por el Juzgado Primero de Distrito del Crimen, de 6 de mayo de 1996 (expediente de prueba, folio 3291).

[44] *Cfr.* Declaración *ad-inquerendum* realizada por el Juez Primero de Distrito del Crimen del Departamento de Chinandega a M.Q.P., de 30 de abril de 1996 (expediente de prueba, folios 3200 a 3207), y Declaración *ad-inquerendum* realizada por el Juez Primero de Distrito del Crimen del Departamento de Chinandega a N.D.S., de 3 de mayo de 1996 (expediente de prueba, folios 2488 a 2493).

[45] *Cfr.* Auto de segura y formal prisión, dictado por el Juzgado Primero de Distrito del Crimen, de 6 de mayo de 1996 (expediente de prueba, folios 3279 a 3291).

[46] *Cfr.* Sentencia dictada por la Sala de lo Criminal del Tribunal de Apelaciones, de 28 de agosto de 1996 (expediente de prueba, folios 3365 a 3372).

35. De conformidad con lo establecido en el artículo 22 del Código Procesal Penal vigente al momento de los hechos, la causa fue sometida al conocimiento del Tribunal de Jurados[47]. Es por ello que, tras la elevación de la causa a plenario, se practicaron las pruebas pertinentes[48] y a continuación se produjo la integración del Tribunal de

---

[47] El referido artículo señala que "[L]os delitos comunes que merezcan pena más que correccional deberán ser sometidos al conocimiento del Tribunal de Jurados, quien emitirá su veredicto de íntima convicción, pronunciándose sobre la responsabilidad del procesado, declarándolo inocente o culpable. Con este veredicto, el Juez de Distrito dictará su sentencia absolviendo, o imponiendo la pena" (expediente de prueba, folio 3613).

[48] El expediente judicial constaba de numerosa diligencias de prueba, entre las que se destacan: la toma de 31 declaraciones de personas migrantes que iban en la furgoneta, las declaraciones de 8 testigos, las 21 declaraciones de agentes estatales que presenciaron los hechos, las 6 declaraciones de los procesados, informes sobre la inspección ocular del vehículo, dictámenes médicos sobre la muerte del señor Pedro Bacilio Roche Azaña y de las personas heridas, así como varios informes periciales balísticos, químicos y forenses sobre los hechos. *Cfr*. Declaraciones de: S.J.I. (expediente de prueba, folios 2086 a 2088); M.V.Q. (expediente de prueba, folio 2272); E.D.S. (expediente de prueba, folios 2273 a 2274); C.S.S. (expediente de prueba, folios 2275 a 2277); G.T.C. (expediente de prueba, folios 2278 a 2282); L.M.T.N. (expediente de prueba, folios 2283 2285); E.R.A.T. (expediente de prueba, folios 2286 a 2288); N.Q.F. (expediente de prueba, folios (2289 a 2291); M.I.Y.Q. (expediente de prueba, folios 2292 a 2294); J.M.P.R. (expediente de prueba, folios 2295 a 2297); R.H.P. (expediente de prueba, folio 2298); E.F.C.P. (expediente de prueba, folios 2299 a 2303); C.A.P. (expediente de prueba, folios 2304 a 2307); L.A.P.D. (expediente de prueba, folios 2308 a 2309); M.C.C.A. (expediente de prueba, folios 2310 a 2312); L.P.M. (expediente de prueba, folio 2313); T.C.P. (expediente de prueba, folio 2314); M.P.C.P. (expediente de prueba, folios 2315 a 2316); A.C.S. (expediente de prueba, folios 2317 a 2318); A.V.C. (expediente de prueba, folios 2319 a 2320); A.M.Y. (expediente de prueba, folios 232 a 2322; D.H.S.A. (expediente de prueba, folios 2323 a 2324); F.J.V.A. (expediente de prueba, folios 2325 a 2326); M.R.J.G. (expediente de prueba, folios 2327 a 2328); P.J.M.S. (expediente de prueba, folios 2329 a 2330); R.S.R. (expediente de prueba, folios 2331 a 2332); A.B.T. (expediente de prueba, folios 2333 a 2334); M.Q.P. (expediente de prueba, folios 2335 a 2336); Rómulo E.G.P. (expediente de prueba, folios 2337 a 2339); H.M.C.R. (expediente de prueba, folios 2340 a 2341); N.D.S. (expediente de prueba, folios 2192 a 2194); Declaraciones de: A.A.L.R. (expediente de prueba, folios 2343 a 2344); J.A.M.G. (expediente de prueba, folio 2346); R.M.M. (expediente de prueba, folio 2205); R.G.Z. (expediente de prueba, folio 2348); M.A.R.R. (expediente de prueba, folio 2207); J.R.C. (expediente de prueba, folio 2209); R.L.M. (expediente de prueba, folio 2211; R.I. (expediente de prueba, folios 2350 a 2351; Declaraciones de: G.P.D. (expediente de prueba, folio 2053); J.D.P.C. (expediente de prueba, folio 2353); A.J.V.G. (expediente de prueba, folios 2355 a 2357); F.A.C.P. (expediente de prueba, folios 2410 a 2412); C.A.A.L. (expediente de prueba, folios 2359 a 2360); I.M.R. (expediente de prueba, folios 2362 a 2363); R.J.V. (expediente de prueba, folios 2365 a 2366); M.R.R.P. (expediente de prueba, folios 2368 a 2370); J.A.S.L. (expediente de prueba, folios 2372 a 2373); M.A.S. (expediente de prueba, folios 2375 a 2376); S.O.R.A. (expediente de prueba, folios 2378 a 2380); J.E:M. (expediente de prueba, folios 2382 a 2383; J.A.M.D. (expediente de prueba, folios 2385 a 2386); W.A.R.S. (expediente de prueba, folios 2388 a 2389); J.F.G.C. (expediente de prueba, folios 2391 a 2394); R.R.G.H. (expediente de prueba, folios 2396 a 2397); W.J.N.R. (expediente de prueba, folios 2399 a 2400; E.H.L. (expediente de prueba, folio 2402); M.J.P.G. (expediente de prueba, folio 2404; E.M.V.R. (expediente de prueba, folio 2406); A.R.M. (expediente de prueba, folio 2408; Declaraciones de: J.C.P. (expediente de prueba, folios 2058 a 2064); F.S.O.N. (expediente de prueba, folios 2414 a 2417); R.J.S.O. (expediente de prueba, folios 2066 a 2071); S.A.V.B. (expediente de prueba, folios 2419 a 2422); J.M.R.V. (expediente de prueba, folios 2073 a 2079); J.R.P. (expediente de prueba, folios 2424 a 2429); Acta de inspección ocular en vehículo, de 18 de abril de 1996 (expediente de prueba, folio 2051); Primer dictamen médico sobre Pedro Bacilio Roche Azaña, Médico Forense de Chinandega, 15 de abril de 1996 (expediente de prueba, folio 396); Dictámenes médicos sobre: Patricio Roche Azaña (expediente de prueba, folio 2213); M.Q.P. (expediente de prueba, folio 2215); N.D.S. (expediente de prueba, folio 2217); A.C.S. (expediente de prueba, folio 2219); M.C.R. (expediente de prueba, folio 2221); Peritaje químico de huella de disparo (expediente de prueba, folios 2437 a 2438); Peritaje balístico 22 fusiles AK (expediente de prueba, folios 2240 a 2445); Peritaje químico de huella de disparo 12 fusiles AK (expediente de prueba, folios 2447 a 2448); Peritaje investigación química de metal 2450 a 2451); Peritaje de investigación química de pintura (expediente de prueba, folios 2453 a 2455); Peritaje huellas de disparo en armas de fuego 6 fusiles AK (expediente de prueba, folios 2457 a 2458); Peritaje balístico 6 fusiles AK (expediente de prueba, folios 2460 a 2463); Peritaje químico de huella de disparo 6 fusiles AK (expediente de prueba, folios 2465 a 2468); Peritaje químico de 14 fusiles AK

Jurados[49]. El 24 de febrero de 1997 el Juez Primero de Distrito del Crimen procedió a la desinsaculación de los diez miembros del jurado. Tras la primera elección, un miembro electo del jurado fue recusado por el abogado de uno de los procesados, razón por la cual fue sustituido por otra persona. Seguidamente, dicho juez designó al Juez Segundo de Distrito de lo Civil y Laboral para que formara parte del Tribunal de Jurados, fijando para ese mismo día la vista pública[50].

36. A las 14:00 horas del 24 de febrero de 1997 se procedió, en presencia del Procurador Auxiliar y los defensores de los procesados, a la verificación del Jurado. El juez escogió entre los jurados comparecientes a cuatro personas, quienes se unieron al juez designado para formar parte del Tribunal de Jurados. Dicha lista fue presentada a las partes en el juicio, otorgándoseles la oportunidad de recusar a alguno de los miembros si así lo estimaban necesario. Ni el Procurador Auxiliar ni los dos abogados defensores recusaron a ningún miembro del Jurado. Seguidamente se procedió a la juramentación de los integrantes del Tribunal de Jurados, se les "instaló en su cargo", y se les instruyó para que eligieran a un presidente y a un secretario. A continuación, el Juez Primero de Distrito del Crimen hizo entrega del expediente al presidente del Tribunal de Jurados[51].

37. A las 18:50 horas del mismo 24 de febrero el Tribunal de Jurados declaró a los procesados como inocentes de los delitos de homicidio doloso y lesiones dolosas[52]. A raíz de dicho veredicto absolutorio, el 27 de febrero de 1997 el Juzgado Primero de Distrito del Crimen de Chinandega absolvió a los procesados[53]. En particular, dicha decisión señaló lo siguiente:

> Habiendo sido declarados inocentes mediante veredicto dictado por el Honorable Tribunal de Jurados, que conoció de la presente causa se ABSUELVE a los procesados J.M.R.V., R.J.S.O., S.A.V.B. Y F.S.O.N. […] de ser autores de los delitos de HOMICIDIO DOLOSO Y LESIONES DOLOSAS cometidas en perjuicio de PEDRO BACILIO ROCHE AZAÑA, [PATRICIO FERNANDO ROCHE AZAÑA], M.Q.P., N.D.S., A.C.S. y M.C.R., […] y por el cual le[s] fuera impuesto auto de segura y formal prisión. Ordénese su inmediata libertad, oficiese a las autoridades del sistema penitenciario Nacional correspondiente para el cumplimiento de lo aquí resuelto[54].

38. El señor Patricio Fernando Roche Azaña y sus familiares fueron notificados por primera vez sobre la resolución judicial que absolvía a los procesados en el mes de

---

(expediente de prueba, folios 2470 a 2471); Peritaje balístico 14 fusiles AK (expediente de prueba, folios 2473 a 2474); Peritaje 5 casquillos (expediente de prueba, folios 2476 a 2479), y Peritaje pelo y sangre (expediente de prueba, folios 2481 a 2486).

[49] Alegato del Estado no objetado por el representante ni la Comisión. *Cfr.* Contestación del Estado (expediente de fondo, folio 157).

[50] *Cfr.* Acta de insaculación del jurado, de 24 de febrero de 1997 (expediente de prueba, folio 3468).

[51] *Cfr.* Acta de organización del jurado, de 24 de febrero de 1997 (expediente de prueba, folio 3471).

[52] *Cfr.* Veredicto del Tribunal de Jurados en la causa contra J.M.R.V., R.J.S.O., S.A.V.B. y F.S.O.N. (expediente de prueba, folio 3473).

[53] *Cfr.* Resolución del Juez Primero de Distrito del Crimen de Chinandega en virtud de la cual se absuelve a los procesados J.M.R.V., R.J.S.O., S.A.V.B. y F.S.O.N., de 27 de febrero de 1997 (expediente de prueba, folios 3479 a 3483).

[54] *Cfr.* Resolución del Juez Primero de Distrito del Crimen de Chinandega en virtud de la cual se absuelve a los procesados J.M.R.V., R.J.S.O., S.A.V.B. y F.S.O.N., de 27 de febrero de 1997 (expediente de prueba, folio 3482).

agosto de 1998, cuando la señora María Angelita Azaña Tenesaca, madre de los hermanos Roche Azaña, recibió informalmente por parte de un funcionario de la cancillería de Ecuador una copia de la sentencia dictada por el Tribunal de Jurados del Distrito del Crimen de Chinandega[55].

VI
FONDO

39. El presente caso se relaciona con la muerte del señor Pedro Bacilio Roche Azaña y las lesiones causadas a su hermano, Patricio Fernando Roche Azaña el 14 de abril de 1996, como consecuencia de los disparos proferidos por agentes estatales contra el vehículo en el que se transportaban y a bordo del cual pasaron tres controles migratorios, supuestamente sin que el conductor atendiera la voz de alto. Asimismo, el caso se relaciona con las alegadas falencias ocurridas en el marco del procedimiento penal que se siguió contra los agentes estatales que efectuaron los disparos.

40. Teniendo en cuenta los alegatos de las partes y la Comisión, en el presente caso la Corte examinará en primer lugar las circunstancias y manera en la que el señor Pedro Bacilio Roche Azaña falleció y su hermano Patricio Fernando Roche Azaña fue víctima de lesiones, así como el alcance de la responsabilidad internacional del Estado por estos hechos. A continuación, analizará la compatibilidad del procedimiento penal seguido contra las personas procesadas por dichos hechos con los estándares interamericanos relativos a los derechos a las garantías judiciales, protección judicial y acceso a la justicia.

VI-1
DERECHOS A LA VIDA Y A LA INTEGRIDAD PERSONAL, ASÍ COMO EL DEBER DE ADOPTAR DISPOSICIONES DE DERECHO INTERNO[56]

41. En el presente capítulo, la Corte examinará los alegatos relativos a la violación de los derechos a la vida e integridad personal de los hermanos Roche Azaña, como resultado de los disparos efectuados por agentes del Estado a la furgoneta en la que viajaban el 14 de abril de 1996.

A. ARGUMENTOS DE LAS PARTES Y DE LA COMISIÓN

A.1. Muerte de Pedro Bacilio Roche Azaña y lesiones causadas a Patricio Fernando Roche Azaña

42. La *Comisión* sostuvo que la muerte de Pedro Roche Azaña y las lesiones provocadas a Patricio Roche Azaña fueron producto del uso de la fuerza ilegítima y desproporcionada por parte de agentes del Estado. Alegó que, a pesar de que los agentes manifestaron haber realizado todos los disparos al aire o a las llantas del vehículo, de la inspección ocular del mismo se desprende que ningún disparo alcanzó las llantas del vehículo o al motor para poder detenerlo, sino que los disparos fueron

---

[55] *Cfr.* Declaración de Patricio Fernando Roche Azaña en la Audiencia Pública celebrada ante esta Corte el 4 de febrero de 2020, en la que indicó que no tuvo "ningún conocimiento del juicio", Informe de Fondo de la Comisión, no. 114/18, Caso 12.722, *Pedro Basilio Roche Azaña y Otro* – Nicaragua, de 5 de octubre de 2012, OEA/Ser.L/V/II.169, Doc. 131 (expediente de fondo, folios 14 y 21).

[56] Artículos 4, 5 y 2 de la Convención Americana sobre Derechos Humanos.

dirigidos hacia la parte superior del vehículo, impactando a las personas que se encontraban dentro de dicho vehículo. Añadió que, aún aceptando la versión de los agentes estatales sobre el empleo de medios menos lesivos para detener la camioneta, se debía evitar a toda costa el uso de armas mediante otro tipo de acciones preventivas, especialmente considerando que en la zona había un paso constante de mercadería ilegal y de tráfico de personas.

43. La Comisión indicó, además, que el uso de armas letales en controles policiales o migratorios siempre resultaría arbitrario y contrario a los principios de legalidad, absoluta necesidad y proporcionalidad cuando un vehículo se dé a la fuga, a menos que exista agresión o indicios de que esté en peligro la vida de alguna persona, cuestión que no sucedió en el presente caso. Resaltó que el solo argumento de evitar la fuga no satisface la exigencia de finalidad legítima o absoluta necesidad que autoriza el uso de la fuerza. Asimismo, en sus observaciones finales escritas, la Comisión añadió que los hechos tuvieron lugar en una zona fronteriza entre Nicaragua y Honduras, por lo que, si bien el operativo policial tenía el objetivo de verificar el tránsito ilícito de mercancías, los policías debían estar familiarizados con la zona y con el hecho de que por la misma había un tránsito constante de migrantes y de tráfico ilegal de personas. Según la Comisión, los agentes debieron haber estado suficientemente capacitados para enfrentar situaciones como las del presente caso y tener a su disposición mecanismos alternativos para detener un vehículo sin tener que realizar disparos.

44. Por todo lo anterior, la Comisión concluyó que el Estado nicaragüense es responsable por la violación de los derechos a la vida e integridad personal establecidos en los artículos 4.1 y 5.1 de la Convención Americana, en relación con las obligaciones establecidas en los artículos 1.1 y 2 del mismo instrumento.

45. El *representante* añadió que no medió razón alguna para que los agentes estatales procedieran a disparar de manera "indiscriminada" contra personas migrantes que iban totalmente desarmadas. Resaltó que, tras el paso del vehículo por el primer puesto de vigilancia, y previendo la ruta que iba a seguir, agentes de policía prepararon el "evento criminal", ubicándose a los costados de la vía para luego proceder a disparar de manera directa a la altura de los cuerpos de quienes viajaban en el vehículo. En los alegatos finales escritos, el representante destacó que el "ataque" a la furgoneta fue un acto planificado y coordinado con el objetivo de "asegurar el resultado". Según el representante, la policía dispuso de tiempo y espacio necesarios para poder realizar actos alternativos para detener el vehículo, como por ejemplo "colocar barricadas o interrumpir el paso en el mismo puente por donde cruzó" la furgoneta. Por otro lado, destacó que el tipo de arma utilizado por la policía fueron fusiles AK, esto es, armas de guerra que no deben ser portadas por la Policía Nacional, ya que dicho cuerpo tiene un objetivo preventivo, mas no bélico.

46. El *Estado* arguyó que el uso de la fuerza estuvo justificado y fue proporcional. En particular, indicó que el uso de las armas de fuego estuvo justificado debido a: (i) las altas horas de la noche en que acaecieron los hechos; (ii) el lugar despoblado donde ocurrió el incidente (fronterizo entre Nicaragua y Honduras); (iii) las características del vehículo de alto desplazamiento (cerrado y con vidrios polarizados) que iba a excesiva velocidad; (iv) el uso de luces altas para minimizar la capacidad de visión que permitiera identificar al conductor, así como el manejo temerario del conductor, y (v) la embestida a miembros de la policía y la fuga posterior. Indicó que lo anterior, valorado en su conjunto, ponía de manifiesto la negativa del conductor de la furgoneta de someterse a las señales de detención de los agentes estatales y revelaba

la puesta en peligro a la vida e integridad física de estos. Según el Estado, el vehículo se convirtió en un instrumento potencialmente mortal, considerando la combinación de velocidad, masa y potencia. Asimismo, el Estado añadió que en la investigación penal no se logró acreditar directa o indirectamente que las fuerzas policiales actuaron con pleno conocimiento de causa o con convencimiento de que en el vehículo que rehusó a detenerse se transportaban personas. En sus alegatos finales escritos, el Estado destacó que, según las diligencias de investigación policial y judicial realizadas a nivel interno, la conducta de los oficiales de policía intervinientes en el operativo no tuvo como finalidad un control migratorio, sino la interceptación de contrabando aduanero. Finalmente añadió que, frente a las circunstancias concretas del caso, los agentes de policía "minimizaron, en la medida de lo posible", el recurso a la fuerza letal.

A.2. Deber de adoptar disposiciones de derecho interno

47. La *Comisión* indicó que, al momento de los hechos, aún no se encontraba vigente en Nicaragua la Ley Orgánica de la Policía Nacional, publicada el 28 de agosto de 1996. Precisó que, al momento de los hechos, la función y organización de la Policía Nacional se regulaba a través del Decreto Ejecutivo No. 45-92, el cual establecía que el empleo de las armas se utilizaría únicamente en situaciones en que existiera un riesgo racionalmente grave para su vida, integridad física o de terceras personas, o cuando pudiera suponer un grave riesgo para el orden público. Agregó que, no obstante dicha regulación, el Estado no había demostrado que al momento de los hechos existiera una reglamentación clara con una política de prevención para el uso de la fuerza de conformidad con sus obligaciones internacionales en la materia. Añadió que no constaba en el expediente información con respecto a la existencia de protocolos de supervisión o de control de operativos para usar válidamente la fuerza.

48. El *representante* se adhirió a los alegatos de la Comisión.

49. El *Estado* indicó que el marco jurídico de la actuación policial estaba regulado por: (i) los artículos 97 y 144 de la Constitución Política; (ii) la Ley No. 144, "Ley de Funciones de la Policía Nacional en materia de Auxilio Judicial", publicada el 25 de marzo de 1992; (iii) el Decreto No. 45-92 "Ley Orgánica de la Policía Nacional", publicado el 7 de septiembre de 1992; (iv) el Código de conducta para funcionario encargados de hacer cumplir la ley, y (v) la Resolución No. 169/34 de la Asamblea General de las Naciones Unidas.

B. CONSIDERACIONES DE LA CORTE

50. A continuación, la Corte analizará los hechos del presente caso a la luz de lo expresado en su jurisprudencia constante sobre los derechos a la vida e integridad personal en relación con las obligaciones de respeto y garantía[57] y de adoptar disposiciones de derecho interno en materia de uso de la fuerza[58], a fin de pronunciarse sobre la alegada violación de los referidos derechos. La Corte no analizará la eventual violación de los artículos 22.1, 22.4 y 24 de la Convención

---

[57] *Cfr. Caso de los "Niños de la Calle" (Villagrán Morales y otros) Vs. Guatemala. Fondo.* Sentencia de 19 de noviembre de 1999. Serie C No. 63, párr. 144, y *Caso Uzcátegui y otros Vs. Venezuela. Fondo y Reparaciones.* Sentencia de 3 de septiembre de 2012. Serie C No. 249, párr. 132.
[58] *Cfr. Caso Zambrano Vélez y otros Vs. Ecuador. Fondo, Reparaciones y Costas.* Sentencia de 4 de julio de 2007. Serie C No. 166, párrs. 67 y sig., y *Caso Uzcátegui y otros Vs. Venezuela, supra,* párr. 132.

Americana alegada por el representante, por cuanto no se presentaron argumentos y elementos probatorios que fundamentaran y acreditaran las violaciones indicadas.

51. La Corte advierte que no existe controversia con respecto al hecho de que el 14 de abril de 1996, aproximadamente sobre las 20:00 horas, agentes estatales (miembros de la Policía Nacional y al menos un militar) realizaron varios disparos hacia una furgoneta con el objeto de detenerla, ya que esta previamente no se había detenido en un primer retén instalado a los efectos de realizar actividades de control de mercancías.

52. La Corte observa que tampoco existe controversia con respecto al hecho de que, como resultado de los disparos efectuados por agentes estatales, al menos seis personas resultaron heridas y una de ellas falleció[59]. En particular, y en lo que respecta a las víctimas del presente caso, Pedro Bacilio Roche Azaña recibió un impacto de bala en la cabeza que le ocasionó la muerte[60], mientras que Patricio Fernando recibió dos impactos de bala, uno en la cadera derecha y otro que impactó en su muslo derecho[61], a raíz de los cuales sufre importantes secuelas al día de hoy[62].

53. La cuestión estriba, por tanto, en valorar si el uso de la fuerza a la hora de intentar interceptar la furgoneta se realizó conforme a los estándares interamericanos en la materia. En este sentido, la Corte recuerda que el uso de la fuerza por parte de los cuerpos de seguridad estatales debe estar definido por la excepcionalidad, y debe ser planeado y limitado proporcionalmente por las autoridades. El Tribunal ha estimado que sólo podrá hacerse uso de la fuerza o de instrumentos de coerción cuando se hayan agotado y hayan fracasado todos los demás medios de control[63]. En los casos en los que resulte imperioso el uso de la fuerza, ésta debe realizarse en armonía con los principios de legalidad, finalidad legítima, absoluta necesidad y proporcionalidad:

i. Legalidad: El uso excepcional de la fuerza debe estar formulado por ley y debe existir un marco regulatorio para su utilización[64].

ii. Finalidad legítima: el uso de la fuerza debe estar dirigido a lograr un objetivo legítimo[65].

---

[59] Las personas que recibieron impactos de proyectil de arma de fuego fueron Pedro Bacilio Roche Azaña, Patricio Fernando Roche Azaña, M.Q.P., N.D.S., A.C.S. y M.C. *Cfr.* Auto de segura y formal prisión, dictado por el Juzgado Primero de Distrito del Crimen, de 6 de mayo de 1996 (expediente de prueba, folio 3291).

[60] *Cfr.* Primer dictamen médico sobre Pedro Bacilio Roche Azaña, Médico Forense de Chinandega, 15 de abril de 1996 (expediente de prueba, folio 396). Ver también, Segundo dictamen médico sobre Pedro Bacilio Roche Azaña, Médico Forense de Chinandega, de 18 de abril de 1996 (expediente de prueba, folio 398).

[61] *Cfr.* Dictamen médico sobre Patricio Fernando Roche Azaña, Médico Forense de Chinandega, de 18 de abril de 1996 (expediente de prueba, folio 400).

[62] *Cfr.* Declaración de Patricio Fernando Roche Azaña en la Audiencia Pública celebrada ante esta Corte el 4 de febrero de 2020,

[63] *Cfr. Caso Montero Aranguren y otros (Retén de Catia) Vs. Venezuela. Excepción Preliminar, Fondo, Reparaciones y Costas.* Sentencia de 5 de julio de 2006. Serie C No. 150, párr. 67, y *Caso Familia Barrios Vs. Venezuela. Fondo, Reparaciones y Costas.* Sentencia de 24 de noviembre de 2011. Serie C No. 237, párr. 49.

[64] *Cfr. Caso Nadege Dorzema y otros Vs. República Dominicana. Fondo, Reparaciones y Costas.* Sentencia de 24 de octubre de 2012. Serie C No. 251, párr. 85, y *Caso Díaz Loreto y otros Vs. Venezuela. Excepciones Preliminares, Fondo, Reparaciones y Costas.* Sentencia de 19 de noviembre de 2019. Serie C No. 392, párr. 63.

[65] *Cfr. Caso Hermanos Landaeta Mejías y otros Vs. Venezuela. Excepciones Preliminares, Fondo, Reparaciones y Costas.* Sentencia de 27 de agosto de 2014. Serie C No. 28, párr. 134, y *Caso Díaz Loreto y otros Vs. Venezuela, supra,* párr. 63.

iii. Absoluta necesidad: es preciso verificar si existen otros medios disponibles menos lesivos para tutelar la vida e integridad de la persona o situación que se pretende proteger, de conformidad con las circunstancias del caso[66]. En un mayor grado de excepcionalidad se ubica el uso de la fuerza letal y las armas de fuego por parte de agentes de seguridad estatales contra las personas, el cual debe estar prohibido como regla general. Su uso excepcional deberá ser interpretado restrictivamente de manera que sea minimizado en toda circunstancia, no siendo más que el "absolutamente necesario" en relación con la fuerza o amenaza que se pretende repeler[67].

iv. Proporcionalidad: el nivel de fuerza utilizado debe ser acorde con el nivel de resistencia ofrecido[68], lo cual implica un equilibrio entre la situación a la que se enfrenta el funcionario y su respuesta, considerando el daño potencial que podría ser ocasionado. Así, los agentes deben aplicar un criterio de uso diferenciado de la fuerza, determinando el grado de cooperación, resistencia o agresión de parte del sujeto al cual se pretende intervenir y, con ello, emplear tácticas de negociación, control o uso de fuerza, según corresponda[69]. Para determinar la proporcionalidad del uso de la fuerza, debe evaluarse la gravedad de la situación que enfrenta el funcionario. Para ello, se debe considerar, entre otras circunstancias: la intensidad y peligrosidad de la amenaza; la forma de proceder del individuo; las condiciones del entorno, y los medios de los que disponga el funcionario para abordar una situación específica[70].

54. En cuanto al primer requisito -*legalidad*-, el Estado alegó que el marco jurídico de la actuación estatal estaba regulado, en primer lugar, por los artículos 97 y 144 de la Constitución Política[71]. Asimismo, el Estado subrayó que dicho marco jurídico también estaba regulado por la Ley No. 144, "Ley de Funciones de la Policía

---

[66] *Cfr. Caso Montero Aranguren y otros (Retén de Catia) Vs. Venezuela, supra,* párrs. 67 a 68; *Caso Nadege Dorzema y otros Vs. República Dominicana, supra,* párr. 85 y *Caso Hermanos Landaeta Mejías y otros Vs. Venezuela, supra,* párr. 134. Ver también, Principios Básicos sobre el Empleo de la Fuerza y de las Armas de Fuego por los Funcionarios Encargados de Cumplir la Ley (en adelante, *"Principios Básicos sobre el Empleo de la Fuerza"),* adoptados por el Octavo Congreso de las Naciones Unidas sobre Prevención del Delito y Tratamiento del Delincuente celebrado en La Habana, Cuba, del 27 de agosto al 7 de septiembre de 1990, Principio No. 4.
[67] *Cfr. Caso Montero Aranguren y otros (Retén de Catia) Vs. Venezuela, supra,* párr. 68, y *Caso Zambrano Vélez y otros Vs. Ecuador, supra,* párr. 84.
[68] *Cfr. inter alia, Caso Zambrano Vélez y otros Vs. Ecuador, supra,* párr. 85; *Caso Nadege Dorzema y otros Vs. República Dominicana, supra,* párr. 85(iii), y *Caso Hermanos Landaeta Mejías y otros Vs. Venezuela, supra,* párr, 134. Ver también, *Principios básicos sobre el empleo de la fuerza, supra,* Principios No. 5 y 9.
[69] *Cfr. Caso Nadege Dorzema y otros Vs. República Dominicana, supra,* párr. 85(iii), y *Caso Hermanos Landaeta Mejías y otros Vs. Venezuela, supra,* párr. 134. Ver también, *Principios básicos sobre el empleo de la fuerza,* Principios No. 2, 4, 5 y 9.
[70] *Cfr. Caso Hermanos Landaeta Mejías y otros Vs. Venezuela, supra,* párr. 136.
[71] Dichos artículos disponen lo siguiente:
Artículo 97. La Policía Nacional es un cuerpo armado de naturaleza civil. Tiene por misión garantizar el orden interno, la seguridad de los ciudadanos, la prevención y persecución del delito y los demás que le señale la ley. La Policía Nacional es profesional, apolítica, apartidista, obediente y no deliberante. La Policía Nacional se regirá en estricto apego a la Constitución Política, a la que guardará en estricto apego a la Constitución Política, a la que guardará respeto y obediencia. Estará sometida a la autoridad civil que será ejercida a través del ministerio correspondiente.
Artículo 144. El Poder Ejecutivo lo ejerce el Presidente de la República, quien es Jefe de Estado, Jefe de Gobierno y Jefe Supremo del Ejército de Nicaragua.

Nacional en materia de Auxilio Judicial", publicada el 25 de marzo de 1992[72]; el Decreto No. 45-92 "Ley Orgánica de la Policía Nacional", publicada el 7 de septiembre de 1992[73]; el Código de conducta para funcionario encargados de hacer cumplir la ley, y la Resolución 169/34 de la Asamblea General de las Naciones Unidas[74].

55. La Corte recuerda que los Estados deben crear un marco normativo adecuado que disuada cualquier amenaza del derecho a la vida. De allí que la legislación interna debe establecer pautas lo suficientemente claras para la utilización de fuerza letal y armas de fuego por parte de los agentes estatales[75]. La Corte advierte que, ni las disposiciones de la Constitución referidas por el Estado, ni la "Ley de Funciones de la Policía Nacional en materia de Auxilio Judicial" contenían regulación específica alguna con respecto al uso de la fuerza.

56. Con respecto al Decreto No. 45-92 "Ley Orgánica de la Policía Nacional", la Corte observa que dicha normativa contenía una única cláusula de carácter general con respecto al uso de las armas, indicando que éste debía regirse por los principios de congruencia, oportunidad y proporcionalidad y que sólo podía ser ejercido "en las situaciones en que exista un riesgo racionalmente grave para su vida [de los miembros de la Policía Nacional], su integridad física o las de terceras personas; o en aquellas circunstancias que puedan suponer un grave riesgo para el orden público"[76]. A este

---

[72] Disponible en: https://web.oas.org/mla/en/G_Countries_MLA/Nica_ajm_leg_esp_2.pdf

[73] Disponible en: http://legislacion.asamblea.gob.ni/normaweb.nsf/($All)/ 5622C7C6B447C28A062570A 10057D770?OpenDocument. El artículo 12 estipula lo siguiente:
4.a) En el ejercicio de su actuación profesional, evitar cualquier actitud que implique abuso, arbitrariedad o discriminación, así como cualquier acto de violencia física o moral;
4.c) En el ejercicio de sus funciones deberán actuar con la decisión necesaria, y sin demora cuando de ello dependa evitar un daño grave inmediato e irreparable; rigiéndose al hacerlo por los principios de congruencia, oportunidad y proporcionalidad en la utilización de los medios a su alcance.
5) Empleo de las armas. Solamente las utilizarán en las situaciones en que exista un riesgo racionalmente grave para su vida, su integridad física o las de terceras personas; o en aquellas circunstancias que puedan suponer un grave riesgo para el orden público y de conformidad con los principios a que se refiere en el apartado 4, párrafo c) de este artículo.

[74] Código de conducta para funcionarios encargados de hacer cumplir la ley, Adoptado por la Asamblea General en su Resolución 34/169, de 17 de diciembre de 1979, disponible en: https://www.ohchr.org/SP/ProfessionalInterest/Pages/LawEnforcementOfficials.aspx

[75] Cfr. Caso Montero Aranguren y otros (Retén de Catia) Vs. Venezuela, supra, párr. 75.

[76] Artículo 12. La actuación y eficacia de los miembros de la Policía Nacional se adecuará a los siguientes principios básicos:
1) Respeto absoluto a la Constitución y las Leyes de la República. La obediencia debida, en ningún caso podrá amparar órdenes o acciones que entrañen la ejecución de actos que manifiestamente constituyan delito o sean contrarios a las Leyes;
[…]
4) Relaciones con la Comunidad. Singularmente:
a) En el ejercicio de su actuación profesional, evitar cualquier actitud que implique abuso, arbitrariedad o discriminación, así como cualquier acto de violencia física o moral;
b) Observar en todo momento un trato correcto y esmerado en sus relaciones con los ciudadanos a quienes procurará auxiliar y proteger, siempre que las circunstancias lo aconsejen o fueren requeridos para ello. […];
c) En el ejercicio de sus funciones deberán actuar con la decisión necesaria, y sin demora cuando de ello dependa evitar un daño grave inmediato e irreparable; rigiéndose al hacerlo por los principios de congruencia, oportunidad y proporcionalidad en la utilización de los medios a su alcance.
5) Empleo de las armas. Solamente las utilizarán en las situaciones en que exista un riesgo racionalmente grave para su vida, su integridad física o las de terceras personas; o en aquellas circunstancias que puedan suponer un grave riesgo para el orden público y de conformidad con los principios a que se refiere en el apartado 4, párrafo c) de este artículo.

respecto, la Corte nota que la formulación "circunstancias que puedan suponer un grave riesgo para el orden público" contiene una redacción ampliamente vaga que puede abrir la puerta a un alto margen de discrecionalidad en la interpretación de dicho supuesto habilitante, máxime cuando no consta en el acervo probatorio ningún tipo de reglamentación adicional que especificara este tipo de situaciones. Además, el Tribunal considera que el uso de la fuerza debe ser regulado en el marco de un sistema que provea garantías efectivas contra un uso arbitrario y excesivo de la misma[77], cuestión que no sucedió en el presente caso.

57. Por otro lado, con relación a los efectos de la señalada la Resolución 169/34 de la Asamblea General de las Naciones Unidas, la Corte advierte que el efecto vinculante de las Resoluciones dictadas por la Asamblea General se encuentra limitado y, como regla general, poseen un carácter recomendatorio[78]. Por último, con respecto al "Código de conducta para funcionario encargados de hacer cumplir la ley" alegado por el Estado, la Corte nota que el mismo no fue aportado por el Estado y, por tanto, no puede ser evaluado por este Tribunal. Asimismo, la Corte también observa que en el operativo en el que resultó muerto el señor Pedro Bacilio Roche Azaña y su hermano Patricio Fernando también participaron militares y miembros de la policía voluntaria (*supra* párr. 31). El Estado no ha alegado ni desplegado ningún tipo de actividad probatoria con respecto a la regulación específica del uso de la fuerza de dichos cuerpos de seguridad.

58. A la vista de todo lo anterior, la Corte considera que en el presente caso no se cumplió con el requisito de legalidad. Además, lo anterior también implica que el Estado no cumplió con su obligación de garantizar los derechos a la vida y a la integridad personal mediante una adecuada legislación sobre el uso de la fuerza, lo cual supuso una violación del artículo 2 de la Convención Americana.

59. Sin perjuicio de lo determinado en los párrafos anteriores, la Corte estima necesario, en el presente caso, continuar con el análisis del uso de la fuerza ejercido y su cumplimiento con los restantes requisitos.

60. Así, con respecto al segundo requisito, la Corte señala, con carácter previo, que en este apartado se analizará la *finalidad legítima* perseguida con el uso de la fuerza, destacando que, en principio, no todo uso de la fuerza implica necesariamente el uso de armas de fuego. Efectivamente, los agentes y fuerzas de seguridad del Estado pueden recurrir al uso de la fuerza para multitud de situaciones en las que no es necesario el uso de armas de fuego, tal y como puede suceder al detener a una persona en virtud de orden judicial, para evitar la comisión de un delito o por la comisión de un delito flagrante; o, por ejemplo, para mantener el orden público en actos de naturaleza pública donde haya congregación de personas y garantizar así su seguridad. Es por ello que en el presente apartado se analizará la existencia o no de una finalidad legítima con respecto al uso de la fuerza en términos generales. El tipo y forma de fuerza utilizada será objeto de análisis en los apartados de necesidad y proporcionalidad. Realizada tal aclaración, la Corte advierte que, de conformidad con la prueba obrante en el presente caso, se desprende que la finalidad de los disparos

---

[77] Ver, *mutatis mutandis*, TEDH, *Case of Makaratzis v. Greece* (GS), no. 50385/99, Sentencia de 20 de diciembre de 2004, párr.58, y *Case of Hilda Hafsteinsdóttir v. Iceland*, no. 40905/98, Sentencia de 8 de junio de 2004, párr. 56.
[78] *Cfr.* Corte Internacional de Justicia, *Cases South West Africa (Ethiopia v. South Africa; Liberia v. South Africa), Second Phase*. Sentencia de 18 de julio de 1966, párr. 98. Ver también, Divac Öberg, Marko, "The Legal Effects of Resolutions of the UN Security Council and the General Assembly in the Jurisprudence of the ICJ", The European Journal of International Law Vol. 16 no. 5, págs. 883 y 884.

efectuados por los agentes estatales fue ocasionar intencionalmente un daño, tanto a la furgoneta como, sobre todo, a las personas que iban en su interior. Así, si bien el Estado alegó que sus agentes desconocían que la furgoneta transportaba personas, lo cierto es que no existió ningún elemento que pudiera descartar con certeza la presencia de personas al interior del vehículo, máxime cuando la referida furgoneta transitaba por una zona transfronteriza la cual, por su propia naturaleza, se caracteriza por la posible presencia de personas migrantes o en necesidad de protección internacional. Aunado a ello se une el hecho de que, una vez que la furgoneta atravesó el primer retén, agentes estatales procedieron a avisar a los miembros del segundo retén de la inminente llegada de la furgoneta y, cuando esta atravesó a gran velocidad este segundo retén, los agentes estatales efectuaron al menos ocho disparos contra la misma. Cabe entender, por tanto, que la finalidad de la acción estatal no fue legítima, puesto que tuvo como resultado la muerte del señor Pedro Bacilio Roche Azaña, las graves heridas causadas a su hermano Patricio Fernando, así como las heridas ocasionadas a cuatro personas más.

61. En lo que respecta a la *necesidad* de los medios utilizados, la Corte nota en primer lugar que, una vez que la furgoneta decidió no detenerse en el primer retén, los agentes del Estado procedieron a señalizar los siguientes retenes con el objetivo de detener la referida furgoneta[79]. A estos efectos, los agentes decidieron colocar una patrulla en la parte frontal para evitar el paso[80] y se colocaron a los costados[81] y en el centro de la carretera[82] a la espera de que la furgoneta atravesara el correspondiente retén. Cuando la furgoneta se aproximaba a los retenes, los agentes, quienes portaban chaleco, silbato y lámpara vial[83], utilizaron sus señales luminosas y sonoras con el objetivo de que la furgoneta parase[84]. En el presente caso quedó acreditado que, ante la negativa por parte del conductor de la furgoneta de atender a las reiteradas señales realizadas por los agentes estatales se procedió seguidamente a efectuar varios disparos contra la misma.

62. La Corte resalta que, más allá de las señales luminosas y sonoras realizadas por los agentes estatales, el Estado no demostró que el uso de las armas de fuego era necesario para alcanzar el objetivo perseguido. El Tribunal recuerda que no se puede concluir que quede acreditado el requisito de "absoluta necesidad" para utilizar la fuerza contra personas, cuando estas no representan un peligro directo, "inclusive cuando la falta del uso de la fuerza resultare en la pérdida de la oportunidad de captura"[85]. Así, a pesar de que se colocara una patrulla para obstaculizar el paso del vehículo, lo cierto es que la furgoneta atravesó los retenes a gran velocidad sin que

---

[79] *Cfr.* Declaración de J.M.R.V. ante la Policía Nacional, de 19 de abril de 1996 (expediente de prueba, folio 488).

[80] *Cfr.* Declaración indagatoria de F.A.C.P. ante el Juez Primero de Distrito del Crimen de Chinandega, de 29 de abril de 1996 (expediente de prueba, folio 1132).

[81] Declaración indagatoria de R.J.S.O. ante la Policía Nacional, de 29 de abril de 1996 (expediente de prueba, folio 2068), Declaración indagatoria de F.A.C.P. ante el Juez Primero de Distrito del Crimen de Chinandega, de 29 de abril de 1996 (expediente de prueba, folio 2063).

[82] *Cfr.* Declaración de J.M.R.V. ante la Policía Nacional, de 19 de abril de 1996 (expediente de prueba, folio 488).

[83] *Cfr.* Auto de segura y formal prisión, dictado por el Juzgado Primero de Distrito del Crimen, de 6 de mayo de 1996 (expediente de prueba, folio 3284).

[84] *Cfr.* Declaración *ad-inquerendum* realizada por el Juez Primero de Distrito del Crimen del Departamento de Chinandega a M.Q.P., de 30 de abril de 1996 (expediente de prueba, folios 3200 y 3204).

[85] *Cfr. Caso Nadege Dorzema y otros Vs. República Dominicana, supra*, párr. 85(ii), y TEDH, *Caso Kakoulli v. Turquía*, no. 38595/97. Sentencia de 22 de noviembre de 2005, párr. 108.

dichos mecanismos de obstaculización causaran algún efecto. La Corte nota, además, que a la deficiente colocación de elementos para impedir el paso de la furgoneta, se unió la ausencia del uso de otros medios menos lesivos, como lo podrían ser los reductores de velocidad o poncha llantas. En suma, la Corte observa que en el presente caso se pudieron emplear medios menos lesivos para detener la furgoneta y, por tanto, no se cumplió con el requisito de necesidad.

63. En cuanto al análisis de *proporcionalidad*, la Corte ya ha considerado que durante el desarrollo de un evento de despliegue de la autoridad, los agentes estatales, en la medida de lo posible, deben realizar una evaluación de la situación y un plan de acción previo a su intervención[86], todo ello con el objetivo de minimizar el uso de la fuerza y las fatalidades que se pudieran presentar[87].

64. En primer término, la Corte reitera que el lugar en el que se estableció el dispositivo de control era próximo a una zona fronteriza internacional. En este sentido, es importante recalcar que el respeto a los derechos humanos debe constituir el núcleo de todas las medidas de protección de fronteras[88]. Por tanto, el Tribunal considera que los agentes estatales debieron tener en cuenta estas circunstancias al emplear el uso de la fuerza, sobre todo en razón de que no se podía visualizar hacia adentro de la furgoneta para descartar la posibilidad real de que transportara personas y que éstas estuvieran en una situación de particular riesgo.

65. Por otro lado, la Corte estima necesario analizar la forma, dirección y tipo de arma con la que se realizaron los disparos. La Corte advierte, con carácter previo, que los retenes estatales estaban conformados por miembros de la Policía Nacional, militares y al menos un policía voluntario[89]. En este sentido, el Tribunal recuerda que en el *Caso Montero Aranguren y otros Vs. Venezuela* estableció que, si bien los Estados partes de la Convención podrían desplegar a las fuerzas armadas para desempeñar tareas ajenas a las propiamente relacionadas con conflictos armados, dicho empleo debe limitarse al máximo y responder a criterios de estricta excepcionalidad para enfrentar situaciones de criminalidad o violencia interna, dado que el entrenamiento que reciben las fuerzas militares está dirigido a derrotar al enemigo y no a la protección y control de civiles, entrenamiento que es propio de los entes policiales[90].

66. El Tribunal recuerda que, una vez constatado que la furgoneta no iba a atender a las señales de alto realizadas por los agentes estatales, estos procedieron a realizar disparos contra la misma. La Corte destaca que dichos disparos se realizaron de

---

[86] *Cfr*. Principios Básicos sobre el Empleo de la Fuerza y de Armas de Fuego por los Funcionarios Encargados de Hacer Cumplir la Ley, *supra*, Principio no. 9.
[87] *Cfr. Caso Nadege Dorzema y otros Vs. República Dominicana*, *supra*, párr. 88.
[88] *Cfr*. ACNUDH, Principios y Directrices recomendados sobre los derechos humanos en las fronteras internacionales, Principio no. 2.
[89] *Cfr*. Auto de segura y formal prisión, dictado por el Juzgado Primero de Distrito del Crimen, de 6 de mayo de 1996 (expediente de prueba, folio 3289).
[90] *Cfr. Caso Montero Aranguren y otros (Retén de Catia) Vs. Venezuela*, *supra*, párr. 78, y *Caso Alvarado Espinoza y otros Vs. México. Fondo, Reparaciones y Costas*. Sentencia de 28 de noviembre de 2018. Serie C No. 370, párr. 179. En este mismo sentido, el Relator Especial sobre las Ejecuciones Extrajudiciales, Sumarias o Arbitrarias de la ONU, tras su vista a México manifestó: "[…] [E]s bien sabido que, en cualquier país, a los soldados que realizan labores policiales les cuesta mucho renunciar al paradigma militar […] el principal objetivo de un cuerpo militar es someter al enemigo valiéndose de la superioridad de su fuerza". *Cfr*. ONU. Consejo de Derechos Humanos, *Informe del Relator especial sobre las ejecuciones extrajudiciales, sumarias o arbitrarias, Christof Heyns*, A/HCR/26/36/Add.1, 28 de abril de 2014, párr. 21.

manera descoordinada, sin que existiera una orden expresa superior para ello[91]. Asimismo, según lo declarado por los agentes estatales que efectuaron los disparos, estos se realizaron bien "al aire", bien hacia las llantas. No obstante, dichas declaraciones chocan de plano con la prueba obrante en el expediente. Así, de la inspección ocular del vehículo se puede observar que el mismo presentaba seis orificios de bala. Un orificio de entrada se situó a una altura de "un metro treinta centímetros del borde superior" de la furgoneta; un segundo orificio en el costado izquierdo, a una altura de "un metro cuarenta y un centímetros del borde superior"; el tercer orificio en la parte superior trasera, a una altura de "un metro diez centímetros del borde del *bumper* trasero", un cuarto orificio en la rueda delantera derecha, un quinto orificio en la parte trasera, a "un metro de altura", así como un sexto orificio ubicado "a un metro diez centímetros [sobre] el primer orificio"[92]. La Corte subraya que los orificios que impactaron en la furgoneta, salvo uno de ellos, figuran en la parte superior de la misma, por lo que los disparos no iban dirigidos a las llantas del vehículo[93]. A lo anterior se añade lo señalado por dos personas que se encontraban en la parte delantera del vehículo, quienes presenciaron cómo algunos de los disparos se dirigieron directamente a la parte frontal de la furgoneta[94].

67. Además, llama también la atención de esta Corte la observación realizada por el Juzgado Primero de Distrito del Crimen, el cual en el auto de segura y formal prisión de 6 de mayo de 1996 señaló que la furgoneta "presenta[ba] señales de habérsele pasado algún material de pintura (masilla) para evadir presunciones de culpabilidad de parte de los [en aquel momento] procesados"[95].

68. Por último, resulta asimismo llamativo que las armas utilizadas fueron armas tipo AK, esto es, armas de guerra[96]. De hecho, la muerte de Pedro Bacilio Roche

---

[91] *Cfr*. Declaración de J.F.G.C ante la Policía Nacional, de 19 de abril de 1996 (expediente de prueba, folio 448); Declaración de F.S.O.N ante la Policía Nacional, de 21 de abril de 1996 (expediente de prueba, folio 483); Declaración indagatoria de F.S.O.N ante el Juez Primero de Distrito del Crimen de Chinandega, de 29 de abril de 1996 (expediente de prueba, folio 1115); Declaración de R.J.S.O. ante la Policía Nacional, de 21 de abril de 1996 (expediente de prueba, folios 2070 y 2071; Declaración indagatoria de J.M.R.V. ante el Juez Primero de Distrito del Crimen de Chinandega, de 29 de abril de 1996 (expediente de prueba, folio 448); Declaración de J.M.R.V. ante la Policía Nacional, de 19 de abril de 1996 (expediente de prueba, folio 489, y Declaración de F.A.C.P. ante la Policía Nacional, de 19 de abril de 1996 (expediente de prueba, folio 2412). Ver también, Auto de segura y formal prisión, dictado por el Juzgado Primero de Distrito del Crimen, de 6 de mayo de 1996 (expediente de prueba, folio 3289).
[92] *Cfr*. Acta de inspección ocular en vehículo, de 18 de abril de 1996 (expediente de prueba, folio 2051).
[93] *Ídem*.
[94] *Cfr*. Auto de segura y formal prisión, dictado por el Juzgado Primero de Distrito del Crimen, de 6 de mayo de 1996 (expediente de prueba, folio 3290). Ver también, declaración de N.D.S., quien indicó lo siguiente ". "no recuerdo cuantos disparos fueron, y yo digo que cómo iban a disparar a las llantas, si lesionaron en la cabeza al chico [Pedro Bacilio Roche Azaña], había disparos en el parabrisas, y ellos dispararon de frente". *Cfr*. Declaración *ad-inquerendum* realizada por el Juez Primero de Distrito del Crimen del Departamento de Chinandega a N.D.S., de 3 de mayo de 1996 (expediente de prueba, folio 2492).
[95] *Cfr*. Auto de segura y formal prisión, dictado por el Juzgado Primero de Distrito del Crimen, de 6 de mayo de 1996 (expediente de prueba, folio 3289).
[96] *Cfr*. Declaración indagatoria de J.M.R.V. ante el Juez Primero de Distrito del Crimen de Chinandega, de 29 de abril de 1996 (expediente de prueba, folio 448); Declaración indagatoria de R.J.S.O. ante el Juez Primero de Distrito del Crimen de Chinandega, de 29 de abril de 1996 (expediente de prueba, folio 2068); Declaración de S.A.V.B. ante la Policía Nacional, de 21 de abril de 1996 (expediente de prueba, folio 479), y Declaración indagatoria de S.A.V.B. ante el Juez Primero de Distrito del Crimen de Chinandega, de 29 de abril de 1996 (expediente de prueba, folio 1111). Véase también, Dictamen médico sobre Patricio Fernando Roche Azaña, Médico Forense de Chinandega, de 26 de abril de 1996 (expediente de prueba, folio 1124); Auto de segura y formal prisión, dictado por el Juzgado Primero de Distrito del Crimen, de 6 de mayo de 1996 (expediente de prueba, folio 3283).

Azaña se produjo como consecuencia de un proyectil de bala compatible con un proyectil de arma AK[97]. La Corte considera que, en el presente caso, el uso de este tipo de fusiles de asalto fue incompatible con la función de control alegada por el Estado, y ello por no cumplir con el criterio de proporcionalidad. A lo anterior se añade el hecho de que, en el presente caso, se desprende del acervo probatorio que hubo una falta de planeación, capacitación – y, sobre todo, una capacitación acorde para enfrentar una situación de infracción administrativa, como lo sería la eventual infracción aduanera del presente caso[98] – y organización previa a la intervención, lo que resultó en una falta total de proporcionalidad en la respuesta de las autoridades del Estado[99].

69. Según el Estado, el uso de la fuerza estuvo justificado y fue proporcional, por cuanto el objetivo fue evitar el daño a la vida e integridad física que podría haber ocasionado la furgoneta en su intento de atropellar a los agentes estatales. A estos efectos, la Corte recuerda que en su jurisprudencia ha considerado que en todo caso de uso o despliegue de la fuerza, en el que agentes estatales hayan producido la muerte o lesiones de una persona, corresponde analizar el uso legítimo de la fuerza, puesto que "corresponde al Estado la obligación de proveer una explicación satisfactoria y convincente de lo sucedido y desvirtuar las alegaciones sobre su responsabilidad, mediante elementos probatorios adecuados"[100]. A la vista del acervo probatorio obrante en el presente caso, la Corte considera que el Estado no ha logrado acreditar la existencia de un peligro inminente de tal magnitud que justificara el uso de armas de fuego, y mucho menos el uso de armas de guerra. Lo anterior, además, se contradice con las declaraciones de ciertos agentes estatales, que no manifestaron la existencia de peligro alguno[101], e incluso negaron tal extremo[102].

70. En conclusión, la Corte considera que en el presente caso no se acreditó la legalidad, finalidad legítima, absoluta necesidad ni proporcionalidad del uso de la fuerza ejercido. Efectivamente, la situación ocasionada fue el resultado del uso

---

[97] *Cfr.* Dictamen médico sobre Patricio Fernando Roche Azaña, Médico Forense de Chinandega, de 26 de abril de 1996 (expediente de prueba, folio 1124), y Segundo dictamen médico sobre Pedro Bacilio Roche Azaña, Médico Forense de Chinandega, 18 de abril de 1996 (expediente de prueba, folio 398).
[98] *Cfr. Caso Nadege Dorzema y otros Vs. República Dominicana, supra,* párr. 81.
[99] *Cfr. Caso del Caracazo Vs. Venezuela. Reparaciones y Costas.* Sentencia de 29 de agosto de 2002. Serie C No. 95, párr. 143.1.a, y *Caso Montero Aranguren y Otros (Reten de Catia) Vs. Venezuela, supra,* párr. 78. Ver también, TEDH, *Caso McCann y Otros Vs. Reino Unido* (GS), No. 18984/91, Sentencia. 27 de septiembre de 1995, párr. 151, y *Caso Kakoulli Vs. Turquía, supra,* párrs. 109 y 110.
[100] *Cfr. Caso Montero Aranguren y otros (Retén de Catia) Vs. Venezuela, supra,* párr. 80, y *Caso Díaz Loreto y otros Vs. Venezuela, supra,* párr. 92.
[101] El agente R.J.S.O. declaró que cuando la furgoneta se iba acercando "yo miro que el vehículo no disminuye la velocidad, cuando determino que el vehículo no se va a parar, a mi me obliga a salirme de la carretera, yo portaba un AK, entonces le hice tres detonaciones al aire". *Cfr.* Declaración de R.J.S.O. ante la Policía Nacional, de 21 de abril de 1996 (expediente de prueba, folio 2068). Por su parte, el agente S.A.B. declaró que, al ver que la furgoneta iba a alta velocidad, realizó "como a los cien metros un disparo preventivo al aire" *Cfr.* Declaración indagatoria de S.A.V.B. ante el Juez Primero de Distrito del Crimen de Chinandega, de 29 de abril de 1996 (expediente de prueba, folio 2420). Ver también, Declaración de J.M.R.V. quien en ningún momento hace referencia a la existencia de algún tipo de miedo por sentir peligro por si vida. *Cfr.* Declaración indagatoria de J.M.R.V. ante el Juez Primero de Distrito del Crimen de Chinandega, de 29 de abril de 1996 (expediente de prueba, folio 448).
[102] *Cfr.* Declaración indagatoria de F.S.O.N. ante el Juez Primero de Distrito del Crimen de Chinandega, de 29 de abril de 1996 (expediente de prueba, folio 1116). Ver también, Auto de segura y formal prisión, dictado por el Juzgado Primero de Distrito del Crimen, de 6 de mayo de 1996 (expediente de prueba, folio 3287).

desproporcionado de la fuerza imputable al Estado por el actuar de los funcionarios encargados de hacer cumplir la ley.

71. La Corte ha establecido que cuando los agentes estatales emplean la fuerza ilegítima, excesiva o desproporcionada, como en el presente caso, dando lugar a la pérdida de la vida, se considera que se ha producido una privación arbitraria de la misma[103]. En consecuencia, la muerte del señor Pedro Bacilio Roche Azaña constituyó una privación arbitraria de la vida imputable al Estado nicaragüense, en violación de artículo 4.1 de la Convención Americana, en relación con el artículo 1.1 del mismo instrumento. Asimismo, las heridas ocasionadas a su hermano Patricio Fernando Roche Azaña constituyeron una violación del artículo 5.1 de la Convención Americana, en relación con el artículo 1.1 del mismo instrumento.

72. Por otro lado, el Tribunal recuerda que de los hechos del caso y de la prueba aportada en el proceso ante la Corte se desprende que, para el momento de los hechos, Nicaragua no contaba con una legislación concreta y específica que estableciera los parámetros para el uso de la fuerza por parte de agentes del Estado y de aquellas personas encargadas de hacer cumplir la ley. En razón de lo anterior, el Estado no cumplió con su obligación de garantizar los derechos a la vida y a la integridad personal mediante una adecuada legislación sobre el uso de la fuerza, en contravención del artículo 2 de la Convención Americana, en relación con los artículos 4.1 y 5.1 del mismo instrumento.

VI-2
DERECHOS A LAS GARANTÍAS JUDICIALES Y A LA PROTECCIÓN JUDICIAL[104]

73. En el presente capítulo, la Corte analizará específicamente (i) la alegada falta de participación de Patricio Fernando Roche Azaña y sus padres en el proceso penal seguido contra los agentes estatales acusados de efectuar los disparos, (ii) la alegada falta de motivación del veredicto absolutorio, así como (iii) la alegada imposibilidad legal de apelar el veredicto mediante el cual se absolvió a dichos agentes estatales, todo ello en alegada violación de los artículos 8 y 25 de la Convención Americana, en relación con el artículo 1.1 de dicho instrumento.

A. ARGUMENTOS DE LAS PARTES Y DE LA COMISIÓN

A.1. Falta de participación del señor Patricio Fernando Roche Azaña y de sus familiares en el procedimiento penal

74. La *Comisión* consideró que, si bien es cierto que no fue posible tomarle declaración al señor Patricio Roche Azaña debido a su estado de salud dentro de los diez primeros días que establecía la legislación nicaragüense, existían posibilidades para que participara en el procedimiento más adelante, situación que no fue tomada en cuenta por los tribunales nacionales. Por el contrario, nunca se le informó de la existencia de un procedimiento, la forma en la que podía participar y las repercusiones que podía tener para él, a pesar de que se encontraba con posibilidades de participar en

---
[103] *Cfr. Caso Familia Barrios Vs. Venezuela, supra,* párr. 49, y *Caso Hermanos Landaeta Mejías y otros Vs. Venezuela, supra,* párr. 142.
[104] Artículos 8 y 25 de la Convención Americana sobre Derechos Humanos.

el proceso luego de salir del estado de coma. En la audiencia pública celebrada ante esta Corte, la Comisión destacó que el Estado no ofreció ningún tipo de explicación sobre por qué después de que el señor Roche Azaña salió del coma no se le notificó siquiera la existencia del procedimiento, ni tampoco a su madre o a su padre. La Comisión añadió que las personas migrantes se encuentran en una situación de considerable desventaja para defender sus derechos por diversas barreras al acceso a la justicia, entre las que se destacan la falta de conocimiento sobre las leyes y el sistema jurídico del país en el que se encuentran. Debido a lo anterior, el derecho a contar con información respecto del proceso cobra un valor especial por el peso que puede tener en el acceso a la justicia de las personas migrantes.

75. El *representante* se adhirió a las consideraciones formuladas por la Comisión. Asimismo, en sus alegatos finales escritos, destacó que el señor Patricio Fernando Roche Azaña estuvo internado en el hospital por casi siete meses, de los cuales sólo el primero estuvo en coma. Destacó que, pese a que la sentencia absolutoria se dictó casi un año después de los hechos, el juez instructor de la causa nunca más intentó recabar la declaración del señor Roche Azaña.

76. El *Estado* sostuvo que la legislación vigente en 1996 establecía un imperativo legal relativo al término de duración de la fase de instrucción: 10 días si existía reo detenido, tal y como sucedió en este caso. Durante dicho período se procede a la indagación y recolección de los elementos de prueba de interés procesal a los intervinientes y fines del proceso. Agregó que el 30 de abril de 1996 el Juez Primero de Distrito del Crimen de Chinandega se constituyó en el hospital con el objeto de tomar declaración al señor Patricio Roche Azaña, diligencia que no pudo concretarse por encontrarse la víctima en grave estado de salud. No obstante, considerando que se realizaron otras diligencias judiciales, con fecha 6 de mayo de 1996 dicho Juez emitió una sentencia interlocutoria en la que asentó los razonamientos lógicos y jurídicos necesarios para dar por establecido el cuerpo del delito de homicidio doloso en perjuicio de Pedro Roche Azaña y lesiones dolosas cometidas en perjuicio de Patricio Roche Azaña, entre otras personas, materializándose la tutela judicial efectiva. Según el Estado, a pesar de que no fue posible recibir la declaración de Patricio Fernando Roche Azaña, el Juez estaba facultado para fundar probatoriamente su decisión en cualquier otro tipo de prueba que produjera certeza respecto de los hechos que se investigaban, y, por tanto, la tutela judicial efectiva a favor del señor Roche Azaña se materializara a través de la referida sentencia interlocutoria

77. El Estado también agregó que durante la fase plenaria los actos procesales solo fueron notificados a algunas de las partes ofendidas, si bien todos estos actos fueron notificados al Procurador Penal, quien ejercía la representación de la *vindicta pública* y desarrolló todas las diligencias pertinentes y necesarias para el esclarecimiento de los hechos y el castigo de sus responsables. Por otro lado, en la audiencia pública celebrada ante esta Corte, el Estado alegó que existieron comunicaciones entre el juez del procedimiento penal, la Embajada y el Consulado de Ecuador en Nicaragua.

A.2. Deber de motivación del veredicto de un jurado

78. La *Comisión* alegó que la ausencia absoluta de motivación del veredicto y declaratoria de inocencia no permitió establecer si tanto el proceso como la determinación final estuvieron encaminadas a establecer si el uso letal de la fuerza fue legítimo conforme a los estándares de finalidad legítima, necesidad y proporcionalidad, lo que además constituyó una fuente de denegación de justicia.

Concluyó que el Estado violó los derechos a las garantías judiciales y protección judicial, consagrados en los artículos 8.1 y 25 de la Convención, en relación con el artículo 1.1 del mismo instrumento. En sus observaciones finales escritas, la Comisión destacó que, pese a que los veredictos de jurados dictados bajo íntima convicción no son *per se* violatorios de la Convención, lo relevante para que tal resultado no sea arbitrario es que quien valora el veredicto pueda reconstruir, a la luz de las pruebas y el debate de la audiencia, cuál fue el curso lógico de la decisión. Consideró que en el presente caso la decisión absolutoria no satisfizo dicho estándar, toda vez que no se adoptaron salvaguardas para que el resultado del veredicto no resultara arbitrario. Lo anterior, debido a tres razones: (i) se aplicó el mismo Código de Instrucción Criminal de 1897 que ya la Corte analizó en el *Caso V.R.P. y V.P.C. y otros Vs. Nicaragua* y declaró inconvencional; (ii) el tiempo y preparación del que dispuso el jurado para analizar la totalidad de declaraciones y pruebas técnicas del expediente fue de un solo día y (iii) la falta de participación del señor Patricio Fernando Roche Azaña en el proceso fue "un factor más que acredita que las víctimas no pudieran comprender el resultado del proceso".

79. El *representante* se adhirió a los alegatos de la Comisión. En sus alegatos finales escritos añadió que resultaba inexplicable que toda la prueba receptada dentro de la investigación – esto es, aproximadamente 100 testimonios –, exámenes periciales sobre el vehículo, exámenes referentes a la reconstrucción de los hechos, exámenes referentes al reconocimiento del lugar de los hechos, y otra abundante documentación que consta como prueba haya sido analizada por el jurado en tan solo tres horas y media.

80. El *Estado* alegó que, bajo el argumento de la ausencia de motivación, la Comisión y el representante procuran forzar a que la Corte se erija como una "cuarta instancia". Añadió que el veredicto del Tribunal de Jurados se hizo en estricto respeto a las garantías judiciales y sujeción a los lineamientos del debido procesal legal, por lo que la Corte no puede determinar si el veredicto fue equivocado o injusto, ya que la función de la Corte es garantizar la observancia de las obligaciones asumidas por los Estados parte de la Convención, estando impedida de constituirse en una especie de tribunal de alzada. En este caso, la ausencia de expresión de los fundamentos obedecía a que, conforme a derecho interno y continental, los jurados aprecian las pruebas conforme a su "íntima convicción". Agregó que el Tribunal de Jurados fue previamente instruido sobre el modo de valorar la prueba, las garantías de los imputados y principios del proceso. Recalcó que no existen razones para exigir que el Tribunal de Jurados motivara las razones de su veredicto de inocencia, toda vez que los jueces legos ni pueden (porque no están técnicamente capacitados para ello) ni deben motivar (el modelo de jurado puro derivado del *common law* no motiva sus resoluciones, nunca lo ha hecho, y ese es precisamente uno de los elementos que lo caracteriza).

A.3. Ausencia de recurso contra el veredicto absolutorio

81. La *Comisión* sostuvo que la legislación nicaragüense establecía la imposibilidad de apelar el veredicto del Tribunal de Jurados, por lo que el procedimiento no ofreció las garantías suficientes para escrutar tal decisión y asegurar que la misma no fuera arbitraria ni violatoria de los derechos a las garantías judiciales y a la protección judicial.

82. El *representante* se adhirió a las consideraciones formuladas por la Comisión.

83. El *Estado* alegó que la revisión de los veredictos emanados de jurados populares resulta objetivamente imposible dado el hecho de que su decisión es inmotivada. Añadió que el derecho al recurso está reconocido a favor de las personas inculpadas por el delito, y más respecto de aquella declarada culpable, de acuerdo con la Convención Americana, por lo que el acceso a la jurisdicción no implica obligatoriamente el derecho a ejercer la vía recursiva. Por otro lado, señaló que el veredicto como acto legítimo de la administración de justicia por la población es irrecurrible, y su decisión no puede ser reexaminada por un tribunal letrado en un trámite de apelación, puesto que emana de quien es el único soberano en la república, el pueblo.

B. CONSIDERACIONES DE LA CORTE

B.1. Falta de participación del señor Patricio Fernando Roche Azaña y de sus familiares en el procedimiento penal

84. La Corte ha establecido que, de conformidad con la Convención Americana, los Estados Partes están obligados a suministrar recursos judiciales efectivos a las víctimas de violaciones a los derechos humanos (artículo 25), recursos que deben ser sustanciados de conformidad con las reglas del debido proceso legal (artículo 8.1), todo ello dentro de la obligación general, a cargo de los mismos Estados, de garantizar el libre y pleno ejercicio de los derechos reconocidos por la Convención a toda persona que se encuentre bajo su jurisdicción (artículo 1.1)[105]. Asimismo, ha señalado que el derecho de acceso a la justicia debe asegurar, en tiempo razonable, el derecho de las presuntas víctimas o sus familiares a que se haga todo lo necesario para conocer la verdad de lo sucedido e investigar, juzgar y, en su caso, sancionar a los eventuales responsables[106].

85. Por otro lado, esta Corte ha desarrollado el derecho a ser oído, previsto en el artículo 8.1 de la Convención, en el sentido general de comprender el derecho de toda persona a tener acceso al tribunal u órgano estatal encargado de determinar sus derechos y obligaciones[107]. La Corte ha reconocido que el derecho a ser oído comprende dos ámbitos: por un lado, un ámbito formal y procesal de asegurar el acceso al órgano competente para que determine el derecho que se reclama en apego a las debidas garantías procesales (tales como la presentación de alegatos, hacer planteamientos, aportación de prueba y, en síntesis, hacer valer sus derechos). Por otra parte, ese derecho abarca un ámbito de protección material que implica que el Estado garantice que la decisión se produzca a través de un procedimiento que satisfaga el fin para el cual fue concebido[108].

86. La Corte observa que el señor Patricio Fernando Roche Azaña, víctima en el marco del procedimiento penal seguido contra los agentes estatales que dispararon

---

[105] *Cfr. Caso Velásquez Rodríguez Vs. Honduras. Excepciones Preliminares, supra*, párr. 91, y *Caso Azul Rojas Marín y otra Vs. Perú, supra*, párr. 173.
[106] *Cfr. Caso Bulacio Vs. Argentina. Fondo, Reparaciones y Costas.* Sentencia de 18 de septiembre de 2003. Serie C No. 100, párr. 114, y *Caso Azul Rojas Marín y otra Vs. Perú, supra*, párr. 86.
[107] *Cfr. Caso Apitz Barbera y otros ("Corte Primera de lo Contencioso Administrativo") Vs. Venezuela, supra*, párr. 72, y *Caso Rosadio Villavicencio Vs. Perú. Excepciones Preliminares, Fondo, Reparaciones y Costas.* Sentencia de 14 de octubre de 2019. Serie C No. 388, párr. 146.
[108] *Cfr. Caso Apitz Barbera y otros ("Corte Primera de lo Contencioso Administrativo") Vs. Venezuela. Excepción Preliminar, Fondo, Reparaciones y Costas, supra*, párr. 72, y *Caso Rosadio Villavicencio Vs. Perú, supra*, párr. 146.

contra la furgoneta el 14 de abril de 1996, no fue parte de dicho procedimiento, ni se le concedió oportunidad alguna de intervención. Tampoco lo fueron sus padres, quienes podrían haber actuado en nombre y representación de su hijo Pedro Bacilio Roche Azaña, fallecido también como consecuencia de los referidos hechos.

87. La Corte nota que el procedimiento inició formalmente el 18 de abril de 1996, momento en el que se interpuso la denuncia por la muerte del señor Pedro Bacilio Roche Azaña[109] y las heridas causadas a las restantes personas migrantes y finalizó el 27 de febrero de 1997, cuando el Juzgado Primero de Distrito del Crimen de Chinandega absolvió a los procesados[110].

88. No obstante, tal y como ha sido señalado por el propio señor Patricio Fernando Roche Azaña en la audiencia pública celebrada ante esta Corte, éste no tuvo conocimiento de la existencia de dicho procedimiento[111]. Según lo indicado por la Comisión – y que no ha sido refutado por el Estado – no fue hasta el mes de agosto de 1998 cuando su madre recibió informalmente por parte de un funcionario de la cancillería de Ecuador una copia de la sentencia dictada por el Tribunal de Jurados del Distrito del Crimen de Chinandega[112]. Si bien en la audiencia pública celebrada ante esta Corte el Estado alegó que existieron comunicaciones entre el juez del procedimiento penal y la Embajada y el Consulado de Ecuador en Nicaragua, la Corte advierte que no se ha desplegado ningún tipo de actividad probatoria para acreditar este extremo.

89. Por otro lado, la Corte nota que el Código de Instrucción Criminal vigente en la época de los hechos señalaba que las primeras diligencias de instrucción criminal dirigidas a recabar todos los elementos de prueba que permitan dar por comprobado o no el cuerpo del delito, y declarada por demostrada o no la responsabilidad penal de los procesados, debían concluir dentro del término perentorio de 10 días desde que se dictó la resolución que daba apertura al proceso penal. De lo contrario, deberían ponerse en libertad a los procesados por detención ilegal[113]. Es por ello que, siguiendo dicho criterio, se ordenó de oficio tomar declaración *ad-inquerendum* a las personas hospitalizadas, haciéndoles saber que podían intervenir en el proceso. En este sentido, dos de dichas personas – M.Q.P. y N.D.S. – rindieron sus correspondientes declaraciones *ad-inquerendum* y se unieron al proceso. No obstante, cuando las autoridades se apersonaron al hospital a tomar la declaración de Patricio Roche Azaña, fueron impedidas porque se encontraba en estado de coma. El Estado justificó la ausencia de participación del señor Roche Azaña en el hecho de que la legislación obligaba a recabar todos los elementos de prueba en diez días desde que se dictó la

---

[109] *Cfr.* Denuncia interpuesta por J.S.O.N., de 18 de abril de 1996 (expediente de prueba, folio 836).

[110] *Cfr.* Resolución del Juez Primero de Distrito del Crimen de Chinandega en virtud de la cual se absuelve a los procesados J.M.R.V., R.J.S.O., S.A.V.B. y F.S.O.N., de 27 de febrero de 1997 (expediente de prueba, folios 3479 a 3483).

[111] *Cfr.* Declaración de Patricio Fernando Roche Azaña en la Audiencia Pública celebrada ante esta Corte el 4 de febrero de 2020, en la que indicó que no tuvo "ningún conocimiento del juicio", Informe de Fondo de la Comisión, no. 114/18, Caso 12.722, *Pedro Basilio Roche Azaña y Otro* – Nicaragua, de 5 de octubre de 2012, OEA/Ser.L/V/II.169, Doc. 131 (Expediente de Fondo, folios 14 y 21).

[112] *Cfr.* Informe de Fondo de la Comisión, no. 114/18, Caso 12.722, *Pedro Basilio Roche Azaña y Otro* – Nicaragua, de 5 de octubre de 2012, OEA/Ser.L/V/II.169, Doc. 131 (expediente de Fondo, folios 14 y 21).

[113] *Cfr.* Código de Instrucción Criminal, artículo 177 (expediente de prueba, folio 3655). Dicho artículo estipulaba lo siguiente: "Las primeras diligencias de instrucción […] se terminarán dentro de diez días, a lo más si el reo estuviere aprehendido, en cuyo caso, los jueces locales que las hayan instruido darán cuenta con ella inmediatamente y en el estado que se hallen al Juez de Distrito de lo Criminal respectivo, poniendo a su disposición al detenido y las cosas que se le hubieren aprehendido".

resolución que daba apertura al proceso penal. Sin embargo, la Corte advierte que el hecho de que se debiera recabar prueba en un plazo determinado no obstaba para que se notificara al señor Roche Azaña de todas las siguientes etapas del proceso y permitirle así poder intervenir en las mismas en el caso de que lo estimara oportuno.

90. El Estado además señaló que todos los actos del procedimiento penal fueron notificados al Procurador Penal, quien ejercía la representación de la *vindicta pública* y desarrolló todas las diligencias pertinentes y necesarias para el esclarecimiento de los hechos y el castigo de sus responsables. La Corte considera que el ejercicio de la acción pública por un Procurador Penal no debería haber sido óbice para que la presunta víctima o la parte perjudicada hubiera también participado en el proceso penal, máxime cuando la propia legislación nicaragüense así lo habilitaba. A este respecto, la Corte observa que el Código de Instrucción Criminal permitía a la parte acusadora o a la parte perjudicada intervenir en el juicio plenario[114], proponer prueba[115] y examinar testigos[116], acciones que no pudieron ser ejecutadas por el señor Roche Azaña una vez salió del coma[117] ni por sus padres, y ello debido al absoluto desconocimiento de la existencia del proceso. Ni el señor Roche Azaña ni sus padres pudieron tampoco estar presente en la audiencia de desinsaculación del jurado, o en la vista pública, lo que les habría permitido recusar a algunos miembros si lo hubiera considerado oportuno[118]. Al respecto, la Corte recuerda que las garantías establecidas en el artículo 8 de la Convención Americana suponen que las víctimas deben contar con amplias posibilidades de ser oídas y actuar en los procesos respectivos[119], de manera que puedan formular sus pretensiones y presentar elementos probatorios y que éstos sean analizados de forma completa y seria por las autoridades antes de que se resuelva sobre hechos, responsabilidades, penas y reparaciones[120]. Además, la Corte advierte que, según consta en el acervo probatorio del caso, transcurrieron más de diecisiete meses desde que se dictó la resolución que recogía el veredicto absolutorio[121] hasta que la madre de los señores Roche Azaña, la señora María Angelita Azaña Tenesaca, tomó conocimiento de dicha resolución. En consecuencia, la actitud pasiva del Estado, relegando todas las garantías que poseían las víctimas a la actividad del Procurador Penal, afectó gravemente el derecho del señor Roche Azaña y de sus padres a participar en el proceso penal.

---

[114] *Cfr.* Código de Instrucción Criminal, artículos 208 y 220 (expediente de prueba, folios 3664 y 3667).
[115] *Idem.*
[116] *Cfr.* Código de Instrucción Criminal, artículo 211 (expediente de prueba, folio 3664).
[117] El señor Patricio Fernando Roche Azaña estuvo dos meses en coma tras los hechos acaecidos el 14 de abril de 1996. *Cfr.* Declaración de Patricio Fernando Roche Azaña en la Audiencia Pública celebrada ante esta Corte el 4 de febrero de 2020.
[118] Durante la etapa plenaria, el juez convocaba a la desinsaculación de la lista de diez ciudadanos que podían conformar el Tribunal de Jurados, uno de los cuales podía ser recusado sin causa por cada parte. *Cfr.* Artículos 274 y 275 del Código de Instrucción Criminal (expediente de prueba, folio 3682). Véase también, artículo 277 del Código de Instrucción Criminal (expediente de prueba, folio 3683).
[119] *Cfr. Caso del Tribunal Constitucional Vs. Perú. Fondo, Reparaciones y Costas.* Sentencia de 31 de enero de 2001. Serie C No. 71, párr. 81, y *Caso Wong Ho Wing Vs. Perú. Excepción Preliminar, Fondo, Reparaciones y Costas.* Sentencia de 30 de junio de 2015. Serie C No. 297, párr. 228.
[120] *Cfr. Caso Baldeón García Vs. Perú. Fondo, Reparaciones y Costas.* Sentencia de 6 de abril de 2006. Serie C No. 147, párr. 146, y *Caso Wong Ho Wing Vs. Perú, supra,* párr. 228. Ver también, Reglas de Brasilia sobre acceso a la justicia de las personas en condición de vulnerabilidad, Reglas número 3, 4 y 13.
[121] *Cfr.* Resolución del Juez Primero de Distrito del Crimen de Chinandega en virtud de la cual se absuelve a los procesados J.M.R.V., R.J.S.O., S.A.V.B. y F.S.O.N., de 27 de febrero de 1997 (expediente de prueba, folios 3479 a 3483).

91. Asimismo, debe tener especial consideración el hecho de que el señor Patricio Fernando Roche Azaña era una persona migrante, que, por las características del presente caso, se encontraba en una clara situación de vulnerabilidad[122]. La Corte recuerda que el debido proceso legal es un derecho que debe ser garantizado a toda persona, independientemente de su estatus migratorio[123]. Asimismo, la Corte considera que los Estados tienen el deber de asegurar que todas las personas que hayan sufrido abusos o violaciones de los derechos humanos como resultado de las medidas de gobernanza de fronteras tengan un acceso equitativo y efectivo a la justicia, acceso a un recurso efectivo, a una reparación adecuada, efectiva y rápida del daño sufrido, así como a información pertinente sobre las violaciones de sus derechos y los mecanismos de reparación[124]. En el marco de las operaciones realizadas en zonas fronterizas, los Estados tienen el deber de investigar y, cuando proceda, enjuiciar los abusos y violaciones de los derechos humanos cometidos, imponer penas acordes con la gravedad de los delitos, y tomar medidas para garantizar que no se repitan[125].

92. La Corte observa que, en el presente caso, la condición de migrante del señor Roche Azaña tuvo un impacto fundamental en su ausencia de participación en el proceso. A este respecto la Corte nota que, una vez el señor Roche Azaña recuperó la conciencia, permaneció en el país al menos cinco meses más hasta que finalmente retornó a Ecuador (*supra* párr. 30). El Tribunal advierte que, al menos durante esos cinco meses en los que el señor Roche Azaña permaneció en Nicaragua, éste no fue informado por parte del Estado de la existencia de un proceso penal en contra de los autores de los disparos, ni le fue prestada ningún tipo de asistencia técnica que pudiera compensar el desconocimiento de un sistema legal -extranjero y ajeno para él- que supuestamente le amparaba. Lo anterior, con el objetivo de que el señor Patricio Fernando Roche Azaña pudiera hacer valer sus derechos y defender sus intereses en forma efectiva y en condiciones de igualdad procesal con otros justiciables.

93. El señor Patricio Fernando Roche Azaña se encontraba, por tanto, en una situación de desigualdad real debido a su estatus migratorio que obligaba al Estado a adoptar determinadas medidas especiales que contribuyeran a reducir o eliminar los obstáculos y deficiencias que impidieron la defensa eficaz de sus intereses por el mero hecho de ser migrante[126]. Cuando no existen estas medidas para garantizar un efectivo e igualitario acceso a la justicia de las personas que se encuentran en una situación de vulnerabilidad[127], difícilmente se puede afirmar que quienes se encuentran en esas condiciones de desventaja disfrutan de un verdadero acceso a la justicia y se

---

[122] A este respecto, la Corte ya señaló en su Opinión Consultiva 18/03 sobre la condición jurídica y derechos de los migrantes indocumentados que "[g]eneralmente los migrantes se encuentran en una situación de vulnerabilidad como sujetos de derechos humanos, en una condición individual de ausencia o diferencia de poder con respecto a los no-migrante". *Cfr*. Condición jurídica y derechos de los migrantes indocumentados. Opinión Consultiva OC-18/03 de 17 de septiembre de 2003. Serie A No. 18, párr. 112.

[123] *Cfr. Condición jurídica y derechos de los migrantes indocumentados.* Opinión Consultiva OC-18/03 de 17 de septiembre de 2003. Serie A No. 18, párr. 121.

[124] *Cfr.* ACNUDH, Principios y Directrices recomendados sobre los derechos humanos en las fronteras internacionales, Principio no. 13.

[125] *Idem.*

[126] *Cfr. El derecho a la información sobre la asistencia consular en el marco de las garantías del debido proceso legal.* Opinión Consultiva OC-16/99 de 1 de octubre de 1999. Serie A No. 16, párrs. 117 y 119.

[127] *Cfr. Caso Vélez Loor Vs. Panamá. Excepciones Preliminares, Fondo, Reparaciones y Costas.* Sentencia de 23 de noviembre de 2010. Serie C No. 218, párr. 254.

benefician de un debido proceso legal en condiciones de igualdad con quienes no afrontan esas desventajas[128].

94. Por todo lo anteriormente expuesto, la Corte concluye que el Estado no garantizó el derecho de acceso a la justicia y, por tanto, violó las garantías judiciales y protección judicial consagrados en los artículos 8.1 y 25 de la Convención Americana, en relación con el artículo 1.1 del mismo instrumento, en perjuicio de Patricio Fernando Roche Azaña, y de sus padres María Angelita Azaña Tenesaca y José Fernando Roche Zhizhingo.

B.2. Deber de motivación del veredicto de un jurado y ausencia de recurso contra el veredicto absolutorio

95. Con respecto a los alegatos referidos a la supuesta violación de las garantías judiciales en el marco del juicio por Jurados llevado a cabo por los hechos del presente caso, la Corte ya ha tenido oportunidad de pronunciarse al respecto en el *Caso V.R.P., V.P.C. y otros Vs. Nicaragua*[129], en el cual resaltó que la Convención Americana no establece un modelo único de enjuiciamiento penal, si bien el diseño de los ordenamientos procesales debe responder a los postulados de garantía que exige la Convención Americana. En esta línea, este Tribunal se pronunció sobre el juicio por jurados del sistema nicaragüense y su compatibilidad con los estándares interamericanos. Se destaca, en particular, que en el referido caso la Corte señaló que la falta de exteriorización de la fundamentación del veredicto no vulnera en sí misma la garantía de la motivación ya que, en efecto, todo veredicto siempre tiene motivación, aunque como corresponde a la esencia del jurado, no se expresa. La Corte consideró que lo que correspondía analizar era si el procedimiento penal en su conjunto ofrecía mecanismos de salvaguardia contra la arbitrariedad y que permitieran comprender las razones del veredicto – no acotado al acusado sino también a la víctima o a la parte acusadora[130].

96. En este caso, la Corte advierte, tal como fue subrayado previamente, que ni el señor Patricio Fernando Roche Azaña ni sus familiares tuvieron la posibilidad de participar en el proceso que llevó a la absolución de los acusados. En esta medida, la Corte considera que no es necesario analizar ni pronunciarse específicamente sobre la alegada falta de motivación del veredicto del jurado o sobre la alegada imposibilidad de recurrir el veredicto absolutorio por parte de las víctimas toda vez que, al no ser notificadas de la existencia misma del proceso se vieron impedidas de intervenir procesalmente en procura de la obtención de justicia. De esta forma, la falta de adopción de medidas que aseguraran el acceso a la justicia y la participación efectiva de personas migrantes y de sus familiares en la investigación y proceso penal por los hechos que atentaron contra la vida e integridad personal, constituye en sí misma una violación a los artículos 8.1 y 25 de la Convención, lo que, sumado a la situación de impunidad imperante durante estos 24 años, configura la responsabilidad internacional del Estado.

---

[128] *Cfr. El derecho a la información sobre la asistencia consular en el marco de las garantías del debido proceso legal, supra,* párr. 117 y 119.
[129] *Cfr. Caso V.R.P., V.P.C. y otros Vs. Nicaragua. Excepciones Preliminares, Fondo, Reparaciones y Costas.* Sentencia de 8 de marzo de 2018. Serie C No. 35.
[130] *Cfr. Caso V.R.P., V.P.C. y otros Vs. Nicaragua, supra,* párr. 263. Ver también, TEDH, *Caso Taxquet Vs. Bélgica* [GS], No. 926/05. Sentencia de 16 de noviembre de 2010, párrs. 90 a 92.

97. En vista de lo anterior, la Corte considera que, en el presente caso, no es necesario analizar ni pronunciarse sobre estos extremos en particular.

VI-3
DERECHO A LA INTEGRIDAD PERSONAL DE LOS FAMILIARES DE LOS HERMANOS ROCHE AZAÑA[131]

A. Argumentos de las partes y de la Comisión

98. La *Comisión* indicó que el Estado violó el derecho a la integridad personal establecido en el artículo 5.1 de la Convención Americana, en relación con las obligaciones establecidas en el artículo 1.1 del mismo instrumento, en perjuicio de la madre y del padre de los señores Roche Azaña.

99. Ni el *representante* ni el *Estado* realizaron ninguna alegación al respecto.

B. Consideraciones de la Corte

100. La Corte ha afirmado, en reiteradas oportunidades, que los familiares de las víctimas de violaciones de los derechos humanos pueden ser, a su vez, víctimas[132]. Este Tribunal ha considerado que se puede declarar violado el derecho a la integridad psíquica y moral de "familiares directos" u otras personas con vínculos estrechos con las víctimas con motivo del sufrimiento adicional que aquellos han padecido como producto de las circunstancias particulares de las violaciones perpetradas contra sus seres queridos, y a causa de las posteriores actuaciones u omisiones de las autoridades estatales frente a estos hechos[133], tomando en cuenta, entre otros elementos, las gestiones realizadas para obtener justicia y la existencia de un estrecho vínculo familiar[134].

101. La Corte observa que, en la audiencia pública celebrada ante esta Corte, la señora María Angelita Azaña Tenesaca declaró que la muerte de uno de sus hijos, su repatriación y posterior sepultura, así como las lesiones causadas a su otro hijo, le causaron un sufrimiento "grande" y "doloroso". Asimismo, alegó que el señor José Fernando Roche Zhizhingo, padre de los hermanos Roche Azaña, "se enfermó de puro sufrimiento de [sus] hijos"[135], lo cual fue también manifestado por Patricio Fernando Roche Azaña en la citada audiencia pública[136]. Por consiguiente, en vista de la prueba e información aportada al expediente, así como de las circunstancias particulares del presente caso, este Tribunal considera que, como consecuencia directa de (i) la muerte del señor Pedro Bacilio Roche Azaña, junto con el posterior traslado de su cadáver a Ecuador, y (ii) las heridas causada a Patricio Fernando Roche Azaña, junto con las

---

[131] Artículo 5 de la Convención Americana sobre Derechos Humanos
[132] *Cfr. Caso de los "Niños de la Calle" (Villagrán Morales y otros) Vs. Guatemala, supra*, párr. 176, y *Caso Díaz Loreto y otros Vs. Venezuela, supra*, párr. 136.
[133] *Cfr. Caso Blake Vs. Guatemala. Fondo*. Sentencia de 24 de enero de 1998. Serie C No. 36, párr. 114, y *Caso Ruiz Fuentes y otra Vs. Guatemala. Excepción Preliminar, Fondo, Reparaciones y Costas*. Sentencia de 10 de octubre de 2019. Serie C No. 385, párr. 188.
[134] *Cfr. Caso Bámaca Velásquez Vs. Guatemala. Fondo*. Sentencia de 25 de noviembre de 2000. Serie C No. 70, párr. 163, y *Caso Ruiz Fuentes y otra Vs. Guatemala, supra*, párr. 188.
[135] *Cfr.* Declaración de María Angelita Azaña Tenesaca en la Audiencia Pública celebrada ante esta Corte el 4 de febrero de 2020.
[136] *Cfr.* Declaración de Patricio Fernando Roche Azaña en la Audiencia Pública celebrada ante esta Corte el 4 de febrero de 2020.

secuelas que le causaron de por vida, los padres de los hermanos Roche Azaña padecieron un profundo sufrimiento y angustia en detrimento de su integridad psíquica y moral.

102. A la vista de lo anterior, la Corte concluye que el Estado violó el derecho a la integridad personal establecido en el artículo 5.1 de la Convención Americana, en relación con el artículo 1.1 del mismo instrumento, en perjuicio de María Angelita Azaña Tenesaca y de José Fernando Roche Zhizhingo.

VII
REPARACIONES

103. Sobre la base de lo dispuesto en el artículo 63.1 de la Convención Americana, la Corte ha indicado que toda violación de una obligación internacional que haya producido daño comporta el deber de repararlo adecuadamente y que esa disposición recoge una norma consuetudinaria que constituye uno de los principios fundamentales del Derecho Internacional contemporáneo sobre responsabilidad de un Estado[137].

104. La reparación del daño ocasionado por la infracción de una obligación internacional requiere, siempre que sea posible, la plena restitución (*restitutio in integrum*), que consiste en el restablecimiento de la situación anterior. De no ser esto factible, como ocurre en la mayoría de los casos de violaciones a derechos humanos, el Tribunal determinará medidas para garantizar los derechos conculcados y reparar las consecuencias que las infracciones produjeron[138]. Por tanto, la Corte ha considerado la necesidad de otorgar diversas medidas de reparación a fin de resarcir los daños de manera integral por lo que, además de las compensaciones pecuniarias, las medidas de restitución, rehabilitación, satisfacción y garantías de no repetición tienen especial relevancia por los daños ocasionados[139].

105. La Corte ha establecido que las reparaciones deben tener un nexo causal con los hechos del caso, las violaciones declaradas, los daños acreditados, así como las medidas solicitadas para reparar los daños respectivos. Por lo tanto, la Corte deberá observar dicha concurrencia para pronunciarse debidamente y conforme a derecho[140].

106. Tomando en cuenta las violaciones a la Convención Americana declaradas en los capítulos anteriores, a la luz de los criterios fijados en la jurisprudencia del Tribunal en relación con la naturaleza y alcances de la obligación de reparar[141], la Corte analizará las pretensiones presentadas por la Comisión y el representante, así como los argumentos del Estado al respecto, con el objeto de disponer a continuación las medidas tendientes a reparar dichas violaciones.

---

[137] *Cfr. Caso Velásquez Rodríguez Vs. Honduras. Reparaciones y Costas.* Sentencia de 21 de julio de 1989. Serie C No. 7, párr. 25, y *Caso Azul Rojas Marín y otra Vs. Perú, supra*, párr. 224.
[138] *Cfr. Caso Velásquez Rodríguez Vs. Honduras. Reparaciones y Costas, supra*, párrs. 25 y 2, y *Caso Noguera y otra Vs. Paraguay. Fondo, Reparaciones y Costas.* Sentencia de 9 de marzo de 2020. Serie C No. 401, párr. 88.
[139] *Cfr. Caso de la Masacre de Las Dos Erres Vs. Guatemala. Excepción Preliminar, Fondo, Reparaciones y Costas.* Sentencia de 24 de noviembre de 2009. Serie C No. 211, párr. 226, y *Caso Noguera y otra Vs. Paraguay, supra*, párr. 88.
[140] *Cfr. Caso Ticona Estrada Vs. Bolivia. Fondo, Reparaciones y Costas.* Sentencia de 27 de noviembre de 2008. Serie C No. 191, párr. 110, y *Caso Azul Rojas Marín y otra Vs. Perú, supra*, párr. 224.
[141] *Cfr. Caso Velásquez Rodríguez Vs. Honduras. Reparaciones y Costas, supra*, párrs. 25 a 27, y *Caso Azul Rojas Marín y otra Vs. Perú, supra*, párr. 225.

A. PARTE LESIONADA

107. Este Tribunal considera parte lesionada, en los términos del artículo 63.1 de la Convención, a quienes han sido declaradas víctimas de la violación de algún derecho reconocido en la misma. Por lo tanto, esta Corte considera como "parte lesionada" a los señores Pedro Bacilio Roche Azaña y Patricio Fernando Roche Azaña, así como a su madre María Angelita Azaña Tenesaca y su padre José Fernando Roche Zhizhingo[142], quienes en su carácter de víctimas de las violaciones declaradas en el Capítulo VI serán beneficiarios de las reparaciones que la Corte ordene.

B. INVESTIGACIÓN, DETERMINACIÓN, ENJUICIAMIENTO Y, EN SU CASO, SANCIÓN DE TODOS LOS RESPONSABLES

108. La *Comisión* solicitó a la Corte que ordenara al Estado reabrir la investigación penal de manera diligente, efectiva y dentro de un plazo razonable con el objeto de esclarecer los hechos en forma completa, identificar todas las posibles responsabilidades e imponer las sanciones que correspondan. En este sentido, resaltó que el Estado no podrá oponer la garantía de *ne bis in idem*, cosa juzgada o prescripción, para justificar el cumplimiento de dicha medida.

109. En el mismo sentido, el *representante* solicitó que se requiera al Estado conducir la investigación pertinente.

110. El *Estado* manifestó que el proceso penal llevado en sede administrativa policial y jurisdiccional concluyó con un veredicto de inocencia dictado por el Tribunal de Jurados, lo cual, según indicó, patentiza su actuación diligente, profesional y oportuna frente a los hechos del presente caso, independientemente de las personas que estén involucradas.

111. La Corte estima que, debido a las particularidades del presente caso, una eventual reapertura del proceso penal no es procedente; y ello sin perjuicio de que el sufrimiento producido por las violaciones a las garantías judiciales y protección judicial declaradas en el presente caso sean evaluadas oportunamente en el apartado de indemnizaciones.

C. REHABILITACIÓN

112. La *Comisión* solicitó a la Corte que ordenara la adopción de medidas de atención en salud física y mental necesarias para la rehabilitación del señor Patricio Roche Azaña y de sus padres, de ser su voluntad y de manera concertada.

113. El *representante* coincidió con lo solicitado por la Comisión.

114. Al respecto, el *Estado* alegó que desde la fecha en que acontecieron los hechos del presente caso, los familiares no han solicitado atención física, ni mental, ni han expresado tener algún impedimento de recuperación física o psicológica ante el Estado.

115. La *Corte* estima que es preciso disponer una medida de reparación que brinde una atención adecuada a los padecimientos psicológicos y físicos de las víctimas, atendiendo a sus especificidades y antecedentes. Teniendo en cuenta las

---

[142] El señor José Fernando Roche Zhizhingo falleció ocho años después de los hechos ocurridos el 14 de abril de 1996 (*Cfr*. Declaración de María Angelita Azaña Tenesaca en la Audiencia Pública celebrada ante esta Corte el 4 de febrero de 2020).

consideraciones anteriores, y con el fin de contribuir a la reparación de los daños físicos, psicológicos y/o psiquiátricos sufridos por Patricio Roche Azaña y María Angelita Azaña Tenesaca, y considerando que no residen en Nicaragua, el Tribunal dispone la obligación a cargo del Estado de pagar, por una vez, la suma de USD$ 20,000 (veinte mil dólares de los Estados Unidos de América) a Patricio Fernando Roche Azaña, y USD$ 10,000 (diez mil dólares de los Estados Unidos de América) a María Angelita Azaña Tenesaca, por concepto de gastos por tratamiento médico, psicológico y/o psiquiátrico, así como por medicamentos y otros gastos conexos, para que puedan recibir dicha atención en el lugar donde residan. El Estado dispondrá del plazo de un año, contado a partir de la notificación de la presente Sentencia, para realizar este pago.

D. MEDIDAS DE SATISFACCIÓN

116. La *Comisión* solicitó, de manera general, que se adopten las medidas de satisfacción necesarias para reparar integralmente las violaciones de derechos humanos declaradas.

117. Ni el *representante* ni el *Estado* realizaron ningún tipo de alegación a este respecto.

118. La *Corte* estima, como lo ha dispuesto en otros casos[143], que el Estado debe publicar, en el plazo de seis meses, contado a partir de la notificación de la presente Sentencia: (a) el resumen oficial de la presente Sentencia elaborado por la Corte, por una sola vez, en el Diario Oficial en un tamaño de letra legible y adecuado; (b) el resumen oficial de la presente Sentencia elaborado por la Corte, por una sola vez, en un diario de amplia circulación nacional en un tamaño de letra legible y adecuado, y (c) la presente Sentencia en su integridad, disponible por un período de un año, en un sitio *web* oficial del Estado. El Estado deberá informar de forma inmediata a este Tribunal una vez que proceda a realizar cada una de las publicaciones dispuestas, independientemente del plazo de un año para presentar su primer informe dispuesto en el punto resolutivo 11 de la Sentencia.

E. GARANTÍAS DE NO REPETICIÓN

119. La *Comisión* solicitó a la Corte que ordenara la adopción de mecanismos de no repetición que incluyan capacitaciones a autoridades sobre el uso de la fuerza conforme a los estándares descritos en su Informe de Fondo, así como sobre los derechos humanos de las personas migrantes.

120. Asimismo, el *representante* coincidió con lo solicitado por la Comisión, al mismo tiempo que solicitó que se requiera al Estado disponer las medidas pertinentes para rectificar su negligencia frente a los hechos del presente caso, y con ello disponer los mecanismos necesarios a fin de evitar que estos sigan causando perjuicio en contra de quienes transitan por Nicaragua.

121. El *Estado* indicó que las autoridades de la Policía Nacional incluyen en su "pensum académico" como eje transversal los derechos humanos para los cursos de formación, capacitación, cursos especializados, licenciaturas, post grados y maestrías,

---

[143] *Cfr. Caso Montesinos Mejía Vs. Ecuador. Excepciones Preliminares, Fondo, Reparaciones y Costas.* Sentencia de 27 de enero de 2020. Serie C No. 398, párr. 226, y *Caso Noguera y otra Vs. Paraguay, supra,* párr. 96.

en los cuales se incluyen los principios de actuación policial en lo referentes al uso de la fuerza y empleo de armas de fuego.

122. En el presente caso, la *Corte* nota que el Estado no remitió prueba que permitiera a este Tribunal acreditar sus alegatos con respecto a los cursos de formación y capacitación que brinda a los miembros de la Policía Nacional y del Ejército de Nicaragua. De esta forma, y toda vez que la Corte constató en el capítulo VI de la presente Sentencia que en los hechos del caso tuvo lugar un uso excesivo de la fuerza por parte del Estado, este Tribunal considera pertinente ordenar al Estado la creación e implementación de un plan de capacitación dirigido a miembros de la Policía Nacional de Nicaragua y del Ejército de Nicaragua sobre los estándares internacionales en materia de uso de la fuerza, así como respecto a los estándares internacionales de protección de los derechos de las personas en contexto de movilidad. Este plan de capacitación debe ser incorporado en el curso de formación regular de dichos cuerpos en un plazo no superior a un año.

F. INDEMNIZACIONES COMPENSATORIAS

F.1. Daño material

123. La Corte ha desarrollado en su jurisprudencia el concepto de daño material y ha establecido que éste supone la pérdida o detrimento de los ingresos de las víctimas, los gastos efectuados con motivo de los hechos y las consecuencias de carácter pecuniario que tengan un nexo causal con los hechos del caso[144].

124. De manera general, la *Comisión* solicitó que el Estado repare integralmente las violaciones de derechos humanos declaradas en su informe, tanto en el aspecto material como inmaterial, adoptando para ello medidas de compensación económica a favor del señor Patricio Roche Azaña y de sus padres.

125. El *representante* coincidió con lo solicitado por la Comisión. Además, ofreció un peritaje realizado por la perito judicial y arquitecta Ximena del Carmen Paredes Pacheco con el objetivo de respaldar sus solicitudes con respecto al daño material. En particular, dicho peritaje versó sobre el cálculo del daño emergente y el lucro cesante ocasionado por los hechos del presente caso, así como del daño inmaterial.

126. El *Estado* solicitó que se desestimara conceder la propuesta realizada por la Comisión. Asimismo, resaltó que en ocasiones anteriores la Corte se ha abstenido de decretar medidas de compensación por daños materiales, cuando los mismos no han sido suficientemente acreditado. Según indicó, ello sucedería en este caso en donde no se presentaron los documentos pertinentes que respalden el daño referido por la Comisión, razón por la cual afirmó que no aplica el pago por este rubro y manifestó su oposición total a las compensaciones económicas en el aspecto material. En sus alegatos finales escritos, el Estado señaló, con respecto al peritaje remitido por el representante y los cálculos realizados por la pérdida de tres propiedades a raíz del embargo y remate de las mismas, que el referido remate no fue derivado de los hechos denunciados, ya que el estado de insolvencia en que incurrieron fue previo a los sucesos del 14 de abril de 1996.

---

[144] Cfr. *Caso Bámaca Velásquez Vs. Guatemala. Reparaciones y Costas.* Sentencia de 22 de febrero de 2002. Serie C No. 91, párr. 43, y *Caso Azul Rojas Marín y otra Vs. Perú, supra*, párr. 256.

127. La *Corte* ha desarrollado en su jurisprudencia el concepto de daño material y los supuestos en que corresponde indemnizarlo. Este Tribunal ha establecido que el daño material abarca la pérdida o detrimento de los ingresos de las víctimas, los gastos efectuados con motivo de los hechos y las consecuencias de carácter pecuniario que tengan un nexo causal con los hechos del caso[145].

128. Con respecto al daño emergente solicitado, tras analizar los alegatos y el informe presentado por el representante, la Corte observa que no encuentra elementos suficientes para determinar un nexo causal entre los embargos realizados a las propiedades de la familia Roche Azaña y el daño causado por las violaciones declaradas en la presente Sentencia, toda vez que dichos embargos se realizaron con anterioridad a los hechos del presente caso, por lo que no resultan válidos para la determinación de la indemnización por daño material. No obstante lo anterior, la Corte considera que las violaciones acreditadas en la presenta Sentencia representaron gastos económicos a las víctimas. En consecuencia, el Tribunal estima que el Estado debe entregar, en equidad y respectivamente, la suma de USD$ 5,000 (cinco mil dólares de los Estados Unidos de América) a Patricio Fernando Roche Azaña, a José Fernando Roche Zhizhingo y a María Angelita Azaña Tenesaca. A la vista de que el señor José Fernando Roche Zhizhingo ya ha fallecido, la cantidad correspondiente deberá ser entregada a la señora María Angelita Azaña Tenesaca.

129. Con respecto al lucro cesante ocasionado por la muerte de Pedro Bacilio Roche Azaña, el Tribunal estima que el Estado debe entregar, en equidad, la suma total de USD$ 50,000 (cincuenta mil dólares de los Estados Unidos de América) a José Fernando Roche Zhizhingo y a María Angelita Azaña Tenesaca. A la vista de que el señor José Fernando Roche Zhizhingo ya ha fallecido, la cantidad correspondiente deberá ser entregada a la señora María Angelita Azaña Tenesaca.

F.2. Daño inmaterial

130. De manera general, la *Comisión* solicitó que el Estado repare integralmente las violaciones de derechos humanos declaradas en su informe en el aspecto inmaterial, a favor del señor Patricio Roche Azaña y de sus padres.

131. El *representante* coincidió con lo solicitado por la Comisión.

132. El *Estado* solicitó que se desestimara conceder la propuesta realizada por la Comisión. Asimismo, sostuvo que no debe ningún tipo de reparación pecuniaria por daño moral a ninguna de las supuestas víctimas, en tanto no se ha incurrido en ninguna de las situaciones que, según el criterio de la Corte, se requieren para establecer como evidente el daño. Al respecto, resaltaron que las evidencias expuestas revelan que las autoridades del Sistema de Justicia Penal llevaron todas las acciones necesarias de investigación y judicialización para que los hechos no quedaran en impunidad. Por último, alegaron que en el caso que la Corte concluya que se repare por daños inmateriales, el monto sea fijado con equidad.

133. La *Corte* ha establecido en su jurisprudencia que el daño inmaterial "puede comprender tanto los sufrimientos y las aflicciones causados por la violación como el menoscabo de valores muy significativos para las personas y cualquier alteración, de carácter no pecuniario, en las condiciones de existencia de las víctimas". Por otra parte, dado que no es posible asignar al daño inmaterial un equivalente monetario

---

[145] *Cfr. Caso Bámaca Velásquez Vs. Guatemala. Reparaciones y Costas, supra,* párr. 43, y *Caso Noguera y otra Vs. Paraguay, supra,* párr. 114.

preciso, sólo puede ser objeto de compensación, para los fines de la reparación integral a la víctima, mediante el pago de una cantidad de dinero o la entrega de bienes o servicios apreciables en dinero, que el Tribunal determine en aplicación razonable del arbitrio judicial y en términos de equidad[146].

134. Por ello, considerando las circunstancias del presente caso, las violaciones cometidas, los sufrimientos ocasionados y experimentados en diferentes grados y el tiempo transcurrido, el Tribunal pasa a fijar en equidad las indemnizaciones por daño inmaterial a favor de las víctimas.

135. En función de ello, la Corte ordena, en equidad, el pago de la suma de USD$ 80,000 (ochenta mil dólares de los Estados Unidos de América), por concepto de daño inmaterial en favor del señor Pedro Bacilio Roche Azaña y el pago de la suma de USD$ 65,000 (sesenta y cinco mil dólares de los Estados Unidos de América), por concepto de daño inmaterial en favor de Patricio Fernando Roche Azaña. La suma correspondiente al señor Pedro Bacilio Roche Azaña deberá ser entregada, en partes iguales, a María Angelita Azaña Tenesaca y a Patricio Fernando Roche Azaña.

136. Adicionalmente, en vista de las violaciones acreditadas en perjuicio de los padres de las víctimas, la Corte fija, en equidad, la suma de USD$ 15,000 (quince mil dólares de los Estados Unidos de América), respectivamente, a favor de María Angelita Azaña Tenesaca y de José Fernando Roche Zhizhingo, por concepto de daño inmaterial. A la vista de que el señor José Fernando Roche Zhizhingo ya ha fallecido, la cantidad correspondiente deberá ser entregada a María Angelita Azaña Tenesaca.

G. COSTAS Y GASTOS

137. La Corte observa que en el presente caso el representante no realizó ningún tipo de alegación ni petición específica a este respecto, por lo que el Tribunal considera que no es necesario que se pronuncie sobre este punto.

H. REINTEGRO DE LOS GASTOS AL FONDO DE ASISTENCIA LEGAL DE VÍCTIMAS DE LA CORTE INTERAMERICAna

138. En el 2008 la Asamblea General de la Organización de Estados Americanos creó el Fondo de Asistencia Legal del Sistema Interamericano de Derechos Humanos, con el "objeto [de] facilitar acceso al sistema interamericano de derechos humanos a aquellas personas que actualmente no tienen los recursos necesarios para llevar su caso al sistema"[147].

139. Mediante nota de Secretaría de la Corte de 8 de abril de 2020 se remitió un informe al Estado sobre las erogaciones efectuadas en aplicación del Fondo de Asistencia Legal de Víctimas en el presente caso, las cuales ascendieron a la suma de USD$ 3,188.10 (tres mil ciento ochenta y ocho dólares con diez centavos de los

---

[146] Cfr. Caso de los "Niños de la Calle" (Villagrán Morales y otros) Vs. Guatemala. Reparaciones y Costas. Sentencia de 26 de mayo de 2001. Serie C No. 77, párr. 84, y Caso Azul Rojas Marín y otra Vs. Perú, supra, párr. 261.
[147] AG/RES. 2426 (XXXVIII-O/08), Resolución adoptada por la Asamblea General de la OEA durante la celebración del XXXVIII Período Ordinario de Sesiones de la OEA, en la cuarta sesión plenaria, celebrada el 3 de junio de 2008, "Creación del Fondo de Asistencia Legal del Sistema Interamericano de Derechos Humanos", Punto Resolutivo 2.a), y CP/RES. 963 (1728/09), Resolución adoptada el 11 de noviembre de 2009 por el Consejo Permanente de la OEA, "Reglamento para el Funcionamiento del Fondo de Asistencia Legal del Sistema Interamericano de Derechos Humanos", artículo 1.1.

Estados Unidos de América) y, según lo dispuesto en el artículo 5 del Reglamento de la Corte sobre el Funcionamiento del referido Fondo, se otorgó un plazo para que Nicaragua presentara las observaciones que estimara pertinentes. El Estado presentó sus observaciones el 22 de abril de 2020, en las cuales manifestó que la suma total indicada la consideraba "dentro de lo razonable", señalando que cualquier otro gasto del Fondo distinto al señalado no sería "aceptable".

140. A la luz del artículo 5 del Reglamento del Fondo, en razón de las violaciones declaradas en la presente Sentencia y que se cumplió con los requisitos para acogerse al Fondo, la Corte ordena al Estado el reintegro a dicho Fondo de la cantidad de USD$ 3,188.10 (tres mil ciento ochenta y ocho dólares con diez centavos de los Estados Unidos de América) por concepto de los gastos necesarios realizados. Dicha cantidad deberá ser reintegrada en el plazo de seis meses, contados a partir de la notificación del presente Fallo.

I. MODALIDAD DE CUMPLIMIENTO DE LOS PAGOS ORDENADOS

141. El Estado deberá efectuar el pago de las indemnizaciones por concepto de rehabilitación, así como de daño material e inmaterial establecidos en la presente Sentencia, directamente a las personas indicadas en la misma, dentro del plazo de un año contado a partir de la notificación de la presente Sentencia, sin perjuicio de que pueda adelantar el pago completo en un plazo menor, en los términos de los siguientes párrafos.

142. En caso de que los beneficiarios hayan fallecido o fallezcan antes de que les sea entregada la cantidad respectiva, esta se entregará directamente a sus derechohabientes, conforme al derecho interno aplicable.

143. El Estado deberá cumplir con las obligaciones monetarias mediante el pago en dólares de los Estados Unidos de América o su equivalente en moneda nacional, utilizando para el cálculo respectivo el tipo de cambio que se encuentre vigente en la bolsa de Nueva York, Estados Unidos de América, el día anterior al pago.

144. Si por causas atribuibles a los beneficiarios de las indemnizaciones o a sus derechohabientes no fuese posible el pago de las cantidades determinadas dentro del plazo indicado, el Estado consignará dichos montos a su favor en una cuenta o certificado de depósito en una institución financiera nicaragüense solvente, en dólares de los Estados Unidos de América, y en las condiciones financieras más favorables que permitan la legislación y la práctica bancaria. Si no se reclama la indemnización correspondiente una vez transcurridos diez años, las cantidades serán devueltas al Estado con los intereses devengados.

145. Las cantidades asignadas en la presente Sentencia en concepto de rehabilitación, así como por indemnización por daños materiales e inmateriales deberán ser entregadas a las personas indicadas en forma íntegra, conforme a lo establecido en esta Sentencia, sin reducciones derivadas de eventuales cargas fiscales.

146. En caso de que el Estado incurriera en mora, incluyendo en el reintegro de los gastos al Fondo de Asistencia Legal de Víctimas, deberá pagar un interés sobre la cantidad adeudada correspondiente al interés bancario moratorio en la República de Nicaragua.

VIII
PUNTOS RESOLUTIVOS

147. Por tanto,

LA CORTE

DECLARA,

Por unanimidad que:

1. El Estado es responsable por la violación del derecho a la vida, consagrado en el artículo 4.1 de la Convención Americana sobre Derechos Humanos, en relación con los artículos 1.1 y 2 del mismo instrumento, en perjuicio del señor Pedro Bacilio Roche Azaña, en los términos de los párrafos 50 a 72 de la presente Sentencia.
2. El Estado es responsable por la violación del derecho a la integridad personal, consagrado en el artículo 5.1 de la Convención Americana sobre Derechos Humanos, en relación con los artículos 1.1 y 2 del mismo instrumento, en perjuicio del señor Patricio Fernando Roche Azaña, en los términos de los párrafos 50 a 72 de la presente Sentencia.
3. El Estado es responsable por la violación de los derechos a las garantías judiciales y a la protección judicial, consagrados en los artículos 8.1 y 25 de la Convención Americana sobre Derechos Humanos, en relación con el artículo 1.1 del mismo instrumento, en perjuicio del señor Patricio Fernando Roche Azaña, la señora María Angelita Azaña Tenesaca y el señor José Fernando Roche Zhizhingo, en los términos de los párrafos 84 a 94 de la presente Sentencia.
4. El Estado es responsable por la violación del derecho a la integridad personal, consagrado en el artículo 5.1 de la Convención Americana sobre Derechos Humanos, en relación con el artículo 1.1 del mismo instrumento, en perjuicio de la señora María Angelita Azaña Tenesaca y del señor José Fernando Roche Zhizhingo, en los términos de los párrafos 100 a 102 de la presente Sentencia.

Y DISPONE:

Por unanimidad, que:

5. Esta Sentencia constituye, por sí misma, una forma de reparación.
6. El Estado pagará las cantidades fijadas en el párrafo 115 de la presente Sentencia por concepto de rehabilitación.
7. El Estado realizará las publicaciones indicadas en el párrafo 118 de la presente Sentencia.
8. El Estado creará e implementará un plan de capacitación dirigido a miembros de la Policía Nacional de Nicaragua y del Ejército de Nicaragua sobre los estándares internacionales en materia de uso de la fuerza, así como respecto a los estándares internacionales de protección de los derechos de las personas en contexto de movilidad, de conformidad con lo señalado en el párrafo 122 de la presente Sentencia.
9. El Estado pagará las cantidades fijadas en los párrafos 128, 129, 135 y 136 de la presente Sentencia por concepto de indemnización por concepto de daño material e inmaterial.

10. El Estado reintegrará al Fondo de Asistencia Legal de Víctimas de la Corte Interamericana de Derechos Humanos la cantidad erogada durante la tramitación del presente caso, en los términos de los párrafos 140 y 146 de esta Sentencia.

11. El Estado, dentro del plazo de un año contado a partir de la notificación de esta Sentencia, rendirá al Tribunal un informe sobre las medidas adoptadas para cumplir con la misma, sin perjuicio de lo establecido en el párrafo 118 de la presente Sentencia.

12. La Corte supervisará el cumplimiento íntegro de esta Sentencia, en ejercicio de sus atribuciones y en cumplimiento de sus deberes conforme a la Convención Americana sobre Derechos Humanos, y dará por concluido el presente caso una vez que el Estado haya dado cabal cumplimiento a lo dispuesto en la misma.

Los Jueces Eugenio Raúl Zaffaroni y L. Patricio Pazmiño Freire dieron a conocer a la Corte sus votos individuales concurrentes, los cuales acompañan a la presente Sentencia.

Redactada en español en San José, Costa Rica, el 3 de junio de 2020. Corte IDH. *Caso Roche Azaña y otros Vs. Nicaragua*. Fondo y Reparaciones. Sentencia de 3 de junio de 2020.

Elizabeth Odio Benito
Presidenta

L. Patricio Pazmiño Freire   Eduardo Vio Grossi
Humberto Antonio Sierra Porto   Eduardo Ferrer Mac-Gregor Poisot
Eugenio Raúl Zaffaroni   Ricardo C. Pérez Manrique

Pablo Saavedra Alessandri
Secretario

Comuníquese y ejecútese,

Elizabeth Odio Benito
Presidenta

Pablo Saavedra Alessandri
Secretario

VOTO CONCURRENTE DEL
JUEZ L. PATRICIO PAZMIÑO FREIRE

I
INTRODUCCIÓN

1. La sentencia del caso *Roche Azaña y otros Vs Nicaragua* consolida y desarrolla los estándares relativos a los deberes de los Estados de garantizar los derechos de las personas migrantes a un acceso equitativo y efectivo a la justicia. La sentencia aborda el derecho a las garantías judiciales y a la protección judicial considerando la especial situación de vulnerabilidad en la que se encontraba el señor Patricio Fernando Roche Azaña. Se establece por primera vez la obligación general de los Estados "de asegurar que todas las personas que hayan sufrido abusos o violaciones de los derechos

humanos como resultado de las medidas de gobernanza de fronteras tengan un acceso equitativo y efectivo a la justicia, acceso a un recurso efectivo, a una reparación adecuada, efectiva y rápida del daño sufrido, así como a información pertinente sobre las violaciones de sus derechos y los mecanismos de reparación[1]".

2. El Tribunal consideró que la condición de migrante del señor Patricio Fernando Roche Azaña tuvo un impacto fundamental en su derecho a la participación en el proceso penal seguido contra los autores de los disparos realizados el 14 de abril de 1996, que dieron como resultado, entre otros, la muerte de su hemano y las heridas que él sufrió y por las que al día de hoy todavía presenta graves secuelas[2]. El Tribunal advirtió que "[e]l señor Patricio Fernando Roche Azaña se encontraba, por tanto, en una situación de desigualdad real debido a su estatus migratorio que obligaba al Estado a adoptar determinadas medidas especiales que contribuyeran a reducir o eliminar los obstáculos y deficiencias que impidieron la defensa eficaz de sus intereses por el mero hecho de ser migrante"[3]. Estas reflexiones y afirmaciones me confirmaron que tenía que votar favorablemente por el proyecto bajo deliberación.

3. El concepto "migrante" es un término sobre cuya definición y ámbito de aplicación no se ha alcanzado, al día de hoy, el necesario consenso, ni regional ni universal. Es por esta razón que desarrollo el presente voto para contribuir a una mayor precisión del concepto desde un enfoque y una hermenéutica garantista, expansiva e inclusiva, a la luz del Derecho Internacional de los Derechos Humanos y, en, particular, del principio *pro persona*, tal y como así lo prevé el artículo 29 de la Convención Americana sobre Derechos Humanos.

II
CONFIGURANDO LA CATEGORÍA "MIGRANTE":
UNA PROPUESTA INCLUSIVA

4. Actualmente, en el ámbito del derecho internacional público y del derecho internacional de los derechos humanos, no se encuentra una definición uniforme y consensuada para el término "migrante". Al contrario de otros conceptos relacionados con la movilidad – como puede ser el concepto de "refugiado", el cual viene claramente definido en la Convención sobre el Estatuto de los Refugiados del año 1951 y su Protocolo de 1967[4] o los conceptos de "trabajador migratorio" o "trabajador fronterizo" que vienen especificados en la Convención internacional sobre la protección de los derechos de todos los trabajadores migratorios y de sus familiares[5]; el concepto "migrante" no deriva de una fuente única y consensuada.

5. Según la Organización Internacional para las Migraciones (OIM), el concepto de migrante hace referencia a "toda persona que se traslada fuera de su lugar de residencia habitual, ya sea dentro de un país o a través de una frontera internacional,

---

[1] Párrafo 91.
[2] Párrafo 92.
[3] Párrafo 93.
[4] Lo anterior, sin perjuicio de la definición ampliada desarrollada por la Declaración de Cartagena sobre Refugiados, adoptada por el "Coloquio Sobre la Protección Internacional de los Refugiados en América Central, México y Panamá: Problemas Jurídicos y Humanitarios", celebrado en Cartagena, Colombia, del 19 al 22 de noviembre de 1984.
[5] Convención internacional sobre la protección de los derechos de todos los trabajadores migratorios y de sus familiares, Adoptada por la Asamblea General en su resolución 45/158, de 18 de diciembre de 1990.

de manera temporal o permanente, y por diversas razones"⁶. Dicha organización reconoce que el término es un "término genérico no definido en el derecho internacional"⁷.

6. El Departamento de Asuntos Económicos y Sociales de Naciones Unidas también señala que, al día de hoy, "no existe una definición formal" del concepto "migrante internacional", si bien la mayoría de expertos y expertas coincide que dicho término comprende a toda persona que abandona su país de residencia habitual, independientemente de la razón de su migración o su estatus legal"⁸. Las *Recomendaciones sobre estadísticas de las migraciones internacionales* de las Naciones Unidas definen al migrante internacional como cualquier persona que ha cambiado su país de residencia habitual, distinguiendo entre "migrante por corto plazo" y "migrante por largo plazo" (dependiendo de si el traslado es inferior o mayor a doce meses), excluyendo a las personas que se trasladan a dicho país "con fines de ocio, vacaciones, visitas a parientes y amigos, negocios, tratamiento médico o peregrinación religiosa"⁹.

7. Según la Oficina del Alto Comisionado de las Naciones Unidas para los Derechos Humanos, el término "migrante internacional" se refiere a cualquier persona que se encuentre fuera de un Estado del que sea ciudadano o nacional o, en el caso de las personas apátridas, de su Estado de nacimiento o residencia habitual. El término incluye a los migrantes que tienen la intención de trasladarse de forma permanente o temporal y tanto a los que se trasladan de manera regular o documentada como a los migrantes en situación irregular[10].

8. Probablemente, es en el ámbito internacional de la protección de los derechos laborales donde se ha producido un mayor desarrollo de los estándares de protección de las personas migrantes[11]. Así, tenemos la definición del término "migrante económico" o "trabajador migrante", el cual, según la Organización Internacional del

---

[6] OIM, Definición del a OIM del término "Migrante", disponible en: https://www.iom.int/es/quien-es-un-migrante Véase también, Glosario de términos de la OIM, el cual define el concepto de migrante como "[u]n término paraguas, no definido por el derecho internacional, el cual refleja el entendimiento común de una persona que se muda de su lugar de residencia habitual, ya sea dentro de un país o a través de una frontera internacional, temporal o permanentemente, y por una variedad de razones. El concepto incluye una serie de categorías legales de personas bien definidas, como los trabajadores migrantes; personas cuyos tipos particulares de movimientos están legalmente definidos, como las personas migrantes víctimas de tráfico ilícito; así como aquellos cuyo estatus o medios de movilidad no están específicamente definidos en el derecho internacional, como los estudiantes internacionales". International Migration Law, no. 34, 2019, Glossary on Migration, pág. 132, disponible aquí: https://publications.iom.int/system/files/pdf/iml_34_glossary.pdf

[7] *Idem*.

[8] Véase: https://refugeesmigrants.un.org/definitions y UN DESA, Recommendations on Statistics of International Migration, Revision 1 (1998) párr. 32.

[9] Departamento de Asuntos Económicos y Sociales, División de Estadística, Recomendaciones sobre estadísticas de las migraciones internacionales, ST/ESA_/STAT/SER.M/58/Rev.1, párrs. 33 a 37, disponible aquí: https://unstats.un.org/unsd/demographic-social/Standards-and-Methods/files/Principles_and_Recommendations/International-Migration/SeriesM_58rev1-S.pdf

[10] OHCHR, Principios y Directrices recomendados sobre los derechos humanos en las fronteras internacionales, párr. 10, nota al pie no.2, disponible en: https://www.ohchr.org/Documents/Issues/Migration/OHCHR_Recommended_Principles_Guidelines_SP.pdf

[11] Ver, a título de ejemplo, Convenio relativo a los trabajadores migrantes (No. 97), el Convenio sobre las migraciones en condiciones abusivas y la promoción de la igualdad de oportunidades y de trato de los trabajadores migrantes (No. 143), la Recomendación sobre los trabajadores migrantes (No. 86), la Recomendación sobre los trabajadores migrantes (No.151), el Convenio relativo al trabajo forzoso u obligatorio (No. 29) y el Convenio relativo a la abolición del trabajo forzoso (No. 105).

Trabajo (OIT) lo define como toda persona que emigra de un país a otro para ejercer un empleo por cuenta ajena, lo cual significa que dentro de esta definición no se incluye a los migrantes que ejercen actividades por cuenta propia. Contraria a esta tesis se encuentra lo indicado por la OIM, para quien el trabajador migrante o migrante de trabajo se refiere al migrante que llega al país de destino a desempeñar un trabajo por cuenta ajena; mientras que el migrante económico incluye al trabajador migrante por cuenta ajena y al trabajador migrante por cuenta propia, como pudiera ser un empresario/a, inversionista o viajero/a de negocios[12].

9. En la práctica actual, se advierte que existen dos tipos diferentes de aproximaciones al concepto objeto de estudio que dependen de la razón por la cual la persona abandona su país de residencia habitual. Así, desde una concepción – a mi juicio – *excluyente*, los migrantes son aquellas personas que han abandonado su lugar de residencia habitual por razones diferentes a las recogidas en la Convención sobre el Estatuto de los Refugiados[13]. No obstante lo anterior, nada obsta para que dicho término sea lo más incluyente posible, con el objetivo de no dejar a ninguna persona carente de la debida protección estatal o internacional.

10. El razonamiento de este voto quiere enfatizar en lo siguiente: considero innecesario e incluso contraproducente trazar una línea estricta entre lo que es el desplazamiento voluntario y el desplazamiento forzado de personas, puesto que podemos consentir que los motivos que dan lugar a la migración suelen ser multicausales y complejos, muy problemáticos para encasillarlos en una sola categoría. En consecuencia, podemos intentar avanzar en la configuración del concepto de migrante que incluya a toda persona que deja un Estado (voluntariamente o no), para trasladarse a otro, haya o no voluntad de establecerse en él. En concreto, una interpretación *inclusiva* del término haría referencia a toda persona que haya abandonado su lugar de residencia habitual, independientemente de su estado legal o de las razones que tuvo para ello, y se instalan en un país, bien de manera temporal, bien de manera permanente. Ahora bien, lo anterior no es un óbice para que, dentro de la categoría de migrante, el motivo por el que se abandona un país juegue un rol significativo a la hora de determinar el grado de protección (y, por tanto, de las obligaciones de los Estados) que se le debe otorgar a la persona migrante. Asimismo, esta conceptualización en nada impide que se pueda (y se deba) realizar un análisis interseccional de las diferentes situaciones de vulnerabilidad que se pueden producir.

11. Teniendo en cuenta la importancia del uso del lenguaje como creador de un imaginario colectivo, de otorgar forma y sentido a realidades específicas, también es relevante desechar la utilización de conceptos que de cierta manera deshumanizan, etiquetan y estigmatizan a la persona, tales como el concepto de "inmigrantes ilegales". Lo anterior no es un mero cumplimiento con los cánones de la corrección política, sino que también contribuye a dar forma a la percepción incluyente que debe tener la sociedad respecto de la población migrante.

---

[12] OIM, Glosario sobre migración, Derecho Internacional Sobre Migración, no. 7, disponible aquí: https://publications.iom.int/system/files/pdf/iml_7_sp.pdf

[13] Esto es, quien "debido a fundados temores de ser perseguida por motivos de raza, religión, nacionalidad, pertenencia a determinado grupo social u opiniones políticas, se encuentre fuera del país de su nacionalidad y no pueda o, a causa de dichos temores, no quiera acogerse a la protección de tal país; o que, careciendo de nacionalidad y hallándose, a consecuencia de tales acontecimientos, fuera del país donde antes tuviera su residencia habitual, no pueda o, a causa de dichos temores, no quiera regresar a él". *Cfr.* Convención sobre el estatuto de los refugiados, artículo 1.

12. La consecuencia de lo expuesto no es puramente teórica, sino que desde esa determinación y amplitud es de dónde emanan las obligaciones de los Estados en esta materia, los cuales han sido desarrollados por la Corte Interamericana de manera exhaustiva en multiplicidad de casos y opiniones consultivas, tal y como expondré a continuación.

III
EVOLUCIÓN DE LOS ESTÁNDARES INTERAMERICANOS DE PROTECCIÓN DE MIGRANTES

13. La obligación estatal de proteger a las personas migrantes emana del principio de igualdad y no discriminación, un principio que, tal y como ha declarado la Corte, "pertenece al *jus cogens*, puesto que sobre él descansa todo el andamiaje jurídico del orden público nacional e internacional y es un principio fundamental que permea todo ordenamiento jurídico"[14].

14. En lo que respecta a los estándares relativos a la protección específica que se debe otorgar a las personas migrantes, la jurisprudencia de la Corte ha contribuido de manera determinante al desarrollo de los mismos, habiendo evolucionado hacia una protección cada vez más integral y de carácter interseccional.

15. Ejemplo de lo anterior son las opiniones consultivas OC-16/99[15], OC-18/03[16] y OC-21/14[17]. En la OC-16/99, relativa al derecho a la información sobre la asistencia consultar, la Corte estableció, *inter alia*, una serie de estándares respecto al derecho del detenido extranjero a la información sobre la asistencia consular, la cual además debe ser brindada "en todo caso antes de que rinda su primera declaración ante la autoridad", y que su inobservancia en los casos en los que se imponga y ejecute la pena de muerte constituiría una privación arbitraria de la vida[18]. Asimismo, determinó ciertos deberes de los Estados con respecto a sus nacionales cuando están en el extranjero al indicar lo siguiente:

> De la lectura conjunta de los textos citados, se desprende que la Convención de Viena sobre Relaciones Consulares reconoce, como una función primordial del funcionario consular, el otorgamiento de asistencia al nacional del Estado que envía en la defensa de sus derechos ante las autoridades del Estado receptor. En este marco, la Corte estima que la norma que consagra la comunicación consular tiene un doble propósito: reconocer el *derecho de los Estados de asistir a sus nacionales* a través de las actuaciones del funcionario consular y, en forma paralela, reconocer *el derecho correlativo de que goza el nacional del Estado que envía para acceder al funcionario consular* con el fin de procurar dicha asistencia"[19].

---

[14] *Condición jurídica y derechos de los migrantes indocumentados.* Opinión Consultiva OC-18/03 de 17 de septiembre de 2003. Serie A No. 18, párr. 101.
[15] *El derecho a la información sobre la asistencia consular en el marco de las garantías del debido proceso legal.* Opinión Consultiva OC-16/99 de 1 de octubre de 1999. Serie A No. 16.
[16] *Condición jurídica y derechos de los migrantes indocumentados,* Opinión Consultiva OC-18/03, *supra*.
[17] *Derechos y garantías de niñas y niños en el contexto de la migración y/o en necesidad de protección internacional.* Opinión Consultiva OC-21/14 de 19 de agosto de 2014. Serie A No. 21.
[18] *El derecho a la información sobre la asistencia consular en el marco de las garantías del debido proceso legal.* Opinión Consultiva OC-16/99, *supra*, puntos resolutivos 1, 3 y 7.
[19] *Ibid.*, párr. 80. Énfasis añadido.

16. Como se puede ver, en esta oportunidad la Corte utilizó los términos "extranjero" y "nacional del Estado que envía" para hacer referencia a la persona migrante.

17. En la OC-18/03, relativa a la "Condición jurídica y derechos de los migrantes indocumentados", el Tribunal dejó sentado estándares importantes con respecto al estricto respeto que deben otorgar los Estados al principio de igualdad ante la ley e igual protección de la ley a favor de todas las personas, toda vez que son "elementos constitutivos de un principio básico y general relacionado con la protección de los derechos humanos"[20]. Además el Tribunal señaló que los Estados tienen la obligación de adoptar "medidas positivas" para remediar situaciones discriminatorias existentes en sus sociedades y que afectan de manera particular a personas en situación de vulnerabilidad[21]. El Tribunal puso énfasis en el hecho de que las personas migrantes se encuentran en una particular situación de vulnerabilidad y de desigualdad con respecto a los nacionales de un país, lo cual en la práctica ha conducido a que ambos grupos no gocen del mismo acceso a recursos públicos[22]. En esta ocasión la Corte hizo referencia al concepto de personas migrantes para referirse de manera "genérica" a las personas emigrantes (esto es, persona que deja un Estado con el propósito de trasladarse a otro y establecerse en él" y a las personas inmigrantes (persona que llega a otro Estado con el propósito de residir en él)[23]. El Tribunal procedió a establecer los estándares con respecto a las personas "migrantes", haciendo también referencia a los términos "extranjero" o "persona extranjera", así como a las personas "migrantes indocumentad[a]s" y a los "trabajadores migrantes indocumentados" o en situación irregular, si bien el grueso de los estándares fue sentado en torno a los conceptos de "migrante" y "trabajadores migrantes indocumentados".

18. Ha resultado de gran importancia el desarrollo jurisprudencial en materia de niñez migrante, lo que quedó establecido en la OC-21/14, donde la Corte fijó relevantes estándares, relativos a medidas de protección especial e integral para niños y niñas migrantes, garantías del debido proceso aplicables a procesos migratorios y ante medidas que impliquen la restricción o privación de libertad, así como para garantizar el derecho a buscar y recibir asilo o su derecho a la vida familiar. La Corte nuevamente hizo referencia al concepto de personas migrantes para referirse de manera "genérica" a las personas emigrantes y a las personas inmigrantes[24]. Asimismo, indicó lo siguiente:

> La migración internacional es un fenómeno complejo que puede involucrar a dos o más Estados, entre países de origen, de tránsito y de destino, tanto de migrantes como de solicitantes de asilo y refugiados. En este contexto y, en particular, de los *flujos migratorios mixtos que implican movimientos poblacionales de carácter diverso, las causas y características del traslado que emprenden niñas y niños* por aire, mar o *tierra hacia países distintos a los de su nacionalidad o residencia habitual pueden abarcar tanto personas que requieren de una protección internacional, como otras que se movilizan en busca de mejores oportunidades*

---

[20] *Condición jurídica y derechos de los migrantes indocumentados. Opinión Consultiva OC-18/03, supra*, párr. 83.
[21] *Ibid.*, párr. 104.
[22] *Ibid.*, párr. 112.
[23] *Ibid.*, párr. 69.
[24] *Derechos y garantías de niñas y niños en el contexto de la migración y/o en necesidad de protección internacional.* Opinión Consultiva OC-21/14, *supra*, párr.49.

por motivos de índole diversa, los cuales *pueden alterarse en el propio transcurso del proceso migratorio*. Esto hace que las necesidades y requerimientos de protección puedan variar ampliamente[25].

19. También se pueden destacar importantes decisiones, como el *Caso de las niñas Yean y Bosico Vs. República Dominicana*[26] donde el Tribunal determinó que "el estatus migratorio de una persona no puede ser condición para el otorgamiento de la nacionalidad por el Estado, ya que su calidad migratoria no puede constituir, de ninguna forma, una justificación para privarla del derecho a la nacionalidad ni del goce y ejercicio de sus derechos"[27], destacando, en este caso, la situación de discriminación que sufrían los niños y niñas de origen haitiano nacidos en el territorio de República Dominicana. La Corte hizo referencia fundamentalmente al término "migrante" y a la "persona extranjera" o "extranjero".

20. Otra sentencia relevante es la recaída en el caso *Velez Loor Vs. Panamá*[28], donde la Corte abordó, entre otros, la detención de personas migrantes en situación irregular, destacando la situación de vulnerabilidad en la que se encuentra este grupo de personas, influenciado además por la "existencia de prejuicios culturales acerca de los migrantes permiten la reproducción de las condiciones de vulnerabilidad, dificultando la integración de los migrantes a la sociedad"[29]. De manera relevante, el Tribunal destacó cómo la existencia de estos factores culturales influía en la falta de acceso efectivo a la justicia[30] y reiteró el deber de los Estados de adoptar medidas especiales para garantizar la protección de las personas migrantes[31] y, en particular, garantizar que "tengan la posibilidad de hacer valer sus derechos y defender sus intereses en forma efectiva y en condiciones de igualdad procesal con otros justiciables"[32].

21. Asimismo, también destaca la sentencia recaída en el caso *Familia Pacheco Tineo Vs. Bolivia*[33], en el cual la Corte continuó con el desarrollo del derecho a las garantías judiciales y protección judicial en casos de expulsión de "migrantes" y "solicitantes del estatuto de refugiados", haciendo referencia también a la "persona extranjera".

---

[25] *Ibid.*, párr. 36. Énfasis añadido.
[26] *Caso de las niñas Yean y Bosico Vs. República Dominicana.* Sentencia de 8 de septiembre de 2005. Serie C No. 130.
[27] *Ibid.*, párr. 156.
[28] *Caso Vélez Loor Vs. Panamá. Excepciones Preliminares, Fondo, Reparaciones y Costas.* Sentencia de 23 de noviembre de 2010. Serie C No. 218.
[29] *Ibid.*, párr. 98.
[30] *Idem.*
[31] *Ibid.*, párr. 99.
[32] *Ibid.* párr. 149.
[33] *Caso Familia Pacheco Tineo Vs. Bolivia. Excepciones Preliminares, Fondo, Reparaciones y Costas.* Sentencia de 25 de noviembre de 2013. Serie C No.

22. Por último, destaco los recientes pronunciamientos de la Corte en materia de protección de personas migrantes, relacionados con la Pandemia provocada por el Covid-19 y que necesariamente se relacionan con los derechos económicos, sociales, culturales y ambientales (DESCA), y, en particular, con el derecho a la salud. A este respecto el Tribunal, en su reciente Declaración 1/20 de 9 de abril de 2020[34], ha destacado el necesario énfasis que se debe poner sobre la protección que se debe otorgar a las personas migrantes en materia de DESCA y, en particular, sobre los derechos a la vida y a la salud, ha resaltado:

> Dada la naturaleza de la pandemia, los *derechos económicos, sociales, culturales y ambientales* deben ser garantizados *sin discriminación* a toda persona bajo la jurisdicción del Estado y, en especial, a aquellos grupos que son afectados de forma desproporcionada porque se encuentran *en situación de mayor vulnerabilidad*, como son las personas mayores, las niñas y los niños, las personas con discapacidad, *las personas migrantes*, los refugiados, los apátridas[35].
> En estos momentos, *especial énfasis* adquiere garantizar de manera oportuna y apropiada los *derechos a la vida y a la salud* de todas las personas bajo la jurisdicción del Estado sin discriminación alguna, incluyendo a los adultos mayores, *las personas migrantes, refugiadas y apátridas*, y los miembros de las comunidades indígenas"[36].

23. Fundamentos de esta declaración se han visto incorporados en la reciente resolución de medidas urgentes adoptadas por la Presidencia en el caso ya antes referido de *Vélez Loor Vs. Panamá*[37], donde, en el marco de la supervisión de la sentencia, y ante la irrupción de la pandemia de Covid-19 y el contagio de, al menos, 58 personas migrantes y varios funcionarios, la Presidenta de la Corte consideró que las condiciones de hacinamiento y atención de salud no cumplían con los estándares interamericanos y generaban una situación de extrema gravedad y urgencia que podría acarrear daños irreparables a los derechos a la salud, integridad personal y vida de las personas retenidas en la Estación de Recepción Migratoria La Peñita y en Laja Blanca. Bajo estas consideraciones, requirió al Estado de Panamá que adoptara "todas las medidas adecuadas para proteger efectivamente los derechos a la salud, integridad personal y vida de las personas" que se encuentran en los señalados centros de detención de personas migrantes.

IV
CONCLUSIÓN

24. La migración humana es un fenómeno inherente a los inicios de la historia de la humanidad. Se calcula que en 2015 había 244 millones de migrantes internacionales en todo el mundo (esto es, un 3,3% de la población mundial), lo que

---

[34] Declaración de la Corte Interamericana de Derechos Humanos 1/20, *"Covid-19 y Derechos Humanos: los problemas y desafíos deben ser abordados con perspectiva de derechos humanos y respetando las obligaciones internacionales"*, de 9 de abril de 2020, disponible aquí: http://www.corteidh.or.cr/docs/comunicados/cp_27_2020.pdf
[35] *Ibid.*
[36] Énfasis añadido.
[37] *Caso Vélez Loor Vs. Panamá. Medidas Provisionales. Adopción de Medidas Urgentes.* Resolución de la Presidenta de la Corte Interamericana de Derechos Humanos de 26 de mayo de 2020.

representó un incremento respecto de los 155 millones de migrantes estimados en el año 2000 (2,8% de la población mundial)[38]. Actualmente, según cifras del Departamento de Asuntos Económicos y Sociales (DAES) de la ONU[39], el flujo de personas migrantes internacionales asciende a 271,6 millones. Lo anterior equivale al 3,5% de la población total[40]. A día de hoy, es claro que este tipo de migración presenta una tendencia al alza que merece nuestra mayor atención.

25. Sin duda, uno de los mayores y universales desafíos es el continuo y masivo movimiento de personas entre países, un fenómeno que se ha visto exacerbado por la globalización y la socialización de la desigualdad que han exponenciado los alarmantes niveles de pobreza[41] y pobreza extrema[42], así como por los efectos catastróficos del cambio climático[43]. Estos factores, cuyos actuales límites y porcentajes seguramente serán sobrepasados por la crisis económica global que se deriva de la pandemia por Covid-19 que azota a nuestro planeta[44], aumentará la discrepancia entre la realidad social, azarosa y cambiante, con la indispensable adecuación y regulación normativa, así como por las posibilidades, oportunidades y desafíos para su legislación. Es por ello que resulta capital, y sobre todo urgente, contribuir, desde el foro jurisdiccional interamericano, con una reflexión jurídica y de derechos humanos, para vigorizar de una manera inclusiva y garantista, la renovada y cambiante realidad migrante, su naturaleza y ámbito de protección.

26. El fenómeno migratorio afecta a la totalidad de los Estados del planeta, ya sea como países de origen, tránsito y/o destino de las migraciones, y es una cuestión global que requiere de soluciones globales. La aproximación que se realiza desde el Derecho Internacional de los Derechos Humanos al fenómeno migratorio es insuficiente. Los debates políticos y legales sobre la regulación de la migración internacional tradicionalmente se han centrado en cuestiones como el control

---

[38] OIM, INFORME SOBRE LAS MIGRACIONES EN EL MUNDO 2018 https://publications.iom.int/system/files/pdf/wmr_2018_sp.pdf

[39] *Cfr.* Portal de datos mundiales sobre la migración, disponible aquí: https://migrationdataportal.org/es/data?i=stock_abs_&t=2019

[40] *Ibid.*

[41] Según datos de la CEPAL, "desde 2015 se ha venido observando en la región un aumento en los niveles de pobreza, y especialmente de pobreza extrema, aunque dicha tendencia perdió fuerza entre 2017 y 2018. Con todo, la pobreza total en 2018 superó en 2,3 puntos porcentuales a la registrada en 2014, lo que significa un aumento de alrededor de 21 millones de personas. La pobreza extrema creció 2,9 puntos porcentuales y aproximadamente 20 millones de personas entre 2014 y 2018". Comisión Económica para América Latina y el Caribe (CEPAL), "Panorama Social de América Latina", Ed. 2019, pág. 96, disponible aquí: https://repositorio.cepal.org/bitstream/handle/11362/44969/5/S1901133_es.pdf

[42] Según datos de la CEPAL, se "[e]n 2018, alrededor del 30,1% de la población regional estaba bajo la línea de pobreza, mientras que un 10,7% se encontraba bajo el umbral de la pobreza extrema. Esto significa que aproximadamente 185 millones de personas se encontraban en situación de pobreza, de las cuales 66 millones estaban en situación de pobreza extrema. Comisión Económica para América Latina y el Caribe (CEPAL), "Panorama Social de América Latina", Ed. 2019, pág. 17, disponible aquí: https://repositorio.cepal.org/bitstream/handle/11362/44969/5/S1901133_es.pdf

[43] Existe un reconocimiento académico internacional en torno a la idea de que las condiciones medioambientales, las cuales incluyen el cambio climático, influyen en los flujos de migración. Para más información al respecto, ver: Organización Internacional para las Migraciones, *Climate change, migration and critical international security considerations*, No. 42, año 2011, disponible aquí: https://publications.iom.int/es/system/files/pdf/mrs42.pdf

[44] Según datos del Banco Mundial, debido a la irrupción de la pandemia mundial por Covid-19 se prevé que la economía mundial se reduzca un 5,2% en el año 2020, lo cual significaría "la peor recesión desde la Segunda Guerra Mundial, y la primera vez desde 1870 en que tantas economías experimentarían una disminución del producto per cápita". Banco Mundial, *Global Economic Prospects*, Junio de 2020, disponible aquí: https://www.bancomundial.org/es/publication/global-economic-prospects

fronterizo, bajo un relato y terminología que normaliza en la sociedad una "lógica" belicista del "enemigo", del "hostil" y, por ello, la acción gubernamental en fronteras, además de estar socialmente aceptada, es percibida como una acción de protección a los nacionales de un Estado, al estar íntimamente ligada a la fórmula "para combatir", bien sea: el tráfico de drogas, el crimen organizado, la trata de personas, los "indocumentados" *etc*...., y, claro, en ese contexto de "guerra", siempre habrá víctimas directas o "colaterales" donde poco importan los derechos de los involucrados como actores sustantivos del drama, *ergo*: las mujeres, niñas, hombres, niños, ancianas y ancianos. Por lo expuesto, la aproximación que se realiza desde los países hacia la regulación de la migración requiere de una reformulación ontológica que supere la percepción del otro como un "enemigo" o "irregular", cuando no "ilegal", para acercarle a una percepción de que la migración la componen personas humanas que, por multicausalidades, se ven en situación de movilidad forzada y en tal condición son sujetos, por su puesto de obligaciones, pero igualmente, portadores de derechos consustanciales a su condición humana.

27. En este sentido, es laudable y no menos importante, ratificar en este voto, y ser coincidente, como ya lo he manifestado públicamente en pronunciamientos y decisiones de la Corte relacionados con los derechos económicos, sociales, culturales y ambientales, la imperiosa reivindicación jurisdiccional de la obligación internacional que asumen los Estados parte del sistema interamericano que han suscrito y ratificado voluntariamente compromisos internacionales, sin reservas, para reconocer, acatar, aplicar e implementar de manera progresiva pero activa y eficaz la Agenda 2030 de Desarrollo Sostenible[45], y, de manera particular y especial, para el caso que nos ocupa, los 11 de los 17 Objetivos de Desarrollo Sostenible, con las metas e indicadores relacionados con la migración o el desplazamiento, donde se comprometen a cumplir con la meta 10.7 que estipula como objetivo para el 2030: "Facilitar la migración y la movilidad ordenadas, seguras, regulares y responsables de las personas, incluso mediante la aplicación de políticas migratorias planificadas y bien gestionadas".

28. En conclusión, se torna imperativo realizar una aproximación desde la hermenéutica garantista, progresiva y de carácter conglobada para ampliar y precisar el contenido de la noción: "migrante", la cual, desde mi perspectiva, debe entenderse como una categoría de contenido abierto no restrictivo y que incorpora a toda persona humana que, independientemente de la razón, causa, motivo o circunstancia, abandona su país de origen o nacionalidad, donde mantiene su residencia habitual, de forma temporal o permanente, con independencia de su estatus legal. Esta caracterización no implica que se homogenizan los deberes y obligaciones de los estados frente a las personas migrantes, puesto que, y conforme lo ha precisado esta Corte, es permisible y razonable que el Estado otorgue un trato diferenciado y adaptado a las distintas situaciones de vulnerabilidad en que se encuentre la persona migrante, siempre que se acredite y justifique debidamente que ese trato sea razonable, objetivo, proporcional y no lesione los derechos humanos[46]. Como un resultado directo que viene de la mano de esta caracterización amplia de la noción de "migrante", se desprende además la ineludible obligación que los Estados tienen para prevenir y garantizar los derechos humanos de sus connacionales, más allá de sus límites territoriales, independientemente de su situación y estatus legal, ejerciendo de

---

[45] Disponible aquí: https://www.un.org/sustainabledevelopment/es/development-agenda/
[46] Cfr. *Condición Jurídica y Derechos de los Migrantes Indocumentados.* Opinión Consultiva OC-18/03, *supra*, párr. 119 y 121, y *Caso Vélez Loor Vs. Panamá, supra*, párr. 248.

manera eficaz los principios universales de la cooperación y reciprocidad internacional a la luz del multilateralismo y un enfoque de interseccionalidad, en concordancia con los estándares que dimanan del Derecho Internacional de los Derechos Humanos.

L. Patricio Pazmiño Freire
Juez

Pablo Saavedra Alessandri
Secretario

VOTO CONCURRENTE DEL
JUEZ EUGENIO RAÚL ZAFFARONI

Entiendo que en el presente caso corresponde recalcar que la responsabilidad internacional del Estado en cuanto a la violación del Derecho Humano a la vida, no surge del mero resultado de las acciones de sus agentes en la supuesta aplicación de la fuerza de las armas de guerra suministradas por el propio Estado, sino de la posterior y arbitraria impunidad de éstos.

En efecto, un resultado de impunidad podría haber tenido lugar en un proceso regular y por efecto de alguna eximente, como por ejemplo, fundada en la existencia de un brote psicótico o cualquier otra grave perturbación de la consciencia de un agente armado estatal – imprevisible o muy difícil de prever – y que, mediando las correspondientes reparaciones civiles, no sería susceptible de generar ningún injusto desde la perspectiva del derecho internacional de los Derechos Humanos, lo que obviamente, no es el caso presente. Por completo diferente es este supuesto de cualquier otro de impunidad arbitraria o carente de explicación razonable.

Es claro que es primario deber internacional de todo Estado miembro de la CADH garantizar la vida de sus habitantes, sean permanentes o transeúntes, nacionales o extranjeros, documentados o indocumentados, o sea, de toda persona que se encuentre en su territorio y, por ende y conforme al principio de territorialidad, se le impone aplicar su ley penal a todo sujeto activo que incurra en la conducta de dar muerte a otro, es decir, de investigar y en su caso sancionar todo delito de homicidio doloso o culposo, sin que le sea permitido proceder a una selección arbitraria de casos, en especial cuando se trata de alta probabilidad de responsabilidad de sus propios funcionarios.

Como se ha decidido en reiteradas ocasiones por esta Corte, es deber del Estado agotar los recursos para investigar y sancionar los delitos cometidos en su territorio y que afectan bienes jurídicos que, desde la perspectiva del derecho internacional de los Derechos Humanos, sean también derechos cuya protección le impone la CADH.

Cada Estado, en su derecho penal – derecho interno – exige que todo delito ofenda por lesión o por peligro un bien jurídico – conforme al principio de lesividad u ofensividad –, pero desde la perspectiva internacional, sólo la ofensa a algunos de estos bienes jurídicos exige el ejercicio del poder punitivo del Estado.

Así, sería muy difícil considerar que la impunidad de un delito contra la tranquilidad pública o de un libramiento de cheque sin provisión de fondos, pudiese generar responsabilidad internacional del Estado. Pero es obvio que algunos bienes jurídicos del derecho interno son también un Derecho Humano que

internacionalmente el Estado tiene la obligación de garantizar, lo que, en caso de lesión, le genera el deber internacional de investigar y en su caso penar.

En reiteradas ocasiones y no sólo respecto del derecho a la vida, sino de lesión a otros bienes jurídicos del derecho penal interno y a la vez objeto de tutela internacional como Derecho Humano, esta Corte se ha pronunciado de este modo para establecer la responsabilidad internacional del Estado, en particular en casos en que la impunidad recae sobre sujetos activos que son agentes del propio Estado.

Así en el caso *Mujeres Víctimas de Tortura Sexual en Atenco Vs. México.* (Excepción Preliminar, Fondo, Reparaciones y Costas. Sentencia de 28 de noviembre de 2018. Serie C No. 371), incluso admitiendo que la impunidad hubiese tenido lugar respecto de conductas por negligencia o imprudencia.

En el referido caso y respecto de la posible responsabilidad penal de sus agentes en la cadena de mandos, esta Corte ha dicho: "Esta Corte no es un tribunal penal, pero no puede pasar por alto que la omisión del Estado respecto de la cadena de mando hubiese debido investigarse en función de las noticias que hubiesen llegado a las autoridades superiores, no sólo en el caso en que eventualmente se hubiese hecho caso omiso de éstas y se hubiese aceptado la posibilidad del resultado (dolo eventual), sino también ante la posibilidad de que éstas se hubiesen subestimado rechazando la posibilidad de ese resultado (culpa con representación). Por otra parte, esta última variable de responsabilidad penal no podía descartarse por el Estado, puesto que, dadas las características de las agresiones sexuales, que no fueron cometidas por un individuo aislado, sino en grupo, resulta manifiesto que las fuerzas de seguridad que operaron en el operativo carecían del más elemental y debido entrenamiento, lo que en cualquier policía debidamente organizada y disciplinada jamás hubiese permitido la comisión de tan aberrantes delitos por parte de una pluralidad de sus agentes".

La responsabilidad internacional del Estado no surge de la mera producción de resultados, por graves que fuesen, y tampoco necesariamente de la comisión de los delitos, sino de la impunidad de éstos, cuando es arbitrariamente selectiva y afectan bienes jurídicos internos pero que también son Derechos Humanos que el Estado está obligado internacionalmente a garantizar.

Los delitos bien pueden haber sido cometidos por personas no vinculadas al Estado, pero la lesión al derecho humano a la vida, desde la perspectiva internacional, consiste precisamente en la impunidad de estos delitos cuando el Estado haya tenido la posibilidad material de investigarlos y penarlos.

A ese efecto, es obvio recalcar que es de toda lógica que, para que para que esta Corte haga responsable a un Estado por impunidad, o sea, por omisión de investigación y, en su caso, punición de una lesión de un Derecho Humano, debe establecerse en su sentencia la muy alta probabilidad de la existencia de una materia punible en el derecho interno de cada Estado.

Materia de punición no puede ser otra cosa que una conducta humana, habida cuenta de que los meros hechos de la naturaleza o del azar no son punibles. Por ende, debe establecer la muy alta probabilidad de la existencia de una "conducta punible" que, como es sabido, es la definición más formal y simple de delito.

En el presente caso, respecto de la impunidad que hace internacionalmente responsable al Estado, se plantea una situación mucho más clara que en el antes citado y en el que con meridiana claridad se expidió esta Corte.

En el caso *sub examine* se trata de disparos efectuados con armas de guerra contra un vehículo en movimiento y a la altura de las personas que se hallaban en su interior. La alegación de que se ignoraba si había o no personas en su interior no resulta

relevante para ningún juez racional conforme a los principios de la sana crítica. En cualquier supuesto, los agentes armados del Estado dispararon armas de guerra contra un vehículo que, al menos, sabían que no era un autómata, sino que estaba conducido por una persona, aunque no haya sufrido ésta las consecuencias de los disparos. El resultado de muerte y lesiones no se produjo por azar, sino que está causalmente vinculado a la acción de disparar. Aun suponiendo que por los vidrios polarizados no fuese visible la presencia de otros seres humanos en el vehículo, no por eso los agentes del Estado podían descartar la posibilidad de su presencia.

En términos jurídicos, no discutidos doctrinaria y jurisprudencialmente en ninguno de nuestros países, se considera que el dolo de homicidio no se agota en la voluntad directa de matar, sino incluso cuando se actúa a costa y aceptando la posibilidad de producción del resultado, es decir, cuando se lo hace con dolo eventual, como puede suceder en casos de tortura, en que no se desea la muerte del torturado sino sólo su dolor, pero se actúa a costa de su producción.

Pese a que todo indica que en el caso lo que con alta probabilidad ha quedado impune es un delito de homicidio y lesiones dolosas, incluso aceptando *ad argumentationem* la hipótesis de que no hubiese mediado dolo, no cabe la menor duda acerca de que la conducta de disparar a la altura de los pasajeros contra un vehículo sin saber si hay o no más personas en su interior, constituye una imprudencia temeraria que, al menos configura homicidio y lesiones culposas en cualquier legislación penal de nuestros países, hipótesis de responsabilidad culposa que específicamente se tuvo en cuenta también en la sentencia de esta Corte antes citada.

Entiendo, en consecuencia, que la responsabilidad internacional del Estado surge aquí de omisión de investigar y en su caso sancionar a los autores del muy probable delito de homicidio y lesiones, dolosas o culposas, cometido por sus agentes en funciones, delitos que lesionan el bien jurídico vida e integridad física, de los que, conforme a la CADH no puede ser privada arbitrariamente ninguna persona.

Queda claro que esta Corte no condena ni exige la condena penal de los sujetos activos, sino que ante la *notitia criminis* que consta en las actuaciones ante el Tribunal, éste requiere que se haya investigado y, sólo si correspondiese condenado, por lo que *prima facie* ante esto estrados aparece como un posible delito.

Bien puede suceder, entre otros supuestos, que los sujetos activos no fuesen condenados por haberse verificado en juicio, como en el antes mencionado ejemplo, supuestos de inimputabilidad que reconocen todas nuestras legislaciones vigentes. La Corte incurriría en una gravísima contradicción si impusiese a los Estados el deber de condenar en cualquier caso, puesto que condenar a un incapaz, sería a su vez una violación de Derechos Humanos.

En consecuencia, se limita a constatar la alta posibilidad de estar en presencia de un delito impune, constatación que en el caso *sub judice* exige que se trate de una conducta que todas las legislaciones califican típicamente como homicidio cometida dolosa o culposamente.

Mal podría esta Corte, como se señala en la sentencia citada antes, entender que el Estado incurrió en una lesión al derecho a la vida por impunidad si ésta no correspondiese con alta probabilidad a un delito que hubiese debido ser penado por responder a dolo o culpa de sus agentes, puesto que de no precisar esta posibilidad, la Corte estaría admitiendo la eventual punición a título de la llamada "responsabilidad objetiva", que es una forma de imputación que repugna a la dignidad humana y a la propia condición de la persona como ente con conciencia moral.

Dicho de manera sintética: para responsabilizar al Estado por impunidad, ésta debe ser necesariamente la "impunidad de un delito", que es lo único "punible", y no hay delito que no sea doloso o culposo, no siendo suficiente tener por establecida una pura relación de causalidad con el resultado letal, dado que, conforme a la propia CADH, es inadmisible el puro *versari in re illicita*.

En conclusión: sin considerar la presencia de dolo o culpa, no es posible desde el plano internacional hablar de "impunidad" como omisión violatoria de Derechos Humanos por parte de un Estado.

Las razones de la impunidad, sea por defectos de su sistema procesal al tiempo vigente, por irregular aplicación de éste o por cualquier otra razón que no fuese la imposibilidad material de hacer efectiva la punición, poco interesan al caso, puesto que, en definitiva, los sujetos activos de lo que con altísima probabilidad fue un homicidio doloso – y en el mejor de los casos culposo – quedaron impunes sin que se diese explicación razonable alguna de ello, es decir, que tuvo lugar una impunidad arbitraria.

Para tener por acreditada la responsabilidad internacional del Estado en el presente caso, es suficiente con verificar que medió la alta probabilidad de comisión de un delito de homicidio y lesiones por parte de sus agentes, muy posiblemente doloso y en el mejor de los casos culposamente temerario, y que el Estado tuvo la posibilidad de sancionarlo y no lo hizo, sin dar razón suficiente de la impunidad.

A mi juicio esta es la impunidad que se señala en esta misma sentencia como violatoria del Derecho Humano a la vida y a la integridad física, que representa al mismo tiempo el incumplimiento estatal de la obligación impuesta por el derecho internacional de garantizar la vida de toda persona, al que se vincula el Estado en función de su condición de parte de la CADH.

Con estos fundamentos coincidí en lo decidido respecto de la violación al Derecho Humano a la vida, tal como se señala en el correspondiente punto resolutivo de la presente sentencia.

Así lo voto.

Eugenio Raúl Zaffaroni
Juez

Pablo Saavedra Alessandri
Secretario

7. CASO SPOLTORE VS. ARGENTINA
Sentencia de 9 de junio de 2020
(*Excepción Preliminar, Fondo, Reparaciones y Costas*)

En el caso *Spoltore Vs. Argentina*,

la Corte Interamericana de Derechos Humanos (en adelante "la Corte Interamericana", "la Corte" o "este Tribunal"), integrada por los siguientes jueces[*]:

Elizabeth Odio Benito, Presidenta
L. Patricio Pazmiño Freire, Vicepresidente;
Eduardo Vio Grossi, Juez;
Humberto Antonio Sierra Porto, Juez;
Eduardo Ferrer Mac-Gregor Poisot, Juez, y
Ricardo Pérez Manrique, Juez,

presente además,

Pablo Saavedra Alessandri, Secretario,

de conformidad con los artículos 62.3 y 63.1 de la Convención Americana sobre Derechos Humanos (en adelante "la Convención Americana" o "la Convención") y con los artículos 31, 32, 42, 65 y 67 del Reglamento de la Corte (en adelante "el Reglamento" o "Reglamento de la Corte"), dicta la presente Sentencia que se estructura en el siguiente orden:

ÍNDICE

	Párr.
I. INTRODUCCIÓN DE LA CAUSA Y OBJETO DE LA CONTROVERSIA	1
II. PROCEDIMIENTO ANTE LA CORTE	6
III. COMPETENCIA	16
IV. EXCEPCIÓN PRELIMINAR	
A. Alegatos de las partes y de la Comisión	17
B. Consideraciones de la Corte	21
B.1. La presentación de la excepción en el momento procesal oportuno	25
B.2. La existencia de recursos idóneos y efectivos para agotar la jurisdicción interna	29
V. RECONOCIMIENTO PARCIAL DE RESPONSABILIDAD INTERNACIONAL	
A. Observaciones de las partes y de la Comisión	36
B. Consideraciones de la Corte	39
B.1. En cuanto a los hechos	40
B.2. En cuanto a las pretensiones de derecho	41

---

[*] El Juez Eugenio Raúl Zaffaroni, de nacionalidad argentina, no participó en la tramitación del presente caso ni en la deliberación y firma de esta Sentencia, de conformidad con lo dispuesto en los artículos 19.1 y 19.2 del Reglamento de la Corte.

B.3. En cuanto a las reparaciones 43
B.4. Valoración del reconocimiento parcial de responsabilidad 44

VI. CONSIDERACIÓN PREVIA
A. Alegatos de las partes y de la Comisión 47
B. Consideraciones de la Corte 50

VII. PRUEBA
A. Admisión de prueba documental 53
B. Admisibilidad de la prueba testimonial y pericial 61

VIII. HECHOS 66
A. Situación laboral del señor Victorio Spoltore 67
B. Sobre el proceso judicial iniciado por el señor Spoltore 69
C. Denuncia disciplinaria 76

IX. FONDO 77
IX-1. DERECHO A CONDICIONES DE TRABAJO EQUITATIVAS Y SATISFACTORIAS QUE ASEGUREN LA SALUD DEL TRABAJADOR, EN RELACIÓN CON EL ACCESO A LA JUSTICIA
A. Alegatos de las partes y la Comisión 79
B. Consideraciones de la Corte 82
  B.1. El derecho a condiciones de trabajo equitativas y satisfactorias que aseguren la salud del trabajador 84
  B.2. El contenido del derecho a condiciones de trabajo equitativas y satisfactorias que aseguren la salud del trabajador 89
  B.3. La afectación del derecho a condiciones de trabajo equitativas y satisfactorias que aseguren la salud del trabajador en el caso concreto ... 101

IX-2. DERECHO A RECURRIR DEL FALLO
A. Alegatos de las partes y de la Comisión 103
B. Consideraciones de la Corte 104

X. REPARACIONES 106
A. Parte lesionada 108
B. Medida de satisfacción 109
C. Indemnizaciones compensatorias 111
  C.1. Daño material 114
  C.2. Daño inmaterial 117
D. Otras medidas solicitadas 121
E. Costas y gastos 123
F. Reintegro de los gastos al Fondo de Asistencia Legal de Víctimas 125
G. Modalidad de cumplimiento de los pagos ordenados 129

XI. PUNTOS RESOLUTIVOS 135

Voto concurrente del Juez L. Patricio Pazmiño Freire .... pág. 1678
Voto concurrente del Juez Eduardo Ferrer Mac-Gregor Poisot .... pág. 1680
Voto disidente del Juez Eduardo Vio Grossi .... pág. 1696
Voto disidente del Juez Humberto Antonio Sierra Porto .... pág. 1701
Voto disidente del Juez Ricardo Pérez Manrique .... pág. 1704

I
INTRODUCCIÓN DE LA CAUSA Y OBJETO DE LA CONTROVERSIA

1. *El caso sometido a la Corte.* El 23 de enero de 2019 la Comisión Interamericana de Derechos Humanos (en adelante "la Comisión Interamericana" o "la Comisión") sometió a la jurisdicción de la Corte el caso *Victorio Spoltore respecto a la República Argentina* (en adelante "el Estado", "el Estado argentino" o "Argentina"). La Comisión señaló que el caso se relaciona "con la demora y denegación de justicia de Victorio Spoltore en el contexto de un proceso laboral derivado de la demanda por indemnización emergente de enfermedad profesional contra la empresa" privada donde trabajaba[1]. Dicho proceso "tuvo una duración de 12 años, 1 mes y 16 días". La Comisión "concluyó que el plazo […] que tardó el reclamo judicial de indemnización interpuesto por el señor Spoltore en el ámbito laboral, no fue debidamente justificado por el Estado y, por lo tanto, fue excesivo y violatorio de la garantía de plazo razonable". Asimismo, indicó que "debido a lo anterior, dicho proceso no constituyó un recurso efectivo para el señor Spoltore". En virtud de ello, la Comisión concluyó "que el Estado argentino es responsable por la violación de los derechos establecidos en los artículos 8.1 y 25.1 de la Convención Americana sobre Derechos Humanos, en relación con las obligaciones establecidas en el artículo 1.1 del mismo instrumento" en perjuicio de Victorio Spoltore, hoy fallecido.

2. *Trámite ante la Comisión.* El trámite ante la Comisión fue el siguiente:

a) Petición. El 11 de septiembre de 2000 el señor Victorio Spoltore presentó la petición inicial.
b) Informe de Admisibilidad. El 25 de junio de 2008 la Comisión aprobó el Informe de Admisibilidad No. 65/08, en el que concluyó que la petición era admisible.
c) Informe de Fondo. El 5 de julio de 2017 la Comisión aprobó el Informe de Fondo No. 74/17, en el cual llegó a una serie de conclusiones[2] y formuló varias recomendaciones al Estado.

3. *Notificación al Estado.* El Informe de Fondo fue notificado al Estado el 23 de agosto de 2017, otorgándole un plazo de dos meses para informar sobre el cumplimiento de las recomendaciones. El Estado solicitó siete prórrogas, y la Comisión otorgó seis de estas. La Comisión consideró que, si bien "existía algún avance en relación con el cumplimiento de sus obligaciones internacionales respecto del plazo razonable de los procesos laborales con la Reforma de la Justicia Laboral en noviembre de 2018", el Estado no había dado un "cumplimiento efectivo en relación con el aspecto indemnizatorio de las recomendaciones". Por lo expuesto, la Comisión decidió no otorgar la última solicitud de prórroga.

4. *Sometimiento a la Corte.* El 23 de enero de 2019 la Comisión sometió el presente caso a la Corte debido a "la necesidad de obtención de justicia y

---

[1] El señor Spoltore sufrió un infarto el 14 de mayo de 1984 y un segundo infarto el 11 de mayo de 1986.
[2] La Comisión concluyó que el Estado es responsable por la violación de los derechos a las garantías judiciales y protección judicial establecidos en los artículos 8.1 y 25.1 de la Convención Americana, en relación con las obligaciones establecidas en el artículo 1.1 del mismo instrumento, en perjuicio del señor Victorio Spoltore.

reparación"³. Este Tribunal nota con preocupación que, entre la presentación de la petición inicial ante la Comisión y el sometimiento del caso ante la Corte, han transcurrido más de 18 años.

5. *Solicitudes de la Comisión*. Con base en lo anterior, la Comisión Interamericana solicitó a este Tribunal que concluyera y declarara la responsabilidad internacional del Estado por las violaciones contendidas en su Informe de Fondo y se ordenara al Estado, como medidas de reparación, aquellas incluidas en dicho informe.

II
PROCEDIMIENTO ANTE LA CORTE

6. *Notificación al Estado y a los representantes*. El sometimiento del caso fue notificado al Estado y a los representantes el 22 de febrero de 2019.

7. *Escrito de solicitudes, argumentos y pruebas*. El 25 de abril de 2019 el Colectivo de Derechos Humanos Yopoi (en adelante "los representantes") presentó su escrito de solicitudes, argumentos y pruebas (en adelante "escrito de solicitudes y argumentos"), conforme a los artículos 25 y 40 del Reglamento de la Corte. Los representantes coincidieron con lo alegado por la Comisión, agregando que el Estado también era responsable por la violación de los derechos a la integridad personal (artículo 5.1 de la Convención), a gozar de condiciones dignas y satisfactorias de trabajo y al disfrute del más alto nivel posible de salud física y mental (artículo 26 de la Convención), así como a recurrir del fallo y el deber de adoptar disposiciones de derecho interno (artículo 8.2.h) de la Convención, en relación con los artículos 1.1 y 2 del mismo instrumento). Por otro lado, solicitaron a la Corte la inclusión de los familiares del señor Spoltore como presuntas víctimas del caso, alegando la violación de su derecho a la integridad personal (artículo 5.1 de la Convención). Asimismo, los representantes solicitaron que se ordenara al Estado adoptar diversas medidas de reparación y el reintegro de determinadas costas y gastos.

8. *Escrito de contestación*. El 3 de julio de 2019 el Estado presentó ante la Corte su escrito de excepción preliminar y contestación al sometimiento del caso por parte de la Comisión, así como sus observaciones al escrito de solicitudes y argumentos (en adelante "escrito de contestación"). En dicho escrito, el Estado interpuso la excepción preliminar de falta de agotamiento de los recursos internos, oponiéndose a las violaciones alegadas y a las solicitudes de medidas de reparación de la Comisión y los representantes.

9. *Observaciones a la excepción preliminar*. El 19 de septiembre de 2019 los representantes y la Comisión presentaron sus observaciones a la excepción preliminar.

10. *Audiencia Pública*. Mediante Resolución de 16 de diciembre de 2019, la Presidencia convocó a las partes y a la Comisión a la celebración de una audiencia pública, para escuchar sus alegatos y observaciones finales orales sobre la excepción preliminar y eventuales fondo, reparaciones y costas⁴. Asimismo, se convocó a declarar en la audiencia pública a una testigo, y se ordenó recibir la declaración rendida ante fedatario público (afidávit) de dos testigos y un perito. La Resolución

---

³ La Comisión designó como sus delegados al Comisionado Luis Ernesto Vargas Silva, y al Secretario Ejecutivo Paulo Abrão. Asimismo, designó como asesores legales a Silvia Serrano Guzmán y Piero Vásquez Agüero, entonces abogados de la Secretaría Ejecutiva.

⁴ *Cfr. Caso Spoltore Vs. Argentina. Convocatoria a Audiencia*. Resolución del Presidente de la Corte Interamericana de Derechos Humanos de 16 de diciembre de 2019. Disponible en: http://www.corteidh.or.cr/docs/asuntos/spoltore_16_12_19.pdf

también ordenó al Estado la aportación de determinada prueba documental, de conformidad con el artículo 58 del Reglamento de la Corte. El 8 de enero de 2020 los representantes solicitaron la sustitución de la declaración ante fedatario público del perito Mariano Rey. El Estado presentó sus observaciones sobre dicha solicitud el 13 de enero de 2020. Mediante Resolución de la Corte de 27 de enero de 2020, se decidió acoger parcialmente la solicitud de los representantes, ordenando la sustitución de la declaración del perito Mariano Rey por la declaración de la perita Cintia Oberti[5]. La audiencia pública se celebró el 5 de febrero de 2020, durante el 133 Período Ordinario de Sesiones que se llevó a cabo en San José, Costa Rica[6]. En el curso de la audiencia, los Jueces de la Corte solicitaron cierta información y explicaciones a las partes y a la Comisión.

11. *Reconocimiento parcial de responsabilidad internacional.* El 5 de febrero de 2020, durante la audiencia pública, el Estado argentino realizó de manera subsidiaria, en caso de que no prosperase su excepción preliminar, un reconocimiento parcial de responsabilidad internacional por las violaciones a los derechos humanos alegadas en el Informe de Fondo.

12. *Amici Curiae.* El Tribunal recibió cinco escritos en calidad de *amicus curiae* presentados por: (1) el Servicio Paz y Justicia (SERPAJ)[7]; (2) el Espacio Intersindical, Salud, Trabajo y Participación de los Trabajadores[8]; (3) el Foro Medio Ambiental de San Nicolás, Generaciones Futuras y Cuenca del Rio Paraná[9]; (4) la señora Alejandra Gonza, en calidad de Directora de Global Rights Advocacy[10], y (5) el señor Xavier Flores Aguirre[11].

13. *Alegatos y observaciones finales escritos y prueba procurada de oficio.* El 6 de marzo de 2020 el Estado, los representantes y la Comisión, remitieron, respectivamente, sus alegatos finales escritos y sus observaciones finales escritas. El Estado remitió en la misma fecha la prueba documental procurada de oficio en la Resolución de Convocatoria.

---

[5] *Cfr. Caso Spoltore Vs. Argentina. Convocatoria a Audiencia.* Resolución de la Corte de 27 de enero de 2020. Disponible en: http://www.corteidh.or.cr/docs/asuntos/spoltore_27_01_2020.pdf
[6] A esta audiencia comparecieron: (a) por la Comisión Interamericana: Marisol Blanchard, Secretaria Ejecutiva Adjunta, Jorge H. Meza Flores y Christian Gonzáles, Asesores de la Comisión; (b) por los representantes de la presunta víctima: Marcos Ezequiel Filardi, Abogado, y Gabriel Fernando Bicinskas, Abogado, y (c) por el Estado de Argentina: Javier A. Salgado, Director de Contencioso Internacional en Materia de Derechos Humanos de la Cancillería Argentina, y Agente Titular en el presente caso; Gonzalo Bueno, Abogado de la Dirección de Contencioso Internacional en Materia de Derechos Humanos de la Cancillería de Argentina y Agente Alterno en el presente caso, y Andrea Pochak, Subsecretaria de Protección de Derechos Humanos y Enlace Internacional y Agente Alterna en el presente caso.
[7] El escrito fue firmado por Ana Almada, Adolfo Pérez Ezquivel, Elizabeth Quintero, Cecilia Valergas, y Mariana Katz. El escrito versa sobre los problemas que presenta el no reconocimiento como presuntas víctimas de los familiares del señor Spoltore y sobre la importancia de la formación en derechos humanos.
[8] El escrito fue firmado por Elsa Lilian Capone y Gastón Valente. El escrito describe la relación entre los derechos a la protección a las garantías judiciales y a la protección judicial con la salud de los trabajadores y las trabajadoras.
[9] El escrito fue firmado por Lucas Landívar, Juan Ignacio Pereyra Queles, y Fabián Andrés Maggi. El escrito describe la necesidad de que el Estado argentino asegure el acceso a la jurisdicción por responsabilidad estatal tanto a nivel nacional como en las jurisdicciones provinciales.
[10] El escrito fue firmado por Alejandra Gonza. El escrito trata sobre la necesidad de que la Corte revise su interpretación respecto de la facultad que de incluir como víctimas a personas que no hayan sido incorporadas en el Informe de Fondo.
[11] El escrito fue firmado por Xavier Flores Aguirre. El escrito describe estándares para comprender el caso a la luz de la relación entre derechos humanos y empresas.

14. *Observaciones a la prueba procurada de oficio*. El 30 de abril y el 15 de mayo de 2020, la Comisión y los representantes presentaron, respectivamente sus observaciones a la prueba documental solicitada por la Corte y remitida por el Estado junto con los alegatos finales escritos.

15. *Deliberación del presente caso*. La Corte deliberó la presente Sentencia, a través de una sesión virtual, durante los días 8 y 9 de junio de 2020[12].

III
COMPETENCIA

16. La Corte es competente para conocer el presente caso, en los términos del artículo 62.3 de la Convención, en razón de que Argentina es Estado Parte de dicho instrumento y aceptó la competencia contenciosa de la Corte el 5 de septiembre de 1984.

IV
EXCEPCIÓN PRELIMINAR

A. ALEGATOS DE LAS PARTES Y DE LA COMISIÓN

17. El *Estado* alegó que no se agotaron los recursos internos debidamente. Señaló que los recursos intentados por el señor Spoltore "no constituían la vía adecuada para reclamar una reparación del daño causado por el presunto retardo injustificado en la administración de justicia". En este sentido, indicó que la denuncia presentada ante la Inspección General de la Suprema Corte de Justicia de la Provincia de Buenos Aires, con el propósito de determinar responsabilidades administrativas, no era capaz de brindar al señor Spoltore una reparación por el daño causado, "[a]un cuando es posible sostener la dimensión reparatoria que tiene la ampliación de sanciones disciplinarias a los funcionarios presuntamente responsables del retardo en la administración de justicia". Señaló que el recurso de inaplicabilidad de ley interpuesto "tiene como objetivo verificar y, en su caso, rectificar los errores de derecho en lo que pudieren incurrir las cámaras de apelaciones y los tribunales colegiados de instancia única al dictar sentencia (errores *in judicando*)". Mientras que el recurso de nulidad interpuesto ante la Suprema Corte de Justicia de la Provincia de Buenos Aires (en adelante "SCJBA"), "[s]e trata de un recurso tendiente a que la Suprema Corte de la Provincia de Buenos Aires deje sin efecto las sentencias que hayan sido dictadas sin observar los requisitos formales establecidos por la Constitución provincial", y lo único que puede hacer la Suprema Corte es declarar la "nulidad de lo resuelto y disponer la devolución de la causa a otro tribunal para que dicte nueva sentencia". En este sentido, indicó que "aún cuando los Recursos Extraordinarios hubiesen revertido la sentencia de primera instancia, el supuesto daño ocasionado por el presunto retardo en el trámite laboral hubiese permanecido sin reparación alguna; salvo que se acepte confundir el eventual éxito de la demanda por enfermedad profesional con las posibles consecuencias disvaliosas de un proceso judicial que se dilata en el tiempo".

---

[12] Debido a las circunstancias excepcionales ocasionadas por la pandemia COVID-19, esta Sentencia fue deliberada y aprobada durante el 135o Período Ordinario de Sesiones, el cual se llevó a cabo utilizando medios tecnológicos, de conformidad con lo establecido en el Reglamento de la Corte. Ver comunicado de Prensa No. 39/2020, de 25 de mayo de 2020, disponible aquí: http://www.corteidh.or.cr/docs/ comunicados/ cp_39_2020.pdf

18. El Estado alegó que, en tanto el señor Spoltore reclamaba el supuesto daño que el presunto retardo en la administración de justicia le habría ocasionado, "este debería haber substanciado aquellos recursos disponibles en el ámbito interno tendientes a determinar la responsabilidad civil del Estado por el daño presuntamente causado". El Estado resaltó que "con el propósito de reclamar una plena reparación del daño presuntamente causado a su persona, el peticionario debería haber iniciado una acción de daños y perjuicios contra el Estado provincial por el ejercicio anormal de su actividad judicial, circunstancia que no se verifica en el caso en especie". Señaló que "[l]a idoneidad y la eficacia de esta acción se revelan con claridad en los antecedentes jurisprudenciales que han hecho lugar a la pretensión de obtener un resarcimiento por los daños causados en circunstancias análogas a las denunciadas por el peticionario".

19. La *Comisión* indicó que en la etapa de admisibilidad "corroboró que el requisito de agotamiento previo de los recursos internos quedó cumplido con el propio proceso en material laboral. [...] Asimismo, de modo paralelo, el señor Spoltore interpuso una denuncia ante la Inspección General de la Suprema Corte de Justicia precisamente para la resolución de su caso, lo que generó una sanción disciplinaria a los responsables de la demora". La Comisión consideró que "un razonamiento diferente, o la exigencia de un agotamiento de otros recursos alegados, no responde a la exigencia del agotamiento en los términos del artículo 46.1.a de la Convención Americana y el artículo 31 de su Reglamento, y hubiera agravado la situación en la que se encontraba la víctima". Tomando en consideración la información doctrinaria remitida por el Estado, la Comisión encontró que, "*prima facie,* no fue demostrado que el recurso que según el Estado faltó agotar cumpliera con los requisitos convencionales para que fuera entendido como adecuado y efectivo". Asimismo, resaltó la "falta de normativa específica de la Provincia de Buenos Aires para plantear una acción reparatoria por la vulneración en cuestión". Por último, indicó que "si bien el Estado invocó la acción de daños y perjuicios desde la etapa de admisibilidad, el sustento sobre su idoneidad y efectividad resulta distinto del aportado ante la [...] Corte en su contestación". Al respecto, resaltó que los precedentes judiciales presentados ante la Corte no fueron presentados ante la Comisión.

20. Los *representantes* señalaron que, tomando en cuenta la aceptación de responsabilidad internacional realizada en este caso por el Estado, la excepción preliminar debe ser desestimada por ser incompatible con dicho reconocimiento. Subsidiariamente, indicaron que las circunstancias de los precedentes aportados por el Estado no son análogas a las del presente caso. Al igual que la Comisión indicaron que "una acción de daños y perjuicios contra el Estado por la demora judicial en un caso de estas características es una posibilidad teórica sostenida por una parte de la doctrina pero que no ha tenido asidero alguno en la práctica hasta el momento". Señalaron que luego del proceso que excedió el plazo razonable y de los recursos extraordinarios interpuestos exigirle a la presunta víctima que iniciara "una acción de daños y perjuicios contra el Estado provincial es por lo menos excesivo". Resaltaron que "tener que pasar por dos procesos ordinarios, en forma consecutiva y no simultánea para agotar los recursos internos y recién poder acceder al [sistema interamericano], extendería aún más en el tiempo los reclamos".

B. CONSIDERACIONES DE LA CORTE

21. La Corte advierte que, en la audiencia pública realizada en el presente caso, el Estado indicó que en caso que no se aceptara la presente excepción preliminar, reconocía su responsabilidad por la duración excesiva del proceso judicial en el cual el señor Spoltore solicitaba una indemnización por enfermedad profesional. La Corte ha señalado, en algunas ocasiones, que al haberse efectuado un reconocimiento de responsabilidad, el Estado ha aceptado la plena competencia del Tribunal para conocer del caso, por lo que la interposición de la excepción preliminar asociada al no agotamiento de los recursos internos, resulta, en principio, incompatible con el referido reconocimiento[13]. En el presente caso, el Estado fue enfático en señalar que el reconocimiento de responsabilidad se realizaba de forma subsidiaria, en caso de no prosperar la presente excepción preliminar. Asimismo, se recuerda que en virtud de la naturaleza complementaria del sistema interamericano, los Estados tienen que tener la posibilidad de resolver en sus tribunales internos las posibles infracciones a los derechos consagrados en la Convención. Esta posibilidad se asegura por medio del requisito de admisibilidad de agotar los recursos internos. Mediante el reconocimiento de responsabilidad realizado, el Estado aceptó que la duración del proceso entre el señor Spoltore y una empresa privada fue excesiva. No obstante, dicho reconocimiento de responsabilidad no incluye ninguna aceptación de hechos relativa a que se hubieran agotado los recursos internos por la violación a la Convención Americana aceptada por el Estado, o que fuera aplicable alguna de las excepciones establecidas por la Convención al agotamiento de recursos internos. Por tanto, la Corte no considera que sean incompatibles en este caso y procede a analizar los alegatos planteados al respecto.

22. El artículo 46.1.a) de la Convención Americana dispone que, para determinar la admisibilidad de una petición o comunicación presentada ante la Comisión Interamericana, de conformidad con los artículos 44 o 45 de la Convención, es necesario que se hayan interpuesto y agotado los recursos de la jurisdicción interna, según los principios del Derecho Internacional generalmente reconocidos[14]. La Corte recuerda que la regla del previo agotamiento de los recursos internos está concebida en interés del Estado, pues busca dispensarlo de responder ante un órgano internacional por actos que se le imputen, antes de haber tenido la ocasión de remediarlos con sus propios medios[15]. Lo anterior significa que no solo deben existir formalmente esos recursos, sino que también deben ser adecuados y efectivos, como resulta de las excepciones contempladas en el artículo 46.2 de la Convención[16].

---

[13] En similar sentido, respecto a excepciones preliminares por falta de agotamiento de recursos internos, *cfr. Caso de la "Masacre de Mapiripán" Vs. Colombia. Excepciones Preliminares.* Sentencia de 7 de marzo de 2005. Serie C No. 122, párr. 30, y *Caso de la Corte Suprema de Justicia (Quintana Coello y otros) Vs. Ecuador. Excepción Preliminar, Fondo, Reparaciones y Costas.* Sentencia de 23 de agosto de 2013. Serie C No. 266, párr. 29.

[14] *Cfr. Caso Velásquez Rodríguez Vs. Honduras. Excepciones Preliminares.* Sentencia de 26 de junio de 1987. Serie C No. 1, párr. 85, y *Caso Asociación Nacional de Cesantes y Jubilados de la Superintendencia Nacional de Administración Tributaria (ANCEJUB-SUNAT) Vs. Perú. Excepciones Preliminares, Fondo, Reparaciones y Costas.* Sentencia de 21 de noviembre de 2019. Serie C No. 394, párr. 18.

[15] *Cfr. Caso Velásquez Rodríguez Vs. Honduras. Excepciones Preliminares, supra,* párr. 61, y *Caso Muelle Flores Vs. Perú. Excepciones Preliminares, Fondo, Reparaciones y Costas.* Sentencia de 6 de marzo de 2019. Serie C No. 375, párr. 25.

[16] *Cfr. Caso Velásquez Rodríguez Vs. Honduras. Excepciones Preliminares, supra,* párr. 86, y *Caso Muelle Flores Vs. Perú. Excepciones Preliminares, Fondo, Reparaciones y Costas, supra,* párr. 25.

23. Asimismo, esta Corte ha sostenido de manera consistente que una objeción al ejercicio de la jurisdicción de la Corte basada en la supuesta falta de agotamiento de los recursos internos debe ser presentada en el momento procesal oportuno, esto es, durante el procedimiento de admisibilidad ante la Comisión[17], luego de lo cual opera el principio de preclusión procesal[18]. Al respecto, el Tribunal reitera que no es tarea de la Corte, ni de la Comisión, identificar *ex officio* cuáles son los recursos internos pendientes de agotamiento, de modo tal que no compete a los órganos internacionales subsanar la falta de precisión de los alegatos del Estado[19].

24. A partir de lo anterior, en el presente caso, la Corte considera necesario examinar: (a) si la excepción de agotamiento de los recursos fue presentada en el momento procesal oportuno, y (b) la existencia de recursos idóneos y efectivos para agotar la jurisdicción interna.

B.1. La presentación de la excepción en el momento procesal oportuno

25. La Corte constata que el 6 de octubre de 2003 la Comisión dio trámite a la petición. El 25 de noviembre de 2003 el Estado solicitó a la Comisión una prórroga de un mes. El 16 de diciembre de 2003 la Comisión concedió al Estado la prórroga solicitada.

26. El Estado remitió su informe el 17 de junio de 2004, e indicó que "el señor Victorio Spoltore no habría agotado los recursos disponibles en la jurisdicción local para reparar la violación"; en particular, indicó que "este debía iniciar una acción de daños y perjuicios contra el Estado provincial por el ejercicio anormal de su actividad judicial". El Estado advirtió que, "[s]egún la doctrina nacional más respetada en materia de responsabilidad civil, en los casos en que los funcionarios judiciales cumplen de manera irregular la obligación legal de administrar justicia, la responsabilidad del Estado es directa […]". Al respecto, el Estado explicó que "existen antecedentes jurisprudenciales que han hecho lugar a la pretensión de obtener un resarcimiento por los daños causados en circunstancias análogas a lo denunciado por el peticionario. Hasta el momento, la Corte Suprema no ha tenido oportunidad de intervenir específicamente en un caso relativo a la presunta irrazonabilidad del plazo en el cual se desarrolla un proceso judicial. Sin embargo, ha desarrollado, a partir de lo resuelto en numerosos fallos, los criterios generales que definen las condiciones de posibilidad de una acción de daños y perjuicios contra el Estado fundada en una irregular administración de justicia en tanto ella implica el cumplimiento defectuoso de funciones que le son propias al Poder Judicial". Por tanto, el Estado afirmó que una demanda de daños y perjuicios contra el Estado provincial constituía, en el presente caso, el recurso idóneo que debía agotar el peticionario[20].

27. En este sentido, se advierte que el Estado identificó con claridad suficiente que el recurso no agotado consistía en la acción de daños y perjuicios contra el Estado

---

[17] *Cfr. Caso Velásquez Rodríguez Vs. Honduras. Excepciones Preliminares, supra,* párr. 88, y *Caso Muelle Flores Vs. Perú. Excepciones Preliminares, Fondo, Reparaciones y Costas, supra,* párr. 26.
[18] *Cfr. Caso Granier y otros (Radio Caracas Televisión) Vs. Venezuela. Excepciones Preliminares, Fondo, Reparaciones y Costas.* Sentencia de 22 de junio de 2015. Serie C No. 293, párr. 28, y *Caso Muelle Flores Vs. Perú. Excepciones Preliminares, Fondo, Reparaciones y Costas, supra,* párr. 26.
[19] *Cfr. Caso Velásquez Rodríguez Vs. Honduras. Excepciones Preliminares, supra,* párr. 88, y *Caso Gómez Virula y otros Vs. Guatemala. Excepción Preliminar, Fondo, Reparaciones y Costas.* Sentencia de 21 de noviembre de 2019. Serie C No. 393, párr. 17.
[20] *Cfr.* Informe presentado por el Estado ante la Comisión el 17 de junio de 2004 (expediente de prueba, folios 277 a 279).

provincial. El Estado además señaló que los recursos intentados por la presunta víctima no eran los adecuados para resolver la situación[21]. Ante la Comisión el peticionario no refutó que la acción de daños y perjuicios se encontrara disponible.

28. Adicionalmente, de conformidad con la jurisprudencia de este Tribunal, los argumentos que dan contenido a la excepción preliminar interpuesta por el Estado ante la Comisión durante la etapa de admisibilidad deben corresponder a aquellos esgrimidos ante la Corte[22]. La Corte considera que, en el escrito de contestación y en la audiencia pública, el Estado realizó manifestaciones coincidentes con lo afirmado ante la Comisión Interamericana. Es necesario destacar que ante la Corte el Estado puede aclarar sus alegatos y presentar evidencias adicionales, sin que esto implique un cambio en la argumentación que da sustento a la excepción preliminar. En este sentido, este Tribunal advierte que la argumentación realizada sobre precedentes judiciales ante la Corte que no fueron mencionados ante la Comisión no implica que el Estado haya modificado el sustento de su argumentación.

B.2. La existencia de recursos idóneos y efectivos para agotar la jurisdicción interna

29. El presente caso se refiere a la alegada duración excesiva de un proceso laboral iniciado en contra de la empresa privada donde trabajaba la presunta víctima. En este sentido, a diferencia de otros casos donde se alega una violación del plazo razonable, en el presente caso el alegado ilícito internacional se habría producido durante dicho proceso laboral. Por tanto, para cumplir con el agotamiento de los recursos internos era necesario agotar algún recurso que le brindara la oportunidad al Estado de resolver la situación en sede interna.

30. Tras la decisión del Tribunal del Trabajo número 3 del Departamento Judicial de San Isidro de la Provincia de Buenos Aires de 3 de junio de 1997, el señor Spoltore interpuso contra dicha sentencia los recursos extraordinarios de inaplicabilidad de ley y de nulidad[23]. En el recurso de inaplicabilidad alegó que la sentencia del Tribunal del Trabajo se encontraba "intrínsecamente viciada, puesto [que] es producto de una interpretación contraria a las reglas de la lógica y de la experiencia en el análisis y valoración de las pruebas"[24]. Indicó además que el procedimiento ante dicho tribunal no fue sencillo ni breve[25]. Solicitó que se dispusiera "la reparación integral del Derecho a[l] demandante, como también la situación anómala que se ha dado en los autos de referencia"[26]. En el recurso extraordinario de nulidad, solicitó que se decretara la nulidad de la sentencia dictada por el Tribunal del Trabajo, alegando,

---

[21] *Cfr.* Informe presentado por el Estado ante la Comisión el 17 de junio de 2004 (expediente de prueba, folios 280 a 281).

[22] *Cfr. Caso Furlán y familiares Vs. Argentina. Excepciones Preliminares, Fondo, Reparaciones y Costas.* Sentencia de 31 de agosto de 2012. Serie C No. 246, párr. 29, y *Caso López Soto y otros Vs. Venezuela. Fondo, Reparaciones y Costas.* Sentencia de 26 de septiembre de 2018. Serie C No. 362, párr. 22.

[23] *Cfr.* Recurso extraordinario de inaplicabilidad de 2 de septiembre de 1997 (expediente de prueba, folio 25) y Recurso de nulidad de 29 de abril de 1999 (expediente de prueba, folios 45 y 47).

[24] *Cfr.* Recurso extraordinario de inaplicabilidad de 2 de septiembre de 1997 (expediente de prueba, folio 27).

[25] *Cfr.* Recurso extraordinario de inaplicabilidad de 2 de septiembre de 1997 (expediente de prueba, folio 35).

[26] *Cfr.* Recurso extraordinario de inaplicabilidad de 2 de septiembre de 1997 (expediente de prueba, folio 36).

entre otros, la duración excesiva del proceso ante el Tribunal del Trabajo[27]. El 16 de agosto de 2000 la SCJBA rechazó ambos recursos[28].

31. Esta Corte advierte que estos recursos no eran capaces de atender el daño causado por la alegada demora del proceso laboral. En este sentido, respecto al recurso extraordinario de inaplicabilidad de la ley, el Código Procesal Civil y Comercial de la Provincia de Buenos Aires establece que debe "fundamentarse en alguna de las siguientes causas: (a) Que la sentencia haya violado la ley o la doctrina legal, y (b) que la sentencia haya aplicado erróneamente la ley de la doctrina legal". Este recurso puede "rectificar errores de derecho en los que pudieran incurrir las cámaras de apelaciones y los tribunales colegiados de instancia". Por otra parte, el recurso extraordinario de nulidad tiene como fin dejar sin efecto de una decisión, en cuyo caso se remite la causa a otro tribunal para que la decida nuevamente.

32. Paralelamente, la presunta víctima solicitó que se abriera una investigación administrativa disciplinaria para analizar la conducta del Tribunal del Trabajo. El 13 de abril de 1999, la SCJBA emitió una resolución mediante la cual tuvo por probadas "dos anomalías" relativas a demoras en el expediente tramitado ante el Tribunal del Trabajo. La SCJBA sostuvo que "el excesivo cúmulo de tareas imperante en el Tribunal durante el período investigado, los problemas de salud que padeciera la Actuaria y la ausencia de antecedentes disciplinarios permiten descartar la aplicación de un correctivo, correspondiendo – no obstante – arbitrar los medios necesarios tendientes a evitar, en lo sucesivo, la reiteración de situaciones análogas". Por esos motivos, la SCJBA resolvió "llamar la atención a la Secretaria del Tribunal del Trabajo N° 3 de San Isidro"[29]. Sin embargo, esta Corte considera que la investigación disciplinaria en el presente caso tampoco constituía un recurso capaz de proteger la situación jurídica infringida.

33. De acuerdo a lo señalado por el Estado, el recurso efectivo para resolver esa situación era una acción de daños y perjuicios, capaz de brindar a la presunta víctima una reparación por el daño causado.

34. El Código Civil argentino, vigente al momento de los hechos, establecía que procedía la acción de daños y perjuicios para los "[l]os hechos y las omisiones de los funcionarios públicos en el ejercicio de sus funciones, por no cumplir sino de una manera irregular las obligaciones legales que les están impuestas, son comprendidos en las disposiciones de este título"[30].

35. El Estado refirió dos decisiones de la Corte Suprema de Justicia de la Nación y una decisión del Juez de Primera Instancia en lo Contencioso Administrativo No. 1 del Departamento Judicial de La Plata donde se tramitaron acciones por daños y perjuicios respecto a demoras judiciales en procesos no laborales[31]. Sin embargo, el Estado no aportó copia de dichas decisiones. Al respecto, la Corte aclara que el Estado

---

[27] Cfr. Recurso de nulidad de 29 de abril de 1999 (expediente de prueba, folios 45 y 47).
[28] Cfr. Resolución de la SCJBA de 16 de agosto de 2000 (expediente de prueba, folios 21 y 22).
[29] Cfr. Resolución de la SCJBA de 16 de abril de 1999 expediente de prueba, folio 324).
[30] Código Civil de la República Argentina de 25 de septiembre de 1869, artículos 1109 y 1112.
[31] El precedente de 1999 "Rosa, Carlos Alberto el Estado Nacional – Ministerio de Justicia y otros/daños y perjuicios varios" implicó la responsabilidad del Estado por la duración de la prisión preventiva en el marco de un proceso penal. El precedente "Arisnabarreta, R.J c/E.N. (Min. De Educación y Justicia de la Nación) s/ juicios de conocimientos" concierne la responsabilidad estatal por la excesiva duración de un proceso penal concluido por sobreseimiento en el que se había decretado la prisión preventiva sin detención efectiva. El precedente "Rosales, Miguel Angel c/Poder Judicial s/Pretensión indemnizatoria – otros juicios" concierne la responsabilidad del estado provincial por la demora injustificada en la devolución de un automotor sujeto a una medida de depósito judicial.

tiene la carga de la prueba de demostrar la disponibilidad, idoneidad y efectividad práctica del recurso que alega debió agotarse[32]. Además, Argentina reconoció que el recurso de daños y perjuicios no ha sido utilizado en casos de demoras judiciales excesivas en procesos laborales. Por tanto, este Tribunal considera que era una carga excesiva para la presunta víctima exigirle que agotara un recurso que no había sido utilizado en la práctica para los fines que el Estado alega que tendría. En consecuencia, se desestima la presente excepción preliminar.

V
RECONOCIMIENTO PARCIAL DE RESPONSABILIDAD INTERNACIONAL

A. OBSERVACIONES DE LAS PARTES Y DE LA COMISIÓN

36. El *Estado*, de forma subsidiaria a los planteamientos realizados como excepción preliminar, reconoció parcialmente su responsabilidad internacional. Señaló que "la posición de las nuevas autoridades a cargo de la Secretaría de Derechos Humanos de la Nación es que el proceso judicial en cuestión no revestía especial complejidad y que, en líneas generales, el interesado que, además no era otro que una persona con discapacidad, dio el impulso esperable al trámite. Por ello, resulta irrazonable que las autoridades judiciales hayan tardado doce años en dilucidar si le asistía derecho en la demanda por enfermedad profesional contra su empleador". En la audiencia pública, el Estado argentino manifestó lo siguiente:

> En exclusiva atención a las características especiales del caso, la Argentina entiende que corresponde reconocer la responsabilidad del Estado por la violación de la garantía del plazo razonable consagrado en el artículo 8.1 de la Convención Americana sobre Derechos Humanos y en consecuencia del derecho a la protección judicial previsto en el artículo 25 de la Convención en relación al artículo 1.1 del mismo instrumento. […]
> [El Estado solicitó] que se rechace el carácter de víctimas del presente caso de Alejandro Nicolás Spoltore, Liliana Estela Spoltore y Rosalinda Campitelli, que se rechacen las alegaciones incluidas en el [escrito de solicitudes y argumentos] por la presunta violación de los artículos 5, 8.2.h), 25 y 26 en relación con los artículos 1.1 y 2 de la Convención Americana así como las alegaciones recientemente escuchadas sobre el artículo 17. Que se rechacen las pretensiones pecuniarias y que como únicas medidas de reparación adecuadas para el presente caso se publique la sentencia y se desarrollen estándares internacionales que podrían resultar de interés para la opción de medidas institucionales que puedan contribuir a mejorar el servicio de administración de justicia en materia laboral en la Provincia de Buenos Aires y en todo nuestro país.

37. Los *representantes* valoraron positivamente el reconocimiento parcial de responsabilidad. No obstante, reiteraron que el Estado habría violado también el derecho a recurrir del fallo (artículo 8.2.h) de la Convención), la obligación de adecuar

---

[32] *Cfr.*, mutatis mutandis, *Caso Galindo Cárdenas y otros Vs. Perú. Excepciones Preliminares, Fondo, Reparaciones y Costas*. Sentencia de 2 de octubre de 2015. Serie C No. 301, párr. 42, y *Caso I.V. Vs. Bolivia. Excepciones Preliminares, Fondo, Reparaciones y Costas*. Sentencia de 30 de noviembre de 2016. Serie C No. 329. Serie C No. 315, párr. 38.

su derecho interno (artículo 2 de la Convención), el derecho a condiciones equitativas y satisfactorias de trabajo y el derecho a la salud (artículo 26 de la Convención), el derecho a la integridad personal (artículo 5.1 de la Convención), el derecho a la protección a la familia (artículo 17 de la Convención) en relación con las obligaciones de respeto y garantía (artículo 1.1 de la Convención), en perjuicio del señor Spoltore. En cuanto a los familiares del señor Spoltore, alegaron violaciones a sus derechos a la integridad personal y a la protección familiar con relación a las obligaciones de respeto y garantía (artículos 5 y 17 de la Convención en relación con el artículo 1.1 de la misma).

38. La *Comisión* señaló que el reconocimiento del Estado de la violación a la garantía del plazo razonable en el presente caso "constituye un paso muy positivo para la dignificación y reparación a la víctima del caso". En vista de ello, estimó que "ha cesado la controversia relacionada con la violación de los artículos 8.1 y 25.1 de la Convención Americana en relación con el artículo 1.1 del mismo instrumento por la violación de la garantía del plazo razonable en el marco del proceso promovido por la víctima". La Comisión hizo notar que "se mantiene vigente la controversia respecto de otros aspectos planteados por los representantes incluyendo algunos componentes del artículo [8] de la Convención, el derecho a la salud de la víctima, y el derecho a la integridad de los familiares". Asimismo, la Comisión observó que el Estado no reconoció el derecho a una reparación integral derivada del reconocimiento de responsabilidad, lo que a su juicio podría vaciar de contenido el reconocimiento realizado. Por lo tanto, la Comisión solicitó a la Corte valorar el reconocimiento del Estado y conferirle plenos efectos jurídicos.

B. CONSIDERACIONES DE LA CORTE

39. De conformidad con los artículos 62 y 64 del Reglamento, y en ejercicio de sus poderes de tutela judicial internacional de derechos humanos, cuestión de orden público internacional, incumbe a este Tribunal velar porque los actos de reconocimiento de responsabilidad resulten aceptables para los fines que busca cumplir el sistema interamericano[33]. A continuación, el Tribunal analizará la situación planteada en este caso en concreto.

B.1. En cuanto a los hechos

40. En el presente caso, el Estado planteó su reconocimiento parcial de responsabilidad en torno a determinadas violaciones de la Convención Americana alegadas, sin admitir de manera clara y específica cuáles hechos, descritos en el Informe de Fondo de la Comisión o en el escrito de solicitudes y argumentos de los representantes, le daban sustento a dicho reconocimiento. Como lo ha hecho en otros casos[34], este Tribunal estima que en supuestos como los del presente caso debe entenderse que el Estado aceptó los hechos que, según el Informe de Fondo – marco fáctico de este proceso –, configuran las violaciones reconocidas en los términos en

---

[33] *Cfr. Caso Manuel Cepeda Vargas Vs. Colombia. Excepciones Preliminares, Fondo, Reparaciones y Costas*. Sentencia de 26 de mayo de 2010. Serie C No. 213, párr. 17, y *Caso Noguera y otra Vs. Paraguay. Fondo, Reparaciones y Costas*. Sentencia de 9 de marzo de 2020. Serie C No. 401, párr. 21.
[34] *Cfr. Caso Zambrano Vélez y otros Vs. Ecuador. Fondo, Reparaciones y Costas*. Sentencia de 4 de julio de 2007. Serie C No. 16, párr. 17, y *Caso López Soto y otros Vs. Venezuela. Fondo, Reparaciones y Costas, supra*, párr. 29.

que el caso fue sometido. Así, la Corte entiende que el Estado ha reconocido la demora excesiva en el proceso de indemnización por enfermedad profesional. No se encuentran incluidos en dicha aceptación los hechos incluidos por los representantes que fundamentarían las violaciones a la Convención Americana alegadas por ellos de forma autónoma.

B.2. En cuanto a las pretensiones de derecho

41. Teniendo en cuenta las violaciones reconocidas por el Estado, así como las observaciones de los representantes y de la Comisión, la Corte considera que la controversia ha cesado respecto de la violación de la garantía del plazo razonable y la protección judicial, establecidas en los artículos 8.1 y 25 de la Convención Americana, en perjuicio del señor Victorio Spoltore, como consecuencia de la demora excesiva del proceso donde el señor Spoltore solicitaba una indemnización por enfermedad profesional.

42. Por otra parte, se mantiene la controversia por las violaciones alegadas de forma autónoma por los representantes relativas al deber de adoptar disposiciones de derecho interno, el derecho a la integridad personal, el derecho a recurrir del fallo, el derecho a la protección a la familia, la protección judicial, el derecho a la salud y a condiciones de trabajo equitativas y satisfactorias, establecidos en los artículos 2, 5, 8.2.h), 17, 25 y 26 de la Convención Americana.

B.3. En cuanto a las reparaciones

43. En lo que se refiere a las medidas de reparación, la Corte constata que el Estado consideró como improcedentes las indemnizaciones compensatorias y señaló que "como únicas medidas de reparación adecuadas para el presente caso se publique la sentencia y se desarrollen estándares internacionales que podrían resultar de interés para la opción de medidas institucionales que puedan contribuir a mejorar el servicio de administración de justicia en materia laboral en la Provincia de Buenos Aires y en todo nuestro país". En el capítulo correspondiente, la Corte evaluará la necesidad de otorgar medidas de reparación conforme con las solicitudes presentadas por la Comisión y los representantes, la jurisprudencia de esta Corte en la materia, y las alegaciones del Estado al respecto (*infra* Capítulo X).

B.4. Valoración del reconocimiento parcial de responsabilidad

44. El reconocimiento efectuado por el Estado constituye una aceptación parcial de los hechos y un reconocimiento parcial de las violaciones alegadas. Este Tribunal estima que el reconocimiento de responsabilidad internacional constituye una contribución positiva al desarrollo de este proceso y a la vigencia de los principios que inspiran la Convención, así como a las necesidades de reparación de las víctimas[35]. El reconocimiento efectuado por el Estado produce plenos efectos jurídicos de acuerdo a los artículos 62 y 64 del Reglamento de la Corte ya mencionados y tiene un alto valor simbólico en aras de que no se repitan hechos similares. Adicionalmente, la Corte

---

[35] *Cfr. Caso Benavides Cevallos Vs. Ecuador. Fondo, Reparaciones y Costas.* Sentencia de 19 de junio de 1998. Serie C No. 38, párr. 57, y *Caso Noguera y otra Vs. Paraguay. Fondo, Reparaciones y Costas, supra,* párr. 27.

advierte que el reconocimiento de hechos y violaciones puntuales y específicos puede tener efectos y consecuencias en el análisis que haga este Tribunal sobre los demás hechos y violaciones alegados, en la medida en que todos forman parte de un mismo conjunto de circunstancias[36].

45. En las circunstancias particulares de este caso, el Tribunal no considera necesario abrir la discusión sobre el punto que fue objeto del reconocimiento de responsabilidad, a saber, la duración excesiva del procedimiento de indemnización por enfermedad profesional, y la consecuente violación de las garantías judiciales y protección judicial en perjuicio de Victorio Spoltore. Al respecto, la Corte recuerda que en casos que involucran afectaciones de una persona que se encuentre en una situación de vulnerabilidad, como las personas con discapacidad, la Corte ha sido clara en señalar que las autoridades judiciales deben actuar con una mayor diligencia[37]. En estos casos resulta imperante la priorización en la atención y resolución del procedimiento por parte de las autoridades a cargo, con el fin de evitar retrasos en la tramitación de los procesos, de manera que se garantice la pronta resolución o ejecución de los mismos[38].

46. La Corte examinará la procedencia y alcance de las violaciones invocadas por los representantes en forma autónoma sobre las que subsiste la controversia. Finalmente, el Tribunal se pronunciará sobre la controversia subsistente en torno a las reparaciones solicitadas por la Comisión y los representantes.

VI
CONSIDERACIÓN PREVIA

A. ALEGATOS DE LAS PARTES Y DE LA COMISIÓN

47. Los *representantes* alegaron que Liliana Spoltore, Alejandro Spoltore y Rosalinda Campitelli debían ser considerados por la Corte como presuntas víctimas del caso. Concretamente, alegaron que los familiares del señor Spoltore "sufrieron las consecuencias de la enfermedad profesional contraída por Victorio, de la pérdida del trabajo, de la incapacidad contraída, de las consecuencias económicas y del sometimiento a un interminable proceso judicial que no reunió las garantías mínimas del debido proceso legal". En este sentido, señalaron que: (i) debe interpretarse el artículo 35 del Reglamento a la luz del principio *pro homine* y de *effet utile*, y que (ii) de no poder interpretarse armónicamente, el artículo 35 del Reglamento y la posición actual de la Corte "colisiona directamente con el artículo 63 de la C[onvención]" al limitar el *locus standi* de las presuntas víctimas. En vista de ello, solicitaron a la Corte "que se aparte del reglamento, y que en pos del *effet utile* del artículo 63.1 de la Convención, comience el análisis de esta controversia analizando si hubo o no una violación a la [Convención]".

---

[36] *Cfr. Caso Rodríguez Vera y otros (Desaparecidos del Palacio de Justicia) Vs. Colombia. Excepciones Preliminares, Fondo, Reparaciones y Costas.* Sentencia de 14 de noviembre de 2014. Serie C No. 287, párr. 27, y *Caso Noguera y otra Vs. Paraguay. Fondo, Reparaciones y Costas, supra*, párr. 27.

[37] *Cfr. Caso Furlán y familiares Vs. Argentina. Excepciones Preliminares, Fondo, Reparaciones y Costas, supra*, párr. 202, y *Caso Muelle Flores Vs. Perú. Excepciones Preliminares, Fondo, Reparaciones y Costas, supra*, párr. 157.

[38] *Cfr., mutatis mutandis, Caso Furlan y Familiares Vs. Argentina. Excepciones Preliminares, Fondo, Reparaciones y Costas, supra*, párr. 196, y *Caso Asociación Nacional de Cesantes y Jubilados de la Superintendencia Nacional de Administración Tributaria (ANCEJUB-SUNAT) Vs. Perú. Excepciones Preliminares, Fondo, Reparaciones y Costas, supra*, párr. 148.

48. El *Estado* señaló que "debe rechazarse toda consideración de los familiares de Victorio Spoltore como presuntas víctimas". Argentina alegó que dicha condición no fue alegada ante la Comisión, la cual tampoco los ha reconocido como tales. En vista de ello, "incorporarlos en esta instancia no sólo alteraría el objeto procesal del caso, sino que además violentaría el adecuado ejercicio de defensa del Estado".

49. La *Comisión* señaló en el Informe de Fondo No. 74/17 que la presunta víctima en el presente caso es el señor Victorio Spoltore.

B. CONSIDERACIONES DE LA CORTE

50. Con relación a la identificación de presuntas víctimas, la Corte recuerda que el artículo 35.1 del Reglamento de la Corte dispone que el caso le será sometido mediante la presentación del Informe de Fondo, que deberá contener la identificación de las presuntas víctimas. Corresponde pues a la Comisión identificar con precisión y en la debida oportunidad procesal a las presuntas víctimas en un caso ante la Corte[39], salvo en las circunstancias excepcionales contempladas en el artículo 35.2 del Reglamento de la Corte, de conformidad con el cual, cuando se justifique que no fue posible identificarlas, por tratarse de casos de violaciones masivas o colectivas, el Tribunal decidirá en su oportunidad si las considera víctimas de acuerdo con la naturaleza de la violación[40].

51. Este Tribunal ha constatado que la Comisión no determinó en el Informe Fondo que estas personas fueran presuntas víctimas. En efecto se advierte que los representantes alegaron esto por primera vez ante la Corte, en su escrito de solicitudes y argumentos.

52. En vista de lo anterior, la Corte considera que, en virtud del artículo 35.1 del Reglamento, en resguardo del equilibrio procesal de las partes, y del derecho de defensa del Estado, la solicitud de los representantes de incluir a los familiares de la presunta víctima como víctimas directas es improcedente[41]. En consecuencia, solo se podrá considerar como presunta víctima a la persona identificada como tal en el Informe de Fondo, el señor Victorio Spoltore.

VII
PRUEBA

A. ADMISIÓN DE PRUEBA DOCUMENTAL

53. En el presente caso, como en otros, este Tribunal admite aquellos documentos presentados oportunamente por las partes y la Comisión, así como la prueba presentada por el Estado a solicitud de la Presidencia, de conformidad con el artículo

---

[39] *Cfr. Caso de las Masacres de Ituango Vs. Colombia. Excepción Preliminar, Fondo, Reparaciones y Costas*. Sentencia de 1 de julio de 2006. Serie C No. 148, párr. 98, y *Caso Noguera y otra Vs. Paraguay. Fondo, Reparaciones y Costas, supra*, párr. 15.

[40] *Cfr. Caso Masacres de Río Negro Vs. Guatemala. Excepción Preliminar, Fondo, Reparaciones y Costas*. Sentencia de 4 de septiembre de 2012. Serie C No. 250, párr. 48, y *Caso Arrom Suhurt y otros Vs. Paraguay. Fondo*. Sentencia de 13 de mayo de 2019. Serie C No. 377, párr. 26.

[41] *Cfr. Caso Cuscul Pivaral y otros Vs. Guatemala. Excepción Preliminar, Fondo, Reparaciones y Costas*. Sentencia de 23 de agosto de 2018. Serie C No. 359, párr. 29.

58, que no fue controvertida ni objetada[42], y cuya autenticidad no fue puesta en duda. Sin perjuicio de ello, se realizan algunas consideraciones pertinentes al respecto.

54. La Corte recuerda que, mediante la Resolución de Convocatoria y a solicitud de los representantes, la Presidencia del Tribunal ordenó al Estado la aportación de dos expedientes relativos a la causa, de conformidad con el artículo 58 del Reglamento de la Corte (*supra*, párr. 7)[43]. Asimismo, en la audiencia pública la Corte solicitó información relativa al expediente laboral sobre el despido del señor Spoltore.

55. En respuesta a dicha solicitud, el *Estado* aportó una copia certificada del expediente del proceso judicial por enfermedad profesional, el cual la Corte admite e incorpora al acervo probatorio del caso[44]. No obstante, en cuanto al segundo requerimiento de prueba, el Estado informó que el expediente relativo a la denuncia interpuesta por el señor Spoltore ante la Inspección General de la SCJBA "se encuentra extraviado, por lo que lamentablemente no es factible presentarlo". En cuanto al expediente del proceso laboral relativo al despido del señor Spoltore, Argentina señaló que "la Subsecretaría de Control de Gestión de la Suprema Corte de Justicia de la Provincia de Buenos Aires ha informado que [el expediente] no puede ser encontrado".

56. La *Comisión* alegó que "el Estado simplemente acompaña certificaciones que indican que éstos expedientes se encuentran extraviados, pero no da cuenta de que los Tribunales respectivos hayan dictado las providencias respectivas para su búsqueda, o que se hayan iniciado los procedimientos correspondientes para su reconstitución o a fin de determinar las posibles responsabilidades por su extravío o sustracción. Lo anterior, no obstante, es el mismo Estado quien tendría la custodia de tales expedientes". Al respecto, y ante la falta de prueba de sus alegaciones, la Comisión solicitó al Tribunal que se sirva desechar los alegatos específicos del Estado que estuvieren fundados en la existencia de tal procedimiento por despido indirecto, en vista de tales determinaciones no habrían sido acreditadas fehacientemente.

57. Los *representantes* observaron que los expedientes que se encuentran extraviados "reunían elementos de interés para dilucidar adecuadamente algunas cuestiones del presente caso". Además, respecto al expediente del proceso de despido, indicaron que en la respuesta a la solicitud realizada por el Estado "se menciona otro número de expediente", por lo que "no puede saberse a ciencia cierta si la búsqueda ha sido realizada con el número de expediente [correcto]".

58. La Corte toma nota de que el Estado no aportó parte de la prueba solicitada por la Corte, en vista de que la misma se encuentra extraviada. Dichas circunstancias serán valoradas por este Tribunal junto con la totalidad del acervo probatorio, al determinar los hechos y los alcances de la responsabilidad estatal, teniendo en cuenta que, "para efectos de la jurisdicción internacional de este Tribunal, es el Estado quien tiene el control de los medios para aclarar hechos ocurridos dentro de su territorio y, por ello, su defensa no puede descansar sobre la imposibilidad del demandante de

---

[42] *Cfr. Caso Velásquez Rodríguez Vs. Honduras. Fondo, Fondo.* Sentencia de 29 de julio de 1988. Serie C No. 4, párr. 140, y *Caso Omeara Carrascal y otros Vs. Colombia. Fondo, Reparaciones y Costas.* Sentencia de 21 de noviembre de 2018. Serie C No. 368, párr.64.

[43] La Presidencia solicitó al Estado presentar: (i) el expediente 12.515 del registro del Tribunal del Trabajo número 3 de San Isidro, y (ii) el expediente administrativo IGSCPBA No 3.001-1.225/97 iniciado por Victorio Spoltore ante la Dirección General de la SCJBA. *Cfr. Caso Spoltore Vs. Argentina. Convocatoria a Audiencia.* Resolución del Presidente de la Corte Interamericana de Derechos Humanos de 16 de diciembre de 2019, Considerando 10 y Resolutivo 14.

[44] *Cfr.* Expediente No. 12.515/88 del Tribunal del Trabajo número 3 de San Isidro (expediente de prueba, folios 2017 a 2854).

allegar pruebas que, en muchos casos, no pueden obtenerse sin la cooperación de las autoridades estatales"[45].

59. Por otra parte, el *Estado* objetó la admisibilidad del anexo 15 al escrito de solicitudes y argumentos, correspondiente a la "historia clínica y epicrisis de la señora Rosalinda Campitelli". El Estado solicitó inadmitir dicha prueba por considerarla "improcedente y ajena al objeto del presente caso".

60. La Corte observa que la prueba impugnada por el Estado se refiere a afectaciones de salud de la señora Rosalinda Campitelli, la cual no es una presunta víctima del presente caso (*supra* párr. 52). En consecuencia, la Corte considera que el anexo 15 al escrito de solicitudes y argumentos es inadmisible.

B. ADMISIBILIDAD DE LA PRUEBA TESTIMONIAL Y PERICIAL

61. La Corte estima pertinente admitir las declaraciones de los testigos en la audiencia pública[46] y ante fedatario público[47], en lo que se ajusten al objeto que fue definido por la Presidencia en la Resolución mediante la cual se ordenó recibirlos y al objeto del presente caso.

62. Por otro lado, el *Estado* realizó algunas observaciones relativas al contenido del peritaje de la perita Cintia Oberti, ofrecido por los representantes. El Estado señaló que: (i) no se previó la posibilidad de que el Estado pudiera incluir preguntas; (ii) su objeto "parece preanunciar posibles conclusiones", y que (iii) "no existen constancias de que los familiares hayan intervenido de por si en nada relativo al proceso judicial incoado por el Victorio Spoltore".

63. En primer lugar, la Corte recuerda que, mediante Resolución de 27 de enero de 2020, el Tribunal aceptó la sustitución del perito Mariano Rey por la perita Cintia Oberti, respetando el objeto del peritaje originalmente ofrecido, de conformidad con el artículo 49 del Reglamento de la Corte[48]. La Corte advierte que, mediante nota de 20 de enero de 2020, la Secretaría le informó al Estado de manera preliminar que la Corte procedería con la sustitución de los peritos, indicándole que "siguiendo instrucciones de la Presidenta, se otorga al Estado un plazo para para presentar las preguntas que estime pertinentes formular a la señora Oberti hasta el 23 de enero de 2020". El Estado no presentó preguntas a la perita.

64. En segundo lugar, la Corte considera que las demás observaciones del Estado al peritaje de la señora Oberti se refieren a su contenido y eventual valoración probatoria, pero no cuestionan su admisibilidad.

65. En consecuencia, la Corte estima pertinente admitir el peritaje de la señora Cintia Oberti ofrecido por los representantes, en lo que se ajuste al objeto delimitado

---

[45] *Caso Radilla Pacheco Vs. México. Excepciones Preliminares, Fondo, Reparaciones y Costas.* Sentencia de 23 de noviembre de 2009. Serie C No. 209, párr. 89, y *Caso López Soto y otros Vs. Venezuela. Fondo, Reparaciones y Costas, supra,* párr. 53. Véase también, *Caso Velásquez Rodríguez Vs. Honduras. Fondo. , supra,* párr. 135, y *Caso Rodríguez Vera y otros (Desaparecidos del Palacio de Justicia) Vs. Colombia. Excepciones Preliminares, Fondo, Reparaciones y Costas, supra,* párr. 230.
[46] En audiencia pública, la Corte escuchó la declaración de la testigo Liliana Spoltore.
[47] La Corte recibió las declaraciones rendidas ante fedatario público (afidávit) de Alejandro Spoltore y Rosalinda Campitelli. Asimismo, la Corte recibió el peritaje ante fedatario público de Cintia Oberti. *Cfr.* Declaración rendida ante fedatario público (afidávit) de Alejandro Spoltore el 27 de enero de 2020 (expediente de prueba, folios 1964 a 1974), y Declaración rendida ante fedatario público (afidávit) de Rosalinda Campitelli el 27 de enero de 2020 (expediente de prueba, folios 1976 a 1985).
[48] *Cfr. Caso Spoltore Vs. Argentina.* Resolución de la Corte de 27 de enero de 2020, Resolutivo 1.

en la Resolución de 27 de enero de 2020. La Corte tomará en consideración, en lo pertinente, las observaciones del Estado al momento de su valoración probatoria.

VIII
HECHOS

66. El presente caso se refiere a la alegada denegación de justicia y demora excesiva en el proceso judicial seguido por el señor Victorio Spoltore contra su empleador. En atención a los alegatos presentados por las partes y la Comisión, se expondrán los principales hechos del caso en el siguiente orden: (a) situación laboral del señor Victorio Spoltore; (b) el proceso judicial iniciado por el señor Spoltore, y (c) la denuncia disciplinaria.

A. Situación laboral del señor Victorio Spoltore

67. El señor Victorio Spoltore trabajó para una empresa privada por más de 20 años, tiempo durante el cual tuvo varios cargos, siendo el último Jefe de Corte-Capataz[49]. El 14 de mayo de 1984 la presunta víctima sufrió un infarto durante su jornada laboral dentro de las instalaciones de la fábrica[50]. A los seis meses se reincorporó a sus mismas labores[51]. En vista de esta situación, el 24 de octubre de 1985 el señor Spoltore tramitó su jubilación por incapacidad ante la Caja de Previsión para la Industria, Comercio y Actividades Civiles[52]. El 11 de mayo de 1986 el señor Spoltore sufrió un nuevo infarto[53]. El 21 de julio de 1986 la Junta Médica de la Caja Nacional de Previsión de la Industria, Comercio y Actividades Civiles emitió su dictamen indicando que el señor Spoltore tenía una incapacidad del 70% por "cardiopatía coronaria severa y depresión neurótica"[54] y, con fundamento en esto, declaró su derecho jubilatorio el 28 de noviembre de 1986[55]. El 8 de mayo de 1987, a los 50 años de edad, el señor Spoltore dejó de trabajar en la empresa privada. De

---

[49] *Cfr.* Demanda laboral interpuesta por Victorio Spoltore ante el Tribunal del Trabajo número 3 del Departamento Judicial de San Isidro de la Provincia de Buenos Aires el 30 de junio de 1988 (expediente de prueba, folios 2040 a 2054), y sentencia del Tribunal del Trabajo número 3 del Departamento Judicial de San Isidro de la Provincia de Buenos Aires de fecha 3 de junio de 1997 (expediente de prueba, folio 4).
[50] *Cfr.* Demanda laboral interpuesta por Victorio Spoltore ante el Tribunal del Trabajo número 3 del Departamento Judicial de San Isidro de la Provincia de Buenos Aires el 30 de junio de 1988 (expediente de prueba, folio 2042).
[51] *Cfr.* Declaración rendida ante fedatario público (afidávit) de Rosalinda Campitelli el 27 de enero de 2020 (expediente de prueba, folio 1980).
[52] *Cfr.* Caja de Previsión para la Industria, Comercio y Actividades Civiles. Formulario de solicitud de jubilación por incapacidad de 24 de octubre de 1985, y Sentencia del Tribunal del Trabajo número 3 del Departamento Judicial de San Isidro de la Provincia de Buenos Aires de fecha 3 de junio de 1997 (expediente de prueba, folio 4).
[53] *Cfr.* Demanda laboral interpuesta por Victorio Spoltore ante el Tribunal del Trabajo número 3 del Departamento Judicial de San Isidro de la Provincia de Buenos Aires el 30 de junio de 1988 (expediente de prueba, folio 2043).
[54] *Cfr.* Dirección Nacional de la Caja de Previsión para la Industria, Comercio y Actividades Civiles. Resolución declaratoria de derecho jubilatorio de la Gerencia Social. Acta No. 5/35 de 21 de julio de 1986 (expediente de prueba, folio 2029).
[55] *Cfr.* Dictamen de la Junta Médica de la Gerencia Social de la Caja de Previsión para la Industria, Comercio y Actividades Civiles de 21 de julio de 1986 (expediente de prueba, folio 2029).

acuerdo a sus familiares, el monto de la pensión que recibía el señor Spoltore era mucho menor que su sueldo[56].

68. El señor Spoltore falleció el 29 de enero del año 2012[57].

B. Sobre el proceso judicial iniciado por el señor Spoltore

69. El 30 de junio de 1988 el señor Spoltore presentó una demanda laboral "por indemnización emergente de enfermedad profesional" contra su empleador ante un tribunal del trabajo[58]. La presunta víctima argumentó que "adquirió su enfermedad en el trabajo o con causa o motivo del trabajo" y que su desmejoramiento de salud generó un trato hostil por parte de la empresa[59]. En vista de lo anterior, solicitó el pago de una liquidación por concepto de incapacidad y daño moral[60].

70. El 26 de agosto de 1988 la empresa opuso excepciones de prescripción y litispendencia, contestó la demanda y solicitó la citación en garantía de dos aseguradoras con las que había acordado contratos de seguro por riesgos de trabajo[61]. El 20 de septiembre de 1988 el señor Spoltore contestó el traslado del escrito presentado por la parte demandada, solicitando el rechazo de las excepciones planteadas[62]. El 5 de octubre de 1988 el Tribunal del Trabajo número 3 del Departamento Judicial de San Isidro de la Provincia de Buenos Aires rechazó la excepción de litispendencia, señalando que la excepción de prescripción sería tenida en cuenta en su oportunidad[63].

71. El 4 de octubre de 1988 se ordenó citar a las dos compañías aseguradoras de la empresa[64]. El 18 de abril de 1989 la parte demandada solicitó que se citara a una nueva aseguradora, la cual fue notificada el 2 de octubre de 1989[65].

72. El 30 de noviembre de 1989 se abrió la causa a prueba[66]. Durante el proceso se ordenó la realización de peritajes en diversos temas[67]. Asimismo, se realizaron seis

---

[56] *Cfr.* Declaración de Liliana Spoltore rendida en audiencia pública celebrada en el presente caso, y Declaración rendida ante fedatario público (afidávit) de Alejandro Spoltore el 27 de enero de 2020 (expediente de prueba, folio 1968).

[57] *Cfr.* Juzgado de Primera Instancia en lo Civil y Comercial del Departamento Judicial de San Isidro. Testimonio expedido el 21 de octubre de 2016 (expediente de prueba, folio 622).

[58] *Cfr.* Demanda laboral interpuesta por Victorio Spoltore ante el Tribunal del Trabajo número 3 del Departamento Judicial de San Isidro de la Provincia de Buenos Aires el 30 de junio de 1988 (expediente de prueba, folio 2040).

[59] *Cfr.* Demanda laboral interpuesta por Victorio Spoltore ante el Tribunal del Trabajo número 3 del Departamento Judicial de San Isidro de la Provincia de Buenos Aires el 30 de junio de 1988 (expediente de prueba, folios 2042 a 2045).

[60] *Cfr.* Demanda laboral interpuesta por Victorio Spoltore ante el Tribunal del Trabajo número 3 del Departamento Judicial de San Isidro de la Provincia de Buenos Aires el 30 de junio de 1988 (expediente de prueba, folio 2049).

[61] *Cfr.* Escrito de excepciones y contestación subsidiaria presentado por el mandatario judicial de la empresa de 26 de agosto de 1988 (expediente de prueba, folios 2063 a 2075).

[62] *Cfr.* Escrito presentado por Victorio Spoltore ante el Tribunal del Trabajo número 3 del Departamento Judicial de San Isidro de la Provincia de Buenos Aires el 20 de septiembre de 1988 (expediente de prueba, folios 2079 a 2087).

[63] *Cfr.* Tribunal del Trabajo número 3 del Departamento Judicial de San Isidro de la Provincia de Buenos Aires, Resolución No. 1147 de 5 de octubre de 1988 (expediente de prueba, folios 2088 a 2089).

[64] *Cfr.* Resolución de 4 de octubre de 1988 (expediente de prueba, folio 2095).

[65] *Cfr.* Escrito presentado por el mandatario judicial de la empresa el 18 de abril de 1989 (expediente de prueba, folios 2180 a 2181), y notificación de 2 de octubre de 1989 (expediente de prueba, folios 2190 y 2191).

audiencias de vista de causa en las siguientes fechas: (i) el 10 de mayo de 1995[68]; (ii) el 21 de marzo de 1996[69]; (iii) el 21 de agosto de 1996[70]; (iv) el 16 de octubre de 1996[71]; (v) el 3 de marzo de 1997[72], y (vi) el 3 de junio de 1997[73].

73. El Tribunal de Trabajo dictó sentencia el 3 de junio de 1997, nueve años después de iniciado el proceso. En su sentencia el Tribunal rechazó la demanda interpuesta por el señor Spoltore en vista de que: (a) la cardiopatía que afectaba a Spoltore no encontraba vinculación con las tareas que desempeñaba; (b) no probó en el proceso que, en la realización de sus tareas, el señor Spoltore "estuviera sometido a presiones de índole física o psíquica, ambiente extremadamente ruidoso o de actividad extraordinaria"; (c) no probó "que hubiera sido objeto de malos tratos o agresiones de parte de sus superiores o personal directivo"; (d) no se acreditó la peligrosidad o vicio de la labor desempeñada; (e) las denuncias policiales no resultan idóneas para acreditar el hostigamiento laboral del señor Spoltore; y (f) no se apreciaba dificultad, dedicación o exigencia de celeridad en la labor del señor Spoltore[74].

74. El 2 de septiembre de 1997 el señor Spoltore interpuso contra la sentencia los recursos extraordinarios de inaplicabilidad de ley y de nulidad[75], cuya admisibilidad fue decidida el 4 de febrero de 1998[76]. El 25 de febrero de 1998 se solicitó la opinión del Procurador General respecto del recurso extraordinario de nulidad[77]. El 14 de abril de 1998 el Procurador presentó su dictamen[78].

75. La SCJBA rechazó los recursos el 16 de agosto de 2000[79]. En cuanto al recurso de extraordinario de nulidad, la SCJBA determinó que: (i) las omisiones del Tribunal de Trabajo alegadas "no tienen la nota de esencialidad necesaria […] para que su falta de consideración expresa en el fallo pueda comprometer su bondad formal

---

[66] *Cfr.* Resolución de 30 de noviembre de 1989 del Tribunal de Trabajo (expediente de prueba, folio 2224), y Tribunal de Trabajo número 3 del Departamento Judicial de San Isidro de la Provincia de Buenos Aires. Constancia de sorteo de perito de 1 de diciembre de 1989 (expediente de prueba, folio 2226).

[67] *Cfr.* Resolución de 30 de noviembre de 1989 del Tribunal de Trabajo (expediente de prueba, folio 2224), y Oficio de la Jefa de Asesoría Pericial del Departamento Judicial de 23 de febrero de 1990 (expediente de prueba, folio 2230).

[68] *Cfr.* Tribunal de Trabajo número 3 del Departamento Judicial de San Isidro de la Provincia de Buenos Aires. Acta de audiencia de 10 de mayo de 1995 (expediente de prueba, folios 2530 y 2531).

[69] *Cfr.* Tribunal de Trabajo número 3 del Departamento Judicial de San Isidro de la Provincia de Buenos Aires. Acta de audiencia de 21 de marzo de 1996 (expediente de prueba, folios 2554 y 2555).

[70] *Cfr.* Tribunal de Trabajo número 3 del Departamento Judicial de San Isidro de la Provincia de Buenos Aires. Acta de audiencia de 21 de agosto de 1996 (expediente de prueba, folio 2588).

[71] *Cfr.* Tribunal de Trabajo número 3 del Departamento Judicial de San Isidro de la Provincia de Buenos Aires. Acta de audiencia de 16 de octubre de 1996 (expediente de prueba, folio 2605).

[72] *Cfr.* Tribunal de Trabajo número 3 del Departamento Judicial de San Isidro de la Provincia de Buenos Aires. Acta de audiencia de 3 de marzo de 1997 (expediente de prueba, folio 2638).

[73] *Cfr.* Tribunal de Trabajo número 3 del Departamento Judicial de San Isidro de la Provincia de Buenos Aires. Acta de audiencia de 3 de junio de 1997 (expediente de prueba, folios 2667 y 2668).

[74] *Cfr.* Sentencia del Tribunal del Trabajo número 3 del Departamento Judicial de San Isidro de la Provincia de Buenos Aires de 3 de junio de 1997 (expediente de prueba, folios 2674 y 2675), y Acuerdo del Tribunal del Trabajo número 3 del Departamento Judicial de San Isidro de la Provincia de Buenos Aires de 30 de junio de 1997 (expediente de prueba, folios 2683 y 2685).

[75] *Cfr.* Recurso Extraordinario de Inaplicabilidad de ley de 2 de setiembre de 1997 (expediente de prueba, folios 25 a 37), y Recurso extraordinario de nulidad (expediente de fondo, folios 2725 a 2741).

[76] *Cfr.* Resolución del Tribunal del Trabajo número 3 del Departamento Judicial de San Isidro de la Provincia de Buenos Aires. Providencia de 9 de septiembre de 1997 (expediente de prueba, folio 2743).

[77] *Cfr.* Resolución de 25 de febrero de 1998 (expediente de prueba, folio 2770).

[78] *Cfr.* Dictamen del Procurador General de la SCJBA (expediente de prueba, folios 2771 y 2772).

[79] *Cfr.* Resolución de la SCJBA de 16 de agosto de 2000 (expediente de prueba, folios 11 a 23).

de conformidad con el artículo 168 de la Constitución local"[80]; y que (ii) "la revisión del acierto fáctico y jurídico de la resolución impugnada sólo puede ser canalizado mediante el recurso extraordinario de inaplicabilidad de ley"[81]. En cuanto al recurso extraordinario de inaplicabilidad de ley, la SCJBA señaló que (i) el interesado omitió "formular la indispensable denuncia de transgresión de los preceptos legales sustanciales vinculados con los agravios que motivan su alzamiento, omisión que no puede ser suplida"[82], y (ii) las críticas desarrolladas con el objeto de desmerecer la apreciación que de la prueba efectuó el tribunal de origen resultan insuficientes pues "el sistema de la sana crítica en la apreciación de las pruebas [...] no tiene aplicación en el fuero laboral"[83].

C. Denuncia disciplinaria

76. Paralelamente, el 16 de septiembre de 1997 el señor Spoltore presentó una denuncia disciplinaria ante la Inspección General de la SCJBA por la demora y negligencia en el proceso por parte del Tribunal de Trabajo. El 15 de abril de 1999 la SCJBA constató que hubo "demora en la remisión de la causa a la Asesoría Pericial" y "atraso en la confección y rúbrica de cédulas de notificación"[84]. Sin embargo resolvió que, dado al "el excesivo cúmulo de tareas imperante en el Tribunal durante el período aquí investigado, los problemas de salud que padeciera la Actuaria y la ausencia de antecedentes disciplinarios", únicamente cabía un llamado de atención a la secretaria del tribunal por la demora en varias diligencias de trámite de la causa[85].

IX
FONDO

77. El presente caso se relaciona con los hechos que tuvieron lugar dentro del marco del proceso judicial iniciado por el señor Spoltore en contra de una empresa privada y los recursos interpuestos dentro del mismo. El señor Spoltore solicitaba en dicho proceso que se reconociera que sus padecimientos de salud constituían una enfermedad laboral y se le concediera una indemnización. En seguimiento de lo planteado por la Comisión en su Informe de Fondo, el caso "no tiene por objeto establecer si al señor Spoltore le correspondía o no la indemnización solicitada ni cuestionar el resultado del proceso laboral". En este sentido, no forman parte del caso los hechos alegados por los representantes relativos a las afectaciones a la salud e integridad personal del señor Spoltore, ni la alegada falta de motivación de la sentencia laboral. Por tanto, estos alegatos no serán analizados por la Corte.

78. El Estado efectuó un reconocimiento parcial de responsabilidad (*supra* Capítulo V), por lo que la Corte analizará únicamente las restantes controversias jurídicas. En este sentido, este Tribunal examinará: (1) el derecho a condiciones de trabajo equitativas y satisfactorias que aseguren la salud del trabajador, en relación con el acceso a la justicia, y (2) el derecho a recurrir del fallo. Asimismo, la Corte advierte que en la audiencia los representantes alegaron por primera vez la violación

---

[80] *Cfr.* Resolución de la SCJBA de 16 de agosto de 2000 (expediente de prueba, folio 13).
[81] *Cfr.* Resolución de la SCJBA de 16 de agosto de 2000 (expediente de prueba, folio 14).
[82] *Cfr.* Resolución de la SCJBA de 16 de agosto de 2000 (expediente de prueba, folio 18).
[83] *Cfr.* Resolución de la SCJBA de 16 de agosto de 2000 (expediente de prueba, folio 19).
[84] *Cfr.* Resolución de la SCJBA de 16 de abril de 1999 (expediente de prueba, folios 322 y 323).
[85] *Cfr.* Resolución de la SCJBA de 16 de abril de 1999 (expediente de prueba, folio 324).

del derecho a la protección a la familia, sin embargo este alegato es extemporáneo, por lo que no será analizado.

IX-1
DERECHO A CONDICIONES DE TRABAJO EQUITATIVAS Y SATISFACTORIAS QUE ASEGUREN LA SALUD DEL TRABAJADOR[86], EN RELACIÓN CON EL ACCESO A LA JUSTICIA

A. ALEGATOS DE LAS PARTES Y LA COMISIÓN

79. Los *representantes* alegaron que Argentina habría violado el derecho a gozar de condiciones de trabajo equitativas y satisfactorias, en perjuicio de Victorio Spoltore. Señalaron que: (i) "en la acción judicial [el señor] Spoltore invocó expresamente que [la empresa] había incumplido con la normativa por entonces vigente en materia de seguridad e higiene"; (ii) "una vez que el Estado, a través de sus órganos jurisdiccionales, tomó conocimiento de la alegación de la enfermedad profesional a través de la demanda interpuesta por Spoltore, debía arbitrar los medios para investigar el caso diligentemente y, en su caso, imponerle al empleador el pago de la indemnización correspondiente"; (iii) las obligaciones que tienen los Estados respecto de tal derecho incluyen "adoptar las medidas adecuadas para su debida regulación y fiscalización" y proteger a los trabajadores "a través de sus órganos competentes, para prevenir las enfermedades profesionales", y (iv) el Estado debe disponer de mecanismos efectivos de reclamo frente a una situación de enfermedad profesional, a fin de garantizar el acceso a la justicia y la tutela judicial efectiva de ese derecho.

80. El *Estado* solicitó desestimar los alegatos de los representantes pues "excede[rían] el marco fáctico del caso", el cual consiste en "la razonabilidad del plazo del proceso por enfermedad profesional que Victorio Spoltore incoara". En este sentido, alegó que "tratar tales cuestiones aquí implicaría habilitar un esquema de cuarta instancia respecto de la acción judicial por enfermedad laboral" ya que: (i) "en relación a la acción por enfermedad profesional lo único que está aquí en juego es el tiempo que demorara el rechazo de su planteo, cuestión en todo caso relativa a los artículos 8.1 y 25 de la Convención, de conformidad con el reconocimiento ya efectuado"; (ii) el Estado atendió oportunamente la discapacidad del señor Spoltore, concediéndole su jubilación relativa, y (iii) "de acuerdo con la nueva información disponible, habría incluso existido otro proceso judicial incoado por el señor Spoltore [sobre la ilegalidad del despido] en el que la justicia argentina no solo le habría otorgado una indemnización relativa a su relación laboral con la empresa, sino que, incluso lo habría hecho en un plazo razonable".

81. La *Comisión* subrayó que las víctimas y sus representantes pueden invocar la violación de derechos distintos siempre que se mantengan dentro del marco fáctico, y que "los hechos referidos a la situación de salud de la víctima, y su situación de salud forman parte del marco fáctico". En tal sentido, la Comisión solicitó a la Corte valorar conforme a la jurisprudencia los alegatos de nuevos derechos formulados por los representantes.

---

[86] Artículo 26 de la Convención.

B. CONSIDERACIONES DE LA CORTE

82. El Tribunal advierte que, en el presente caso, el problema jurídico planteado por los representantes se relaciona con los alcances del derecho al trabajo, y en particular sobre el contenido del derecho a condiciones de trabajo equitativas y satisfactorias, entendido como un derecho protegido por el artículo 26 de la Convención Americana. En este sentido, los alegatos de los representantes siguen la aproximación adoptada por este Tribunal desde el caso *Lagos del Campo Vs. Perú*[87], y que ha sido continuada en decisiones posteriores[88]. Al respecto, la Corte recuerda que ya en el caso *Poblete Vilches y otros Vs. Chile* señaló lo siguiente:

> Así, resulta claro interpretar que la Convención Americana incorporó en su catálogo de derechos protegidos los denominados derechos económicos, sociales, culturales y ambientales (DESCA), a través de una derivación de las normas reconocidas en la Carta de la Organización de los Estados Americanos (OEA), así como de las normas de interpretación dispuestas en el propio artículo 29 de la Convención; particularmente, que impide limitar o excluir el goce de los derechos establecidos en la Declaración Americana e inclusive los reconocidos en materia interna. Asimismo, de conformidad con una interpretación sistemática, teleológica y evolutiva, la Corte ha recurrido al corpus iuris internacional y nacional en la materia para dar contenido específico al alcance de los derechos tutelados por la Convención, a fin de derivar el alcance de las obligaciones específicas de cada derecho[89].

83. En este apartado, la Corte se pronunciará sobre las condiciones de trabajo equitativas y satisfactorias que aseguren la salud del trabajador, como componente y parte del derecho al trabajo[90]. Para tal efecto, seguirá el siguiente orden: (1) el derecho

---

[87] *Cfr. Caso Lagos del Campo Vs. Perú. Excepciones Preliminares, Fondo, Reparaciones y Costas*. Sentencia de 31 de agosto de 2017. Serie C No. 340, párrs. 141 a 150 y 154.

[88] *Cfr. Medio ambiente y derechos humanos (obligaciones estatales en relación con el medio ambiente en el marco de la protección y garantía de los derechos a la vida y a la integridad personal – interpretación y alcance de los artículos 4.1 y 5.1, en relación con los artículos 1.1 y 2 de la Convención Americana sobre Derechos Humanos)*. Opinión Consultiva OC-23/17 de 15 de noviembre de 2017. Serie A No. 23, párr. 57; *Caso Trabajadores Cesados de Petroperú y otros Vs. Perú. Excepciones Preliminares, Fondo, Reparaciones y Costas*. Sentencia de 23 de noviembre de 2017. Serie C No. 344, párr. 192; *Caso San Miguel Sosa y otras Vs. Venezuela. Fondo, Reparaciones y Costas*. Sentencia de 8 de febrero de 2018. Serie C No. 348, párr. 220; *Caso Poblete Vilches y otros Vs. Chile. Fondo, Reparaciones y Costas*. Sentencia de 8 de marzo de 2018. Serie C No. 349, párr. 100; *Caso Cuscul Pivaral y otros Vs. Guatemala. Excepción Preliminar, Fondo, Reparaciones y Costas, supra*, párr. 73; *Caso Muelle Flores Vs. Perú. Excepciones Preliminares, Fondo, Reparaciones y Costas, supra*, párr. 170; *Caso Hernández Vs. Argentina. Excepción Preliminar, Fondo, Reparaciones y Costas*. Sentencia de 22 de noviembre de 2019. Serie C No. 395, párr. 62 *Caso Asociación Nacional de Cesantes y Jubilados de la Superintendencia Nacional de Administración Tributaria (ANCEJUB-SUNAT) Vs. Perú. Excepciones Preliminares, Fondo, Reparaciones y Costas*. Sentencia de 21 de noviembre de 2019. Serie C No. 394, párr. 154, y *Caso Comunidades Indígenas Miembros de la Asociación Lhaka Honhat (Nuestra Tierra) Vs. Argentina. Fondo, Reparaciones y Costas*. Sentencia de 6 de febrero de 2020. Serie C No. 400, párrs. 194, 201 y 222.

[89] *Cfr. Caso Poblete Vilches y Otros Vs. Chile. Fondo, Reparaciones y Costas, supra*, párr. 103, y *Caso Cuscul Pivaral y otros Vs. Guatemala. Excepción Preliminar, Fondo, Reparaciones y Costas, supra*, párr. 73.

[90] Al respecto el Comité de los Derechos Económicos Sociales y Culturales en la Observación General No. 18 indicó que: "El trabajo, según reza el artículo 6 del Pacto, debe ser un trabajo digno, éste es el trabajo que respeta los derechos fundamentales de la persona humana, así como los derechos de los trabajadores en lo

a condiciones de trabajo equitativas y satisfactorias que aseguren la salud del trabajador; (2) el contenido del derecho a condiciones de trabajo equitativas y satisfactorias que aseguren la salud del trabajador, y (3) la afectación del derecho a condiciones de trabajo equitativas y satisfactorias que aseguren la salud del trabajador en el presente caso.

B.1. El derecho a condiciones de trabajo equitativas y satisfactorias que aseguren la salud del trabajador

84. Para identificar aquellos derechos que pueden ser derivados interpretativamente del artículo 26 de la Convención, se debe considerar que este realiza una remisión directa a las normas económicas, sociales y sobre educación, ciencia y cultura contenidas en la Carta de la OEA. De una lectura de este último instrumento, la Corte advierte que los artículos 45.b y c[91], 46[92] y 34.g[93] de la Carta establecen una serie de normas que permiten identificar el derecho al trabajo[94]. En particular, la Corte nota que el artículo 45.b) de la Carta de la OEA establece que "[e]l trabajo es un derecho y un deber social, otorga dignidad a quien lo realiza y debe prestarse en condiciones que, incluyendo un régimen de salarios justos, aseguren la vida, la salud y un nivel económico decoroso para el trabajador y su familia, tanto en sus años de trabajo como en su vejez, o cuando cualquier circunstancia lo prive de la posibilidad de trabajar". De esta forma, la Corte considera que existe una referencia con el suficiente grado de especificidad al derecho a condiciones de trabajo equitativas

---

relativo a condiciones de seguridad laboral y remuneración. También ofrece una renta que permite a los trabajadores vivir y asegurar la vida de sus familias, tal como se subraya en el artículo 7 del Pacto. Estos derechos fundamentales también incluyen el respecto a la integridad física y mental del trabajador en el ejercicio de su empleo" y que "8. Los artículos 6 [y] 7 [...] del Pacto son interdependientes". [párrs. 7 y 8 de la Observación General No. 18 del Comité DESC] Por su parte la Observación general No. 23 añadió que "[c]omo continuación de la [O]bservación [G]eneral [No.] 18 sobre el derecho al trabajo, [...] el Comité ha redactado la presente observación general con el objeto de contribuir a la plena aplicación del artículo 7 del Pacto" [párr. 4 de la Observación General No. 23].
[91] Artículo 45 de la Carta de la OEA. Los Estados miembros, convencidos de que el hombre sólo puede alcanzar la plena realización de sus aspiraciones dentro de un orden social justo, acompañado de desarrollo económico y verdadera paz, convienen en dedicar sus máximos esfuerzos a la aplicación de los siguientes principios y mecanismos: [...] (b) El trabajo es un derecho y un deber social, otorga dignidad a quien lo realiza y debe prestarse en condiciones que, incluyendo un régimen de salarios justos, aseguren la vida, la salud y un nivel económico decoroso para el trabajador y su familia, tanto en sus años de trabajo como en su vejez, o cuando cualquier circunstancia lo prive de la posibilidad de trabajar; (c) Los empleadores y los trabajadores, tanto rurales como urbanos, tienen el derecho de asociarse libremente para la defensa y promoción de sus intereses, incluyendo el derecho de negociación colectiva y el de huelga por parte de los trabajadores, el reconocimiento de la personería jurídica de las asociaciones y la protección de su libertad e independencia, todo de conformidad con la legislación respectiva [...].
[92] Artículo 46 de la Carta de la OEA. Los Estados miembros reconocen que, para facilitar el proceso de la integración regional latinoamericana, es necesario armonizar la legislación social de los países en desarrollo, especialmente en el campo laboral y de la seguridad social, a fin de que los derechos de los trabajadores sean igualmente protegidos, y convienen en realizar los máximos esfuerzos para alcanzar esta finalidad.
[93] Artículo 34.g de la Carta de la OEA. Los Estados miembros convienen en que la igualdad de oportunidades, la eliminación de la pobreza crítica y la distribución equitativa de la riqueza y del ingreso, así como la plena participación de sus pueblos en las decisiones relativas a su propio desarrollo, son, entre otros, objetivos básicos del desarrollo integral. Para lograrlos, convienen asimismo en dedicar sus máximos esfuerzos a la consecución de las siguientes metas básicas: [...] (g) Salarios justos, oportunidades de empleo y condiciones de trabajo aceptables para todos.
[94] *Caso Lagos del Campo Vs. Perú. Excepciones Preliminares, Fondo, Reparaciones y Costas, supra,* párr. 143.

y satisfactorias para derivar su existencia y reconocimiento implícito de la Carta de la OEA. En vista de lo anterior, la Corte considera que es un derecho protegido por el artículo 26 de la Convención.

85. Corresponde entonces a este Tribunal determinar los alcances del derecho a condiciones de trabajo equitativas y satisfactorias que aseguren la salud del trabajador en el marco de los hechos del presente caso, a la luz del *corpus iuris* internacional en la materia. La Corte recuerda que las obligaciones contenidas en los artículos 1.1 y 2 de la Convención Americana constituyen, en definitiva, la base para la determinación de responsabilidad internacional de un Estado por violaciones a los derechos reconocidos en la Convención[95], incluidos aquellos reconocidos en virtud del artículo 26. Sin embargo, la misma Convención hace expresa referencia a las normas del Derecho Internacional general para su interpretación y aplicación, específicamente a través del artículo 29, el cual prevé el principio *pro persona*[96]. De esta manera, como ha sido la práctica constante de este Tribunal[97], al determinar la compatibilidad de las acciones y omisiones del Estado o de sus normas, con la propia Convención u otros tratados respecto de los cuales tiene competencia, la Corte puede interpretar las obligaciones y derechos en ellos contenidos a la luz de otros tratados y normas pertinentes[98].

86. De esta forma, la Corte utilizará las fuentes, principios y criterios del *corpus iuris* internacional como normativa especial aplicable en la determinación del contenido del derecho a condiciones de trabajo equitativas y satisfactorias que aseguren la salud del trabajador. Este Tribunal señala que la utilización de la normativa antes mencionada para la determinación del derecho en cuestión se utilizará en forma complementaria a la normativa convencional. Al respecto, la Corte afirma que no está asumiendo competencias sobre tratados en los que no la tiene, ni tampoco está otorgando jerarquía convencional a normas contenidas en otros instrumentos nacionales o internacionales relacionados con los DESCA[99]. Por el contrario, la Corte

---

[95] *Cfr. Caso de la "Masacre de Mapiripán" Vs. Colombia, supra,* párr. 107, y *Caso Asociación Nacional de Cesantes y Jubilados de la Superintendencia Nacional de Administración Tributaria (ANCEJUB-SUNAT) Vs. Perú. Excepciones Preliminares, Fondo, Reparaciones y Costas, supra,* párr. 158.

[96] *Cfr. Caso familia Pacheco Tineo Vs. Bolivia. Excepciones Preliminares, Fondo, Reparaciones y Costas.* Sentencia de 25 de noviembre de 2013. Serie C No. 272, párr. 143, y *Caso Comunidades Indígenas Miembros de la Asociación Lhaka Honhat (Nuestra Tierra) Vs. Argentina. Fondo, Reparaciones y Costas, supra,* párr. 196.

[97] *Cfr. Caso Gelman Vs. Uruguay. Fondo y Reparaciones.* Sentencia de 24 de febrero de 2011. Serie C No. 221, párr. 78 y 121; *Caso Atala Riffo y niñas Vs. Chile. Fondo, Reparaciones y Costas.* Sentencia de 24 de febrero de 2012. Serie C No. 239, párr. 83; *Caso familia Pacheco Tineo Vs. Bolivia. Excepciones Preliminares, Fondo, Reparaciones y Costas, supra,* párr. 129; *Caso I.V. Vs. Bolivia. Excepciones Preliminares, Fondo, Reparaciones y Costas, supra,* párr. 168; *Caso Lagos del Campo Vs. Perú. Excepciones Preliminares, Fondo, Reparaciones y Costas, supra,* párr. 145; *Caso Poblete Vilches y Otros Vs. Chile. Fondo, Reparaciones y Costas, supra,* párr. 103; *Caso Cuscul Pivaral y otros Vs. Guatemala. Excepción Preliminar, Fondo, Reparaciones y Costas, supra,* párr. 100; *Caso Asociación Nacional de Cesantes y Jubilados de la Superintendencia Nacional de Administración Tributaria (ANCEJUB-SUNAT) Vs. Perú. Excepciones Preliminares, Fondo, Reparaciones y Costas, supra,* párr. 158, y *Caso Comunidades Indígenas Miembros de la Asociación Lhaka Honhat (Nuestra Tierra) Vs. Argentina. Fondo, Reparaciones y Costas, supra,* párr. 196.

[98] *Cfr. Caso Muelle Flores Vs. Perú. Excepciones Preliminares, Fondo, Reparaciones y Costas, supra,* párr. 176, y *Caso Comunidades Indígenas Miembros de la Asociación Lhaka Honhat (Nuestra Tierra) Vs. Argentina. Fondo, Reparaciones y Costas, supra,* párr. 196.

[99] *Cfr. Caso Familia Pacheco Tineo Vs. Bolivia. Excepciones Preliminares, Fondo, Reparaciones y Costas, supra,* párr. 143, y *Caso Hernández Vs. Argentina. Excepción Preliminar, Fondo, Reparaciones y Costas, supra,* párr. 66.

realizará una interpretación de conformidad con las pautas previstas por el artículo 29, y conforme a su práctica jurisprudencial, que permita actualizar el sentido de los derechos derivados de la Carta de la OEA que se encuentran reconocidos por el artículo 26 de la Convención. La determinación del derecho a condiciones de trabajo que aseguren la salud del trabajador dará un especial énfasis a la Declaración Americana, pues tal y como lo estableció este Tribunal:

> [L]os Estados Miembros han entendido que la Declaración contiene y define aquellos derechos humanos esenciales a los que la Carta se refiere, de manera que no se puede interpretar y aplicar la Carta de la Organización en materia de derechos humanos, sin integrar las normas pertinentes de ella con las correspondientes disposiciones de la Declaración, como resulta de la práctica seguida por los órganos de la OEA[100].

87. En el mismo sentido, este Tribunal ha señalado en otras oportunidades que los tratados de derechos humanos son instrumentos vivos, cuya interpretación tiene que acompañar la evolución de los tiempos y las condiciones de vida actuales. Tal interpretación evolutiva es consecuente con las reglas generales de interpretación establecidas en el artículo 29 de la Convención Americana, así como con la Convención de Viena[101]. Además, el párrafo tercero del artículo 31 de la Convención de Viena autoriza la utilización de medios interpretativos tales como los acuerdos o la práctica o reglas relevantes del derecho internacional que los Estados hayan manifestado sobre la materia del tratado, los cuales son algunos de los métodos que se relacionan con una visión evolutiva del Tratado. De esta forma, con el objetivo de determinar el alcance del derecho a condiciones de trabajo equitativas y satisfactorias que aseguren la salud del trabajador, tal y como se deriva de las normas económicas, sociales y sobre educación, ciencia y cultura de la Carta de la OEA, el Tribunal hará referencia a los instrumentos relevantes del *corpus iuris* internacional.

88. A continuación, este Tribunal procede a verificar el alcance y contenido de este derecho para efectos del presente caso.

B.2. El contenido del derecho a condiciones de trabajo equitativas y satisfactorias que aseguren la salud del trabajador

89. De conformidad con lo señalado anteriormente, el artículo 45.b) de la Carta de la OEA señala expresamente que el trabajo deberá ser ejercido en condiciones que aseguren la vida y la salud del trabajador (*supra* párr. 84). Asimismo, el artículo XIV de la Declaración Americana permite identificar el derecho a condiciones de trabajo equitativas y satisfactorias al referir que toda persona tiene derecho "al trabajo en condiciones dignas".

---

[100] *Cfr. Interpretación de la Declaración Americana de los Derechos y Deberes del Hombre, en el marco del artículo 64 de la Convención Americana sobre Derechos Humanos*. Opinión Consultiva OC-10/89 de 14 de julio de 1989. Serie A No. 10, párr. 43, y *Caso Hernández Vs. Argentina. Excepción Preliminar, Fondo, Reparaciones y Costas, supra*, párr. 66.

[101] *Cfr. El Derecho a la Información sobre la Asistencia Consular en el Marco de las Garantías del Debido Proceso Legal*. Opinión Consultiva OC-16/99 de 1 de octubre de 1999. Serie A No. 16, párr. 114, y *La institución del asilo y su reconocimiento como derecho humano en el sistema interamericano de protección (interpretación y alcance de los artículos 5, 22.7 y 22.8, en relación con el artículo 1.1 de la Convención Americana sobre Derechos Humanos)*. Opinión Consultiva OC-25/18 de 30 de mayo de 2018. Serie A No. 25, párr. 137.

90. De igual manera, el artículo 7 del Protocolo Adicional a la Convención Americana sobre Derechos Humanos en materia de Derechos Económicos, Sociales y Culturales "Protocolo de San Salvador" (en adelante "Protocolo de San Salvador)[102] establece que "[l]os Estados partes en el presente Protocolo reconocen que el derecho al trabajo al que se refiere el artículo anterior supone que toda persona goce del mismo en condiciones justas, equitativas y satisfactorias, para lo cual dichos Estados garantizarán en sus legislaciones nacionales, de manera particular: [...] la seguridad e higiene en el trabajo".

91. En el ámbito universal, el artículo 23 de la Declaración Universal de Derechos Humanos establece que "[t]oda persona tiene derecho a [...] condiciones equitativas y satisfactorias de trabajo"[103]. Por su parte, el Pacto Internacional de Derechos Económicos, Sociales y Culturales de la misma forma establece que "[l]os Estados Partes en el presente Pacto reconocen el derecho de toda persona al goce de condiciones de trabajo equitativas y satisfactorias que le aseguren en especial: [...] b) La seguridad y la higiene en el trabajo"[104].

---

[102] Adoptado en San Salvador, El Salvador el 17 de noviembre de 1988, confirmado en la Asamblea de reunión de Asamblea General en el décimo octavo periodo ordinario de sesiones. Entró en vigor el 16 de noviembre de 1999. Argentina lo firmó el 17 de noviembre de 1988 y ratificó el 30 de junio de 2003. El artículo 7 establece que: Los Estados partes en el presente Protocolo reconocen que el derecho al trabajo al que se refiere el artículo anterior supone que toda persona goce del mismo en condiciones justas, equitativas y satisfactorias, para lo cual dichos Estados garantizarán en sus legislaciones nacionales, de manera particular: (a) una remuneración que asegure como mínimo a todos los trabajadores condiciones de subsistencia digna y decorosa para ellos y sus familias y un salario equitativo e igual por trabajo igual, sin ninguna distinción; (b) el derecho de todo trabajador a seguir su vocación y a dedicarse a la actividad que mejor responda a sus expectativas y a cambiar de empleo, de acuerdo con la reglamentación nacional respectiva; (c) el derecho del trabajador a la promoción o ascenso dentro de su trabajo, para lo cual se tendrán en cuenta sus calificaciones, competencia, probidad y tiempo de servicio; (d) la estabilidad de los trabajadores en sus empleos, de acuerdo con las características de las industrias y profesiones y con las causas de justa separación. En casos de despido injustificado, el trabajador tendrá derecho a una indemnización o a la readmisión en el empleo o a cualesquiera otra prestación prevista por la legislación nacional; (e) la seguridad e higiene en el trabajo; (f) la prohibición de trabajo nocturno o en labores insalubres o peligrosas a los menores de 18 años y, en general, de todo trabajo que pueda poner en peligro su salud, seguridad o moral. Cuando se trate de menores de 16 años, la jornada de trabajo deberá subordinarse a las disposiciones sobre educación obligatoria y en ningún caso podrá constituir un impedimento para la asistencia escolar o ser una limitación para beneficiarse de la instrucción recibida; (g) la limitación razonable de las horas de trabajo, tanto diarias como semanales. Las jornadas serán de menor duración cuando se trate de trabajos peligrosos, insalubres o nocturnos; (h) el descanso, el disfrute del tiempo libre, las vacaciones pagadas, así como la remuneración de los días feriados nacionales.

[103] Adoptada y proclamada por la Resolución de la Asamblea General 217 A (III) del 10 de diciembre de 1948 en París. El artículo 23 establece que: "(1) Toda persona tiene derecho al trabajo, a la libre elección de su trabajo, a condiciones equitativas y satisfactorias de trabajo y a la protección contra el desempleo. (2) Toda persona tiene derecho, sin discriminación alguna, a igual salario por trabajo igual. (3) Toda persona que trabaja tiene derecho a una remuneración equitativa y satisfactoria, que le asegure, así como a su familia, una existencia conforme a la dignidad humana y que será completada, en caso necesario, por cualesquiera otros medios de protección social. 4. Toda persona tiene derecho a fundar sindicatos y a sindicarse para la defensa de sus intereses".

[104] Adoptada y abierto a la firma, ratificación y adhesión por la Asamblea General en su resolución 2200 A (XXI), de 16 de diciembre de 1966. Entró en vigor el 3 de enero de 1976. Ratificado por Argentina el 8 de agosto de 1986. El artículo 7 señala que: "[l]os Estados Partes en el presente Pacto reconocen el derecho de toda persona al goce de condiciones de trabajo equitativas y satisfactorias que le aseguren en especial: (a) Una remuneración que proporcione como mínimo a todos los trabajadores: (i) Un salario equitativo e igual por trabajo de igual valor, sin distinciones de ninguna especie; en particular, debe asegurarse a las mujeres condiciones de trabajo no inferiores a las de los hombres, con salario igual por trabajo igual; (ii) Condiciones de existencia dignas para ellos y para sus familias conforme a las disposiciones del presente Pacto; (b) La seguridad y la higiene en el trabajo; (c) Igual oportunidad para todos de ser promovidos, dentro

92. Asimismo, el derecho a condiciones de trabajo equitativas y satisfactorias que aseguren la salud del trabajador está reconocido a nivel constitucional nacional y provincial en Argentina, en el artículo 14 bis de la Constitución de la Nación Argentina[105] y en el artículo 39.1 de la Constitución de la Provincia de Buenos Aires[106], respectivamente.

93. Ahora bien, del artículo 45 de la Carta de la OEA, interpretado a la luz de la Declaración Americana y de los demás instrumentos mencionados, se puede derivar elementos constitutivos del derecho a condiciones equitativas y satisfactorias de trabajo que aseguren la salud del trabajador, como por ejemplo, que busca prevenir las lesiones, enfermedades y muertes ocasionadas por el trabajo.

94. En particular, la Corte observa que, como parte integrante del derecho al trabajo en condiciones equitativas y satisfactorias, se encuentra "la prevención de accidentes y enfermedades profesionales" como medio para garantizar la salud del trabajador. Sobre la seguridad e higiene en el trabajo, el Comité de Derechos Económicos, Sociales y Culturales en la Observación General No. 23 indicó que:

> La prevención de accidentes y enfermedades profesionales es un componente fundamental del derecho a unas condiciones de trabajo equitativas y satisfactorias, y guarda estrecha relación con otros derechos reconocidos en el Pacto, en particular con el derecho al más alto nivel posible de salud física y mental. Los Estados partes deberían adoptar una política nacional para prevenir los accidentes y daños a la salud relacionados con el trabajo mediante la reducción al mínimo de los riesgos en el entorno de trabajo, y garantizar una amplia participación en la formulación, aplicación y revisión de dicha política, en particular de los trabajadores, los empleadores y las organizaciones que los representan. Si bien la prevención total de los accidentes y enfermedades profesionales puede resultar imposible, los costos humanos y de otra índole de no adoptar medidas son muy superiores a la carga económica que entraña para los Estados partes la adopción de medidas preventivas inmediatas, que deberían ampliarse con el tiempo[107].

---

de su trabajo, a la categoría superior que les corresponda, sin más consideraciones que los factores de tiempo de servicio y capacidad; (d) El descanso, el disfrute del tiempo libre, la limitación razonable de las horas de trabajo y las vacaciones periódicas pagadas, así como la remuneración de los días festivos".

[105] El artículo 14 bis establece que: "El trabajo en sus diversas formas gozará de la protección de las leyes, las que asegurarán al trabajador: condiciones dignas y equitativas de labor, jornada limitada; descanso y vacaciones pagados; retribución justa; salario mínimo vital móvil; igual remuneración por igual tarea; participación en las ganancias de las empresas, con control de la producción y colaboración en la dirección; protección contra el despido arbitrario; estabilidad del empleado público; organización sindical libre y democrática, reconocida por la simple inscripción en un registro especial. Queda garantizado a los gremios: concertar convenios colectivos de trabajo; recurrir a la conciliación y al arbitraje; el derecho de huelga. Los representantes gremiales gozarán de las garantías necesarias para el cumplimiento de su gestión sindical y las relacionadas con la estabilidad de su empleo. El Estado otorgará los beneficios de la seguridad social, que tendrá carácter de integral e irrenunciable. En especial, la ley establecerá: el seguro social obligatorio, que estará a cargo de entidades nacionales o provinciales con autonomía financiera y económica, administradas por los interesados con participación del Estado, sin que pueda existir superposición de aportes; jubilaciones y pensiones móviles; la protección integral de la familia; la defensa del bien de familia; la compensación económica familiar y el acceso a una vivienda digna".

[106] El artículo 31.1 señala que: "El trabajo es un derecho y un deber social. 1. En especial se establece: derecho al trabajo, a una retribución justa, a condiciones dignas de trabajo, al bienestar, a la jornada limitada, al descanso semanal, a igual remuneración por igual tarea y al salario mínimo, vital y móvil".

[107] Comité de Derechos Económicos, Sociales y Culturales, Observaciones General núm. 23 (2016) sobre el derecho a condiciones de trabajo equitativas y satisfactorias (artículo 7 del Pacto Internacional de Derechos Económicos, Sociales y Culturales), E/C.12/GC/23, 27 de abril de 2016, párrs. 25 y 29.

95. La prevención de accidentes de trabajo, como parte del derecho al trabajo en condiciones satisfactorias y equitativas, que aseguren la salud del trabajador está reconocido ampliamente en el *corpus iuris* internacional[108]. En particular, el Convenio de la Organización Internacional del Trabajo sobre seguridad y salud de los trabajadores (número 155) establece que:

> Todo Miembro deberá, en consulta con las organizaciones más representativas de empleadores y de trabajadores interesadas y habida cuenta de las condiciones y práctica nacionales, formular, poner en práctica y reexaminar periódicamente una política nacional coherente en materia de seguridad y salud de los trabajadores y medio ambiente de trabajo.
> Esta política tendrá por objeto prevenir los accidentes y los daños para la salud que sean consecuencia del trabajo, guarden relación con la actividad laboral o sobrevengan durante el trabajo, reduciendo al mínimo, en la medida en que sea razonable y factible, las causas de los riesgos inherentes al medio ambiente de trabajo[109].

96. La Corte destaca que, tanto la Observación General No. 18[110] como la Observación General No. 23 del Comité de Derechos Económicos, Sociales y Culturales, establecen que el derecho a acceder a la justicia forma parte del derecho al trabajo y a las condiciones de trabajo que aseguren la salud del trabajador. En este sentido, el Comité señaló en la Observación General No. 23 que:

> Los trabajadores afectados por un accidente o enfermedad profesional prevenible deberían tener derecho a una reparación, incluido el acceso a mecanismos adecuados de reclamación, como los tribunales, para resolver las controversias. En particular, los Estados partes deberían velar por que los trabajadores que sufran un accidente o se vean afectados por una enfermedad y, cuando proceda, las personas a su cargo, reciban una indemnización adecuada que incluya los gastos de tratamiento, la pérdida de ingresos y otros gastos, y tengan acceso a servicios de rehabilitación[111].

---

[108] Artículo 11.1.f) de la Convención sobre la Eliminación de Todas las Formas de Discriminación contra la Mujer; artículo 32.1 de Convención sobre los Derechos del Niño; artículo 25.1 de la Convención Internacional sobre la Protección de los Derechos de Todos los Trabajadores Migratorios y de sus Familiares; artículos artículo 27.1.a y 27.1.b) de la Convención sobre los Derechos de las Personas con Discapacidad, y artículo 2 de la Carta Social Europea; artículo 31.1 de la Carta de los Derechos Fundamentales de la Unión Europea.

[109] Artículo 4 del Convenio de la Organización Internacional del Trabajo sobre seguridad y salud de los trabajadores (número 155). Ratificado por Argentina el 13 de enero de 2014, adoptado el 22 de junio de 1981 en la 67a reunión de la Conferencia Internacional del Trabajo. Ratificado por Argentina el 13 de enero de 2014.

[110] Dicha observación General establece que "Toda persona o grupo que sea víctima de una vulneración del derecho al trabajo debe tener acceso a adecuados recursos judiciales o de otra naturaleza en el plano nacional. [...] Todas las víctimas de esas violaciones tienen derecho a una reparación adecuada, que pueden adoptar la forma de una restitución, una indemnización, una compensación o garantías de no repetición". Comité de Derechos Económicos, Sociales y Culturales, Observación General núm. 18 (2005) sobre el derecho al trabajo (artículo 6 del Pacto Internacional de Derechos Económicos, Sociales y Culturales), E/C.12/GC/18, 6 de febrero de 2006, párr. 48.

[111] Comité de Derechos Económicos, Sociales y Culturales, Observación General núm. 23, *supra*, párrs. 25 y 29.

97. La Corte considera que la naturaleza y alcance de las obligaciones que derivan de la protección del derecho a condiciones de trabajo que aseguren la salud del trabajador, incluyen aspectos que tienen una exigibilidad inmediata, así como aspectos que tienen un carácter progresivo[112]. Al respecto, la Corte recuerda que, en relación con las primeras (obligaciones de exigibilidad inmediata), los Estados deberán adoptar medidas eficaces a fin de garantizar el acceso sin discriminación a las salvaguardas reconocidas para el derecho a condiciones de trabajo que aseguren la salud del trabajador[113]. Entre estas obligaciones se encuentra la obligación de poner a disposición del trabajador mecanismos adecuados y efectivos para que los trabajadores afectados por un accidente o enfermedad profesional puedan solicitar una indemnización[114]. Respecto a las segundas (obligaciones de carácter progresivo), la realización progresiva significa que los Estados partes tienen la obligación concreta y constante de avanzar lo más expedita y eficazmente posible hacia la plena efectividad de dicho derecho[115], en la medida de sus recursos disponibles, por vía legislativa u otros medios apropiados[116]. Asimismo, se impone la obligación de *no regresividad* frente a la realización de los derechos alcanzados[117]. En virtud de lo anterior, las obligaciones convencionales de respeto y garantía, así como de adopción de medidas de derecho interno (artículos 1.1 y 2), resultan fundamentales para alcanzar su efectividad.

98. La Corte nota que el presente caso no versa sobre las obligaciones de progresividad derivadas del artículo 26 de la Convención, sino que se refiere a la falta de protección judicial del derecho a condiciones equitativas y satisfactorias de trabajo que aseguren la salud del trabajador, debido a la demora excesiva del proceso judicial reconocida por el Estado.

99. En este sentido, con base en los criterios y elementos constitutivos del derecho a condiciones de trabajo que aseguren la salud del trabajador, y tomando en cuenta los hechos y particularidades del presente caso, la Corte concluye que este se refiere al derecho del trabajador a realizar sus labores en condiciones que prevengan accidentes de trabajo y enfermedades profesionales[118]. En cumplimiento de las obligaciones del

---

[112] *Cfr.* Comité de Derechos Económicos, Sociales y Culturales, Observación General núm. 23, *supra*, párr. 50.
[113] *Cfr.* Comité de Derechos Económicos, Sociales y Culturales, Comité de Derechos Económicos, Sociales y Culturales, Observación General núm. 3: *La índole de las obligaciones de los Estados Partes* (párrafo 1 del artículo 2 del Pacto), 14 de diciembre de 1990, U.N. Doc. E/1991/23, párr. 5, y Comité de Derechos Económicos, Sociales y Culturales, Observaciones General núm. 23, *supra*, párr. 25.
[114] *Cfr.* Comité de Derechos Económicos, Sociales y Culturales, Observación General núm. 23 (2016), *supra*, párr. 29.
[115] *Cfr.* Comité de Derechos Económicos, Sociales y Culturales, Observación General núm. 3, *supra*, párr. 9, y Comité de Derechos Económicos, Sociales y Culturales, Observaciones General núm. 23 (2016) sobre el derecho a condiciones de trabajo equitativas y satisfactorias (artículo 7 del Pacto Internacional de Derechos Económicos, Sociales y Culturales), E/C.12/GC/23, 27 de abril de 2016, párr. 50.
[116] El artículo 26 de la Convención establece: "Artículo 26. Desarrollo Progresivo. Los Estados Partes se comprometen a adoptar providencias, tanto a nivel interno como mediante la cooperación internacional, especialmente económica y técnica, para lograr progresivamente la plena efectividad de los derechos que se derivan de las normas económicas, sociales y sobre educación, ciencia y cultura, contenidas en la Carta de la Organización de los Estados Americanos, reformada por el Protocolo de Buenos Aires, en la medida de los recursos disponibles, por vía legislativa u otros medios apropiados".
[117] *Cfr. Caso Acevedo Buendía y otros ("Cesantes y Jubilados de la Contraloría") Vs. Perú, supra*, párrs. 102 y 103; *Caso Poblete Vilches y otros Vs. Chile. Fondo, Reparaciones y Costas, supra*, párr. 104, y *Caso Hernández Vs. Argentina. Excepción Preliminar, Fondo, Reparaciones y Costas, supra*, párr. 81.
[118] De acuerdo a la Organización Internacional del Trabajo (OIT): "(a) el término "accidente del trabajo" designa los accidentes ocurridos en el curso del trabajo o en relación con el trabajo que causen lesiones

Estado de garantizar este derecho, los Estados, entre otras obligaciones, deben asegurar que los trabajadores afectados por un accidente o enfermedad profesional prevenible tengan acceso a mecanismos adecuados de reclamación, como los tribunales, para solicitar una reparación o indemnización.

100. Con base en los criterios establecidos en los párrafos precedentes y que el Estado reconoció su responsabilidad internacional por la violación de los artículos 8 y 25 de la Convención, en el sentido de que en el presente caso existió una duración excesiva del proceso en el cual el señor Spoltore solicitaba una indemnización por enfermedad profesional, lo cual implicó una violación del derecho a las garantías judiciales y a la protección judicial, el Tribunal pasa a analizar la afectación del derecho a condiciones de trabajo equitativas y satisfactorias que aseguren la salud del trabajador en el caso concreto.

B.3. La afectación del derecho a condiciones de trabajo equitativas y satisfactorias que aseguren la salud del trabajador en el caso concreto

101. En el presente caso el señor Spoltore, tras sufrir dos infartos, inició un proceso en contra de la empresa donde trabajaba para que se reconociera dichos padecimientos de salud como una enfermedad profesional y se le otorgara una indemnización. Este proceso se prolongó por más de 12 años y el Estado reconoció que:

> [E]l proceso judicial en cuestión no revestía especial complejidad y que, en líneas generales, el interesado que, además no era otro que una persona con discapacidad, dio el impulso esperable al trámite. Por ello, resulta irrazonable que las autoridades judiciales hayan tardado doce años en dilucidar si le asistía derecho en la demanda por enfermedad profesional contra su empleador.

En este sentido, el Estado reconoció la violación de la garantía del plazo razonable consagrado en el artículo 8.1 de la Convención Americana y, en consecuencia, del derecho a la protección judicial previsto en el artículo 25 de la Convención en relación con el artículo 1.1 del mismo instrumento.

102. La Corte reitera que el acceso a la justicia es uno de los componentes del derecho a condiciones de trabajo que aseguren la salud del trabajador (*supra* párr. 96). Esta Corte ha señalado que los derechos laborales[119] y el derecho a la seguridad social[120] incluyen la obligación de disponer de mecanismos efectivos de reclamo frente a su violación con el fin de garantizar el derecho de acceso a la justicia y a la tutela judicial efectiva, tanto en el ámbito público como en el ámbito privado de las

---

mortales o no mortales; (b) el término "enfermedad profesional" designa toda enfermedad contraída por la exposición a factores de riesgo que resulte de la actividad laboral". *Cfr.* Organización Internacional del Trabajo (OIT). Protocolo relativo al Convenio sobre seguridad y salud de los trabajadores, adoptado el 9 de febrero de 2005, artículo 1. Ratificado por Argentina el 13 enero 2014.

[119] *Cfr. Caso Lagos del Campo Vs. Perú. Excepciones Preliminares, Fondo, Reparaciones y Costas, supra,* párr. 149; *Caso Trabajadores Cesados de Petroperú y otros Vs. Perú. Excepciones Preliminares, Fondo, Reparaciones y Costas, supra,* párr. 193, *y Caso San Miguel Sosa y otras Vs. Venezuela. Fondo, Reparaciones y Costas, supra,* párr. 221.

[120] *Cfr. Caso Muelle Flores Vs. Perú. Excepciones Preliminares, Fondo, Reparaciones y Costas, supra,* párr. 194, *y Caso Asociación Nacional de Cesantes y Jubilados de la Superintendencia Nacional de Administración Tributaria (ANCEJUB-SUNAT) Vs. Perú. Excepciones Preliminares, Fondo, Reparaciones y Costas, supra,* párr. 175.

relaciones laborales. Esto mismo es aplicable al derecho a condiciones de trabajo equitativas y satisfactorias que aseguren la salud del trabajador. En consecuencia, teniendo en consideración el reconocimiento de responsabilidad internacional del Estado debido a la demora excesiva del proceso judicial laboral reconocida por el Estado y dado que no se garantizó al señor Spoltore el acceso a la justicia en búsqueda de una indemnización por una posible enfermedad profesional, la Corte concluye que el Estado es responsable de la violación del artículo 26 de la Convención, en relación con los artículos 8, 25 y 1.1 del mismo instrumento, en perjuicio de Victorio Spoltore.

IX-2
DERECHO A RECURRIR DEL FALLO

A. ALEGATOS DE LAS PARTES Y DE LA COMISIÓN

103. Los *representantes* alegaron que, entre las garantías que se deben garantizar en un proceso judicial laboral por enfermedad profesional, "se encuentra la de recurrir del fallo ante juez o tribunal superior". Sin embargo, la legislación solo preveía una instancia única. Por tanto, alegaron que el Estado violó el artículo 8.2.h), en relación con los artículos 1.1 y 2 de la Convención. Añadieron que, en vista que el señor "Spoltore no contó con recursos efectivos para hacer valer sus derechos laborales, se violó su derecho a la protección judicial". El *Estado* indicó que las garantías del artículo 8.2 de la Convención pueden ser aplicables a procesos de carácter sancionatorio, lo cual no es la situación en el presente caso. Indicó que "los argumentos de los representantes referidos a la posible violación de este derecho están por fuera a los alcances que la Corte ha interpretado corresponde darle a la garantía prevista en el artículo de referencia". Así, señaló que "una compensación no tiene carácter sancionatorio" por lo que la garantía del artículo 8.2.h) no resulta aplicable al caso, según los alcances reconocidos por la Corte. La *Comisión* no se pronunció al respecto.

B. CONSIDERACIONES DE LA CORTE

104. La Corte se ha referido en su jurisprudencia constante sobre el alcance y contenido del artículo 8.2.h) de la Convención, así como a los estándares que deben ser observados para asegurar la garantía del derecho a recurrir del fallo ante juez o tribunal superior. El Tribunal ha entendido que dicho derecho consiste en una garantía mínima y primordial que "se debe respetar en el marco del debido proceso legal, en aras de permitir que una sentencia adversa pueda ser revisada por un juez o tribunal distinto y de superior jerarquía [...]"[121]. Teniendo en cuenta que las garantías judiciales buscan que quien esté incurso en un proceso no sea sometido a decisiones arbitrarias, la Corte ha interpretado que el derecho a recurrir del fallo no puede ser efectivo si no se garantiza respecto de todo aquél que es condenado[122], ya que la

---

[121] *Cfr. Caso Herrera Ulloa Vs. Costa Rica. Excepciones Preliminares, Fondo, Reparaciones y Costas.* Sentencia de 2 de julio de 2004. Serie C No. 107, párr. 158, y *Caso Girón y otro Vs. Guatemala. Excepción Preliminar, Fondo, Reparaciones y Costas.* Sentencia de 15 de octubre de 2019. Serie C No. 390, párr. 113.
[122] *Cfr. Caso Mohamed Vs. Argentina. Excepción Preliminar, Fondo, Reparaciones y Costas.* Sentencia de 23 noviembre de 2012. Serie C No. 255, párrs. 92 y 93, y *Caso Girón y otro Vs. Guatemala. Excepción Preliminar, Fondo, Reparaciones y Costas, supra*, párr. 113.

condena es la manifestación del ejercicio del poder punitivo del Estado[123]. La Corte ha considerado el derecho a recurrir del fallo como una de las garantías mínimas que tiene toda persona que es sometida a una investigación y proceso penal[124]. Además, en el caso *Vélez Loor Vs. Panamá*, la Corte aplicó el artículo 8.2.h) respecto a la revisión de una sanción administrativa de privación de libertad, considerando que el "artículo 8.2.h) de la Convención [...] consagra un tipo específico de recurso que debe ofrecerse a toda persona sancionada con una medida privativa de libertad, como garantía de su derecho a la defensa"[125].

105. El proceso iniciado por el señor Spoltore tenía la finalidad de solicitar una indemnización. No era un proceso penal en contra de la presunta víctima, ni un proceso administrativo que pudiera implicar una privación de libertad. Tampoco era un proceso administrativo de naturaleza sancionatorio, en el cual pueden ser aplicables las garantías incluidas del artículo 8.2 de la Convención según su naturaleza y alcance[126]. Por lo tanto, este Tribunal considera que el derecho contenido en el artículo 8.2.h) no es aplicable al proceso de indemnización por enfermedad profesional. En consecuencia, el Estado no violó el artículo 8.2.h) de la Convención Americana en relación con los artículos 1.1 y 2 de la misma.

X
REPARACIONES

106. Sobre la base de lo dispuesto en el artículo 63.1 de la Convención Americana, la Corte ha indicado que toda violación de una obligación internacional que haya producido daño comporta el deber de repararlo adecuadamente, y que esa disposición recoge una norma consuetudinaria que constituye uno de los principios fundamentales del Derecho Internacional contemporáneo sobre responsabilidad de un Estado[127]. Además, este Tribunal ha establecido que las reparaciones deben tener un nexo causal con los hechos del caso, las violaciones declaradas, los daños acreditados, así como las medidas solicitadas para reparar los daños respectivos. Por tanto, la Corte deberá analizar dicha concurrencia para pronunciarse debidamente y conforme a derecho[128].

107. En consecuencia, y de acuerdo con las consideraciones expuestas sobre el fondo y las violaciones a la Convención declaradas en la presente Sentencia, el

---

[123] *Cfr. Caso Baena Ricardo y otros Vs. Panamá. Fondo, Reparaciones y Costas*. Sentencia de 2 de febrero de 2001. Serie C No. 72, párr. 107, y *Caso Girón y otro Vs. Guatemala. Excepción Preliminar, Fondo, Reparaciones y Costas, supra*, párr. 113.

[124] *Cfr. Caso Zegarra Marín Vs. Perú. Excepciones Preliminares, Fondo, Reparaciones y Costas*. Sentencia de 15 de febrero de 2017. Serie C No. 331, párr. 171, y *Caso Girón y otro Vs. Guatemala. Excepción Preliminar, Fondo, Reparaciones y Costas, supra*, párr. 113.

[125] *Cfr. Caso Vélez Loor Vs. Panamá. Excepciones Preliminares, Fondo, Reparaciones y Costas*. Sentencia de 23 de noviembre de 2010. Serie C No. 218, párr. 178. *Ver, en el mismo sentido, Caso Maldonado Ordóñez Vs. Guatemala. Excepción Preliminar, Fondo, Reparaciones y Costas*. Sentencia de 3 de mayo de 2016. Serie C No. 311, párr. 74.

[126] *Cfr. Caso Maldonado Ordóñez Vs. Guatemala. Excepción Preliminar, Fondo, Reparaciones y Costas, supra*, párr. 75.

[127] *Cfr. Caso Velásquez Rodríguez Vs. Honduras. Reparaciones y Costas*. Sentencia de 21 de julio de 1989. Serie C No. 7, párrs. 24 y 25, y *Caso Azul Rojas Marín y otra Vs. Perú. Excepciones Preliminares, Fondo, Reparaciones y Costas*. Sentencia de 12 de marzo de 2020. Serie C No. 402, párr. 244.

[128] *Cfr. Caso Ticona Estrada y otros Vs. Bolivia. Fondo, Reparaciones y Costas*. Sentencia de 27 de noviembre de 2008. Serie C No. 191, párr. 110, y *Caso Azul Rojas Marín y otra Vs. Perú. Excepciones Preliminares, Fondo, Reparaciones y Costas, supra*, párr. 244.

Tribunal procederá a analizar las pretensiones presentadas por la Comisión y los representantes de la víctima, así como las observaciones del Estado a las mismas, a la luz de los criterios fijados en su jurisprudencia en relación con la naturaleza y alcance de la obligación de reparar, con el objeto de disponer las medidas dirigidas a reparar los daños ocasionados[129].

A. PARTE LESIONADA

108. Este Tribunal considera parte lesionada, en los términos del artículo 63.1 de la Convención, a quien ha sido declarada víctima de la violación de algún derecho reconocido en la misma. Por lo tanto, esta Corte considera como "parte lesionada" a Victorio Spoltore, quien en su carácter de víctima de las violaciones declaradas en el capítulo IX, será considerado beneficiario de las reparaciones que la Corte ordene.

B. MEDIDA DE SATISFACCIÓN

109. Los *representantes* solicitaron que se ordenara al Estado, como medida de satisfacción, publicar la parte dispositiva de la sentencia en el diario de mayor circulación del país. El *Estado* aceptó la procedencia de esta solicitud.

110. La Corte dispone, como lo ha hecho en otros casos[130], que el Estado publique, en el plazo de seis meses, contado a partir de la notificación de la presente Sentencia, en un tamaño de letra legible y adecuado el resumen oficial de la presente Sentencia elaborado por la Corte, por una sola vez, en un diario de amplia circulación nacional. El Estado deberá informar de forma inmediata a este Tribunal una vez que proceda a realizar la publicación dispuesta, independientemente del plazo de un año para presentar su primer informe dispuesto en el punto resolutivo 10 de la presente Sentencia.

C. INDEMNIZACIONES COMPENSATORIAS

111. La *Comisión* solicitó que la Corte ordenara a Argentina "reparar integralmente las violaciones de derechos humanos […] en contra del señor Victorio Spoltore, tanto en el aspecto material como inmaterial, incluyendo una justa compensación", la que "en atención a su fallecimiento deberá ser percibida por sus causahabientes, su esposa Rosalinda Campitelli, su hijo Alejandro Nicolás Spoltore y su hija Liliana Estela Spoltore".

112. Los *representantes* aportaron copia de la declaratoria de herederos del señor Spoltore en el trámite ante la Comisión, en la cual se señala que "por fallecimiento de Victorio Spoltore, le suceden en carácter de universales herederos sus hijos Alejandro Nicolas y Liliana Stela Spoltore y su cónyuge Rosalinda Campitelli"[131].

---

[129] *Cfr. Caso Velásquez Rodríguez Vs. Honduras. Reparaciones y Costas*, *supra*, párrs. 25 y 26, y *Caso Azul Rojas Marín y otra Vs. Perú. Excepciones Preliminares, Fondo, Reparaciones y Costas*, *supra*, párr. 225.

[130] *Cfr. Caso Cantoral Benavides Vs. Perú. Reparaciones y Costas*. Sentencia de 3 de diciembre de 2001. Serie C No. 88, párr. 79, y *Caso Azul Rojas Marín y otra Vs. Perú. Excepciones Preliminares, Fondo, Reparaciones y Costas*, *supra*, párr. 231.

[131] Testimonio de declaratoria de herederos de Victorio Spoltore expedido por el Juzgado de Primera Instancia No. 4 en lo Civil y lo Comercial el 21 de octubre de 2016 (expediente de pruebas, folios 622 y 623).

113. El *Estado* indicó que el reconocimiento de responsabilidad efectuado tiene un carácter reparatorio. Señaló que "observa un importante riesgo en la propagación de casos como el presente, en los que, frente al rechazo de un planteo de contenido patrimonial contra privados en los tribunales domésticos, se procura la obtención de una reparación económica contra el Estado ante una instancia internacional".

C.1. Daño material

114. Este Tribunal ha desarrollado en su jurisprudencia que el daño material supone la pérdida o detrimento de los ingresos de las víctimas, los gastos efectuados con motivo de los hechos y las consecuencias de carácter pecuniario que tengan un nexo causal con los hechos del caso[132].

115. Los *representantes* solicitaron que se tuviera en cuenta "el monto original reclamado por Victorio Spoltore en el expediente [del proceso de indemnización labora], actualizadas debidamente". Indicaron que, ante la imposibilidad de obtener copia del expediente, se reservaban la posibilidad de "alegar sobre el monto del daño, para la oportunidad de los alegatos escritos finales". Una vez que el Estado remitió copia de dicho expediente, los representantes indicaron que el monto solicitado en la demanda de enfermedad profesional era de 143.000 Australes, lo cual, al ser actualizado equivale actualmente a USD $299.978,64. El *Estado* indicó que "los representantes de la víctima confunden el objeto procesal del juicio laboral por enfermedad profesional con el objeto procesa del presente trámite internacional. Actualmente "lo que se discute […] no es la justicia de la sentencia que rechazó la demanda contra su empleador, sino la demora [de este proceso]".

116. La Corte recuerda que corresponde a las partes precisar claramente la prueba del daño sufrido, así como la relación específica de la pretensión pecuniaria con los hechos del caso y las violaciones que se alegan[133]. Si bien este Tribunal ha hecho uso de la fijación en equidad de daños materiales, la utilización de este criterio no significa que la Corte pueda actuar discrecionalmente al fijar los montos indemnizatorios[134]. En el presente caso, los alegatos de los representantes relativos a daño material se refieren a hechos que no forman parte del marco fáctico. Asimismo, este Tribunal constata que los representantes no aportaron pruebas que permitan comprobar los daños alegados. En consecuencia, no corresponde ordenar el pago de una indemnización por concepto de daño material.

C.2. Daño inmaterial

117. Este Tribunal ha desarrollado en su jurisprudencia el concepto de daño inmaterial, y ha establecido que este puede comprender tanto los sufrimientos y las aflicciones causados a la víctima directa y a sus allegados, como el menoscabo de

---

[132] *Cfr. Caso Bámaca Velásquez Vs. Guatemala. Reparaciones y Costas*. Sentencia de 22 de febrero de 2002. Serie C No. 91, párr. 43, y *Caso Azul Rojas Marín y otra Vs. Perú. Excepciones Preliminares, Fondo, Reparaciones y Costas*, *supra*, párr. 256.

[133] *Cfr. Caso Atala Riffo y niñas Vs. Chile. Fondo, Reparaciones y Costas*, *supra*, párr. 291, y *Caso Quispialaya Vilcapoma Vs. Perú. Excepciones Preliminares, Fondo, Reparaciones y Costas*. Sentencia de 23 de noviembre de 2015. Serie C No. 308, párr. 303.

[134] *Cfr. Caso Aloeboetoe y otros Vs. Surinam. Reparaciones y Costas*. Sentencia de 10 de septiembre de 1993. Serie C No. 15, párr. 87, y *Caso Mémoli Vs. Argentina. Excepciones Preliminares, Fondo, Reparaciones y Costas*. Sentencia de 22 de agosto de 2013. Serie C No. 265, párr. 214.

valores muy significativos para las personas, así como las alteraciones, de carácter no pecuniario, en las condiciones de existencia de la víctima o su familia[135].

118. Los *representantes* solicitaron ordenar el pago, por concepto de daño inmaterial, de USD $65.000 dólares a Victorio Spoltore.

119. El *Estado* indicó que los representantes realizaron su solicitud de daño inmaterial "sin siquiera ensayar en su presentación la articulación de elementos de prueba que permitan conocer la existencia de algún padecimiento, aflicción o menoscabo de valores que pudiera relacionarse con seriedad a la demora en la determinación de un reclamo en sede judicial". Alegó que, "frente al carácter reparatorio del reconocimiento de responsabilidad efectuado, debe desestimarse toda indemnización en concepto de daño inmaterial".

120. En atención a las circunstancias del presente caso y las violaciones encontradas, la Corte considera pertinente fijar, en equidad, la cantidad de USD$ 30.000,00 (treinta mil dólares de los Estados Unidos de América) en concepto de daño inmaterial a favor de Victorio Spoltore. El pago de esta indemnización deberá realizarse directamente a sus derechohabientes: a su cónyuge Rosalinda Campitell el 50% del monto otorgado y a sus hijos Alejandro Nicolas y Liliana Stela Spoltore la cantidad restante divida en partes iguales.

D. OTRAS MEDIDAS SOLICITADAS

121. La *Comisión* solicitó que la Corte ordenara a Argentina "[a]doptar las medidas necesarias para asegurar la no repetición de las violaciones declaradas en el informe. En particular, ordenar al Estado la adopción de las medidas administrativas o de otra índole para asegurar que los procesos judiciales de naturaleza laboral, incluyendo los que incorporen un reclamo indemnizatorio, sean resueltos oportunamente y dentro de un plazo razonable conforme a los estándares descritos en el informe [de Fondo]". Los *representantes* solicitaron: (i) elaborar y colocar una placa recordatoria en el Hall Central del edificio de los tribunales laborales del Departamento Judicial de San Isidro sobre los hechos y las violaciones a los derechos humanos ventiladas en el presente caso; (ii) que "se sancione a los responsables por las violaciones a los derechos humanos de las víctimas en el presente caso"; (iii) adoptar "todas las medidas legislativas, presupuestarias, financieras, administrativas y de cualquier otro carácter que resulten necesarias para garantizar que todos los procesos laborales en la Provincia de Buenos Aires se sustancien dentro de un plazo razonable, incluyendo una revisión integral de las sentencias de primera instancia mediante una apelación o recurso ordinario, y en especial, las demandas por enfermedad profesional que involucren a personas con discapacidad"; (iv) desarrollar "cursos de capacitación obligatorios para todos los magistrados, funcionarios y empleados de la justicia laboral de la Provincia de Buenos Aires sobre las garantías del debido proceso y el derecho a la protección judicial en los procesos laborales, en particular la garantía del plazo razonable y el derecho a obtener una revisión integral de las sentencias de primera instancia mediante una apelación o recurso ordinario, y en especial, las demandas por enfermedad profesional que involucren a personas con discapacidad"; (v) brindar tratamiento médico y psicológico integral a Rosalinda

---

[135] *Cfr. Caso de los "Niños de la Calle" (Villagrán Morales y otros) Vs. Guatemala. Reparaciones y Costas.* Sentencia de 26 de mayo de 2001. Serie C No. 77, párr. 84, y *Caso Azul Rojas Marín y otra Vs. Perú. Excepciones Preliminares, Fondo, Reparaciones y Costas, supra,* párr. 261.

Campitelli, Liliana Spoltore y Alejandro Spoltore, y (vi) otorgar por daño inmaterial USD $15.000 a Rosalinda Campitelli, así como USD $10.000 para cada uno de sus hijos Liliana Spoltore y Alejandro Spoltore.

122. En primer lugar, la Corte advierte que Rosalinda Campitelli, Liliana Spoltore y Alejandro Spoltore no son víctimas del presente caso (*supra* párr. 52), por lo que es improcedente ordenar reparaciones a su favor. En segundo lugar, la Corte recuerda que el Estado reconoció la pertinencia de mejorar el servicio de administración de justicia en materia laboral. Sin embargo, la Corte advierte que en el presente caso no se ha aportado suficiente información para ordenar medidas de esta naturaleza y aquellas solicitadas por la Comisión y los representantes como garantías de no repetición no son lo suficientemente específicas. La Corte considera que la emisión de la presente Sentencia y las reparaciones ordenadas en este capítulo resultan suficientes y adecuadas para remediar las violaciones sufridas por la víctima. Por tanto, no estima necesario ordenar las medidas adicionales solicitadas por la Comisión y los representantes, sin perjuicio de que el Estado decida adoptarlas y otorgarlas a nivel interno.

E. Costas y gastos

123. Los *representantes* solicitaron en equidad la suma de US$ 6.000 pero pidieron la oportunidad de "ampliar dicha suma en función de gastos adicionales en los que se pueda incurrir" en la etapa de los alegatos finales. Posteriormente, en el escrito de alegatos finales escritos solicitaron USD $15.000 "suma que difiere del ESAP; en razón de los pagos de los affidavits no cubiertos por el fondo de víctimas, tres en total, y la pericia presentada en el caso, a los que debe adicionarse los gastos en los que se incurrió para la audiencia en Costa Rica no cubiertos por el Fondo de Víctimas". El *Estado* resaltó que "la solicitud de los representantes se formula en términos genéricos, sin mediar justificación alguna sobre la índole de las erogaciones en las que se habría incurrido". Asimismo, resaltó que cualquier pedido adicional al monto solicitado en el escrito de argumentos y solicitudes debe considerarse extemporáneo.

124. Este Tribunal nota que los representantes no han acreditado en forma debida y razonada la totalidad de los gastos efectuados. La Corte decide, por entenderlo razonable, fijar el pago de un monto total de USD $10.000,00 (diez mil dólares de los Estados Unidos de América) por concepto de costas y gastos. Dicha cantidad será entregada al Colectivo de Derechos Humanos Yopoi. En la etapa de supervisión del cumplimiento de la presente Sentencia, la Corte podrá disponer que el Estado reembolse a los familiares de la víctima o sus representantes los gastos razonables en que incurran en dicha etapa procesal[136].

F. Reintegro de los gastos al Fondo de Asistencia Legal de Víctimas

125. En el presente caso, mediante una nota de 25 de noviembre de 2019, la Presidencia de la Corte declaró procedente la solicitud presentada por los familiares de la presunta víctima, a través de sus representantes, para acogerse al Fondo de

---

[136] *Cfr. Caso Ibsen Cárdenas e Ibsen Peña Vs. Bolivia. Fondo, Reparaciones y Costas.* Sentencia de 1 de septiembre de 2010. Serie C No. 217, párr. 29, y *Caso Azul Rojas Marín y otra Vs. Perú. Excepciones Preliminares, Fondo, Reparaciones y Costas.* Sentencia de 12 de marzo de 2020. Serie C No. 402, párr. 276.

Asistencia Legal. En la Resolución de Presidencia de 16 de diciembre de 2019, se dispuso la asistencia económica necesaria para cubrir los gastos de la comparecencia de la señora Liliana Spoltore y un representante a la audiencia pública y la presentación de una declaración ante fedatario público.

126. El 7 de abril de 2020 se trasmitió al Estado el informe un informe de erogaciones según lo dispuesto en el artículo 5 del Reglamento de la Corte sobre el funcionamiento del referido Fondo. De esta forma, el Estado tuvo la oportunidad de presentar sus observaciones sobre las erogaciones realizadas en el presente caso, las cuales ascendieron a la suma de USD $4.340.58 (cuatro mil trescientos cuarenta dólares de los Estados Unidos de América y cincuenta y ocho centavos).

127. El *Estado* indicó que no tenía observaciones al respecto.

128. En razón de las violaciones declaradas en la presente Sentencia, la Corte ordena al Estado el reintegro a dicho Fondo de la cantidad de USD $4.340.58 (cuatro mil trescientos cuarenta dólares de los Estados Unidos de América y cincuenta y ocho centavos) por los gastos incurridos. Este monto deberá ser reintegrado en el plazo de seis meses, contados a partir de la notificación del presente Fallo.

G. MODALIDAD DE CUMPLIMIENTO DE LOS PAGOS ORDENADOS

129. El Estado deberá efectuar el pago de las indemnizaciones por concepto de daño inmaterial y el reintegro de costas y gastos establecidos en la presente Sentencia directamente a las personas indicadas en la misma, dentro del plazo de un año contado a partir de la notificación de la presente Sentencia, sin perjuicio de que pueda adelantar el pago completo en un plazo menor, en los términos de los siguientes párrafos.

130. En caso de que los beneficiarios hayan fallecido o fallezcan antes de que les sea entregada la cantidad respectiva, esta se entregará directamente a sus derechohabientes, conforme al derecho interno aplicable.

131. El Estado debe cumplir sus obligaciones monetarias mediante el pago en dólares de los Estados Unidos de América o, de no ser esto posible, en su equivalente en moneda argentina, utilizando para el cálculo respectivo la tasa más alta y más beneficiosa para las personas beneficiarias que permita su ordenamiento interno, vigente al momento del pago. Durante la etapa de supervisión de cumplimento de la sentencia, la Corte podrá reajustar prudentemente el equivalente de estas cifras en moneda argentina, con el objeto de evitar que las variaciones cambiarias afecten sustancialmente el valor adquisitivo de esos montos.

132. Si por causas atribuibles a los beneficiarios no fuese posible el pago de la cantidad determinada dentro del plazo indicado, el Estado consignará dicho monto a su favor en una cuenta o certificado de depósito en una institución financiera argentina solvente, en dólares de los Estados Unidos de América, y en las condiciones financieras más favorables que permitan la legislación y la práctica bancaria. Si no se reclama el monto correspondiente una vez transcurridos diez años, las cantidades serán devueltas al Estado con los intereses devengados.

133. Las cantidades asignadas en la presente Sentencia como medidas de reparación del daño y como reintegro de costas y gastos deberán ser entregadas de forma íntegra, sin reducciones derivadas de eventuales cargas fiscales.

134. En caso de que el Estado incurriera en mora, incluyendo en el reintegro de los gastos al Fondo de Asistencia Legal de Víctimas, deberá pagar un interés sobre la

cantidad adeudada correspondiente al interés bancario moratorio en la República Argentina.

XI
PUNTOS RESOLUTIVOS

135. Por tanto,

LA CORTE

DECIDE,

Por tres votos a favor, incluido el de la Presidenta de la Corte, y tres en contra[137]:

1. Desestimar la excepción preliminar relativa a la alegada falta de agotamiento de recursos internos, de conformidad con los párrafos 21 a 35 de esta Sentencia.
2. Aceptar el reconocimiento parcial de responsabilidad internacional efectuado por el Estado, en los términos de los párrafos 39 a 46 de esta Sentencia.

Disienten los jueces Eduardo Vio Grossi, Humberto Antonio Sierra Porto y Ricardo Pérez Manrique.

DECLARA,

Por tres votos a favor, incluido el de la Presidenta de la Corte, y tres en contra, que:

3. El Estado es responsable por la violación de los derechos reconocidos en los artículos 8.1 y 25.1 de la Convención Americana sobre Derechos Humanos, en relación con la obligación de respetar y garantizar dichos derechos, consagrada en el artículo 1.1 de la misma, por la violación del plazo razonable en el proceso judicial, en perjuicio de Victorio Spoltore, en los términos de los párrafos 41 y 45 de la presente Sentencia.
4. El Estado es responsable por la violación del derecho a condiciones de trabajo equitativas y satisfactorias que aseguren la salud del trabajador, reconocido en el artículo 26 de la Convención Americana sobre Derechos Humanos, en relación con el acceso a la justicia, reconocido en los artículos 8.1 y 25.1, así como con la obligación de respetar y garantizar dichos derechos, consagrada en el artículo 1.1 de la misma, en perjuicio de Victorio Spoltore, en los términos de los párrafos 82 a 102 de la presente Sentencia.
5. El Estado no es responsable por la violación del derecho reconocido en el artículo 8.2.h) de la Convención Americana sobre Derechos Humanos, en relación con los artículos 1.1 y 2 de la misma, en los términos de los párrafos 104 y 105 de la presente Sentencia.

---

[137] El artículo 23 del Estatuto de la Corte, titulado "Quorum", en sus apartados 2 y 3, indica que "[l]as decisiones de la Corte se tomarán por mayoría de los jueces presentes", y que "[e]n caso de empate, el voto del Presidente decidirá". El artículo 16 del Reglamento de la Corte, titulado "Decisiones y votaciones", establece en sus apartados 3 y 4 que "[l]as decisiones de la Corte se tomarán por mayoría de los Jueces presentes en el momento de la votación" y que "[e]n caso de empate decidirá el voto de la Presidencia".

Disienten los jueces Eduardo Vio Grossi, Humberto Antonio Sierra Porto y Ricardo Pérez Manrique.

DISPONE

Por tres votos a favor, incluido el de la Presidenta de la Corte, y tres en contra, que:

    6. Esta Sentencia constituye, por sí misma, una forma de reparación.
    7. El Estado realizará las publicaciones indicadas en el párrafo 110 de la presente Sentencia.
    8. El Estado pagará las cantidades fijadas en los párrafos 120 y 124 de la presente Sentencia por concepto de indemnización por daño inmaterial, y por el reintegro de costas y gastos, en los términos de los párrafos 129 a 134 del presente Fallo.
    9. El Estado reintegrará al Fondo de Asistencia Legal de Víctimas de la Corte Interamericana de Derechos Humanos la cantidad erogada durante la tramitación del presente caso, en los términos de los párrafos 128 y 134 de esta Sentencia.

Disienten los jueces Eduardo Vio Grossi, Humberto Antonio Sierra Porto y Ricardo Pérez Manrique.

Por cuatro votos a favor y dos en contra, que:

    10. El Estado, dentro del plazo de un año contado a partir de la notificación de esta Sentencia, rendirá al Tribunal un informe sobre las medidas adoptadas para cumplir con la misma, sin perjuicio de lo establecido en el párrafo 110 de la presente Sentencia.

Disienten los jueces Humberto Antonio Sierra Porto y Ricardo Pérez Manrique.

Por cinco votos a favor y uno en contra, que:

    11. La Corte supervisará el cumplimiento íntegro de esta Sentencia, en ejercicio de sus atribuciones y en cumplimiento de sus deberes conforme a la Convención Americana sobre Derechos Humanos, y dará por concluido el presente caso una vez que el Estado haya dado cabal cumplimiento a lo dispuesto en la misma.

Disiente el juez Humberto Antonio Sierra Porto.

Los jueces L. Patricio Pazmiño Freire y Eduardo Ferrer Mac-Gregor Poisot dieron a conocer sus votos individuales concurrentes. Los jueces Eduardo Vio Grossi, Humberto Antonio Sierra Porto y Ricardo Pérez Manrique dieron a conocer sus votos individuales disidentes.

Redactada en español en San José, Costa Rica a través de una sesión virtual, el 9 de junio de 2020.

Corte IDH, *Caso Spoltore Vs. Argentina. Excepción Preliminar, Fondo, Reparaciones y Costas*. Sentencia de 9 de junio de 2020. Sentencia adoptada en San José, Costa Rica por medio de sesión virtual.

Elizabeth Odio Benito
Presidenta

L. Patricio Pazmiño Freire   Eduardo Vio Grossi
Humberto Antonio Sierra Porto   Eduardo Ferrer Mac-Gregor Poisot
Ricardo C. Pérez Manrique

Pablo Saavedra Alessandri
Secretario

Comuníquese y ejecútese,

Elizabeth Odio Benito
Presidenta

Pablo Saavedra Alessandri
Secretario

VOTO CONCURRENTE DEL
JUEZ L. PATRICIO PAZMIÑO FREIRE

1. La Sentencia del caso *Spoltore Vs. Argentina* desarrolla y fortalece los estándares relativos a la relación del derecho al acceso a la justicia y los derechos económicos, sociales, culturales y ambientales. En particular, la Sentencia establece que los recursos judiciales que buscan proteger derechos económicos, sociales, culturales y ambientales, deben ser resueltos en un plazo razonable. De lo contrario, incluso si, como en el caso Spoltore, no se encuentra en controversia el fondo de la decisión del proceso judicial, el incumplimiento del plazo razonable constituye una violación del artículo 26 de la Convención Americana.

2. Este desarrollo es especialmente relevante para casos donde personas particulares acuden a los tribunales en contra de empresas privadas. Tal como le sucedió al señor Spoltore, frecuentemente personas naturales deben acudir a la justicia y demandar a una empresa (persona jurídica), para que se le garanticen sus derechos. En casos donde se están cuestionando derechos económicos, sociales, culturales y ambientales, incluyendo controversias laborales, los Estados deben asegurarse que el procesamiento de dicha demanda cumpla con las garantías judiciales y sea acorde al derecho a la protección judicial.

3. Esta Corte ha incorporado en su reflexión jurídica convencional los "Principios Rectores sobre las empresas y los derechos humanos", avalados por el Consejo de Derechos Humanos de la Naciones Unidas[1], mediante los cuales se ha reiterado que

---

[1] *Cfr. Caso Pueblos Kaliña y Lokono Vs. Surinam. Fondo, Reparaciones y Costas.* Sentencia de 25 de noviembre de 2015. Serie C No. 309, párr. 224, y *Medio ambiente y derechos humanos (obligaciones estatales en relación con el medio ambiente en el marco de la protección y garantía de los derechos a la vida y a la integridad personal – interpretación y alcance de los artículos 4.1 y 5.1, en relación con los artículos 1.1 y 2 de la Convención Americana sobre Derechos Humanos).* Opinión Consultiva OC-23/17 de 15 de noviembre de 2017. Serie A No. 23, párr. 155. *Véase también*, ONU, Principios Rectores sobre las empresas y los derechos humanos: puesta en práctica del marco de las Naciones Unidas para "proteger,

los Estados "deben proteger contra las violaciones de los derechos humanos cometidas en su territorio y/o su jurisdicción por terceros, incluidas las empresas", lo cual incluye la obligación de brindar mecanismos de acceso a la justicia[2]. Dichos principios además establecen que las "empresas deben respetar los derechos humanos"[3].

4. Conforme lo señalado, existe una amplia y difundida corriente de análisis que propicia fundamentar el reconocimiento de las obligaciones y subsecuentes responsabilidades en derechos humanos, por parte de las personas jurídicas, nacionales o internacionales. Si bien esto sería un paso importantísimo para la protección de los derechos humanos de todas las personas, este reconocimiento no implica una reducción, abandono o sustitución de la responsabilidad Estatal, sino más bien que es un complemento que refuerza su obligatoriedad de actuación, pues no es un eximente de su responsabilidad.

5. En sociedades con modelos de desarrollo económico, social, cultural e institucional democrático, con disímiles y profundos desniveles diferenciados, con una presencia y participación de empresas y corporaciones, interviniendo intensivamente en las actividades de servicios, productivas, extractivas y financieras; las acciones u omisiones en que éstas eventualmente incurran, referidas a los derechos humanos, pueden comportar importantes dificultades para los individuos, pueblos o colectivos que intentan hacer valer sus derechos. Es en este contexto que los Estados deben tomar las medidas necesarias para disminuir dichas dificultades para que no sean obstáculos insalvables y así asegurar un verdadero acceso a la justicia. El cumplimiento de las obligaciones estatales, relativas a casos que involucran a personas jurídicas de derecho privado, de carácter nacional, así como a corporaciones transnacionales, en relación con la garantía, protección y acceso a la justicia para los derechos económicos, sociales, culturales y ambientales, de personas, pueblos y comunidades, y en general, para todos los derechos humanos, configura una responsabilidad de actuación estatal ineludible que debe realizarse con enfoque transgeneracional, interseccional y conglobado.

L. Patricio Pazmiño Freire
Juez

Pablo Saavedra Alessandri
Secretario

---

respetar y remediar". Informe del Representante Especial del Secretario General para la cuestión de los derechos humanos y las empresas transnacionales y otras empresas, John Ruggie. Presentado durante el 17° período de sesiones del Consejo de Derechos Humanos de las Naciones Unidas, A/HRC/17/31, 21 de marzo de 2011. Disponible en: http://www.ohchr.org/Documents/Publications/GuidingPrinciplesBusinessHR_SP.pdf, y http://www.ohchr.org/EN/Issues/TransnationalCorporations/Pages/Reports.aspx. El Consejo de Derechos Humanos avaló dichos principios y creó un comité para promover su implementación. *Cfr.* Consejo de Derechos Humanos, Resolución 17/4, UN Doc. A/HRC/17/4, 6 de julio de 2011. Disponible en: http://daccess-ddsny.un.org/doc/RESOLUTION/GEN/G11/144/74/PDF/G1114474.pdf?OpenElement.

[2] *Cfr.* Principios rectores sobre las empresas y los derechos humanos, supra, Principio 1.
[3] *Cfr.* Principios rectores sobre las empresas y los derechos humanos, supra, Principio 11.

VOTO CONCURENTE DEL JUEZ
EDUARDO FERRER MAC-GREGOR POISOT

I
INTRODUCCIÓN

1. Los alegatos estatales invocando la excepción preliminar por "falta de agotamiento de recursos internos" han estado presentes desde el primer caso contencioso resuelto por la Corte Interamericana de Derechos Humanos (en adelante "la Corte IDH" o "el Tribunal Interamericano"). En efecto, en la sentencia sobre excepciones preliminares del caso *Velásquez Rodríguez Vs. Honduras* (1987) la Corte IDH abordó por primera vez la temática, dejando sentado que la carga probatoria sobre el señalamiento del recurso o de los recursos que deben agotarse, así como la acreditación de su efectividad corresponden al Estado[1].

2. En el caso *Spoltore Vs. Argentina*[2], el Estado reconoce explícitamente su responsabilidad internacional enmarcada dentro de los hechos contenidos en el informe de fondo de la Comisión Interamericana de Derechos Humanos relacionados por la violación a los derechos consagrados en los artículos 8 (garantías judiciales) y 25 (protección judicial) de la Convención Americana, por considerar la duración excesiva del proceso judicial en el cual el señor Spoltore solicitaba una indemnización por enfermedad profesional. Dicho reconocimiento parcial de responsabilidad lo realiza el Estado subsidiariamente, en caso de no prosperar la excepción preliminar por falta de agotamiento de recursos internos. Según el alegato del Estado, el recurso idóneo que debió agotar el señor Spoltore fue la acción de daños y perjuicios previsto en el Código Civil.

3. En la Sentencia, la Corte IDH desestima dicha excepción preliminar opuesta por el Estado, por lo que reiteró su jurisprudencia constante relativa a "que el Estado tiene la carga de la prueba en demostrar la disponibilidad, idoneidad y efectividad práctica del recurso que alega debió agotarse"[3].

4. El Tribunal Interamericano sobre el particular consideró que "Argentina reconoció que el recurso de daños y perjuicios no ha sido utilizado en casos de demoras judiciales excesivas en procesos laborales"[4]; y, por consiguiente, la Corte IDH estimó "que era una carga excesiva para la presunta víctima exigirle que agotara un recurso que no había sido utilizado en la práctica para los fines que el Estado alega que tendría"[5].

5. Se emite el presente voto razonado para explicar los motivos por los que considero que la decisión de desestimar la excepción preliminar por falta de agotamiento de los recursos internos fue adecuada desde la propia jurisprudencia del Tribunal Interamericano. En particular resaltaré las razones por las cuales no se probó por parte del Estado que la referida acción de daños y perjuicios constituía un recurso

---

[1] Cfr. *Caso Velásquez Rodríguez Vs. Honduras. Excepciones Preliminares*. Sentencia de 26 de junio de 1987. Serie C No. 1, párr. 88.
[2] *Caso Spoltore Vs. Argentina. Excepción Preliminar, Fondo, Reparaciones y Costas*. Sentencia de 9 de junio de 2020. Serie C No. 404.
[3] *Caso Spoltore Vs. Argentina. Excepción Preliminar, Fondo, Reparaciones y Costas*. Sentencia de 9 de junio de 2020. Serie C No. 404, párr. 35.
[4] *Caso Spoltore Vs. Argentina. Excepción Preliminar, Fondo, Reparaciones y Costas*. Sentencia de 9 de junio de 2020. Serie C No. 404, párr. 35.
[5] *Caso Spoltore Vs. Argentina. Excepción Preliminar, Fondo, Reparaciones y Costas*. Sentencia de 9 de junio de 2020. Serie C No. 404, párr. 35.

judicial adecuado y efectivo, para el momento de los hechos, que pudiera remediar la situación en concreto que se vulneró y que generó que la víctima acudiera al sistema interamericano de protección de derechos humanos.

6. Por otro lado, en cuanto al fondo, la Corte IDH resolvió, *inter alia*, que al señor Spoltore se le vulneró su derecho a "condiciones equitativas y satisfactorias de trabajo" en relación con el acceso a la justicia. Particularmente, para enmarcar esta violación se tomó en consideración los alegatos de los representantes de la víctima y el reconocimiento de responsabilidad internacional efectuado por el Estado. Por lo tanto, en un segundo apartado abordaré el derecho a las "condiciones de trabajo equitativas y satisfactorias de trabajo" así como sus alcances en el presente caso, tanto desde el propio entendimiento de la responsabilidad internacional reconocida por el Estado, así como desde el encuadre del derecho al acceso a la justicia.

II
LA EXCEPCIÓN PRELIMINAR DE FALTA DE AGOTAMIENTO DE RECURSOS INTERNOS

7. A lo largo de su jurisprudencia constante la Corte IDH ha indicado que la excepción preliminar de falta de agotamiento de recursos internos "está concebida en interés del Estado, pues busca dispensarlo de responder ante un órgano internacional por actos que se le imputen, antes de haber tenido la ocasión de remediarlos con sus propios medios"[6].

8. Al respecto, el Tribunal Interamericano ha establecido una serie de pautas sobre la referida excepción. En este sentido ha indicado que: (i) la excepción debe ser presentada en el momento procesal oportuno, esto es, durante el procedimiento de admisibilidad ante la Comisión[7]; (ii) no es tarea de la Corte IDH, ni de la Comisión Interamericana, identificar *ex officio* cuáles son los recursos internos pendientes de agotamiento, de modo tal que no compete a los órganos internacionales subsanar la falta de precisión de los alegatos del Estado[8]; y (iii) no basta con señalar los recursos en el momento procesal oportuno ante la Comisión Interamericana, *sino que el Estado debe indicar las razones por las cuales esos recursos son adecuados y efectivos*[9], lo cual se relaciona con la carga probatoria que el Estado debe cumplir (véase *infra*, párrs. 9, 10, 12 y 16).

9. Así, desde el primer caso resuelto por el Tribunal Interamericano en el caso *Velásquez Rodríguez Vs. Honduras*, se señaló que "el Estado que alega el no agotamiento tiene a su cargo el señalamiento de los recursos internos que deben

---

[6] *Cfr. Caso Velásquez Rodríguez Vs. Honduras. Excepciones Preliminares.* Sentencia de 26 de junio de 1987. Serie C No. 1, párr. 60, y *Caso Muelle Flores Vs. Perú. Excepciones Preliminares, Fondo, Reparaciones y Costas.* Sentencia de 6 de marzo de 2019. Serie C No. 375, párr. 25.
[7] *Cfr. Caso Velásquez Rodríguez Vs. Honduras. Excepciones Preliminares.* Sentencia de 26 de junio de 1987. Serie C No. 1, párrs. 88 y 89, y *Caso Muelle Flores Vs. Perú. Excepciones Preliminares, Fondo, Reparaciones y Costas.* Sentencia de 6 de marzo de 2019. Serie C No. 375, párr. 26.
[8] *Cfr. Caso Reverón Trujillo Vs. Venezuela. Excepción Preliminar, Fondo, Reparaciones y Costas.* Sentencia de 30 de junio de 2009. Serie C No. 197, párr. 23, y *Caso Gómez Virula y otros Vs. Guatemala. Excepción Preliminar, Fondo, Reparaciones y Costas.* Sentencia de 21 de noviembre de 2019. Serie C No. 393, párr. 17.
[9] *Cfr. Caso Velásquez Rodríguez Vs. Honduras. Excepciones Preliminares.* Sentencia de 26 de junio de 1987. Serie C No. 1, párrs. 88, y *Caso Comunidad Campesina de Santa Bárbara Vs. Perú. Excepciones Preliminares, Fondo, Reparaciones y Costas.* Sentencia de 1 de septiembre de 2015. Serie C No. 299, párr. 46.

agotarse y de su efectividad"[10]. En efecto, recaen en el Estado que alega la falta de agotamiento de recursos internos dos obligaciones: (1) identificar *ex officio* cuáles son los recursos internos pendientes de agotamiento[11], y (2) demostrar su efectividad[12].

10. El Tribunal Interamericano ya ha indicado que, para cumplir con la carga probatoria requerida, no es suficiente con que el Estado señale algunas de las características genéricas de los recursos. Por el contrario, es necesaria una explicación detallada del funcionamiento del recurso que debía ser agotado y el modo en que cada uno podría resultar efectivo para proteger o garantizar los derechos de la víctima de dicho caso, reparar o, en su caso y oportunidad, hacer cesar las supuestas violaciones a los derechos[13]. Además del señalamiento detallado, esto debe ser acompañado con el acervo probatorio correspondiente[14] para que la Corte IDH tenga certeza de que el recurso indicado por el Estado es, en la práctica, idóneo y efectivo al momento de los hechos para solucionar la alegada violación en sede interna (véase *infra*, párr. 17)[15].

11. En el presente caso, el propio Estado señaló que ni el recurso de nulidad ni el de inaplicabilidad de ley eran los recursos adecuados para resolver la situación que afectó a la víctima[16], es decir, el "ejercicio anormal de [la] actividad judicial"[17]. Por otro lado, el Estado también reconoció que el señor Spoltore solicitó que se abriera una investigación administrativa disciplinaria para analizar la conducta del Tribunal del Trabajo ante la Inspección General de la Suprema Corte de Justicia de la Provincia de Buenos Aires para cuestionar el retardo de la decisión[18], ante lo cual, se consideró que tampoco tendría el efecto de reparar el referido retardo que afectó a la víctima[19].

---

[10] *Cfr. Caso Velásquez Rodríguez Vs. Honduras. Excepciones Preliminares.* Sentencia de 26 de junio de 1987. Serie C No. 1, párr. 88.
[11] *Cfr. Caso Reverón Trujillo Vs. Venezuela. Excepción Preliminar, Fondo, Reparaciones y Costas.* Sentencia de 30 de junio de 2009. Serie C No. 197, párr. 23, y *Caso Gómez Virula y otros Vs. Guatemala. Excepción Preliminar, Fondo, Reparaciones y Costas.* Sentencia de 21 de noviembre de 2019. Serie C No. 393, párr. 17.
[12] *Cfr.*, mutatis mutandis, *Caso Galindo Cárdenas y otros Vs. Perú. Excepciones Preliminares, Fondo, Reparaciones y Costas.* Sentencia de 2 de octubre de 2015. Serie C No. 301, párr. 42; *Caso Flor Freire Vs. Ecuador. Excepción Preliminar, Fondo, Reparaciones y Costas.* Sentencia de 31 de agosto de 2016, párrs. 25 y 26, y *Caso I.V. Vs. Bolivia. Excepciones Preliminares, Fondo, Reparaciones y Costas.* Sentencia de 30 de noviembre de 2016. Serie C No. 329. Serie C No. 315, párr. 38.
[13] *Cfr. Caso Galindo Cárdenas y otros Vs. Perú. Excepciones Preliminares, Fondo, Reparaciones y Costas.* Sentencia de 2 de octubre de 2015. Serie C No. 301, párr. 42.
[14] La Corte IDH ya ha expresado que "84. La Corte recuerda que la carga procesal la tiene el Estado demandado, por lo tanto, cuando este alega [la falta de agotamiento de recursos internos], debe señalar los recursos que deben agotarse *y proporcionar la prueba de su efectividad*" (énfasis añadido). *Cfr. Caso Trabajadores Cesados de Petroperú y otros Vs. Perú. Excepciones Preliminares, Fondo, Reparaciones y Costas.* Sentencia de 23 de noviembre de 2017. Serie C No. 344, párr. 33. De igual forma: *Caso de la Comunidad Mayagna (Sumo) Awas Tingni Vs. Nicaragua. Excepciones Preliminares.* Sentencia de 1 de febrero de 2000. Serie C No. 66, párr. 53.
[15] *Cfr.*, mutatis mutandis, *Caso Perrone y Preckel Vs. Argentina. Excepciones Preliminares, Fondo, Reparaciones y Costas.* Sentencia de 8 de octubre de 2019. Serie C No. 384, párr. 41 y nota al pie 22. En sentido similar: *Caso I.V. Vs. Bolivia. Excepciones Preliminares, Fondo, Reparaciones y Costas.* Sentencia de 30 de noviembre de 2016. Serie C No. 329, párr. 37.
[16] *Cfr. Caso Spoltore Vs. Argentina. Excepción Preliminar, Fondo, Reparaciones y Costas.* Sentencia de 9 de junio de 2020. Serie C No. 404, párr. 17.
[17] *Cfr. Caso Spoltore Vs. Argentina. Excepción Preliminar, Fondo, Reparaciones y Costas.* Sentencia de 9 de junio de 2020. Serie C No. 404, párr. 18.
[18] *Cfr. Caso Spoltore Vs. Argentina. Excepción Preliminar, Fondo, Reparaciones y Costas.* Sentencia de 9 de junio de 2020. Serie C No. 404, párr. 17.
[19] *Cfr. Caso Spoltore Vs. Argentina. Excepción Preliminar, Fondo, Reparaciones y Costas.* Sentencia de 9 de junio de 2020. Serie C No. 404, párr. 17.

12. Por el contrario, el Estado identificó ante la Comisión Interamericana – en el momento procesal oportuno – la acción de daños y perjuicios como un recurso interno que se encontraría pendiente de agotamiento para remediar la violación del retardo injustificado por parte del actuar de las autoridades judiciales en la Provincia de Buenos Aires[20]. Por ello, la controversia en cuanto al agotamiento de la referida vía, en este caso, se refiere a si Argentina había demostrado debidamente (a) la disponibilidad y (b) la efectividad de dicho recurso al momento de los hechos.

13. Para ello el Estado consideró (a) la procedencia de la acción civil de daños y perjuicios prevista en el Código Civil[21], para este tipo de casos de acuerdo con la "doctrina", y (b) la aplicación de la acción de daños y perjuicios en casos similares.

14. La Corte IDH ha afirmado que el Estado que presenta esta excepción debe especificar los recursos internos que aún no se han agotado y demostrar que estos recursos son "efectivos"[22] y "disponibles"[23].

15. Sin embargo, la Corte IDH también ha precisado que "[e]n todos los ordenamientos internos existen múltiples recursos, pero no todos son aplicables en todas las circunstancias. Si, en un caso específico, el recurso no es adecuado, es obvio que no hay que agotarlo"[24]. Ahora bien, que "sean adecuados significa que la función de esos recursos, dentro del sistema del derecho interno, sea idónea para proteger la situación jurídica infringida"[25]. Además, el Tribunal Interamericano también ha precisado que para que un recurso sea efectivo se requiere que sea realmente idóneo[26]. Para ello le corresponde al Estado probar que el recurso que alega que no ha sido agotado es "adecuado", para reparar la situación en concreto que ha sido infringida.

---

[20] *Cfr. Caso Spoltore Vs. Argentina. Excepción Preliminar, Fondo, Reparaciones y Costas.* Sentencia de 9 de junio de 2020. Serie C No. 404, párr. 33.

[21] El Código Civil regula dicha acción de la siguiente forma: "Art. 1.112. Los hechos y las omisiones de los funcionarios públicos en el ejercicio de sus funciones, por no cumplir sino de una manera irregular las obligaciones legales que les están impuestas, son comprendidas en las disposiciones de este título". *Cfr.* Código Civil de la República Argentina de 25 de septiembre de 1869, artículo 1112.

[22] *Cfr. Caso del Pueblo Saramaka Vs. Surinam. Excepciones Preliminares, Fondo, Reparaciones y Costas.* Sentencia de 28 de noviembre de 2007. Serie C No. 172, párr. 43; *Caso Castañeda Gutman Vs. México. Excepciones Preliminares, Fondo, Reparaciones y Costas.* Sentencia de 6 de agosto de 2008. Serie C No. 184, párr. 30; *Caso Favela Nova Brasília Vs. Brasil. Excepciones Preliminares, Fondo, Reparaciones y Costas.* Sentencia de 16 de febrero de 2017. Serie C No. 333, párr. 76, y *Caso Herzog y otros Vs. Brasil. Excepciones Preliminares, Fondo, Reparaciones y Costas.* Sentencia de 15 de marzo de 2018. Serie C No. 353, párr. 49.

[23] *Cfr. Caso Ríos y otros Vs. Venezuela. Excepciones Preliminares, Fondo, Reparaciones y Costas.* Sentencia de 28 de enero de 2009. Serie C No. 194, párr. 37; *Caso Hermanos Landaeta Mejías y otros Vs. Venezuela. Excepciones Preliminares, Fondo, Reparaciones y Costas.* Sentencia de 27 de agosto de 2014. Serie C No. 281, párr. 24, y *Caso Gutiérrez Hernández y otros Vs. Guatemala. Excepciones Preliminares, Fondo, Reparaciones y Costas.* Sentencia de 24 de agosto de 2017. Serie C No. 339, párr. 22 y 25.

[24] *Cfr. Caso Velásquez Rodríguez Vs. Honduras. Fondo.* Sentencia de 29 de julio de 1988. Serie C No. 4, párr. 64, y *Caso Brewer Carías Vs. Venezuela. Excepciones Preliminares.* Sentencia de 26 de mayo de 2014. Serie C No. 278, párr. 86.

[25] *Cfr. Caso Velásquez Rodríguez Vs. Honduras. Fondo.* Sentencia de 29 de julio de 1988. Serie C No. 4, párr. 64, y *Caso Caballero Delgado y Santana Vs. Colombia. Excepciones Preliminares.* Sentencia de 21 de enero de 1994. Serie C No. 17, párr. 63. En similar sentido: *Caso Trabajadores Cesados de Petroperú y otros Vs. Perú. Excepciones Preliminares, Fondo, Reparaciones y Costas.* Sentencia de 23 de noviembre de 2017. Serie C No. 344, párr. 33.

[26] La Corte IDH ha sostenido en su Opinión Consultiva OC-9/87 que, para que un recurso sea efectivo "se requiere que sea realmente idóneo para establecer si se ha incurrido en una violación a los derechos humanos y proveer lo necesario para remediarla". *Cfr. Garantías Judiciales en Estados de Emergencia (arts. 27.2, 25 y 8 Convención Americana sobre Derechos Humanos).* Opinión Consultiva OC-9/87 del 6 de octubre de 1987. Serie A No. 9, párr. 24, y *Caso Lagos del Campo Vs. Perú. Excepciones Preliminares, Fondo, Reparaciones y Costas.* Sentencia de 31 de agosto de 2017. Serie C No. 340, párr. 188.

16. La regulación de la acción referida en el Código Civil vigente al momento de los hechos se refería a los hechos y omisiones de funcionarios públicos en general, y no específicamente a funcionarios judiciales. Al respecto, si bien el Estado mencionó tres decisiones judiciales[27] tendientes a demostrar la disponibilidad de la acción de daños y perjuicios para hechos u omisiones de funcionarios judiciales, no remitió copia de las referidas decisiones[28].

17. Sobre esta cuestión, la Corte IDH recientemente en el caso *Perrone y Preckel* (2019), dentro de los elementos que valoró para rechazar la excepción preliminar sobre la falta de agotamiento de la acción civil de daños y perjuicios invocada por Argentina, indicó que "el Estado no [había probado] la procedencia de [la referida] vía frente al tipo de casos" que se analizó en aquella oportunidad, en donde el Estado solo remitió al Tribunal Interamericano una decisión judicial[29].

18. En dicho caso (*Perrone y Preckel*), el Estado refirió la existencia de un precedente, que la Corte IDH no consideró suficiente para probar la procedencia de dicha vía. En el caso Spoltore, a pesar de que en audiencia pública el Estado fue requerido para remitir los precedentes que hacía alusión, no los presentó y además señaló el propio Estado que no eran referidos a materia laboral.

19. De lo informado por el Estado en el caso que nos ocupa se desprende que, tanto al momento de los hechos como en la actualidad, la acción civil de daños y perjuicios no ha sido utilizada en casos de demoras judiciales excesivas en procesos laborales.

20. Aunado a ello, tampoco era dable agotar un recurso del cual solo tiene como sustento "la teoría" (que además el Estado no especifica), siendo que en la práctica no ha demostrado su efectividad en materia laboral en un solo caso concreto. De ahí que, al igual que en el caso *Perrone y Preckel* "el Estado no probó la procedencia de dicha vía frente a este tipo de casos"[30].

21. Asimismo, coincido con lo expresado por la Comisión Interamericana y los representantes de la víctima, en cuanto a que los precedentes que alude el Estado (y que no remitió a la Corte IDH a pesar de ser solicitados) no son aplicables al caso que nos ocupa y además no se refieren a materia laboral. En efecto, en sus alegatos finales escritos, la Comisión Interamericana señaló que "coincide con lo esgrimido por los representantes en el sentido que los precedentes referidos por el Estado no son análogos al presente caso y no demuestran que la acción de daños y perjuicios sea efectiva para obtener indemnización por una demora injustificada en la administración de justicia en un juicio laboral por enfermedad profesional. En efecto, dos de los precedentes referidos por el Estado se refieren a demoras en procesos penales, en los que se habían impuesto medidas de coacción y, el tercero, se refiere a una demora en la devolución de un vehículo".

22. Sobre lo anterior, resulta importante destacar lo expresado por el escrito de *amicus curiae* presentado por las asociaciones civiles Foro Medio Ambiental de San

---

[27] Al respecto, en el párrafo 35 de la Sentencia se indica que "El Estado refirió dos decisiones de la Corte Suprema de Justicia de la Nación y una decisión del Juez de Primera Instancia en lo Contencioso Administrativo No. 1 del Departamento Judicial de La Plata donde se tramitaron acciones por daños y perjuicios respecto a demoras judiciales en procesos no laborales".
[28] *Cfr. Caso Spoltore Vs. Argentina. Excepción Preliminar, Fondo, Reparaciones y Costas*. Sentencia de 9 de junio de 2020. Serie C No. 404, párr. 35.
[29] *Cfr. Caso Perrone y Preckel Vs. Argentina. Excepciones Preliminares, Fondo, Reparaciones y Costas*. Sentencia de 8 de octubre de 2019. Serie C No. 384, párr. 41 y nota al pie 22.
[30] *Cfr. Caso Perrone y Preckel Vs. Argentina. Excepciones Preliminares, Fondo, Reparaciones y Costas*. Sentencia de 8 de octubre de 2019. Serie C No. 384, párr. 41.

Nicolás, Generaciones Futuras y Cuenta del Río Paraná. En dicho escrito de "amigo de la Corte", presentado en términos del artículo 44 del Reglamento de este Tribunal Interamericano, se sostiene que la supuesta acción de daños y perjuicios era una posibilidad "materialmente imposible" ya que, analizada la jurisprudencia del país, no existía "ni un solo caso de condena al Estado por violación del plazo razonable en un trámite judicial"[31]. Además, en este mismo *amicus curiae* se afirma que esa hipotética acción de reparación esgrimida por el Estado "quedó absoluta y definitivamente descartada" luego de la reforma al Código Civil del año 2014[32].

23. Así, es importante tener en consideración que, a la luz de la jurisprudencia europea, la Corte IDH ya ha mencionado que "*la existencia de los recursos internos debe ser suficientemente cierta, no sólo en teoría sino también en la práctica*, en cuyo caso contrario no cumplirán con la accesibilidad y efectividad requeridas" (énfasis añadido).

24. En seguimiento de lo razonado, la Corte IDH decidió en el caso *Spoltore Vs. Argentina* rechazar la excepción preliminar planteada por el Estado, teniendo en cuenta, entre otros, que el Estado no demostró la disponibilidad de la acción de daños y perjuicios para solicitar una reparación por una demora en un proceso judicial laboral y, por ende, su efectividad para solucionar las demoras derivadas de la actuación judicial[33].

25. Además, como se mencionó (*supra*, párr. 13), tampoco los recursos de nulidad y de inaplicación de ley eran los recursos que podían solucionar la situación jurídica infringida. Por ello, no era necesario que la víctima del caso agotara un recurso que no fue probado ante la Comisión Interamericana – y que tampoco fue probado ante la Corte IDH – que pudiera constituir una vía idónea y efectiva para subsanar la violación en concreto que se presentó en este caso.

26. Lo anterior se ve corroborado por lo decidido en su debida oportunidad por la Comisión Interamericana, en donde indicó que:

> 32. [...] no existe en la Provincia de Buenos Aires una norma legal que específicamente establezca la posibilidad de una acción indemnizatoria frente a casos de retardo procesal. A pesar de que el artículo 166 párrafo 4 de la

---

[31] Escrito de *amicus curiae* presentado el 20 de febrero de 2020, por los doctores Fabián Andrés Maggi, Lucas Landivar y Juan Ignacio Pereyra Quetes, por derecho propio y en representación de las asociaciones Foro Medio Ambiental de San Nicolás, Generaciones Futuras y Cuenca del Río Paraná (expediente de fondo, folio 545).

[32] *Ibídem* (expediente de fondo folios 545 y 546). Se expresa en dicho *amicus curiae* que "Con la reforma dispuesta por la ley 26.994, el anterior artículo 1112 pasó a tener el número 1766 y a disponer todo lo contrario: 'Los hechos y las omisiones en los funcionarios públicos en el ejercicio de sus funciones, por no cumplir sino de una manera irregular las obligaciones legales que le están impuestas *se rigen por las normas y principios del derecho administrativo nacional o local, según corresponda*'". Si bien ya antes de la reforma existían numerosas dificultades prácticas para llevar adelante una acción judicial contra el Estado, luego de la reforma citada aquella mínima posibilidad que existía quedó absoluta y definitivamente descartada. La disposición del nuevo Código Civil y Comercial genera una notoria imposibilidad de acceso a la jurisdicción para reclamar responsabilidades estatales, fundamentalmente esa imposibilidad se manifiesta palmaria en las 24 jurisdicciones provinciales de nuestro país" (expediente de fondo, folio 546).

[33] De forma similar, en el caso *Flor Freire vs. Ecuador*, la Corte indicó que: "[A]l alegar la falta de agotamiento de recursos internos, *tiene la carga no solo de especificar en la debida oportunidad los recursos internos que aún no se han agotado, sino también de demostrar que estos recursos se encontraban disponibles y eran idóneos y efectivos. El Estado no cumplió esta carga probatoria*" (énfasis agregado). *Cfr. Caso Flor Freire Vs. Ecuador. Excepción Preliminar, Fondo, Reparaciones y Costas.* Sentencia de 31 de agosto de 2016, Serie C No. 315, párr. 26.

Constitución de la Provincia de Buenos Aires establece el deber para la provincia de crear un sistema de queja por retardo de la justicia y que el artículo 15 de la misma hace mención al deber del poder judicial de tramitar las causas en un tiempo razonable, esta sea la acción de daños y perjuicios o cualquier otra para reparar civilmente los daños causados por el retardo en el trámite de un proceso judicial.

33. En segundo lugar, y tal como lo sostiene el mismo Estado, no existe en la Jurisprudencia de la Corte Suprema Argentina casos en los que, en el trámite de una acción de daños y perjuicios, se haya pronunciado respecto del tema de la responsabilidad del Estado por el retardo procesal de una causa [laboral].

34. En tercer lugar, si bien, dentro de la doctrina argentina, distintos autores han intentado deducir la responsabilidad del poder judicial por irrazonabilidad del plazo, dicha posibilidad aún se encuentra en un plano de discusión teórica que no se ha concretado en la práctica[34].

27. De este modo, siguiendo la vía procesal establecida por la propia legislación interna, el señor Spoltore agotó los recursos que la propia normativa permitía en un procedimiento de única instancia laboral, los cuales, como se mencionó, no tenían la vocación de reparar el retardo de la decisión judicial. No debe perderse de vista que más allá de la posibilidad teórica sustentada por la doctrina argentina sobre la procedencia de la acción de daños y perjuicios por demoras judiciales, lo cierto es que en el caso particular no se probó, al momento de los hechos, que en el plano práctico existiera un solo caso en materia laboral que así lo corroborara, lo cual es importante para efectos de evaluar el cumplimiento del requisito del agotamiento de los recursos internos, que en todo caso debe analizarse a la luz del principio *pro persona* en aras del acceso a la justicia interamericana.

28. Por todo lo anteriormente expuesto y bajo el análisis de estas consideraciones, estimo que no se contaban con los elementos necesarios para considerar que la acción civil de daños y perjuicios, más allá de ser prevista en la legislación interna argentina, era idónea y efectiva frente a las demoras originadas por el actuar judicial en materia laboral. Ante dicha falta probatoria por parte del Estado, la única respuesta posible era el rechazo de la excepción preliminar de conformidad con la jurisprudencia constante del Tribunal Interamericano.

III
EL DERECHO A LAS CONDICIONES EQUITATIVAS Y SATISFACTORIAS DE TRABAJO

29. Como ya lo he manifestado en otras oportunidades[35], el derecho al trabajo ha formado un eslabón fundamental en la línea jurisprudencial desarrollada por la Corte

---

[34] *Cfr.* Escrito de Observaciones de la Comisión Interamericana de Derechos Humanos a la Excepción Preliminar de 19 de septiembre de 2019, refiriéndose a lo expresamente sostenido en el Informe No. 65/08, Petición 460-00, Admisibilidad, Victorio Spoltore, Argentina, 25 de julio de 2008 (expediente de fondo, folios 300 y 301).

[35] En el caso *San Miguel Sosa y otras*, expresé que "[e]l caso *San Miguel Sosa y otras Vs. Venezuela*, complementa la visión que de manera rápida ha tenido el Tribunal Interamericano sobre los derechos sociales y su exigibilidad directa ante esta instancia judicial. En este sentido, la triada de casos laborales *Lagos del Campo, Trabajadores Cesados del Petroperú y otros* y ahora el caso *San Miguel Sosa y otras*, permiten delinear una serie de estándares que se deben tener en consideración en los ejercicios de control de convencionalidad en sede interna y abundar al diálogo jurisprudencial existente entre el ámbito internacional

IDH a partir del año 2017 desde el *Caso Lagos del Campo Vs. Perú*[36], relativa a los derechos económicos, sociales, culturales y ambientales (en adelante "los DESCA"). En este panorama se enmarca el presente caso, en donde la sentencia identificó que, como parte del derecho al trabajo se encuentra el derecho "a las condiciones equitativas y satisfactorias" del trabajo[37]. Ya desde el *Caso Lagos del Campo* la jurisprudencia del Tribunal Interamericano venía identificando las diferentes formas en las que el derecho al trabajo se proyecta, como "el derecho de los empleadores y trabajadores de asociarse libremente para la defensa y promoción de sus intereses", por ejemplo[38].

30. Sobre el derecho a las condiciones equitativas y satisfactorias, "como componente y parte del derecho al trabajo"[39], en la Sentencia se identifica que, de acuerdo con la Carta de la Organización de Estados Americanos (en adelante "Carta de la OEA"), en el artículo 45.b), se considera que existe una referencia con el suficiente grado de especificidad del derecho a condiciones de trabajo para derivar su existencia y reconocimiento implícito en la referida Carta[40]. De este modo, de la misma forma en la que lo ha hecho en otros casos[41], la sentencia recurre a la Declaración Americana de los Derechos y Deberes del Hombre, a un *corpus iuris internacional* y a la Constitución de Argentina para delimitar el contenido, de manera no limitativa, de lo que podría abarcar las condiciones "equitativas y satisfactorias"[42].

---

interamericano y la sede nacional de los Estados Parte de la Convención Americana. *Cfr. Voto concurrente y parcialmente disidente al Caso San Miguel Sosa y otras Vs. Venezuela. Fondo, Reparaciones y Costas.* Sentencia de 8 de febrero de 2018. Serie C No. 348, párr. 27.

[36] *Cfr. Caso Lagos del Campo Vs. Perú. Excepciones Preliminares, Fondo, Reparaciones y Costas.* Sentencia de 31 de agosto de 2017. Serie C No. 340, párrs. 153 y 154.

[37] *Cfr. Caso Spoltore Vs. Argentina. Excepción Preliminar, Fondo, Reparaciones y Costas.* Serie C No. 404, párr. 83.

[38] El Tribunal Interamericano concluyó que "el Estado es responsable por la violación de los artículos 16.1 y 26 en relación con los artículos 1.1, 13 y 8 de la Convención Americana, en perjuicio del señor Lagos del Campo". *Cfr. Caso Lagos del Campo Vs. Perú. Excepciones Preliminares, Fondo, Reparaciones y Costas.* Sentencia de 31 de agosto de 2017. Serie C No. 340, párr. 158, 163 y Punto resolutivo 6.

[39] *Cfr. Caso Spoltore Vs. Argentina. Excepción Preliminar, Fondo, Reparaciones y Costas.* Serie C No. 404, párr. 83.

[40] *Cfr. Caso Spoltore Vs. Argentina. Excepción Preliminar, Fondo, Reparaciones y Costas.* Serie C No. 404, párr. 84.

[41] ***Cfr.*** *Caso Lagos del Campo Vs. Perú. Excepciones Preliminares, Fondo, Reparaciones y Costas.* Sentencia de 31 de agosto de 2017. Serie C No. 340; *Medio ambiente y derechos humanos (obligaciones estatales en relación con el medio ambiente en el marco de la protección y garantía de los derechos a la vida y a la integridad personal – interpretación y alcance de los artículos 4.1 y 5.1, en relación con los artículos 1.1 y 2 de la Convención Americana sobre Derechos Humanos.* Opinión Consultiva OC-23/17 de 15 de noviembre de 2017. Serie A No. 23; *Caso Trabajadores Cesados de Petroperú y otros Vs. Perú. Excepciones Preliminares, Fondo, Reparaciones y Costas.* Sentencia de 23 de noviembre de 2017. Serie C No. 344; *Caso San Miguel Sosa y otras Vs. Venezuela. Fondo, Reparaciones y Costas.* Sentencia de 8 de febrero de 2018. Serie C No. 348; *Caso Poblete Vilches y otros Vs. Chile. Fondo, Reparaciones y Costas.* Sentencia de 8 de marzo de 2018. Serie C No. 349; *Caso Cuscul Pivaral y otros Vs. Guatemala. Excepción Preliminar, Fondo, Reparaciones y Costas.* Sentencia de 23 de agosto de 2018. Serie C No. 359; *Caso Muelle Flores Vs. Perú. Excepciones Preliminares, Fondo, Reparaciones y Costas.* Sentencia de 6 de marzo de 2019. Serie C No. 375; *Caso de la Asociación Nacional de Cesantes y Jubilados de la Superintendencia Nacional de Administración Tributaria (ANCEJUB-SUNAT) Vs. Perú. Excepciones Preliminares, Fondo, Reparaciones y Costas.* Sentencia de 21 de noviembre de 2019. Serie C No. 394; *Caso Hernández Vs. Argentina. Excepción Preliminar, Fondo, Reparaciones y Costas.* Sentencia de 22 de noviembre de 2019. Serie C No. 395, y *Caso Comunidades Indígenas Miembros de la Asociación Lhaka Honhat (Nuestra Tierra) Vs. Argentina. Fondo, Reparaciones y Costas.* Sentencia de 6 de febrero de 2020. Serie C No. 400.

[42] *Cfr. Caso Spoltore Vs. Argentina. Excepción Preliminar, Fondo, Reparaciones y Costas.* Serie C No. 404, párrs. 84 a 87.

31. En particular resulta pertinente destacar el papel fundamental que han jugado las Observaciones Generales del Comité de Derechos Económicos, Sociales y Culturales desde el año 2017 en el caso *Lagos del Campo,* para dotar de contenido a los derechos que pueden ser identificados a través del artículo 26 del Pacto de San José[43].

32. Aun cuando en la Sentencia se indicó que, en virtud de las circunstancias particulares del caso, el Tribunal Interamericano consideró que no era necesario "abrir una discusión sobre el punto que fue objeto de reconocimiento de responsabilidad"[44]; es decir, la duración excesiva del procedimiento de indemnización por enfermedad profesional (violación de las garantías judiciales y protección judicial en su concepción amplia: acceso a la justicia), lo anterior no significa que no se considere dicha vulneración al estudiar los alegatos de la presunta víctima que realizó de manera autónoma en el Escrito de Solicitudes, Argumentos y Pruebas (ESAP), por lo que estimo pertinente hacer algunas reflexiones en cuanto al alcance de lo decidido en el capítulo IX de la Sentencia[45].

33. Es menester reiterar que en este caso no se analizaron como parte del derecho a las condiciones equitativas y satisfactorias del trabajo ni "las afectaciones a la salud del señor Spoltore [o] las condiciones labores en la empresa donde trabajaba"; por lo que no era procedente "pronunciarse si otros posibles elementos del derecho a condiciones de trabajo equitativas y satisfactorias se encuentran también protegidos por el artículo 26"[46].

34. Tal como se expresa en la Sentencia, y en sintonía con lo decido por la Comisión Interamericana, el análisis que se realizó en el fallo no está orientado a cuestionar si lo decido por el Tribunal del Trabajo No. 3 del Departamento Judicial de San Isidro de la Provincia de Buenos Aires (en adelante "el Tribunal Laboral") es acorde o no con la Convención Americana; es decir, la violación del artículo 26 del Pacto de San José sobre las condiciones equitativas y satisfactorias que aseguren la salud del trabajador no está orientada a "establecer si el señor Spoltore le correspondía o no la indemnización solicitada ni cuestionar el resultado del proceso laboral"[47].

35. Como se indicó con anterioridad, si bien en el presente caso no se consideró oportuno un análisis detallado en la Sentencia en cuanto al reconocimiento de responsabilidad internacional sobre los artículos 8 y 25 del Pacto de San José, lo cierto es que dadas las implicaciones que se tuvo entre el acceso a la justicia y el contenido del artículo 26 de la Convención Americana, conviene realizar algunas precisiones para un mayor entendimiento.

36. Para ello es fundamental establecer, en primer lugar, el nexo entre la demora de un procedimiento – plazo razonable – y su impacto en la protección judicial; para luego, establecer cómo de la comprensión amplia de la conjunción del plazo razonable

---

[43] Sin embargo, las observaciones generales han jugado un papel fundamental desde antes de que la jurisprudencia de la Corte IDH abordara la justiciabilidad directa de los derechos sociales, por ejemplo, pueden verse las referencias en los casos *"Instituto de reeducación del Menor" Vs. Paraguay"* (2004), *Comunidad Indígena Xákmok Kásek Vs. Paraguay* (2010) o *I.V. Vs. Bolivia* (2016).

[44] *Cfr. Caso Spoltore Vs. Argentina. Excepción Preliminar, Fondo, Reparaciones y Costas.* Serie C No. 404, párr. 45.

[45] *Cfr. Caso Spoltore Vs. Argentina. Excepción Preliminar, Fondo, Reparaciones y Costas.* Serie C No. 404, párr. 103.

[46] *Cfr. Caso Spoltore Vs. Argentina. Excepción Preliminar, Fondo, Reparaciones y Costas.* Serie C No. 404, párr. 77 y 84.

[47] *Cfr. Caso Spoltore Vs. Argentina. Excepción Preliminar, Fondo, Reparaciones y Costas.* Serie C No. 404, párr. 77.

y la protección judicial, se traduce en una falta de acceso a la justicia, como elemento integrante de protección de cualquier faceta del derecho al trabajo (como las condiciones equitativas y satisfactorias), con independencia del resultado que pudiera arribar una decisión.

37. Sobre el primer aspecto, la jurisprudencia del Tribunal Interamericano ha precisado que "[e]s claro que el recurso no será realmente eficaz si no se resuelve dentro de un plazo que permita amparar la violación de la que se reclama"[48]. Además, el Tribunal ha indicado que "[e]l concepto de plazo razonable contemplado en el artículo 8 de la Convención Americana está íntimamente ligado con el recurso efectivo, sencillo y rápido contemplado en su artículo 25"[49].

38. De este modo, para analizar la *efectividad del recurso*, también implica examinar el respeto al principio del "plazo razonable" y, cuando se demuestre que los recursos internos exceden el *"plazo razonable" se vulneran los artículos 8 y 25*[50]. Por ello, una demora prolongada genera como consecuencia, además de la vulneración del plazo razonable "una evidente denegación de justicia"[51], y la denegación al acceso a la justicia tiene una relación con la efectividad de los recursos, ya que no es posible afirmar que un recurso existente dentro del ordenamiento jurídico de un Estado, mediante el cual no se resuelve el litigio planteado por una demora injustificada en el procedimiento, pueda ser considerado como un recurso efectivo[52].

39. En este sentido, lo que sí correspondía determinar al Tribunal Interamericano era cómo la demora de nueve años por parte del Tribunal Laboral para resolver la demanda del señor Spoltore y la demora de 3 años de la decisión de la Suprema Corte de Justicia de la Provincia de Buenos Aires (en adelante "SCJBA"), mediante la cual rechazó los recursos de nulidad y de inaplicabilidad de ley – el cual en su conjunto buscada que al señor Spoltore se le reconociera una indemnización por una alegada enfermedad laboral –, tenían un impacto tanto en las garantías judiciales y la protección judicial como si se tenía alguna repercusión en algún aspecto específico de las condiciones equitativas y satisfactorias, como lo podía ser "el acceso a la justicia" para buscar una indemnización.

40. Sobre los recursos judiciales en materia de derechos sociales, la Observación General No. 9 del Comité DESC ha indicado que los recursos – judiciales o

---

[48] *Cfr. Caso "Instituto de Reeducación del Menor" Vs. Paraguay. Excepciones Preliminares, Fondo, Reparaciones y Costas.* Sentencia de 2 de septiembre de 2004. Serie C No. 112, párr. 245.

[49] *Cfr. Caso Baldeón García Vs. Perú. Fondo, Reparaciones y Costas.* Sentencia de 6 de abril de 2006. Serie C No. 147, párr. 155; *Caso Luna López Vs. Honduras. Fondo, Reparaciones y Costas.* Sentencia de 10 de octubre de 2013. Serie C No. 269, párr. 188, y *Caso Argüelles y otros Vs. Argentina. Excepciones Preliminares, Fondo, Reparaciones y Costas.* Sentencia de 20 de noviembre de 2014. Serie C No. 288, párr. 188.

[50] *Cfr.*, mutatis mutandis, *Caso Comunidad Indígena Yakye Axa Vs. Paraguay. Fondo, Reparaciones y Costas.* Sentencia de 17 de junio de 2005. Serie C No. 125, párr. 65, y *Caso Familia Barrios Vs. Venezuela. Fondo, Reparaciones y Costas.* Sentencia de 24 de noviembre de 2011. Serie C No. 237, párr. 285.

[51] *Cfr. Caso Familia Barrios Vs. Venezuela. Fondo, Reparaciones y Costas.* Sentencia de 24 de noviembre de 2011. Serie C No. 237, párr. 278, y *Caso Fornerón e hija Vs. Argentina. Fondo, Reparaciones y Costas.* Sentencia de 27 de abril de 2012. Serie C No. 242, párr. 109.

[52] *Cfr. Caso Salvador Chiriboga Vs. Ecuador. Excepción Preliminar y Fondo.* Sentencia de 6 de mayo de 2008. Serie C No. 179, párr. 87 y 88; *Caso Bayarri Vs. Argentina. Excepción Preliminar, Fondo, Reparaciones y Costas.* Sentencia de 30 de octubre de 2008. Serie C No. 187, párrs. 115 y 116, y *Caso Fornerón e hija Vs. Argentina. Fondo, Reparaciones y Costas.* Sentencia de 27 de abril de 2012. Serie C No. 242, párrs. 109 y 110. En similar sentido: *Caso Comunidades Indígenas Miembros de la Asociación Lhaka Honhat (Nuestra Tierra) Vs. Argentina. Fondo, Reparaciones y Costas.* Sentencia de 6 de febrero de 2020. Serie C No. 400, párr. 301.

administrativos – deben ser, entre otros, *rápidos* y eficaces[53]. En similar sentido, las *Directrices de Maastricht sobre violaciones a derechos Económicos, Sociales y Culturales* consagra que, frente a toda violación de los DESCA, se debe "tener acceso a recursos legales eficaces o a otros recursos adecuados"[54]. De igual manera, los *Principios y Directrices para la implementación de los derechos Económicos, Sociales y Culturales de la Carta Africana de Derechos Humano y de los Pueblos*, siguiendo lo indicado por la Observación General No. 9 del Comité DESC, contemplan que "los recursos efectivos pueden ser administrativos o judiciales, pero deben ser accesibles, asequibles y oportunos"[55].

41. Tal como se indica en la Sentencia, tanto el derecho al trabajo como el contenido específico de las condiciones equitativas y satisfactorias contemplan que la persona que sea víctima de una vulneración sobre estos derechos debe tener "acceso a recursos judiciales adecuados" o de cualquier otra naturaleza en el plano nacional[56].

42. Sobre la importancia del recurso judicial efectivo en el caso de violaciones sobre el derecho al trabajo[57], en el caso del Sistema Africano de Derechos Humanos y de los Pueblos, la *Declaración de Pretoria sobre Derechos Económicos, Sociales y Culturales en África* indica que "las condiciones equitativas y condiciones

---

[53] "9. El derecho a un recurso efectivo no debe interpretarse necesariamente en el sentido de que exige siempre un recurso judicial. Los recursos administrativos en muchos casos son adecuados, y quienes viven bajo la jurisdicción de un Estado Parte tienen la expectativa legítima de que, sobre la base del principio de buena fe, todas las autoridades administrativas, al adoptar decisiones, tendrán en cuenta las disposiciones del Pacto. Esos recursos administrativos deben ser accesibles, no onerosos, rápidos y eficaces". Además, en dicha Observación General precisó que "[e]l Pacto Internacional de Derechos Económicos, Sociales y Culturales no contiene ningún equivalente directo del apartado (b) del párrafo 3 del artículo 2 del Pacto Internacional de Derechos Civiles y Políticos, que obliga a los Estados Partes, entre otras cosas, a desarrollar "las posibilidades de recurso judicial". No obstante, los Estados Partes que pretendan justificar el hecho de no ofrecer ningún recurso jurídico interno frente a las violaciones de los derechos económicos, sociales y culturales tendrán que demostrar o bien que esos recursos no son "medios apropiados" según los términos del párrafo 1 del artículo 2 del Pacto Internacional de Derechos Económicos, Sociales y Culturales, o bien que, a la vista de los demás medios utilizados, son innecesarios. Esto será difícil demostrarlo, y el Comité entiende que, en muchos casos, los demás medios utilizados puedan resultar ineficaces si no se refuerzan o complementan con recursos judiciales". *Cfr.* ONU, Comité DESC, *Observación General No. 9 sobre la aplicación interna del Pacto*, 19° período de sesiones (1998), párr. 3 y 9.
[54] "*Acceso a los recursos*. 22. Toda persona o grupo víctima de una violación a los derechos económicos, sociales y culturales debería tener acceso a recursos legales eficaces o a otros recursos adecuados a nivel nacional e internacional". *Cfr. Directrices de Maastricht sobre violaciones a derechos Económicos, Sociales y Culturales*, adoptadas del 22 al 26 de enero de 1997, directriz 22.
[55] "22. Effective remedies can be either administrative or judicial but must be accessible, affordable and timely. Administrative tribunals and the courts should recognise the justiciability of economic, social and cultural rights, and grant appropriate remedies in the event of violations of these rights by State or non-state actors". Comisión Africana de Derechos Humanos y de los Pueblos, P*rincipios y Directrices para la implementación de los derechos Económicos, Sociales y Culturales de la Carta Africana de Derechos Humano y de los Pueblos*, 27 de octubre de 2011, Nairobi, principio 22.
[56] ONU, Comité DESC, Observación General núm. 23 (2016) sobre el derecho a condiciones de trabajo equitativas y satisfactorias (artículo 7 del Pacto Internacional de Derechos Económicos, Sociales y Culturales, E/C.12/GC/23, 27 de abril de 2016, párr. 29, y Observación General No. 18, *El Derecho al Trabajo, Artículo 6 del Pacto Internacional de Derecho Económicos, Sociales y Culturales*, E/C.12/GC/18, 6 de febrero de 2006, párr. 48.
[57] En contraste con otros instrumentos internacionales en los cuales se contienen disposiciones diferenciadas para el "derechos al trabajo" y "sus condiciones" – como lo son el Pacto Internacional de Derechos Económicos, Sociales y Culturales (arts. 6, 7 y 8), el Protocolo Adicional a la Convención Americana en materia de Derechos Económicos, Sociales y Culturales (arts. 6 y 7) o la Carta Social Europea (arts. 1, 2 y 3) – la Carta Africana de Derechos Humanos y de los Pueblos en el artículo 15 consagra "Artículo 15. Todo individuo tendrá derecho a trabajar en condiciones justas y satisfactorias, y recibirá igual paga por igual trabajo".

satisfactorias de trabajo, incluyen remedios efectivos y accesibles frente a lesiones, riesgos y accidentes relacionados con el lugar del trabajo"[58].

43. Por su parte el Tribunal Europeo de Derechos Humanos, si bien no se ha pronunciado sobre "el derecho al trabajo", si ha conocido algunos casos en donde se han enmarcado violaciones al plazo razonable en el marco de procedimientos laborales, en donde ha sido enfático al señalar que le corresponde a los Estados contratantes organizar su sistema judicial para que sus tribunales puedan garantizar a todos "el derecho a obtener una decisión final sobre las controversias relacionadas con sus derechos y obligaciones civiles en un tiempo razonable" y que esto cobra especial relevancia en aquellos casos en donde existen disputas laborales, las que son de especial importancia para el trabajador y, por tanto deben resolverse en una velocidad muy particular[59].

44. Es de destacar que el razonamiento aquí aplicado (referente a los derechos sociales) no es la primera vez en el que la Corte IDH declara la vulneración del artículo 26 en el marco de los derechos contemplados en los artículos 8 y 25. Por ejemplo, en el caso *Trabajadores Cesados del Petroperú y otros*[60] y *San Miguel Sosa*

---

[58] "6. The right to work in article 15 of the Charter entails among other things the following: [...] Equitable and satisfactory conditions of work, including effective and accessible remedies for work place-related injuries, hazards and accidents [...]" *Cfr. Declaración de Pretoria sobre Derechos Económicos, Sociales y Culturales en África*, adoptada el 7 de septiembre de 2004, Pretoria, punto no. 6.

[59] *Cfr.* TEDH, *Caso Delgado Vs. Francia*, 14 de noviembre de 2000, párr. 50. En este caso la violación se determinó por el plazo excesivo por la resolución de un procedimiento laboral en donde se dirimía un posible despido injustificado. Véase en similar sentido *Caso Obermeier Vs. Austria* de 28 de junio de 1990, Serie A No. 179, párr. 72; *Caso Buchholz Vs. Alemania* de 6 de mayo de 1981, Serie A No. 42, párrs. 50 y 52; y *Ruotolo Vs. Italia* del 27 de febrero de 1992, serie A no.230-D, párr. 17.

[60] En el caso se declaró la vulneración "del derecho al trabajo" como consecuencia de que a los 85 trabajadores de Petroperú, los 25 trabajadores de Enapu, los 39 trabajadores de Minedu, y los 15 trabajadores del Ministerio de Economía y Finanzas (MEF) "no gozaron de un recurso judicial efectivo" (párr.193). Si bien no se indicó en el punto resolutivo No. 7 de la Sentencia ni en el párrafo 193 la relación entre el artículo 26 y los artículos 8 y 25 de la Convención Americana, basta leer en conjunto los párrafos 162, 172, 181 y 193 para comprender que se encuentran relacionados los referidos párrafos. De la lectura de los párrafos antes mencionados y de las causas por las cuales se declaró la vulneración de los derechos contemplados en los artículos 8 y 25, son de especial importancia los análisis realizados para el conjunto de trabajadores del Petroperú y del grupo de trabajadores del MEF. Por ejemplo, respecto de los trabajadores del Petroperú, la Corte IDH constató que el último recurso intentado por los trabajadores "careció de una debida motivación" ya que no se había "realizado un análisis de los argumentos presentados por la parte recurrente respecto de los derechos constitucionales que pudieron verse afectados, ni el impacto que su vulneración podría haber tenido en los trabajadores cesados" (párr. 170). En el caso de los trabajadores del MEF, la Corte advirtió que "el Tribunal Constitucional no realizó un análisis de las alegadas violaciones al derecho al trabajo (párr.176); por lo que "al no realizar un análisis sobre si en el proceso de cese de los accionantes se vulneraron los derechos constitucionales y convencionales en juego, el Tribunal Constitucional desasoció el derecho sustancial del derecho procesal, impidiendo así analizar el objeto principal de la controversia" (párr. 178). En este sentido, es muy importante notar que la vulneración del artículo 26, enmarcado en los artículos 8 y 25, no se debió porque las instancias, que resolvieron los respectivos recursos de los trabajadores, debieran haber reconocido el "derecho al trabajo", sino que se debió a que no se tomó en cuenta una de las garantías contempladas en el artículo 8 del Pacto de San José – la motivación –. En este sentido, se tomó en consideración que "la obligación del Estado de conducir los procesos con apego a la garantía de protección judicial consiste en una obligación que es de medios o comportamiento y que no es incumplida por el solo hecho de que el proceso no produzca un resultado satisfactorio, o no se arribe a la conclusión pretendida por las presuntas victima"; sin embargo, sí se incumple el contenido del derecho que se pretende proteger cuando en la conducción de los procesos no se observan las garantías judiciales, tal como sucedió en el caso de los Trabajadores cesados. *Cfr. Caso Trabajadores Cesados de Petroperú y otros Vs. Perú. Excepciones Preliminares, Fondo, Reparaciones y Costas.* Sentencia de 23 de noviembre de 2017. Serie C No. 344, párrs. 162, 170, 172, 176, 178, 181 y 193 y punto resolutivo 7.

*y otras*⁶¹, la jurisprudencia indicó que "el derecho al trabajo incluye la obligación del Estado de garantizar los derechos de acceso a la justicia y a la tutela judicial efectiva, tanto en el ámbito público como en el ámbito privado de las relaciones laborales"⁶².

45. A modo ejemplificativo, sobre la importancia de las garantías judiciales en la conducción de procesos, el Comité de DESC al resolver el caso *I.D.G. Vs. España* concluyó la "falta de acceso efectivo a los tribunales para proteger el derecho a la vivienda adecuada". En el caso particular, el Comité arribó a dicha conclusión ya que "había existido una irregularidad en la notificación" e indicó que la referida irregularidad "podría no implicar una violación al derecho a la vivienda si no tuviera consecuencias significativas sobre el derecho de defensa de la autora sobre el goce efectivo de su vivienda"; por ejemplo "que la persona contara con otro mecanismo procesal apropiado para defender su derecho y sus intereses"⁶³. En este caso, una garantía judicial – como lo es la adecuada notificación – fue el detonante para que se afectara el contenido del derecho a la vivienda digna.

46. En este tenor, la jurisprudencia consultiva de la Corte IDH ha considerado que existen ciertos derechos que⁶⁴, frente a otros derechos, como lo son los DESCA, mutan como "garantía", es decir, adquieren un carácter instrumental – como lo es el acceso a la justicia – en la medida que "permiten la satisfacción de otros derechos" como medio de materialización del contenido del derecho en cuestión, como el contenido del derecho al trabajo⁶⁵. Dicha interpretación ha sido aplicada inclusive a casos contenciosos concretos⁶⁶.

---

⁶¹ En el caso la Corte IDH constató que no se habían garantizados los derechos "al acceso a la justicia y a la tutela judicial efectiva" ante su despido arbitrario ya que "la motivación" o "fundamentación" expuesta por los juzgados internos fueron insuficientes al decidir la situación jurídica que se alega infringida, como lo es el despido arbitrario (párrs. 196 y 221). En el caso la Corte IDH indicó que los juzgados que habían conocido el amparo presentado por las víctimas, consideraron algunas pruebas como ilícitas (grabaciones telefónicas), sin tomar en cuenta el interés público de la cuestión y que en el caso se trataba del único medio de prueba directa, además de que "no indagaron acerca de las motivaciones del despido, conformándose con las generalidades sin sustento particularizado" (párr. 195). En este caso, al igual que el *caso de los Trabajadores Cesados del Petroperú y otros*, la Corte IDH declaró vulnerado el derecho al trabajo contenido en el artículo 26 de la Convención, en el marco de los artículos 8 y 25, no porque a nivel interno los recursos interpuestos debieran reconocer el derecho al trabajo de las víctimas, sino porque no se expresaron "motivaciones suficientes en las resoluciones judiciales" respecto de todos los alegatos planteados, particularmente la posible comisión de un acto discriminatorio o de represalia política en el contexto y con los elementos indiciarios presentados (párr. 193). *Cfr. Caso San Miguel Sosa y otras Vs. Venezuela. Fondo, Reparaciones y Costas.* Sentencia de 8 de febrero de 2018. Serie C No. 348, párrs. 193, 195, 196 y 221.

⁶² *Cfr. Caso San Miguel Sosa y otras Vs. Venezuela. Fondo, Reparaciones y Costas.* Sentencia de 8 de febrero de 2018. Serie C No. 348, párr. 221, y *Caso Trabajadores Cesados de Petroperú y otros Vs. Perú. Excepciones Preliminares, Fondo, Reparaciones y Costas.* Sentencia de 23 de noviembre de 2017. Serie C No. 344, párr. 193.

⁶³ *Cfr. Comité DESC, Asunto I.D.G. Vs. España*, Comunicación 2/2014, E/C.12/55/D/2/2014, 13 de octubre de 2015, párr. 13.4.

⁶⁴ Como lo son la participación política, el acceso a la información o las garantías y protección judiciales.

⁶⁵ *Cfr.*, *mutatis mutandis*, *Medio ambiente y derechos humanos (obligaciones estatales en relación con el medio ambiente en el marco de la protección y garantía de los derechos a la vida y a la integridad personal – interpretación y alcance de los artículos 4.1 y 5.1, en relación con los artículos 1.1 y 2 de la Convención Americana sobre Derechos Humanos).* Opinión Consultiva OC-23/17 de 15 de noviembre de 2017. Serie A No. 23, párr. 211.

⁶⁶ *Cfr. Caso Poblete Vilches y otros Vs. Chile. Fondo, Reparaciones y Costas.* Sentencia de 8 de marzo de 2018. Serie C No. 349, párr. 160. Antes de la jurisprudencia relativa a la justiciabilidad directa de los DESCA puede verse: *Caso Furlán y familiares Vs. Argentina. Excepciones Preliminares, Fondo, Reparaciones y Costas.* Sentencia de 31 de agosto de 2012. Serie C No. 246, párr. 294, y *Caso I.V. Vs. Bolivia. Excepciones Preliminares, Fondo, Reparaciones y Costas.* Sentencia de 30 de noviembre de 2016. Serie C No. 329, párrs. 156 y 163.

47. En el caso del señor Spoltore, el procedimiento ante el tribunal laboral revestía especial importancia, ya que era un tribunal de única instancia en la materia, por lo que la demora excesiva de nueve años en resolverlo tiene consecuencias significativas, sobre todo si de la pronta resolución dependía la existencia de una indemnización para una persona con una discapacidad. Si bien se encontraban disponibles los recursos de nulidad e inaplicación de ley, nuevamente transcurrió un plazo irrazonable (tres años) para que la Corte Suprema de la Provincia de Buenos Aires adoptara su decisión, demoras injustificadas reconocidas por el propio Estado al aceptar su responsabilidad internacional.

48. En este tipo de circunstancias, el derecho al acceso a la justicia no significa que la potencial decisión tenga que ser favorable, sino que el recurso sea observado con las debidas garantías del debido proceso legal, con independencia del resultado. A nivel interno la demora, tanto en la instancia ordinaria como en vía de apelación, no estuvieron dirigidas a materializar, si hubiera procedido de esa manera, la indemnización que era reclamada por el señor Spoltore.

49. Por ello, no sólo se puede entender un posible análisis de la vulneración de los DESCA frente a decisiones que no reconocen, por ejemplo, una indemnización por una posible enfermedad laboral; sino que también la protección del derecho opera cuando el recurso diseñado para la posible protección del derecho no se tramita con las debidas garantías, pues así no se disocia ni el contenido material ni el medio instrumental, lo que permite tener una visión integral de las violaciones y no se reducen las afectaciones a cuestiones meramente procesales, como en ocasiones se le considera al acceso a la justicia.

IV
CONCLUSIÓN

50. Como se ha desarrollado en el presente voto razonado, de conformidad con la jurisprudencia constante del Tribunal Interamericano – desde su primer caso contencioso hasta la actualidad –, "el Estado que alega el no agotamiento tiene a su cargo el señalamiento de los recursos internos que deben agotarse y de su efectividad"[67].

51. A la luz de la jurisprudencia interamericana, en el presente caso la acción civil de daños y perjuicios no era la vía adecuada y efectiva que el señor Spoltore debía agotar para acceder al Sistema Interamericano. Ello es así debido a que, por un lado, el Estado no logró demostrar – siendo omiso incluso en aportar las decisiones que decía resultaban análogas –, que la acción de daños y perjuicios podría constituir un mecanismo adecuado para remediar la situación que se alegó vulnerada en el presente caso al momento de los hechos.

52. No debe pasar inadvertido que el Estado sustentó la procedencia de la referida acción para las demoras judiciales laborales en la "teoría" más aceptada en el ámbito interno (afirmación general sin especificación alguna). Sobre esta cuestión es de destacar que no basta con que un recurso se estudie en la doctrina – por más valorada que la misma sea –, sino que es necesario que haya demostrado su idoneidad y efectividad, al momento de los hechos, frente a las situaciones jurídicas infringidas en

---

[67] Cfr. *Caso Velásquez Rodríguez Vs. Honduras. Excepciones Preliminares.* Sentencia de 26 de junio de 1987. Serie C No. 1, párr. 88 y, *Caso Spoltore Vs. Argentina. Excepción Preliminar, Fondo, Reparaciones y Costas.* Serie C No. 404, párr. 35.

casos concretos. Lo anterior es particularmente importante para entender adecuadamente la regla del agotamiento de los recursos internos a la luz del principio *pro persona*.

53. En el caso, el propio Estado reconoció que no existen precedentes en el que la acción de daños y perjuicios fuera procedente por demoras judiciales en materia laboral. Afirmación que resulta coincidente con lo manifestado por los representantes de la víctima y por la Comisión Interamericana. Incluso en uno de los escritos de *amicus curiae* se sostiene que en dicha materia no ha existido "ni un solo caso de condena al Estado por violación del plazo razonable en un trámite judicial"[68]. La Corte IDH ha sido clara en su jurisprudencia constante, relativa a que "la carga procesal la tiene el Estado demandado[69], por lo tanto, "el Estado que alega el no agotamiento debe señalar los recursos internos que deben agotarse *y proporcionar la prueba de su efectividad*"[70] (énfasis añadido).

54. De este modo, si se hubiese aceptado la excepción preliminar interpuesta por el Estado, sería contravenir la propia jurisprudencia del Tribunal Interamericano, que indica que los recursos deben estar no sólo disponibles, sino también deben ser *efectivos e idóneos* para reparar la violación. Por lo tanto, como dice la Sentencia, sería "una carga excesiva para la presunta víctima exigirle que agotara un recurso que no había sido utilizado en la práctica para los fines que el Estado alega que tendría". Ello sería ir en contra del derecho de acceso a la justicia interamericana de la víctima y en detrimento del principio *pro persona*. De ahí que en el presente caso, lo adecuado era rechazar la excepción preliminar interpuesta por el Estado.

55. En cuanto al fondo del caso, la Corte IDH en su Sentencia, a la luz del alegato de los representantes de la víctima, desarrolla el derecho a las "condiciones de trabajo equitativas y satisfactorias" contenido en el artículo 26, en relación con los derechos previstos en los artículos 8 (garantías judiciales) y 25 (protección judicial) de la Convención Ameriana. Estos últimos derechos fueron reconocidos como violados por el propio Estado, al considerar que "la posición de las nuevas autoridades a cargo de la Secretaría de Derechos Humanos de la Nación es que el proceso judicial en cuestión no revestía especial complejidad y que, en líneas generales, el interesado que, *además no era otro que una persona con discapacidad*, dio el impulso esperable al trámite. Por ello, resulta irrazonable que las autoridades judiciales hayan tardado doce años en

---

[68] Escrito de *amicus curiae* presentado el 20 de febrero de 2020, por los doctores Fabián Andrés Maggi, Lucas Landivar y Juan Ignacio Pereyra Quetes, por derecho propio y en representación de las asociaciones Foro Medio Ambiental de San Nicolas, Generaciones Futuras y Cuenca del Río Paraná (expediente de fondo, folio 545).

[69] *Cfr. Caso Trabajadores Cesados de Petroperú y otros Vs. Perú. Excepciones Preliminares, Fondo, Reparaciones y Costas*. Sentencia de 23 de noviembre de 2017. Serie C No. 344, párr. 33, y *Caso de la Comunidad Mayagna (Sumo) Awas Tingni Vs. Nicaragua. Excepciones Preliminares*. Sentencia de 1 de febrero de 2000. Serie C No. 66, párr. 53.

[70] *Cfr. Caso Velásquez Rodríguez Vs. Honduras. Excepciones Preliminares*. Sentencia de 26 de junio de 1987. Serie C No. 1, párr. 88, *Caso Fairén Garbi y Solís Corrales. Excepciones Preliminares*. Sentencia de 26 de junio de 1987. Serie C No. 2, párr. 87, *Caso Godínez Cruz. Excepciones Preliminares*. Sentencia de 26 de junio de 1987. Serie C No. 3, párr. 90, *Caso de la Comunidad Mayagna (Sumo) Awas Tingni Vs. Nicaragua. Excepciones Preliminares*. Sentencia de 1 de febrero de 2000. Serie C No. 66, párr. 53, *Caso Trabajadores Cesados de Petroperú y otros Vs. Perú. Excepciones Preliminares, Fondo, Reparaciones y Costas*. Sentencia de 23 de noviembre de 2017. Serie C No. 344, párr. 33, *Caso Muelle Flores Vs. Perú. Excepciones Preliminares, Fondo, Reparaciones y Costas*. Sentencia de 6 de marzo de 2019. Serie C No. 375, párrs. 25 y 26, y *Caso Perrone y Preckel Vs. Argentina. Excepciones Preliminares, Fondo, Reparaciones y Costas*. Sentencia de 8 de octubre de 2019. Serie C No. 384, párr. 33.

dilucidar si le asistía derecho en la demanda por enfermedad profesional contra su empleador"[71].

56. En este sentido, lo que pone de manifiesto la decisión es una de las múltiples facetas que puede adoptar la protección del derecho al trabajo en su vertiente de condiciones equitativas y satisfactorias, que en este caso se proyecta en un aspecto concreto del referido derecho, como lo es el *acceso a la justicia*. En el marco de esta faceta del derecho al trabajo, la Sentencia aborda cómo la demora del procedimiento laboral tuvo un impacto en la víctima, tanto en el derecho al acceso a la justicia, como en la finalidad que perseguía dicho procedimiento, es decir, la búsqueda de una indemnización por una posible enfermedad laboral. No debemos perder de vista que el señor Spoltore tenía una discapacidad (reconocida por el propio Estado), por lo que era necesario que, conforme a los estándares vertidos por este Tribunal Interamericano y al ser Argentina parte del Pacto de San José, el referido procedimiento laboral fuera tramitado con una diligencia excepcional[72].

Eduardo Ferrer Mac-Gregor Poisot
Juez

Pablo Saavedra Alessandri
Secretario

---

[71] *Cfr. Caso Spoltore Vs. Argentina. Excepción Preliminar, Fondo, Reparaciones y Costas.* Serie C No. 404, párr. 36. En la audiencia pública del caso, el Estado señaló que "En exclusiva atención a las características especiales del caso, la Argentina entiende que corresponde reconocer la responsabilidad del Estado por la violación de la garantía del plazo razonable consagrado en el artículo 8.1 de la Convención Americana sobre Derechos Humanos y en consecuencia del derecho a la protección judicial previsto en el artículo 25 de la Convención en relación al artículo 1.1 del mismo instrumento".

[72] En efecto, tal y como se recuerda en la Sentencia, en casos que involucran afectaciones de una persona que se encuentre en una situación de vulnerabilidad, como las personas con discapacidad, la Corte IDH ha sido clara en señalar que las autoridades judiciales deben actuar con una mayor diligencia. En estos casos resulta imperante la priorización en la atención y resolución del procedimiento por parte de las autoridades a cargo, con el fin de evitar retrasos en la tramitación de los procesos, de manera que se garantice la pronta resolución o ejecución de los mismos. *Cfr. Spoltore Vs. Argentina. Excepción Preliminar, Fondo, Reparaciones y Costas.* Serie C No. 404, párr. 45.

VOTO DISIDENTE
DEL JUEZ EDUARDO VIO GROSSI

1. Se emite el presente voto disidente[1] con relación a la Sentencia del título[2], por discrepar, en lo principal, de lo dispuesto en su Resolutivo N° 1[3], concerniente al cumplimiento del requisito del previo agotamiento de los recursos internos, por las razones que ya se han expuesto en otros votos individuales del suscrito[4], que se reiteran en lo que sean aplicables.

2. Sin perjuicio de lo anterior, en el presente escrito se llama la atención solo sobre algunos de los aspectos, atingentes al caso en comento, abordados en tales escritos.

---

[1] Art.66.2 de la Convención Americana sobre Derechos Humanos: "Si el fallo no expresare en todo o en parte la opinión unánime de los jueces, cualquiera de éstos tendrá derecho a que se agregue al fallo su opinión disidente o individual. y Reglamento."
Art.24.3 del Estatuto de la Corte Interamericana de Derechos Humanos: "Las decisiones, juicios y opiniones de la Corte se comunicarán en sesiones públicas y se notificarán por escrito a las partes. Además, se publicarán conjuntamente con los votos y opiniones separados de los jueces y con cualesquiera otros datos o antecedentes que la Corte considere conveniente."
Art. 32.1.a) del Reglamento de la Corte Interamericana de Derechos Humanos: "La Corte hará público: a. sus sentencias, resoluciones, opiniones y otras decisiones, incluyendo los votos concurrentes o disidentes, cuando cumplan los requisitos señalados en el artículo 65.2 del presente Reglamento;"
Art.65.2 del Reglamento: "Todo Juez que haya participado en el examen de un caso tiene derecho a unir a la sentencia su voto concurrente o disidente que deberá ser razonado. Estos votos deberán ser presentados dentro del plazo fijado por la Presidencia, de modo que puedan ser conocidos por los Jueces antes de la notificación de la sentencia. Dichos votos sólo podrán referirse a lo tratado en las sentencias."
[2] En adelante, la Sentencia.
[3] "Desestimar la excepción preliminar relativa a la alegada falta de agotamiento de recursos internos, de conformidad con los párrafos 21 a 35 de esta Sentencia."
[4] Voto Concurrente del Juez Eduardo Vio Grossi, *Caso Carranza Alarcón Vs. Ecuador. Excepciones preliminares, Fondo, Reparaciones y Costas*. Sentencia de 3 de febrero de 2020; Voto Disidente del Juez Eduardo Vio Grossi, *Caso López y Otros Vs. Argentina. Excepciones Preliminares, Fondo, Reparaciones y Costas*. Sentencia de 25 de noviembre de 2019; Voto Concurrente del Juez Eduardo Vio Grossi, *Caso Gómez Virula y Otros Vs. Guatemala. Excepción Preliminar, Fondo, Reparaciones y Costas*. Sentencia de 21 de noviembre de 2019; Voto Disidente del Juez Eduardo Vio Grossi, *Caso Asociación Nacional de Cesantes y Jubilados de la Superintendencia Nacional de Administración Tributaria (ANCEJUB-SUNAT) Vs. Perú. Excepciones Preliminares, Fondo, Reparaciones y Costas*. Sentencia de 21 de noviembre de 2019; Voto Disidente del Juez Eduardo Vio Grossi, *Caso Díaz Loreto y Otros Vs. Venezuela. Excepciones Preliminares, Fondo, Reparaciones y Costas*. Sentencia de 19 de noviembre de 2019;Voto Concurrente del Juez Eduardo Vio Grossi, *Caso Terrones Silva y Otros Vs. Perú. Excepciones Preliminares, Fondo, Reparaciones y Costas*. Sentencia de 26 de septiembre de 2018; Voto Individual del Juez Eduardo Vio Grossi, *Caso Amrhein y otros Vs. Costa Rica. Excepciones Preliminares, Fondo, Reparaciones y Costas*. Sentencia de 25 de abril de 2018; Voto Individual Concurrente del Juez Eduardo Vio Grossi, *Caso Yarce y Otras Vs. Colombia. Excepción Preliminar, Fondo, Reparaciones y Costas*. Sentencia de 22 de noviembre de 2016; Voto Concurrente del Juez Eduardo Vio Grossi, *Caso Herrera Espinoza y Otros Vs. Ecuador. Excepciones Preliminares, Fondo, Reparaciones y Costas*. Sentencia de 1 de septiembre de 2016; Voto Concurrente del Juez Eduardo Vio Grossi, *Caso Velásquez Paiz y Otros Vs Guatemala. Excepciones Preliminares, Fondo, Reparaciones y Costas*. Sentencia de 19 de noviembre de 2015; Voto Disidente del Juez Eduardo Vio Grossi, *Caso Comunidad Campesina de Santa Bárbara Vs. Perú. Excepciones Preliminares, Fondo, Reparaciones y Costas*. Sentencia de 1 de septiembre de 2015; Voto Individual Disidente del Juez Eduardo Vio Grossi, *Caso Wong Ho Wing Vs. Perú. Excepción Preliminar, Fondo, Reparaciones y Costas*. Sentencia de 30 de junio de 2015; Voto Individual Disidente del Juez Eduardo Vio Grossi, *Caso Cruz Sánchez y otros Vs. Perú. Excepciones Preliminares, Fondo, Reparaciones y Costas*. Sentencia de 17 de abril de 2015; Voto Disidente del Juez Eduardo Vio Grossi, *Caso Liakat Ali Alibux Vs. Suriname. Excepciones Preliminares, Fondo, Reparaciones y Costas*. Sentencia de 30 de enero de 2014, y Voto Individual Disidente del Juez Eduardo Vio Grossi, *Caso Díaz Peña Vs. Venezuela. Excepción Preliminar, Fondo, Reparaciones y Costas*. Sentencia de 26 de junio de 2012.

3. La primera observación concierne a algo obvio, pero que, por lo mismo, suele olvidarse, a saber, que los recursos internos deben ser agotados con anterioridad o en forma previa a recurrir a una jurisdicción internacional por la violación de una obligación también internacional. Dicha característica es, por de pronto, de la esencia y propia de la regla del agotamiento de los recursos internos. Ella es lo que la distingue desde sus orígenes[5] y sin la que no sería tal. Más, asimismo, dicho rasgo se colige de las propias normas que actualmente rigen a tal institución en el marco del Sistema Interamericano de Derechos Humanos[6], lo que significa que los recursos internos deben agotarse previamente a la presentación ante la Comisión Interamericana de Derechos Humanos[7], de la petición de que se trate[8]. Ello queda en evidencia, en especial, por los términos empleados tanto por el artículo 46[9] de la Convención Americana sobre Derechos Humanos[10], en el sentido de que dispone que, para que *"la petición presentada"*[11] sea admitida, se deben haber interpuesto y agotado los recursos internos, como por los artículos 28.8[12] y 29.3[13] del Reglamento de la Comisión, que contemplan un mecanismo de supervisión inicial, por parte de la Secretaría Ejecutiva de ésta, del cumplimiento, por la petición, de tal requisito.

4. Ahora bien, en autos no hay constancia alguna de que la petición presentada haya dado cumplimiento del requisito del previo agotamiento de los recursos internos.

---

[5] Caso Interhandel, (Objeciones Preliminares) ICJ, Reports, 1959, p. 27: "La regla de que los recursos locales deben agotarse antes de poder establecerse procedimientos internacionales, es una regla de derecho internacional consuetudinario bien establecida" y "Antes de poder comparecer ante un tribunal internacional en una situación como ésa, se ha considerado necesario que el Estado en donde ocurrió la violación tenga la oportunidad de repararla por sus propios medios, dentro del marco de su propio sistema jurídico interno".

[6] En adelante, SIDH.

[7] En adelante, la Comisión.

[8] Art. 44 de la Convención Americana sobre Derechos Humanos: "Cualquier persona o grupo de personas, o entidad no gubernamental legalmente reconocida en uno o más Estados miembros de la Organización, puede presentar a la Comisión peticiones que contengan denuncias o quejas de violación de esta Convención por un Estado parte."

[9] "1. Para que una petición o comunicación presentada conforme a los artículos 44 ó 45 sea admitida por la Comisión, se requerirá:

a) que se hayan interpuesto y agotado los recursos de jurisdicción interna, conforme a los principios del Derecho Internacional generalmente reconocidos;

b) que sea presentada dentro del plazo de seis meses, a partir de la fecha en que el presunto lesionado en sus derechos haya sido notificado de la decisión definitiva;

c) que la materia de la petición o comunicación no esté pendiente de otro procedimiento de arreglo internacional, y

d) que en el caso del artículo 44 la petición contenga el nombre, la nacionalidad, la profesión, el domicilio y la firma de la persona o personas o del representante legal de la entidad que somete la petición.

2. Las disposiciones de los incisos 1.a. y 1.b. del presente artículo no se aplicarán cuando:

a) no exista en la legislación interna del Estado de que se trata el debido proceso legal para la protección del derecho o derechos que se alega han sido violados;

b) no se haya permitido al presunto lesionado en sus derechos el acceso a los recursos de la jurisdicción interna, o haya sido impedido de agotarlos, y

c) haya retardo injustificado en la decisión sobre los mencionados recursos."

[10] En adelante, la Convención.

[11] En adelante, la petición.

[12] "Requisitos para la consideración de peticiones. Las peticiones dirigidas a la Comisión deberán contener la siguiente información: [...] Las gestiones emprendidas para agotar los recursos de la jurisdicción interna o la imposibilidad de hacerlo conforme al artículo 31 del presente Reglamento".

[13] "Si la petición no reúne los requisitos exigidos en el presente Reglamento, la Comisión podrá solicitar al peticionario o a su representante que los complete conforme al artículo 26.2 del presente Reglamento".

Por el contrario, la propia petición nada expresa sobre el particular, esto es, no hace referencia alguna a dicho requisito ni a las excepciones que contempla. Se reitera, no expresa nada al respecto, limitándose a reclamar porque los juicios laborales que indica, demoraron en exceso.

5. Por su parte, la Sentencia tampoco se refiere a si la petición cumple o no con el requisito en comento. En cambio, se abocó directamente a determinar la disponibilidad, idoneidad y efectividad práctica del recurso por daños y perjuicios provocados por la demora en los procesos laborales de autos. Tampoco hace mención alguna a si la Secretaría Ejecutiva de la Comisión realizó o no, según lo establece el Reglamento de ésta, la supervisión inicial del cumplimiento del requisito del previo agotamiento de los recursos internos.

6. Evidentemente, no se le puede exigir al Estado requerido que cumpla con tal requisito. Sería absurdo, imposible e injusto hacerlo. Absurdo, pues implicaría que debería colaborar para la presentación de una demanda en su contra. Imposible, ya que desconocería lo ocurrido y las pretensiones del peticionario. E injusto, ya que se alteraría la lógica de la carga de la prueba.

7. La segunda acotación concierne a que, en el Sistema Interamericano de Derechos Humanos[14], el titular de la obligación de agotar previamente los recursos internos, es, de conformidad a las normas recién citadas, el peticionario. Empero, en base de que la regla del previo agotamiento de los recursos internos está concebida en interés del Estado[15], la Sentencia omite toda consideración acerca de su cumplimiento o de la imposibilidad de hacerlo por parte del peticionario, pareciendo así dar por sentado de que el responsable de dicha obligación es el Estado requerido, lo que, a todas luces, es improcedente e ilógico.

8. La tercera reflexión concierne a la respuesta del Estado, la que, de acuerdo a las normas reglamentarias[16], lo debe hacer con relación a lo expuesto en la petición *"presentada"*. Con lo que en aquella se afirme, se traba *la litis* sobre el particular y es, por ende, sobre dicha controversia la que debe versar la resolución sobre la admisibilidad de la petición y no respecto de lo que acontezca posteriormente. De pronunciase acerca de si al momento en que se resuelve la admisibilidad de la petición, se cumple o no con el requisito del previo agotamiento de los recursos internos y no acerca de si ello aconteció al instante en que se presentó esta última, distorsiona el sentido de tal requisito del previo agotamiento de los recursos internos, pues, permite que, eventualmente, un mismo caso sea conocido simultáneamente por la jurisdicción nacional y la jurisdicción internacional, vulnerando así la naturaleza coadyuvante o complementaria de esta última respecto de aquella[17], además de afectar el derecho de defensa del Estado.

9. Por otra parte, cabe recordar que únicamente "(c)uando el peticionario alegue la imposibilidad de comprobar el cumplimiento del requisito (del previo agotamiento de los recursos internos), corresponderá al Estado en cuestión demostrar que los recursos

---

[14] En adelante, el SIDH.
[15] Párr. 22 de la Sentencia.
[16] Art.30.2 y 30.3 del Reglamento de la Comisión: "A tal efecto, transmitirá las partes pertinentes de la petición al Estado en cuestión. La solicitud de información al Estado no prejuzgará sobre la decisión de admisibilidad que adopte la Comisión." y "El Estado presentará su respuesta dentro del plazo de tres meses contados desde la fecha de transmisión. La Secretaría Ejecutiva evaluará solicitudes de prórroga de dicho plazo que estén debidamente fundadas. Sin embargo, no concederá prórrogas que excedan de cuatro meses contados a partir de la fecha del envío de la primera solicitud de información al Estado.
[17] Párr. 2 del Preámbulo de la Convención.

internos no han sido agotados, a menos que ello se deduzca claramente del expediente". De suerte, pues, que, a contrario sensu, en el evento de que el peticionario no invoque alguna de las excepciones al cumplimiento del requisito del previo agotamiento de los recursos internos, contempladas en el artículo 46 de la Convención, el Estado, como es lógico y justo, no está obligado a señalar los recursos no agotados.

10. No obstante, lo anterior, la Sentencia indica "que el Estado tiene la carga de la prueba en demostrar la disponibilidad, idoneidad y efectividad práctica del recurso que alega debió agotarse"[18] sin considerar, pues, la norma recién transcrita.

11. Por otra parte, en su contestación a lo planteado en la petición, el Estado señaló expresamente que el peticionario no había agotado los recursos internos y para demostrarlo y considerando lo que anteriormente ha señalado la Corte en cuanto a que la carga de la prueba sobre la disponibilidad, idoneidad y efectividad de los recursos no agotados, indicó como tal la acción por los daños y perjuicios causados por la demora en los procesos laborales señalados en la petición. No lo hizo, pues, porque el peticionario hubiese alegado haber cumplido con el requisito del previo agotamiento de los recursos internos o que le era imposible hacerlo, sino para sencillamente demostrar precisamente que no los agotó.

12. Así las cosas, en la Sentencia se aduce, sin embargo, una curiosa razón para desechar la excepción del previo agotamiento de los recursos internos interpuesta por el Estado, a saber, que "Argentina reconoció que el recurso de daños y perjuicios no ha sido utilizado en casos de demoras judiciales excesivas en procesos laborales", por lo que "considera que era una carga excesiva para la presunta víctima exigirle que agotara un recurso que no había sido utilizado en la práctica para los fines que el Estado alega que tendría"[19]. De ello se colegiría que, según la Sentencia, un recurso existiría solamente si ha sido utilizado, de suerte que, por una parte, no sería suficiente su consagración normativa o lo que es lo mismo, no bastaría que la ley u otra norma lo contemple y por la otra, que, consecuentemente, la primera vez que, una vez previsto en la normativa correspondiente, fuese utilizado, no lo sería, sin embargo, como tal. Curiosa posición, por decir lo menos.

13. La cuarta consideración dice relación con lo afirmado en la Sentencia en dos ocasiones, en cuanto a que "la regla del previo agotamiento de los recursos internos está concebida en interés del Estado, pues busca dispensarlo de responder ante un órgano internacional por actos que se le imputen, antes de haber tenido la ocasión de remediarlos con sus propios medios"[20]. Ello es verdad. Dicha regla beneficia al Estado. Pero, también y fundamentalmente beneficia a la presunta víctima de la violación de un derecho humano, habida cuenta que, al recurrir previamente al Estado presuntamente infractor, abre la posibilidad de que, más temprano que tarde, éste, especialmente si es democrático, "garantice al lesionado en el goce de su derecho o libertad conculcados" y disponga "que se reparen las consecuencias de la medida o situación que ha configurado la vulneración de esos derechos y el pago de una justa indemnización a la parte lesionada"[21], es decir, lograría lo mismo que, luego de un proceso internacional y por un fallo, la Corte le pueda ordenar a dicho Estado, pero, evidentemente, más pronto.

---

[18] Párr. 35 de la Sentencia.
[19] Idem.
[20] Párrs. 21 y 22 de la Sentencia.
[21] Art. 63.1 de la Convención.

14. Y esa posibilidad se encuentra en el núcleo o pilar central del SIDH, caracterizado por proporcionar una "protección convencional coadyuvante o complementaria de la que ofrece el derecho interno de los Estados americanos"[22], la que, por ende, no puede sustituir o reemplazar a esta última. Téngase en cuenta de que, de conformidad a la Convención, lo que justifica la citada protección interamericana son los atributos de la persona humana en tanto fundamento de los derechos humanos, lo que explica, entonces, que ellos no queden sujetos únicamente a la voluntad soberana de cada Estado ni, por ende, consagrados solo por su respectiva legislación interna, sino también y principalmente de la normativa internacional.

15. De allí que tal protección internacional no pueda tener por objeto liberar al peticionario de su obligación de cumplir con el requisito del previo agotamiento de los recursos internos para que ella pueda operar, puesto que, al procederse así, se despoja al artículo 46 de la Convención que lo consagra, de todo sentido y se le priva, consecuentemente, de la posibilidad de ser aplicado, afectando, de ese modo, los cimientos mismos de toda la estructura jurídica internacional concerniente a los derechos humanos y el indispensable equilibrio procesal entre las partes, dejando incluso al Estado en la indefensión.

16. Es precisamente ello lo que acontece cuando, como en autos, la admisibilidad de una petición se resuelve, no en consideración a si ella, al momento de ser presentada ante la Comisión, cumplió o no con el requisito del previo agotamiento de los recursos internos o con la de proporcionar información sobre las gestiones realizadas con tal fin o sobre la imposibilidad de agotarlos, sino en base a si el Estado requerido había o no demostrado la disponibilidad, idoneidad y efectividad de los recursos no agotados, como si esa obligación existiese en toda circunstancia y, en consecuencia, también en el caso en cuestión, para dicho Estado

17. Evidentemente, entre las consideraciones que se formularon en otros votos individuales, procede destacar la que, con la posición asumida en el presente escrito, valora el rol que, en materia de derechos humanos, cumplen las normas de procedimiento, las que son tan esenciales como las sustantivas, puesto que su respeto permite que estas últimas realmente puedan ser efectivas y más aún, le confieren la debida legitimidad a lo que se resuelva al respecto. Así, en tal hipótesis, la forma es indisolublemente ligada al fondo. Y es que, en gran medida, las normas procesales, estimadas a veces como meras formalidades y, por lo tanto, susceptibles de no considerarse a fin de privilegiar a las sustantivas, condicionan la aplicabilidad de éstas. Por ende, resulta improcedente e inconveniente subestimar a aquellas, puesto que, con ello, se podría estar alentando al conjunto de la sociedad internacional y aún, a las sociedades nacionales, a actuar del mismo modo, lo que podría tener nefastas consecuencias en lo que respecta a la efectiva vigencia del Derecho Internacional de los Derechos Humanos.

18. Es, en consecuencia, en mérito de todo lo señalado, que el suscrito votó por rechazar el punto Resolutivo No. 1 de la Sentencia, en el que se desestimó la excepción preliminar interpuesta por el Estado sobre la falta de agotamiento de recursos internos[23].

19. Pero, además, el infrascrito estima que, por coherencia y consecuencia, ha debido votar negativamente también el resto de los puntos resolutivos, pues, por una parte, estima que, de haberse aceptado dicha excepción, no correspondía, pronunciarse

---

[22] Párr. 2 del Preámbulo de la Convención.
[23] *Supra*, Nota No. 2.

sobre ellos y por la otra parte, que, pese a ese parecer, debía respetar lo dispuesto en el artículo 16.1 del Reglamento, es decir, que no podía abstenerse al respecto.[24]. Sin perjuicio de ello, el suscrito considera que debe dejar constancia de que, en especial, también se opone al resolutivo No. 4 de la Sentencia[25], concerniente a la aplicación del artículo 26 de la Convención, por las razones expuestas en otros votos individuales[26]. Debe entenderse, por ende, que los votos en contra de los puntos resolutivos Nos. 2, 3, 5 y 6 a 9 no implican, en realidad, un pronunciamiento sobre su contenido y que los votos favorables a los puntos resolutivos Nos. 10 y 11 responden a que ellos conciernen exclusivamente a aspectos procesales de la tramitación subsiguiente de la Sentencia, la que, ciertamente, debe ser acatada.

Eduardo Vio Grossi
Juez

Pablo Saavedra Alessandri
Secretario

VOTO DISIDENTE DEL
JUEZ HUMBERTO ANTONIO SIERRA PORTO

1. Con el reiterado respeto por las decisiones de la Corte Interamericana de Derechos Humanos (en adelante, también "la Corte" o "el Tribunal"), me permito formular el presente voto parcialmente disidente. En este voto explicaré mi discrepancia respecto de la posición que ha adoptado la mayoría de rechazar la excepción preliminar presentada por el Estado en el presente caso.

2. En el caso *Spoltore Vs. Argentina* la violación a la Convención Americana reconocida por el Estado se produjo por la duración excesiva de un proceso judicial de naturaleza laboral entre dos particulares. En este sentido sobra reiterar, como bien lo señalan los parágrafos 1 y 77 de la sentencia, que la controversia se refiere exclusivamente a vulneración de la garantía de plazo razonable al interior del proceso y no al fondo de la petición elevada por el señor Spoltore ante la jurisdicción laboral.

3. Dicho esto, es sabido que, la ocurrencia de una violación de la Convención no es suficiente para que el sistema interamericano pueda conocer de la misma. En

---

[24] "La Presidencia someterá los asuntos a votación punto por punto. El voto de cada Juez será afirmativo o negativo, sin que puedan admitirse abstenciones."

[25] "El Estado es responsable por la violación del derecho a condiciones de trabajo equitativas y satisfactorias que aseguren la salud del trabajador, reconocido en el artículo 26 de la Convención Americana sobre Derechos Humanos, en relación con el acceso a la justicia, reconocido en los artículos 8.1 y 25.1, así como con la obligación de respetar y garantizar dichos derechos, consagrada en el artículo 1.1 de la misma, en perjuicio de Victorio Spoltore, en los términos de los párrafos 3 a 4 de la presente Sentencia."

[26] *Caso Comunidades Indígenas Miembros de la Asociación Lhaka Honhat (Nuestra Tierra) Vs. Argentina. Fondo, Reparaciones y Costas.* Sentencia de 6 de febrero de 2020. Voto Parcialmente Disidente del Juez Eduardo Vio Grossi; *Caso Hernández Vs. Argentina. Excepción Preliminar, Fondo, Reparaciones y Costas.* Voto Parcialmente Disidente del Juez Eduardo Vio Grossi a la Sentencia del 22 de noviembre de 2019; *Caso Muelle Flores Vs. Perú. Excepciones Preliminares, Fondo, Reparaciones y Costas.* Sentencia de 6 de marzo de 2019. Voto Parcialmente Disidente del Juez Eduardo Vio Grossi; *Caso San Miguel Sosa y Otras Vs. Venezuela. Fondo, Reparaciones y Costas.* Sentencia de 8 de febrero de 2018. Voto Parcialmente Disidente del Juez Eduardo Vio Grossi; *Caso Lagos del Campo Vs. Perú. Excepciones Preliminares, Fondo, Reparaciones y Costa.* Sentencia de 31 de agosto de 2017. Voto Parcialmente Disidente del Juez Eduardo Vio Grossi, y *Caso Trabajadores Cesados de Petroperú y Otros Vs. Perú. Excepciones Preliminares, Fondo, Reparaciones y Costas.* Sentencia de 23 de noviembre de 2017. Voto Individual del Juez Eduardo Vio Grossi.

cumplimiento del principio de subsidiaridad que inspira el funcionamiento de la competencia contenciosa de la Corte, entre otros requisitos, es necesario que primero se le brinde al Estado la oportunidad de solucionar en sus propios tribunales dicha situación. Esta oportunidad la exige la Convención Americana en su artículo 46 al señalar que "[p]ara que una petición o comunicación presentada conforme a los artículos 44 ó 45 sea admitida por la Comisión, se requerirá: (a) que se hayan interpuesto y agotado los recursos de jurisdicción interna, conforme a los principios del Derecho Internacional generalmente reconocidos". Si bien se prevén en la misma norma ciertas excepciones, estas no se presentaron en el caso bajo estudio.

4. Por tanto, en el presente caso, una vez se excedió el plazo razonable en el proceso iniciado por el señor Spoltore contra una empresa privada, se tendría que haber agotado un recurso capaz de brindarle al señor Spoltore una reparación por la violación a la Convención Americana que implicó la mencionada duración excesiva del proceso judicial. El agotamiento de un recurso de esta naturaleza le hubiese permitido al Estado solucionar la controversia en sus propios tribunales. Sin embargo, los argumentos señalados por los representantes y la Comisión en relación con el requisito de previo agotamiento de los recursos internos se refieren a aquellos interpuestos por la víctima en el marco del proceso laboral por haberle sido negadas sus pretensiones.

5. Concretamente, el señor Spoltore presentó dos recursos: el recurso extraordinario de inaplicabilidad de la ley, el recurso extraordinario de nulidad, y solicitó que se iniciara un proceso disciplinario. Sin embargo, tal y como se señala en los párrafos 31 y 32 de la Sentencia emitida por la Corte, ninguna de estas vías era idónea para proteger la situación jurídica infringida.

6. El Estado argumentó que el recurso adecuado en dicha situación era la acción de daños y perjuicios, lo que no fue desmentido por los representantes en el trámite ante la Comisión. No obstante, reconoció que la misma nunca había sido utilizada para casos de retrasos procesales en procesos laborales, como el sucedido en el caso Spoltore aunque sí en otros casos de demora judicial. Por tanto, la controversia de este caso se basó en si dicha acción se encontraba realmente disponible.

7. La Corte, en el mismo sentido que fue alegado por los representantes y por la Comisión, no consideró demostrado por el Estado que el recurso alegado como disponible era idóneo y efectivo, pues este no allegó copia de los precedentes en los cuales dicha acción ha sido utilizada para obtener reparación por la duración excesiva de un procedimiento judicial y, en todo caso, no se trataba de procesos naturaleza laboral. No obstante, la regulación de la acción de daños y perjuicios en el Código Civil es lo suficientemente amplia como para entender que también aplica a casos de demoras judiciales en procesos laborales.

8. En efecto la acción de daños y perjuicios regulada por el entonces vigente, Código Civil, establecía que esta procedía para los "[l]os hechos y las omisiones de los funcionarios públicos en el ejercicio de sus funciones, por no cumplir sino de una manera irregular las obligaciones legales que les están impuestas, son comprendidos en las disposiciones de este título". Adicionalmente, el Estado refirió dos decisiones de la Corte Suprema de Justicia de la Nación y una decisión del Juez de Primera Instancia en lo Contencioso Administrativo No. 1 del Departamento Judicial de La Plata donde se tramitaron acciones por daños y perjuicios respecto a demoras judiciales.

9. Estos elementos son más que suficientes para suponer que la acción de daños y perjuicios se encontraba disponible al momento de los hechos. Al encontrarse

disponible dicha acción, el señor Spoltore ha debido agotarla para poder acceder al sistema interamericano. El señor Spoltore no agotó dicha acción ni ninguna otra que fuese adecuada para brindarle una respuesta por la duración excesiva del proceso laboral.

10. La falta de agotamiento de la acción de daños y prejuicios implicó que en el presente caso, una vez ocurrida la violación a la Convención Americana, no se le brindó al Estado la oportunidad de solucionarlo internamente. Por tanto, disentí de la opinión mayoritaria de rechazar la excepción preliminar presentada oportunamente por el Estado en este sentido.

11. Por último, considero oportuno mencionar que, no comparto la opinión mayoritaria expresada en el punto resolutivo cuarto que declaró la violación del artículo 26 de la Convención pues parte nuevamente de una deficiente técnica de análisis de los DESCA. Los argumentos que me llevan a disentir de esta postura han sido ampliamente abordados entre otros en mis votos parcialmente disidentes de los casos *Lagos del Campo Vs. Perú*[27], *Trabajadores Cesados de Petroperú y otros Vs. Perú*[28], *San Miguel Sosa y otras Vs. Venezuela*[29], *Cuscul Pivaral y otros Vs. Guatemala*[30], *Muelle Flores Vs. Perú*[31] y *Asociación Nacional de Cesantes y Jubilados de la Superintendencia Nacional de Administración Tributaria (ANCEJUB-SUNAT) Vs. Perú*[32], *Caso Hernández Vs. Argentina*, así como de mis votos concurrentes a los casos *Gonzales Lluy y otros Vs. Ecuador*[33], *Poblete Vilches y otros Vs. Chile*[34], y *Rodríguez Revolorio y otros Vs. Guatemala*[35] por lo que remito a los mismos frente a este particular.

Humberto Antonio Sierra Porto
Juez

Pablo Saavedra Alessandri
Secretario

---

[27] Cfr. *Caso Lagos del Campo Vs. Perú. Excepciones Preliminares, Fondo, Reparaciones y Costas.* Sentencia de 31 de agosto de 2017. Serie C No. 340. Voto parcialmente disidente del Juez Antonio Humberto Sierra Porto.

[28] Cfr. *Caso Trabajadores Cesados de Petroperú y otros Vs. Perú. Excepciones Preliminares, Fondo, Reparaciones y Costas.* Sentencia de 23 de noviembre de 2017. Serie C No. 344. Voto parcialmente disidente del Juez Antonio Humberto Sierra Porto.

[29] Cfr. *Caso San Miguel Sosa y otras Vs. Venezuela. Fondo, Reparaciones y Costas.* Sentencia de 8 de febrero de 2018. Serie C No. 348. Voto parcialmente disidente del Juez Humberto Antonio Sierra Porto.

[30] Cfr. *Caso Cuscul Pivaral y otros Vs. Guatemala. Excepción Preliminar, Fondo, Reparaciones y Costas.* Sentencia de 23 de agosto de 2018. Serie C No. 359. Voto parcialmente disidente del Juez Humberto Antonio Sierra Porto.

[31] Cfr. *Caso Muelle Flores Vs. Perú. Excepciones Preliminares, Fondo, Reparaciones y Costas.* Sentencia de 6 de marzo de 2019. Serie C No. 375. Voto parcialmente disidente del Juez Humberto Antonio Sierra Porto.

[32] Cfr. *Caso Asociación Nacional de Cesantes y Jubilados de la Superintendencia Nacional de Administración Tributaria (ANCEJUB-SUNAT) Vs. Perú. Excepciones Preliminares, Fondo, Reparaciones y Costas.* Sentencia de 21 de noviembre de 2019. Serie C No. 394. Voto parcialmente disidente del Juez Humberto Antonio Sierra Porto.

[33] Cfr. *Caso Gonzales Lluy y otros Vs. Ecuador. Excepciones Preliminares, Fondo, Reparaciones y Costas.* Sentencia de 1 de septiembre de 2015. Serie C No. 298. Voto concurrente del Juez Humberto Antonio Sierra Porto.

[34] Cfr. *Caso Poblete Vilches y otros Vs. Chile. Fondo, Reparaciones y Costas.* Sentencia de 8 de marzo de 2018. Serie C No. 349. Voto concurrente del Juez Humberto Antonio Sierra Porto.

[35] Cfr. *Caso Rodríguez Revolorio y otros Vs. Guatemala. Excepción Preliminar, Fondo, Reparaciones y Costas.* Sentencia de 14 de octubre de 2019. Serie C No. 387. Voto concurrente del Juez Humberto Antonio Sierra Porto.

VOTO DISIDENTE DEL
JUEZ RICARDO PÉREZ MANRIQUE

INTRODUCCIÓN

1. Formulo el presente voto disidente en el caso Spoltore Vs. Argentina (en adelante "caso Spoltore") por considerar que la Corte Interamericana de Derechos Humanos (en adelante la "Corte" o el "Tribunal Interamericano") debió acoger la excepción preliminar de agotamiento de los recursos internos. Asimismo, en cuanto al abordaje de las cuestiones de fondo, considero importante resaltar que el marco fáctico del presente caso no habilitaba examinar las alegadas violaciones al derecho a condiciones de trabajo equitativas y satisfactorias.

2. El desarrollo de mi análisis seguirá el orden siguiente: (i) la excepción preliminar de falta de agotamiento de los recursos internos, y (ii) el principio de congruencia.

I
LA EXCEPCIÓN PRELIMINAR DE FALTA DE AGOTAMIENTO DE RECURSOS INTERNOS

3. La Corte ha señalado que el sistema interamericano de derechos humanos consta de un nivel nacional, a través del cual cada Estado debe garantizar los derechos y libertades previstos en la Convención Americana sobre Derechos Humanos (en adelante la "Convención") e investigar, juzgar y sancionar las infracciones que se cometieren; y si un caso concreto no es solucionado en la etapa interna o nacional, la Convención prevé un nivel internacional en el que los órganos principales son la Comisión Interamericana de Derechos Humanos (en adelante la "Comisión") y la Corte. La Corte también ha indicado que cuando una cuestión ha sido resuelta en el orden interno, según las cláusulas de la Convención, no es necesario traerla ante el Tribunal Interamericano para su aprobación o confirmación. Lo anterior se asienta en el principio de complementariedad, que informa transversalmente el sistema interamericano de derechos humanos, el cual es, tal como lo expresa el Preámbulo de la Convención, "coadyuvante o complementario de la [protección] que ofrece el derecho interno de los Estados americanos"[1].

4. En este sentido, el sistema interamericano de protección no sustituye a las jurisdicciones nacionales, sino que las complementa[2]. El Estado es el principal garante de los derechos humanos de la personas, por lo que, si se produce un acto violatorio de dichos derechos, es él quien debe de resolver el asunto a nivel interno y, de ser el caso, reparar, antes de tener que responder ante instancias internacionales[3]. Por tanto, la Corte ha señalado que la responsabilidad estatal bajo la Convención solo puede ser

---

[1] Cfr. *Caso Las Palmeras Vs. Colombia. Excepciones Preliminares*. Sentencia de 4 de febrero de 2000. Serie C No. 67, párr. 33, y *Caso Rosadio Villavicencio Vs. Perú. Excepciones Preliminares, Fondo, Reparaciones y Costas*. Sentencia de 14 de octubre de 2019. Serie C No. 388, párr. 166.

[2] Cfr. *Caso Tarazona Arrieta y otros Vs. Perú. Excepción Preliminar, Fondo, Reparaciones y Costas*. Sentencia de 15 de octubre de 2014. Serie C No. 286, párr. 137, y *Caso Rosadio Villavicencio Vs. Perú, supra*, párr. 166.

[3] Cfr. *Caso Acevedo Jaramillo y otros Vs. Perú. Interpretación de la Sentencia de Excepciones Preliminares, Fondo, Reparaciones y Costas*, párr. 66, y *Caso Rosadio Villavicencio Vs. Perú, supra*, párr. 166.

exigida a nivel internacional después de que el Estado haya tenido la oportunidad de reconocer, en su caso, una violación de un derecho, y de reparar por sus propios medios los daños ocasionados[4].

5. De lo anterior se desprende que en el sistema interamericano existe un control dinámico y complementario de las obligaciones convencionales de los Estados de respetar y garantizar los derechos humanos, conjuntamente entre las autoridades internas (primariamente obligadas) y las instancias internacionales (en forma complementaria), de modo que los criterios de decisión, y los mecanismos de protección, tanto los nacionales como los internacionales, puedan ser conformados y adecuados entre sí[5]. Así, la jurisprudencia de la Corte muestra casos en que, en forma concordante con las obligaciones internacionales, los órganos, instancias o tribunales internos han adoptado medidas adecuadas para remediar la situación que dio origen al caso[6]; ya porque han resuelto la violación alegada[7]; han dispuesto reparaciones razonables[8], o han ejercido un adecuado control de convencionalidad[9]. En este sentido, la Corte ha señalado que la responsabilidad estatal bajo la Convención solo puede ser exigida a nivel internacional después de que el Estado haya tenido la oportunidad de reconocer, en su caso, una violación de un derecho, y de reparar por sus propios medios los daños ocasionados[10].

6. El principio de complementariedad se hace efectivo cuando se exige el previo agotamiento de recursos internos y estos sean adecuados para brindar una reparación a la violación de la Convención[11]. En el presente caso el alegado ilícito internacional se habría producido durante un proceso judicial iniciado por el Sr. Spoltore en contra su empleador privado, por la duración excesiva del juicio. Es después de acaecido el ilícito internacional cuando, para acudir al sistema interamericano, de manera previa y como requisito de admisibilidad para el acceso a la jurisdicción internacional se debe agotar algún recurso interno adecuado para brindarle al Estado una oportunidad para reparar los daños ocasionados[12].

7. El artículo 46.1.a) de la Convención dispone que, para determinar la admisibilidad de una petición o comunicación presentada ante la Comisión, de conformidad con los artículos 44 o 45 de la Convención, es necesario que se hayan

---

[4] *Cfr. Caso Masacre de Santo Domingo Vs. Colombia. Excepciones Preliminares, Fondo y Reparaciones.* Sentencia de 30 de noviembre de 2012. Serie C No. 259, párr. 143, y *Caso Rosadio Villavicencio Vs. Perú, supra,* párr. 166.
[5] *Cfr. Caso Masacre de Santo Domingo Vs. Colombia, supra,* párr. 143, y *Caso Rosadio Villavicencio Vs. Perú, supra,* párr. 167.
[6] *Cfr. Caso Tarazona Arrieta y otros vs. Perú, supra,* párrs. 139 a 141, y *Caso Colindres Schonenberg Vs. El Salvador. Fondo, Reparaciones y Costas.* Sentencia de 4 de febrero de 2019. Serie C No. 373, párr. 80.
[7] Véase por ejemplo, *Caso Amrhein y otros Vs. Costa Rica. Excepciones Preliminares, Fondo, Reparaciones y Costas.* Sentencia de 25 de abril de 2018. Serie C No. 354, párrs. 97 a 115, y *Caso Colindres Schonenberg Vs. El Salvador, supra,* párr. 80.
[8] Véase por ejemplo, *Caso Masacre de Santo Domingo Vs. Colombia, supra,* párrs. 334 a 336, y *Caso Colindres Schonenberg Vs. El Salvador, supra,* párr. 80.
[9] Véase por ejemplo, *Caso Gelman Vs. Uruguay. Fondo y Reparaciones.* Sentencia de 24 de febrero de 2011. Serie C No. 221, párr. 239, y *Caso Tenorio Roca y otros Vs. Perú. Excepciones Preliminares, Fondo, Reparaciones y Costas.* Sentencia de 22 de junio de 2016. Serie C No. 31, párrs. 230 y ss.
[10] *Cfr. Caso Masacre de Santo Domingo Vs. Colombia, supra,* párr. 143, y *Caso Rosadio Villavicencio Vs. Perú, supra,* párr. 167.
[11] *Cfr. Caso Escher y otros Vs. Brasil. Excepciones Preliminares, Fondo, Reparaciones y Costas.* Sentencia de 6 de julio de 2009. Serie C No. 200, párr. 38, y *Caso Galindo Cárdenas y otros Vs. Perú, supra,* Sentencia de 2 de octubre de 2015. Serie C No. 301, párr. 33.
[12] *Cfr. Caso Masacre de Santo Domingo Vs. Colombia, supra,* párr. 143, y *Caso Rosadio Villavicencio Vs. Perú, supra,* párr. 166.

interpuesto y agotado los recursos de la jurisdicción interna, conforme a los principios del Derecho Internacional generalmente reconocidos[13].

8. En el presente caso, una vez concluido el proceso laboral iniciado por la víctima, este intentó dos recursos judiciales y presentó una denuncia disciplinaria. Por un lado, los recursos interpuestos por el señor Spoltore (inaplicabilidad de ley y nulidad) tendieron a modificar la justificación del fallo, es decir, contradecían los argumentos por el cual el tribunal laboral desestimó la demanda y no la cuestión del retardo. Por lo que, no eran recursos adecuados para reparar los daños causados por la demora excesiva del proceso laboral. Por otra parte, tras la denuncia disciplinaria presentada por el señor Spoltore, la Suprema Corte de Justicia de Buenos Aires constató la demora excesiva en el proceso laboral y realizó un llamado de atención a la funcionaria responsable[14]. Por tanto, sí se obtuvo una respuesta positiva por parte del Estado. Sin embargo, tampoco era un recurso adecuado para reparar los daños causados.

9. Por su parte, el Estado señaló que el recurso idóneo y efectivo para remediar el daño causado por el retraso procesal consistía en una acción de daños y perjuicios. De acuerdo a lo planteado por el Estado esta acción era capaz de brindar al señor Spoltore una reparación, por lo que su agotamiento le hubiera ofrecido al Estado una oportunidad para reparar el daño. En este sentido, la falta de agotamiento de este u otro recurso adecuado hace que conocer del fondo del caso Spoltore sea contrario al principio de complementariedad.

10. No comparto los argumentos de la mayoría respecto de la presunta inidoneidad de la promoción de la acción de daños y perjuicios en cuanto no existe prueba alguna al respecto dentro de la causa.

11. Es por estas razones que, a mi criterio, la Corte debió acoger la excepción preliminar y no continuar con el análisis de fondo. Sin perjuicio de ello considero necesario realizar algunas presiones puntuales sobre el principio de congruencia en el presente caso.

II
EL PRINCIPIO DE CONGRUENCIA

12. La Corte, como cualquier órgano jurisdiccional, debe respetar el principio de congruencia: sus decisiones deben ser concordantes con los hechos y peticiones que se han desarrollado en el escrito de demanda. En seguimiento de lo anterior, el Tribunal ha señalado que el marco fáctico del proceso ante la Corte se encuentra constituido por los hechos contenidos en el Informe de Fondo sometidos a su consideración. En consecuencia, no es admisible que las partes aleguen hechos nuevos, distintos de los contenidos en dicho informe, sin perjuicio de exponer aquellos que permitan explicar, aclarar o desestimar los que hayan sido mencionados y sometidos a consideración de la Corte[15]. Asimismo, respecto al derecho, los representantes pueden alegar la violación de derechos no incluidos por la Comisión en su Informe de Fondo, o la

---

[13] *Cfr. Caso Velásquez Rodríguez Vs. Honduras. Excepciones Preliminares*. Sentencia de 26 de junio de 1987. Serie C No. 1. párr. 85, y *Caso Jenkins Vs. Argentina. Excepciones Preliminares, Fondo, Reparaciones y Costas*. Sentencia de 26 de noviembre de 2019. Serie C No. 397, párr. 22.

[14] *Cfr.* Resolución de la SCJBA de 16 de abril de 1999 (expediente de prueba, folio 324).

[15] *Cfr. Caso Cinco Pensionistas Vs. Perú. Fondo, Reparaciones y Costas*. Sentencia de 28 de febrero de 2003. Serie C No. 98, párr. 153, y *Caso Mujeres Víctimas de Tortura Sexual en Atenco Vs. México. Excepción Preliminar, Fondo, Reparaciones y Costas*. Sentencia de 28 de noviembre de 2018. Serie C No. 371, párr. 45.

Corte pueden analizar la violación de otros derechos adicionales, pero ambas circunstancias solo son posibles si los hechos forman parte del marco fáctico del caso[16].

13. En su Informe de Fondo, la Comisión señaló que:

El presente informe no tiene por objeto establecer si al señor Spoltore le correspondía o no la indemnización solicitada ni cuestionar el resultado del proceso laboral. En las circunstancias del presente caso, un pronunciamiento en este sentido excedería la competencia de la Comisión. En consecuencia, el análisis que se efectúa [en dicho informe] tiene por objeto determinar si el Estado argentino, a través de sus autoridades judiciales en este caso, proveyó al señor Spoltore de un recurso efectivo sustanciado conforme a las garantías del debido proceso, particularmente, la garantía de plazo razonable sobre la cual el peticionario centró sus alegatos.

14. Tomando en cuenta lo explícitamente señalado por la Comisión en el Informe de Fondo, y en cumplimiento del principio de congruencia, considero que la Corte solo podía pronunciarse sobre si se cumplieron las garantías al debido en el proceso laboral iniciado por el señor Spoltore en contra de la empresa privada. Por tanto, la Corte estaba impedida de conocer el derecho a condiciones de trabajo equitativas y satisfactorias, así como cualquier otra violación de derechos que exceda el marco fáctico determinado en el Informe de Fondo, puesto que esto excede el objeto del caso. En consecuencia, la Corte no tiene competencia para decidir sobre tales cuestiones.

15. En síntesis: entiendo que la Corte no debió haber ingresado a la consideración del presente caso por carecer de competencia conforme a la Convención para ingresar al fondo por dos razones: (a) no haberse agotado los recursos internos por parte de la víctima, y (b) por haberse incorporado a la consideración del fondo supuestas violaciones de derechos ajenas a la continencia de la causa.

Ricardo Pérez Manrique
Juez

Pablo Saavedra Alessandri
Secretario

---

[16] *Cfr., mutatis mutandis, Caso "Cinco Pensionistas" Vs. Perú. Fondo, Reparaciones y Costas.* Sentencia de 28 de febrero de 2003. Serie C No. 98, párrs. 153 a 155, y *Caso de la "Masacre de Mapiripán" Vs. Colombia.* Sentencia de 15 de septiembre de 2005. Serie C No. 134, párrs. 57 y 58.

Printed in the United States
by Baker & Taylor Publisher Services